Squeeze-out

Europäische Hochschulschriften

Publications Universitaires Européennes
European University Studies

Reihe II
Rechtswissenschaft

Série II Series II
Droit
Law

Bd./Vol. 4475

PETER LANG
Frankfurt am Main · Berlin · Bern · Bruxelles · New York · Oxford · Wien

Sandra Posegga

Squeeze-out

Unter besonderer Berücksichtigung möglicher Missbrauchsfälle sowie der Besonderheiten der Bemessung der Barabfindung

PETER LANG
Europäischer Verlag der Wissenschaften

Bibliografische Information der Deutschen Nationalbibliothek
Die Deutsche Nationalbibliothek verzeichnet diese Publikation in der Deutschen Nationalbibliografie; detaillierte bibliografische Daten sind im Internet über <http://www.d-nb.de> abrufbar.

Zugl.: Bochum, Univ., Diss., 2006

D 294
ISSN 0531-7312
ISBN 3-631-56043-5

www.peterlang.de

Für meine Eltern

Vorwort

Vorliegende Arbeit wurde im Wintersemester 2005/06 von der Juristischen Fakultät der Ruhr-Universität Bochum als Dissertation angenommen. Für die Drucklegung sind die Nachweise noch bis April 2006 eingearbeitet worden.

Meinem Doktorvater, Herrn Professor Dr. Uwe Hüffer, danke ich für die Anregungen im Hinblick auf das Thema sowie die Betreuung der Arbeit. Bei Herrn Professor Dr. Peter Kindler bedanke ich mich für die zügige Erstellung des Zweitgutachtens.

Mein Dank gilt darüber hinaus Herrn Professor Dr. Karl-Nikolaus Peifer, der mir durch die Beschäftigung als wissenschaftliche Mitarbeiterin an seinem Lehrstuhl ermöglicht hat, die Arbeit durch Synergieeffekte voranzutreiben.

Gelsenkirchen, im August 2006 *Sandra Posegga*

Inhaltsverzeichnis

Erster Teil. Grundlagen 1

§ 1 Einleitung 1

§ 2 Möglichkeiten des Minderheitenausschlusses vor Einführung des Squeeze-out-Verfahrens 2
I. Unmittelbare Ausschlussmöglichkeiten 2
1. Zwangseinziehung nach § 237 AktG 2
2. Ausschluss aus wichtigem Grund 3
3. Kaduzierung nach § 64 AktG 4
II. Mittelbare Ausschlussmöglichkeiten 4
1. Mehrheitsumwandlung nach § 320 AktG 4
2. Verschmelzung nach dem Umwandlungsgesetz 6
3. Formwechsel 7
4. Delisting 8
5. Zusammenlegung von Aktien 9
6. Übertragende Auflösung 10
III. Zwischenergebnis 12

§ 3 Neuregelung und Gesetzgebungsverfahren 12
I. Die Ausgangsbasis des Gesetzgebers 12
II. Das Gesetzgebungsverfahren zur Ausschlussregelung 13
III. Die Entwicklung auf europäischer Ebene 14
1. Gescheiterte Richtlinienvorhaben 14
2. Das Ausschlussrecht in der Übernahmerichtlinie 17
3. Anpassungsbedarf im deutschen Recht 18

§ 4 Zielsetzung und Gang der Untersuchung 19

Zweiter Teil. Die Squeeze-out-Vorschriften aus dem Blickwinkel des Verfassungsrechts 23

1. Kapitel. Die allgemeinen verfassungsrechtlichen Vorgaben 23

§ 5 Verfassungsrechtliche Rechtsprechung zum Ausschluss von Aktionären 23
I. Allgemeines 23
II. Die „Feldmühle"-Entscheidung des Bundesverfassungsgerichts 23
III. Bestätigung und Erweiterung durch den „MotoMeter"-Beschluss 25

§ 6 Maßgeblichkeit der bundesverfassungsgerichtlichen Feststellungen für das Rechtsinstitut des Squeeze-out-Verfahrens 26
I. Annahme einer „antizipierten verfassungsgerichtlichen Unbedenklichkeitsbescheinigung 26
II. Kritische Stimmen 28
III. Stellungnahme 29

1. Befürwortung einer „unwiderlegbaren Vermutung“ 29
2. Erfordernis der verfassungsrechtlichen Rechtfertigung 31

§ 7 Verfassungsrechtliche Rechtfertigung des Zwangsausschlusses 34
I. Rechtfertigung im Falle von börsennotierten Gesellschaften 34
1. Das Ausschlussrecht als Mittel zur Abwehr missbräuchlicher Anfechtungsklagen 34
a) Die Gesellschaft als Opfer „räuberischer“ Aktionäre 34
b) Eingeschränkte Effizienz der Ausschlussregelungen 35
aa) Fehlende Ausweichmöglichkeiten der Gesellschaft. 35
bb) Handlungsbedarf des Gesetzgebers 36
cc) Die Kleinaktionärseigenschaft der „aktienrechtlichen Räuber“ 37
dd) Die Änderung des Anfechtungsrechts als Lösungsansatz 38
2. Rechtsvereinheitlichung auf europäischer Ebene.................. 39
a) Anpassung an den europäischen Standard? 39
b) Die Ausschlussregelungen in anderen Rechtsordnungen 40
aa) Niederlande 40
bb) Belgien........................ 41
cc) Frankreich........................ 42
dd) Österreich 43
ee) Großbritannien........................ 44
ff) Italien 46
gg) Schweiz 46
hh) USA 47
c) Mangelnde Existenz eines einheitlichen Ausschlussinstrumentariums 48
3. Formalaufwand durch Minderheitenschutz 49
a) Kostenersparnis mangels Formalaufwands? 49
b) Einschränkung der Ersparnis durch Ausschlusskosten.... 49
4. Unkenntnis von und Unauffindbarkeit der Minderheitsaktionäre 51
a) Ungerechtfertigter Aufwand aufgrund mangelnder Erreichbarkeit der Aktionäre? 51
b) Vermeidung mangelnder Kenntnis und Erreichbarkeit durch die Ausgabe von Namensaktien........................ 51
5. Die Pflichtangebotsregelung........................ 53
a) Das Ausschlussrecht als Gegenstück zum Pflichtangebot? 53
b) Fehlende Verknüpfung zum Anwendungsbereich des Ausschlussrechts 53
6. Zwischenergebnis........................ 55
II. Rechtfertigung für nicht börsennotierte Gesellschaften 56
1. Vergleichbarkeit der Interessenlage? 56
2. Bedenken gegen die Einbeziehung nicht börsennotierter Gesellschaften........................ 57
3. Zwischenergebnis........................ 59

III. Ergebnis ... 59

2. Kapitel. Die zusätzlichen Voraussetzungen der Verfassung für den Entzug der Mitgliedschaft ... 59

§ 8 Das Erfordernis von Rechtsbehelfen gegen den Missbrauch wirtschaftlicher Macht ... 59
I. Vorgaben des Bundesverfassungsgerichts ... 59
II. Der Rechtsschutz im Rahmen des Squeeze-out-Verfahrens ... 60
III. Zwischenergebnis ... 61

§ 9 Die Notwendigkeit einer wirtschaftlich vollen Entschädigung ... 62
I. Der Barabfindungsanspruch der Minderheitsaktionäre ... 62
II. Die gerichtliche Überprüfung der Abfindung ... 63
1. Überprüfung im Spruchverfahren ... 63
2. Bedenken gegen die Effizienz des Spruchverfahrens ... 64
a) Die Dauer der Spruchverfahren als Grundlage der Bedenken ... 64
b) Schwachpunkte des bisherigen Spruchverfahrens ... 66
c) Abhilfe durch gesetzliche Neuerungen ... 68
3. Zwischenergebnis ... 71
III. Die Gewährleistungserklärung eines Kreditinstituts ... 71
1. Die Sicherung des Abfindungsanspruchs ... 71
2. Mögliches Verlustrisiko der Minderheitsaktionäre? ... 72
IV. Die Verzinsung der Barabfindung ... 74
V. Ergebnis ... 75

Dritter Teil. Mögliche Fälle des Missbrauchs wirtschaftlicher Macht beim Squeeze-out ... 77

1. Kapitel. Objektiver Rechtsmissbrauch ... 77

§ 10 Die materielle Beschlusskontrolle ... 77
I. Ausgangssituation ... 77
II. Die Entwicklung der Rechtsprechung zur Kontrolle von Mehrheitsbeschlüssen ... 77
III. Der Squeeze-out als Grundlagenentscheidung oder Strukturmaßnahme ... 79
1. Begriff der Grundlagenentscheidung und Strukturmaßnahme . 79
2. Erstreckung auf den Übertragungsbeschluss ... 79
IV. Eingeschränkte Geltung des Erfordernisses der sachlichen Rechtfertigung ... 81
1. Maßstäbe der Rechtsprechung ... 81
2. Meinungsstand der Literatur in Bezug auf mögliche Ausnahmen von der materiellen Beschlusskontrolle ... 82
a) Zustimmung zur Möglichkeit einer gesetzgeberischen Vorprägung ... 82
b) Ablehnung einer Differenzierung ... 82

aa) Durchgängige Beschlusskontrolle 82
bb) Gänzlicher Wegfall der materiellen Beschlusskontrolle 82
c) Stellungnahme 83
V. Gesetzgeberische Interessenabwägung im Falle des Squeeze-out 85
1. Verzicht auf das Erfordernis einer sachlichen Rechtfertigung 85
2. Relevanz der „isolierten Ausschlussmöglichkeit“ 86

2. Kapitel. Möglichkeit des individuellen Rechtsmissbrauchs 87

1. Abschnitt. Ausnutzung einer bereits vorhandenen Ausschlusskonstellation 88

§ 11 Das Ausschlussverfahren in nicht börsennotierten Gesellschaften 88

§ 12 Aufnahme von Gesellschaftern trotz vorherigen Ausschlussverfahrens 89
I. Ausgangssituation 89
II. Vorgaben seitens der Squeeze-out-Vorschriften 90
1. Die Beteiligung des Hauptaktionärs als feststehender Wert? 90
a) Erkenntnisse aus dem Wortlaut des § 327a Abs. 1 Satz 1 AktG 90
b) Die Aufgaben des Hauptaktionärs im Rahmen des Ausschlussverfahrens 90
c) Der Prüfungsumfang des Registergerichts 91
2. Zwischenergebnis 92
III. Der Meinungsstand beim Rechtsinstitut der Mehrheitseingliederung 93
IV. Gesetzgeberische Vorgaben für die künftige Struktur der Gesellschaft? 94
V. Zwischenergebnis 96
VI. Mögliche Einschränkungen des gefundenen Ergebnisses aufgrund des Drohpotentials des Hauptaktionärs 96
VII. Besonderheiten bei der Wiederaufnahme zuvor ausgeschlossener Minderheitsaktionäre 97
1. Potentielle Umgehung des Grundsatzes vom Ausschluss aus wichtigem Grund 97
2. Erfordernis einer einzelfallabhängigen Betrachtung 98
3. Ergebnis 101

§ 13 Durchführung eines Squeeze-out-Verfahrens nach vorheriger Aufnahme von Aktionären 102
I. Akquirierung von Investoren 102
II. Ansichten der rechtswissenschaftlichen Literatur 102
III. Stellungnahme 103
IV. Ergebnis 104

§ 14 Verwirkung des Ausschlussrechts 104
I. Zeitablauf nach Überschreiten der Beteiligungsschwelle 104

II. Die Ansicht von Fleischer 104
III. Kritische Würdigung 105
IV. Ergebnis 105

§ 15 Ausschluss der Minderheitsaktionäre zur Unzeit 105

2. Abschnitt. Durchführung des Squeeze-out-Verfahrens nach vorheriger Schaffung der Ausschlussvoraussetzungen 106

§ 16 Erwerb der notwendigen Kapitalbeteiligung im Wege einer Kapitalerhöhung unter Ausschluss des Bezugsrechts 107
I. Durchführung einer Kapitalerhöhung mit Bezugsrechtsausschluss 107
II. Vorgaben der §§ 327a ff. AktG für den Beteiligungserwerb 107
III Beurteilung der materiellen Rechtmäßigkeit einer Kapitalerhöhung unter Ausschluss des Bezugsrechts zum Zwecke der Erlangung der Hauptaktionärseigenschaft 108
1. Voraussetzungen des Bezugsrechtsausschlusses 108
2. Die sachliche Rechtfertigung im Falle eines beabsichtigten Minderheitenausschlusses 109
IV. Rechtsschutzmöglichkeiten der Minderheitsaktionäre 111

§ 17 Erreichen der Beteiligungsschwelle durch Zusammenschluss mehrerer Aktionäre 112
I. Ausgangssituation 112
II. Das Zuordnungsobjekt des Ausschlussrechts 113
1. Die Aktionärseigenschaft im Sinne des § 327a Abs. 1 Satz 1 AktG 113
2. Der Begriff des „Gehörens“ 114
3. Anteile am Grundkapital 115
III. Beurteilung denkbarer Konstruktionen des Zusammenschlusses 116
1. Wertpapierleihe 116
2. Konsortium 118
3. Holding 120
4. Treuhand 120
5. Zwischenergebnis 123
IV. Literaturansichten zur möglichen Missbräuchlichkeit eines Zusammenschlusses mehrerer Aktionäre 123
1. Verwirklichung des Gesetzeszwecks 123
2. Fallgruppenbildung zur Beurteilung der Rechtmäßigkeit eines Zusammenschlusses 124
3. Stellungnahme 126
a) Befürwortung der differenzierenden Ansicht 126
b) Analyse der Ausschlussregelungen 126
aa) Erkenntnisse aus dem Wortlaut des § 327a Abs. 1 Satz 1 AktG 126
bb) Systematische Erwägungen 126
cc) Erforderlichkeit einer einzelfallabhängigen Beurteilung 128

§ 18 Formwechsel zum Zwecke der Durchführung eines Squeeze-out-Verfahrens 129
I. Ausschlussmöglichkeiten nach dem GmbH-Recht 129
II. Analoge Anwendung der Ausschlussbestimmungen der §§ 327a ff. AktG auf Gesellschaften mit beschränkter Haftung 130
1. Die Überlegungen von von Morgen 131
2. Kritische Würdigung 132
a) Grundsätzliche Bedenken gegen die Ausführungen 132
b) Fehlen einer planwidrigen Gesetzeslücke 133
c) Mangelnde Vergleichbarkeit der Interessenlage 133
3. Ergebnis 135
III. Meinungsstand zur Zulässigkeit des Formwechsels als Vorstufe eines Squeeze-out-Verfahrens 135
1. Uneingeschränkte Zulässigkeit der Umwandlung zum Zwecke des Ausschlusses 136
2. Rechtsmissbräuchlichkeit bei eingeschränkter Zielsetzung 136
3. Stellungnahme 138
a) Umgehung der Regelungen des GmbH-Rechts 138
b) Einwand der fehlenden Schutzbedürftigkeit 140
c) Rechtsschutz der Minderheitsgesellschafter 141

3. Kapitel. Folgen einer Anfechtungsklage gegen den Übertragungsbeschluss 143

Vierter Teil. Das Erfordernis einer wirtschaftlich vollen Entschädigung 147

1. Kapitel. Die Festlegung der Barabfindung 147

§ 19 Vorgaben der Rechtsprechung für die Bestimmung der Barabfindung ... 147
I. Die Rechtsprechung zum Postulat der „wirtschaftlich vollen Entschädigung 147
II. Die Ermittlung des Unternehmenswerts 149
1. Das Ertragswertverfahren als Mittelpunkt der bisherigen Bewertungspraxis 149
a) Ermittlung der künftigen Erträge 150
aa) Pauschale Methode 150
bb) Analytische Methode 150
cc) Wurzeltheorie 151
b) Bestimmung des Kapitalisierungszinssatzes 151
2. Der Börsenkurs als Bewertungsfaktor 153
a) Die Entwicklung der Rechtsprechung zur Berücksichtigung des Börsenkurses bei der Bemessung von Abfindungen 153
b) Neuerungen durch den *„DAT/Altana“*-Beschluss des Bundesverfassungsgerichts 154
III. Maßgaben der Unternehmensbewertung beim Squeeze-out 155
1. Übertragbarkeit der Grundsätze auf das Squeeze-out-Verfahren 155
2. Alleinige Maßgeblichkeit des Börsenkurses? 156

a) Generelle Ausklammerung des „wahren" Werts bei der Unternehmensbewertung ... 156
b) Stellungnahme ... 157
3. Ergebnis ... 163

§ 20 Die Ermittlung des Börsenkurses ... 163
I. Möglichkeiten der Festsetzung nach dem Wortlaut des § 327b Abs. 1 Satz 1 2. Hs. AktG ... 163
II. Entscheidungen der Zivilgerichte zur Maßgeblichkeit eines Stichtags- oder Durchschnittskurses ... 165
1. Uneinigkeit der obergerichtlichen Rechtsprechung ... 165
2. Klärung durch den *„DAT/Altana"*-Beschluss des Bundesgerichtshofs ... 167
3. Reaktionen des Schrifttums auf die Heranziehung eines Durchschnittskurses ... 168
4. Stellungnahme ... 168
a) Befürwortung des Durchschnittskurses ... 168
b) Die Aufgabe des Börsenkurses im Rahmen der Abfindungsbemessung ... 169
c) Vermeidung von Manipulationen ... 169
d) Verhinderung von Kursbeeinflussungen durch das Bekanntwerden der Maßnahme ... 171
e) Anpassung der Barabfindungsregelung an bereits vorhandene Bestimmungen ... 172
f) Berücksichtigung der Vorgaben des WpÜG ... 173
5. Zwischenergebnis ... 173
III. Festlegung der geeigneten Referenzperiode ... 174
1. Der Endzeitpunkt der Referenzperiode ... 174
a) Die Linie der Rechtsprechung ... 174
b) Reaktionen des rechtswissenschaftlichen Schrifttums ... 175
aa) Kritik an der Heranziehung des Tags der beschlussfassenden Hauptversammlung ... 175
bb) Befürwortung der Vorgaben des Bundesgerichtshofs ... 176
c) Stellungnahme zum maßgeblichen Endzeitpunkt ... 177
aa) Keine Vorgaben aus dem Wortlaut der Abfindungsregelungen ... 177
bb) Außerachtlassung von Synergieeffekten ... 177
cc) Unmöglichkeit der Erfüllung der Informationspflichten bei einem Abstellen auf den Tag der beschlussfassenden Hauptversammlung ... 179
dd) Zwischenergebnis ... 182
d) Bekanntmachungspflichten im Rahmen der Durchführung eines Ausschlussverfahrens ... 183
aa) Mögliche Publizitätspflicht nach § 21 Abs. 1 WpHG ... 183
bb) Die Ad-hoc-Mitteilung nach § 15 Abs. 1 WpHG ... 184
cc) Besonderheiten bei nicht börsennotierten Gesellschaften ... 187

e) Ergebnis ... 188
2. Die Länge des Referenzzeitraums ... 188
a) Vorschläge der rechtswissenschaftlichen Literatur ... 188
b) Entscheidungen der Gerichte ... 189
c) Reaktionen des Schrifttums ... 190
d) Stellungnahme ... 191
aa) Heranziehung eines „repräsentativen Markturteils" ... 191
bb) Keine einzelfallabhängige Festlegung ... 192
3. Ergebnis ... 194
IV. Ausnahmen vom Börsenkurs als Untergrenze der Abfindung ... 194
1. Die Sichtweise der Rechtsprechung zur etwaigen Unbeachtlichkeit des Börsenkurses ... 194
2. Die Konkretisierung der Fallgruppen zur Unmaßgeblichkeit ... 195
3. Meinungsstand im rechtswissenschaftlichen Schrifttum ... 196
a) Generelle Ausblendung des Börsenkurses beim Squeeze-out ... 196
b) Durchgängige Berücksichtigung des Börsenkurses ... 197
c) Einzelfallabhängige Betrachtung ... 198
d) Kritische Würdigung ... 199
V. Ergebnis ... 201

§ 21 Die Einbeziehung von Vorerwerbspreisen in die Barabfindung ... 201
I. Anteilserwerb im Vorfeld eines Squeeze-out-Verfahrens ... 201
II. Das Scheitern der Vermutungsregelung des § 327b Abs. 1 Satz 3 AktG-RefE ... 202
1. Gründe für die Streichung der Vermutungsregelung ... 202
2. Schlussfolgerungen für die Berücksichtigungsfähigkeit von Vorerwerbspreisen ... 204
III. Die Rechtsprechung des Bundesverfassungsgerichts zur Berücksichtigung von Paketpreisen ... 205
1. Darstellung der wesentlichen Feststellungen ... 205
2. Würdigung der bundesverfassungsgerichtlichen Grundsätze ... 206
a) Mögliche Differenzierung nach Arten von Paketpreisen? ... 206
c) Grundsätzliche Zustimmung zu den bundesverfassungsgerichtlichen Feststellungen ... 207
d) Besonderheiten im Falle des Squeeze-out-Verfahrens ... 208
IV. Reichweite der *„DAT/Altana"*-Entscheidung im Hinblick auf sonstige Vorerwerbspreise ... 209
1. Verhältnis der Angebotspreise nach dem WpÜG zum „wahren" Wert ... 209
2. Bezug zum Verkehrswert ... 211
3. Möglicher Einwand vom Ausschluss jeglichen Verlustrisikos ... 212
V. Das Verhältnis der Vorerwerbspreise zu den anderen Bewertungsfaktoren ... 213
VI. Ergebnis ... 214

§ 22 Die Behandlung von Umtausch- und Bezugsrechten beim Squeeze-out ... 214
I. Allgemeines ... 214

II. Der Kern der Problematik ... 215
III. Der Streitstand bei der Mehrheitseingliederung ... 216
1. Handhabung der Problematik im Schrifttum ... 216
2. Die *„Siemens/Nixdorf"*-Entscheidung des Bundesgerichtshofs. 217
IV. Übertragbarkeit auf den Squeeze-out ... 218
1. Einwände gegen eine Heranziehung der gerichtlichen Feststellungen ... 218
2. Stellungnahme ... 219
V. Dogmatische Umsetzung ... 220
VI. Die Bedeutung der 5 %-Grenze ... 222
1. Der Meinungsstand im rechtswissenschaftlichen Schrifttum ... 222
a) Keine automatische Umwandlung im Falle eines Überschreitens der 5 %-Schwelle ... 222
b) Generelle Erstreckung auf Umtausch- und Bezugsrechte ... 223
2. Stellungnahme ... 224
a) Rückschlüsse aus der *„Siemens/Nixdorf"*-Entscheidung .. 224
b) Berücksichtigung der *„MotoMeter"*-Grundsätze ... 225
c) Berechnung der Beteiligungshöhe ... 226
3. Etwaige Besonderheiten bei Mitarbeiterbeteiligungsprogrammen ... 228
a) Darstellung der Ausgangssituation ... 228
b) Überlegungen im Schrifttum ... 228
c) Kritische Würdigung ... 229
VII. Die Abfindung der ausscheidenden Umtausch- und Bezugsberechtigten ... 230

2. Kapitel. Besonderheiten beim Rechtsschutz ... 231

§ 23 Die Anfechtung wegen der Verletzung bewertungsbezogener Informationsrechte ... 231
I. Die Information beim Squeeze-out ... 231
II. Stand der Diskussion im Hinblick auf die gerichtliche Überprüfung bewertungsbezogener Informationsmängel vor Inkrafttreten des UMAG ... 232
1. Ausschluss der Anfechtungsklage aufgrund einer Übertragung der *„MEZ"*-Grundsätze ... 233
2. Fehlende Vergleichbarkeit der Squeeze-out-Regelungen mit dem Umwandlungsrecht ... 235
III. Rechtslage nach Inkrafttreten des UMAG ... 236
IV. Ergebnis ... 237

Fünfter Teil. Gesamtergebnis ... 239

§ 24 Zusammenfassung in Thesen ... 239

Literaturverzeichnis

Acker, Georg	Die Wertpapierleihe, Wiesbaden 1991
Aha, Christof	BB-Kommentar zur Entscheidung des OLG Köln vom 06.10.2003 – BB 2003, S. 2307-2310, BB 2003, S. 2310-2311
Ders.	Aktuelle Aspekte der Unternehmensbewertung im Spruchstellenverfahren, AG 1997, S. 26-36
Altmeppen, Holger	Neutralitätspflicht und Pflichtangebot nach dem neuen Übernahmerecht, ZIP 2001, S. 1073-1084
Angerer, Lutz	Der Squeeze-out, BKR 2002, S. 260-268
App, Michael	Das Spruchstellenverfahren bei der Abfindung von Gesellschaftern nach einer Umwandlung, BB 1995, S. 267-269
Aubel, Stephan/Weber, Christian	Ausgewählte Probleme bei Eingliederung und Squeeze Out während eines laufenden Spruchverfahrens, WM 2004, S. 857-866
Bachmann, Gregor	Die Einmann-AG, NZG 2001, S. 961-971
Bärwaldt, Roman	Der GmbH-Kommentar, GmbHR 2001, S. 251-252
Bartl, Harald/Fichtelmann, Helmar/Schlarb, Eberhard/Schulze, Hans-Jürgen	Heidelberger Kommentar zum GmbH-Recht, 5. Aufl. Heidelberg 2002
Bauer, Patrick	Anmerkung zum Beschluss des BVerfG vom 23.8.2000, NZG 2000, S. 1214-1215
Baumann, Karl-Hermann	Übernahmegesetz schafft Wettbewerbsgleichheit, WM 1999, S. 1968
Baumbach, Adolf/Hueck, Alfred	GmbH-Gesetz, Kommentar, 18. Aufl. München 2006
Baums, Philipp A..........	Ausschluss von Minderheitsaktionären, Frankfurt am Main 2001 (zugl. Diss. Greifswald 2001)
Ders.	Der Ausschluss von Minderheitsaktionären nach §§ 327a ff. AktG n.F. – Einzelfragen –, WM 2001, S. 1843-1850

Baums, Theodor/Vogel, Hans-Gert/Tacheva, Maja	Rechtstatsachen zur Beschlusskontrolle im Aktienrecht, ZIP 2000, S. 1649-1655
Becker, Michael	Der Ausschluß aus der Aktiengesellschaft, ZGR 1986, S. 383-417
Beckmann, Klaus	Zur Relevanz des Börsenkurses bei der Ermittlung des Abfindungsanspruchs beim Ausschluss von Minderheitsaktionären gemäß §§ 327a ff. AktG, WPg 2004, S. 620-625
Beck´sches Handbuch. der AG	Gesellschaftsrecht – Steuerrecht – Börsengang, hrsg. von Welf Müller und Thomas Rödder, zit. Bearbeiter: Klaus Beckmann, Peter Erwe, Stephan Göckeler, Jens Eric Gotthardt, Oliver Hötzel, Thomas Liebscher, Silja Maul, Welf Müller, Jochem Reichert, Thomas Rödder, Karsten Schmidt-Hern, Roger Zätzsch, München 2004, zit.: Bearbeiter, in: Beck´sches Handbuch der AG
Behnke, Thorsten.........	Das Spruchverfahren nach §§ 306 AktG, 305 ff. UmwG, Frankfurt am Main 2001 (zugl. Diss. Bayreuth 2000)
Ders.	Anmerkung zur „DAT/Altana"-Entscheidung des Bundesverfassungsgerichts, NZG 1999, S. 934
Beier, Constantin H./.... Bungert, Hartwin	BB – Kommentar zum Urteil des LG Hamburg vom 30.10.2002, BB 2002, S. 2627-2629
Benecke, Martina.........	Gesellschaftsrechtliche Voraussetzungen des Delisting, WM 2004, S. 1122-1126
Berding, Benjamin........	Gesellschafts- und kapitalmarktrechtliche Grundsätze im Übernahmerecht, WM 2002, S. 1149-1158
Beyerle, Konrad...........	Notwendige Änderungen im Verfahren der Freiwilligen Gerichtsbarkeit nach § 306 AktG, BB 1978, S. 784-791
Bilda, Klaus.................	Zur Dauer der Spruchstellenverfahren, NZG 2000, S. 296-301
Bischoff, Thomas.........	Sachliche Voraussetzungen von Mehrheitsbeschlüssen in Kapitalgesellschaften, BB 1987, S. 1055-1061
Bison, Hildegard	Missbrauch der Anfechtungsklage durch den Aktionär, Frankfurt a.M. 1997 (zugl. Diss. Bonn 1997)

Bolte, Christian	Squeeze-out: Eröffnung neuer Umgehungstatbestände durch die §§ 327a ff. AktG?, DB 2001, S. 2587-2591
Boujong, Karlheinz.......	Rechtsmissbräuchliche Aktionärsklagen vor dem Bundesgerichtshof, in: Festschrift für Alfred Kellermann zum 70. Geburtstag, S. 1-14, hrsg. von Reinhard Goerdeler, Peter Hommelhoff, Marcus Lutter, Walter Odersky und Herbert Wiedemann, Berlin/New York 1991, zit.: Boujong, FS Kellermann, 1991
Bredow, Günther M./.... Liebscher, Finn-Michael	Befreiung vom Pflichtangebot nach WpÜG bei Selbstverpflichtung zur Durchführung eines Squeeze-out, DB 2003, S. 1368-1371
Bredow, Günther M./.... Tribulowsky, Maik	Auswirkungen von Anfechtungsklagen und Squeeze-Out auf ein laufendes Spruchstellenverfahren, NZG 2002, S. 841-846
Buchta, Jens/Sasse, ... Marc	Freigabeverfahren bei Anfechtungsklagen gegen Squeeze-out-Beschlüsse, DStR 2004, S. 958-962
Büchel, Helmut	Neuordnung des Spruchverfahrens, NZG 2003, S. 793-804
Bürgers, Tobias	Aktienrechtlicher Schutz beim Delisting?, NJW 2003, S. 1642-1644
Bundesaufsichtsamt für Wertpapierhandel	Ad-hoc-Publizität und neues Übernahmerecht, - Rundschreiben vom 26.04.2002 -, NZG 2002, S. 563-564
Bundesrat	Bundesrat zum neuen Übernahmerecht (RegE WpÜG), ZIP 2001, S. 1787-1788
Bundestag....................	Bundestag hat das WpÜG beschlossen, ZIP 2001, S. 2102-2104
Bungert, Hartwin	Verlust der Klagebefugnis für anhängige Anfechtungsklagen nach Wirksamwerden eines Squeeze Out, BB 2005, S. 1345-1348
Ders.	DAT/Altana: Der BGH gibt der Praxis Rätsel auf, BB 2001, S. 1163-1166
Ders.	Anmerkung zum Urteil des OLG Karlsruhe vom 13.11.1998, NZG 1999, S. 605-607
Ders.	Die Liberalisierung des Bezugsrechtsausschlusses im Aktienrecht, NJW 1998, S. 488-492

Ders.	Die GmbH im US-amerikanischen Recht – Close Corporation, Köln 1993
Bungert, Hartwin/......... Eckert, Jan	Unternehmensbewertungen nach Börsenwert: Zivilgerichtliche Umsetzung der BVerfG-Rechtsprechung, BB 2000, S. 1845-1849
Bungert, Hartwin/......... Mennicke, Petra	BB-Gesetzgebungsreport: Das Spruchverfahrensneuordnungsgesetz, BB 2003, S. 2021-2031
Busch, Torsten.............	Bezugsrecht und Bezugsrechtsausschluß bei Wandel- und Optionsanleihen, AG 1999, S. 58-66
Busse von Colbe, Walter	Der Vernunft eine Gasse – Abfindung von Minderheitsaktionären nicht unter dem Börsenkurs ihrer Aktien, in: Festschrift für Marcus Lutter, S. 1053-1067, hrsg. von Uwe H. Schneider, Köln 2000, zit.: Busse von Colbe, FS Lutter, 2000
Ders.	Berücksichtigung von Synergien versus Stand-alone-Prinzip bei der Unternehmensbewertung, ZGR 1994, S. 595-609
Ders.	Zur Maßgeblichkeit des Börsenkurses für die Abfindung der bei einer Umwandlung ausscheidenden Aktionäre, AG 1964, S. 263-267
Claussen, Carsten P....	Bank- und Börsenrecht, 3. Aufl. München 2003
Ders.	Missbräuchliches Aktionärsverhalten – wie verhält man sich dazu?, AG 1990, S. 156-157
Claussen, Carsten P./.. Florian, Ulrich	Der Emittentenleitfaden, AG 2005, S. 745-760
Coing, Helmut.............	Die Treuhand kraft privaten Rechtsgeschäfts, München 1973
Damrau-Schröter, ... Heike	Der Ausschluß eines (missliebigen) GmbH-Gesellschafters, NJW 1991, S. 1927-1936
DAV-Handelsrechts-.... ausschuss	Stellungnahme zum Referentenentwurf eines Gesetzes zur Unternehmensintegrität und Modernisierung des Anfechtungsrechts (UMAG), NZG 2004, S. 555-567
Ders.	Stellungnahme des Handelsrechtsausschusses des DAV e.V. vom April 2001, NZG 2001, S. 420-432

Ders.	Stellungnahme des Handelsrechtsausschusses des Deutschen Anwaltvereins e.V. zum RegE für ein Gesetz zur Regelung von öffentlichen Angeboten zum Erwerb von Wertpapieren und von Unternehmensübernahmen (WpÜG), NZG 2001, S. 1003-1008
Ders.	Stellungnahme des Handelsrechtsausschusses des Deutschen Anwaltvereins e.V. zur Ergänzung des AktG durch einen Titel „Aktienerwerb durch den Hauptaktionär", NZG 1999, S. 850-852
Deutscher Juristentag	Beschlüsse des 63. Deutschen Juristentages Leipzig 2000: Wirtschaftsrecht, NZG 1999, S. 850-852
Diekmann, Hans/Leuering, Dieter	Der Referentenentwurf eines Gesetzes zur Unternehmensintegrität und Modernisierung des Anfechtungsrechts (UMAG), NZG 2004, S. 249-257
Dielmann, Frank/König, Andreas	Der Anspruch ausscheidender Minderheitsaktionäre auf angemessene Abfindung, AG 1984, S. 57-66
Diemer, Frank/Hasselbach, Kai	Öffentliche Übernahmeangebote in Italien, NZG 2000, S. 824-830
Dirrigl, Hans	Synergieeffekte beim Unternehmenszusammenschluss und Bestimmung des Umtauschverhältnisses, DB 1990, S. 185-192
Dißars, Björn-Axel	Antragsbefugnis von Namensaktionären im Spruchverfahren über ein Squeeze-out, BB 2004, S. 1293-1296
Dörfler, Wolfgang/Gahler, Wolfgang/Unterstraßer, Stefan/Wirichs, Robert	Probleme bei der Wertermittlung von Abfindungsangeboten, Ergebnisse einer empirischen Untersuchung, BB 1994, S. 156-162
Dreher, Meinrad	Kurzkommentar zur „Sachsenmilch"-Entscheidung des Bundesgerichtshofs vom 09.02.1998, EWiR 1999, S. 49-50
Dreier, Nils	Kurzkommentar zum Beschluss des Bundesverfassungsgerichts vom 20.09.2002, EWiR 2003, S. 141-142
Dreier, Peter	Anmerkung zum Urteil des LG Mainz vom 17.02.2004, DB 2004, S. 808

Drüke, Heiner/Schick, Olaf	Aktienoptionen gehen beim „Squeeze-out" unter – Bezugsrechte verwandeln sich in Ansprüche auf eine Barabfindung, FAZ v. 31.07.2002, Nr. 175, S. 17
Drukarczyk, Jochen	Squeeze-out gemäß §§ 327a ff. AktG – Konzeption und das Problem der Abfindung, in: Unternehmensrechnung – Konzeption und praktische Umsetzung, S. 625-648, Festschrift zum 68. Geburtstag von Gerhard Scherrer, hrsg. von Stefan Göbel und Bernhard Heni, München 2004, zit.: Drukarczyk, FS Scherrer, 2004
Ders.	Zum Problem der angemessenen Barabfindung bei zwangsweise ausscheidenden Anteilseignern, AG 1973, S. 357-365
Drygala, Tim	Die Vorschläge der SLIM-Arbeitsgruppe zur Vereinfachung des Europäischen Gesellschaftsrechts, AG 2001, S. 291-299
Dürr, Martin	Nebenabreden im Gesellschaftsrecht, Frankfurt a. M. 1994 (zugl. Diss. Frankfurt/M. 1994)
Ehricke, Ulrich/Ekkenga, Jens/Oechsler, Jürgen	Wertpapiererwerbs- und Übernahmegesetz, Kommentar zum WpÜG, zit. Bearbeiter: Jens Ekkenga, Jürgen Oechsler, Dirk Schulz, München 2003, zit.: Bearbeiter, in: Ehricke/Ekkenga/Oechsler, WpÜG
Ehricke, Ulrich/Roth, Markus	Squeeze- out im geplanten deutschen Übernahmerecht, DStR 2001, 1120-1127
Eisolt, Dirk	Die Squeeze-out-Prüfung nach § 327c Abs. 2 AktG, DStR 2002, S. 1145-1152
Emmerich, Volker/Habersack, Mathias	Aktien- und GmbH-Konzernrecht, 4. Aufl. München 2005
Even, Frank/Vera, Antonio	Die Techniken des Going Private in Deutschland, DStR 2002, S. 1315-1321
Falkenhausen, von, Bernhard	Verfassungsrechtliche Grenzen der Mehrheitsherrschaft nach dem Recht der Kapitalgesellschaften, Karlsruhe 1967
Ders.	Aktienrecht und Verfassungsrecht, AG 1963, S. 150-154 und S. 178-179
Ders.	Verfassungsrechtliche Grenzen der Mehrheitsherrschaft im Aktienrecht, AG 1961, S. 122-125 und S. 163-169

Fleischer, Holger..........	Das neue Recht des Squeeze out, ZGR 2002, S. 757-789
Ders.	Anmerkung zum MotoMeter-Beschluss des Bundesverfassungsgerichts, DNotZ 2000, S. 876-880
Ders.	Die Barabfindung außenstehender Aktionäre nach den §§ 305 und 320b AktG: Stand-alone-Prinzip oder Verbundberücksichtigungsprinzip?, ZGR 1997, S. 368-400
Fleischer, Holger/......... Fuchs, Ingo	Kurzkommentar zum Urteil des LG Frankfurt/M. vom 31.03.2004, EWiR 2004, S. 525-526
Forum Europaeum .... Konzernrecht	Konzernrecht für Europa, ZGR 1998, S. 672-772
Friedrich, Christopher ..	Auflösung einer Kapitalgesellschaft und Übernahme des Unternehmens durch einen Gesellschafter, BB 1994, S. 89-94
Fuhrmann, Lambertus..	Das Freigabeverfahren bei Squeeze-out-Beschlüssen, Der Konzern 2004, S. 1-5
Fuhrmann, Lambertus/. Simon, Stefan	Der Ausschluss von Minderheitsaktionären – Gestaltungsüberlegungen zur neuen Squeeze-out-Gesetzgebung –, WM 2002, S. 1211-1217
Gampenrieder, Peter ...	Squeeze-out – Rechtsvergleich, empirischer Befund und ökonomische Analyse, Frankfurt am Main 2004 (zugl. Diss. München 2004)
Ders.	Squeeze-out: Die Verbindung von Trennungseffekten und angemessener Abfindung – Überlegungen aus empirischer Sicht –, WPg 2003, S. 481-491
Geibel, Stephan/Süß- .. mann, Rainer	Wertpapiererwerbs- und Übernahmegesetz, Kommentar zum WpÜG, zit. Bearbeiter: Philipp Grzimek, Andreas H. Meyer, München 2002, zit.: Bearbeiter, in: Geibel/Süßmann, WpÜG
Gesmann-Nuissl, Dag-. mar	Die neuen Squeeze-out-Regeln im Aktiengesetz, WM 2002, S. 1205-1211
Geßler, Ernst/Hefer-..... mehl, Wolfgang/ Eckardt, Ulrich/Kropff, Bruno	Aktiengesetz – Kommentar, Band IV - §§ 179-240 AktG, zit. Bearbeiter: Erhard Bungeroth, München 1989, zit.: Bungeroth, in: Geßler/Hefermehl/Eckardt/Kropff

Godin, Reinhard, Freiherr von/Wilhelmi, Hans	Kommentar zum Aktiengesetz, Band II - §§ 179-410 AktG, neu bearbeitet von Sylvester Wilhelmi, 4. Aufl. Berlin/New York 1971
Götz, Hans Norbert......	Anmerkung zum Beschluss des OLG München vom 11.05.2004, DB 2004, S. 1357-1358
Ders.	Entschädigung von Aktionären abseits der Kapitalmarktbewertung?, DB 1996, S. 259-265
Göz, Philipp/Holzborn, Timo	Die Aktienrechtsreform durch das Gesetz für Unternehmensintegrität und Modernisierung des Anfechtungsrechts – UMAG, WM 2006, S. 157-164
Grablowitz, Martin........	Öffentliche Übernahmeangebote nach niederländischem Recht, RIW 2003, S. 272-278
Großfeld, Bernhard......	Kurzkommentar zum Beschluss des LG Heidelberg vom 23.01.2004, EWiR 2004, S. 265-266
Ders.	Unternehmens- und Anteilsbewertung im Gesellschaftsrecht, 4. Aufl. Köln 2002
Ders.	Börsenkurs und Unternehmenswert, BB 2000, S. 261-266
Ders.	Bewertung von Anteilen an Unternehmen, JZ 1981, S. 769-775
Großkommentar zum Aktiengesetz	Kommentar zum Aktiengesetz, hrsg. von Klaus J. Hopt und Herbert Wiedemann, 6. Lieferung - §§ 241-255 AktG, Bearbeiter: Karsten Schmidt, 4. Aufl. Berlin/New York 1996, zit.: K. Schmidt, in: Großkomm, AktG
Group of German Experts on Corporate Law	Stellungnahme zum Konsultationsdokument der High Level Group of Experts on Corporate Law, ZIP 2002, S. 1310-1324
Grunewald, Barbara.....	Die neue Squeeze-out-Regelung, ZIP 2002, S. 18-22
Dies..............................	Der Ausschluß aus Gesellschaft und Verein, Köln/Berlin/Bonn/München 1987
Habersack, Mathias.....	Der Finanzplatz Deutschland und die Rechte der Aktionäre, ZIP 2001, S. 1230-1239
Halasz, Christian/Kloster, Lars	Nochmals: Squeeze-out – Eröffnung neuer Umgehungstatbestände durch die §§ 327a ff. AktG?, DB 2002, S. 1253-1257

Halberkamp, Thomas/.. Greve, Martin	Squeeze-out und Barabfindung, FB 2002, S. 580-589
Halm, Dirk	„Squeeze-Out“ heute und morgen: Eine Bestandsaufnahme nach dem künftigen Übernahmerecht, NZG 2000, S. 1162-1165
Hamann, Axel	Minderheitenschutz beim Squeeze-out-Beschluss, Köln 2003 (zugl. Diss. Köln 2002)
Hanau, Hans	Der Bestandsschutz der Mitgliedschaft anlässlich der Einführung des „Squeeze Out“ im Aktienrecht, NZG 2002, S. 1040-1047
Hansen, Herbert	Die Squeeze-out-Welle steigt schneller als erwartet, AG 2002, R 199
Ders.	Die Aktienkultur und das Squeeze-out, AG 2001, R 274-278
Ders.	Missbrauch von Aktionärsrechten?, AG 1988, R 32-34
Harrer, Herbert/Wilsing, Hans-Ullrich	Aktuelle Aspekte des Rückzugs von der Wertpapierbörse (sog. Delisting), DZWIR 2002, S. 485-492
Hecker, Renate/Kase-.. rer, Christoph	Going Private im Wege des Minderheitenausschlusses: Eine empirisch orientierte Bestandsaufnahme, BFuP 2003, S. 137-162
Heidel, Thomas/Loch-.. ner, Daniel	Squeeze-out ohne hinreichenden Eigentumsschutz, DB 2001, S. 2031-2034
Heise, Carsten/Dreier, . Peter	Wegfall der Klagebefugnis bei Verlust der Aktionärseigenschaft im Anfechtungsprozess, BB 2004, S. 1126-1129
Hellwig, Hans-Jürgen/.. Bormann, Michael	Die Abfindungsregeln beim Going Private – Der Gesetzgeber ist gefordert!, ZGR 2002, S. 465-496
Helmis, Sven	Der Ausschluss von Minderheitsaktionären, ZBB 2003, S. 161-176
Helmis, Sven/Kemper, . Oliver	Squeeze-out in Deutschland – Ökonomische Analyse der Squeeze-out-Option im neuen Übernahmerecht, DBW 62 (2002), S. 512-532
Henze, Hartwig	Aspekte und Entwicklungstendenzen der aktienrechtlichen Anfechtungsklage in der Rechtsprechung des BGH, ZIP 2002, S. 97-108

Ders. .... Erscheinungsformen des squeeze-out von Minderheitsaktionären, in: Festschrift für Herbert Wiedemann zum 70. Geburtstag, S. 935-953, hrsg. von Rolf Wank, Heribert Hirte, Kaspar Frey, Holger Fleischer und Gregor Thüsing, München 2002, zit.: Henze, FS Wiedemann, 2002

Ders. .... Pünktlich zur Hauptversammlungssaison: Ein Rechtsprechungsüberblick zu Informations- und Auskunftsrechten, BB 2002, S. 893-903

Ders. .... Der Schlusspunkt des Bundesverfassungsgerichts unter den Streit um die „übertragende Auflösung", in: Festschrift für Martin Peltzer zum 70. Geburtstag, S. 181-194, hrsg. von Marcus Lutter, Manfred Scholz und Walter Sigle, Köln 2001, zit.: Henze, FS Peltzer, 2001

Ders. .... Rechtsschutz bei Verletzung von Auskunfts- und Informationsrechten im Unternehmensvertrags-, Umwandlungs- und Verschmelzungsrecht, in: RWS-Forum 20, Gesellschaftsrecht 2001, S. 39-53, hrsg. von Hartwig Henze und Michael Hoffmann-Becking, Köln 2001, zit.: Henze, in: RWS-Forum 20

Ders. .... Die Treuepflicht im Aktienrecht, BB 1996, S. 489-499

Ders. .... Auflösung einer Aktiengesellschaft und Erwerb ihres Vermögens durch den Mehrheitsgesellschafter, ZIP 1995, S. 1473-1481

Ders. .... Materiellrechtliche Grenzen für Mehrheitsentscheidungen im Aktienrecht (Teil I und II), DStR 1993, S. 1823-1829 und S. 1863-1871

Herring, Rod Alexander Die neuen belgischen Vorschriften zum Ausschluss und Austritt von Gesellschaftern, RIW 1996, S. 644-646

Hirte, Heribert .... Informationsmängel und Spruchverfahren, ZHR 167 (2003), S. 8-34

Ders. .... Bezugsrechtsfragen bei Optionsanleihen, WM 1994, S. 321-329

Ders. .... Grenzen der Vertragsfreiheit bei aktienrechtlichen Unternehmensverträgen, ZGR 1994, S. 644-664

Ders. .... Missbrauch aktienrechtlicher Anfechtungsklagen – Vom Querulieren und seinen Grenzen, BB 1988, S. 1469-1477

Ders. .... Bezugsrechtsausschluß und Konzernbildung, Köln/Berlin/Bonn/München 1986 (zugl. Diss. Köln 1985)

Hoffmann, Klaus-Jürgen ... Going Public 1999: Boom der IPOs am deutschen Kapitalmarkt setzt sich fort, AG 2000, R 83-84

Ders. .... Going Public 1998: Neue Rekorde und Normalisierung, AG 1999, R 124-128

Hoffmann-Becking, Michael ...... Rechtsschutz bei Informationsmängeln im Unternehmensvertrags- und Umwandlungsrecht, in: RWS-Forum 20, Gesellschaftsrecht 2001, S. 55-78, hrsg. von Hartwig Henze und Michael Hoffmann-Becking, Köln 2001, zit.: Hoffmann-Becking, in: RWS-Forum 20

Ders. .... Der materielle Gesellschafterschutz: Abfindung und Spruchverfahren, ZGR 1990, S. 482-502

Hommel, Michael/ Braun, Inga/Schmotz, Thomas .... Neue Wege in der Unternehmensbewertung? – Kritische Würdigung des neuen IDW-Standards (IDW S 1) zur Unternehmensbewertung –, DB 2001, S. 341-347

Hommelhoff, Peter....... Minderheitenschutz bei Umstrukturierungen, ZGR 1993, S. 452-473

Ders. .... Zur Kontrolle strukturändernder Gesellschafterbeschlüsse, ZGR 1990, S. 447-476

Ders. .... 100 Bände BGHZ: Aktienrecht, ZHR 151 (1987), S. 493-516

Hopt, Klaus J. .... Europäisches Konzernrecht, in: Recht, Geist und Kunst – liber amicorum für Rüdiger Volhard, S. 74-88, hrsg. von Klaus Reichert, Manfred Schiedermair, Albrecht Stockburger und Dolf Weber, Baden-Baden 1996, zit.: Hopt, FS Volhard, 1996

Hüffer, Uwe................. Bewertungsgegenstand und Bewertungsmethode - Überlegungen zur Berücksichtigung von Börsenkursen bei der Ermittlung von Abfindung und Ausgleich, in: Festschrift für Walther Hadding zum 70. Geburtstag, S. 461-475, hrsg. von Franz Häuser, Horst Hammen, Joachim Hennrichs, Anja Steinbeck, Ulf R. Siebel und Reinhard Welter, Berlin 2004, zit.: Hüffer, FS Hadding, 2004

Ders. .... Kommentar zum Aktiengesetz, 6. Aufl., München 2004, zit.: Hüffer, AktG

Ders. .... Die Ausgleichsklausel des § 243 Abs. 2 S. 2 AktG - mißlungene Privilegierung der Mehrheitsherrschaft oder Grundlage für bloßen Vermögensschutz des Kapitalanlegers?, in: Aktien- und Bilanzrecht, Festschrift für Bruno Kropff, S. 127-144, hrsg. von Karl-Heinz Forster, Barbara Grunewald, Marcus Lutter und Johannes Semler, Düsseldorf 1997, zit.: Hüffer, FS Kropff, 1997

Ders. .... Anfechtungsbefugnis und Mindestanteilsbesitz - Vorschläge und Überlegungen zu einer gesetzlichen Neuorientierung, in: Festschrift für Erich Brandner zum 70. Geburtstag, S. 57-71, hrsg. von Gerd Pfeiffer, Joachim Kummer und Silke Scheuch, Köln 1996, zit.: Hüffer, FS Brandner, 1996

Ders. .... Zur gesellschaftsrechtlichen Treupflicht als richterrechtlicher Generalklausel, in: Festschrift für Ernst Steindorff zum 70. Geburtstag, S. 59-78, hrsg. von Jürgen F. Baur, Klaus J. Hopt und K. Peter Mailänder, Berlin/New York 1990, zit.: Hüffer, FS Steindorff, 1990

Hüffer, Uwe/Koch, Jens Anmerkung zum Beschluss des OLG Stuttgart vom 04.02.2000, NZG 2000, S. 748-749

Hüffer, Uwe/Schmidt-Aßmann, Eberhard/Weber, Martin ... Anteilseigentum, Unternehmenswert und Börsenkurs, München 2005

Hülsmann, Christoph ... Gesellschafterabfindung und Unternehmensbewertung nach der Ertragswertmethode im Lichte der Rechtsprechung, ZIP 2001, S. 450-455

Hüttemann, Rainer....... Börsenkurs und Unternehmensbewertung, ZGR 2001, S. 455-478

Ders. .... Unternehmensbewertung als Rechtsproblem, ZHR 162 (1998), S. 563-593

Institut der Wirtschaftsprüfer in Deutschland e.V. Entwurf einer Neufassung des IDW Standards: Grundsätze zur Durchführung von Unternehmensbewertungen (IDW ES 1 n.F.), WPg 2005, S. 28-46

Das. .... IDW Standard: Grundsätze zur Durchführung von Unternehmensbewertungen (IDW S 1), WPg 2000, S. 825-842

Das. .... Grundsätze zur Durchführung von Unternehmensbewertungen, WPg 1983, S. 468-480

Kallmeyer, Harald	Der GmbH-Kommentar, GmbHR 2001, S. 204
Ders.	Ausschluss von Minderheitsaktionären, AG 2000, S. 59-61
Kalss, Susanne	Das neue Übernahmegesetz als Teil des Kapitalmarktrechts in Österreich, NZG 1999, S. 421-430
Kann, van, Jürgen/....... Hirschmann, Jörn	Das neue Spruchverfahrensgesetz – Konzentration und Beschleunigung einer bewährten Institution, DStR 2003, S. 1488-1494
Keul, Thomas	Anfechtungsklage und Überwindung der Registersperre im Rahmen eines Squeeze-out, ZIP 2003, S. 566-569
Ders.	Anmerkung zum Urteil vom LG Berlin vom 17.02.2003, DB 2003, S. 708-709
Kiem, Roger	Das neue Übernahmegesetz: „Squeeze-out", in: RWS-Forum 20, Gesellschaftsrecht 2001, S. 329-351, hrsg. von Hartwig Henze und Michael Hoffmann-Becking, Köln 2001, zit.: Kiem, in: RWS-Forum 20
Kiem, Roger/Riedel,..... Jens	Kurzkommentar zum Beschluss des LG München I vom 15.01.2004, EWiR 2004, S. 523-524
Kiesewetter, Matthias...	Befreiung vom Pflichtangebot bei anschließendem Squeeze Out?, ZIP 2003, S. 1638-1641
Kindler, Peter/Horst- .... mann, Hendrik	Die EU-Übernahmerichtlinie – Ein „europäischer" Kompromiss, DStR 2004, S. 866-873
Kleindiek, Detlef	Abfindungsbezogene Informationsmängel und Anfechtungsausschluss, NZG 2001, S. 552-555
Klöhn, Lars	Der Abfindungsanspruch des Aktionärs als Aufopferungsanspruch, AG 2002, S. 443-452
Kölner Kommentar zum Aktiengesetz	Kommentar zum Aktiengesetz, hrsg. von Wolfgang Zöllner, Band 5/1 - §§ 179-240 AktG, zit. Bearbeiter: Marcus Lutter, 2. Aufl. Köln/Berlin/Bonn/München 1995, Band 6 - §§ 15-22 AktG, §§ 291-328 AktG und Meldepflichten nach §§ 21 ff. WpHG, SpruchG, bearbeitet von Hans-Georg Koppensteiner, 3. Aufl. Köln/Berlin/München 2004, zit.: Bearbeiter, in: Kölner Komm, AktG

Kölner Kommentar zum WpÜG — Kommentar zum Wertpapiererwerbs- und Übernahmegesetz mit AngebVO und §§ 327a-327f AktG, hrsg. von Heribert Hirte und Christoph von Bülow, zit. Bearbeiter: Kai Hasselbach, Köln/Berlin/Bonn/München 2003, zit.: Hasselbach, in: Kölner Komm, WpÜG

Komp, Ralf.................. Zweifelsfragen des aktienrechtlichen Abfindungsanspruchs nach §§ 305, 320b AktG, Berlin 2002 (zugl. Diss. Köln 1999)

Korsten, Mathias.......... Kurzkommentar zum Urteil des OLG Hamburg vom 08.08.2003 „Volksfürsorge Holding AG", EWiR 2003, S. 1169-1170

Kort, Michael............... Kurzkommentar zum Urteil des LG Frankfurt/M. vom 09.03.2004, EWiR 2004, S. 625-626

Kossmann, Alfred......... Ausschluss („Freeze-out") von Aktionären gegen Barabfindung, NZG 1999, S. 1198-1203

Krause, Hartmut........... BB-Europareport: Die EU-Übernahmerichtlinie - Anpassungsbedarf im Wertpapiererwerbs- und Übernahmegesetz, BB 2004, S. 113-119

Ders. .... Das neue Übernahmerecht, NJW 2002, S. 705-716

Ders. .... Der Kompromissvorschlag für die Revitalisierung der EU-Übernahmerichtlinie, BB 2002, S. 2341-2347

Krieger, Gerd .... Squeeze-Out nach neuem Recht: Überblick und Zweifelsfragen, BB 2002, S. 53-62

Ders. .... Das neue Übernahmegesetz: Preisfindung beim Übernahmeangebot und Neutralitätspflicht des Vorstands der Zielgesellschaft, in: RWS-Forum 20, Gesellschaftsrecht 2001, S. 289-322, hrsg. von Hartwig Henze und Michael Hoffmann-Becking, Köln 2001, zit.: Krieger, in: RWS-Forum 20

Ders. .... Beschlusskontrolle bei Kapitalherabsetzungen, ZGR 2000, S. 885-907

Ders. .... Aktionärsklage zur Kontrolle des Vorstands- und Aufsichtsratshandelns, ZHR 163 (1999), S. 343-363

Kropff, Bruno................ Aktiengesetz von 1965, Düsseldorf 1965

Kühn, Wolfgang .... Probleme mit Minderheitsaktionären in der Aktiengesellschaft, BB 1992, S. 291-299

Küting, Karlheinz .... Der Ausschluss von Minderheiten nach altem und neuem Recht – unter besonderer Berücksichtigung des „Squeeze Out", DStR 2003, S. 838-844

Lamb, Jochen/Schluck-Amend, Alexandra Die Neuregelung des Spruchverfahrens durch das Spruchverfahrensneuordnungsgesetz, DB 2003, S. 1259-1264

Land, Volker/Hassel-.... bach, Kai Das neue deutsche Übernahmegesetz – Einführung und kritische Anmerkungen zum Diskussionsentwurf des BMF –, DB 2000, S. 1747-1755

Dies .... „Going Private" und Squeeze-out" nach deutschem Aktien-, Börsen- und Übernahmerecht, DB 2000, S. 557-562

Lenz, Christofer/Leine-. kugel, Rolf Eigentumsschutz beim Squeeze out, Köln 2004

Letzel, Dieter .... Das Pflichtangebot nach dem WpÜG, BKR 2002, S. 293-304

Leuering, Dieter .... Die parallele Angemessenheitsprüfung durch den gerichtlich bestellten Prüfer, NZG 2004, S. 606-610

Ders. .... Kurzkommentar zum Beschluss des OLG Hamburg vom 01.09.2003, EWiR 2003, S. 1165-1166

Ders. .... Rezension zum WpÜG-Kommentar von Geibel/Süßmann, NJW 2003, S. 954

Liebert, Ulrike .... Der Bezugsrechtsausschluss bei Kapitalerhöhungen von Aktiengesellschaften, Baden-Baden 2003 (zugl. Diss. Konstanz 2003)

Lutter, Marcus .... Europäisches Unternehmensrecht, ZGR-Sonderheft 1, 4. Aufl. Berlin/New York 1996

Ders. .... Umwandlungsgesetz – Kommentar, hrsg. von Marcus Lutter und Martin Winter, Band II - §§ 152-325 UmwG, SpruchG, zit. Bearbeiter: Christian E. Decher, 3. Aufl. Köln 2004

Ders. .... Die Treupflicht des Aktionärs, ZHR 153 (1989), S. 446-471

Ders.	Europäisches Gesellschaftsrecht, ZGR-Sonderheft 1, 2. Aufl. Berlin/New York 1984
Ders.	Zur inhaltlichen Begründung von Mehrheitsentscheidungen, ZGR 1981, S. 171-182
Ders.	Materielle und förmliche Erfordernisse eines Bezugsrechtsausschlusses – Besprechung der Entscheidung BGHZ 71, 40 (Kali + Salz) –, ZGR 1979, S. 401-418
Lutter, Marcus/Bezzenberger, Tilman	Für eine Reform des Spruchverfahrens im Aktien- und Umwandlungsrecht, AG 2000, S. 433-447
Lutter, Marcus/Drygala, Tim	Die Übertragende Auflösung: Liquidation der Aktiengesellschaft oder Liquidation des Minderheitenschutzes?, in: Aktien- und Bilanzrecht – Festschrift für Bruno Kropff, S. 191-223, hrsg. von Karl-Heinz Forster, Barbara Grunewald, Marcus Lutter und Johannes Semler, Düsseldorf 1997, zit.: Lutter/Drygala, FS Kropff, 1997
Lutter, Marcus/Hommelhoff, Peter	GmbH-Gesetz, Kommentar, bearbeitet von Walter Bayer, Peter Hommelhoff, Detlef Kleindiek und Marcus Lutter, 16. Aufl. Köln 2004
Luttermann, Claus........	Kurzkommentar zum Beschluss des LG Frankfurt vom 17.12.2004 „Buderus AG/Robert Bosch GmbH", EWiR 2005, S. 193-194
Ders.	Kurzkommentar zum Beschluss des LG Dortmund vom 07.10.2004 „Stelcon/Readymix", EWiR 2005, S. 51-52
Ders.	BB-Kommentar zum Urteil des BGH vom 18.12.2000, BB 2001, S. 382-385
Ders.	Der „durchschnittliche" Börsenkurs bei Barabfindung von Aktionären und Verschmelzungswertrelation, ZIP 2001, S. 869-872
Ders.	Anmerkung zum „DAT/Altana"-Urteil des Bundesverfassungsgerichts, JZ 1999, S. 945-947
Maier-Reimer, Georg/.. Kolb, Franz-Josef	Abfindung und Börsenkurs – Verfassungsrecht vs. Aktienrecht?, in: Gesellschaftsrecht – Rechnungslegung – Steuerrecht, Festschrift für Welf Müller zum 65. Geburtstag, S. 93-112, hrsg. von Peter Hommelhoff, Roger Zätzsch und Bernd Erle, München 2001, zit.: Maier-Reimer/Kolb, FS W. Müller, 2001

Mallmann, Roman A. ... Kurzkommentar zum Urteil des LG Hamburg vom 30.10.2002 „PKV Vermögensverwaltung", EWiR 2003, S. 1-2

Markwardt, Karsten...... Squeeze-out: Anfechtungsrisiken in „Missbrauchsfällen", BB 2004, S. 277-286

Martens, Klaus-Peter ... Die Bewertung eines Beteiligungserwerbs nach § 255 Abs. 2 AktG – Unternehmenswert contra Börsenkurs, in: Festschrift für Gerald Bezzenberger zum 70. Geburtstag, S. 267-289, hrsg. von Harm Peter Westermann und Klaus Mock, Berlin/New York 2000, zit.: Martens, FS Bezzenberger, 2000

Ders. .... Stimmrechtsbeschränkung und Stimmbindungsvertrag im Aktienrecht, AG 1993, S. 495-502

Ders. .... Der Ausschluss des Bezugsrechts, ZIP 1992, S. 1677-1697

Ders. .... Die rechtliche Behandlung von Options- und Wandlungsrechten anlässlich der Eingliederung der verpflichteten Gesellschaft, AG 1992, S. 209-216

Ders. .... Die GmbH und der Minderheitenschutz, GmbHR 1984, S. 265-272

Ders. .... Der Ausschluss des Bezugsrechts: BGHZ 33, S. 175, in: Festschrift für Robert Fischer, S. 437-460, hrsg. von Marcus Lutter, Walter Stimpel und Herbert Wiedemann, Berlin/New York 1979, zit.: Martens, FS Fischer, 1979

Maslo, Armin .... Zurechnungstatbestände und Gestaltungsmöglichkeiten zur Bildung eines Hauptaktionärs beim Ausschluss von Minderheitsaktionären (Squeeze-out), NZG 2004, S. 163-168

Mattes, Sabine/Maldeghem, von, Maximilian Unternehmensbewertung beim Squeeze Out, BKR 2003, S. 531-537

Maul, Silja .... Zur Ausgabe von Namensaktien, NZG 2001, S. 585-590

Maul, Silja/Muffat-Jeandet, Danièle .... Die EU-Übernahmerichtlinie – Inhalt und Umsetzung in nationales Recht (Teil I und II), AG 2004, S. 221-234 und S. 306-318

Meilicke, Heinz............ Anmerkung zu Rieger, JW 1938, S. 3016-3018, JW 1938, S. 3018-3019

Meilicke, Wienand........	Erste Probleme mit § 16 SpruchG, NZG 2004, S. 547-552
Ders.	Insolvenzsicherung für die Abfindung außenstehender Aktionäre?, DB 2001, S. 2387-2389
Meilicke, Wienand/....... Heidel, Thomas	UMAG: „Modernisierung" des Aktienrechts durch Beschränkung des Eigentumsschutzes der Aktionäre, DB 2004, S. 1479-1487
Dies............................	Anmerkung zur „DAT/Altana"-Entscheidung des Bundesverfassungsgerichts, DB 2001, S. 973-975
Merkner, Andreas	Kurzkommentar zum Beschluss des OLG München vom 04.12.2003, EWiR 2004, S. 685-686
Merkt, Hanno	Zum Verhältnis von Kapitalmarktrecht und Gesellschaftsrecht in der Diskussion um die Corporate Governance, AG 2003, S. 126-136
Merkt, Hanno/Göthel,... Stephan R.	US-amerikanisches Gesellschaftsrecht, 2. Aufl. Frankfurt a. M. 2006
Mertens, Hans-Joachim	Förderung von, Schutz vor, Zwang zu Übernahmeangeboten?, AG 1990, S. 252-259
Mertens, Kai................	Der Auskauf von Minderheitsaktionären in gemeinschaftlich beherrschten Unternehmen, AG 2002, S. 377-383
Meyer-Landrut, Andre-. as/Kiem, Roger	Der Formwechsel einer Publikumsaktiengesellschaft, WM 1997, S. 1361-1373
Meyer-Landrut, ... Joachim	Der „Missbrauch" aktienrechtlicher Minderheits- oder Individualrechte, insbesondere des Auskunftsrechts, in: Gesellschaftsrecht und Unternehmensrecht, Festschrift für Wolfgang Schilling, S. 235-251, hrsg. von Robert Fischer und Wolfgang Hefermehl, Berlin/New York 1973, zit.: Meyer-Landrut, FS Schilling, 1973
Möller, Andreas/........... Pötzsch, Thorsten	Das neue Übernahmerecht – Der Regierungsentwurf vom 11.Juli 2001, ZIP 2001, S. 1256-1262
Morgen, von, Carl- .... Christian	Das Squeeze-Out und seine Folgen für AG und GmbH, WM 2003, S. 1553-1560
Moser, Ulrich/Prüher,... Markus	Vorteilhaftigkeit von Squeeze-outs am deutschen Markt, FB 2002, S. 361-366

Mülbert, Peter O.	Umsetzungsfragen der Übernahmerichtlinie – erheblicher Änderungsbedarf bei den heutigen Vorschriften des WpÜG, NZG 2004, S. 633-642
Ders.	Abschwächungen des mitgliedschaftlichen Bestandsschutzes im Aktienrecht, in: Festschrift für Peter Ulmer, S. 433-450, hrsg. von Mathias Habersack, Peter Hommelhoff, Uwe Hüffer und Karsten Schmidt, Berlin 2003, zit.: Mülbert, FS Ulmer, 2003
Ders.	Aktiengesellschaft, Unternehmensgruppe und Kapitalmarkt – Die Aktionärsrechte bei Bildung und Umbildung einer Unternehmensgruppe zwischen Verbands- und Anlegerschutz, 2. Aufl. München 1996
Müller, Welf	Die Unternehmensbewertung in der Rechtsprechung, in: Festschrift für Gerold Bezzenberger zum 70. Geburtstag, S. 705-719, hrsg. von Harm Peter Westermann und Klaus Mock, Berlin/New York 2000, zit.: W. Müller, FS Bezzenberger, 2000
Ders.	Kurzkommentar zur „DAT/Altana"-Entscheidung des OLG Düsseldorf, EWiR 2000, S. 751-752
Münchener Handbuch.. des Gesellschaftsrechts	Band 4 – Aktiengesellschaft, hrsg. von Michael Hoffmann-Becking, zit. Bearbeiter: Michael Hoffmann-Becking, Gerd Krieger, Franz-Jörg Semler, Georg Wiesner, 2. Aufl. München 1999, zit.: Bearbeiter, in: MünchHdb AG
Münchener Kommentar zum Aktiengesetz	Kommentar zum Aktiengesetz, hrsg. von Bruno Kropff und Johannes Semler, Band 9/1 – §§ 327a-327f AktG – WpÜG – SpruchG, zit. Bearbeiter: Barbara Grunewald, 2. Aufl. München 2004, Band 8 - §§ 278-328 AktG, zit. Bearbeiter: Klaus Bilda, Barbara Grunewald, 2. Aufl. München 2000, zit.: Bearbeiter, in: MünchKommAktG
Münchener Kommentar zum Bürgerlichen Gesetzbuch	hrsg. von Kurt Rebmann, Franz Jürgen Säcker und Roland Rixecker, Band 5 – §§ 705-853 BGB, zit. Bearbeiter: Peter Ulmer, 4. Aufl. München 2004, zit.: Ulmer, in: MünchKommBGB
Munkert, Michael	Der Ausschluss von Gesellschaftern aus der AG („Squeeze-out") nach altem und neuem Recht, in: MC – Management-Consulting & Controlling, S. 335-365, hrsg. von Wolf F. Fischer-Winkelmann, Hamburg 2003, zit.: Munkert, in: Fischer-Winkelmann

Neye, Hans-Werner ..... Auf dem Weg zu einem neuen Spruchverfahren, in: Festschrift für Herbert Wiedemann zum 70. Geburtstag, S. 1127-1139, hrsg. von Rolf Wank, Heribert Hirte, Kaspar Frey, Holger Fleischer und Gregor Thüsing, München 2002, zit.: Neye, FS Wiedemann, 2002

Ders. .... Der Vorschlag 2002 einer Takeover-Richtlinie, NZG 2002, S. 1144-1155

Ders. .... Spruchverfahrensneuordnungsgesetz, ZIP 2002, S. 2097-2108

Ders. .... Kurzkommentar zum „MotoMeter"-Beschluss des Bundesverfassungsgerichts vom 23.08.2000, EWiR 2000, S. 913-914

Noack, Ulrich .... Gesellschaftervereinbarungen bei Kapitalgesellschaften, Tübingen 1994

Ott, Kai-Peter .... Reichweite der Angemessenheitsprüfung beim Squeeze-out, DB 2003, S. 1615-1617

Palandt......................... Bürgerliches Gesetzbuch, zit. Bearbeiter: Peter Bassenge, 65. Aufl. München 2006, zit.: Palandt/Bassenge

Peters, Torsten .... Übertragung von Gesellschaftsvermögen und „Freeze-out" – Konfliktpotential im Minderheitenschutz, BB 1999, S. 801-805

Picot, Gerhard............. Neuregelungen für Unternehmensübernahmen – Übernahmegesetz (WpÜG) und Squeeze-Out (AktG), BFuP 2002, S. 433-444

Piltz, Detlev J. .... Unternehmensbewertung und Börsenkurs im aktienrechtlichen Spruchstellenverfahren, ZGR 2001, S. 185-213

Ders. .... Die Unternehmensbewertung in der Rechtsprechung, 3. Aufl. Düsseldorf 1994

Planck, Marina .... Aktionärsklagen im französischen und deutschen Recht unter Einbeziehung der neueren Rechtsentwicklungen in Belgien, Frankfurt a.M. 1995 (zugl. Diss. Bonn 1994)

Pluskat, Sorika .... Das Scheitern der europäischen Übernahmerichtlinie, WM 2001, S. 1937-1942

Pötzsch, Thorsten/....... Möller, Andreas — Das künftige Übernahmerecht – Der Diskussionsentwurf des Bundesministeriums der Finanzen zu einem Gesetz zur Regelung von Unternehmensübernahmen und der Gemeinsame Standpunkt des Rates zur europäischen Übernahmerichtlinie, WM 2000, Sonderbeil. Nr. 2

Priester, Hans-Joachim — „Squeeze-out" durch Herabsetzung des Stammkapitals auf Null?, DNotZ 2003, S. 592-602

Quandt, Christopher..... — Squeeze-out in Deutschland, Frankfurt am Main 2004 (zugl. Diss. Freiburg (Breisgau) 2004)

Ränsch, Ulrich .... — Die Bewertung von Unternehmen als Problem der Rechtswissenschaften, AG 1984, S. 202-212

Rathausky, Uwe........... — Squeeze-out in Deutschland: Eine Empirische Untersuchung zu Anfechtungsklagen und Spruchverfahren, AG 2004, R 24-26

Reinisch, Armin............ — Der Ausschluss von Aktionären aus der Aktiengesellschaft, Köln 1992 (zugl. Diss. Technische Hochschule Darmstadt 1991)

Richard, Jörg/Weinheimer, Stefan — Der Weg zurück: Going Private, BB 1999, S. 1613-1620

Rieger, Wilhelm .... — Zur Frage der angemessenen Abfindung der bei der Umwandlung ausscheidenden Aktionäre, JW 1938, S. 3016-3018

Riegger, Bodo.............. — Das Schicksal eigener Aktien beim Squeeze-out, DB 2003, S. 541-544

Ders. .... — Der Börsenkurs als Untergrenze der Abfindung?, DB 1999, S. 1889-1891

Ritzer-Angerer, Petra... — Angemessenheit von Barabfindungen beim Squeeze-out, FB 2004, S. 285-293

Rodloff, Frank .... — Börsenkurs statt Unternehmensbewertung – Zur Ermittlung der Abfindung in Spruchstellenverfahren, DB 1999, S. 1149-1153

Ders. .... — Ungeschriebene sachliche Voraussetzungen der aktienrechtlichen Mehrheitseingliederung, Diss. Freie Universität Berlin 1991

Rosen, von, Rüdiger/ ... Gebauer, Wolfgang	Namensaktie und Investor Relations, in: Die Namensaktie, S. 127-140, Schriften zum Kapitalmarkt – Band 3, hrsg. von Rüdiger von Rosen und Werner G. Seifert, Deutsches Aktieninstitut/Deutsche Börse 2000, zit.: v. Rosen/Gebauer, in: v. Rosen/Seifert
Roth, Markus	Die übertragende Auflösung nach Einführung des Squeeze-out, NZG 2003, S. 998-1005
Rottnauer, Achim E......	Kurzkommentar zum Urteil des OLG Hamburg vom 11.04.2003 „Volksfürsorge Holding AG“, EWiR 2003, S. 739-740
Rühland, Philipp...........	Der Ausschluß von Minderheitsaktionären aus der Aktiengesellschaft (Squeeze-out), Baden-Baden 2004 (zugl. Diss. Hamburg 2003)
Ders.	Der squeezeout nach dem RefE zum Wertpapiererwerbs- und Übernahmegesetz vom 12.3.2001, NZG 2001, S. 448-455
Ders.	Die Abfindung von aus der Aktiengesellschaft ausgeschlossenen Minderheitsaktionären, WM 2000, S. 1884-1888
Schautes, Dirk C..........	Anmerkung, DB 2004, S. 591-593
Scheel, Hansjörg	Verschmelzung, Eingliederung, Squeeze-Out, Beherrschungs- und Gewinnabführungsvertrag, in: Übernahme börsennotierter Unternehmen, S. 205-247, hrsg. von Wolfgang Blättchen und Gerhard Wegen, Stuttgart 2003, zit.: Scheel, in: Blättchen/Wegen
Schiessl, Maximilian.....	Ist das deutsche Aktienrecht kapitalmarkttauglich?, AG 1999, S. 442-452
Schiffer, Jack/Roßmeier, Daniela	Auswirkungen des Squeeze-out auf rechtshängige Spruchverfahren, DB 2002, S. 1359-1362
Schindler, Darius Oliver/Witzel, David	Bedarf es einer neuen gesetzlichen Regelung des Anfechtungsrechts zur Bekämpfung räuberischer Aktionäre?, NZG 2001, S. 577-584
Schlaus, Wilhelm	Auskauf opponierender Aktionäre, AG 1988, S. 113-117
Schlitt, Michael/Seiler, Oliver/Singhof, Bernd	Aktuelle Rechtsfragen und Gestaltungsmöglichkeiten im Zusammenhang mit Wandelschuldverschreibungen, AG 2003, S. 254-269

Schmid, Tobias .... Öffentliche Übernahmeangebote in Italien, AG 1999, S. 402-411

Schmidt, Harry .... Schadensersatz nach § 327e Abs. 2 i.V.m. § 319 Abs. 6 Satz 6 AktG im Wege der Naturalrestitution beim fehlerhaften Squeeze-out?, AG 2004, S. 299-304

Ders. .... Ausschluss der Anfechtung des Squeeze-out-Beschlusses bei abfindungswertbezogenen Informationsmängeln, in: Festschrift für Peter Ulmer, S. 543-556, hrsg. von Mathias Habersack, Peter Hommelhoff, Uwe Hüffer und Karsten Schmidt, Berlin 2003, zit.: Schmidt, FS Ulmer, 2003

Schmidt, Karsten.......... Gesellschaftsrecht, 4. Aufl. Köln/Berlin/Bonn/München 2002

Schnurbein, Freiherr .... von, Caspar Anfechtung von Squeeze- out- Beschlüssen und Registersperre, AG 2005, S. 725-734

Schockenhoff, Martin ... Der rechtmäßige Bezugsrechtsausschluß, AG 1994, S. 45-59

Schön, Wolfgang .... Der Aktionär im Verfassungsrecht, in: Festschrift für Peter Ulmer, S. 1359-1392, hrsg. von Mathias Habersack, Peter Hommelhoff, Uwe Hüffer und Karsten Schmidt, Berlin 2003, zit.: Schön, FS Ulmer, 2003

Schubert, Werner/........ Hommelhoff, Peter Hundert Jahre modernes Aktienrecht, ZGR-Sonderheft 4, Berlin/New York 1985

Schüppen, Matthias ..... Übernahmegesetz ante portas! – Zum Regierungsentwurf eines „Gesetzes zur Regelung von öffentlichen Angeboten zum Erwerb von Wertpapieren und von Unternehmensübernahmen" –, WPg 2001, S. 958-976

Schütz, Carsten .... Neuerungen im Anfechtungsrecht durch den Referentenentwurf des Gesetzes zur Unternehmensintegrität und Modernisierung des Anfechtungsrechts (UMAG), DB 2004, S. 419-426

Schumacher, Rudolf .... Private Veräußerungsgeschäfte nach § 23 EStG für Minderheitsaktionäre als steuerliche Folge beim sog. „Squeeze-out"?, DB 2002, S. 1626-1629

Schwichtenberg, Jörg .. Going Private und Freezeouts, Hamburg 2003 (zugl. Diss. Bayreuth 2003)

Ders. .... Going Private und Squeezeouts in Deutschland, DStR 2001, S. 2075-2082

Schwintowski, Hans-.... Peter/ Schäfer, Frank A. Bankrecht, Commercial Banking – Investment Banking, 2. Aufl. Köln/Berlin/Bonn/München 2004

Seetzen, Uwe .... Spruchverfahren und Unternehmensbewertung im Wandel, WM 1999, S. 565-574

Seibert, Ulrich .... Der Entwurf eines Gesetzes zur Namensaktie und zur Erleichterung der Stimmrechtsausübung (Namensaktien – NaStraG), in: Die Namensaktie, S. 11-44, Schriften zum Kapitalmarkt – Band 3, hrsg. von Rüdiger von Rosen und Werner G. Seifert, Deutsches Aktieninstitut/Deutsche Börse 2000, zit.: Seibert, in: v. Rosen/Seifert

Seibert, Ulrich/Schütz, . Carsten Der Referentenentwurf eines Gesetzes zur Unternehmensintegrität und Modernisierung des Anfechtungsrechts, ZIP 2004, S. 252-258

Seibt, Christoph H./...... Heiser, Kristian J. Der neue Vorschlag einer EU- Übernahmerichtlinie und und das deutsche Übernahmerecht, ZIP 2002, S. 2193-2203

Seiler, Hans M. .... „Freezeout" von Minderheitsaktionären, Köln 1990 (zugl. Diss. Münster 1990)

Sellmann, Christian...... Ausgleichs- und Verfahrensregelungen des Squeeze-out auf dem Prüfstand des Verfassungsrechts, WM 2003, S. 1545-1553

Sieger, Jürgen J./Has-. selbach, Kai Der Ausschluss von Minderheitsaktionären nach den neuen §§ 327a ff. AktG, ZGR 2002, S. 120-162

Dies............................ Ausschluss von Minderheitsaktionären (Squeeze-out) im ausländischen Aktienrecht, NZG 2001, S. 926-930

Sinewe, Patrick .... Keine Anfechtungsklage gegen Umwandlungsbeschlüsse bei wertbezogenen Informationsmängeln, DB 2001, S. 690-691

Singhof, Bernd/Weber,. Christian Bestätigung der Finanzierungsmaßnahmen und Barabfindungsgewährleistung, WM 2002, S. 1158-1169

Sosnitza, Olaf .... Anmerkung zum Beschluss des BayObLG vom 17.09.1998, NZG 1998, S. 1003

Steinhauer, Carsten ..... Der Börsenpreis als Bewertungsgrundlage für den Abfindungsanspruch von Aktionären, AG 1999, S. 299-308

Steinmeyer, Roland/ .... Häger, Michael — WpÜG – Kommentar zum Wertpapiererwerbs- und Übernahmegesetz mit Erläuterungen zum Minderheitenausschluss nach §§ 327a ff. AktG, unter Mitarbeit von Mathias Santelmann und Florian Steinhardt, Berlin 2002, zit.: Steinmeyer/Häger, WpÜG

Streit, Georg .... Anmerkung zur „Macrotron"-Entscheidung des BGH, ZIP 2003, S. 392-395

Strunk, Günther/Bös, ... Sylvia — Steuerliche Aspekte beim Squeeze-Out für die Minderheits- wie Mehrheitsgesellschafter, FB 2003, S. 601-605

Stumpf, Christoph A. .... Grundrechtsschutz im Aktienrecht, NJW 2003, S. 9-15

Sustmann, Marco .... Kurzkommentar zum Beschluss des OLG Düsseldorf vom 16.01.2004, EWiR 2004, S. 467-468

Tebben, Joachim .... Ausgleichszahlungen bei Aktienübergang, AG 2003, S. 600-609

Thaeter, Ralf/Barth, ... Daniel — RefE eines Wertpapiererwerbs- und Übernahmegesetzes, NZG 2001, S. 545-550

Than, Jürgen .... Zwangsweises Ausscheiden von Minderheitsaktionären nach Übernahmeangebot?, in: Festschrift für Carsten Peter Claussen, S. 405-422, hrsg. von Klaus-Peter Martens, Harm Peter Westermann und Wolfgang Zöllner, Köln/Berlin/Bonn/München 1997, zit.: Than, FS Claussen, 1997

Thoma, Georg F .... Das Wertpapiererwerbs- und Übernahmegesetz im Überblick, NZG 2002, S. 105-112

Thümmel, Roderich C. . Anmerkung zur „Sachsenmilch"-Entscheidung, BB 1998, S. 911-912

Timm, Wolfram .... Zur Sachkontrolle von Mehrheitsentscheidungen im Kapitalgesellschaftsrecht – dargestellt am Beispiel „strukturverändernder Entscheidungen" –, ZGR 1987, S. 403-442

Ders. .... Der Missbrauch des Auflösungsbeschlusses durch den Mehrheitsgesellschafter, JZ 1980, S. 665-672

Timm, Wolfram/ .... Schöne, Torsten — Zwingende gesamtschuldnerische Haftung der Mitglieder eines Übernahmekonsortiums?, ZGR 1994, S. 113-143

Tröger, Tobias .... Neues zur Anfechtung bei Informationspflichtverletzungen, NZG 2002, S. 211-213

Ders. .... Unternehmensübernahmen im deutschen Recht (II), DZWIR 2002, S. 397-407

Ullrich, Volker............... Abfindung und Börsenkurs – Möglichkeiten zur Bemessung aktienrechtlicher Abfindungs- und Ausgleichsansprüche (§§ 304, 305, 320b AktG) nach dem Börsenkurs, Frankfurt am Main 2003 (Diss. Augsburg 2002)

Ulmer, Peter................ Die Anfechtbarkeit von Umwandlungsbeschlüssen wegen Missbrauchs des Mehrheitsgesellschafters, BB 1964, S. 665-668

Vetter, Eberhard .... Besprechung von Emmerich/Habersack, Aktien- und Konzernrecht, AG 2004, S. 219

Ders. .... Kurzkommentar zum Beschluss des LG Frankfurt/M. vom 14.05.2003, EWiR 2003, S. 1063-1064

Ders. .... Abfindungswertbezogene Informationsmängel und Rechtsschutz, in: Festschrift für Herbert Wiedemann zum 70. Geburtstag, S. 1323-1347, hrsg. von Rolf Wank, Heribert Hirte, Kaspar Frey, Holger Fleischer und Gregor Thüsing, München 2002, zit.: Vetter, FS Wiedemann, 2002

Ders. .... Squeeze-out – Der Ausschluss der Minderheitsaktionäre aus der Aktiengesellschaft nach den §§ 327 a-327 f AktG, AG 2002, S. 176-190

Ders. .... Börsenkurs und Unternehmensbewertung, DB 2001, S. 1347-1353

Ders. .... Squeeze-out nur durch Hauptversammlungsbeschluss?, DB 2001, S. 743-747

Ders. .... Kurzkommentar zum Beschluss des LG München I vom 27.03.2000, EWiR 2000, S. 595-596

Ders. .... Squeeze-out in Deutschland, ZIP 2000, S. 1817-1824

Ders. .... Anmerkung zum Beschluss des Bundesverfassungsgerichts vom 27.04.1999, AG 1999, S. 569-572

Ders. .... Anmerkung zur „DAT/Altana"-Entscheidung des Bundesverfassungsgerichts, AG 1997, S. 569-572

Vossius, Oliver .... Squeeze-out – Checklisten für Beschlussfassung und Durchführung, ZIP 2002, S. 511-516

Waclawik, Erich .... Ausgeschlossen und dennoch veräußert? – Die einkommensteuerlichen Folgen der „Steuerfalle Squeeze-out" bei Privatanleger, DStR 2003, S. 447-454

Wartenberg, Konrad..... Die Auslage von Jahresabschlüssen für das letzte Geschäftsjahr beim Squeeze-out, AG 2004, S. 539-542

Wasmann, Dirk .... Gesellschaftsrechtliche Spruchverfahren: Wann gilt altes, wann neues Recht?, DB 2003, S. 1559-1560

Wasmann, Dirk/Gayk, .. Thorsten SEEG und IDW ES 1 n.F.: Neues im Spruchverfahren, BB 2005, S. 955-957

Webering, Anabel .... Der verfassungsrechtliche Schutz der aktienrechtlichen Mitgliedschaft, Diss. Mainz 2002

Weißhaupt, Frank .... Modernisierung des Informationsmängelrechts in der Aktiengesellschaft nach dem UMAG-Regierungsentwurf, WM 2004, S. 705-712

Ders. .... Kompensationsbezogene Informationsmängel in der Aktiengesellschaft, Frankfurt am Main 2003 (zugl. Diss. Mainz 2003)

Wendt, Fred .... Die Auslegung des letzten Jahresabschlusses zur Vorbereitung der Hauptversammlung – Strukturmaßnahmen als „Saisongeschäft"?, DB 2003, S. 191-194

Wenger, Ekkehard .... Kurzkommentar zum Urteil des BGH vom 18.12.2000, EWiR 2001, S. 331-332

Ders. .... Der Fall Girmes – Ein Stück aus dem Tollhaus, ZIP 1993, S. 321-332

Wenger, Ekkehard/Kaserer, Christoph/Hecker, Renate Konzernbildung und Ausschluss von Minderheiten im neuen Übernahmerecht: Eine verpasste Chance für einen marktorientierten Minderheitenschutz, ZBB 2001, S. 317-334

Werner, Winfried .... Die Behandlung von Verbundeffekten bei Abfindungen nach den §§ 305 und 320 AktG, in: Festschrift für Ernst Steindorff zum 70. Geburtstag, S. 303-320, hrsg. von Jürgen F. Baur, Klaus J. Hopt und K. Peter Mailänder, Berlin/New York 1990, zit.: Werner, FS Steindorff, 1990

Westermann, Harry......	Sachenrecht, begründet von Harry Westermann, fortgeführt von Harm Peter Westermann, Karl-Heinz Gursky und Dieter Eickmann, 7. Aufl. Heidelberg 1998
Wiedemann, Herbert....	Gesellschaftsrecht, Band I, München 1980
Ders.	Minderheitsrechte ernst genommen, ZGR 1999, S. 857-872
Ders.	Entwicklungen im Kapitalgesellschaftsrecht, DB 1993, S. 141-153
Ders.	Rechtsethische Maßstäbe im Unternehmens- und Gesellschaftsrecht, ZGR 1980, S. 147-176
Wieneke, Laurenz	Namensaktien bei Neugründung, in: Die Namensaktie, S. 229-256, Schriften zum Kapitalmarkt – Band 3, hrsg. von Rüdiger von Rosen und Werner G. Seifert, Deutsches Aktieninstitut/Deutsche Börse 2000, zit.: Wieneke, in: v. Rosen/Seifert
Wiesbrock, Michael R. .	Erfordernis eines Pflichtangebots nach dem Wertpapiererwerbs- und Übernahmegesetz bei gleichzeitigem Vorliegen der Voraussetzungen eines Squeeze-out?, DB 2003, S. 2584-2586
Wiesen, Heinrich..........	Der materielle Gesellschafterschutz: Abfindung und Spruchverfahren, ZGR 1990, S. 503-510
Wilhelm, Jan/Dreier,..... Nils	Beseitigung von Minderheitsbeteiligungen auch durch übertragende Auflösung einer AG?, ZIP 2003, S. 1369-1375
Wilken, Oliver..............	Anmerkung zur „DAT/Altana"-Entscheidung des BVerfG, ZIP 1999, S. 1443-1444
Wilm, Daniel.................	Abfindung zum Börsenkurs – Konsequenzen der Entscheidung des BVerfG, NZG 2000, S. 234-240
Ders.	Nochmals: Abfindung zum Börsenkurs, NZG 2000, S. 1070-1073
Wilsing, Hans-Ulrich/.... Kruse, Tobias	Anfechtbarkeit von Squeeze- out und Eingliederungsbeschlüssen wegen abfindungswertbezogener Informationsmängel?, DB 2002, S. 1539-1543
Dies.............................	Zur Behandlung bedingter Aktienbezugsrechte beim Squeeze-out, ZIP 2002, S. 1465-1470

Wilts, Rainer/Schaldt,... Klaus/Nottmeier, Andreas	Unternehmensbewertung im Rahmen von Squeeze-outs, FB 2002, S. 621-629
Wirth, Gerhard/Arnold,. Michael	Anfechtungsklagen gegen Squeeze-out- Hauptversammlungsbeschlüsse wegen angeblicher Verfassungswidrigkeit, AG 2002, S. 503-507
Witthun, Georg A./ .... Giermann, Heiko A.	Herausdrängen von Minderheitsaktionären einer Aktiengesellschaft – Gestaltungsmöglichkeiten beim squeeze out, MDR 2003, S. 372-374
Wolf, Martin..................	Der Minderheitenausschluss qua „übertragender Auflösung" nach Einführung des Squeeze-Out gemäß §§ 327a-f AktG, ZIP 2002, S. 153-160
Wowerka, Arkadiusz	Zwangsaufkauf von Aktien nach polnischem Recht, RIW 2004, S. 89-98
Wymeersch, Eddy........	Übernahmeangebote und Pflichtangebote, ZGR 2002, S. 520-545
Zätzsch, Roger	Die Voraussetzungen der Umstellung von Inhaber- auf Namensaktien, in: Die Namensaktie, S. 257-278, Schriften zum Kapitalmarkt – Band 3, hrsg. von Rüdiger von Rosen und Werner G. Seifert, Deutsches Aktieninstitut/Deutsche Börse 2000, zit.: Zätzsch, in: v. Rosen/Seifert
Zeidler, Finn................	Anmerkung zum Beschluss des BayObLG vom 29.09.1998, NZG 1998, S. 949-950
Zimmer, Lutz/Meese, ... Jon Marcus	Vergleiche im Spruchverfahren und bei Anfechtungsklagen, NZG 2004, S. 201-206
Zinser, Alexander.........	Das neue Gesetz zur Regelung von öffentlichen Angeboten zum Erwerb von Wertpapieren und von Unternehmensübernahmen vom 1. Januar 2002, WM 2002, S. 15-22
Zöllner, Wolfgang.........	Kontrollrechte des einzelnen Aktionärs: Beschränkung, Erweiterung und Missbrauchsbekämpfung, in: Reformbedarf im Aktienrecht, S. 147-166, ZGR-Sonderheft 12, hrsg. von Johannes Semler in Gemeinschaft mit Peter Hommelhoff, Peter Doralt und Jean Nicolas Druey, zit.: Zöllner, ZGR-Sonderheft 12
Ders.	Aktienrechtsreform in Permanenz – Was wird aus den Rechten des Aktionärs?, AG 1994, S. 336-342

Zschocke, Christian ..... Europapolitische Mission: Das neue Wertpapiererwerbs- und Übernahmegesetz, DB 2002, S. 79-85

Abkürzungen nach: Kirchner, Abkürzungsverzeichnis der Rechtssprache, begründet von Hildebert Kirchner, bearbeitet von Cornelie Butz, 5. Aufl. Berlin 2003

Erster Teil. Grundlagen

§ 1 Einleitung

Anders als in den USA war der deutsche Aktienmarkt über einen langen Zeitraum für einen Großteil der Bevölkerung wenig zugänglich. Dies erkannte der deutsche Gesetzgeber und machte sich daher im Jahre 1965 zum Ziel, „immer weitere Schichten und Kreise unseres Volkes an dem Produktionsvermögen der Wirtschaft zu beteiligen"[1]. Die bei der Reform des Aktiengesetzes im Jahre 1965 zur Realisierung dieses Ziels angestrengten Maßnahmen beschränkten sich allerdings zunächst darauf, die Stellung des Aktionärs innerhalb der Gesellschaft zu stärken. Gesetzliche Neuerungen, die zum Zwecke der Gewinnung neuer Aktionäre den Erwerb von Gesellschaftsanteilen erleichtern, waren hingegen nicht vorgesehen. Diesbezügliche Regelungen fanden erst Mitte der 1990er Jahre Eingang in das Aktiengesetz, als man mehr und mehr zu der Erkenntnis gelangte, dass mit Einbeziehung der Kleinanleger in den Aktienhandel eine Stärkung des Kapitalmarktes und damit zugleich eine Stärkung der deutschen Wirtschaft erreicht werden könne. So setzte der Gesetzgeber zunächst durch Art. 5 Nr. 1 des Zweiten Finanzmarktförderungsgesetzes vom 26.07.1994[2] den Mindestnennbetrag von Aktien von 50 DM auf 5 DM herab. Mit der Einführung der „Ein-Euro-Aktie" rund vier Jahre später[3] wurde dieser „kleinanlegerfreundliche" Trend noch verstärkt. Neben diesen gesetzlichen Änderungen, die vielen Menschen überhaupt erst die Möglichkeit eröffneten, sich unmittelbar an Aktiengesellschaften zu beteiligen, sorgte der Gesetzgeber des Weiteren dafür, dass die Aktionärsstellung nicht mehr so schnell entzogen werden konnte. So wurde die bis dahin bestehende Möglichkeit der Mehrheitsumwandlung nach den §§ 9, 15 UmwG a.F. im Rahmen der Novellierung des Umwandlungsrechts[4] im Jahre 1994 abgeschafft. Der bis dahin gestattete zwangsweise Ausschluss einer maximal mit 10 % beteiligten Aktionärsminderheit aus einer Gesellschaft gegen Gewährung einer Barabfindung wurde als mit den Grundsätzen des Minderheiten- und Anlegerschutzes unvereinbar angesehen.[5] Diese zugunsten von Kleinanlegern erfolgenden gesetzgeberischen Maßnahmen wurden mit einem gestiegenen Interesse an Aktien honoriert, das sich insbesondere im Rahmen der Errichtung des Neuen Marktes an der Frankfurter Wertpapierbörse im Jahre 1997 offenbarte. So investierten viele Kleinanleger, angezogen vom großen Medienecho der damaligen Börsengänge,[6] insbesondere in junge High-Tech-Unternehmen, die dank der Investition in die Lage versetzt wurden, ihren Kapitalbedarf schon wenige Jahre nach Beginn ihrer betrieblichen Existenz

---

[1] Vgl. *Kropff*, BegrRegE, S. 14.

[2] Gesetz über den Wertpapierhandel und zur Änderung börsenrechtlicher Vorschriften (Zweites Finanzmarktförderungsgesetz), BGBl. I S. 1794.

[3] Herabsetzung des Mindestnennbetrags von Aktien auf einen Euro in § 8 Abs. 2 Satz 1 AktG durch Art. 3 § 2 Nr. 3 Euro-Einführungsgesetz vom 09.06.1998, BGBl. I S. 1241.

[4] Gesetz zur Bereinigung des Umwandlungsrechts (UmwBerG) vom 28.10.1994, BGBl. I S. 3210.

[5] Begr. BT-Drucks. 12/6699, S. 114 re. Sp. Vgl. zu diesem Gesichtspunkt die Überlegungen des *DAV-Handelsrechtsausschusses*, NZG 1999, 850 re. Sp., der darauf hinweist, dass die Abschaffung dieser Ausschlussmöglichkeit nicht gegen die Einführung des Squeeze-out-Rechts angeführt werden könne, da das neue Ausschlussrecht kein Institut des Umwandlungsrechts sei, sondern eines des „allgemeinen" Aktienrechts.

[6] Vgl. die Angaben bei *Hoffmann*, AG 2000, R 83 li. Sp. und AG 1999, R 124 re. Sp.: Im Zeitraum von 1997 bis Ende 2000 vollzogen rund 250 Unternehmen ein Going Public.

über die Börse abzudecken. Dies führte dazu, dass letztlich nicht nur von Seiten des Gesetzgebers, sondern auch von den Gesellschaften selbst die Beteiligung von Kleinaktionären erwünscht war.

Nach lediglich einem Jahrzehnt beiderseitigen Gewinns scheint nun allerdings eine gegenläufige Tendenz eingeleitet zu sein. Unternehmen streben den Rückzug von der Börse („Going Private“) an.[7] Während die einen beabsichtigen, ihre Tätigkeit als nicht börsennotierte Gesellschaft mit grundsätzlich unverändertem Gesellschafterbestand fortzusetzen, reicht anderen Gesellschaften die bloße Aufgabe der Börsenpräsenz nicht aus. Sie und insbesondere ihre Mehrheitsgesellschafter wünschen darüber hinaus, sich der Kleinaktionäre zu entledigen, um beispielsweise Umstrukturierungsmaßnahmen in Zukunft ohne Berücksichtigung von Minderheitsinteressen durchführen zu können. Dieser Wunsch offenbarte sich in der jüngsten Vergangenheit, als vermehrt Sachverhalte auftraten, in denen Gesellschaften nach Mitteln und Wegen suchten, ihre Kleinaktionäre auszuschließen.

§ 2 Möglichkeiten des Minderheitenausschlusses vor Einführung des Squeeze-out-Verfahrens

Da dem deutschen Recht die Möglichkeit, Kleinaktionäre auf direktem Wege zwangsweise aus einer Aktiengesellschaft auszuschließen, bis vor kurzem gänzlich unbekannt war, wurde von Seiten der Gesellschaften und insbesondere von deren Mehrheitsaktionären der Versuch unternommen, sich aktienrechtlicher Instrumentarien zur Herbeiführung des gewünschten Ausschlusses von Restminderheiten zu bedienen.[8] Dabei entwickelten sich Formen von unmittelbaren und mittelbaren Gesellschafterausschlüssen.[9]

I. Unmittelbare Ausschlussmöglichkeiten

1. Zwangseinziehung nach § 237 AktG

Eine Möglichkeit, Aktionäre unmittelbar aus einer Gesellschaft auszuschließen, bietet das in den §§ 237 ff. AktG geregelte Rechtsinstitut der Zwangseinziehung.[10] Danach ist es einer Gesellschaft gemäß § 237 Abs. 1 Satz 1 AktG gestattet, Aktien zwangsweise einzuziehen. Allerdings ist das Recht zur zwangsweisen Einziehung engen Grenzen unterworfen. Um die Aktionäre zu schützen,[11] schreibt § 237 Abs. 1 Satz 2 AktG vor, dass bereits in der ursprünglichen Satzung oder zumindest nach einer vor Übernahme oder Zeichnung der Aktien erfolgten Änderung in der Satzung eine Bestimmung enthalten sein muss, die eine solche Zwangseinziehung gestat-

[7] Vgl. die Ausführungen bei *Schwichtenberg*, S. 1.
[8] Zu den bisherigen Möglichkeiten vgl. *Küting*, DStR 2003, 839 ff.; *Munkert*, in: Fischer-Winkelmann, S. 335, 338 ff.
[9] Vgl. zu dieser Differenzierung *Baums*, S. 34; *Grunewald*, S. 3; sowie grundlegend *Wiedemann*, GesR, Band I, S. 383.
[10] Vgl. die ausführliche Darstellung bei *Baums*, S. 81 ff.; *Drukarczyk*, FS Scherrer, 2004, S. 625, 629 f.; *v. Falkenhausen*, S. 39; *Hirte*, S. 35 f.; *Reinisch*, S. 20 ff.; *Rühland*, S. 27 ff. Zur geschichtlichen Entwicklung der Vorschriften der Zwangseinziehung *Grunewald*, S. 50 ff.
[11] *Reinisch*, S. 22.

tet.[12] Da es sich bei der zwangsweisen Einziehung von Aktien um einen einseitigen rechtsgestaltenden Eingriff in die Mitgliedschaft handelt,[13] müssen sowohl der Hauptversammlungsbeschluss über die Zulassung einer Zwangseinziehung in der ursprünglichen Satzung als auch eine nachträgliche Satzungsänderung mit dem Gleichbehandlungsgrundsatz aus § 53a AktG sowie dem Verhältnismäßigkeitsgrundsatz vereinbar sein. Letzterem Erfordernis wird bei einem gezielten Hinausdrängen der Restminderheit regelmäßig nicht entsprochen mit der Folge, dass die Einziehung unzulässig ist. Der Zwangseinziehung fehlt daher grundsätzlich die Eignung als Ausschlusstechnik.[14]

2. Ausschluss aus wichtigem Grund

Gleiches gilt für den Ausschluss eines Gesellschafters aus wichtigem Grund. Die Regelungen der § 737 BGB und § 140 HGB, die den Ausschluss eines Gesellschafters aus einer Personengesellschaft gestatten,[15] sind nach der – wenn auch bestrittenen[16] – Rechtsprechung des Bundesgerichtshofs auf Aktiengesellschaften nicht entsprechend anwendbar.[17] Aber selbst dann, wenn man die entsprechende Anwendbarkeit dieser Bestimmungen unterstellt, ist es nicht möglich, mit ihrer Hilfe eine Restminderheit aus einer Aktiengesellschaft auszuschließen. Ein Gesellschafter kann nach dem in den § 737 BGB und § 140 HGB enthaltenen Grundsatz nur ausgeschlossen werden, wenn ein in seiner Person wurzelnder wichtiger Grund für den Ausschluss vorliegt.[18] Insofern bedarf es eines konkreten Verstoßes gegen die mitgliedschaftlichen Pflichten, durch den die Erreichung des Gesellschaftszwecks beeinträchtigt wird.[19] Ein solcher Verstoß fehlt jedoch, wenn es darum geht, außenstehende Aktionäre allein aufgrund ihrer Eigenschaft als Kleinaktionäre aus einer Gesellschaft herauszudrängen.[20] Denn die Kleinaktionäre bewegen sich, auch wenn sie ihre Mitgliedschaftsrechte trotz ihrer geringen Beteiligung umfassend wahrneh-

---

[12] Zur Zulässigkeit satzungsmäßiger Ausschließungsregelungen vgl. die Ausführungen von *Reinisch*, S. 28 ff.

[13] *Drukarczyk*, FS Scherrer, 2004, S. 625, 629 a.E.; *Reinisch*, S. 23 a.B. Bedenken gegen die Anwendbarkeit des § 53a AktG auf das Institut der Zwangseinziehung meldet *Rühland*, S. 34, an.

[14] *Angerer*, BKR 2002, 260, 262 li. Sp., weist zusätzlich auf die Auswirkungen für die Liquidität der Gesellschaft durch das von ihr zu leistende Zwangseinziehungsentgelt hin.

[15] Nach Ansicht von *Reinisch*, S. 35, sind sämtliche gesetzliche Ausschließungstatbestände lediglich eine Ausprägung des allgemeinen Grundsatzes der Lösbarkeit von Dauerrechtsschuldverhältnissen aus wichtigem Grund.

[16] Für die Zulässigkeit des Ausschlusses aus wichtigem Grund in einer Aktiengesellschaft: *Baums*, S. 102, 109; *Becker*, ZGR 1986, 383, 387 ff.; *Grunewald*, S. 53 a.E., 56 f.; *Habersack*, ZIP 2001, 1230 re. Sp.; *Hommelhoff*, ZHR 151 (1987), 493, 516; a.A. die wohl noch h.M.: *Martens*, FS Fischer, 1979, S. 437, 453.

[17] BGHZ 9, 157, 163; 18, 350, 361. Offen gelassen bei BGHZ 103, 184, 192 *„Linotype"*. Anders bei der Rechtsform der GmbH, bei der der Ausschluss eines Gesellschafters aus wichtigem Grund heute zum gesicherten Bestand des GmbH-Rechts gehört, vgl. BGHZ 9, 157 ff.; *Bartl*, in: Bartl/Fichtelmann/Schlarb/Schulze, I § 15 Rn. 18 ff.

[18] *Becker*, ZGR 1986, 383, 397 ff.; *Reinisch*, S. 42 ff., 88 ff.

[19] *Becker*, ZGR 1986, 383, 398.

[20] *Habersack*, in: Emmerich/Habersack, § 327a Rn. 8; so bereits früher *Becker*, ZGR 1986, 383, 386; *Grunewald*, S. 54/55, nach deren Ansicht es im Hinblick auf einen bloßen Anlegeraktionär (einer börsenfähigen Publikumsaktiengesellschaft) in der Regel an einem Ausschlussgrund fehlt.

men, innerhalb der rechtlichen Bahnen. Daran ändert auch der Umstand nichts, dass sie für den Mehrheitsaktionär besonders störend sind.[21]

3. Kaduzierung nach § 64 AktG

Eine weitere unmittelbare Ausschlussmöglichkeit bildet das Rechtsinstitut der Kaduzierung.[22] Gemäß § 64 Abs. 1 und 3 AktG können Aktionäre aus einer Gesellschaft ausgeschlossen werden, wenn sie die von ihnen geschuldete (Geld-) Einlage[23] in das Stammkapital trotz erfolgter Nachfristsetzung nicht einbringen. Wie die Nachfristsetzung zu erfolgen hat, bestimmt im Einzelnen § 64 Abs. 2 AktG. Da die Gesellschafter es selbst in der Hand haben, durch Leistung der Einlage über den Verbleib in der Gesellschaft zu entscheiden, fehlt es allerdings auch dem Rechtsinstitut der Kaduzierung an der Eignung zum Ausschluss sämtlicher Kleinaktionäre.

II. Mittelbare Ausschlussmöglichkeiten

1. Mehrheitseingliederung nach § 320 AktG

Als eine Form des mittelbaren Gesellschafterausschlusses fungiert die in den §§ 320 ff. AktG geregelte konzernrechtliche Eingliederung durch Mehrheitsbeschluss.[24] Bei diesem Rechtsinstitut ist es einer Gesellschaft nach §§ 320 Abs. 1 Satz 3, 319 Abs. 1 Satz 2 AktG i.V.m. § 179 AktG gestattet, die Minderheitsaktionäre durch einen mit satzungsändernder Mehrheit gefassten Hauptversammlungsbeschluss gegen Abfindung aus einer anderen Aktiengesellschaft hinauszudrängen. Voraussetzung für die Befugnis zum Ausschluss ist, dass sich mindestens 95 % des Kapitals der einzugliedernden Gesellschaft in der Hand der künftigen Hauptgesellschaft befinden. Wird die Eingliederung beschlossen und im Handelsregister eingetragen, so hat dies nach § 320a Satz 1 AktG zur Folge, dass sämtliche Anteile der eingegliederten Gesellschaft auf die Hauptgesellschaft übergehen. Die bisherigen Minderheitsaktionäre sind nicht länger Anteilseigner der eingegliederten Gesellschaft, sondern scheiden aus dieser aus. Als Entschädigung für das Ausscheiden ist ihnen nach § 320b Abs. 1 Satz 1 AktG eine angemessene Abfindung zu gewähren. Grundsätzlich hat dies in Form von eigenen Aktien der Hauptgesellschaft zu erfolgen. Die Minderheitsaktionäre sind demzufolge in Zukunft an der Hauptgesellschaft beteiligt. Für den Fall, dass es sich bei dieser um eine abhängige Gesellschaft handelt, sieht § 320b Abs. 1 Satz 3 AktG vor, dass den Minderheitsaktionären zusätzlich zum Angebot auf Abfindung in Aktien der Hauptgesellschaft eine Barabfindung anzubieten ist. Den Minderheitsaktionären steht insofern ein Wahlrecht zu.[25] Entscheidet sich auch nur einer der ausgeschlossenen Minderheitsaktionäre für den Aktientausch, verlagert sich seine Beteiligung

---

[21] *Angerer*, BKR 2002, 260, 262 li. Sp.

[22] S. dazu *Baums*, S. 74 ff. Vgl. zur geschichtlichen Entwicklung des Kaduzierungsverfahrens die Darstellung bei *Grunewald*, S. 50.

[23] Es werden nur rückständige Geldeinlagen erfasst. Vgl. *Reinisch*, S. 17.

[24] Vgl. zur Eingliederung *Baums*, S. 35 ff.; *Gampenrieder*, S. 34 f.; *Munkert*, in: Fischer-Winkelmann, S. 335, 338 ff.; *Reinisch*, S. 25 ff.; *Rühland*, S. 53 ff. Zur Möglichkeit der Umgehung der Eingliederungsregelungen durch Zwischenschaltung eines Squeeze-out-Verfahrens s. die Ausführungen bei *Henze*, FS Wiedemann, 2002, S. 935, 945 ff.

[25] *Kallmeyer*, AG 2000, 59 li. Sp.

auf eine höhere Ebene innerhalb des Konzerns.[26] Die Hauptgesellschaft ist damit auch zukünftig mit Kleinstbeteiligungen belastet. Dass die Eingliederung demzufolge nicht zwangsläufig zu einem endgültigen Ausscheiden sämtlicher Minderheitsaktionäre führt,[27] ist für die Hauptgesellschaft nicht nachteilig, solange es sich bei ihr um eine Publikumsgesellschaft handelt. Denn in diesem Fall ist sie ohnehin auf einen breiten Kreis von Anteilseignern ausgerichtet. Hat die Hauptgesellschaft stattdessen einen geschlossenen Aktionärskreis, so wird sie in der Regel nicht bereit sein, die Minderheitsaktionäre zukünftig auf ihrer Ebene zu beteiligen.[28] Allerdings kann die Hauptgesellschaft eine Beteiligung der Minderheitsaktionäre nicht verhindern. Denn auf die Entscheidung der Minderheitsaktionäre kann sie nur insofern einwirken, als dass sie versuchen kann, die Minderheitsaktionäre durch eine attraktive Ausgestaltung des Barabfindungsangebots von einem Aktientausch fernzuhalten. Gewissheit darüber, dass sämtliche Minderheitsaktionäre auf das Barabfindungsangebot eingehen, hat die Hauptgesellschaft insofern nicht. Neben diesem Risikofaktor ist das Institut der Mehrheitseingliederung als Mittel zum Ausschluss von Minderheitsaktionären zudem aufgrund des mit ihm verbundenen erhöhten Bewertungsaufwands nachteilig.[29] Um an die für die Ausgestaltung des Umtauschverhältnisses benötigten Daten zu gelangen, reicht es nicht aus, die einzugliedernde Aktiengesellschaft zu bewerten, vielmehr muss darüber hinaus die Hauptgesellschaft selbst bewertet werden. Solch eine doppelte Unternehmensbewertung ist in der Regel sehr aufwendig und damit kostentreibend. Dies gilt insbesondere für den Fall, dass es sich bei der Hauptgesellschaft um die Spitze eines Konzerns mit weltweit verstreuten Tochterunternehmen handelt. Um den Konzern zu bewerten, ist es erforderlich, eine Bewertung sämtlicher Tochtergesellschaften vorzunehmen. Der dabei entstehende Kostenaufwand kann Ausmaße erreichen, die in keinem Verhältnis zu den Kleinstbeteiligungen stehen, denen sich die Gesellschaft mittels Eingliederung entledigen möchte. Oftmals wird eine Abwägung zwischen den bei einer Eingliederung entstehenden Kosten und den durch sie gewonnen Vorteilen eine derartige Diskrepanz aufzeigen, dass eine Eingliederung durch Mehrheitsbeschluss gänzlich unterbleiben muss.

Abgesehen von diesen mit der Durchführung einer Mehrheitseingliederung verbundenen Nachteilen, die von den Gesellschaften gegebenenfalls in Kauf genommen werden müssen, um die Minderheitsaktionäre aus der einzugliedernden Gesellschaft herauszudrängen, bietet das Rechtsinstitut der Mehrheitseingliederung oftmals aus rechtlichen Gründen keine Hilfe.[30] Denn vielen Gesellschaften ist der Rückgriff auf dieses Rechtsinstitut von vornherein verwehrt. § 320 Abs. 1 Satz 1

---

[26] *Angerer*, BKR 2002, 260, 262 li. Sp.; *Ehricke/Roth*, DStR 2001, 1120 li. Sp.; *Gesmann-Nuissl*, WM 2002, 1205 Fn. 2; *Halm*, NZG 2000, 1161, 1164 li. Sp.; *Hamann*, S. 7; *Hasselbach*, in: Kölner Komm, WpÜG, § 327a AktG Rn. 7; *Schiessl*, AG 1999, 442, 451 re. Sp.; *Sieger/Hasselbach*, ZGR 2002, 120, 124; *Vetter*, AG 2002, 176, 179 re. Sp.

[27] *Kühn*, BB 1992, 291, 297 li. Sp. Dass die Eingliederung zum Teil als ein „Squeeze-out-Mittel" bezeichnet wird, liegt daran, dass die eingegliederte Gesellschaft als Rechtsperson ohne Minderheitsaktionäre bestehen bleibt. Der wirtschaftliche Wert der Mitgliedschaft bleibt jedoch erhalten, die Mitgliedschaft wird „rechtlich umgetauscht". Vgl. *Henze*, FS Wiedemann, 2002, S. 935, 937.

[28] *Kallmeyer*, AG 2000, 59 li. Sp., sieht die Eingliederung für diesen Fall als „kontraproduktiv" an. Vgl. auch *Krieger*, BB 2002, 53, 54 li. Sp.; *Schiessl*, AG 1999, 442, 451 re. Sp.

[29] *Gesmann-Nuissl*, WM 2002, 1205 Fn. 2; *Grunewald*, ZIP 2002, 18, 20 li. Sp. a.E.; *Hamann*, S. 7 Fn. 16; *Krieger*, BB 2002, 53, 54 li. Sp.; *Schwichtenberg*, DStR 2001, 2075, 2082 re. Sp.; *Vetter*, AG 2002, 176, 179 re. Sp.

[30] Vgl. *Kühn*, BB 1992, 291, 297 li. Sp. („erhebliche rechtliche Nachteile").

AktG gestattet die Mehrheitseingliederung nur solchen Hauptgesellschaften, bei denen es sich um inländische Aktiengesellschaften handelt. Hauptgesellschaften anderer Rechtsform oder ausländischen Gesellschaften versagt das Aktienrecht die Möglichkeit, eine Eingliederung durch Mehrheitsbeschluss durchzuführen.[31] Ihnen ist es demzufolge von Anfang an unmöglich, sich im Wege einer Mehrheitseingliederung der Restminderheit zu entledigen.[32]

2. Verschmelzung nach dem Umwandlungsgesetz

Nach Abschaffung der ursprünglich im Umwandlungsgesetz von 1969 in den §§ 9, 15 vorgesehenen Möglichkeit, eine Aktionärsminderheit von bis zu 10 % zwangsweise gegen Gewährung einer Barabfindung aus einer Gesellschaft auszuschließen, wenn sich mindestens 90 % des Grundkapitals in Händen eines Mehrheitsaktionärs befanden,[33] enthält das Umwandlungsgesetz keine Regelung zum Zwangsausscheiden von Minderheitsgesellschaftern.[34] Gleichwohl wird versucht, das Rechtsinstitut der Verschmelzung auf eine nicht börsennotierte Aktiengesellschaft als ein Mittel zum Ausschluss von Kleinstbeteiligungen zu instrumentalisieren.[35] Nach den §§ 2 ff. UmwG kann eine börsennotierte Aktiengesellschaft als übertragende Gesellschaft mit einer Aktiengesellschaft verschmolzen werden, deren Aktien nicht an einer Börse gehandelt werden. Dazu erforderlich ist nach § 4 Abs. 1 Satz 1 UmwG der Abschluss eines Verschmelzungsvertrags zwischen den beteiligten Rechtsträgern, zu dessen Mindestinhalt nach § 5 Abs. 1 Nr. 3 UmwG das „Umtauschverhältnis“ der Anteile gehört. Um das Umtauschverhältnis feststellen zu können, bedarf es der Bewertung der übertragenden Aktiengesellschaft.[36] Diese ist in der Regel mit einem großen Aufwand verbunden und stellt sich daher als nachteilig dar. Die Wirksamkeit des Verschmelzungsvertrags ist gemäß § 13 Abs. 1 Satz 1 UmwG davon abhängig, dass ihm die Anteilsinhaber der beteiligten Rechtsträger im Rahmen einer Hauptversammlung durch einen Verschmelzungsbeschluss zustimmen. Dafür bedarf es nach § 65 Abs. 1 Satz 1 UmwG grundsätzlich einer Mehrheit von drei Vierteln des bei der Beschlussfassung vertretenen Grundkapitals.[37] Gemäß § 16 Abs. 1 Satz 1 UmwG ist die Verschmelzung zur Eintragung in das Handelsregister anzumelden, an dem die Rechtsträger ihren Sitz haben. Die Eintragung der Verschmelzung bewirkt nach § 20 Abs. 1 Nr. 1 UmwG schließlich, dass das Vermögen des übertragenden Rechtsträgers einschließlich der Verbindlichkeiten auf den übernehmenden Rechtsträger übergeht. Der übertragende Rechtsträger erlischt gemäß § 20 Abs. 1 Nr. 2 Satz 1 UmwG. Dessen Aktionären sind nach der Regelung des § 20 Abs. 1 Nr. 3 UmwG zwingend Aktien der übernehmenden Gesellschaft zu gewähren. Hingegen reicht es

---

[31] *Krieger*, BB 2002, 53, 54 li. Sp.; *Sieger/Hasselbach*, ZGR 2002, 120, 124.

[32] Vgl. zur praktischen Bedeutung der Mehrheitseingliederung nach Einführung der Squeeze-out-Regelungen *Baums*, S. 47; *DAV-Handelsrechtsausschuss*, NZG 1999, 850 li. Sp.; *Grzimek*, in: Geibel/Süßmann, WpÜG, Art. 7, § 327a AktG Rn. 13; *Habersack*, in: Emmerich/Habersack, § 320 Rn. 8.

[33] Das UmwG 1956 gestattete den mit der Übertragung des Vermögens auf den Hauptaktionär verbundenen Ausschluss der Minderheitsaktionäre sogar bereits dann, wenn der Hauptaktionär lediglich zu 75 % an der Gesellschaft beteiligt war. Vgl. dazu *v. Falkenhausen*, S. 35 f.

[34] *Henze*, FS Wiedemann, 2002, S. 935, 936.

[35] Vgl. dazu die Darstellung bei *Gampenrieder*, S. 29 f.; *Rühland*, S. 66 ff.

[36] *Beckmann*, in: Beck'sches Handbuch der AG, § 13 Rn. 4.

[37] Nach § 65 Abs. 1 Satz 2 UmwG können in der Satzung eine größere Kapitalmehrheit und weitere Erfordernisse bestimmt werden.

nicht aus, den Aktionären des übertragenden Rechtsträgers eine Barabfindung zu gewähren. Selbst für den Fall, dass der übernehmende Rechtsträger ausnahmsweise nach § 29 Abs. 1 Satz 1 Hs. 1 UmwG gezwungen sein sollte, den Minderheitsaktionären des übertragenden Rechtsträgers den Erwerb ihrer Anteile gegen eine angemessene Barabfindung anzubieten, ist damit nicht zwangsläufig der Ausschluss sämtlicher außenstehender Aktionäre verbunden.[38] Denn die Aktionäre, an die sich das Angebot richtet, mithin diejenigen Anteilsinhaber, die gegen den Verschmelzungsbeschluss Widerspruch zur Niederschrift erklärt haben bzw. denen dies aus den in § 29 Abs. 2 UmwG normierten Gründen nicht möglich war, sind nicht verpflichtet, dieses Angebot anzunehmen. Aus diesem Grunde ist das Rechtsinstitut der Verschmelzung nicht als Instrument zum Ausschluss sämtlicher Minderheitsaktionäre zu gebrauchen.[39]

3. Formwechsel

Eine weitere Möglichkeit des mittelbaren Ausschlusses von Aktionären stellt der in den §§ 190 ff. UmwG geregelte Rechtsformwechsel dar.[40] Danach kann nach Maßgabe von § 240 Abs. 1 Satz 1 UmwG eine börsennotierte Aktiengesellschaft durch einen mit qualifizierter Mehrheit zu fassenden Hauptversammlungsbeschluss in eine Gesellschaft mit beschränkter Haftung umgewandelt werden.[41] Voraussetzung für eine Fortdauer der Mitgliedschaft in der Gesellschaft neuer Rechtsform ist, dass die Beteiligung des einzelnen Aktionärs der nach § 5 Abs. 1 GmbHG vorgeschriebenen Mindesteinlage entspricht. Möchten die Aktionäre wegen des Formwechsels dagegen aus der Gesellschaft ausscheiden, so müssen sie gegen den Umwandlungsbeschluss Widerspruch zur Niederschrift erklären. Dies hat nach § 207 Abs. 1 Satz 1 UmwG zur Folge, dass ihnen von Seiten des formwechselnden Rechtsträgers zwingend der Erwerb ihrer umgewandelten Anteile gegen eine angemessene Barabfindung anzubieten ist. Jedem einzelnen Aktionär verbleibt damit unabhängig vom Willen des Mehrheitsaktionärs die Entscheidung darüber, ob er wünscht, an der Gesellschaft neuer Rechtsform beteiligt zu sein oder es vorzieht, die Gesellschaft zu verlassen. Demzufolge steht für den Mehrheitsaktionär nie sicher fest, dass im Rahmen des Rechtsformwechsels sämtliche Minderheitsaktionäre ihre Beteiligung an der Gesellschaft aufgeben. Der Mehrheitsaktionär kann allein darauf spekulieren, dass die Bedingungen für den Verbleib in der Gesellschaft aufgrund der durch den Formwechsel stark eingeschränkten Verkehrsfähigkeit der Beteiligung[42] derart unattraktiv gestaltet sind, dass die Minderheitsaktionäre ein Ausscheiden aus der Gesellschaft vorziehen. Selbst wenn viele der Minderheitsaktionäre von dieser Möglichkeit Gebrauch machen und die Gesellschaft verlassen, so muss der Mehrheitsaktionär

---

[38] *Gampenrieder*, S. 30; *Kallmeyer*, AG 2000, 59 li. Sp.; *Vetter*, AG 2002, 176, 179 li. Sp.
[39] *Halm*, NZG 2000, 1162, 1163 re. Sp.
[40] Vgl. dazu die Darstellung bei *Gampenrieder*, S. 30 f.; *Rühland*, S. 71 ff.
[41] Möglich ist auch der Formwechsel in eine Personengesellschaft in Form der (GmbH & Co.) Kommanditgesellschaft. Die Umwandlung setzt nach § 233 Abs. 2 Satz 1 UmwG jedoch zum einen voraus, dass Dreiviertel des vertretenen Grundkapitals zustimmen. Zum anderen müssen bei dem Wechsel in eine Kommanditgesellschaft nach § 233 Abs. 2 Satz 3 UmwG alle Aktionäre zustimmen, die persönlich haftender Gesellschafter der Kommanditgesellschaft werden sollen. Aufgrund des zusätzlichen Zustimmungserfordernisses dürfte dieser Umwandlungsmöglichkeit in der Regel gänzlich die Eignung zum Ausschluss von Aktionären fehlen.
[42] *Halm*, NZG 2000, 1162, 1163 li. Sp.

künftig erst einmal in einer sich von der Aktiengesellschaft grundlegend unterscheidenden Gesellschaftsform der Gesellschaft mit beschränkter Haftung operieren und sieht sich demnach letztlich selbst mit der beschränkten Verkehrsfähigkeit konfrontiert. In der Regel steht die beschränkte Verkehrsfähigkeit mit dem eigentlichen Ziel, nämlich dem Ausschluss der Minderheitsaktionäre nicht im Einklang, zumal etwaig angestrebte Strukturmaßnahmen, aufgrund derer der Ausschluss der Minderheitsaktionäre bedingt gewesen sein mag, möglicherweise in der neuen Rechtsform keine Umsetzung erfahren können.

4. Delisting

Es kann darüber hinaus versucht werden, sich im Hinblick auf den begehrten Ausschluss der Minderheitsaktionäre durch ein Delisting,[43] also den Widerruf der Börsenzulassung zu behelfen. Mit Einfügung der Bestimmung des § 43 Abs. 4 a.F. BörsG durch das Dritte Finanzmarktförderungsgesetz[44] im Jahre 1998 wurde Emittenten erstmals gestattet, durch ihren Vorstand bei der Börsenaufsicht den Widerruf der Börsenzulassung zu beantragen. Diese Regelung ist mit dem Inkrafttreten des Vierten Finanzmarktförderungsgesetzes[45] mit unverändertem Wortlaut in den § 38 Abs. 4 BörsG eingeflossen. Trotz dieser gesetzlichen Normierung eignet sich das Delisting kaum als Mittel zum Ausschluss von Minderheitsaktionären. Dies beruht darauf, dass über die gesellschaftsrechtlichen Voraussetzungen des Delisting, vor allem darüber, ob der Antrag des Vorstands einen vorherigen Hauptversammlungsbeschluss der emittierenden Gesellschaft erfordert, lange Zeit Unklarheit herrschte. Insofern brachte zwar zwischenzeitlich der *„Macrotron"*-Beschluss des Bundesgerichtshofs einige Gewissheit. Danach bedarf ein reguläres Delisting eines mit einfacher Mehrheit zu fassenden Hauptversammlungsbeschlusses.[46] Zudem ist den Minderheitsaktionären der Wert ihrer Anteile zu ersetzen,[47] was dadurch zu erfolgen hat, dass der das Delisting anstrebende Mehrheitsaktionär oder die Gesellschaft den Minderheitsaktionären den Erwerb ihrer Anteile anbieten muss.[48] Entscheiden sich die Minderheitsaktionäre für eine Veräußerung ihrer Anteile, so erhalten sie dafür eine Barabfindung, deren Höhe nach Feststellung des Bundesgerichtshofs einer gerichtlichen Überprüfung im Spruchverfahren zugänglich ist.[49] Die Vorgabe dieser Grundsätze durch den Bundesgerichtshof ändert jedoch nichts daran, dass für den Mehrheitsaktionär nie gewiss ist, ob alle Minderheitsaktionäre bereit sind, ihre Beteiligung aufzugeben und das ihnen unterbreitete Angebot annehmen. Die Minder-

[43] Vgl. dazu *Hecker/Kaserer*, BFuP 2004, 137, 139.
[44] Gesetz zur weiteren Fortentwicklung des Finanzplatzes Deutschland (Drittes Finanzmarktförderungsgesetz) vom 24.03.1998, BGBl. I S. 529.
[45] Gesetz zur weiteren Fortentwicklung des Finanzplatzes Deutschland (Viertes Finanzmarktförderungsgesetz) vom 21.06.2002, BGBl. I S. 2010.
[46] BGH NJW 2003, 1032, 1034 li. Sp. *„Macrotron"*. Vgl. zu diesem Erfordernis auch *Bürgers*, NJW 2003, 1642, 1643 li. Sp.; *Streit*, ZIP 2003, 392, 393 re. Sp.; sowie bereits vor der Entscheidung des Bundesgerichtshofs *Hellwig/Bormann*, ZGR 2002, 465, 473 ff. Ausführliche Ausführungen zu den nach Ergehen der *„Macrotron"*-Entscheidung bestehenden gesellschaftsrechtlichen Voraussetzungen eines Delisting bei *Benecke*, WM 2004, 1122 ff.
[47] BGH NJW 2003, 1032, 1034 re. Sp. *„Macrotron"*.
[48] Nach *Benecke*, WM 2004, 1122, 1125 re. Sp., sollen sich die an das „Pflichtangebot" zu stellenden Anforderungen aus einer Gesamtanalogie u.a. zu § 327b AktG ergeben.
[49] BGH NJW 2003, 1032, 1035 li. Sp. *„Macrotron"*.

heitsaktionäre können sich trotz der in Zukunft fehlenden Börsennotiz dafür entscheiden, an der nicht länger börsennotierten Gesellschaft beteiligt zu bleiben. Darüber hinaus bildet der Widerruf der Börsenzulassung selbst einen gewissen Unsicherheitsfaktor. Die Entscheidung über den Widerruf steht im Ermessen der Zulassungsstelle, da es sich bei dem Widerruf der Zulassung zur amtlichen Notierung um einen actus contrarius zur Börsenzulassung handelt.[50] Die Zulassungsstelle kann nach § 38 Abs. 4 BörsG die Zulassung widerrufen, wenn dies dem Schutz der Anleger nicht widerspricht. Weder der Mehrheitsaktionär noch die Gesellschaft können jedoch den Widerruf beanspruchen. Sie haben lediglich einen Anspruch auf ermessensfehlerfreie Entscheidung. Aus diesen Gründen fehlt es dem Rechtsinstitut des Delisting an der Eignung zum Ausschluss sämtlicher Minderheitsaktionäre.[51]

5. Zusammenlegung von Anteilen

Die Nutzung der ordentlichen Kapitalherabsetzung (§§ 222 ff. AktG) und – im Falle einer Unternehmenskrise – der vereinfachten Kapitalherabsetzung (§§ 229 ff. AktG) erweist sich zum Zwecke des Ausschlusses von Minderheitsaktionären ebenso als unbrauchbar.[52] Zwar ist es möglich, das Grundkapital einer Gesellschaft und die Anzahl der Aktien durch Zusammenlegung von Anteilen (so genannter „reverse stock split“[53]) soweit zu reduzieren, dass die Minderheitsaktionäre nicht mehr über die Anzahl von Aktien verfügen, die erforderlich ist, um im Rahmen der Zusammenlegung zumindest eine stimmberechtigte Aktie zu erhalten.[54] Ein solches Vorgehen ist jedoch nur in einem sehr begrenzten Umfang gesetzlich gestattet. Zum einen ist die Herabsetzung des Kapitals durch Zusammenlegung von Aktien subsidiär,[55] das heißt, sie darf gemäß § 222 Abs. 4 Satz 2 AktG nur erfolgen, wenn eine Herabsetzung durch Verringerung der Aktiennennbeträge nicht mehr möglich ist. Neben dem sich daraus ergebenden Erfordernis einer vorherigen Herabsetzung der Aktiennennbeträge ist eine Zusammenlegung von Anteilen zum Zwecke des Ausschlusses von Minderheitsaktionären auch aus dem Grunde unpraktikabel, dass nie sichergestellt ist, dass tatsächlich alle Minderheitsaktionäre die ihnen verbliebenen Aktienbruchstücke gegen Gewährung einer Abfindung abgeben.[56] Denn die Minderheitsaktionäre könnten versuchen, ihren Verbleib in der Gesellschaft durch Zukauf von Anteilen zu sichern. Zum anderen hat der Bundesgerichtshof der Zulässigkeit einer Zusammenlegung von Aktien in der *„Hilgers“*-Entscheidung enge Grenzen gesteckt. Das Gericht stellte fest, dass die gesellschaftliche Treuepflicht gebiete, dass der Mehrheitsaktionär im Rahmen einer Kapitalherabsetzung sämtlichen Mitgesellschaftern den Verbleib in der Gesellschaft ermöglicht.[57] Eine Herabsetzung des Kapitals in

---

[50] *Schwichtenberg*, S. 97.
[51] *Vetter*, AG 2002, 176, 179 li. Sp. Vgl. auch *Streit*, ZIP 2003, 392, 395 re. Sp., der nach Einführung der §§ 327a ff. AktG empfiehlt, den „sicheren Weg über einen Squeeze-out zu gehen“.
[52] Zur Möglichkeit des Ausschlusses von GmbH-Gesellschaftern durch eine Kapitalherabsetzung auf Null s. die Darstellung bei *Priester*, DNotZ 2003, 592 ff.
[53] Vgl. dazu *Richard/Weinheimer*, BB 1999, 1613, 1615 f.
[54] *Baums*, S. 93 ff.; *Hecker/Kaserer*, BFuP 2004, 137, 141; *Helmis/Kemper*, DBW 62 (2002), 512, 515 li. Sp./re. Sp.; *Rühland*, S. 47 ff.
[55] Vgl. dazu die Ausführungen bei *Rühland*, S. 48.
[56] *Baums*, S. 98.
[57] BGH AG 1999, 517 re. Sp. *„Hilgers AG“*.

einem derartigen Ausmaß, dass die Minderheitsaktionäre außerstande sind, weiterhin an der Gesellschaft beteiligt zu sein, verstößt demnach gegen die Treuepflicht.

6. Übertragende Auflösung

Die populärste Technik zum Ausschluss einer Restminderheit aus einer Gesellschaft war bislang die so genannte übertragende Auflösung,[58] die durch den vom Bundesverfassungsgericht entschiedenen *„MotoMeter"*-Fall große Bedeutung erlangt hat und ihm ihren Beinamen als so genannte „MotoMeter-Methode" verdankt. Die übertragende Auflösung vollzieht sich schrittweise,[59] wobei der eine Schritt in dem Verkauf des Betriebsvermögens besteht, der andere Schritt die Auflösung der Gesellschaft zum Gegenstand hat. Die zeitliche Abfolge dieser Schritte kann variieren. So ist es möglich, dass zunächst das gesamte Vermögen einer Aktiengesellschaft auf deren Mehrheitsaktionär oder eine von diesem kontrollierte andere Gesellschaft rechtsgeschäftlich übertragen wird. Der Begriff der Übertragung des ganzen Vermögens ist nicht wörtlich zu verstehen. Eine Übertragung des ganzen Vermögens ist auch dann gegeben, wenn nur unwesentliches Vermögen bei der Aktiengesellschaft verbleibt. Der den Rechtsgrund für die Übertragung bildende Kaufvertrag bedarf zu seiner Wirksamkeit nach § 179a Abs. 1 Satz 1 AktG i.V.m. § 179 Abs. 2 Satz 1 AktG eines mit qualifizierter Mehrheit gefassten Hauptversammlungsbeschlusses. Demzufolge müssen grundsätzlich drei Viertel des bei der Beschlussfassung vertretenen Grundkapitals der Veräußerung zustimmen.[60] Auf die Veräußerung des Gesellschaftsvermögens folgt die Auflösung der Gesellschaft, die durch die Hauptversammlung gemäß § 262 Abs. 1 Nr. 2 AktG mit einer Mehrheit von drei Vierteln des vertretenen Kapitals zu beschließen ist. Die übertragende Auflösung kann sich darüber hinaus dergestalt vollziehen, dass in einem ersten Schritt die Auflösung der Gesellschaft beschlossen wird und erst anschließend das Betriebsvermögen der Gesellschaft im Rahmen des Liquidationsverkaufs auf die Erwerbergesellschaft übertragen wird.[61] Die unterschiedliche Reihenfolge von Auflösung und Veräußerung ändert nichts daran, dass die Minderheitsaktionäre im Rahmen der Auflösung der Aktiengesellschaft ihre Beteiligung verlieren. Sie können nicht beanspruchen, dass ihnen in Zukunft Anteile an der erwerbenden Gesellschaft eingeräumt werden. Ihnen steht gemäß § 271 Abs. 1 AktG lediglich der aus der Liquidation der Aktiengesellschaft stammende, auf sie anteilig entfallende Erlös zu, wobei es sich im Wesentlichen um den für das Unternehmen gezahlten Kaufpreis handelt. An die Verteilung des verbliebenen Vermögens, die aus Gründen des Gläubigerschutzes gemäß § 272 Abs. 1 AktG erst nach Ablauf eines Sperrjahres erfolgen darf, schließt sich die Vollbeendigung der Gesellschaft an, die zu einem endgültigen Erlöschen der Mitgliedschaft der Minderheitsaktionäre führt.

---

[58] Vgl. *Lutter/Drygala*, FS Kropff, 1997, S. 191, 201.

[59] Vgl. zum Rechtsinstitut der übertragenden Auflösung die Darstellung bei *Baums*, S. 47 ff.; *Drukarczyk*, FS Scherrer, 2004, S. 625, 631 f.; *Gampenrieder*, S. 35 f.; *Henze*, FS Peltzer, 2001, S. 181, 182 f.; *Munkert*, in: Fischer-Winkelmann, S. 335, 342 ff.; *Rühland*, S. 74 ff.

[60] Etwas anderes gilt ausnahmsweise dann, wenn die Gesellschaft von der ihr in § 179a Abs. 1 Satz 2 AktG eingeräumten Möglichkeit Gebrauch gemacht hat und in der Satzung eine größere Kapitalmehrheit festgelegt wurde. In diesem Fall ist zwingend dieser Mehrheit zu entsprechen.

[61] So im Fall BGHZ 103, 184 *„Linotype"*.

Das Bundesverfassungsgericht hat im Fall *„MotoMeter"* einen solchen faktischen Ausschluss von Minderheitsaktionären im Grundsatz als verfassungsrechtlich zulässig erachtet.[62] Es hat jedoch zugleich festgestellt, dass den außenstehenden Aktionären die Möglichkeit einzuräumen ist, die Angemessenheit der Bewertung des übertragenen Vermögens, letztlich also den vom Mehrheitsaktionär geschuldeten Kaufpreis, von den Zivilgerichten überprüfen zu lassen. Denn aufgrund der Besonderheit, dass bei der übertragenden Auflösung sowohl auf Erwerber- als auch auf Veräußererseite der Mehrheitsaktionär beteiligt ist, besteht die Gefahr eines Interessenkonflikts. Aus dem Umstand, dass es sich bei der übertragenden Auflösung demzufolge um einen Sonderfall der auf die Veräußerung des Gesellschaftsvermögens an einen unabhängigen Dritten zugeschnittenen Regelung des § 179a AktG handelt, ergeben sich letztlich Ungereimtheiten und Nachteile, die das Rechtsinstitut der übertragenden Auflösung als eine für die Praxis nicht brauchbare Ausschlussmöglichkeit erscheinen lassen.[63] Ein wesentlicher Nachteil besteht darin, dass das Spruchverfahren für die gerichtliche Überprüfung der Angemessenheit des bei der übertragenden Auflösung gezahlten Kaufpreises nicht eröffnet ist.[64] Von vornherein käme nur eine analoge Anwendung der Vorschriften über das Spruchverfahren in Betracht. Eine Analogie scheidet jedoch aus, weil es an der dafür erforderlichen planwidrigen Regelungslücke fehlt.[65] Die Angemessenheit des Kaufpreises kann im Rahmen einer Anfechtungsklage überprüft werden,[66] die nicht nur nach § 243 Abs. 1 Alt. 1 AktG auf eine Verletzung des Gesetzes oder auf eine Missachtung der mitgliedschaftlichen Treuebindung gestützt, sondern bei der nach § 243 Abs. 2 Satz 1 AktG auch das Verfolgen von Sondervorteilen durch den Mehrheitsaktionär gerügt werden kann. Eine Anfechtungsklage ist oftmals von langer Dauer und kann die Durchführung der übertragenden Auflösung über Jahre verzögern.[67] Dies wiegt umso schwerer, als die übertragende Auflösung wegen des nach § 272 Abs. 1 AktG vorgeschriebenen Sperrjahres ohnehin ein langwieriger Vorgang ist.[68] Ein weiterer Nachteil der übertragenden Auflösung ist darin begründet, dass sie im Wege der Einzelrechtsnachfolge erfolgt.[69] Erforderlich ist, dass sämtliche Vermögensgegenstände der Aktiengesellschaft einzeln übertragen werden. Dies kann insbesondere dann mit erheblichen Schwierigkeiten verbunden sein, wenn Verträge mit Dritten die

---

[62] Einen ausführlichen Überblick über die Rechtsprechung zur übertragenden Auflösung gibt *Henze*, FS Wiedemann, 2002, S. 935, 939 ff.; *ders.*, FS Peltzer, 2001, S. 181, 184 ff.

[63] Vgl. *Angerer*, BKR 2002, 260, 263 li. Sp., der der Ansicht ist, die übertragende Auflösung sei „alles andere als ein Patentrezept".

[64] BVerfG NZG 2000, 1117, 1119 re. Sp. *„MotoMeter"*. So bereits vorher: OLG Stuttgart ZIP 1997, 362 re. Sp. *„MotoMeter II"*; Lutter/Drygala, FS Kropff, 1997, S. 191, 199. Vgl. auch die Darstellung aus Sicht der Minderheitsaktionäre bei *Sosnitza*, NZG 1998, 1003 re. Sp.

[65] BVerfG NZG 2000, 1117, 1119 re. Sp. *„MotoMeter"*; *Bauer*, NZG 2000, 1214, 1215 li. Sp.; *Munkert*, in: Fischer-Winkelmann, S. 335, 344. Eine analoge Anwendung befürwortet hingegen *Wolf*, ZIP 2002, 153, 158 f.

[66] *Henze*, FS Peltzer, 2001, S. 181, 194.

[67] *Kossmann*, NZG 1999, 1198, 1200 re. Sp.; *Krieger*, BB 2002, 53, 54 li. Sp., der davon ausgeht, dass die übertragende Auflösung durch die Möglichkeit der Anfechtungsklage für die Praxis unbrauchbar geworden ist.

[68] *Angerer*, BKR 2002, 260, 263 li. Sp.; *Halm*, NZG 2000, 1162, 1164 re. Sp.; *Küting*, DStR 2003, 838 re. Sp.

[69] *Kallmeyer*, AG 2000, 59 li. Sp.; *Munkert*, in: Fischer-Winkelmann, S. 335, 342, 344 a.E.; *Neye*, EWiR 2000, 913, 914.

essentielle Basis der Geschäftstätigkeit bilden.[70] Des Weiteren führt der Verkauf des ganzen Gesellschaftsvermögens dazu, dass etwaig vorhandene stille Reserven der Gesellschaft aufgedeckt werden müssen. Damit sind regelmäßig erhebliche steuerliche Nachteile verbunden.[71] Aufgrund dieser Schwierigkeiten stellt auch das Rechtsinstitut der übertragenden Auflösung kein adäquates Mittel zum Ausschluss von Minderheitsaktionären aus einer Gesellschaft dar.[72]

III. Zwischenergebnis

Sowohl den unmittelbaren als auch den mittelbaren Ausschlusstechniken fehlt es demnach an der Eignung, den Mehrheitsaktionär in die Lage zu versetzen, die übrigen Aktionäre gegen ihren Willen aus einer Gesellschaft auszuschließen. Aufgrund der mit ihnen verbundenen Unsicherheiten und Nachteile erweisen sich die dargestellten Ausschlussmöglichkeiten für die Praxis allesamt als nicht wirkungsvoll.[73]

§ 3 Neuregelung und Gesetzgebungsverfahren

I. Die Ausgangsbasis des Gesetzgebers

Die Situation stellte sich damit wie folgt dar: Immer mehr Gesellschaften verfolgten das Ziel, sich ihrer Minderheitsaktionäre zu entledigen. Den ihnen als Ausschlussmöglichkeiten gesetzlich zur Verfügung stehenden Rechtsinstituten mangelte es im Hinblick auf die Realisierung dieses Ziels an Effektivität. Daher verwundert es nicht, dass sowohl Vertreter aus der Wirtschaft und von Seiten der Kapitalmärkte als auch Stimmen aus der rechtswissenschaftlichen Literatur an den Gesetzgeber herantraten und nachdrücklich nach einem gesetzlichen Ausschlussverfahren verlangten. Die Forderungen unterschieden sich in einzelnen konzeptionellen Aspekten. In einem Punkt waren sich jedoch alle einig: Dem Mehrheitsgesellschafter einer Aktiengesellschaft solle das Recht eingeräumt werden, die in der Gesellschaft verbliebenen Minderheitsaktionäre gegen Gewährung einer Abfindung aus der Gesellschaft auszuschließen. Den nachhaltigen Forderungen kam der Gesetzgeber nach, als er durch Art. 7 des am 1. Januar 2002 in Kraft getretenen „Gesetzes zur Regelung von öffent-

---

[70] *Angerer*, BKR 2002, 260, 263 li. Sp.

[71] *Ehricke/Roth*, DStR 2001, 1120 li. Sp.; *Gesmann-Nuissl*, WM 2002, 1205 Fn. 2; *Hamann*, S. 8; *Hecker/Kaserer*, BFuP 2004, 137, 141; *Schwichtenberg*, DStR 2001, 2075, 2082 li. Sp.; *Steinmeyer/Häger*, WpÜG, § 327a AktG Rn. 13.

[72] Die Zulässigkeit der übertragenden Auflösung neben dem Rechtsinstitut des Squeeze-out ist umstritten. Für eine weitere uneingeschränkte Zulässigkeit der übertragenden Auflösung neben den §§ 327a ff. AktG: *Fleischer*, ZGR 2002, 757, 789 a.B.; *Grzimek*, in: Geibel/Süßmann, WpÜG, Art. 7, § 327a AktG Rn. 9; *Roth*, NZG 2003, 998, 1000 li. Sp.; *Schwichtenberg*, DStR 2001, 2075, 2082 li. Sp. a.E.; *Wolf*, ZIP 2002, 153, 157 li. Sp. Eine Beschränkung der Zulässigkeit auf die Fälle einer Minderheitsbeteiligung in Höhe von unter 5 % fordern dagegen *Hamann*, S. 143; *v. Morgen*, WM 2003, 1553, 1555 re. Sp., 1556 li. Sp. *Henze*, FS Wiedemann, 2002, S. 935, 949, ist der Ansicht, dass der Minderheitsaktionär im Falle einer übertragenden Auflösung zukünftig anstatt seines Anteils am Liquidationsüberschuss eine Abfindung für den Verlust der Mitgliedschaft verlangen kann. Von einer praktischen Bedeutungslosigkeit der übertragenden Auflösung gehen *Wilhelm/Dreier*, ZIP 2003, 1369, 1374 li. Sp., aus.

[73] *Angerer*, BKR 2002, 260, 262 li. Sp.; *Ehricke/Roth*, DStR 2001, 1120 li. Sp.; *Helmis/Kemper*, DBW 62 (2002), 512, 515/516; *Kossmann*, NZG 1999, 1198, 1201 li. Sp.; *Steinmeyer/Häger*, WpÜG, § 327a AktG Rn. 10.

lichen Angeboten zum Erwerb von Wertpapieren und von Unternehmensübernahmen" einen neuen Vierten Abschnitt in das Dritte Buch des Aktiengesetzes mit der Überschrift „Ausschluss von Minderheitsaktionären" einfügte. Die im Anschluss und in Anlehnung an die Bestimmungen der Mehrheitseingliederung geregelten §§ 327a-f AktG lassen erstmals positivrechtlich zu, dass ein Aktionär, dem direkt oder indirekt Aktien einer Aktiengesellschaft oder Kommanditgesellschaft auf Aktien in Höhe von mindestens 95 % des Grundkapitals gehören (so genannter Hauptaktionär), die in der Gesellschaft verbliebenen übrigen Aktionäre (so genannte Minderheitsaktionäre) ohne deren Zustimmung gegen Gewährung einer angemessenen Barabfindung aus der Gesellschaft verdrängen und zugleich deren Aktien zwangsweise erwerben kann. Das Ausschlussrecht besteht unabhängig davon, ob der Hauptaktionär Inländer oder Ausländer ist.[74]

II. Das Gesetzgebungsverfahren zum Ausschlussrecht

Das Recht zum zwangsweisen Ausschluss von Minderheitsaktionären ist keine Neuerfindung des deutschen Gesetzgebers. Es hat seinen Ursprung im angelsächsischen Rechtskreis, wo sich das Greene Committee unter Hinweis auf die aus der Nichterreichbarkeit von unbekannten Aktionären resultierenden Probleme sowie eine etwaige Blockierung der Mehrheit durch die Minderheit bereits im Jahre 1929 für die Schaffung einer Ausschlussmöglichkeit ausgesprochen hatte. Eine Umsetzung dieser Empfehlung erfolgte durch die Einführung einer Ausschlussregelung in Section 155 des Companies Act von 1929.[75] Im deutschen Rechtskreis zeigten sich erste Ansätze einer gesetzlichen Regelung zum zwangsweisen Ausschluss von Minderheitsaktionären erst sieben Jahrzehnte später. Erste Pläne von Seiten des Gesetzgebers sahen vor, in das Gesetz zur Kontrolle und Transparenz im Unternehmensrecht (KonTraG) eine Regelung aufzunehmen, die es einem Hauptaktionär ermöglichen sollte, die verbliebenen Minderheitsaktionäre aus der Gesellschaft herauszudrängen. Als sich jedoch abzeichnete, dass ein derartiges Recht auf europäischer Ebene Eingang in eine gesetzliche Regelung finden sollte, wurden die gesetzgeberischen Pläne für das nationale Recht zunächst zurückgestellt. In Gang gesetzt wurden die gesetzgeberischen Aktivitäten erst wieder durch eine Gesetzesinitiative des Bundesverbandes der Deutschen Industrie (BDI) vom 6. Januar 1997 sowie der Börsensachverständigenkommission des Bundesministeriums der Finanzen vom 12. November 1997.[76] Diese Initiativen sowie ein Standpunktepapier der Börsensachverständigenkommission vom Februar 1999, in deren Mittelpunkt in erster Linie eine Regelung zu Unternehmensübernahmen stand, beinhalteten die Forderung nach einem Ausschlussrecht. Die Einführung eines solchen Rechts wurde auch vom *Han-*

---

[74] *Angerer*, BKR 2002, 260, 263 re. Sp. a.B.; *DAV-Handelsrechtsausschuss*, NZG 2001, 420, 432 re. Sp. a.B.; *Grzimek*, in: Geibel/Süßmann, WpÜG, Art. 7, § 327a AktG Rn. 35; *Maslo*, NZG 2004, 163, 164 re. Sp.; *Rühland*, S. 186; *Steinmeyer/Häger*, WpÜG, § 327a AktG Rn. 16. Einschränkend *Hasselbach*, in: Kölner Komm, WpÜG, § 327a AktG Rn. 25 f.; *Sieger/Hasselbach*, ZGR 2002, 120, 133 f., nach deren Ansicht bei einem ausländischen Hauptaktionär ein Missbrauchsfall gegeben sein kann, wenn zum Beispiel dieser ausländische Aktionär aus einem Staat kommt, in dem kein funktionierendes Rechtssystem existiert.

[75] Vgl. dazu *Hasselbach*, in: Kölner Komm, WpÜG, § 327a AktG Rn. 9 f.; *Rühland*, S. 134 f.

[76] Vgl. auch den späteren Vorschlag des *Forum Europaeum Konzernrecht*, ZGR 1998, 672 ff., im Jahre 1998.

delsrechtsausschuss des Deutschen Anwaltvereins (DAV) in einer Stellungnahme im Herbst 1999 befürwortet.[77] Als Argument für die Notwendigkeit der Einführung eines Ausschlussrechts wurde angeführt, dass durch den Ausschluss der Minderheitsaktionäre Umstrukturierungsmaßnahmen in Tochtergesellschaften nicht länger behindert würden. Darüber hinaus entfiele ein erheblicher formeller Aufwand und es bestünde nicht mehr die Gefahr, dass sich die Eintragung von Hauptversammlungsbeschlüssen durch missbräuchliche Anfechtungsklagen verzögert. Der *Handelsrechtsausschuss des DAV* unterbreitete einen Gesetzesvorschlag zur Schaffung eines Ausschlussrechts, der durch die von der Bundesregierung unter dem Eindruck der Übernahme der Mannesmann AG durch die Vodafone Air Touch plc. im Frühjahr 2000 eingesetzte Expertenkommission „Unternehmensübernahmen" in einem Eckpunktepapier vom 17. Mai 2000 unterstützt wurde. Im Anschluss an die Stellungnahme der Expertenkommission veröffentlichte das Bundesministerium der Finanzen am 29. Juni 2000 den Diskussionsentwurf eines „Gesetzes zur Regelung von Unternehmensübernahmen" (ÜG), der in Anlehnung an die Ausführungen des *DAV-Handelsrechtsausschusses* in Art. 6 eine Ausschlussregelung enthielt. Am 12. März 2001 legte das Bundesministerium der Finanzen den Referentenentwurf eines „Gesetzes zur Regelung von öffentlichen Angeboten zum Erwerb von Wertpapieren und Unternehmensübernahmen" (WpÜG) vor. Auf diesen folgte am 11. Juli 2001 der Gesetzesentwurf von Seiten der Bundesregierung. Beschlossen wurde das „Gesetz zur Regelung von öffentlichen Angeboten zum Erwerb von Wertpapieren und Unternehmensübernahmen"[78] am 15. November 2001. Die Verkündung erfolgte am 20. Dezember 2001.

III. Die Entwicklung auf europäischer Ebene

1. Gescheiterte Richtlinienvorhaben

Zeitweilig parallel zur Einführung des Ausschlussrechts in das deutsche Aktienrecht verlief die Entwicklung auf europäischer Ebene, wo die Diskussion um die Regelung eines Ausschlussrechts ebenso stets im Zusammenhang mit dem Übernahmerecht erfolgte.[79] Bereits Mitte der 1970er Jahre beabsichtigte die Europäische Kommission die Schaffung eines einheitlichen Übernahmerechts für Europa. Der dazu erarbeitete Pennigton-Entwurf aus dem Jahre 1974/1975, der als Vorentwurf für die neunte Richtlinie (Konzernrechtsrichtlinie) dienen sollte, sah, stark geprägt durch den britischen City Code, in Art. 44 des Zweiten Teils eine Regelung über den Ausschluss von Minderheitsaktionären vor.[80] Korrespondierend mit diesem Ausschlussrecht enthielt der Pennigton-Entwurf in Art. 44 Abs. 3 eine Bestimmung, wonach die freien Aktionäre bei Erreichen der 90 %-Beteiligungsschwelle durch den Mehrheitsgesellschafter zum Austritt aus der Gesellschaft befugt waren. Der Entwurf von 1974/1975 sah sich jedoch erheblicher Kritik ausgesetzt. Aus diesem Grunde wurde er nicht umgesetzt, sondern die Europäische Kommission legte im Jahre 1984 einen neuen

---

77 *DAV-Handelsrechtsausschuss*, NZG 1999, 850 ff.

78 BGBl. I S. 3822, 3838 f.

79 Vgl. zur Entwicklung auf europäischer Ebene die Darstellung von *Kindler/Horstmann*, DStR 2004, 866 li. Sp., re. Sp.; *Maul/Muffat-Jeandet*, AG 2004, 221 ff.

80 Vgl. *Lutter*, ZGR-Sonderheft 1, 2. Aufl., S. 187, 217.

(Vor-) Entwurf für eine Konzernrechtsrichtlinie vor.[81] Dieser beinhaltete wiederum sowohl ein Ausschlussrecht des Mehrheitsgesellschafters als auch ein Austritts- bzw. Andienungsrecht der Minderheit, jeweils an das Erreichen der 90 %-Schwelle durch den Mehrheitsgesellschafter geknüpft (Art. 36 Vorentwurf 1984).[82] Auch aus diesem Vorentwurf ging letztlich keine Richtlinie hervor. Gleiches gilt für weitere Vorschläge für eine Übernahmerichtlinie aus den Jahren 1989, 1990, 1996 und 1997.[83] Einen zwischenzeitlichen Höhepunkt der europäischen Entwicklung im Hinblick auf die Regelung eines Ausschlussrechts bildete das spektakuläre Scheitern der EU-Übernahmerichtlinie im Jahre 2001, dem folgender Sachverhalt zugrunde lag: Der Entwurf der 13. Richtlinie enthielt bei der Verabschiedung des Gemeinsamen Standpunktes am 19. Juni 2000 durch den Ministerrat und der Annahme durch die Kommission am 26. Juli 2000 keine Regelung über den Ausschluss von Minderheitsaktionären. Eingang in das Kodifikationsvorhaben fand das Ausschlussrecht erst im Rahmen der Zweiten Lesung des Europäischen Parlaments am 29. November 2000. Die Aufnahme einer diesbezüglichen Regelung war Gegenstand eines Änderungsantrags, der auf den so genannten Lehne-Bericht zurückgeht. Der unter der Leitung des deutschen Berichterstatters Klaus-Heiner Lehne agierende Ausschuss für Recht und Binnenmarkt hatte mehrere Änderungsvorschläge bezüglich des Richtlinienentwurfs erarbeitet. Dabei standen in erster Linie die Forderung nach einer stärkeren Einbindung der Arbeitnehmer eines von einer Übernahme betroffenen Unternehmens sowie der Wunsch nach einer Herabsetzung der dem Vorstand der Zielgesellschaft für den Fall einer Übernahme obliegenden Neutralitätspflicht im Vordergrund. Daneben wurde des Weiteren vorgeschlagen, in die Übernahmerichtlinie eine Bestimmung aufzunehmen, die dem Hauptaktionär einer Gesellschaft gestatten sollte, die anderen Gesellschafter gegen Barabfindung auszuschließen. Voraussetzung eines solchen Ausschlussrechts, das nur für solche Titel von Gesellschaften gelten sollte, die zum Handel am gemeinsamen Markt zugelassen sind,[84] sollte sein, dass der Hauptaktionär nach der Abgabe eines Übernahmeangebots eine Beteiligung an einer Gesellschaft in Höhe von 95 % der stimmberechtigten Aktien hält und gegenüber den Minderheitsaktionären ein Angebot auf Übernahme von deren Anteilen zu dem im Übernahmeangebot festgelegten Angebotspreis abgegeben hat. Dieser Vorschlag wurde als Art. 5a unter dem Titel „Konsolidierung der Position des Übernehmers" als Abänderung eingefügt. Mit weiteren 14 Änderungen erfolgte am 13. Dezember 2000 die Legislative Entschließung des Europäischen Parlaments zum Gemeinsamen Standpunkt.[85] Bei der Kommission stießen die Änderungen, wie die Stellungnahme vom März 2001 zeigt, größtenteils auf Ablehnung. Die vom Europäischen Parlament vorgetragenen Änderungsvorschläge wurden zwar im Prinzip als „nicht uninteressant" erachtet. Die Kommission trat jedoch der Aufnahme in die Übernahmerichtlinie entgegen, da die Änderungsvorschläge keinen übernahmespezifischen Inhalt hätten, sondern allgemein gesellschaftsrechtliche Thematiken beinhalteten. Anstelle einer Regelung in der Übernahmerichtlinie sollten die Vorschläge im Rahmen einer künftigen Reformierung des europäischen Gesellschaftsrechts Berück-

---

[81] Vgl. *Lutter*, ZGR-Sonderheft 1, 4. Aufl., S. 239.
[82] Vgl. dazu die Ausführungen bei *Than*, FS Claussen, 1997, S. 405, 418.
[83] *Ekkenga/Schulz*, in: Ehricke/Ekkenga/Oechsler, WpÜG, Einf. Rn. 15; *Kindler/Horstmann*, DStR 2004, 866 li. Sp.; *Maul/Muffat-Jeandet*, AG 2004, 221, 223 re. Sp.
[84] Vgl. dazu *Altmeppen*, ZIP 2001, 1073, 1083 li. Sp.
[85] Abl. EG Nr. C 23 v. 24.01.2001, S. 1.

sichtigung finden. Auch der Rat lehnte die Änderungsanträge, insbesondere im Hinblick auf die Regelungen über die Verhaltenspflichten des Vorstands im Falle feindlicher Übernahmeversuche, ab. Aus diesem Grunde wurde nach Art. 251 Abs. 4 EGV der Vermittlungsausschuss von Ministerrat und Europaparlament eingeschaltet. Dieser gelangte am 6. Juni 2001 zu dem Ergebnis, dass die Übernahmerichtlinie ab dem Jahr 2005 in den Mitgliedstaaten umzusetzen sei. Diese positive Entscheidung des Vermittlungsausschusses reichte zur Verabschiedung der 13. Richtlinie jedoch nicht aus, vielmehr bedurfte es nach Art. 251 Abs. 5 EGV noch der Zustimmung des Europäischen Parlaments. Im Rahmen der dortigen Abstimmung am 4. Juli 2001 scheiterte die Richtlinie mit dem denkbar knappsten Ergebnis.[86] Bei 22 Enthaltungen stimmten 273 Abgeordnete für und ebenso viele gegen die Übernahmerichtlinie.[87] Entscheidend für das Scheitern der Richtlinie war dabei in erster Linie die Kontroverse zwischen den EU-Mitgliedstaaten über die Neutralitätspflicht des Vorstands einer Zielgesellschaft für den Fall eines feindlichen Übernahmeangebots.[88] Trotz des Scheiterns wurde auf europäischer Ebene weiterhin an den Plänen zur Schaffung eines einheitlichen europäischen Übernahmerechts festgehalten. Zwei Monate nach der Abstimmung im Europäischen Parlament wurde eine „Hochrangige Gruppe auf dem Gebiet des Gesellschaftsrechts" unter der Leitung von Jaap Winter durch die Europäische Kommission mit der Aufgabe betraut, ein geändertes Konzept für eine Regelung zur Abwicklung von Übernahmeangeboten zu erarbeiten. Diese so genannte Winter-Kommission legte am 10. Januar 2002 ihren Bericht vor, der neben teilweisen Änderungen weitgehend dem Kommissionsvorschlag aus dem Jahre 1997 folgte.[89] Im Anschluss an den Winter-Bericht verabschiedete die Kommission am 2. Oktober 2002 trotz erheblicher Kritik unter anderem von Seiten der deutschen Regierung einen neuen Richtlinienvorschlag bei zwei Gegenstimmen und einer Enthaltung.[90] Der Kommissionsvorschlag stieß zunächst auf Ablehnung. Nachdem die Streitpunkte jedoch nach kontroversen Diskussionen geklärt werden konnten und die italienische EU-Ratspräsidentschaft einen Kompromissvorschlag unterbreitete, sprach sich der Ministerrat am 27. November 2003, obwohl die Kommission ihr Votum erklärte, einstimmig für den Richtlinienvorschlag aus. Gleiches gilt für das europäische Parlament, das dem Richtlinienvorschlag am 16. Dezember 2003 mit einer großen Mehrheit in erster Lesung zustimmte. Etwa eine Woche später befürwortete der Ministerrat den Inhalt der Richtlinie zur Übernahme von Unternehmen. Nach der Verabschiedung durch den Ministerrat am 30. März 2004 trat die Übernahmerichtlinie[91] am 20. Mai 2004 in Kraft. Sie ist von den Mitgliedstaaten bis spätestens zum 20. Mai 2006 in nationales Recht umzusetzen.

---

[86] Siehe dazu *Pluskat*, WM 2001, 1937, 1938 f.

[87] Vgl. *Erwe*, in: Beck´sches Handbuch der AG, § 25 Rn. 4; *Maul/Muffat-Jeandet*, AG 2004, 221, 224 li. Sp.

[88] *Letzel*, BKR 2002, 293, 294 li. Sp. *Maul/Muffat-Jeandet*, AG 2004, 221, 222 re. Sp. f. Laut *Zschocke*, DB 2002, 79 li. Sp., war das Scheitern nicht zuletzt auf die Bundesregierung zurückzuführen.

[89] Vgl. zur Stellungnahme der *Group of German Experts on Corporate Law* zum Konsultationsdokument der High Level Group of Experts on Corporate Law: ZIP 2002, 1310, 1323, Frage 28 (zum Squeeze-out und zum Andienungsrecht).

[90] Vorschlag der Übernahmerichtlinie der Europäischen Kommission: NZG 2002, 1146, 1152 li. Sp.; ZIP 2002, 1863 ff. Vgl. Auch die Ausführungen bei *Erwe*, in: Beck´sches Handbuch der AG, § 25 Rn. 4.

[91] RL 2004/25 EG, vom 21.04.2004, ABl. EG vom 30.04.2004 Nr. L 142, S. 12.

2. Das Ausschlussrecht in der Übernahmerichtlinie

Die Richtlinie enthält in Art. 15 eine Regelung, die es dem Bieter eines Übernahme- oder Pflichtangebots gestattet, die nach der Übernahme verbliebenen Minderheitsaktionäre innerhalb von drei Monaten nach Ablauf der Annahmefrist aus einer Gesellschaft auszuschließen, soweit er mindestens 90 % des Kapitals der Zielgesellschaft erworben hat und über 90 % der Stimmrechte verfügt.[92] Der genaue Schwellenwert ist von den einzelnen Mitgliedstaaten festzulegen. Die Begründung dieses Ausschlussrechts ist ebenso wie sein Anwendungsbereich ausschließlich kapitalmarktrechtlich geprägt. So wird vorgetragen, dass die Attraktivität von Übernahmeangeboten erheblich eingeschränkt sei, wenn trotz erfolgreicher Übernahme das Risiko eines kostenträchtigen Verbleibs von Minderheitsaktionären bestehe.[93] Erst die Möglichkeit des Bieters, die Minderheitsaktionäre, die nach einer weitgehend erfolgreichen Übernahme weiterhin an der Gesellschaft beteiligt sind, zwangsweise ausschließen zu können, mache ein Übernahmeangebot lohnenswert. Darüber hinaus wird darauf hingewiesen, dass das Ausschlussrecht ein Gegenstück zum Pflichtangebot darstelle.[94] Aus diesen Begründungsansätzen heraus bestimmt sich zugleich der Anwendungsbereich des europarechtlichen Squeeze-out-Rechts. Der Ausschluss von Minderheitsaktionären ist nur in börsennotierten Gesellschaften erlaubt und darf nur im Anschluss an ein vorangegangenes Übernahme- oder Pflichtangebot erfolgen. Im Hinblick auf das an alle Gesellschafter einer Zielgesellschaft gerichtete Angebot zum Erwerb sämtlicher Anteile gelten folgende Erfordernisse: Das Ausschlussrecht soll gegeben sein, wenn ein Bieter 90-95% des stimmberechtigten Kapitals und der Stimmrechte der Zielgesellschaft hält (Art. 15 Abs. 2a), oder wenn der Bieter infolge der Annahme des Angebots Wertpapiere erworben oder sich vertraglich verpflichtet hat, solche Wertpapiere zu erwerben, die mindestens 90 % des stimmberechtigten Kapitals und der Stimmrechte der Zielgesellschaft, die Gegenstand des Angebots waren, entsprechen. Bezüglich dieser beiden Voraussetzungen steht den Mitgliedstaaten ein Umsetzungswahlrecht zu.[95] Für den Fall, dass die Zielgesellschaft verschiedene Aktiengattungen ausgegeben hat, ist der von den Mitgliedstaaten gewählte Auslösungstatbestand nach Art. 15 Abs. 3 Satz 2 auf jede Aktiengattung gesondert anzuwenden.[96] Im Hinblick auf die den Minderheitsaktionären für den Verlust ihrer Anteile zu gewährende Abfindung sieht die Richtlinie in Art. 15 Abs. 5 Unterabs. 1 Satz 2 vor, dass die Abfindung in derselben Form wie die Gegenleistung des vorherigen Angebots oder in Form einer Geldleistung zu erfolgen hat. Hat der Bieter im Rahmen eines Übernahmeangebots liquide Aktien als Gegenleistung erbracht, so müssen beim anschließenden Ausschluss der Minderheitsaktionäre ebenfalls liquide Aktien als Abfindung geleistet werden. Was die Höhe der Abfindung anbelangt, ist vorgeschrieben, dass diese angemessen sein muss. Für den Fall, dass es sich bei dem vorherigen Angebot um ein freiwilliges Angebot handelt, besteht nach Art. 15 Abs. 5 Unterabs. 2 eine Vermutung für die Angemessenheit, wenn der Bieter durch die Annahme des Angebots Anteile an der Gesellschaft er-

---

[92] S. *Ekkenga/Schulz*, in: Ehricke/Ekkenga/Oechsler, WpÜG, Einf. Rn. 21; *Kindler/Horstmann*, DStR 2004, 866, 870 re. Sp. f.

[93] Vgl. dazu *Kindler/Horstmann*, DStR 2004, 866, 871 li. Sp.

[94] Vgl. *Seibt/Heiser*, ZIP 2002, 2193, 2200 re. Sp. a.E.

[95] *Krause*, BB 2002, 2341, 2345 li. Sp.; *Seibt/Heiser*, ZIP 2002, 2193, 2201 li. Sp.

[96] *Maul/Muffat-Jeandet*, AG 2004, 306, 316 re. Sp.; *Seibt/Heiser*, ZIP 2002, 2193, 2201 li. Sp.

worben hat, die mindestens 90 % des stimmberechtigten Gesellschaftskapitals ausmachen, das Gegenstand des Angebots war. Ging dem Squeeze-out kein freiwilliges Angebot, sondern ein Pflichtangebot voraus, so gilt die dabei gezahlte Gegenleistung nach Art. 15 Abs. 5 Unterabs. 3 stets als angemessen.[97] Neben den Regelungen zum Ausschluss von Minderheitsaktionären sieht die Richtlinie in Art. 16 ein Andienungsrecht vor. Die Inhaber einer Minderheitsbeteiligung sind danach berechtigt, dem Bieter innerhalb eines Zeitraums von drei Monaten im Anschluss an ein Übernahme- oder Pflichtangebot ihre Anteile anzubieten und auf diesem Wege zu einem angemessenen Preis aus der Gesellschaft auszuscheiden. Dieses Andienungsrecht (sog. sell-out) besteht nach Art. 16 Abs. 2 nur, wenn der Bieter die Voraussetzungen des Art. 15 Abs. 2 erfüllt.[98]

3. Anpassungsbedarf im deutschen Recht

Die Umsetzung der europäischen Übernahmerichtlinie könnte nicht nur im Hinblick auf die Regelungen des WpÜG, sondern auch hinsichtlich der Ausschlussregelungen der §§ 327a ff. AktG für das deutsche Recht mit einem großen Änderungsbedarf verbunden sein.[99] Denn die in der Richtlinie enthaltenen Regelungen zum Ausschlussrecht weisen zum Teil erhebliche Unterschiede zu den §§ 327a ff. AktG auf. Bereits der Anwendungsbereich ist in beiden Rechtsbereichen von unterschiedlicher Reichweite. Anders als das europarechtliche Ausschlussrecht ist die deutsche Squeeze-out-Regelung weder auf börsennotierte Gesellschaften beschränkt, noch bedarf es danach zur Überschreitung des Schwellenwerts eines vorherigen Übernahme- oder Pflichtangebots. Im deutschen Recht sind vom Übergang der Anteile auf den Hauptaktionär sämtliche Aktien erfasst. Die Regelung ist demzufolge nicht auf stimmberechtigte Aktien beschränkt. Die Höhe der vom Hauptaktionär gehaltenen Beteiligung bestimmt sich im deutschen Recht anders als bei dem europarechtlichen Ausschlussrecht nicht gesondert für jede einzelne Aktiengattung. Was die an die ausgeschlossenen Minderheitsaktionäre zu leistende Abfindung anbelangt, existiert im deutschen Recht keine Vermutungsregel. Die Höhe der Abfindung bestimmt sich stattdessen nach den Verhältnissen der Gesellschaft im Zeitpunkt der Beschlussfassung ihrer Hauptversammlung. Anders als im europäischen Recht ist die Abfindung stets in bar zu leisten, so dass es nicht ausreicht, die Minderheitsaktionäre in Aktien abzufinden. Die insofern bestehenden Unterschiede könnten dazu führen, dass der deutsche Gesetzgeber den Anwendungsbereich des Ausschlussrechts auf die Übernahme von Anteilen börsennotierter Gesellschaften im Anschluss an ein vorheriges Angebot nach dem WpÜG beschränken muss.[100] Auch das Erreichen der

---

[97] Vgl. dazu *Seibt/Heiser*, ZIP 2002, 2193, 2201 li. Sp. Für den Fall, dass das Ausschlussrecht nicht innerhalb der dreimonatigen Frist nach dem Ende der Angebotsfrist ausgeübt wird, war im Kommissionsvorschlag vom 2. Oktober 2002 ursprünglich vorgesehen, dass die Höhe der Abfindung durch einen unabhängigen Sachverständigen bestimmt werden sollte. Dies ist zwischenzeitlich zugunsten der alleinigen Maßgeblichkeit der Vermutungsregeln aufgegeben worden. Vgl. *Kindler/Horstmann*, DStR 2004, 866, 871 li. Sp.; *Krause*, BB 2004, 113, 118 li. Sp.; *Seibt/Heiser*, ZIP 2002, 2193, 2201 re. Sp.

[98] S. dazu *Ekkenga/Schulz*, in: Ehricke/Ekkenga/Oechsler, WpÜG, Einf. Rn. 21; *Kindler/Horstmann*, DStR 2004, 866, 871 li. Sp./re. Sp.; *Maul/Muffat-Jeandet*, AG 2004, 306, 317 li. Sp. f.

[99] *Thoma*, NZG 2002, 105 li. Sp.

[100] *Seibt/Heiser*, ZIP 2002, 2193, 2202 li. Sp., sehen dies als „weder erforderlich noch wünschenswert" an.

Beteiligungsschwelle müsste dann für jede Aktiengattung gesondert berechnet werden.[101]

Um eine solche Einschränkung des Anwendungsbereichs der Squeeze-out-Regelungen sowie schwer umsetzbare Änderungen zu verhindern, wird im rechtswissenschaftlichen Schrifttum vorgeschlagen, neben dem gesellschaftsrechtlichen Ausschlussrecht der §§ 327a ff. AktG ein kapitalmarktrechtliches Squeeze-out-Verfahren, beispielsweise innerhalb des WpÜG, entsprechend den europarechtlichen Vorgaben einzuführen.[102] Der weitergehende Anwendungsbereich des Ausschlussrechts nach den §§ 327a ff. AktG könne dann trotz der engeren Richtlinienvorgaben beibehalten werden, da die Richtlinie lediglich einen Mindeststandard festlege[103] und bereits existierende nationale Ausschlussrechte weiterhin bestehen bleiben könnten.[104] Aufgrund der Tatsache, dass sich die überwiegende Mehrheit der Stimmen aus der rechtswissenschaftlichen Literatur bereits im Rahmen der Einführung der §§ 327a ff. AktG dagegen ausgesprochen hat, den Anwendungsbereich des Ausschlussrechts auf börsennotierte Gesellschaften zu beschränken und ein vorangegangenes Angebot nach dem WpÜG zur Voraussetzung zu machen, ist mit hoher Wahrscheinlichkeit zu erwarten, dass der deutsche Gesetzgeber in der Tat die §§ 327a ff. AktG unberührt lassen und die Richtlinie stattdessen durch die Einführung eines kapitalmarktrechtlichen Ausschlussrechts umsetzen wird, zumal oftmals genug betont wurde, dass das bisherige Ausschlussrecht ein rein gesellschaftsrechtliches Instrument darstelle. Als Gegenstück zu einem etwaig zu schaffenden kapitalmarktrechtlichen Squeeze-out-Recht müsste der deutsche Gesetzgeber ein Andienungsrecht der Minderheitsaktionäre einführen,[105] um einen Ausgleich für den mit der Ausschlussmöglichkeit verbundenen Eingriff in die Rechte der Minderheitsaktionäre zu schaffen.[106]

§ 4 Zielsetzung und Gang der Untersuchung

Die Möglichkeit eines Hauptaktionärs, die Minderheitsaktionäre in ihrer Gesamtheit gegen ihren Willen aus einer Gesellschaft auszuschließen, stellt eine wesentliche Änderung der bisherigen aktienrechtlichen Grundprinzipien dar. Den übrigen aktienrechtlichen Möglichkeiten der unmittelbaren Beendigung der gesellschaftlichen Beteiligung ist gemeinsam, dass der Ausschluss jeweils eine Reaktion auf ein vorheriges (Fehl-) Verhalten eines Gesellschafters darstellt.[107] Dies ist beim Ausschluss aus wichtigem Grund evident. Aber auch im Hinblick auf das Institut der Zwangseinziehung und der Kaduzierung liegt ein verhaltensabhängiger Ausschluss vor. Während

[101] *Krause*, BB 2002, 2341, 2345 li. Sp.; *Seibt/Heiser*, ZIP 2002, 2193, 2202 li. Sp.

[102] So *Kindler/Horstmann*, DStR 2004, 866, 873 li. Sp.; *Krause*, BB 2004, 113, 118 li. Sp.; *Seibt/Heiser*, ZIP 2002, 2193, 2202 li. Sp., re. Sp. Dagegen möchte *Gampenrieder*, S. 148/149, auf eine „Koexistenz von aktien- und kapitalmarktrechtlichen Squeeze-out“ verzichten. Die Ausschlussmöglichkeit als aktienrechtliches Rechtsinstitut solle abgeschafft werden. Stattdessen sei der Squeeze-out in ein an künftige EU-Vorgaben angepasstes WpÜG zu inkorporieren.

[103] *Kindler/Horstmann*, DStR 2004, 866, 867 re. Sp. a.B.; *Krause*, BB 2002, 2341, 2344 re. Sp.; *Munkert*, in: Fischer-Winkelmann, S. 335, 337 Fn. 8.

[104] *Krause*, BB 2004, 113, 117 re. Sp., 118 li. Sp.

[105] *Neye*, NZG 2002, 1144, 1145 re. Sp.; *Seibt/Heiser*, ZIP 2002, 2193, 2202 re. Sp.

[106] *Krause*, BB 2004, 113, 118 li. Sp.

[107] Vgl. auch *Hirte*, S. 41; *Kiem*, in: RWS-Forum 20, S. 329, 332; *Mülbert*, FS Ulmer, 2003, S. 433, 435. S. auch *Hamann*, S. 16, der von dem Ausschluss als „Sanktionsmaßnahme“ spricht.

der Gesellschafter im ersten Fall die Voraussetzungen des in der Satzung enthaltenen Ausschlusstatbestandes erfüllt, kommt er im Falle der Kaduzierung der ihm obliegenden Zahlungsverpflichtung hinsichtlich seiner Einlage nicht nach. Die Gesellschafter können letztlich das Eingreifen der Ausschlussgründe durch ihr Verhalten selbst steuern.[108] Das neue Ausschlussrecht des Hauptaktionärs nach den §§ 327a ff. AktG stellt eine Abkehr von diesem Prinzip dar.[109] Es ist gänzlich losgelöst vom Erfordernis eines vorangegangenen (Fehl-) Verhaltens eines Gesellschafters. Voraussetzung ist lediglich, dass sich der Aktienbesitz des den Ausschluss betreibenden Aktionärs auf mindestens 95 % des Grundkapitals der Gesellschaft beläuft und er einen Hauptversammlungsbeschluss herbeiführt, der die Übertragung der Aktien auf ihn zum Gegenstand hat.

Die Tatsache, dass ein Minderheitsaktionär unabhängig von seinem Verhalten aus einer Gesellschaft ausgeschlossen werden kann,[110] gibt Anlass, das neu geschaffene Rechtsinstitut einer umfassenden Überprüfung zu unterziehen. Der Gesichtspunkt, dass das Ausschlussrecht der §§ 327a ff. AktG auf einfachem Wege den Ausschluss sämtlicher Minderheitsaktionäre ermöglicht, ohne dass diesen im Einzelfall ein Fehlverhalten nachgewiesen werden muss, lässt eine Untersuchung der Frage als angebracht erscheinen, ob das neue Rechtsinstitut mit höherrangigem Recht vereinbar ist. Die Neuregelung soll daher zunächst auf ihre Verfassungskonformität hin überprüft werden.[111] Im Anschluss daran werden Antworten auf die Fragen gesucht, die sich aus den Squeeze-out-Regelungen in Bezug auf die verfassungsrechtlichen Vorgaben ergeben, die der Gesetzgeber selbst jedoch nicht explizit beantwortet hat.[112] Die Klärung von Problempunkten, die vom rechtswissenschaftlichen Schrifttum aufgedeckt und diskutiert wurden, derer sich der Gesetzgeber bislang jedoch nicht angenommen hat, ist von umso größerer Bedeutung, als die Neuregelung beachtliche praktische Relevanz besitzt.[113] In den ersten beiden Jahren seit Inkrafttreten der Ausschlussregelungen sind über 150 Squeeze-out-Verfahren durchgeführt worden.[114] Beispielhaft sei insofern auf die Fälle *„Allianz/Dresdner Bank"* und *„Vodafone/Mannesmann"* hingewiesen. Neben den abgeschlossenen Squeeze-out-Verfahren gibt es noch weitere Gesellschaften, die als potentielle Squeeze-out-Kandidaten ins Spiel gebracht werden.[115] Gezeigt hat sich bei den inzwischen abgeschlossenen Ausschlussverfahren, dass die ausgeschlossenen Min-

---

[108] Vgl. auch *Hirte*, S. 41.

[109] Vgl. *Fleischer*, ZGR 2002, 757, 758 a.E.; *Merkt*, AG 2003, 126, 133 re. Sp. Nach *Kiesewetter*, ZIP 2003, 1638, 1639 li. Sp., handelt es sich bei dem Ausschlussrecht um einen „Fremdkörper im Aktienrecht, der nicht ohne weiteres in das bisherige System von Konzernierungsmaßnahmen passt".

[110] Vgl. *Mülbert*, FS Ulmer, 2003, S. 433, 435 „anlaßunabhängige Bestandsvernichtung der Mitgliedschaft"; *Picot*, BFuP 2002, 433, 441 „verhaltensunabhängiges Hinausdrängen".

[111] Zweifel an der Verfassungskonformität der §§ 327a ff. AktG sind der bislang am häufigsten geltend gemachte Klagegrund bei Anfechtungsklagen gegen Übertragungsbeschlüsse. Vgl. die Angaben bei *Rathausky*, AG 2004, R 24 re. Sp.

[112] Nach *Drukarczyk*, FS Scherrer, 2004, S. 625, 627 a.E., ist „die Squeeze-out-Regelung des Aktiengesetzes bei genauerem Hinsehen ein von ungelösten Problembestandteilen durchsetztes Produkt". Ähnlich äußern sich auch *Hecker/Kaserer*, BFuP 2004, 137, 142, nach deren Ansicht das Squeeze-out-Verfahren „nicht ohne Konstruktionsfehler" ist.

[113] *Helmis*, ZBB 2003, 161, 163 re. Sp.; *Helmis/Kemper*, DBW 62 (2002), 512, 518 f. Vgl. auch *Merkt*, AG 2003, 126, 133 re. Sp., der von dem „Modethema des vergangenen Jahres" [2002] spricht.

[114] Vgl. die Angaben bei *Markwardt*, BB 2004, 277 Fn. 3. S. auch *Hansen*, AG 2002, R 199 re. Sp. a.B.; *Hecker/Kaserer*, BFuP 2003, 137.

[115] S. die Liste möglicher Kandidaten bei *Hansen*, AG 2001, R 274 re. Sp.

derheitsaktionäre ihr Ausscheiden aus der Gesellschaft nicht kampflos hinnehmen.[116] Die Zivilgerichte wurden bereits mehrfach mit der Überprüfung durchgeführter Squeeze-out-Verfahren betraut. Es ist zu erwarten, dass mit Zunahme der Ausschlussverfahren in der Praxis auch die Zahl gerichtlicher Verfahren noch ansteigen wird. Erst die Auseinandersetzung der Gerichte mit den Squeeze-out-Vorschriften wird deren tatsächliche Bedeutung und Reichweite herauskristallisieren. Gleichwohl erscheint es nicht nur sinnvoll, sondern auch bereits jetzt geboten, für zu erwartende Konfliktfälle Lösungen und Maßstäbe zu erarbeiten, insbesondere um Unklarheiten, die sich hemmend auf Investitionsentscheidungen auswirken können, zu beseitigen. In diesem Zusammenhang gilt es insbesondere im Hinblick auf die Barabfindung klare Regeln zu entwickeln. Denn mögliche Ausbeutungsrisiken, die aus fehlenden Regelungen beim Squeeze-out[117] resultieren, können die Anlagebereitschaft der Anleger derart einschränken, dass sich für börsennotierte Unternehmen Schwierigkeiten bei ihrer Finanzierung ergeben.[118]

[116] *Markwardt*, BB 2004, 277 Fn. 4.

[117] Der Begriff „Squeeze-out" („herausquetschen") stammt aus dem US-amerikanischen Gesellschaftsrecht. Vgl. *Bungert*, S. 60 f. Ihm unterfällt dort das indirekte Herausdrängen von Minderheitsgesellschaftern. Der Mehrheitsgesellschafter gestaltet den Minderheitsgesellschaftern den Verbleib in der Gesellschaft derart unattraktiv, dass diese „freiwillig" durch Veräußerung ihrer Anteile aus der Gesellschaft ausscheiden. Die Vereitelung gesellschaftlicher Rechte kann beispielsweise in der Form erfolgen, dass mehrfach die Ausschüttung einer Dividende verhindert wird. Vgl. *Merkt/Göthel*, Rn. 738; *Seiler*, S. 1 Fn. 2. Eine solche Verhaltensweise des Mehrheitsgesellschafters, bei der das Ausscheiden der Minderheitsgesellschafter durch eine Verletzung der gesellschafterlichen Treuepflicht gekennzeichnet ist, ist vom so genannten Freeze-out („hinausfrieren") als dem juristisch-technischen Ausschluss zu unterscheiden. Der Mehrheitsgesellschafter macht von gesellschaftsrechtlich zulässigen Strukturänderungsmaßnahmen Gebrauch, in deren Rahmen die Minderheitsgesellschafter aus der Gesellschaft ausgeschlossen werden. Vgl. zur Unterscheidung *Fleischer*, ZGR 2002, 757, 772; *Hamann*, S. 10 ff.; *Schwichtenberg*, S. 6 f.; *Wenger/Kaserer/ Hecker*, ZBB 2001, 317, 318 Fn. 2. Was das deutsche Recht anbelangt, so ist es dem Hauptaktionär gesellschaftsrechtlich explizit gestattet, die Minderheitsaktionäre aus der Gesellschaft auszuschließen. Es handelt sich demzufolge um einen juristisch-technischen Ausschluss der Minderheitsaktionäre. Daher müsste der Ausschluss nach den §§ 327a ff. AktG eigentlich als Freeze-out bezeichnet werden. Vgl. auch *Baums*, WM 2001, 1843 Fn. 3. Da sich der Begriff Squeeze-out für das Ausschlussrecht aus § 327a AktG jedoch eingebürgert hat, soll er für die weiteren Ausführungen gebraucht werden. Anders nur *Drygala*, AG 2001, 291, 293 re. Sp.; *Kossmann*, NZG 1999, 1198 ff.; *Peters*, BB 1999, 801 ff.

[118] *Hecker/Kaserer*, BFuP 2004, 137, 138, 160; *Ritzer-Angerer*, FB 2004, 285, 286 re. Sp.

Zweiter Teil. Die Squeeze-out-Vorschriften aus dem Blickwinkel des Verfassungsrechts

1. Kapitel. Die allgemeinen verfassungsrechtlichen Vorgaben

§ 5 Verfassungsrechtliche Rechtsprechung zum Ausschluss von Aktionären

I. Allgemeines

Mögliche Bedenken in Bezug auf die Verfassungskonformität der Ausschlussregelungen[1] betreffen ausschließlich materielle Gesichtspunkte. Zweifel an der formellen Verfassungskonformität bestehen hingegen nicht.[2] Der Bundesgesetzgeber ist für die Regelung des Aktienrechts, das als Bestandteil des Gesellschaftsrechts dem Recht der Wirtschaft zuzuordnen ist, nach Art. 74 Abs. 1 Nr. 11 GG zuständig. Aufgrund des Einflusses aktienrechtlicher Vorschriften auf die Gesamtwirtschaft war es zwecks Wahrung der Rechts- und Wirtschaftseinheit erforderlich, eine im gesamtstaatlichen Interesse liegende bundesgesetzliche Regelung im Sinne des Art. 72 Abs. 2 GG zu schaffen.[3] Was die materielle Verfassungskonformität des Ausschlussrechts anbelangt, wurde in der Begründung des Regierungsentwurfs auf die bereits vorhandene Rechtsprechung des Bundesverfassungsgerichts zur Zulässigkeit des Ausschlusses von Minderheitsaktionären verwiesen.[4] Die in den Entscheidungen *„Feldmühle"* und *„MotoMeter"* aufgestellten Grundsätze beanspruchten für das neue Ausschlussrecht Geltung. Da den in den Entscheidungen gemachten Vorgaben entsprochen werde, stünden die §§ 327a ff. AktG mit der Verfassung im Einklang.

II. Die *„Feldmühle"*-Entscheidung des Bundesverfassungsgerichts

Im Jahre 1962 setzte sich das Bundesverfassungsgericht im Rahmen des *„Feldmühle"*-Falles[5] mit dem Ausschlussrecht eines Mehrheitsaktionärs nach dem Umwandlungsgesetz auseinander, das in seiner Art und Weise sowie in seiner Intensität, mit der es die Beteiligungen der Minderheitsaktionäre betraf, mit dem jetzigen Ausschlussrecht des Hauptaktionärs vergleichbar ist. Nach den inzwischen abgeschafften §§ 15, 9 UmwG 1956[6] konnte die Hauptversammlung einer Aktiengesellschaft die Übertragung ihres Vermögens auf den Alleingesellschafter oder den Hauptgesellschafter, der mehr als drei Viertel des Grundkapitals inne hatte, beschließen. Die Eintragung dieses Beschlusses bewirkte den Übergang des Vermögens der Aktiengesellschaft auf den Allein- oder Hauptgesellschafter. Die Minderheitsaktionäre der

---

[1] Eine Entscheidung des Bundesverfassungsgerichts über die Verfassungskonformität der §§ 327a-f AktG liegt noch nicht vor. Eine gegen die Squeeze-out-Regelungen erhobene Gesetzesverfassungsbeschwerde wurde von der 2. Kammer des Ersten Senats mit Beschluss vom 20. September 2002 (1 BvR 1681/02) aufgrund der Subsidiarität der Verfassungsbeschwerde nicht zur Entscheidung angenommen. Die ausgeschlossenen Minderheitsaktionäre müssten ihre Bedenken gegen die Bestimmungen erst vor den Fachgerichten geltend machen. Vgl. BVerfG NJW 2003, 58.

[2] Vgl. dazu die ausführlichen Betrachtungen bei *Baums*, S. 169 ff.

[3] BegrRegE BT-Drucks. 14/7034, S. 32; LG Osnabrück AG 2002, 527 re. Sp. *„KM Europa Metall AG"*.

[4] Vgl. zu der im Falle des Minderheitenausschlusses einschlägigen bundesverfassungsgerichtlichen Rechtsprechung die Darstellung bei *Lenz/Leinekugel*, S. 12 f.

[5] BVerfGE 14, 263.

[6] UmwG vom 12.11.1956, BGBl. I S. 844.

durch den Vermögensübergang aufgelösten Aktiengesellschaft schieden aus der Gesellschaft aus und hatten lediglich einen Anspruch auf eine angemessene Abfindung, den sie vor den ordentlichen Gerichten geltend machen konnten. Bei der Beurteilung der Verfassungskonformität dieses Ausschlussverfahrens ging das Bundesverfassungsgericht in erster Linie der Frage nach, ob dem im Rahmen der Mehrheitsumwandlung erfolgenden Ausscheiden der Minderheitsaktionäre Art. 14 GG entgegenstand. Das Gericht befand, dass dem nicht so sei. In der Entscheidung wurde zunächst festgestellt, dass die Aktien der ausscheidenden Minderheitsaktionäre dem Schutz des Art. 14 GG unterfielen, der sich auf alle subjektiven vermögenswerten Rechte erstrecke. Bei der Aktie handele es sich um gesellschaftsrechtlich vermitteltes Eigentum,[7] da sie nicht nur Mitgliedschaftsrechte einräume, sondern zugleich wegen der mit ihr verbundenen Gewährung vermögensrechtlicher Ansprüche[8] einen Vermögenswert darstelle.[9] Durch den Übergang sämtlicher Anteile auf den Mehrheitsaktionär nach Eintragung des zuvor gefassten Hauptversammlungsbeschlusses werde in das Aktieneigentum der Minderheitsaktionäre eingegriffen. Dabei handele es sich allerdings nicht um eine Enteignung im Sinne des Art. 14 Abs. 3 GG,[10] da die Entziehung der Mitgliedschaft nicht durch staatlichen Hoheitsakt erfolge. Die der Hauptversammlung durch den Gesetzgeber eingeräumte Befugnis zum Beschluss über die Umwandlung stelle keine Berechtigung zur Vornahme von Enteignungen dar, sondern aus ihr folge lediglich das Recht zur Umgestaltung der privatrechtlichen Beziehungen zwischen den Aktionären. Auch bei der Entscheidung des Registergerichts über die Eintragung des Umwandlungsbeschlusses handele es sich nicht um einen staatlichen Hoheitsakt im Sinne des Enteignungstatbestands, da sie nicht rechtsgestaltend wirke, sondern lediglich deklariere, dass keine der Eintragung entgegenstehenden rechtlichen Hindernisse vorliegen. Die der Hauptversammlung in § 15 UmwG 1956 eingeräumte Befugnis, die Umwandlung zu beschließen, bezwecke, private Vermögensbereiche, wie sie sich in den durch die Aktien vermittelten Machtverhältnissen widerspiegeln, voneinander abzugrenzen. Hingegen ziele die Regelung nicht auf den Entzug des Aktieneigentums ab.[11] Bei der Schaffung des § 15 UmwG 1956 habe der Gesetzgeber vielmehr von der ihm durch Art. 14 Abs. 1 Satz 2 GG eingeräumten Ermächtigung Gebrauch gemacht, Inhalt und Schranken des Eigentums zu bestimmen. Daher sei die Rechtmäßigkeit der Regelung ausschließlich anhand der Vorgaben des Art. 14 Abs. 1 GG zu beurteilen. Das Bundesverfassungsgericht stellte weiter fest, dass das in der Aktie verkörperte gesellschaftsrechtliche Eigentum „in seinem Bestand gegen Beschlüsse der Mehrheit nicht unbedingt gesichert sei".[12] Aufgrund des vielschichtigen Charakters der Aktie als Mitgliedschaftsrecht einerseits und Vermögensrecht andererseits sei es Sache des Gesetzgebers, zu entscheiden, welcher der beiden Seiten der Aktie er im Rahmen seines gesetzgeberischen Wirkens den Vorzug einräume. Im Falle der Mehrheitsumwand-

[7] BVerfGE 14, 263, 276 a.E. *„Feldmühle"*.
[8] So sind mit der Aktie neben dem Anspruch auf Bilanzgewinn gegebenenfalls auch Ansprüche auf Bezug junger Aktien und auf die Teilnahme am Liquidationsgewinn verbunden.
[9] BVerfGE 4, 7, 26.
[10] BVerfGE 14, 263, 277 *„Feldmühle"*. Vgl. dazu auch die bereits vor dem Ergehen der *„Feldmühle"*-Entscheidung erfolgten Ausführungen von *v. Falkenhausen*, AG 1961, 122, 123 re. Sp. (zum Gesichtspunkt der eine Entschädigung auslösenden „Eigentumsentziehung" durch die Mehrheit).
[11] BVerfGE 14, 263, 277 *„Feldmühle"*.
[12] BVerfGE 14, 263, 278 *„Feldmühle"*.

lung habe der Gesetzgeber die vermögensrechtliche Seite der Aktie als maßgeblich angesehen. Auch wenn gegen das Rechtsinstitut der Mehrheitsumwandlung durchaus „erhebliche Bedenken geltend gemacht werden könnten",[13] sei diese Entscheidung des Gesetzgebers nicht zu beanstanden. Er habe bei einer konzernabhängigen Gesellschaft die Bedeutung des Grundrechts aus Art. 2 Abs. 1 GG gegen die des in Art. 14 Abs. 1 GG geschützten Eigentumsrechts abzuwägen.[14] Innerhalb dieser Abwägung sei zu berücksichtigen, dass die Minderheitsaktionäre regelmäßig nicht über das Verständnis verfügten, das die unternehmerische Freiheit für die Planung des Konzerns erfordere. Den Überblick, der für eine sinnvolle Nutzung der unternehmerischen Freiheit notwendig ist, habe zumeist nur die Konzernleitung. Aus diesem Grunde konzentriere sich das Interesse der Minderheitsaktionäre größtenteils auf Rendite und Aktienkurs. Da die Aktie für den Minderheitsaktionär demnach eine „reine Kapitalanlage" und weniger eine „unternehmerische Beteiligung" sei, erscheine „es auch im Hinblick auf Art. 2 Abs. 1 GG nicht von vornherein unvertretbar, dem unternehmerischen Interesse des Konzerns, dem insofern ein gewisser Eigenwert zukommt, den Vorrang vor dem Anlageinteresse der Minderheitsaktionäre einzuräumen".[15] Die Zulässigkeit dieser gesetzgeberischen Entscheidung knüpft das Gericht allerdings an die Wahrung der berechtigten Interessen der betroffenen Minderheitsaktionäre. Der Gesetzgeber habe einerseits dafür Sorge zu tragen, dass die Rechtsordnung den Minderheitsaktionären für den Fall eines Missbrauchs wirtschaftlicher Macht wirksame Rechtsbehelfe zur Verfügung stellt.[16] Andererseits müsse er sicherstellen, dass die ausscheidenden Minderheitsaktionäre als Ausgleich für den Verlust ihrer Beteiligung eine wirtschaftlich volle Entschädigung erhalten.[17]

III. Bestätigung und Erweiterung durch den *„MotoMeter"*-Beschluss

Diese für den Minderheitenausschluss im Aktienrecht grundlegenden Prinzipien wurde vom Bundesverfassungsgericht am 23. August 2000 in dem so genannten *„MotoMeter"*-Fall[18] bestätigt und darüber hinaus weiterentwickelt. Das Gericht musste sich knapp vier Jahrzehnte nach Ergehen des *„Feldmühle"*-Urteils mit der Zulässigkeit der so genannten übertragenden Auflösung auseinandersetzen. Obwohl es sich bei der Entscheidung um einen Nichtannahmebeschluss handelt, hat das Gericht sich nochmals umfassend zur Zulässigkeit des Ausschlusses von Minderheitsaktionären geäußert. Im Hinblick auf den Schutz des in der Aktie verkörperten Anteilseigentums der Minderheitsaktionäre durch Art. 14 GG unterschied es zunächst zwischen dem mitgliedschaftlichen Bestandsinteresse und dem Vermögensinteresse. In Anlehnung an die Aussagen in der *„Feldmühle"*-Entscheidung stellte das Gericht fest, dass die herrschaftsrechtliche Komponente des Aktieneigentums für Minderheitsaktionäre eine untergeordnete Rolle spiele, da es ihnen in der Regel nicht mög-

[13] BVerfGE 14, 263, 278/279 *„Feldmühle"*.
[14] BVerfGE 14, 263, 282 *„Feldmühle"*.
[15] BVerfGE 14, 263, 283 *„Feldmühle"*. Vgl. dazu auch die Ausführungen von *v. Falkenhausen*, AG 1963, 150, 152 re. Sp. Nach Ansicht von *v. Falkenhausen* ist es zutreffend, dass das Interesse eines Unternehmens an einem ungestörten Wirken dem Interesse der Allgemeinheit an einer leistungsfähigen Wirtschaft entsprechen kann.
[16] BVerfGE 14, 263, 283 *„Feldmühle"*.
[17] BVerfGE 14, 263, 283 *„Feldmühle"*.
[18] BVerfG NZG 2000, 1117.

lich sei, an der Unternehmenspolitik wesentlich mitzuwirken. Das Aktieneigentum eröffne der Aktionärsminderheit lediglich die Möglichkeit, durch die Kapitalanlage „eine Sphäre individueller Freiheit in finanzieller Hinsicht“[19] zu erlangen. Damit stehe für sie die vermögensrechtliche Seite des Aktieneigentums klar im Vordergrund. Dieser Gesichtspunkt müsse in der Abwägung mit den gegenläufigen Interessen des Großaktionärs Berücksichtigung finden, der ein anerkennenswertes Bedürfnis habe, eine kleine Zahl von Minderheitsaktionären aus einer Gesellschaft auszuschließen. Dieses Bedürfnis resultiere aus der Erkenntnis, dass eine Aktionärsminderheit aufgrund der Stimmenmehrheit des Großaktionärs unternehmerische Entscheidungen regelmäßig zwar nicht verhindern könne, ihre Existenz die Umsetzung geplanter Maßnahmen jedoch mit enormen Aufwendungen, potenziellen Schwierigkeiten und zeitlichen Verzögerungen belaste.[20] Insofern verwies das Bundesverfassungsgericht zum einen darauf, dass ein Großaktionär in seinem Interesse liegende Maßnahmen leichter durchführen könne, wenn sich alle Aktien in seiner Hand befinden oder aber zumindest keine Gegenstimmen von Minderheitsaktionären zu befürchten sind. Zum anderen betonte es, was in der Begründung des Regierungsentwurfs zur Einführung der §§ 327a ff. AktG aufgegriffen wurde, dass durch einen Ausschluss der Minderheitsaktionäre die Gefahr missbräuchlicher Anfechtungsklagen gebannt werden könne.[21] Diese Gründe rechtfertigten eine vorrangige Berücksichtigung der Interessen des Großaktionärs. In diesem Zusammenhang bekräftigte das Gericht jedoch nochmals, dass den Minderheitsaktionären in vermögensrechtlicher Hinsicht durch die Gewährung einer wirtschaftlich „vollen“ Entschädigung Schutz zu gewähren sei. Die Abfindung könnten die Minderheitsaktionäre „in einem Unternehmen gleicher oder ähnlicher Ausrichtung“ als Kapital anlegen.[22] Darüber hinaus müssten sie gegen einen Missbrauch wirtschaftlicher Macht geschützt werden. Werde diesen beiden Erfordernissen entsprochen, sei das durch den Ausschluss beeinträchtigte mitgliedschaftsrechtliche Bestandsinteresse nicht geschützt und Art. 14 Abs. 1 GG stünde dem Ausschluss einer Aktionärsminderheit gegen ihren Willen nicht entgegen.[23]

§ 6 Maßgeblichkeit der bundesverfassungsgerichtlichen Feststellungen für das Rechtsinstitut des Squeeze-out-Verfahrens

I. Annahme einer „antizipierten verfassungsgerichtlichen Unbedenklichkeitsbescheinigung“

Die Kernfeststellung des Bundesverfassungsgerichts, dass von Seiten der Verfassung ein Rücktritt des Schutzes des im Aktieneigentum verkörperten Mitgliedschaftsrechts zulässig ist, soweit der vermögensrechtliche Bestand der Beteiligung geschützt wird, ist im Schrifttum vorwiegend auf Zustimmung gestoßen. Mit ihr korrespondiert der in neuester Zeit insbesondere von *Mülbert* vertretene kapitalmarktrechtliche Ansatz, wonach ein Kleinaktionär nicht mehr vorrangig als Mitglied eines Ver-

---

[19] BVerfG NZG 2000, 1117, 1118/1119 *„MotoMeter“*.
[20] BVerfG NZG 2000, 1117, 1118 re. Sp. *„MotoMeter“*.
[21] BVerfG NZG 2000, 1117, 1118 re. Sp. *„MotoMeter“*.
[22] BVerfG NZG 2000, 1117, 1119 li. Sp. *„MotoMeter“*, Beschluss vom 23.08.2000.
[23] Vgl. auch die Ausführungen bei *Fleischer*, ZGR 2002, 757, 764 ff., der die Feststellungen des Bundesverfassungsgerichts im *„MotoMeter“*-Beschluss mit der französischen Spruchpraxis und der Spruchpraxis zur Europäischen Menschenrechtskonvention vergleicht.

bandes anzusehen sei, sondern vielmehr als ein an einer Investition interessierter Anleger am Kapitalmarkt. Die Gemengelage, die aus der Doppelrolle des Aktionärs als Verbandsmitglied einerseits und als Kapitalanleger andererseits resultiere, sei zugunsten vermögensbezogener Schutzregelungen gelöst, während der Schutz des verbandsrechtlichen Bestandes der Beteiligung gänzlich in den Hintergrund getreten sei.

Die bundesverfassungsgerichtlichen Grundsätze zum Ausschluss von Minderheitsaktionären fanden auch unabhängig von den Überlegungen des kapitalmarktrechtlichen Ansatzes Befürwortung. Der vom Bundesverfassungsgericht hervorgehobene ausschließlich finanzielle Schutz des Aktieneigentums stelle einen aktienrechtlichen Grundsatz dar. Im Aktienrecht sei ein Recht der Minderheitsaktionäre auf fortwährenden Bestand ihrer Aktionärsposition nicht vorgesehen.[24] Dies zeige beispielsweise der Umstand, dass eine Aktiengesellschaft auch gegen die Stimmen der Minderheitsaktionäre aufgelöst werden kann. Bei dem Auflösungsbeschluss nach § 262 Abs. 1 Nr. 2 AktG werde den Minderheitsaktionären lediglich insofern Schutz geboten, als dass diese an der Vermögensverwertung teilnehmen. Dies betone wiederum die vermögensrechtliche Komponente der Beteiligung, während die Mitgliedschaft in einem werbenden Unternehmen nicht davor geschützt werde, in die eines nicht werbenden Unternehmens umgewandelt zu werden. Demzufolge sei die Mitgliedschaft als solche nicht um ihrer selbst Willen zu schützen.[25] Die Befürworter der bundesverfassungsgerichtlichen Feststellungen ziehen nun die „*Feldmühle*"- und die „*MotoMeter*"-Entscheidung als Argument für die Verfassungsmäßigkeit der Ausschlussregelungen der §§ 327a ff. AktG heran. Die beiden Entscheidungen enthielten eine „antizipierte verfassungsgerichtliche Unbedenklichkeitsbescheinigung" für den Squeeze-out,[26] da das neue Rechtsinstitut mit den vom Bundesverfassungsge-

---

[24] *Riehmer*, FAZ v. 5.9.2000, Nr. 180, S. 22.

[25] *Kossmann*, NZG 1999, 1198, 1199 li. Sp./re. Sp.

[26] *Fleischer*, DNotZ 2000, 876, 879. Von der Verfassungsgemäßheit der §§ 327a ff. AktG, insbesondere wegen der dargelegten Rechtsprechung des Bundesverfassungsgerichts, gehen ebenfalls aus: BGH WM 2006, 286 li. Sp.; OLG Stuttgart WM 2006, 292, 295 re. Sp. a.E.; OLG Düsseldorf WM 2005, 1948, 1950 li. Sp.; WM 2005, 650, 652 li. Sp.; OLG Hamm AG 2005, 773, 774 re. Sp. „*GEA AG*"; OLG Köln NZG 2005, 931, 932 li. Sp.; OLG Düsseldorf AG 2004, 207, 208 li. Sp. f.; OLG Stuttgart AG 2005, 662, 663 re. Sp.; KG NZG 2005, 224, 225 li. Sp.; OLG Stuttgart DB 2004, 60, 63 li. Sp.; OLG Köln BB 2003, 2307, 2309 li. Sp.; OLG Oldenburg ZIP 2003, 1351 re. Sp. „*KM Europa Metall AG*"; LG Berlin DB 2003, 707, 708 li. Sp.; LG Hamburg ZIP 2003, 947, 950 re. Sp. „*Volksfürsorge Holding AG*"; LG Osnabrück AG 2002, 527 re. Sp. „*KM Europa Metall AG*"; *Angerer*, BKR 2002, 260 li. Sp. a.E.; *Bauer*, NZG 2000, 1214, 1215 re. Sp., *Baums*, S. 174; *DAV-Handelsrechtsausschuss*, NZG 2001, 420, 430 li. Sp.; *Dreier*, EWiR 2003, 141, 142; *Fuhrmann/Simon*, WM 2002, 1211 Fn. 4; *Gesmann-Nuissl*, WM 2002, 1205 li. Sp.; *Grunewald*, in: MünchKommAktG, § 327a Rn. 8; *Habersack*, in: Emmerich/Habersack, § 327a Rn. 7; *Halm*, NZG 2000, 1162, 1165 li. Sp.; *Hamann*, S. 22, 25 a.E.; *Hasselbach*, in: Kölner Komm, WpÜG, § 327a AktG, Rn. 11; *Henze*, FS Peltzer, 2001, S. 181, 190; *Hüffer*, AktG, § 327a Rn. 4; *Krieger*, BB 2002, 53, 54 re. Sp.; *Land/Hasselbach*, DB 2000, 557, 562 li. Sp.; *dies.*, DB 2000, 1747, 1754 Fn. 72; *Merkt*, AG 2003, 126, 133 re. Sp.; *v. Morgen*, WM 2003, 1553, 1554 re. Sp.; *Mülbert*, FS Ulmer, 2003, S. 433, 438; *Neye*, EWiR 2000, 913, 914; *Quandt*, S. 57; *Rühland*, S. 130; *ders.*, WM 2000, 1884 Fn. 4; *Sieger/Hasselbach*, ZGR 2002, 120, 127; *Vetter*, AG 2002, 176, 182 re. Sp.; *ders.*, DB 2001, 743, 746 re. Sp.; *Webering*, S. 132 f.; *Wirth/Arnold*, AG 2002, 503, 504 re. Sp. Vgl. aber auch OLG Hamburg ZIP 2004, 2288, 2289 li. Sp. a.B.; ZIP 2003, 2076, 2077 re. Sp. „*Volksfürsorge Holding AG*", das darauf hinweist, dass im Falle von Familiengesellschaften eine andere Bewertung hinsichtlich der Verfassungsmäßigkeit gelten könne. Nach Ansicht des LG Hamburg ZIP 2003, 951, 952 li. Sp., kann nicht davon gesprochen werden, dass die Verfassungsmäßigkeit der Squeeze-out-Regelungen über jeden Zweifel erhaben ist.

richt beurteilten Ausschlussrechten vergleichbar sei. Den vom Bundesverfassungsgericht gemachten Vorgaben für die Zulässigkeit des Ausschlusses von Minderheitsaktionären würden die Regelungen der §§ 327a ff. AktG gerecht. So werde einerseits dem Erfordernis der Gewährung einer angemessenen Barabfindung als Entschädigung für den Verlust der Beteiligung durch die Regelung der §§ 327a Abs. 1 Satz 1, 327b, 327f AktG genüge getan. Andererseits seien die Minderheitsaktionäre gegen einen etwaigen Missbrauch wirtschaftlicher Macht ausreichend geschützt, da sie beim Squeeze-out nicht nur die Höhe der Barabfindung in einem Spruchverfahren gerichtlich überprüfen lassen, sondern auch den Übertragungsbeschluss mit einer Anfechtungsklage angreifen könnten.

II. Kritische Stimmen

In die Diskussion um die Verfassungskonformität der Ausschlussregelungen aufgrund einer möglichen Vorentscheidung durch die bisherige bundesverfassungsgerichtliche Rechtsprechung mischen sich nur ganz vereinzelt kritische Stimmen. Die Kritik ist dabei nicht gegen die Übertragbarkeit der dargestellten Rechtsprechungsgrundsätze auf das neue Rechtsinstitut gerichtet. Vielmehr werden grundsätzliche Bedenken gegen die Rechtsprechung zur verfassungsrechtlichen Zulässigkeit von Minderheitenausschlüssen vorgebracht. So wendet *Hanau* ein, das Bundesverfassungsgericht habe das Wesen der Kapitalanlage nicht hinreichend erfasst, da es bei seinen Ausführungen Aktien Geld nahezu gleichgestellt habe. Die Verweisung der ausscheidenden Minderheitsaktionäre auf die Möglichkeit, die an sie zu leistende Abfindung in eine andere Gesellschaft zu investieren, führe letztlich nur zu einer Änderung des „Aggregatzustands" des eingesetzten Kapitals und trage insofern der Auswahlentscheidung des Aktionärs nicht hinreichend Rechnung. Da sich der Minderheitsaktionär bei der von ihm vorgenommenen Einbringung von Kapital für eine ganz bestimmte Gesellschaft entschieden habe, von der er sich ein besonderes wirtschaftliches Wachstum erhoffe,[27] komme der Auswahlentscheidung eine „besondere Dignität" zu.[28] Es fehle an der Austauschbarkeit von gesellschaftlichen Beteiligungen aus Sicht der einzelnen Minderheitsaktionäre,[29] die es erlauben würde, diese auf eine Investition in eine andere Gesellschaft zu verweisen. Zudem widerspricht *Hanau* der Annahme des Bundesverfassungsgerichts, bei den Kleinaktionären handele es sich zumeist um reine Kapitalanleger. Er ist der Ansicht, dass selbst in den Fällen, in denen die Beteiligung der Minderheitsaktionäre am Grundkapital weniger als 5 % ausmacht, die Beteiligung einen unternehmerischen Charakter aufweisen könne. Dies gelte insbesondere dann, wenn es sich um Gesellschaftsanteile handele, die von einem anderen Unternehmen gehalten werden. Mit derartigen Beteiligungen würden oftmals besondere Strategien verfolgt, auf die trotz der geringen Beteiligungshöhe regelmäßig Rücksicht genommen werde. Selbst wenn die Kleinstbeteiligungen nicht von anderen Unternehmen gehalten werden, müsse mit der Beteiligung nicht zwangsläufig allein ein finanzielles Interesse verfolgt werden. Gerade in nicht börsennotierten Gesellschaften habe das Mitgliedschaftsverhältnis einen ausschließ-

---

[27] *Hanau*, NZG 2002, 1040, 1043 li. Sp.

[28] *Hanau*, NZG 2002, 1040, 1043 li. Sp. Vgl. auch *Lutter/Drygala*, FS Kropff, 1997, S. 191, 210 a.E.; *Schön*, FS Ulmer, 2003, S. 1359, 1389.

[29] S. auch *Fleischer*, DNotZ 2000, 876, 877, der darauf hinweist, dass die Argumentation des Bundesverfassungsgerichts nur tragfähig sei, wenn ein funktionierender Kapitalmarkt bestehe.

lich gesellschaftsrechtlichen Charakter und zeichne sich nicht durch kurzfristige Renditeziele der Aktionäre aus.[30] Insofern mangele es bei Anteilen an einer nicht börsennotierten Gesellschaft aufgrund des fehlenden Börsenhandels an der vom Bundesverfassungsgericht bei seiner Argumentation vorausgesetzten Liquidität. Dem aus einer nicht börsennotierten Gesellschaft ausgeschlossenen Minderheitsaktionär sei es nicht ohne weiteres möglich, die ihm als Ausgleich für den Verlust der Mitgliedschaft gewährte Abfindung in eine gleichartige Gesellschaft zu investieren. *Hanau* gelangt aufgrund dessen zu dem Ergebnis, dass der durch die Leistung einer Abfindung gewährte Vermögensschutz außerstande sei, den Bestandsschutz zu substituieren.[31] Der Vermögensschutz müsse vielmehr durch Bestandsschutz erfolgen. Ohnedem sei der Entzug der Mitgliedschaft als Eingriff in das Aktieneigentum der Minderheitsaktionäre zu qualifizieren, der einer Rechtfertigung bedürfe.[32] Dies gelte hinsichtlich der eingeführten §§ 327a ff. AktG für diejenigen Aktionäre, die ihre Beteiligung vor dem Inkrafttreten der Vorschriften am 1. Januar 2002 erworben haben. Der Eingriff in deren Eigentum könne allenfalls durch ein dem Ausschluss vorangehendes Übernahme- oder Pflichtangebot nach dem WpÜG gerechtfertigt werden.[33] Die dadurch notwendige verfassungskonforme Reduktion des Anwendungsbereichs der §§ 327a ff. AktG habe zur Folge, dass das Squeeze-out-Verfahren nicht in solchen Gesellschaften durchgeführt werden dürfe, in denen die Kontrolle über die Gesellschaft bereits vor dem Inkrafttreten des WpÜG am 1. Januar 2002 erworben wurde.[34] Zum anderen könnten die Ausschlussregelungen für nicht börsennotierte Gesellschaften keine Geltung beanspruchen, da diese Gesellschaften nicht in den Anwendungsbereich des WpÜG fallen.

III. Stellungnahme

1. Befürwortung einer unwiderlegbaren Vermutung

Die Kritik von *Hanau* ist in ihren Ansätzen erwägungswürdig, im Ergebnis jedoch nicht haltbar.[35] Der von ihm gegen die Überlegungen des Bundesverfassungsgerichts geäußerte Einwand, dass Kleinaktionäre nicht immer bloße Kapitalanleger seien, verdient an sich Zustimmung. Einer näheren Betrachtung hält er allerdings nicht stand. In der Regel ist gerade bei großen Publikumsgesellschaften, die zigtausend Aktien ausgegeben haben, die Bindung des Kleinaktionärs an die Gesellschaft nicht besonders intensiv. Hinter der Beteiligung steht in erster Linie eine finanzielle Motivation. Ein über die Hoffnung auf eine hohe Rendite hinausgehendes unternehmerisches Interesse verfolgt der typische Kleinaktionär regelmäßig nicht.[36] Von diesem tatsächlichen Befund werden die allermeisten Fälle erfasst. Allerdings gibt es durchaus auch Konstellationen – und insofern ist *Hanau* zuzustimmen –, in denen der Kleinaktionär tatsächlich ein über die bloße Kapitalmehrungsabsicht hinausgehendes

---

[30] *Hanau*, NZG 2002, 1040, 1043 re. Sp.
[31] Vgl. dazu auch die von *Rottnauer*, EWiR 2003, 739, 740, geäußerten Bedenken.
[32] *Hanau*, NZG 2002, 1040, 1043 li. Sp.
[33] *Hanau*, NZG 2002, 1040, 1047 li. Sp. a.E.
[34] *Hanau*, NZG 2002, 1040, 1047 re. Sp.
[35] Auch das OLG Stuttgart DB 2004, 60, 63 re. Sp., greift die von *Hanau* geäußerten verfassungsrechtlichen Bedenken auf, verwirft diese jedoch.
[36] *Liebert*, S. 38.

unternehmerisches Interesse aufweist. In der Praxis ist einerseits durchaus denkbar, dass ein Aktionär, obwohl er an der Gesellschaft in einem solchen Ausmaß beteiligt ist, dass er Einfluss auf die Leitung der Gesellschaft nehmen kann, tatsächlich kein Herrschaftsinteresse hat. Andererseits hat mancher Minderheitsaktionär, dem eine Mitwirkung aufgrund seiner geringen Beteiligung an sich versagt ist, dennoch ein nicht ausschließlich vermögensrechtliches Interesse. Oftmals sind es Unternehmen, worauf *Hanau* zu Recht hinweist, deren Beteiligungen an anderen Gesellschaften so gering sind, dass sie die vom Gesetz für die Zulässigkeit des Ausschlusses gesetzte Prozentschwelle nicht überschreiten. Den Grund für eine solche Beteiligung bilden dann regelmäßig strategische Gesichtspunkte.[37] Trotz der an sich zu vernachlässigenden Beteiligungshöhe wird auf die strategischen Interessen der Unternehmen in der Regel Rücksicht genommen. Ist ein Unternehmen aber imstande, die Entscheidungen einer Gesellschaft, an der es Anteile hält, auf informellem Wege zu beeinflussen, kann nicht von einem rein finanziellen Interesse gesprochen werden. Gleichwohl müsste in diesem Fall nach den Feststellungen des Bundesverfassungsgerichts von einem rein finanziellen Interesse ausgegangen werden, da nach der Höhe der prozentualen Beteiligung am Grundkapital eine Einflussnahme auf die Leitung der Gesellschaft an sich nicht möglich wäre. Die Billigung eines prozentualen Schwellenwertes seitens des Bundesverfassungsgerichts verhindert demzufolge die Berücksichtigung einzelfallabhängiger Besonderheiten. Es wird letztlich eine Art unwiderlegbare Vermutung aufgestellt. Trotz der Tatsache, dass es in der Praxis Einzelfälle gibt, die den hinter der Vermutung stehenden Wertungen nicht entsprechen, ist dem Gericht in der Billigung einer unwiderlegbaren Vermutung zuzustimmen. Allein die Annahme des Vorliegens einer finanziell motivierten Beteiligung bei Unterschreitung eines bestimmten prozentualen Schwellenwertes macht eine Ausschlussregelung für die Praxis überhaupt handhabbar, während andere Regelungsmöglichkeiten zu keinem zufrieden stellenden Ergebnis führen. Als Alternative könnte nur die Ausgestaltung der Ausschlussregelung als Regel-Ausnahme-Verhältnis im Sinne einer widerlegbaren Vermutung in Erwägung gezogen werden. Danach wäre bei Unterschreitung des prozentualen Grenzwertes zwar regelmäßig von einem ausschließlich finanziellen Interesse auszugehen, es bestünde jedoch die Möglichkeit, im Einzelfall nachzuweisen, dass trotz einer Unterschreitung der prozentualen Schwelle ein herrschaftliches Interesse gegeben ist, für dessen Beeinträchtigung durch einen Entzug der Mitgliedschaft eine Entschädigung als nicht ausreichend zu erachten wäre.[38] Würde der Ausschluss nach seiner Durchführung mit der Begründung angegriffen, es handele sich bei der Minderheitsbeteiligung nicht um eine ausschließlich finanziell motivierte, hätte dies zur Folge, dass der Ausschluss rück abgewickelt werden müsste, was in der Regel mit großen Schwierigkeiten verbunden wäre. Selbst für den Fall, dass nach der Ausschlussregelung der Nachweis eines besonderen Interesses bereits vor der Durchführung des Ausschlussverfahrens erbracht werden müsste, um die Gefahr einer komplizierten Rückabwicklung einzudämmen, würden sich Schwierigkeiten ergeben. Diese beruhten insbesondere auf dem Gesichtspunkt, wie das

---

[37] Vgl. *Hasselbach*, in: Kölner Komm, WpÜG, § 327a AktG Fn. 42: Beteiligungen an anderen Unternehmen sind in der Praxis gerade im Bereich Banken und Versicherungen von großer Bedeutung.

[38] Fraglich wäre insofern bereits, wer die Darlegungs- und Beweislast zu tragen hat. Ginge man von einer widerlegbaren Vermutung eines rein finanziellen Interesses bei Unterschreitung des Prozentsatzes aus, so wäre es Sache des Minderheitsaktionärs im Einzelfall darzulegen und gegebenenfalls auch zu beweisen, dass er ausnahmsweise auch an der Leitung der Gesellschaft interessiert ist.

Vorliegen eines herrschaftlichen Interesses im Einzelfall festgestellt werden soll. Eine Ausschlussregelung, die eine widerlegbare Vermutung beinhaltete, ist demnach aufgrund der mit ihr verbundenen Rechtsunsicherheit nicht zufrieden stellend.[39] Allein das vom Bundesverfassungsgericht bestätigte Mittel einer „unwiderlegbaren Vermutung" stellt demnach einen für die Praxis gangbaren Weg dar. Insofern kann den Bedenken von *Hanau* im Ergebnis nicht beigepflichtet werden.[40]

Dem im Schrifttum anklingenden Gedanken, dass für den Fall, dass eine Minderheitsbeteiligung ihrem Geldwert nach einen sechs- oder siebenstelligen Betrag erreicht, nicht mehr vom Vorliegen einer reinen Kapitalanlage ausgegangen werden könne,[41] kann bei einer konsequenten Anwendung der unwiderlegbaren Vermutung keine Beachtung geschenkt werden. Eine summenmäßige Betrachtung verbietet sich, da es allein auf die prozentuale Beteiligung am Grundkapital ankommt. Prozentual betrachtet, stellt sich die Situation für den Fall, dass sich die Beteiligung dem summenmäßigen Wert nach im sechs- oder siebenstelligen Bereich bewegt, nicht anders dar als bei einer summenmäßig niedrigeren Beteiligung. Die Beteiligung ist stets in Relation zu der Beteiligung des Hauptaktionärs am Grundkapital der jeweiligen Gesellschaft zu sehen. Dessen Beteiligung gegenüber fehlt einer Kleinstbeteiligung, die sich unterhalb der gesetzlich verankerten prozentualen Hürde am Grundkapital bewegt, selbst dann die Möglichkeit einer Einflussnahme auf die Herrschaft und Leitung der Gesellschaft, wenn sie der Summe nach die Millionengrenze erreicht. Auch solch ein Minderheitsaktionär ist nach der Rechtsprechung des Bundesverfassungsgerichts auf die finanzielle Komponente seines Aktieneigentums beschränkt.

Auch der Annahme von *Hanau*, dass die Squeeze-out-Regelungen nur im Hinblick auf diejenigen Aktionäre verfassungsgemäß seien, die ihre Anteile erst nach dem Inkrafttreten der §§ 327a ff. AktG erworben haben, kann nicht gefolgt werden. Im Hinblick auf diese Beteiligungen stellt sich die Frage der Vereinbarkeit mit den verfassungsrechtlichen Vorgaben überhaupt nicht. Insofern greifen die Ausschlussregelungen als Inhalts- und Schrankenbestimmungen erst gar nicht in bereits bestehende Positionen ein. Das Aktieneigentum ist durch die Squeeze-out-Vorschriften neu definiert worden und alle nach Inkrafttreten erworbenen Anteile stehen demzufolge von vornherein unter dem eingeschränkten Bestandsschutz. Einen Eingriff bedeuten die §§ 327a ff. AktG daher nur für bereits vor ihrem Inkrafttreten bestehende Eigentumspositionen. Nur diesbezüglich ist eine verfassungsrechtliche Rechtfertigung überhaupt erforderlich.[42]

2. Erfordernis der verfassungsrechtlichen Rechtfertigung

Dass der von *Hanau* gegen die Feststellungen des Bundesverfassungsgerichts vorgetragenen Kritik im Ergebnis nicht gefolgt wird, bedeutet jedoch nicht zugleich, dass

---

[39] So auch *Erwe*, in: Beck'sches Handbuch der AG, § 25 Rn. 79, der sich mit dieser Begründung zustimmend zu der bei der Pflichtangebotsregelung des § 35 WpÜG bestehenden Vermutung äußert. Auch dort kommt es nicht darauf an, ob der Bieter im Einzelfall tatsächlich die Kontrolle über die Zielgesellschaft ausübt.

[40] So auch LG Hamburg ZIP 2003, 947, 951 li. Sp., das feststellt, dass der Gesetzgeber in typisierender Betrachtungsweise andere Motive als seltene Ausnahmeerscheinung ignorieren durfte.

[41] *Zschocke*, DB 2002, 79, 85 li. Sp.

[42] *Schwichtenberg*, S. 159.

automatisch von einer antizipierten verfassungsgerichtlichen Unbedenklichkeitsbescheinigung für das Rechtsinstitut des Squeeze-out-Verfahrens auszugehen ist. Begründet wird die Übertragbarkeit der *„Feldmühle"*-Grundsätze mit der Vergleichbarkeit des in dieser Entscheidung beurteilten Rechts zur Mehrheitsumwandlung mit dem neuen Ausschlussrecht des Hauptaktionärs nach den §§ 327a ff. AktG. Eine solche Vergleichbarkeit besteht in der Tat: Das Squeeze-out-Recht entspricht in seinen Voraussetzungen sowie in seiner Intensität, mit der es die Beteiligung der Minderheitsaktionäre trifft, der ehemals in § 15 UmwG 1956 geregelten Möglichkeit der Mehrheitsumwandlung. Jedoch betraf der dem *„Feldmühle"*-Urteil zugrunde liegende Sachverhalt den speziellen Fall einer konzernrechtlichen Umstrukturierung. Dies ist insofern von Belang, als sich die Argumentation des Bundesverfassungsgerichts bezüglich der Interessenabwägung im Rahmen der verfassungsrechtlichen Rechtfertigung des Ausschlusses maßgeblich auf die Bedeutung des Eigenwerts stützt, der dem unternehmerischen Interesse eines Konzerns zukommt.[43] Anders stellt sich die Lage beim Squeeze-out dar. Es ist nicht die eigentliche Aufgabe dieses Verfahrens, Umstrukturierungen innerhalb eines Konzerns zu ermöglichen. Zwar lässt der vom Gesetzgeber gewählte Standort der Ausschlussvorschriften etwas anderes vermuten. Die Regelungen des neuen Ausschlussrechts wurden jedoch nur aus dem Grunde hinter den Regelungen der Eingliederung (§§ 319, 320 ff. AktG) eingefügt, weil der Gesetzgeber damit die Anknüpfung an dieses Rechtsinstitut betonen wollte. Auch wenn die Voraussetzungen und das Verfahren des Squeeze-out eng an das Recht der Mehrheitseingliederung angelehnt sind,[44] was insbesondere durch die Parallelen bei der Höhe des erforderlichen Anteilsbesitzes und der konstitutiven Wirkung der Handelsregistereintragung ersichtlich wird,[45] ist das Squeeze-out-Verfahren im Gegensatz zur Mehrheitseingliederung, die zur unwiderlegbaren Konzernvermutung nach § 18 Abs. 1 Satz 2 AktG führt, konzernrechtsneutral und begründet keine Konzernvermutung.[46] Dies wird bei einer näheren Betrachtung des Anwendungsbereichs und der Voraussetzungen der beiden Rechtsinstitute deutlich. Anders als bei der Mehrheitseingliederung, bei der der Hauptaktionär gemäß §§ 319 Abs. 1 Satz 1, 320 Abs. 1 Satz 1 AktG eine Aktiengesellschaft mit Sitz im Inland sein muss, kann das Squeeze-out-Verfahren auch von Einzelpersonen und von Unternehmen anderer Rechtsform oder mit ausländischem Heimatrecht betrieben werden.[47] Darüber hinaus können die ausgeschlossenen Minderheitsaktionäre beim Squeeze-out nach §§ 327a Abs. 1 Satz 1, 327b AktG nur eine Barabfindung verlangen, während sie bei der Mehrheitseingliederung gemäß § 320b Abs. 1 AktG ausschließlich mit Anteilen

[43] So auch *Hamann*, S. 26.

[44] *Fuhrmann/Simon*, WM 2002, 1211, 1212 li. Sp.; *Krieger*, BB 2002, 53 li. Sp.; *Rühland*, WM 2000, 1884 Fn. 9; *Schüppen*, WPg 2001, 958, 973 re. Sp.; *Sieger/Hasselbach*, ZGR 2002, 120, 122. Kritisch zur Anlehnung der Squeeze-out-Regelungen an das Rechtsinstitut der Mehrheitseingliederung äußern sich *Kiem*, in: RWS-Forum 20, S. 329, 334 ff.; *Vetter*, ZIP 2000, 1817, 1818/1819.

[45] Weitere Gemeinsamkeiten sind die Berichtspflicht über die Angemessenheit der Barabfindung und über das Vorliegen der gesetzlichen Voraussetzungen des Ausschlusses (§§ 319 Abs. 3 Nr. 3, 320 Abs. 3 AktG/§ 327c Abs. 2 AktG), das Verfahren der Negativerklärung und die Möglichkeit der Überwindung einer etwaigen Registersperre (§ 319 Abs. 5 und 6 AktG/§ 327e Abs. 2 AktG) sowie die Beschränkung der Rechtsbehelfe auf ein Spruchverfahren, wenn es um die Bestimmung der angemessenen Abfindungshöhe geht (vgl. § 320b Abs. 2 Satz 1 AktG/§ 327f Satz 1 AktG).

[46] *Hüffer*, AktG, § 327a Rn. 3; *Koppensteiner*, in: Kölner Komm, AktG, Vorb. § 327a Rn. 3; *Scheel*, in: Blättchen/Wegen, S. 205, 233.

[47] *Fuhrmann/Simon*, WM 2002, 1211, 1212 li. Sp.

des Hauptaktionärs und nur bei Abhängigkeit der Hauptgesellschaft nach Wahl der Minderheitsaktionäre auch in bar abgefunden werden können. Die Besonderheit der Neuregelung besteht mithin darin, dass die betroffene Aktiengesellschaft nicht in einen Konzern eingegliedert sein muss. Es handelt sich beim Squeeze-out nicht um ein Konzernierungsinstrument.[48] Die rechtssystematische Stellung der §§ 327a ff. AktG im Dritten Buch, das die Bestimmungen über die verbundenen Unternehmen enthält, ist verfehlt.[49] Demzufolge dürfen die in dem *„Feldmühle"*-Urteil getroffenen Feststellungen, soweit sie die Zulässigkeit des Ausschlusses der Minderheitsaktionäre an den der Entscheidung zugrunde liegenden Sachverhalt einer konzernrechtlichen Umstrukturierung knüpfen, eigentlich nicht für die Beurteilung der Verfassungskonformität des Squeeze-out-Verfahrens herangezogen werden, da der Ausschluss nach den §§ 327a ff. AktG keinem konkreten Zweck dient.[50] Allerdings erlangen die *„Feldmühle"*-Grundsätze dadurch Relevanz für den Squeeze-out, dass sie vom Bundesverfassungsgericht selbst in der späteren *„MotoMeter"*-Entscheidung übernommen worden sind. Dabei verzichtete das Gericht darauf, im Rahmen seiner Argumentation das Interesse der Allgemeinheit an einer freien Entfaltung der unternehmerischen Initiative im Konzern in die Abwägung einzubeziehen. Stattdessen stellte es fest, dass ein überwiegendes unternehmerisches Interesse am Ausschluss der Minderheitsaktionäre in deren Lästigkeit begründet sein könne.[51] Das Bundesverfassungsgericht hat damit deutlich gemacht, dass nicht allein konzernrechtliche Interessen den Ausschluss von Minderheitsaktionären verfassungsrechtlich zu rechtfertigen vermögen, sondern auch andere Gründe relevant sein können. Da es sich bei dem Ausschluss der Minderheitsaktionäre nicht um eine Enteignung handelt,[52] kann das Erfordernis einer Rechtfertigung hier nur so verstanden werden, dass die dem Hauptaktionär eingeräumte Ausschlussmöglichkeit durch am Gemeinwohl orientierte Gründe gerechtfertigt sein muss.[53] Diese müssen neben den weiteren Bedingungen, nämlich zusätzlich zum Erfordernis des finanziellen Ausgleichs sowie der Bereitstellung von Rechtsbehelfen gegen den Missbrauch wirtschaftlicher Macht, gegeben sein. Dem Gesetzgeber steht insofern ein Gestaltungsspielraum zu. Bei den von ihm in Anspruch genommenen Regelungszwecken muss es sich um am Gemeinwohl orientierte Gründe handeln. Ob dies der Fall ist, soll im Folgenden – getrennt nach börsennotierten und nicht börsennotierten Gesellschaften – untersucht werden.

---

[48] *Grzimek*, in: Geibel/Süßmann, WpÜG, Art. 7, § 327a AktG Rn. 6; *Habersack*, in: Emmerich/Habersack, § 327a Rn. 6; *Halberkamp/Greve*, FB 2002, 580, 581 li. Sp.; *Hamann*, S. 16; *Helmis/Kemper*, DBW 62 (2002), 512, 516 li. Sp. a.E.; *Vetter*, DB 2001, 743, 745 li. Sp.

[49] *Hüffer*, AktG, § 327a Rn. 3; *Vetter*, AG 2002, 176, 184 li. Sp. insbes. Fn. 91.

[50] *Krieger*, BB 2002, 53, 54 li. Sp., spricht davon, dass das neue Ausschlussrecht den „isolierten Ausschluss der Minderheit" zum Gegenstand habe.

[51] *Schön*, FS Ulmer, 2003, S. 1359, 1388, geht davon aus, dass das Bundesverfassungsgericht das Interesse an Konzernstrukturen im *„MotoMeter"*-Beschluss bereits bewusst im Hinblick auf die Einführung des Squeeze-out-Verfahrens unberücksichtigt gelassen hat.

[52] Vgl. auch *Lenz/Leinekugel*, S. 13 ff., 15 a.B. („Squeeze-out als Inhalts- und Schankenbestimmung").

[53] *Grzimek*, in: Geibel/Süßmann, WpÜG, Art. 7, § 327a AktG Rn. 29; *Schön*, FS Ulmer, 2003, S. 1359, 1386.

§ 7 Verfassungsrechtliche Rechtfertigung des Zwangsausschlusses

I. Rechtfertigung im Falle von börsennotierten Gesellschaften

Nicht nur der Gesetzgeber, sondern auch große Teile der Praxis und der rechtswissenschaftlichen Literatur versprechen sich von den Neuregelungen, dass diese die Führung von Aktiengesellschaften und Kommanditgesellschaften auf Aktien erleichtern und dass mit ihrer Hilfe das deutsche Aktienrecht internationalen Standards angeglichen wird. Auf diese Weise soll der Wirtschaftsstandort Deutschland gestärkt und für ausländische Investoren attraktiv werden. Es wird vorgebracht, dass es aus praktischen und wirtschaftlichen Gründen erforderlich sei, dem Hauptaktionär den Ausschluss von Minderheitsaktionären positivrechtlich zu ermöglichen.

1. Das Ausschlussrecht als Mittel zur Abwehr missbräuchlicher Anfechtungsklagen

a) Die Gesellschaft als Opfer „räuberischer" Aktionäre?

In der Begründung des Regierungsentwurfs wurde der von Seiten der Wirtschaft und des rechtswissenschaftlichen Schrifttums vorgetragene Rechtfertigungsgrund, dass die Führung einer Aktiengesellschaft oder Kommanditgesellschaft auf Aktien, an der Minderheitsaktionäre beteiligt sind, nicht reibungslos erfolgen könne, da von Seiten der Minderheitsaktionäre stets eine Blockierung der Unternehmensführung durch missbräuchliche Anfechtungsklagen zu befürchten sei, aufgegriffen.[54] Die Gefahr missbräuchlicher Anfechtungsklagen sei für die Gesellschaft und deren Mehrheitsaktionär latent.[55] Wie die Vergangenheit gezeigt habe, würden Kleinstbeteiligungen zum einen häufig von Berufsanfechtungsklägern dahingehend ausgeschlachtet, die Gesellschaft durch die Erhebung von Anfechtungsklagen gegen Hauptversammlungsbeschlüsse zu finanziellen Zugeständnissen zu bewegen.[56] Neben solchen „räuberischen" Aktionären, die sich den „Lästigkeitswert" ihrer Klage abkaufen lassen,[57] bedeuteten des Weiteren querulatorische Anfechtungskläger eine Belastung für die Gesellschaft.[58] Die Unternehmensführung werde gelähmt, da missbräuchliche Klagen bewirkten, dass gegen den Willen einzelner Minderheitsaktionäre selbst zum

---

[54] Vgl. zu den Rechtstatsachen im Hinblick auf Anfechtungsklagen von Kleinaktionären die Ausführungen bei *Schockenhoff*, AG 1994, 45, 46 ff. Auch in Polen wird die Gefahr missbräuchlicher Anfechtungsklagen als Grund für die Einführung des Squeeze-out-Rechts angeführt, vgl. dazu *Wowerka*, RIW 2004, 89, 90 li. Sp.

[55] BegrRegE BT-Drucks. 14/7034, S. 31/32; *Angerer*, BKR 2002, 260, 261 re. Sp.; *Baumann*, WM 1999, 1968 re. Sp.; *DAV-Handelsrechtsausschuss*, NZG 1999, 850 li. Sp.; *Krause*, NJW 2002, 705, 715 li. Sp.; *Krieger*, BB 2002, 53 re. Sp.; *Land/Hasselbach*, DB 2001, 1747, 1754 li. Sp.; *Pötzsch/Möller*, WM 2000, Sonderbeil. Nr. 2, S. 29 re. Sp.; *Riehmer*, FAZ v. 05.08.2000, Nr. 180, S. 22; *Rühland*, S. 120; *Schwichtenberg*, DStR 2001, 2075, 2076 li. Sp.; *Sieger/Hasselbach*, ZGR 2002, 120, 124; *Steinmeyer/Häger*, WpÜG, § 327a AktG Rn. 5; *Vetter*, DB 2001, 743 li. Sp.; *ders.*, ZIP 2000, 1817, 1818 li. Sp.; *Wolf*, ZIP 2002, 153 Fn. 7.

[56] BegrRegE BT-Drucks. 14/7034, S. 31 re. Sp. a.E.; *Krause*, NJW 2002, 705, 715 li. Sp.; *Pötzsch/Möller*, WM 2000, Sonderbeil. Nr. 2, S. 29 re. Sp.

[57] *Kühn*, BB 1992, 291 li. Sp. a.B.; *Schwichtenberg*, S. 29. Laut *Fuhrmann/Simon*, WM 2002, 1211 li. Sp., ist die Sondervorteilsnahme missbräuchlich handelnder professioneller Anfechtungskläger einer der schlimmsten „Krisenherde" des deutschen Wirtschaftsrechts.

[58] *Altmeppen*, ZIP 2001, 1073, 1083 re. Sp.; *Angerer*, BKR 2002, 260, 261 li. Sp.

Teil unerlässliche Umstrukturierungen oft nicht oder nur mit großer zeitlicher Verzögerung durchgesetzt werden könnten,[59] obwohl die dazugehörigen Hauptversammlungsbeschlüsse in vielen Fällen mit überwältigender Mehrheit zustande kommen. Mit den zeitlichen Verzögerungen seien regelmäßig Synergieverluste und zusätzliche Kosten verbunden.[60] Letztlich bedeute das für die Gesellschaft und deren Mehrheitsaktionär bestehende potenzielle Risiko, mit missbräuchlichen Anfechtungsklagen überzogen zu werden, einen wesentlichen „Standortnachteil" für das deutsche Recht,[61] dem nur durch die Möglichkeit des Ausschlusses der Minderheitsaktionäre Abhilfe geschaffen werden könne.

b) Eingeschränkte Effizienz der Ausschlussregelungen

aa) Fehlende Ausweichmöglichkeiten der Gesellschaft

Der Hinweis auf die Verhinderung der potentiellen Gefahr missbräuchlicher Anfechtungsklagen als Argument für die Einführung eines Ausschlussrechts ist verfehlt.[62] Zuzustimmen ist zwar dahingehend, dass sich missbräuchliche Anfechtungsklagen für die mit den Rechtsstreitigkeiten betrauten Gerichte, in erster Linie aber für die betroffenen Gesellschaften zu einem Problem entwickelt haben, das die unternehmerische Tätigkeit belastet. Wird einer Gesellschaft mit der Erhebung einer Anfechtungsklage gegen einen Hauptversammlungsbeschluss gedroht oder wird eine Anfechtungsklage unmittelbar erhoben, bieten sich ihr selbst dann kaum Ausweichmöglichkeiten, wenn der Beschluss rechtmäßig zustande gekommen und die Klage aus diesem Grunde unbegründet ist. Die Gesellschaft kann darauf verzichten, den (potentiellen) Anfechtungskläger dazu zu bewegen, die Klage nicht zu erheben bzw. eine bereits erhobene Klage zurückzunehmen. In diesem Fall muss sie sich regelmäßig auf ein langwieriges, oftmals über mehrere Instanzen fortwährendes gerichtliches Verfahren einstellen, wodurch unnötig Zeit, Energie und Geld gebunden wird.[63] Die Gesellschaft kann aus diesem Grunde andererseits versucht sein, die Klage durch Zahlung einer bestimmten Summe abzuwenden. Dies wird sie insbesondere dann in Erwägung ziehen, wenn der angefochtene Hauptversammlungsbeschluss erst durch die Eintragung im Handelsregister Wirksamkeit erlangt,[64] die Eintragung vom Registergericht aber wegen der anhängigen Klage bis zur Entscheidung des Prozessgerichts nicht vorgenommen wird oder die Eintragung sogar von Gesetzes wegen durch eine Registersperre (vgl. z.B. § 16 Abs. 2 UmwG, § 319 Abs. 5 AktG) ausdrücklich ausgeschlossen ist. Denn eine Verzögerung der Eintragung könnte im Einzelfall dazu führen, dass die beschlossene Maßnahme nicht mehr umgesetzt

[59] BegrRegE BT-Drucks. 14/7034, S. 32 li. Sp. a.B.; *Baumann*, WM 1999, 1968 re. Sp.; *Pötzsch/Möller*, WM 2000, Sonderbeil. Nr. 2, S. 29 re. Sp.; *Vetter*, AG 2002, 176, 178 li. Sp.; *ders.*, DB 2001, 743 li. Sp. a.E.

[60] *Gesmann-Nuissl*, WM 2002, 1205 re. Sp.; *Krieger*, BB 2002, 53 re. Sp.

[61] *Hasselbach*, in: Kölner Komm, WpÜG, § 327a AktG Rn. 7; *Sieger/Hasselbach*, ZGR 2002, 120, 124.

[62] Vgl. zu den vorgetragenen Rechtfertigungsgründen auch die Auseinandersetzung bei *Lenz/Leinekugel*, S. 67 ff.

[63] *Bison*, S. 200; *Planck*, S. 201; *Riehmer*, FAZ v. 05.08.2000, Nr. 180, S. 22.

[64] *Liebert*, S. 257/258.

werden kann.[65] Wendet die Gesellschaft eine Klage durch Zahlung an den Kläger ab, hat sie Aufwendungen zu tätigen, die an sich nicht notwendig gewesen wären und für sie zumeist verloren sind. Die Gesellschaft läuft stets Gefahr, dass der Aktionär zahlungsunfähig wird und sie die von ihr geleistete Summe, zu deren Rückforderung sie verpflichtet ist, da es sich bei dem Auskauf durch die Gesellschaft um einen Verstoß gegen das Verbot der Einlagenrückgewähr (§ 57 AktG) handelt, aus diesem Grunde nicht zurückerhält. Unabhängig davon, zu welchem Vorgehen sich die Gesellschaft im Falle einer missbräuchlichen Klage entscheidet, ist sie enormen Belastungen ausgesetzt.

bb) Handlungsbedarf des Gesetzgebers

Trotz dieser durch missbräuchliche Anfechtungsklagen hervorgerufenen Belastungen erscheint nicht nur zweifelhaft, ob die Beeinträchtigungen ein derartiges Ausmaß erreicht haben, dass der Gesetzgeber tätig werden musste. Seit Einführung des aktienrechtlichen Anfechtungsrechts[66] waren immer wieder Stimmen hörbar, die es aufgrund der Möglichkeit seiner missbräuchlichen Nutzung angegriffen haben.[67] So war man sich bereits bei den Beratungen zum ersten Entwurf eines eigenen Aktiengesetzes aus dem Jahr 1884, in dem das Anfechtungsrecht erstmals in § 190a ADHGB kodifiziert wurde, der Gefahr missbräuchlicher Klagen bewusst. Gleichwohl entsprach der Gesetzgeber Forderungen nach einer Einschränkung des Anfechtungsrechts nur insoweit, als er einen Schadensersatzanspruch der Gesellschaft für unberechtigt und böslich angestrengte Anfechtungsklagen festschrieb.[68] Auch der 31. Deutsche Juristentag setzte sich im Jahre 1912 mit dieser Thematik auseinander, nachdem zu Beginn des 20. Jahrhunderts die Zahl missbräuchlicher Klagen sichtbar zugenommen hatte. Trotz des Bewusstseins, dass der Anfechtungsklage ein Erpressungspotential innewohnt, sprach man sich für eine uneingeschränkte Beibehaltung des Anfechtungsrechts aus, da die eigentliche Gefahr in der Steigerung des Machtpotentials der Mehrheit gesehen wurde. Auch bei den Beratungen zum Aktiengesetz von 1965 wurde die Problematik als nicht so gravierend angesehen,[69] als dass der Gesetzgeber das Individualanfechtungsrecht – als „wirksamste Waffe des Aktionärs"[70] – hätte erschweren wollen. Ein ähnliches Bild zeichnete sich auch noch unmittelbar vor Schaffung der neuen Ausschlussregelung ab. Im Januar 2000 erfolgte gegenüber der Bundesregierung eine Kleine Anfrage seitens einzelner Abgeordneter sowie der Fraktion der F.D.P. betreffend der Verbesserung der aktienrechtlichen Anfechtungsklage.[71] Unter anderem wurde nach der Notwendigkeit von Änderungen des Anfechtungsrechts wegen der Möglichkeit seiner missbräuchlichen Nutzung gefragt. Die Initiatoren der Anfrage waren der Ansicht, dass die Anfech-

[65] Vgl. auch *Planck*, S. 201, die darauf hinweist, dass es im denkbar schlimmsten Fall infolge einer Häufung von missbräuchlichen Klagen – langfristig betrachtet – zur Handlungsunfähigkeit einer Gesellschaft kommen könne.
[66] Vgl. zur historischen Entwicklung des Anfechtungsrechts *Schindler/Witzel*, NZG 2001, 577.
[67] *Meyer-Landrut*, FS Schilling, 1973, S. 235, 236.
[68] *Schubert/Hommelhoff*, ZGR-Sonderheft 4, S. 97/98.
[69] Vgl. Angaben bei *Kropff*, BegrRegE, S. 332 f.: Der Gesetzgeber war der Ansicht, dass „wirklich missbräuchliche Anfechtungsklagen in den letzten Jahren nicht bekannt geworden seien".
[70] *Kropff*, BegrRegE, S. 332 f.
[71] Kleine Anfrage, BT-Drucks. 14/2549, S. 1 ff.

tungsklage „dringend einer durchgreifenden Verbesserung bedürfe, um insbesondere dem Missbrauch des Instituts wirksam vorzubeugen".[72] Im Februar 2000 erfolgte die Antwort der Bundesregierung. Diese wies zunächst darauf hin, dass sie sich im Hinblick auf eine etwaige Neuregelung des aktienrechtlichen Anfechtungsrechts nicht festlegen werde, bevor sich nicht der 63. Deutsche Juristentag Ende September 2000 mit diesem Themenkomplex beschäftigt habe. Ohnehin beabsichtige sie, erst innerhalb einer in den nächsten Jahren geplanten Auseinandersetzung mit der Frage der künftigen Funktion und Ausgestaltung der Hauptversammlung börsennotierter Gesellschaften auch die aktienrechtliche Anfechtungsklage neu zu beurteilen. Eine grundlegende Änderung der aktienrechtlichen Anfechtungsklage sei „nicht sehr dringlich",[73] da unter anderem durch die Missbrauchsrechtsprechung im Hinblick auf Anfechtungsklagen bereits Rechtssicherheit geschaffen worden sei. Betrachtet man diese Aussage, so erscheint es umso mehr verwunderlich, dass bei der Einführung der Squeeze-out-Regelungen lediglich ein Jahr später die Gefahr missbräuchlicher Anfechtungsklagen als Argument für den zwangsweisen Ausschluss der Minderheit angeführt wird, während entgegen den vorherigen Ankündigungen der vom 63. Deutschen Juristentag vertretene Standpunkt, eine grundlegende Änderung des Konzepts der Anfechtungsklage sei nicht erforderlich, um die Verfolgung selbstsüchtiger Beweggründe zu verhindern,[74] unberücksichtigt blieb.

cc) Die Kleinaktionärseigenschaft der „aktienrechtlichen Räuber"

Neben den aus diesem Grunde verbleibenden Zweifeln an der Notwendigkeit eines gesetzgeberischen Tätigwerdens in Bezug auf die potentielle Gefahr missbräuchlicher Anfechtungsklagen bestehen darüber hinaus Bedenken, ob das Rechtsinstitut des Squeeze-out-Rechts überhaupt imstande ist, diese Problematik zu lösen. Die Neuregelungen der §§ 327a ff. AktG tragen nur vordergründig zur Beseitigung des Problems missbräuchlicher Anfechtungsklagen bei. Der Gesetzgeber hat bei seinen Bemühungen den falschen Ansatzpunkt gewählt. Nicht die Minderheit als solche ist das Problem, sondern vielmehr der Missbrauch des Anfechtungsrechts. Missbräuchliche Anfechtungsklagen werden in der Regel nicht von durchschnittlichen Minderheitsaktionären erhoben, sondern von Berufsopponenten.[75] Bei diesen handelt es sich um eine kleine Gruppe unternehmerisch und rechtlich versierter Personen,[76] die mit einem sehr geringen Anteil an einer Gesellschaft allein aus dem Grunde beteiligt sind, diese bei der nächsten sich bietenden Möglichkeit durch eine Anfechtungsklage zu finanziellen Zugeständnissen zu bewegen.[77] Der Minderheit als solcher kann stattdessen keine generelle Tendenz zu missbräuchlichen Klagen unterstellt wer-

---

[72] Kleine Anfrage, BT-Drucks. 14/2549, S. 1.
[73] Kleine Anfrage, BT-Drucks. 14/2549, S. 1.
[74] *63. DJT*, DB 2000, 2108 li. Sp.
[75] Vgl. dazu die großen Anfechtungsverfahren der 1980er Jahre („*AMB*", „*DAT/Altana*" und „*Kochs Adler AG*"), bei denen durchweg die gleichen Aktionäre geklagt haben: Freitag und Deger im Fall „*AMB*"; Freitag, Deger, Götz und Kind im Fall „*DAT/Altana*"; Götz, Freitag und Kind im Fall „*Kochs Adler AG*". Vgl. Angaben bei *Bison*, S. 281; *Hirte*, BB 1988, 1469, 1470 li. Sp. S. auch *Hansen*, AG 1988, R 32, R 33 li. Sp.; *Martens*, ZIP 1992, 1677, 1678 re. Sp.
[76] Vgl. die namentlichen Angaben zu den an aktienrechtlichen Anfechtungsklagen häufig beteiligten Personen bei *Baums/Vogel/Tacheva*, ZIP 2000, 1649, 1651 re. Sp., 1655 re. Sp.
[77] *Claussen* AG 1990, 156 li. Sp.; *Schlaus*, AG 1988, 113 re. Sp.

den.[78] Einzelne Minderheitsaktionäre werden nicht zu Räubern, vielmehr ist es so, dass aus Räubern Kleinaktionäre werden. Denn beim durchschnittlichen Minderheitsaktionär keimt nicht irgendwann der Gedanke auf, sich durch Erhebung einer missbräuchlichen Anfechtungsklage von der Gesellschaft einen Vorteil zu verschaffen. Vielmehr ist bei den „räuberischen Aktionären" bereits vor dem Erwerb ihrer gesellschaftlichen Beteiligung die Absicht vorhanden, eine Gesellschaft mittels einer Anfechtungsklage zur Zahlung einer Geldsumme zu bewegen. Notwendige Voraussetzung für die Umsetzung dieser räuberischen Absicht ist es, die Aktionärsstellung zu erlangen. Nur so besteht die Möglichkeit, eine Anfechtungsklage zu erheben. Um den Aufwand möglichst gering zu halten, erwirbt der potentielle „aktienrechtliche Räuber" die für die Ausübung des Anfechtungsrechts minimal notwendige Beteiligung, zumeist nur eine Aktie. Dies führt zwangsläufig dazu, dass er sich in der Gesellschaft in der Position eines Minderheitsaktionärs wieder findet. Daraus kann gefolgert werden, dass jeder „aktienrechtliche Räuber" (zumindest) Kleinaktionär wird, nicht aber, dass jeder Kleinaktionär ein „aktienrechtlicher Räuber" ist. Der Schluss von der geringen Beteiligung auf die Gefahr der missbräuchlichen Nutzung des Anfechtungsrechts ist demnach verwehrt.[79]

dd) Die Änderung des Anfechtungsrechts als Lösungsansatz

Anstatt das Ausschlussrecht einzuführen, hätte der Gesetzgeber unmittelbar beim Anfechtungsrecht ansetzen müssen. Durch die Einführung des Squeeze-out-Verfahrens hat der Gesetzgeber nicht erreicht, missbräuchlichen Anfechtungsklagen ein für alle mal einen Riegel vorzuschieben. Zunächst ändert sich an der potentiellen Gefahr missbräuchlicher Anfechtungsklagen nichts. Durch das Ausschlussrecht des Hauptaktionärs werden „räuberische Aktionäre" nicht gehindert, ihre Anfechtungsbefugnis missbräuchlich auszunutzen. Erst nach der Durchführung eines Squeeze-out-Verfahrens hat der Hauptaktionär missbräuchliche Klagen nicht mehr zu fürchten. Dadurch verlagert sich die Problematik jedoch nur auf die Gesellschaften, die noch kein Ausschlussverfahren durchgeführt haben oder in denen die Durchführung eines solchen nicht möglich ist. Hier muss der Hauptaktionär auch zukünftig die Erhebung missbräuchlicher Klagen befürchten. Die Gefahr dürfte sich für solche Gesellschaften noch zusätzlich erhöhen, da sich die räuberischen Aktionäre nun auf solche Gesellschaften konzentrieren werden, in denen die Möglichkeit eines Ausschlusses von vornherein nicht besteht. Die Squeeze-out-Regelungen können demzufolge die ihnen zugedachte Aufgabe der Verhinderung missbräuchlicher Klagen nicht erfüllen.

Dass allein eine Modifizierung des Anfechtungsrechts, nicht aber die Einrichtung eines einseitigen Ausschlussrechts der richtige Lösungsansatz ist, hat inzwischen auch der Gesetzgeber eingestanden. Er hat sich mit den im rechtswissenschaftlichen Schrifttum de lege ferenda vorgetragenen Möglichkeiten zur Änderung des Anfechtungsrechts auseinandergesetzt, wo u.a. vorgeschlagen worden war, das Anfechtungsrecht an eine bestimmte Mindestbesitzzeit zu knüpfen, die eine mitglied-

[78] *Hansen*, AG 1988, R 32, R 33 li. Sp., der betont, dass es sich „unter den mehr als drei Millionen Kleinaktionären um eine Ausnahmeerscheinung handelt".
[79] Vgl. *EuGH* AG 2000, 470, 471 re. Sp. a.E., der feststellt, dass „von einem Aktionär nicht allein deshalb angenommen werden kann, dass er sein Recht missbräuchlich ausnutzt, weil Minderheitsaktionär der Gesellschaft ist".

schaftliche Bindung an die Gesellschaft signalisiere.[80] Andere wollten das Anfechtungsrecht von einer quantitativen Komponente abhängig machen.[81] Strukturändernde Beschlüsse der Hauptversammlung sollten danach nur von solchen Aktionären mit der Anfechtungsklage angegriffen werden können, deren Beteiligung am Grundkapital ein gewisses Gewicht beizumessen sei.[82] Diese Vorschläge sowie die vom 63. Deutschen Juristentag in Leipzig im Jahre 2000 gefassten Beschlüsse berücksichtigend legte das Bundesjustizministerium zur Modernisierung der Anfechtungsklage zunächst am 28. Januar 2004 einen Referentenentwurf eines Gesetzes zur Unternehmensintegrität und Modernisierung des Anfechtungsrechts (UMAG) vor.[83] Der anschließend im Hinblick auf zahlreiche Stellungnahmen modifizierte Regierungsentwurf wurde am 17. November 2004 verabschiedet.[84] Art. 1 des am 22. September 2005 beschlossenen UMAG[85] hat die Regelung des § 245 Nr. 1 AktG mit Wirkung zum 01. November 2005 geändert mit der Folge, dass der Aktionär nur dann zur Anfechtung eines Hauptversammlungsbeschlusses berechtigt ist, wenn er in der Hauptversammlung erscheint und schon vor der Bekanntmachung der Tagesordnung die Aktien erworben hat. Damit ist der Gesetzgeber letztlich der Forderung nach einer Mindestbesitzzeit gefolgt. Einer solchen Regelung hätte es nicht mehr bedurft, wenn dem Problem missbräuchlicher Anfechtungsklagen bereits durch das Ausschlussverfahren der §§ 327a ff. AktG, wie vom Gesetzgeber bei Einführung des Squeeze-out-Verfahrens angekündigt, abgeholfen worden wäre.

2. Rechtsvereinheitlichung auf europäischer Ebene

a) Anpassung an den europäischen Standard?

Von Seiten des Gesetzgebers und einigen Stimmen aus dem rechtswissenschaftlichen Schrifttum wird des Weiteren vorgetragen, dass die Einführung einer Ausschlussregelung aus rechtsvergleichender Sicht geboten sei.[86] Da die meisten Rechtssysteme der anderen Mitgliedstaaten der Europäischen Union bereits seit längerem über gesetzliche Bestimmungen zum Ausschluss von Minderheitsaktionä-

---

[80] *Krieger*, ZHR 163 (1999), 343, 361, der insofern einen Zeitraum von drei Monaten annimmt.

[81] *Hüffer*, FS Brandner, 1996, S. 57, 67 f.; *Zöllner*, ZGR-Sonderheft 12, S. 147, 149; *ders.*, AG 1994, 336, 339 re. Sp. Vgl. auch *Schlaus*, AG 1988, 113, 117 re. Sp., der allerdings nicht ausschließt, dass die Einführung eines Quorums auf bestimmte Hauptversammlungsbeschlüsse zu beschränken sei. Des Weiteren ist von *Hüffer* der Vorschlag gemacht worden, das Problem missbräuchlicher Anfechtungsklagen durch die Anwendung des Prinzips der Verhältnismäßigkeit in Anlehnung an § 16 Abs. 3 Satz 2 UmwG zu lösen. Danach soll ein angemessenes Verhältnis zwischen der konkreten Gesetzesverletzung und der Beschlussvernichtung als Sanktion hergestellt werden. S. *Hüffer*, AktG, § 243 Rn. 17. Vgl. auch *RGZ* 82, 182, 187; *63. DJT* DB 2000, 2108, 2109 li. Sp.; *Zöllner*, ZGR- Sonderheft 12, S. 147, 158 f.

[82] *Boujong*, FS Kellermann, 1991, S. 1, 14; *Zöllner*, ZGR-Sonderheft 12, S. 147, 149; *ders.*, AG 1994, 336, 339 re. Sp.

[83] RefE zum UMAG, NZG 2004, Sonderbeil. Nr. 4. Vgl. dazu *Diekmann/Leuering*, NZG 2004, 249 li. Sp. Inhaltlich hat das UMAG zudem die Reformierung des Rechts der Innenhaftung der Verwaltungsorgane zum Gegenstand.

[84] S. auch BT-Drucks. 15/5092 (Gesetzesentwurf) sowie BT-Drucks. 15/5693 (Beschlussempfehlung und Bericht des Rechtsausschusses zum Gesetzesentwurf der Bundesregierung).

[85] BGBl. I S. 2802.

[86] BegrRegE BT-Drucks. 14/7034, S. 32 li. Sp.; *Pötzsch/Möller*, WM 2000, Sonderbeil. Nr. 2, S. 29 re. Sp.

ren verfügten, bedeute die Einführung des Ausschlussverfahrens letztlich nur eine Anpassung an den vorhandenen europäischen Standard.[87] Diese Angleichung sei erforderlich, um die internationale Wettbewerbsfähigkeit des Wirtschaftsstandorts Deutschland, insbesondere seiner Aktiengesellschaften und seines Kapitalmarkts, zu gewährleisten.[88] Durch das Fehlen eines gesetzlichen Ausschlussrechts würden ausländische Investoren davor abgeschreckt, in deutsche Gesellschaften zu investieren,[89] da sie hier zwar Beteiligungen in Höhe einer satzungsändernden Mehrheit halten könnten, sie aber unausweichlich mit der Beachtung des gesetzlichen Minderheitenschutzes belastet seien. Denn als ausländischen Unternehmen sei ihnen die Durchführung einer Mehrheitseingliederung zum Zwecke des Ausschlusses der Minderheitsaktionäre gesetzlich verwehrt.[90] Aus diesem Grunde würden sich viele ausländische Investoren dazu entscheiden, ihr Kapital in Gesellschaften in anderen EG-Mitgliedsländern anzulegen, deren Rechtsordnungen ein Ausschlussrecht vorsehen. Neben dem Ausbleiben von ausländischen Kapitalgebern führe das Fehlen einer Ausschlussmöglichkeit bei den inländischen Konzernen zudem zu einer Benachteiligung im Wettbewerb mit ausländischen Unternehmen.[91] Dies beruhe auf dem Umstand, dass deutsche Gesellschaften in ihre Planungen betreffend strukturändernder Maßnahmen, die aus strategischen, wirtschaftlichen oder geschäftspolitischen Gründen angestrebt werden, wegen der Minderheitsaktionäre stets einen erhöhten zeitlichen und finanziellen Aufwand einbeziehen müssten.

b) Die Ausschlussregelungen in anderen Rechtsordnungen

Eine genauere Betrachtung der Ausschlussregelungen anderer Rechtsordnungen zeigt, dass von einem europäischen Standard keine Rede sein kann. Während bislang nur in Deutschland und Spanien überhaupt keine Bestimmungen zum Ausschluss von Minderheitsaktionären existierten, verfügten die Rechtsordnungen der meisten anderen europäischen Länder bereits seit einiger Zeit über Ausschlussverfahren.[92] Allerdings zeigt die folgende Darstellung der einzelnen Ausschlussrechte, dass in der Ausgestaltung des Verfahrens erhebliche Unterschiede bestehen.

aa) Niederlande

In den Niederlanden ist ein Ausschlussrecht („uitkoop von minderheidsandeelhouders") seit 1988 in den Artt. 92a Abs. 1, 201a Abs. 1 des Zweiten Buchs des niederländischen Zivilgesetzbuchs („Burgerlijk Wetboek") geregelt.[93] Danach kann ein

---

[87] *DAV-Handelsrechtsausschuss*, NZG 1999, 850 re. Sp.; *Sieger/Hasselbach*, ZGR 2002, 120, 124/125; *dies.*, NZG 2001, 926, 930 re. Sp. *Hasselbach*, in: Kölner Komm, WpÜG, § 327a AktG Rn. 8, spricht von einem „übernahmerechtlichen Standardinstrumentarium".

[88] *Kiem*, in: RWS- Forum 20, S. 329, 330; *Vetter*, AG 2002, 176, 178 re. Sp.; *ders.*, ZIP 2000, 1817, 1818 li. Sp.; *Wolf*, ZIP 2002, 153 li. Sp.

[89] So bestätigt von *Helmis/Kemper*, DBW 62 (2002), 512, 518 li. Sp.; *Rühland*, S. 121.

[90] *Vetter*, AG 2002, 176, 178 re. Sp.; *ders.*, ZIP 2000, 1817, 1818 li. Sp.

[91] *Riehmer*, FAZ v. 05.08.2000, Nr. 180, S. 22, der insofern von einem „Standortnachteil für deutsche Aktiengesellschaften bzw. deren Hauptgesellschafter" spricht. S. auch *Rühland*, S. 121 a.E.

[92] Vgl. dazu die Darstellung bei *Sieger/Hasselbach*, NZG 2001, 926 ff.

[93] Vgl. zur Rechtslage in den Niederlanden *Forum Europaeum Konzernrecht*, ZGR 1998, 672, 734 Fn. 285; *Gampenrieder*, S. 57; *Grablowitz*, RIW 2003, 272, 276 f.; *Grzimek*, in: Geibel/Süßmann, WpÜG, Art. 7, § 327a AktG Rn. 22; *Rühland*, S. 158 f.; *Sieger/Hasselbach*, NZG 2001, 926, 928 li. Sp f.

Mehrheitsgesellschafter oder mit ihm verbundene Unternehmen in einer Aktiengesellschaft (NV) oder einer GmbH (BV) für den Fall, dass die Beteiligung am Grundkapital mindestens 95 % ausmacht, auf Übertragung der Anteile der Minderheit klagen (sog. Auskaufverfahren). Die Klage setzt weder voraus, dass die Gesellschaft börsennotiert ist, noch dass ein öffentliches Übernahmeangebot voran ging. Sie ist bei der Kammer für Handelssachen des Berufungsgerichts in Amsterdam („Ondernemingskamer van het Gerechtshof te Amsterdam") zu erheben. Das Gericht hat lediglich zu prüfen, ob der erforderliche Anteilsbesitz gegeben ist. Eine Interessenabwägung, innerhalb derer ein besonderes Erwerbsinteresse des Klägers einzustellen wäre, ist nicht vorzunehmen. Zu berücksichtigen ist von Seiten des Gerichts jedoch, ob einer der beklagten Minderheitsgesellschafter trotz der Abfindung durch die Übertragung der Anteile auf den Mehrheitsgesellschafter erheblichen materiellen Schaden erleiden würde, oder aber Inhaber eines Anteils ist, mit dem die Satzung ein Sonderrecht bezüglich der „Entscheidungsbefugnisse in der Gesellschaft" verbunden hat. Zudem muss das Gericht überprüfen, ob der Kläger gegenüber einem Beklagten auf sein Recht auf Übernahme der Anteile verzichtet hat. Ist einer dieser Fälle gegeben, hat das Gericht die Klage im Hinblick auf die Minderheitsgesellschafter abzuweisen. Hat die Klage hingegen Erfolg, so sind die Minderheitsgesellschafter verpflichtet, ihre Anteile gegen Zahlung einer angemessenen Gegenleistung auf den Mehrheitsgesellschafter zu übertragen. Ein Übergang der Anteile unmittelbar kraft Gesetzes erfolgt nur dann, wenn die Minderheitsgesellschafter unbekannt sind. In diesem Fall hat der Mehrheitsgesellschafter die Abfindung bei Gericht zu hinterlegen. Das Gericht legt unter etwaiger Hinzuziehung eines Sachverständigen die Abfindung fest. Dabei hat es sich im Hinblick auf die Abfindungshöhe am Unternehmenswert zu orientieren. Häufig greift das Gericht auch auf den bei einer Übernahme gezahlten Preis zurück. Dies ist regelmäßig dann der Fall, wenn die Klage im Anschluss an ein erfolgreiches öffentliches Übernahmeangebot erhoben wird und keine Umstände dafür ersichtlich sind, dass der Wert der Anteile zwischenzeitlich gestiegen ist. Gegen die Bestimmung der Abfindungshöhe können sich die Minderheitsgesellschafter mit einer Anfechtungsklage, die beim Obersten Gerichtshof der Niederlande zu erheben ist, vorgehen mit der Folge, dass die weitere Durchführung des Ausschlussverfahrens für die Dauer des gerichtlichen Verfahrens gehemmt ist.

bb) Belgien

Mit der im Rahmen der Gesellschaftsrechtsnovelle aus dem Jahre 1995 erfolgten Einfügung des Art. 190 quinquies, der am 1. Juli 1996 in Kraft getretenen ist, hat der belgische Gesetzgeber in die koordinierten Gesetze über Handelsgesellschaften (lois consolidées sur les sociétés commerciales) die Möglichkeit des Ausschlusses von Minderheitsaktionären aus einer Aktiengesellschaft eröffnet.[94] Der Anwendungsbereich des Ausschlussrechts erstreckt sich auf Gesellschaften, die börsennotiert sind oder Aktien öffentlich ausgegeben haben. Voraussetzung des Ausschlusses ist, dass ein Aktionär oder aber eine Gruppe von Aktionären, die im gemeinsamen Einvernehmen handeln, 95 % der mit Stimmrechten ausgestatteten Anteile einer Aktienge-

[94] Vgl. dazu die Ausführungen bei *Forum Europaeum Konzernrecht*, ZGR 1998, 672, 734 Fn. 286; *Gampenrieder*, S. 58; *Herring*, RIW 1996, 644, 645 f.; *Rühland*, S. 157 f.; *Sieger/Hasselbach*, NZG 2001, 926, 928 f.

sellschaft hält. Die Höhe der Beteiligung am Grundkapital ist für die Berechnung des Schwellenwertes unbeachtlich. Die Übertragung der Aktien erfordert kein gerichtliches Verfahren, sie vollzieht sich vielmehr nach einem Übernahmeangebot. Das Erfordernis eines solchen Übernahmeangebots, bei dem es sich um ein Barabfindungsangebot handeln muss, gilt ausnahmslos für größere Gesellschaften (sog. öffentliche Gesellschaften). Der Mehrheitsaktionär muss im Rahmen dieses öffentlichen Übernahmeangebots zum einen zwei Drittel der außenstehenden Aktien erworben und zum anderen dadurch die 95 %-Schwelle überschritten haben. Für kleinere Gesellschaften (sog. private Gesellschaften), für die ein öffentliches Verkaufsangebot als Übernahmeangebot zu aufwendig und kostspielig ist, sieht Art. 190 quinquies L.C.S.C. die Möglichkeit eines Ausschlusses ohne ein vorangegangenes Übernahmeangebot vor. Insofern bedarf es lediglich eines sich nach den allgemeinen Regeln des belgischen Rechts richtenden öffentlichen Angebots. Den Entwurf einer für das jeweilige Übernahmeangebot gemachten Angebotsunterlage muss der den Ausschluss planende Mehrheitsaktionär mindestens einen Monat vor der eigentlichen Abgabe des Angebots der Börsenaufsichtsbehörde Commission bancaire et financière (CBF) vorlegen. Darüber hinaus muss er eine Stellungnahme des Vorstands der Zielgesellschaft sowie ein Gutachten eines unabhängigen Sachverständigen über die Bewertung der Zielgesellschaft einreichen. Sämtliche Unterlagen werden von Seiten der Börsenaufsichtsbehörde bereits an dem dem Eingangszeitpunkt nachfolgenden Tag veröffentlicht. Durch die Veröffentlichung wird für die Minderheitsaktionäre eine fünfzehntägige Frist in Gang gesetzt, innerhalb derer sie Beschwerden bei der CBF äußern können. Gegenstand einer solchen Beschwerde kann insbesondere die Höhe der angebotenen Gegenleistung sein. Die Beschwerden werden an den Mehrheitsaktionär weitergeleitet. Schafft dieser diesbezüglich keine Abhilfe, so können die Minderheitsaktionäre eine gerichtliche Überprüfung der Bedingungen des Angebots anstrengen. Nach der Genehmigung der eingereichten Angebotsunterlage durch die CBF und der darauf folgenden Durchführung des Übernahmeverfahrens gehen die Anteile sämtlicher Minderheitsaktionäre unabhängig von einer etwaigen Annahme des Angebots auf den Mehrheitsaktionär über. Die Minderheitsaktionäre von öffentlichen Gesellschaften haben keine Möglichkeit, die ihnen gewährte Abfindung gerichtlich überprüfen zu lassen, da der Gesetzgeber davon ausgegangen ist, dass in dem Fall, dass mindestens zwei Drittel der außenstehenden Anteile im Rahmen des Angebotsverfahrens erworben wurden, die Gegenleistung angemessen sein müsse.

Als Gegenstück zu dem Ausschlussrecht sieht das belgische Recht in Art. 190ter § 1 vor, dass Minderheitsaktionäre einer nicht börsennotierten Gesellschaft bei Vorliegen eines wichtigen Grundes die Übernahme ihrer Anteile von den anderen Aktionären verlangen können, vorausgesetzt ihre Anteile machen 30 % der Aktien aus.

cc) Frankreich

In Frankreich bildet die Grundlage des Ausschlussrechts die Regelung des Art. 33 Abs. 4 des Gesetzes zur Modernisierung der Finanzgeschäfte („loi de modernisation des activités financières") vom 2. Juli 1996.[95] Danach ist die Börsenaufsichtsbehörde Conseil des marchés financiers (CMF) ermächtigt, die Voraussetzungen für die zwangsweise Übertragung der Aktien von Minderheitsaktionären festzulegen. Von dieser Ermächtigung hat die Börsenaufsichtsbehörde Gebrauch gemacht und in den Artt. 5-7-1 bis 5-7-3 des Règlement général (RG) sowie in der Entscheidung Nr. 98-25 vom 18. November 1998 den Ablauf des Ausschlussverfahrens geregelt. Danach ist es einem Aktionär oder einer Gruppe abgestimmt handelnder Aktionäre, die mindestens 95 % der Stimmrechte einer börsennotierten Gesellschaft inne haben, gestattet, nach einem öffentlichen Übernahmeangebot in der Form des so genannten „Delistingangebots" („offre publique de retrait") die restlichen Anteile zu erwerben. Voraussetzung für den Anteilserwerb ist, dass der Mehrheitsaktionär bei Abgabe des Delistingangebots oder innerhalb von zehn Tagen nach Abschluss des Angebotsverfahrens bei der Börsenaufsichtsbehörde beantragt, dass die Aktien der nach Durchführung des Angebotsverfahrens verbleibenden Minderheitsaktionäre durch behördliche Entscheidung auf ihn übertragen werden. Die Anteile der Minderheitsaktionäre gehen kraft Gesetzes als Folge der behördlichen Entscheidung unmittelbar auf den Mehrheitsaktionär über. Den Minderheitsaktionären ist als Ausgleich eine Abfindung zu gewähren, über deren Angemessenheit ebenfalls die Börsenaufsichtsbehörde auf Grundlage eines vom Mehrheitsaktionär erstellten Bewertungsberichts sowie eines von einem unabhängigen Prüfer erstellten Bewertungsgutachtens befindet. Dabei hat die Behörde unterschiedliche Kriterien wie beispielsweise den Ertragswert, Börsenkurs, etc. zu berücksichtigen. Die im Rahmen des Delistingangebots angebotene Gegenleistung bildet lediglich die Untergrenze der Abfindung. Das französische Recht stellt den Minderheitsaktionären keine Möglichkeit zur Verfügung, unmittelbar eine gerichtliche Kontrolle der Angemessenheit der Abfindung herbeizuführen. Jedoch ist es ihnen gestattet, die Entscheidung der Börsenaufsichtsbehörde vor dem Berufungsgericht in Paris anzufechten, wobei das Gericht dann auch die Angemessenheit der Abfindung zu überprüfen hat.

Neben dem Recht des Mehrheitsaktionärs, ein Delistingangebot abzugeben, sieht das französische Recht auch eine Verpflichtung zur Angebotsabgabe vor. Eine solche Verpflichtung kann nach Art. 5-6-1 RG einerseits auf einer Entscheidung der Börsenaufsichtsbehörde beruhen, die seitens der Minderheitsaktionäre einer zu 95 % im Eigentum eines Mehrheitsaktionärs stehenden Aktiengesellschaft beantragt wird. Andererseits kann die Börsenaufsichtsbehörde von Amts wegen eine derartige Verpflichtung anordnen, insbesondere für den Fall, dass der Mehrheitsaktionär beabsichtigt, nach Erreichen der 95 %igen Mehrheit Strukturänderungen in der Gesellschaft vorzunehmen.

dd) Österreich

Weder die börsen- noch die gesellschaftsrechtlichen Bestimmungen des österreichischen Rechts sehen eine Möglichkeit zum Ausschluss von Minderheitsgesellschaftern vor. Allerdings wird nach der Regelung des am 1. Juli 1996 in Kraft getretenen § 2 Abs. 2 Nr. 3 öUmwG bei einer verschmelzenden Umwandlung auf Grundlage eines

---

[95] Zur Rechtslage in Frankreich s. die Darstellung bei *Forum Europaeum Konzernrecht*, ZGR 1998, 672, 734 Fn. 287; *Grzimek*, in: Geibel/Süßmann, WpÜG, Art. 7, § 327a AktG Rn. 19; *Rühland*, S. 154 ff.; *Sieger/Hasselbach*, NZG 2001, 926, 927 li. Sp. f.

Beschlusses der Haupt- bzw. Generalversammlung das Vermögen einer Aktiengesellschaft oder Gesellschaft mit beschränkter Haftung als Ganzes auf deren Mehrheitsgesellschafter übertragen.[96] Voraussetzung ist, dass der Mehrheitsgesellschafter unmittelbar mindestens 90 % des Grund- bzw. Stammkapitals hält. Anteile, die einer mit ihm verbundenen Gesellschaft gehören, werden nicht zugerechnet. Mit der Eintragung der Umwandlung im Handelsregister der übertragenden Gesellschaft geht das Vermögen der Gesellschaft kraft Gesetzes auf den Mehrheitsgesellschafter über. Zugleich erlischt gemäß § 2 Abs. 2 Nr. 2 öUmwG die Gesellschaft mit der Folge, dass die bis dahin verbliebenen Minderheitsgesellschafter aus der Gesellschaft ausscheiden. Ihnen steht gegen den Mehrheitsgesellschafter gemäß § 2 Abs. 2 ö-UmwG ein Anspruch auf angemessene Barabfindung zu, deren Angemessenheit sie in einer Art Spruchverfahren gerichtlich überprüfen lassen können. Neben dieser Methode der verschmelzenden Umwandlung wird neuerdings auch die in den §§ 8 Abs. 3, 9 Abs. 1 öSpaltungsG geregelte so genannte nicht-verhältniswahrende Spaltung zum Ausschluss von Minderheitsaktionären genutzt. Unter der Voraussetzung, dass der Mehrheitsgesellschafter wiederum zu 90 % an der Gesellschaft beteiligt ist, wird dabei eine Gesellschaft auf zwei neu zu gründende Gesellschaften aufgespalten, indem die eine nahezu das gesamte Betriebsvermögen der Ursprungsgesellschaft, die andere stattdessen Barmittel, leicht veräußerliche Wertpapiere oder dergleichen in Höhe des Wertes der Minderheitsbeteiligung erhält. An der Barholding sind ausschließlich die Minderheitsgesellschafter der Ursprungsgesellschaft beteiligt. Die Besonderheit besteht nun darin, dass die Barholding von vornherein auf Auflösung und Ausschüttung ihres Vermögens an die ehemaligen Minderheitsgesellschafter angelegt ist. Diese haben bei einem solchen Vorgehen lediglich die Wahl, entweder die Auflösung der Gesellschaft abzuwarten, um dann den Liquidationserlös zu erhalten, oder aber in der Hauptversammlung der sich spaltenden Gesellschaft Widerspruch gegen den die Spaltung hervorbringenden Beschluss zu erklären. In letzterem Fall ist an sie eine Abfindung zu leisten, die einer gerichtlichen Überprüfung zugänglich ist. Eine gerichtliche Überprüfung der Abfindungshöhe kann allerdings nur von solchen Minderheitsgesellschaftern verlangt werden, die zu mindestens 1 % oder einem Kapitalanteil von nominal mindestens 70.000 Euro an der sich spaltenden Gesellschaft beteiligt gewesen sind.

ee) Großbritannien

In Großbritannien eröffnen die Sections 429, 430 des Companies Act von 1985[97] dem Bieter eines öffentlichen Übernahmeangebots die Möglichkeit, innerhalb einer Frist von zwei Monaten die verbliebenen Minderheitsaktionäre auch gegen ihren Wil-

---

[96] Vgl. die Darstellung bei *Forum Europaeum Konzernrecht*, ZGR 1998, 672, 734 Fn. 288; *Gampenrieder*, S. 58 f.; *Grzimek*, in: Geibel/Süßmann, WpÜG, Art. 7, § 327a AktG Rn. 21; *Rühland*, S. 153 f.; *Sieger/Hasselbach*, NZG 2001, 926, 929 f.

[97] S. dazu die ausführliche Darstellung bei *Forum Europaeum Konzernrecht*, ZGR 1998, 672, 735 Fn. 289; *Gampenrieder*, S. 63 ff.; *Grzimek*, in: Geibel/Süßmann, WpÜG, Art. 7, § 327a AktG Rn. 18; *Quandt*, S. 81 ff.; *Rühland*, S. 133 ff.; *Sieger/Hasselbach*, NZG 2001, 926 f.; *Than*, FS Claussen, 1997, S. 405, 409 ff. Bei den Vorschriften der Sections 429, 430 des Companies Act von 1985 handelt es sich allerdings nicht um die erste Kodifizierung des Ausschlussrechts in Großbritannien. Vielmehr wurde dort auf Anregung des Greene Committee bereits im Jahre 1929 in Section 155 des damaligen Companies Act eine Ausschlussregelung eingeführt. Vgl. dazu *Hasselbach*, in: Kölner Komm, WpÜG, § 327a AktG Rn. 9 f.; *Rühland*, S. 134 f.

len auszukaufen („compulsory acquisition of shares").[98] Dieses so genannte buy-out right of offeror steht dem Bieter nach den Sections 428 (1), 429 (3) Companies Act 1985 jedoch nur dann zu, wenn mindestens 90 % der Anteile, auf die das öffentliche Übernahmeangebot gerichtet war, dieses auch angenommen haben.[99] Bei der Berechnung des zu überschreitenden Schwellenwertes werden die vor dem Übernahmeangebot bereits im Eigentum des Bieters befindlichen Anteile nicht einbezogen. Haben mindestens 90 % der Anteile, an die sich das Übernahmeangebot richtete, dieses angenommen, so übt der Bieter das Ausschlussrecht durch formgerechte Notice an die nicht abgabebereiten Aktionäre der Zielgesellschaft aus. Diese Notice muss nach Section 429 (1), (3) Companies Act 1985 innerhalb von vier Monaten nach Bekanntgabe des Übernahmeangebots, allerdings nicht später als zwei Monate nach dem Tag, an dem die 90 %-Mehrheit erworben wurde, erfolgen. In der Notice sind die verbliebenen Minderheitsaktionäre über den Auskauf zu informieren. Werden ihnen als Ausgleich für ihr Ausscheiden alternative Gegenleistungen angeboten, so sind sie zudem darauf hinzuweisen, dass sie das Wahlrecht hinsichtlich der alternativ angebotenen Gegenleistungen innerhalb von sechs Wochen ausüben müssen. Darüber hinaus muss von Seiten des Bieters bestimmt werden, welche der alternativ angebotenen Gegenleistungen diejenigen Minderheitsaktionäre erhalten, die sich nicht innerhalb der sechswöchigen Frist für eine bestimmte Gegenleistung entscheiden. Eine Kopie der an die Minderheitsaktionäre ergangenen Mitteilung muss der Bieter nach Section 429 (4), (3) Companies Act 1985 der Zielgesellschaft zukommen lassen, wodurch diese Kenntnis über das Vorliegen der Voraussetzungen für einen Zwangserwerb erlangt. Während der sechswöchigen Frist können die Minderheitsaktionäre gemäß Section 430 C (1) Companies Act 1985 beantragen, dass ein Gericht die Durchführung des Ausschlusses sowie insbesondere die Art und Höhe der angebotenen Gegenleistungen überprüft. Solange das gerichtliche Verfahren nicht abgeschlossen ist, ist der Erwerb gemäß Section 430 C (2) Companies Act 1985 gehemmt. Haben die Minderheitsaktionäre auf die Beantragung einer gerichtlichen Überprüfung des Ausschlusses verzichtet oder hat das Gericht den zwangsweisen Erwerb nicht untersagt, so hat der Bieter gemäß Section 430 (5) und (6) Companies Act 1985 nach Ablauf der Sechs-Wochen-Frist nochmals eine Kopie der Notice an die Zielgesellschaft zu übersenden. Zudem muss er an diese die für die zu erwerbenden Anteile zu gewährende Gegenleistung entrichten, die die Zielgesellschaft für die Minderheitsaktionäre als Treuhänder übernimmt. Die Höhe der Gegenleistung richtet sich, sofern 90 % der Anteile der Zielgesellschaft das vorherige Übernahmeangebot angenommen haben, nach den Konditionen dieses Angebots, da die hohe Annahmequote einen prima-facie-Beweis für die Fairness des Angebots begründet. Für den Fall, dass die Aktien der Zielgesellschaft an einer Börse gehandelt werden, soll der Börsenkurs einen prima-facie-Beweis für die Fairness des angebotenen Preises darstellen.

Als Gegenstück zu dem Ausschlussrecht sieht Section 430 A Companies Act 1985 ein Austrittsrecht der Minderheitsaktionäre vor. Diese können für den Fall, dass ein Bieter im Rahmen eines Übernahmeangebots 90 % der Anteile der Zielgesellschaft erworben hat und das Angebot von ihnen abgelehnt wurde, innerhalb von drei

[98] Vgl. zur Vorgängervorschrift *v. Falkenhausen*, AG 1961, 163, 168 Fn. 80.

[99] Zu den weiteren Ausschlussmöglichkeiten im englischen Recht *Hamann*, S. 44 f.

Monaten vom Bieter verlangen, dass dieser ihre Anteile zu den Konditionen des vorherigen Angebots übernimmt.[100]

ff) Italien

Im italienischen Recht kann ein Mehrheitsaktionär nach Art. 111 Abs. 1 des Testo Unico della Finanza (T.U.) die Anteile der Minderheitsaktionäre einer börsennotierten Aktiengesellschaft zwangsweise erwerben.[101] Dieses so genannte Erwerbsrecht („diritto di aquisto") steht ihm als Instrument des Kapitalmarktrechts jedoch nur für den Fall zu, dass er als Bieter durch ein auf den Erwerb sämtlicher Anteile einer Zielgesellschaft gerichtetes öffentliches Übernahmeangebot („offerta totalitaria") eine Beteiligung von mehr als 98 % erworben hat und das Angebotsdokument einen ausdrücklichen Hinweis auf den sich gegebenenfalls anschließenden zwangsweisen Erwerb der Anteile einer etwaig verbleibenden Minderheit enthielt.[102] Der zwangsweise Erwerb der Aktien ist dem Mehrheitsaktionär über einen Zeitraum von vier Monaten, beginnend mit dem Abschluss des Übernahmeverfahrens, gestattet. Die Höhe der Gegenleistung, die der Mehrheitsaktionär den Minderheitsaktionären als Entschädigung für den Verlust ihrer Anteile zu zahlen hat, wird durch einen unabhängigen Sachverständigen festgelegt, welcher vom Präsidenten des Gerichts zu benennen ist, in dessen örtlichen Zuständigkeitsbereich die Zielgesellschaft ihren Sitz hat. Bei der Festlegung der Gegenleistung ist nicht nur der im Rahmen des öffentlichen Übernahmeangebots gezahlte Preis zu berücksichtigen, sondern auch der Börsenkurs, den die Aktien der Zielgesellschaft in den letzten sechs Monaten vor Bekanntgabe des Übernahmeangebots aufwiesen.[103] Der Übergang der Anteile der Minderheitsaktionäre auf den Mehrheitsaktionär vollzieht sich gemäß Art. 111 Abs. 3 T.U. automatisch in dem Zeitpunkt, in dem die Gegenleistung bei einem Kreditinstitut hinterlegt und diese Hinterlegung der Zielgesellschaft mitgeteilt worden ist. Das Vorliegen der Voraussetzungen für einen zwangsweisen Erwerb sowie die Höhe der an die Minderheitsaktionäre geleisteten Entschädigung kann im Rahmen einer Anfechtungsklage der ausscheidenden Minderheitsaktionäre gerichtlich überprüft werden.

gg) Schweiz

Das schweizerische Recht sieht in Art. 33 des Bundesgesetzes über die Börsen und den Effektenhandel (BEHG) vor, dass Minderheitsaktionäre einer Gesellschaft, mit deren Aktien zumindest zum Teil an einer Börse in der Schweiz Handel stattfindet (Art. 22 Abs. 1 BEHG), ausgeschlossen werden können, wenn sie weniger als 2 % der Stimmrechte halten.[104] Zum Ausschluss befugt ist jeder Mehrheitsaktionär, dessen Beteiligung infolge eines von ihm abgegebenen Übernahmeangebots, für dessen Annahme die Frist des Art. 32 BEHG abgelaufen ist, mehr als 98 % der Stimmrechte einer Gesellschaft ausmacht. Solch ein Mehrheitsaktionär kann nach Art. 33

---

[100] Vgl. zum Andienungsrecht der Minderheitsaktionäre *Than*, FS Claussen, 1997, S. 405, 413 f.
[101] Vgl. zur italienischen Rechtslage *Diemer/Hasselbach*, NZG 2000, 824 ff.; *Forum Europaeum Konzernrecht*, ZGR 1998, 672, 735 Fn. 290; *Gampenrieder*, S. 60; *Grzimek*, in: Geibel/Süßmann, WpÜG, Art. 7, § 327a AktG Rn. 20; *Rühland*, S. 159 f.; *Sieger/Hasselbach*, NZG 2001, 926, 928 li. Sp.
[102] Vgl. auch *Schmid*, AG 1999, 402, 411 li. Sp.
[103] *Diemer/Hasselbach*, NZG 2000, 824, 830 li. Sp.
[104] *Forum Europaeum Konzernrecht*, ZGR 1998, 672, 735 Fn. 291; *Gampenrieder*, S. 151 ff.

Abs. 1 BEHG innerhalb von drei Monaten gegen die Zielgesellschaft auf Kraftloserklärung der nach dem Angebot verbliebenen Minderheitsanteile klagen. Werden diese Anteile vom Gericht für kraftlos erklärt, so sind sie von der Gesellschaft gemäß Art. 33 Abs. 2 BEHG neu auszugeben und auf den Bieter zu übertragen, sofern dieser an die Gesellschaft für die kraftlos erklärten Anteile den Angebotspreis gezahlt oder aber ein Tauschangebot erfüllt hat. Die ausgeschlossenen Minderheitsaktionäre können von der Gesellschaft Zahlung der Abfindung beanspruchen.

hh) USA

Im US-amerikanischen Recht besteht ebenfalls die Möglichkeit, Minderheitsaktionäre gegen ihren Willen zum Ausscheiden aus einer Gesellschaft zu zwingen.[105] Im Gegensatz zu den Rechtsordnungen der Mitgliedstaaten der europäischen Union sieht das US-amerikanische Recht allerdings keine Möglichkeit des Hauptaktionärs vor, die Minderheitsaktionäre unmittelbar aus einer Gesellschaft auszuschließen. Es existieren lediglich Wege, durch die Minderheitsaktionäre mittelbar aus einer Gesellschaft herausgedrängt werden können. Als Ausschlusstechniken fungieren im US-amerikanischen Gesellschaftsrecht der cash-out-Merger, der short-form-Merger sowie der Reverse Stock Split,[106] wobei der cash-out-Merger die gebräuchlichste Freeze-out-Technik darstellt.[107] Diese in den meisten Bundesstaaten gestattete und oftmals ausdrücklich normierte Ausschlussmöglichkeit zeichnet sich durch die Gründung einer mit hinreichendem Kapital ausgestatteten Mantelgesellschaft aus, in die eine mit Minderheitsaktionären belastete Gesellschaft im Wege eines Merger eingebracht wird. Den Minderheitsaktionären der eingebrachten Gesellschaft wird dabei für ihre Anteile eine Barabfindung (cash) gewährt.[108] Bei der weiteren Freeze-out-Technik, dem short-form-Merger, wird eine Mutter- mit einer Tochtergesellschaft verschmolzen. Voraussetzung dieser Verschmelzung ist, dass die Muttergesellschaft über eine mindestens 90 %ige Beteiligung an der Tochtergesellschaft verfügt. Im Rahmen der Verschmelzung beider Gesellschaften sind die Minderheitsaktionäre entweder in bar oder aber in Anteilen der Muttergesellschaft abzufinden.[109] Dagegen muss beim Reverse Stock Split die Erbringung der Leistung an die Minderheitsaktionäre in bar erfolgen.[110] Der Ausschluss der Minderheitsaktionäre vollzieht sich bei dieser Freeze-out-Technik dergestalt, dass die Gesellschaft eine bestimmte Anteilsquote zu einer neuen Aktie zusammenfasst. Übersteigt die Zahl der Aktien, die nach der Zusammenfassung für einen neuen Anteil erforderlich sind, die vom einzelnen Minderheitsaktionär gehaltene Beteiligung, müsste dieser eigentlich in Zukunft lediglich noch in Bruchteilen an der Gesellschaft beteiligt sein. Da mit einer derartigen

---

[105] Vgl. zur Rechtslage in den USA *Grzimek*, in: Geibel/Süßmann, WpÜG, Art. 7, § 327a AktG Rn. 23; *Quandt*, S. 66 ff. Zu den früheren Möglichkeiten im US-amerikanischen Recht s. auch *v. Falkenhausen*, AG 1961, 163, 165 re. Sp., 166 re. Sp.

[106] Dabei handelt es sich um die modernen Freeze-out-Techniken. Vgl. zu den älteren Techniken, zu denen der dissolution freeze-out, der sale-of-assets freeze-out und der debt-merger freeze-out gehören, die Ausführungen bei *Baums*, S. 184 ff.; *Quandt*, S. 64 f.; *Seiler*, S. 6 f.

[107] *Merkt/Göthel*, Rn. 1281. Vgl. auch dessen Ausführungen zu den Vor- und Nachteilen der einzelnen Freeze-out-Techniken: *ders.*, Rn. 1042 ff.

[108] *Merkt/Göthel*, Rn. 1281; *Quandt*, S. 66 f. Zum gesetzlichen Abfindungsrecht der Minderheitsaktionäre (appraisal right) s. *Quandt*, S. 74 ff.; *Seiler*, S. 126/127.

[109] *Merkt/Göthel*, Rn. 1282; *Seiler*, S. 61 f.; *Quandt*, S. 67.

[110] *Merkt/Göthel*, Rn. 1283; *Seiler*, S. 8 f.; *Quandt*, S. 68.

Bruchteilsbeteiligung jedoch ein enormer administrativer Aufwand verbunden ist, wird der Gesellschaft gestattet, davon abzusehen, an die Minderheitsaktionäre Bruchteilsbeteiligungen auszugeben.[111] Stattdessen kann die Gesellschaft die „Bruchteilsaktionäre" abfinden. Gemeinsam ist den Freeze-out-Techniken, dass die Minderheitsaktionäre fair behandelt werden müssen und ein über ihren bloßen Ausschluss hinausgehender, billigenswerter unternehmerischer Zweck (valid business purpose) zu existieren hat.[112]

c) Mangelnde Existenz eines einheitlichen Ausschlussinstrumentariums

Die Ausführungen zu den Ausschlussregelungen der anderen EU-Mitgliedstaaten sowie der Schweiz und der USA machen deutlich,[113] dass zum einen nicht von der Existenz eines europäischen Standards gesprochen werden kann.[114] Die einzelnen Regelungen weisen nicht nur im Hinblick auf die Folgen der Durchführung des Ausschlussverfahrens gravierende Differenzen auf, vielmehr – und dies ist noch gewichtiger – sind auch die Entstehungsvoraussetzungen des Ausschlussrechts nicht einheitlich geregelt.[115] In einigen Rechtsordnungen ist sein Anwendungsbereich auf börsennotierte Gesellschaften beschränkt oder an die vorherige Abgabe eines Übernahmeangebots geknüpft. Die einzige Gemeinsamkeit der dargestellten Rechtsordnungen ist, dass es überhaupt ein Ausschlussrecht gibt. Zum anderen fällt auf, dass die Ausschlussregelungen nahezu sämtlicher Rechtsordnungen Unterschiede zur jetzigen deutschen Squeeze-out-Regelung aufweisen,[116] insbesondere was das spiegelbildliche Andienungsrecht der Minderheitsaktionäre anbelangt.[117] Insoweit kann von einer Anpassung nicht die Rede sein.

---

[111] Im deutschen Recht ist der Reverse Stock Split von der Rechtsprechung für treuwidrig und demzufolge unzulässig erklärt worden. Vgl. BGH AG 1999, 517 re. Sp. *„Hilgers AG"*. S. auch *Grzimek*, in: Geibel/Süßmann, WpÜG, Art. 7, § 327a AktG Rn. 16.

[112] *Merkt/Göthel*, Rn. 1293. Die dargestellten Ausschlusstechniken weisen große Ähnlichkeiten zu den deutschen Rechtsinstituten der Verschmelzung, der Mehrheitseingliederung sowie der übertragenden Auflösung auf. Mit dem Ausschlussverfahren der §§ 327a ff. AktG sind sie hingegen kaum vergleichbar.

[113] Vgl. zu den nicht dargestellten Squeeze-out-Regelungen in den weiteren Rechtsordnungen von Dänemark, Schweden und Finnland die Ausführungen bei *Rühland*, S. 160 f.; *Sieger/Hasselbach*, NZG 2001, 926, 930 Fn. 22; sowie zu den polnischen Regelungen *Wowerka*, RIW 2004, 89 ff.

[114] *Gampenrieder*, S. 146; *Habersack*, ZIP 2001, 1230, 1233 re. Sp. Vgl. auch *Angerer*, BKR 2002, 260, 262 li. Sp., nach dessen Ansicht zwar die Existenz von Squeeze-out-Regelungen internationalen Standards entspreche, was allerdings nicht die Ausgestaltung der deutschen Regelungen im Einzelnen begründen könne. Bedenklich erscheint die Aussage von *Land/Hasselbach*, DB 2000, 557, 562 li. Sp., dass „in den meisten anderen westlichen Industriestaaten *lediglich* die Voraussetzungen eines Squeeze-out unterschiedlich geregelt" seien.

[115] *Angerer*, BKR 2002, 260, 261/262; *Krieger*, BB 2002, 53 re. Sp. Vgl. die Gegenüberstellung der Unterschiede bei *Rühland*, S. 162 ff.

[116] So auch *Hamann*, S. 51 f.

[117] *Fleischer*, ZGR 2002, 757, 773. Ein Andienungsrecht fordert für das deutsche Recht *Habersack*, in: Emmerich/Habersack, § 327a Rn. 5.

3. Formalaufwand durch Minderheitenschutz

a) Kostenersparnis mangels Formalaufwands?

In der Begründung des Regierungsentwurfs wird zudem das von der Wirtschaft vorgebrachte Argument wiedergegeben, dass durch die Einführung eines Ausschlussrechts die unternehmerische Initiative des Hauptaktionärs zudem in der Hinsicht gestärkt werde, dass durch den Ausschluss von Kleinstbeteiligungen der mit dem Minderheitenschutz verbundene erhebliche Formalaufwand wegfiele, der die Gesellschaften mit hohen Kosten belaste.[118] Insofern wird angeführt, dass es viele Fälle gebe, in denen sich ein ursprünglich breit gestreuter Aktionärskreis im Laufe der Jahre immer mehr verengt hat. Während weder der Beitrag zur Unternehmensfinanzierung durch die verbliebenen Minderheitsaktionäre noch ihr Einfluss auf Unternehmensentscheidungen nennenswert sei, führe ihr Vorhandensein dazu, dass selbst bei Vorgängen, durch die ihre Interessen nicht oder kaum beeinflusst werden, mit einem erheblichen Kostenaufwand sämtliche aktienrechtlichen Vorschriften des Minderheitenschutzes beachtet werden müssten.[119]

b) Einschränkung der Ersparnis durch Ausschlusskosten

Diesen Ausführungen ist dahingehend zuzustimmen, dass die mit dem Formalaufwand verbundenen Kosten bei einer Einmannpersonengesellschaft (§ 42 AktG) geringer sind als bei einer Gesellschaft, an der Minderheitsaktionäre Beteiligungen halten.[120] Hauptversammlungen einer Einpersonengesellschaft sind stets Vollversammlungen mit der Folge, dass nach § 121 Abs. 6 AktG die kostenverursachenden Einberufungsformalitäten der §§ 121 bis 128 AktG nicht mehr beachtet werden müssen.[121] Die Hauptversammlung kann ohne Einhaltung der Einberufungsbestimmungen jederzeit und überall, insbesondere auch im Ausland, stattfinden.[122] Selbst in den Fällen, in denen dem Vorstand die Einberufung der Hauptversammlung oder Bekanntmachung der Tagesordnung gesetzlich ausdrücklich vorgeschrieben ist, reicht eine formlose Information des Alleinaktionärs aus, sofern dieser einer solchen Vorgehensweise nicht widerspricht. Dieser verminderte Formalaufwand ist der Grund für die im Vergleich zu den Gesellschaften mit Kleinstbeteiligungen geringeren Kosten.

Darüber hinaus ist mit dem Ausscheiden sämtlicher Minderheitsaktionäre zumeist noch ein anderer kostensparender Effekt verbunden. Vereinigen sich infolge des Ausschlusses der Minderheitsaktionäre sämtliche Anteile an der Gesellschaft in der Hand des Hauptaktionärs, kann naturgemäß kein Börsenhandel mehr stattfinden.

---

[118] *DAV-Handelsrechtsausschuss*, NZG 1999, 850 li. Sp.; *Drygala*, AG 2001, 291, 298 li. Sp.; *Hasselbach*, in: Kölner Komm, WpÜG, § 327a AktG Rn. 6; *Küting*, DStR 2003, 838, 839 li. Sp.; *Sieger/Hasselbach*, ZGR 2002, 120, 123; *Steinmeyer/Häger*, WpÜG, § 327a AktG Rn. 4; *Vetter*, AG 2002, 176, 182 li. Sp./re. Sp. Vgl. zum belgischen Recht, wo das Kostenargument ebenfalls angeführt wird *Herring*, RIW 1996, 644, 645 re. Sp.; sowie zum polnischen Recht *Wowerka*, RIW 2004, 89, 90 li. Sp.

[119] BegrRegE BT-Drucks. 14/7034, S. 31 re. Sp.; *Forum Europaeum Konzernrecht*, ZGR 1998, 672, 732/733; *Krieger*, BB 2002, 53 re. Sp.; *Than*, FS Claussen, 1997, S. 405, 408.

[120] *Angerer*, BKR 2002, 260, 261 li. Sp.; *Fleischer*, ZGR 2002, 757, 761.

[121] *Hüffer*, AktG, § 327a Rn. 1.

[122] *Bachmann*, NZG 2001, 961, 967 li. Sp.

Demzufolge schließt sich bei börsennotierten Gesellschaften dem Squeeze-out zwangsläufig ein Delisting an.[123] Das heißt, dass durch die Börsenaufsicht die Einstellung der Notierung der Aktien an den Wertpapierbörsen verfügt wird.[124] Dies hat zur Folge, dass die Gesellschaften zum einen von den mit der Börsennotierung zusammenhängenden Kosten entbunden werden.[125] Die Börsennotierung ist nicht nur durch die von den Börsen für das Listing erhobenen Gebühren sehr kostspielig, sondern es entstehen vor allem durch die mit einer Börsennotiz zwingend verbundenen Publizitätspflichten erhebliche Kosten.[126] Denn neben den üblichen Informations- und Serviceleistungen für private und institutionelle Anleger sind die Gesellschaften nach dem WpHG (vgl. z.B. § 15 WpHG) oder dem einschlägigen Börsenrecht (vgl. z.B. § 44b BörsenG) zur Erstellung von Berichten und Offenlegungen verpflichtet.[127] Neben dem Gesichtspunkt, dass die Erstellung von Berichten in der Regel kostspielig ist, können derartige Veröffentlichungen zudem den Interessen einer Gesellschaft zuwider laufen. Die gesetzlich vorgeschriebene Publizität führt dazu, dass Konkurrenten preisgünstig mit Unternehmensinformationen versorgt werden.[128] Dies kann für „privat" geführte Wettbewerber unter Umständen einen entscheidenden Wettbewerbsvorteil bedeuten, da sie ihre Strategien und weiteren Vorhaben aufgrund der fehlenden Publizitätspflichten wesentlich länger geheim halten können als börsennotierte Gesellschaften.

Zweifelhaft erscheint jedoch, ob die durchaus möglichen Kostenersparnisse so hoch ausfallen, wie die Ausführungen von Seiten der Wirtschaft erwarten lassen.[129] Zumal zu berücksichtigen ist, dass bei den eingesparten Kosten die mit der Durchführung des Squeeze-out-Verfahrens unausweichlich verbundenen einmaligen Ausschlusskosten zu veranschlagen sind.[130] So sind Prüfungsberichte zu erstellen, für die in der Regel externe Beratungsleistungen in Anspruch genommen werden. Zu den dadurch verursachten Kosten sind zudem die Kosten für die Veröffentlichung und Verbreitung des Barabfindungsangebots sowie die Aufwendungen in Bezug auf die für die Abfindung erforderliche Bankgarantie zu addieren.[131] Durch den Abzug

---

[123] Ein Delisting dürfte in aller Regel bei börsennotierten Gesellschaften eines der Hauptmotive für die Durchführung eines Squeeze-out-Verfahrens darstellen. Vgl. *Angerer*, BKR 2002, 260, 261 re. Sp. a.B.

[124] Die Notierung erlischt durch den Ausschluss der Minderheitsaktionäre nicht automatisch, wird aber von der Börsenzulassungsstelle regelmäßig vorgenommen werden, da kein ordnungsgemäßer Börsenhandel mehr stattfindet. Vgl. *Baums*, S. 166; *Harrer/Wilsing*, DZWIR 2002, 485, 492 li. Sp./re. Sp. Anders *Göckeler*, in: Beck'sches Handbuch der AG, § 26 Rn. 57, der für die Eingliederung von einer automatischen Löschung ausgeht, ohne dass es einer ausdrücklichen Entscheidung der Börsenzulassungsstelle bedürfe.

[125] *Gampenrieder*, WPg 2003, 481, 483 re. Sp.

[126] Nach Angaben von *Gampenrieder*, S. 119, beträgt der Mittelwert der einsparungsfähigen Publizitätskosten 163.000,00 Euro.

[127] *Gampenrieder*, WPg 2003, 481, 483 re. Sp.; *Schwichtenberg*, S. 26/27; *ders.*, DStR 2001, 2075 re. Sp. Vgl. zu den Kosten der Börsennotierung sowie der daraus folgenden Pflichten die Angaben bei *Baums*, S. 15; *Gampenrieder*, WPg 2003, 481, 486 f.

[128] *Land/Hasselbach*, DB 2000, 557 li. Sp.; *Schwichtenberg*, DStR 2001, 2075 re. Sp.

[129] *Gampenrieder*, WPg 2003, 481, 488 li. Sp.; *Hanau*, NZG 2002, 1040, 1044 re. Sp., der genaue Daten angibt. Vgl. auch *Ritzer-Angerer*, FB 2004, 285 re. Sp.

[130] *Gampenrieder*, S. 111; *ders.*, WPg 2003, 481, 484 li. Sp. a.B.

[131] *Moser/Prüher*, FB 2002, 361, 362 li. Sp.

der Kosten des Ausschlussverfahrens fallen die verbleibenden Kostenersparnisse geringfügiger aus.[132]

4. Unkenntnis von und Unauffindbarkeit der Minderheitsaktionäre

a) Ungerechtfertigter Aufwand aufgrund mangelnder Erreichbarkeit der Aktionäre?

Als Rechtfertigung für die Einführung des Squeeze-out-Verfahrens wird von Seiten des rechtswissenschaftlichen Schrifttums des Weiteren darauf verwiesen, dass durch den Ausschluss der Minderheitsaktionäre die Problematik gelöst werden könne, dass viele Aktionäre unbekannt und für die Gesellschaft nicht auffindbar seien. In der Praxis existierten Fälle, in denen der Erwerb von Anteilen daran scheitere, dass deren Inhaber nicht aufgefunden werden könnten oder die Inhaber von ihrem Anteilseigentum nichts wüssten, weil sie dieses beispielsweise durch Vererbung erworben hätten.[133] Gerade im Hinblick auf den Erwerb derartiger Beteiligungen bestehe ein praktisches Bedürfnis.[134] Denn aufgrund der Unauffindbarkeit der Aktionäre oder der Unkenntnis von ihrer Person sei der formelle Aufwand, der mit der Abhaltung von Hauptversammlungen verbunden ist, besonders schwer zu kalkulieren.[135]

b) Vermeidung mangelnder Kenntnis und Erreichbarkeit durch die Ausgabe von Namensaktien

Nicht zu bestreiten ist, dass es für Gesellschaften aufgrund von Veränderungen in den letzten Jahren schwieriger geworden ist, Kenntnis über die Identität ihrer Aktionäre zu erlangen. Dies beruht einerseits darauf, dass sowohl die Zahl der umlaufenden Aktien als auch der Anteilsinhaber erheblich zugenommen hat. Andererseits stellt sich heute die Aktionärsstruktur wesentlich anders dar, da ein großer Teil der an deutschen Gesellschaften beteiligten Privatanleger und institutionellen Anleger weltweit gestreut ist.[136] Die Unkenntnis von der Identität der Anteilsinhaber beschränkt sich regelmäßig auf die Minderheitsaktionäre. Diese können im Gegensatz zum Mehrheitsaktionär, der von sich aus den Kontakt zur Gesellschaft sucht, um seine Herrschafts- und Leitungsmöglichkeiten durchzusetzen, keinen Einfluss auf die Geschicke der Gesellschaft nehmen. Daher haben sie zumeist kein Bedürfnis danach, an die Gesellschaft persönlich heranzutreten. Daraus ergeben sich für die Gesellschaft regelmäßig erschwerte Bedingungen, weil sie wegen der Unkenntnis von der Identität ihrer Aktionäre oder deren etwaiger Unauffindbarkeit den ihr gesetzlich obliegenden Pflichten, die insbesondere im Hinblick auf die Einberufung und Abhaltung der Hauptversammlungen bestehen, nur schwer nachkommen kann. Dieses Problem wird gelöst, wenn sich die Gesellschaften sämtlicher Minderheitsaktionäre entledigen können. Bedenken ergeben sich jedoch in der Hinsicht, dass die mit der Unkenntnis und Unauffindbarkeit verbundenen Schwierigkeiten nur für diejenigen Gesellschaften beseitigt werden, in denen die Voraussetzungen der §§ 327a ff. AktG

---

[132] Vgl. die ausführliche Gegenüberstellung der eingesparten Kosten sowie der Kosten des Ausschlusses bei *Gampenrieder*, S. 111 ff.
[133] *Fleischer*, ZGR 2002, 757, 761 a.B.; *Quandt*, S. 36.
[134] BegrRegE BT-Drucks. 14/7034, S. 32 li. Sp.
[135] *Markwardt*, BB 2004, 277, 285 Fn. 105.
[136] *Seibert*, in: v. Rosen/Seifert, S. 11, 14.

erfüllt sind. Alle anderen Gesellschaften sehen sich auch zukünftig mit den genannten Schwierigkeiten belastet. Zweifelhaft erscheint die Heranziehung des Problems der Unkenntnis und Unauffindbarkeit als Argument für die Schaffung des Ausschlussrechts darüber hinaus vor dem Hintergrund, dass die einzelnen Gesellschaften sich durchaus Kenntnis von ihren Aktionären verschaffen können. Die Unkenntnis und Unauffindbarkeit resultiert nicht zuletzt aus der den Gesellschaften vom Aktiengesetz eingeräumten Möglichkeit, zwischen der Ausgabe von Inhaber- und Namensaktien zu wählen.[137] Entscheidet sich eine Gesellschaft dagegen, ihre Aktien auf Namen lauten zu lassen, ist es zwangsläufig so, dass ihr die einzelnen Aktionäre in der Regel unbekannt sind. Anders als bei der Ausgabe von Namensaktien, bei der eine Gesellschaft Kenntnis von der Person der einzelnen Aktionäre hat, da sie nach § 67 Abs. 1 AktG verpflichtet ist, ein Aktienregister zu führen, in das der Inhaber der Aktien mit Namen, Geburtsdatum und Adresse einzutragen ist,[138] sind die Eigentümer von Inhaberaktien anonym. Im Falle der Ausgabe von Namensaktien hat die Gesellschaft stets einen Überblick über die aktuelle Aktionärsstruktur und kann grundsätzlich jeden Aktionär auffinden.[139] Durch die Auswahl der Aktienart können die Gesellschaften den von ihnen als Manko empfundenen Umstand, dass Aktionäre unbekannt und in vielen Fällen nicht auffindbar sind, somit selbst beeinflussen. Einzugestehen ist allerdings, dass die Ausgabe von Namensaktien für die Gesellschaft aufgrund der Verpflichtung zur Führung eines Aktienregisters mit Kosten verbunden ist. Zwar ist dieser Einwand zum Teil veraltet,[140] weil sich der Aufwand aufgrund der seit Mitte der 1990er Jahre bestehenden Möglichkeit, das Aktienregister als elektronische Datei zu führen (vgl. §§ 238 ff. HGB, insbes. § 239 Abs. 1 Satz 1, Abs. 4 Satz 1 HGB),[141] den Transaktionskosten von Inhaberaktien angeglichen hat.[142] So können die Gesellschaften die Aktionäre beispielsweise per Internet kontaktieren, wodurch sich die gebührenpflichtige Einschaltung von Depotbanken erübrigt und letztlich Zeit und Kosten gespart werden.[143] Kostenträchtig wirkte sich allerdings aus, wenn eine Gesellschaft die von ihr ausgegebenen Aktien zunächst von Inhaber- auf Namensaktien umstellen müsste.[144] Einerseits müsste eine Hauptversammlung abgehalten werden, da die Umstellung wegen § 23 Abs. 3 Nr. 5 AktG einer Satzungsänderung bedarf.[145] Andererseits hätte die Gesellschaft nachträglich ein Aktienregister einzurichten, dessen Aufbau umfängliche Recherchen zur Erlangung der eintragungs-

---

[137] *Wiesner*, in: MünchHdb AG, § 13 Rn. 2. Nur in Ausnahmefällen schreibt das Aktiengesetz die Ausgabe von Namensaktien vor. Vgl. § 10 Abs. 2 Satz 1 AktG. Bei der Neuemission haben z.B. Infineon und Telesens Namensaktien gewählt.

[138] Vgl. zu den Einzelheiten der Ausgabe von Namensaktien die Ausführungen bei *Maul*, NZG 2001, 585 li. Sp.

[139] *Zätzsch/Maul*, in: Beck'sches Handbuch der AG, § 4 Rn. 20.

[140] *v. Rosen/Gebauer*, in: v. Rosen/Seifert, S. 127 f.

[141] Das Aktienbuch ist eine „sonst erforderliche Aufzeichnung" im Sinne des § 239 HGB.

[142] *v. Rosen/Gebauer*, in: v. Rosen/Seifert, S. 127, 128, 134; *Seibert*, in: v. Rosen/Seifert, S. 11, 12. Vgl. die Angaben zu den Kosten des Anlegens und Führens eines Aktienregisters bei *Maul*, NZG 2001, 585, 587/588; *Zätzsch/Maul*, in: Beck'sches Handbuch der AG, § 4 Rn. 30.

[143] Vgl. zur Bedeutung des electronic voting und messaging und der damit verbundenen Kostenersparnis in den USA *Seibert*, in: v. Rosen/Seifert, S. 11, 29 f.

[144] *Wieneke*, in: v. Rosen/Seifert, S. 229, 229/230.

[145] *Maul*, NZG 2001, 585, 588 li. Sp. Streitig ist insofern, ob die für die Umstellung notwendige Satzungsänderung die Zustimmung jedes einzelnen Aktionärs erfordert, oder aber, ob ein qualifizierter Mehrheitsbeschluss ausreicht.

pflichtigen Aktionärsdaten erfordert. Zudem ist die Einsammlung bzw. Kraftloserklärung der bisherigen Aktienurkunden sowie die anschließende Ausgabe neuer Urkunden erforderlich.[146] Die insofern insgesamt erforderlichen Aufwendungen lassen einen Verweis auf die Umstellung auf Namensaktien zum Teil als unverhältnismäßig erscheinen, so dass in Bezug auf den Einwand, die Gesellschaften könnten die Problematik unauffindbarer und unbekannter Aktionäre selbst lösen, gewisse Abstriche zu machen sind.

5. Die Pflichtangebotsregelung

a) Das Ausschlussrecht als Gegenstück zum Pflichtangebot?

Ein Gesichtspunkt, der als Rechtfertigungsgrund für die Einführung des Ausschlussrechts von der Bundesregierung selbst angeführt wird, ohne dass es sich lediglich um eine Wiedergabe eines Arguments der Wirtschaft handelt, ist die Pflichtangebotsregelung des § 35 WpÜG. Danach ist derjenige, der die Kontrolle über eine Gesellschaft erlangt, verpflichtet, ein Angebot auf Erwerb sämtlicher Anteile abzugeben. Wer aber nun verpflichtet ist, sämtliche Aktien einer Gesellschaft zu übernehmen, soll nach Ansicht des Gesetzgebers umgekehrt berechtigt sein, die Minderheitsbeteiligungen abzufinden, um die Anteile einer Gesellschaft vollständig erwerben zu können.[147] Das Ausschlussrecht bilde das Gegenstück zum Pflichtangebot.[148] Diese Spiegelbildlichkeit soll allerdings nicht soweit gehen, dass die Möglichkeit zum Ausschluss an ein vorangegangenes Pflichtangebot geknüpft wäre.[149] Die Durchführung eines Squeeze-out-Verfahrens könne vielmehr unabhängig davon erfolgen, ob die 95 %ige Kapitalbeteiligung durch ein vorheriges Angebot nach dem WpÜG erlangt wurde.[150] Dadurch soll insbesondere die Entkoppelung der Ausschlussregelung vom Kapitalmarktrecht hervorgehoben werden.[151]

b) Fehlende Verknüpfung zum Anwendungsbereich des Ausschlussrechts

Auch der Hinweis auf die Pflichtangebotsregelung des § 35 WpÜG als Argument für die Einführung des Ausschlussrechts ist nicht völlig bedenkenfrei. Die Bedenken be-

---

[146] *Zätzsch*, in: v. Rosen/Seifert, S. 257, 259.

[147] BegrRegE BT-Drucks. 14/7034, S. 32 li. Sp.; zustimmend *Fleischer*, ZGR 2002, 757, 760/761; *Riehmer*, FAZ v. 05.08.2002, Nr. 180, S. 22; *Schiessl*, AG 1999, 442, 451 li. Sp.; *Vetter*, AG 2002, 176, 181 li. Sp.; kritisch *Berding*, WM 2002, 1149, 1157 re. Sp.

[148] *Baumann*, WM 1999, 1968 re. Sp.; *Ehricke/Roth*, DStR 2001, 1120, 1123 li. Sp.; *Forum Europaeum Konzernrecht*, ZGR 1998, 672, 737 f.; *Hopt*, FS Volhard, 1996, S. 74, 78; *Quandt*, S. 36. Vgl. auch *Baums*, S. 120/121, der aus Sicht des Großaktionärs von der Ausschlussmöglichkeit als „Zuckerbrot" und dem Pflichtangebot als „Peitsche" spricht.

[149] Vgl. dazu die Ausführungen von *Lenz/Leinekugel*, S. 69, die darauf hinweisen, der Gesetzgeber habe angenommen, dass dem Squeeze-out regelmäßig ein Pflichtangebot vorausgeht. Dem sei in der Praxis allerdings nicht so. Es handele sich um einen „Prognosefehler" des Gesetzgebers.

[150] BegrRegE BT-Drucks. 14/7034, S. 32 li. Sp.; *Ehricke/Roth*, DStR 2001, 1120 li. Sp./re. Sp.; *Krause*, NJW 2002, 705, 715 li. Sp.; *Krieger*, BB 2002, 53, 55 li. Sp.; *Land/Hasselbach*, DB 2000, 1747, 1754 li. Sp.; *Pötzsch/Möller*, WM 2000, Sonderbeil. Nr. 2, S. 29 re. Sp. a.E.; *Schiessl*, AG 1999, 442, 451 re. Sp. Vgl. zur Möglichkeit einer Befreiung vom Pflichtangebot durch Selbstverpflichtung zur Durchführung eines Ausschlussverfahrens die Ausführungen bei *Bredow/Liebscher*, DB 2003, 1368 ff.

[151] *Gesmann-Nuissl*, WM 2002, 1205, 1206 li. Sp.

ziehen sich dabei zwar nicht auf die Pflichtangebotsregelung als solche. Denn diese steht im Einklang mit der Verfassung. Zwar kann daran gedacht werden, dass sich die Verpflichtung zur Abgabe eines Angebots auf Übernahme sämtlicher Aktien einer Gesellschaft aus Sicht des Bieters als eine Beeinträchtigung seines nach Art. 14 GG geschützten Eigentums darstellt. Insofern könnte es sich um eine Verletzung der negativen Eigentumsfreiheit handeln, dass heißt um die Freiheit, Eigentum nicht erwerben zu müssen. Allerdings ist bereits die Existenz einer solchen negativen Eigentumsfreiheit umstritten. Eine diesbezügliche Entscheidung kann im Hinblick auf die Pflichtangebotsregelung dahinstehen, denn selbst wenn man die negative Eigentumsfreiheit anerkennt, wird das Grundrecht aus Art. 14 GG durch die dem Bieter auferlegte Verpflichtung zur Abgabe eines Vollangebots nicht verletzt. Die Verpflichtung ist nämlich nicht mit dem Eigentum verknüpft, sondern wird bereits durch den Erwerbsvorgang ausgelöst. Ein Aktionär, der durch einen Erwerb von Aktien die 30 %-Schwelle überschreitet, sieht sich gerade nicht unerwartet einem zusätzlichen Anteilseigentum gegenüber.[152] Er löst vielmehr die Verpflichtung zum Aufkauf zusätzlicher Anteile durch den von ihm bewusst vorgenommen Erwerbsvorgang selbst aus.[153] Daher stellt die Pflichtangebotsregelung auch keinen Eingriff in die Eigentumsfreiheit des Bieters dar, sondern allein eine zulässige Einschränkung der Privatautonomie nach Art. 2 Abs. 1 GG.[154]

Fraglich erscheint aber, ob die Einführung der Pflichtangebotsregelung erforderlich gewesen ist. Die Pflichtangebotsregelung des § 35 WpÜG ist hinsichtlich der hinter ihr stehenden Zielsetzung in einem konzernrechtlichen Kontext zu sehen. Der Gesetzgeber legt demjenigen, der die Kontrolle über eine börsennotierte Aktiengesellschaft erlangt, die Verpflichtung auf, den anderen Aktionären die Übernahme ihrer Aktien anzubieten. Den anderen Aktionären soll dadurch die Möglichkeit eingeräumt werden, ihre Beteiligung an der Gesellschaft zu lösen. Denn regelmäßig gehen mit einem Kontrollwechsel innerhalb einer Gesellschaft wesentliche Änderungen im Hinblick auf die Geschäftspolitik einher. Derartige Veränderungen tangieren in der Regel auch die Grundlagen des Investments der Aktionäre, da sich durch die geänderte Unternehmenspolitik andere Ertragsaussichten und Risiken für das investierte Kapital ergeben.[155] Dies ist der Grund, weshalb den anderen Aktionären ermöglicht werden soll, sich von ihrer Beteiligung zu lösen. Anders als nach dem bisherigen Recht, das die Aktionäre nur in einem bereits bestehenden Konzern schützte, wird durch die Pflichtangebotsregelung ein Konzerneingangsschutz geschaffen.[156] Bereits

---

[152] *Stumpf*, NJW 2003, 9, 12 li. Sp. Ausnahmsweise kann die Überschreitung unerwartet geschehen, so zum Beispiel in Erbschaftsfällen.

[153] Vgl. *Steinmeyer/Häger*, WpÜG, § 327a AktG Rn. 7, die aus diesem Umstand folgern, dass ein Ausgleich für die Verpflichtung zur Abgabe eines Vollangebots nicht erforderlich sei, da es der Bieter selbst in der Hand habe, die Kontrollschwelle nicht zu überschreiten.

[154] *Ekkenga/Schulz*, in: Ehricke/Ekkenga/Oechsler, WpÜG, § 35 Rn. 11; *Meyer*, in: Geibel/Süßmann, WpÜG, § 35 Rn. 18 f.; *Stumpf*, NJW 2003, 9, 12 li. Sp./re. Sp. Vgl. zum möglichen Eingriff zu Lasten veräußerungswilliger (Paket-) Aktionäre, die ihre Beteiligung im Ganzen möglicherweise schwerer veräußern können, weil etwaige Käufer durch die Pflichtangebotsregelung abgehalten werden könnten, die Ausführungen bei *Ekkenga/Schulz*, in: Ehricke/Ekkenga/Oechsler, WpÜG, § 35 Rn. 12; *Meyer*, in: Geibel/Süßmann, WpÜG, § 35 Rn. 13 ff.

[155] *Liebscher*, in: Beck'sches Handbuch der AG, § 14 Rn. 40; *Meyer*, in: Geibel/Süßmann, WpÜG, § 35 Rn. 9; *Thoma*, NZG 2002, 105, 111 li. Sp.

[156] *Hanau*, NZG 2002, 1040, 1045 re. Sp.; *Schüppen*, WPg 2001, 958, 960 li. Sp.; *Tröger*, DZWIR 2002, 397, 400 li. Sp.

im Zeitpunkt der Konzernbildung sollen die außenstehenden Aktionäre selbst entscheiden können, ob sie trotz des Kontrollerwerbs eines bestimmten Anteilsinhabers an der Gesellschaft beteiligt bleiben wollen oder aber ihre Anteile an den Bieter als Kontrollinhaber veräußern. Zweifelhaft erscheint, ob ein derartiger Konzerneingangsschutz in Form der Pflichtangebotsregelung angesichts der bereits vorhandenen Konzernregelungen überhaupt geboten war. Der deutsche Gesetzgeber selbst hat auf europäischer Ebene heftigen Widerstand gegen eine Pflichtangebotsregelung in den Entwürfen zur EU-Übernahmerichtlinie geleistet. Gerade dieser Regelungskomplex war der Grund dafür, dass Deutschland die Richtlinie lange Zeit ablehnte.[157] Aus diesem Grunde stellt es eine gewisse Überraschung dar, dass der Gesetzgeber ohne diesbezüglichen Umsetzungszwang seitens des Europarechts in das WpÜG eine Pflichtangebotsregelung aufgenommen hat.

Aus rechtspolitischer Sicht erscheint entgegen der Ansicht des Gesetzgebers sowie der überwiegenden Stimmen in der Literatur eine Verknüpfung zwischen der Pflichtangebotsregelung und dem Squeeze-out-Recht geboten. Wird das Ausschlussrecht des Hauptaktionärs als Ausgleich für die ihm auferlegte Verpflichtung zur Übernahme sämtlicher Anteile verstanden, so ist ein vorangegangenes Angebot nach dem WpÜG zur Voraussetzung für die Durchführung eines Squeeze-out-Verfahrens zu machen. Ohne vorangegangenes Pflichtangebot gäbe es gerade keine Verpflichtung, die ausgeglichen werden müsste. Aus diesem Grunde sollte aus rechtspolitischen Erwägungen das Recht zum Ausschluss der Minderheitsaktionäre auf die Fälle begrenzt werden, in denen die Kapitalmehrheit durch ein solches Angebot erlangt worden ist.[158]

6. Zwischenergebnis

Die als Gründe für die Einführung eines Ausschlussrechts vorgebrachten Gesichtspunkte bilden als Grundlage für die Rechtfertigung des Eingriffs in das Eigentum der Minderheitsaktionäre ein nicht so tragfähiges Fundament, wie die bisherigen Reaktionen des rechtswissenschaftlichen Schrifttums vermuten ließen. Allerdings ist insofern zu berücksichtigen, dass aufgrund der Einschätzungsprärogative des Gesetzgebers der Zweck des Gesetzes bloß dahingehend überprüft werden kann, ob er nicht „offensichtlich fehlsam oder mit der Wertordnung des Grundgesetzes“ unvereinbar ist.[159] Dieser eingeschränkte Prüfungsmaßstab gilt auch für die Beurteilung der Eignung und Erforderlichkeit. Da weder eine offensichtliche Fehlsamkeit noch eine Unvereinbarkeit mit den Wertungen der Verfassung gegeben ist, ist im Hinblick auf die gesetzgeberische Einschätzungsprärogative davon auszugehen, dass die genannten Gründe zur Rechtfertigung des Ausschlussrechts für börsennotierte Gesellschaften ausreichen.

---

[157] *Letzel*, BKR 2002, 293, 294 li. Sp.

[158] So auch *Habersack*, ZIP 2001, 1230, 1235 li. Sp./re. Sp.; *Vetter*, AG 2002, 176, 181 li. Sp. a.E.

[159] Vgl. zu diesen vom Bundesverfassungsgericht aufgestellten Vorgaben die Ausführungen bei *Webering*, S. 15, 104.

II. Rechtfertigung für nicht börsennotierte Gesellschaften

1. Vergleichbarkeit der Interessenlage?

Bedenken bestehen jedoch dahingehend, ob dies gleichfalls auf nicht börsennotierte Gesellschaften zutrifft. Die Frage, ob die Durchführung eines Squeeze-out-Verfahrens nur in börsennotierten Gesellschaften gestattet ist oder aber auch in nicht börsennotierten Gesellschaften, wird grundsätzlich einheitlich beantwortet. Die Begründung zum Regierungsentwurf stellt diesbezüglich fest, dass sich das Ausschlussrecht auch auf solche Aktiengesellschaften und Kommanditgesellschaften auf Aktien erstreckt, deren Beteiligungen nicht an der Börse gehandelt werden. Dies spiegelt sich auch im Wortlaut des § 327a Abs. 1 Satz 1 AktG wieder, der im Hinblick auf börsennotierte und nicht börsennotierte Gesellschaften keine Differenzierung enthält. Damit im Einklang vertreten viele Autoren im Schrifttum die Ansicht, dass der Anwendungsbereich der Squeeze-out-Regelungen nicht auf börsennotierte Gesellschaften beschränkt ist.[160] Als Begründung wird fast durchgängig darauf verwiesen, dass die Gründe, die den Gesetzgeber veranlasst haben, das Ausschlussrecht einzuführen, in gleicher Weise auf nicht börsennotierte Gesellschaften zuträfen.[161] Gerade bei solchen Gesellschaften, die ihre Notierung an der Börse aufgeben mussten, weil lediglich noch eine geringe Restquote an Minderheitsaktionären vorhanden war, bestehe oftmals ein Bedürfnis nach einer Bereinigung der Aktionärsstruktur.[162] Diese sei ohne die Möglichkeit eines zwangsweisen Ausschlusses nicht möglich, da die Minderheitsaktionäre, die der Gesellschaft oftmals nicht bekannt seien,[163] ihre Beteiligung zumeist trotz der nun fehlenden Börsennotierung aufrecht erhielten mit der Folge,[164] dass die Gesellschaft auch in Zukunft mit einem nicht gerechtfertigten Minderheitsaufwand belastet sei.[165] Daneben bestehe weiterhin die Gefahr, dass die

---

[160] LG Berlin DB 2003, 707, 708 re. Sp.; LG Osnabrück AG 2002, 527 re. Sp. *„KM Europa Metall AG"*; *Angerer*, BKR 2002, 260, 263 li. Sp.; *DAV-Handelsrechtsausschuss*, NZG 1999, 850, 852 li. Sp.; *Fuhrmann/Simon*, WM 2002, 1211, 1213 li. Sp. a.B.; *Gesmann-Nuissl*, WM 2002, 1205 re. Sp.; *Grunewald*, in: MünchKommAktG, § 327a Rn. 5; *dies.*, ZIP 2002, 18, 22 li. Sp.; *Halasz/Kloster*, DB 2002, 1253 re. Sp.; *Hasselbach*, in: Kölner Komm, WpÜG, § 327a AktG Rn. 21; *Krause*, NJW 2002, 705, 715 li. Sp.; *Krieger*, BB 2002, 53, 55 li. Sp.; *Küting*, DStR 2003, 838, 842/843; *Land/Hasselbach*, DB 2000, 1747, 1754 li. Sp.; *Pötzsch/Möller*, WM 2000, Sonderbeil. Nr. 2, S. 30 li. Sp.; *Quandt*, S. 124; *Schiessl*, AG 1999, 442, 451 re. Sp.; *Sieger/Hasselbach*, ZGR 2002, 120, 132; *Steinmeyer/Häger*, WpÜG, § 327a AktG Rn. 2; *Vetter*, AG 2002, 176, 184 li. Sp. f.; *Wirth/Arnold*, AG 2002, 503, 506 re. Sp.; *Zschocke*, DB 2002, 79, 85 li. Sp.; einschränkend *Kiem*, in: RWS-Forum 20, S. 329, 340. Einschränkungen aus rechtspolitischer, nicht aber aus verfassungsrechtlicher Sicht fordern *Bolte*, DB 2001, 2587, 2588 li. Sp.; *Drygala*, AG 2001, 291, 298 li. Sp.; *Habersack*, ZIP 2001, 1230, 1235 re. Sp.; *Hüffer*, AktG, § 327a Rn. 4; *Schüppen*, WPg 2001, 958, 974 li. Sp.

[161] *Angerer*, BKR 2002, 260, 263 li. Sp.; *Hasselbach*, in: Kölner Komm, WpÜG, § 327a AktG Rn. 21; *Rühland*, S. 185; *Sieger/Hasselbach*, ZGR 2002, 120, 132.

[162] *DAV-Handelsrechtsausschuss*, NZG 1999, 850, 852 li. Sp.; *Gesmann-Nuissl*, WM 2002, 1205 re. Sp.; *Hasselbach*, in: Kölner Komm, WpÜG, § 327a AktG Rn. 21; *Kiem*, in: RWS-Forum 20, S. 329, 340; *Krieger*, BB 2002, 53, 55 li. Sp.; *Wirth/Arnold*, AG 2002, 503, 506 li. Sp.

[163] *Gesmann-Nuissl*, WM 2002, 1205 re. Sp.; *Krieger*, BB 2002, 53, 55.

[164] *Land/Hasselbach*, DB 2000, 1747, 1754 li. Sp., sprechen insofern von „einem schon seit Jahren vorhandenen „Altbestand" von Minderheitsaktionären", insbesondere bei nicht börsennotierten Aktiengesellschaften.

[165] *Gesmann-Nuissl*, WM 2002, 1205 re. Sp.; *Halasz/Kloster*, DB 2002, 1253 re. Sp.; *Vetter*, AG 2002, 176, 184 li. Sp.

Minderheitsaktionäre ihre Beteiligung zu erpresserischen Klagen gegen die Gesellschaft ausnutzten.[166] Auch nicht börsennotierte Gesellschaften seien dadurch behindert, dass unternehmerische Maßnahmen nicht verwirklicht werden könnten. Darüber hinaus seien die in rechtsvergleichender Sicht bestehenden Nachteile für den Wirtschaftsstandort Deutschland, die aus dem bisherigen Fehlen eines Ausschlussrechts herrührten, auch bei nicht börsennotierten Gesellschaften relevant.[167] Dies zeige insgesamt, dass bei nicht börsennotierten Gesellschaften der Regelungsbedarf im Hinblick auf ein Ausschlussrecht ebenfalls gegeben und eine Beschränkung im Anwendungsbereich daher nicht gerechtfertigt sei.

2. Bedenken gegen die Einbeziehung nicht börsennotierter Gesellschaften

Die Einbeziehung nicht börsennotierter Gesellschaften in den Anwendungsbereich der Squeeze-out-Regelungen erscheint auf Grundlage der bereits erörterten Rechtfertigungsgründe bedenklich. Dem mehr oder weniger lapidaren Hinweis darauf, dass die in der Begründung zum Regierungsentwurf genannten Zwecke, die das Rechtsinstitut des Squeeze-out-Verfahrens tragen sollen, auch für nicht börsennotierte Gesellschaften zuträfen, kann nicht zweifelsfrei zugestimmt werden. Eine genauere Betrachtung zeigt, dass die Gründe in Bezug auf nicht börsennotierte Gesellschaften weitgehend nicht tragfähig sind.

Was die Verhinderung räuberischer Anfechtungsklagen als Rechtfertigungsgrund für die Einführung eines Ausschlussrechts anbelangt, so wurde bereits im Rahmen der Ausführungen zu den börsennotierten Gesellschaften darauf hingewiesen, dass der Squeeze-out nur bedingt geeignet ist, diesbezüglich Abhilfe zu schaffen. Dies gilt unabhängig davon, ob es sich um börsennotierte oder nicht börsennotierte Gesellschaften handelt. Dem Missbrauch der Anfechtungsklage muss auch bei Gesellschaften, deren Aktien nicht an einer Börse im amtlichen Handel oder am geregelten Markt gehandelt werden, durch eine Änderung des Anfechtungsrechts begegnet werden.

Des Weiteren verdient der Gedanke, dass die Einbeziehung nicht börsennotierter Gesellschaften in eine Ausschlussregelung zum Zwecke der Rechtsvereinheitlichung erforderlich sei, um das deutsche Recht einem europäischen Standard anzupassen, keine Zustimmung. Wie bereits dargelegt wurde, kann im Hinblick auf ein Ausschlussrecht des Hauptaktionärs nicht von einem europäischen Standard gesprochen werden. Die Rechtsordnungen der EG-Mitgliedstaaten differenzieren, was die Voraussetzungen und den Anwendungsbereich des Ausschlussrechts anbelangt, derart stark, dass der Gesetzgeber sich nicht darauf berufen kann, er hätte das Ausschlussrecht gerade dergestalt regeln müssen, wie es nun Gesetz geworden ist. Vielmehr hätte er den Anwendungsbereich des Ausschlussrechts auch mit der gleichen Begründung auf börsennotierte Gesellschaften beschränken können. Dies wäre aus rechtsvergleichender Sicht ebenfalls im Einklang mit den Rechtsordnungen von Frankreich, Italien, Schweiz sowie Belgien, die eine derartige Einschränkung vorsehen. Aus rechtsvergleichender Sicht besteht demnach kein Grund, auch dem Hauptaktionär einer nicht börsennotierten Gesellschaft den zwangsweisen Ausschluss von Minderheitsaktionären zu gestatten.

---

[166] *Halasz/Kloster*, DB 2002, 1253 re. Sp.; *Vetter*, AG 2002, 176, 184 li. Sp.
[167] *Vetter*, AG 2002, 176, 184 re. Sp.

Der Überlegung, dass auch bei nicht börsennotierten Gesellschaften der Verbleib von Minderheitsaktionären einen unverhältnismäßigen Kostenaufwand verursache, da auch Gesellschaften, deren Anteile nicht an einer Börse gehandelt werden, sämtliche minderheitenschützenden Normen beachten müssen, kann nicht gefolgt werden. Der Begründung ist zwar im Ansatz zuzustimmen. Dass der Formalaufwand bei einer Einpersonengesellschaft geringer ist als bei einer Gesellschaft mit Minderheitsaktionären, gilt unabhängig davon, ob eine Gesellschaft börsennotiert ist oder nicht. Allerdings wurde bereits im Zusammenhang mit börsennotierten Gesellschaften darauf hingewiesen, dass Zweifel bestehen, ob die aus dem Ausschluss der Minderheitsaktionäre folgende Kostenersparnis tatsächlich so groß ist, dass sie den zwangsweisen Ausschluss zu rechtfertigen vermag. Diese Zweifel mehren sich in Bezug auf nicht börsennotierte Gesellschaften.[168] Der Aktionärskreis nicht börsennotierter Gesellschaften ist regelmäßig kleiner als der börsennotierter Gesellschaften. Aufgrund der geringeren Größe ist es in nicht seltenen Fällen so, dass den Gesellschaften die Aktionäre der Person nach bekannt sind. Bei Kenntnis von den Aktionären sind die insbesondere im Zusammenhang mit der Abhaltung von Hauptversammlungen vorgeschriebenen Formalia leichter einzuhalten und verursachen somit einen geringeren Formalaufwand. Hinzu kommt, dass die Kosten, die mit einer Börsennotierung verbunden sind, bei nicht börsennotierten Gesellschaften von vornherein nicht anfallen. Sie können demzufolge durch ein sich an den Ausschluss der Minderheitsaktionäre anschließendes Delisting nicht eingespart werden. Aus diesem Grund fällt die Kostenersparnis, die das Ausscheiden sämtlicher Minderheitsaktionäre zur Folge hat, für nicht börsennotierte Gesellschaften deutlich geringer aus als bei börsennotierten Gesellschaften. Kann die Bedeutung des Arguments der Kostenersparnis aber bereits bei börsennotierten Gesellschaften bezweifelt werden, so muss dies dann erst Recht für nicht börsennotierte Gesellschaften gelten, deren Gewinn in Form einer Kostenersparnis durch den Wegfall der Restminderheit noch geringer ausfällt.[169]

Auch das Problem unbekannter und unauffindbarer Aktionäre stellt sich bei nicht börsennotierten Gesellschaften nicht in gleichem Maße wie bei börsennotierten Gesellschaften. Zwar ist auch bei nicht börsennotierten Gesellschaften denkbar, dass Aktionäre einer Gesellschaft unbekannt oder nicht auffindbar sind. Gleichwohl ist wegen des regelmäßig kleineren und damit überschaubareren Aktionärskreises die Wahrscheinlichkeit einer Unkenntnis oder Unauffindbarkeit geringer. Dies beruht letztlich darauf, dass mit der Abnahme der Anzahl an Aktionären deren Möglichkeiten zur Einflussnahme auf die Geschicke der Gesellschaft theoretisch zunehmen. Je größer wiederum die Möglichkeiten der Einflussnahme des einzelnen Aktionärs innerhalb der Gesellschaft sind, desto eher wird er persönlich an die Gesellschaft herantreten, so dass diese Kenntnis von seiner Person erhält. Neben der geringeren Wahrscheinlichkeit der Unkenntnis und Unauffindbarkeit besteht auch bei nicht börsennotierten Gesellschaften die Möglichkeit einer Einflussnahme seitens der Gesellschaft durch die Ausgabe von Namensaktien.

---

168 So auch *Gampenrieder*, S. 125, der darauf hinweist, dass das Kostenargument im Hinblick auf die „überwiegend personalistische Eigentümerstruktur verfehlt" sei.

169 Vgl. auch *Fleischer*, ZGR 2002, 757, 772, nach dessen Ansicht es näher gelegen hätte, Kostenerleichterungen für die nicht börsennotierten Gesellschaften nach dem Beispiel des Gesetzes für kleine Aktiengesellschaften und zur Deregulierung des Aktiengesetzes von 1994 zu schaffen.

Das für die Einführung des Ausschlussrechts ebenfalls angeführte Argument, es müsse ein Gegenstück zur Pflichtangebotsregelung des § 35 WpÜG geben, kann hinsichtlich der nicht börsennotierten Gesellschaften keine Berücksichtigung finden. Der Anwendungsbereich des WpÜG ist auf börsennotierte Gesellschaften beschränkt. Aus diesem Grunde trifft einen Großaktionär selbst für den Fall, dass er die Kontrolle über eine nicht börsennotierte Gesellschaft erlangt, nicht die Pflicht, ein Angebot zum Erwerb sämtlicher Anteile abgeben zu müssen. Fehlt es an der Verpflichtung, so bedarf es keines als Ausgleich dienenden Gegenstücks. Das Ausschlussrecht kann hier nicht als Spiegelbild der Pflichtangebotsregelung fungieren.

3. Zwischenergebnis

Aufgrund des dem Gesetzgeber zukommenden weiten Gestaltungsspielraums sind die in der Begründung zum Regierungsentwurf vorgebrachten Gründe trotz der Bedenken zur Rechtfertigung einer Einbeziehung nicht börsennotierter Gesellschaften in den Anwendungsbereich der Ausschlussregelungen geeignet.

III. Ergebnis

Aus rechtspolitischer Sicht empfiehlt sich jedoch, die nicht börsennotierten Gesellschaften aus der Ausschlussregelung auszuklammern und darüber hinaus die Möglichkeit des Ausschlusses der Minderheitsaktionäre an ein vorangegangenes Angebot nach dem WpÜG zu knüpfen.[170]

2. Kapitel. Die zusätzlichen Voraussetzungen der Verfassung für den Entzug der Mitgliedschaft

§ 8 Das Erfordernis von Rechtsbehelfen gegen den Missbrauch wirtschaftlicher Macht

I. Vorgaben des Bundesverfassungsgerichts

Der Umstand, dass Gründe existieren, die die Einführung des Ausschlussrechts zu rechtfertigen vermögen, reicht für sich allein nicht aus, um von der Verfassungskonformität der Squeeze-out-Vorschriften ausgehen zu können. Als zusätzliche Voraussetzung für die verfassungsrechtliche Zulässigkeit einer gesetzlichen Gestattung des Entzugs der Mitgliedschaft in einer Aktiengesellschaft hat das Bundesverfassungsgericht im *„Feldmühle"*-Urteil, dessen Feststellungen im Jahre 2000 durch den *„MotoMeter"*-Beschluss bestätigt wurden,[171] die Einräumung von Rechtsbehelfen gegen den Missbrauch wirtschaftlicher Macht festgeschrieben.[172] Die Rechtsordnung muss

---

[170] Vgl. auch die Kritik aus rechtspolitischer Sicht bei *Fleischer*, ZGR 2002, 757, 760; *Gampenrieder*, S. 126; *Habersack*, ZIP 2001, 1230, 1235 li. Sp.; sowie die allgemeinen Bedenken von *Altmeppen*, ZIP 2001, 1073, 1083 re. Sp.; *Berding*, WM 2002, 1149, 1157 f.; *Wenger/Kaserer/Hecker*, ZBB 2001, 317, 318 li. Sp. S. die Stellungnahme der *Group of German Experts on Corporate Law*, ZIP 2002, 1310, 1311 re. Sp. Frage 4a, die allgemein fordert, dass in Zukunft stärker zwischen börsennotierten und nicht börsennotierten Gesellschaften unterschieden werden solle.

[171] BVerfG NZG 2000, 1117, 1120 li. Sp. *„MotoMeter"*.

[172] BVerfGE 14, 263, 283 *„Feldmühle"*. Zustimmend *v. Falkenhausen*, AG 1963, 150, 152 li. Sp.

für die Minderheitsaktionäre wirksame Rechtsbehelfe vorsehen, mit denen sie sich im Falle des Missbrauchs wirtschaftlicher Macht gegen den Entzug ihrer Mitgliedschaft zur Wehr setzen können. Als ausreichend zum Schutz der Minderheitsaktionäre gegen die missbräuchliche Nutzung wirtschaftlicher Macht erachtete das Bundesverfassungsgericht die vom allgemeinen Aktienrecht zur Verfügung gestellte Nichtigkeits- und Anfechtungsklage.[173] Im Folgenden wird der Frage nachgegangen, ob den Minderheitsaktionären im Falle des Squeeze-out-Verfahrens diese Rechtsbehelfe zugänglich sind.

II. Der Rechtsschutz im Rahmen des Squeeze-out-Verfahrens

Der Rechtsschutz von Minderheitsaktionären für den Fall der Durchführung eines Squeeze-out-Verfahrens ist in § 327f AktG geregelt. Nach dessen Satz 1 können Minderheitsaktionäre den Übertragungsbeschluss nicht wegen der Verfolgung von Sondervorteilen nach § 243 Abs. 2 AktG anfechten. Ebenso wenig kann die Unangemessenheit einer Barabfindung mit einer Anfechtungsklage gerügt werden. Die ausgeschiedenen Minderheitsaktionäre werden für den Fall, dass die Barabfindung ihrem Empfinden nach nicht angemessen ist, auf das Spruchverfahren verwiesen. Dass die Regelung des § 327f Satz 1 AktG einzelne Anfechtungsgründe explizit ausschließt, bedeutet im Umkehrschluss, dass auch im Falle des Squeeze-out-Verfahrens eine Anfechtung des Übertragungsbeschlusses nach § 243 Abs. 1 AktG grundsätzlich möglich sein muss. Dies wird durch die Regelung des § 327f Satz 3 AktG bestätigt. Danach kann in dem Fall, dass das notwendige Barabfindungsangebot gar nicht oder nicht ordnungsgemäß vorgelegt wurde, ein Spruchverfahren angestrengt werden, wenn eine auf die Fehlerhaftigkeit gestützte Anfechtungsklage nicht innerhalb der Anfechtungsfrist erhoben, die Klage zurückgenommen oder rechtskräftig abgewiesen worden ist. Die insofern angeordnete Subsidiarität des Spruchverfahrens macht deutlich, dass § 327f Satz 1 AktG den Rechtsbehelf der Anfechtungsklage für das Ausschlussverfahren nicht gänzlich ausschließen soll, sondern nur im Hinblick auf die in der Regelung genannten Fälle. Der Grund für den Ausschluss der in § 243 Abs. 2 AktG geregelten Anfechtungsmöglichkeit wegen der Verfolgung von Sondervorteilen erklärt sich aus der hinter dem Squeeze-out stehenden Zielsetzung. Der Gesetzgeber will einem Hauptaktionär durch die §§ 327a ff. AktG die Möglichkeit einräumen, Minderheitsaktionäre auch gegen ihren Willen aus einer Gesellschaft ausschließen zu können. Dadurch soll der Hauptaktionär in den Genuss der mit der Alleinherrschaft verbundenen Vorteile kommen. Unter der Voraussetzung, dass er den Minderheitsaktionären eine Entschädigung gewährt, ist es ihm gestattet, „zu seinem einseitigen Vorteil in die Rechtsposition der Minderheitsaktionäre einzugreifen".[174] Indem der Gesetzgeber dem Hauptaktionär diese Befugnis verliehen hat, erlaubte er das Erstreben von Sondervorteilen ausdrücklich. Könnten ausgeschlossene Minderheitsaktionäre einen Übertragungsbeschluss nun wegen der Verfolgung von Sondervorteilen nach § 243 Abs. 2 AktG anfechten, würde die vom Gesetzgeber verliehene Ausschlussbefugnis ad absurdum geführt, da dem betroffenen Hauptaktionär die ihm gestatteten Sondervorteile wieder genommen würden. Der Ausschluss

[173] BVerfGE 14, 263, 283 *„Feldmühle"*.

[174] Vgl. zu den übrigen Abfindungstatbeständen die Ausführungen bei *Wilm*, NZG 2000, 234, 236 li. Sp.

der Anfechtungsklage für den Fall einer etwaig unangemessenen Barabfindung ist darin begründet, dass das Spruchverfahren anders als die Anfechtungsklage nach den §§ 243, 248 AktG keine faktisch aufschiebende Wirkung hat und die weitere Entwicklung einer Gesellschaft damit nicht verzögert oder sogar behindert,[175] wenn einziger Streitpunkt die Höhe der Barabfindung ist. Unabhängig von einer etwaigen Unangemessenheit der vom Hauptaktionär angebotenen Barabfindung ist der Übertragungsbeschluss wirksam.[176] Einwendungen gegen die Rechtsgültigkeit des Übertragungsbeschlusses finden im Spruchverfahren keine Berücksichtigung.[177] Der Ausschluss der Anfechtungsklage ist demnach partiell und beschränkt sich auf diejenigen Fälle, in denen durch eine Anfechtung des Übertragungsbeschlusses die Effektivität des Ausschlussverfahrens beeinträchtigt wäre. Die nicht ausdrücklich genannten Anfechtungsgründe besitzen dagegen auch für das Rechtsinstitut des Squeeze-out-Verfahrens Relevanz und können im Rahmen einer Anfechtungsklage gegen den Übertragungsbeschluss geltend gemacht werden. So kann die Anfechtung beispielsweise auf Verfahrensmängel gestützt werden,[178] wenn die Einberufung der Hauptversammlung oder die Ankündigung der Tagesordnung mit Fehlern behaftet sind.[179] Denkbar ist des Weiteren, dass mit der Anfechtungsklage Zweifel daran geltend gemacht werden, ob der vermeintliche Hauptaktionär tatsächlich über 95 % des Grundkapitals verfügt.[180]

III. Zwischenergebnis

Den Minderheitsaktionären steht beim Squeeze-out demzufolge der Rechtsbehelf der Anfechtungs- als auch der Nichtigkeitsklage zur Verfügung, mit denen sie sich, wie von der Verfassung gefordert, im Falle eines Missbrauchs wirtschaftlicher Macht gegen den Entzug ihrer Mitgliedschaft zur Wehr setzen können.[181] Damit ist eine der Zusatzbedingungen für die Verfassungskonformität der Ausschlussregelungen erfüllt.

---

[175] *van Kann/Hirschmann*, DStR 2003, 1488 li. Sp.; *Zimmer/Meese*, NZG 2004, 201, 202 re. Sp.

[176] *Lutter/Bezzenberger*, AG 2000, 433, 435 re. Sp.

[177] *App*, BB 1995, 267 re. Sp.

[178] Vgl. zu den bisher gegen Übertragungsbeschlüsse vorgebrachten Anfechtungsgründen die Untersuchung von *Rathausky*, AG 2004, R 24 ff.

[179] *Angerer*, BKR 2002, 260, 266 re. Sp.; *Ehricke/Roth*, DStR 2001, 1120, 1126 re. Sp.; *Eisolt*, DStR 2002, 1145, 1147 li. Sp.; *Hüffer*, AktG, § 327f Rn. 2; *Steinmeyer/Häger*, WpÜG, § 327c AktG Rn. 5; *Vetter*, AG 2002, 176, 189 re. Sp.; *Wilsing/Kruse*, DB 2002, 1539 Fn. 7.

[180] *Angerer*, BKR 2002, 260, 266 re. Sp.; *Ehricke/Roth*, DStR 2001, 1120, 1126 re. Sp.; *Gesmann-Nuissl*, WM 2002, 1205, 1209 re. Sp.; *Grunewald*, ZIP 2002, 18, 20 re. Sp.; *Hüffer*, AktG, § 327f Rn. 3; *Steinmeyer/Häger*, WpÜG, § 327f AktG Rn. 27; *Wilsing/Kruse*, DB 2002, 1539 Fn. 7. Vgl. aber auch *Maslo*, NZG 2004, 163, 164 li. Sp., der bei Fehlen der erforderlichen Mehrheit nicht von einer bloßen Anfechtbarkeit, sondern von der Nichtigkeit des Übertragungsbeschlusses ausgeht.

[181] Vgl. auch *Lenz/Leinekugel*, S. 22 ff., zu der Frage, ob im Falle des Squeeze-out-Verfahrens wirksame Rechtsbehelfe gegen einen Missbrauch wirtschaftlicher Macht eingeräumt sind.

§ 9 Die Notwendigkeit einer wirtschaftlich vollen Entschädigung

I. Der Barabfindungsanspruch der Minderheitsaktionäre

Das Bundesverfassungsgericht hat in der *„MotoMeter"*-Entscheidung festgestellt, dass ein Ausschluss von Minderheitsaktionären nur zulässig ist, wenn sichergestellt wird, dass die Minderheitsaktionäre als Ausgleich für den Verlust ihrer Beteiligung das erhalten, was ihre „gesellschaftliche Beteiligung an dem arbeitenden Unternehmen wert ist".[182] Der Gesetzgeber hat den Hauptaktionär in § 327a Abs. 1 Satz 1 AktG dazu verpflichtet, den Minderheitsaktionären als Ausgleich für den Verlust der Mitgliedschaft eine Barabfindung zu gewähren. Die Höhe der Abfindung ist gemäß § 327b Abs. 1 AktG allein vom Hauptaktionär als Schuldner des Abfindungsanspruchs[183] festzulegen. Die Minderheitsaktionäre haben, da es ihrer Annahme für die Übertragung der Anteile nicht bedarf, keinerlei Möglichkeit, auf die Höhe der Abfindung Einfluss zu nehmen. Es fehlt an einer gleichberechtigten Verhandlungssituation in Bezug auf die Höhe des Barabfindungsanspruchs.[184] Daher besteht die Gefahr einer finanziellen Übervorteilung der Minderheitsaktionäre.[185] Um zu verhindern, dass sich ein Hauptaktionär beim Ausschluss der Minderheitsaktionäre durch Gewährung einer zu niedrigen Abfindung Vorteile verschafft, hat der Gesetzgeber im Hinblick auf die Festlegung der Höhe der Barabfindung gewisse Vorgaben gemacht. So bestimmt § 327a Abs. 1 Satz 1 AktG, dass die Übertragung der Aktien nur gegen „Gewährung einer angemessenen Barabfindung" durch den Hauptaktionär erfolgen darf. Dieser hat bei der Festlegung der Barabfindung gemäß § 327b Abs. 1 Satz 1 Hs. 2 AktG „die Verhältnisse der Gesellschaft im Zeitpunkt der Beschlussfassung ihrer Hauptversammlung" zu berücksichtigen. Detailliertere Vorgaben zur Bestimmung der Abfindung enthalten die Squeeze-out-Vorschriften nicht. Insbesondere fehlt es an einer gesetzlichen Definition der Begriffe „Angemessenheit", „Verhältnisse der Gesellschaft" sowie „berücksichtigen". Dies veranlasst jedoch nicht zu Zweifeln an der Verfassungskonformität der Ausschlussregelungen. Denn das das Gesetz gebraucht in den Regelungen zum Beherrschungs- und Gewinnabführungsvertrag sowie zum Institut der Mehrheitseingliederung ähnliche Formulierungen. So ist nach § 304 Abs. 1 Satz 1 AktG ein „angemessener Ausgleich" erforderlich, während § 305 Abs. 1 AktG und § 320b Abs. 1 Satz 1 AktG eine „angemessene Abfindung" verlangen.[186] An diese einheitliche Begrifflichkeit hat der Gesetzgeber den Wortlaut der Squeeze-out-Regelungen angelehnt. Mit diesen Bestimmungen war das Bundesverfassungsgericht bereits befasst und hat die in den Regelungen enthaltenen Vorgaben als ausreichend erachtet. Aus diesem Grunde sind die an die anderen Abfin-

---

[182] BVerfG NZG 2000, 1117, 1119 li. Sp. *„MotoMeter"*.

[183] *Baums*, S. 125; *DAV-Handelsrechtsausschuss*, NZG 2001, 1003, 1008 re. Sp.; *Hüffer*, AktG, § 327a Rn. 10; *Krieger*, BB 2002, 53, 55 re. Sp.

[184] Die Abfindung ist gerade keine kaufpreisähnliche vertragliche Gegenleistung für den Abkauf von Herrschaftsmacht. Vgl. BayObLG NZG 1998, 946, 947 li. Sp./re. Sp. *„März/EKU"*; *Bilda*, NZG 2000, 296 re. Sp.

[185] *Helmis/Kemper*, DBW 62 (2002), 512, 522 re. Sp.; *Rühland*, WM 2000, 1884 re. Sp. Vgl. zu den empirischen Befunden zur neuen aktienrechtlichen Ausschlussregelung im Rahmen einer Untersuchung der gewährten Abfindungen die Angaben bei *Hecker/Kaserer*, BFuP 2004, 137 ff., 146.

[186] Vgl. zur Formulierung auch §§ 305 Abs. 3 Satz 2, 320b Abs. 1 Satz 5 AktG, wonach die „[angemessene] Barabfindung die Verhältnisse der Gesellschaft im Zeitpunkt der Beschlussfassung ihrer Hauptversammlung [...] berücksichtigen [muss]".

dungsregelungen angelehnten Vorschriften der §§ 327a Abs. 1 Satz 1, 327b Abs. 1 Satz 1 Hs. 2 AktG als mit der Verfassung im Einklang zu erachten.

II. Die gerichtliche Überprüfung der Abfindung

1. Überprüfung im Spruchverfahren

Das Bundesverfassungsgericht hat im Zusammenhang mit dem Erfordernis des finanziellen Ausgleichs für den Entzug der Mitgliedschaft darüber hinaus festgestellt, dass der Mehrheitsaktionär bei der Festlegung der Abfindung nicht „ohne jede gerichtliche Kontrolle nach seinem Belieben" verfahren könne.[187] Für die Minderheitsaktionäre muss die Möglichkeit einer gerichtlichen Überprüfung der Abfindung als verfahrensrechtliches Sicherungsinstrument zur Verfügung gestellt werden.[188] Dies ist gerade für den zwangsweisen Ausschluss von Minderheitsaktionären aufgrund des Fehlens einer Verhandlungssituation verfassungsrechtlich unverzichtbar. Damit der Anspruch auf eine angemessene Entschädigung nicht zu einer leeren Hülle wird, ist es erforderlich, dass ihnen Rechtsbehelfe zur Sicherung der ihnen verfassungsrechtlich zustehenden vollen wirtschaftlichen Kompensation zur Verfügung gestellt werden. Welcher Art der Rechtsschutz sein muss, ist damit aber noch nicht entschieden. Verfassungsrechtliche Vorgaben dazu, welche Rechtsbehelfe den Minderheitsaktionären konkret zur Verfügung gestellt werden müssen, existieren nicht. Die Entscheidung darüber, ob die Angemessenheit der Barabfindung im Rahmen eines Spruchverfahrens[189] zu überprüfen ist, oder aber, ob die Minderheitsaktionäre stattdessen eine Anfechtungsklage erheben können, obliegt dem Gesetzgeber,[190] da das Spruchverfahren und die Anfechtungsklage aus verfassungsrechtlicher Perspektive gleichwertig sind.[191] Dieser hat sich für den Fall des Squeeze-out-Verfahrens grundsätzlich für eine Überprüfung im Spruchverfahren entschieden. So beinhaltet § 327f AktG Regelungen zur gerichtlichen Nachprüfung der Barabfindung. Nach § 327f Satz 1 AktG kann der Beschluss über die Übertragung der Anteile der Minderheitsaktionäre nicht durch eine auf § 243 Abs. 2 AktG gestützte Klage, die die Verfolgung von Sondervorteilen rügt, angefochten werden. Ebenso wenig ist es einem ausgeschlossenen Minderheitsaktionär gestattet, eine Klage darauf zu stützen, die durch den Hauptaktionär festgelegte Barabfindung sei nicht angemessen. Zur gerichtlichen Überprüfung einer als nicht angemessen angesehenen Barabfindung ist die Anfechtungsklage als das ansonsten klassische Kontroll- und Abwehrinstrument demnach gesetzlich ausgeschlossen.[192] Die Geltendmachung einer etwaigen Unangemessen-

---

[187] BVerfG NZG 2000, 1117, 1119 re. Sp. *„MotoMeter"*.

[188] *Wiedemann*, ZGR 1999, 857, 867.

[189] Einheitlich soll die vom neuen SpruchG gewählte Formulierung „Spruchverfahren" benutzt werden, während auf den im Aktienrecht – nicht im AktG – bislang verwendeten Terminus „Spruchstellenverfahren" verzichtet werden soll.

[190] *Rühland*, NZG 2001, 448, 454 li. Sp.; *Sellmann*, WM 2003, 1545, 1550 re. Sp. Seit mehr als 65 Jahren gehört das Spruchverfahren neben der Anfechtungsklage zu den verfahrensrechtlichen Instrumentarien. Vgl. dazu *Neye*, FS Wiedemann, 2002, S. 1127; sowie zu der geschichtlichen Entwicklung des Spruchverfahrens die Ausführungen bei *Behnke*, S. 33 ff.

[191] *Schön*, FS Ulmer, 2003, S. 1359, 1391 a.B.

[192] Vgl. zur Möglichkeit einer Erhöhung der Barabfindung in einem Anfechtungsverfahren die Ausführungen von *Zimmer/Meese*, NZG 2004, 201, 205 re. Sp.

heit hat nach der an die übrigen Ausgleichs- und Abfindungstatbestände[193] angelehnten Vorschrift des § 327f Satz 2 AktG stattdessen im Rahmen eines Spruchverfahrens zu erfolgen. Dies gilt nach § 327f Satz 3 AktG auch für den Fall, dass die Barabfindung vom Hauptaktionär gar nicht[194] oder aber nicht ordnungsgemäß angeboten wurde und eine hierauf gestützte Anfechtungsklage innerhalb der Anfechtungsfrist nicht erhoben, zurückgenommen oder rechtskräftig abgewiesen worden ist.

2. Bedenken gegen die Effizienz des Spruchverfahrens

a) Die Dauer der Spruchverfahren als Grundlage der Bedenken

Obgleich der Gesetzgeber grundsätzlich frei war in seiner Entscheidung, welchen Rechtsbehelf er als verfahrensrechtliches Sicherungsinstrument zur gerichtlichen Überprüfung der Angemessenheit der Barabfindung bereit stellt, könnten möglicherweise verfassungsrechtliche Bedenken im Hinblick auf seine Entscheidung zugunsten des Spruchverfahrens angemeldet werden. Diese rühren aus der Überlegung her, ob das Spruchverfahren überhaupt effektiv ist, um die Angemessenheit der Barabfindung zu garantieren. Vehement wurde bislang neben einer Kritik an den oftmals hohen Kosten von Spruchverfahren, die aus aufwendigen Bewertungsgutachten resultieren, als Einwand die Dauer von Spruchverfahren vorgebracht. Häufig ergeht die Entscheidung der ersten Instanz im Spruchverfahren erst nach mehreren Jahren. Ist dann noch als zweite Instanz das Oberlandesgericht mit der Überprüfung der Angemessenheit der Barabfindung betraut, endet das Verfahren nicht selten erst nach mehr als zehn Jahren.[195] Ob derart lange Verfahrensdauern noch mit dem Gebot effektiven Rechtsschutzes vereinbar sind, wonach Verfahren zur Herstellung von Rechtssicherheit in einem überschaubaren Zeitraum abgeschlossen werden müssen, dürfte bezweifelt werden.[196] Nach *Beyerle* soll es sich um eine „an Rechtsverweigerung grenzende Laufzeit" handeln.[197] Das Bundesverfassungsgericht äußerte sich zurückhaltender, als es sich im Fall *„SNI/Siemens"* mit der Frage auseinander zu setzen hatte, ob das Ergehen einer erstinstanzlichen Entscheidung nach einem siebenjährigen Verfahren noch mit der Verfassung im Einklang steht. Für den zu beurteilenden Fall sah das Gericht eine Grundrechtsverletzung als nicht gegeben an

[193] Vgl. auch §§ 304 Abs. 3 Satz 2, 305 Abs. 5 Satz 1, 320b Abs. 2 Satz 1 AktG, §§ 14 Abs. 2, 32 UmwG, §§ 195 Abs. 2, 210 UmwG, § 5 Abs. 4 Satz 1 EGAktG.
[194] *Angerer*, BKR 2002, 260, 266 re. Sp.
[195] Vgl. BayObLG AG 1996, 126 *„Paulaner"* (13 Jahre); OLG Zweibrücken AG 1995, 421 *„Saint Gobain/Grünzweig"* (9 Jahre). Nach den Angaben von *Lutter/Bezzenberger*, AG 2000, 433, 436 li. Sp., ist die Dauer von fünf Jahren „mittlerweile völlig normal" und von zehn Jahren „keine Seltenheit" mehr. So auch *Hoffmann-Becking*, ZGR 1990, 482, 498, insbes. Fn. 15; *Rodloff*, DB 1999, 1149, 1152 li. Sp. Vgl. auch die Übersicht bei *Wenger/Kaserer/Hecker*, ZBB 2001, 317, 333. Den extremsten Fall stellt das gegen die Sinalco AG angestrengte Spruchverfahren dar. Obwohl sich von Juli 1982 zwei Instanzen mit der Überprüfung der Angemessenheit der Abfindung beschäftigten, konnte das Verfahren erst nach siebzehn Jahren durch einen Vergleich beendet werden. Vgl. die Angaben bei *Lutter/Bezzenberger*, AG 2000, 433, 436 Fn. 17.
[196] So auch *van Kann/Hirschmann*, DStR 2003, 1488 re. Sp. Vgl. auch *Ullrich*, S. 22, der von einem oftmals „nur bedingt wirksamen Schutzinstrument zugunsten der Minderheitsaktionäre" spricht. Ähnlich *Wenger/Kaserer/Hecker*, ZBB 2001, 317, 327 re. Sp.
[197] *Beyerle*, BB 1978, 784, 785 re. Sp. So auch *Götz*, DB 1996, 259 li. Sp.; *Wenger/Kaserer/Hecker*, ZBB 2001, 317, 329 li. Sp. a.B.; *Wilken*, ZIP 1999, 1443 re. Sp.

und bezeichnete den Zustand als „derzeit verfassungsrechtlich noch hinnehmbar“. Aufgrund dessen wurde die Verfassungsbeschwerde nicht zur Entscheidung angenommen.[198] Jedenfalls dann, wenn das Gericht Kontakt zum Sachverständigen halte und nicht selbst für die Verzögerung verantwortlich sei, liege keine Verletzung vor.[199] Die Verneinung einer Überschreitung verfassungsrechtlicher Grenzen erscheint allerdings zweifelhaft,[200] wenn man den mit der Abfindung verfolgten Zweck näher betrachtet. Durch die Abfindung sollen die zwangsweise ausgeschlossenen Minderheitsaktionäre für den Verlust ihrer Mitgliedschaft entschädigt werden. Darüber hinaus soll ihnen durch die Abfindung die Investition in andere Gesellschaften und somit der Erwerb einer neuen gesellschaftlichen Beteiligung ermöglicht werden. Die Investition in eine andere Gesellschaft scheidet aber gerade dann aus, wenn ein Minderheitsaktionär die Unangemessenheit der ihm angebotenen Abfindung in einem Verfahren rügen muss, das erst nach mehreren Jahren abgeschlossen wird. Denn erst mit dem Abschluss des Verfahrens erhält er die ihm zustehende Entschädigung. Daran ändert auch die gesetzlich angeordnete Verzinsung des Abfindungsanspruchs nichts. Die lange Wartezeit bis zum Erhalt der Abfindung ist nicht nur aus investitionsökonomischer Sicht bedenklich, sondern sie offenbart des Weiteren eine „Gerechtigkeitslücke“[201]. Während ein Minderheitsaktionär unter Umständen jahrelang auf den Erhalt der Abfindung warten muss, wenn er die Angemessenheit der Abfindung gerichtlich überprüfen lässt, ist es dem betroffenen Hauptaktionär ab Eintragung des Übertragungsbeschlusses möglich, über die Anteile der Minderheitsaktionäre zu verfügen, da die Wirksamkeit des Ausschlusses nicht von der Angemessenheit der angebotenen Barabfindung abhängt. Die Anteile gehen nach § 327e Abs. 3 Satz 1 AktG automatisch mit der Eintragung des Übertragungsbeschlusses ins Handelsregister auf den Hauptaktionär über, ohne dass es eines gesonderten Verfügungsgeschäfts bedarf. Im Gegensatz zum Minderheitsaktionär, für den völlig offen ist, wann er über seine Eigentumswerte wieder verfügen kann, besteht für den Hauptaktionär Planungssicherheit.[202] Diese Überlegungen berechtigen in der Tat zu Zweifeln daran, ob durch das Spruchverfahren ein effektiver Rechtsschutz in Bezug auf die Durchsetzung einer wirtschaftlich vollen Entschädigung gegeben ist.[203] Die Bedenken werden verschärft, wenn man daran denkt, dass die Einräumung der

---

[198] BVerfG AG 1999, 370 re. Sp. *„SNI/Siemens“*. Jedoch wurde die Bundesrepublik Deutschland durch den Europäischen Gerichtshof wegen der überlangen Verfahrensdauer von Spruchverfahren verurteilt. S. EGMR, Beschluss vom 20.02.2003, Beschwerde-Nr. 44324/98 *„Kind/Deutschland“*. S. dazu *Lenz/Leinekugel*, S. 33/34.

[199] *Behnke*, S. 168, meint, dass eine Beeinträchtigung des Rechtssuchenden unabhängig davon gegeben sei, ob das Gericht die Verzögerung zu verantworten habe.

[200] Vgl. auch *van Kann/Hirschmann*, DStR 2003, 1488 re. Sp., nach deren Ansicht bei einer derart langen Verfahrensdauer die Effektivität des Rechtsschutzes nicht mehr sichergestellt ist.

[201] *Lutter/Bezzenberger*, AG 2000, 433 re. Sp.

[202] Nach *Lutter/Bezzenberger*, AG 2000, 433, 436 li. Sp., versagen die Verfahrensregeln hinsichtlich einer Planungssicherheit für die Minderheitsaktionäre.

[203] Anders LG Osnabrück AG 2002, 527 re. Sp. *„KM Europa Metall AG“*, das der Ansicht ist, dass ein Mangel im Vollzug von Bestimmungen den zu vollziehenden Vorschriften nicht ohne weiteres die verfassungsrechtliche Grundlage entziehe. So auch LG Berlin DB 2003, 707, 708 re. Sp.; *Wirth/Arnold*, AG 2002, 503, 506 re. Sp. Gegen die Feststellung des LG Osnabrück wendet sich *Sellmann*, WM 2003, 1545, 1552 li. Sp. Vgl. auch *Rodloff*, DB 1999, 1149, 1152 li. Sp., der darauf hinweist, dass der gesetzlich gewährleistete Schutz des Eigentums der außenstehenden Aktionäre nicht auf der Rechtsanwendungsebene unterlaufen werden dürfe.

Möglichkeit eines Spruchverfahrens im Rahmen der Squeeze-out-Regelungen die Anzahl der Verfahren noch zusätzlich in die Höhe treiben wird.[204]

b) Schwachpunkte des bisherigen Verfahrens

Die überlange Dauer von Spruchverfahren war in dem bislang für dieses der Materie der freiwilligen Gerichtsbarkeit zugehörige Verfahren[205] geltenden Amtsermittlungsgrundsatz des § 12 FGG begründet.[206] Danach reichte es bislang für die antragstellenden Minderheitsaktionäre aus, Tatsachen vorzutragen, aus denen sich die Unangemessenheit der Barabfindung ergab. Einer diesbezüglichen Glaubhaftmachung der Tatsachen bedurfte es hingegen ebenso wenig wie eines Beweises. Nach dem Amtsermittlungsgrundsatz des § 12 FGG musste vielmehr das Gericht den Sachverhalt von Amts wegen erforschen und gegebenenfalls Beweis über Tatsachen erheben. Eine Beweisaufnahme musste in der Regel zwangsläufig durchgeführt werden, da zu Beginn des Spruchverfahrens mangels Begründungspflicht der antragstellenden Minderheitsaktionäre oftmals noch nicht einmal die Hauptfragen feststanden. Das Beweisverfahren war der Gesichtspunkt, der das Spruchverfahren so zeitaufwendig machte.[207] Um festzustellen, ob die den Minderheitsaktionären angebotene Abfindung, wie behauptet, tatsächlich nicht angemessen war, war es aufgrund der Komplexität der erforderlichen Unternehmensbewertung regelmäßig unumgänglich, einen Sachverständigen mit der Begutachtung der Berechnung der Abfindung zu beauftragen.[208] Bereits die Suche nach einem geeigneten Sachverständigen nahm nicht selten einige Monate in Anspruch.[209] Hinzu kam die Zeit, die für die Erstellung des Gutachtens aufgewendet werden musste.[210] Mangels Vorträgen der Verfahrensbeteiligten war es den Gerichten in der Regel nicht möglich die Begutachtung auf Einzelfragen zu fokussieren. Die Sachverständigen konnten lediglich pauschal mit der Bewertung der antragsgegnerischen Gesellschaft beauftragt werden,[211]

---

[204] *Bungert/Mennicke*, BB 2003, 2021, 2023 li. Sp. S. auch die diesbezüglichen Bedenken bei *Wenger/Kaserer/Hecker*, ZBB 2001, 317, 330 re. Sp. („..., womit die vorgesehene Ergänzung des Aktiengesetzes von vornherein an der Schwelle zur Verfassungswidrigkeit stünde."). Vgl. zur bisherigen Nutzung des Spruchverfahrens in Squeeze-out-Fällen die Angaben bei *Rathausky*, AG 2004, R 24 re. Sp.

[205] *Zimmer/Meese*, NZG 2004, 201, 202 re. Sp.

[206] So auch *Lutter/Bezzenberger*, AG 2000, 433, 437 li. Sp. a.E., die vortragen, dass die Regelungen der §§ 1-34 FGG samt des Amtsermittlungsgrundsatzes vor allem „auf eine verwaltende und fürsorgende Rechtspflege zugeschnitten" seien, was mit dem Umstand, dass es sich beim Spruchverfahren um ein streitiges Verfahren handele, nicht zu vereinbaren sei. So auch *Bilda*, NZG 2000, 296 li. Sp.; *van Kann/Hirschmann*, DStR 2003, 1488 re. Sp.

[207] *Bilda*, NZG 2000, 296 re. Sp.; *Kühn*, BB 1992, 291, 295 re. Sp.

[208] *App*, BB 1995, 267 li. Sp.; *Seetzen*, WM 1999, 565, 567 li. Sp. Diesen Umstand sieht auch *Büchel*, NZG 2003, 793, 800 re. Sp., als Grund für die Mängel des Spruchverfahrens an. *Lutter/Bezzenberger*, AG 2000, 433, 436 re. Sp. Der *DAV-Handelsrechtsausschuss*, NZG 2001, 420, 431/432, spricht von einer „Überforderung" der Gerichte mit der Unternehmensbewertung im Spruchverfahren.

[209] Vgl. *Behnke*, S. 100 f., der die praktischen Schwierigkeiten der Suche nach einem geeigneten Sachverständigen erläutert, insbes. im Hinblick auf dessen Entgeltung. S. auch *Seetzen*, WM 1999, 565, 567 re. Sp.

[210] Auf bereits vorhandene Bewertungsgutachten kann in der Regel nicht zurückgegriffen werden, weil sie von den Verfahrensbeteiligten mit der Begründung zurückgewiesen werden, sie seien parteilich. Vgl. *Wiesen*, ZGR 1990, 503, 508.

[211] *Behnke*, S. 168; *Bungert/Mennicke*, BB 2003, 2021 re. Sp.; *Lamb/Schluck-Amend*, DB 2003, 1259 re. Sp.; *Wiesen*, ZGR 1990, 503, 508.

was zur Folge hatte, dass die Erstellung eines Gutachtens in den meisten Fällen viele Monate, durchschnittlich wohl zwei Jahre dauerte.[212] Daran anschließend wurde häufig noch um die Ansätze und Ergebnisse des Gutachtens gestritten, was wiederum weitere schriftliche Ergänzungen oder persönliche Anhörungen des Sachverständigen erforderlich machte.[213] Erst dann konnte eine gerichtliche Entscheidung über die Angemessenheit der Abfindung ergehen.

Erste Ansätze zur Beschleunigung von Spruchverfahren gab es im Jahre 1994 bei der Reformierung des Umwandlungsgesetzes.[214] Um zu verhindern, dass ein Abfindungsverpflichteter das Abfindungsangebot bewusst niedrig bemisst, um ein Spruchverfahren seitens der Abfindungsberechtigten heraufzubeschwören, für dessen Dauer der Abfluss von Kapital aus der Gesellschaft verzögert wird, wurde die Vorschrift des § 305 Abs. 3 Satz 3 AktG eingefügt. Diese Regelung ordnet an, dass die zu leistende Barabfindung zu verzinsen ist. Damit soll letztlich die Verfahrensverschleppung unattraktiv werden.[215] Daneben sah die ebenfalls im Jahre 1994 Gesetz gewordene Bestimmung des § 293b AktG die Verpflichtung vor, einen Unternehmensvertrag und damit das darin enthaltene Abfindungsangebot durch Sachverständige prüfen zu lassen. Von der Möglichkeit, dass diese Vertragsprüfer nach § 293c Abs. 1 AktG a.F. nicht nur durch die abhängige Gesellschaft, sondern auf Antrag auch von einem Gericht bestellt werden konnten, erhoffte sich der Gesetzgeber ein gesteigertes Vertrauen in die Objektivität der Prüfer, das eine Heranziehung des Prüfungsberichts als Grundlage für die Auseinandersetzung im Spruchverfahren ermöglichen sollte.[216] In diese Richtung gingen zum Teil auch die Vorschläge aus der rechtswissenschaftlichen Literatur.[217] So wurde beispielsweise vorgetragen, vom Gericht bestellte Prüfer als Auskunftsperson in das gerichtliche Verfahren einzubinden.[218] Darüber hinaus wurde der Vorschlag unterbreitet, die Eigenverantwortung der Anspruchsteller im Spruchverfahren zu stärken.[219] Der Amtsermittlungsgrundsatz des § 12 FGG bewirke nicht, dass die antragstellenden Aktionäre hinsichtlich der Aufklärung des Sachverhalts von jeglicher Mitwirkung und Verantwortung freigestellt seien. Bei dem Spruchverfahren als streitiges Verfahren,[220] das nach der Feststellung des Bundesverfassungsgerichts zu den „bürgerlichrechtliche[n] Streitigkeiten im

---

212 Vgl. die Angaben bei *Lutter/Bezzenberger*, AG 2000, 433, 436 re. Sp., die darauf hinweisen, dass vergleichbare Gutachten, die von Seiten der Privatwirtschaft in Auftrag gegeben werden, oftmals innerhalb weniger Monate vorlägen.

213 *Lamb/Schluck-Amend*, DB 2003, 1259 re. Sp.

214 Gesetz zur Bereinigung des Umwandlungsrechts, UmwBerG vom 28.10.1994 (BGBl. I S. 3210).

215 Begr. BT-Drucks. 12/6699, S. 88 li. Sp.

216 Begr. BT-Drucks. 12/6699, S. 85 li. Sp. So schon früher die Forderung von *Wiesen*, ZGR 1990, 503, 508.

217 Vgl. zu den Vorschlägen der Literatur die zusammenfassende Darstellung bei *Neye*, FS Wiedemann, 2002, S. 1127, 1128 f.

218 Vgl. *Lutter/Bezzenberger*, AG 2000, 433, 439 re. Sp., die es ablehnen, den früheren Prüfer als gerichtlichen Sachverständigen hinzuzuziehen. Der Prüfer sei bereits auf das Ergebnis seiner früheren Bewertung festgelegt.

219 *Bilda*, NZG 2000, 296, 298 re. Sp.; *Schwichtenberg*, S. 283, fordert eine „stärkere Ausgestaltung als Parteiverfahren".

220 OLG Düsseldorf AG 1998, 37, 38 li. Sp. *„Hageda AG/M und H Medizin und Handel Beteiligungs- und Immobilienverwaltungs-GmbH"*; OLG Düsseldorf AG 1998, 39, 41 li. Sp.; BayObLG AG 1996, 127 li. Sp. *„Paulaner"*; OLG Düsseldorf AG 1996, 88 li. Sp.; *Behnke*, S. 98; *Bilda*, NZG 2000, 296, 298 re. Sp.; *Lutter/Bezzenberger*, AG 2000, 433, 437 li. Sp./re. Sp.

materiellen Sinne" gehört,[221] müssten die Mitwirkungspflichten der Beteiligten der nach der Zivilprozessordnung vorgesehenen Darlegungs- und Beweislast angenähert werden. Von den antragstellenden Aktionären könne verlangt werden, dass sie die für sie vorteilhaften Umstände, mithin all diejenigen Gesichtspunkte, die gegen die Angemessenheit der angebotenen Abfindung sprechen, vorbrächten.[222] Diese Eigenverantwortung dürfe allerdings nicht zu weit reichen, da ansonsten dem zwischen den Verfahrensbeteiligten bestehenden Informationsungleichgewicht in Bezug auf das Tatsachenmaterial zum Unternehmenswert keine Beachtung geschenkt würde.[223]

c) Abhilfe durch gesetzliche Neuerungen

Die gesetzgeberische Umsetzung dieser Forderungen erfolgte durch die Schaffung des Spruchverfahrensneuordnungsgesetzes. Mit den am 1. September 2003 in Kraft getretenen Vorschriften des SpruchG[224] hat der Gesetzgeber Maßnahmen zur Beschleunigung des Spruchverfahrens erlassen.[225] Diese konzentrieren sich einerseits auf eine stärkere Einbindung der Verfahrensbeteiligten durch eine erhöhte Mitwirkungspflicht sowie einer damit einhergehenden stärkeren Eigenverantwortung, andererseits auf geänderte Fristenregelungen,[226] wodurch das Spruchverfahren letztlich dem Verfahren im Zivilprozess angeglichen wird. So ist sowohl den ausgeschiedenen Minderheitsaktionären, die nach § 3 Satz 1 Nr. 2 SpruchG i.V.m. § 1 Nr. 3 SpruchG antragsberechtigt sind,[227] als auch dem Hauptaktionär, der entgegen der

---

[221] BVerfG AG 1999, 370 li. Sp. *„SNI/Siemens"*.

[222] *Behnke*, S. 99; *Bilda*, NZG 2000, 296, 298 re. Sp.

[223] *Lutter/Bezzenberger*, AG 2000, 433, 437 re. Sp., 438 li. Sp., die eine Wissensangleichung durch weit reichende Berichte fordern, aber zugleich darauf hinweisen, dass die Berichte auch nur von Seiten der Gesellschaft gefilterte Informationen enthielten. Laut *Neye*, FS Wiedemann, 2002, S. 1127, 1139, war der unterschiedliche Informationsstand als Charakteristikum des Spruchverfahrens der Grund dafür, dass sich die Reform des Spruchverfahrens als so schwierig erwiesen hat.

[224] SpruchG vom 12.06.2003, BGBl. I S. 838. Vgl. zu dessen zeitlichen Anwendungsbereich *Wasmann*, DB 2003, 1559 f. Für bereits anhängige Verfahren gilt nach § 17 Abs. 2 SpruchG das alte Recht fort.

[225] Begr. BT-Drucks. 15/371, S. 11 re. Sp. Zudem sollen die bislang über das AktG und das UmwG verteilten Bestimmungen über das Spruchverfahren in einem Gesetz konzentriert werden.

[226] Begr. BT-Drucks. 15/371, S. 13 li. Sp. a.E.; *van Kann/Hirschmann*, DStR 2003, 1488, 1490 re. Sp.

[227] Dies entspricht der bisherigen Regelung des § 327f Abs. 2 Satz 1 AktG. Vgl. zur Antragsberechtigung im Falle der Ausgabe von Namensaktien: OLG Hamburg ZIP 2003, 2301; *Dißars*, BB 2004, 1293 ff.; *Leuering*, EWiR 2003, 1165, 1166. Da das Ausscheiden mit Eintragung des Übertragungsbeschlusses im Handelsregister erfolgt, können die Anträge erst ab diesem Zeitpunkt gestellt werden. Zuvor gestellte Anträge sind als unzulässig zurückzuweisen. So LG Berlin ZIP 2003, 1300 re. Sp.; *Wasmann*, DB 2003, 1559 re. Sp. Zulässig ist es aber, dass der Antrag nach der Eintragung, aber noch vor der Bekanntmachung der Eintragung nach § 10 HGB gestellt wird. Vgl. LG Frankfurt a.M. AG 2004, 392 li. Sp. *„MAN/MAN Roland AG"*. Zum Fall des Erwerbs der Aktie nach Antragsstellung s. LG Dortmund DB 2004, 2685. Der Nachweis über die Anteilsinhaberschaft muss nicht bereits bei der Antragstellung vorgelegt werden, vielmehr reicht es aus, dass die Aktionärsstellung im Zeitpunkt der Antragstellung hinreichend dargelegt wird. Der Nachweis kann noch nach Ablauf der Antragsfrist erbracht werden. So OLG Stuttgart ZIP 2004, 1907 re. Sp. a.E.; *Luttermann*, EWiR 2005, 51, 52 u. 193, 194; a.A.: LG Frankfurt ZIP 2005, 215 li. Sp. a.E. Der Antrag auf Bestimmung einer angemessenen Abfindung, der bei der Kammer für Handelssachen des Landgerichts (§ 2 SpruchG), in dessen Bezirk die Gesellschaft ihren Sitz hat, zu stellen ist, beinhaltet auch die gesetzliche Verzinsung der Barabfindung, da es sich insofern um einen Nebenanspruch des Abfindungsanspruchs handelt. Vgl. *App*, BB 1995, 267 re. Sp.

bisherigen Praxis[228] nach § 5 Nr. 3 SpruchG Antragsgegner ist,[229] durch § 4 Abs. 2 Satz 1 SpruchG die Pflicht auferlegt, ihre Anträge, die nach § 4 Abs. 1 Nr. 3 SpruchG innerhalb von drei Monaten ab der Bekanntmachung der Eintragung des Übertragungsbeschlusses im Handelsregister gestellt werden müssen,[230] während dieser Frist konkret zu begründen.[231] Die antragstellenden Minderheitsaktionäre müssen konkrete Einwendungen gegen die der angebotenen Abfindung zugrunde gelegte Unternehmensbewertung vortragen.[232] Des Weiteren sieht § 7 SpruchG verstärkte Verfahrensförderungspflichten im Hinblick auf die den „Kernpunkt der Neuregelung"[233] bildende Vorbereitung der mündlichen Verhandlung vor.[234] Nach § 7 Abs. 3 Satz 1 und 2 SpruchG ist der Antragsgegner verpflichtet, den Bericht über die Übertragung der Aktien sowie den dazugehörigen Prüfungsbericht bei Gericht vorzulegen. Ist für das Gericht absehbar, dass die eingereichten Unterlagen nicht ausreichen, um eine Entscheidung zu treffen, kann es die Beibringung weiterer Aufzeichnungen verlangen. Durch diese Mitwirkungspflichten, deren Durchführung Fristen unterworfen ist, liegt bereits in einem frühen Stadium des Verfahrens eine Erörterungsgrundlage vor, durch die das Gericht weitgehend von der bislang erforderlichen Sachverhaltsaufklärung entbunden wird. Es kann sich auf die Klärung konkreter Einzelfragen

---

[228] Bislang wurde angenommen, dass der Antrag sowohl gegen die Gesellschaft als auch gegen den Hauptaktionär zu richten sei. Vgl. *Grzimek*, in: Geibel/Süßmann, WpÜG, Art. 7, § 327f AktG Rn. 29; *Steinmeyer/Häger*, WpÜG, § 327f AktG Rn. 14. Die antragstellenden Aktionäre sind nicht verpflichtet, nach § 8 KostO einen Vorschuss zu leisten, da sie grundsätzlich nicht Kostenschuldner sind. Vgl. dazu OLG Saarbrücken AG 2004, 217, 218 li. Sp.

[229] So schon vor Einführung des SpruchG *DAV-Handelsrechtsausschuss*, NZG 2001, 1003, 1008 re. Sp.; *Grzimek*, in: Geibel/Süßmann, WpÜG, Art. 7, § 327f AktG Rn. 19; *Halberkamp/Greve*, FB 2002, 580, 587 li. Sp. a.E.; *Hasselbach*, in: Kölner Komm, WpÜG, § 327f AktG Rn. 8; *Krieger*, BB 2002, 53, 57 re. Sp.

[230] Nach der früheren Rechtslage betrug die Antragsfrist zwei Monate ab der Bekanntmachung der Eintragung der jeweiligen Maßnahme im Handelsregister. Die Anträge müssen nach den neuen Regelungen des SpruchG auch nicht mehr bekannt gemacht werden, weil die Möglichkeit, Anschlussanträge zu stellen, vom Gesetzgeber abgeschafft wurde.

[231] Der Umfang der Begründungspflicht wird von Seiten der Rechtsprechung festzulegen sein, wobei einerseits zu berücksichtigen sein wird, dass durch die detaillierte Begründung der Notwendigkeit umfangreicher Gesamtgutachten begegnet werden soll. Andererseits dürften die Voraussetzungen für einen ausreichend begründeten Antrag aber auch nicht derart hoch sein, dass ein effektiver Rechtsschutz für die ausscheidenden bzw. ausgeschlossenen Aktionäre nicht mehr zugänglich ist. Vgl. Begr., BT-Drucks. 15/371, S. 13 re. Sp. Nicht ausreichend begründete Anträge können als unzulässig zurückgewiesen werden. Vgl. *van Kann/Hirschmann*, DStR 2003, 1488, 1491 li. Sp.; *Lamb/Schluck-Amend*, DB 2003, 1259, 1261 li. Sp.: Begründung des Antrags ist kein materielles Erfordernis, sondern Zulässigkeitsvoraussetzung. Nach Ansicht von *Luttermann*, EwiR 2005, 51, 52, können die Anforderungen an das Erfordernis „konkreter Einwendungen" an allgemeine Kategorien des Zivilprozessrechts angelehnt werden. Sie dürften jedoch nicht überzogen werden.

[232] *Lamb/Schluck-Amend*, DB 2003, 1259, 1262 li. Sp.; *Neye*, ZIP 2002, 2097, 2098 li. Sp. Nach alter Rechtslage war weder ein bestimmter Inhalt des Antrags vorgeschrieben noch eine Begründung, vgl. dazu *Behnke*, S. 67.

[233] Begr. BT-Drucks. 15/371, S. 14 re. Sp. S. auch die Beschlussempfehlung und den Bericht des Rechtsausschusses BT-Drucks. 15/838. Vgl. auch *Neye*, ZIP 2002, 2097, 2098 li. Sp.

[234] Wiederum soll das Verfahren durch kurz bemessene Fristsetzungen sowie klar festgelegte Förderungspflichten der Verfahrensbeteiligten beschleunigt werden. Vgl. Begr. BT-Drucks. 15/371, S. 14 re. Sp.; *van Kann/Hirschmann*, DStR 2003, 1488, 1491 re. Sp. Die Vorbereitung der mündlichen Verhandlung ist demzufolge stärker als zuvor durch vom Gericht angeordnete Einzelmaßnahmen geprägt, während die Amtsermittlung an Gewicht verliert. Vgl. Begr. BT-Drucks. 15/371, S. 12 li. Sp.; *van Kann/Hirschmann*, DStR 2003, 1488, 1492 li. Sp.

konzentrieren. Ist das Gericht außerstande, diese Einzelfragen selbst zu beantworten,[235] ist auch zukünftig die Hinzuziehung eines Sachverständigen möglich. Dessen Gutachtenerstellung dürfte jedoch mit einem zeitlich deutlich geringeren Aufwand verbunden sein. Es kann nämlich der Prüfer, der von dem Gericht mit der Bewertung der Gesellschaft im Vorfeld des Squeeze-out betraut wurde, als gerichtlicher Sachverständiger oder als sachverständiger Zeuge hinzugezogen werden.[236] Aufgrund des Gesichtspunkts, dass der Prüfer nach § 327c Abs. 2 Satz 3 AktG vom Gericht ausgesucht und bestellt wird,[237] ist seine Unabhängigkeit sichergestellt und eine Einflussnahme durch den Abfindungsverpflichteten auf die Erstellung des Berichts weitgehend ausgeschlossen.[238] Durch die Hinzuziehung des Übertragungsprüfers erledigt sich nicht nur die einen erheblichen Zeitraum in Anspruch nehmende Erstellung eines „flächendeckenden Gutachtens",[239] sondern auch die ebenfalls zeitraubende Suche nach einem geeigneten Sachverständigen. Dem Übertragungsprüfer kann aufgegeben werden, im Hinblick auf den von ihm im Vorfeld des Übertragungsbeschlusses erstatteten Prüfungsbericht mündlich oder schriftlich zu einzelnen Fragen Stellung zu nehmen.[240] Auf die Hinzuziehung eines Sachverständigen kann das Gericht für seine Entscheidung[241] dann verzichten, wenn der Börsenkurs als Untergren-

---

[235] Laut *Büchel*, NZG 2003, 793, 799 li. Sp., wird auch in Zukunft ein Sachverständigengutachten erforderlich sein, da die Antragsteller immer noch keinen bestimmten Sachantrag stellen müssten.

[236] Vgl. zur bisherigen Rechtsprechung („Prüfer als Sachverständiger im Spruchverfahren"): OLG Düsseldorf, BB 2000, 1108 re. Sp.; OLG Düsseldorf DB 2001, 190 re. Sp,; LG Frankfurt DB 2001, 1980/1981; LG Mannheim DB 2002, 889 li. Sp.; *Gesmann-Nuissl*, WM 2002, 1205, 1209 li. Sp.; *Lamb/Schluck-Amend*, DB 2003, 1259, 1261 re. Sp.; *Neye*, FS Wiedemann, 2002, S. 1127, 1136 a.E.

[237] *Eisolt*, DStR 2002, 1145, 1147 re. Sp.; *Lamb/Schluck-Amend*, DB 2003, 1259, 1262 li. Sp. Laut *Büchel*, NZG 2003, 793, 801 li. Sp., wird in der Praxis beim Squeeze-out die Auswahl des Prüfers faktisch nicht vom Gericht, sondern vom Hauptaktionär getroffen, der mit dem Antrag auf Bestellung in der Regel zugleich einen Vorschlag unterbreite. Von einem solchen Vorgehen raten *van Kann/Hirschmann*, DStR 2003, 1488, 1494 li. Sp./re. Sp., ab. Allerdings hat das OLG Stuttgart DB 2004, 60, 62 li. Sp., festgestellt, dass auch dann eine Auswahl durch das Gericht vorliegt, wenn das Gericht auf den vom Hauptaktionär vorgeschlagenen Prüfer zurückgreift. Ursprünglich war im Regierungsentwurf noch vorgesehen, dass der Prüfer vom Hauptaktionär zu bestellen sei.

[238] *Bungert/Mennicke*, BB 2003, 2021, 2028 li. Sp.; *van Kann/Hirschmann*, DStR 2003, 1488, 1492 re. Sp.; *Lamb/Schluck-Amend*, 1259, 1261 re. Sp. Laut *Wirth/Arnold*, AG 2002, 503, 505 re. Sp., können an der Neutralität des Prüfers beim Squeeze-out keine Zweifel bestehen. Vgl. zur Unabhängigkeit des Prüfers trotz „Parallelprüfung" sowie früheren Kontakts zum Hauptaktionär OLG Stuttgart DB 2004, 60, 62 li. Sp., re. Sp. Von der Zulässigkeit der Parallelprüfung gehen aus: OLG Düsseldorf NZG 2005, 347, 351 li. Sp.; OLG Köln NZG 2005, 931, 933 li. Sp.; LG Bochum AG 2005, 738, 740 li. Sp. *„GEA AG Bochum"*; kritisch hingegen: OLG Hamm AG 2005, 773, 775 li. Sp. *„GEA AG"*.

[239] *Bungert/Mennicke*, BB 2003, 2021, 2028 re. Sp.; *Lamb/Schluck-Amend*, 1259, 1262 li. Sp., die daher von einer Verfahrensbeschleunigung und Kostenersparnis ausgehen.

[240] Vgl. *Eisolt*, DStR 2002, 1145, 1148 re. Sp., der einen umfangreichen Prüfungsbericht empfiehlt.

[241] Wenn sich Antragsteller und Antragsgegner während des Spruchverfahrens nicht vergleichen, entscheidet das Gericht gemäß § 11 Abs. 1 SpruchG durch einen mit Gründen versehenen Beschluss. Gegen diesen Beschluss ist nach § 12 Abs. 1 SpruchG die sofortige Beschwerde möglich. Nach § 13 Satz 2 SpruchG wirkt die Entscheidung inter omnes, mithin für und gegen alle ausgeschlossenen Aktionäre, also auch für diejenigen Aktionäre, die selbst gar keinen Antrag gestellt haben. Vgl. *Büchel*, NZG 2003, 793, 800 li. Sp.; *Bungert/Mennicke*, BB 2003, 2021, 2023 li. Sp.; *van Kann/Hirschmann*, DStR 2003, 1488, 1492/1493. Berücksichtigt werden muss im Übrigen, dass die Entscheidung des Gerichts, wenn es die Höhe der angemessenen Abfindung im Spruchverfahren festsetzt, keinen Zahlungstitel schafft. S. *Büchel*, NZG 2003, 793, 800 li. Sp. Allerdings bestimmt § 16 SpruchG, dass für die Entscheidung über die Leistungen, die aus den im Spruchverfahren zugesprochenen Ansprüchen resultieren, auch das in dem Spruchverfahren inhaltlich befasste Gericht anzurufen ist.

ze der Abfindung die vom Hauptaktionär angebotene Barabfindung in einem solchen Ausmaß übersteigt, dass er selbst dann noch höher ist als der Unternehmenswert, wenn sich die vom Antragsteller geäußerten Bedenken im Hinblick auf den Bewertungsansatz bewahrheiten sollten.[242] Es obliegt den Verfahrensbeteiligten darzulegen und gegebenenfalls zu beweisen, dass der Börsenkurs ausnahmsweise nicht den Verkehrswert der Aktien wiedergibt bzw. dass der Wert der Aktien ihren Börsenkurs übersteigt.

3. Zwischenergebnis

Diese Neuerungen scheinen, da sie unmittelbar bei den Ursachen für die lange Dauer von Spruchverfahren ansetzen, geeignet zu sein, das Verfahren zu verkürzen.[243] Das Spruchverfahren sieht sich daher nicht mehr dem Vorwurf ausgesetzt, keinen effektiven Rechtsschutz zu bieten.[244] Aus diesem Grunde konnte der Gesetzgeber die Minderheitsaktionäre zur Geltendmachung der Unangemessenheit der ihnen angebotenen Barabfindung auf das Spruchverfahren verweisen,[245] ohne dass in Zukunft verfassungsrechtlichen Bedenken angebracht werden können.

III. Die Gewährleistungserklärung eines Kreditinstituts

1. Die Sicherung des Abfindungsanspruchs

Nach § 327b Abs. 3 AktG hat ein Hauptaktionär für die von ihm zu leistende Barabfindung die Gewährleistung eines Kreditinstituts nachzuweisen.[246] Sinn und Zweck der geforderten Gewährleistungserklärung[247] ist es, sicherzustellen, dass die Minderheitsaktionäre die ihnen gesetzlich zustehende Abfindung auch tatsächlich erhal-

---

[242] Vgl. zu einer etwaigen Entlastung der Gerichte im Spruchverfahren durch die neue Abfindungsrechtsprechung zur Berücksichtigung des Börsenkurses *Behnke*, S. 168 f. Von einer Zunahme der Spruchverfahren durch die geänderte Rechtsprechung gehen hingegen *Wenger/Kaserer/Hecker*, ZBB 2001, 317, 329 re. Sp., aus. S. auch *Ritzer-Angerer*, FB 2004, 285, 288 re. Sp., die darauf hinweist, dass sich die Situation durch eine neue Welle von Spruchverfahren verschärfen werde.

[243] *Lamb/Schluck-Amend*, DB 2003, 1259, 1264 li. Sp.; a.A.: *Büchel*, NZG 2003, 793, 804 li. Sp., nach dessen Ansicht zwar ein positiver Einfluss auf die künftigen Spruchverfahren ausgehe, dies jedoch allein noch nicht genüge, um die beabsichtigte Verkürzung des Verfahrens zu bewirken. Vgl. aber auch *Hüffer*, FS Hadding 2004, S. 461, 474, nach dessen Ansicht abzuwarten ist, ob die „der Sache nach wenig tiefgreifenden Rechtsänderungen" durch das Spruchverfahrensneuordnungsgesetz die gewünschten Wirkungen zeigen werden.

[244] Vgl. auch die Ausführungen bei *Lenz/Leinekugel*, S. 45 f.

[245] OLG Stuttgart AG 2004, 105, 108 re. Sp.; OLG Hamburg ZIP 2003, 2076, 2078 li. Sp. *„Volksfürsorge Holding AG"*; *Sellmann*, WM 2003, 1545, 1552 li. Sp./re. Sp.

[246] Zu den Folgen einer verspäteten Vorlage der Garantieerklärung oder anderen, im Zusammenhang mit dieser stehenden Mängeln vgl. die Ausführungen bei *Fuhrmann/Simon*, WM 2002, 1211, 1215 re. Sp. a.E.; *Gesmann-Nuissl*, WM 2002, 1205, 1208 re. Sp.; *Krieger*, BB 2002, 53, 58 li. Sp. a.E., 58 re. Sp.; *Rühland*, S. 224.

[247] Vgl. zu deren rechtlicher Qualifizierung *Angerer*, BKR 2002, 260, 264 re. Sp.; *Gesmann-Nuissl*, WM 2002, 1205, 1208 re. Sp. a.E.; *Krieger*, BB 2002, 53, 58 li. Sp.; *Rühland*, S. 223; *Vossius*, ZIP 2002, 511, 512 re. Sp. („Bankgarantie und Bankbürgschaft möglich."). S. aber auch *Fuhrmann/Simon*, WM 2002, 1211, 1216 li. Sp. („Keine Bürgschaft, sondern Zahlungsgewährleistung sui generis."). Vgl. zudem *Hasselbach*, in: Kölner Komm, WpÜG, § 327b AktG Rn. 30 („Bankgarantie, Bankbürgschaft, Schuldbeitritt oder abstraktes Schuldversprechen denkbar."). So auch OLG Düsseldorf WM 2005, 650, 653 li. Sp.

ten.[248] Denn sie befinden sich gewissermaßen in einer gesetzlich angeordneten Vorleistungspflicht. Ihre Anteile gehen nach § 327e Abs. 3 Satz 1 AktG mit der Eintragung des Übertragungsbeschlusses in das Handelsregister kraft Gesetzes auf den Hauptaktionär über, ohne dass die Minderheitsaktionäre zuvor oder zumindest zeitgleich ihre Abfindung erhalten. Für den Fall einer Insolvenz des Hauptaktionärs nach der Eintragung des Übertragungsbeschlusses würde dies bedeuten, dass die Minderheitsaktionäre durch die Handelsregistereintragung ihr Eigentum verlieren würden, der ihnen als Ausgleich zustehende Barabfindungsanspruch jedoch letztlich wertlos wäre. Durch die Gewährleistung seitens eines Kreditinstituts[249] erhalten die Minderheitsaktionäre einen zusätzlichen unmittelbaren Anspruch gegen das Kreditinstitut.[250] Dies stellt eine Sicherungsregelung dar, durch die der verfassungsrechtliche Schutz des Art. 14 GG vervollständigt wird.[251]

2. Mögliches Verlustrisiko der Minderheitsaktionäre?

Verfassungsrechtliche Bedenken könnten jedoch in der Hinsicht bestehen, dass der durch die Gewährleistungserklärung gebotene Schutz nicht lückenlos ist.[252] Nach dem eindeutigen Wortlaut des § 327b Abs. 3 AktG erstreckt sich die Gewährleistung auf die „festgelegte Barabfindung". Festgelegt wird die Barabfindung gemäß § 327b Abs. 1 Satz 1 Hs. 1 AktG durch den Hauptaktionär. Hat dieser die Höhe der Barabfindung zu niedrig angesetzt und wird die Abfindung im Rahmen eines Spruchverfah-

[248] Dem Sinn und Zweck wird nach Ansicht des LG München I ZIP 2004, 167, 169 li. Sp., auch dann genüge getan, wenn die Garantieerklärung von einem Kreditinstitut abgegeben wird, das mit der Hauptaktionärin so verbunden ist, dass diese eine 100 %ige Tochter der die Garantie leistenden Bank ist.

[249] Vgl. zum Begriff des Kreditinstituts *Grzimek*, in: Geibel/Süßmann, WpÜG, Art. 7, § 327b AktG Rn. 39; *Habersack*, in: Emmerich/Habersack, § 327b Rn. 11; *Hasselbach*, in: Kölner Komm, WpÜG, § 327b AktG Rn. 29. Zur Garantieerklärung seitens einer selbständigen Niederlassung einer Bank in einem EU-Mitgliedstaat s. LG Frankfurt/M. DB 2004, 1550 re. Sp.

[250] BegrRegE BT-Drucks. 14/7034, S. 72 re. Sp.; *Hasselbach*, in: Kölner Komm, WpÜG, § 327b AktG Rn. 30; *Kiesewetter*, ZIP 2003, 1638, 1640 li. Sp.; *Möller/Pötzsch*, ZIP 2001, 1256, 1262 re. Sp.; *Singhof/Weber*, WM 2002, 1158, 1169 re. Sp.; *Zinser*, WM 2002, 15, 21 li. Sp.; a.A.: *Fuhrmann/Simon*, WM 2002, 1211, 1216 li. Sp.; *Grunewald*, in: MünchKommAktG, § 327b Rn. 15, die keinen unmittelbaren Anspruch gegen das Kreditinstitut annehmen, sondern davon ausgehen, dass zunächst gegen den Hauptaktionär vorzugehen sei. So wohl auch *Sieger/Hasselbach*, ZGR 2002, 120, 151 („lediglich nachgeschaltete Bürgschaft"). Gegen eine Möglichkeit der Einrede der Vorausklage nach § 771 BGB wenden sich *Gesmann-Nuissl*, WM 2002, 1205, 1208 Fn. 42; *Grzimek*, in: Geibel/Süßmann, WpÜG, Art. 7, § 327b AktG Rn. 43; *Habersack*, in: Emmerich/Habersack, § 327b Rn. 12; *Krieger*, BB 2002, 53, 58 li. Sp.; *Steinmeyer/Häger*, WpÜG, § 327b AktG Rn. 61. S. aber auch *Rühland*, S. 223, der darauf hinweist, dass die Einrede der Vorausklage bei Bankgeschäften ohnehin ausgeschlossen sei, weil Kreditinstitute Handelsgeschäfte i.S.d. § 349 HGB tätigten. Die Bankbürgschaft sei kraft Gesetzes eine selbstschuldnerische Bürgschaft.

[251] *Sellmann*, WM 2003, 1545, 1548 li. Sp. („flankierende Sicherungsregelung").

[252] Zur Möglichkeit einer zeitlichen Befristung der Garantie s. die ablehnenden Ausführungen von *Habersack*, in: Emmerich/Habersack, § 327b Rn. 12; *Hasselbach*, in: Kölner Komm, WpÜG, § 327b AktG Rn. 30; *Vossius*, ZIP 2002, 511, 512 re. Sp. Eine Befristung als zulässig erachten dagegen *Fuhrmann/Simon*, WM 2002, 1211, 1216 li. Sp.; *Sellmann*, WM 2003, 1545, 1548 re. Sp. Zu der Frage, ob eine Höchstbetragsgarantie die Voraussetzungen des § 327b AktG erfüllt, s. *Kort*, EWiR 2004, 625, 626, nach dessen Ansicht auch Höchstbetragsgarantien eine wirksame Bankgarantie i.S.v. § 327b AktG sein können, soweit der Höchstbetrag deutlich über der vom Hauptaktionär festgelegten Barabfindung liegt. Anders LG Frankfurt/M. ZIP 2004, 1419 re. Sp.

rens nachträglich erhöht, so handelt es sich bei der erhöhten Abfindung nicht um die vom Hauptaktionär festgelegte. Demzufolge ist der Betrag, um den die Abfindung im Spruchverfahren erhöht wurde, nicht von der Gewährleistung des Kreditinstituts erfasst.[253] Trotz des damit verbleibenden Ausfallrisikos der Minderheitsaktionäre für den Fall einer zwischenzeitlichen Insolvenz des abfindungsverpflichteten Hauptaktionärs sind die Squeeze-out-Regelungen mit der Verfassung im Einklang.[254] Bei den aktienrechtlichen Strukturmaßnahmen ist eine dem § 327b Abs. 3 AktG vergleichbare Sicherungsregelung überhaupt nicht existent. Gleichwohl wird die Verfassungskonformität der anderen Rechtsinstitute nicht bezweifelt.[255] Der durch die Regelung des § 327b Abs. 3 AktG gewährte Schutz geht damit über das Maß hinaus, das das Aktienrecht bislang vorgesehen hat. Zudem ist zu berücksichtigen, dass das Risiko der Minderheitsaktionäre aufgrund der vom Gesetz vorgeschriebenen Überprüfung der Abfindung vor Beschlussfassung der Hauptversammlung nicht allzu hoch ist.[256] Die Minderheitsaktionäre können zwar die Auswahl und Bestellung des Übertragungsprüfers nicht beeinflussen. Dessen Unparteilichkeit ist weitestgehend jedoch dadurch abgesichert, dass dieser nach § 327c Abs. 2 Satz 3 AktG vom Gericht bestellt wird. Sollte der Prüfer im Einzelfall den ihm obliegenden Pflichten nicht ordnungsgemäß nachkommen mit der Folge, dass die Abfindung vom Hauptaktionär zu niedrig festgesetzt wird, so sind die Minderheitsaktionäre durch den ihnen nach § 327c Abs. 2 Satz 4 AktG i.V.m. § 293d Abs. 2 AktG, § 323 HGB gegen den Prüfer zustehenden Schadensersatzanspruch hinreichend geschützt.[257] Ein trotz dieser Sicherungen etwaig verbleibendes Restrisiko ist als so gering einzuschätzen, dass es

---

[253] OLG Köln BB 2003, 2307, 2309 re. Sp.; LG Berlin DB 2003, 707, 708 re. Sp.; LG Hamburg ZIP 2003, 947, 951 li. Sp. *„Volksfürsorge Holding AG"*; *DAV-Handelsrechtsausschuss*, NZG 2001, 1003, 1008 re. Sp.; *Fuhrmann/Simon*, WM 2002, 1211, 1216 li. Sp.; *Gesmann-Nuissl*, WM 2002, 1205, 1208 li. Sp.; *Habersack*, in: Emmerich/Habersack, § 327b Rn. 15; *Hasselbach*, in: Kölner Komm, WpÜG, § 327b AktG Rn. 32; *Hüffer*, AktG, § 327b Rn. 10; *Krieger*, BB 2002, 53, 58 li. Sp.; *Schwichtenberg*, S. 134 a.E.; *Sellmann*, WM 2003, 1545, 1548 re. Sp.; *Vetter*, AG 2002, 176, 189 li. Sp.; *Wirth/Arnold*, AG 2002, 503, 505 re. Sp.; a.A.: *Steinmeyer/Häger*, WpÜG, § 327f AktG Rn. 15 a.E., die von einer Erhöhung der Verpflichtung des Kreditinstituts ausgehen. So auch *Sieger/Hasselbach*, ZGR 2002, 120, 151, die sich aufgrund der Erhöhung eine Verhinderung von Missbräuchen durch eine bewusst (zu) niedrige Festsetzung der Abfindung versprechen. Offensichtlich zu niedrige Festsetzungen dürften aber wohl bereits durch die Angemessenheitsprüfung eines vom Gericht bestellten Prüfers verhindert werden.

[254] OLG Düsseldorf WM 2005, 1948, 1951/1952; AG 2004, 207, 209 li. Sp.; OLG Stuttgart DB 2004, 60, 63 re. Sp.; *Hasselbach*, in: Kölner Komm, WpÜG, § 327b AktG Rn. 32. Nach *Meilicke*, DB 2001, 2387, 2389 li. Sp., ist die Absicherung der Erhöhung im Spruchverfahren so wichtig, dass er von einer Verfassungswidrigkeit ausgeht.

[255] OLG Hamburg ZIP 2003, 2076, 2077 re. Sp. *„Volksfürsorge Holding AG"*; *Sellmann*, WM 2003, 1545, 1548 re. Sp. S. aber auch *Hasselbach*, in: Kölner Komm, WpÜG, § 327b AktG Rn. 28, der sich kritisch äußert. Seiner Ansicht nach stellt die Garantieregelung einen nicht unerheblich verteuernden und verkomplizierenden Fremdkörper im deutschen Konzernrecht dar, der in den §§ 304 ff. AktG und §§ 319 ff. AktG kein Gegenstück habe. Insofern ist allerdings zu berücksichtigen, dass die Minderheitsaktionäre in diesen Fällen auch nicht auf die bloße Barabfindung verwiesen werden, sondern nach eigener Entscheidung in der Gesellschaft verbleiben können.

[256] OLG Hamburg AG 2003, 441, 443 re. Sp. *„Philips/PKV"*; OLG Hamburg ZIP 2003, 2076, 2079 li. Sp. *„Volksfürsorge Holding AG"*.

[257] BGH WM 2006, 286 re. Sp. a.B.

die Verfassungskonformität der Squeeze-out-Regelungen nicht in Frage zu ziehen vermag.[258]

IV. Die Verzinsung der Barabfindung

Fraglich ist, wie sich die im Rahmen der Ausschlussregelung angeordnete Zinspflicht auf die Verfassungskonformität der §§ 327a ff. AktG auswirkt. Gemäß § 327b Abs. 2 Hs. 1 AktG ist der Abfindungsanspruch der Minderheitsaktionäre vom Zeitpunkt der Bekanntmachung der Handelsregistereintragung des Übertragungsbeschlusses an mit jährlich 2 Prozentpunkten über dem jeweiligen Basiszinssatz nach § 247 BGB zu verzinsen. Dieser Zinsanspruch besteht unabhängig von einem etwaigen Verzug des Hauptaktionärs.[259] Er ist ebenso wie ein im Spruchverfahren etwaig erhöhter Differenzbetrag in Bezug auf die festgesetzte Abfindung nicht von der Gewährleistungserklärung des Kreditinstituts erfasst,[260] was sich wiederum aus dem Wortlaut der Vorschrift ergibt. Der Zinsanspruch gehört nicht zu der vom Hauptaktionär festgelegten Barabfindung. Das Risiko eines finanziellen Verlustes ist aber auch insofern äußerst gering, da die Minderheitsaktionäre berechtigt sind, nach dem Übergang ihrer Beteiligung auf den Hauptaktionär unmittelbar gegen das Kreditinstitut vorzugehen, um von diesem ihre Barabfindung zu erhalten. Dies lässt vermuten, dass der Zeitraum bis zum tatsächlichen Erhalt der Abfindung nicht besonders lang sein wird und demzufolge auch der gegen den Hauptaktionär gerichtete Zinsanspruch in der Regel niedrig ausfällt. Dass die Pflicht zur Verzinsung der Barabfindung nach § 327b Abs. 2 Hs. 1 AktG erst mit der Bekanntmachung der Eintragung des Übertragungsbeschlusses im Handelsregister beginnt, ist aus verfassungsrechtlicher Sicht ebenfalls unschädlich. Der Gesetzgeber hat den Anfangszeitpunkt der Verzinsungspflicht auf den Zeitpunkt der Bekanntmachung der Handelsregistereintragung festgesetzt, da erst mit der Handelsregistereintragung die Anteile der Minderheitsaktionäre auf den Hauptaktionär übergehen. Der Eintragung kommt demnach konstitutive Wirkung zu. Dies bedeutet aber zugleich, dass die Minderheitsaktionäre bis zum Zeitpunkt der Eintragung Anteilsinhaber bleiben mit der Folge, dass ihnen bis zum Ausschluss die aus der Beteiligung resultierenden Ansprüche, vor allem Dividenden- und Ausgleichsansprüche, weiterhin zustehen.[261] Diese Ansprüche verzinsen das vom Min-

---

[258] BGH WM 2006, 286 re. Sp.; OLG Köln AG 2004, 39, 41 li. Sp. a.E.; OLG Stuttgart DB 2004, 60, 63 re. Sp.; a.A.: *Lenz/Leinekugel*, S. 47 ff., 53. Zudem sind die praktischen Probleme zu bedenken, die eine Erfassung des erhöhten Betrages von der Garantie zur Folge hätte. Vgl. dazu *Scheel*, in: Blättchen/Wegen, S. 205, 237 a.E., der darauf hinweist, dass die Durchführung von Ausschlussverfahren erheblich erschwert werde, wenn die Kreditinstitute erst selbst durch eine Unternehmensbewertung ermitteln müssten, wie hoch das Risiko einer Erhöhung der Abfindung im Spruchverfahren ist, das sie gegebenenfalls tragen müssten. Kreditinstitute würden sich in der Regel nicht bereit erklären, eine der Höhe nach unbestimmte Garantie zu übernehmen.

[259] *Angerer*, BKR 2002, 260, 264 re. Sp.

[260] *Fuhrmann/Simon*, WM 2002, 1211, 1216 li. Sp.; *Hasselbach*, in: Kölner Komm, WpÜG, § 327b AktG Rn. 32; *Sellmann*, WM 2003, 1545, 1548 re. Sp.

[261] OLG Hamburg ZIP 2003, 2076, 2078 li. Sp., 2079 re. Sp. *„Volksfürsorge Holding AG"*. Vgl. zu der Frage, ob erhaltene Dividenden- und Ausgleichsansprüche mit der Barabfindung zu verrechnen sind: OLG Hamburg AG 2003, 441, 442 li. Sp. *„Philips/PKV"*; LG Hamburg AG 2003, 109, 110 re. Sp.; *Beier/Bungert*, BB 2002, 2627, 2629 li. Sp./re. Sp.; *Bredow/Tribulowsky*, NZG 2002, 841, 845 re. Sp.; *Fuhrmann*, Der Konzern, 1, 3 re. Sp.; *Korsten*, EWiR 2003, 1169, 1170; *Mallmann*, EWiR 2003, 1, 2; *Rottnauer*, EWiR 2003, 739, 740; *Schiffer/Roßmeier*, DB 2002, 1359, 1360 re. Sp., 1361 re. Sp. a.B.; *Tebben*, AG 2003, 600, 605 li. Sp., 606 re. Sp. a.E., 608 re. Sp.; *Vossius*, ZIP 2002, 511 re. Sp.

derheitsaktionär eingesetzte Kapital bis zu seinem Ausscheiden aus der Gesellschaft,[262] so dass für eine Vorverlegung des Beginns einer Zinspflicht kein Bedürfnis besteht. Dass die Zinspflicht erst mit der Bekanntmachung der Eintragung beginnt, während die Anteile bereits im Zeitpunkt der Eintragung auf den Hauptaktionär übergehen,[263] ist hinnehmbar,[264] da die Minderheitsaktionäre einen weitergehenden Schaden nach § 327b Abs. 2 Hs. 2 AktG geltend machen können, indem sie beispielsweise den Hauptaktionär durch Einreichung ihrer Aktien in Verzug setzen. Auswirkungen auf die Verfassungskonformität der Squeeze-out-Regelungen ergeben sich insofern nicht.

V. Ergebnis

Die Ausschlussregelungen der §§ 327a-f AktG stehen im Einklang mit der Verfassung. Der Gesetzgeber hat im Rahmen seiner Einschätzungsprärogative Gründe geltend gemacht, die den Eingriff in das Aktieneigentum der Minderheitsaktionäre rechtfertigen. Zugleich hat er durch die von ihm angeordnete Verpflichtung des Hauptaktionärs, den Minderheitsaktionären eine angemessene Barabfindung zu gewähren, sowie durch die Möglichkeit, sich mittels einer Anfechtungsklage gegen ihren Ausschluss zur Wehr zu setzen, den vom Bundesverfassungsgericht aufgestellten weiteren Zulässigkeitsvoraussetzungen eines Mitgliedschaftsentzugs hinreichend Rechnung getragen. Allerdings sind im Hinblick auf das Erfordernis der Bereitstellung von Rechtsbehelfen sowie des finanziellen Ausgleichs für den Verlust der Rechtsposition noch einige Detailfragen unbeantwortet. Daher wird im Anschluss nach Antworten für die im Zusammenhang mit diesen beiden Erfordernissen noch offenen Fragen gesucht.

[262] OLG Hamburg AG 2003, 441, 441/442 „*Philips/PKV*".

[263] *Lenz/Leinekugel*, S. 54, gehen von einem „unbeachtlichen Redaktionsversehen" aus, das zu dem Zeitloch geführt habe. Der Zinsanspruch habe entsprechend der Regelung des § 305 Abs. 3 Satz 3 AktG mit der Eintragung des Übertragungsbeschlusses im Handelsregister zu beginnen. Das gleiche Ergebnis könne man auch durch eine verfassungskonforme Auslegung erreichen.

[264] So auch OLG Stuttgart WM 2006, 292, 296 li. Sp.

Dritter Teil. Mögliche Fälle des Missbrauchs wirtschaftlicher Macht beim Squeeze-out-Verfahren

Der Umstand, dass Minderheitsaktionäre bei einem Missbrauch wirtschaftlicher Macht Klage gegen den Übertragungsbeschluss erheben können, gibt noch keinen Aufschluss darüber, in welchen Fällen die Durchführung eines Squeeze-out-Verfahrens tatsächlich missbräuchlich ist. Insofern handelt es sich nämlich nicht um eine Frage des Verfassungsrechts, sondern die Missbräuchlichkeit ist anhand des einfachen Rechts zu beurteilen. Im Folgenden wird untersucht, welche Vorgehensweisen bei einem Ausschluss von Minderheitsaktionären nach den §§ 327a ff. AktG als Missbrauch wirtschaftlicher Macht durch den Hauptaktionär zu qualifizieren sind.[1]

1. Kapitel. Objektiver Rechtsmissbrauch

§ 10 Die materielle Beschlusskontrolle

I. Ausgangssituation

Die Durchführung eines Squeeze-out-Verfahrens führt dazu, dass die Minderheitsaktionäre gegen ihren Willen aus einer Gesellschaft ausgeschlossen werden. Dafür ist ihnen zwar nach § 327a Abs. 1 Satz 1 AktG eine angemessene Barabfindung zu gewähren, sie verlieren jedoch ihre Mitgliedschaft in der Gesellschaft. Der Übertragungsbeschluss, an dessen Eintragung im Handelsregister nach § 327e Abs. 3 Satz 1 AktG der Übergang der Anteile der Minderheitsaktionäre auf den Hauptaktionär geknüpft ist, greift demzufolge rechtsvernichtend in die Mitgliedschaft der Minderheitsaktionäre ein. Hat der Hauptaktionär für den Ausschluss keinen Grund genannt, könnten die Minderheitsaktionäre in Erwägung ziehen, den Übertragungsbeschluss wegen Vorliegens eines objektiven Rechtsmissbrauchs, das heißt, gestützt auf das Fehlen einer sachlichen Rechtfertigung, anzufechten. Insofern stellt sich die Frage, ob der Übertragungsbeschluss einer materiellen Beschlusskontrolle zu unterziehen ist.

II. Die Entwicklung der Rechtsprechung zur Kontrolle von Mehrheitsbeschlüssen

Dass Mehrheitsbeschlüsse, die in das Mitgliedschaftsrecht von Minderheitsaktionären eingreifen, einer materiellen Beschlusskontrolle durch die Gerichte unterliegen, war nicht immer als gesellschaftsrechtlicher Grundsatz anerkannt.[2] Das Reichsgericht verweigerte der Minderheit in einer Gesellschaft anfangs nahezu jeglichen Schutz, sofern nicht durch einen Mehrheitsbeschluss ein im Gesetz besonders geregeltes Minderheitenrecht betroffen war. Das Gericht ging davon aus, dass Mehrheitsbeschlüsse keinen Einschränkungen hinsichtlich ihrer Zulässigkeit unterlägen.

---

[1] In diesem Zusammenhang kann auf die Aussage von *Fleischer*, ZGR 2002, 757, 785, verwiesen werden. Dieser ist der Ansicht, dass „eine Aufgabe der Rechtswissenschaft – vielleicht ihre wichtigste im Rahmen der §§ 327a ff. AktG – darin liege, die Lebenssachverhalte vollständig zu erfassen, in denen ein solcher Treuepflichtverstoß vorliegt".

[2] Zur Entwicklung des Minderheitenschutzes gegen Mehrheitsentscheidungen: *Henze*, DStR 1993, 1823, 1825 f. Speziell zur Entwicklung einer materiellen Beschlusskontrolle bei Mehrheitsentscheidungen s. *Hamann*, S. 69 ff.

Auch solche Beschlüsse, die zu einer Benachteiligung oder Schädigung der Minderheit führten, wurden als zulässig angesehen, wenn sie mit der erforderlichen Stimmenzahl gefasst wurden.[3] Allenfalls für den Fall der Sittenwidrigkeit nach den §§ 138, 226, 826 BGB sollte die Grenze der zulässigen Ausübung von Mehrheitsmacht überschritten sein.[4] Diese Feststellung war im Ergebnis allerdings nicht mit der Statuierung eines Mindestmaßes an Minderheitenschutz verbunden. Denn die Einschränkung der Mehrheitsmacht wurde von vornherein dadurch obsolet, dass nach der reichsgerichtlichen Rechtsprechung ein Fall der Sittenwidrigkeit noch nicht einmal dann gegeben sein sollte, wenn die Mehrheit bewusst versuchte, ihre Stellung dadurch zu sichern, dass junge Aktien im Rahmen einer Kapitalerhöhung zu pari nur an sie ausgegeben wurden.[5] Eine spürbare Änderung zeichnete sich erst im Rahmen der *„Viktoria"*-Entscheidung des Reichsgerichts ab.[6] Das Gericht stellte für den Fall einer Kapitalerhöhung, bei der das Bezugsrecht ausgeschlossen und die jungen Aktien gleichzeitig dem Mehrheitsgesellschafter zugeteilt wurden, fest, dass der Ausschluss des Bezugsrechts nur dann zulässig ist, wenn er im Gesellschaftsinteresse liegt.[7] Außerhalb der Gesellschaft wurzelnde Sonderinteressen dürften keine Berücksichtigung finden. Insofern klang erstmals der Gedanke an, dass eine qualifizierte Mehrheit für die Rechtmäßigkeit eines Bezugsrechtsausschlusses nicht ausreicht, es vielmehr eines sachlichen Grundes bedarf. Dennoch war dieses zaghafte und zögerliche Umschwenken seitens der Rechtsprechung des Reichsgerichts noch keine Trendwende im Bereich des gesellschaftlichen Minderheitenschutzes, denn das Gesellschaftsinteresse sollte sich nach Ansicht des Reichsgerichts gerade durch die Interessen der Aktionärsmehrheit bestimmen. Eine tatsächliche Änderung trat erst in der Rechtsprechung des Bundesgerichtshofs zum Bezugsrechtsausschluss zutage.[8] Im Jahre 1978 schloss sich der Bundesgerichtshof der jahrelang vorgebrachten Kritik des rechtswissenschaftlichen Schrifttums an und legte in der *„Kali & Salz"*-Entscheidung[9] erstmals Maßstäbe für eine materielle Beschlusskontrolle fest.[10] Das Gericht gelangte zu der Erkenntnis, dass Beschlüsse, die in die Mitgliedschaft von Minderheitsaktionären eingreifen, einer sachlichen Rechtfertigung bedürfen. Hinsichtlich der insofern an den Hauptversammlungsbeschluss zu stellenden inhaltlichen Anforderungen führte das Gericht aus, die sachliche Rechtfertigung erfordere nicht nur einen im Gesellschaftsinteresse[11] liegenden Grund, sondern setze des weiteren eine Abwägung der Interessen zwischen Mehrheit und Minderheit einschließlich einer Überprüfung der Erforderlichkeit und Verhältnismäßigkeit voraus.[12]

---

[3] RGZ 68, 235, 245 f. *„Hibernia"*.
[4] Vgl. zu dieser Rechtsprechung die Ausführungen bei *Henze*, DStR 1993, 1823, 1825 li. Sp.
[5] RGZ 68, 235, 245 f. *„Hibernia"*.
[6] RGZ 132, 149.
[7] RGZ 132, 149, 164 *„Viktoria"*.
[8] Zur Entwicklung der Schranken des Bezugsrechtsausschlusses s. *Hirte*, S. 11 ff.
[9] BGHZ 71, 40, 46. Vgl. auch BGHZ 33, 175, 186 *„Minimax II"*; BGHZ 83, 319, 326 f. *„Holzmann"*. S. auch OLG Schleswig AG 2004, 155, 158 li. Sp.
[10] Vgl. *Hamann*, S. 91 a.E., der im Hinblick auf diese Entscheidung vom „Grundstein einer materiellen Kontrolle von Mehrheitsbeschlüssen" spricht.
[11] Die Formel vom Gesellschaftsinteresse gehört zu den wichtigsten Kriterien der Inhaltskontrolle von Mehrheitsbeschlüssen. S. *Schockenhoff*, AG 1994, 45 re. Sp.
[12] BGHZ 71, 40, 46. Zustimmend *Lutter*, ZGR 1979, 401, 411. S. auch *Krieger*, ZGR 2000, 885, 888 a.B.

III. Der Squeeze-out als Grundlagenentscheidung oder Strukturmaßnahme

Der Bundesgerichtshof hatte in der *„Kali & Salz"*-Entscheidung einen Kapitalerhöhungsbeschluss unter Ausschluss des Bezugsrechts zu beurteilen. Ein Kapitalerhöhungsbeschluss wirkt sich auf die Kapitalstruktur der Gesellschaft aus. Dies ist für die Minderheitsaktionäre solange nicht nachteilig, als durch das Bezugsrecht sichergestellt wird, dass sie ihren Anteil am Grundkapital der Gesellschaft prozentual beibehalten und sich dementsprechend auch ihre Stimmkraft nicht reduziert. Wird das Bezugsrecht jedoch ausgeschlossen, werden die Veränderungen in der Kapitalstruktur der Gesellschaft für die Minderheitsaktionäre nicht aufgefangen. Der Kapitalerhöhungsbeschluss unter Ausschluss des Bezugsrechts greift damit in ihre Mitgliedschaft ein. Um ihnen gerade in diesem Fall Schutz zukommen zu lassen, sah sich der Bundesgerichtshof veranlasst, in Form des Erfordernisses der sachlichen Rechtfertigung, das im Rahmen der auf der gesellschaftsrechtlichen Treuepflicht[13] beruhenden materiellen Beschlusskontrolle zu überprüfen ist, ein Sicherungsinstrument zur Verfügung zu stellen. Dieses gilt aber nicht nur für Beschlüsse, die die Kapitalstruktur der Gesellschaft zu Lasten der Minderheitsaktionäre berühren können. Vielmehr ist es auch bei sonstigen Grundlagenentscheidungen und Strukturmaßnahmen zu beachten.[14] Die im Folgenden zu klärende Frage, ob für den Übertragungsbeschluss im Rahmen des Ausschlussverfahrens nach den §§ 327a ff. AktG das Erfordernis der sachlichen Rechtfertigung ebenfalls Geltung beansprucht, wäre mithin positiv zu beantworten, wenn der Squeeze-out als eine Grundlagenentscheidung oder Strukturmaßnahme zu qualifizieren wäre.

1. Begriff der Grundlagenentscheidung und Strukturmaßnahme

Eine gesetzliche Definition dieser Begriffe existiert nicht. Darunter zu fassen sind Entscheidungen über diejenigen Maßnahmen, die eine grundlegende Änderung der gesellschaftlichen Verfassung, mithin des Gesellschaftsvertrags, der Kapitalstruktur oder der Organzuständigkeit zur Folge haben. Dies sind unter anderem der Liquidationsbeschluss und die Konzernierung, da sie den Gesellschaftszweck beeinflussen, des Weiteren Kapitalmaßnahmen in Form der Kapitalerhöhung und -herabsetzung aufgrund ihrer Auswirkungen auf die Kapitalstruktur einer Gesellschaft sowie Beherrschungsverträge, Gewinnabführungsverträge und Eingliederungen, da diese die Organzuständigkeit verändern.

2. Erstreckung auf den Übertragungsbeschluss

Der im Rahmen des Squeeze-out zu fassende Übertragungsbeschluss zieht unmittelbar keine Folgen nach sich. Erst seine Eintragung in das Handelregister bewirkt nach § 327e Abs. 3 Satz 1 AktG, dass das Eigentum an den Anteilen der Minderheitsaktionäre auf den Hauptaktionär übergeht. Fraglich ist, ob insoweit die Grundlagen der Gesellschaftsverfassung berüht werden. Das Gesellschaftsvermögen ändert sich durch den Übergang der Aktien auf den Hauptaktionär nicht, es werden lediglich

---

[13] *Henze*, BB 1996, 489, 497 li. Sp.; *Timm*, JZ 1980, 665, 667 re. Sp..; *Wiesner*, in: MünchHdb AG, § 17 Rn. 16 a.E.
[14] *Baums*, S. 39/40.

die Anteile einem neuen Eigentümer zugeordnet. Auswirkungen auf die Kapitalstruktur der Gesellschaft sind demnach nicht gegeben. Ebenso wenig erfolgt eine Änderung des Gesellschaftsvertrags, denn der Übertragungsbeschluss betrifft weder die satzungsmäßigen Grundlagen der Gesellschaft noch den Unternehmensgegenstand.[15] Da es sich bei dem Squeeze-out nicht um eine Konzernierungsmaßnahme handelt, durch die zwangsläufig das Verhältnis zu einem anderen Rechtsträger neu geregelt wird, wirkt sich der Übertragungsbeschluss auch nicht auf den Aufgaben- und Verantwortungsbereich der Gesellschaftsorgane aus.[16] Demzufolge ist der Übertragungsbeschluss grundsätzlich nicht als Grundlagenentscheidung oder Strukturmaßnahme zu qualifizieren.

Für eine Einbeziehung des Übertragungsbeschlusses in den Bereich der Grundlagenentscheidungen und Strukturmaßnahmen könnte jedoch der Umstand sprechen, dass sich als Folge der Durchführung des Ausschlussverfahrens in der Regel die Beteiligungsstruktur der Gesellschaft ändert.[17] Die Publikumsgesellschaft wandelt sich in eine geschlossene Gesellschaft um. Aufgrund des Ausschlusses der Minderheitsaktionäre schließt sich dem Squeeze-out bei börsennotierten Gesellschaften regelmäßig ein Delisting an. Aus einer börsennotierten wird eine nicht börsennotierte Gesellschaft. Die Beendigung der Börsennotierung nach Durchführung des Squeeze-out-Verfahrens ist allerdings nicht Gegenstand des Übertragungsbeschlusses. Sie stellt lediglich, wie die Änderung der Beteiligungsstruktur, eine bloße Folge des Ausschlusses dar.[18] In diesem Zusammenhang ist auch die *„Macrotron"*-Entscheidung[19] des Bundesgerichtshofs zu berücksichtigen. Das Gericht hat darin festgestellt, dass es sich bei einem Delisting nicht um eine den Grundlagenentscheidungen gleichzustellende Strukturmaßnahme handelt. Wenn aber noch nicht einmal die Maßnahme, die unmittelbar zur Beendigung der Börsennotierung führt, den Strukturmaßnahmen gleichzustellen ist, so muss dies erst recht für den Übertragungsbeschluss beim Squeeze-out gelten, der lediglich mittelbar den Verlust der Notierung zur Folge hat. Unberücksichtigt bliebe bei einem derartigen Erst-recht-Schluss jedoch, dass sich das Delisting und das Ausschlussverfahren der §§ 327a ff. AktG in einem wesentlichen Punkt unterscheiden, der möglicherweise zu einer anderen Beurteilung Anlass gibt. Das Delisting hat ein Ende der Börsennotierung zur Folge. Es wirkt sich jedoch lediglich insofern auf die Mitgliedschaft der Minderheitsaktionäre aus, als sie sich in Zukunft an einer nicht länger börsennotierten Gesellschaft fortsetzt. Beim Squeeze-out gehen die Minderheitsaktionäre hingegen ihrer Mitgliedschaft vollständig verlustig, da sämtliche Anteile auf den Hauptaktionär übergehen. Für den Verlust erhalten die Minderheitsaktionäre lediglich einen finanziellen Ausgleich. Der vollständige Entzug der Mitgliedschaft stellt den denkbar schwersten Eingriff in die Mitgliedschaft eines Gesellschafters dar. Dies zwingt aber gerade dazu, den Übertragungsbeschluss beim Squeeze-out den Grundlagenentscheidungen und Strukturmaßnahmen, zumindest was die für diese Entscheidungen zugunsten der

---

[15] *Hanau*, NZG 2002, 1040, 1044 li. Sp.; *Vetter*, AG 2002, 176, 185 re. Sp.; *ders.*, DB 2001, 743, 745 li. Sp.
[16] *Vetter*, DB 2001, 743, 745 li. Sp.
[17] *Hamann*, S. 18.
[18] *Vetter*, DB 2001, 743, 745 li. Sp.
[19] BGH NJW 2003, 1032 ff.

Minderheitsaktionäre entwickelten Schutzmechanismen anbelangt, gleichzustellen.[20] Demnach wäre bei der Durchführung eines Squeeze-out-Verfahrens grundsätzlich das Erfordernis einer sachlichen Rechtfertigung zu beachten mit der Folge, dass neben der 95 %igen Kapitalbeteiligung des Hauptaktionärs zusätzlich das Vorliegen eines im Gesellschaftsinteresse liegenden Grundes für den Ausschluss der Minderheitsaktionäre nachzuweisen wäre.

IV. Eingeschränkte Geltung des Erfordernisses der sachlichen Rechtfertigung

1. Maßstäbe der Rechtsprechung

Allerdings sind die Anforderungen einer sachlichen Rechtfertigung nach der Rechtsprechung des Bundesgerichtshofs nicht ausnahmslos an jeden in die Mitgliedschaft der Minderheitsaktionäre eingreifenden Mehrheitsbeschluss zu stellen. Der Bundesgerichtshof hat hinsichtlich der Reichweite der materiellen Beschlusskontrolle in der *„Linotype"*-Entscheidung[21] festgestellt, dass ein in die Mitgliedschaft der Minderheitsaktionäre eingreifender Mehrheitsbeschluss dann keiner sachlichen Rechtfertigung bedarf, wenn der Gesetzgeber bereits selbst die ansonsten erforderliche Abwägung zwischen den Interessen von Mehrheit und Minderheit vorgenommen hat und dabei zu dem Ergebnis gelangt ist, dass die zu beschließende Maßnahme im überwiegenden Interesse der Gesellschaft liegt.[22] Diesen Grundsatz hat der Bundesgerichtshof unlängst in der *„Sachsenmilch"*-Entscheidung[23] bestätigt.[24]

---

[20] So auch *Hamann*, S. 18, 162; *Hanau*, NZG 2002, 1040, 1044 li. Sp. Für die Behandlung des Squeeze-out-Beschlusses als Grundlagenentscheidung oder Strukturmaßnahme, wobei unklar bleibt, ob es sich „lediglich" um eine Gleichstellung handeln soll: *Grzimek*, in: Geibel/Süßmann, WpÜG, Art. 7, § 327a AktG Rn. 13 („Strukturmaßnahme auf Gesellschafterebene"); *Kiem*, in: RWS-Forum 20, S. 329, 333 f., 338, 339 („Grundlagenentscheidung"); *Reichert*, in: Beck'sches Handbuch der AG, § 5 Rn. 23 („Grundlagengeschäft"); *Steinmeyer/Häger*, WpÜG, § 327a AktG Rn. 19 a.E. („Strukturmaßnahme"). Anders *Vetter*, AG 2002, 176, 185 re. Sp. („Rechtsinstitut eigener Art"). So auch *Quandt*, S. 115.

[21] BGHZ 103, 184.

[22] BGHZ 103, 184, 191 *„Linotype"*. So ansatzweise bereits BGHZ 76, 352, 353. Zustimmend *Baums*, S. 65 ff.; *Friedrich*, BB 1994, 89, 93 li. Sp.; *Lutter/Drygala*, FS Kropff, 1997, S. 191, 216; *Schmidt-Hern*, in: Beck'sches Handbuch der AG, § 17 Rn. 5. Entsprechend diesen Feststellungen zu den Grenzen der materiellen Beschlusskontrolle hat sich der BGH mehrmals mit der Frage auseinandersetzen müssen, ob der Gesetzgeber im Hinblick auf die zu beurteilenden Beschlussgegenstände bereits bei Schaffung der jeweiligen Regelung eine Abwägungsentscheidung getroffen hat. Eine zugunsten des Gesellschaftsinteresses ausfallende gesetzgeberische Entscheidung stellte das Gericht im Hinblick auf Liquidationsbeschlüsse nach § 262 AktG sowie die nachträgliche Einführung von Höchststimmrechten gemäß § 134 Abs. 1 AktG fest. S. zu letzterem Bereich BGHZ 70, 117 *„Mannesmann"*. In diesen Fällen bedürfe der Mehrheitsbeschluss keiner sachlichen Rechtfertigung. Anders entschied der BGH jedoch im Hinblick auf den Bezugsrechtsausschluss nach § 186 Abs. 3 AktG (S. BGHZ 21, 354 *„Minimax I"*; BGHZ 33, 175, 186 *„Minimax II"*; BGHZ 71, 40, 46 *„Kali & Salz"*; BGHZ 125, 239, 242, 244 *„Deutsche Bank"*.) und die Ermächtigung des Vorstands zum Ausschluss des Bezugsrechts beim genehmigten Kapital gemäß § 203 AktG (S. BGHZ 83, 319, 326 f. *„Holzmann"*; BGHZ 136, 133, 136 f. *„Siemens/Nold"*.). In diesen beiden Fällen habe der Gesetzgeber die Interessen von Mehrheit und Minderheit nicht gegeneinander abgewogen. Daher erübrige sich die sachliche Rechtfertigung gerade nicht.

[23] BGHZ 138, 71, 76 f., 81. Der BGH stellte fest, dass der Kapitalherabsetzungsbeschluss keiner sachlichen Rechtfertigung bedarf. S.a. BGHZ 119, 305 *„Klöckner"*; BGHZ 129, 136 *„Girmes"*. Zustimmend zur *„Sachsenmilch"*-Entscheidung *Dreher*, EWiR 1999, 49, 50; *Thümmel*, BB 1998, 911, 912 re. Sp.

[24] Vgl. zur Bedeutung der neuen Entscheidungen für das Erfordernis einer sachlichen Rechtfertigung *Krieger*, ZGR 2000, 885 ff.

2. Meinungsstand der Literatur in Bezug auf mögliche Ausnahmen von der materiellen Beschlusskontrolle

a) Zustimmung zur Möglichkeit einer gesetzgeberischen Vorprägung

Diese differenzierten Ausführungen des Bundesgerichtshofs zum Erfordernis einer sachlichen Rechtfertigung von Mehrheitsbeschlüssen, die in die Mitgliedschaft von Minderheitsaktionären eingreifen, finden im rechtswissenschaftlichen Schrifttum weitgehend Zustimmung.[25] So wird von Seiten des Schrifttums versucht, Kriterien herauszuarbeiten, bei deren Vorliegen von einer gesetzgeberischen Vorprägung einer Beschlussmöglichkeit ausgegangen werden kann. Als Indiz für eine Vorentscheidung des Gesetzgebers soll vor allem ein in der jeweiligen Beschlussregelung vorgesehenes Mehrheitserfordernis anzusehen sein.[26]

b) Ablehnung einer Differenzierung

Nur vereinzelt wird die differenzierende Betrachtungsweise des Bundesgerichtshofs abgelehnt und eine einheitliche Behandlung von Mehrheitsbeschlüssen im Hinblick auf das Erfordernis einer sachlichen Rechtfertigung gefordert.

aa) Durchgängige Beschlusskontrolle

Wiedemann und *Martens* sehen vom Erfordernis einer sachlichen Rechtfertigung im Sinne der Erforderlichkeit, Verhältnismäßigkeit und Gleichbehandlung und der damit verbundenen materiellen Beschlusskontrolle durch die Gerichte sämtliche Mehrheitsbeschlüsse erfasst, soweit diese in die Mitgliedschaftsrechte von Minderheitsaktionären eingreifen.[27]

bb) Gänzlicher Wegfall der materiellen Beschlusskontrolle

Im Gegensatz dazu tritt *Mülbert* dafür ein, das Erfordernis einer sachlichen Rechtfertigung und der damit verbundenen materiellen Beschlusskontrolle gänzlich entfallen zu lassen, soweit es sich um Mehrheitsbeschlüsse handelt, die zwar in die Rechte von Minderheitsaktionären eingreifen, bei denen den Minderheitsaktionären aber ein vermögensrechtlicher Ausgleich gewährt wird.[28] Für Beschlüsse, die eine Kapitalmehrheit von 75 % erfordern, reiche als Rechtfertigung für Eingriffe in die Mitgliedschaft die Einräumung eines vermögensrechtlichen Ausgleichs aus. Denn Aktionäre, deren Beteiligung am Grundkapital einer Gesellschaft weniger als 25 % ausmacht,

---

[25] Vgl. *Hamann*, S. 115 f.; *Henze*, BB 1996, 489, 494 li. Sp.; *ders.*, ZIP 1995, 1473, 1476 re. Sp.; *Hirte*, S. 138 ff.; *Hüffer*, AktG, § 243 Rn. 26 f.; *Krieger*, ZGR 2000, 885, 888; *Lutter*, ZHR 153 (1989), 446, 449; *ders.*, ZGR 1981, 171, 176; *ders.*, ZGR 1979, 401, 411; *K. Schmidt*, in: Großkomm AktG, § 243 Rn. 45 ff.; *Timm*, ZGR 1987, 403, 415, 441 f.; *ders.*, JZ 1980, 665, 668 li. Sp.

[26] *Timm*, ZGR 1987, 403, 436 (zur Eingliederung). Kritisch dazu *Hirte*, S. 135.

[27] *Martens*, FS Fischer, 1979, S. 437, 443; *ders.*, GmbHR 1984, 265, 270 li. Sp.; *ders.*, ZGR 1979, 433, 496; *Wiedemann*, ZGR 1999, 857, 867 ff., 871; *ders.*, DB 1993, 141, 144 li. Sp.; *ders.*, ZGR 1980, 147, 157 („Möglichkeit einer durchgängigen Beschlusskontrolle"). Diesem folgend *Bischoff*, BB 1987, 1055, 1061 re. Sp.

[28] *Mülbert*, S. 339.

seien als reine Kapitalanleger anzusehen, für die ein Vermögensschutz als ausreichend zu erachten sei. Von einem solchen Konzept des vermögensbezogenen Aktionärsschutzes[29] gehe auch das Aktiengesetz aus, das den Kleinaktionär nicht mehr als Verbandsmitglied, sondern in erster Linie als einen an einem Investment interessierten Anleger verstehe.[30] Dies zeige sich in den Regelungen der §§ 243 Abs. 2 Satz 2, 255 Abs. 2 AktG.[31] Es gelte der Grundsatz „dulde und liquidiere".[32]

c) Stellungnahme

Die Ausführungen von *Wiedemann* und *Martens* vermögen nicht zu überzeugen. Der Gesetzgeber hat in bestimmten Fällen, wie vom Bundesgerichtshof angenommen, den Interessen der Mehrheit gegenüber denen der Minderheitsaktionäre bereits bei Schaffung der Regelungen ausdrücklich den Vorrang eingeräumt. Eine Abwägung der widerstreitenden Interessen hat insbesondere dann stattgefunden, wenn der Gesetzgeber bei der Gestattung des Mehrheitsbeschlusses bereits selbst den Verhältnismäßigkeitsgrundsatz beachten musste, weil durch die Einräumung der Beschlussmöglichkeit das Eigentum von Minderheitsaktionären in Form der Mitgliedschaft in der Gesellschaft berührt wird. Es ist nicht recht einzusehen, weshalb ein Mehrheitsbeschluss, der im Rahmen einer gesetzgeberischen Interessenabwägung als zulässig erachtet wurde, erneut einer sachlichen Rechtfertigung bedürfen soll. Eine materielle Beschlusskontrolle könnte die gesetzgeberische Abwägung allenfalls bestätigen oder aber zu dem Ergebnis gelangen, der Mehrheitsbeschluss sei aufgrund überwiegender Interessen der Minderheitsaktionäre unzulässig. Letzteres würde jedoch die gesetzgeberischen Wertungen unterlaufen, da der Gesetzgeber bereits durch die Zulassung des Mehrheitsbeschlusses zum Ausdruck bringen wollte, dass für den konkreten Beschlussgegenstand die Interessen der Minderheitsaktionäre zurückstehen müssen und im Einzelfall keine Beachtung finden sollen.

Auch die Ausführungen von *Mülbert* verdienen keine Zustimmung. Der von ihm propagierte Paradigmenwechsel des Aktienrechts vom Verbandsrecht zum Kapitalmarktrecht hat noch nicht stattgefunden. Die als Grundlage der Überlegungen herangezogenen §§ 255 Abs. 2, 243 Abs. 2 Satz 2 AktG gehen, anders als von *Mülbert* angenommen, nicht von einem rein vermögensbezogenen Aktionärsschutz aus,[33] der an die Stelle des mitgliedschaftlichen Bestandsschutzes getreten ist. § 243 Abs. 2 Satz 2 AktG gibt sich nur auf den ersten Blick mit einem reinen Vermögensschutz zufrieden. Die Regelung sieht eine Ausnahme von der in § 243 Abs. 2 Satz 1 AktG beinhalteten Anfechtungsmöglichkeit wegen der Verfolgung von Sondervorteilen vor. Der Hintergrund der Regelungen des Absatzes 2 erschließt sich nur aus dem gemeinsamen Kontext. Der besondere Anfechtungstatbestand des § 243 Abs. 2 Satz 1 AktG geht auf die Vorschrift des § 197 Abs. 2 Satz 1 AktG 1937 zurück,[34] der eine konzernrechtliche Intention zugrunde lag. Der Gesetzgeber bezweckte, einen aktienrechtlichen Sondertatbestand für den Fall der vorsätzlichen Schädigung zu normie-

[29] *Mülbert*, S. 303.
[30] *Mülbert*, FS Ulmer, 2003, S. 433, 434.
[31] *Mülbert*, S. 261, 328 a.B.
[32] *Mülbert*, S. 303.
[33] *Hüffer*, FS Kropff, 1997, S. 127, 141 a.E.; *Liebert*, S. 78.
[34] Die Vorschrift des § 197 Abs. 2 Satz 1 AktG 1937 fand ihren Vorgänger wiederum in § 137 Abs. 1 Satz 2 AktG 1931. Vgl. *Hüffer*, FS Kropff, 1997, S. 127, 134.

ren. Die Anfechtung sollte die Umstandssittenwidrigkeit, die aus der Verfolgung von Sondervorteilen resultierte, sanktionieren.[35] Als Ausnahme zu dieser Anfechtungsmöglichkeit statuierten die §§ 197 Abs. 2 Satz 2, 101 Abs. 3 AktG 1937, dass eine Sittenwidrigkeit dann nicht vorliege, wenn der erlangte Sondervorteil schützenswerten Belangen diente.[36] Nach der Regelung des § 243 Abs. 2 Satz 2 AktG, die die frühere Konzernklausel des § 197 Abs. 2 Satz 2 AktG 1937 ersetzt, ist eine Anfechtung ausgeschlossen, wenn der Hauptversammlungsbeschluss eine Ausgleichsregelung für die Aktionäre vorsieht, die keine Sondervorteile erstreben. Zweck des Anfechtungsausschlusses ist es, dem Mehrheitsaktionär die Möglichkeit einzuräumen, in wesentlichen Fragen der Gesellschafts- und Unternehmensstruktur Maßnahmen gegen den Widerspruch der Minderheitsaktionäre durchzusetzen. Die Regelung enthält demzufolge eine konzernrechtliche Prägung.[37] Als konzernrechtlich konzipierte Regelung ist der Hauptanwendungsfall der Ausgleichsklausel der Abschluss von Unternehmensverträgen, für die nicht schon § 304 AktG eine Ausgleichspflicht vorschreibt.[38] Aus diesem Grunde weist die Regelung des § 243 Abs. 2 Satz 2 AktG eine geringe praktische Bedeutung auf.[39] Dies gilt umso mehr, als die Regelung des § 243 Abs. 2 Satz 1 AktG, wie der Begriff „auch" zeigt, insgesamt als bloßer Ergänzungstatbestand des Absatzes 1 anzusehen ist. Die Anfechtungsmöglichkeit nach § 243 Abs. 1 AktG ist leichter zugänglich, was einen Rückgriff auf die Bestimmung des § 243 Abs. 2 Satz 1 AktG entbehrlich macht.[40] Wird die Anfechtung aber nicht auf die Verfolgung von Sondervorteilen gestützt, sondern allgemein nach § 243 Abs. 1 AktG mit der Verletzung des Gesetzes begründet, fehlt es bereits am Anknüpfungspunkt für die Ausgleichsregelung des § 243 Abs. 2 Satz 2 AktG. Eine Übertragung des Rechtsgedankens auf § 243 Abs. 1 AktG ist nicht möglich.[41] Was die praktische Bedeutungslosigkeit der Ausgleichsregel des § 243 Abs. 2 Satz 2 AktG anbelangt, ist zwar zuzugestehen, dass für den Gesetzgeber im Zeitpunkt ihrer Einführung nicht absehbar war, dass die immer weiter werdende Auslegung des § 243 Abs. 1 AktG, der inzwischen auch die Fallgruppen der Ungleichbehandlung, Treuepflichtverletzung und ungerechtfertigten Eingriffe in die Mitgliedschaft erfasst,[42] verdrängende Wirkung haben würde. Allerdings war sich der Gesetzgeber bewusst, einen bloßen Ergänzungstatbestand zur allgemeineren Regelung in § 243 Abs. 1 AktG zu schaffen, und er hat den Anwendungsbereich speziell auf konzernrechtliche Sachverhalte zugeschnitten. Die geringe praktische Relevanz des § 243 Abs. 2 AktG gegenüber Absatz 1 der Vorschrift war aber unter dieser Prämisse bereits für den Gesetzgeber von 1965 offensichtlich. Hätte er eine abschließende Aussage über die Zulässigkeit von Eingriffen in die Mitgliedschaft von Minderheitsaktionären gegen Gewährung eines finanziellen Ausgleichs treffen wollen, so hätte er dies nicht in einer auch aus seiner Sicht für die Praxis wenig bedeutsamen Norm getan. Es ist vielmehr davon auszugehen, dass er im Zusammenhang mit dem besonders relevanten § 243 Abs. 1 AktG eine Regelung geschaffen hätte.

---

[35] *Hüffer*, FS Kropff, 1997, S. 127, 136.
[36] *Hüffer*, FS Kropff, 1997, S. 127, 138.
[37] *Hüffer*, FS Kropff, 1997, S. 127, 139.
[38] *Kropff*, BegrRegE, S. 329.
[39] *Hüffer*, FS Kropff, 1997, S. 127, 129.
[40] *Liebert*, S. 77.
[41] *Hüffer*, FS Kropff, 1997, S. 127, 141; *Schwichtenberg*, S. 298.
[42] *Hüffer*, FS Kropff, 1997, S. 127, 129, 131/132.

Auch die Regelung des § 255 Abs. 2 AktG, wonach eine Anfechtung auch darauf gestützt werden kann, dass der Ausgabebetrag von Aktien im Rahmen einer Kapitalerhöhung unangemessen nie-drig ist, enthält keine gesetzgeberische Aussage zum Ausmaß des Minderheitenschutzes. Dadurch, dass der Ausgabebetrag nicht unangemessen niedrig sein darf, zielt die Bestimmung darauf ab, die im Falle einer Kapitalerhöhung vom Bezug ausgeschlossenen Minderheitsaktionäre vor einer vermögensmäßigen Entwertung ihrer Mitgliedsrechte zu schützen.[43] Eine Beeinträchtigung der Mitverwaltungsrechte, die durch den Bezugsrechtsausschluss ebenfalls eintreten kann, wird durch § 255 Abs. 2 AktG hingegen nicht ausgeglichen. Wiederum scheint es so, als ob der Gesetzgeber einen ausschließlich vermögensmäßigen Aktionärsschutz für ausreichend gehalten hätte. Dem ist aber nicht so. Einer zusätzlichen Regelung zum Schutz der Mitverwaltungsrechte bedurfte es im Rahmen des § 255 AktG nicht. Die Vorschrift des § 255 Abs. 2 AktG setzt einen Ausschluss des Bezugsrechts voraus. Im Rahmen einer Kapitalerhöhung mit Bezugsrechtsausschluss ist der Schutz der Mitverwaltungsrechte bereits dadurch gewährleistet, dass der Ausschluss des Bezugsrechts eine sachliche Rechtfertigung erfordert. Die ausgeschlossenen Minderheitsaktionäre können im Wege der Anfechtung des Hauptversammlungsbeschlusses, durch den das Bezugsrecht ausgeschlossen wurde, nach § 243 Abs. 1 AktG eine materielle Beschlusskontrolle erreichen, durch die eine etwaige Beeinträchtigung der Mitverwaltungsrechte verhindert wird. Der Zweck des § 255 Abs. 2 AktG besteht somit darin, die Position der Minderheitsaktionäre zusätzlich zu stärken. Eine Beschränkung des den Minderheitsaktionären zukommenden Schutzes auf die vermögensbezogene Komponente der Beteiligung enthält die Regelung dagegen nicht.

An den von *Mülbert* angeführten Vorschriften der §§ 243 Abs. 2 Satz 2, 255 Abs. 2 AktG kann das Konzept eines ausschließlich vermögensbezogenen Aktionärsschutzes somit nicht festgemacht werden.[44] Demnach fehlt den weiteren Schlussfolgerungen von *Mülbert* eine tragfähige Grundlage, so dass seiner Ansicht insgesamt nicht zu folgen ist.[45]

V. Gesetzgeberische Interessenabwägung im Falle des Squeeze-out

1. Verzicht auf das Erfordernis einer sachlichen Rechtfertigung

Damit stellt sich die Frage, ob der Gesetzgeber im Falle des Squeeze-out-Verfahrens selbst eine Abwägung vorgenommen hat mit der Folge, dass der Übertragungsbeschluss seine Rechtfertigung in sich trüge und demzufolge einer materiellen Beschlusskontrolle nicht zugänglich wäre.

Hinsichtlich der Beantwortung dieser Frage zeichnet sich in der rechtswissenschaftlichen Literatur ein einheitliches Bild ab. Es wird angeführt, dass der Gesetzgeber vor allem durch das Erfordernis der 95 %igen Kapitalbeteiligung sowie durch die Verpflichtung zur Leistung einer angemessenen Barabfindung die widerstreitenden Interessen des Hauptaktionärs und der Minderheitsaktionäre gegeneinander

---

[43] *Hüffer*, FS Kropff, 1997, S. 127, 133.
[44] *Hüffer*, FS Kropff, 1997, S. 127, 141 a.E.; *Schwichtenberg*, S. 298.
[45] So auch *Tröger*, NZG 2002, 211, 213 li. Sp.

abgewogen habe.[46] Daher bedürfe der Übertragungsbeschluss keiner sachlichen Rechtfertigung,[47] was zugleich bedeute, dass ein Minderheitsaktionär in der Regel den Beschluss nicht mit der Begründung anfechten könne, der Beschluss sei nicht erforderlich oder unangemessen. Der Übertragungsbeschluss trage seine Rechtfertigung vielmehr in sich.[48] Darüber hinaus wird angeführt, dass die schutzwürdigen Interessen der Minderheitsaktionäre schon durch die Verpflichtung des Hauptaktionärs zur Leistung einer Barabfindung sowie durch die Verfahrensregelungen und Informationspflichten genügend Berücksichtigung fänden.[49]

2. Relevanz der „isolierten Ausschlussmöglichkeit"

Diese Ausführungen vermögen zu überzeugen. Der Gesetzgeber hat bei der Schaffung der §§ 327a ff. AktG die Interessen der Minderheitsaktionäre gegen die des Hauptaktionärs abgewogen. Dies kommt in der Tat in dem Erfordernis einer 95 %igen Kapitalbeteiligung zum Ausdruck. Ab Erreichen dieser Schwelle soll nach Ansicht des Gesetzgebers das Interesse des Hauptaktionärs an einer ungestörten Unternehmensführung das Interesse der Minderheitsaktionäre am Bestand ihrer Mitgliedschaft überwiegen. Der Gesetzgeber hat unwiderlegbar vermutet, dass Minderheitsaktionäre mit ihrer Beteiligung an der Gesellschaft, wenn diese weniger als 5 % des Grundkapitals ausmacht, allein finanzielle Interessen verfolgen. Die §§ 327a ff. AktG enthalten eine abstrakte Betrachtung der Interessen. Ob der Hauptaktionär im Einzelfall tatsächlich ein unternehmerisches Interesse aufweist, soll ebenso wenig

---

[46] OLG Köln BB 2003, 2307, 2309 li. Sp.; *Fleischer*, ZGR 2002, 757, 784; *Fuhrmann/Simon*, WM 2002, 1211, 1214 re. Sp.; *Kiem*, in: RWS-Forum 20, S. 329, 339; *Vetter*, AG 2002, 176, 186 li. Sp./re.Sp. Vgl. allgemein zur Bedeutung bestimmter Mehrheitserfordernisse im Hinblick auf eine Aussage zur Angreifbarkeit eines Hauptversammlungsbeschlusses die Ausführungen bei *Ulmer*, BB 1964, 665, 667 li. Sp./re. Sp.

[47] OLG Düsseldorf AG 2004, 207, 209 li. Sp. a.E.; OLG Köln BB 2003, 2307, 2309 li. Sp.; LG Hamburg ZIP 2003, 947, 949 re. Sp. *„Volksfürsorge Holding AG"*; Altmeppen, ZIP 2001, 1073, 1083 re. Sp.; *Fuhrmann/Simon*, WM 2002, 1211, 1214 re. Sp. a.B.; *Gesmann-Nuissl*, WM 2002, 1205, 1210 li. Sp.; *Grunewald*, in: MünchKommAktG, § 327a Rn. 18; *dies.*, ZIP 2002, 18, 21 re. Sp.; *Grzimek*, in: Geibel/Süßmann, WpÜG, Art. 7, § 327f AktG Rn. 10; *Habersack*, in: Emmerich/Habersack, § 327a Rn. 26; *Halasz/Kloster*, DB 2002, 1253, 1256 li. Sp.; *Halberkamp/Greve*, FB 2002, 580, 588 li. Sp.; *Hamann*, S. 163; *Hasselbach*, in: Kölner Komm, WpÜG, § 327a AktG Rn. 49; *Hüffer*, AktG, § 327a Rn. 11; *Kiem*, in: RWS-Forum 20, S. 329, 339; *Koppensteiner*, in: Kölner Komm, AktG, § 327f Rn. 10; *Kossmann*, NZG 1999, 1198, 1201 re. Sp.; *Krause*, NJW 2002, 705, 715 li. Sp. und Fn. 114; *Krieger*, BB 2002, 53, 55 re. Sp.; *Markwardt*, BB 2004, 277, 281 re. Sp.; *Maslo*, NZG 2004, 163, 164 li. Sp. a.B.; *Mertens*, AG 2002, 377 re. Sp.; *Quandt*, S. 136; *Rühland*, S. 205; *Scheel*, in: Blättchen/Wegen, S. 205, 238; *Schmidt*, FS Ulmer, 2003, S. 543, 544; *v. Schnurbein*, AG 2005, 725, 732 li. Sp.; *Schwichtenberg*, S. 305; *Sieger/Hasselbach*, ZGR 2002, 120, 143 a.E.; *Steinmeyer/Häger*, WpÜG, § 327a AktG Rn. 20; *Vetter*, AG 2004, 219 re. Sp. Die h.M. geht auch für das Rechtsinstitut der Mehrheitseingliederung davon aus, dass keine sachliche Rechtfertigung erforderlich ist. Vgl. dazu *Baums*, S. 44 a.E.; *Hamann*, S. 145; *Hüffer*, AktG, § 320b Rn. 8; *Grunewald*, in: MünchKommAktG, § 320 Rn. 8; a.A. für die Eingliederung *Rodloff*, S. 113, der aufgrund der Unsicherheiten der Anteilsbewertung (S. 59, 98 f.) und damit einhergehenden Vermögensbeeinträchtigungen eine sachliche Rechtfertigung fordert.

[48] *Angerer*, BKR 2002, 260, 266 re. Sp.; *Buchta/Sasse*, DStR 2004, 958, 960/961; *DAV-Handelsrechtsausschuss*, NZG 1999, 850, 852 li. Sp.; *Gesmann-Nuissl*, WM 2002, 1205, 1210 li. Sp.; *Hasselbach*, in: Kölner Komm, WpÜG, § 327a AktG Rn. 49; *Krieger*, BB 2002, 53, 55 re. Sp.; *Markwardt*, BB 2004, 277, 282 li. Sp.; *Sellmann*, WM 2003, 1545, 1549 re. Sp.; *Sieger/Hasselbach*, ZGR 2002, 120, 143 a.E.; *Vetter*, AG 2002, 176, 186 re. Sp. a.B.

[49] *Kiem*, in: RWS-Forum 20, S. 329, 340 a.B.

von Bedeutung sein wie der Umstand, ob die Beteiligung der Minderheitsaktionäre ausnahmsweise nicht nur finanziell motiviert ist, sondern damit andere Belange verfolgt werden. Abstrakt ist auch die Gefahr, die der Gesetzgeber mit der Beteiligung der Minderheitsaktionäre verbindet. Ein Nachweis im Einzelfall, dass die Minderheitsaktionäre tatsächlich eine unternehmerische Maßnahme durch die Erhebung einer Anfechtungsklage blockieren wollen, um sich die Klage gegen Zahlung von ihrer Gesellschaft abkaufen zu lassen, ist gerade nicht erforderlich. Der Verzicht auf konkrete, einzelfallabhängige Nachweise macht deutlich, dass der Gesetzgeber eine vom Einzelfall losgelöste, generelle Entscheidung getroffen hat. Das Recht des Hauptaktionärs zum Ausschluss von Minderheitsaktionären stellt sich demnach als das Ergebnis einer gesetzgeberischen Abwägung dar.[50] Die Besonderheit des Rechtsinstituts des Squeeze-out-Verfahrens besteht gerade darin, dass mit dem Ausschluss der Minderheitsaktionäre keine weitergehenden, besonderen Ziele verfolgt werden müssen. Das Verfahren geht über seinen Zweck, die Minderheitsaktionäre aus der Gesellschaft auszuschließen, nicht hinaus. Würde man nun einen weitergehenden Zweck im Sinne einer sachlichen Rechtfertigung verlangen, würde diese Zielsetzung konterkariert. Dass der Gesetzgeber auch davon ausgegangen ist, eine abschließende Abwägung getroffen zu haben, infolge derer eine materielle Beschlusskontrolle unmöglich ist, zeigt darüber hinaus der Umstand, dass nach § 327c Abs. 2 Satz 1 AktG lediglich die Voraussetzungen für die Übertragung, insbesondere die 95 %ige Kapitalbeteiligung, dargelegt werden müssen zusammen mit einer Begründung zur Angemessenheit der Barabfindung. Eine Begründung des Beschlussgegenstandes, also des Ausschlusses selbst, wie sie beispielsweise beim Ausschluss des Bezugsrechts im Rahmen einer Kapitalerhöhung nach § 186 Abs. 4 Satz 2 AktG erforderlich ist, wird gerade nicht verlangt. Sie würde nämlich nur Sinn machen, wenn es einer sachlichen Rechtfertigung bedürfte. Demzufolge ist festzuhalten, dass der Übertragungsbeschluss seine sachliche Rechtfertigung in sich trägt und daher einer materiellen Beschlusskontrolle durch die Gerichte nicht zugänglich ist.[51]

2. Kapitel. Möglichkeit des individuellen Rechtsmissbrauchs

Der Umstand, dass der Übertragungsbeschluss seine sachliche Rechtfertigung in sich trägt und demnach keiner materiellen Beschlusskontrolle unterliegt, bedeutet jedoch nicht zugleich, dass der Ausschluss jeglicher gerichtlichen Nachprüfung entzogen wäre. Stets möglich ist, dass ein Hauptversammlungsbeschluss wegen eines individuellen Rechtsmissbrauchs mittels einer Anfechtungsklage nach § 243 Abs. 1 AktG angegriffen werden kann.[52] Dies gilt auch für den Übertragungsbeschluss beim

[50] Innerhalb dieser Abwägung hat der Gesetzgeber auch eine Ungleichbehandlung der Aktionäre gebilligt, da er sie als gerechtfertigt angesehen hat. Vgl. *Hamann*, S. 160 f.
[51] Vgl. zum österreichischen Recht *Fleischer*, ZGR 2002, 757, 785 Fn. 180.
[52] BGHZ 103, 184, 191 „*Linotype*"; *Hamann*, S. 121; *Hirte*, S. 150; *Hüffer*, AktG, § 243 Rn. 27; *ders.*, in: MünchKommAktG, § 243 Rn. 66; *Lutter/Drygala*, FS Kropff, 1997, S. 191, 216 a.E.; *K. Schmidt*, in: Großkomm. AktG, § 243 Rn. 48; *Timm*, JZ 1980, 665, 668 re. Sp.

Squeeze-out-Verfahren.[53] Schwierigkeiten dürfte im Hinblick auf die insofern durchzuführende Missbrauchskontrolle[54] die Frage bereiten, wann ein individueller Rechtsmissbrauch gegeben ist. Diese Frage stellt sich so zunächst nicht allein für das Rechtsinstitut des Squeeze-out-Verfahrens, sondern allgemein im Hinblick auf Beschlüsse von Hauptversammlungen. Gleichwohl existiert bislang keine gesetzliche Definition zum Begriff des „individuellen Rechtsmissbrauchs". Herausgebildet hat sich allerdings der Grundsatz, dass ein Hauptversammlungsbeschluss dann als rechtsmissbräuchlich zu qualifizieren ist, wenn sich die Mehrheit einer Beschlussmöglichkeit zum Erreichen eines Ziels bedient, das mit dem hinter der Regelung stehenden gesetzgeberischen Zweck nicht in Einklang steht, oder aber, wenn die beabsichtigte Maßnahme zu einer über das gesetzgeberische Maß hinausgehenden Benachteiligung der Minderheit führt.[55] Unter Berücksichtigung dieser für alle Hauptversammlungsbeschlüsse geltenden Maßstäbe wird im Folgenden der Frage nachgegangen, wann für den Fall des Ausschlussverfahrens nach den §§ 327a ff. AktG von einem Rechtsmissbrauch auszugehen ist.

1. Abschnitt. Ausnutzung einer bereits vorhandenen Ausschlusskonstellation

§ 11 Das Ausschlussverfahren in nicht börsennotierten Gesellschaften

Auch der Hauptaktionär einer nicht börsennotierten Gesellschaft, die seit langer Zeit über einen geschlossenen Gesellschafterkreis verfügt, kann in Erwägung ziehen, die anderen Aktionäre trotz der möglicherweise bereits jahrzehntelangen Verbindung aus der Gesellschaft auszuschließen. In diesem Fall stellt sich die Frage, ob ein solcher Ausschluss aufgrund der in nicht börsennotierten Gesellschaften regelmäßig bestehenden besonderen Verbindung unter den Gesellschaftern einer gesonderten Beurteilung bedarf. *Kiem* möchte den Übertragungsbeschluss, der in einer nicht börsennotierten Gesellschaft gefasst wird, einer Überprüfung im Hinblick auf einen möglichen Verstoß gegen die Treuepflicht unterziehen.[56] Auch wenn der Übertragungsbeschluss an sich keiner materiellen Beschlusskontrolle unterliege, müssten bei einem Ausschluss in nicht börsennotierten Gesellschaften die Interessen des Hauptaktio-närs gegen die der Restgesellschafter abgewogen werden. Für den Fall, dass die Interessen der Minderheitsaktionäre überwiegen, sei die Durchführung eines Ausschlussverfahrens als Treuepflichtverstoß zu werten.

---

[53] OLG Stuttgart DB 2004, 60, 63 re. Sp.; *Angerer*, BKR 2002, 260, 266 re. Sp.; *Grunewald*, in: MünchKommAktG, § 327a Rn. 19; *dies.*, ZIP 2002, 18, 21 re. Sp.; *Grzimek*, in: Geibel/Süßmann, WpÜG, Art. 7, § 327f AktG Rn. 11; *Habersack*, in: Emmerich/Habersack, § 327a Rn. 27; *Steinmeyer/Häger*, WpÜG, § 327a AktG Rn. 20.

[54] Die Missbrauchskontrolle beruht ebenso wie das Erfordernis der sachlichen Rechtfertigung auf der gesellschaftlichen Treuepflicht. S. *Hamann*, S. 122, 124; *Timm*, ZGR 1987, 403, 413 a.E. Vgl. zur Entwicklung der Treuepflicht im Aktienrecht die ausführliche Darstellung bei *Henze*, BB 1996, 489 ff.; *Hüffer*, FS Steindorff, 1990, S. 59, 64 ff.; *Reinisch*, S. 58 f.

[55] *Grunewald*, ZIP 2002, 18, 21 re. Sp.; *Hamann*, S. 121/122, 125, 163; *Lutter*, ZGR 1981, 171, 181; *Timm*, ZGR 1987, 403, 413 f.

[56] *Kiem*, in: RWS-Forum 20, S. 329, 340.

Dem kann nicht zugestimmt werden. Die von *Kiem* vorgeschlagene Handhabung lässt unberücksichtigt, dass sich der Gesetzgeber dafür entschieden hat, dass es im Hinblick auf den Gesichtspunkt, ob Aktionäre lediglich ein finanzielles oder aber ein schutzwürdiges Interesse verfolgen, ausschließlich auf die prozentuale Beteiligung ankommen soll. Bei einer Beteiligung von unter 5 % ist nach Ansicht des Gesetzgebers von einem rein finanziellen Interesse auszugehen. Insofern handelt es sich um eine „unwiderlegbare Vermutung". Der Gesetzgeber hat gerade keine Öffnungsklausel vorgesehen, nach der es den Minderheitsaktionären gestattet wäre, im Einzelfall ein mitgliedschaftliches Interesse nachzuweisen, das unabhängig von der geringen Höhe ihrer Beteiligung gegeben ist. Aus diesem Grunde ist bei der Beurteilung der Zulässigkeit eines Ausschlussverfahrens auch bei nicht börsennotierten Gesellschaften allein entscheidend, wie hoch die Beteiligung der Aktionäre ist. Dagegen ist es nicht möglich, mit dem Hinweis darauf, dass aufgrund besonderer Umstände ein mitgliedschaftliches Interesse gegeben sei, die Durchführung eines Ausschlussverfahrens als treuwidrig zu qualifizieren. Der Treuepflichtverstoß kann lediglich auf den Gründen beruhen, die auch bei börsennotierten Gesellschaften eine Treuwidrigkeit begründen. Der Hinweis darauf, dass in Bezug auf nicht börsennotierte Gesellschaften die gesetzgeberischen Wertungen in der Regel nicht zutreffen, kann lediglich dazu dienen, eine Ausklammerung von nicht börsennotierten Gesellschaften aus dem Anwendungsbereich der Ausschlussregelungen zu fordern. Solange der Gesetzgeber den Anwendungsbereich jedoch nicht durch eine Änderung des § 327a Abs. 1 Satz 1 AktG einschränkt, setzt sich eine über den Gedanken des Treuepflichtverstoßes erreichte Unzulässigkeit der Durchführung eines Ausschlussverfahrens in nicht börsennotierten Gesellschaften in Widerspruch zum Willen des Gesetzgebers.

§ 12 Aufnahme von Gesellschaftern trotz vorherigen Ausschlussverfahrens

I. Ausgangssituation

Nicht nur aus theoretischer, sondern vor allem auch aus praktischer Sicht erscheint folgendes Szenario vorstellbar: Ein Aktionär, dem ohne Zusammenwirken mit anderen Aktionären 95 % der Anteile am Grundkapital einer Gesellschaft gehören, veranlasst die Durchführung eines Squeeze-out-Verfahrens, um die verbliebenen Minderheitsaktionäre aus der Gesellschaft auszuschließen. Während der Durchführung des Ausschlussverfahrens, unmittelbar nach dessen Beendigung oder einige Zeit danach nimmt der Hauptaktionär andere Personen als Aktionäre in die Gesellschaft auf. In Bezug auf ein solches Vorgehen drängt sich die Frage auf, ob der Ausschluss von Minderheitsaktionären für den Fall einer beabsichtigten Aufnahme neuer Aktionäre während oder nach Durchführung eines Squeeze-out-Verfahrens mit den hinter den §§ 327a ff. AktG stehenden gesetzgeberischen Zielen vereinbar ist. Bedenken bestehen insbesondere im Hinblick auf den Fall, dass noch während der Durchführung des Ausschlussverfahrens neue Gesellschafter aufgenommen werden, da der Hauptaktionär dann zu keinem Zeitpunkt Alleinaktionär der Gesellschaft gewesen ist. Aufschluss über die Rechtmäßigkeit einer solchen Vorgehensweise bietet die Auslegung der Squeeze-out-Regelungen.

II. Vorgaben seitens der Squeeze-out-Vorschriften

1. Die Beteiligung des Hauptaktionärs als feststehender Wert?

a) Erkenntnisse aus dem Wortlaut des § 327a Abs. 1 Satz 1 AktG

Bereits dem Wortlaut der Squeeze-out-Regelungen können Anhaltspunkte in Bezug auf die Zulässigkeit der Aufnahme neuer Aktionäre entnommen werden. § 327a Abs. 1 Satz 1 AktG bestimmt, dass die Hauptversammlung einer Aktiengesellschaft oder Kommanditgesellschaft auf Aktien auf Verlangen eines Aktionärs, dem Aktien der Gesellschaft in Höhe von 95 % des Grundkapitals gehören, die Übertragung der Aktien der Minderheitsaktionäre auf den Hauptaktionär beschließen kann. Einerseits gibt die Regelung damit vor, dass der Hauptaktionär in dem Zeitraum, in dem er mit der Forderung nach der Einberufung der Hauptversammlung zwecks Fassung eines Übertragungsbeschlusses an die Gesellschaft herantritt, mindestens 95 % der Anteile der Gesellschaft inne haben muss. Andererseits ergibt sich aus der Formulierung, dass die Beteiligung auch noch im Zeitpunkt der Beschlussfassung der Hauptversammlung vorliegen muss, denn beschlossen wird nach dem Wortlaut die Übertragung der Aktien auf den Hauptaktionär. Als „Hauptaktionär" wird in § 327a Abs. 1 Satz 1 AktG derjenige Aktionär bezeichnet, der über mindestens 95 % der Anteile der Gesellschaft verfügt. Demzufolge muss die Beteiligung über den Zeitraum zwischen dem Übertragungsverlangen und der Beschlussfassung der Hauptversammlung mindestens 95 % des Grundkapitals ausmachen.[57]

b) Die Aufgaben des Hauptaktionärs im Rahmen des Ausschlussverfahrens

Keine Aussage trifft die Vorschrift jedoch darüber, über welchen Zeitraum vor dem Herantreten an die Gesellschaft die Beteiligung des Hauptaktionärs 95 % des Grundkapitals betragen muss. Ebenso wenig ist durch den Wortlaut des § 327a Abs. 1 Satz 1 AktG vorgegeben, ob und gegebenenfalls wie lange diese Kapitalbeteiligung nach der Beschlussfassung über die Übertragung der Anteile bestehen bleiben muss. Auch die übrigen Squeeze-out-Regelungen befassen sich nicht mit der Zeit vor dem Verlangen des Hauptaktionärs und nach Durchführung des Squeeze-out-Verfahrens. Eine Vorbesitzzeit der Aktien ist nach dem Wortlaut daher nicht erforderlich.[58] Nicht so eindeutig ist die Lage dagegen im Hinblick auf den Zeitraum nach dem Übertragungsbeschluss. Denkbar erscheint, dass die 95 %ige Kapitalmehrheit auch noch nach der Beschlussfassung bestehen bleiben muss. Denn nach dem Wortlaut des § 327e Abs. 3 Satz 1 AktG gehen mit der Eintragung des Übertragungsbeschlusses in das Handelsregister alle Aktien der Minderheitsaktionäre auf den Hauptaktionär über. Diese Formulierung legt es nahe, dass die Hauptaktionärseigenschaft auch noch im Zeitpunkt der Handelsregistereintragung gegeben sein

---

[57] So auch OLG Düsseldorf AG 2004, 209, 210 li. Sp.; *Maslo*, NZG 2004, 163, 164 li. Sp.; *Rühland*, S. 198 a.E.; a.A.: *Grzimek*, in: Geibel/Süßmann, WpÜG, Art. 7, § 327a AktG Rn. 52; *Grunewald*, in: MünchKommAktG, § 327a Rn. 10 f.; *Quandt*, S. 119, wonach das Erfordernis der 95 %igen Kapitalbeteiligung allein für den Zeitpunkt des Hauptversammlungsbeschlusses gelte. Die 95 %ige Kapitalbeteiligung müsse jedoch nicht schon im Zeitpunkt des Verlangens vorliegen.

[58] *Fuhrmann/Simon*, WM 2002, 1211, 1212 re. Sp.; *Hasselbach*, in: Kölner Komm, WpÜG, § 327a AktG Rn. 27.

muss, das heißt, sich immer noch mindestens 95 % der Anteile am Grundkapital in der Hand des den Ausschluss betreibenden Aktionärs befinden müssen. Dies erscheint jedoch zweifelhaft, wenn man die Ausgestaltung des Squeeze-out-Verfahrens für den Zeitraum nach der Beschlussfassung der Hauptversammlung über die Übertragung der Anteile einschließlich des Eintragungsvorgangs beim Registergericht näher betrachtet. Der Hauptaktionär ist in das Ausschlussverfahren nur bis zur Fassung des Übertragungsbeschlusses aktiv eingebunden. So hat er nach § 327b Abs. 1 AktG die Höhe der Barabfindung anhand der Gesellschaftsunterlagen und Auskünfte des Vorstands festzulegen. Zudem muss er gemäß § 327b Abs. 3 AktG vor Einberufung der Hauptversammlung, auf der die Übertragung der Aktien der Minderheitsaktionäre beschlossen werden soll, dafür Sorge tragen, dass dem Vorstand eine Bankgarantieerklärung für die von ihm zu leistende Abfindung übermittelt wird. Darüber hinaus ist er nach § 327c Abs. 2 Satz 1 AktG verpflichtet, schriftlich über das Vorliegen der Übertragungsvoraussetzungen sowie die Angemessenheit der Barabfindung zu berichten. Zum Entwurf des Übertragungsbeschlusses und zur Bemessung der Barabfindungshöhe kann er sich des Weiteren gemäß § 327d Satz 2 AktG zu Beginn der Hauptversammlung gegebenenfalls äußern. Damit endet seine Mitwirkung an der Durchführung des Ausschlussverfahrens. Beschließt die Hauptversammlung die Übertragung der Aktien der Minderheitsaktionäre auf den Hauptaktionär, so hat der Vorstand den Übertragungsbeschluss nach § 327e Abs. 1 AktG zur Eintragung in das Handelsregister anzumelden. Der Hauptaktionär ist hingegen selbst nicht zur Anmeldung zum Handelsregister befugt.[59] Diese Tätigkeitsaufteilung innerhalb der unterschiedlichen Stadien des Squeeze-out-Verfahrens spricht dafür, dass die Hauptaktionärseigenschaft nur bis zum Zeitpunkt des Übertragungsbeschlusses vorliegen muss, denn nur solange bestehen die dem Hauptaktionär als solchen auferlegten Mitwirkungspflichten. Da das Verfahren nach dem Übertragungsbeschluss durch den Vorstand der Gesellschaft und das Registergericht zu Ende geführt wird und sich der Übergang des Aktieneigentums durch Eintragung des Übertragungsbeschlusses in das Handelsregister automatisch vollzieht, bedarf es des Hauptaktionärs als Objekt der Mitwirkungspflichten nicht mehr.

c) Die Prüfung des Registergerichts

Bestätigung findet dieses Ergebnis bei einer näheren Betrachtung des Inhalts der vom Registergericht vorzunehmenden Prüfung. Das Registergericht des Gesellschaftssitzes (§ 14 AktG) überprüft die Anmeldung des Übertragungsbeschlusses nicht nur in formeller, sondern auch in materieller Hinsicht. Dabei gehört zur materiellen Prüfung insbesondere die Untersuchung, ob die 95 %ige Kapitalbeteiligung vorgelegen hat, da der Beschluss bei Fehlen der notwendigen Beteiligung nichtig wäre.[60] Da allein der angemeldete Übertragungsbeschluss Gegenstand der Prüfung ist, kann es ausschließlich auf das Vorliegen der Hauptaktionärseigenschaft bis zum Zeitpunkt der Beschlussfassung ankommen. Das Registergericht erstreckt seine Prüfung gerade nicht auf die Frage, ob die Kapitalbeteiligung in Höhe von 95 % auch (noch) im Zeitpunkt der Anmeldung und der anschließenden Handelsregistereintra-

---

59 *Hasselbach*, in: Kölner Komm, WpÜG, § 327e AktG Rn. 2

60 *Hüffer*, AktG, § 327e Rn. 2 a.E.

gung gegeben ist.[61] Insofern fehlen dem Registergericht ohnehin jegliche Unterlagen. § 327e Abs. 1 Satz 2 AktG spricht davon, dass „die Niederschrift des Übertragungsbeschlusses und seine Anlagen" der Anmeldung beizufügen sind. Anlagen sind aber nur die Jahresabschlüsse und Lageberichte sowie die Berichte von Hauptaktionär und Übertragungsprüfer, da nur diese bei der Hauptversammlung auszulegen sind.[62] Diese Unterlagen bieten dem Registergericht keinerlei Grundlage zur Überprüfung der vom Hauptaktionär gehaltenen Kapitalbeteiligung im Zeitpunkt der Handelsregistereintragung. Müsste das Registergericht die Höhe der Beteiligung am Grundkapital überprüfen, so hätte der Gesetzgeber gesetzlich anordnen müssen, dass dafür erforderliche Unterlagen einzureichen sind. Die Formulierung in § 327e Abs. 3 Satz 1 AktG, wonach die Aktien mit der Eintragung des Übertragungsbeschlusses auf den „Hauptaktionär" übergehen, ist so zu verstehen, dass die Aktien der Minderheitsaktionäre im Zeitpunkt der Eintragung des Übertragungsbeschlusses im Handelsregister auf denjenigen Aktionär übergehen, der im Zeitpunkt des Verlangens und der Entscheidung der Hauptversammlung über die Übertragung der Anteile die Hauptaktionärseigenschaft inne hatte.[63] Der Übergang erfolgt unabhängig davon, wie sich die Beteiligung des (ehemaligen) Hauptaktionärs im Zeitpunkt der Handelsregistereintragung darstellt.[64]

2. Zwischenergebnis

Die Beteiligung des Hauptaktionärs ist für die Dauer des Ausschlussverfahrens demnach kein feststehender Wert. Innerhalb des Zeitraums zwischen dem Verlangen und der Beschlussfassung der Hauptversammlung über die Übertragung der Anteile muss die Beteiligung des den Ausschluss betreibenden Aktionärs mindestens 95 % des Grundkapitals der Gesellschaft ausmachen. Veränderungen der Beteiligung sind selbst während dieses Zeitraums unbeachtlich, solange durch sie die 95 %-Schwelle nicht unterschritten wird, denn sie beeinflussen die Hauptaktionärseigenschaft nach § 327a Abs. 1 Satz 1 AktG nicht. Unter die 95 %-Schwelle darf die Kapitalbeteiligung dagegen erst nach der Fassung des Übertragungsbeschlusses sinken.

Gegen den Verzicht auf die Hauptaktionärseigenschaft im Zeitpunkt der Handelsregistereintragung wird von *Fuhrmann/Simon* vorgebracht, dass der Wertung des Gesetzgebers, die Beteiligung der Minderheitsaktionäre auf bloße Vermögensinteressen zu reduzieren und deren finanzielles Interesse gegenüber den unternehmerischen Interessen des Hauptaktionärs zurückstehen zu lassen, nur dann entsprochen werde, wenn die mindestens 95 %ige Kapitalbeteiligung sowohl im Zeitpunkt des Übertragungsbeschlusses als auch im Zeitpunkt der Anmeldung beim Handelsregis-

---

[61] *Hasselbach*, in: Kölner Komm, WpÜG, § 327a AktG Rn. 38 a.E.; *Sieger/Hasselbach*, ZGR 2002, 120, 139 a.B.; a.A.: *Habersack*, in: Emmerich/Ha-bersack, § 327a Rn. 18, wonach das Registergericht auch zu prüfen habe, ob die Beteiligungsquote des Hauptaktionärs nach der Beschlussfassung gesunken ist.

[62] *Scheel*, in: Blättchen/Wegen, S. 205, 239.

[63] Vgl. auch *Hasselbach*, in: Kölner Komm, WpÜG, § 327e AktG Rn. 19, der annimmt, dass im Falle einer zwischenzeitlichen Veräußerung die Aktien auf denjenigen Aktionär übergehen, der vor der Veräußerung Hauptaktionär gewesen ist.

[64] *Habersack*, in: Emmerich/Habersack, § 327a Rn. 18; *Hasselbach*, in: Kölner Komm, WpÜG, § 327a AktG Rn. 38; *Leuering*, NJW 2003, 954 li. Sp.; *Markwardt*, BB 2004, 277, 285 li. Sp.; *Maslo*, NZG 2004, 163, 164 li. Sp.; *Sieger/Hasselbach*, ZGR 2002, 120, 138 f.

ter gegeben sei.[65] *Fuhrmann/Simon* überschätzen insofern jedoch die Wirkungen der Registertätigkeit. Das Registergericht hat – wie bereits festgestellt worden ist – im Rahmen seines materiellen Prüfungsrechts zu untersuchen, ob die Voraussetzungen des Übertragungsbeschlusses erfüllt sind. Ist dies der Fall und das Squeeze-out-Verfahren ansonsten auch nicht mit Mängeln behaftet, so hat das Registergericht den Übertragungsbeschluss einzutragen, ohne dass es darüber hinaus noch prüfen darf, ob die Beteiligungsschwelle auch (noch) im Eintragungszeitpunkt erreicht ist. Automatische Folge der Eintragung des Übertragungsbeschlusses in das Handelsregister ist der Übergang des Eigentums an den bislang von den Minderheitsaktionären gehaltenen Anteilen auf den Hauptaktionär. Durch die Tätigkeit des Registergerichts wird den Minderheitsaktionären kein über die Prüfung des Übertragungsbeschlusses hinausgehender Schutz gewährt. Der gesetzgeberischen Wertung ist bereits im Zeitpunkt der Beschlussfassung durch die Hauptversammlung entsprochen, ohne dass das Registergericht diesbezüglich Einfluss nehmen kann.

Festzuhalten bleibt, dass die 95 %ige Beteiligung am Grundkapital der Gesellschaft nach dem Wortlaut der §§ 327a ff. AktG nur vom Zeitpunkt des Verlangens bis einschließlich zum Zeitpunkt der Entscheidung der Hauptversammlung über die Übertragung gegeben sein muss. Wie die Beteiligung des Hauptaktionärs nach dem Beschluss auszusehen hat, besagen die Squeeze-out-Regelungen hingegen nicht. Insbesondere ergibt sich aus dem Wortlaut der §§ 327a ff. AktG nicht, dass die Gesellschaft zukünftig ausschließlich mit dem den Ausschluss betreibenden Hauptaktionär als Alleingesellschafter bestehen bleiben muss.[66] Vielmehr kann nach dem Wortlaut die Beteiligung des Hauptaktionärs bereits nach der Fassung des Übertragungsbeschlusses und damit noch während der Durchführung des Ausschlussverfahrens wieder absinken. Da die Reduzierung einer gesellschaftlichen Beteiligung regelmäßig aus der Übertragung von Anteilen auf andere Personen resultiert,[67] ist nach dem Wortlaut der Ausschlussregelungen die Aufnahme von Gesellschaftern gestattet.

III. Der Meinungsstand beim Rechtsinstitut der Mehrheitseingliederung

Die aus dem Wortlaut gewonnene Feststellung, dass die Aufnahme von Gesellschaftern nach der Entscheidung der Hauptversammlung über die Übertragung der Anteile der Minderheitsaktionäre zulässig ist, wird möglicherweise durch systematische Überlegungen bestätigt. Die Frage der Zulässigkeit der Aufnahme neuer Gesellschafter trotz Ausschlusses von Minderheitsaktionären stellt sich ebenso im Fall der Mehrheitseingliederung nach den §§ 320 ff. AktG. Auch hier kann die die Eingliederung betreibende Gesellschaft in Betracht ziehen, neue Aktionäre in die eingeglieder-

---

[65] *Fuhrmann/Simon*, WM 2002, 1211, 1212 re. Sp.; *Rathausky*, AG 2004, R 24 li. Sp.

[66] *Fleischer*, ZGR 2002, 757, 778; *Krieger*, BB 2002, 53, 62 re. Sp.

[67] Zwar führt auch eine Kapitalherabsetzung zu einem Absinken der Beteiligung. Allerdings wird das Kapital durch die regulären Möglichkeiten der Durchführung einer Kapitalherabsetzung (Herabsetzung der Aktiennennbeträge bei Nennbetragsaktien nach § 222 Abs. 4 Satz 1 AktG, bloße Herabsetzung der Grundkapitalziffer bei Stückaktien, Zusammenlegung der Aktien nach § 222 Abs. 4 Satz 2 AktG und Einziehung von Aktien nach den §§ 237 bis 239 AktG) anteilig bzw. quotenmäßig herabgesetzt, so dass eine Kapitalherabsetzung grundsätzlich nichts an der Beteiligungsquote des Hauptaktionärs verändern würde. Eine ungleiche Herabsetzung verstößt gegen das Gebot der Gleichbehandlung der Aktionäre und ist daher nur in Ausnahmefällen erlaubt, vgl. dazu *Krieger*, in: MünchHdb AG, § 60 Rn. 12.

te Gesellschaft, aus der die Minderheitsaktionäre zuvor ausgeschlossen wurden, aufzunehmen. Nach Ansicht von *Grunewald* und *Habersack* ist im Falle der Eingliederung von einem Rechtsmissbrauch auszugehen, wenn das Rechtsinstitut allein aus dem Zweck genutzt wurde, die Minderheitsaktionäre aus der eingegliederten Gesellschaft auszuschließen.[68] Eine solch eingeschränkte Zielsetzung sei dann anzunehmen, wenn geplant sei, kurz nach der Durchführung der Eingliederung neue Gesellschafter aufzunehmen. Denn durch die Aufnahme neuer Gesellschafter werde die Eingliederung nach § 327 Abs. 1 Nr. 3 AktG beendet. Der Gesichtspunkt, dass die Eingliederung bereits kurz nach ihrer Durchführung beendet wird, spreche dafür, dass mit ihr keine weitergehenden Zwecke verfolgt wurden. Diese Überlegungen können möglicherweise als Beurteilungsmaßstab auf das Squeeze-out-Verfahren erstreckt werden, da das Rechtsinstitut der Mehrheitseingliederung bei der Schaffung der §§ 327a ff. AktG die Vorlage bildete. Allerdings bliebe bei einer uneingeschränkten Übertragung dieses Gedankens unberücksichtigt, dass das Ausschlussverfahren nach den §§ 327a ff. AktG anders als die Mehrheitseingliederung ohnehin keinem, über den Ausschluss der Minderheitsaktionäre hinausgehenden Zweck dient. Selbst wenn die Aufnahme neuer Aktionäre dafür sprechen sollte, dass mit dem Squeeze-out allein bezweckt war, die Minderheitsaktionäre auszuschließen, könnte dies nicht als Ansatzpunkt für einen Missbrauch genommen werden. Systematische Gesichtspunkte bieten im Hinblick auf die Beurteilung der Zulässigkeit der Aufnahme neuer Aktionäre mithin keine Hilfestellung.

IV. Gesetzgeberische Vorgaben für die künftige Struktur der Gesellschaft?

Fraglich ist, ob durch eine teleologische Auslegung Aufschluss über die (Un-) Zulässigkeit der Aufnahme neuer Gesellschafter nach Ausschluss der Minderheitsaktionäre gewonnen werden kann. Dazu gebietet es sich, herauszuarbeiten, ob der hinter den §§ 327a ff. AktG stehende Gesetzeszweck darin besteht, dauerhaft nur einen einzigen Aktionär in der Gesellschaft zu belassen. Sinn und Zweck der den Ausschluss betreffenden Vorschriften ist es, die unternehmerische Initiative zu stärken, indem dem Hauptaktionär gestattet wird, sich der Minderheitsaktionäre zu entledigen, die für die Gesellschaft nach Ansicht des Gesetzgebers potentiell eine Belastung darstellen. Denn mit ihrer Beteiligung sei nicht nur die Gefahr einer missbräuchlichen Nutzung des Anfechtungsrechts verbunden, sondern auch enorme Kosten. Den insofern bestehenden Nachteilen für die Gesellschaft und deren Hauptaktionär stünden keine Vorteile gegenüber, da die Minderheitsaktionäre weder in der Lage seien, die gesellschaftlichen Tätigkeiten sinnvoll zu beeinflussen, noch böten sie für die Gesellschaft eine merkliche kapitalmäßige Unterstützung. Dieser Unausgeglichenheit von Vor- und Nachteilen der gesellschaftlichen Beteiligung von Minderheitsaktionären wollte der Gesetzgeber entgegenwirken. Dagegen entspricht es nicht dem gesetzgeberischen Willen, dem Hauptaktionär dauerhaft zu verbieten, für ihn als sinnvoll erscheinende neue Beteiligungen von erwünschten Personen zuzulassen. Die Minderheitsaktionäre bringen dem Hauptaktionär keinen Nutzen. Dies kann im Hinblick auf andere Investoren aber ganz anders aussehen. Zum einen ist es möglich, dass ein neuer Investor über eine größere als die zuvor von den Minder-

[68] *Grunewald*, in: MünchKommAktG, § 320 Rn. 8; *Habersack*, in: Emmerich/Habersack, § 320b Rn. 21.

heitsaktionären gehaltene Beteiligung am Grundkapital verfügen soll, die im Verhältnis zu den ihm als Aktionär zustehenden Rechten als sinnvoll erscheint. Zum anderen ist der Fall zu bedenken, dass ein neuer Investor zwar auch nur eine geringe Beteiligung am Grundkapital halten soll, er aber anders als durchschnittliche Minderheitsaktionäre über weiteres Kapital verfügt, das er bereit wäre, der Gesellschaft beispielsweise durch einen Kredit zur Verfügung zu stellen.[69] Des Weiteren kann es sein, dass ein Investor ein Know-how zu bieten hat, das für die Gesellschaft von Nutzen ist und das er dieser gegen Gewährung einer Beteiligung an der Gesellschaft zu überlassen bereit ist. Aus diesen Gründen kann der Hauptaktionär durchaus daran interessiert sein, wieder andere Personen an „seiner Gesellschaft“ zu beteiligen, und zwar unabhängig davon, wie hoch deren Beteiligung in der Gesellschaft sein wird. An einer Aufnahme neuer Gesellschafter dürfte dem Hauptaktionär umso mehr gelegen sein, wenn Strukturmaßnahmen, deren ungehinderte Durchführung nach dem Willen des Gesetzgebers durch die Möglichkeit des vorherigen Ausschlusses der Minderheitsaktionäre erleichtert werden soll, erst durch das zusätzliche Kapital oder Know-how eines neuen Investors tatsächlich verwirklicht werden können. Solche für den Hauptaktionär sinnvolle Beteiligungen würden verhindert, wenn man dem Gesetzgeber unterstellen würde, er habe mit dem Ausschlussrecht dem Hauptaktionär zugleich die zukünftige Struktur der Gesellschaft dahingehend vorgeschrieben, dass dieser auf Dauer Alleinaktionär bleiben muss. Dies hätte zur Folge, dass die unternehmerische Initiative letztlich nicht gestärkt, sondern stattdessen geschwächt würde. Ein Grundsatz, wonach es einem Hauptaktionär verwehrt ist, nach dem Ausschluss der Minderheitsaktionäre neue Gesellschafter an einer Aktiengesellschaft zu beteiligen, liefe dem Gesetzeszweck zuwider.

Dies gilt sogar für den Fall, dass ein zum Alleinaktionär gewordener früherer Hauptaktionär seine Gesellschaft nicht nur für bestimmte einzelne Investoren wieder öffnen möchte, sondern beispielsweise durch einen Börsengang für ein breites Publikum.[70] So wird es durchaus Fälle geben, in denen ein Hauptaktionär grundsätzlich nichts gegen eine Beteiligung von Minderheitsaktionären „in seiner Gesellschaft“ einzuwenden hat, zumal die Öffnung einer Gesellschaft für Kleinaktionäre auch die Reputation eines Unternehmens in der Öffentlichkeit verbessern kann. Verfolgt solch ein Hauptaktionär die Umsetzung einer für die Gesellschaft nützlichen Strukturmaßnahme und ist für ihn absehbar, dass er diese nicht ohne Hindernisse seitens der Minderheitsaktionäre verwirklichen kann, so wird er von der Möglichkeit Gebrauch machen, die Minderheitsaktionäre zuvor aus der Gesellschaft auszuschließen. Es ist kein Grund dafür ersichtlich, weshalb es diesem Hauptaktionär nicht gestattet sein soll, nach einer erfolgreichen Durchführung der angestrebten Strukturmaßnahme oder selbst für den Fall ihres Scheiterns die Gesellschaft wieder als Publikumsgesellschaft für interessierte Investoren zu öffnen. Das gesetzgeberische Ziel, dem Hauptaktionär die Durchführung von Strukturmaßnahmen zu erleichtern, ist ja bereits zuvor verwirklicht worden. Damit bleibt festzuhalten, dass die Aufnahme sowohl von

---

[69] In der Praxis dürfte es oftmals sogar der Fall sein, dass ein Kredit nur gewährt wird, wenn der Kreditgeber die Möglichkeit erhält, sich darüber hinaus an der Gesellschaft zu beteiligen. Denn gerade die Beteiligung an der Gesellschaft, die Begünstigte des Kredites ist, ermöglicht die Einsichtnahme in gesellschaftliche Vorgänge mit der Folge, dass bei die Rückzahlung des Kredits gefährdenden Geschehnissen rechtzeitig Gegenmaßnahmen eingeleitet werden können.

[70] *Fuhrmann/Simon*, WM 2002, 1211, 1214 re. Sp.; *Vetter*, AG 2002, 176, 186 re. Sp.

einzelnen als auch von vielen Aktionären in eine von einem Squeeze-out betroffene Gesellschaft mit dem Gesetzeszweck im Einklang steht.[71]

V. Zwischenergebnis

Die Auslegung der §§ 327a ff. AktG ergibt somit, dass es mit den hinter dem Ausschlussrecht stehenden gesetzgeberischen Zielen vereinbar ist, wenn ein Hauptaktionär nach der Beschlussfassung der Hauptversammlung über die Übertragung der Anteile neue Gesellschafter aufnimmt. Die Aufnahme neuer Gesellschafter ist demzufolge nicht als rechtsmissbräuchlich anzusehen.[72]

VI. Mögliche Einschränkungen des gefundenen Ergebnisses aufgrund des Drohpotentials des Hauptaktionärs

Zu untersuchen ist allerdings noch, ob das mit der Möglichkeit der Aufnahme neuer Aktionäre verbundene Drohpotential des Hauptaktionärs gegenüber den Minderheitsaktionären zu einer anderen Beurteilung Anlass gibt.[73] Ist für einen Hauptaktionär absehbar, dass Minderheitsaktionäre ihn in irgendeiner Form, insbesondere bei der Umsetzung von Strukturmaßnahmen stören werden, so kann er ihnen jederzeit androhen, sie im Wege eines Squeeze-out-Verfahrens aus der Gesellschaft zu verdrängen und gegebenenfalls andere Personen zu beteiligen. Zu berücksichtigen ist in diesem Zusammenhang, dass es einem Hauptaktionär gesetzlich gestattet ist, Minderheitsaktionäre zwangsweise aus einer Gesellschaft auszuschließen. Die Drohung mit dem zwangsweisen Ausschluss ist als Minus in der Befugnis zum Zwangsausschluss enthalten. Gleichwohl bedeutet dies nicht, dass eine Drohung damit automatisch zulässig ist, denn insofern könnte die Mittel-Zweck-Relation zur Verwerflichkeit führen. Mit der Androhung eines Ausschlusses wird ein Hauptaktionär in der Regel beabsichtigen, die Minderheitsaktionäre zum Unterlassen von Störungen und damit zu einem für ihn günstigen Verhalten zu bewegen. Ein bestimmtes Abstimmungsverhalten mittels seiner Drohung zu erreichen, dürfte hingegen nicht sein Ziel sein, da ein Hauptaktionär eine Strukturmaßnahme regelmäßig ohne Stimmen der Minderheitsaktionäre beschließen kann.[74] Dennoch mag sich die Androhung der Durchführung eines Ausschlussverfahrens auf einige Minderheitsaktionäre

---

[71] So auch *Fuhrmann/Simon*, WM 2002, 1211, 1214 re. Sp.; *Habersack*, in: Emmerich/Habersack, § 327a Rn. 30 a.E.; *Hamann*, S. 181; *Hasselbach*, in: Kölner Komm, WpÜG, § 327a AktG Rn. 57; *Markwardt*, BB 2004, 277, 285 li. Sp.

[72] Vgl. *Hamann*, S. 180 f., der des Weiteren untersucht, ob die Aufnahme neuer Aktionäre zu einer Vertrauensverletzung bei den ausgeschlossenen Minderheitsaktionären führt, was er im Ergebnis jedoch verneint.

[73] Vgl. auch *Hamann*, S. 182 ff., der ebenfalls die Gefahr sieht, dass der Squeeze-out als Sanktion für die Ausübung von Minderheitsrechten genutzt wird.

[74] Bei einer Kapitalbeteiligung von 95 % kann davon ausgegangen werden, dass der Hauptaktionär auch über die notwendige Stimmenmehrheit verfügt. Das Auseinanderfallen von Kapitalmehrheit und Stimmanteil, wie es im Falle der Ausgabe von stimmrechtslosen Vorzugsaktien gegeben sein kann, wird regelmäßig nicht ein derartiges Ausmaß erreichen, dass der Hauptaktionär außerstande wäre, mit (ausschließlich) seinen Stimmen einen positiven Beschluss herbeizuführen. Davon gehen auch *Fuhrmann/Simon*, WM 2002, 1211, 1213 li. Sp., aus, zumal der Hauptaktionär keinem generellen Stimmverbot unterliege. Vgl. dazu auch *Hasselbach*, in: Kölner Komm, WpÜG, § 327d AktG Rn. 10. *Hamann*, S. 183, weist insofern auch auf den Gedanken des rechtmäßigen Alternativverhaltens hin.

einschüchternd auswirken. Ihnen bleibt jedoch nachgelassen, auf die Drohung des Hauptaktionärs nicht zu reagieren. Selbst wenn dieser seine Drohung wahr machen sollte und ein Ausschlussverfahren durchführt, verlieren sie nichts, da ihnen eine Barabfindung zu gewähren ist. Zudem können sie auf die Drohung mit einer freiwilligen Veräußerung ihrer Anteile reagieren, zumal sie ohnehin jederzeit mit einem Ausschluss rechnen müssen, und zwar unabhängig davon, ob der Hauptaktionär diesen vorher angedroht hat oder nicht. Die Drohung mit der Durchführung eines Squeeze-out-Verfahrens ist daher nicht als rechtsmissbräuchlich einzustufen.[75]

Ohnehin sollte das Drohpotential eines Hauptaktionärs, über das dieser durch die Möglichkeit der Durchführung eines Ausschlussverfahrens verfügt, nicht überschätzt werden. In den meisten Fällen wird ein Hauptaktionär, wenn er von den Minderheitsaktionären Störungen erwartet, unmittelbar einen Squeeze-out veranlassen und nicht erst mit dessen Durchführung drohen. Denn die bloße Drohung bietet ihm keinerlei Gewissheit darüber, ob die Minderheitsaktionäre nicht doch versucht sind, die Maßnahme beispielsweise durch Erhebung einer Klage zu blockieren, wenn sie bereits durch ihre Stimmrechte nichts ausrichten können. Dieses Risiko wird ein Hauptaktionär erst gar nicht eingehen, sondern er wird, wenn eine wichtige Strukturmaßnahme bevorsteht, direkt die Durchführung eines Ausschlussverfahrens veranlassen. In der Praxis wird es daher wohl kaum Fälle geben, in denen ein Hauptaktionär mit der Durchführung eines Squeeze-out-Verfahrens droht, zumal sich eine solche Drohung nicht gut auf das „Betriebsklima" auswirkt.[76]

VII. Besonderheiten bei der Wiederaufnahme zuvor ausgeschlossener Minderheitsaktionäre

1. Potentielle Umgehung des Grundsatzes vom Ausschluss aus wichtigem Grund

Von der Zulässigkeit der Aufnahme neuer Gesellschafter könnte allerdings dann eine Ausnahme zu machen sein, wenn ein Hauptaktionär ein Squeeze-out-Verfahren veranlasst und noch während dessen Durchführung oder nach dessen Beendigung wieder einen einzelnen oder einige bestimmte Minderheitsaktionäre, die zuvor ausgeschlossen wurden, in die Gesellschaft aufnimmt. Anders als die Aufnahme bislang außenstehender Dritter könnte diese Vorgehensweise im Widerspruch zu dem Grundsatz des Ausschlusses aus wichtigem Grund stehen. Nach dieser Maxime, die ursprünglich nur im Personengesellschaftsrecht galt, inzwischen jedoch auch Geltung für das Kapitalgesellschaftsrecht inne hat, kann ein Gesellschafter nur bei Vorliegen eines in seiner Person wurzelnden wichtigen Grundes aus einer Gesellschaft ausgeschlossen werden. Indem ein Hauptaktionär nun aber von einem Squeeze-out-Verfahren Gebrauch machen kann, ist es ihm möglich, alle Minderheitsaktionäre aus einer Gesellschaft auszuschließen, ohne dass er gezwungen ist, für jeden einzelnen ausgeschlossenen Minderheitsaktionär den Nachweis eines individuellen Fehlverhaltens erbringen zu müssen. Durch die anschließende Wiederaufnahme einzelner früherer Minderheitsaktionäre erreichen er und die Gesellschaft eine „Bereinigung der Aktionärsstruktur", die ohne die Durchführung eines Squeeze-out-Verfahrens regel-

[75] *Hamann*, S. 183, lässt offen, ob die Androhung der Durchführung eines Squeeze-out-Verfahrens als treuwidrig zu qualifizieren ist, da seiner Ansicht nach keinesfalls ein „Durchschlagen" auf den Übertragungsbeschluss anzunehmen ist.

[76] *Hamann*, S. 184.

mäßig nicht erreichbar gewesen wäre, da der Hauptaktionär zumeist außerstande sein dürfte, für die nicht wieder aufgenommenen Minderheitsaktionäre einen in ihrer Person wurzelnden wichtigen Grund für den Ausschluss nachzuweisen. Von dem Grundsatz des Ausschlusses eines Gesellschafters bei Vorliegen eines in dessen Person wurzelnden Grundes sollte nach dem Willen des Gesetzgebers durch die Schaffung der §§ 327a ff. AktG keine für das Aktienrecht geltende Ausnahme statuiert werden. Vielmehr hatte er ein besonderes Verhältnis von Mehrheit und Minderheit in einer Gesellschaft vor Augen, bei dessen Vorliegen ein von dem Fehlverhalten eines einzelnen Gesellschafters losgelöster Ausschlussgrund gegeben sein soll. Eine weniger als 5 %ige Minderheit ist nach Ansicht des Gesetzgebers als solche mit derart schweren Nachteilen für einen Hauptaktionär und eine Gesellschaft verbunden, dass der Ausschluss der Minderheitsaktionäre gestattet wird. Es handelt sich um einen abstrakten Ausschlussgrund, der einem Hauptaktionär den Nachweis eines konkreten, in der Person der einzelnen auszuschließenden Minderheitsaktionäre liegenden Grundes erspart.[77] Anstelle eines in der Person des einzelnen Minderheitsaktionärs ruhenden wichtigen Grundes knüpft der Gesetzgeber das Recht zum Ausschluss aus der Gesellschaft an die von den Minderheitsaktionären in ihrer Gesamtheit ausgehenden abstrakten Gefahren und Nachteile. Dabei wird deutlich, dass der Gesetzgeber bei der Schaffung des Ausschlussverfahrens keine Ausnahme vom Grundsatz des Ausschlusses bei Vorliegen eines wichtigen Grundes statuiert hat. Einzelne Minderheitsaktionäre dürfen auch in Zukunft selbst für den Fall, dass ihre Beteiligung weniger als 5 % des Grundkapitals einer Gesellschaft ausmacht, nur dann ausgeschlossen werden, wenn in Bezug auf ihre Person ein wichtiger Grund gegeben ist. Dagegen darf ohne Vorliegen eines solchen konkreten Grundes nur die Gesamtheit der in der Gesellschaft verbliebenen Minderheitsaktionäre ausgeschlossen werden, wenn deren Beteiligung weniger als 5 % des Grundkapitals ausmacht. Es entspricht aber nicht dem gesetzgeberischen Willen, einem Hauptaktionär in Form des Squeeze-out-Rechts eine Art Ersetzungsbefugnis für einzelne, unliebsame Minderheitsaktionäre einzuräumen. Auf eine solche Ersetzungsbefugnis liefe es jedoch hinaus, wenn einem Hauptaktionär gestattet würde, während oder nach der Durchführung des Ausschlussverfahrens wieder einzelne, ausgesuchte Minderheitsaktionäre in die Gesellschaft aufzunehmen. Der Squeeze-out zielte in diesem Fall nicht auf die Verdrängung sämtlicher Minderheitsaktionäre ab, sondern nur auf den Ausschluss bestimmter Gesellschafter. In dieser Vorgehensweise liegt eine Umgehung des Grundsatzes vom Ausschluss eines Gesellschafters bei Vorliegen eines in dessen Person wurzelnden wichtigen Grundes.[78]

2. Erfordernis einer einzelfallabhängigen Betrachtung

Dies gilt allerdings nicht für jeden Fall der Wiederaufnahme eines zuvor ausgeschlossenen Minderheitsaktionärs. Wie bereits ausgeführt wurde, kann es manchmal als durchaus zulässig erscheinen, dass ein Hauptaktionär während oder nach Durchführung eines Squeeze-out-Verfahrens wieder Gesellschafter aufnimmt. So insbesondere dann, wenn der aufgenommene Aktionär der Gesellschaft von großem Nutzen ist, weil er ihr beispielsweise weiteres Kapital zur Verfügung stellen kann oder er

[77] *Kallmeyer*, AG 2000, 59 re. Sp.
[78] So wohl auch *Grzimek*, in: Geibel/Süßmann, WpÜG, Art. 7, § 327f AktG Rn. 11.

über Know-how verfügt, das der Gesellschaft Vorteile bringt. Denkbar ist aber durchaus, dass sich ein derartiges Interesse auf einen bestimmten Minderheitsaktionär konzentriert, während alle anderen Minderheitsaktionäre für den betroffenen Hauptaktionär oder die Gesellschaft keinen Nutzen bringen. In diesem Fall hat ein Hauptaktionär ein erhebliches Bedürfnis nach einem Verbleib dieses besonderen Minderheitsaktionärs, während die übrigen Minderheitsaktionäre für ihn die vom Gesetzgeber angesprochene Belastung bedeuten. Dann kann ein Hauptaktionär in Erwägung ziehen, sämtliche Minderheitsaktionäre mittels eines Squeeze-out-Verfahrens auszuschließen, um anschließend nur den einzelnen Minderheitsaktionär wieder an der Gesellschaft zu beteiligen. Auch in einem solchen Fall der Wiederaufnahme eines zuvor ausgeschlossenen Minderheitsaktionärs besteht der Makel einer möglichen Umgehung des Grundsatzes vom Ausschluss aus wichtigem Grund. Denn formell betrachtet hat sich der betreffende Hauptaktionär durch die Wiederaufnahme eines einzelnen Minderheitsaktionärs im Ergebnis den Nachweis eines in der Person der nicht wieder aufgenommenen Minderheitsaktionäre liegenden wichtigen Grundes erspart, der ihren Ausschluss rechtfertigen würde, und er hat gerade nicht die Minderheitsaktionäre in ihrer Gesamtheit aus der Gesellschaft verdrängt. Allerdings darf bezweifelt werden, ob es sich auch materiell um eine Umgehung des Prinzips handelt. Dies erscheint umso fraglicher, je größer der Gesellschafterkreis der betreffenden Gesellschaft ist. Man denke nur an eine Publikumsgesellschaft, in der es mehrere hundert Minderheitsaktionäre gibt. Wird hier ein Squeeze-out durchgeführt und lediglich ein Minderheitsaktionär, an dem der Hauptaktionär besonders interessiert ist, wieder an der Gesellschaft beteiligt, so erscheint es zweifelhaft, ob man im Hinblick auf die hunderte von nicht wieder aufgenommenen Minderheitsaktionäre davon sprechen kann, dass sie ohne Vorliegen eines in ihrer Person liegenden wichtigen Grundes aus der Gesellschaft gedrängt worden sind. Denn auch wenn der Fall der Wiederaufnahme eines Minderheitsaktionärs sicherlich dem äußeren Anschein nach anders gelagert ist als die Aufnahme eines bislang außenstehenden Dritten, so ist das Interesse des Hauptaktionärs an dem einzelnen (neuen) Gesellschafter letztlich dasselbe. Daher sollte die Wiederaufnahme eines zuvor ausgeschlossenen Minderheitsaktionärs nicht generell verboten werden, sondern es ist bei der Beurteilung einer derartigen Vorgehensweise in Bezug auf eine etwaige Rechtsmissbräuchlichkeit jeweils eine Entscheidung im Einzelfall zu treffen. Anstatt einer Gesellschaft oder deren Hauptaktionär die Verpflichtung aufzuerlegen, das Vorliegen eines in der Person der mehreren hundert ausgeschlossenen und nicht wieder aufgenommenen Minderheitsaktionäre jeweilig ruhenden Grundes nachzuweisen, sollte ihnen die Möglichkeit eingeräumt, zugleich aber auch von ihnen verlangt werden, im Rahmen eines Squeeze-out-Verfahrens mit anschließender Wiederaufnahme eines einzelnen Minderheitsaktionärs ein besonderes Interesse an dessen faktischen Verbleib in der Gesellschaft darzulegen und zu beweisen, um sich so vom Vorwurf eines rechtsmissbräuchlichen Verhaltens in Form der Umgehung des Grundsatzes vom Ausschluss aus wichtigem Grund zu befreien. Während es demzufolge nicht darauf ankommt, einen wichtigen Grund als Rechtfertigung für den Ausschluss der nicht wieder aufgenommenen Minderheitsaktionäre nachzuweisen, steht es einer Gesellschaft und damit nach Durchführung des Ausschlussverfahrens deren Hauptaktionär frei, ähnlich zu dem den Bezugsrechtsausschluss rechtfertigenden Gesellschaftsinteresse darzulegen und gegebenenfalls zu beweisen, dass durch die Wiederaufnahme und den dadurch erreichten faktischen Verbleib eines bestimmten Minderheitsaktionärs der Gesellschaftszweck im Rahmen des Unternehmensgegenstandes gefördert wird.[79] Durch die generelle Forderung nach einem in der Person des wieder aufgenommenen Minderheitsaktionärs ruhenden wichtigen Grund erübrigen sich zudem die Probleme, die ansonsten im Hinblick auf die Annahme einer Umgehungsabsicht bestünden. Man müsste nämlich im jeweiligen Einzelfall untersuchen, ob eine Gesellschaft und insofern insbesondere deren Hauptaktionär beim Ausschluss der Minderheitsaktionäre mit anschließender Wiederaufnahme einzelner in der Absicht gehandelt hat, den Grundsatz vom Ausschluss eines Gesellschafters bei Vorliegen eines wichtigen Grundes zu umgehen. Im Hinblick auf eine derartige Umgehungsabsicht könnte insbesondere dem zwischen dem Ausschlussverfahren und der Wiederaufnahme verstrichenen Zeitraum Indizwirkung zukommen. Wird ein bestimmter Minderheitsaktionär unmittelbar nach oder sogar noch während der Durchführung eines Squeeze-out-Verfahrens wieder in eine Gesellschaft aufgenommen, indem deren Hauptaktionär an ihn einige seiner Anteile veräußert, so ist die Wahrscheinlichkeit hoch, dass das Ausschlussverfahren mit anschließender Wiederaufnahme von vornherein darauf abzielte, die gewünschte Gesellschafterstruktur ohne den Nachweis eines in der Person der nicht wieder aufgenommenen Minderheitsaktionäre liegenden wichtigen Grundes herzustellen. Ist dagegen einige Zeit zwischen der Durchführung des Ausschlussverfahrens und der Wiederaufnahme eines speziellen Minderheitsaktionärs vergangen, spricht einiges dafür, dass der Squeeze-out im Zeitpunkt seiner Durchführung tatsächlich allein dem Zweck gedient hat, sämtliche Minderheitsaktionäre aus einer Gesellschaft zu verdrängen. Je mehr Zeit vergangen ist, umso größer ist die Wahrscheinlichkeit, dass sich die Umstände zwischenzeitlich dahingehend geändert haben, dass ein Hauptaktionär in der Beteiligung eines zuvor ausgeschlossenen Minderheitsaktionärs einen besonderen Nutzen für die Gesellschaft sieht. Allerdings ist es auch im Falle einer zeitlich verzögerten Wiederaufnahme nicht gänzlich ausgeschlossen, dass eine Umgehung des Grundsatzes vom Ausschluss aus wichtigem Grund vorliegt. So kann es zum Beispiel sein, dass ein Hauptaktionär mit der Wiederaufnahme extra eine Zeit abwartet, damit der Makel eines rechtsmissbräuchlichen Verhaltens verblasst. In diesem Fall müsste nachgewiesen werden, dass bereits bei Durchführung des Squeeze-out-Verfahrens beabsichtigt war, nach Ablauf einer gewissen „Anstandsfrist" einen bestimmten Minderheitsaktionär wieder an der Gesellschaft zu beteiligen. Der Nachweis einer Abrede, durch die einem einzelnen Minderheitsaktionär die Wiederaufnahme in die Gesellschaft zugesichert wird, während feststeht, dass alle übrigen Minderheitsaktionäre nicht wieder an der Gesellschaft beteiligt werden, dürfte aber nur schwerlich zu erbringen sein. Diese Problematik ist dann nicht gegeben, wenn man generell beansprucht, dass eine Gesellschaft einen den faktischen Verbleib eines Minderheitsaktionärs rechtfertigenden, in seiner Person ruhenden wichtigen Grund darzulegen und zu beweisen hat. Dieser Nachweis ist unabhängig davon zu erbringen, ob die Wiederaufnahme bereits während des Ausschlussverfahrens, unmittelbar danach oder erst einige Zeit später erfolgt.

Der Nachweis eines in der Person des wieder aufgenommenen Minderheitsaktionärs liegenden wichtigen Grundes reicht allerdings dann nicht aus, um die Wiederaufnahme bestimmter Minderheitsaktionäre zu rechtfertigen, wenn ein Hauptaktionär

---

[79] Vgl. zum Gesellschaftsinteresse als eine materielle Voraussetzung des Bezugsrechtsausschlusses *Hüffer*, AktG, § 186 Rn. 26.

die Gesellschaft wieder für ein breites Publikum öffnet. In diesem Fall ist es dem Hauptaktionär einer Gesellschaft zwar nicht verwehrt, neben bislang außenstehenden Dritten auch zuvor ausgeschlossene Minderheitsaktionäre an der Gesellschaft zu beteiligen. Denn es ist kein Grund dafür ersichtlich, weshalb ehemalige Minderheitsaktionäre gegenüber Dritten schlechter stehen sollten, nur weil sie bereits einmal an der betreffenden Gesellschaft beteiligt waren. Soll sich jeder außenstehende Dritte an einer Gesellschaft beteiligen können, ohne dass er dieser von besonderem Nutzen sein muss, so kann von den Minderheitsaktionären, die sich ebenfalls wieder beteiligen wollen, insofern nichts anderes verlangt werden. Dies schließt es allerdings aus, zwischen den einzelnen Minderheitsaktionären dahingehend zu differenzieren, inwiefern ein in ihrer Person wurzelnder wichtiger Grund für ihre Wiederaufnahme in die Gesellschaft gegeben ist. Den Minderheitsaktionären ist demzufolge gleicher Zugang in die Gesellschaft zu ermöglichen und dem Hauptaktionär ist es nicht gestattet, mit dem Hinweis, dass nur ein ganz bestimmter Minderheitsaktionär der Gesellschaft Nutzen bringt, anderen Minderheitsaktionären eine Beteiligung zu verweigern.

3. Ergebnis

Als Ergebnis bleibt damit festzuhalten, dass die Durchführung eines Squeeze-out-Verfahrens mit anschließender Wiederaufnahme eines zuvor ausgeschlossenen Minderheitsaktionärs dann als rechtsmissbräuchlich zu qualifizieren ist, wenn es keinen in der Person des wieder aufgenommenen Minderheitsaktionärs liegenden wichtigen Grund gibt, der seinen faktischen Verbleib in der Gesellschaft gegenüber dem Ausschluss der anderen Minderheitsaktionäre zu rechtfertigen vermag. Denn durch die gezielte Wiederaufnahme eines bestimmten Minderheitsaktionärs ohne Nachweis eines besonderen Gesellschaftsinteresses wird der Grundsatz vom Ausschluss eines Gesellschafters (nur) bei Vorliegen eines in seiner Person ruhenden wichtigen Grundes umgangen.[80] Die Umgehung ist nicht erst in der Wiederaufnahme des einzelnen Minderheitsaktionärs angelegt, sondern bereits im Ausschlussverfahren selbst, da dieses nicht zu dem Zwecke vollzogen wird, sämtliche Minderheitsaktionäre aus der Gesellschaft zu verdrängen. Den ausgeschlossenen und nicht wieder aufgenommenen Minderheitsaktionären muss es daher gestattet werden, sich gegen ihren Ausschluss zur Wehr zu setzen. Dies sollte in der Form einer Nichtigkeitsklage gegen den Übertragungsbeschluss geschehen. Regelmäßig sind Verletzungen der Treuepflicht, Verstöße gegen den Gleichbehandlungsgrundsatz und Rechtsmissbräuche zwar nicht mit der Nichtigkeits-, sondern mit der Anfechtungsklage nach § 243 Abs. 1 und 2 AktG anzugreifen, da es sich bei ihnen grundsätzlich um bloße Anfechtungs- und nicht um Nichtigkeitsgründe handelt.[81] Allerdings gilt dies nur dann, wenn es um Einzelfälle geht, die durch eine Anfechtung hinreichend sanktioniert

[80] Diese Grundsätze müssen auch für den Fall gelten, dass ein Minderheitsaktionär einem Hauptaktionär, der bereits über 95 % der Anteile am Grundkapital der Gesellschaft verfügt, seine Anteile übereignet und nach der Durchführung des Squeeze-out-Verfahrens wieder aufgenommen wird. In diesem Fall wird der später wieder aufgenommene Minderheitsaktionär nicht durch den Squeeze-out ausgeschlossen. Der Ausschluss diente damit formell der Verdrängung sämtlicher Minderheitsaktionäre aus der Gesellschaft. Letztlich wurde durch diese Vorgehensweise aber dennoch das Ergebnis herbeigeführt, das eigentlich nur im Falle des Ausschlusses aus wichtigem Grund gegeben wäre.
[81] *Hüffer*, in: MünchKommAktG, § 241 Rn. 70.

werden. Denn in Einzelfällen könnten die durch einen Verstoß betroffenen Aktionäre ohnehin auf den Schutz der genannten Rechtsinstitute verzichten.[82] In dem hier interessierenden Fall ist neben dem Rechtsmissbrauch zugleich eine Ungleichbehandlung gegeben, da es an einem Grund fehlt, der die Wiederaufnahme des einzelnen Minderheitsaktionärs gegenüber dem Ausschluss der übrigen rechtfertigt. Von der Ungleichbehandlung sind hier gerade nicht einzelne Aktionäre betroffen, sondern die Gesamtheit derjenigen Minderheitsaktionäre, die nicht wieder an der Gesellschaft beteiligt werden. Da es sich demnach nicht um bloße Einzelfälle handelt, erscheint es gerechtfertigt, den Minderheitsaktionären die Erhebung einer Nichtigkeitsklage zu gestatten. Dies gilt umso mehr, als ihnen bei einer Verweisung auf den Rechtsbehelf der Anfechtungsklage für den Fall, dass die Wiederaufnahme erst einige Zeit nach der Durchführung des Squeeze-out-Verfahrens stattfindet, jegliche Rechtsschutzmöglichkeit genommen wäre. Für die ausgeschlossenen Minderheitsaktionäre ist die etwaige Rechtsmissbräuchlichkeit erst dann erkennbar, wenn ein einzelner von ihnen wieder aufgenommen wird. In diesem Fall wird die einmonatige Anfechtungsfrist des § 246 Abs. 1 AktG nach der Beschlussfassung über die Übertragung der Anteile in der Regel abgelaufen sein, so dass eine Anfechtung nicht mehr möglich wäre. Den Minderheitsaktionären stünden dann keine Rechtsmittel mehr zur Verfügung, um gegen einen etwaigen Rechtsmissbrauch vorzugehen. Ihnen ist daher die Erhebung einer Nichtigkeitsklage zu gestatten. Innerhalb des gerichtlichen Verfahrens muss die Gesellschaft dann darlegen und beweisen, dass ein in der Person des zuvor ausgeschlossenen Minderheitsaktionärs begründetes besonderes Interesse an seiner Wiederaufnahme in die Gesellschaft besteht. Gelingt ihr dies, so befreit sie sich vom Vorwurf des rechtsmissbräuchlichen Verhaltens.

§ 13 Durchführung eines Squeeze-out-Verfahrens nach vorheriger Aufnahme von Aktionären

I. Akquirierung von Investoren

Vorstellbar erscheint im Zusammenhang mit der Durchführung eines Squeeze-out-Verfahrens auch folgende Konstellation: Ein Hauptaktionär bewegt im Rahmen einer Gesellschaftsgründung oder einer Kapitalerhöhung Personen zum Erwerb von Anteilen an der Gesellschaft. Nach dem Anteilserwerb veranlasst er die Durchführung eines Ausschlussverfahrens. Die Hauptversammlung beschließt daraufhin die Übertragung sämtlicher Anteile auf den Hauptaktionär mit der Folge, dass im Zeitpunkt der Eintragung des Übertragungsbeschlusses im Handelsregister alle Anteile auf den Hauptaktionär übergehen und auch die von ihm akquirierten Erwerber aus der Gesellschaft ausscheiden.

II. Ansichten der rechtswissenschaftlichen Literatur

Dieser Geschehensablauf sieht sich nach Ansicht von *Fleischer*, *Grunewald* und *Habersack* dem Vorwurf der Rechtsmissbräuchlichkeit ausgesetzt. Der Rechtsmissbrauch soll darauf beruhen, dass der Hauptaktionär durch die Veranlassung zum Erwerb von Aktien einen Vertrauenstatbestand schaffe, indem er den Eindruck er-

---

[82] *Hüffer*, in: MünchKommAktG, § 241 Rn. 70.

wecke, es handele sich um eine dauerhafte Kapitalanlage. Zu diesem Vorverhalten setze sich der Hauptaktionär durch sein späteres Ausschlussverlangen in Widerspruch („venire contra factum proprium").[83] Von *Markwardt* wird in diesem Zusammenhang vorgetragen, dass eine Aufforderung zum Anteilserwerb mit späterer Durchführung eines Ausschlussverfahrens dann problematisch sei, wenn die Neuaktionäre bei dem auf Veranlassung des Hauptaktionärs erfolgenden Erwerb der Anteile mehr investiert haben, als sie als Ausgleich für den Verlust ihrer Beteiligung bei dem späteren Ausschluss erhalten. In diesem Fall müsse der Gesichtspunkt der Veranlassung zum Anteilserwerb bei der Bemessung der Abfindung Berücksichtigung finden.[84]

III. Stellungnahme

Diese Überlegungen vermögen nicht zu überzeugen. Die Ausführungen zu einem möglichen widersprüchlichen Verhalten lassen eine Auseinandersetzung mit dem Gesichtspunkt vermissen, dass die Erwerber der Anteile bereits im Zeitpunkt des Erwerbs wissen, dass der Hauptaktionär sie gegen ihren Willen aus der Gesellschaft ausschließen kann, wenn ihre Beteiligung am Grundkapital weniger als 5 % ausmacht. Unabhängig von der Art und Weise, in der sie zum Erwerb der Aktien bewegt worden sind, können die Erwerber demnach nicht von einer „dauerhaften Kapitalanlage" ausgehen, es sei denn, es wurde von Seiten des Hauptaktionärs ausdrücklich zugesichert, dass ein Squeeze-out-Verfahren in Zukunft nicht durchgeführt werde. Demzufolge fehlt es grundsätzlich an einer Vertrauensgrundlage. Die zum Erwerb der Aktien aufgeforderten Gesellschafter sind daher nicht schutzwürdiger als andere Minderheitsaktionäre, die mit bis zu 5 % an einer Gesellschaft beteiligt sind.[85] Zudem erscheint die von *Fleischer*, *Grunewald* und *Habersack* in die Diskussion eingebrachte Fallkonstellation weitgehend theoretisch. In der Praxis dürfte das von ihnen geschilderte Szenario allenfalls im Zusammenhang mit einer Sachgründung oder Sachkapitalerhöhung auftreten. Hier ist vorstellbar, dass ein Hauptaktionär ein besonderes Interesse an der Einbringung einer bestimmten Sache in die Gesellschaft hat und er zu diesem Zwecke Aktionäre anwirbt. Nach der Verwirklichung seines Ziels, also nach der Einbringung der begehrten Sache durch die Neuaktionäre kann der Hauptaktionär diese aus der Gesellschaft ausschließen. Was die reine Bargründung oder Barkapitalerhöhung anbelangt, ist für die Praxis hingegen kein Grund dafür ersichtlich, weshalb sich ein Hauptaktionär dazu entschließen sollte, andere zum Erwerb einer Beteiligung zu veranlassen und sie anschließend wieder auszuschließen. Das Kapital, das von den Neuaktionären eingebracht wird, ist dem Hauptaktionär insofern nicht von Nutzen, als es das Volumen der im Falle eines Squeeze-out-Verfahrens zu zahlenden Barabfindung zusätzlich erhöht. Muss ein Hauptaktionär ohnehin Mittel aufbringen, die notwendig sind, um den Minderheitsaktionären beim Ausschluss die gesetzlich zustehende Abfindung gewähren zu können, kann er diese Mittel auch dazu verwenden, die Anteile im Vorfeld selbst zu erwerben. Eine vorherige Aufforderung zum Erwerb von Aktien erübrigt sich damit.

---

[83] *Fleischer*, ZGR 2002, 757, 785 f.; *Grunewald*, in: MünchKommAktG, § 327a Rn. 28; *Habersack*, in: Emmerich/Habersack, § 327a Rn. 30. Vgl. auch *Rühland*, S. 248. Offen gelassen bei OLG Düsseldorf AG 2004, 207, 209 re. Sp.

[84] *Markwardt*, BB 2004, 277, 286 li. Sp.

[85] So auch *Markwardt*, BB 2004, 277, 286 li. Sp.

Der von *Markwardt* hervorgehobene Aspekt, dass die Neugesellschafter nicht schutzwürdiger als andere Minderheitsaktionäre seien, muss auch im Hinblick auf die Bemessung der den Erwerbern zu gewährenden Barabfindung gelten. Es stellt eine Inkonsequenz dar, die Veranlassung zum Erwerb von Anteilen in Bezug auf die Beurteilung der Rechtmäßigkeit des Ausschlusses als unbeachtlich anzusehen, sie aber bei der Festlegung der Barabfindung als Anlass für eine andere Bewertung zu nehmen. Auch für andere Minderheitsaktionäre ist nicht sichergestellt, dass sie im Falle eines Ausschlusses aus der Gesellschaft zumindest das erhalten, was sie im Zeitpunkt des Erwerbs ihrer Beteiligung in die Gesellschaft investiert haben. Nichts anderes kann für die hier erörterte Konstellation gelten. Die Erwerber können weder darauf vertrauen, eine dauerhafte Kapitalanlage zu erwerben, noch darauf, dass die Höhe der Investition auf Dauer garantiert ist.

IV. Ergebnis

Daraus ergibt sich, dass eine vom Hauptaktionär ausgehende Veranlassung zum Erwerb von Anteilen vor Durchführung eines Squeeze-out-Verfahrens nicht zur Rechtsmissbräuchlichkeit des Übertragungsbeschlusses führt.[86]

§ 14 Verwirkung des Ausschlussrechts

I. Zeitablauf nach Überschreiten der Beteiligungsschwelle

Fraglich ist darüber hinaus, wie der Fall zu beurteilen ist, dass ein Aktionär 95 % der Anteile am Grundkapital einer Gesellschaft erlangt, nach dem Überschreiten der Beteiligungsschwelle zunächst aber noch kein Squeeze-out-Verfahren durchführt. Tritt ein solcher Hauptaktionär einige Zeit nach dem Erwerb der für den Ausschluss erforderlichen Kapitalbeteiligung an die Gesellschaft heran und verlangt von dieser die Einberufung der Hauptversammlung, um dort die Übertragung sämtlicher Anteile auf sich zu beschließen, so stellt sich die Frage, ob der Übertragungsbeschluss infolge des Zeitablaufs nach Erlangung der 95 %igen Kapitalbeteiligung als rechtsmissbräuchlich zu qualifizieren ist.

II. Die Ansicht von *Fleischer*

Von *Fleischer* wird vorgetragen, dass die Grundsätze der Verwirkung relevant werden könnten, wenn der Hauptaktionär nach Erlangung der 95 %igen Kapitalbeteiligung bis zur tatsächlichen Ausübung des Ausschlussrechts eine „ungebührlich lange Zeit" vergehen lässt. Dass von Seiten des Gesetzgebers keine festen zeitlichen Grenzen für die Ausübung des Ausschlussrechts festgeschrieben wurden, bedeute nicht, dass eine Verwirkung von vornherein nicht möglich sei.[87] Ob der Hauptaktionär sein Ausschlussrecht verwirkt habe, beurteile sich im Einzelfall wesentlich danach, in welchem Maße er einen Vertrauenstatbestand geschaffen hat und wie schutzbedürftig die Minderheitsaktionäre sind.[88]

---

[86] Eine andere Beurteilung ist lediglich für den Fall denkbar, dass ein Hauptaktionär den Erwerbern zugesichert hat, er werde in Zukunft keinen Squeeze-out durchführen.
[87] *Fleischer*, ZGR 2002, 757, 786.
[88] *Fleischer*, ZGR 2002, 757, 786.

III. Kritische Würdigung

Der von *Fleischer* angedachte Fall einer Verwirkung des Ausschlussrechts kann allenfalls in besonders gelagerten Ausnahmefällen auftreten. Denn grundsätzlich ist eine Verwirkung aufgrund der Unbefristetheit des Ausschlussrechts abzulehnen. Gerade dadurch, dass der Gesetzgeber dem Hauptaktionär nicht vorgeschrieben hat, innerhalb welchen Zeitraums dieser nach Erlangung der mindestens 95 %igen Kapitalbeteiligung den Squeeze-out durchzuführen hat, wird der unternehmerischen Flexibilität Rechnung getragen. Der Hauptaktionär wird in die Lage versetzt, die Minderheitsaktionäre zu einem ihm günstigen Zeitpunkt auszuschließen. Sieht er zunächst kein Bedürfnis oder ist er bei Erlangung der Beteiligung an einem Ausschluss überhaupt nicht interessiert, so ist nicht einzusehen, weshalb er gezwungen sein soll, die Minderheitsaktionäre aus der Gesellschaft auszuschließen, um sich des Ausschlussrechts nicht dauerhaft zu begeben. Die Verhältnisse können sich ändern, wodurch ein Squeeze-out zu späterer Zeit als angebracht erscheint. Es würde das unternehmerische Ermessen ungerechtfertigt einschränken, würde man einem Hauptaktionär die Durchführung eines Ausschlussverfahrens nur aus dem Grunde verbieten wollen, weil er zunächst keinerlei Anstalten zum Ausschluss gemacht hat.[89] Müsste ein Hauptaktionär stets befürchten, die ihm von Gesetzes wegen unbefristet eingeräumte Ausschlussmöglichkeit zu verwirken, so ist zu erwarten, dass Hauptaktionäre zukünftig unmittelbar nach Erlangung der erforderlichen Kapitalbeteiligung einen Squeeze-out – zu einem möglicherweise wenig sinnvollen Zeitpunkt – durchführen, nur um ihr Ausschlussrecht nicht zu verlieren. An einem an sich unnötigen Ausschluss kann aber auch den Minderheitsaktionären nicht gelegen sein.

IV. Ergebnis

Der Umstand, dass ein Hauptaktionär die Minderheitsaktionäre nicht unmittelbar nach Überschreiten der 95 %-Beteiligungsschwelle aus der Gesellschaft ausschließt, führt mithin nicht zur Verwirkung des Ausschlussrechts. Die spätere Durchführung des Squeeze-out-Verfahrens ist aus diesem Grunde nicht als rechtsmissbräuchlich zu bewerten.[90] Allenfalls dann, wenn besondere vertrauensbildende Umstände hinzutreten, ist daran zu denken, ob eine Verwirkung anzunehmen ist. Dies dürfte jedoch den Ausnahmefall darstellen.

§ 15 Ausschluss der Minderheitsaktionäre zur Unzeit

Läuft ein Hauptaktionär demnach keine Gefahr, durch Verstreichenlassen eines längeren Zeitraums nach Erlangung der mindestens 95 %igen Kapitalbeteiligung das Recht zum Ausschluss der Minderheitsaktionäre zu verlieren, so kann er mit der Durchführung des Ausschlussverfahrens solange warten, bis sich für ihn ein Zeitpunkt als günstig erweist. Der Ausschluss kann dazu führen, dass den Minderheitsaktionären eine außergewöhnliche Geschäftschance entgeht, die dann ganz allein vom Hauptaktionär realisiert wird. War dies vom Hauptaktionär bezweckt und hat er aus diesem Grunde den Zeitpunkt für den Squeeze-out bewusst gewählt, so stellt

---

[89] *Markwardt*, BB 2004, 277, 286 li. Sp.

[90] So auch *Grunewald*, in: MünchKommAktG, § 327a Rn. 26.

sich die Frage, ob eine derartige Nutzung des Ausschlussrechts den Übertragungsbeschluss rechtsmissbräuchlich macht.[91] In Erwägung gezogen werden könnte diese Überlegung aufgrund der Ausführungen des Bundesgerichtshofs in der *„Linotype"*-Entscheidung, in der das Gericht festgestellt hat, dass eine Auflösung unter Umständen zur „Unzeit" erfolgen kann.[92] Eine genauere Betrachtung der vom Bundesgerichtshof getroffenen Aussagen ergibt, dass die eingangs geschilderte Konstellation nicht mit dem vom Gericht beurteilten Sachverhalt übereinstimmt. Zwischen dem Institut der übertragenden Auflösung, das Gegenstand der Entscheidung war, und dem Squeeze-out gibt es wesentliche Unterschiede, die eine andere Beurteilung rechtfertigen. Bei der übertragenden Auflösung besteht der Ausgleich für die Minderheitsaktionäre, den diese für den Verlust ihrer Beteiligung erhalten, in dem Erlös, der aus der Liquidation der Gesellschaft auf sie anteilig entfällt. Bei dem Liquidationserlös handelt es sich um den für die Veräußerung des Gesellschaftsvermögens gezahlten Kaufpreis, der spätere Gewinnchancen nicht beinhaltet. Anders stellt sich die Lage beim Squeeze-out dar. In die den Minderheitsaktionären zu gewährende Barabfindung fließen künftige unternehmerische Chancen mit ein, soweit sie zum Bewertungsstichtag bereits in den Verhältnissen der Gesellschaft angelegt sind. Die so genannte Wurzeltheorie bildet ein zeitliches Korrektiv, das für eine gerechte Aufteilung von Geschäftschancen zwischen Hauptaktionär und Minderheitsaktionären sorgt. Die Minderheitsaktionäre sind daher hinreichend geschützt.[93] Das Problem eines Ausschlusses zur „Unzeit" stellt sich anders als bei der übertragenden Auflösung demnach nicht. Zudem ist zu berücksichtigen, dass der Bundesgerichtshof für den Fall einer Auflösung zur „Unzeit" den Minderheitsaktionären ohnehin lediglich einen Schadensersatzanspruch eingeräumt hat. Der Beschluss als solcher wird hingegen nicht berührt. Selbst wenn ein Hauptaktionär einen für ihn günstigen Zeitpunkt für den Squeeze-out auswählt, stellt sich der Ausschluss der Minderheitsaktionäre folglich nicht als rechtsmissbräuchlich dar.

2. Abschnitt. Durchführung eines Squeeze-out-Verfahrens nach vorheriger Schaffung der Ausschlussvoraussetzungen

In der Praxis gibt es oftmals Fälle, in denen ein Aktionär zwar die Mehrheit des Kapitals inne hat, die von ihm gehaltene Beteiligung am Grundkapital jedoch nicht die für die Durchführung eines Squeeze-out-Verfahrens erforderliche 95 %-Schwelle erreicht. Demzufolge ist ein Ausschluss der anderen Aktionäre nicht gestattet. Möchte ein Mehrheitsaktionär die Stellung als Alleingesellschafter erlangen, so kann er versuchen, den übrigen Aktionären deren Anteile abzukaufen. Sind sämtliche Aktionäre zur Veräußerung ihrer Beteiligung bereit, hat der Mehrheitsaktionär sein Ziel erreicht. Lehnen hingegen einzelne Aktionäre das Angebot ab, so kommt es entscheidend darauf an, ob er durch den Hinzuerwerb zumindest die 95 %-Schwelle in Bezug auf das Grundkapital erreicht. Ist dies der Fall, so kann er die nicht veräußerungswilligen Aktionäre mittels eines Squeeze-out-Verfahrens aus der Gesellschaft ausschließen. Bleibt die Beteiligung des Mehrheitsaktionärs stattdessen weiterhin hinter der für einen Ausschluss erforderlichen Kapitalbeteiligung zurück, so wird dieser nach Mitteln

---

[91] Vgl. *Hamann*, S. 178 f., der diese Frage aufwirft.
[92] BGHZ 103, 184, 189 *„Linotype"*.
[93] So auch *Hamann*, S. 180.

und Wegen suchen, die zur Durchführung des Ausschlussverfahrens erforderliche Beteiligungsschwelle zu erreichen.

§ 16 Erwerb der notwendigen Kapitalbeteiligung im Wege einer Kapitalerhöhung unter Ausschluss des Bezugsrechts

I. Durchführung einer Kapitalerhöhung mit Bezugsrechtsausschluss

Der Mehrheitsaktionär kann, wenn er über eine satzungsändernde Mehrheit von mindestens 75 % des in der Hauptversammlung vertretenen Grundkapitals verfügt, die Durchführung einer Kapitalerhöhung mit Bezugsrechtsausschluss in die Wege leiten, um in deren Rahmen seine Beteiligung auszubauen. Durch eine Kapitalerhöhung unter Bezugsrechtsausschluss wird die Beteiligung der vom Bezug ausgeschlossenen Aktionäre quotenmäßig verringert, was theoretisch sogar zum gänzlichen Verlust der gesellschaftlichen Beteiligung führen kann. Währenddessen wächst die Quote des zum Bezug berechtigten Mehrheitsaktionärs an. Dieser kann durch das Anwachsen seiner Beteiligungsquote unter gleichzeitiger Verminderung der Beteiligung der übrigen Aktionäre die nach § 327a Abs. 1 Satz 1 AktG erforderliche 95 %ige Beteiligung am Grundkapital erlangen. Abhängig von der von ihm bereits zuvor gehaltenen Beteiligung und dem Umfang der Kapitalerhöhung kann dies stufenweise, das heißt, durch die Durchführung mehrerer Kapitalerhöhungen mit Bezugsrechtsausschluss geschehen, oder aber in einem Schritt, also durch nur eine Kapitalerhöhung unter Ausschluss des Bezugsrechts. Obwohl der Mehrheitsaktionär ursprünglich gerade nicht die erforderliche Beteiligungsschwelle inne hatte, sondern nur über eine satzungsändernde Mehrheit verfügte mit der Folge, dass er nicht zum Ausschluss der Minderheitsaktionäre berechtigt war, sind nach der Durchführung der Kapitalerhöhung(en) mit Bezugsrechtsausschluss formell die Voraussetzungen für ein Ausschlussverfahren gegeben. Allerdings könnte eine solche Vorgehensweise im Widerspruch zu den in den §§ 327a ff. AktG enthaltenen Wertungen des Gesetzgebers stehen, was zur Folge hätte, dass sie als rechtsmissbräuchlich zu qualifizieren wäre.

II. Vorgaben der §§ 327a ff. AktG für den Beteiligungserwerb

Die Regelungen der §§ 327a ff. AktG enthalten ihrem Wortlaut nach keine Aussage darüber, wie ein Hauptaktionär die erforderliche Beteiligung erlangt haben muss. Das Recht, ein Squeeze-out-Verfahren durchzuführen, wird allein an die Innehabung der 95 %igen Kapitalbeteiligung im Zeitpunkt des Verlangens und des Übertragungsbeschlusses geknüpft, ohne dass auf das Zustandekommen dieser Beteiligung abgestellt wird. Die Art des Erreichens der Beteiligungsschwelle ist demzufolge unerheblich.[94] Es ist aus Sicht der Squeeze-out-Regelungen mithin möglich, dass ein früherer (bloßer) Mehrheitsaktionär erst durch eine Kapitalerhöhung mit Bezugsrechtsausschluss die zur Durchführung des Ausschlussverfahrens erforderliche Beteiligung erlangt hat. Es handelt sich nicht um ein Problem der §§ 327a ff. AktG, sondern um eine dem Ausschluss vorgelagerte Problematik, nämlich um die Rechtmäßigkeit der betreffenden Kapitalerhöhung unter Bezugsrechtsauschluss, wenn diese dazu dienen soll, einem Mehrheitsaktionär die nach § 327a Abs. 1 Satz 1 AktG

[94] *Gesmann-Nuissl*, WM 2002, 1205, 1207 li. Sp.; *Grunewald*, ZIP 2002, 18, 18/19.

erforderliche 95 %ige Kapitalbeteiligung zu verschaffen.[95] Auf Grund der engen Verknüpfung mit dem Squeeze-out-Verfahren und möglicher Auswirkungen auf dessen Rechtmäßigkeit soll untersucht werden, wie eine solche Kapitalerhöhung rechtlich zu beurteilen ist.

III. Beurteilung der Rechtmäßigkeit einer Kapitalerhöhung unter Ausschluss des Bezugsrechts zum Zwecke der Erlangung der Hauptaktionärseigenschaft

1. Voraussetzungen des Bezugsrechtsausschlusses

Das Bezugsrecht als subjektives Recht eines jeden Aktionärs ist nicht nur in wirtschaftlicher, sondern auch in rechtlicher Hinsicht von besonderer Bedeutung. Es ermöglicht jedem Aktionär, im Falle einer Kapitalerhöhung seine Beteiligung am Grundkapital und seine Stimmrechtskraft in der Gesellschaft quotal zu erhalten.[96] Erfolgt die Kapitalerhöhung unter Ausschluss des Bezugsrechts, so kann der durch § 186 Abs. 1 Satz 1 AktG gewährte Schutz nicht durchgreifen. Um den Ausfall des gesetzlichen Aktionärsschutzes auf die unausweichlichen Fälle zu beschränken, ist der Ausschluss des Bezugsrechts an strenge Voraussetzungen geknüpft. So sieht das Aktiengesetz zunächst formelle Erfordernisse vor. Das Bezugsrecht kann nach § 186 Abs. 3 Satz 1 AktG nur im Beschluss über die Erhöhung des Grundkapitals ausgeschlossen werden. Der Ausschluss des Bezugsrechts ist demnach untrennbarer Bestandteil des in den Zuständigkeitsbereich der Hauptversammlung fallenden Kapitalerhöhungsbeschlusses, welcher nach § 186 Abs. 3 Satz 2 AktG von einer qualifizierten Mehrheit des bei der Beschlussfassung vertretenen Grundkapitals gefasst werden muss. Dies darf gemäß § 186 Abs. 4 Satz 1 AktG nur geschehen, wenn die Absicht der Ausschließung des Bezugsrechts ausdrücklich und ordnungsgemäß bekannt gemacht worden ist. Nach der Regelung des § 186 Abs. 4 Satz 2 AktG ist zusätzlich erforderlich, dass der Vorstand über den Grund des Bezugsrechtsausschlusses sowie den Ausgabebetrag schriftlich Bericht erstattet. Die Erfüllung dieser formalen Erfordernisse ist von dem mit dem Bezugsrechtsausschluss verfolgten Zweck unabhängig. Daher bereiten die gesetzlich geforderten Formalia selbst für den Fall, dass eine Kapitalerhöhung mit Bezugsrechtsausschluss dazu dient, einem Mehrheitsaktionär das Erreichen der 95 %-Beteiligungsschwelle zu ermöglichen, keine besonderen Probleme. Bedenken bestehen jedoch im Hinblick auf die materiellen Voraussetzungen eines Bezugsrechtsausschlusses. Diese sind zwar nicht in den Regelungen des § 186 Abs. 3 und 4 AktG zum Bezugsrechtsausschluss ausdrücklich genannt. Durch die Rechtsprechung wurden jedoch im Hinblick auf den mit dem Ausschluss verbundenen schweren Eingriff in die Rechtsstellung der vom Bezug ausgeschlossenen Aktionäre über die genannten formellen Erfordernisse hinausgehende Anforderungen an die Rechtmäßigkeit eines Bezugsrechstausschlusses festgelegt. Seit der grundlegenden *„Kali & Salz“*-Entscheidung des Bundesgerichtshofs im Jahre 1978 ist ein Beschluss, durch den das Bezugsrecht ausgeschlossen wird, einer materiellen Kontrolle zu unterziehen, innerhalb derer zu prüfen ist, ob es für den Ausschluss eine sachliche Rechtfertigung gibt.[97] Sachlich gerecht-

[95] *Hasselbach*, in: Kölner Komm, WpÜG, § 327a AktG Rn. 58; *Markwardt*, BB 2004, 277, 284 li. Sp.
[96] *Krieger*, in: MünchHdb AG, § 56 Rn. 57.
[97] BGHZ 71, 40, 46 *„Kali & Salz“*.

fertigt ist ein Bezugsrechtsausschluss dann, wenn er einem im Gesellschaftsinteresse liegenden Zweck dient und zur Erreichung dieses Zwecks geeignet, erforderlich sowie verhältnismäßig ist.[98]

2. Die sachliche Rechtfertigung im Falle eines beabsichtigten Minderheitenausschlusses

Zweifel bestehen bei einer Kapitalerhöhung unter Ausschluss des Bezugsrechts, die durchgeführt wird, um einem Mehrheitsaktionär die für einen Squeeze-out erforderliche Kapitalbeteiligung zu verschaffen, bereits im Hinblick auf das erforderliche Gesellschaftsinteresse. Ein Bezugsrechtsausschluss liegt im Interesse der Gesellschaft, wenn er dazu dient, innerhalb des Unternehmensgegenstandes (§ 23 Abs. 3 Nr. 2 AktG) den Gesellschaftszweck zu fördern. Die Verfolgung von Konzerninteressen oder persönlichen Interessen einzelner Aktionäre oder Verwaltungsmitglieder ist insofern nicht ausreichend.[99] Damit steht zunächst fest, dass als Zweck eines Bezugsrechtsausschlusses das Interesse eines Mehrheitsaktionärs, sich die für die Durchführung eines Squeeze-out-Verfahrens nötige Kapitalmehrheit zu verschaffen, nicht in Betracht kommt,[100] soweit sich darin ausschließlich das eigennützige Interesse dieses einzelnen Aktionärs widerspiegelt. Das genannte Interesse des Mehrheitsaktionärs kann lediglich dann Beachtung finden, wenn durch die Mehrung seiner Beteiligung am Grundkapital unmittelbar (auch) Interessen der Gesellschaft verwirklicht werden, so dass durch die Förderung des Gesellschaftszwecks dem Interesse des Mehrheitsaktionärs bloß mittelbar entsprochen wird.[101] Als Zwecke, die nicht allein im Interesse eines Mehrheitsaktionärs liegen, sondern auch im Gesellschaftsinteresse, kommen auf den ersten Blick die für die Einführung der §§ 327a ff. AktG vorgebrachten Gründe in Betracht. Einem Mehrheitsaktionär ist es, wenn er durch eine Kapitalerhöhung mit Bezugsrechtsausschluss die Beteiligungsschwelle des § 327a Abs. 1 Satz 1 AktG erreicht, gestattet, die verbliebenen Minderheitsaktionäre aus der Gesellschaft auszuschließen. Infolge des Ausschlusses entfällt der mit dem Minderheitenschutz verbundene Formalaufwand, wodurch wiederum in Zukunft weniger Kosten entstehen. Darüber hinaus sind missbräuchliche Anfechtungsklagen, durch die unternehmerische Maßnahmen behindert werden, nicht länger zu befürchten. Sowohl die Kostenersparnis als auch die Verhinderung von blockierenden Klagen sind Gesichtspunkte, die sicherlich im Interesse der Gesellschaft liegen, da der Gesellschaftszweck nun leichter gefördert werden kann. Dennoch vermögen diese Gründe nicht, den Ausschluss des Bezugsrechts sachlich zu rechtfertigen. Maßgeblich ist insofern, dass die Gesichtspunkte der Kostenersparnis und der Verhinderung missbräuchlicher Anfechtungsklagen, die für die Einführung des Squeeze-out-Verfahrens

[98] BGHZ 71, 40, 46 *„Kali & Salz"*; BGHZ 83, 319, 326 f. *„Holzmann"*; BGHZ 125, 239, 242, 244 *„Deutsche Bank"*; OLG Schleswig AG 2004, 155, 158 li. Sp. a.E.; *Bungeroth*, in: Geßler/Hefermehl/Eckardt/Kropff, AktG, § 186 Rn. 113 ff.; *Henze*, DStR 1993, 1863 li. Sp. a.E.; *Hüffer*, AktG, § 186 Rn. 27 f.; *Lutter*, ZGR 1979, 401, 403 f.; *ders.*, in: Kölner Komm, AktG, § 186 Rn. 62 f.; *Schockenhoff*, AG 1994, 45, 48 re. Sp. a.E. Vgl. zu etwaigen Auswirkungen der *„Siemens/Nold"*-Entscheidung des Bundesgerichtshofs auf die Anforderungen bei der regulären Kapitalerhöhung *Bungert*, NJW 1998, 488, 492 re. Sp.; *Gotthardt*, in: Beck'sches Handbuch der AG, § 9 Rn. 44.

[99] *Hüffer*, AktG, § 186 Rn. 26 a.E.; *Krieger*, in: MünchHdb AG, § 56 Rn. 70.

[100] OLG Schleswig AG 2004, 155, 158 re. Sp.

[101] Insoweit zum Teil missverständlich *Baums*, WM 2001, 1843, 1844 re. Sp., der von dem „Motiv des Mehrheitsaktionärs" spricht.

als tragend angesehen werden, bereits gar nicht als Rechtfertigungsgrund herangezogen werden dürfen. Ihre Zulassung als rechtfertigender Zweck eines Bezugsrechtsausschlusses liefe der wertenden Entscheidung des Gesetzgebers zuwider, die dieser bei Schaffung der §§ 327a ff. AktG getroffen hat. Indem er trotz anders lautender Forderungen aus dem Schrifttum und zum Teil anderer Schwellenwerte in den übrigen EU-Mitgliedsländern die zum Ausschluss der Minderheitsaktionäre erforderliche Höhe der Kapitalbeteiligung auf 95 % festgelegt hat, brachte er zum Ausdruck, dass erst ab dem Erreichen dieses Schwellenwertes den mit Kleinstbeteiligungen zusammenhängenden Problemen, wie beispielsweise dem durch die Beachtung minderheitenschützender Formalia entstehenden Kostenaufwand, rechtliche Relevanz zukommen soll. Erst bei Innehabung einer 95 %igen Kapitalbeteiligung sollen die Interessen der Minderheitsaktionäre gegenüber dem unternehmerischen Interesse nachrangig sein.[102] Diese gesetzgeberische Wertung würde missachtet, wenn man zuließe, dass die für die Durchführung eines Ausschlussverfahrens erforderliche Beteiligung mit Hilfe einer Kapitalerhöhung mit Bezugsrechtsausschluss erlangt werden könnte, bei der als Rechtfertigung allein die genannten Zwecke vorgetragen werden.[103] Formal betrachtet wäre der Squeeze-out auch in diesem Fall erst ab einer 95 %igen Kapitalbeteiligung erlaubt, letztlich würde die Möglichkeit zum Ausschluss der Minderheitsaktionäre jedoch bereits durch die für eine Kapitalerhöhung mit Bezugsrechtsausschluss notwendige 75 %ige Kapitalbeteiligung geschaffen.[104] Hätte der Gesetzgeber dies als wünschenswert erachtet, so hätte er das Squeeze-out-Verfahren bereits ab einer Beteiligung in Höhe von 75 % am Grundkapital zulassen können. Dies hat er nicht getan, sondern stattdessen einem Mehrheitsaktionär die Ausschlussmöglichkeit erst ab einer 95 %igen Kapitalbeteiligung eingeräumt. Aus diesem Grunde können die Gesichtspunkte der Kostenersparnis sowie der Verhinderung missbräuchlicher Anfechtungsklagen nicht als dem Gesellschaftsinteresse dienende Zwecke angeführt werden, die einen Ausschluss des Bezugsrechts sachlich rechtfertigen.[105] Daraus ergibt sich zugleich, dass das Ziel, mit Hilfe einer Kapitalerhöhung die Ausschlussvoraussetzungen herbeizuführen, als sachliche Rechtfertigung für einen Bezugsrechtsausschluss nicht ausreicht.[106] Selbst für den Fall, dass man die Kostenersparnis und die Verhinderung missbräuchlicher Anfechtungsklagen als im Gesellschaftsinteresse liegende Zwecke zuließe, wäre der Bezugsrechtsausschluss zum Zwecke des Erwerbs der 95 %igen Kapitalbeteiligung sachlich nicht gerechtfertigt. Denn es würde am Erfordernis der Geeignetheit fehlen. Ein Bezugsrechtsausschluss ist geeignet, wenn mit ihm der angestrebte Zweck verwirklicht werden kann.[107] Der Ausschluss des Bezugsrechts führt jedoch, selbst für

---

[102] So auch *Baums*, WM 2001, 1843, 1844 re. Sp.; *v. Morgen*, WM 2003, 1553, 1555 li. Sp.; *Rühland*, S. 193.

[103] So wohl auch *Fleischer*, ZGR 2002, 757, 777/778.

[104] Vgl. auch *Grunewald*, ZIP 2002, 18, 19 li. Sp. a.B. So auch *Hamann*, S. 202, der in Fn. 127 zu Recht darauf hinweist, dass im Zweifel sogar eine geringere Kapitalquote ausreicht, da zum Ausschluss des Bezugsrechts gemäß § 186 Abs. 3 Satz 2 AktG „lediglich" eine Mehrheit von drei Vierteln des bei Beschlussfassung vertretenen Grundkapitals verlangt wird.

[105] So auch im Ergebnis *Baums*, WM 2001, 1843, 1845 li. Sp.

[106] *Fleischer*, ZGR 2002, 757, 777; *Grunewald*, ZIP 2002, 18, 18/19; *Hasselbach*, in: Kölner Komm, WpÜG, Art. 7, § 327a AktG Rn. 58; *Markwardt*, BB 2004, 277, 284 li. Sp.; *Rühland*, S. 194 a.B.; *Steinmeyer/Häger*, WpÜG, § 327a AktG Rn. 21 a.E. So für die Eingliederung *Koppensteiner*, in: Kölner Komm, AktG, § 320 Rn. 3.

[107] *Hüffer*, AktG, § 186 Rn. 27.

den Fall, dass bereits eine Kapitalerhöhung mit Bezugsrechtsausschluss ausreicht, um die Kapitalbeteiligung des Mehrheitsaktionärs auf über 95 % des Grundkapitals einer Gesellschaft anwachsen zu lassen, nicht dazu, dass eine Gesellschaft Kosten erspart und nicht mehr mit der Erhebung missbräuchlicher Anfechtungsklagen rechnen muss. Damit die Kostenersparnis eintritt und missbräuchliche Klagen nicht mehr erhoben werden können, ist vielmehr immer noch die Durchführung eines Squeeze-out-Verfahrens erforderlich. Die Zwecke werden demnach nicht durch den Bezugsrechtsausschluss erreicht, sondern allein durch den späteren Squeeze-out. Dies gilt erst recht, wenn die einmalige Durchführung einer Kapitalerhöhung unter Ausschluss des Bezugsrechts nicht ausreicht, um dem Mehrheitsaktionär 95 % des Grundkapitals der Gesellschaft zu verschaffen, sondern eine (oder sogar mehrere) erneute Kapitalerhöhung(en) – wiederum unter Ausschluss des Bezugsrechts – notwendig sind.[108]

Damit bleibt festzuhalten, dass die die Einführung des Squeeze-out-Rechts rechtfertigenden Gründe nicht als „Zweck" eines Bezugsrechtsausschlusses herangezogen werden dürfen. Es sind vielmehr „sonstige", über die genannten Gründe der Kostenersparnis und der Verhinderung missbräuchlicher Anfechtungsklagen hinausgehende Zwecke erforderlich, um einen Bezugsrechtsausschluss sachlich zu rechtfertigen.[109] Ist eine Gesellschaft in der Lage, das Vorliegen sonstiger Gründe darzulegen sowie gegebenenfalls zu beweisen und ist der Ausschluss des Bezugsrechts darüber hinaus geeignet, erforderlich und verhältnismäßig, so kann ein Mehrheitsaktionär die für die Durchführung eines Squeeze-out-Verfahrens erforderliche Kapitalbeteiligung in Höhe von 95 % des Grundkapitals einer Gesellschaft mit Hilfe der dann sowohl formell als auch materiell rechtmäßigen Kapitalerhöhung unter Ausschluss des Bezugsrechts der übrigen Aktionäre erwerben.[110] Der anschließende Ausschluss der verbliebenen Minderheitsaktionäre verstößt in diesem Fall nicht gegen gesetzgeberische Wertungen und ist daher auch nicht als rechtsmissbräuchlich zu qualifizieren.[111]

IV. Rechtsschutzmöglichkeiten der Minderheitsaktionäre

Sind dagegen keine „sonstigen" Gründe als sachliche Rechtfertigung des Bezugsrechtsausschlusses gegeben und ist dieser demzufolge materiell unrechtmäßig, können die vom Bezug ausgeschlossenen Aktionäre gegen den Kapitalerhöhungsbeschluss, durch den das Bezugsrecht ausgeschlossen wird, mit einer Anfechtungsklage nach § 243 Abs. 1 AktG vorgehen.[112] Denn die Fehlerhaftigkeit eines Bezugsrechtsausschlusses führt nicht zu einer Teilanfechtung des Bezugsrechtsausschlus-

[108] Vgl. auch *Hamann*, S. 202, der einen Verstoß gegen den im Rahmen des Gleichbehandlungsgebots gemäß § 53a AktG zu beachtenden Grundsatz der Verhältnismäßigkeit annimmt. Das Interesse der Gesellschaft an einem Squeeze-out sei keinesfalls höher zu bewerten als das Interesse der Minderheitsaktionäre am Verbleib in der Gesellschaft.

[109] *Gesmann-Nuissl*, WM 2002, 1205, 1207 li. Sp.

[110] Vgl. auch *Baums*, S. 138 f.; *ders.*, WM 2001, 1843, 1845 li. Sp.; *Gesmann-Nuissl*, WM 2002, 1205, 1207 li. Sp.

[111] *Baums*, S. 139, weist darauf hin, dass eine solche Vorgehensweise in der Praxis wohl nur selten in Erscheinung treten wird, weil „der Mehrheitsaktionär im Extremfall das Kapital haben muss, das im Grenzfall fast 50 % des bereits bestehenden Grundkapitals ausmacht, denn er muss für die Erlangung der Beteiligungen die Mitaktionäre abfinden".

[112] *Hüffer*, AktG, § 186 Rn. 42.

ses,[113] sondern hat die Nichtigkeit bzw. Anfechtbarkeit des gesamten Kapitalerhöhungsbeschlusses zur Folge,[114] da der Ausschluss des Bezugsrechts untrennbarer Bestandteil des Kapitalerhöhungsbeschlusses ist. Wird die Nichtigkeit des Kapitalerhöhungsbeschlusses im Rahmen einer Nichtigkeitsklage nach § 249 Abs. 1 AktG festgestellt oder der Kapitalerhöhungsbeschluss auf Anfechtungsklage gemäß den §§ 241 Nr. 5, 248 Abs. 1 Satz 1 AktG durch Urteil für nichtig erklärt, erwirbt der Mehrheitsaktionär, der zum Bezug von Anteilen berechtigt gewesen wäre, keine (weiteren) Aktien. Wächst die Beteiligung des Mehrheitsaktionärs am Grundkapital nicht mehr an, so ist es ihm gesetzlich nicht gestattet, die übrigen Aktionäre gegen ihren Willen aus der Gesellschaft auszuschließen. Geschieht dies dennoch, das heißt, wird die Übertragung der Anteile der anderen Aktionäre trotz des Fehlens der erforderlichen Kapitalbeteiligung von der Hauptversammlung beschlossen, so ist der Übertragungsbeschluss anfechtbar.[115]

§ 17 Erreichen der Beteiligungsschwelle durch Zusammenschluss mehrerer Aktionäre

I. Ausgangssituation

Verfügt ein Mehrheitsaktionär nicht über die zum Ausschluss erforderliche Mehrheit und kann er sich diese auch nicht durch Zukauf von Anteilen oder im Wege einer Kapitalerhöhung mit Bezugsrechtsausschluss verschaffen, beispielsweise weil ein solcher Bezugsrechtsausschluss sachlich nicht gerechtfertigt werden kann, so bietet sich ihm noch eine Möglichkeit zur Erlangung der 95 %-Beteiligung: Er kann sich mit anderen Aktionären der Gesellschaft mit dem Ziel zusammenschließen, durch eine Vereinigung ihrer Beteiligungen die 95 %-Schwelle zu überschreiten, um anschließend die übrig gebliebenen Minderheitsaktionäre zwangsweise aus der Gesellschaft auszuschließen. Auch bei dieser Konstellation drängt sich die Frage auf, ob eine solche Vorgehensweise mit den hinter den Ausschlussregelungen stehenden Zielen vereinbar ist. Insofern gilt es, zunächst zu untersuchen, ob der Anwendungsbereich des § 327a Abs. 1 Satz 1 AktG einen Zusammenschluss mehrerer Aktionäre als Hauptaktionär überhaupt zulässt. Anschließend werden die einzelnen denkbaren Konstruktionen von Zusammenschlüssen in der Praxis dargestellt und es wird geprüft, ob sie den zuvor herausgearbeiteten Anforderungen des § 327a Abs. 1 Satz 1 AktG an das Zuordnungsobjekt genügen. Erst dann kann eine Aussage darüber getroffen werden, ob der Zusammenschluss mehrerer Aktionäre zur Erreichung der 95 %-Beteiligung rechtsmissbräuchlich ist.

---

[113] *Hüffer*, AktG, § 186 Rn. 42.

[114] *Hüffer*, AktG, § 186 Rn. 42.

[115] A.A.: Hamann, S. 203, nach dessen Ansicht nach Ablauf der Anfechtungsfrist für den Kapitalerhöhungsbeschluss weder dieser noch der Übertragungsbeschluss angefochten werden kann, da andernfalls die materiell-rechtliche Frist des § 246 AktG umgangen würde.

II. Das Zuordnungsobjekt des Ausschlussrechts

1. Die Aktionärseigenschaft im Sinne des § 327a Abs. 1 Satz 1 AktG

Nach dem Wortlaut des § 327a Abs. 1 Satz 1 AktG ist das Ausschlussverfahren auf „Verlangen eines Aktionärs, dem Aktien der Gesellschaft in Höhe von 95 vom Hundert des Grundkapitals gehören", durchzuführen. Aus dem Umstand, dass der Gesetzgeber für die Zuweisung des Ausschlussrechts den Singular gewählt und „einen Aktionär" zum Ausschluss berechtigt hat, wird deutlich, dass die Befugnis nur solchen Subjekten zugewiesen ist, die als solche Träger von Rechten sein können.[116] Vom subjektiven Anwendungsbereich erfasst sind damit neben natürlichen und juristischen Personen[117] auch Personenhandelsgesellschaften,[118] da offene Handelsgesellschaften und Kommanditgesellschaften als nach §§ 124 Abs. 1, 161 Abs. 2 HGB teilrechtsfähige Wirkungseinheiten selbst die Aktionärsstellung inne haben, wenn sie Anteile an einer Aktiengesellschaft halten. Gleiches gilt für eine als Gesamthandsgesellschaft organisierte Gesellschaft bürgerlichen Rechts.[119] Dies wird durch systematische Überlegungen bestätigt. Im Hinblick auf die die Gründung einer Aktiengesellschaft betreffende Vorschrift des § 2 AktG, nach der eine Aktiengesellschaft durch eine Person gegründet werden kann, haben Rechtsprechung und Schrifttum nicht nur den natürlichen und juristischen Personen die Gründerfähigkeit und damit auch die Aktionärsstellung zuerkannt, sondern auch den genannten anderen Gesellschaftsformen.[120] Es ist kein sachlicher Grund dafür ersichtlich, die Aktionärseigenschaft dieser Gesellschaften im Falle einer bereits bestehenden Gesellschaft anders zu beurteilen als bei einer zu gründenden Gesellschaft. Die genannten Gesellschaften sind damit neben den natürlichen und juristischen Personen taugliche Aktionäre

---

[116] So im Ergebnis auch *Baums*, WM 2001, 1843, 1845 li. Sp.; a.A.: *Mertens*, AG 2002, 377, 380 li. Sp., der davon ausgeht, dass „ein strikter Formalismus bei der Auslegung von § 327a AktG unter Hinweis auf den dort im Singular genannten Hauptaktionär nicht gerechtfertigt" sein kann.

[117] *Baums*, WM 2001, 1843, 1845 li. Sp.; *DAV-Handelsrechtsausschuss*, NZG 1999, 850, 851 li. Sp.; *Grzimek*, in: Geibel/Süßmann, WpÜG, Art. 7, § 327a AktG Rn. 35; *Hasselbach*, in: Kölner Komm, WpÜG, § 327a AktG Rn. 24; *Hüffer*, AktG, § 327a Rn. 7; *Maslo*, NZG 2004, 163, 164 li. Sp.; *Quandt*, S. 119; *Rühland*, S. 186; *Schüppen*, WPg 2001, 958, 973 re. Sp.; *Sieger/Hasselbach*, ZGR 2002, 120, 133; *Tröger*, DZWIR 2002, 392, 406 Fn. 223.

[118] *Habersack*, in: Emmerich/Habersack, § 327a Rn. 14. Die Rechtsform des Hauptaktionärs ist irrelevant. Vgl. dazu *Angerer*, BKR 2002, 260, 263 re. Sp. a.B.; *DAV-Handelsrechtsausschuss*, NZG 2001, 420, 432 re. Sp. a.B.; *ders.*, NZG 1999, 850, 851 li. Sp.; *Ehricke/Roth*, DStR 2001, 1120 re. Sp.; *Gesmann-Nuissl*, WM 2002, 1205, 1206 li. Sp.; *Grunewald*, ZIP 2002, 18, 19 li. Sp.; *Grzimek*, in: Geibel/Süßmann, WpÜG, Art. 7, § 327a AktG Rn. 12 a.E.; *Quandt*, S. 119; *Schüppen*, WPg 2001, 958, 973 re. Sp.; *Steinmeyer/Häger*, WpÜG, § 327a AktG Rn. 16.

[119] *Gesmann-Nuissl*, WM 2002, 1205, 1206 li. Sp.; *Grunewald*, in: MünchKommAktG, § 327a Rn. 5; *dies.*, ZIP 2002, 18, 19 li. Sp.; *Grzimek*, in: Geibel/Süßmann, WpÜG, Art. 7, § 327a AktG Rn. 35; *Hasselbach*, in: Kölner Komm, WpÜG, § 327a AktG Rn. 24; *Hüffer*, AktG, § 327a Rn. 7; *Koppensteiner*, in: Kölner Komm, AktG, § 327a Rn. 4; *Krause*, NJW 2002, 705, 715 li. Sp.; *Witthun/Giermann*, MDR 2003, 372 li. Sp. Nur die GbR als Außengesellschaft, nicht aber die reine BGB-Innengesellschaft: *Habersack*, in: Emmerich/Habersack, § 327a Rn. 14 f.; *Vossius*, ZIP 2002, 511 li. Sp. Die Erben- und die Zugewinngemeinschaft können hier außer Acht gelassen werden, da es kaum denkbar ist, dass sich mehrere Aktionäre einer Gesellschaft gezielt zu einer solchen Gemeinschaft zum Zwecke der Erlangung der erforderlichen Kapitalbeteiligung zusammenschließen.

[120] Vgl. zur Gründerfähigkeit allgemein sowie speziell zu der der GbR *Zätzsch*, in: Beck'sches Handbuch der AG, § 3 Rn. 73, 78.

und entsprechen dem Merkmal „eines Aktionärs" im Sinne des § 327a Abs. 1 Satz 1 AktG.[121]

2. Der Begriff des „Gehörens"

Als weitere Anforderung an den Aktionär bestimmt § 327a Abs. 1 Satz 1 AktG, dass diesem „95 % der Anteile am Grundkapital gehören" müssen. Dies umschließt zwei Erfordernisse: Zum einen müssen die Anteile dem Aktionär „gehören", zum anderen muss es sich um „Anteile am Grundkapital" handeln. Der Begriff „gehören" legt nahe, dass es auf die dingliche Rechtsstellung ankommt. Der Aktionär muss zivilrechtlicher Rechtsinhaber der Anteile sein.[122] Dies findet eine Stütze in systematischen Erwägungen. Das Tatbestandsmerkmal des „Gehörens" ist ebenfalls in der Vorschrift des § 16 Abs. 2 AktG enthalten. Im Hinblick auf diese Bestimmung gehen die Rechtsprechung sowie die rechtswissenschaftliche Literatur davon aus, dass einem „anderen Unternehmen" nur solche Aktien gehören, deren Rechtsinhaber es ist.[123] Maßgeblich ist demzufolge, dass der Aktionär Inhaber des Vollrechts, mithin Eigentümer der Anteile ist. Dieses Verständnis vom Begriff „gehören" beansprucht auch für die Regelung des § 327a Abs. 1 Satz 1 AktG Geltung, insbesondere weil § 327a Abs. 2 AktG auf die Vorschrift des § 16 Abs. 2 AktG verweist. Demzufolge reichen bloß schuldrechtliche Rechtsbeziehungen im Hinblick auf die notwendige Beteiligung an der Gesellschaft nicht aus.[124] Gleichwohl schaden schuldrechtliche Beziehungen einem Aktionär auch nicht.[125] Solange ein Aktionär seine Anteile nicht übereignet, werden sie seiner Beteiligung am Grundkapital zugerechnet unabhängig davon, ob er sich bereits schuldrechtlich zur Übereignung seiner Aktien verpflichtet hat und sich daher möglicherweise wegen der schuldrechtlichen Verpflichtungen etwaigen Ersatzansprüchen aussetzt.[126] Dies entspricht dem geltenden Abstraktionsprinzip.

Eine Zurechnung von Anteilen erfolgt nach § 327a Abs. 2 AktG i.V.m. § 16 Abs. 4 AktG anders als beim Rechtsinstitut der Mehrheitseingliederung zudem dann,[127] wenn die Anteile entweder einem abhängigen Unternehmen gehören, einem anderen für Rechnung des Unternehmens oder eines von ihm abhängigen Unternehmens gehören oder aber die ein an der Aktiengesellschaft beteiligter Einzelkaufmann in

---

[121] Für eine entsprechende Auslegung wie bei der Einpersonen-Gründung (§ 2 AktG) und der Einpersonen-Gesellschaft (§ 42 AktG) auch der *DAV-Handelsrechtsausschuss*, NZG 1999, 850, 851 li. Sp.

[122] *Halasz/Kloster*, DB 2002, 1253, 1254 li. Sp.

[123] *Hüffer*, AktG, § 16 Rn. 6.

[124] *Halasz/Kloster*, DB 2002, 1253, 1255 li. Sp.; *Gesmann-Nuissl*, WM 2002, 1205, 1206 li. Sp./re. Sp.; *Grunewald*, in: MünchKommAktG, § 327a Rn. 6; *Markwardt*, BB 2004, 277, 280 li. Sp.

[125] Nach Ansicht von *Steinmeyer/Häger*, WpÜG, § 327a AktG Rn. 24, sind Anteile, die ein Aktionär im Rahmen einer Wertpapieranleihe erworben hat, nicht bei der Berechnung der 95 %igen Beteiligung des Hauptaktionärs mitzurechnen, da die Aktien wieder rückübereignet werden müssten. *Steinmeyer/Häger* gehen demzufolge davon aus, dass schuldrechtliche Beziehungen durchaus zu Lasten eines Aktionärs zu berücksichtigen sind.

[126] Vgl. insofern zum Meinungsstand bei der Eingliederung *Grunewald*, in: MünchKommAktG, § 319 Rn. 4; *Habersack*, in: Emmerich/Habersack, § 319 Rn. 8; *Hüffer*, AktG, § 319 Rn. 4 a.E.; *Krieger*, in: MünchHdb AG, § 73 Rn. 7, insbesondere Fn. 10; a.A.: *Koppensteiner*, in: Kölner Komm. AktG, Vorb. § 319 Rn. 10. In Bezug auf den Squeeze-out bejaht *Koppensteiner* jedoch die Berücksichtigung (bloß) verkaufter Aktien bei der Ermittlung der Beteiligungsquote. Vgl. insoweit *Koppensteiner*, in: Kölner Komm, AktG, § 327a Rn. 10.

[127] Vgl. zur Zurechnung die ausführliche Darstellung bei *Halasz/Kloster*, DB 2002, 1253, 1254 re. Sp. f.; *Maslo*, NZG 2004, 163, 166 f.

seinem Privatvermögen hält.[128] Grund für die Zurechnung ist, dass durch sie ein wirtschaftlich nutzloses und in der Regel Steuern auslösendes „Umhängen" von Beteiligungen obsolet wird.[129] Einem Hauptaktionär soll die Durchführung eines Ausschlussverfahrens ohne vorherigen formellen Aufwand möglich sein. Daher sollte auch darauf verzichtet werden, vom Hauptaktionär zu verlangen, dass dieser selbst eine Aktie der Gesellschaft unmittelbar halten muss.[130] Als ausreichend ist stattdessen die mittelbare Inhaberschaft zu erachten. Diese durch die Zurechnung erreichte Erleichterung darf nicht darüber hinweg täuschen, dass in jedem Fall die dingliche Rechtsinhaberschaft maßgeblich ist. Dies macht es letztlich erforderlich, dass ein Zusammenschluss mehrerer Aktionäre selbst Zuordnungsobjekt von Rechten sein muss,[131] damit er die Hauptaktionärseigenschaft erlangen kann.

3. Anteile am Grundkapital

Aus der in § 327a Abs. 1 Satz 1 AktG enthaltenen Formulierung „Anteile am Grundkapital" wird deutlich, dass das Gesetz hinsichtlich der notwendigen Beteiligung auf die Kapitalbeteiligung abstellt. Da die Stimmrechte im Wortlaut der Regelung des § 327a Abs. 1 Satz 1 AktG keinerlei Erwähnung finden, ist der Stimmrechtsanteil des Aktionärs im Hinblick auf die Befugnis zur Veranlassung eines Squeeze-out-Verfahrens ohne Bedeutung.[132] Da sich der Schwellenwert von 95 % ausdrücklich nur auf die Anteile am Grundkapital bezieht, ist ein Stimmrechtsanteil in Höhe von 95 % auch nicht eine neben der 95 %igen Kapitalbeteiligung bestehende Voraussetzung des Squeeze-out-Rechts.[133] Maßgeblich ist ausschließlich, ob der den Aus-

---

[128] *Grzimek*, in: Geibel/Süßmann, WpÜG, Art. 7, § 327a AktG Rn. 45; *Hüffer*, AktG, § 327a Rn. 15; *Sieger/Hasselbach*, ZGR 2002, 120, 138. Vgl. zur Widerlegung der Vermutung des § 17 Abs. 2 AktG OLG München DB 2004, 1356, 1357 li. Sp.

[129] BegrRegE BT-Drucks. 14/7034, S. 72 li. Sp.; *Angerer*, BKR 2002, 260, 263 re. Sp.; *DAV-Handelsrechtsausschuss*, NZG 2001, 420, 431 re. Sp.; *Ehricke/Roth*, DStR 2001, 1120, 1122 li. Sp.; *Fleischer*, ZGR 2002, 757, 774; *Gesmann-Nuissl*, WM 2002, 1205, 1206 re. Sp.; *Grunewald*, ZIP 2002, 18 li. Sp.; *Grzimek*, in: Geibel/Süßmann, WpÜG, Art. 7, § 327a AktG Rn. 46; *Hasselbach*, in: Kölner Komm, WpÜG, § 327a AktG Rn. 16; *Hüffer*, AktG, § 327a Rn. 15; *Krause*, NJW 2002, 705, 715 li. Sp.; *Krieger*, BB 2002, 53, 54 re. Sp.; *Maslo*, NZG 2004, 163, 166 li. Sp.; *Quandt*, S. 120; *Rühland*, NZG 2001, 448, 449 re. Sp.; *Schwichtenberg*, DStR 2001, 2075, 2081 li. Sp.

[130] So auch OLG Köln BB 2003, 2307, 2310 li. Sp.; *Fuhrmann*, Der Konzern, 1, 4 re. Sp.; *Hasselbach*, in: Kölner Komm, WpÜG, § 327a AktG Rn. 28; *Maslo*, NZG 2004, 163, 168 li. Sp.; *Rühland*, S. 197; *v. Schnurbein*, AG 2005, 725, 731 re. Sp.; *Schwichtenberg*, S. 131; *Sieger/Hasselbach*, ZGR 2002, 120, 134; *Steinmeyer/Häger*, WpÜG, § 327a AktG Rn. 26; a.A.: *Grunewald*, in: MünchKommAktG, § 327a Rn. 7; *Grzimek*, in: Geibel/Süßmann, WpÜG, Art. 7, § 327a AktG Rn. 50; *Habersack*, in: Emmerich/Habersack, § 327a Rn. 17; *Markwardt*, BB 2004, 277, 278 re. Sp.

[131] *Hüffer*, AktG, § 327a Rn. 13.

[132] *Angerer*, BKR 2002, 260, 263 li. Sp. a.E.; *Baums*, S. 133 a.B.; *Gesmann-Nuissl*, WM 2002, 1205, 1206 li. Sp./re. Sp.; *Krieger*, BB 2002, 53, 54 re. Sp.; *Land/Hasselbach*, DB 2000, 1747, 1754 Fn. 73; *Pötzsch/Möller*, WM 2000, Sonderbeil. Nr. 2, S. 30 li. Sp. a.B.; *Rühland*, S. 204. So auch h.M. bei der Eingliederung, vgl. *Habersack*, in: Emmerich/Habersack, § 320 Rn. 11.

[133] Vgl. zur Eingliederung: *Hüffer*, AktG, § 320 Rn. 4; *Krieger*, in: MünchHdb AG, § 73 Rn. 27; *Liebscher*, in: Beck'sches Handbuch der AG, § 14 Rn. 186; a.A.: *Koppensteiner*, in: Kölner KommAktG, § 320 Rn. 7; *v. Godin/Wilhelmi*, AktG, § 320 Anm. 3, die einen Stimmrechtsanteil in Höhe von 95 % als zusätzliche Voraussetzung der Eingliederung neben dem Erfordernis der 95 %igen Beteiligung am Grundkapital ansehen. *Koppensteiner*, in: Kölner Komm, AktG, § 327a Rn. 12, fordert auch für den Squeeze-out einen Stimmanteil von 95 % als Voraussetzung für die Durchführung des Ausschlussverfahrens.

schluss betreibende Aktionär über mindestens 95 % des Grundkapitals der Gesellschaft verfügt. Diese Besonderheit kann dann relevant werden, wenn eine Gesellschaft stimmrechtslose Vorzugsaktien ausgegeben hat.[134] Denn auch stimmrechtslose Aktien werden in die Berechnung der Kapitalbeteiligung des Aktionärs einbezogen,[135] während sie im Hinblick auf dessen Stimmrechtsanteil keine Berücksichtigung finden. Ein Aktionär kann danach über die für einen Squeeze-out erforderliche Kapitalbeteiligung verfügen, obwohl seine Stimmrechte weniger als 95 % ausmachen.[136]

Als Zwischenergebnis ist festzuhalten, dass nach der Regelung des § 327a Abs. 1 Satz 1 AktG mehrere Aktionäre zusammen nur dann die Hauptaktionärseigenschaft inne haben können, wenn sie sich zu einem „Zusammenschluss" organisieren, der selbst Träger von Rechten sein kann, denn nur dann kann er die Aktionärsstellung inne haben. Damit das Erfordernis des „Gehörens" und der „95 %igen Kapitalbeteiligung" erfüllt ist, ist es notwendig, dass die Aktien der zusammenwirkenden Aktionäre in das Vermögen dieser rechtsfähigen Vereinigung übergegangen sind.

III. Beurteilung denkbarer Konstruktionen des Zusammenschlusses

In der Praxis sind unterschiedliche Konstruktionen denkbar, mit denen mehrere Aktionäre versuchen können, zusammen die 95 %-Beteiligungsschwelle zu erreichen.[137] Fraglich ist jedoch, ob die in Betracht kommenden Organisationsformen überhaupt den festgelegten Anforderungen entsprechen, die § 327a Abs. 1 Satz 1 AktG an die Hauptaktionärseigenschaft stellt. Dies soll im Zusammenhang mit einer Darstellung der möglichen Konstruktionen untersucht werden.

1. Wertpapierleihe

Eine Möglichkeit, die Aktionäre in Erwägung ziehen können, um zusammen die 95 %-Beteiligungsschwelle zu erreichen, besteht darin, sich das Institut der Wertpapierleihe zunutze zu machen. Bei der Wertpapierleihe, deren Sinn es unter anderem ist, Leerverkäufe zu ermöglichen, werden durch einen Verleiher Wertpapiere an einen Entleiher übereignet.[138] Mit der Überlassung der Wertpapiere an den Entleiher ist die

---

[134] Vgl. zur Anwendbarkeit des § 141 Abs. 3 AktG beim Squeeze-out LG Frankfurt ZIP 2004, 1419 re. Sp. und LG Bochum AG 2005, 738, 740 re. Sp. *„GEA AG Bochum"*, die von einer Unanwendbarkeit des § 141 Abs. 3 AktG ausgehen, auch wenn die mit dem Ausschlussverfahren verbundene Beendigung der Mitgliedschaft sehr stark beeinträchtigend wirkt. Die Beeinträchtigung sei lediglich mittelbarer Art. So auch *Kort*, EWiR 2004, 625, 626.

[135] *Angerer*, BKR 2002, 260, 263 li. Sp.; *Land/Hasselbach*, DB 2000, 1747, 1754 Fn. 73.

[136] Denkbar ist auch der andere Fall, dass der Aktionär zwar über 95 % der Stimmrechte verfügt, seine Beteiligung am Grundkapital der Gesellschaft hingegen weniger als 95 % ausmacht. Dies wäre eine Folge der Ausgabe von Mehrstimmrechtsaktien. In der Praxis dürfte diese Konstellation seit der Streichung der Möglichkeit einer staatlichen Genehmigung von Mehrstimmrechtsaktien durch das KonTraG vom 27.04.1998 (BGBl. I S. 786) und der mit der gesetzlichen Änderung einhergehenden Unzulässigkeit solcher Aktien nach § 12 Abs. 2 AktG allenfalls noch dann auftreten, wenn die Hauptversammlung der betreffenden Gesellschaft vor dem 01.06.2003 (§ 5 Abs. 1 Satz 1 EGAktG) die Fortgeltung der Aktien beschlossen hat. Vgl. dazu *Zätzsch/Maul*, in: Beck'sches Handbuch der AG, § 4 Rn. 58.

[137] Vgl. zur Bezeichnung derartiger Zusammenschlüsse *Mertens*, AG 2002, 377, 380 re. Sp., der von einem „Ausschlussvehikel" spricht.

[138] *Claussen*, § 9 Rn. 207; *Schwintowski/Schäfer*, § 22 Rn. 1, 5.

Verpflichtung verbunden, dass dieser nach Ablauf der vereinbarten Leihfrist dem Verleiher Wertpapiere gleicher Art, Güte und Menge zurückgeben muss.[139] Die entliehenen Wertpapiere selbst müssen hingegen nicht rückübereignet werden. Trotz des Begriffs Wertpapierleihe handelt es sich demzufolge bei diesem Rechtsverhältnis regelmäßig nicht um einen Leihvertrag im Sinne der §§ 598 ff. BGB, sondern um ein Sachdarlehen im Sinne der §§ 607 ff. BGB.[140] Für die zeitweilige Überlassung der Wertpapiere zahlt der Entleiher dem Verleiher als Entgelt eine „Leihgebühr". Hinzu kommt je nach der Regelung in den einzelnen Wertpapierleihverträgen, dass der Verleiher der Wertpapiere oftmals weiterhin die aus den übereigneten Wertpapieren anfallenden Zinsen, Dividenden und etwaigen Tilgungen erhält. Er wird letztlich so behandelt, als sei er immer noch der wirtschaftliche Eigentümer der Wertpapiere.[141] Neben den Erträgen, die aus den mit der Beteiligung verbundenen vermögensrechtlichen Ansprüchen resultieren, verbleibt in Abhängigkeit von den einzelvertraglichen Regelungen häufig auch das Stimmrecht aus den „verliehenen" Wertpapieren beim Verleiher.[142]

Vor diesem Hintergrund könnten sich Aktionäre entschließen, ihre Aktien an einen weiteren Aktionär der Gesellschaft im Rahmen einer Wertpapierleihe zu übereignen.[143] Der Entleiher erhält das Eigentum an den entliehenen Aktien und kann als einzelner Aktionär und Inhaber des Vollrechts die 95 %-Beteiligungsschwelle erreichen.[144] Dass der Entleiher möglicherweise nicht zugleich das Stimmrecht inne hat, weil dieses bei den verleihenden Aktionären verblieben ist, ist unschädlich, da, wie oben bereits erläutert wurde, bei der von § 327a Abs. 1 Satz 1 AktG geforderten 95 %igen Beteiligung allein die Beteiligung am Grundkapital, also die Kapitalbeteiligung maßgeblich ist, während der Stimmrechtsanteil außer Betracht bleibt. Notwendig, aber insofern auch ausreichend ist, dass feststeht, dass die für den Beschluss über die Übertragung erforderliche einfache Stimmenmehrheit (§ 133 Abs. 1 AktG) gegeben ist.[145] Dies ist aber auch dann sichergestellt, wenn die Verleiher, bei denen das Stimmrecht verblieben ist, für die Übertragung der Aktien stimmen. Davon kann aber ausgegangen werden, da die verleihenden Aktionäre mit dem Entleiher zusammenwirken und nur so ihr gemeinsames Ziel, die übrigen Aktionäre aus der Gesellschaft auszuschließen, verwirklicht wird. Ebenso ist ohne Bedeutung, dass dem Verleiher möglicherweise vertraglich Zinsen, Dividenden und Tilgungen aus den verliehenen

---

139 *Schwintowski/Schäfer*, § 22 Rn. 1.

140 *Acker*, S. 2; *Claussen*, § 9 Rn. 207; *Schwintowski/Schäfer*, § 22 Rn. 14.

141 *Claussen*, § 9 Rn. 209; *Schwintowski/Schäfer*, § 22 Rn. 49.

142 Als Verleiher treten häufig institutionelle Investoren, zum Beispiel Versicherungen, Pensions- und Investmentfonds, in Erscheinung. Vgl. die Angaben bei *Schwintowski/Schäfer*, § 22 Rn. 9.

143 Genau genommen, handelt es sich hier – anders als bei den anderen Konstruktionen – nicht um einen Fall des Zusammenschlusses mehrerer Aktionäre. Da jedoch auch hier ein bewusstes Zusammenwirken der Aktionäre erfolgt, wird darauf verzichtet, diesen Sachverhalt gesondert zu erörtern, zumal sich im Hinblick auf einen Rechtsmissbrauch keine Unterschiede ergeben.

144 *Markwardt*, BB 2004, 277, 280 li. Sp.; *Rühland*, S. 188.

145 *Angerer*, BKR 2002, 260, 265 re. Sp.; *Fuhrmann/Simon*, WM 2002, 1211, 1213 li. Sp.; *Grunewald*, in: MünchKommAktG, § 327a Rn. 16; *Grzimek*, in: Geibel/Süßmann, WpÜG, Art. 7, § 327a AktG Rn. 38, 41; *Habersack*, in: Emmerich/Habersack, § 327a Rn. 24; *Hasselbach*, in: Kölner Komm, WpÜG, § 327a AktG Rn. 46, § 327d AktG Rn. 8; *Hüffer*, AktG, § 327a Rn. 11; *Küting*, DStR 2003, 838, 843 li. Sp.; *Schwichtenberg*, S. 136; *ders.*, DStR 2001, 2075, 2081 re. Sp.; *Sieger/Hasselbach*, ZGR 2002, 120, 142; *Steinmeyer/Häger*, WpÜG, § 327a AktG Rn. 19. So auch *Koppensteiner*, in: Kölner Komm, AktG, § 327a Rn. 23, der unabhängig davon als Voraussetzung für die Durchführung eines Squeeze-out-Verfahrens jedoch fordert, dass der Hauptaktionär über 95 % der Stimmen verfügen kann.

Wertpapieren zugestanden werden, da es nicht auf die Stellung als wirtschaftlicher Eigentümer, sondern auf die zivilrechtliche Rechtsinhaberschaft ankommt. Demnach eignet sich das Institut der Wertpapierleihe grundsätzlich dazu, die für die Durchführung eines Squeeze-out-Verfahrens erforderliche Beteiligung in Höhe von 95 % des Grundkapitals durch ein Zusammenwirken mehrerer Aktionäre zu erreichen.[146]

2. Konsortium

Mehrere Aktionäre könnten sich zwecks Erlangung der 95 %igen Kapitalbeteiligung des Weiteren zu einem Konsortium organisieren. Bei einem Konsortium handelt es sich um den durch Vereinbarungen zustande gekommenen organisierten Zusammenschluss mehrerer Gesellschafter, der in der Praxis am häufigsten in der Rechtsform der Gesellschaft bürgerlichen Rechts in Erscheinung tritt.[147] Voraussetzung einer jeden Gesellschaft bürgerlichen Rechts ist nach § 705 BGB die Verfolgung eines gemeinsamen Zwecks. Dieser kann prinzipiell in der beabsichtigten Einflussnahme auf eine andere Gesellschaft bestehen. In Bezug darauf, wie die Einflussnahme von statten geht, ist zwischen Stimmbindungs- und Beteiligungskonsortien zu differenzieren.[148] Das Stimmbindungskonsortium – auch als Stimmrechtspool bezeichnet – beruht auf der Erkenntnis, dass mit dem Stimmrecht innerhalb der Gesellschafterversammlung Herrschaftsmacht ausgeübt werden kann. Eine Bündelung von Stimmrechten stellt sicher, dass auf gesellschaftliche Entscheidungen effektiv Einfluss genommen werden kann.[149] Zur Umsetzung dieses Gedankens unterwerfen sich die Mitglieder eines Stimmrechtskonsortiums durch einen Stimmbindungsvertrag der Verpflichtung, die mit ihrer Beteiligung verbundenen Stimmrechte gemäß der internen Willensbildung innerhalb des Stimmrechtspools, die möglicherweise bereits durch eine Vereinbarung im Stimmbindungsvertrag inhaltlich eine Konkretisierung erfahren hat, einheitlich in der Gesellschafterversammlung der Beteiligungsgesellschaft auszuüben.[150] Unabhängig von der Bündelung der Stimmrechte bleiben die Anteile an der Beteiligungsgesellschaft bei den einzelnen Konsorten. In diesem Punkt unterscheidet sich ein Stimmrechtskonsortium von einem Beteiligungskonsortium. Bei diesem handelt es sich um eine Gesellschaft, die den gemeinsamen Erwerb oder das Halten von Beteiligungen an einer Handelsgesellschaft zum Inhalt hat und dementsprechend oftmals nicht selbst im Rechtsverkehr auftritt. Die Verwaltung und Kontrolle der Beteiligungen kann einerseits, abhängig vom jeweiligen Einzelfall, durch ein treuhänderisches Halten der Anteile auf gemeinsamer Rechnung des Konsortiums geschehen. Andererseits ist es möglich, dass der dem Konsortium zugrunde liegende Konsortialvertrag die Verpflichtung der Konsorten beinhaltet, ihre Anteile als vereinbarten Beitrag im Sinne des § 705 BGB der Gesellschaft bürgerlichen Rechts zu Eigentum zu übertragen. In diesem Fall findet ein dinglicher Rechtsübergang statt, infolge dessen nicht länger die Konsorten Inhaber der Anteile an der Be-

---

[146] Kritisch hingegen LG Landshut AG 2005, 934 re. Sp. *„Lindner Holding KGaA"*. Das OLG Düsseldorf WM 2006, 291, 292 li. Sp., geht davon aus, dass in der Nutzung des Instituts der Wertpapierleihe ein missbräuchliches Umgehungsgeschäft liegen kann.
[147] *Noack*, S. 47.
[148] *Ulmer*, in: MünchKommBGB, § 705 Rn. 68.
[149] *Martens*, AG 1993, 495, 497 re. Sp.; *Noack*, S. 19.
[150] *Dürr*, S. 6, 8; *Noack*, S. 13.

teiligungsgesellschaft sind, sondern diese vielmehr im Eigentum der selbständigen Gesellschaft bürgerlichen Rechts stehen.

Aufgrund ihrer unterschiedlichen Ausgestaltungsform weisen das Stimmrechtskonsortium und das Beteiligungskonsortium eine unterschiedliche Eignung zur Erlangung der 95 %-Beteiligung auf. Da bei einem Stimmrechtskonsortium die Anteile der sich zusammenschließenden Aktionäre nicht in das Eigentum der Gesellschaft bürgerlichen Rechts übergehen, die grundsätzlich taugliche Aktionärin ist,[151] fehlt es am Erfordernis der 95 %igen Kapitalbeteiligung. Aufgrund des Umstands, dass im Rahmen eines Stimmrechtskonsortiums durch schuldrechtliche Beziehungen lediglich die Ausübung des Stimmrechts inhaltlich gebunden wird, verändern sich die Kapitalbeteiligungsverhältnisse der einzelnen Konsorten nicht.[152] Schuldrechtliche Ansprüche auf Aktien reichen hinsichtlich der vom Hauptaktionär zu haltenden Kapitalbeteiligung jedoch nicht aus.[153] Demzufolge kann festgestellt werden, dass ein in der Rechtsform der Gesellschaft bürgerlichen Rechts agierendes Stimmrechtskonsortium nicht zum Ausschluss von Minderheitsaktionären berechtigt ist, solange die Anteile der Konsorten nicht in das Vermögen der Gesellschaft bürgerlichen Rechts eingebracht sind.[154] Sollte gleichwohl eine Hauptversammlung einberufen werden, bei der die Konsorten die Übertragung sämtlicher Anteile auf die Gesellschaft bürgerlichen Rechts beschließen, so ist der Übertragungsbeschluss bereits aufgrund des Fehlens der Hauptaktionärseigenschaft angreifbar. Ansonsten erübrigen sich weitere Ausführungen zu einem möglichen Rechtsmissbrauch.[155]

Anders fällt die Beurteilung eines Beteiligungskonsortiums aus. Haben sich mehrere Aktionäre, deren Anteile mindestens 95 % des Grundkapitals einer Gesellschaft ausmachen, mit dem Ziel, die Minderheitsaktionäre aus der Gesellschaft herauszudrängen, zu einer Gesellschaft bürgerlichen Rechts zusammengeschlossen und auf Grundlage eines Konsortialvertrags ihre Anteile auf die Gesellschaft übertragen, so befinden sich die Anteile im Eigentum der Gesamthandsgesellschaft. Diese ist dann selbst Aktionärin und verfügt nun als solche über 95 % der Anteile am Grundkapital der Gesellschaft. Daher steht ihr nach § 327a Abs. 1 Satz 1 AktG das Recht zum Ausschluss der verbliebenen Minderheitsaktionäre zu.[156] Der Zusammenschluss zu einem Beteiligungskonsortium bietet demzufolge mehreren Aktionären die Möglichkeit, gemeinsam die Befugnis zum Ausschluss der nicht zum Konsortium gehörenden Minderheitsaktionäre zu erlangen.

---

[151] *Timm/Schöne*, ZGR 1994, 113, 122, insbesondere Fn. 37. Vgl. zur nur teilweisen Eignung *Vossius*, ZIP 2002, 511 li. Sp., nach dessen Ansicht nur die GbR als Außengesellschaft taugliche Hauptaktionärin sein kann, nicht hingegen die reine BGB-Innengesellschaft.

[152] Vgl. zur fehlenden Eignung von Stimmbindungsverträgen zur Erreichung der 95 %-Beteiligungsschwelle *Angerer*, BKR 2002, 260, 263 li. Sp./re. Sp.

[153] *Gesmann-Nuissl*, WM 2002, 1205, 1206 li. Sp./re. Sp.; *Grunewald*, ZIP 2002, 18 li. Sp.; *Markwardt*, BB 2004, 277, 280 li. Sp.

[154] *Habersack*, in: Emmerich/Habersack, § 327a Rn. 15; *Halasz/Kloster*, DB 2002, 1253, 1255 li. Sp.; *Halberkamp/Greve*, FB 2002, 580, 581 re. Sp.; *Hasselbach*, in: Kölner Komm, WpÜG, § 327a AktG Rn. 24 a.E.; *Hüffer*, AktG, § 327a Rn. 13; *Maslo*, NZG 2004, 163, 165 re. Sp., sowie Fn. 19; *Rathausky*, AG 2004, R 24 li. Sp.; *Steinmeyer/Häger*, WpÜG, § 327a AktG Rn. 17; *Wittuhn/Giermann*, MDR 2003, 372, 374 re. Sp.; a.A.: *Mertens*, AG 2002, 377, 381 li. Sp.

[155] Dies übersieht *Baums*, S. 143 f.; *ders.*, WM 2001, 1843, 1846 re. Sp.

[156] *Habersack*, in: Emmerich/Habersack, § 327a Rn. 15; *Hasselbach*, in: Kölner Komm, WpÜG, § 327a AktG Rn. 24; *Hüffer*, AktG, § 327a Rn. 13.

3. Holding

Die die Durchführung eines Squeeze-out-Verfahrens anstrebenden Aktionäre könnten darüber hinaus versuchen, den Anwendungsbereich der §§ 327a ff. AktG durch die Gründung einer Holding zu eröffnen. Als Holding wird eine Gesellschaft bezeichnet, deren betrieblicher Hauptzweck in dem dauerhaften unmittelbaren oder mittelbaren Halten und Verwalten von Gesellschaftsanteilen an einem oder mehreren anderen rechtlich selbständigen Unternehmen besteht. Die Entstehungsformen einer solchen Holdinggesellschaft sind vielfältig. So kann mit ihr unter anderem der Zweck verfolgt werden, Beteiligungen an anderen Gesellschaften zu bündeln, um damit den Einfluss der mit den Anteilen verbundenen Stimmrechte zu intensivieren. Die Gesellschaftsform einer Holding ist abhängig vom Einzelfall, da grundsätzlich alle Rechtsformen von Gesellschaften als Holding fungieren können. In der Praxis ist es allerdings regelmäßig so, dass eine Holding in Form einer Kapitalgesellschaft – zumeist Aktiengesellschaft – auftritt.[157] Wird die Rechtsform der Kapitalgesellschaft gewählt, so kann die Gründung einer Holding zum einen als Sachgründung vollzogen werden. In diesem Fall sind die Anteile an der späteren Beteiligungsgesellschaft durch die bisherigen Anteilseigner unmittelbar im Rahmen der Gründung der Holdinggesellschaft als Einlage einzubringen. Zum anderen ist es aber auch möglich, dass eine Holding durch Bargründung entsteht und die Anteile an der Beteiligungsgesellschaft erst im Rahmen einer nachfolgenden Kapitalerhöhung auf die Holdinggesellschaft als Sacheinlage (§§ 182, 183 AktG, §§ 55, 56 GmbHG) übertragen werden. Für die Einbringung der Anteile an der Beteiligungsgesellschaft erhalten deren bisherige Anteilseigner Anteile an der neuen Holdinggesellschaft, in der die bisherigen Splitteranteile nun gebündelt sind. In der Holding, die nicht dauerhaft bestehen muss, sondern für deren Existenz bereits im Gesellschaftsvertrag eine bestimmte Zeit vorgesehen sein kann, vereinigen sich nun die Kapitalbeteiligungen und Stimmrechtsanteile an der Beteiligungsgesellschaft.

Aktionäre, die zusammen über eine Kapitalbeteiligung von mindestens 95 % verfügen, können eine Holding gründen und ihre Anteile an der Beteiligungsgesellschaft als Einlage in die Holding einbringen. Wie bei einem Beteiligungskonsortium vereinigen sich in der Holding die Anteile der früheren Beteiligungsgesellschafter. An der Beteiligungsgesellschaft ist allein die Holding beteiligt, die als taugliche Hauptaktionärin nach § 327a Abs. 1 Satz 1 AktG zum Ausschluss der in der Beteiligungsgesellschaft verbliebenen Minderheitsaktionäre berechtigt ist.[158]

4. Treuhand

Zur Erfüllung des Erfordernisses der 95 %igen Kapitalbeteiligung könnte in der Praxis auch die Nutzung eines Treuhandverhältnisses in Betracht gezogen werden. Das

---

[157] Vgl. auch § 8a Abs. 4 Satz 1 KStG, der die Holdinggesellschaft als Kapitalgesellschaft definiert, deren Haupttätigkeit darin besteht, Beteiligungen an Kapitalgesellschaften zu halten und diese Kapitalgesellschaften zu finanzieren, oder deren Vermögen zu mehr als 75 % ihrer Bilanzsumme aus Beteiligungen an Kapitalgesellschaften besteht. S. dazu *Müller*, in: Beck'sches Handbuch der AG, § 8 Rn. 168; *K. Schmidt*, § 3 II 2d.

[158] So auch *Rühland*, S. 187 a.E. Zu berücksichtigen ist in der Praxis allerdings, dass durch die Poolung der Anteile bei der Holding kartellrechtliche Probleme auftreten können, wenn die Gründung der Holding als Gründung eines Gemeinschaftsunternehmens einzustufen ist.

Rechtsinstitut der Treuhand zeichnet sich dadurch aus, dass jemandem (Treuhänder) von einer oder mehreren Personen (Treugeber) Rechte anvertraut werden, über die er selbst verfügen kann.[159] Die Aufgabe des Treuhänders besteht darin, die ihm anvertrauten Rechte zu halten und zu verwalten. Eine Grenze wird ihm diesbezüglich einerseits durch die Vorgabe gesetzt, dass er die Rechte nicht im Eigeninteresse ausüben darf, sondern im Interesse des Treugebers wahrnehmen muss. Andererseits ist der Treuhänder durch die zwischen ihm und dem Treugeber bestehende Treuhandabrede gebunden. Damit der Treuhänder seine Funktion überhaupt erfüllen kann, ist es notwendig, dass ihm die Rechte, die er halten und verwalten soll, auch zustehen.[160] Er muss entweder Träger dieser Rechte werden oder aber zumindest die Verfügungsgewalt darüber erlangen. Als Möglichkeiten lassen sich insofern die Vollrechtstreuhand, die (bloße) Ermächtigungstreuhand und die Vollmachtstreuhand unterscheiden. Bei den beiden zuletzt genannten Formen der Treuhand sind die Rechte des Treuhänders in Bezug auf das Treugut begrenzt,[161] da das Vollrecht beim Treugeber verbleibt.[162] Anders ist dies bei der Vollrechtstreuhand. Bei dieser wird der Treuhänder formell Inhaber des Vollrechts.[163] Ihm ist es nicht gestattet, das Treugut mit eigenen Sachen untrennbar zu vermischen. Die ihm anvertrauten Rechte muss der Treuhänder getrennt von seinem eigenen Vermögen halten. Dies hat zur Folge, dass bei ihm ein besonderen Zwecken gewidmetes und damit zweckgebundenes Sondervermögen begründet wird, welches zwar keine rechtliche Selbständigkeit aufweist, jedoch eine persönliche Bindung des Treuhänders hervorruft. Unabhängig davon, wie das Treuhandverhältnis im Einzelfall ausgestaltet ist, besteht für den Treuhänder im Fall der Beendigung des Treuhandverhältnisses regelmäßig die Verpflichtung, dass ihm auf Zeit anvertraute Treugut an den Treugeber oder einen begünstigten Dritten nach den für die Übertragung der einzelnen Rechte geltenden Vorschriften zurückzugeben.

An der Eignung des Rechtsinstituts der Treuhand zur Herbeiführung einer mindestens 95 %igen Kapitalbeteiligung durch mehrere Aktionäre bestehen Bedenken. Gänzlich ungeeignet zum Zwecke der Überschreitung der Beteiligungsschwelle sind die Ermächtigungs- und die Vollmachtstreuhand. Bei diesen Formen der Treuhand wird der Treuhänder lediglich mit der Ausübung des Stimmrechts aus den zum Aktienbestand der beteiligten Aktionäre gehörenden Anteilen betraut. Das Eigentum an den Aktien erhält der Treuhänder dagegen nicht. Allenfalls werden ihm die Anteile zu Besitz übertragen, damit der Treuhänder zur Stimmrechtsausübung legitimiert ist. Dass der Treuhänder in der Hauptversammlung als Gruppenvertreter für mehrere Aktionäre auftreten kann, deren Anteile zusammen mehr als 95 % des Grundkapitals einer Gesellschaft ausmachen, reicht im Rahmen des § 327a Abs. 1 Satz 1 AktG nicht aus. Denn in der Person des Treuhänders vereinigt sich allein die Stimm-

---

[159] *Coing*, S. 1.
[160] *Coing*, S. 85.
[161] Bei der so genannten Ermächtigungstreuhand wird der Treuhänder ermächtigt, das Stimmrecht im eigenen Namen auszuüben. Dagegen bevollmächtigt der Treugeber bei der Vollmachtstreuhand den Treuhänder zur Ausübung des Stimmrechts in seinem – des Treugebers – Namen. Vgl. zur Zulässigkeit der Ermächtigungstreuhand sowie zu den zur Vollmachtstreuhand bestehenden Unterschieden bereits RGZ 118, 330, 331 f.
[162] Vgl. RGZ 118, 330, 332; *Coing*, S. 183 f. Zur Ermächtigung und Bevollmächtigung s. auch *Semler*, in: MünchHdb AG, § 36 Rn. 19, § 38 Rn. 50.
[163] *Semler*, in: MünchHdb AG, § 36 Rn. 21.

rechtsbeteiligung der Treugeber, mangels Übertragung des Vollrechts jedoch nicht deren Kapitalbeteiligung. An den vor dem Zusammenwirken gegebenen Kapitalbeteiligungsverhältnissen ändert sich durch eine Ermächtigungs- oder Vollmachtstreuhand nichts. Anders stellt sich insofern die Situation bei der Vollrechtstreuhand dar. Da bei dieser Form der Treuhand das Vollrecht auf den Treuhänder übertragen wird, wird dieser Eigentümer der ihm von den anderen Aktionären anvertrauten Aktien. Er kann daher formell durchaus 95 % des Grundkapitals der betroffenen Gesellschaft halten mit der Folge, dass ihm grundsätzlich das Squeeze-out-Recht zustünde.[164] Als problematisch könnte sich bei der Vollrechtstreuhand jedoch das Erfordernis des zweckgebundenen Sondervermögens erweisen, wonach es dem Treuhänder grundsätzlich nicht erlaubt ist, sein eigenes Vermögen mit dem Treugut untrennbar zu vermischen.[165] Dazu würde es aber letztlich kommen, wenn einer der zusammenwirkenden Aktionäre als Treuhänder fungiert. In diesem Fall hätte der Treuhänder nicht nur das Eigentum an den ihm bislang gehörenden Anteilen inne, sondern in seinem Eigentum befänden sich zudem die Anteile der Treugeber. Erreichen die Anteile erst durch eine bewusste Zusammenfügung die nach § 327a Abs. 1 Satz 1 AktG erforderliche Beteiligungsschwelle in Höhe von 95 % des Grundkapitals, so stellt sich die Frage, ob eine solche Vermischung zulässig ist. Dafür spricht, dass die Zielsetzung, die mit dem Verbot der untrennbaren Vermischung von Treugut und Eigenvermögen des Treuhänders verfolgt wird, nicht beeinträchtigt ist. Mit der Verpflichtung eines getrennten Haltens von Sonder- und Eigenvermögen wird in erster Linie versucht, zu verhindern, dass im Falle einer Insolvenz die Aussonderung an der mangelnden Bestimmtheit scheitert, die infolge einer früheren Veräußerung von Teilen der gesamten Vermögensmenge eintreten kann. Diese Gefahr besteht für den Fall, dass sich mehrere Aktionäre das Institut der Vollrechtstreuhand zum Erreichen der 95 %igen Beteiligungsschwelle zunutze machen wollen, regelmäßig nicht, da mit einer Veräußerung von Anteilen durch den Treuhänder der Verlust der zum Ausschluss erforderlichen Kapitalbeteiligung verbunden wäre. Damit würde die mit dem Treuhandverhältnis verfolgte gemeinsame Zielsetzung von Treuhänder und Treugeber hinfällig. Selbst wenn aus diesem Grunde eine Veräußerung von Anteilen durch den Treuhänder nicht zu erwarten ist, könnte jedoch bereits das bloße Halten der Anteile dazu führen, dass die Anteile der Treugeber nicht mehr von denen des Treuhänders unterschieden werden können. Auch dann stünde zu befürchten, dass eine Aussonderung mangels Bestimmtheit nicht möglich ist. An der Bestimmtheit könnte es bereits dann fehlen, wenn die dem Treuhänder anvertrauten Anteile mit dessen eigenen Anteilen übereinstimmen, weil die Gesellschaft nur eine Aktienart ausgegeben hat und die Aktien derselben Gattung entstammen. In diesem Fall ist es nicht möglich, festzustellen, bei welchen Aktien es sich um solche des Treuhänders handelt und welche dagegen dem Treugut zuzuordnen sind. Nicht von Bedeutung wäre solch eine untrennbare Vermischung dann, wenn man der von *Westermann* begründeten Lehre von der (Geld-) Wertvindikation[166] folgte und sie auf das Aktieneigentum erstreckte. Demzufolge könnte es ausreichen, wenn das Treugut seinem Wert nach vorhanden ist, was im vorliegenden Fall bedeuten würde, dass die dem Treuhänder anvertraute Beteiligung in der prozentualen Höhe zum Grundkapital weiterhin gege-

[164] Hierbei handelt es sich nicht um einen Fall der Zurechnung nach § 327a Abs. 2 AktG i.V.m. § 16 Abs. 4 AktG, da die Zurechnung einen anderen Regelungsgehalt aufweist. Vgl. dazu *Hamann*, S. 164.
[165] *Coing*, S. 155.
[166] Vgl. *Westermann*, Sachenrecht, § 30 IV 2.

ben sein muss. Dann wäre die mangelnde Bestimmtheit für die Aussonderung im Fall der Insolvenz kein Hindernis. Eine solche Erwägung verbietet sich jedoch aus dem Grunde, dass eine Wertvindikation bereits für Geld abzulehnen ist. Sie führt dazu, dass der Geldeigentümer gegenüber dem Sacheigentümer begünstigt wird.[167] Eine derartige Bevorzugung ist mit dem sachenrechtlichen Bestimmtheitsgrundsatz unvereinbar, der im Hinblick auf die einzelne Sache gerade nicht differenziert. Daher kann eine untrennbare Vermischung des Eigenvermögens des Treuhänders mit dem zweckgebundenen Sondervermögen auch im Falle von Aktien als Treugut nicht gestattet werden. Dies hat zur Folge, dass ein Aktionär nicht als Treuhänder fungieren kann, wenn seine Kapitalbeteiligung nur zusammen mit den ihm im Wege eines Treuhandverhältnisses anvertrauten Anteilen anderer Aktionäre 95 % des Grundkapitals der Gesellschaft ausmacht. Ohne eine bewusste Vermischung würde die Beteiligungsschwelle nicht erreicht.

Demnach können zusammenwirkende Aktionäre ihre Anteile nur auf einen Treuhänder übertragen, der selbst nicht an der Gesellschaft beteiligt ist. Ist der Treuhänder selbst nicht Aktionär der betreffenden Gesellschaft, scheidet eine (bewusste) Vermischung des Treuguts mit den im Eigenvermögen des Treuhänders stehenden Anteilen aus. Eine Möglichkeit besteht für die zusammenwirkenden Aktionäre darin, eine Gesellschaft bürgerlichen Rechts zu gründen, die als Treuhänder auftritt und auf die die Anteile übertragen werden.[168] Diese Gestaltung unterscheidet sich zwar in ihrer rechtlichen Ausgestaltung, nicht jedoch im Ergebnis von der oben bereits erläuterten Nutzung eines Beteiligungskonsortiums.

5. Zwischenergebnis

Als Zwischenergebnis ist festzuhalten, dass sowohl ein Zusammenschluss mehrerer Aktionäre in einem Beteiligungskonsortium oder einer Holding als auch ein Zusammenwirken im Rahmen einer Wertpapierleihe dazu geeignet ist, die für den Ausschluss erforderliche 95 %ige Beteiligung am Grundkapital zu erlangen.[169] Fraglich ist jedoch, ob es zulässig ist, dass ein solcher Zusammenschluss von Aktionären zum Zwecke der Durchführung eines Ausschlussverfahrens erfolgt, wenn von vornherein beabsichtigt ist, die Anteile nach dem Ausschluss der Minderheitsaktionäre wieder zwischen den zusammenwirkenden Aktionären aufzuteilen.

IV. Literaturansichten zur möglichen Missbräuchlichkeit eines Zusammenschlusses mehrerer Aktionäre

1. Verwirklichung des Gesetzeszwecks

In der rechtswissenschaftlichen Literatur ist das Problem des temporären Zusammenschlusses mehrerer Aktionäre zum Zwecke der Erlangung der 95 %igen Kapitalbeteiligung mit anschließender Durchführung eines Ausschlussverfahrens eingehend

---

[167] Palandt/*Bassenge*, § 985 Rn. 10.

[168] Laut *Vossius*, ZIP 2002, 511 li. Sp., reicht die Treuhand für mehrere Treugeber nicht aus, wenn nicht zwischen ihnen eine gesellschaftsrechtliche Verbindung besteht.

[169] Durch einen Zusammenschluss kann möglicherweise die Verpflichtung zur Abgabe eines Pflichtangebots nach dem WpÜG ausgelöst werden.

erörtert worden. Ein übereinstimmendes Ergebnis in Bezug auf die Bewertung der rechtlichen Zulässigkeit einer solchen Vorgehensweise wurde bislang nicht erzielt.

Gegen eine Qualifizierung als rechtsmissbräuchliche Vorgehensweise wird von einigen Stimmen im rechtswissenschaftlichen Schrifttum vorgebracht, dass ein Zusammenschluss mehrerer Aktionäre sich im Einklang mit dem hinter den §§ 327a ff. AktG stehenden Gesetzeszweck befinde.[170] An einer Verwirklichung der mit der Ausschlussmöglichkeit verfolgten rechtspolitischen Zielsetzung, strukturelle Veränderungen einer Gesellschaft zu erleichtern, bestünde auch dann ein berechtigtes Interesse, wenn nicht nur ein einziger Hauptaktionär vorhanden sei, sondern die Anteile der in einer Gesellschaft verbliebenen Minderheitsaktionäre durch mehrere Großaktionäre übernommen würden.[171] Aus diesem Grunde müsse es ausreichen, wenn formal 95 % der Anteile einer Gesellschaft von einem Aktionär gehalten werden.[172]

2. Fallgruppenbildung zur Beurteilung der Rechtmäßigkeit eines Zusammenschlusses

Einige Stimmen in der rechtswissenschaftlichen Literatur lehnen eine generelle Gestattung von Zusammenschlüssen mehrerer Aktionäre zum Zwecke der Durchführung eines Squeeze-out-Verfahrens ab. Sie fordern eine differenzierende Betrachtung. Die eingangs dargestellten Vorgehensweisen seien dann als rechtsmissbräuchlich zu qualifizieren, wenn das Ausschlussverfahren allein aus dem Grunde angestrebt werde, einzelne Mitaktionäre ohne sachlichen Grund aus der Gesellschaft zu drängen.[173] Der hinter dem Squeeze-out-Recht stehende gesetzgeberische Zweck sei es gerade nicht, einem Hauptaktionär zu ermöglichen, ganz bestimmte Mitaktionäre aus einer Gesellschaft, zum Beispiel aus persönlichen Gründen, verbannen zu können.[174] Der Zweck des Ausschlussrechts bestehe nicht darin, eine Ausnahme von dem im gesamten Gesellschaftsrecht herrschenden Grundsatz, dass Gesellschafter nur bei Vorliegen eines in ihrer Person wurzelnden wichtigen Grundes aus einer Gesellschaft ausgeschlossen werden dürfen, zu statuieren. Bei einem Zusammenschluss, der allein auf den Ausschluss der übrigen Aktionäre und die anschließende Rückübertragung der übergegangenen Aktien auf die zum Zusammenschluss gehörenden Aktionäre abzielt, fehle es an einem wichtigen, in der Person des jeweils

---

[170] *Markwardt*, BB 2004, 277, 285 li. Sp., re. Sp.; *Scheel*, in: Blättchen/Wegen, S. 205, 234 f.; *Schwichtenberg*, S. 308; *Vetter*, AG 2004, 219 re. Sp.; *ders.*, AG 2002, 176, 185 re. Sp.; *Wittuhn/Giermann*, MDR 2003, 372, 373 li. Sp. Wohl auch *Küting*, DStR 2003, 838, 842 re. Sp.; *Roth*, NZG 2003, 998, 1000 Fn. 33. *Krieger*, BB 2002, 53, 62 re. Sp., tendiert zwar zur Zulässigkeit eines Zusammenschlusses, weist aber darauf hin, dass „letzte Zweifel" blieben. Vgl. auch *Angerer*, BKR 2002, 260, 267 re. Sp., der der Ansicht ist, dass es „durchaus nach dem Gesetzeszweck anzuerkennende Gründe geben kann, so zu verfahren", der jedoch eine Erklärung dahingehend schuldig bleibt, welche Gründe dies konkret sein sollen. Nach Ansicht von *Hasselbach*, in: Kölner Komm, WpÜG, § 327a AktG Rn. 56; *Steinmeyer/Häger*, WpÜG, § 327a AktG Rn. 16, soll nur in besonders gelagerten, eher seltenen Ausnahmefällen ein Missbrauch anzunehmen sein.

[171] *Vetter*, AG 2002, 176, 185 re. Sp.

[172] *Krieger*, BB 2002, 53, 62 re. Sp.

[173] *Fleischer*, ZGR 2002, 757, 778; *Gesmann-Nuissl*, WM 2002, 1205, 1206 li. Sp., 1211 li. Sp.; *Grunewald*, ZIP 2002, 18, 19 li. Sp.; *Grzimek*, in: Geibel/Süßmann, WpÜG, Art. 7, § 327f AktG Rn. 12; *Habersack*, in: Emmerich/Habersack, § 327a Rn. 29; *Halberkamp/Greve*, FB 2002, 580, 588 li. Sp. a.E.; *Hamann*, S. 165 ff., 167 a.B.; *Hüffer*, AktG, § 327a Rn. 12.

[174] *Baums*, S. 141, 144, 145; *ders.*, WM 2001, 1843, 1845 re. Sp., 1846 re. Sp., 1846/1847; *Hamann*, S. 167.

auszuschließenden Minderheitsaktionärs liegenden Grund.[175] Der Sinn und Zweck des Ausschlussrechts bestehe darin, formellen Aufwand zu beseitigen und eine ungehinderte Unternehmensführung zu ermöglichen.[176] Wirkten mehrere Aktionäre nur für den Zeitraum der Durchführung eines Ausschlussverfahrens zusammen, um anschließend wieder einzeln an der Gesellschaft beteiligt zu sein, würden diese Ziele nicht realisiert.[177] Die Übertragung der Aktien auf die durch den Zusammenschluss entstehende Vereinigung genüge als lediglich formaler Akt nicht.[178] Der Gesetzgeber sei vom alleinigen Verbleib des Hauptaktionärs ausgegangen.[179] Zur Feststellung, ob durch den Zusammenschluss Kosten gespart und die Führung des Unternehmens erleichtert werden soll, oder aber, ob der eigentliche Beweggrund die Verdrängung bestimmter Mitaktionäre aus der Gesellschaft ist, soll die Aktienbesitzzeit als Indiz heranzuziehen sein.[180] So sei bei der Würdigung insbesondere zu berücksichtigen, ob der Zusammenschluss unmittelbar nach der Durchführung des Squeeze-out-Verfahrens oder in zeitlicher Nähe dazu wieder aufgelöst wird.[181] Dies spreche dafür, dass der Zusammenschluss nicht auf Dauer angelegt war, sondern mit ihm nur bezweckt wurde, bestimmte Mitgesellschafter auszuschließen. In diesem Fall könne der Übertragungsbeschluss wegen eines Rechtsmissbrauchs mit einer Anfechtungsklage angegriffen werden.[182] Als nicht rechtsmissbräuchlich stelle sich ein Zusammenschluss mehrerer Aktionäre zum Zwecke des Ausschlusses der übrigen Mitgesellschafter dar, wenn er auf unbestimmte Zeit angelegt ist.[183] Dieser Fall unterscheide sich nicht von einem Ausschluss, der von einer natürlichen oder juristischen Person betrieben wird, die von Anfang an einzeln an der Aktiengesellschaft beteiligt war und sich ohne Mitwirkung anderer Aktionäre 95 % der Anteile am Grundkapital verschafft hat. Dadurch, dass für den Zusammenschluss keine zeitliche Begrenzung vorgesehen ist, sei sichergestellt, dass sich nach der Durchführung des Squeeze-out-Verfahrens die Anteile an der Gesellschaft in der Hand eines einzelnen Aktionärs befinden.[184] Die den Ausschluss rechtfertigenden Gründe der Kostenersparnis und der Verhinderung missbräuchlicher Anfechtungsklagen würden demnach verwirklicht. Rechtlich gleich zu beurteilen sei der Fall, dass die einen Squeeze-out anstrebenden Aktionäre „alsbald" nach dessen Durchführung den Zusammenschluss wieder auflösen, weil sich Gründe ergeben haben, die im Zeitpunkt des Zusammenschlusses noch nicht absehbar gewesen sind.[185] Als Grund für diese Beurteilung wird angeführt, dass es auch einem einzelnen Aktionär, der ohne das Zusammenwirken mit anderen Aktionären über die zum Ausschluss erforderliche Kapitalbeteiligung verfügt, gestattet sei, nach einem vollzogenen Squeeze-out die Gesellschaft

---

[175] *Bolte*, DB 2001, 2587, 2590 li. Sp.
[176] *Baums*, WM 2001, 1843, 1845 re. Sp.; *Hamann*, S. 166.
[177] Kritisch hierzu *Maslo*, NZG 2004, 163, 165 li. Sp.
[178] *Bolte*, DB 2001, 2587, 2590 li. Sp.
[179] *Baums*, WM 2001, 1843, 1847 li. Sp.; *Hamann*, S. 165 a.E.
[180] *Hüffer*, AktG, § 327a Rn. 12.
[181] *Baums*, WM 2001, 1843, 1845 re. Sp.; *Fleischer*, ZGR 2002, 757, 778; *Gesmann-Nuissl*, WM 2002, 1205, 1206 li. Sp., 1211 li. Sp.; *Grunewald*, ZIP 2002, 18, 19 li. Sp.; *Maslo*, NZG 2004, 163, 164/165; a.A.: *Hamann*, S. 167, nach dessen Ansicht die Dauerhaftigkeit des Zusammenschlusses für die Beurteilung eines möglichen Rechtsmissbrauchs keine Rolle spielt.
[182] *Bolte*, DB 2001, 2587, 2589 re. Sp.
[183] *Bolte*, DB 2001, 2587, 2589 li. Sp. So auch *Baums*, S. 142; *Maslo*, NZG 2004, 163, 164 re. Sp.
[184] *Bolte*, DB 2001, 2587, 2589 li. Sp.
[185] *Bolte*, DB 2001, 2587, 2589 re. Sp.

erneut für Mitgesellschafter zu öffnen. Für solche Zusammenschlüsse, die zwar nur für eine bestimmte Zeit eingegangen werden, mit denen die zusammenwirkenden Aktionäre jedoch einen „weiteren", über den bloßen Ausschluss der übrigen Aktionäre hinausgehenden Zweck verfolgen, verbiete sich aufgrund der Vielzahl möglicher Zweckvereinbarungen eine generelle Qualifizierung als zulässig oder als rechtsmissbräuchlich. Die Beurteilung könne vielmehr nur einzelfallbezogen erfolgen, wobei jeweils untersucht werden müsse, inwiefern der jeweilige Zusammenschluss mit einer dauerhaften Verbindung zu vergleichen ist.[186]

3. Stellungnahme

a) Befürwortung der differenzierenden Ansicht

Zustimmung verdient die differenzierende Ansicht, die die Dauer des Aktienbesitzes als Indiz für eine etwaige Rechtsmissbräuchlichkeit eines Zusammenschlusses mehrerer Aktionäre heranzieht. So ist insbesondere *Bolte* im Grundsatz beizupflichten, dass die Problematik der rechtlichen Beurteilung derartiger Zusammenschlüsse mit Hilfe einer Fallgruppenbildung anhand der zeitlichen Ausgestaltungsmöglichkeiten einer sachgerechten Lösung zugeführt werden kann. Eine generelle Befürwortung der dargestellten Verbindungen mehrerer Aktionäre als zulässig ist hingegen abzulehnen, da einige Vorgehensweisen dem mit den §§ 327a ff. AktG verfolgten Gesetzeszweck widersprechen. Aufschluss bietet insofern eine genaue Auslegung der Squeeze-out-Regelungen.

b) Analyse der Ausschlussregelungen

aa) Erkenntnisse aus dem Wortlaut des § 327a Abs. 1 Satz 1 AktG

Es wurde bereits ausgeführt, dass das Erfordernis der 95 %igen Kapitalbeteiligung nach dem Wortlaut des § 327a Abs. 1 Satz 1 AktG lediglich in dem Zeitraum zwischen dem Übertragungsverlangen des Hauptaktionärs und der Beschlussfassung durch die Hauptversammlung gegeben sein muss. Was den Zeitraum vor der Kontaktierung des Vorstands und nach der Fassung des Übertragungsbeschlusses anbelangt, ergeben sich aus dem Wortlaut keine weiteren Vorgaben. Der Wortlaut des § 327a Abs. 1 Satz 1 AktG verbietet demnach weder, dass der Hauptaktionär erst kurz vor dem Übertragungsverlangen durch einen Zusammenschluss mehrerer Aktionäre entsteht, noch schreibt er vor, dass der Hauptaktionär nach dem Ausschluss weiterhin bestehen muss. Demzufolge steht der Wortlaut der Ausschlussregelungen der temporären Schaffung der Squeeze-out-Voraussetzungen nicht entgegen.

bb) Systematische Erwägungen

Aus systematischer Sicht könnten sich in Bezug auf die Zulässigkeit der temporären Schaffung der Ausschlussvoraussetzungen durch einen Zusammenschluss mehrerer Aktionäre aus der Ordnungswidrigkeitenregelung des § 405 AktG Erkenntnisse er-

---

[186] *Bolte*, DB 2001, 2587, 2590 re. Sp. Diese Überlegungen werden von *Bolte* primär für kleine, personalistisch geprägte Aktiengesellschaften gemacht. Vgl. *Bolte*, DB 2001, 2587 li. Sp., 2591 li. Sp./re. Sp.

geben. Diese Bestimmung bestraft das Zusammenwirken von Personen im Hinblick auf die Verschaffung der notwendigen Stimmenmehrheit, die erforderlich ist, um einen günstigen Beschluss durchzusetzen. Die Entscheidung der Hauptversammlung soll nach dem Willen des Gesetzgebers unverfälscht zustande kommen. Der Gesetzgeber hat dabei an die Fälle gedacht, in denen besondere Stimmenmehrheiten erforderlich sind bzw. ein bestimmter Schwellenwert im Hinblick auf das Stimmrecht benötigt wird. Im Falle des temporären Zusammenschlusses von Aktionären zur Schaffung der Ausschlussvoraussetzungen ist es ebenfalls das Ziel, durch ein Zusammenwirken mit anderen Aktionären die Durchführung einer Maßnahme zu ermöglichen, die ansonsten nicht gestattet wäre. Das Zusammenwirken ist hier allerdings nicht für das Erfordernis einer bestimmten Stimmenmehrheit erforderlich, sondern für das Erreichen der Kapitalbeteiligung in Höhe von 95 %, ohne die der Übertragungsbeschluss nicht gefasst werden darf. Trotz dieser Ähnlichkeiten spricht die Ordnungswidrigkeitenregelung des § 405 AktG allerdings nicht gegen die Zulässigkeit des Zusammenschlusses zur Herbeiführung der notwendigen Kapitalbeteiligung. Denn die Vorschrift des § 405 AktG ist darauf ausgerichtet, dass von den zusammenwirkenden Personen einer einen Vorteil gewährt und der andere sich diesen Vorteil versprechen lässt. Im Falle des Zusammenschlusses zur Ermöglichung eines Squeeze-out-Verfahrens fehlt es gerade an einer solchen Vorteilsgewährung. Die zusammenwirkenden Aktionäre wollen sich gemeinsam einen Vorteil verschaffen und schließen sich zu diesem Ziel zusammen, ohne dass einer von ihnen einem anderen einen Vorteil gewährt. In Bezug auf Stimmrechte würde es sich bei diesem Fall um eine Poolung handeln, bei der durch die gemeinsame Ausübung der Stimmrechte ein bestimmtes Beschlussergebnis herbeigeführt werden soll. Die Poolung von Stimmrechten ist in § 405 AktG nicht sanktioniert, so dass diese Bestimmung nicht gegen die Zulässigkeit eines Zusammenschlusses spricht.

Aufschluss darüber, ob es zulässig ist, die erforderliche Kapitalbeteiligung zeitweilig durch einen Zusammenschluss mehrerer Aktionäre herbeizuführen, könnte jedoch die Regelung des § 327a Abs. 2 AktG bieten. Danach hat in bestimmten Fällen eine Zurechnung von Anteilen zu erfolgen. Durch die Zurechnung von Anteilen nach § 16 Abs. 2 und 4 AktG unterscheidet sich das Squeeze-out-Verfahren vom Institut der Mehrheitseingliederung. Gegenüber den §§ 320 ff. AktG sind die Zurechnungsmöglichkeiten erweitert.[187] Diese explizite Erweiterung spricht dafür, dass der Gesetzgeber, wenn er die Möglichkeit der Erzielung der 95 %igen Kapitalbeteiligung durch einen Zusammenschluss mehrerer Aktionäre als zulässig erachtet hätte, auch insofern eine ausdrückliche Regelung geschaffen hätte. So hätte er beispielsweise in den Wortlaut des § 327a Abs. 1 Satz 1 AktG die Formulierung „... oder mehrere Aktionäre, denen zusammen Aktien der Gesellschaft in Höhe von 95 vom Hundert des Grundkapitals gehören" aufnehmen können. Dies hätte sogar nahe gelegen, weil die Ausschlussbestimmungen anderer Rechtsordnungen derartige Regelungen enthalten. Daher deuten systematische Erwägungen darauf hin, dass das Erreichen der 95 %igen Kapitalbeteiligung durch einen Zusammenschluss mehrerer Aktionäre gerade nicht ausreichen soll, um zum Ausschluss der übrigen Gesellschafter befugt zu sein.

---

[187] *Drukarczyk*, FS Scherrer, 2004, S. 625, 628.

cc) Erforderlichkeit einer einzelfallabhängigen Beurteilung

Die Unzulässigkeit des Zusammenschlusses mehrerer Aktionäre zum Zwecke der Erlangung der 95 %igen Kapitalbeteiligung kann damit begründet werden, dass die gesetzgeberischen Ziele, insbesondere die Minderung des Formalaufwands, nicht realisiert würden, wenn sich der Zusammenschluss nach Durchführung des Squeeze-out wieder auflöste. Dieser Hinweis ist nicht tragfähig, da die Squeeze-out-Regelungen – wie bereits nachgewiesen wurde – nicht vorschreiben, dass die Gesellschaft nach Ausschluss der Minderheitsaktionäre in Zukunft allein mit dem Hauptaktionär fortgeführt werden darf. Vielmehr ist es diesem gestattet, wieder andere Aktionäre in die Gesellschaft aufzunehmen. In diesem Fall sind aber wiederum die minderheitsschützenden Vorschriften zu beachten, so dass die vom Gesetzgeber ermöglichten Einsparungen hinsichtlich des Formalaufwands nicht greifen. Insoweit kann es aber keinen Unterschied machen, ob durch die Wiederaufnahme von Aktionären die Alleininhaberschaft nicht gegeben ist, oder ob sich dies aus dem Umstand ergibt, dass infolge der Auflösung des Zusammenschlusses wieder mehrere Aktionäre an der Gesellschaft beteiligt sind. Der Zeitraum nach Beschlussfassung über die Übertragung der Aktien tritt für die Beurteilung der Rechtsmissbräuchlichkeit der temporären Schaffung der Squeeze-out-Voraussetzungen damit in den Hintergrund. Allerdings kann die spätere Entwicklung Indizwirkung entfalten. Der Schwerpunkt der Betrachtungen ist bezüglich des Zusammenschlusses auf den Zeitpunkt vor dem Verlangen zu legen. Dass die spätere Auflösung als zulässig zu erachten ist, bedeutet nämlich nicht zugleich, dass auch der Zusammenschluss als solcher zulässig ist. Dies wird bei den Ausführungen im rechtswissenschaftlichen Schrifttum oftmals übersehen. Gegen die Möglichkeit der temporären Schaffung der Ausschlussvoraussetzungen spricht, dass der Gesetzgeber bei der Schaffung der §§ 327a ff. AktG eine besondere Gesellschaftsstruktur vor Augen hatte. Der Ausschluss ist gesetzlich gestattet, wenn sich 95 % in den Händen eines Aktionärs befinden und lediglich noch die restlichen 5 % zirkulieren. Erst ab diesem Beteiligungsverhälntis dürfen die Interessen der Minderheitsaktionäre aufgrund der dominierenden Stellung des Hauptaktionärs für unerheblich erklärt werden.[188] Schließen sich mehrere Aktionäre zusammen, so ist das vom Gesetzgeber vorausgesetzte Erfordernis lediglich formell gegeben. Ohne den Zusammenschluss hätten nicht die Beteiligungsverhältnisse vorgelegen, die zum Ausschluss anderer Aktionäre berechtigen. Es fehlt an den klaren Machtverhältnissen. Diese werden allein „künstlich" geschaffen. Ohne den Zusammenschluss hätten die Minderheitsaktionäre möglicherweise trotz ihrer geringen Beteiligung Einfluss auf die Geschicke der Gesellschaft nehmen können. Aus diesem Grunde ist es einem Zusammenschluss mehrerer Aktionäre nicht ausnahmslos gestattet, ein Squeeze-out-Verfahren durchzuführen. Die Zulässigkeit ist anhand verobjektivierter Kriterien zu beurteilen. Bestand der Zusammenschluss bereits vor der Durchführung des Ausschlussverfahrens und soll er auch danach weiter bestehen, so ist der Squeeze-out nicht als rechtsmissbräuchlich anzusehen. Gleiches gilt für den Fall, dass der Zusammenschluss bereits seit längerer Zeit bestanden hat, er jedoch nach der Durchführung des Ausschlussverfahrens aufgelöst werden soll. In diesem Fall haben sich die Aktionäre nicht erst zum Zwecke des Ausschlusses der übrigen Gesellschafter zusammengeschlossen. Schwierigkeiten bereiten dagegen

[188] *v. Morgen*, WM 2003, 1553, 1555 li. Sp.

die Fälle, in denen der Zusammenschluss erst kurz vor der Durchführung des Ausschlussverfahrens erfolgt. Ist dies der Fall, aber soll der Zusammenschluss nach dem Squeeze-out-Verfahren fortbestehen, so kann ebenfalls nicht von einem Rechtsmissbrauch ausgegangen werden. Denn wollte man den Aktionären in diesem Fall verbieten, einen Ausschluss durchzuführen, so liefe dies auf das Erfordernis einer Vorbesitzzeit voraus. Soll der Zusammenschluss tatsächlich künftig fortbestehen, so wäre es nicht sinnvoll, die Aktionäre darauf zu verweisen, nach dem Zusammenschluss eine gewisse Zeit abzuwarten, bevor sie den Ausschluss durchführen. Soll der Zusammenschluss, der erst vor der Durchführung des Ausschlussverfahrens erfolgt ist, danach wieder aufgelöst werden, handelt es sich um einen Rechtsmissbrauch, da die dem Ausschlussverfahren vom Gesetzgeber zugrunde gelegte Konstellation künstlich geschaffen wurde. Die Minderheitsaktionäre sind in diesem Fall dazu berechtigt, gerichtlich gegen den Übertragungsbeschluss vorzugehen. Dies könnte in Form der Erhebung einer Anfechtungsklage erfolgen. Schwierigkeiten bereitet insofern allerdings die kurze Anfechtungsfrist des § 246 Abs. 1 AktG. Sie schließt es aus, den Vorwurf der Treuwidrigkeit auf die nach Eintritt der Bestandskraft des Übertragungsbeschlusses erfolgende Rückübertragung zu gründen. Dies hätte zur Folge, dass die zusammenwirkenden Aktionäre mit der Rückübertragung nur bis zur Bestandskraft des Beschlusses abwarten müssten, um Sanktionen zu verhindern. Angesichts dieser Ausgangslage wird man den Minderheitsaktionären in Fällen, in denen die erforderliche Kapitalmehrheit des Hauptaktionärs durch im zeitlichen Zusammenhang mit dem Übertragungsbeschluss stehende Transaktionen zwischen den Altaktionären geschaffen wurde, Erleichterungen in der Darlegungs- und Beweislast zubilligen müssen. Im Ergebnis ist es deshalb Sache des Hauptaktionärs, darzulegen und gegebenenfalls zu beweisen, dass die Umschichtung nicht allein einen Squeeze-out ermöglichen soll, sondern auch anderweitig motiviert ist.[189] Denkbar erscheint auch, anstelle der bloßen Anfechtbarkeit von der Nichtigkeit des Übertragungsbeschlusses auszugehen, denn letztlich stellt sich die Situation so dar, als ob der den Ausschluss betreibende Aktionär nicht über die vom Gesetz in § 327a Abs. 1 Satz 1 AktG geforderte 95 %ige Kapitalbeteiligung verfügte. Das Fehlen der notwendigen Beteiligungsquote führt zur Nichtigkeit des Übertragungsbeschlusses nach § 241 Nr. 3 AktG.[190]

§ 18 Formwechsel zum Zwecke der Durchführung eines Squeeze-out-Verfahrens

I. Ausschlussmöglichkeiten nach dem GmbH-Recht

Die Situation, dass ein Mehrheitsgesellschafter die Stellung als Alleingesellschafter begehrt und aus diesem Grunde die Minderheitsgesellschafter aus der Gesellschaft herausdrängen möchte, ergibt sich nicht nur innerhalb von Aktiengesellschaften. Auch der Mehrheitsgesellschafter einer Gesellschaft mit beschränkter Haftung kann

[189] *Habersack*, in: Emmerich/Habersack, § 327a Rn. 29.

[190] *Baums*, WM 2001, 1843, 1846 li. Sp.; *Fleischer*, ZGR 2002, 757, 788; *Fuhrmann/Simon*, WM 2002, 1211, 1212 re. Sp. a.E.; *Grzimek*, in: Geibel/Süßmann, WpÜG, Art. 7, § 327f AktG Rn. 12; *Habersack*, in: Emmerich/Habersack, § 327a Rn. 18 a.E., § 327f Rn. 3; a.A.: *Markwardt*, BB 2004, 277, 280 Fn. 46; *Mertens*, AG 2002, 377, 382 re. Sp., 383 li. Sp.; *Steinmeyer/Häger*, WpÜG, § 327a AktG Rn. 31; *Wittuhn/Giermann*, MDR 2003, 372, 373 re. Sp. (bloße Anfechtbarkeit des Übertragungsbeschlusses).

den Wunsch nach einem Ausschluss der Minderheitsgesellschafter verspüren. Sind diese nicht bereit, freiwillig aus der Gesellschaft mit beschränkter Haftung auszuscheiden, so wird der Mehrheitsgesellschafter nach Möglichkeiten suchen, die Minderheitsgesellschafter zwangsweise aus der Gesellschaft zu verdrängen. Dies dürfte sich insofern als schwierig darstellen, als das GmbH-Recht den Ausschluss von Gesellschaftern nur in wenigen Fällen gestattet.[191] Zulässig ist der Ausschluss eines Gesellschafters zum einen dann, wenn dieser seiner Verpflichtung zur Leistung der Stammeinlage nicht nachgekommen ist und auch angesichts der Setzung einer Zahlungsfrist seitens der Gesellschaft säumig bleibt.[192] Nach fruchtlosem Ablauf der Frist kann der säumige Gesellschafter im Wege des so genannten Kaduzierungsverfahrens nach § 21 Abs. 2 Satz 1 GmbHG seines Anteils für verlustig erklärt werden. Zum anderen kann ein Gesellschafter durch eine Amortisation aus einer Gesellschaft ausgeschlossen werden. In diesem Fall erfolgt eine Einziehung seiner Gesellschaftsanteile nach § 34 Abs. 1 GmbHG auf Grundlage einer vertraglichen Amortisationsklausel. Bei Fehlen einer derartigen Klausel ist der Ausschluss eines Gesellschafters aus einer Gesellschaft mit beschränkter Haftung allein noch dann gestattet, wenn ein in seiner Person liegender wichtiger Grund existiert, der einen Verbleib in der Gesellschaft als untragbar erscheinen lässt.[193] Alle drei Ausschlussmöglichkeiten betreffen ihrer Konzeption nach die Ausschließung eines einzelnen Gesellschafters, nämlich des Anteilsinhabers, in dessen Person Säumnis mit der Zahlung vorliegt, der Tatbestand einer vertraglichen Einziehungsklausel erfüllt ist oder ein wichtiger Grund existiert. Stattdessen zielen die genannten Ausschlusstatbestände nicht darauf ab, einem Mehrheitsgesellschafter den Ausschluss sämtlicher Minderheitsgesellschafter auf einen Schlag zu ermöglichen.

II. Analoge Anwendung der Ausschlussbestimmungen der §§ 327a ff. AktG auf Gesellschaften mit beschränkter Haftung

Ist es einem Mehrheitsgesellschafter einer Gesellschaft mit beschränkter Haftung demzufolge nach den Regelungen des GmbH-Rechts nicht möglich, die Gesamtheit der Minderheitsgesellschafter auszuschließen, so wird er in nicht seltenen Fällen versucht sein, sich anderer Institute des Gesellschaftsrechts zu bedienen. Der zur Erreichung seines Ziels einfachste Weg wäre die Durchführung eines Ausschlussverfahrens nach den §§ 327a ff. AktG. Fraglich ist jedoch, ob dieser für den Mehrheitsgesellschafter einer Gesellschaft mit beschränkter Haftung überhaupt gangbar ist. Nach dem Wortlaut des § 327a Abs. 1 Satz 1 AktG sind vom Anwendungsbereich der Squeeze-out-Vorschriften nur Aktiengesellschaften und Kommanditgesellschaften auf Aktien erfasst. Möglicherweise haben die §§ 327a ff. AktG jedoch im Wege einer Analogie auch für Gesellschaften mit beschränkter Haftung Geltung.

---

[191] Vgl. zu den Ausschlussmöglichkeiten des GmbH-Rechts die Darstellung bei *Damrau-Schröter*, NJW 1991, 1927 ff.

[192] Vgl. zur praktischen Bedeutung dieses Verfahrens *Damrau-Schröter*, NJW 1991, 1927 re. Sp.

[193] *Damrau-Schröter*, NJW 1991, 1927, 1932 ff.

1. Die Überlegungen von *von Morgen*

Für eine analoge Anwendung der §§ 327a ff. AktG auf Gesellschaften mit beschränkter Haftung spricht sich *von Morgen* aus.[194] Er trägt vor, dass die Gesetzesmaterialien keine Hinweise auf eine „planmäßige Ausgrenzung" der Gesellschaften mit beschränkter Haftung von den Squeeze-out-Vorschriften enthielten. Es sei nicht auszuschließen, dass der Gesetzgeber die Rechtsform der Gesellschaft mit beschränkter Haftung bei der Festlegung des Anwendungsbereichs der §§ 327a ff. AktG übersehen habe. Denn aufgrund des Umstands, dass für den Gesetzgeber bei der Platzierung der Neuregelungen der Regelungszusammenhang mit dem Übernahmerecht als Materie des Kapitalmarktrechts entscheidend gewesen sei, habe für ihn die Kodifizierung des Aktienrechts im Mittelpunkt gestanden. Trotz alledem stelle das Squeeze-out-Verfahren kein kapitalmarktrechtliches Instrument dar, sondern sei als Rechtsinstitut in das deutsche Gesellschaftsrecht integriert worden. Als Beleg weist *von Morgen* insofern auf die Erstreckung des Ausschlussrechts auf nicht börsennotierte Aktiengesellschaften hin. Letztere wiesen weitgehende Gemeinsamkeiten zu der Rechtsform der Gesellschaft mit beschränkter Haftung auf, insbesondere was die Gesellschafterstruktur und die Eigenkapitalausstattung anbelange.[195] Es sei geboten, die verschiedenen Kapitalgesellschaften in Bezug auf die Voraussetzungen und Regelungsmechanismen des Ausschlussverfahrens gleich zu behandeln.[196] Ersichtlich werde das Vorhandensein einer planwidrigen Regelungslücke im GmbH-Recht dadurch, dass in der Rechtspraxis Gestaltungsmöglichkeiten zum faktischen Ausschluss von Minderheitsgesellschaftern aus einer Gesellschaft mit beschränkter Haftung nicht bloß diskutiert, sondern diesbezügliche Versuche auch in die Tat umgesetzt würden. Als Beispiel weist *von Morgen* auf die übertragende Auflösung hin, mit Hilfe derer auch bei Gesellschaften mit beschränkter Haftung Minderheitsgesellschafter ausgeschlossen würden. Das Rechtsinstitut der übertragenden Auflösung sei jedoch nicht geeignet, um den zwischen Mehrheit und Minderheit bestehenden Interessenkonflikt sachgerecht zu lösen.[197] Eine sachgerechte Lösung sei stattdessen durch eine analoge Anwendung der Squeeze-out-Vorschriften zu erreichen. Aufgrund der für die Minderheitsgesellschafter vorgesehenen Schutzvorschriften stellten die §§ 327a ff. AktG sich gegenüber dem durch die übertragende Auflösung erfolgenden Ausschluss aus der Gesellschaft als vorteilhaft dar.[198] Könnten die Minderheitsgesellschafter in Zukunft ohnehin weiter durch eine übertragende Auflösung aus einer Gesellschaft mit beschränkter Haftung ausgeschlossen werden, so sei es zum Schutze der Minderheitsgesellschafter angebracht, die Ausschlussregelungen analog auf diese Gesellschaftsform anzuwenden.[199]

---

[194] Die Frage einer Analogie wirft auch *Angerer*, BKR 2002, 260, 267 re. Sp. a.E., auf. Eine ausdrückliche Antwort gibt *Angerer* zwar nicht, seine übrigen Ausführungen lassen jedoch eine Tendenz zur Befürwortung einer analogen Anwendung der §§ 327a ff. AktG auf Gesellschaften mit beschränkter Haftung erkennen.

[195] *v. Morgen*, WM 2003, 1553, 1558 re. Sp.

[196] *v. Morgen*, WM 2003, 1553, 1560 li. Sp.

[197] *v. Morgen*, WM 2003, 1553, 1559 re. Sp.

[198] *v. Morgen*, WM 2003, 1553, 1559 re. Sp. a.B.

[199] *v. Morgen*, WM 2003, 1553, 1560 re. Sp.

2. Kritische Würdigung

a) Grundsätzliche Bedenken gegen die Ausführungen

Diese Ausführungen vermögen nicht zu überzeugen. Es bestehen bereits Bedenken im Hinblick auf die Überlegungen, mit denen *von Morgen* das Vorliegen einer planwidrigen Regelungslücke begründet. Seiner Ansicht nach spricht für das Vorliegen einer planwidrigen Regelungslücke insbesondere der Umstand, dass die Rechtspraxis nach Mitteln sucht, um die Minderheitsgesellschafter faktisch aus einer Gesellschaft mit beschränkter Haftung auszuschließen. Eines dieser Instrumente, nämlich die übertragende Auflösung, sei für die Minderheitsgesellschafter mit mehr Nachteilen verbunden als die analoge Anwendung der §§ 327a ff. AktG. Diese Gesichtspunkte stellen jedoch keine tragfähige Grundlage für die Annahme einer planwidrigen Regelungslücke dar. Die Versuche der Praxis, mit der Nutzbarmachung vorhandener Institute ein Ziel zu erreichen, dessen Realisierung Gesellschaften mit beschränkter Haftung durch den Gesetzgeber nicht durch eine gesetzliche Bestimmung ausdrücklich ermöglicht wird, vermögen lediglich ein Bedürfnis nach einer bestimmten Regelung darzulegen. Dieses etwaige Bedürfnis der Praxis rechtfertigt es aber nicht, ohne weitere Begründung vom Vorliegen einer planwidrigen Regelungslücke auszugehen. Der Gesetzgeber kann durchaus den Bedarf nach einer bestimmten Regelung erkannt und gleichwohl bewusst darauf verzichtet haben, eine Vorschrift zu schaffen. Dem Gesetzgeber in diesem Fall aufgrund eines weiterhin bestehenden praktischen Bedürfnisses zu unterstellen, er habe den Regelungsbedarf übersehen oder eine bestimmte Entwicklung noch nicht in einer gesetzlichen Regelung umsetzen können, liefe der Entscheidungsfreiheit des Gesetzgebers zuwider. Dass die Rechtspraxis Möglichkeiten und etwaige gesetzliche Schlupflöcher gefunden hat, um Minderheitsgesellschafter faktisch gegen ihren Willen aus einer Gesellschaft mit beschränkter Haftung zu verdrängen, zeugt von ihrer Kreativität. Es reicht aber nicht aus, um das Vorliegen einer planwidrigen Regelungslücke zu begründen. Als ebenso wenig überzeugend erweist sich diesbezüglich der von *von Morgen* gegebene Hinweis darauf, dass sich der Ausschluss durch eine analoge Anwendung der §§ 327a ff. AktG für die Minderheitsgesellschafter gegenüber dem Ausscheiden im Rahmen einer übertragenen Auflösung als vorteilhaft darstelle. Dem Gesetzgeber kann nicht unterstellt werden, dass er damit einverstanden ist, dass eine von ihm in anderem Zusammenhang geschaffene Regelung auf Gesellschaften mit beschränkter Haftung ausgedehnt wird, um die nachteiligen Begebenheiten einer von ihm ebenfalls so nicht geschaffenen Ausschlussmöglichkeit für die Minderheitsgesellschafter abzumildern. Neben der nicht überzeugenden Erörterung zum Vorliegen einer planwidrigen Regelungslücke erscheinen auch die Ausführungen *von Morgen*'s zur Vergleichbarkeit der Interessenlage als wenig durchdacht. *Von Morgen* zieht als Begründung für die Vergleichbarkeit der Interessenlage bei Aktiengesellschaften und Gesellschaften mit beschränkter Haftung die Gesichtspunkte heran, die ihn dazu veranlasst haben, vom Vorliegen einer planwidrigen Regelungslücke auszugehen. Die einzelnen Voraussetzungen der Analogiebildung werden mit denselben Argumenten begründet. Dies verdient zum einen prinzipielle Kritik. Zum anderen vermögen die vorgetragenen Umstände auch nicht die Vergleichbarkeit der Interessenlage zu stützen.

b) Fehlen einer planwidrigen Regelungslücke

Entgegen den Ausführungen von *von Morgen* sind die Squeeze-out-Regelungen nicht im Wege der Analogie auf die Rechtsform der Gesellschaft mit beschränkter Haftung zu erstrecken. Was das Bestehen einer planwidrigen Regelungslücke anbelangt, so kann unzweifelhaft lediglich vom Vorliegen einer Regelungslücke ausgegangen werden. Wie einleitend bereits dargelegt wurde, gibt es eine dem Squeeze-out vergleichbare Regelung im GmbH-Recht nicht. Die existierenden Ausschlussmöglichkeiten setzen allesamt ein bestimmtes (Fehl-) Verhalten des Minderheitsgesellschafters voraus. Die Möglichkeit eines Ausschlusses sämtlicher Minderheitsgesellschafter ohne Nachweis eines personenbezogenen Grundes ist hingegen nicht vorgesehen. Fraglich erscheint demgegenüber, ob diese Regelungslücke planwidrig ist, das heißt, ob der Gesetzgeber schlichtweg übersehen hat, dass es im GmbH-Recht an einer Ausschlussmöglichkeit des Mehrheitsgesellschafters fehlt. In diesem Zusammenhang ist vor allem dem Gesichtspunkt Beachtung zu schenken, wie das Ausschlussverfahren der §§ 327a ff. AktG Eingang in das Gesetz fand. Das Rechtsinstitut des Squeeze-out-Verfahrens steht in einem systematischen Zusammenhang mit dem WpÜG, dessen Regelungsbereich unterfällt es allerdings nicht. Gleichwohl hat dies den Gesetzgeber nicht daran gehindert, die Ausschlussregelungen als gesellschaftsrechtliches Instrument im Rahmen der Einführung neuer Kapitalmarktregelungen „bei Gelegenheit“ zu kodifizieren.[200] Insofern sind aber keine Gründe dafür ersichtlich, die den Gesetzgeber daran gehindert hätten, zugleich auch eine Ausschlussbestimmung ins GmbHG zu inkorporieren. Gegebenenfalls hätte er durch einen Hinweis deutlich machen müssen, dass eine Einfügung ins GmbH-Recht bei nächster Gelegenheit erfolgen soll. Da sich der Gesetzgeber aber in eine derartige Richtung nicht geäußert hat, ist davon auszugehen, dass es in Gesellschaften mit beschränkter Haftung gerade nicht möglich sein soll, Minderheitsgesellschafter ohne Grund ausschließen zu können. Es handelt sich demzufolge um eine bewusste Regelungslücke, die eine Analogiebildung nicht zulässt.[201]

c) Mangelnde Vergleichbarkeit der Interessenlage

Selbst für den Fall, dass man annehmen wollte, der Gesetzgeber habe die Rechtsform der Gesellschaft mit beschränkter Haftung bei der Ausgestaltung des Anwendungsbereichs der Ausschlussregelung schlichtweg übersehen mit der Folge, dass eine planwidrige Regelungslücke vorläge, würde eine analoge Anwendung der §§ 327a ff. AktG auf Gesellschaften mit beschränkter Haftung an der Vergleichbarkeit der Interessenlage scheitern. Damit dieses Erfordernis der Analogie erfüllt ist, müsste der Regelungszweck der Squeeze-out-Vorschriften auch im GmbH-Recht Geltung beanspruchen. Zunächst einmal bestehen dahingehend Bedenken, ob die Prämisse des Gesetzgebers, die Beteiligung von Minderheitsgesellschaftern sei in der Regel nur finanziell motiviert, wobei sich das Interesse auf kurzfristige Renditechancen konzentriere, auch auf Gesellschaften mit beschränkter Haftung zutrifft. Die Beteiligung von Minderheitsgesellschaftern in einer Gesellschaft mit beschränkter Haftung stellt zumeist eine mittel- oder langfristige Investition dar. Dies beruht bereits darauf,

---

[200] *Schüppen*, WPg 2001, 958, 973 re. Sp.
[201] So auch *Hamann*, S. 170.

dass die Beteiligung an einer Gesellschaft mit beschränkter Haftung, die in der Regel eine geschlossene Gesellschafterstruktur aufweist,[202] als reine Kapitalanlage aufgrund der geringen Verkehrsfähigkeit wenig geeignet ist.[203] Insofern unterscheidet sie sich von der börsennotierten Aktiengesellschaft, während zu nicht börsennotierten Aktiengesellschaften gewisse Gemeinsamkeiten bestehen. Derartige Gemeinsamkeiten rechtfertigen entgegen der Ansicht *von Morgen's* die Einbeziehung der Gesellschaft mit beschränkter Haftung in den Anwendungsbereich der Squeeze-out-Vorschriften jedoch nicht.[204] Denn zum einen handelt es sich lediglich um faktische Ähnlichkeiten, die in einigen Fällen gegeben sind, in anderen wiederum nicht. Zum anderen unterscheidet das Recht trotz etwaiger faktischer Gemeinsamkeiten strikt zwischen der Gesellschaft mit beschränkter Haftung und der Aktiengesellschaft. Es handelt sich um unterschiedliche Rechtsformen.

Darüber hinaus können die als Rechtfertigung für die Einführung des Ausschlussrechts genannten Gesichtspunkte nicht für Gesellschaften mit beschränkter Haftung herangezogen werden. Mit der Einräumung der Möglichkeit zum Ausschluss von Minderheitsaktionären bezweckt der Gesetzgeber, die unternehmerische Initiative zu stärken, indem durch den Ausschluss die mit der Minderheit zusammenhängenden Nachteile ausgeschaltet werden. Wie bereits dargelegt, wird angeführt, dass die durch die minderheitsschützenden Formalia anfallenden Kosten wegfielen. Begegnet dieses Kostenargument aber bereits im Hinblick auf Aktiengesellschaften Bedenken, so verstärken sich diese nochmals in Bezug auf die Rechtsform der Gesellschaft mit beschränkter Haftung.[205] Die Gesellschafterversammlung einer Gesellschaft mit beschränkter Haftung ist an weniger strenge Formalia gebunden als die Hauptversammlung einer Aktiengesellschaft. Aufgrund der geringeren formellen Anforderungen bereitet die Gesellschafterversammlung der Gesellschaft mit beschränkter Haftung einen geringeren Aufwand, was wiederum zur Folge hat, dass weniger Kosten anfallen als bei Aktiengesellschaften. Auch der Beweggrund, dass durch den Ausschluss von Minderheitsaktionären sich die Probleme erübrigten, die mit der fehlenden Kenntnis von der Identität der Minderheitsaktionäre zusammenhängen, spielt bei Gesellschaften mit beschränkter Haftung kaum eine Rolle. § 16 Abs. 1 GmbHG bestimmt für die Gesellschaft mit beschränkter Haftung, dass der Erwerb von Geschäftsanteilen angezeigt werden muss. Diese Anzeigepflicht hat zur Folge, dass die Gesellschaft Kenntnis von der Person des Erwerbers erhält und das Problem unbekannter Gesellschafter bei der Gesellschaft mit beschränkter Haftung demzufolge gar nicht erst auftritt.[206] Ebenso wenig kann bei Gesellschaften mit beschränkter Haftung darauf verwiesen werden, dass dem Mehrheitsgesellschafter durch das Ausschlussrecht lediglich ein Gegenstück zum Pflichtangebot zur Verfügung gestellt werde. Denn das WpÜG, das dem Hauptaktionär die Verpflichtung zur Abgabe eines Angebots auferlegt, gilt nicht für Gesellschaften mit beschränkter Haftung. Unabhän-

---

[202] *Martens*, GmbHR 1984, 265, 266 re. Sp.
[203] Vgl. *Martens*, GmbHR 1984, 265, 266 li. Sp.
[204] Weitergehende Erwägungen sind ohnehin nur erforderlich, wenn man entgegen der hier vertretenen Ansicht die Einbeziehung von nicht börsennotierten Aktiengesellschaften in den Anwendungsbereich der §§ 327a ff. AktG als rechtspolitisch geglückt ansieht. Der hier vertretenen Ansicht zufolge muss, wenn man nicht börsennotierte Gesellschaften aus dem Anwendungsbereich der Ausschlussregelungen ausklammert, dies erst recht für Gesellschaften mit beschränkter Haftung gelten.
[205] Zugestehend *v. Morgen*, WM 2003, 1553, 1558 re. Sp.
[206] Vgl. auch *v. Morgen*, WM 2003, 1553, 1559 li. Sp.

gig davon, wie hoch die Beteiligung eines Mehrheitsgesellschafters ist, über die dieser durch den Erwerb von Gesellschaftsanteilen verfügt, ist er gesetzlich nicht gezwungen, den Minderheitsgesellschaftern den Abkauf ihrer Anteile anzubieten. Schreibt das Gesetz das Pflichtangebot aber nicht vor, so ist es nicht erforderlich, dem Mehrheitsgesellschafter einer Gesellschaft mit beschränkter Haftung als Ausgleich ein Ausschlussrecht einzuräumen. Die Einbeziehung von Gesellschaften mit beschränkter Haftung kann anders als bei Aktiengesellschaften auch nicht mit dem Hinweis auf eine Angleichung an die Rechtsordnungen der Nachbarstaaten gerechtfertigt werden. Die Rechtsordnungen der übrigen EU-Mitgliedsländer sehen die Möglichkeit des Ausschlusses von Minderheitsgesellschaftern für Gesellschaften mit beschränkter Haftung zumeist nicht vor. Daher fehlt es an einem europäischen Standard, an den das GmbH-Recht angepasst werden müsste. Vergleichbar ist die Interessenlage allenfalls hinsichtlich des Bedürfnisses nach einer Verhinderung missbräuchlicher Klagen. Auch bei der Rechtsform der Gesellschaft mit beschränkter Haftung muss stets damit gerechnet werden, dass gesellschaftliche Maßnahmen durch die Erhebung missbräuchlicher Klagen seitens der Minderheitsgesellschafter behindert werden.[207] Allerdings wurde bereits im Zusammenhang mit missbräuchlichen Anfechtungsklagen bei Aktiengesellschaften dargelegt, dass das Ausschlussverfahren nicht geeignet ist, diesbezüglich Abhilfe zu schaffen. Gleiches gilt für das GmbH-Recht.

3. Ergebnis

Demnach bleibt festzuhalten, dass die Regelungszwecke, die mit dem Squeeze-out-Verfahren verfolgt werden, für das GmbH-Recht nicht zutreffen und daher keine Vergleichbarkeit der Interessenlage gegeben ist. Daher scheidet eine analoge Anwendung der §§ 327a ff. AktG auf Gesellschaften mit beschränkter Haftung aus.[208]

III. Meinungsstand zur Zulässigkeit des Formwechsels als Vorstufe eines Squeeze-out-Verfahrens

Kann der Mehrheitsgesellschafter einer Gesellschaft mit beschränkter Haftung demzufolge nicht durch eine analoge Anwendung der Squeeze-out-Regelungen in den Genuss des Ausschlussrechts gelangen, so könnte er in Erwägung ziehen, einen Formwechsel der Gesellschaft in die Rechtsform der Aktiengesellschaft durchzuführen, um auf diesem Wege den Anwendungsbereich der §§ 327a ff. AktG zu eröffnen und die Minderheitsgesellschafter anschließend aus der Gesellschaft zu verdrängen.[209] Ob die Rechtsordnung eine derartige Vorgehensweise als zulässig erachtet oder sie aber als rechtsmissbräuchlich einstuft, ist im Folgenden zu untersuchen. In

---

[207] *v. Morgen*, WM 2003, 1553, 1558 re. Sp.

[208] So auch im Ergebnis *Hamann*, S. 170. Eine analoge Anwendung auf Unternehmen anderer Rechtsform (als die der Aktiengesellschaft) verneinen ebenso: *Eisolt*, DStR 2002, 1145 re. Sp.; *Fuhrmann/Simon*, WM 2002, 1211, 1213 li. Sp. a.B.; *Küting*, DStR 2003, 838, 843 li. Sp. a.B.

[209] Die Ausführungen beziehen sich ausschließlich auf die Rechtsform der Gesellschaft mit beschränkter Haftung und nicht auf die Personenhandelsgesellschaften (OHG und KG), da bei letzteren Gesellschaften das Zustandekommen des Umwandlungsbeschlusses aufgrund des regelmäßig bestehenden Einstimmigkeitserfordernisses nach § 217 Abs. 1 UmwG äußerst unwahrscheinlich ist.

der rechtswissenschaftlichen Literatur werden bei der Beurteilung einer derartigen Vorgehensweise unterschiedliche Standpunkte vertreten.

1. Uneingeschränkte Zulässigkeit der Umwandlung zum Zwecke des Ausschlusses

Von einem Teil des rechtswissenschaftlichen Schrifttums wird angenommen, dass der Formwechsel zum Zwecke der Durchführung eines Ausschlussverfahrens uneingeschränkt als nicht rechtsmissbräuchlich zu qualifizieren ist.[210] Zur Begründung wird angeführt, dass das Gesetz den Ausschluss der Minderheitsaktionäre auch in nicht börsennotierten, personalistisch geprägten Aktiengesellschaften zulasse.[211] Da diesen die Gesellschaften mit beschränkter Haftung in tatsächlicher Hinsicht weitgehend entsprächen, müsste auch den Gesellschaften mit beschränkter Haftung, wenn sie durch den Formwechsel zu einer Aktiengesellschaft geworden sind, der Ausschluss gestattet sein. Dies habe selbst dann zu gelten, wenn die Umwandlung ausschließlich dazu gedient habe, einen Squeeze-out zu ermöglichen. Da Umwandlungsbeschlüsse keiner sachlichen Rechtfertigung bedürften, sei ein Rechtsmissbrauch auszuschließen.[212] Die Minderheitsgesellschafter seien durch die Squeeze-out-Bestimmungen zudem ausreichend geschützt.[213] Von *Hamann* wird darüber hinaus vorgetragen, dass die Wahl der Rechtsform Ausdruck wirtschaftlicher Freiheit sei. Die Gesellschaftermehrheit könne daher auch die Annahme der Rechtsform veranlassen, die für die Gesellschaft den größten Nutzen bringt. In diesem Fall stünden der Gesellschaft dann aber auch sämtliche Möglichkeiten der gewählten Rechtsform zur Verfügung.[214]

2. Rechtsmissbräuchlichkeit bei eingeschränkter Zielsetzung

Dem wird von anderen Stimmen aus dem rechtswissenschaftlichen Schrifttum entgegengehalten, dass der Formwechsel einer Gesellschaft mit beschränkter Haftung in eine Aktiengesellschaft mit anschließender Durchführung eines Squeeze-out-Verfahrens dann als rechtsmissbräuchlich zu bewerten sei, wenn das Ausschlussverfahren das alleinige Ziel der Umwandlung ist.[215] Zur Begründung wird in erster Linie vorgetragen, dass der Mehrheitsgesellschafter das Institut der Umwandlung, die nach §§ 240 Abs. 1 Satz 1, 241 UmwG mit einer Dreiviertelmehrheit der abgegebenen Stimmen beschlossen werden kann, dazu missbrauche, ein Ziel zu erreichen,

---

[210] *Angerer*, BKR 2002, 260, 267 re. Sp.; *Markwardt*, BB 2004, 277, 283 re. Sp. a.E. Wohl auch *Liebscher*, in: Beck'sches Handbuch der AG, § 14 Rn. 41; sowie *Hasselbach*, in: Kölner Komm, WpÜG, § 327a AktG Rn. 56, der allgemein davon ausgeht, dass nur in besonders gelagerten, eher seltenen Ausnahmefällen ein Missbrauch anzunehmen sei.

[211] *Markwardt*, BB 2004, 277, 283 re. Sp.

[212] *Fuhrmann/Simon*, WM 2002, 1211, 1213 li. Sp., nach deren Ansicht der Formwechsel aus diesem Grunde „nur ausnahmsweise rechtsmissbräuchlich und damit anfechtbar" sei.

[213] *Angerer*, BKR 2002, 260, 267 re. Sp.

[214] *Hamann*, S. 173.

[215] *Fleischer*, ZGR 2002, 757, 787; *Gesmann-Nuissl*, WM 2002, 1205, 1210 re. Sp.; *Grunewald*, S. 295 (nicht speziell zum Squeeze-out); *dies.*, in: MünchKommAktG, § 327a Rn. 25; *dies.*, ZIP 2002, 18, 22 li. Sp.; *Grzimek*, in: Geibel/Süßmann, WpÜG, Art. 7, § 327f AktG Rn. 11; *Habersack*, in: Emmerich/Habersack, § 327a Rn. 28; *Halberkamp/Greve*, FB 2002, 580, 588 re. Sp.; *Krieger*, BB 2002, 53, 61 re. Sp.; *Rühland*, S. 249; *Sellmann*, WM 2003, 1545, 1552 re. Sp.; *Wittuhn/Giermann*, MDR 2003, 372, 373 re. Sp. a.E.

das er mit Mitteln des GmbH-Rechts zu verwirklichen, kaum imstande gewesen wäre. Das GmbH-Recht stelle einem Mehrheitsgesellschafter zwar die Möglichkeit des Ausschlusses aus wichtigem Grund zur Verfügung. Dafür müsse dieser jedoch das Vorliegen eines in der Person des auszuschließenden Gesellschafters wurzelnden wichtigen Grundes nachweisen. Da dem Mehrheitsgesellschafter die Erbringung dieses Nachweises in der Regel nicht gelinge, versuche er mit Hilfe des Formwechsels und anschließendem Squeeze-out, die durch den genannten Grundsatz aufgestellten Anforderungen zu umgehen. Dass ein derartiges Vorgehen als rechtsmissbräuchlich zu qualifizieren ist, habe die *„Linotype"*-Entscheidung des Bundesgerichtshofs gezeigt.[216] Bei dem der Entscheidung zugrunde liegenden Sachverhalt hatte der Mehrheitsgesellschafter mit seinen Stimmen die Auflösung der Gesellschaft beschlossen. Vorausgegangen war diesem Auflösungsbeschluss eine Vereinbarung zwischen dem Mehrheitsgesellschafter und der Gesellschaft über den Erwerb des Gesellschaftsvermögens durch den Mehrheitsgesellschafter im Anschluss an die Auflösung. Der Auflösungsbeschluss zielte demnach allein darauf ab, die Minderheitsaktionäre aus der Gesellschaft auszuschließen. Diese Vorgehensweise sah der Bundesgerichtshof als treuwidrig an. Ähnliche Feststellungen traf das Bundesverfassungsgericht in dem *„MotoMeter"*-Beschluss, in dem ebenfalls die Auflösung einer Gesellschaft zum Zwecke der Veräußerung des gesellschaftlichen Vermögens an den Mehrheitsgesellschafter zu beurteilen war. Anders als im Fall *„Linotype"* lagen hier aber hinsichtlich der Veräußerung des Gesellschaftsvermögens noch keine vollendeten Tatsachen vor, vielmehr war es sämtlichen Aktionären möglich, das Gesellschaftsvermögen zu erwerben. Aufgrund dieses wesentlichen Unterschieds verneinte das Bundesverfassungsgericht eine Verletzung der Treuepflicht. Der in den beiden Entscheidungen enthaltene Grundsatz, dass es treuwidrig ist, planmäßig einen Gesellschafterbeschluss zu veranlassen, der es dem Mehrheitsgesellschafter ermöglicht, das Gesellschaftsvermögen unter Ausschluss der Erwerbschancen der Minderheitsgesellschafter zu übernehmen, ist nach Ansicht von *Gesmann-Nuissl* und *Krieger* auf die Umwandlung zu übertragen.[217] Demzufolge sei der Formwechsel einer Gesellschaft mit beschränkter Haftung in eine Aktiengesellschaft dann als rechtsmissbräuchlich zu qualifizieren, wenn er allein aus dem Grunde vollzogen wird, den Mehrheitsgesellschafter durch den anschließenden Ausschluss der Minderheitsgesellschafter zum alleinigen Inhaber des Gesellschaftsvermögens zu machen. Dies hätte er nach den Regelungen des GmbH-Rechts nicht werden können, so dass sich die Vorgehensweise als planmäßige Umgehung der gesellschaftsrechtlichen Anforderungen des GmbH-Rechts an den Ausschluss von Gesellschaftern darstelle.[218] Sei die Rückumwandlung in die Rechtsform der Gesellschaft mit beschränkter Haftung schon geplant oder sogar schon vorbereitet, so könne dies ein Indiz für eine planmäßige Umgehung darstellen.[219] Des Weiteren bestehe eine tatsächliche Vermutung mit dem Inhalt, dass mit der Umwandlung von Anfang an allein der Ausschluss der Minderheitsgesellschafter bezweckt gewesen ist und damit ein treuwidriges Verhalten bei der Beschlussfassung vorlag, wenn der Squeeze-out in

---

216 *Gesmann-Nuissl*, WM 2002, 1205, 1210 re. Sp.; *Krieger*, BB 2002, 53, 61 re. Sp.
217 *Gesmann-Nuissl*, WM 2002, 1205, 1210 re. Sp.; *Krieger*, BB 2002, 53, 62 li. Sp.
218 *Gesmann-Nuissl*, WM 2002, 1205, 1210 re. Sp.
219 *Gesmann-Nuissl*, WM 2002, 1205, 1210 re. Sp.; *Grunewald*, ZIP 2001, 18, 22 li. Sp. a.E.

einem nahen zeitlichen Zusammenhang zum Formwechsel erfolgt.[220] Dann könne von der Rechtsmissbräuchlichkeit ausgegangen werden. Für den Fall, dass der Formwechsel durch seinen Vollzug nach § 202 Abs. 3 UmwG wirksam geworden ist und aus diesem Grunde nicht mehr mit dem Hinweis auf die Rechtsmissbräuchlichkeit des Umwandlungsbeschlusses angefochten werden kann, sei der anschließende Squeeze-out als treuwidrig zu qualifizieren und somit anfechtbar.[221] Als Zeitspanne, die zwischen dem Formwechsel und dem Ausschlussverfahren verstrichen sein muss, damit die Vermutung der Rechtsmissbräuchlichkeit nicht mehr eingreift, wird ein Zeitraum von ein bis zwei Jahren vorgeschlagen.[222] Wird der Ausschluss vor Ablauf dieses Zeitraums vollzogen, so müsse der Hauptaktionär aufgrund der Vermutung entweder Gründe darlegen, die den Formwechsel unter Ausblendung der mit ihm verbundenen Möglichkeit des Ausschlusses der Minderheitsgesellschafter als sinnvolle unternehmerische Maßnahme erscheinen lassen, oder aber dartun, dass der Ausschluss der Minderheitsgesellschafter durch besondere Umstände, die sich erst durch die Umwandlung ergeben haben oder erst danach aufgetreten sind, gerechtfertigt ist.[223] Gelingt dem Hauptaktionär dieser Nachweis nicht und wird der Übertragungsbeschluss wirksam angefochten, so könnten die Minderheitsgesellschafter unter Umständen eine Wiederaufnahme sowie eine Rückumwandlung beanspruchen.[224]

3. Stellungnahme

a) Umgehung der Regelungen des GmbH-Rechts

Beizupflichten ist der Ansicht, wonach der Formwechsel einer Gesellschaft mit beschränkter Haftung in eine Aktiengesellschaft (§§ 190 ff., 226 f., 238 ff. UmwG) dann als rechtsmissbräuchlich zu qualifizieren ist, wenn mit ihm allein intendiert ist, die Minderheitsgesellschafter aus der Gesellschaft auszuschließen. Der anderen Ansicht kann demgegenüber nur darin zugestimmt werden, dass der Umwandlungsbeschluss keiner sachlichen Rechtfertigung bedarf.[225] Dies steht außer Zweifel und wird von der die Rechtsmissbräuchlichkeit annehmenden Ansicht auch nicht bestritten. Allerdings darf bei der Feststellung, dass der Umwandlungsbeschluss seine

---

[220] *Gesmann-Nuissl*, WM 2002, 1205, 1210 re. Sp.; *Grzimek*, in: Geibel/Süßmann, WpÜG, Art. 7, § 327f AktG Rn. 11; *Habersack*, in: Emmerich/Habersack, § 327a Rn. 28; *Krieger*, BB 2002, 53, 62 li. Sp. S. auch *Lenz/Leinekugel*, S. 25. Vgl. auch *Fleischer*, ZGR 2002, 757, 787, der für den Fall eines engen zeitlichen Zusammenhangs Erleichterungen in der Darlegungs- und Beweislast zugunsten der Minderheitsaktionäre fordert.

[221] *Gesmann-Nuissl*, WM 2002, 1205, 1211 li. Sp. a.B.; *Grunewald*, ZIP 2001, 18, 22 re. Sp.; *Habersack*, in: Emmerich/Habersack, § 327a Rn. 28; *Halberkamp/Greve*, FB 2002, 580, 588 re. Sp.; *Krieger*, BB 2002, 53, 62 li. Sp.

[222] *Krieger*, BB 2002, 53, 62 li. Sp.

[223] *Gesmann-Nuissl*, WM 2002, 1205, 1210 re. Sp.; *Krieger*, BB 2002, 53, 62 li. Sp. Auch *Lenz/Leinekugel*, S. 25, gehen von einer Beweislastumkehr im Falle des Eingreifens der Vermutung aus.

[224] *Gesmann-Nuissl*, WM 2002, 1205, 1210 re. Sp.; *Grunewald*, ZIP 2002, 18, 22 re. Sp. So auch *Hamann*, S. 177, der allerdings nur unter besonderen Voraussetzungen von einem Treuepflichtverstoß ausgeht.

[225] Vgl. zum UmwG *Decher*, in: Lutter, UmwG, § 193 Rn. 11 f. Vgl. dazu die ausführliche Darstellung bei *Grunewald*, S. 292 ff. S. auch *Meyer-Landrut/Kiem*, WM 1997, 1361, 1365 li. Sp.; *Lutter*, ZGR 1981, 171, 177; a.A.: *Timm*, ZGR 1987, 403, 440.

sachliche Rechtfertigung in sich trägt, nicht stehen geblieben werden. Dass eine sachliche Rechtfertigung nicht erforderlich ist, der Umwandlungsbeschluss demzufolge keiner materiellen Beschlusskontrolle unterliegt, bedeutet nämlich nicht zugleich, dass auch das Vorliegen eines individuellen Rechtsmissbrauchs ausgeschlossen ist. Ein Rechtsmissbrauch ist dann gegeben, wenn der Formwechsel nur vollzogen wird, um ein Ausschlussverfahren durchführen zu können.[226] Dass der Mehrheitsgesellschafter die Voraussetzungen für den Ausschluss der Minderheitsgesellschafter in der Regel bereits mit einer Dreiviertelmehrheit im Rahmen des Hauptversammlungsbeschlusses bei dem formwechselnden Rechtsträger (§ 193 Abs. 1 UmwG) schaffen kann, indem er mit dieser Mehrheit an Stimmen nach den §§ 240 f. UmwG die Umwandlung in eine Aktiengesellschaft beschließt,[227] ist zwar unschädlich. Denn anders als im Falle der Kapitalerhöhung unter Bezugsrechtsausschluss, bei der mit einer geringeren Mehrheit die Grundlagen für die benötigte Kapitalbeteiligung geschaffen werden, muss der Mehrheitsgesellschafter ohnehin 95 % der Anteile am Grundkapital der Gesellschaft halten, um einen Ausschluss durchführen zu können, da sich seine Kapitalbeteiligung durch den Formwechsel nicht verändert.[228] Der Formwechsel sieht sich demnach nicht dem Vorwurf einer Umgehung des Erfordernisses der 95 %igen Kapitalbeteiligung ausgesetzt, sondern die Rechtsmissbräuchlichkeit beruht auf dem Umstand, dass der Mehrheitsgesellschafter sich die Möglichkeit eines Ausschlusses der Minderheitsgesellschafter verschafft, der ihm nach den Regelungen des GmbH-Rechts nicht möglich gewesen wäre. Im GmbH-Recht kann quasi jeder Minderheitsgesellschafter durch die Ausrichtung seines Verhaltens über den Verbleib in der Gesellschaft mitbestimmen. Indem er seiner Verpflichtung zur Leistung der Stammeinlage nachkommt, darauf achtet, dass er nicht den Tatbestand einer Amortisationsklausel erfüllt,[229] und keinen Anlass dafür bietet, dass sein Verbleib in der Gesellschaft als unzumutbar erscheint, nimmt er der Gesellschaft und deren Mehrheitsgesellschafter die Möglichkeit, ihn aus der Gesellschaft auszuschließen. Das GmbH-Recht knüpft das Recht zum Ausschluss eines Minderheitsgesellschafters an das konkrete Vorliegen eines in der Person des einzelnen Gesellschafters liegenden Grundes.[230] Daran wird deutlich, dass das GmbH-Recht die Beteiligung der Minderheitsgesellschafter in ihrem Bestand als schutzwürdig gegenüber den Interessen des Mehrheitsgesellschafters an einer ungestörten Unternehmensführung erachtet.[231] Dieser Schutz des Interesses der Minderheitsgesellschafter am Bestand ihrer Beteiligung in der Gesellschaft würde hinfällig, könnte der Mehrheitsgesellschafter nach einer Umwandlung die Minderheitsgesellschafter

---

[226] Der Formwechsel, der ausschließlich zum Zwecke des Ausschlusses der Minderheitsgesellschafter durchgeführt wird, wird ohnehin die Ausnahme sein, da mit der Umwandlung nicht nur steuerliche und mitbestimmungsrechtliche Fragen zusammenhängen, sondern auch solche der besonderen Leitungsstruktur der Aktiengesellschaft.

[227] Im Gesellschaftsvertrag kann für einen Umwandlungsbeschluss auch eine höhere Mehrheit an Stimmen vorgesehen sein. Vgl. § 240 Abs. 1 Satz 2 UmwG.

[228] Davon, dass die Umwandlung nur in Erwägung gezogen wird, wenn der Mehrheitsgesellschafter der GmbH schon über 95 % der Anteile am Grundkapital verfügt, scheint auch *Hamann*, S. 170 a.E., auszugehen.

[229] Vgl. zur Bekämpfung von Hinauskündigungsklauseln im GmbH-Recht die Ausführungen bei *Hueck/Fastrich*, in: Baumbach/Hueck, GmbHG, § 34 Rn. 8; *Lutter/Hommelhoff*, GmbHG, § 34 Rn. 18.

[230] BGHZ 112, 103, 107 f.

[231] So auch *Habersack*, ZIP 2001, 1230, 1235 li. Sp. Seiner Ansicht nach liegt es auf der Hand, dass ein solcher „kalter Squeeze-out" den Wertungen des GmbH-Rechts zuwider läuft.

ohne weiteres ausschließen. Die aktienrechtlichen Ausschlussregelungen sind anders als die Bestimmungen des GmbH-Rechts vom Vorliegen eines konkreten Ausschlussgrundes losgelöst.[232] Es reichen abstrakte Gründe aus, um sämtliche Minderheitsaktionäre aus der Gesellschaft zu verdrängen, ohne dass der Hauptaktionär im Einzelfall nachweisen muss, dass die vom Gesetzgeber in der Beteiligung der Minderheitsaktionäre gesehenen Gefahren tatsächlich vorliegen. Durch die Umwandlung der Gesellschaft mit beschränkter Haftung in eine Aktiengesellschaft macht sich der Mehrheitsgesellschafter diesen Vorteil zunutze und erspart sich dadurch den ihm nach dem GmbH-Recht obliegenden Nachweis eines in der Person jedes einzelnen Minderheitsgesellschafters liegenden Grundes.[233] Aufgrund der planmäßigen Umgehung[234] der vom GmbH-Recht an den Ausschluss von Minderheitsgesellschaftern gestellten Anforderungen ist der Formwechsel einer Gesellschaft mit beschränkter Haftung in eine Aktiengesellschaft als rechtsmissbräuchlich zu qualifizieren, wenn er allein dazu dient, die Minderheitsgesellschafter aus einer Gesellschaft auszuschließen.

b) Einwand der fehlenden Schutzbedürftigkeit

Dem könnte mit Hinweis auf die Wahlmöglichkeit der Minderheitsgesellschafter entgegengehalten werden, dass diese nicht schutzwürdig seien. Das Gesetz sieht vor, dass jeder GmbH-Gesellschafter im Falle eines Formwechsels wählen kann, ob er als Gesellschafter in der Gesellschaft neuer Rechtsform verbleiben möchte (§ 202 Abs. 1 Nr. 2 UmwG), oder aber, ob er, nachdem er gegen den Umwandlungsbeschluss Widerspruch zur Niederschrift erklärt hat, gegen angemessene Barabfindung aus der Gesellschaft ausscheidet (§ 207 Abs. 1 Satz 1 UmwG). Im Hinblick auf diese Wahlmöglichkeit könnte man nun argumentieren, dass die Minderheitsgesellschafter im Zeitpunkt der Beschlussfassung über den Formwechsel genau wissen, was auf sie zukommen kann, wenn sie sich nach der Umwandlung der Gesellschaft mit beschränkter Haftung in eine Aktiengesellschaft als deren Minderheitsaktionäre wieder finden. Sie müssen damit rechnen, dass der Hauptaktionär von dem für Aktiengesellschaften geltenden Ausschlussrecht der §§ 327a ff. AktG Gebrauch macht. Wenn sie dieses Risiko aber kennen und es nicht eingehen wollen, müssten sie sich gegebenenfalls gegen einen Verbleib in der Gesellschaft und für ein Ausscheiden gegen Barabfindung entscheiden. Könnte man den Minderheitsgesellschaftern diese Erwägungen zu ihren Lasten vorhalten, liefe dies jedoch im Ergebnis darauf hinaus, dass ihnen die gesetzlich eingeräumte Wahlmöglichkeit zwischen dem Verbleib in und dem Ausscheiden aus der Gesellschaft genommen würde. Während den Minderheitsgesellschaftern damit jeglicher Schutz im Hinblick auf den ihnen gesetzlich ermöglichten Verbleib in der Gesellschaft genommen würde, käme der Mehrheitsgesellschafter bereits durch den Umwandlungsbeschluss seinem Ziel, die Minderheits-

[232] *Kallmeyer*, AG 2000, 59 re. Sp.

[233] Liefe der zwangsweise Ausschluss der Minderheitsgesellschafter aus einer Gesellschaft mit beschränkter Haftung den Regelungen des GmbH-Rechts nicht zuwider, so ist nicht ersichtlich, warum der Gesetzgeber den Erlass einer mit den §§ 327a ff. AktG vergleichbaren Regelung gescheut hat, zumal der Mehrheitsgesellschafter dann auch nicht gezwungen wäre, eine aufgrund des Barabfindungserfordernisses (§ 207 UmwG) und der damit notwendig einhergehenden Unternehmensbewertung teure Umwandlung zu vollziehen.

[234] A.A.: *Hamann*, S. 172.

gesellschafter aus der Gesellschaft zu verdrängen, näher, weil sich einige Minderheitsgesellschafter aufgrund des Risikos, aus der Gesellschaft neuer Rechtsform ausgeschlossen zu werden, zu einem „freiwilligen“ Ausscheiden im Rahmen des Formwechsels entscheiden werden. Damit würde der den Minderheitsgesellschaftern durch das GmbH-Recht und das Umwandlungsrecht gewährte Schutz ad absurdum geführt.[235] Denn die Situation würde sich letztlich wie eine faktische Verdrängung aus der Gesellschaft gegen Barabfindung darstellen. Dass die Minderheitsgesellschafter im Zeitpunkt des Umwandlungsbeschlusses wissen, dass sie nach den für die neue Rechtsform der Gesellschaft geltenden Regelungen ausgeschlossen werden können, kann ihnen daher nicht insofern zum Vorwurf gemacht werden, als dass man ihnen deswegen im Falle eines späteren Ausschlussverfahrens den Schutz verwehren darf, wenn der Ausschluss das alleinige Ziel des Formwechsels war.

c) Rechtsschutz der Minderheitsgesellschafter

Zielte der Formwechsel allein darauf ab, die Minderheitsgesellschafter durch die anschließende Durchführung eines Squeeze-out-Verfahrens aus der Gesellschaft zu verdrängen, so können diese grundsätzlich gegen den Umwandlungsbeschluss durch die Erhebung einer Anfechtungsklage vorgehen. Allerdings ist es ihnen regelmäßig unmöglich, im Rahmen des gerichtlichen Verfahrens Tatsachen darzulegen und gegebenenfalls zu beweisen, aus denen hervorgeht, dass der Mehrheitsgesellschafter den Formwechsel nur beschlossen hat, um sie aus der Gesellschaft auszuschließen. Dieser Nachweis würde den Minderheitsgesellschaftern nur gelingen, wenn der Mehrheitsgesellschafter beispielsweise offensichtliche Vorbereitungen zur Rückumwandlung getroffen hat. Da sich bei einer von Anfang an geplanten Rückumwandlung der Verdacht einer planmäßigen Umgehung der GmbH-Grundsätze jedoch aufdrängt, wird der Mehrheitsgesellschafter in der Regel sehr vorsichtig vorgehen, was die Darlegung und den Beweis für die Minderheitsgesellschafter unmöglich macht. Aus diesem Grunde sollte dem von *Gesmann-Nuissl* und *Krieger* geäußerten Vorschlag gefolgt werden, bei einem nahen zeitlichen Zusammenhang zwischen dem Formwechsel und der Durchführung des Ausschlussverfahrens zu vermuten, dass der Ausschluss der Minderheitsgesellschafter von vornherein bezweckt war. Dann ist es Sache des Mehrheitsgesellschafters, darzulegen und zu beweisen, dass die Umwandlung einem anderen Zweck diente. Was den Aspekt des nahen zeitlichen Zusammenhangs zwischen der Umwandlung und dem Squeeze-out anbelangt, so ist zu berücksichtigen, dass der Zeitraum nicht allzu lang bemessen sein darf. Wollte man einen langen Zeitraum heranziehen, so liefe dies letztlich auf eine „Ausübungssperre“[236] hinaus, die auch berechtigte Ausschlüsse unmöglich werden ließe. Durch den Zeitablauf erhöht sich die Wahrscheinlichkeit, dass zwischenzeitlich Umstände eintreten, die die Durchführung eines Squeeze-out-Verfahrens als sinnvoll erscheinen lassen. Orientieren kann sich die Bestimmung eines sachgerechten Zeitraums an den Grundsätzen, die zu anderen Umgehungstatbeständen entwickelt wurden. So gilt beispielsweise für die Rechtsfigur der verdeckten Sacheinlage eine Vermutung für die Umgehung der Kapitalaufbringungsvorschriften, wenn in einem

---

[235] Vgl. auch *Krieger*, BB 2002, 53, 61 re. Sp., der darauf hinweist, dass es nicht der gesetzlichen Konzeption des UmwG entspreche, dass die Umwandlung das zwangsweise Ausscheiden von Gesellschaftern aus der Gesellschaft nach sich zieht.
[236] Auch *Hamann*, S. 172 f., sieht die Gefahr einer „Ausübungssperre“.

tatsächlichen und zeitlichen Zusammenhang mit der Kapitalaufbringung ein Erwerbsgeschäft durchgeführt wird. Die Grenze für einen solchen zeitlichen Zusammenhang wird überwiegend bei sechs Monaten gezogen.[237] Vergehen zwischen der Kapitalaufbringung und der Durchführung des Erwerbsgeschäfts mehr als acht Monate, so soll es an einem zeitlichen Zusammenhang fehlen.[238] Stattdessen sieht die Regelung des § 52 AktG, die ebenfalls dem Schutz vor einer Umgehung der Kapitalaufbringungsvorschriften dient, einen Zeitraum von zwei Jahren vor, innerhalb dessen die Hauptversammlung Erwerbsgeschäften der Gesellschaft zustimmen muss. Sicherlich handelt es sich bei den Rechtsinstituten der verdeckten Sacheinlage und der Nachgründung in ihrer Schutzwirkung um ganz spezielle Regelungen. Allerdings zielen sie ebenfalls darauf ab, die Umgehung gesetzlicher Schutzvorschriften zu verhindern. Auch bei dem hier erörterten Fall, dass ein Formwechsel dazu genutzt werden soll, die Minderheitsgesellschafter aus einer Gesellschaft auszuschließen, geht es letztlich um die Umgehung des den Minderheitsgesellschaftern nach dem GmbH-Recht zukommenden Schutzes. Daher erscheint es durchaus möglich, die einerseits von der Rechtsprechung und der rechtswissenschaftlichen Literatur sowie andererseits vom Gesetzgeber aufgestellten zeitlichen Grenzen, innerhalb derer von einer Umgehung auszugehen ist, für die Bestimmung des „zeitlichen Zusammenhangs" nutzbar zu machen. Sachgerecht erscheint es, einen Mittelweg zu wählen und den Zeitraum, der zwischen dem Formwechsel und der Durchführung des Squeeze-out-Verfahrens liegen muss, damit die Vermutung einer planmäßigen Umgehung der die Minderheitsgesellschafter schützenden Regelungen nicht mehr eingreift, bei etwa einem Jahr anzusiedeln.[239]

Der Gesichtspunkt, dass zwischen dem Formwechsel und dem anschließenden Ausschluss der Minderheitsgesellschafter gewisse Zeit vergehen kann, ist auch der Grund dafür, dass die Gerichte sich auch im Zusammenhang mit einem Squeeze-out mit der Beurteilung des Formwechsels beschäftigen müssen, obwohl grundsätzlich gegen den Umwandlungsbeschluss vorzugehen ist. Ist die Umwandlung erst einmal im Handelsregister eingetragen, so besteht die Gesellschaft mit beschränkter Haftung nach § 202 Abs. 1 Nr. 1, Abs. 3 UmwG unabhängig vom Vorliegen etwaiger Mängel des Formwechsels in Form der Aktiengesellschaft fort. Die jetzigen Minderheitsaktionäre können dann nicht mehr gegen den Umwandlungsbeschluss vorgehen. Allerdings haftet der Mangel des Formwechsels auch dem Übertragungsbeschluss an,[240] da sich der jetzige Hauptaktionär das Instrument des Squeeze-out-Verfahrens zunutze macht, um die Minderheitsaktionäre auszuschließen, was ihm nach den Regelungen des GmbH-Rechts nicht erlaubt gewesen wäre. Daher können die Gerichte nach dem Vollzug des Formwechsels inzident mit der Überprüfung des Umwandlungsbeschlusses im Rahmen einer gegen den späteren Übertragungsbe-

---

[237] Vgl. die Angaben bei *Wiesner*, in: MünchHdb AG, § 16 Rn. 34; *Zätzsch*, in: Beck'sches Handbuch der AG, § 3 Rn. 240.

[238] BGH NJW 2002, 3774, 3777 li. Sp. (für die GmbH).

[239] Vgl. auch *Henze*, FS Wiedemann, 2002, S. 935, 947. Dieser vertritt im Hinblick auf eine mögliche Umgehung der Eingliederungsregelungen durch einen Squeeze-out die Ansicht, dass im Einzelfall zu beurteilen sei, ob ein enger zeitlicher Zusammenhang gegeben ist. Dies werde man negieren müssen, wenn die Umgehungsmaßnahme die Belange der Minderheitsaktionäre erfahrungsgemäß nicht mehr nachteilig berühren könne, weil sie bereits andere Dispositionen getroffen haben. Davon sei regelmäßig spätestens nach einem Jahr auszugehen, der Fall könne jedoch durchaus auch eher oder später eintreten. Die äußerste Grenze solle nach Ablauf von zwei Jahren gezogen werden.

[240] So auch *Lenz/Leinekugel*, S. 26.

schluss gerichteten Anfechtungsklage betraut werden. Die Anfechtung des Übertragungsbeschlusses wird in der Praxis regelmäßig von größerer Bedeutung sein als die Klagen gegen den Umwandlungsbeschluss. Dies ist darin begründet, dass die Minderheitsgesellschafter den wahren Grund für den Formwechsel im Zeitpunkt der Beschlussfassung und während der einmonatigen Klagefrist nach § 195 Abs. 1 UmwG noch gar nicht kennen. Der Formwechsel erfordert nach § 192 Abs. 1 Satz 1 UmwG zwar einen Umwandlungsbericht, in dem die Umwandlung und vor allem die künftige Beteiligung der Anteilsinhaber an dem neuen Rechtsträger rechtlich und wirtschaftlich zu erläutern und zu begründen sind. Allerdings ist diese Begründungspflicht, anders als beim Ausschluss des Bezugsrechts im Rahmen der Kapitalerhöhung (vgl. § 186 Abs. 4 Satz 2 AktG), aufgrund des Umstands, dass der Umwandlungsbeschluss eben keiner sachlichen Rechtfertigung bedarf, nicht sehr ausgeprägt. In dem Umwandlungsbericht müssen rechtliche und wirtschaftliche Gründe dargelegt werden. Nicht offenbarungspflichtig sind jedoch die Absichten des Mehrheitsgesellschafters.[241] Zudem würde der Mehrheitsgesellschafter als Grund für den Formwechsel in der Regel nicht den Ausschluss der Minderheitsgesellschafter angeben, sondern gegebenenfalls einen anderen Gesichtspunkt vorschieben. Ist für die Minderheitsgesellschafter bei der Fassung des Umwandlungsbeschlusses aus diesem Grunde noch gar nicht absehbar, dass der Mehrheitsgesellschafter damit die Voraussetzungen des Ausschlussrechts der §§ 327a ff. AktG schaffen will, so werden sie zunächst nicht gegen den Formwechsel vorgehen.[242] Sie müssten den Umwandlungsbeschluss nämlich ins Blaue hinein anfechten, was regelmäßig ihr Unterliegen zur Folge hätte. Dem Mehrheitsgesellschafter dürfte kurz nach dem Zeitpunkt, in dem die Gesellschafterversammlung die Umwandlung beschlossen hat, nur schwer nachzuweisen sein, dass der Formwechsel nur die notwendige Vorbereitungshandlung zum Ausschluss der Minderheitsgesellschafter darstellt. Werden die eigentlichen Pläne des Mehrheitsgesellschafters für die früheren Minderheitsgesellschafter und nunmehrigen Minderheitsaktionäre erst mit der Durchführung des Squeeze-out-Verfahrens und damit nach der Eintragung des Umwandlungsbeschlusses ersichtlich, so können sie den Übertragungsbeschluss wegen Rechtsmissbräuchlichkeit anfechten.

3. Kapitel. Folgen einer Anfechtung des Übertragungsbeschlusses

Der Vorstand muss bei Anmeldung der Eintragung des Übertragungsbeschlusses zum Handelsregister nach § 327e Abs. 2 i.V.m. § 319 Abs. 5 Satz 1 AktG die so genannte Negativerklärung abgeben.[243] Das bedeutet, dass er zu erklären hat, dass eine Klage gegen die Wirksamkeit des Übertragungsbeschlusses nicht oder nicht fristgemäß erhoben oder eine solche Klage rechtskräftig abgewiesen oder zurückgenommen wurde. Hat nun aber ein Minderheitsaktionär eine Anfechtungsklage wegen des Vorliegens eines Missbrauchs wirtschaftlicher Macht oder aber aus anderen Gründen erhoben, so ist der Vorstand außerstande eine derartige Erklärung abzugeben. In diesem Fall darf der Übertragungsbeschluss gemäß § 327e Abs. 2 i.V.m. § 319 Abs. 5 Satz 2 AktG nicht in das Handelsregister eingetragen werden, es

[241] *Markwardt*, BB 2004, 277, 282 Fn. 71.
[242] Auf diese praktischen Probleme weist auch *Markwardt*, BB 2004, 277, 282 re. Sp., hin.
[243] Vgl. zur Negativerklärung: *Grzimek*, in: Geibel/Süßmann, WpÜG, Art. 7, § 327e AktG Rn. 6.

besteht mithin eine Registersperre. Die Eintragung und das Wirksamwerden des Ausschlusses sind bis zur rechtskräftigen Entscheidung über die Anfechtungsklage ausgesetzt. Dies hat zur Folge, dass die Aktien mangels Handelsregistereintragung als konstitutivem Akt nicht nach § 327e Abs. 3 Satz 1 AktG auf den Hauptaktionär übergehen. Die Registersperre kann allerdings durch die Möglichkeit des Unbedenklichkeitsverfahrens nach § 327e Abs. 2 i.V.m. § 319 Abs. 6 Satz 1 AktG überwunden werden.[244] In diesem Fall wird der gerichtliche Freigabebeschluss der Negativerklärung gleichgestellt. Voraussetzung für eine solche Freigabe durch das Gericht ist, dass die Klage der Eintragung nicht entgegensteht.[245] Dies ist nach der Regelung des § 327e Abs. 2 i.V.m. § 319 Abs. 6 Satz 2 AktG dann der Fall, wenn die Klage gegen die Wirksamkeit des Übertragungsbeschlusses unzulässig oder offensichtlich unbegründet ist oder wenn das alsbaldige Wirksamwerden des Ausschlusses nach freier Überzeugung des Gerichts unter Berücksichtigung der Schwere der mit der Klage geltend gemachten Rechtsverletzungen zur Abwendung der vom Antragsteller dargelegten wesentlichen Nachteile für die Gesellschaft und ihre Aktionäre vorrangig erscheint.[246] Was den Freigabegrund der offensichtlichen Unbegründetheit der Klage anbelangt,[247] besteht Unklarheit im Hinblick auf die zu stellenden Anforderungen.[248] Nach der Rechtsprechung des Bundesgerichtshofs vor der Reformierung des Umwandlungsgesetzes im Jahre 1994 sollte eine Klage dann „offensichtlich unbegründet" sein, wenn sie „zweifelsfrei ohne Erfolgsaussicht", das heißt „von vornherein unschlüssig oder unbegründet" war.[249] Insofern gehen einige Stimmen im rechtswissenschaftlichen Schrifttum und in der Rechtsprechung auch heute noch davon aus, dass auf leichte Erkennbarkeit als Ergebnis einer kursorischen Prüfung abzustellen ist.[250] Ist es erforderlich, schwierige und umstrittene Rechtsfragen zu beantworten, so soll danach die Klage nicht „offensichtlich unbegründet" sein. Der überwiegenden Ansicht nach kommt es hingegen auf die Eindeutigkeit der Sach- und Rechtslage an. Aus diesem Grunde sei es erforderlich, den Streitstoff sowohl in tatsächlicher als auch in rechtlicher Hinsicht vollständig zu würdigen. Ist danach eindeutig, dass die Anfechtungsklage erfolglos sein wird, kann von der offensichtlichen Unbegründetheit

---

[244] Ausführlich zum Freigabeverfahren beim Squeeze-out: Buchta/Sasse, DStR 2004, 958 ff. S. zur Verfassungskonformität des Freigabeverfahrens beim Squeeze-out: LG Wuppertal AG 2004, 161, 162 li. Sp. *„Edscha AG"*; *Schmidt*, AG 2004, 299, 304 li. Sp.; *Sustmann*, EWiR 2004, 467, 468.

[245] Vgl. zu der Frage, ob im Freigabeverfahren eine mündliche Verhandlung durchzuführen ist, wenn keine besondere Dringlichkeit vorliegt: *Merkner*, EWiR 2004, 685, 686. *Götz*, DB 2004, 1357 li. Sp., meint, dass aufgrund des Eingriffs in das Eigentum anderer nicht auf eine mündliche Verhandlung verzichtet werden könne. Nach OLG München AG 2004, 217 re. Sp., darf auf eine mündliche Verhandlung nur verzichtet werden, wenn ein dringender Fall gegeben ist.

[246] Ergeht eine positive Entscheidung des Gerichts mit der Folge, dass der Übertragungsbeschluss eingetragen wird, so führt dies nicht zur Erledigung oder sonstigen Beendigung der Hauptsache. Die Klage im Hauptsacheverfahren wird nicht tangiert. Vgl. dazu *Schmidt*, AG 2004, 299, 300 li. Sp. Vgl. zum Komplex der Anfechtung von Übertragungsbeschlüssen und der Registersperre die ausführliche Darstellung bei *v. Schnurbein*, AG 2005, 725 ff.

[247] Von einer offensichtlichen Unbegründetheit der Klage ist dann auszugehen, wenn die Klage allein auf die angebliche Verfassungswidrigkeit der Squeeze-out-Vorschriften gestützt wird. Vgl. dazu *Fuhrmann*, Der Konzern, 1, 2 li. Sp. f.; *Hüffer*, AktG, § 327e Rn. 3; *Keul*, ZIP 2003, 566, 567 re. Sp.; *Schautes*, DB 2004, 591, 592 li. Sp. a.E.

[248] Vgl. zum Streitstand *Grzimek*, in: Geibel/Süßmann, WpÜG, Art. 7,§ 327e AktG Rn. 15.

[249] BGHZ 112, 9, 23 f. *„Hypothekenbank-Schwestern"*.

[250] *Götz*, DB 2004, 1357 re. Sp.; a.A.: *Fuhrmann*, Der Konzern, 1, 2 re. Sp., der äußert, dass dem Gesetz eine „Rechtsprüfung light" unbekannt sei.

der Klage ausgegangen werden.[251] Dem ist zuzustimmen. Der Ausgang eines dem Hauptsacheverfahren nebengelagerten Verfahrens darf nicht vom Schwierigkeitsgrad der zu klärenden Rechtsfragen abhängen.[252] Sollte sich bei der Prüfung der Erfolgsaussichten der Anfechtungsklage ergeben, dass die Klage nicht nur zulässig, sondern auch begründet ist, kann dennoch ein Freigabebeschluss ergehen. Dies setzt allerdings ein vorrangiges Eintragungsinteresse voraus. Dieser Freigabegrund wird im Falle des Squeeze-out-Verfahrens im Gegensatz zur Eingliederung von untergeordneter Bedeutung sein.[253] Denn im Falle des Ausschlussverfahrens der §§ 327a ff. AktG, bei dem es anstelle des Interesses der Gesellschaft am Vollzug auf das Interesse des Hauptaktionärs ankommt,[254] wird regelmäßig das überwiegende Vollzugsinteresse fehlen.[255] Es reicht nämlich nicht aus, dass der Hauptaktionär lediglich sein Interesse am Ausschluss der Minderheitsaktionäre vorträgt.[256] Der Hauptaktionär und die Gesellschaft als Antragstellerin[257] müssen vielmehr besondere Umstände für das Vollzugsinteresse vortragen. Diese besonderen Umstände sind gegen die Schwere der mit der Anfechtungsklage geltend gemachten Rechtsverletzung abzuwägen.[258] Bei weniger relevanten Mängeln, in erster Linie bei bloßen Verfahrensfehlern, wird zumeist das Vollzugsinteresse des Hauptaktionärs überwiegen und der Freigabebeschluss ergehen. Stellt sich dann später im Hauptsacheverfahren heraus, dass die Klage doch zulässig und begründet ist, hat der Minderheitsaktionär nach § 327e Abs. 2 i.V.m. § 319 Abs. 6 Satz 6 AktG einen Anspruch auf Ersatz des ihm durch den Übergang der Aktien entstandenen Schadens.[259]

---

[251] OLG Düsseldorf WM 2006, 291 re. Sp.; AG 2004, 207 re. Sp.; OLG Stuttgart AG 2004, 105, 106 li. Sp. a.B.; OLG Köln, 2003, 2307 re. Sp.; OLG Hamburg AG 2003, 441, 444 re. Sp. *„Philips/PKV"*; LG München I ZIP 2004, 167, 168 re. Sp. a.E.; zustimmend zur „erheblichen Schwellenhürde" *Rottnauer*, EWiR 2003, 739, 740. S. auch *v. Schnurbein*, AG 2005, 725, 728 li. Sp.

[252] *Keul*, ZIP 2003, 566, 567 re. Sp. a.B.

[253] *Krieger*, BB 2002, 53, 60 li. Sp.

[254] *Fuhrmann*, Der Konzern, 1, 5 li. Sp.; *Hüffer*, AktG, § 327e Rn. 3; *Krieger*, BB 2002, 53, 60 re. Sp.; *Quandt*, S. 135 a.E. Laut *Vetter*, EWiR 2003, 1063, 1064, dürften bei den Überlegungen zur Interessenabwägung nicht allein die typischerweise auf Verschmelzungen ausgerichteten Abwägungskriterien eine Rolle spielen.

[255] Ähnlich *Buchta/Sasse*, DStR 2004, 958, 959 re. Sp.

[256] *Krieger*, BB 2002, 53, 60 li. Sp. a.E. Wohl auch *Keul*, ZIP 2003, 566, 568 li. Sp. Nach Ansicht des OLG Düsseldorf WM 2006, 291, 292 re. Sp., reichen bloße Kostennachteile regelmäßig nicht aus, um den mit dem völligen Verlust der Aktionärsstellung verbundenen Nachteil der Minderheit aufzuwiegen.

[257] Der Antrag unterliegt keiner Frist. Zuständig für den Freigabebeschluss ist das Prozessgericht, bei dem die Anfechtungsklage rechtshängig ist. S. dazu *Buchta/Sasse*, DStR 2004, 958 li. Sp. a.E., re. Sp. a.E.; *Fuhrmann*, Der Konzern, 1, 2 li. Sp. a.B. Vgl. *Buchta/Sasse*, DStR 2004, 958 re. Sp.; *Schmidt*, AG 2004, 299, 301 li. Sp., die darauf hinweisen, dass nur die Gesellschaft, nicht jedoch der Hauptaktionär antragsbefugt seien. Der Hauptaktionär könne die Wahrung seiner Interessen im Freigabeverfahren durch Einreichung einer Nebenintervention sicherstellen.

[258] *Keul*, ZIP 2003, 566, 568 re. Sp.

[259] Vgl. zum etwaigen Schadensersatzanspruch der Minderheitsaktionäre die Ausführungen bei *Keul*, ZIP 2003, 566, 569 li. Sp. Nach Ansicht von *Buchta/Sasse*, DStR 2004, 958, 960 li. Sp.; *Schmidt*, AG 2004, 299, 303 re. Sp., ist in der Regel eine Naturalrestitution in Form der Rückgängigmachung des Ausschlusses und Wiedereinräumung der Mitgliedschaft nicht möglich. Daher sei Wertersatz zu leisten. *Vetter*, EWiR 2003, 1063, 1064, ist der Ansicht, dass sich die Ersatzpflicht unmittelbar auf den Hauptaktionär erstrecken müsse. Anders *Grunewald*, in: MünchKommAktG, § 327e Rn. 8.

Vierter Teil. Das Erfordernis einer wirtschaftlich vollen Entschädigung

1. Kapitel. Die Festlegung der Barabfindung

§ 19 Vorgaben der Rechtsprechung für die Bestimmung der Barabfindung

I. Die Rechtsprechung zum Postulat der „wirtschaftlich vollen Entschädigung"

Wurde gegen den Übertragungsbeschluss keine Klage erhoben oder aber eine aufgrund einer Klage bestehende Registersperre infolge eines Freigabebeschlusses überwunden, so wird der Beschluss in das Handelsregister eingetragen.[1] Die Eintragung bewirkt nach § 327e Abs. 3 Satz 1 AktG, dass die Anteile der Minderheitsaktionäre kraft Gesetzes auf den Hauptaktionär übergehen, ohne dass ein gesondertes Verfügungsgeschäft erforderlich ist.[2] Die Minderheitsaktionäre scheiden demzufolge aus der Gesellschaft aus.[3] Für den Verlust ihrer Beteiligung steht ihnen gemäß § 327a Abs. 1 Satz 1 AktG ein Anspruch auf angemessene Barabfindung zu, der mit der Eintragung des Übertragungsbeschlusses entsteht. Was unter dem Begriff der angemessenen Abfindung zu verstehen ist, geben die Squeeze-out-Regelungen

---

[1] Vgl. zur Löschung eines verfahrensfehlerhaft vor Ablauf der Anfechtungsfrist im Handelsregister eingetragenen Übertragungsbeschlusses die Ausführungen bei OLG Düsseldorf DB 2004, 1877, 1878 li. Sp.
Vgl. zu den Folgen der Durchführung eines Ausschlussverfahrens auf eine rechtshängige Anfechtungsklage sowie ein laufendes Spruchverfahren die Ausführungen bei *Aubel/Weber*, WM 2004, 857, 863 re. Sp.; 864 li. Sp.; *Bredow/Tribulowsky*, NZG 2002, 841, 844 li. Sp., 845 re. Sp.; *Dreier*, BB 2004, 808 li. Sp.; *Heise/Dreier*, BB 2004, 1126, 1127 re. Sp., 1128 li. Sp.; *Kiem/Riedel*, EWiR 2004, 523, 523/524; *Schiffer/Roßmeier*, DB 2002, 1359 li. Sp. a.E., 1361 li. Sp., 1361 re. Sp.: Fortbestand der Aktivlegitimation, einzelfallabhängige Prüfung, ob objektiv ein schutzwürdiges Interesse an der Fortführung des Rechtsstreits gegeben ist; a.A.: OLG Koblenz BB 2005, 1352 li. Sp.; LG Mainz DB 2004, 807 re. Sp.; *Bungert*, BB 2005, 1345, 1348 re. Sp.: mit dem Wirksamwerden des Sqeeze-out entfalle die Anfechtungsbefugnis gegen zuvor gefasste Hauptversammlungsbeschlüsse, da bei einem Squeeze-out im Hinblick auf § 265 Abs. 2 ZPO kein schutzwürdiges Interesse bestehe. Offen gelassen bei OLG Stuttgart WM 2006, 292, 294 li. Sp. Das Gericht geht davon aus, dass jedenfalls dann, wenn ein Kläger außerhalb eines Spruchverfahrens einen Anspruch auf Dividende für den Zeitraum zwischen Ergehen und Wirksamwerden des Übertragungsbeschlusses geltend macht, ein rechtliches Interesse in entsprechender Anwendung von § 265 Abs. 2 ZPO bestehe.

[2] *Beckmann*, WPg 2004, 620, 622 re. Sp.; *Grunewald*, in: MünchKommAktG, § 327e Rn. 9; *dies.*, ZIP 2002, 18, 20 li. Sp.; *Hasselbach*, in: Kölner Komm, WpÜG, § 327b AktG Rn. 10; *Krause*, NJW 2002, 705, 715 re. Sp.; *Munkert*, in: Fischer-Winkelmann, S. 335, 352; *Picot*, BFuP 2002, 433, 442; *Quandt*, S. 136; *Rühland*, S. 240.

[3] Die Zurechnung des § 16 Abs. 4 AktG führt auf der Rechtsfolgenseite zu Einschränkungen: Die von dem Hauptaktionär abhängigen Unternehmen, deren Aktien dem Hauptaktionär zugerechnet werden, sind nicht Minderheitsaktionäre i.S.v. §§ 327a Abs. 1 Satz 1, 327e Abs. 3 AktG. Daher gehen deren Anteile nicht mit Eintragung des Übertragungsbeschlusses auf den Hauptaktionär über. Vgl. dazu *DAV-Handelsrechtsausschuss*, NZG 2001, 420, 431 re. Sp.; *Fleischer*, ZGR 2002, 757, 775; *Gesmann-Nuissl*, WM 2002, 1205, 1206 re. Sp.; *Grunewald*, in: MünchKommAktG, § 327e Rn. 10; *Grzimek*, in: Geibel/Süßmann, WpÜG, Art. 7, § 327e AktG Rn. 26 a.E.; *Habersack*, in: Emmerich/Habersack, § 327b Rn. 6; *Hasselbach*, in: Kölner Komm, WpÜG, § 327a AktG Rn. 31 f.; *Krieger*, BB 2002, 53, 55 li. Sp.; *Maslo*, NZG 2004, 163, 168 li. Sp.; *Quandt*, S. 136; *Sieger/Hasselbach*, ZGR 2002, 120, 135 a.E. Zu den Folgen des Squeeze-out für eigene Aktien der Gesellschaft s. die Ausführungen bei *Riegger*, DB 2003, 541 ff. Zu den steuerlichen Folgen eines Squeeze-out-Verfahrens s. die Ausführungen von *Kossmann*, NZG 1999, 1198, 1203 Fn. 56; *Strunk/Bös*, FB 2003, 601 ff.; *Waclawik*, DStR 2003, 447 ff.

nicht vor. Das Bundesverfassungsgericht hat sich jedoch bereits im Jahre 1962 in der *„Feldmühle“*-Entscheidung[4] mit dem Begriff der „Angemessenheit“ auseinandergesetzt und festgestellt, dass die Abfindung als Ausgleich für ein zwangsweises Ausscheiden aus einer Gesellschaft nur dann angemessen ist, wenn es sich bei ihr um eine „wirtschaftlich volle“ Entschädigung handelt.[5] Eine geringere als die volle Entschädigung genüge nach Art. 14 Abs. 3 GG als Abfindung nur im Rahmen einer Enteignung, da bei dieser ein besonderes Allgemeininteresse gegeben sei. Beim Ausschluss von Minderheitsaktionären aus einer Gesellschaft stehe jedoch gerade nicht das Interesse der Allgemeinheit im Vordergrund, sondern vielmehr das Interesse des Großaktionärs, so dass die Minderheitsaktionäre eine volle Abfindung beanspruchen könnten.[6] Als Maßstab dafür, ob eine Entschädigung als „wirtschaftlich volle“ anzusehen ist, hat das Bundesverfassungsgericht den der gesellschaftlichen Beteiligung am werbenden Unternehmen beizumessenden Wert bestimmt.[7] Offen gelassen wurde dabei jedoch, welches bewertungsrechtliche Konzept für die Berechnung des Unternehmenswertes heranzuziehen ist und welche Faktoren in die Bemessung der Abfindungshöhe einzufließen haben. Unter Besinnung darauf, dass es nicht seine Aufgabe ist, als Superrevisionsinstanz zu fungieren, hat das Bundesverfassungsgericht es den Zivilgerichten überlassen, diesbezüglich Einzelheiten festzulegen.

Eine Konkretisierung des Postulats der „wirtschaftlich vollen Entschädigung“ hat der Bundesgerichtshof in der *„Kali & Salz“*-Entscheidung im Jahre 1978 vorgenommen. Im Rahmen der Auseinandersetzung mit der Regelung des § 255 Abs. 2 AktG stellte das Gericht fest, dass es sich nur dann um eine „volle“ Entschädigung handelt, wenn sie den „wirklichen“ oder „wahren“ Wert der Unternehmensbeteiligung an dem arbeitenden Unternehmen „unter Einschluss stiller Reserven und des inneren Geschäftswerts“[8] widerspiegelt. Auf die Festlegung einer Bewertungsmethode zur Ermittlung dieses „wahren Werts“ hat der Bundesgerichtshof ebenso wie vor ihm bereits das Bundesverfassungsgericht verzichtet. Die Zivilgerichte sind demnach nicht an ein bestimmtes Verfahren der Unternehmensbewertung gebunden. Sie trifft allein die Pflicht, zum einen die mit Hilfe der in der Betriebswirtschaftslehre angewandten Bewertungsmethoden ermittelten Unternehmenswerte in Bezug auf ihre Plausibilität zu überprüfen und zum anderen die für die Abfindung ausschlaggebenden rechtlichen Maßstäbe festzustellen,[9] da es sich in beiden Fällen um der inhaltlichen Überprüfung durch den Richter voll zugängliche Rechtsfragen handelt.[10]

---

[4] BVerfGE 14, 263 ff.

[5] Im Gegensatz zur früheren Regelung des Art. 153 Abs. 2 Satz 2 WRV, nach der eine geringere als die volle Abfindung ausreichte.

[6] Durch das Erfordernis der „wirtschaftlich vollen Entschädigung“ sollte demnach in erster Linie der Unterschied zur Enteignungsentschädigung nach Art. 14 Abs. 3 GG zum Ausdruck gebracht werden. Vgl. dazu *Hüttemann*, ZGR 2001, 454, 456.

[7] BVerfGE 14, 263, 284 *„Feldmühle“*. So bestätigt durch BVerfG NZG 2000, 1117, 1119 li. Sp. *„Moto-Meter“*.

[8] BGHZ 71, 40, 51 *„Kali & Salz“*.

[9] BayObLG AG 1996, 127, 128 re. Sp. a.B. *„Paulaner“*.

[10] *Ullrich*, S. 37.

II. Die Ermittlung des Unternehmenswerts

1. Das Ertragswertverfahren als Mittelpunkt der bisherigen Bewertungspraxis

Obschon den Zivilgerichten keine bestimmte Bewertungsmethode in Bezug auf die Ermittlung des Unternehmenswertes vorgegeben ist,[11] erfolgte die Bestimmung des „wahren Wertes" bislang fast durchgängig auf Grundlage der so genannten Ertragswertmethode.[12] Diese Art der Gesamtbewertung[13] hat sich sowohl in Bezug auf börsennotierte als auch auf nicht börsennotierte Gesellschaften zum „richterlichen Standardverfahren"[14] entwickelt.[15] Sie zielt darauf ab, den Wert des Unternehmens anhand dessen Fähigkeit zur Erwirtschaftung zukünftiger Erträge zu ermitteln.[16] Dabei

---

[11] Vgl. beispielsweise Begr. BT-Drucks. 12/6699, S. 94. Danach sollte durch die Regelung des § 305 Abs. 3 Satz 2 AktG, die erst durch Art. 6 des UmwBerG vom 28.10.1994 (BGBl. I S. 3210) eingefügt wurde, keine Bewertungsmethode gesetzlich vorgeschrieben werden.

[12] BayObLG AG 1996, 127 *„Paulaner"*; *Bilda*, in: MünchKommAktG, § 305 Rn. 64.

[13] *Mattes/v. Maldeghem*, BKR 2003, 531, 533 re. Sp.

[14] *W. Müller*, FS Bezzenberger, 2000, S. 705, 706; ähnlich: *Aha*, AG 1997, 26, 27 li. Sp. Nach Angaben von *Eisolt*, DStR 2002, 1145, 1149 li. Sp. a.E., dominiert das Ertragswertverfahren bislang aber auch in der Praxis der Unternehmensbewertung. So wohl insbesondere auch beim Squeeze-out. Vgl. insofern *Wilts/Schaldt/Nottmeier*, FB 2002, 621, 622 re. Sp.

[15] Neben der Ertragswertmethode gibt es u.a. noch die Substanzwertmethode als Einzelbewertungsverfahren. Diese zielt darauf ab, den gegenwärtigen Wert des Betriebsvermögens zu ermitteln. Es wird der Betrag bestimmt, dessen es zur Wiederherstellung eines gleichartigen Unternehmens bedürfte (so genannter Reproduktionswert oder Rekonstruktionswert). Vgl. dazu *Dielmann/König*, AG 1984, 57, 61 ff.; *Großfeld*, S. 36; *Hötzel*, in: Beck'sches Handbuch der AG, § 22 Rn. 10 ff.; *Komp*, S. 63 ff.; *Piltz*, S. 34 ff. Allerdings ist diese Bewertungsmethode außerstande, eine wirtschaftlich volle Entschädigung zu sichern, weil bei ihr die immateriellen Wirtschaftsgüter, wie zum Beispiel der Goodwill, Patente, etc., nicht mit in die Ermittlung des Unternehmenswerts einfließen. Daher kann eine Abfindung nicht allein anhand der Substanzwertmethode berechnet werden. Vgl. BGH NJW 1980, 229, 230 li. Sp. a.E.; OLG Celle WM 1979, 1336, 1338 re. Sp.; *Großfeld*, S. 36 a.E.; *Mattes/v. Maldeghem*, BKR 2003, 531, 533 li. Sp.; *Ränsch*, AG 1984, 202, 208 li. Sp. Immer größere Bedeutung erlangen hingegen die so genannten Discounted-Cash-Flow-Methoden, die den Unternehmenswert mit Hilfe einer Prognose des zukünftigen Cash-Flows (Einzahlungsüberschusses) bestimmen. Dieser erwartete Cash-Flow wird mit einem das Unternehmensrisiko berücksichtigenden Zinssatz abgezinst. Vgl. dazu IDW ES 1 n.F., WPg 2005, 28, 40 li. Sp.; IDW S 1, WPg 2000, 825, 837 re. Sp. Am 09.12.2004 hat der Hauptfachausschuss des IDW den Entwurf einer Neufassung des IDW Standards S 1 verabschiedet. Dieser IDW ES 1 n.F. wurde am 30.12.2004 veröffentlicht. Auch wenn es sich bislang nur um einen Entwurf handelt, so ist er bereits als aktueller Bewertungsstandard anzuwenden; vgl. insoweit *Wasmann/Gayk*, BB 2005, 955, 957 li. Sp./re. Sp. Der IDW ES 1 n.F. ist abgedruckt in WPg 2005, 28 ff. Zu den DCF-Methoden s. auch die Darstellung bei *Aha*, AG 1997, 26, 31 li. Sp. (mit Zweifeln, ob sich diese neue Bewertungsmethode in Deutschland durchsetzen wird); *Eisolt*, DStR 2002, 1145, 1149 re. Sp.; *Emmerich*, in: Emmerich/Habersack, § 305 Rn. 53a; *Großfeld*, S. 47 f., 169 ff.; *Grzimek*, in: Geibel/Süßmann, WpÜG, Art. 7, § 327b AktG Rn. 19 f.; *Hötzel*, in: Beck'sches Handbuch der AG, § 22 Rn. 19 f., 65 ff.; *Hülsmann*, ZIP 2001, 450, 451 li. Sp.; *Mattes/v. Maldeghem*, BKR 2003, 531, 535 li. Sp., re. Sp.; *Seetzen*, WM 1999, 565, 571 li. Sp.; *Ullrich*, S. 49 ff. Vgl. zum Verhältnis der Ertragswertmethode zur DCF-Methode *Emmerich*, in: Emmerich/Habersack, § 305 Rn. 53a; *Mattes/v. Maldeghem*, BKR 2003, 531, 534 re. Sp. a.E. Laut *Wilts/Schaldt/Nottmeier*, FB 2002, 621, 622 re. Sp., spielte die DCF-Methode im Rahmen von Bewertungen bei Squeeze-out-Verfahren bislang keine Rolle.

[16] BayObLG NZG 1998, 946, 947 re. Sp. *„März/EKU"*; IDW-Grundsätze, WPg 1983, 468, 470 re. Sp. Vgl. zur Ertragswertmethode die ausführliche Darstellung bei *Dielmann/König*, AG 1984, 57, 58 ff.; *Emmerich*, in: Emmerich/Habersack, § 305 Rn. 53; *Gampenrieder*, S. 84 ff.; *Großfeld*, S. 152 ff.; *Grzimek*, in: Geibel/Süßmann, WpÜG, Art. 7, § 327b AktG Rn. 15 ff.; *Hötzel*, in: Beck'sches Handbuch der AG, § 22 Rn. 14 ff.; *Komp*, S. 54 ff., 72 ff.; *Piltz*, S. 16 ff.

werden die erwarteten künftigen Erträge des Unternehmens, wie sie sich nach den prognostizierten handelsrechtlichen Erfolgen darstellen, auf den Bewertungsstichtag[17] kapitalisiert, also abgezinst.[18] Für die Beurteilung des Unternehmenswertes kommt es bei der Ertragswertmethode demzufolge einerseits darauf an, die zukünftigen Erträge zu ermitteln, andererseits einen tauglichen Kapitalisierungszinssatz festzulegen.

a) Ermittlung der künftigen Erträge

aa) Pauschale Methode

Im Hinblick auf die Ermittlung der künftigen Erträge als ersten Schritt der Bewertung haben sich verschiedene Methoden herausgebildet.[19] Nach der so genannten pauschalen Methode[20] erfolgt die Ermittlung der zukünftigen Erträge anhand einer vergangenheitsbezogenen Betrachtung. Die Prognose basiert auf einer Auswertung der bisherigen Bilanzen, Gewinn- und Verlustrechnungen, Kapitalflussberechnungen sowie internen Ergebnisrechnungen der letzten drei bis fünf Jahre.[21] Aufbauend auf der für die Vergangenheit ermittelten Ertragsentwicklung sind unter Berücksichtigung allgemeiner Markt- und Umweltentwicklungen die künftigen Erfolge des Unternehmens zu prognostizieren.[22] Die Prognose darf erst nach einer Korrektur der Vergangenheitswerte vorgenommen werden.[23] Dies bedeutet, dass außerordentliche Erträge oder Aufwendungen aus der Vergangenheit gesondert zu berücksichtigen sind. Obschon bei der pauschalen Methode auf Vergangenheitswerte zurückgegriffen wird, liegt der Kern der Betrachtungen auch bei dieser Methode auf der Schätzung zukünftiger Ergebnisse.[24]

bb) Analytische Methode

Allein an Zukunftswerten orientiert sich bei der Ermittlung des Ertragswerts die so genannte analytische Methode[25]. Nach ihr wird die theoretisch unendliche Zukunft in Phasen unterteilt, um so die Vorhersage der bevorstehenden Unternehmensentwicklung auf eine sicherere Basis zu stellen. Regelmäßig werden dabei drei verschiedene Stadien betrachtet. Die Prognose erstreckt sich zunächst auf die Entwicklung der

---

[17] Für den Fall des Abschlusses eines Beherrschungs- und Gewinnabführungsvertrags ist das Stichtagsprinzip in § 305 Abs. 3 Satz 2 AktG festgesetzt.

[18] IDW ES 1 n.F., WPg 2005, 28, 39 re. Sp.; IDW S 1, WPg 2000, 825, 833 re. Sp.; *Fleischer*, ZGR 1997, 368, 369; *Hülsmann*, ZIP 2001, 450, 451 re. Sp. a.E.; *Piltz*, S. 26; *Rühland*, WM 2000, 1884, 1885 li. Sp.; *Steinhauer*, AG 1999, 299, 300 re. Sp.

[19] Vgl. zu den unterschiedlichen Methoden, die die Gerichte zur Ermittlung des Ertragswerts (pauschale Methode, analytische Methode, Kombinationsmethode) nutzen *Aha*, AG 1997, 26, 28 ff.; *Schwichtenberg*, S. 252 f.

[20] Dazu *Großfeld*, S. 92 f.; *Piltz*, S. 20.

[21] *Hötzel*, in: Beck'sches Handbuch der AG, § 22 Rn. 31. Das in dem Unternehmen bestehende Verhältnis vom Eigenkapital zum Fremdkapital wird hingegen nicht in die Analyse einbezogen. Vgl. *Ullrich*, S. 41.

[22] IDW S 1, WPg 2000, 825, 832 re. Sp.

[23] *Dielmann/König*, AG 1984, 57, 59 li. Sp./re. Sp.

[24] *Hötzel*, in: Beck'sches Handbuch der AG, § 22 Rn. 31.

[25] *Großfeld*, S. 93 f.; *Hötzel*, in: Beck'sches Handbuch der AG, § 22 Rn. 25, 30; *Piltz*, S. 20.

nächsten ein bis drei Jahre. Dabei werden aufgrund der existenten Daten Detailprognosen für jedes Jahr erstellt, wodurch der individuelle Jahreserfolg ermittelt werden kann. Als zweite Phase wird ein Zeitraum von weiteren fünf Jahren untersucht. Insofern werden die künftigen Erträge auf Grundlage der für das erste Stadium gewonnenen Erkenntnisse als jährlich im Durchschnitt zu erwartender Erfolg fortgeschrieben, wobei das Wachstumspotential des zu bewertenden Unternehmens unter Berücksichtigung der Markt- und Wettbewerbssituation Beachtung findet.[26] Innerhalb der dritten Phase erfolgt in der Regel auf Basis des für die zweite Phase gewonnenen Endwerts eine grobe Schätzung. Die für die Betrachtung der einzelnen Phasen erforderliche Planerstellung ist mit einem gegenüber der Pauschalmethode erhöhten Aufwand verbunden, wodurch der Anwendungsbereich der analytischen Methode faktisch eingeschränkt ist. Sie wird in erster Linie nur für die Bewertung größerer Unternehmen herangezogen.[27]

cc) Wurzeltheorie

Sowohl für die pauschale als auch für die analytische Methode gilt, dass in die Prognose des Ertragswerts nur solche Umstände einbezogen werden dürfen, über die bei angemessener Sorgfalt zum Bewertungsstichtag Kenntnis bestanden hätte.[28] Spätere Begebenheiten, die sich werterhöhend auswirken, dürfen dagegen nur dann berücksichtigt werden, wenn sie in den Verhältnissen des Unternehmens zum Bewertungsstichtag bereits angelegt waren (so genannte Wurzeltheorie).[29]

b) Bestimmung des Kapitalisierungszinssatzes

Der zweite Schritt der Bestimmung des Unternehmenswertes besteht darin, die zuvor ermittelten zukünftig erzielbaren Gewinne auf den Bewertungsstichtag abzuzinsen.[30] Voraussetzung dafür ist die Festlegung des Kapitalisierungszinssatzes.[31] Insofern bedarf es zunächst der Bestimmung eines Basiszinssatzes, anhand dessen die Erträge des zu bewertenden Unternehmens mit denen einer alternativ bestehenden Investitionsmöglichkeit verglichen werden können.[32] Der Basiszinssatz hat sich für

[26] *Ullrich*, S. 42.
[27] *Mattes/v. Maldeghem*, BKR 2003, 531, 534 li. Sp.
[28] BGH NJW 1973, 509, 511 re. Sp.
[29] BGH NJW 1973, 509, 511 re. Sp.; *Emmerich*, in: Emmerich/Habersack, § 305 Rn. 58; *Großfeld*, S. 59 ff.; *Hülsmann*, ZIP 2001, 450, 452 re. Sp.; *Seetzen*, WM 1999, 565, 569 re. Sp. Vgl. auch *Kallmeyer*, AG 2000, 59, 60 li. Sp., der darauf hinweist, dass beim Squeeze-out die aus der Planung und den Zukunftserwartungen des Hauptaktionärs resultierenden Verbundeffekte daher keine Berücksichtigung fänden.
[30] IDW ES 1 n.F., WPg 2005, 28, 39 re. Sp.; IDW S 1, WPg 2000, 825, 833 re. Sp.; *Schwichtenberg*, S. 254.
[31] Ausführlich zur Bestimmung des Kapitalisierungszinssatzes *Komp*, S. 148 ff.; *Wilts/Schaldt/Nottmeier*, FB 2002, 621, 627 re. Sp. f. Vgl. zum bedeutenden Einfluss des anwendbaren Zinssatzes auf den Unternehmenswert („Je höher der angesetzte Zinssatz ist, desto niedriger wird der Ertragswert."): BayObLG NZG 1998, 946, 948 li. Sp. *„März/EKU"*; *Hülsmann*, ZIP 2001, 450, 453 li. Sp.; *Hüttemann*, ZHR 162 (1998), 563, 591; *Mattes/v. Maldeghem*, BKR 2003, 531, 534 re. Sp.; *Piltz*, S. 27; *Schwichtenberg*, S. 254.
[32] *Ullrich*, S. 44. Kritisch hierzu *Götz*, DB 1996, 259, 263 li. Sp., der anmerkt, dass der Anleger bei seiner Anlageentscheidung gerade nicht die „sichere Variante" gewählt habe.

gewöhnlich an dem so genannten landesüblichen Zinssatz zu orientieren,[33] welcher mit dem Durchschnittszinssatz für öffentliche Anleihen und festverzinsliche Wertpapiere korrespondiert.[34] Allerdings ist der Basiszinssatz wegen der zwischen öffentlichen Anleihen und langfristig verzinslichen Wertpapieren gegenüber der Beteiligung an einem Unternehmen bestehenden Unterschiede durch einen Geldentwertungsabschlag sowie einen Risikozuschlag zu ergänzen.[35] So wird durch die Berücksichtigung eines Abschlags für die Geldentwertung[36] sichergestellt, dass ausscheidende Gesellschafter einen Ausgleich dafür erhalten, dass die Geldentwertung bei öffentlichen Anleihen oder langfristig verzinslichen Wertpapieren stärker ausfällt als bei Unternehmensbeteiligungen. Durch den Risikozuschlag[37] findet der Umstand Beachtung, dass eine Beteiligung an einem Unternehmen regelmäßig mit höheren Risiken behaftet ist als die Investition in Form von öffentlichen Anleihen oder festverzinslichen Wertpapieren.[38] Um den so festgelegten Kapitalisierungszinssatz werden die zuvor ermittelten künftigen Erträge des zu bewertenden Unternehmens abschließend diskontiert. Die Summe des sich dabei ergebenden Ertragswerts bildet zusammen mit dem Wert des nicht betriebsnotwendigen Vermögens, das mit dem erzielbaren Veräußerungserlös anzusetzen ist, den Unternehmenswert.[39]

---

[33] OLG Stuttgart AG 2004, 43, 45 li. Sp. *„Vereinigte Filzfabriken AG/Filzfabrik Fulda GmbH"*; OLG Stuttgart NZG 2000, 744, 747 li. Sp. *„Schwaben Zell/Hannover Papier"*; *Dielmann/König*, AG 1984, 57, 60 li. Sp.; *Großfeld*, S. 117 f.; *Hötzel*, in: Beck'sches Handbuch der AG, § 22 Rn. 40; *Hülsmann*, ZIP 2001, 450, 453 li. Sp.; *Komp*, S. 153; *Piltz*, S. 27, 171 ff.; *Ränsch*, AG 1984, 202, 210 re. Sp.

[34] Nach dem am 30.12.2004 vom Institut der Wirtschaftsprüfer in Deutschland e.V. veröffentlichten Entwurf einer Neufassung des IDW Standards „Grundsätze zur Durchführung von Unternehmensbewertungen" (IDW ES 1 n.F., WPg 2005, 28 ff.), der eine Weiterentwicklung des seit dem 28.06.2000 gültigen Standard IDW S 1 darstellt, ist als Alternativanlage nicht mehr auf festverzinsliche Wertpapiere abzustellen, sondern stattdessen auf ein Aktienportfolio. Dies führt zu einem höheren Kapitalisierungszinssatz nach Steuern.

[35] BayObLG DB 1995, 2590, 2592 li. Sp., re. Sp.; *Aha*, AG 1997, 26, 33 li. Sp., re. Sp.; *Seetzen*, WM 1994, 45, 48 li. Sp., re. Sp.

[36] Während die berufsständischen Empfehlungen für Wirtschaftsprüfer neuerdings den Geldwertabschlag nicht mehr bei der Festlegung des Kalkulationszinssatzes berücksichtigen wollen, hängt die Vornahme eines Geldentwertungsabschlags nach Ansicht der Rechtsprechung von den Umständen des Einzelfalles ab. Vgl. OLG Stuttgart NZG 2000, 744, 747 li. Sp. *„Schwaben Zell/Hannover Papier"*; BayObLG AG 1996, 127, 130 li. Sp. *„Paulaner"* (2,5 %); BayObLG AG 1996, 176, 179 re. Sp. (2,5 %); OLG Düsseldorf WM 1988, 1052, 1059 li. Sp. (1 %). Vgl. zum Meinungsstand im Schrifttum *Aha*, AG 1997, 26, 32 li. Sp., re. Sp.; *Hötzel*, in: Beck'sches Handbuch der AG, § 22 Rn. 43 f.; *Hülsmann*, ZIP 2001, 450, 453 re. Sp.; *Komp*, S. 200 f.; *Piltz*, S. 27, 178 ff.; *Ränsch*, AG 1984, 202, 211 f.

[37] *Aha*, AG 1997, 26, 33 li. Sp.; *Dielmann/König*, AG 1984, 57, 61 li. Sp.; *Großfeld*, S. 122 ff.; *Halberkamp/Greve*, FB 2002, 580, 586 li. Sp.; *Hötzel*, in: Beck'sches Handbuch der AG, § 22 Rn. 45 ff.; *Hüffer/Koch*, NZG 2000, 748, 749 li. Sp.; *Hülsmann*, ZIP 2001, 450, 454 li. Sp.; *Komp*, S. 170 ff.; *Piltz*, S. 27, 174 ff.; *Ränsch*, AG 1984, 202, 211 re. Sp. Vgl. zur Bemessung des Geldwertabschlags sowie des Risikozuschlags OLG Düsseldorf AG 2000, 323, 325 li. Sp., re. Sp. *„Hoffmann's Stärkefabrik"*; BayObLG AG 1996, 176, 179 re. Sp.; OLG Düsseldorf AG 1990, 397, 400 li. Sp., 401 li. Sp.; OLG Düsseldorf AG 1985, 85, 87 re. Sp.; LG Dortmund AG 1998, 142, 144 li. Sp. *„Sinalco"*. S. auch *Behnke*, S. 27.

[38] OLG Stuttgart NZG 2000, 744, 747 re. Sp. *„Schwaben Zell/Hannover Papier"*; BayObLG DB 1995, 2590, 2592 re. Sp.

[39] OLG Stuttgart NZG 2000, 744, 745 re. Sp. *„Schwaben Zell/Hannover Papier"*; BayObLG NZG 1998, 946, 947 re. Sp. *„März/EKU"*; *Aha*, AG 1997, 26, 28 re. Sp., 35 f.; *Fleischer*, ZGR 1997, 368, 369; *Großfeld*, S. 168 ff.; *Hötzel*, in: Beck'sches Handbuch der AG, § 22 Rn. 51; *Hüttemann*, ZHR 162 (1998), 563, 567/568; *Komp*, S. 223 ff.; *Piltz*, S. 30 f., 181 ff.; *Schwichtenberg*, S. 251 a.E. Zum Begriff des nicht betriebsnotwendigen Vermögens, auch betriebsneutrales Vermögen genannt *Mattes/v. Maldeghem*, BKR 2003, 531, 534 re. Sp.; *Piltz*, S. 30.

2. Der Börsenkurs als Bewertungsfaktor

a) Die Entwicklung der Rechtsprechung zur Berücksichtigung des Börsenkurses bei der Bemessung von Abfindungen

Bei der so zu vollziehenden Wertermittlung wurde der Börsenkurs als Bewertungsfaktor über einen langen Zeitraum gänzlich außer Acht gelassen,[40] obwohl bereits seit Ende der 1930er Jahre immer wieder von einzelnen Stimmen in der rechtswissenschaftlichen Literatur eine Einbeziehung des Börsenkurses in die Unternehmensbewertung gefordert wurde. So äußerte *Rieger* bereits im Jahre 1938, dass es sich beim Börsenkurs um einen Marktpreis handele, der als Grundlage für die Festsetzung von umwandlungsrechtlichen Abfindungen zu dienen habe.[41] Dagegen wurde von *Meilicke* eingewandt, dass im Umwandlungsrecht gar kein Anspruch auf angemessene Abfindung existiere und dem Börsenkurs demzufolge keinerlei Bedeutung zukomme.[42] Diesen Standpunkt vertrat über lange Zeit auch die Rechtsprechung. Während das OLG Hamm im Jahre 1963 den Versuch unternommen hatte, dem Börsenkurs rechtliche Beachtung zukommen zu lassen, indem es feststellte, der Börsenkurs habe die Untergrenze der Abfindung zu bilden,[43] wurde bereits ein Jahr später vom KG Berlin angeführt, dass der Börsenkurs aufgrund seiner Beeinflussbarkeit durch Preisschwankungen, Spekulationen und Manipulationen noch nicht einmal als Hilfswert herangezogen werden könne.[44] Letztere Feststellung wurde in einem Urteil des Bundesgerichtshofs im Jahre 1967 bestätigt. Unter Bezugnahme auf die fünf Jahre zuvor ergangene *„Feldmühle"*-Entscheidung wies das Gericht zunächst noch einmal ausdrücklich darauf hin, dass die Abfindung nach dem „wahren Wert" des Unternehmens zu bemessen sei. Bei dieser Festlegung dürfe der Börsenkurs keine Berücksichtigung finden, da er „von der Größe oder Enge des Marktes, von zufallsbedingten Umsätzen, von spekulativen Einflüssen oder sonstigen nicht wertbezogenen Faktoren wie politischen Ereignissen, Gerüchten, Informationen, psychologischen Momenten oder einer allgemeinen Tendenz abhänge"[45] und daher außerstande sei, den wirklichen Wert der Aktie widerzuspiegeln.[46] Diesen Standpunkt bestätigte der Bundesgerichtshof noch mal im Jahre 1978 in der berühmten *„Kali & Salz"*-Entscheidung, in der er feststellte, dass der Börsenkurs keine rechtliche Relevanz besitze, sondern es auf eine Ermittlung des „wirklichen" Werts unter Einschluss stiller Reserven und unter Berücksichtigung des inneren Geschäftswerts ankomme.[47] Erst in der 1990er Jahren wurden die Stimmen, die der

---

[40] Vgl. zur Entwicklung die Ausführungen bei *Hüffer/Schmidt-Aßmann/Weber*, S. 30 f.; *Piltz*, ZGR 2001, 185, 187 ff.

[41] *Rieger*, JW 1938, 3016, 3017 li. Sp.

[42] *Meilicke*, JW 1938, 3018, 3019 li. Sp.

[43] OLG Hamm AG 1963, 218, 219 re. Sp.

[44] KG Berlin AG 1964, 217, 219 li. Sp.; a.A.: *Busse von Colbe*, AG 1964, 263, 266 li. Sp., der in Reaktion auf die Entscheidung für eine Berücksichtigung des Börsenkurses als Maßstab für die Abfindungshöhe eintrat.

[45] BGH AG 1967, 264 li. Sp. Zustimmend zur Außerachtlassung des Börsenkurses äußerten sich später *Dielmann/König*, AG 1984, 57, 65 f.

[46] BGH AG 1967, 264 li. Sp.

[47] BGHZ 71, 40, 51 *„Kali & Salz"*. Anders *Drukarczyk*, AG 1973, 357, 363 re. Sp., der forderte, den Börsenkurs zum Zeitpunkt der Bekanntgabe der geplanten Maßnahme als Untergrenze heranzuziehen.

Außerachtlassung des Börsenkurses als Bewertungsmaßstab kritisch gegenüber standen, nicht nur im Schrifttum,[48] sondern auch in der Rechtsprechung immer lauter.[49] Den Ausgangspunkt einer Kehrtwende der Rechtsprechung bildete insofern die *„März/EKU"*-Entscheidung[50] des Bayerischen Obersten Landesgerichts, in der betont wurde, dass sich die äußeren Umstände, die bislang zur Ablehnung des Börsenkurses als Bewertungsmaßstab führten, zwischenzeitlich geändert hätten.[51] Der Erwerber einer Aktie nehme inzwischen bewusst in Kauf, „dass der Börsenkurs von vielen Faktoren und Zufälligkeiten abhängt". Einer Einbeziehung des Börsenkurses in die Ermittlung der Abfindung stünden daher keine Hindernisse mehr entgegen.[52] Der Börsenkurs sei zumindest dann zu berücksichtigen, „wenn andere Möglichkeiten zur Feststellung des Unternehmenswertes ausscheiden".[53]

b) Neuerungen durch den *„DAT/Altana"*-Beschluss des Bundesverfassungsgerichts

Das Bundesverfassungsgericht ging noch einen Schritt weiter, als es im Jahre 1999 in der *„DAT/Altana"*-Entscheidung[54] feststellte, dass es trotz der verfassungsrechtlichen Unbedenklichkeit der regelmäßig genutzten Ertragswertmethode[55] mit Art. 14 Abs. 1 GG nicht zu vereinbaren sei, den Kurswert der Aktien bei der Unternehmensbewertung außer Betracht zu lassen.[56] Dies folge aus dem Gesichtspunkt, dass den jeweiligen Besonderheiten des entzogenen Eigentumsobjekts bei der Entschädigung und demzufolge auch bei der zu ihrer Ermittlung genutzten Bewertungsmethode entsprochen werden müsse.[57] Das Aktieneigentum zeichne sich, insbesondere im Vergleich zu der Beteiligung an einer Personenhandelsgesellschaft oder an einer Gesellschaft mit beschränkter Haftung, durch seine Verkehrsfähigkeit aus. Im Mittelpunkt der Beweggründe stehe die jederzeitige Veräußerbarkeit des Gesellschaftsanteils auf dem Kapitalmarkt. Gerade bei Aktien, die an der Börse gehandelt werden,

[48] Vgl. beispielsweise *Aha*, AG 1997, 26, 28 re. Sp.; *Götz*, DB 1996, 259, 265 li. Sp.; *Rodloff*, S. 104/105, 106; *Wenger*, ZIP 1993, 321, 329 re. Sp. Vgl. *Seetzen*, WM 1999, 565, 571 li. Sp., der der Ansicht ist, dass Börsenkurse im Rahmen der Schätzung nach § 287 ZPO Berücksichtigung finden können, wenn sie sich über einen längeren Zeitraum auf einem gleich bleibenden Niveau bewegt haben und bei Außerachtlassung eine überlange Verfahrensdauer zu befürchten wäre.

[49] Vgl. dazu *Großfeld*, S. 181 ff; *ders.*, BB 2000, 261 ff.

[50] BayObLG NZG 1998, 946, 948 li. Sp. *„März/EKU"*. Zustimmend: *Rodloff*, DB 1999, 1149, 1151 li. Sp.; *Steinhauer*, AG 1999, 299, 300 li. Sp.; *Zeidler*, NZG 1998, 949, 950 li. Sp.

[51] Auffällig ist insofern, dass die Kehrtwende tatsächlich während eines Zeitraums stattfand, der sich nicht nur durch die Eröffnung des Neuen Marktes im Jahre 1997, sondern auch durch die Börsengänge großer Gesellschaften (z.B. Telekom im Jahre 1996) ausgezeichnet hat. Derartige Ereignisse haben dazu beigetragen, dass die Aktie in den 1990er Jahren als Anlageform bei einem breiten Publikum an Popularität gewonnen hat und dadurch nicht nur das Angebot, sondern auch die Nachfrage extrem zugenommen haben. Das Aktieneigentum hat sich während der letzten Jahre des 20. Jahrhunderts verdoppelt.

[52] BayObLG NZG 1998, 946, 948 re. Sp. *„März/EKU"*. Zustimmend *Großfeld*, BB 2000, 261, 264 li. Sp.

[53] BayObLG NZG 1998, 946, 948 re. Sp. a.E. *„März/EKU"*.

[54] BVerfGE 100, 289 *„DAT/Altana"*, Beschluss vom 27.04.1999. Vgl. dazu die kritischen Äußerungen von *Riegger*, DB 1999, 1889 re. Sp., 1890 li. Sp., der die bundesverfassungsgerichtliche Argumentation im Hinblick auf den Börsenkurs als Untergrenze der Abfindung als nicht überzeugend ansieht.

[55] BVerfG NJW 1999, 3769, 3771 re. Sp. *„DAT/Altana"*. Vgl. auch BVerfG ZIP 1999, 1804, 1805 re. Sp. *„Hartmann & Braun"*.

[56] BVerfG NJW 1999, 3769, 3771 re. Sp. *„DAT/Altana"*.

[57] In diese Richtungen gingen bereits vorher die Ausführungen von *Rodloff*, DB 1999, 1149, 1151 li. Sp.

ergebe sich aus der Verknüpfung von Angebot und Nachfrage eine Wertbestimmung, die für die Investitionsentscheidung der Aktionäre Relevanz besitze.[58] Daher bestünde bei börsennotierten Gesellschaften in der Regel eine Identität von Börsenkurs und Verkehrswert. Unter der Prämisse, dass die von der Verfassung geforderte „volle Entschädigung" nicht unter dem Verkehrswert liegen darf,[59] gelangte das Bundesverfassungsgericht zu dem Ergebnis, dass der mit dem Verkehrswert identische Börsenkurs die Untergrenze der Entschädigung für den Entzug des Aktieneigentums bilde.[60] Die Minderheitsaktionäre, die den Verkehrswert der Aktie verlieren, dürften „jedenfalls nicht weniger erhalten, als sie bei einer freien Deinvestitionsentscheidung zum Zeitpunkt des Unternehmensvertrags oder der Eingliederung erlangt hätten".[61] Eine Überschreitung des Börsenkurses wird dagegen als verfassungsrechtlich unbedenklich erachtet.[62]

III. Maßgaben der Unternehmensbewertung beim Squeeze-out

1. Übertragbarkeit der Grundsätze auf das Squeeze-out-Verfahren

Auch wenn das Bundesverfassungsgericht in dem *„DAT/Altana"*-Beschluss nur über die Abfindung in Fällen des Beherrschungsvertrags und der Eingliederung entschieden hat, so beanspruchen die in der Entscheidung aufgestellten Maßstäbe auch Geltung für das Rechtsinstitut des Squeeze-out-Verfahrens. Zum einen entspricht der Wortlaut des § 327b Abs. 1 Satz 1 2. Hs. AktG den der Entscheidung zugrunde liegenden Vorschriften. Im einen wie im anderen Fall ist den außenstehenden Aktionären eine „angemessene Abfindung" bzw. ein „angemessener Ausgleich" zu gewähren. Die Entschädigungspflicht knüpft in allen Fällen an einen schweren Eingriff in die mitgliedschaftliche Position der Aktionäre an. Auch wenn es sich beim Squeeze-out, wie bereits dargestellt wurde, nicht um einen Akt der Konzernierung handelt, ist eine systematische Nähe zum beurteilten Rechtsinstitut der Mehrheitseingliederung gegeben. Daher ist kein Grund ersichtlich, weshalb die vom Bundesverfassungsgericht aufgestellten Grundsätze nicht auch für die Bestimmung der Abfindung beim Squeeze-out gelten sollten.[63] Demgemäß ist bei der Ermittlung der Abfindung grundsätzlich auf den „wahren" Wert der Beteiligung abzustellen, soweit er den Börsenkurs überschreitet. Bei einer Unterschreitung hat sich die Höhe der Barabfindung hingegen im Grundsatz nach dem Börsenkurs zu richten.

---

[58] BVerfG NJW 1999, 3769, 3771 re. Sp. *„DAT/Altana"*.
[59] BVerfG NJW 1999, 3769, 3771 li. Sp. *„DAT/Altana"*.
[60] Zustimmend *Komp*, S. 362; *W. Müller*, FS Bezzenberger, 2000, S. 705, 712 a.E.
[61] BVerfG NJW 1999, 3769, 3771 li. Sp. *„DAT/Altana"*.
[62] BVerfG NJW 1999, 3769, 3772 li. Sp. *„DAT/Altana"*.
[63] Eine Geltung der Grundsätze für den Squeeze-out bejahen auch *Angerer*, BKR 2002, 260, 263 re. Sp.; *Bungert/Eckert*, BB 2000, 1845, 1849 li. Sp., re. Sp.; *Eisolt*, DStR 2002, 1145, 1150 re. Sp.; *Grunewald*, in: MünchKommAktG, § 327b Rn. 9; *Hasselbach*, in: Kölner Komm, WpÜG, § 327b AktG Rn. 17 ff.; *Hüffer*, AktG, § 327b Rn. 5; *Vetter*, AG 2002, 176, 188 li. Sp.

2. Alleinige Maßgeblichkeit des Börsenkurses?

a) Generelle Ausklammerung des „wahren" Werts bei der Unternehmensbewertung

Gegen eine derartige Vorgehensweise bei der Festlegung der Abfindungshöhe wendet sich *Ullrich*. Seiner Ansicht nach besitzt der Börsenkurs für die Bemessung der Abfindung alleinige Maßgeblichkeit, währenddessen der Ertragswert grundsätzlich irrelevant sein soll.[64] Diese Annahme stützt *Ullrich* einerseits auf den Gesichtspunkt, dass der „wahre" Wert einer Beteiligung, wie er von Rechtsprechung und Literatur propagiert wird, überhaupt nicht existiere.[65] Denn dem „wahren" Wert mangele es an der Ermittelbarkeit, da er sich nur durch Heranziehung betriebswirtschaftlicher Bewertungsmethoden errechnen lasse, die allesamt eine Prognose beinhalteten und daher zwangsläufig mit Unsicherheiten verbunden seien, die eine rechtssichere Einschätzung unmöglich machten.[66] In diesem Zusammenhang führt *Ullrich* empirische Erfahrungswerte[67] an, die gezeigt hätten, dass die mit Hilfe der Ertragswertmethode ermittelte Abfindung in den meisten Fällen unterhalb des Börsenkurses liege.[68] Letztlich sei der „wahre" Wert lediglich ein „Hilfskonstrukt".[69] Würde er gleichwohl neben dem Börsenkurs bei der Abfindungsermittlung Berücksichtigung finden, habe dies eine „seltsame Inkonsequenz" zur Folge.[70] Denn während auf den „wahren" Wert immer dann abzustellen sei, wenn er den Börsenkurs überschreitet, werde ihm keine Maßgeblichkeit beigemessen, wenn er den Börsenkurs unterschreitet. Mit einer solchen Vorgehensweise, die der vom Bundesgerichtshof zu § 15 HGB entwickelten Rosinentheorie[71] ähnele,[72] werde letztlich der Versuch unternommen, die veraltete

[64] *Ullrich*, S. 108. So auch *Piltz*, ZGR 2001, 185, 194 f.

[65] *Ullrich*, S. 106. So auch *Hüttemann*, ZHR 162 (1998), 563, 574. *Schwichtenberg*, S. 259, weist ebenfalls darauf hin, dass es einen „wahren" Wert im Sinne eines objektiven Unternehmenswerts nicht gebe. Anders als *Ullrich* sieht *Schwichtenberg* die Bedenken in Bezug auf die Existenz des „wahren" Werts aber nicht in etwaigen Schwierigkeiten bei der Ermittlung des Ertragswerts begründet, sondern prinzipiell in den für den Unternehmenswert notwendigen subjektiven Beurteilungen.

[66] *Ullrich*, S. 107. Vgl. auch *Rodloff*, DB 1999, 1149, 1151 re. Sp. a.B., der darauf hinweist, dass die gegen den Börsenkurs ursprünglich vorgebrachten Bedenken auch gegen die Ertragswertmethode angeführt werden könnten. Ähnlich *W. Müller*, FS Bezzenberger, 2000, S. 705, 710. Vgl. auch die kritischen Ausführungen von *Erwe*, in: Beck'sches Handbuch der AG, § 25 Rn. 156; *Quandt*, S. 176. Anders *Aha*, AG 1997, 26, 27 li. Sp., nach dessen Ansicht die Unsicherheit der Prognose allein die Ertragswertmethode nicht in Frage stellen kann.

[67] Vgl. die Untersuchung von *Dörfler/Gahler/Unterstraßer/Wirichs*, BB 1994, 156, 158 li. Sp. S. auch die ausführlichen Ausführungen bei *Rühland*, WM 2000, 1884, 1885 f.

[68] *Hüffer*, FS Hadding, 2004, S. 461, 469, geht stattdessen davon aus, dass der Börsenkurs regelmäßig eher hinter dem anteiligen Ertragswert zurückbleibt.

[69] *Ullrich*, S. 106 a.E. Noch deutlicher ist insofern die Aussage von *Luttermann*, ZIP 2001, 869, 871 re. Sp., wonach der „wahre" Wert angesichts vorhandener Börsenpreise ein „Irrlicht" der bisherigen Rechtsprechung im Bewertungsrecht sei, das „gelöscht gehöre".

[70] *Ullrich*, S. 108. So auch *Piltz*, ZGR 2001, 185, 196.

[71] BGHZ 65, 309, 310 a.E.

[72] Dies erkennt *Wilm*, NZG 2000, 234, 235 li. Sp., der äußert, dass der außenstehende Aktionär die Möglichkeit habe, sich die „bessere zweier Welten herauszupicken". Allerdings zieht *Wilm* hieraus keine, den Überlegungen von *Ullrich* entsprechenden Folgerungen. *Hüffer*, FS Hadding, 2004, S. 461, 475, spricht davon, dass der Ansatz, den Börsenkurs dann heranzuziehen, wenn dieser über dem anteiligen Ertragswert liegt, ein wenig wie eine „Schönwetter-Theorie" wirke. Allerdings zieht *Hüffer* daraus nicht den Schluss auf eine alleinige Maßgeblichkeit des Börsenkurses, sondern er befürwortet eher ein Abstellen auf den Ertragswert.

Ansicht der marktfremden Wertermittlung mit den in der *„DAT/Altana"*-Entscheidung von Seiten des Bundesverfassungsgerichts gemachten Vorgaben in Einklang zu bringen.[73]

Zum anderen führt *Ullrich* als Argument für die alleinige Maßgeblichkeit des Börsenkurses, der eine Unternehmensbewertung über den Kapitalmarkt ermögliche,[74] die Regelungen des Übernahmegesetzes an. Darin habe der Gesetzgeber vorgesehen, dass die Festlegung der Abfindung zwingend nach dem Börsenpreis zu erfolgen habe. Lediglich für den Fall, dass die jeweilige Aktie nicht regelmäßig an der Börse gehandelt wird, sei von diesem Grundsatz eine Ausnahme zu machen.[75] Auch aus der in den §§ 327b Abs. 1 Satz 3, 327f Abs. 3 AktG-RefE enthaltenen Vermutungsregelung werde die alleinige Maßgeblichkeit des Börsenkurses deutlich. Denn nach diesen Bestimmungen sollte für den Fall, dass der Hauptaktionär seine beherrschende Stellung durch ein Angebot nach den Vorschriften des WpÜG erlangt hat, eine gerichtliche Überprüfung der Angemessenheit der Abfindung nicht möglich sein, sondern sich die Abfindung allein nach dem Angebotspreis richten, der mit Hilfe des Börsenkurses ermittelt wird.[76] Eine doppelte Wertermittlung scheide demzufolge nach den Regelungen des neuen Übernahmerechts aus.[77] Daraus zieht *Ullrich* den Schluss, dass die volle Entschädigung ausschließlich anhand des Börsenkurses zu bestimmen sei und zwar selbst dann, wenn andere Werte den Börsenkurs übersteigen.[78] Lediglich für den Fall, dass Anhaltspunkte dafür gegeben sind, dass der Börsenkurs den Verkehrswert nicht realistisch wiedergibt, werde eine Überprüfung unter Berücksichtigung anderer Werte möglich.[79]

b) Stellungnahme

Die Ausführungen von *Ullrich* stehen weder mit den Vorgaben des Bundesverfassungsgerichts noch mit den gesetzlichen Regelungen zur Abfindungspflicht im Einklang. Ihnen kann nur insoweit gefolgt werden, als es in der Tat einen „wahren" Wert im Sinne eines objektiven Unternehmenswerts, in den keine subjektiven Elemente einfließen, nicht gibt.[80] Der Wert eines Unternehmens ist zwangsläufig mit subjektiven Beurteilungen behaftet.[81] Er bestimmt sich danach, wie einzelne Betrachter die mit dem jeweiligen Unternehmen verbundenen Chancen einschätzen. Dies hat aber auch das Bundesverfassungsgericht nicht verkannt. Das Gericht versteht den Begriff „wahren" Wert nicht wörtlich. Deutlich wird dies aus der Forderung nach einer He-

---

[73] *Ullrich*, S. 108.

[74] Verglichen mit dem für die Ermittlung des „wahren" Werts erforderlichen Sachverständigengutachten werde der Unternehmenswert besser reflektiert. Vgl. *Ullrich*, S. 108; insofern auch *Aha*, AG 1997, 26, 28 re. Sp.; *Götz*, DB 1996, 259, 265 li. Sp.; *Steinhauer*, AG 1999, 299, 306 re. Sp.

[75] *Ullrich*, S. 115 Fn. 622.

[76] *Ullrich*, S. 109/110.

[77] *Ullrich*, S. 110.

[78] *Ullrich*, S. 116 a.E. So auch *Piltz*, ZGR 2001, 185, 196.

[79] Eine solche Vorgehensweise könne zu Verbesserungen im Hinblick auf etwaig stattfindende Spruchverfahren führen, da die Ermittlung der Abfindungshöhe durch ein alleiniges Abstellen auf den Börsenkurs nicht nur transparent, sondern auch einfacher werde. Vgl. *Ullrich*, S. 123/124.

[80] Gegen die Existenz eines objektiven Unternehmenswerts wenden sich *Dielmann/König*, AG 1984, 57, 58 li. Sp. a.B.; *Drukarczyk*, AG 1973, 357 re. Sp.; *Mattes/v. Maldeghem*, BKR 2003, 531, 532 re. Sp.; *Piltz*, S. 8; *ders.*, ZGR 2001, 185, 192; *Ränsch*, AG 1984, 202, 205 re. Sp. a.B.

[81] *Fleischer*, ZGR 1997, 368, 369; *Piltz*, ZGR 2001, 185, 192; *Schwichtenberg*, S. 259.

ranziehung des Börsenkurses als Bemessungsfaktor neben dem „wahren" Wert. Würde der „wahre" Wert den objektiven Unternehmenswert darstellen, würde sich die Heranziehung des Börsenkurses selbst als Untergrenze der Abfindung verbieten. Bei dem Börsenkurs würde es sich dann nämlich zwangsläufig um einen „unwahren" bzw. „falschen" Unternehmenswert handeln. Als solcher dürfte er für die Ermittlung der Abfindung wohl kaum von Bedeutung sein. Letztlich können die Aussagen des Bundesverfassungsgerichts nur so zu verstehen sein, dass es sich bei dem „wahren" Wert um den Wert handelt, der anhand der Unternehmensbewertungsmethoden ermittelt wird.[82] Ein anderes Verständnis würde dazu führen, dass man annehmen müsste, das Gericht habe in der *„DAT/Altana"*-Entscheidung vier Werte befürwortet, nämlich den „wahren" Wert, den Verkehrswert, den mit Hilfe der ausdrücklich gebilligten Ertragswertmethode errechneten Ertragswert sowie den Börsenkurs. Da sich die bundesverfassungsgerichtlichen Ausführungen des Weiteren aber lediglich auf drei Werte beziehen, ist davon auszugehen, dass der Ertragswert bzw. der nach anderen Bewertungsmethoden ermittelte Unternehmenswert dem „wahren" Wert entspricht.[83] Da nur durch einen Vergleich des Börsenkurses mit dem „wahren" Wert festgestellt werden kann, welcher Wert der höhere und demgemäß bei der Festlegung der Abfindungshöhe maßgeblich ist, ist bereits durch den *„DAT/Altana"*-Beschluss des Bundesverfassungsgerichts vorgeschrieben, dass nicht allein auf den Börsenkurs abgestellt werden darf.[84]

Das Bundesverfassungsgericht billigte, unmittelbar nachdem es festgestellt hat, dass ein existierender Börsenkurs im Rahmen der Ermittlung des Werts einer Beteiligung Berücksichtigung finden muss, die Ertragswertmethode zur Bestimmung des „wahren" Unternehmenswerts,[85] wobei es zunächst noch einmal ausdrücklich darauf hinwies, dass diese Methode das in der gerichtlichen Praxis nahezu ausschließlich angewandte Bewertungsverfahren sei.[86] Einer Billigung der Ertragswertmethode hätte es nicht bedurft, wenn nach dem Willen des Bundesverfassungsgerichts in Zukunft allein auf den Börsenkurs als maßgeblichen Bewertungsfaktor hätte abgestellt werden sollen. Die Billigung macht nur bei einer Beibehaltung der Ertragswertmethode zur Ermittlung des „wahren" Wertes im Rahmen der Anteilsbewertung Sinn. Darüber hinaus ist auch die Feststellung des Bundesverfassungsgerichts zu berücksichtigen, dass Art. 14 GG nicht das Erfordernis einer Entschädigung zum Börsenkurs beinhalte. Nach der Regelung des Art. 14 GG muss zum „wahren" Wert, mindestens jedoch zum Verkehrswert entschädigt werden.[87] Der mit dem Verkehrswert regelmäßig identische Börsenkurs stelle dabei (lediglich) die Untergrenze der Abfindung dar.[88] Eine Überschreitung des Börsenkurses sei verfassungsrechtlich unbedenklich.[89] Demzufolge kann der Börsenkurs keine alleinige Maßgeblichkeit besitzen.

---

[82] *Piltz*, ZGR 2001, 185, 192 a.E.

[83] Nach *Schwichtenberg*, S. 331, folgt gerade aus dem Gesichtspunkt, dass es einen objektiven Unternehmenswert nicht gibt, weder in Form des „wahren" Werts (S. 259) noch in Form des Börsenkurses (S. 261), dass die unterschiedlichen Bewertungsmethoden gerichtlich akzeptiert werden.

[84] Auch *Ullrich*, S. 112, gesteht ein, dass das Bundesverfassungsgericht von der Ermittlung dreier Werte, nämlich des „wahren" Werts, des Verkehrswerts und des Börsenkurses ausgeht.

[85] BVerfG NJW 1999, 3769, 3771 re. Sp. *„DAT/Altana"*.

[86] BVerfG NJW 1999, 3769, 3771 re. Sp. *„DAT/Altana"*.

[87] BVerfG NJW 1999, 3769, 3772 li. Sp. *„DAT/Altana"*.

[88] BVerfG NJW 1999, 3769, 3771 re. Sp. *„DAT/Altana"*.

[89] BVerfG NJW 1999, 3769, 3772 li. Sp. *„DAT/Altana"*.

Die von *Ullrich* gegen die Brauchbarkeit der Ertragswertmethode vorgetragenen empirischen Erfahrungswerte geben keinen Anlass dazu, den „wahren" Wert der Unternehmensbeteiligung bei der Bemessung der Abfindung unberücksichtigt zu lassen und ausschließlich auf den Börsenkurs abzustellen. Die Richtigkeit der in den empirischen Untersuchungen gefundenen Ergebnisse, wonach sowohl die ursprünglich angebotene als auch die im Rahmen eines anschließenden Spruchverfahrens aufgestockte Abfindung unter dem Börsenkurs lagen, ist zwar nicht in Zweifel zu ziehen. Demzufolge deutet in der Tat einiges darauf hin, dass die Ertragswertmethode in manchen Fällen den Wert einer Beteiligung zu Lasten der abzufindenden Aktionäre zu niedrig wiedergibt. Dies stellt für die außenstehenden Aktionäre nach der neuen bundesverfassungsgerichtlichen Rechtsprechung jedoch keinen Nachteil dar, weil sie grundsätzlich den Börsenkurs als Abfindung erhalten, wenn dieser den „wahren" Wert der Beteiligung überschreitet. Bei dieser vom Bundesverfassungsgericht im *„DAT/Altana"*-Beschluss vorgegebenen Vorgehensweise bleibt die Abfindung gerade nicht hinter dem Börsenkurs zurück, da den außenstehenden Aktionären in jedem Fall eine Abfindung in Höhe des Börsenkurses zu gewähren ist. Die Ergebnisse der empirischen Untersuchungen gaben allenfalls solange Anlass zur Besorgnis, wie der Börsenkurs als Faktor für die Festlegung der Höhe der Abfindung gänzlich außer Acht gelassen wurde. Bei einer Heranziehung des Börsenkurses als Untergrenze der Abfindung und damit als zusätzlichen Bemessungsfaktor neben dem „wahren" Wert stehen die außenstehenden Aktionäre nicht schlechter als bei einer alleinigen Maßgeblichkeit des Börsenkurses. Die Berücksichtigung des „wahren" Werts stellt für sie sogar einen Vorteil dar, denn im Falle eines den „wahren" Wert unterschreitenden Börsenkurses erhielten sie den höheren Ertragswert. Während dessen würde sich die Höhe der Abfindung bei einer Außerachtlassung des „wahren" Werts ausschließlich nach dem niedrigeren Börsenkurs richten.[90] Dies erscheint aus dem Grunde einer möglichen Unterbewertung eines Unternehmens am Markt als nicht sachgerecht. So kann es beispielsweise sein, dass dem Markt Informationen nicht bekannt sind, die den Wert des Unternehmens und damit auch den der Beteiligung erhöhen. Eine Verweisung auf den niedrigen Börsenkurs ließe außer Acht, dass die außenstehenden Aktionäre den den Börsenkurs übersteigenden „wahren" Wert ohne die die Abfindung auslösende Maßnahme hätten verwirklichen können, indem sie ihre Aktien nicht über die Börse veräußert, sondern weiter behalten hätten. Dann wäre ihnen der höhere „wahre" Wert zugute gekommen. Aus diesem Grunde ist es gerechtfertigt, dass die außenstehenden Minderheitsaktionäre nach der Höhe des „wahren" Werts abzufinden sind, selbst wenn der Börsenkurs diesen Wert unterschreitet.

Insbesondere für das Rechtsinstitut des Squeeze-out-Verfahrens verbietet sich ein alleiniges Abstellen auf den Börsenkurs, wie es von *Ullrich* gefordert wird. Die Regelung des § 327b Abs. 1 Satz 1 AktG bestimmt, dass die vom Hauptaktionär festzulegende Barabfindung die Verhältnisse der Gesellschaft im Zeitpunkt der Beschlussfassung ihrer Hauptversammlung berücksichtigen muss. Mit dieser Formulierung knüpft der Gesetzgeber an den Wortlaut der Abfindungsregelungen der §§ 320b Abs. 1 Satz 5, 305 Abs. 3 Satz 2, 304 Abs. 1 Satz 3 AktG an, die Gegenstand

[90] Diesen Fall dürfte *Ullrich* wohl ohnehin für sehr unwahrscheinlich halten, da er aufgrund der empirischen Erfahrungswerte ja davon ausgeht, dass die nach der Ertragswertmethode errechnete Abfindung nahezu immer unter dem Börsenkurs liegt.

der „*DAT/Altana*"-Entscheidung des Bundesverfassungsgerichts waren.[91] In Kenntnis der vom Bundesverfassungsgericht getroffenen Feststellungen zur Einbeziehung des Börsenkurses als Untergrenze der Abfindung hat der Gesetzgeber den Wortlaut der Squeeze-out-Bestimmungen an die beurteilten Abfindungsvorschriften angepasst. Dies deutet darauf hin, dass nach dem gesetzgeberischen Willen die vom Bundesverfassungsgericht festgelegten Maßstäbe auch für den Squeeze-out Geltung beanspruchen sollen. Andernfalls hätte der Gesetzgeber bereits im Wortlaut der Ausschlussregelungen zum Ausdruck bringen müssen, dass bei der Bemessung der Barabfindung allein der Börsenkurs von Bedeutung sein soll. Dies lag umso näher, als der Gesetzgeber bei dem zusammen mit den Squeeze-out-Vorschriften eingeführten § 31 Abs. 1 Satz 2 WpÜG vorgeschrieben hat, dass der Bieter bei der Bestimmung der angemessenen Gegenleistung grundsätzlich den durchschnittlichen Börsenkurs der Aktien der Zielgesellschaft zu berücksichtigen hat.

Dass der Börsenkurs auch im Rahmen des Squeeze-out-Verfahrens keine alleinige Maßgeblichkeit besitzt, zeigt sich zudem in den Bestimmungen der §§ 327b Abs. 1 Satz 2, 327c Abs. 3 Nr. 2 AktG. Gemäß der erstgenannten Vorschrift ist der Vorstand verpflichtet, dem Hauptaktionär die Unterlagen zur Verfügung zu stellen und die Auskünfte zu erteilen, die dieser benötigt, um die Abfindung entsprechend der Vorgabe des § 327b Abs. 1 Satz 1 2. Hs. AktG festzulegen.[92] Mit diesen „notwendigen Unterlagen" meint der Gesetzgeber Unterlagen des Rechnungs- und Kostenwesens, Übersichten zum betriebsnotwendigen und sonstigen Vermögen, Planungsrechnungen, etc.[93] Dabei handelt es sich um diejenigen Materialien, mit denen der „wahre" Wert anhand der Ertragswertmethode errechnet wird. Die Ermittlung des „wahren" Werts erfordert eine vergangenheitsbezogene Betrachtung, in die die Gewinn- und Verlustrechnung, Kapitalflussrechnungen, Bilanzen und interne Ergebnisrechnungen einfließen. Diese Daten sind dem Hauptaktionär regelmäßig nicht zugänglich, so dass er auf die Aushändigung durch den Vorstand angewiesen ist, um überhaupt den Ertragswert des Unternehmens ermitteln zu können.[94] Deshalb verpflichtet die Regelung des § 327b Abs. 1 Satz 2 AktG den Vorstand, die „notwendigen Unterlagen" zur Verfügung zu stellen. Wäre der Gesetzgeber davon ausgegangen, dass für die Festlegung der Abfindungshöhe durch den Hauptaktionär allein der Börsenkurs maßgeblich sein soll, hätte er diese Verpflichtung des Vorstands nicht vorsehen müssen. Börsenkurse sind der Öffentlichkeit und damit auch dem Hauptaktionär ohne Aufwand frei zugänglich. Der Hauptaktionär wäre demzufolge erst gar nicht auf die Bereitstellung der Unterlagen durch die Gesellschaft angewiesen, um die Abfindung ordnungsgemäß festlegen zu können. Untermauert wird diese Auslegung durch § 327c Abs. 3 Nr. 2 AktG. Danach müssen von der Einberufung der Hauptversammlung an in den Geschäftsräumen der Gesellschaft die Jahresab-

---

[91] Die Regelung des § 305 Abs. 3 Satz 2 AktG, wonach die angemessene Barabfindung die Vermögens- und Ertragslage der Gesellschaft zu berücksichtigen hat, wurde sogar extra eingefügt, um eine alleinige Bestimmung der Abfindung nach dem Börsenkurs zu verhindern. Vgl. *Kropff*, BegrRegE, S. 399.

[92] Vgl. *Scheel*, in: Blättchen/Wegen, S. 205, 235 f., der auf die Gefahren hinweist, die aufgrund des Informationsgewinns des Hauptaktionärs bestehen, wenn dieser nach Einsicht der Unterlagen von dem Ausschlussvorhaben ablässt.

[93] *Hüffer*, AktG, § 327b Rn. 7.

[94] Nach Ansicht von *Wendt*, DB 2003, 191, 192 li. Sp./re. Sp., liefern die ebenfalls als Informationsgrundlage dienenden Jahresabschlüsse lediglich Informationen allgemeiner Art, ohne dass sie einen Informationsinhalt für Bewertungsfragen enthielten.

schlüsse und Lageberichte für die letzten drei Geschäftsjahre zur Einsicht der Aktionäre ausgelegt werden.[95] Sinn und Zweck der Auslegung dieser Unterlagen ist es, insbesondere wenn man die in den Nr. 3 und 4 der Regelung angeordnete Pflicht zur Auslegung des vom Hauptaktionär erstatteten Berichts sowie des Prüfungsberichts berücksichtigt, den Minderheitsaktionären vor der Beschlussfassung der Hauptversammlung über die Übertragung der Anteile zu ermöglichen, sich ein eigenes Bild über die Angemessenheit der ihnen angebotenen Abfindung zu machen.[96] Die Einsicht in Jahresabschlüsse und Lageberichte für die letzten drei Geschäftsjahre würde für die Beurteilung dann nicht von Nutzen sein, wenn für die Angemessenheit der Abfindung ohnehin allein auf den Börsenkurs abzustellen wäre. Dann hätte es ausgereicht, den Minderheitsaktionären die maßgeblichen Börsenkurse mitzuteilen. Der Einsicht in die vergangenen Jahresabschlüsse und Lageberichte bedarf es allein in Bezug auf die Überprüfung des „wahren" Werts, bei dem diese vergangenen Daten Bedeutung besitzen. Mithin ergibt die Auslegung der Squeeze-out-Vorschriften, dass der Gesetzgeber von der Heranziehung des „wahren" Werts als einen der Faktoren für die Bestimmung der Abfindung und gerade nicht von der alleinigen Maßgeblichkeit des Börsenkurses ausgegangen ist.

Zu einer anderen Beurteilung gibt auch der von *Ullrich* geäußerte Hinweis auf die Regelungen der §§ 327b Abs. 1 Satz 3, 327f Abs. 3 AktG-RefE keine Veranlassung. Nach diesen Vorschriften sollte der allein auf Grundlage von Börsenkursen gebildete Angebotspreis unter bestimmten Voraussetzungen als angemessene Abfindung gelten, ohne dass die Möglichkeit einer gerichtlichen Prüfung vorgesehen war. Die Angemessenheit der Abfindung sollte unwiderlegbar vermutet werden. Kritische Stimmen richteten sich jedoch vehement gegen eine unwiderlegbare Vermutung. Eine Abfindung könne nicht allein deshalb als angemessen gelten, weil ein ihr entsprechendes vorheriges Angebot von einer bestimmten Zahl von Aktionären angenommen worden ist. Selbst dann, wenn ein Großteil der Marktteilnehmer ein Angebot als dem Wert ihrer Beteiligung entsprechend beurteilen und es aus diesem Grunde annehmen, müsse eine gerichtliche Überprüfung der Angemessenheit der später in gleicher Höhe gewährten Abfindung ermöglicht werden. Denn trotz der hohen Akzeptanz eines Angebots gebe es keine automatische Gewährleistung für die Angemessenheit. Aufgrund dieser vehementen Kritik sind die Vermutungsregelungen nicht Gesetz geworden. Dies spricht dafür, dass dem Börsenkurs als Bewertungsfaktor für die Höhe der Abfindung keine alleinige Maßgeblichkeit zukommen soll, weil nicht feststeht, dass der Börsenkurs die „volle" Entschädigung darstellt. Zu diesem Ergebnis wäre man auch dann gelangt, wenn die von *Ullrich* herangezogenen Vorschriften Gesetz geworden wären. Der Anwendungsbereich der ursprünglich vorgesehenen Vermutungsregelungen der §§ 327b Abs. 1 Satz 3, 327f Abs. 3 AktG-RefE sollte sich

[95] Vgl. zur Frage, ob die Unterlagen nur auszulegen sind, soweit sie nach anderen gesetzlichen Vorschriften oder nach der Satzung der Gesellschaft erstellt werden mussten *Beier/Bungert*, BB 2002, 2627, 2628 li. Sp. a.E.; *Habersack*, in: Emmerich/Habersack, § 327c Rn. 14; *Hasselbach*, in: Kölner Komm, WpÜG, § 327c AktG Rn. 30; *Vossius*, ZIP 2002, 511, 512 re. Sp.; *Wartenberg*, AG 2004, 539, 541 li. Sp.; *Wendt*, DB 2003, 191, 193 re. Sp. (nur die bereits festgestellten Jahresabschlüsse sind auszulegen); a.A.: LG Hamburg AG 2003, 109 li. Sp. Vgl. auch OLG Stuttgart, AG 2004, 105, 108 li. Sp.; OLG Hamburg AG 2003, 441, 442 re. Sp. „Philips/PKV".

[96] Vgl. zur Frage der Notwendigkeit der Auslegung eines etwaigen Konzernabschlusses OLG Celle AG 2004, 206, 207 li. Sp. *„AlliedSignal Chemical Holding AG"* (Auslegung erforderlich); a.A.: *Fuhrmann*, Der Konzern 2004, 1, 3 li. Sp.

auf solche Fälle beschränken, in denen die 95 %ige Kapitalmehrheit vom Hauptaktionär durch ein Angebot im Sinne des WpÜG erworben wurde. Erst durch die Anknüpfung an das Angebot nach dem WpÜG erlangte der Börsenkurs für das Aktiengesetz Bedeutung, da dieser innerhalb des WpÜG für die Ermittlung der angemessenen Gegenleistung maßgeblich ist. Insofern enthielten die Regelungen der §§ 327b Abs. 1 Satz 3, 327f Abs. 3 AktG-RefE einen kapitalmarktrechtlichen Einschlag, dem keine Bedeutung für das Aktiengesetz im Übrigen beizumessen gewesen wäre. Ein neuer, für das ganze Aktiengesetz geltender Bewertungsgrundsatz hätte sich aus den Bestimmungen nicht ergeben. Denn die alleinige Maßgeblichkeit des durch Börsenkurse gebildeten Angebotspreises hätte noch nicht einmal für alle Fälle des Ausschlusses gegolten, sondern nur insoweit, als ein Hauptaktionär durch ein Angebot nach dem WpÜG die 95 %ige Kapitalmehrheit erlangt hat.

Ebenso wenig lässt sich die alleinige Heranziehung des Börsenkurses zur Berechnung von Abfindungen mit den Regelungen des WpÜG begründen. Das WpÜG[97] stellt eine Materie des Kapitalmarktrechts dar,[98] das sich dadurch auszeichnet, dass dem Markt und seinen Beurteilungen besondere Bedeutung zugemessen und daher in der Bestimmung zur Bemessung der Gegenleistung dem Marktpreis alleinige Maßgeblichkeit zugestanden wird. Diesen Maßgaben liegt eine Konstellation zugrunde, die sich mit der bei dem Abfindungstatbestand des § 327a Abs. 1 Satz 1 AktG gegebenen Situation nicht vergleichen lässt. Bei dem Ausschlussverfahren nach den §§ 327a ff. AktG besteht eine Art „Kontrahierungszwang".[99] Die Minderheitsaktionäre verlieren mit der Eintragung des Übertragungsbeschlusses im Handelsregister ihre Beteiligung selbst dann, wenn sie die angebotene Barabfindung als nicht angemessen betrachten, da es einer Annahmeerklärung nicht bedarf. Sie können den Übergang ihrer Aktien auf den Hauptaktionär nicht mit der Begründung verhindern, die Barabfindung entspreche nicht dem Wert ihrer Beteiligung. Demgegenüber wird bei dem Angebotssachverhalt nach dem WpÜG den Aktionären ein Angebot übermittelt, über dessen Annahme diese frei entscheiden können. Da es den Aktionären mithin freisteht, das Angebot abzulehnen, ist es nicht weiter schädlich, wenn die angebotene Gegenleistung nicht dem „wahren" Wert der Beteiligung entspricht. Erachten die Aktionäre den Angebotspreis als nicht angemessen, so können sie den Verlust ihrer Beteiligung verhindern, indem sie das ihnen unterbreitete Angebot nicht annehmen. Durch die Möglichkeit der Ablehnung des Angebots wird ihnen ausreichend Schutz gewährt. Die geringere Schutzbedürftigkeit der außenstehenden Aktionäre im Falle des Angebotssachverhalts nach dem WpÜG ist mithin der Grund dafür, dass der Gesetzgeber im Hinblick auf die Festlegung des Angebotspreises nach dem WpÜG darauf verzichten konnte, auch den „wahren" Wert des Aktieneigentums als Bewertungsmaßstab festzuschreiben. Zudem lässt *Ullrich* unberücksichtigt, dass auch die Regelungen des WpÜG nicht gänzlich auf

---

[97] Daneben gibt es vier ergänzende Verordnungen des Bundesfinanzministeriums, die Regelungen zur organisatorischen Umsetzung und praktischen Anwendung enthalten. Vgl. WpÜG-BeiratsVO (BGBl. 2001 I S. 4259), WpÜG-WiderspruchsausschussVO (BGBl. 2001 I S. 4261), WpÜG-AngebotsVO (BGBl. 2001 I S. 4263), WpÜG-GebührenVO (BGBl. 2001 I S. 4267).

[98] *Schüppen*, WPg 2001, 958, 961 li. Sp.

[99] Es geht sogar noch über den Kontrahierungszwang hinaus, da für die Übertragung der Anteile noch nicht einmal der Zwang zur Annahme des Angebots des Hauptaktionärs vorgesehen ist, die Minderheitsaktionäre rechtsgeschäftlich vielmehr überhaupt nicht tätig werden.

den „wahren“ Wert als Bewertungsfaktor verzichten.[100] Zwar ist vorrangig auf den Börsenkurs zur Bestimmung der Höhe der Gegenleistung abzustellen. Ist dies aber aus Liquiditätsgründen nicht möglich, so sieht § 5 Abs. 4 WpÜG-AngebotsVO eine Festlegung auf Grundlage einer Unternehmensbewertung vor.[101]

3. Ergebnis

Demzufolge bleibt festzuhalten, dass der Börsenkurs für die Ermittlung der Abfindung keine alleinige Maßgeblichkeit besitzt.[102] Auf ihn ist (lediglich) dann abzustellen, wenn ein Vergleich mit dem „wahren“ Wert ergibt,[103] dass der Börsenkurs den „wahren“ Wert überschreitet.[104] Andernfalls hat sich die Entschädigung nach der Höhe des Ertragswertes zu richten,[105] da der „wahre“ Wert gerade nicht für obsolet erklärt wurde.[106] Der Börsenkurs bildet bloß die Untergrenze der Abfindung.[107]

§ 20 Die Ermittlung des Börsenkurses

I. Möglichkeiten der Festsetzung nach dem Wortlaut des § 327b Abs. 1 Satz 1 Hs. 2 AktG

Aufgrund des Umstands, dass bei der Ermittlung der den ausgeschlossenen Minderheitsaktionären zu gewährenden Abfindung nicht nur der „wahre“ Wert der gesellschaftlichen Beteiligung zu bestimmen ist, sondern darüber hinaus der Börsenkurs

---

[100] *Schüppen*, WPg 2001, 958, 969 li. Sp.

[101] Vgl. auch die Ausführungen bei *Erwe*, in: Beck'sches Handbuch der AG, § 25 Rn. 157; *Thoma*, NZG 2002, 105, 108 re. Sp.; *Tröger*, DZWIR 2002, 397, 399 re. Sp., insbesondere Fn. 134.

[102] *Bilda*, NZG 2000, 296, 298 li. Sp.; *Eisolt*, DStR 2002, 1145, 1150 re. Sp.; *Hüffer/Schmidt-Aßmann/Weber*, S. 48. S. auch die Stellungnahme der *Group of German Experts on Corporate Law*, ZIP 2002, 1310, 1312 li. Sp., nach deren Ansicht der Börsenkurs zwar „als Mindestmaß gerechter Entschädigung dienen [kann], nicht aber als Höchst- oder Normalmaß“.

[103] So auch im Anschluss an die *„DAT/Altana“*-Entscheidung IDW S 1, WPg 2000, 825, 828 li. Sp.

[104] OLG Stuttgart AG 2000, 428, 429 li. Sp. *„Schwaben Zell/Hannover Papier“*; i.E. auch *Schwichtenberg*, S. 331. Die Berichts- und Prüfungspflichten des § 327c Abs. 2 Satz 1 und 2, Abs. 3 Nr. 3 und 4 AktG sind an die vom Bundesverfassungsgericht vorgeschriebene Methode zur Ermittlung der Abfindung anzupassen. Das bedeutet, dass im Falle eines Abstellens auf den „wahren“ Wert Angaben zur Unternehmensbewertung zu erfolgen haben und darzulegen ist, dass der Börsenkurs nicht höher ist als der „wahre“ Wert. Bestimmt sich die angebotene Abfindung hingegen nach dem Börsenkurs, so muss dargelegt werden, dass der „wahre“ Wert nicht unterschritten wird. Vgl. *Hüffer*, AktG, § 327c Rn. 3.

[105] Gerade bei Gesellschaften, deren Aktien sich nur zu einem geringen Anteil in Streubesitz befinden, ist nicht ausgeschlossen, dass der Wert des Unternehmens durch den Aktienkurs unterschätzt wird. Vgl. dazu *Helmis*, ZBB 2003, 161, 164 Fn. 26; *Helmis/Kemper*, DBW 62 (2002), 512, 523 li. Sp./re. Sp. *Hüffer*, FS Hadding, 2004, S. 461, 468/469, weist darauf hin, dass „Börsenkurs mehr oder minder deutlich unter dem pro Aktie umgerechneten Ertragswert des Unternehmens liegen kann, was sich insbesondere bei „soliden“, aber als „phantasielos“ beurteillten Gesellschaften demonstrieren ließe“.

[106] OLG Stuttgart DB 2004, 60, 62 re. Sp.; *Großfeld*, BB 2000, 261, 266 re. Sp. a.E.; *Grzimek*, in: Geibel/Süßmann, WpÜG, Art. 7, § 327b AktG Rn. 30; *Kiesewetter*, ZIP 2003, 1638, 1639 re. Sp.; *Vetter*, EWiR 2000, 595, 596 a.E.; *Wilken*, ZIP 1999, 1443 re. Sp.

[107] So auch *Komp*, S. 376 a.E. Vgl. auch *Schwichtenberg*, S. 259, 261, 331/332, der die Billigung der Ertragswertmethode begrüßt und zudem befürwortet, dass das Bundesverfassungsgericht den Börsenkurs zwar als Untergrenze der Abfindung statuiert, ihn jedoch nicht als für die Höhe der Abfindung allein maßgeblich erklärt hat.

als Untergrenze Beachtung finden muss, schließt sich die Frage an, welcher Börsenkurs maßgeblich ist. Da das Gesetz selbst weder in den §§ 327a ff. AktG noch in den Abfindungsregelungen anderer Rechtsinstitute diesbezügliche Vorgaben enthält, ist im Folgenden zu erörtern, ob bei der Festlegung der Barabfindung auf den Börsenkurs eines bestimmten Stichtags oder aber auf den Durchschnittskurs einer bestimmten Referenzperiode abzustellen ist.

Den Ausgangspunkt der Überlegungen bildet der Wortlaut des § 327b Abs. 1 Satz 1 2. Hs. AktG, wonach die vom Hauptaktionär zu zahlende Abfindung die Verhältnisse der Gesellschaft im Zeitpunkt der Beschlussfassung ihrer Hauptversammlung über die Übertragung der Anteile der Minderheitsaktionäre berücksichtigen muss. Da der Zeitpunkt der Fassung des Übertragungsbeschlusses ein konkreter Tag ist, nämlich der Tag, an dem die Hauptversammlung stattfindet und dort ein positiver Beschluss ergeht, deutet einiges darauf hin, dass bei der Festlegung der Abfindung auf den Börsenkurs am Tage der beschlussfassenden Hauptversammlung abzustellen ist. Diese Auslegung entspricht dem zu den §§ 305 Abs. 3 Satz 2, 320b Abs. 1 Satz 5 AktG entwickelten so genannten Stichtagsprinzip.[108] Danach ist bei der Ermittlung des Unternehmenswerts auf den Tag der Beschlussfassung der Hauptversammlung über die den Anlass der Abfindung bildende Maßnahme abzustellen. Allerdings ließe ein solches Verständnis der Regelungen unberücksichtigt, dass sich der Wortlaut des § 327b Abs. 1 Satz 1 2. Hs. AktG ebenso wenig wie der der ihm entsprechenden §§ 305 Abs. 3 Satz 2, 320b Abs. 1 Satz 5 AktG in dem Hinweis auf die Verhältnisse der Gesellschaft im Zeitpunkt der Beschlussfassung der Hauptversammlung erschöpft. Vielmehr sieht die Regelung des Weiteren vor, dass diese Verhältnisse zu „berücksichtigen" sind. Dies relativiert die vorherigen Erwägungen, denn dass die Vorschrift lediglich eine Berücksichtigung vorschreibt, verdeutlicht, dass die Verhältnisse am Tag der zum Zwecke der Fassung des Übertragungsbeschlusses stattfindenden Hauptversammlung zwar als ein Aspekt in die Ermittlung der Barabfindung einzufließen haben, ihnen jedoch keine alleinige Maßgeblichkeit zukommt.[109] Der Gesetzeswortlaut enthält demzufolge keine Vorgabe, nach der ausschließlich der Börsenkurs am Tag der Beschlussfassung über die Übertragung der Anteile heranzuziehen wäre.

Dies wird durch den *„DAT/Altana"*-Beschluss des Bundesverfassungsgerichts bestätigt. In der Entscheidung wurde festgestellt, dass nach den für Unternehmensverträge und Eingliederungen geltenden Abfindungsregelungen der §§ 305 Abs. 3 Satz 2, 320b Abs. 1 Satz 5 AktG bei der Festlegung der angemessenen Abfindung zwar die Verhältnisse der Gesellschaft im Zeitpunkt der Beschlussfassung ihrer Hauptversammlung zu berücksichtigen seien. Allerdings schreibe die Verfassung nicht vor, dass die im Berücksichtigungszeitpunkt gegebenen gesellschaftlichen Verhältnisse nur den Tageskurs erfassen. Zu den Verhältnissen der Gesellschaft gehöre vielmehr auch ein auf den genannten Stichtag bezogener Durchschnittskurs.[110] Als Begründung weist das Gericht vor allem auf die auf beiden Seiten des Abfindungsverhältnisses bestehende Gefahr von Kursmanipulationen hin. Wäre allein der am Tag der

---

[108] BGHZ 138, 136, 139; OLG Celle AG 1999, 128, 129 re. Sp. *„Wolters AG/Gilde AG"*; *Bilda*, in: MünchKommAktG, § 305 Rn. 67; *Emmerich*, in: Emmerich/Habersack, § 305 Rn. 56; *Hüffer*, AktG, § 305 Rn. 23; *Koppensteiner*, in: Kölner Komm, AktG, § 305 Rn. 59.
[109] *Götz*, DB 1996, 259, 260 Fn. 8 (bereits vor der *„DAT/Altana"*-Entscheidung des Bundesverfassungsgerichts); *Wilm*, NZG 2000, 1070, 1071 li. Sp.
[110] BVerfG NJW 1999, 3769, 3772 li. Sp. *„DAT/Altana"*.

beschlussfassenden Hauptversammlung gegebene Börsenkurs maßgeblich, bestünde einerseits stets die Gefahr, dass Marktteilnehmer die für die Einberufung der Hauptversammlung einzuhaltende Frist des § 123 Abs. 1 AktG von mindestens 30 Tagen dazu missbrauchen, den Börsenkurs zu Lasten des Mehrheitsaktionärs bis zum Stichtag in die Höhe zu treiben. Andererseits könne der Mehrheitsaktionär versucht sein, den Kurs im Hinblick auf den Tag der Beschlussfassung zu drücken. Diesen Gefahren durch die Wahl eines entsprechenden Referenzkurses vorzubeugen, sei Aufgabe der Zivilgerichte. Diese könnten beispielsweise auf einen im Vorfeld der Bekanntgabe des Unternehmensvertrags gegebenen Durchschnittskurs abstellen. Diese Feststellungen des Bundesverfassungsgerichts zur Handhabung des Börsenkurses als einer der Bemessungsfaktoren für die Barabfindung sind auf die Regelung des § 327b Abs. 1 Satz 1 2. Hs. AktG zu übertragen,[111] wenn man wie hier die Ansicht vertritt, dass die wesentliche Feststellung des Bundesverfassungsgerichts, dass der Börsenkurs als Untergrenze der Abfindung Berücksichtigung zu finden hat, auch für den Squeeze-out gilt.

II. Entscheidungen der Zivilgerichte zur Maßgeblichkeit eines Stichtags- oder Durchschnittskurses

1. Uneinigkeit der obergerichtlichen Rechtsprechung

Von dem den Zivilgerichten eingeräumten Wahlrecht, in Bezug auf den im Rahmen der Festlegung der Abfindung zu ermittelnden Börsenkurs entweder auf den Börsentag am Tag des Hauptversammlungsbeschlusses oder aber auf einen auf diesen Stichtag lediglich bezogenen Durchschnittskurs abzustellen, machte nach der Entscheidung des Bundesverfassungsgerichts im Falle *„DAT/Altana"* als erstes Gericht das OLG Stuttgart Gebrauch. Es erklärte zur Ermittlung des der Abfindung zugrunde zu legenden Börsenkurses den Durchschnittskurs aus einer bis zur Bekanntgabe des Gewinnabführungs- und Beherrschungsvertrags dauernden Referenzperiode für maßgeblich.[112] Damit bestätigte das OLG Stuttgart letztlich im Ergebnis die bereits zwei Jahre vor dem *„DAT/Altana"*-Beschluss des Bundesverfassungsgerichts ergangene *„März/EKU"*-Entscheidung des Bayerischen Obersten Landesgerichts. Im Rahmen dieser Entscheidung hatte das Bayerische Oberste Landesgericht festgestellt, dass aufgrund der starken Schwankungen, den Börsenkurse unterworfen seien, es nicht auf den Börsenkurs eines bestimmten Stichtags ankommen dürfe. Vielmehr müsse bei der Ermittlung der Abfindung die Entwicklung des Aktienkurses angefangen bei einem in der Vergangenheit liegenden Zeitpunkt bis zum Stichtag einbezogen werden.[113] In diesen Ausführungen deutete sich bereits die später auch vom OLG Stuttgart angenommene Maßgeblichkeit eines über eine bestimmte Referenzperiode betrachteten Durchschnittskurses an. Die Entscheidung des OLG Stuttgart

[111] *Beckmann*, WPg 2004, 620, 623 li. Sp.
[112] OLG Stuttgart NZG 2000, 744, 745 li. Sp. *„Schwaben Zell/Hannover Papier"*. Allerdings legte das Gericht im Ergebnis die Abfindung nicht anhand des so ermittelten Börsenkurses fest, da dieser unterhalb des ebenfalls bestimmten Ertragswerts lag.
[113] BayObLG NZG 1998, 946, 949 li. Sp. a.B. *„März/EKU"*.

stieß nicht nur bei anderen Gerichten[114] auf Zustimmung, sondern erhielt auch ein überwiegend positives Echo aus dem rechtswissenschaftlichen Schrifttum.[115]

Gegenwind erhielt das Gericht jedoch von Seiten des OLG Düsseldorf. In seiner *„DAT/Altana III“*-Entscheidung vertrat das OLG Düsseldorf den Standpunkt, bei der Ermittlung des Börsenkurses sei allein auf den Tag der Hauptversammlung, an dem der Abschluss des Unternehmensvertrags beschlossen wird, abzustellen.[116] Maßgeblich sei demnach ein Stichtagskurs.[117] Zur Begründung verwies das Gericht zum einen auf den *„DAT/Altana“*-Beschluss des Bundesverfassungsgerichts, wonach ein Minderheitsaktionär als Ausgleich für sein zwangsweises Ausscheiden aus einer Gesellschaft nicht weniger erhalten dürfe, als er im Falle einer freien Deinvestitionsentscheidung hätte erlangen können. Unterstelle man eine Deinvestition, so kann der Aktionär nach Ansicht des OLG Düsseldorf lediglich den Börsenkurs eines bestimmten Stichtags verwirklichen. Es sei ihm hingegen nicht möglich, bei der Veräußerung seiner Beteiligung einen Durchschnittskurs zu erzielen. Daher entspreche der Durchschnittskurs nicht dem Verkehrswert der Aktie mit der Folge, dass ihm bei der Ermittlung der Abfindung keine Relevanz zukommen könne. Der Verkehrswert einer Aktie könne nur durch den für außenstehende Aktionäre erzielbaren Börsenkurs eines bestimmten Stichtags wiedergegeben werden. Des Weiteren führte das OLG Düsseldorf als Begründung an, dass Bewertungen regelmäßig auf der Grundlage eines bestimmten Stichtags erfolgten und kein Grund dafür ersichtlich sei, weshalb bei der Festlegung von aktienrechtlichen Abfindungsansprüchen als Ausnahme von dieser Regel auf einen Durchschnittskurs abzustellen sein sollte.[118] Letzterer könne bei der Ermittlung einer Abfindung allenfalls dann Bedeutung erlangen, wenn der Börsenkurs am Stichtag, also am Tag der Beschlussfassung der Hauptversammlung missbräuchlich beeinflusst wurde.[119] Diese Überlegungen des OLG Düsseldorf fanden auf Seiten des rechtswissenschaftlichen Schrifttums insbesondere in *Hüttemann* einen Befürworter. *Hüttemann* stimmte mit dem OLG Düsseldorf in der Feststellung überein, dass der einzelne Aktionär außerstande sei, einen Durchschnittskurs zu realisieren, da Aktien zu Tageskursen, nicht jedoch zu Durchschnittskursen gehandelt würden.[120] Zwar sprächen Praktikabilitätserwägungen, wie beispielsweise die leichtere Vorhersehbarkeit der Abfindungshöhe für die am Abfindungsverhältnis beteiligten Personen für ein Abstellen auf einen Durchschnittskurs. Denn während bei

---

[114] Vgl. LG München I ZIP 2000, 1055, 1056 re. Sp. *„Hypo-Vereinsbank“*.

[115] *Bungert/Eckert*, BB 2000, 1845, 1848 li. Sp.; *Vetter*, EWiR 2000, 595 a.E. Die Ermittlung des Börsenkurses anhand eines Referenzzeitraums forderten schon vorher *Behnke*, NZG 1999, 934 li. Sp.; *Luttermann*, JZ 1999, 945, 946 re. Sp.; *Wilken*, ZIP 1999, 1443, 1444 li. Sp.

[116] OLG Düsseldorf NZG 2000, 1075 re. Sp. *„DAT/Altana III“*.

[117] So auch *Piltz*, ZGR 2001, 185, 200.

[118] Vgl. auch *Bilda*, NZG 2000, 296, 299 re. Sp., der Vorsitzender Richter des entscheidenden Senats am OLG Düsseldorf war. Dieser weist im Rahmen seiner Überlegung, dass die Abfindung mit Hilfe eines Vergleichs zwischen dem Börsenkurs und dem im Bewertungsgutachten bestimmten Unternehmenswert ermittelt werden müsse, darauf hin, dass für die Unternehmensbewertung auch das Stichtagsprinzip gelte, so dass beim Börsenkurs nichts anderes angebracht sei.

[119] OLG Düsseldorf, AG 2000, 422, 424 re. Sp. *„DAT/Altana III“*.

[120] *Hüttemann*, ZGR 2001, 454, 462. Vgl. beispielsweise auch *W. Müller*, EWiR 2000, 751, 752, nach dessen Ansicht grundsätzlich mit dem OLG Düsseldorf auf den Stichtagskurs abzustellen ist. Allerdings seien zur Feststellung und Korrektur etwaiger Manipulationen gegebenenfalls zeitnahe Kurse heranzuziehen. S. auch *Bilda*, NZG 2000, 296, 299 li. Sp. *Hüffer*, FS Hadding, 2004, S. 461, 472 a.E., weist darauf hin, dass nur von einem „marktnahen Schätzwert der Aktie“ gesprochen werden könne, da der Durchschnittskurs tatsächlich nicht als Marktbewertung gebildet worden sei.

der Heranziehung eines Durchschnittskurses sowohl der Abfindungsverpflichtete als auch die Abfindungsberechtigten die Entwicklung des Börsenkurses über einen längeren Zeitraum betrachten könnten, sei im Falle des Abstellens auf einen Stichtagskurs die Höhe der Abfindung im Vorfeld nicht einzuschätzen, da regelmäßig nicht absehbar sei, an welchem Tag die Hauptversammlung über die die Abfindung auslösende Maßnahme abstimmen wird. Diese Gesichtspunkte seien jedoch nicht imstande, die schweren Benachteiligungen zu rechtfertigen, die ein Abstellen auf einen vor der Bekanntgabe der geplanten Maßnahme gegebenen Durchschnittskurs und eine Ausklammerung der Kurswerte nach der Bekanntgabe zur Folge hätten. Eine Partei des Abfindungsverhältnisses werde durch die Außerachtlassung nachträglicher Kursentwicklungen belastet, wenn selbst solche Veränderungen keine Berücksichtigung fänden, die nicht auf Kursmanipulationen, sondern auf der normalen Volatilität beruhen.[121] Um derartige Benachteiligungen zu verhindern, dürfe nicht auf einen Durchschnittskurs abgestellt werden, sondern es sei der Börsenkurs am Bewertungsstichtag heranzuziehen. Eine diesbezügliche Einschränkung sei nur dann vorzunehmen, wenn erhebliche Kursveränderungen im Zeitraum zwischen der Bekanntgabe der geplanten Maßnahme und dem Bewertungsstichtag aufträten.[122] In diesem Fall sei zu prüfen, ob die Kursveränderungen aus Manipulationen von Seiten der am Abfindungsverhältnis beteiligten Personen herrühren. Sollte sich der Missbrauchsverdacht durch eine vergleichende Betrachtung der Kursentwicklung bei Unternehmen der gleichen Branche bestätigen, so ist nach Ansicht von *Hüttemann* anstatt auf den Stichtagskurs auf einen Durchschnittskurs abzustellen.[123]

2. Klärung durch den *„DAT/Altana"*-Beschluss des Bundesgerichtshofs

Den Ausführungen des OLG Stuttgart und des OLG Düsseldorf ist gemein, dass beide Gerichte mit dem Abstellen auf einen bestimmten Börsenkurs den Gefahren missbräuchlicher Manipulationen begegnen wollen. Allerdings haben sie zur Lösung der Manipulationsproblematik unterschiedliche Missbrauchskonzepte entwickelt. Während für das OLG Stuttgart bereits die abstrakte Gefahr etwaiger Kursmanipulationen ausreicht, um einen im Vorfeld der Bekanntgabe der abfindungsbegründenden Maßnahme gebildeten Durchschnittskurs als maßgeblich anzusehen, möchte das OLG Düsseldorf den Durchschnittskurs nur hilfsweise heranziehen. Nur für den Fall, dass eine Manipulation des Stichtagskurses konkret nachgewiesen wird, soll der Durchschnittskurs demnach Bedeutung erlangen. Ansonsten sei der Kurs am Tage der Beschlussfassung der Hauptversammlung über die die Abfindung auslösende Maßnahme entscheidend. Aufgrund der zwischen den Ansichten der beiden Gerichte bestehenden Divergenzen war das OLG Düsseldorf nach § 28 Abs. 2 Satz 1 FGG i.V.m. §§ 99 Abs. 3 Satz 6, 306 Abs. 2 AktG a.F. verpflichtet, die Rechtsfrage dem Bundesgerichtshof zur Entscheidung vorzulegen. Dieser sprach sich in der Entscheidung vom 12. März 2001 in Bezug auf den für die Höhe der Abfindung zu ermit-

---

[121] Vgl. auch *Piltz*, ZGR 2001, 185, 200, der ebenfalls auf mögliche Benachteiligungen im Falle einer Heranziehung eines Durchschnittskurses hinweist.

[122] *Hüttemann*, ZGR 2001, 454, 463.

[123] *Hüttemann*, ZGR 2001, 454, 463/464. Nach *Piltz*, ZGR 2001, 185, 200, soll auf einen Durchschnittskurs selbst dann nicht abgestellt werden, wenn sich der Verdacht einer Manipulation des Börsenkurses am Stichtag bewahrheitet. Stattdessen sei der maßgebliche Kurs anhand der Börsenwerte branchengleicher Unternehmen zu bestimmen.

telnden Börsenkurs für einen auf den Stichtag im Sinne des § 305 Abs. 3 Satz 2 AktG bezogenen Durchschnittskurs aus.[124] Innerhalb der Begründung führte der Bundesgerichtshof an, dass die gesetzliche Regelung zwar die Berücksichtigung der Verhältnisse der Gesellschaft im Zeitpunkt der Beschlussfassung ihrer Hauptversammlung postuliere. Diesem Erfordernis werde jedoch bereits dadurch entsprochen, dass die Bildung des Durchschnittskurses bezogen auf den Stichtag erfolge.[125] Darüber hinaus griff das Gericht die bereits vom Bundesverfassungsgericht im Rahmen des *„DAT/Altana"*-Beschlusses berücksichtigte Manipulationsgefahr auf und betonte in diesem Zusammenhang die mit dem Abstellen auf einen Durchschnittskurs verbundene Zunahme an Rechtssicherheit. Durch die Heranziehung eines durchschnittlichen Referenzkurses würden Manipulationen mit einiger Wahrscheinlichkeit gänzlich ausgeschlossen, in jedem Fall aber erheblich erschwert.[126] Aufgrund dieser Erwägungen sah der Bundesgerichtshof es als erforderlich an, den über einen Referenzzeitraum gebildeten Durchschnittskurs für die Ermittlung der Abfindung als Untergrenze heranzuziehen.

3. Reaktionen des Schrifttums auf die Heranziehung eines Durchschnittskurses

Die vom Bundesgerichtshof befürwortete Heranziehung eines Referenzkurses als für die Abfindung maßgeblichen Börsenkurs hat nahezu einhellige Zustimmung gefunden.[127] So hat *Luttermann*[128] nochmals bestätigend geäußert, dass ein bestimmter Stichtagskurs als Maßstab für die Ermittlung der Abfindung ungeeignet sei. Unternehmenswerte und Marktpreise seien keine feststehenden Daten. Vielmehr stelle die Preisfindung einen fortlaufenden Prozess dar, der Schwankungen unterliege.[129] Dies müsse bei der Anknüpfung an den Börsenkurs als Marktpreis Berücksichtigung finden. Möglich sei dies aber nur, indem auf einen Durchschnittskurs abgestellt wird, da nur dieser, nicht aber ein konkreter Stichtag den Prozess der Preisbildung samt der dazugehörigen Volatilitäten reflektieren könne.[130]

4. Stellungnahme

a) Befürwortung des Durchschnittskurses

Die Heranziehung eines Durchschnittskurses anstelle eines Stichtagskurses für die Bemessung der Untergrenze der Abfindung verdient sowohl im Allgemeinen als auch speziell für das Rechtsinstitut des Squeeze-out-Verfahrens Zustimmung. Wie bereits ausgeführt wurde, ist nach dem Wortlaut der §§ 305 Abs. 3 Satz 2, 320b Abs. 1 Satz 5 AktG sowie der diesen entsprechenden Regelung des § 327b Abs. 1 Satz 1 2. Hs. AktG nicht zwingend auf den Schlusskurs am Tag der Hauptversammlung als Stichtag abzustellen. Nach dem Wortlaut der genannten Abfindungsregelungen ist eben-

---

[124] BGHZ 147, 108 *„DAT/Altana"*.
[125] BGH NJW 2001, 2080, 2082 li. Sp. *„DAT/Altana"*.
[126] BGH NJW 2001, 2080, 2082 re. Sp. a.B. *„DAT/Altana"*.
[127] Vgl. die Nachweise bei *Hüffer/Schmidt-Aßmann/Weber*, S. 37 f.
[128] *Luttermann*, ZIP 2001, 869 ff.
[129] *Luttermann*, ZIP 2001, 869, 872 li. Sp.
[130] *Luttermann*, ZIP 2001, 869, 872 li. Sp. Vgl. auch *Behnke*, S. 29.

so denkbar, dass im Hinblick auf den Börsenkurs ein Durchschnittskurs heranzuziehen ist.

b) Die Aufgabe des Börsenkurses im Rahmen der Abfindungsbemessung

Aufschluss erhält man erst, wenn man die Aufgabe des Börsenkurses im Rahmen der Bemessung der Abfindung in den Mittelpunkt der Überlegungen stellt. Durch die Berücksichtigung des Börsenkurses wird dem Umstand Rechnung getragen, dass dem Verkehrswert als prägende Besonderheit des Aktieneigentums, der sich regelmäßig in dem Börsenkurs widerspiegelt, bei der Ermittlung der den außenstehenden Aktionären zu gewährenden Abfindung Beachtung zu verleihen ist. Einem Tageskurs fehlt es im Hinblick auf den Verkehrswert jedoch an der erforderlichen Aussagekraft und damit an der Tauglichkeit als Bewertungsmaßstab, da es sich um Momentaufnahmen in Bezug auf die Bewertung des Unternehmens am Markt handelt.[131] In einem Tageskurs kommt lediglich das Urteil einzelner Marktteilnehmer an einem zufälligen Zeitpunkt zum Ausdruck. Würde dagegen durch eine andere zeitliche Platzierung der Hauptversammlung ein anderer Stichtag gewählt, möglicherweise lediglich ein paar Tage früher oder später, so hätten wiederum andere Marktteilnehmer geurteilt. Deren Urteil kann aber ganz anders ausfallen: Entweder schätzen sie den Wert des Unternehmens besser ein als die anderen Marktteilnehmer vor oder nach ihnen und sind daher auch bereit, mehr zu zahlen, oder aber die Beteiligung ist für sie weniger wert, so dass der Börsenkurs dementsprechend niedriger ausfällt. Dadurch, dass Markttransaktionen an einem einzelnen Tag begrenzt sind und vom Urteil der jeweiligen Teilnehmer abhängen, sind Tageskurse letztlich von Zufälligkeiten beeinflusst und nicht geeignet, die Entscheidung des Marktes wiederzugeben. Ein Urteil des Marktes über den Wert eines Unternehmens ist nur dadurch möglich, dass Einzelentscheidungen einer repräsentativen Zahl von Marktteilnehmern zusammenfließen. Dies ist aber nur bei der Heranziehung eines Durchschnittskurses gewährleistet.

c) Vermeidung von Manipulationen

Für die Heranziehung eines in einer bestimmten Referenzperiode ermittelten Durchschnittskurses und gegen einen Stichtagskurs spricht zudem ein weiterer wesentlicher Gesichtspunkt. Ist für die Bestimmung des Börsenkurses allein der Kurs eines bestimmten Tages maßgeblich, ist die Gefahr, dass dieser Kurs Ziel von Manipulationen wird, besonders groß.[132] Dadurch, dass das Datum, an dem die Hauptversammlung die die Abfindung auslösende Maßnahme beschließen soll, ab der Einberufung bekannt ist, können Marktteilnehmer zum Stichtag Aktien der Gesellschaft zu überhöhten Kursen ordern.[133] Dies hätte zur Folge, dass der Tageskurs der Aktie künstlich in die Höhe getrieben und einen Stand erreichen würde, den es ohne die

[131] Vgl. auch BayObLG NZG 1998, 946, 948/949 *„März/EKU"*, das feststellt, dass aufgrund der starken Volatilität des Börsenkurses die Entwicklung in der Vergangenheit bis zum Stichtag allgemein und im Besonderen für die zu bewertende Aktie zu ermitteln sei und nicht auf den Stichtag als alleiniger Maßstab abgestellt werden könne.
[132] *Komp*, S. 384; *Meilicke/Heidel*, DB 2001, 973, 974 li. Sp. Auf das allgemein mit Börsenkursen verbundenen Manipulationsrisiko weisen *Hüffer/Schmidt-Aßmann/Weber*, S. 25, hin.
[133] *Wilm*, NZG 2000, 1070, 1072 re. Sp.

gezielte Kauforder in der Höhe nicht gegeben hätte. Die ausgeschlossenen Aktionäre erhielten letztlich eine von ihnen selbst bestimmte Abfindung. Dass sie bei einer derartigen Vorgehensweise gezwungen wären, die georderten Aktien abzunehmen und den dafür gebotenen Preis zu zahlen, dürfte auf die Minderheitsaktionäre kaum abschreckend wirken. Denn trotz der Abnahmeverpflichtung ist der Kauf für sie mit keinerlei Risiko verbunden.[134] Bei einem Abstellen auf den Tageskurs erhielten sie den Kaufpreis als Abfindung zurück und zwar zuzüglich einer etwaigen Verzinsung. Dies erscheint auf den ersten Blick zwar wie ein Nullsummenspiel. Bedeutung erlangt diese Vorgehensweise jedoch im Hinblick auf die von den Minderheitsaktionären bereits vor den Zukäufen am Tag der Hauptversammlung gehaltenen Anteile. Für den Verlust dieser Aktien wären die Minderheitsaktionäre bei einer alleinigen Maßgeblichkeit des Stichtagskurses ebenfalls zu dem von ihnen selbst in die Höhe getriebenen Börsenkurs abzufinden. Als Rettungsanker könnte für den Abfindungsverpflichteten in diesem Fall nur noch die hilfsweise Heranziehung des Durchschnittskurses dienen. Allerdings ist ein Rückgriff auf den Durchschnittskurs nach der Rechtsauffassung des OLG Düsseldorf nur gestattet, wenn das Vorliegen eines Missbrauchs tatsächlich nachgewiesen wird. Dieser Nachweis dürfte in den meisten Fällen nur schwerlich zu erbringen sein. Insbesondere der von *Hüttemann* gemachte Vorschlag, zum Nachweis etwaigen Missbrauchs vergleichend die Kursentwicklung eines Unternehmens der gleichen Branche zu betrachten, erweist sich insofern als nicht tragfähig. Zunächst erscheint es bereits im Grundsatz bedenklich, zur Überprüfung, ob der Kurs einer bestimmten Gesellschaft manipuliert worden ist oder nicht, auf Kurse anderer Unternehmen abzustellen, selbst wenn diese derselben Branche angehören. Die Kurse einzelner Unternehmen spiegeln zwar zweifellos in gewissem Maße die allgemeine Entwicklung einer Branche wider.[135] Dagegen sind jedoch die Kurse von Gesellschaften in der Regel in einem wesentlichen Maße nicht das Ergebnis allgemeiner Entwicklungen, sondern beruhen auf den Besonderheiten des jeweiligen Unternehmens. Die Kurse von Unternehmen der gleichen Branche sind nicht homogen. Sie variieren in ihrer Höhe vielmehr nach der Unternehmenspolitik und den damit verbundenen Chancen der jeweiligen Gesellschaft. So kann der Kurs einer Gesellschaft aufgrund einer soliden Geschäftspolitik dauerhaft hoch sein, während der Kurs der zu bewertenden Gesellschaft nur infolge einer Manipulation am Stichtag die Höhe des anderen Kurses erreicht. Greift man aber nun allein die Kurse zum Stichtag heraus, so würden sich die Tageskurse entsprechen, was gegen einen Missbrauch spräche. Um eine gewisse Vergleichbarkeit herzustellen, müsste eine Vielzahl von Unternehmen samt ihrer Kurse in die Betrachtungen einbezogen werden. Dies wäre aber mit einem enormen Aufwand verbunden und bietet im Ergebnis doch keine Sicherheit, weil Unternehmen nie über gleiche Kurse verfügen. Der Nachweis, ob der Kurs eines bestimmten Tags Ausfluss eines allgemeinen Kursniveaus oder aber das Ergebnis einer gezielten Manipulation ist, kann letztlich nur dann mit Gewissheit erbracht werden, wenn man die allgemeine Kursentwicklung über einen längeren Zeitraum betrachtet. Dann würde sich nämlich zeigen, ob es sich bei dem Kurs des betreffenden Unternehmens um einen Wert handelt, der erst durch eine stichtagsbezogene Manipulation in dieser Höhe entstanden ist, während

---

[134] *Wilm*, NZG 2000, 1070, 1072 re. Sp.

[135] So dürften beispielsweise die Kurse von Unternehmen der Tourismusbranche am Tag der Terroranschläge in den USA allesamt Einbrüche erlitten haben.

die anderen Unternehmen aufgrund einer besseren Geschäftspolitik möglicherweise schon über einen längeren Zeitraum hohe Kurse aufweisen. Muss aber, um eine sichere Aussage zu erhalten, ohnehin auf die Kursentwicklung innerhalb eines gewissen Zeitraums abgestellt werden, so macht es keinen Sinn, sich mit den Betrachtungen der Kurse anderer Unternehmen zusätzlich zu belasten. Vielmehr wäre es ausreichend, die Kursentwicklung des betreffenden Unternehmens näher zu beleuchten. Weist der Stichtagskurs im Vergleich zu den Kursen der davor liegenden Periode eine erhebliche Abweichung nach oben auf, kann davon ausgegangen werden, dass er das Ergebnis gezielter Manipulationen darstellt. In diesem Fall wäre nach Ansicht des OLG Düsseldorf zur Bestimmung des maßgeblichen Börsenkurses hilfsweise der Durchschnittskurs heranzuziehen. Gelöst wäre dadurch aber immer noch nicht die Gefahr, dass von Seiten des Abfindungsverpflichteten die Abfindung gedrückt wird.[136] Der Abfindungsverpflichtete könnte plötzliche Kursstürze, die nicht innerhalb der Einberufungsfrist neutralisiert werden können, dazu nutzen, eine für ihn „günstige“ Abfindung zu erreichen. Kommt es nämlich allein auf den Kurs am Tag der Beschlussfassung an, so ist der infolge des Kurssturzes niedrige Kurs maßgeblich, unabhängig davon, dass die Kurse der Gesellschaft vor dem plötzlichen, zumeist von außen herrührenden Einbruch durchgehend höher waren. Zudem besteht die Möglichkeit, dass der Hauptaktionär gezielt kurssenkende Informationen veröffentlicht und/oder solche Informationen zurückhält, die zu einer Kurssteigerung führen könnten, um auf diese Weise eine Unterbewertung herbeizuführen.[137] Derartige, auf beiden Seiten des Abfindungsverhältnisses bestehende Missbrauchsmöglichkeiten sprechen dafür, hinsichtlich des Börsenkurses als Untergrenze der Abfindung nicht auf den Tageskurs eines bestimmten Stichtags abzustellen, sondern auf den Durchschnittskurs einer Referenzperiode. Durch die Heranziehung eines Durchschnittskurses wird die Missbrauchsgefahr um ein wesentliches reduziert. Das künstliche Hochtreiben von Kursen durch überhöhte Kauforder ist zwar im Hinblick auf einen einzelnen Tag, vielleicht auch noch über einige Tage hinweg durchführbar. Eine Manipulation über eine längere Referenzperiode ist hingegen kaum möglich. Gleichsam wird durch ein Abstellen auf einen Durchschnittskurs verhindert, dass Kurseinstürze, die insbesondere nichts mit der jeweiligen Unternehmenspolitik zu tun haben, dazu ausgenutzt werden, die Abfindung auf ein niedriges Niveau zu drücken.[138] Der Durchschnittskurs ist demnach gegenüber dem Stichtagskurs wesentlich weniger manipulationsgefährdet und daher besser geeignet für die Ermittlung der Abfindung.[139]

d) Verhinderung von Kursbeeinflussungen durch das Bekanntwerden der Maßnahme

Gegen ein Abstellen auf einen Stichtagskurs spricht des Weiteren der Umstand, dass der Kurs am Tag der beschlussfassenden Hauptversammlung regelmäßig durch das Bekanntwerden der Maßnahme beeinflusst ist. Oftmals reicht das bloße Bekanntwerden gesellschaftlicher Pläne aus, um den Markt darauf bereits reagieren zu lassen. Der Stichtagskurs ist dann (lediglich) das Resultat einer Reaktion des

---

[136] *Fleischer*, ZGR 2002, 757, 780 a.B.

[137] *Hecker/Kaserer*, BFuP 2004, 137, 154; *Helmis/Kemper*, DBW 62 (2002), 512, 523 re. Sp.

[138] Einzugestehen ist jedoch, dass in diesen Fällen zumeist der Ertragswert den Börsenkurs als Untergrenze überschreiten wird, so dass zumindest insofern sichergestellt ist, dass die außenstehenden Aktionäre nicht zu dem gedrückten Kurs abgefunden werden.

[139] So bereits *Wilm*, NZG 2000, 1070, 1072 re. Sp.

Marktes auf den Abfindungsanlass. Beispielhaft sei nur auf die Ergebnisse einer von *Meilicke/Heidel*[140] durchgeführten Untersuchung hingewiesen, in der die Entwicklung der Kurse einzelner Unternehmen im Anschluss an die Bekanntgabe eines Abfindungsangebots betrachtet wurde. So stellten *Meilicke/Heidel* für den Fall *„Bergmann AG/Deutsche Telefonwerke AG"* fest, dass bereits das Bekanntwerden des Abfindungsangebots ausreichte, um den Kurs, der zuvor zwischen 690 und 700 DM lag, im Laufe weniger Tage auf das Niveau der angebotenen Abfindung in Höhe von 404 DM sinken zu lassen (zwischen 405 und 460 DM).[141] Derartige Kursentwicklungen, die durch das Abfindungsangebot selbst hervorgerufen werden, sollen den abfindungsberechtigten Aktionären weder zum Nachteil noch zum Vorteil gereichen. Dies wäre aber letztendlich der Fall, wenn man als Bewertungsaspekt für die Abfindung allein auf den Kurs am Tag der Beschlussfassung der Hauptversammlung abstellen würde. Der Hauptversammlung geht zwangsläufig ihre Einberufung samt Bekanntgabe der zu beschließenden Maßnahme sowie der dafür als Ausgleich vorgesehenen Abfindung voraus (§§ 121, 123, 124 AktG). Bis zum Tag der Beschlussfassung hat der Markt regelmäßig auf die bekannt gegebenen Informationen durch Kurssteigerungen oder Kursabfälle reagiert, so dass am Stichtag nicht der Kurs besteht, wie er ohne die Bekanntgabe der beabsichtigten Maßnahme bestanden hätte. Aus diesem Grunde ist der Stichtagskurs nicht geeignet, den Verkehrswert der Aktie widerzuspiegeln.[142]

Dem OLG Düsseldorf kann auch nicht bei seiner Annahme, es komme darauf an, ob ein einzelner Aktionär die Aktien zu dem Kurs am Stichtag hätte veräußern können, zugestimmt werden. Die Abfindungsverpflichtung besteht nicht nur einem einzelnen Aktionär gegenüber, sondern gegenüber der Gesamtheit der ausgeschlossenen Aktionäre. Der zu ermittelnde Kurs kann nur ein solcher sein, der von der Gesamtheit der Minderheitsaktionäre bei einem planmäßigen Verkauf in einem überschaubaren Zeitraum hätte erzielt werden können.[143] Demzufolge ist es erforderlich, die Kursentwicklung über eine längere Periode zu betrachten. Dies ist aber nur möglich, wenn man anstelle eines Stichtags- auf einen Durchschnittskurs abstellt. Daher sprechen bei allgemeiner Betrachtung die besseren Argumente insgesamt für die Maßgeblichkeit eines in einer bestimmten Referenzperiode ermittelten Durchschnittskurses.

e) Anpassung der Barabfindungsregelung an bereits vorhandene Bestimmungen

In Bezug auf das Rechtsinstitut des Squeeze-out-Verfahrens gibt es noch weitere Gründe, die für die Heranziehung eines Durchschnittskurses sprechen. Die Ausschlussregelungen wurden am 15. November 2001 beschlossen. Zu diesem Zeitpunkt war die *„DAT/Altana"*-Entscheidung des Bundesgerichtshofs, in der dieser den Durchschnittskurs einer bestimmten Referenzperiode als Untergrenze der Abfindung für maßgeblich erklärt hat, bereits acht Monate alt.[144] Es ist davon auszugehen, dass die gerichtlichen Feststellungen dem Gesetzgeber bei Schaffung der Ausschlussre-

[140] *Meilicke/Heidel*, DB 2001, 973, 974 re. Sp.
[141] Ein ähnliches Ergebnis zeigte sich in den ebenfalls untersuchten Fällen der *„Siemens Nixdorf Informationssysteme AG"* und der *„Kali Chemie AG"*.
[142] So bereits *Wilm*, NZG 2000, 1070, 1071 li. Sp.
[143] *Wilm*, NZG 2000, 1070, 1072 li. Sp.
[144] BGH NJW 2001, 2080 ff. *„DAT/Altana"*, Beschluss v. 12.03.2001.

gelungen durchaus bekannt gewesen sind. Dass er gleichwohl die Abfindungsregelung des § 327b Abs. 1 Satz 1 2. Hs. AktG an die vom Bundesgerichtshof beurteilten Bestimmungen der §§ 305 Abs. 3 Satz 2, 320b Abs. 1 Satz 5 AktG angelehnt hat, spricht dafür, dass der Gesetzgeber für die Bemessung des Börsenkurses die Heranziehung eines Durchschnittskurses wünscht. Hätte er für die im Rahmen des Squeeze-out-Verfahrens zu leistende Abfindung stattdessen die Heranziehung eines Stichtagskurses favorisiert, so hätte er dies zumindest durch eine sprachliche Abhebung des § 327b Abs. 1 Satz 1 2. Hs. AktG von den §§ 305 Abs. 3 Satz 2, 320b Abs. 1 Satz 5 AktG deutlich machen müssen. Bei der von ihm gewählten wörtlichen Entsprechung musste er davon ausgehen, dass die Feststellungen des Bundesgerichtshofs aus der *„DAT/Altana"*-Entscheidung auch auf das Rechtsinstitut des Squeeze-out-Verfahrens erstreckt werden.

f) Berücksichtigung der Vorgaben des WpÜG

Die Maßgeblichkeit eines Durchschnittskurses für die beim Ausschlussverfahren zu gewährende Barabfindung wird darüber hinaus durch systematische Erwägungen belegt. Die §§ 327a ff. AktG sind im Kontext zu den Regelungen des WpÜG geschaffen worden. In der Gesetzesbegründung zu den Squeeze-out-Vorschriften wurde ausdrücklich darauf hingewiesen, dass das Ausschlussrecht das Gegenstück zur Pflichtangebotsregelung des § 35 WpÜG darstelle. Dem Mehrheitsaktionär müsse als Ausgleich für die ihm auferlegte Verpflichtung zur Abgabe eines Angebots für die Übernahme sämtlicher Gesellschaftsanteile gestattet werden, die verbliebenen Minderheitsaktionäre aus der Gesellschaft auszuschließen. Die Squeeze-out-Regelungen weisen damit in einem gewissen Maße einen systematischen Zusammenhang zu den Bestimmungen des WpÜG auf. Dessen § 31, der eine Regelung zu der den Aktionären der Zielgesellschaft im Falle eines Übernahmeangebots anzubietenden Gegenleistung beinhaltet, sieht in Abs. 1 Satz 2 vor, dass „bei der Bestimmung der angemessenen Gegenleistung [...] grundsätzlich der durchschnittliche Börsenkurs der Aktien der Zielgesellschaft" zu berücksichtigen ist. Die Maßgeblichkeit eines Durchschnittskurses wird in der zum WpÜG ergangenen Angebotsverordnung nochmals bestätigt. So bestimmt § 5 Abs. 1 WpÜG-AngebotsVO abermals, dass bei der Bemessung der Abfindung auf einen Durchschnittskurs abzustellen ist. Diese Regelungen, die allesamt nach Ergehen des *„DAT/Altana"*-Beschlusses des Bundesgerichtshofs verabschiedet wurden und in Kraft getreten sind, machen ebenfalls deutlich, dass der Gesetzgeber für die Festlegung des Börsenkurses die Heranziehung eines Durchschnittskurses vorgibt, soweit dem Börsenkurs Relevanz zukommt.

5. Zwischenergebnis

Daher ist im Ergebnis festzuhalten, dass die vom Bundesgerichtshof angenommene Maßgeblichkeit eines Durchschnittskurses als Untergrenze der Abfindung nicht nur im Allgemeinen Zustimmung verdient, sondern sie inzwischen auch durch die neu geschaffenen Regelungen des WpÜG gesetzliche Anerkennung gefunden hat. Demzufolge ist bei der den ausscheidenden Minderheitsaktionären nach den §§ 327a Abs. 1 Satz 1, 327b Abs. 1 Satz 1 AktG zu gewährenden Abfindung als Untergrenze nicht auf den Börsenkurs am Tag der Beschlussfassung der Hauptversammlung über die Übertragung der Anteile abzustellen. Maßgeblich ist vielmehr ein vor diesem Stichtag liegender Durchschnittskurs.[145]

III. Festlegung der geeigneten Referenzperiode

Aus dieser Feststellung ergeben sich bereits Folgefragen. Klärungsbedarf besteht insofern im Hinblick auf zwei Aspekte: Einerseits ist herauszufinden, wann die als Grundlage für die Ermittlung des Durchschnittskurses dienende Referenzperiode endet. Andererseits bedarf es einer Antwort auf die Frage, wie lang der Referenzzeitraum zu bemessen ist.

1. Der Endzeitpunkt der Referenzperiode

a) Die Linie der Rechtsprechung

In dem *„DAT/Altana"*-Beschluss des Bundesverfassungsgerichts wurde darauf hingewiesen, dass auch die Heranziehung eines „Durchschnittskurses im Vorfeld der Bekanntgabe des Unternehmensvertrags" gestattet sei.[146] Diese Feststellung griff das OLG Stuttgart in seiner *„Schwaben Zell/Hannover Papier"*-Entscheidung auf, in der es den Durchschnittskurs aus einer Referenzperiode bis zur Bekanntgabe des Gewinnabführungs- und Beherrschungsvertrags als maßgeblich erklärte.[147] Sowohl das Bundesverfassungsgericht als auch das OLG Stuttgart stellen als Endzeitpunkt des Referenzzeitraums damit auf die Bekanntgabe der den Anlass der Abfindung bildenden Maßnahme ab. Anders entschied jedoch der Bundesgerichtshof, als er sich mit den divergierenden Rechtsauffassungen des OLG Stuttgart und des OLG Düsseldorf zur Maßgeblichkeit eines Durchschnitts- oder Stichtagskurses auseinandersetzen musste. Der Bundesgerichtshof stellte fest, dass der Tag der Beschlussfassung der Hauptversammlung der beherrschten Gesellschaft den Endzeitpunkt der Referenzperiode zu bilden habe.[148] Dass dadurch Synergieeffekte, die in der Regel bereits durch Kurssteigerungen im Vorfeld des Hauptversammlungsbeschlusses nach Bekanntgabe der Maßnahme abgegolten werden, mit in die Ermittlung der Abfindung einfließen können, sah der Bundesgerichtshof als unproblematisch an. Damit stellte sich das Gericht nicht nur gegen den zuvor ergangenen *„DAT/Altana"*-Beschluss des Bundesverfassungsgerichts und die *„Schwaben Zell/Hannover Papier"*-Entscheidung des OLG Stuttgart, sondern auch gegen die im rechtswissenschaftlichen Schrifttum überwiegend vertretene Auffassung. In der Literatur war nach Ergehen des *„DAT/Altana"*-Beschlusses des Bundesverfassungsgerichts eine Diskussion über den Aspekt der Heranziehung eines Durchschnittskurses aufgekeimt. Dabei ging es nicht nur um die Länge des Referenzzeitraums, der der Ermittlung des Durchschnittskurses zugrunde zu legen ist, sondern auch um die Frage, zu welchem Zeitpunkt die Referenzperiode zu enden hat. Mit Hinweis auf die Verhinderung möglicher Manipulationen des Börsenkurses stellten *Luttermann*, *Vetter*, *Wilken* und *Wilm* auf das Bekanntwerden der Maßnahme als Zeitpunkt, zu dem die Ermittlung des Durchschnittskurses spätestens zu enden habe, ab. Während *Luttermann* und

---

[145] *Angerer*, BKR 2002, 260, 264 li. Sp.; *Quandt*, S. 219.
[146] BVerfG NJW 1999, 3769, 3772 li. Sp. *„DAT/Altana"*.
[147] OLG Stuttgart NZG 2000, 744, 745 li. Sp. *„Schwaben Zell/Hannover Papier"*.
[148] BGH NJW 2001, 2080, 2082 re. Sp. *„DAT/Altana"*.

Vetter[149] allgemein das Bekanntwerden zum Endzeitpunkt der Referenzperiode erklärten, konkretisierten *Wilken* und *Wilm* diesen Zeitpunkt noch auf das Ergehen der Ad-hoc-Mitteilung nach § 15 WpHG.[150]

b) Reaktionen des rechtswissenschaftlichen Schrifttums

aa) Kritik an der Heranziehung des Tags der beschlussfassenden Hauptversammlung

Aufgrund dieser Divergenzen zwischen der bereits bestehenden überwiegenden Ansicht im Schrifttum und dem späteren „*DAT/Altana*"-Beschluss des Bundesgerichtshofs verwundert es nicht, dass sich das Gericht seit seiner Entscheidung einer scharfen Kritik ausgesetzt sieht.[151] Diese richtet sich zum einen gegen die die Entscheidung tragenden Gründe. So wenden sich *Bungert* und *Vetter* vor allem gegen die vom Bundesgerichtshof getroffenen Feststellungen zur Einbeziehung von Synergieeffekten. Sie führen an, dass kein Grund dafür existiere, die außenstehenden Aktionäre für solche Kursanstiege abzufinden, die eine Reaktion der Börse auf das Bekanntwerden der geplanten unternehmerischen Maßnahme darstellen.[152] Zudem habe der Bundesgerichtshof in seiner Entscheidung nicht hinreichend deutlich gemacht, in welchem Fall es sich um einen abfindungswürdigen Verbundvorteil handelt und wann stattdessen eine „sprunghafte Entwicklung" gegeben ist, die sich nicht verfestigt hat und daher nicht in die Bemessung der Abfindung einfließen darf.[153] Zum anderen wird als Einwand gegen die Heranziehung des Tags der beschlussfassenden Hauptversammlung als Endzeitpunkt von *Vetter* und *Bungert* die Vorschrift des § 124 Abs. 2 Satz 2 AktG angeführt. Danach sind in der Ladung zur Hauptversammlung die wesentlichen Inhalte des Unternehmensvertrags bekannt zu geben. Wesentlicher Inhalt eines Unternehmensvertrags sei aber gerade auch die Höhe der zu leistenden Abfindung. Die Höhe der Abfindung könne aber nicht bekannt gegeben werden, da sie im Falle eines Abstellens auf den Tag der beschlussfassenden Hauptversammlung im Zeitpunkt der Einberufung noch gar nicht feststehe.[154] Denn bei einer Heranziehung des Tages der Beschlussfassung der Hauptversammlung als Endzeitpunkt des Referenzzeitraums müssten die Börsenkurse noch bis zum Tag der Hauptversammlung in die Ermittlung des Durchschnittskurses einfließen. *Schwichtenberg* weist in diesem Zusammenhang zudem darauf hin, dass der Vorstand und der Aufsichtsrat nicht in der Lage seien, den vom Gesetz in § 124 Abs. 3

---

[149] *Vetter*, AG 2004, 219 re. Sp. a.B.; *ders.*, EWiR 2000, 595/596; *ders.*, AG 1997, 569, 571/572. So auch *Großfeld*, S. 196; *Komp*, S. 388.

[150] *Wilken*, ZIP 1999, 1443, 1444 li. Sp.; *Wilm*, NZG 2000, 234, 239 li. Sp.; *ders.*, NZG 2000, 1070, 1071 re. Sp. a.E. So auch *Behnke*, S. 29; *ders.*, NZG 1999, 934 li. Sp.; *Maier-Reimer/Kolb*, FS W. Müller, 2001, S. 93, 105 f.

[151] Kritisch äußern sich *Beckmann*, WPg 2004, 620, 624 li. Sp.; *Drukarczyk*, FS Scherrer, 2004, S. 625, 638; *Singhof/Weber*, WM 2002, 1158, 1169 li. Sp.

[152] *Bungert*, BB 2001, 1163, 1165 li. Sp. f.; *Vetter*, DB 2001, 1347, 1349 li. Sp.

[153] *Bungert*, BB 2001, 1163, 1165 re. Sp. Vgl. auch *Meilicke/Heidel*, DB 2001, 973, 975 li. Sp., die die Annahme des Bundesgerichtshofs, die Preisbildung nach Bekanntgabe der Abfindungskonditionen beruhe auf der Erwartung von Synergieeffekten, als „lebensfremd" ansehen.

[154] *Bungert*, BB 2001, 1163, 1165 li. Sp.; *Vetter*, AG 2002, 176, 188 re. Sp. („wenig glückliche Entscheidung"); zustimmend *Schwichtenberg*, S. 266 f. Vgl. auch *Maier-Reimer/Kolb*, FS W. Müller, 2001, S. 93, 104.

Satz 1 AktG geforderten Beschlussvorschlag für die Hauptversammlung abzugeben, wenn die Höhe der Abfindung noch nicht feststehe.[155] Gegen den Tag der beschlussfassenden Hauptversammlung als Endzeitpunkt wird des Weiteren vorgetragen, dass der in die Prüfung der Angemessenheit der Abfindung von Gesetzes wegen einzuschaltende Prüfer seine Funktion nicht ordnungsgemäß erfüllen könne, wenn der Tag, an dem er über das Ergebnis seiner Prüfung zu berichten hat, nämlich der Tag des Hauptversammlungsbeschlusses, mit dem Endzeitpunkt des Prüfungsgegenstandes zusammenfiele.[156] *Meilicke/Heidel*[157] und *Wenger*[158] stützen ihre Kritik gegen die vom Bundesgerichtshof getroffene Wahl, den Tag der Beschlussfassung der Hauptversammlung als Endzeitpunkt festzulegen, dagegen auf empirische Erfahrungswerte. So habe sich in der Vergangenheit gezeigt, dass im Falle eines im Zeitpunkt der Bekanntmachung unter dem Börsenkurs liegenden Abfindungsangebots der Kurs des betreffenden Unternehmens erheblich sinke und auf dem niedrigen Niveau des Abfindungsangebots stagniere.[159] Dadurch könne nicht nur der Mehrheitsaktionär den mit der angemessenen Abfindung intendierten Minderheitenschutz unterlaufen. Vielmehr sei auch der umgekehrte Fall denkbar, dass die Minderheitsaktionäre nach Bekanntwerden der beabsichtigten Maßnahme den bis zum Tag des Hauptversammlungsbeschlusses verbleibenden Zeitraum dazu ausnutzen, durch Spekulationen die Börsenkurse bis zum Stichtag in die Höhe zu treiben, wodurch letztlich der Durchschnittskurs zu Lasten des Mehrheitsaktionärs anstiege.[160]

bb) Befürwortung der Vorgaben des Bundesgerichtshofs

Gegen die vorgebrachte Kritik wendet sich *Ullrich* als ein Befürworter des vom Bundesgerichthof als Endzeitpunkt ausgewählten Tages der Hauptversammlung.[161] Er trägt gegen den Hinweis, ein Abstellen auf den Tag der Hauptversammlung könne nicht mit § 124 Abs. 2 Satz 2 AktG in Einklang gebracht werden, vor, dass dem von dieser Regelung aufgestellten Erfordernis der Bekanntgabe des wesentlichen Inhalts entgegen den Ausführungen von *Bungert* und *Vetter* bereits dann entsprochen sei, wenn die anzuwendende Bewertungsmethode angegeben werde. In diesem Fall sei die Ermittlung der Abfindungshöhe „transparent und leicht nachvollziehbar".[162] Des Weiteren sei im Hinblick auf die Höhe der Abfindung schon dadurch „ein gewisses Moment der Sicherheit" gegeben, dass – bei Zugrundelegung einer sechsmonatigen Referenzperiode – bereits mehr als zwei Drittel des zu betrachtenden Zeitraums verstrichen und damit ersichtlich sei, bei welchem Betrag sich die Gesamthöhe der Ab-

---

[155] *Schwichtenberg*, S. 266 f.; *Vetter*, DB 2001, 1347, 1350 li. Sp.

[156] *Bungert*, BB 2001, 1163, 1165 li. Sp.; *Vetter*, DB 2001, 1347, 1350 li. Sp.

[157] *Meilicke/Heidel*, DB 2001, 973 ff.

[158] *Wenger*, EWiR 2001, 605, 606.

[159] *Meilicke/Heidel*, DB 2001, 973, 974 re. Sp. Von einer derartigen Reaktion geht auch *Helmis*, ZBB 2003, 161, 170 re. Sp., aus. Vgl. aber auch *Moser/Prüher*, FB 2002, 361, 364 re. Sp., die Fälle von Überrenditen durch Ankündigung eines Squeeze-out-Verfahrens festgestellt haben.

[160] *Bungert*, BB 2001, 1163, 1165 re. Sp.; *Meilicke/Heidel*, DB 2001, 973, 975 li. Sp., re. Sp., die die Entscheidung des Bundesgerichtshofs als Einladung zur Beeinflussung des maßgeblichen Börsenkurses durch Abfindungsangebote unter Börsenkurs ansehen.

[161] Vgl. auch *Gesmann-Nuissl*, WM 2002, 1205, 1207 re. Sp., die für den Fall, dass keine „Verzerrung der Wertigkeit" gegeben ist, den Durchschnittkurs der letzten drei Monate bis zu dem Tag der Hauptversammlung zugrunde legen will.

[162] *Ullrich*, S. 152.

findung ansiedeln werde. Daher werde der von § 124 Abs. 2 Satz 2 AktG geforderten Bekanntgabe des wesentlichen Inhalts genüge getan.[163] Auch die Ausführungen in Bezug auf die mangelnde Prüfungsmöglichkeit des Vertrags- bzw. Eingliederungsprüfers sind nach Ansicht von *Ullrich* nicht überzeugend. *Ullrich* stimmt zwar dahingehend zu, dass es in der Tat die Pflicht des Prüfers sei, im Rahmen seiner Schlusserklärung Stellung zur Angemessenheit der Abfindung zu nehmen. Da die Abfindung zu Marktpreisen als angemessen anzusehen sei, habe sich die Prüfung jedoch ausschließlich darauf zu beziehen, ob die richtigen Börsenkurse herangezogen worden sind. Insofern sei die Prüfung erheblich vereinfacht und könne daher ohne Schwierigkeiten am Tag der Hauptversammlung vorgenommen werden.[164] Hinsichtlich der Gefahr etwaiger Kursstürze nach der Bekanntgabe des Abfindungsangebots trägt *Ullrich* vor, dass die Bekanntgabe eines solchen Angebots nicht zwangsläufig zu einem Absinken der Kurse führe.[165] Vielmehr hätten andere empirische Untersuchungen auch andere Kursentwicklungen beobachtet. Zudem sei zu berücksichtigen, dass der in Form der Gewährung einer vollen Abfindung zum Ausdruck kommende verfassungsrechtliche Schutz nicht den Schutz vor fallenden Kursen beinhalte.[166]

c) Stellungnahme zum maßgeblichen Endzeitpunkt

aa) Keine Vorgaben aus dem Wortlaut der Abfindungsregelungen

Die Heranziehung des Tags der beschlussfassenden Hauptversammlung als Endzeitpunkt für die zur Ermittlung des Durchschnittkurses anzusetzende Referenzperiode wird dem Sinn eines angemessenen Ausgleichs für den Ausschluss von Minderheitsaktionären aus einer Gesellschaft nicht gerecht. Zwar ist von Seiten der Verfassung kein konkreter Endzeitpunkt für den Referenzzeitraum vorgegeben, da die Verfassung noch nicht einmal das Abstellen auf einen Durchschnittskurs fordert. Demnach könnte der Referenzzeitraum auch erst am Tag der Beschlussfassung der Hauptversammlung enden. Darauf könnte wiederum das Gebot der §§ 327b Abs. 1 Satz 1 2. Hs., 305 Abs. 3 Satz 2, 320b Abs. 1 Satz 5 AktG hindeuten, wonach für die Bemessung der Abfindung die Verhältnisse der Gesellschaft im Zeitpunkt der Beschlussfassung ihrer Hauptversammlung zu berücksichtigen sind. Allerdings wurde bereits dargelegt, dass der Wortlaut der genannten Vorschriften gerade nicht das Stichtagsprinzip für die Bestimmung des Börsenkurses vorschreibt. Beinhalten die Regelungen aber gerade keine Vorgabe zur Maßgeblichkeit des Tags der beschlussfassenden Hauptversammlung als Stichtag, so kann dieser Zeitpunkt auch nicht als Endzeitpunkt für die Referenzperiode festgeschrieben sein.

bb) Außerachtlassung von Synergieeffekten

Anders als vom Bundesgerichtshof angenommen, kann eine Ausdehnung der Referenzperiode bis hin zum Tag der beschlussfassenden Hauptversammlung nicht mit

---

[163] *Ullrich*, S. 152. So auch *Grzimek*, in: Geibel/Süßmann, WpÜG, Art. 7, § 327c AktG Rn. 8, in Bezug auf den Bericht des Hauptaktionärs.
[164] *Ullrich*, S. 153.
[165] *Ullrich*, S. 154.
[166] *Ullrich*, S. 155.

der Einbeziehung von Synergieeffekten gerechtfertigt werden. Mit Synergieeffekten werden die Auswirkungen bezeichnet, die der Verbund von Unternehmen nach sich zieht.[167] Insofern besteht bei dem Ausschlussverfahren der §§ 327a ff. AktG bereits die Besonderheit, dass es sich nicht um einen Konzerntatbestand handelt, auch wenn die Vorschriften im Abschnitt über die verbundenen Unternehmen stehen. Beim Squeeze-out fehlt es regelmäßig an einer zweiten Gesellschaft, mit der die betroffene Gesellschaft verbunden ist. Aus diesem Grunde entstehen beim Ausschluss nach den §§ 327a ff. AktG keine Verbundeffekte im engeren Sinne.[168] Die Frage einer Einbeziehung von Synergieeffekten stellt sich beim Rechtsinstitut des Squeeze-out-Verfahrens demzufolge überhaupt nur dann, wenn man den Begriff der Verbund- und Synergieeffekte weiter fasst. Zum Teil wird vertreten, dass Synergieeffekte bei der Festlegung der Abfindung zu berücksichtigen sind (sog. Verbundberücksichtigungsprinzip).[169] Als Begründung wird angeführt, dass der Abfindungsanspruch funktionell an die Stelle eines Zustimmungsrechts der zwangsweise ausscheidenden Aktionäre trete.[170] Dies müsse bei der Ermittlung der Abfindung in der Form beachtet werden, dass sich die Höhe der Abfindung an einer gedachten Verhandlungskonstellation zu orientieren habe.[171] Im Falle eines freiwilligen Ausscheidens hätten die Aktionäre die Konditionen frei ausgehandelt. Dabei hätten sie sich die erwartete Steigerung der Rentabilität und Wettbewerbsfähigkeit vom Erwerber bezahlen lassen.[172] Müssen die Aktionäre zwangsweise aus der Gesellschaft ausscheiden, dürfe hinsichtlich der Höhe der Abfindung nichts anderes gelten als beim freiwilligen Verkauf.[173] Zumal die Minderheitsaktionäre durch ihr Ausscheiden einen Beitrag für die Entstehung der Synergieeffekte leisteten.[174] Denn das Ausscheiden sei notwendige Voraussetzung für die Durchführung der vorteilhaften Maßnahme, aus der die Synergieeffekte letztlich hervorgehen. Dann sei es aber gerecht, die Minderheitsaktionäre an dem Mehrerfolg durch eine Einbeziehung der Synergieeffekte in die Abfindung zu beteiligen.[175] Dies gelte insbesondere auch im Hinblick auf das Gebot der Gleichbehandlung.[176] Da Synergieeffekte bei der Abfindung in Form des Aktientausches durch die Verteilung unter den verbundenen Unternehmen Berücksichtigung fänden, müssten auch die Minderheitsaktionäre, die in bar abgefunden werden, an den Synergieeffekten partizipieren.

Dem kann jedoch nicht gefolgt werden. Gegen eine Einbeziehung von Synergieeffekten spricht, dass es sich bei ihnen um subjektive Entscheidungskomponenten handelt, die bei der objektiven Wertermittlung keine Berücksichtigung finden können.[177] Der Anspruch auf angemessene Abfindung beinhaltet nicht das Recht, an Vorteilen beteiligt zu werden, die sich ohne die das Ausscheiden bewirkende Maß-

---

[167] *Busse von Colbe*, ZGR 1994, 595, 602; *Fleischer*, ZGR 1997, 368, 376; *Großfeld*, S. 63; *Hötzel*, in: Beck'sches Handbuch der AG, § 22 Rn. 38; *Werner*, FS Steindorff, 1990, S. 303, 305.
[168] *Grzimek*, in: Geibel/Süßmann, WpÜG, Art. 7, § 327b AktG Rn. 32.
[169] Vgl. zum Meinungsstand *Fleischer*, ZGR 1997, 368, 370 ff.; *Komp*, S. 267 ff.
[170] *Fleischer*, ZGR 1997, 368, 393.
[171] Vgl. *Hommel/Braun/Schmotz*, DB 2001, 341, 344 li. Sp. a.E. („Simulation einer von keiner Partei dominierten Abfindungsverhandlung").
[172] *Busse von Colbe*, ZGR 1994, 595, 603/604; *Großfeld*, JZ 1981, 769, 773 re. Sp.; *Komp*, S. 322 f.
[173] *Busse von Colbe*, ZGR 1994, 595, 604, 607.
[174] *Drukarczyk*, AG 1973, 357, 361 li. Sp.
[175] *Hüttemann*, ZHR 162 (1998), 563, 590 a.E.; *Komp*, S. 314.
[176] *Fleischer*, ZGR 1997, 368, 387; *Hommel/Braun/Schmotz*, DB 2001, 341, 344 li. Sp./re. Sp.
[177] BayObLG AG 1996, 127, 128 li. Sp. „*Paulaner*"; OLG Frankfurt AG 1989, 442, 443 li. Sp.

nahme nicht ergeben hätten.[178] Die Höhe der Abfindung darf nicht durch die sie erst auslösende Maßnahme beeinflusst werden.[179] Zudem beruhen die aus dem Verbund resultierenden Mehrerfolge nicht auf einem Opfer der Minderheitsaktionäre, sondern sie sind das Ergebnis der Nutzung der dem Mehrheitsaktionär zukommenden Herrschaftsmacht, aufgrund derer er den Ausschluss veranlassen kann.[180] Durch die Ausklammerung der Synergieeffekte bei der Bemessung der Abfindung werden die in bar abgefundenen Aktionäre nicht gegenüber denjenigen Aktionären ungleich behandelt, die ihre Abfindung in Aktien erhalten und durch die Verteilungswirkung automatisch an den Synergieeffekten teilhaben. Denn den ausscheidenden Minderheitsaktionären steht im Hinblick auf die Abfindungsformen ein Wahlrecht zu. Sie können selbst entscheiden, welche der beiden Abfindungsformen sie als attraktiver ansehen. Aus diesen Gründen erscheint es angebracht, nach dem so genannten Stand-alone-Prinzip zu verfahren und Synergieeffekte nicht in die Ermittlung der Abfindung einzubeziehen.[181] Durch ihre Außerachtlassung kann der Gefahr begegnet werden, dass die Abfindung durch Manipulationen beeinflusst wird. Der Bundesgerichtshof hat in seinem Beschluss keinerlei Kriterien zur Erkennung und Ausklammerung von Manipulationen aufgestellt. Aus diesem Grunde könnte kaum unterschieden werden, ob das Ansteigen von Kursen auf der Abgeltung von Synergieeffekten durch den Markt beruht oder aber auf Kursmanipulationen seitens der Minderheitsaktionäre oder anderer Marktteilnehmer.[182]

cc) Unmöglichkeit der Erfüllung der Informationspflichten bei einem Abstellen auf den Tag der beschlussfassenden Hauptversammlung

Gegen ein Abstellen auf den Tag der beschlussfassenden Hauptversammlung als Endzeitpunkt der Referenzperiode sprechen zudem die Squeeze-out-Regelungen selbst. Nach ihnen verbietet sich die Einbeziehung von Kursen nach der Einberufung der Hauptversammlung. So ist es gemäß § 327b Abs. 1 Satz 1 1. Hs. AktG Aufgabe des Hauptaktionärs, die Höhe der Abfindung festzulegen. Die von ihm festgelegte Barabfindung muss nach § 327c Abs. 1 Nr. 2 AktG in der Bekanntmachung der Übertragung als Gegenstand der Tagesordnung enthalten sein. Infolgedessen ist die Höhe der Abfindung bereits in der Ladung zur Hauptversammlung bekannt zu machen. Dies zeigt, dass das Gesetz davon ausgeht, dass der Hauptaktionär bereits vor Einberufung der Hauptversammlung über die Höhe der Abfindung befunden hat.[183] Die Einberufung inklusive der Bekanntmachung des Abfindungsangebots wäre nicht möglich, wenn nach dem Tag der Einberufung der Hauptversammlung ge-

---

[178] OLG Stuttgart NZG 2000, 744, 745 re. Sp. *„Schwaben Zell/Hannover Papier"*; *Meilicke/Heidel*, DB 2001, 973, 974 li. Sp.; *Werner*, FS Steindorff, 1990, S. 303, 317; *Wilm*, NZG 2000, 1070, 1071 li. Sp.; *ders.*, NZG 2000, 234, 239 li. Sp.

[179] *Angerer*, BKR 2002, 260, 264 li. Sp.; *Bungert*, BB 2001, 1163, 1164 re. Sp.; *Bungert/Eckert*, BB 2000, 1845, 1848 li. Sp.; *Meilicke/Heidel*, DB 2001, 973, 975 li. Sp.

[180] *Werner*, FS Steindorff, 1990, S. 303, 319.

[181] Vgl. auch *Quandt*, S. 237, der eine Einbeziehung von Synergieeffekten in die Barabfindung beim Squeeze-out ablehnt.

[182] Vgl. auch *Schwichtenberg*, S. 267 f., nach dessen Ansicht die Kursanstiege nach Bekanntwerden der Maßnahme zumeist „reine wertexterne Spekulationen" sind. Das OLG Stuttgart AG 2004, 43, 44 re. Sp. *„Vereinigte Filzfabriken AG/Filzfabrik Fulda GmbH"*, hat in Bezug auf das Vorliegen einer Manipulation wenig überzeugende Ausführungen gemacht.

[183] Ähnlich *Krieger*, BB 2002, 53, 56 re. Sp.

gebene Kurse mit in die Berechnung der Abfindung einflossen.[184] Der Hauptaktionär wäre zudem außerstande, den nach § 327c Abs. 2 Satz 1 AktG erforderlichen schriftlichen Bericht zu erstatten, in dem er die Angemessenheit der von ihm festgesetzten Barabfindung erläutern und begründen muss,[185] wenn der in die Abfindung einzubeziehende Referenzzeitraum noch in die Zukunft reichen würde.[186] Der Hauptaktionär könnte zudem zur Bemessung der Höhe der Barabfindung in der Hauptversammlung keine Stellung nehmen, wie es § 327d AktG vorsieht. Ebenso wenig könnte der Hauptaktionär seiner nach § 327b Abs. 3 AktG bestehenden Verpflichtung nachkommen, dem Vorstand die Erklärung eines Kreditinstituts zukommen zu lassen, wonach dieses die Erfüllung der Verpflichtung des Hauptaktionärs garantiert, den Minderheitsaktionären die festgelegte Barabfindung für die übergegangenen Aktien zu zahlen. Der Gesetzgeber wird insofern kaum davon ausgegangen sein, dass Kreditinstitute bereit sind, eine „Blankogarantieerklärung" für eine vom Hauptaktionär im Nachhinein festgelegte Barabfindung abzugeben. Vielmehr stellte sich der Gesetzgeber vor, dass der Hauptaktionär die Barabfindung festlegt und das Kreditinstitut dann – bezogen auf diese festgelegte Barabfindung – seine Gewährleistung für die Erfüllung dieser Verpflichtung erklärt. Die genannten Regelungen zeigen allesamt, dass nach der gesetzlichen Vorstellung die Abfindung bereits vor dem Tag der Einberufung der Hauptversammlung und damit auch in jedem Falle vor dem Tag der Beschlussfassung durch die Hauptversammlung festgelegt worden ist. Grund dafür ist, dass die Abfindungshöhe für die Entscheidung der abzufindenden Aktionäre, für oder gegen die die Abfindung auslösende Maßnahme zu stimmen, wesentlich ist. Aus diesem Grunde reicht es im Hinblick auf § 124 Abs. 2 Satz 2 AktG nicht aus, lediglich die konkret herangezogene Bewertungsmethode bekannt zu geben, um die Wertermittlung transparent und leicht nachvollziehbar zu machen.[187] Es ist nicht Aufgabe der Minderheitsaktionäre, mit Hilfe bekannt gegebener Bewertungsmethoden zu ermitteln, wie hoch die ihnen zu gewährende Abfindung ausfallen wird. Zudem dürfte die Berechnung der Abfindung regelmäßig auch nicht so leicht durchführbar sein, wie von *Ullrich* behauptet. Dem Gedanken, dass bereits zwei Drittel des Referenzzeitraums im Zeitpunkt der Bekanntgabe der Maßnahme verstrichen und somit ein „gewisses Moment der Sicherheit" im Hinblick auf die Höhe der Abfindung gegeben sei, kann nicht gefolgt werden. Denn würde man auf den Tag der beschlussfassenden Hauptversammlung als Endzeitpunkt der Referenzperiode abstellen, so wären insbesondere für das letzte Drittel der Referenzperiode

[184] Vgl. auch *Angerer*, BKR 2002, 260, 264 li. Sp.; *Krieger*, BB 2002, 53, 56 re. Sp., *Quandt*, S. 225, die darauf hinweisen, dass eine Bekanntgabe und Erläuterung dem Hauptaktionär nicht möglich wäre, wenn der Referenzzeitraum im Zeitpunkt der Einberufung der Hauptversammlung noch in der Zukunft liegt.

[185] *Hasselbach*, in: Kölner Komm, WpÜG, § 327c AktG Rn. 11.

[186] So auch *Vetter*, AG 2004, 219 li. Sp./re. Sp.

[187] Vgl. zur Zulässigkeit einer für die Minderheitsaktionäre günstigen Abweichung von der ursprünglich bekannt gemachten Abfindungshöhe *Krieger*, BB 2002, 53, 56 re. Sp., der zwar gegen ein Abstellen auf den Tag der Beschlussfassung der Hauptversammlung als Endzeitpunkt der Referenzperiode ist, jedoch Ausführungen dazu macht, worauf sich die Praxis einzustellen hat, wenn der Bundesgerichtshof – wovon *Krieger* ausgeht – an seiner Auffassung festhält. Vgl. auch LG Berlin DB 2003, 707, 708 li. Sp. a.B.; *Angerer*, BKR 2002, 260, 264 li. Sp.; *Gesmann-Nuissl*, WM 2002, 1205, 1207/1208; *Grzimek*, in: Geibel/Süßmann, Art. 7, WpÜG, § 327b AktG Rn. 5; *Habersack*, in: Emmerich/Habersack, § 327b Rn. 4; *Hasselbach*, in: Kölner Komm, WpÜG, § 327b AktG Rn. 6; *Steinmeyer/Häger*, WpÜG, § 327d AktG Rn. 4; *Vossius*, ZIP 2002, 511, 514 li. Sp.

Kursentwicklungen zu erwarten, die noch erheblichen Einfluss auf den Durchschnittskurs nehmen. Denn das letzte Drittel des Referenzzeitraums würde regelmäßig die Bekanntgabe der beabsichtigten Maßnahme durch die Einberufung der Hauptversammlung umfassen. Gerade das Bekanntwerden einer abfindungsauslösenden Maßnahme führt aber in der Regel zu Kursänderungen, die den Durchschnittskurs wesentlich verändern und die Abfindungshöhe unabsehbar machen.

Dagegen kann auch nicht eingewandt werden, dass Minderheitsaktionäre mit ihren Stimmen ohnehin nicht imstande seien, die jeweilige Maßnahme zu verhindern, so dass sich ein infolge ungenügender Information beeinflusstes Abstimmungsverhalten ohnehin nicht auf das Ergebnis der Abstimmung auswirke. Das Gesetz sieht unabhängig davon, ob das Ergebnis des Hauptversammlungsbeschlusses aufgrund klarer Stimmverhältnisse bereits vorher feststeht, das Ergehen eines Hauptversammlungsbeschlusses als Voraussetzung für die Durchführung der abfindungsauslösenden Maßnahme vor.[188] Der Beschlussfassung der Hauptversammlung hat eine umfassende Information sämtlicher Aktionäre vorauszugehen. Insbesondere aufgrund des Gesichtspunkts, dass der Hauptaktionär gegenüber den auszuschließenden Minderheitsaktionären über einen erheblichen Wissensvorsprung im Hinblick auf die zu beschließende Maßnahme verfügt, weil er in ihrem Vorfeld die Abfindung festzulegen hat, ist eine genaue Information der anderen Aktionäre erforderlich, um ein gewisses Gleichgewicht herzustellen.

Das Gesetz bestimmt in § 327c Abs. 3 Nr. 4 AktG ausdrücklich, dass der vom gerichtlich ausgewählten und bestellten sachverständigen Prüfer[189] nach § 327c Abs. 2 Satz 2 AktG zu erstattende Bericht über die Angemessenheit der Abfindung von der Einberufung der Hauptversammlung an in den Geschäftsräumen der betreffenden Gesellschaft zur Einsicht der Minderheitsaktionäre auszulegen ist.[190] Dies ist aber nur möglich, wenn der Bericht bereits vor der Einberufung der Hauptversammlung fertig gestellt ist.[191] Ist jedoch, wie vom Bundesgerichtshof und von *Ullrich* gefordert, der Endzeitpunkt des Referenzzeitraums erst auf den Tag der Beschlussfassung der Hauptversammlung anzusetzen, so müssten bis zu diesem Zeitpunkt die Börsenkurse in die Ermittlung des Durchschnittskurses einfließen. Der Bericht könnte dann frühestens am Tag der beschlussfassenden Hauptversammlung fertig gestellt wer-

---

[188] Zum Erfordernis der Durchführung einer Hauptversammlung: *Grunewald*, in: MünchKommAktG, § 327a Rn. 14; *Hamann*, S. 19 f.; *Hasselbach*, in: Kölner Komm, WpÜG, § 327a AktG Rn. 19; *Hüffer*, AktG, § 327a Rn. 9; *Kiem*, in: RWS-Forum 20, S. 329, 335 f.; *Krieger*, BB 2002, 53, 58 re. Sp.; *Quandt*, S. 126 ff., 131; *Sieger/Hasselbach*, ZGR 2002, 120, 132, nach deren Ansicht der Hauptversammlungsbeschluss unverzichtbar ist, zumal ansonsten die Anfechtung als wichtiges Mittel des aktienrechtlichen Minderheitenschutzes wegfiele. Zudem sei die Hauptversammlung das primäre Forum der Willensbildung. A.A.: *Habersack*, ZIP 2001, 1230, 1236 re. Sp. f.; *Rühland*, S. 205 ff., 210; *Schiessl*, AG 1999, 442, 452 li. Sp.; *Vetter*, DB 2001, 743, 744 re. Sp.; *ders.*, ZIP 2000, 1817, 1820 li. Sp. a.B., nach deren Ansicht der Hauptversammlungsbeschluss bloße Förmlichkeit ist. An die Stelle des Beschlusses der Hauptversammlung könne eine gerichtliche Entscheidung auf Antrag des Hauptaktionärs treten.

[189] Insofern gelten über § 327c Abs. 2 AktG die §§ 293d AktG, 319 Abs. 1 HGB. Vgl. dazu *Grunewald*, in: MünchKommAktG, § 327c Rn. 12 f.

[190] Vgl. zur Problematik der Parallelprüfung: OLG Düsseldorf AG 2004, 207, 211 li. Sp.; OLG Hamburg ZIP 2004, 2288, 2289 re. Sp.; OLG Stuttgart AG 2004, 105, 107 li. Sp. f., die der Ansicht sind, dass eine Parallelprüfung nicht grundsätzlich gegen die Unabhängigkeit der Prüfung des Übertragungsprüfers spricht. Zustimmend *Leuering*, NZG 2004, 606, 608 li. Sp.; *Schautes*, DB 2004, 591, 593 li. Sp.

[191] Insofern weisen auch *Steinmeyer/Häger*, WpÜG, § 327c AktG Rn. 9, *Quandt*, S. 225, auf die Probleme hin, die bestehen, wenn die Werte späterer Zeitpunkte einfließen müssten.

den, was nach dem eindeutigen Wortlaut des Gesetzes zu spät ist.[192] Im Zeitpunkt der Einberufung der Hauptversammlung könnte der Prüfer anstelle seiner Erklärung zur Angemessenheit der Abfindung lediglich eine diesbezügliche Prognose abgeben.[193] Der Gesetzgeber wollte dadurch, dass er den Minderheitsaktionären ab Einberufung der Hauptversammlung an die Einsicht in den Prüferbericht[194] ermöglicht, eine Grundlage für eine Entscheidung zugunsten oder gegen die Maßnahme sichern. Eine bloße Schätzung des Prüfers wird dem nicht gerecht.[195] Schon gar nicht ausreichend ist vor diesem Hintergrund, dass der Prüfer erst am Tag der Beschlussfassung der Hauptversammlung den Bericht vorlegt und seine Schlusserklärung[196] abgibt. Den Minderheitsaktionären würde jegliche Bedenkzeit genommen.

dd) Zwischenergebnis

Damit verbietet es sich, Kurse nach dem Einberufungstag in die Berechnung des Durchschnittskurses einzubeziehen, was zur Folge hat, dass der Tag der beschlussfassenden Hauptversammlung als Endzeitpunkt der Referenzperiode ausscheidet. Spätester möglicher Endzeitpunkt ist demzufolge der Tag der Bekanntgabe der beabsichtigten Maßnahme durch die Einberufung der Hauptversammlung.[197] Möglich ist aber auch, dass die beabsichtigte Maßnahme, beispielsweise durch eine Ad-hoc-Mitteilung nach § 15 WpHG, bereits vor der Einberufung der Hauptversammlung bekannt wird. In diesem Fall muss die Referenzperiode mit dem Zeitpunkt des Bekanntwerdens enden. Denn durch die Kenntniserlangung seitens der Aktionäre und des Marktes ist die Gefahr von Manipulationen besonders groß. Diese gilt es jedoch zu verhindern. Dem Postulat der Vermeidung einer Einflussnahme seitens der Parteien des Abfindungsverhältnisses auf die Höhe des Durchschnittskurses wird nur dann genüge getan, wenn der Referenzzeitraum mit dem Bekanntwerden der Maßnahme endet.[198] Würde man, wie der Bundesgerichtshof es möchte, stattdessen auf den Tag der Beschlussfassung der Hauptversammlung als Endzeitpunkt abstellen, hätten zum einen die Minderheitsaktionäre ab dem Zeitpunkt ihrer Kenntnis von der geplanten Maßnahme die Möglichkeit, den Börsenkurs durch Spekulationen in die Höhe zu treiben.[199] Zum anderen bestünde, wenn der Markt Kenntnis von der ge-

---

[192] Gegenstand der Prüfung und des vom Abschlussprüfer zu erstellenden Berichts ist nicht der Bericht des Hauptaktionärs, sondern die Angemessenheit der von diesem festgesetzten Abfindung. Gleichwohl ist der Bericht des Hauptaktionärs in der Regel zu berücksichtigen. Vgl. *Eisolt*, DStR 2002, 1145, 1149 li. Sp.; *Grzimek*, in: Geibel/Süßmann, Art. 7, WpÜG, § 327c AktG Rn. 15 f.; *Hasselbach*, in: Kölner Komm, WpÜG, § 327c AktG Rn. 21.

[193] Vgl. zu den Folgen einer Schlusserklärung des Prüfers, wonach die Abfindung zu niedrig bemessen ist, sowie zum Fall der Testatsverweigerung die Ausführungen bei *Ott*, DB 2003, 1615, 1617 li. Sp.

[194] Vgl. allgemein zum Inhalt der Prüfung beim Squeeze-out *Eisolt*, DStR 2002, 1145, 1147 ff.

[195] Zur Haftung und Strafbarkeit des Prüfers: *Hasselbach*, in: Kölner Komm, WpÜG, § 327c AktG Rn. 28 f.; *Ott*, DB 2003, 1615, 1617 re. Sp.

[196] Vgl. dazu *Grzimek*, in: Geibel/Süßmann, WpÜG, Art. 7, § 327c AktG Rn. 32.

[197] So ohne nähere Begründung *Sieger/Hasselbach*, ZGR 2002, 120, 150.

[198] So im Ergebnis auch *Drukarczyk*, FS Scherrer, 2004, S. 625, 638; *Hasselbach*, in: Kölner Komm, WpÜG, § 327b AktG Rn. 20; *Meilicke/Heidel*, DB 2001, 973, 974 li. Sp., 975 re. Sp. a.E.; *Schwichtenberg*, S. 267. Auf einen Referenzkurs vor Bekanntgabe der Maßnahme wird auch in den vom Berufsstand der Wirtschaftsprüfer festgelegten Grundsätzen zur Durchführung von Unternehmensbewertungen (IDW S 1) abgestellt. Vgl. insofern zu den Regelungszielen im WpÜG: *Oechsler*, in: Ehricke/Ekkenga/Oechsler, WpÜG, § 31 Rn. 23 f.

[199] *Krieger*, BB 2002, 53, 56 li. Sp. Vgl. auch *Bungert*, BB 2001, 1163, 1166 li. Sp.

planten Maßnahme erlangt, die Gefahr, dass bislang außenstehende Dritte versuchen, noch Anteile an der Gesellschaft zu erwerben, um in den Genuss einer ihren Kaufpreis etwaig übersteigenden Abfindung zu gelangen.[200] Insofern ist durchaus denkbar, dass gewisse Marktteilnehmer die Kurse von Gesellschaften, bei denen eine abfindungsauslösende Maßnahme zu erwarten ist, intensiv beobachten und eine Art „Abfindungshopping" betreiben.[201] Sowohl die Spekulationen seitens der Minderheitsaktionäre als auch der kurzzeitige Einstieg von „Abfindungsjägern" sind geeignet, den Börsenkurs in dem Zeitraum nach dem Bekanntwerden der Maßnahme bis zum Tag der Beschlussfassung durch die Hauptversammlung in die Höhe zu treiben. Dies hätte zur Folge, dass die künstlich hohen Kurse mit in die Berechnung des Durchschnittskurses einfließen und so den Referenzkurs zu Lasten des Hauptaktionärs verfälschen.[202]

d) Bekanntmachungspflichten im Rahmen der Durchführung eines Ausschlussverfahrens

aa) Mögliche Publizitätspflicht nach § 21 Abs. 1 WpHG

In diesem Zusammenhang stellt sich die Frage, in welchen Fällen außerhalb der Einberufung der Hauptversammlung bei der Durchführung eines Squeeze-out-Verfahrens eine Bekanntmachung zu erfolgen hat. Denkbar ist zunächst, dass an die Überschreitung der in § 327a Abs. 1 Satz 1 AktG vorgesehenen 95 %-Schwelle eine Publizitätspflicht geknüpft ist. Eine losgelöste Veröffentlichungspflicht des Hauptaktionärs oder der Gesellschaft besteht im Falle des Überschreitens der 95 %-Schwelle grundsätzlich nicht.[203] Allerdings kann sich eine Pflicht zur Bekanntmachung der Überschreitung des Grenzwerts aus dem besonderen gesetzlichen Publizitätstatbestand der §§ 21 ff. WpHG ergeben. So sieht § 21 Abs. 1 WpHG vor, dass derjenige, der durch Erwerb, Veräußerung oder auf sonstige Weise 5, 10, 25, 50 oder 75 % der Stimmrechte an einer Gesellschaft, deren Aktien zum Handel an einem organisierten Markt zugelassen sind (§ 21 Abs. 2 WpHG), erreicht, überschreitet oder unterschreitet (Meldepflichtiger), diese Tatsachen der Gesellschaft sowie der Bundesanstalt für Finanzdienstleistungsaufsicht unverzüglich, spätestens aber sieben Tage nach dem jeweiligen Ereignis, unter Angabe des neuen Stimmrechtsanteils schriftlich mitzuteilen hat.[204] Von Bedeutung ist in diesem Zusammenhang allerdings, dass die Bestimmung des § 21 Abs. 1 WpHG weder die von § 327a Abs. 1 Satz 1 AktG vorausgesetzte 95 %-Schwelle enthält, noch an die Kapitalbeteiligung anknüpft. Für die Publizitätspflicht des § 21 Abs. 1 WpHG kommt es allein auf die Stimmrechtsbeteiligung an. Eine Veröffentlichungspflicht ergibt sich für einen Mehrheitsaktionär demnach nur dann, wenn er mit seinen Stimmrechten erstmals die 75 %-Grenze des § 21 Abs. 1 WpHG überschreitet. In diesem Fall ist die betroffene Gesellschaft nach § 25 Abs. 1 WpHG verpflichtet, die ihr vom Meldepflichtigen mitgeteilte Veränderung

---

[200] Vgl. *Helmis*, ZBB 2003, 161, 165 re. Sp.
[201] Vgl. dazu *Angerer*, BKR 2002, 260, 261 li. Sp.; *Helmis*, ZBB 2003, 161, 164 Fn. 21.
[202] *Meilicke/Heidel*, DB 2001, 973, 975 li. Sp.
[203] *Hasselbach*, in: Kölner Komm, WpÜG, § 327a AktG Rn. 42; *Rühland*, S. 199; *Sieger/Hasselbach*, ZGR 2002, 120, 140.
[204] Vgl. zu der Vorschrift des § 21 WpHG die Ausführungen bei *Göckeler*, in: Beck'sches Handbuch der AG, § 24 Rn. 170 ff.

der Stimmrechtsanteile ihrerseits unverzüglich, spätestens aber neun Tage nach Zugang der Mitteilung in einem überregionalen Börsenpflichtblatt zu veröffentlichen. Sowohl für die Gesellschaft als auch für die anderen Aktionäre ist daraus allerdings nur ersichtlich, dass die Schwelle im Hinblick auf die Stimmrechtsanteile überschritten wurde. Ihnen wird jedoch nicht mitgeteilt, wie hoch die vom Mehrheitsaktionär gehaltene Kapitalbeteiligung ist.[205] Die Beteiligung des Mehrheitsaktionärs kann beispielsweise nur etwas über 75 % der Stimmrechtsanteile der Gesellschaft ausmachen. In diesem Fall ist der Mehrheitsaktionär regelmäßig auch weit entfernt von der für die Durchführung eines Squeeze-out-Verfahrens erforderlichen 95 %igen Kapitalbeteiligung. Überschreitet der Mehrheitsaktionär später die 95 %-Schwelle hinsichtlich der Stimmrechtsanteile, so ist er nach § 21 Abs. 1 WpHG nicht verpflichtet, die Neuerwerbe zu veröffentlichen. Betrachtet man dies, so drängt sich der Gedanke auf, dass der früheren Veröffentlichung nach § 21 Abs. 1 WpHG jeglicher Bezug zu den „Verhältnissen der Gesellschaft im Zeitpunkt der Beschlussfassung ihrer Hauptversammlung“ fehlt. Zumal ein erheblicher Zeitraum zwischen der Bekanntmachung der Überschreitung der 75 %-Schwelle in Bezug auf die Stimmrechtsanteile und dem Erwerb der 95 %igen Kapitalbeteiligung verstrichen sein kann. Ein Bezug wäre allenfalls dann gegeben, wenn der Mehrheitsaktionär nicht allein 75 % der Stimmrechte einer Gesellschaft erwirbt, sondern zugleich die 95 %-Schwelle des § 327a Abs. 1 AktG im Hinblick auf die Kapitalbeteiligung überschreitet. Da der Erwerb einer derart großen Anzahl an Aktien auf einen Schlag aber regelmäßig die Ausnahme sein dürfte, ist darauf zu verzichten, die Veröffentlichung nach § 21 Abs. 1 WpHG als Endzeitpunkt der Referenzperiode heranzuziehen.

bb) Die Ad-hoc-Mitteilung nach § 15 Abs. 1 WpHG

Als Endzeitpunkt könnte jedoch eine Bekanntmachung im Rahmen der in § 15 Abs. 1 WpHG geregelten Ad-hoc-Publizität maßgeblich sein.[206] So ist zum Beispiel auch in § 5 Abs. 1 WpÜG-AngebotsVO als Endzeitpunkt des der Ermittlung des Durchschnittskurses zugrunde zu legenden Referenzzeitraums die Ad-hoc-Mitteilung festgesetzt.[207] Nach § 15 Abs. 1 WpHG muss der Emittent von Finanzinstrumenten, die zum Handel an einem inländischen organisierten Markt zugelassen sind oder für die eine solche Zulassung beantragt ist, unverzüglich Insiderinformationen veröffentlichen, die ihn unmittelbar betreffen.[208] Nach der in § 13 Abs. 1 WpHG enthaltenen

[205] *Hasselbach*, in: Kölner Komm, WpÜG, § 327a AktG Rn. 42.

[206] Die Regelung zur Ad-hoc-Publizität wurde durch das Zweite Finanzmarktförderungsgesetz (Gesetz über den Wertpapierhandel und zur Änderung börsenrechtlicher und wertpapierrechtlicher Vorschriften) vom 26.07.1994 (BGBl. I S. 1749 ff.) eingeführt. Sie geht auf die inzwischen außer Kraft getretene Regelung in § 44a Abs. 1 BörsG zurück, deren Funktion sie übernommen hat und der sie inhaltlich im Wesentlichen entspricht. Vgl. dazu *Göckeler*, in: Beck'sches Handbuch der AG, § 24 Rn. 135. Zuletzt geändert wurde die Vorschrift des § 15 WpHG durch das Anlegerschutzverbesserungsgesetz (AnSVG – Gesetz zur Verbesserung des Anlegerschutzes) vom 28.10.2004 (BGBl. I S. 2630).

[207] *Gampenrieder*, S. 99. Vgl. zu den diesbezüglichen Regelungen im WpÜG die Ausführungen bei *Oechsler*, in: Ehricke/Ekkenga/Oechsler, WpÜG, § 31 Rn. 13.

[208] Wie die Veröffentlichung zu erfolgen hat, wird durch die Bestimmungen der WpAIV vorgegeben. Bei ihr handelt es sich um die Verordnung zur Konkretisierung von Anzeige-, Mitteilungs- und Veröffentlichungspflichten sowie der Pflicht zur Führung von Insiderverzeichnissen nach dem Wertpapierhandelsgesetz (Wertpapierhandelsanzeige- und Insiderverzeichnisverordnung vom 13.12.2004, BGBl. I S. 3376).

Definition handelt es sich bei einer Insiderinformation um eine konkrete Information über nicht öffentlich bekannte Umstände, die sich auf einen oder mehrere Emittenten von Insiderpapieren[209] oder auf die Insiderpapiere selbst beziehen und die geeignet sind, im Falle ihres öffentlichen Bekanntwerdens den Börsen- oder Marktpreis der Insiderpapiere erheblich zu beeinflussen.

Fraglich ist im Hinblick auf die Squeeze-out-Sachverhalte sowohl, welche Informationen publizitätspflichtig sind, als auch, wer Adressat einer möglichen Veröffentlichungspflicht ist. Als publizitätspflichtiges Ereignis kommt zunächst wiederum das Überschreiten der 95 %-Schwelle in Betracht. Der Erwerb der 95 %igen Kapitalbeteiligung berechtigt den Hauptaktionär zum Ausschluss der übrigen Aktionäre. Dieser Gesichtspunkt allein mag bereits geeignet sein, den Kapitalmarkt dazu zu verleiten, die Gesellschaft als potentielle Squeeze-out-Kandidatin zu handeln, was sich auf den Börsenkurs ihrer Aktien auswirken kann. Die Gesellschaft könnte daher eine Publizitätspflicht treffen, zumal es nach der Neufassung des § 15 Abs. 1 WpHG nicht mehr zwingend darauf ankommt, dass die Umstände in ihrem Tätigkeitsbereich eintreten. Allerdings bliebe, nähme man eine Verpflichtung der Gesellschaft insoweit an, unberücksichtigt, dass das Überschreiten der 95 %-Schwelle den Hauptaktionär nicht verpflichtet, die Minderheitsaktionäre auszuschließen. Er ist frei in der Entscheidung über die Durchführung eines Ausschlussverfahrens. Da im Zeitpunkt des Überschreitens des Grenzwerts mithin grundsätzlich ungewiss ist, ob es überhaupt jemals zu einem Ausschluss kommen wird, ist der Gesichtspunkt des Erwerbs der 95 %igen Kapitalbeteiligung nicht als Anknüpfungspunkt für eine Publizitätspflicht geeignet.

Als publizitätspflichtige Tatsache könnte jedoch das gegenüber dem Vorstand geäußerte Verlangen[210] des Hauptaktionärs nach Einberufung der Hauptversammlung zwecks Fassung des Übertragungsbeschlusses zu qualifizieren sein.[211] In Bezug auf den Hauptaktionär kann sich die Entscheidung dann als publizitätspflichtige Tatsache darstellen, wenn dieser Emittent von Finanzinstrumenten im Sinne des § 15 Abs. 1 WpHG ist und es zu einer erheblichen Kursbeeinflussung kommen kann. Selbst wenn man unterstellt, dass die in dem Verlangen zum Ausdruck kommende konkrete Absicht der Durchführung eines Ausschlussverfahrens Kursrelevanz besitzt,[212] erschiene eine Anknüpfung an die daraus folgende Veröffentlichung des Hauptaktio-

---

[209] S. die Definition in § 12 WpHG.

[210] Vgl. zum Begriff des „Verlangens" auch die §§ 83 Abs. 1, 90 Abs. 3, 107 Abs. 2, 110 Abs. 1, 131 Abs. 1 AktG. Nach *Sieger/Hasselbach*, ZGR 2002, 120, 141, ist darunter eine „in jeder beliebigen Form mögliche Aufforderung an die Gesellschaftsorgane" zu verstehen, „sich in einer bestimmten Weise zu verhalten oder bestimmte Maßnahmen zu ergreifen".

[211] So auch *BAWe*, NZG 2002, 563, 563/564; *Drukarczyk*, FS Scherrer, 2004, S. 625, 635; *Hasselbach*, in: Kölner Komm, WpÜG, § 327a AktG Rn. 43; *Sieger/Hasselbach*, ZGR 2002, 120, 141. Wenn der Hauptaktionär dem Vorstand gegenüber das Verlangen nach einer Einberufung der Hauptversammlung zur Fassung des Übertragungsbeschlusses ausgesprochen hat, ist der Vorstand verpflichtet, bei Vorliegen der Ausschlussvoraussetzungen das Squeeze-out-Verfahren einzuleiten und die Hauptversammlung einzuberufen. Ein eigenständiger Entscheidungsspielraum steht dem Vorstand insofern nicht zu. Den Zeitpunkt der Hauptversammlung muss der Vorstand unter Berücksichtigung der Interessen des Hauptaktionärs und der Gesellschaft bestimmen. Vgl. *Sieger/Hasselbach*, ZGR 2002, 121, 142.

[212] Dies für den Regelfall verneinend *BAWe*, NZG 2002, 563, 564 li. Sp. So auch *Claussen/Florian*, AG 2005, 745, 757 li. Sp., die sich mit dem von der Bundesanstalt für Finanzdienstleistungsaufsicht im Juli 2005 herausgegebenen Emittentenleitfaden beschäftigen. Hingegen nimmt *Habersack*, in: Emmerich/Habersack, § 327c Rn. 3, eine Pflicht des Hauptaktionärs zur Veröffentlichung an.

närs als Endzeitpunkt für die Referenzperiode jedoch als unsachgemäß. Denn letztlich geht es hier darum, einen Anknüpfungspunkt für die Bewertung der Anteile der Gesellschaft zu finden, so dass es näher liegt, eine die Gesellschaft treffende Veröffentlichungspflicht als maßgeblich zu erachten. Eine der Gesellschaft obliegende Publizitätspflicht könnte bestehen, da der Kurs der von ihr ausgegebenen Aktien durch die Ankündigung der Durchführung eines Squeeze-out-Verfahrens in der Regel erheblich beeinflusst werden dürfte.[213] Dies belegen die bereits angesprochenen empirischen Untersuchungen, die sich mit der Entwicklung des Börsenkurses nach Bekanntwerden einer abfindungsauslösenden Maßnahme befasst haben. Zudem haben sich die im Hinblick auf die Voraussetzung des § 15 Abs. 1 WpHG a.F. bestehenden Bedenken durch die Neufassung der Vorschrift weitgehend erledigt. Nach § 15 Abs. 1 WpHG a.F. war erforderlich, dass die etwaig zu veröffentlichende Tatsache „im Tätigkeitsbereich" des Emittenten eingetreten sein muss.[214] Dies hätte insofern zweifelhaft sein können, als die Entscheidung über die Durchführung des Squeeze-out allein beim Hauptaktionär liegt, ohne dass die Gesellschaft Einfluss nehmen kann. Der Neufassung des § 15 Abs. 1 Satz 1 WpHG zufolge reicht es heute aber aus, dass die Insiderinformation den Emittenten „unmittelbar betrifft", was nach § 15 Abs. 1 Satz 2 WpHG insbesondere dann anzunehmen ist, wenn sie sich auf Umstände bezieht, die in seinem Tätigkeitsbereich eingetreten sind. Letzterer Gesichtspunkt hat daher lediglich noch Indizwirkung. Dass die Gesellschaft durch die Durchführung des Ausschlussverfahrens unmittelbar betroffen ist, zeigt der Umstand, dass sich der Squeeze-out auf ihren allgemeinen Geschäftsverlauf auswirkt.[215] Denn die Entscheidung des Hauptaktionärs für die Durchführung eines Ausschlussverfahrens führt bei der betroffenen Gesellschaft, ohne dass diese das verhindern kann, regelmäßig zu einem Wegfall der Börsennotierung. Zudem entfällt auch der aus dem Minderheitenschutz resultierende Formalaufwand, was sich, wenn man den vom Gesetzgeber für die Einführung des Squeeze-out-Verfahrens genannten Rechtfertigungsgründen Glauben schenken darf, kostensenkend auswirkt. Demnach sind Auswirkungen auf die Vermögens- und Finanzlage der Gesellschaft gegeben.[216] Vom Vorliegen der in § 15 Abs. 1 WpHG genannten Auswirkungen ist in jedem Fall auszugehen, wenn man, wie hier vertreten, den Übertragungsbeschluss den Grundlagen- und Strukturbeschlüssen gleichstellt. Aus diesem Grunde ist die Gesellschaft, wenn der Hauptaktionär ihr gegenüber die Entscheidung für die Durchführung eines Ausschlussverlangens äußert, nach § 15 Abs. 1 WpHG verpflichtet, dies zu veröffentlichen.[217]

---

[213] So auch *BAWe*, NZG 2002, 563, 564 li. Sp. a.E.

[214] Aus diesem Grunde lehnte *Habersack*, in: Emmerich/Habersack, 3. Aufl., § 327c Rn. 3, noch eine Verpflichtung der Gesellschaft ab. Nach der Änderung des § 15 WpHG sieht auch er die Gesellschaft als publizitätspflichtig an. Vgl. *Habersack*, in: Emmerich/Habersack, 4. Aufl., § 327c Rn. 3.

[215] So auch *Steinmeyer/Häger*, WpÜG, § 327c AktG Rn. 18; a.A.: *BAWe*, NZG 2002, 563, 564 li. Sp., *Rühland*, S. 202 f., mit Hinweis darauf, dass sich lediglich die Gesellschafterstruktur ändere, jedoch nach den Grundsätzen ordnungsgemäßer Buchführung kein Buchungsvorgang für den handelsrechtlichen Abschluss erfolge. In diese Richtung tendieren auch Drukarczyk, FS Scherrer, 2004, S. 625, 635 Fn. 17 (Mit Hinweis darauf, dass dies nur im Falle einer engen, am Wortlaut orientierten Auslegung gegeben sei.); *Fleischer*, ZGR 2002, 757, 778.

[216] So auch *Baums*, S. 168; *Vetter*, AG 2002, 176, 186 re. Sp.

[217] So auch *Hasselbach*, in: Kölner Komm, WpÜG, § 327a AktG Rn. 43; *Sieger/Hasselbach*, ZGR 2002, 120, 141; *Steinmeyer/Häger*, WpÜG, § 327c AktG Rn. 18. Nunmehr auch *Habersack*, in: Emmerich/Habersack, § 327c Rn. 3.

cc) Besonderheiten bei nicht börsennotierten Gesellschaften

Besonderheiten bestehen insofern allerdings im Hinblick auf solche Gesellschaften, die von der Publizitätspflicht von vornherein nicht erfasst werden. Die Regelung des § 15 Abs. 1 WpHG erstreckt sich nur auf Gesellschaften, deren Anteile zum Handel an einem inländischen organisierten Markt zugelassen sind oder für die eine solche Zulassung beantragt ist. Sonstige Gesellschaften können allerdings nach den §§ 20, 21 AktG einer Meldepflicht unterliegen. Gemäß diesen Bestimmungen hat ein Unternehmen, sobald ihm mehr als 25 % der Stimmrechte oder eine Mehrheitsbeteiligung (§ 16 Abs. 1 AktG) an einer Aktiengesellschaft gehören, dies der Gesellschaft unverzüglich mitzuteilen. Letztere ist nach § 20 Abs. 6 AktG ihrerseits verpflichtet, diese Tatsache unverzüglich in den Gesellschaftsblättern zu veröffentlichen.[218] Es bestehen jedoch Bedenken, ob die §§ 20, 21 AktG im Falle der Überschreitung der 95 %-Schwelle durch den Hauptaktionär überhaupt einschlägig sind. Da der Unternehmensbegriff des § 20 Abs. 1 und 4 AktG rechtsformneutral ist und damit auch Personengesellschaften, Gesellschaften bürgerlichen Rechts und sogar natürliche Personen erfasst,[219] ist es durchaus möglich, dass der Hauptaktionär als Unternehmen zu qualifizieren ist. Die Zweifel ergeben sich jedoch aus der Tatsache, dass die 95 %-Schwelle im Rahmen der §§ 20, 21 AktG keine Bedeutung hat.[220] Insofern kann auf die Ausführungen zu § 21 Abs. 1 WpHG im Zusammenhang mit den im Sinne des § 21 Abs. 2 WpHG börsennotierten Gesellschaften verwiesen werden. Da nicht feststeht, ob der Hauptaktionär, dessen letztmalige Bekanntmachung nach den §§ 20, 21 AktG bereits lange Zeit zurückliegen kann und dessen letzter Bekanntmachung mehrere nicht bekannt gewordene Erwerbe gefolgt sein können, überhaupt einmal ein Ausschlussverfahren durchführen wird, sollte eine etwaige Mitteilung nach den §§ 20, 21 AktG nicht als Endzeitpunkt für die Referenzperiode zur Ermittlung des durchschnittlichen Börsenkurses bei nicht börsennotierten Gesellschaften im Sinne des § 15 Abs. 1 WpHG herangezogen werden.[221] Stattdessen wäre als Endzeitpunkt auf die Bekanntmachung durch Einberufung der Hauptversammlung abzustellen. Um einen Gleichklang zu erreichen, empfiehlt es sich jedoch, in einer Analogie zu § 15 Abs. 1 WpHG dem Vorstand einer nicht börsennotierten Gesellschaft im Sinne des § 15 Abs. 1 WpHG, also von Gesellschaften, deren Anteile nicht zum Handel an einem inländischen organisierten Markt zugelassen sind, die Verpflichtung aufzuerlegen, das Übertragungsverlangen des Hauptaktionärs unverzüglich bekannt zu geben.[222] Auf den Zeitpunkt dieser Bekanntgabe sollte dann als Endzeitpunkt der Referenzperiode zurückgegriffen werden.

[218] Den §§ 20, 21 AktG unterfallen nach §§ 20 Abs. 8, 21 Abs. 5 AktG nicht börsennotierte Gesellschaften i. S. des § 21 Abs. 2 WpHG. Börsennotierte Gesellschaften sind durch die Vorschriften des WpHG hinreichend geschützt. Vgl. *Göckeler*, in: Beck'sches Handbuch der AG, § 24 Rn. 186, 189.

[219] *Göckeler*, in: Beck'sches Handbuch der AG, § 24 Rn. 187.

[220] Vgl. *Drukarczyk*, FS Scherrer, 2004, S. 625, 634, der ebenfalls darauf hinweist, dass die Publizitätsregelungen nicht auf die für den Squeeze-out erforderliche Beteiligungsschwelle zugeschnitten seien.

[221] *Fleischer*, ZGR 2002, 757, 778/779, möchte, um eine „Publizitätslücke" zu vermeiden, bis zu einer gesetzgeberischen Anpassung der § 20 AktG und § 21 WpHG mit einem Rückgriff auf die Treuepflicht eine Publizitätspflicht des Hauptaktionärs begründen.

[222] *Vetter*, ZIP 2000, 1817, 1819 re. Sp., fordert eine Ergänzung der in § 20 AktG und eine Erweiterung der in § 21 WpHG geregelten Mitteilungspflichten. *Steinmeyer/Häger*, WpÜG, § 327c AktG Rn. 19, meinen, der Vorstand habe von sich aus die Absicht des Hauptaktionärs zur Durchführung eines Squeeze-out unverzüglich zu veröffentlichen, wenn er sichere Kenntnis von dessen Plänen erhält.

e) Ergebnis

Als Ergebnis bleibt demnach festzuhalten, dass der vom Bundesgerichtshof in der *„DAT/Altana“*-Entscheidung angenommenen Favorisierung des Tages der beschlussfassenden Hauptversammlung als Endzeitpunkt des Referenzzeitraums nicht gefolgt werden kann. Um Manipulationen zu vermeiden, sollte die der Ermittlung des Durchschnittskurses zugrunde zu legende Referenzperiode mit dem Tag der Bekanntmachung der beabsichtigten Maßnahme durch eine Ad-hoc-Mitteilung nach § 15 WpHG enden.[223]

2. Die Länge des Referenzzeitraums

a) Vorschläge der rechtswissenschaftlichen Literatur

Einer Klärung bedarf nun noch die Frage, wie lang der Referenzzeitraum zu bemessen ist, der zur Grundlage der Ermittlung des Durchschnittskurses gemacht werden muss. Das Bundesverfassungsgericht hat in dem *„DAT/Altana“*-Beschluss lediglich auf die Möglichkeit der Heranziehung eines Durchschnittskurses hingewiesen. Da es jedoch die endgültige Entscheidung darüber, ob auf einen Stichtags- oder aber auf einen Durchschnittskurs abzustellen ist, ausdrücklich den Zivilgerichten überlassen hat, konnte das Gericht auf weitere Ausführungen im Hinblick auf die Ermittlung des Durchschnittskurses verzichten. Demzufolge finden sich in der Entscheidung auch keine Vorgaben dazu, wie lang der zur Bestimmung des Durchschnittskurses zu betrachtende Referenzzeitraum zu bemessen ist. Dies führte dazu, dass im rechtswissenschaftlichen Schrifttum bei den Befürwortern eines Durchschnittskurses eine lebhafte Diskussion über den anzulegenden Referenzzeitraum entfacht wurde. Die Auseinandersetzung mit der Frage nach der Länge der Referenzperiode zeichnete sich dadurch aus, dass sich keine einheitliche Linie, ja noch nicht einmal eine gewisse Tendenz herauskristallisierte, welcher zeitliche Rahmen für die Bestimmung des Referenzkurses abzustecken ist. Die äußersten Grenzen der in der Literatur vertretenen Ansichten zum Referenzzeitraum bildeten die Vorschläge von *Luttermann* und *Vetter* einerseits sowie von *Busse von Colbe* andererseits. *Luttermann* und *Vetter* forderten, dass der Durchschnittskurs eines Zeitraums von zwei bis drei Jahren heranzuziehen sei, der mit dem Zeitpunkt des Bekanntwerdens der die Abfindungsverpflichtung auslösenden Maßnahme zu enden habe.[224] In diese Richtung tendierte auch *Wilm*, der die Ansicht vertrat, dass ein Zeitraum von sechs Monaten die absolute Untergrenze darstelle. Eher müsse eine Referenzperiode von einem Jahr, wenn nicht sogar eine noch längere Zeitspanne betrachtet werden.[225] Bei der Länge des Referenzzeitraums komme es letztlich auf den Einzelfall an. Bei liquiden Aktien sei

[223] Vgl. zu den bisherigen Erfahrungen in der Praxis: In den meisten Fällen erfolgte die Bekanntgabe des Ausschlusses durch eine Ad-hoc-Mitteilung oder eine sonstige Pressemitteilung durch den Hauptaktionär. In anderen Fällen wurden die Vorhaben ausschließlich über die Einladung der Minderheitsaktionäre zu der die Übertragung beschließenden Hauptversammlung angekündigt. S. insofern die Angaben bei *Helmis*, ZBB 2003, 161, 164/165.

[224] *Vetter*, AG 1999, 569, 571/572; *Luttermann*, ZIP 2001, 869, 872 re. Sp., der zwischenzeitlich betonte, dass ein Zeitraum von unter zwölf Monaten jedenfalls nicht ausreiche, vgl. JZ 1999, 945, 946 li. Sp. Vgl. auch *Komp*, S. 388.

[225] *Wilm*, NZG 2000, 234, 239 li. Sp.

auf einen Zeitraum von sechs Monaten bis zu einem Jahr abzustellen, während bei wenig liquiden Aktien eine noch längere Zeitspanne zu betrachten sei.[226] Eine unter drei Monaten liegende Referenzperiode komme stattdessen nur bei sehr liquiden Aktien „mit hohem Handelsvolumen" in Betracht. Als gegenteiliges Extrem trug *Busse von Colbe* vor, dass auf den Durchschnittskurs eines Zeitraums von fünf bis zehn Börsentagen abzustellen sei.[227] Im Übrigen fanden sich im rechtswissenschaftlichen Schrifttum dazwischen liegende Forderungen. So sollte beispielsweise nach der Ansicht von *Wilken* ein Zeitraum von dreißig oder einhundert Tagen vor der Ad-hoc-Mitteilung nach § 15 WpHG maßgeblich sein.[228]

b) Entscheidungen der Gerichte

In Richtung des in dem breiten Spektrum an Vorschlägen postulierten sechsmonatigen Referenzzeitraums tendierte schließlich auch das OLG Stuttgart, das der Ermittlung des Durchschnittskurses einen fünfmonatigen Referenzzeitraum zugrunde legte.[229] Das Gericht stellte in seiner *„Schwaben Zell/Hannover Papier"*-Entscheidung zugleich fest, dass es sich bei diesem fünfmonatigen Zeitraum nicht um einen für alle Fälle geltenden Zeitraum handele, sondern es „wünschenswert" sei, dem Durchschnittskurs einen längeren Zeitraum als in dem konkret beurteilten Fall zugrunde zu legen.[230] Zur Heranziehung einer längeren Referenzperiode sah sich das OLG Stuttgart für den von ihm konkret zu beurteilenden Fall jedoch außerstande. Da es die Bekanntgabe des Gewinnabführungs- und Beherrschungsvertrags als Endzeitpunkt der zu betrachtenden Referenzperiode bestimmte, konnten zum einen die Werte der letzten drei Monate des vom Wirtschaftsprüfer untersuchten Zeitraums nicht in die Ermittlung des Durchschnittskurses einfließen. Zum anderen durfte das Gericht weitere Ermittlungen nicht für geboten halten, da von keiner Partei ein höherer Durchschnittswert vorgetragen wurde.[231] Während das OLG Stuttgart demnach einen über fünf Monate hinausgehenden Referenzzeitraum als wünschenswert erachtete, zog das LG Dortmund in einer ein Jahr später ergehenden Entscheidung eine Referenzperiode von lediglich drei Monaten heran.[232] Diesen kürzeren Zeitraum favorisierte auch der Bundesgerichtshof in seinem *„DAT/Altana"*-Beschluss, in dem er feststellte, dass der Durchschnittskurs eines Zeitraums zu ermitteln sei, der in größtmöglicher Nähe zum Tag der beschlussfassenden Hauptversammlung als maßgeblichen Stichtag liegt. Aufgrund seines eigenen Postulats nach „größtmöglicher Nähe" sah sich

[226] *Wilm*, NZG 2000, 1070, 1072 Fn. 27; *ders.*, NZG 2000, 234, 239 li. Sp.
[227] *Busse von Colbe*, FS Lutter, 2000, S. 1053, 1063.
[228] *Wilken*, ZIP 1999, 1443, 1444 li. Sp.
[229] Vom 23.10.1989 als Beginn der Ermittlung des Durchschnittskurses bis zur Bekanntgabe des Gewinnabführungs- und Beherrschungsvertrags am 28.03.1990. Für die Maßgeblichkeit des Durchschnittskurses sprach sich bereits vor dem Ergehen der *„DAT/Altana"*-Entscheidung des Bundesverfassungsgerichts das Bayerische Oberste Landesgericht aus, das als Referenzperiode zur Ermittlung des Referenzkurses einen Zeitraum von zwei bis zweieinhalb Jahren heranzog. Vgl. BayObLG NZG 1998, 946, 949 li. Sp. a.B. *„März/EKU"*.
[230] OLG Stuttgart NZG 2000, 744, 745 li. Sp. *„Schwaben Zell/Hannover Papier"*.
[231] OLG Stuttgart NZG 2000, 744, 745 li. Sp./re. Sp. *„Schwaben Zell/Hannover Papier"*. Der Börsenkurs war in einem Zeitraum vom 23.10.1989 bis zum 27.06.1990 untersucht worden. Die Bekanntgabe des Unternehmensvertrags erfolgte aber bereits am 28.03.1990.
[232] LG Dortmund AG 2001, 544, 546 li. Sp. *„Siemens/SNI"*.

das Gericht veranlasst, auf einen „relativ kurzen Zeitraum" abzustellen.[233] Diesen bezifferte es auf drei Monate. Ein dreimonatiger Referenzzeitraum unmittelbar vor der Hauptversammlung sei erforderlich, zugleich aber auch ausreichend, um einer möglichen Manipulationsgefahr effizient entgegenzusteuern.[234] Damit es sich bei dem zu ermittelnden Durchschnittskurs um einen repräsentativen Wert handele, müssten „außergewöhnliche Tagesausschläge oder sprunghafte Entwicklungen binnen weniger Tage, die sich nicht verfestigen", außer Acht gelassen werden.[235]

c) Reaktionen des Schrifttums

Die vom Bundesgerichtshof aufgestellten Grundsätze führten allerdings nicht zu einer Beilegung der im rechtswissenschaftlichen Schrifttum stattfindenden Debatte. Ein Teil des Schrifttums befürwortet den vom Bundesgerichtshof vorgegebenen dreimonatigen Referenzzeitraum. Während *Angerer*, *Gesmann-Nuissl*, *Hasselbach* und *Sieger/Hasselbach* ohne weitere Begründung der Heranziehung eines dreimonatigen Referenzzeitraums zustimmen,[236] weist *Krieger* darauf hin, dass der vom Gericht gewählte Referenzzeitraum den Vorstellungen des WpÜG entspreche.[237] Schließlich schreibe auch § 5 Abs. 1 WpÜG-AngebotsVO vor, dass der bei Übernahmeangeboten zu zahlende Preis sich nach dem durchschnittlichen Kurs der letzten drei Monate zu richten habe. Demgegenüber wird von einem anderen Teil des Schrifttums die Ansicht vertreten, dass der vom Bundesgerichtshof gewählte dreimonatige Referenzzeitraum nicht ausreiche, um eine tragfähige Grundlage für die Ermittlung des Durchschnittskurses zu bilden. So trägt insbesondere *Luttermann* vor, dass der Umstand, dass die Börsensachverständigenkommission im Rahmen des Übernahmekodex einen sechsmonatigen Zeitraum vorgeschlagen hat, der der Ermittlung des Preises zugrunde gelegt werden müsse, zeige, dass auch ein längerer Zeitraum angebracht sein kann.[238] Die Referenzperiode soll seiner Ansicht nach minimal ein Jahr betragen, möglichst sogar die Kurse von zwei bis drei Jahren heranziehen.[239] Nach *Schiessl* ist für die Berechnung des durchschnittlichen Börsenkurses beim Squeeze-out-Verfahren in Anlehnung an den die Voraussetzungen eines Delisting regelnden § 54a Abs. 1 Nr. 2 der Börsenordnung für die Frankfurter Wertpapierbörse eine sechsmonatige Referenzperiode anzusetzen.[240] Einen noch anderen Weg schlägt *Ullrich* ein. Er möchte die Länge der Referenzperiode in Abhängigkeit

---

[233] BGH NJW 2001, 2080, 2082 re. Sp. *„DAT/Altana"*.
[234] BGH NJW 2001, 2080, 2082 re. Sp. *„DAT/Altana"*.
[235] BGH NJW 2001, 2080, 2082 re. Sp. *„DAT/Altana"*.
[236] *Angerer*, BKR 2002, 260, 264 li. Sp.; *Gesmann-Nuissl*, WM 2002, 1205, 1207 re. Sp.; *Hasselbach*, in: Kölner Komm, WpÜG, § 327b AktG Rn. 19; *Sieger/Hasselbach*, ZGR 2002, 120, 150.
[237] *Krieger*, BB 2002, 53, 56 li. Sp. In diese Richtung gehen auch die Ausführungen von *Quandt*, S. 223. Vgl. aber auch *Baumann*, WM 1999, 1968 m. Sp., der im Vorfeld der Schaffung des WpÜG dafür plädierte, die Referenzperiode solle in Zukunft sechs anstelle von drei Monaten betragen, um Zufallseinflüsse zu eliminieren.
[238] *Luttermann*, ZIP 2001, 869, 872 re. Sp. Vgl. auch *Hüffer/Schmidt-Aßmann/Weber*, S. 65 a.E., die der Ansicht sind, dass der vom Bundesgerichtshof vorgegebene dreimonatige Referenzzeitraum „sehr kurz" sei.
[239] *Luttermann*, ZIP 2001, 869, 872 re. Sp.
[240] *Schiessl*, AG 1999, 442, 451 re. Sp. Vgl. auch *Hellwig/Bormann*, ZGR 2002, 465, 470, nach deren Ansicht das Nebeneinander zweier unterschiedlicher Referenzzeiträume (BörsO und Standpunkt des Bundesgerichtshofs) bei der Berechnung einer angemessenen Abfindung nicht glücklich ist.

zur Liquidität der jeweiligen Aktie festlegen. Durch hohe Umsätze und eine große Zahl an Transaktionen werde ein „genaueres Bild" abgegeben als im Falle von weniger liquiden Aktien.[241] Die aufgrund dieser Ausgangsthese eigentlich erforderliche Einzelfallbetrachtung lehnt *Ullrich* jedoch ab, da letztlich vollkommen offen wäre, wer die Festlegung der Länge des Referenzzeitraums im Einzelfall vornehmen soll.[242] Die im Hinblick auf die Liquidität der Aktien bestehenden Unterschiede zwischen den einzelnen Gesellschaften könnten „allenfalls pauschal"[243] in die Bestimmung der Länge des Referenzzeitraums einfließen. Insofern schlägt *Ullrich* für hochliquide Aktien in Anlehnung an § 5 Abs. 1 WpÜG-AngebotsVO eine dreimonatige Referenzperiode vor, während bei weniger liquiden Aktien für die Berechnung des Durchschnittskurses ein Zeitraum von sechs bis neun Monaten heranzuziehen sein soll.[244] Als hochliquide und damit für die Heranziehung eines dreimonatigen Referenzzeitraums geeignete Aktien sind nach Ansicht von *Ullrich* allein die Werte des DAX 100 anzusehen.[245]

d) Stellungnahme

aa) Heranziehung eines „repräsentativen Markturteils"

Gegen die vom Bundesgerichtshof vorgegebene Heranziehung einer dreimonatigen Referenzperiode als Grundlage für die Bestimmung des Durchschnittskurses bestehen erhebliche Bedenken. Bei einem lediglich drei Monate umfassenden Zeitraum handelt es sich nicht um einen angemessenen zeitlichen Rahmen. Obwohl die Länge der Referenzperiode für die Bestimmung des Durchschnittskurses, insbesondere im Hinblick auf die Volatilität der Börsenkurse, von immenser Bedeutung ist,[246] sieht das Gesetz diesbezüglich keine Regelung vor. Aus diesem Grunde ist die Länge des Referenzzeitraums anhand des mit ihm verfolgten Zweckes zu bestimmen. Sinn und Zweck des Referenzzeitraums ist es, die Ermittlung des Durchschnittskurses zu ermöglichen. Letzterer soll wiedergeben, wie der Markt innerhalb eines bestimmten Zeitraums das Unternehmen durchschnittlich beurteilt hat. Damit der Markt die ihm zukommende Bewertungsfunktion wahrnehmen kann, ist es erforderlich, dass der Referenzzeitraum nicht allzu kurz bemessen ist. Nur so ist gewährleistet, dass in dem berechneten Durchschnittskurs die Beurteilung einer repräsentativen Zahl von Marktteilnehmern zum Ausdruck kommt[247] und es sich nicht um einen Kurs handelt, der zufällig von einem Aktionär einmal hätte realisiert werden können.[248] Dem werden die von *Busse von Colbe* vorgeschlagenen fünf bis zehn Börsentage nicht gerecht. Zumal bei einer derart knapp bemessenen Referenzperiode die Gefahr groß ist, dass der abfindungsverpflichtete Hauptaktionär den Kurs in diesem Zeitraum be-

---

[241] *Vetter*, DB 2001, 1347, 1352 li. Sp.
[242] *Ullrich*, S. 155/156.
[243] *Ullrich*, S. 156.
[244] *Ullrich*, S. 156.
[245] *Ullrich*, S. 156. Vgl. auch *Aha*, AG 1997, 26, 28 re. Sp.
[246] Denn abhängig davon, ob eine dreimonatige Referenzperiode, ein Zeitraum von sechs Monaten oder aber sogar von einem Jahr und mehr herangezogen wird, können erhebliche Unterschiede im Hinblick auf den endgültigen Durchschnittskurs bestehen. Vgl. *Wilm*, NZG 2000, 234, 237 Fn. 25.
[247] *Ullrich*, S. 155.
[248] *Wilm*, NZG 2000, 234, 239 li. Sp.; *ders.*, NZG 2000, 1070, 1072 li. Sp. a.E.

wusst drückt, um einen niedrigen Durchschnittskurs zu erreichen.[249] Die Manipulationsgefahr ist umso größer, je kürzer der Referenzzeitraum bemessen ist. Dies darf aber nicht dazu verleiten, zur Ermittlung des Durchschnittskurses eine überlange Referenzperiode heranzuziehen. Dann bestünde nämlich die Gefahr, dass in dem Durchschnittskurs Werte enthalten sind, die den „vergangenen Zeiten" der zu bewertenden Gesellschaft entstammen. Kurse längst vergangener Zeiten eignen sich nicht, den jetzigen Wert der Gesellschaft, der ihr vom Markt zugemessen wird, wiederzugeben. Solche Kurse wären für die Minderheitsaktionäre zwar in der Vergangenheit im Falle einer Deinvestitionsentscheidung realisierbar gewesen, regelmäßig aber nicht mehr in der Gegenwart. Zudem kann bei einer sehr lang bemessenen Referenzperiode nur schwerlich eine Beziehung zu den Verhältnissen der Gesellschaft im Zeitpunkt der Beschlussfassung ihrer Hauptversammlung hergestellt werden. Die von *Luttermann* und *Vetter* angeführte Referenzperiode von zwei bis drei Jahren ist daher ebenso wie der vom Bayerischen Obersten Landesgericht vorgeschlagene Zeitraum von zwei bis zweieinhalb Jahren zu lang.

bb) Keine einzelfallabhängige Festlegung

Die absolute Höchstgrenze des für die Bestimmung des Durchschnittskurses zu betrachtenden Zeitraums ist bei einem Jahr einzuordnen. Regelmäßig sollte sich die Betrachtung jedoch auf eine kürzere Periode richten. Eine Absage ist jedoch dem Vorschlag zu erteilen, die Länge des Referenzzeitraums von der Liquidität der Aktien abhängig zu machen. Zuzustimmen ist *Ullrich* allein bei der von ihm aufgestellten These, dass es einen Zusammenhang zwischen der Länge der Referenzperiode und der Liquidität der Aktien geben sollte. Sind Aktien einer Gesellschaft wenig liquide, bedeutet dies, dass sie nur gering, an manchen Tagen sogar überhaupt nicht gehandelt werden. Stellt man nun bei der Bemessung der Referenzperiode auf einen sehr kurzen Zeitraum ab, so hat dies zur Folge, dass aufgrund des geringen Handels nur wenige Einzelwerte gegeben sind, mit Hilfe derer dann der Durchschnittskurs zu berechnen wäre. Fehlt es aber an einer repräsentativen Zahl von Kursen, kann kein Durchschnittskurs ermittelt werden. Um eine Berechnung zu ermöglichen, müsste die Referenzperiode an sich ausgedehnt werden. Dies fordert *Ullrich*. Bei seinen Überlegungen verkennt er jedoch, dass eine Ausdehnung der Referenzperiode bei wenig liquiden Aktien nichts daran zu ändern vermag, dass es dem Börsenkurs regelmäßig an Aussagekraft im Hinblick auf den Verkehrswert fehlt. Im schwersten Fall der mangelnden Liquidität trifft der Börsenkurs keinerlei Aussage im Hinblick auf die Beurteilung des Marktes. Den Kurs eines Unternehmens in diesem Falle über einen längeren Zeitraum zu betrachten, garantiert noch nicht, dass sich die Aussagekraft des Börsenkurses erhöht. Ein nicht aussagekräftiger Kurs kann nicht durch Ausdehnung des Referenzzeitraums aussagekräftig gemacht werden. Zudem ist zu berücksichtigen, dass mit der Ausdehnung des Referenzzeitraums die Beziehung zu den Verhältnissen der Gesellschaft im Zeitpunkt der Beschlussfassung ihrer Hauptversammlung immer mehr abnimmt. Die Verhältnisse der Gesellschaft im Zeitpunkt der Beschlussfassung der Hauptversammlung würden letztlich verfälscht wiedergegeben, wenn ein für die Dauer eines kürzeren Referenzzeitraums anhaltender Mangel an Liquidität dadurch ausgeblendet würde, dass man den zu betrachtenden Zeitraum

---

[249] Vgl. auch *Komp*, S. 384/385, der aus diesem Grunde aber gleich den Durchschnittskurs ablehnt.

in die Vergangenheit ausdehnt, wo die Aktien noch liquide waren. Eine solche Vorgehensweise führte letztlich auch zu unangemessenen Ergebnissen bei den Minderheitsaktionären. Die Aktionäre einer Gesellschaft, deren Aktien kaum gehandelt werden, gelangten durch die Ausdehnung der Referenzperiode in den Genuss von Kursen, die sie in zeitlicher Nähe zur abfindungsauslösenden Maßnahme im Falle einer Deinvestitionsentscheidung mangels Handels nicht mehr hätten realisieren können. Hingegen würden sich die abfindungsberechtigten Aktionäre einer Gesellschaft, deren Aktien eine ausreichende Liquidität aufweisen, mit einem kürzeren Referenzzeitraum zufrieden geben müssen, obwohl es sein kann, dass der Börsenkurs innerhalb dieser Periode ein geringeres Niveau aufweist als in der Vergangenheit. Aus diesen Gründen sollte darauf verzichtet werden, die Länge des Referenzzeitraums in Abhängigkeit von der Liquidität der Aktien unterschiedlich zu bemessen. Die Länge der Referenzperiode ist einheitlich festzulegen. Sind die Aktien der zu beurteilenden Gesellschaft wenig liquide, ist zu prüfen, ob sie überhaupt noch Aussagekraft im Hinblick auf den Verkehrswert besitzen. Ist dies nicht der Fall, so darf der Referenzzeitraum nicht ausgedehnt werden, um ein gewisses Maß an Aussagekraft zu erreichen, sondern der Börsenkurs ist dann bei der Bestimmung der Abfindung außer Acht zu lassen. Die Höhe der Abfindung bestimmt sich in diesem Fall ausschließlich nach dem im Rahmen des Ertragswertverfahrens ermittelten Unternehmenswert. Gelangt man dagegen zu dem Ergebnis, dass die Aktien zwar eine geringe Liquidität aufweisen, jedoch den Verkehrswert noch widerspiegeln, so muss man sich mit der geringen Zahl von Einzelwerten begnügen und allein auf ihrer Grundlage den Durchschnittskurs errechnen. Diese Feststellungen hindern jedoch nicht daran, bei der Festlegung der Dauer der Referenzperiode bereits im Grundsatz zu berücksichtigen, dass sich in den Squeeze-out-Konstellationen 95 % der Anteile in einer Hand befinden und nicht veräußert werden. Bei Squeeze-out-Fällen ist ebenso wie bei Eingliederungssachverhalten in der Regel eine geringe Liquidität gegeben. Aus diesem Grunde ist für die Bemessung der Abfindung in Squeeze-out-Konstellationen dem Durchschnittskurs ein längerer Zeitraum zugrunde zu legen als beispielsweise der Ermittlung des Durchschnittskurses für Gegenleistungen nach dem WpÜG. Der Regelung des § 5 Abs. 1 WpÜG-AngebotsVO, der die Länge der Referenzperiode auf drei Monate festschreibt, liegt eine andere Ausgangssituation zugrunde. Die Aktien, für deren Übergang eine Gegenleistung erbracht wird, weisen regelmäßig ein weitaus größeres Handelsvolumen auf als die Anteile an Gesellschaften, in denen die Voraussetzungen für die Durchführung eines Ausschlussverfahrens erfüllt sind. Da es sich bei den im Falle eines Squeeze-out-Verfahrens übergehenden Anteilen in der Regel nie um stark gehandelte Werte handelt, ist der dreimonatige Zeitraum des § 5 Abs. 1 WpÜG-AngebotsVO zu knapp bemessen, um einen für die Abfindung nach § 327a Abs. 1 Satz 1 AktG aussagefähigen Durchschnittskurs hervorzubringen.[250] Es steht von vornherein fest, dass bei einer Referenzperiode von drei Monaten, wie sie auch vom Bundesgerichtshof vorgegeben wurde, keine verlässlichen

---

[250] Im österreichischen Übernahmegesetz ist auch für die Preisbestimmung im Rahmen von Pflichtangeboten ein sechsmonatiger Zeitraum vorgesehen. Vgl. dazu die Ausführungen bei *Kalss*, NZG 1999, 421, 426 li. Sp. Art. 5 Abs. 4 Unterabs. 1 Satz 1 der Übernahmerichtlinie bestimmt den höchsten Preis, den der Bieter in den letzten sechs bis zwölf Monaten vor dem Angebot für die gleichen Wertpapiere gezahlt hat, als angemessenen Preis. Zum diesbezüglichen Umsetzungsbedarf im deutschen Recht s. die Ausführungen bei *Maul/Muffat-Jeandet*, AG 2004, 221, 230 re. Sp. f.; *Mülbert*, NZG 2004, 633, 642 li. Sp.

Aussagen im Hinblick auf den Verkehrswert getroffen werden können.[251] In einem Zeitraum von (lediglich) drei Monaten wird regelmäßig noch nicht einmal die Ertragslage der Gesellschaft tendenziell absehbar sein. Vielmehr werden Kursanstiege oder -abfälle, die auf einer Verbesserung oder Verschlechterung der Ertragslage beruhen, sich erst in einem längeren Zeitraum verfestigen. Um der in Squeeze-out-Konstellationen eingeschränkten Liquidität von Anfang an Beachtung zu schenken, ist es angebracht, der Berechnung des Durchschnittskurses in Squeeze-out-Fällen einheitlich einen Referenzzeitraum von sechs Monaten zugrunde zu legen.[252]

3. Ergebnis

Somit bleibt festzuhalten, dass als Untergrenze der nach § 327a Abs. 1 Satz 1 AktG zu gewährenden Abfindung der Durchschnittskurs anzusetzen ist, der anhand eines sechsmonatigen Referenzzeitraums bis zur Ad-hoc-Mitteilung nach § 15 WpHG zu ermitteln ist.

IV. Ausnahmen vom Börsenkurs als Untergrenze der Abfindung

1. Die Sichtweise der Rechtsprechung zur etwaigen Unbeachtlichkeit des Börsenkurses

Der Grundsatz, dass der Börsenkurs im Rahmen der Festlegung der Abfindung die Untergrenze zu bilden hat, gilt nicht ausnahmslos. Bereits das Bundesverfassungsgericht hat bei der Aufstellung dieses Grundsatzes in der *„DAT/Altana"*-Entscheidung darauf hingewiesen, dass es bedeutsame Gründe geben kann, die eine Unterschreitung des Börsenkurses rechtfertigen.[253] Dies soll dann der Fall sein, wenn der Börsenkurs ausnahmsweise nicht den Verkehrswert der Aktien widerspiegelt. Als Beispiel nennt das Gericht die der Mehrheitseingliederung (§ 320 AktG) zugrunde liegende Konstellation, dass eine Marktenge besteht, weil mindestens 95 % der Aktien nicht veräußert werden.[254] In diesem Fall sei nicht sicher, ob der abzufindende Aktionär seine Anteile zum Börsenkurs hätte veräußern können.[255] Solange ein Handel mit der jeweiligen Aktie an der Börse noch stattfinde, könne sich der Börsenkurs aber auch im Falle einer Marktenge zur Wiedergabe des Werts der gesellschaftlichen Beteiligung eignen.[256] Offen gelassen hat das Gericht jedoch, wo die Grenze zwischen dem gerade noch stattfindenden Börsenhandel und der Unveräußerlichkeit zu Börsenkursen im Einzelfall verläuft. Die Festlegung diesbezüglicher Maßstäbe ist den Zivilgerichten übertragen. Mit der Beantwortung der Frage, wann der Börsenkurs als Bewertungsmaßstab außer Acht zu lassen ist, weil er den Verkehrswert der Aktie nicht widerspiegelt, hat sich zunächst das OLG Düsseldorf befasst. Das Gericht stellte fest, dass die Heranziehung des Börsenkurses möglich sei, wenn die jeweilige Aktie an neun Tagen im Monat vor dem Bewertungsstichtag mit Tagesumsätzen zwi-

---

[251] So auch *Schwichtenberg*, S. 266; *Vetter*, DB 2001, 1347, 1351 re. Sp.
[252] Die Heranziehung eines mindestens sechsmonatigen Referenzzeitraums bejahend *Schwichtenberg*, S. 269.
[253] BVerfG NJW 1999, 3769, 3772 li. Sp. *„DAT/Altana"*.
[254] BVerfG NJW 1999, 3769, 3772 li. Sp. *„DAT/Altana"*.
[255] BVerfG NJW 1999, 3769, 3772 li. Sp. *„DAT/Altana"*.
[256] BVerfG NJW 1999, 3769, 3772 li. Sp. *„DAT/Altana"*.

schen zehn und dreihundert Stück gehandelt wird. Durch die Vorlage des OLG Düsseldorf musste sich anschließend der Bundesgerichtshof mit der Frage auseinandersetzen. Er gelangte zu dem Ergebnis, dass von der Unmaßgeblichkeit des Börsenkurses als Untergrenze der Abfindung nur dann auszugehen ist, „wenn über einen längeren Zeitraum mit Aktien der Gesellschaft praktisch kein Handel stattgefunden hat, auf Grund einer Marktenge der einzelne Minderheitsaktionär nicht in der Lage ist, seine Aktien zum Börsenpreis zu veräußern oder der Börsenpreis manipuliert worden ist".[257] Im Hinblick auf das in dem von ihm zu beurteilenden Fall etwaig vorliegende Problem der Marktenge wies das Gericht darauf hin, dass eine schematische Lösung, wonach die Heranziehung des Börsenkurses ein Mindesthandelsvolumen von drei bis fünf Prozent sowie einen Handel an mindestens jedem zweiten Börsentag erfordert, nicht angebracht sei.[258] Damit erteilte der Bundesgerichtshof Forderungen aus dem rechtswissenschaftlichen Schrifttum eine Absage, die eine absolute Mindestgrenze gefordert hatten.[259] Im Übrigen stellte das Gericht lediglich fest, dass bei Vorliegen einer der von ihm genannten drei Konstellationen der Verkehrswert des Unternehmens im Wege der Schätzung (§ 287 Abs. 2 ZPO) auf Grundlage einer der betriebswirtschaftlichen Bewertungsmethoden zu ermitteln sei.[260]

2. Die Konkretisierung der Fallgruppen zur Unmaßgeblichkeit

Präzisierungsversuche im Hinblick auf die vom Bundesgerichtshof angesprochenen Konstellationen wurden nach Ergehen des Urteils, teilweise aber auch bereits zuvor von der rechtswissenschaftlichen Literatur unternommen. Sie beziehen sich fast ausschließlich auf das Problem des Vorliegens einer Marktenge. Dies verwundert nicht, sind die anderen beiden Fallgruppen doch auch ohne nähere Konkretisierungen weitgehend verständlich und damit handhabbar. Die erste, vom Bundesgerichtshof angesprochene Konstellation erklärt sich von selbst. Der Börsenkurs darf dann nicht als Bewertungsmaßstab herangezogen werden, wenn über einen längeren Zeitraum praktisch kein Handel mit der jeweiligen Aktie stattgefunden hat. Dies ist dann der Fall, wenn die Aktie über den zu untersuchenden Referenzzeitraum hindurch nicht gehandelt wurde. Dass der weiteren möglichen Konstellation, nämlich der Manipulation des Börsenkurses kaum Aufmerksamkeit geschenkt worden ist, erklärt sich damit, dass diese Fallgruppe praktisch kaum Relevanz besitzt. Der Gefahr von Kursmanipulationen wird bereits präventiv durch die Heranziehung eines Durchschnittskurses anstelle eines Stichtagskurses begegnet. Diese Strategie sollte geeignet sein, Manipulationen des Börsenkurses weitgehend vorzubeugen mit der Folge, dass der Gesichtspunkt der Kursmanipulation als eine der Fallgruppen der Unmaßgeblichkeit des Börsenkurses restriktiv zu handhaben ist, insbesondere wenn man zudem ein Abstellen auf den Zeitpunkt des Bekanntwerdens der beabsichtigten Maßnahme als Endzeitpunkt der Referenzperiode befürwortet. Größere Schwierigkeiten bereitet dagegen die Handhabung der Konstellation der Marktenge. Diese kann nur im Zusam-

---

257 BGH NJW 2001, 2080, 2082 li. Sp. a.B. *„DAT/Altana"*.

258 BGH NJW 2001, 2080, 2083 re. Sp. *„DAT/Altana"*. So bereits zuvor *Piltz*, ZGR 2001, 185, 202. Kritisch dazu *Bungert*, BB 2001, 1163, 1164 li. Sp.

259 So zum Beispiel *Wilm*, NZG 2000, 234, 238 re. Sp., der eine absolute Mindestgrenze bei einem Gesamthandelsvolumen in einer Größenordnung von ca. 3 % bis 5 % der ausgegebenen Aktien und einen Börsenhandel an zumindest im Durchschnitt jedem zweiten Börsentag forderte.

260 BGH NJW 2001, 2080, 2082 li. Sp. *„DAT/Altana"*.

menhang mit dem Grundgedanken des Bundesverfassungsgerichts und des Bundesgerichtshofs verstanden werden, wonach der Börsenkurs bei der Ermittlung der Abfindung außer Acht gelassen werden muss, wenn er nicht den Verkehrswert der jeweiligen Aktie widerspiegelt. Dies ist dann der Fall, wenn der Verkehrswert mangels Angebot und Nachfrage nicht ermittelt werden kann. Mit Hilfe des Begriffs der Marktenge soll nun die Grenze zu einer solchen, nicht mehr ordnungsgemäß erfolgenden Preisbildung auf dem Kapitalmarkt dargelegt werden.[261] Marktenge bedeutet nicht, dass gar kein Handel mehr mit der jeweiligen Aktie stattfindet, sondern dass die Aktie zwar gehandelt wird, dieser Handel aber im Hinblick auf die aus dem Zusammenspiel von Angebot und Nachfrage hervorgehende Aussagekraft in Bezug auf den Verkehrswert äußerst gering ist.[262] Demnach spitzt sich alles auf die Frage zu, wie oft und in welchem Maße die Aktie der zu bewertenden Gesellschaft an der Börse gehandelt werden muss, damit davon ausgegangen werden kann, dass der Börsenkurs das Ergebnis einer am Kapitalmarkt aus Angebot und Nachfrage erfolgenden ordentlichen Preisbildung ist und demzufolge den Verkehrswert korrekt widerspiegelt.[263] Die Vorgabe abstrakter Maßstäbe, aus denen sich ergibt, ob der Börsenkurs heranzuziehen ist, sucht man bei der im rechtswissenschaftlichen Schrifttum erfolgenden Diskussion vergebens. Die Auseinandersetzung mit dem Problem der Marktenge konkretisiert sich auf den Fall der Eingliederung und des Squeeze-out-Verfahrens sowie auf die Frage, ob aufgrund der bei diesen beiden Rechtsinstituten zugrunde liegenden Konstellation, dass sich 95 % der Anteile in der Hand eines Aktionärs befinden, überhaupt noch ein liquider Markt vorliegen kann.

3. Meinungsstand im rechtswissenschaftlichen Schrifttum

a) Generelle Ausblendung des Börsenkurses beim Squeeze-out

Einige Autoren nehmen für den Fall der Eingliederung und des Squeeze-out-Verfahrens grundsätzlich an, dass aufgrund der gegebenen Marktenge dem Börsenkurs bei der Berechnung der den ausscheidenden Aktionären zu gewährenden Abfindung niemals Relevanz zukommt. Es fehle in den Fällen der Eingliederung und des Squeeze-out-Verfahrens, wo sich 95 % der Aktien in der Hand eines Aktionärs

---

[261] Nach Ansicht des LG Hamburg DB 2006, 204, 205 li. Sp., ist die Marktenge „nicht mehr als ein Indiz für die Möglichkeit einer nicht nach den Gesetzen von Angebot und Nachfrage zustande gekommenen Kursbildung".

[262] Keinen Fall der Marktenge stellt die von *Martens*, FS Bezzenberger, 2000, S. 267, 289, erörterte Konstellation dar, dass die Börsenkurse über einen längeren Zeitraum fallen. Solche fallenden Kurse eignen sich nach Ansicht von *Martens* nicht als Bewertungsmaßstab für die Abfindung. Um den Börsenkurs in die Ermittlung der Abfindung einbeziehen zu können, müsse entweder abgewartet werden, bis sich die Kursentwicklung stabilisiert, oder aber es müsse ein fiktiver Börsenkurs herangezogen werden. Dem ist nicht zu folgen. Solange noch ein ausreichender Handel mit der Aktie stattfindet und der Börsenkurs demnach durch ein Wechselspiel von Angebot und Nachfrage zustande gekommen ist, spiegelt er den Verkehrswert wider. Selbst wenn die Kurse fallen, ändert dies nichts daran, dass der Wert aus einer Beurteilung des Marktes resultiert. In dieses vom Markt gebildete Urteil darf nicht, wie von *Martens* vorgeschlagen, eingegriffen werden, da ansonsten der der Einbeziehung des Börsenkurses zugrunde liegende Gedanke, dass der Minderheitsaktionär das erhalten soll, was er im Falle einer freien Deinvestitionsentscheidung hätte realisieren können, ausgeblendet würde.

[263] Vgl. auch *Schwichtenberg*, S. 261, nach dessen Ansicht die Voraussetzungen, bei deren Vorliegen der Börsenkurs außer Acht zu lassen ist, eher eng auszulegen sind.

befinden müssen, stets an Liquidität.[264] Daher biete der Börsenkurs regelmäßig keinen Anhaltspunkt für den wahren Wert der gesellschaftlichen Beteiligung.

b) Durchgängige Berücksichtigung des Börsenkurses

Den Gegenpol zu dieser den Börsenkurs als Bewertungsfaktor gänzlich ablehnenden Ansicht bildet ein Teil des Schrifttums, der für die Konstellation des Squeeze-out-Verfahrens und der Eingliederung nur in Ausnahmefällen eine die Heranziehung des Börsenkurses ausschließende Marktenge annimmt. Das zuvor dargestellte Regel-Ausnahme-Verhältnis wird dahingehend umgekehrt, dass die Heranziehung des Börsenkurses die Regel und seine Nichtbeachtung aufgrund der Marktenge die Ausnahme sein soll. Als Begründung weisen *Ehricke/Roth* auf die bei den betriebswirtschaftlichen Bewertungsmethoden auftretenden Probleme hin. Da die gutachterliche Unternehmensbewertung oftmals mit Bewertungsschwierigkeiten behaftet sei, sei es angebracht, die Grenzen für die Signifikanz des Börsenkurses nicht allzu eng zu ziehen.[265] Zu demselben Ergebnis gelangt *Luttermann*, der anmahnt, dass „nicht leichtfertig wieder vom Börsenkurs auf Schätzungen ausgewichen werden dürfe".[266] Allerdings beruhen die Überlegungen von *Luttermann* auf einem anderen Ansatz als die von *Ehricke/Roth*. Den Erwägungen *Luttermann*'s liegt der Gedanke zugrunde, dass der Gesichtspunkt der Marktenge gerade die Aussagekraft des Börsenkurses über den Wert einer bestimmten gesellschaftlichen Beteiligung begründe.[267] Eine Marktenge sei gerade bei solchen Gesellschaften gegeben, deren Beteiligungen über einen längeren Zeitraum gehalten werden. Dies beruhe unter anderem darauf, dass mit der Beteiligung langfristige Ziele (z.B. spätere Altersversorgung) verfolgt würden. Im Hinblick auf Kleinaktionäre liege der Grund für eine langfristige Beteiligung in einer besonders hohen Solidität, die das Geschäftsmodell des von der Gesellschaft getragenen Unternehmens aufweist.[268] Aufgrund der Solidität gebe es für die Kleinaktionäre keinen Grund, ihre Beteiligung zu veräußern und in andere Gesellschaften zu investieren. Die daraus resultierende Gebundenheit der Anteile innerhalb eines

---

[264] *Gesmann-Nuissl*, WM 2002, 1205, 1207 re. Sp.; *Grunewald*, ZIP 2002, 18, 20 li. Sp.; *Habersack*, ZIP 2001, 1230, 1238 li. Sp.; *Halberkamp/Greve*, FB 2002, 580, 584 re. Sp. a.B.; *Kiesewetter*, ZIP 2003, 1638, 1640 li. Sp.; *Krause*, NJW 2002, 705, 715 re. Sp.; *Mattes/v. Maldeghem*, BKR 2003, 531, 536 re. Sp.; *Picot*, BFuP 2002, 433, 443; *Schiessl*, AG 1999, 442, 451/452; *Steinmeyer/Häger*, WpÜG, § 327b AktG Rn. 5; *Vetter*, AG 2002, 176, 188 li. Sp.; *ders.*, DB 2001, 1347, 1351 re. Sp.; *ders.*, ZIP 2000, 1817, 1822 li. Sp.; *ders.*, AG 1999, 569, 571 li. Sp., re. Sp. (der Börsenkurs könne beim Squeeze-out „allenfalls noch als Kriterium zur Plausibilisierung" herangezogen werden). Vgl. auch *Kallmeyer*, AG 2000, 59, 60 re. Sp., der noch darauf hinweist, dass dann nicht nur die Ertragswertmethode heranzuziehen sei, sondern ein hilfsweiser Rückgriff auf den Börsenkurs möglich sei, der bestanden hat, als der Markt noch liquide war. Dieser ermittelte Börsenkurs sei anhand der allgemeinen Börsenentwicklung fortzuschreiben. Nach Ansicht von *Aha*, AG 1997, 26, 28 re. Sp.; *Wilm*, NZG 2000, 234, 238 li. Sp., re. Sp., insbes. Fn. 38 (zur Eingliederung), ist Liquidität nur dann gegeben, wenn das Handelsvolumen insgesamt mindestens drei bis fünf Prozent der ausgegebenen Anteile beträgt und die Aktie zudem mindestens an durchschnittlich jedem zweiten Börsentag gehandelt wird. Dies treffe in der Regel nur auf die DAX 100-Werte zu.

[265] *Ehricke/Roth*, DStR 2001, 1120, 1123 li. Sp.

[266] *Luttermann*, ZIP 2001, 869, 872 li. Sp.

[267] *Luttermann*, ZIP 2001, 869, 872 li. Sp. Ähnlich *Ullrich*, S. 163, nach dessen Ansicht „bei geringen Umsätzen die Aussagekraft des Börsenkurses nicht verworfen [wird], sondern wo vielmehr erst die Preisbildungsfunktion des Marktes ins Spiel kommt".

[268] *Luttermann*, ZIP 2001, 869, 872 li. Sp.

faktisch festen Gesellschafterkreises mache die Aktien der Gesellschaft zu einem „knappen Gut". Da aber Aktien solcher Gesellschaften, die sich durch ein gutes Geschäftsmodell und unternehmerische Gewinne auszeichnen, bei Investoren überaus begehrt seien, stehe dem äußerst geringen Angebot am Kapitalmarkt eine große Nachfrage gegenüber. Ein derartiges Missverhältnis zwischen (kleinem) Angebot und (großer) Nachfrage habe regelmäßig zur Folge, dass der Preis der wenigen noch verfügbaren Aktien hoch ist. Der hohe Preis sei letztlich Ausdruck des Wertes der unternehmerischen Beteiligung,[269] der ja gerade bei einem mit einem guten Geschäftsmodell ausgestatteten Unternehmen ebenfalls besonders hoch sein müsse. Dies veranlasst *Luttermann* zu der Schlussfolgerung, dass der Börsenkurs als Preis für die Aktie auch dann den Wert einer Beteiligung korrekt wiedergibt, wenn aufgrund einer Stagnation der Anteilsveräußerungen auf dem Kapitalmarkt eine Marktenge besteht.

c) Einzelfallabhängige Betrachtung

Einen Mittelweg zwischen diesen beiden gänzlich gegensätzlichen Positionen bildet die Ansicht, nach der bei den Rechtsinstituten der Eingliederung und des Squeeze-out-Verfahrens jeweils im Einzelfall zu prüfen sein soll, ob der Börsenkurs trotz der bestehenden Marktenge imstande ist, den Verkehrswert der jeweiligen Aktie widerzuspiegeln.[270] Zur Begründung wird angeführt, dass einerseits auch die Kurse außerhalb der DAX 100-Werte über eine hinreichende Liquidität verfügen könnten und demzufolge eine ordentliche Preisbildung ermöglichten. Andererseits sei es auch bei der der Eingliederung und dem Squeeze-out-Verfahren zugrunde liegenden Konstellation, dass höchstens fünf Prozent der Anteile an der Börse gehandelt werden, während der Rest faktisch unveräußerbar ist, durchaus möglich, dass trotz des reduzierten Marktvolumens das Zusammenspiel von Angebot und Nachfrage funktionsfähig ist.[271] Eine pauschale Ausblendung des Börsenkurses in den Eingliederungs- und Squeeze-out-Fällen verbiete sich.[272] Vielmehr soll nach Ansicht von *Habersack*, *Hasselbach* sowie *Krieger* überprüft werden, ob die in § 5 Abs. 4 WpÜG-AngebotsVO geregelten Liquiditätskriterien vorliegen.[273] Nur wenn dies nicht der Fall sein sollte, müsse der Börsenkurs bei der Bestimmung der Abfindung außer Acht bleiben. *Fuhrmann/Simon* erachten stattdessen die tatsächlichen Handelsumsätze mit der Aktie im jeweiligen Einzelfall als maßgeblich. Lägen diese, wie in Squeeze-out-Konstellationen oftmals gegeben, deutlich unter drei Prozent, fehle dem Börsenkurs in der Regel die Aussagekraft in Bezug auf den Verkehrswert.[274]

---

[269] Der Argumentation von *Luttermann* insofern zustimmend: *Ullrich*, S. 163.

[270] *Fuhrmann/Simon*, WM 2002, 1211, 1215 li. Sp.; *Grzimek*, in: Geibel/Süßmann, WpÜG, Art. 7, § 327b AktG Rn. 31; *Hüffer*, AktG, § 327b Rn. 5; *Krieger*, BB 2002, 53, 56 li. Sp. Vgl. zur Eingliederung *Behnke*, NZG 1999, 934 re. Sp.

[271] *Behnke*, NZG 1999, 934 re. Sp.

[272] *Fuhrmann/Simon*, WM 2002, 1211, 1215 li. Sp.

[273] *Habersack*, in: Emmerich/Habersack, § 327b Rn. 9; *Hasselbach*, in: Kölner Komm, WpÜG, § 327b AktG Rn. 18; *Krieger*, BB 2002, 53, 56 li. Sp. So auch *Grunewald*, in: MünchKommAktG, § 327b Rn. 9; *Quandt*, S. 199; *Rühland*, S. 218; *Scheel*, in: Blättchen/Wegen, S. 205, 235.

[274] *Fuhrmann/Simon*, WM 2002, 1211, 1215 li. Sp.

d) Kritische Würdigung

Die Auffassung, der gemäß der Börsenkurs beim Squeeze-out und bei der Eingliederung stets zur Bemessung der Abfindung heranzuziehen ist, vermag nicht zu überzeugen. Zunächst einmal ist an ihr auszusetzen, dass sie in erster Linie auf praktischen Erwägungen beruht. Allein aus Angst vor aufwendigen Bewertungsgutachten wollen *Ehricke/Roth* das Problem der Marktenge ausblenden und grundsätzlich in jedem Fall den Börsenkurs berücksichtigen. Gegen einen solchen Begründungsansatz bestehen einerseits allgemeine Bedenken. Rechtsregeln dürfen nicht aus Angst vor praktischen Schwierigkeiten außer Kraft gesetzt werden. Andererseits ist zu bedenken, dass sich selbst für den Fall, dass es aufgrund etwaiger Bewertungsprobleme schwer sein sollte, mit Hilfe der Ertragswertmethode oder anderer Bewertungsmethoden den „wahren" Wert eines Unternehmens festzustellen, nichts daran ändert, dass der Börsenkurs bei Fehlen eines liquiden Marktes nicht den Verkehrswert der Aktie widerspiegelt. Anstatt einen nicht aussagekräftigen Börsenkurs heranzuziehen, muss gegebenenfalls versucht werden, die Methoden der Unternehmensbewertung zu verbessern. Auch den Überlegungen von *Luttermann* kann inhaltlich nicht zugestimmt werden. Der Umstand, dass eine bestimmte Aktie faktisch nicht oder aber nur in geringem Umfang an der Börse gehandelt wird, mag zwar ein Zeichen dafür sein, dass die Gesellschafter mit der Beteiligung in der jeweiligen Gesellschaft derart zufrieden sind, dass sie ihre Anteile nicht veräußern wollen. Jedoch ist diese Schlussfolgerung zum einen nicht zwingend und zum anderen hat sie keinerlei Bedeutung für die Problematik der Marktenge. Entscheidend ist allein, ob die Aktien noch in ausreichendem Maße gehandelt werden oder nicht. Die Gründe dafür, weshalb mit ihnen kein Handel stattfindet, sind dagegen unbeachtlich. Letztlich fehlt es an einem Wechselspiel von Angebot und Nachfrage mit der Folge, dass der Börsenkurs den Verkehrswert der Aktie nicht ordnungsgemäß, sondern zumeist überteuert widerspiegelt.

Auch der Ansicht, dass im Falle der Eingliederung und des Squeeze-out-Verfahrens in der Regel nie ein hinreichend liquider Markt vorliegt, begegnen erhebliche Bedenken. Bereits das Bundesverfassungsgericht hat in seinen Ausführungen in der *„DAT/Altana"*-Entscheidung deutlich gemacht, dass trotz einer bestehenden Marktenge der Börsenkurs Aussagekraft besitzen kann.[275] Er ist allein dann außer Acht zu lassen, wenn neben der Marktenge zusätzlich kein ausreichender Handel gegeben ist.[276] Ein pauschaler Hinweis darauf, dass sich sowohl bei der Eingliederung als auch beim Squeeze-out-Verfahren mindestens 95 % der Anteile in einer Hand befinden und nicht veräußert werden, reicht demnach gerade nicht aus, um die Heranziehung des Börsenkurses abzulehnen. Stattdessen müssen die von den Minderheitsaktionären gehaltenen restlichen Anteile in den Mittelpunkt der Betrachtungen gestellt werden. Ein etwaiger Handel mit diesen Anteilen würde, obwohl er zu

---

[275] Seit dem *„DAT/Altana"*-Beschluss des Bundesverfassungsgerichts wurde in der Entscheidung des LG Dortmund vom 06.02.2002 („VDO/Mannesmann"), AG 2002, 358 ff, wegen des Bestehens einer Marktenge sowie fehlenden Handels auf eine Heranziehung des Börsenkurses verzichtet. Vgl. dazu *Beckmann*, WPg 2004, 620, 621 li. Sp./re. Sp.

[276] *Beckmann*, WPg 2004, 620 li. Sp. a.E.

einer ordentlichen Preisbildung am Markt führen kann,[277] ungerechtfertigter Weise gänzlich ausgeblendet, würde allein darauf abgestellt, dass aufgrund der Unveräußerbarkeit von 95 % der Anteile die Liquidität fehle. Dies liefe darauf hinaus, dass man ein Mindesthandelsvolumen in Höhe von mehr als fünf Prozent zur Voraussetzung für einen liquiden Markt machen würde, was der Bundesgerichtshof in der *„DAT/Altana"*-Entscheidung ja gerade abgelehnt hat.[278]

Letztendlich kann eine sachgerechte Lösung nur durch eine Untersuchung des jeweiligen Einzelfalls erreicht werden. Pauschale Feststellungen, wonach im Falle einer bei der Eingliederung oder beim Squeeze-out bestehenden Marktenge der Börsenkurs stets heranzuziehen ist oder aber unabhängig vom jeweiligen Einzelfall außer Acht gelassen werden muss, verbieten sich bereits aus folgendem Grund: Die Ermittlung der den Minderheitsaktionären zu gewährenden Abfindung beschränkt sich jeweils auf einen ganz bestimmten Fall, nämlich auf die Durchführung einer die Abfindung auslösenden Maßnahme (Squeeze-out, Eingliederung) in einer bestimmten Gesellschaft. Die Höhe der Abfindung richtet sich dann allein nach dem Wert dieses Unternehmens. Dieser unterscheidet sich zwangsläufig von dem anderer Gesellschaften, da nicht nur die „wahren" Werte, sondern auch die Börsenkurse divergieren. Letzteres resultiert aus dem unterschiedlichen Handel. Die Aktien mancher Unternehmen werden beispielsweise stärker nachgefragt als die anderer Gesellschaften. Dies darf aber auch im Falle einer Marktenge nicht außer Acht gelassen werden. Während bei einer bestehenden Marktenge die Aktien eines Unternehmens fast gar nicht mehr gehandelt werden, kann mit den Anteilen anderer Gesellschaften trotz ebenfalls bestehender Marktenge durchaus noch Handel stattfinden. Aus diesem Grunde verbietet sich jegliche Pauschalierung. Daher ist auch beim Rechtsinstitut des Squeeze-out-Verfahrens im Einzelfall zu prüfen, ob für die Aktien der betroffenen Gesellschaft ein noch hinreichend liquider Markt gegeben ist.[279] Um diesbezüglich ein gewisses Maß an Sicherheit in die Abfindungspraxis zu bringen, ist es erforderlich, Kriterien aufzustellen, bei deren Vorliegen grundsätzlich von einer ausreichenden Liquidität ausgegangen werden kann. Sinnvoll erscheint es insofern, wie von *Krieger* vorgeschlagen, zur Präzisierung, wann eine ausreichende Liquidität gegeben ist, auf die in der Regelung des § 5 Abs. 4 WpÜG-AngebotsVO aufgestellten Grundsätze zurückzugreifen.[280] Danach ist der Börsenkurs unbeachtlich, wenn während der letzten drei Monate an weniger als einem Drittel der Börsentage Börsenkurse festgestellt wurden und mehrere nacheinander festgestellte Börsenkurse um mehr als 5 % voneinander abweichen.[281] Ein Rückgriff auf § 5 Abs. 4 WpÜG-

[277] *Ullrich*, S. 163, und *Steinhauer*, AG 1999, 299, 307 li. Sp., haben zutreffend darauf hingewiesen, dass auch im Falle eines minimalen Handelsvolumens eine ordentliche Preisbildung möglich ist, wenn ein ausgewogenes Verhältnis zwischen Angebot und Nachfrage besteht.

[278] BGH NJW 2001, 2080, 2083 re. Sp. *„DAT/Altana"*.

[279] So auch für die Eingliederung LG Hamburg DB 2006, 204, 205 li. Sp. Das Gericht ist der Ansicht, dass der im Referenzzeitraum erreichte Börsenkurs „jedenfalls dann auch mit dem Verkehrswert der Aktien gleichzusetzen ist, wenn sich die Kurse über längere Zeiträume in einer etwa gleichen Größenordnung gebildet haben".

[280] So im Ergebnis auch *Fleischer*, ZGR 2002, 757, 781 Fn. 151; *Hasselbach*, in: Kölner Komm, WpÜG, 327b AktG Rn. 18; *Schwichtenberg*, S. 266 Fn. 1032; wohl auch *Gampenrieder*, S. 100/101; *Vetter*, DB 2001, 1347, 1351 li. Sp.

[281] Vgl. *Bungert*, BB 2001, 1163, 1164 li. Sp., der einen Handel an mindestens der Hälfte der Tage des Referenzzeitraums und zumindest bei kleinen und mittelgroßen Unternehmen ein Mindesthandelsvolumen von 3 % fordert.

AngebotsVO steht auch nicht im Widerspruch zu den Ausführungen des Bundesgerichtshofs in der *„DAT/Altana"*-Entscheidung.[282] Das Gericht hat zwar festgestellt, dass „schematisierende Betrachtungen, die ein Mindesthandelsvolumen von drei bis fünf Prozent und einen Handel an mindestens jedem zweiten Tag im Monat fordern", nicht als gerechtfertigt erscheinen.[283] Gleichwohl hat der Gesetzgeber nach Ergehen dieser Entscheidung, die Regelung des § 5 Abs. 4 WpÜG-AngebotsVO eingeführt, um Klarheit darüber zu schaffen, wann ein Börsenkurs als Maßstab für die Bemessung der Gegenleistung herangezogen werden darf.[284] Gründe dafür, warum diese gesetzgeberische Richtschnur für die Bemessung von Abfindungs- und Ausgleichsregelungen keine Gültigkeit besitzen soll, sind nicht ersichtlich, da die Aussagekraft des Börsenkurses dieselbe ist. Gerade das Ausschlussverfahren der §§ 327a ff. AktG steht aufgrund der gedanklichen Verknüpfung mit der Pflichtangebotsregelung in einem systematischen Zusammenhang mit dem WpÜG, so dass die Heranziehung dortiger Bestimmungen möglich sein muss, soweit es sich nicht um kapitalmarktspezifische und allein auf die Regelungsgegenstände des WpÜG zugeschnittene Vorschriften handelt.

V. Ergebnis

Demzufolge ist der Börsenkurs, wenn die Liquiditätskriterien des § 5 Abs. 4 WpÜG-AngebotsVO erfüllt sind, als Untergrenze bei der Bemessung der den Minderheitsaktionären zu gewährenden Barabfindung zu berücksichtigen. Der maßgebliche Börsenkurs ist anhand eines Durchschnittskurses zu ermitteln, dem ein sechsmonatiger Referenzzeitraum, endend mit der Bekanntgabe der beabsichtigten Durchführung des Squeeze-out-Verfahrens, zugrunde zu legen ist.

§ 21 Die Einbeziehung von Vorerwerbspreisen in die Barabfindung

I. Anteilserwerb im Vorfeld eines Squeeze-out-Verfahrens

In der Praxis werden sich viele Fälle auftun, bei denen ein Mehrheitsaktionär nicht über die für die Durchführung eines Squeeze-out-Verfahrens erforderliche Beteiligungshöhe von mindestens 95 % des Grundkapitals der Gesellschaft verfügt. Demzufolge ist es ihm nicht gestattet, die anderen Aktionäre aus der Gesellschaft auszuschließen. Etwaig angestrebte unternehmerische Maßnahmen sehen sich daher weiterhin der Gefahr potentieller Störungen seitens der Kleinaktionäre ausgesetzt. Um derartigen Hindernissen aus dem Weg zu gehen, ist ein Mehrheitsaktionär oftmals in besonderem Maße daran interessiert, sich die für das Erreichen der in § 327a Abs. 1 Satz 1 AktG vorgesehenen Beteiligungsschwelle erforderlichen Aktien zu verschaffen. Da ihm die Anteile einen großen Nutzen in Form der ungestörten Durchführung einer beabsichtigten Maßnahme bringen, wenn er in einem Zwischenschritt die Min-

[282] A.A: *Angerer*, BKR 2002, 260, 264 li. Sp., nach dessen Ansicht es sich bei den in § 5 Abs. 4 WpÜG-AngebotsVO genannten Liquiditätskriterien ebenfalls um die vom Bundesgerichtshof verbotenen schematisierenden Betrachtungen handelt.

[283] BGH NJW 2001, 2080, 2083 re. Sp. *„DAT/Altana"*.

[284] Vgl. auch *Fleischer*, ZGR 2002, 757, 781 Fn. 151, der ausdrücklich herausstellt, dass die Entscheidung des Bundesgerichtshofs gegen schematisierende Betrachtungen vor Inkrafttreten des WpÜG erging.

derheitsaktionäre ausgeschlossen hat, sind die Aktien für den Mehrheitsaktionär besonders wertvoll. Aus diesem Grunde wird er regelmäßig bereit sein, sich den Erwerb der für den Ausschluss benötigten Aktien „etwas kosten zu lassen“ und gegebenenfalls einen über dem Börsenkurs liegenden Preis zu zahlen, um bei den anderen Gesellschaftern die Bereitschaft zu erhöhen, ihm ihre Anteile zu überlassen. Hat der Mehrheitsaktionär auf diesem Wege die nach § 327a Abs. 1 Satz 1 AktG erforderliche Beteiligung am Grundkapital in Höhe von 95 % erreicht, ist es ihm gestattet, einen Squeeze-out durchzuführen. Macht er von dieser Möglichkeit Gebrauch und werden die Minderheitsaktionäre aus der Gesellschaft ausgeschlossen, drängt sich die Frage auf, ob die vom Mehrheitsaktionär vor Durchführung des Squeeze-out-Verfahrens gezahlten Preise, soweit sie oberhalb des Börsenkurses liegen, in die Bemessung der den ausgeschlossenen Minderheitsaktionären zu gewährenden Abfindung einzubeziehen sind. Insofern gilt es eine Antwort zu finden, die sich auf sämtliche Vorerwerbspreise erstreckt, also auch für Gegenleistungen gilt, die vor Durchführung eines Ausschlussverfahrens in einem vorangehenden Angebotssachverhalt nach dem WpÜG gezahlt worden sind.

II. Das Scheitern der Vermutungsregelung des § 327b Abs. 1 Satz 3 AktG-RefE

1. Gründe für die Streichung der Vermutungsregelung

Die Squeeze-out-Vorschriften enthalten keine Regelung, wonach solche Preise, die der Hauptaktionär im Vorfeld eines späteren Ausschlussverfahrens für Aktien der Gesellschaft gezahlt hat, im Rahmen der Ermittlung der Barabfindung Beachtung finden müssten. Insofern entspricht die Gesetzeslage beim Squeeze-out den für Eingliederung, Unternehmensvertrag und Umwandlung vorgesehenen Regelungen. Dies war allerdings nicht immer so. Der Referentenentwurf zu den Ausschlussvorschriften enthielt noch eine Regelung, nach der Vorerwerbspreise für die Bemessung der Abfindung maßgebliche Relevanz besitzen sollten. So sah die vom *DAV-Handelsrechtsausschuss* in der Anhörung vom 25. Juli 2000 angeregte Vorschrift des § 327b Abs. 1 Satz 3 AktG-RefE in Anknüpfung an die Regelung der Section 429 (1) des UK Companies Act 1985[285] für den Fall, dass jemand aufgrund eines in den letzten sechs Monaten vor dem Übertragungsbeschluss abgegebenen Angebots nach dem WpÜG die Hauptaktionärseigenschaft erlangt hat, vor, dass der ihm Rahmen dieses Angebots gebotene Preis für die Abfindung maßgeblich sei. Voraussetzung sollte allerdings sein, dass das Angebot von mindestens 90 % der Aktionäre, an die es gerichtet war, angenommen wurde. Bei Vorliegen dieser Voraussetzungen sollte nach dem Willen des Gesetzgebers der vorangehende Angebotspreis bei der Ermittlung der angemessenen Abfindung nicht lediglich neben dem „wahren“ Wert und dem Börsenkurs Berücksichtigung finden. Vielmehr war der Angebotspreis als angemessene Abfindung festgeschrieben. Da es sich bei dem Angebotspreis von Gesetzes wegen um eine angemessene Abfindung handeln sollte, wurde die Möglichkeit einer gerichtlichen Überprüfung der Abfindung als nicht erforderlich angesehen. Dem lag der gesetzgeberische Gedanke zugrunde, dass die Billigung des Angebots auf breiter Basis eine Garantie für die Fairness des Angebotspreises darstel-

---

[285] Vgl. zu dieser Regelung die Ausführungen bei *Rühland*, S. 137 ff.; *ders.*, NZG 2001, 448, 449 f.; *Wenger/Kaserer/Hecker*, ZBB 2001, 317, 320 li. Sp.

le.[286] Aus diesem Grunde sah § 327f Abs. 3 AktG-RefE[287] ausdrücklich vor, dass die Abfindung einer Überprüfung im Spruchverfahren nicht zugänglich war. Da sich jedoch gegen die Regelung des § 327b Abs. 1 Satz 3 AktG-RefE eine Vielzahl von Stimmen aus dem rechtswissenschaftlichen Schrifttum und von Seiten der Aktionärsschutzvereinigungen mit Nachdruck ausgesprochen hat, ist die Bestimmung nicht Gesetz geworden. So wurde gegen die Regelung, wonach dem Angebotspreis alleinige Maßgeblichkeit zukommen sollte, eingewendet, dass es mit der Verfassung nicht zu vereinbaren sei, den Rechtsschutz der Minderheitsaktionäre im Hinblick auf die ihnen zu gewährende Abfindung gänzlich auszuschließen.[288] Insofern meldete sich auch der Bundesrat zu Wort und führte an, dass die Vorschrift des § 327b Abs. 1 Satz 3 AktG-RefE wegen ihrer Ausgestaltung als unwiderlegbare Vermutung bedenklich erscheine.[289] Durch die Regelung würden die abzufindenden Aktionäre letztlich so gestellt, als hätten sie das frühere Angebot nach dem WpÜG angenommen, obwohl sie es nicht als dem „wahren" Wert des Unternehmens entsprechend angesehen haben. Da jedoch nicht ausgeschlossen werden könne, dass die nach dem WpÜG zuvor angebotene Gegenleistung den „wahren" Wert der Beteiligung im Einzelfall unterschreitet,[290] schlug der Bundesrat unter Zustimmung von Teilen der rechtswissenschaftlichen Literatur[291] vor, die Regelung dahingehend umzugestalten, dass der im Rahmen eines vorherigen Angebots nach dem WpÜG angebotene Preis für die Festlegung der Abfindung nicht generell verbindlich sein solle, sondern lediglich widerlegbar vermutet werden sollte, dass es sich bei ihm um eine angemessene Abfindung handelt. Die Angemessenheit könne jedoch in einem Spruchverfahren gerichtlich überprüft werden.[292] Dieser Forderung ist der Gesetzgeber dann insofern

---

[286] Hiergegen wenden *Heidel/Lochner*, DB 2001, 2031, 2033 li. Sp., ein, dass der verfassungsrechtliche Eigentumsschutz nicht zur Disposition der Mehrheit stehe unabhängig davon, wie groß diese sei.

[287] Im Diskussionsentwurf des Bundesministeriums der Finanzen vom 29.06.2000 war noch die generelle Überprüfbarkeit der Barabfindung im Spruchverfahren vorgesehen. Die Regelung des § 327b Abs. 1 Satz 3 AktG kam erst durch den Referentenentwurf vom 12.03.2001 in die Diskussion hinein. Vgl. dazu *Rühland*, NZG 2001, 448, 451 f.

[288] *Ehricke/Roth*, DStR 2001, 1120, 1123 li. Sp.; *Rühland*, NZG 2001, 448, 454 li. Sp.; *Thaeter/Barth*, NZG 2001, 545, 550 li. Sp. a.E.; *Vetter*, AG 2002, 176, 188 re. Sp.; so später auch *Stumpf*, NJW 2003, 9, 10 Fn. 11, 12 Fn. 42; a.A.: *DAV-Handelsrechtsausschuss*, NZG 2001, 420, 432 li. Sp.; *Krieger*, BB 2002, 53, 57 li. Sp., die der Ansicht sind, dass durch die verfassungsgerichtliche Rechtsprechung nicht vorgegeben sei, dass eine gerichtliche Überprüfung in jedem Fall erforderlich ist. Entbehrlich sei die Einräumung von Rechtsschutz dann, wenn aufgrund bestehender Marktmechanismen die Minderheitsaktionäre nicht schutzbedürftig seien. Durch die breite Annahme sichere der Markt die Angemessenheit des Preises. Der *DAV-Handelsrechtsausschuss* weist darauf hin, dass das Bundesverfassungsgericht noch keinen Standpunkt zur Frage bezogen habe, ob im Falle eines gewährleisteten Marktpreises Rechtsschutz zu gewähren sei, um zu prüfen, ob der „wahre" Wert eventuell doch über dem Marktpreis liege. Dies ist nach Ansicht des *DAV-Handelsrechtsausschusses*, NZG 2001, 420, 431 li. Sp., zu verneinen. Der *DAV-Handelsrechtsausschuss* verkennt jedoch, dass das Bundesverfassungsgericht in der *„DAT/Altana"*-Entscheidung eine Antwort auf die Frage gegeben hat. Auch der Börsenkurs ist ein Marktpreis, weil er aus der Beurteilung des Marktes und der Marktteilnehmer gebildet wird. Trotzdem stellt er nur die Untergrenze der Abfindung dar und ist einer gerichtlichen Überprüfung zugänglich. Dies verdeutlicht, dass „marktgerecht" nicht zugleich immer auch „angemessen" heißt.

[289] Bundesrat ZIP 2001, 1787, 1788 re. Sp.

[290] Bundesrat ZIP 2001, 1787, 1788 re. Sp.

[291] *Ehricke/Roth*, DStR 2001, 1120, 1123 li. Sp. a.E.; *Rühland*, NZG 2001, 448, 455 li. Sp. So nun auch *Sellmann*, WM 2003, 1545, 1547 re. Sp.

[292] Bundesrat ZIP 2001, 1787, 1788 re. Sp.

nachgekommen, als er die im Referentenentwurf enthaltene Regelung des § 327f Abs. 3 zum Ausschluss des Spruchverfahrens in Bezug auf die Fälle des § 327b Abs. 1 Satz 3 AktG-RefE gestrichen hat. Nicht geändert wurde stattdessen der Wortlaut des § 327b Abs. 1 Satz 3 AktG-RefE. Die darin enthaltene Formulierung „Ist ... als angemessene Barabfindung anzusehen." wurde beibehalten. Während die Regelung nach Streichung des § 327f Abs. 3 AktG-RefE zum Teil als widerlegbare Vermutung verstanden wurde, nach der es den ausgeschlossenen Aktionären möglich sei, darzulegen und zu beweisen, dass der im Rahmen des Angebots nach dem WpÜG angebotene Preis nicht den „wahren" Wert der unternehmerischen Beteiligung widerspiegelt,[293] blieben andere Teile des Schrifttums skeptisch. Da sich ausweislich der gesetzlichen Begründung trotz der Streichung des § 327f Abs. 3 AktG-RefE inhaltlich nichts geändert haben sollte, die gerichtliche Überprüfung durch die Ausgestaltung des § 327b Abs. 1 Satz 3 AktG-RefE als unwiderlegbare Vermutung demnach auch weiterhin ausgeschlossen war, waren viele der Ansicht, die Bestimmung verstoße immer noch gegen die Verfassung.[294] Die weiterhin vorgebrachten verfassungsrechtlich begründeten Einwendungen hatten zur Folge, dass der Finanzausschuss des Bundestags empfahl, die Regelung des § 327b Abs. 1 Satz 3 AktG-RefE gänzlich zu streichen.[295] Dieser Empfehlung ist der Gesetzgeber, als er das WpÜG am 15. November 2001 beschlossen hat, nachgekommen und verzichtete darauf, die Vorschrift ins Aktiengesetz aufzunehmen.

2. Schlussfolgerungen für die Berücksichtigungsfähigkeit von Vorerwerbspreisen

Dass die Regelung nicht Gesetz geworden ist, bedeutet jedoch nicht zwangsläufig, dass Vorerwerbspreise keinerlei Bedeutung im Hinblick auf die Festsetzung der Abfindung haben können. Zum einen ist nämlich davon auszugehen, dass der Gesetzgeber seinen Grundgedanken, dass den vor Durchführung eines Squeeze-out-Verfahrens im Rahmen eines WpÜG-Sachverhalts gezahlten Preisen Aussagekraft in Bezug auf die Angemessenheit der Abfindung zukommen kann, nicht ganz aufgegeben hat. Vielmehr ist anzunehmen, dass er eine nochmalige Nachbesserung aus Zeitgründen – die Squeeze-out-Regelungen sollten am 01. Januar 2002 in Kraft treten – gescheut hat. Zu berücksichtigen ist in diesem Zusammenhang zudem, dass der Gesetzgeber weiterhin Rückhalt von Teilen des Schrifttums erhält, die den Wegfall der Regelung nicht nur bedauern, sondern für den Fall künftiger Änderungen des Aktiengesetzes die Aufnahme einer dem § 327b Abs. 1 Satz 3 AktG-RefE entsprechenden Vorschrift fordern.[296] Zum anderen ist zu bedenken, dass sich die in der Literatur und vom Bundesrat vorgebrachte Kritik an den Regelungen der §§ 327b

---

[293] *Schüppen*, WPg 2001, 958, 974 re. Sp.

[294] *Schwichtenberg*, DStR 2001, 2075, 2081 Fn. 67. *Tröger*, DZWIR 2002, 392, 407 re. Sp., stellt fest, dass nur eine widerlegbare Vermutung verfassungskonform wäre. *Rühland*, NZG 2001, 448, 455 li. Sp., weist allgemein darauf hin, dass eine Ausgestaltung als unwiderlegbare Vermutung dieselbe Wirkung habe wie der Ausschluss der gerichtlichen Kontrolle in § 327f Abs. 3 AktG-RefE. Anders *Möller/Pötzsch*, ZIP 2001, 1256, 1262 li. Sp., nach deren Ansicht die Streichung des § 327f Abs. 3 AktG-RefE gerade verdeutlicht, „dass die tatbestandlichen Voraussetzungen der unwiderlegbaren Vermutung auch im Spruchstellenverfahren überprüft werden können". Eine solche Auslegung verkennt aber die rechtliche Handhabung und Reichweite der Rechtsfigur der unwiderlegbaren Vermutung.

[295] Vgl. Bundestag ZIP 2001, 2102, 2104 re. Sp.

[296] *Fuhrmann/Simon*, WM 2002, 1211, 1215 Fn. 31; *Krieger*, BB 2002, 53, 57 re. Sp.; *Sieger/Hasselbach*, ZGR 2002, 120, 149, gehen von der Verfassungskonformität der Regelung aus.

Abs. 1 Satz 3, 327f Abs. 3 AktG-RefE nicht gegen die Grundidee des Gesetzgebers richtete, ein früherer Angebotspreis könne in Bezug auf die beim Squeeze-out zu gewährende Abfindung aussagekräftig sein, sondern sich in erster Linie gegen den Ausschluss jeglichen Rechtsschutzes zur Überprüfung der Angemessenheit sowie gegen die Ausgestaltung der Vorschrift des § 327b Abs. 1 Satz 3 AktG-RefE als unwiderlegbare Vermutung wandte. Eine widerlegbare Vermutung, wonach der Angebotspreis als angemessen anzusehen ist, es sei denn, es wird im Rahmen eines Spruchverfahrens Gegenteiliges bewiesen, wurde ja sogar ausdrücklich befürwortet.[297] Der Umstand, dass die noch im Referentenentwurf enthaltene Regelung zum speziellen Vorerwerbspreis in Form des Angebotspreises nach dem WpÜG nicht Gesetz geworden ist, zwingt demzufolge nicht zu der Annahme, dass Vorerwerbspreise nach dem Willen des Gesetzgebers keinerlei Relevanz im Hinblick auf die Höhe der den ausgeschlossenen Minderheitsaktionären zu leistenden Abfindung haben sollen.[298]

III. Die Rechtsprechung des Bundesverfassungsgerichts zur Berücksichtigung von Paketpreisen

1. Darstellung der wesentlichen Feststellungen

Ein Verbot der Berücksichtigung von Vorerwerbspreisen bei der Bestimmung der Abfindung im Rahmen eines Squeeze-out-Verfahrens könnte sich aus der verfassungsgerichtlichen Rechtsprechung ergeben. Das Bundesverfassungsgericht hat sich im Rahmen des für die Ermittlung von Abfindungen hoch bedeutsamen *„DAT/Altana"*-Beschlusses auch mit der möglichen Berücksichtigung von Preisen befasst, die vom Mehrheitsaktionär im Vorfeld der abfindungsauslösenden Maßnahme außerhalb der Börse gezahlt wurden. Es stellte fest, dass derartige Preise bei der Festlegung der Abfindung keine Beachtung finden dürfen.[299] Zur Begründung führt das Gericht aus, dass die vom Mehrheitsaktionär zuvor gezahlten Preise in der Regel keinerlei Bezug zum „wahren" Wert der Beteiligung aufwiesen. Vielmehr seien sie Ausdruck des sich dem Mehrheitsaktionär durch diese Aktien bietenden „Grenznutzens".[300] Dieser besondere Nutzen bestehe regelmäßig darin, dass durch die im Wege des Paketkaufs erworbenen Aktien Beteiligungs- und Stimmenquoren erreicht würden, deren Innehabung für die Durchsetzung bestimmter aktien- und umwandlungsrechtlicher Maßnahmen erforderlich ist.[301] Dies veranlasse den Mehrheitsaktionär in den meisten Fällen dazu, die von ihm zur Erreichung eines bestimmten Quorums benötigten Aktien zu einem höheren Preis, nämlich mit dem so genannten Paketzuschlag versehen, zu erwerben. Darüber hinaus gelangte das Bundesverfassungsgericht zu dem Ergebnis, dass derartige, außerhalb der Börse gezahlte Preise ebenfalls in keinem Zusammenhang mit dem Verkehrswert der Beteiligung stünden. Den um den Paketzuschlag erhöhten Preis zahle der Mehrheitsaktionär nur, um die

---

[297] Bundesrat ZIP 2001, 1787, 1788 re. Sp.; *Rühland*, NZG 2001, 448, 455 li. Sp.
[298] A.A.: *Fuhrmann/Simon*, WM 2002, 1211, 1215 li. Sp./re. Sp.
[299] So bereits vorher OLG Celle AG 1999, 128, 129 li. Sp. *„Wolters AG/Gilde AG"*; OLG Düsseldorf AG 1998, 236, 237 re. Sp.; OLG Düsseldorf AG 1995, 85, 87 li. Sp.; *Hüffer*, AktG, § 305 Rn. 21; Koppensteiner, in: Kölner Komm, AktG, § 305 Rn. 73.
[300] BVerfG NJW 1999, 3769, 3771 li. Sp. a.E. *„DAT/Altana"*.
[301] BVerfG NJW 1999, 3769, 3771 li. Sp./re. Sp. *„DAT/Altana"*.

Voraussetzungen für die Durchführung der geplanten Maßnahme zu schaffen. Dieser Beweggrund sei aber allein für den Mehrheitsaktionär ausschlaggebend, nicht hingegen für Dritte. Ein Minderheitsaktionär sei daher regelmäßig gar nicht imstande, solche außerbörslich gezahlten Preise zu realisieren. Möglich sei dies allein für den Fall, dass es der einzelne Minderheitsaktionär schaffe, dass der Mehrheitsaktionär gerade seine Aktien erwirbt. Dies könne ein Minderheitsaktionär verfassungsrechtlich aber nicht beanspruchen.[302]

2. Würdigung der bundesverfassungsgerichtlichen Grundsätze

a) Mögliche Differenzierung nach Arten von Paketpreisen?

Gegen den Standpunkt, Paketzuschläge generell nicht in die Abfindung ausscheidender Aktionäre einzubeziehen, werden durchaus Zweifel angemeldet. So wird zum Beispiel von *Ullrich* vorgetragen, dass es einer Differenzierung in Bezug auf Paketzuschläge bedürfe. Einerseits würden Paketzuschläge in solchen Fällen gezahlt, in denen die Beteiligung des Mehrheitsaktionärs sich knapp unterhalb der für bestimmte Maßnahmen erforderlichen Kontroll- und Beteiligungsschwelle bewege, so dass nur einzelne wenige Aktien hinzugekauft würden. Durch die erworbenen Aktien überschreite der Mehrheitsaktionär die Schwellenwerte mit der Folge, dass es ihm nun möglich ist, gesellschaftliche Maßnahmen zu veranlassen. In einer derartigen Konstellation verkörpere der Paketzuschlag den für die Erlangung der Kontrolle über die Gesellschaft zu zahlenden Preis. Der gezahlte Preis stelle nicht mehr die Gegenleistung für die kapitalmäßige Beteiligung an der Gesellschaft dar, sondern vielmehr den „Preis für die Herrschaft im Unternehmen".[303] Nur diese Variante der Paketzuschläge werde von der Entscheidung des Bundesverfassungsgerichts erfasst.[304] Daneben gebe es aber noch eine weitere Art von Paketzuschlägen. Paketzuschläge seien nämlich auch solche Mehrpreise, die ein Aktionär für den Erwerb größerer Aktienpakete im Vorfeld von Konzernmaßnahmen entrichtet.[305] In dem Mehrpreis wird nach Ansicht von *Ullrich* der Wert reflektiert, den der Mehrheitsaktionär oder Bieter für die aus der Konzernmaßnahme resultierenden Synergieeffekte zu zahlen bereit ist.[306] Im Gegensatz zu den vom Bundesverfassungsgericht behandelten Paketzuschlägen seien derartige Mehrpreise auch für den einzelnen Minderheitsaktionär realisierbar, da bei großen Aktienpaketen, anders als im Fall, dass nur noch einige wenige Aktien vom Mehrheitsaktionär zum Erreichen des Quorums benötigt werden, die Chance größer sei, dass der Mehrheitsaktionär auch die Anteile des einzelnen Minderheitsaktionärs erwerbe. Erscheine aber die Erzielung des Zuschlags „nicht völlig unmöglich",[307] so spiegele der Paketzuschlag den Verkehrswert wider. Infolgedessen sei der Mehrpreis als gezahlter Marktpreis in die Festlegung der Abfindung einzubeziehen.[308]

---

[302] BVerfG NJW 1999, 3769, 3771 re. Sp. „*DAT/Altana*".
[303] *Ullrich*, S. 130.
[304] So auch *Piltz*, ZGR 2001, 185, 192 a.E.
[305] *Ullrich*, S. 130. Diese Differenzierung findet sich auch bei *Piltz*, ZGR 2001, 185, 197.
[306] *Ullrich*, S. 131.
[307] *Ullrich*, S. 132.
[308] *Ullrich*, S. 133.

b) Grundsätzliche Zustimmung zu den bundesverfassungsgerichtlichen Feststellungen

Die vom Bundesverfassungsgericht in dem *„DAT/Altana"*-Beschluss gegen die Einbeziehung von Paketzuschlägen vorgetragene Begründung vermag grundsätzlich zu überzeugen.[309] Bei der Ermittlung der den ausgeschlossenen Aktionären zu zahlenden Abfindung geht es darum, dass die Minderheitsaktionäre für den Verlust ihrer Beteiligung den „wahren" Wert ihres Anteilseigentums oder aber zumindest den Verkehrswert ihrer Beteiligung erhalten. Die Heranziehung des Verkehrswert als Untergrenze für die Abfindung soll dem Umstand Rechnung tragen, dass den Minderheitsaktionären nicht weniger gewährt werden darf, als sie im Falle einer freien Deinvestitionsentscheidung erlangt hätten. An diese Grundsätze knüpft das Bundesverfassungsgericht in seiner Begründung an. Es untersucht zunächst, ob Paketpreise einen Bezug zum „wahren" Wert der Beteiligung aufweisen und verneint dies, weil der Zuschlag nicht dem „wahren" Wert der Beteiligung entspricht, sondern allein den Nutzen verkörpert, den die einzelnen Anteile für den Mehrheitsaktionär haben. Dem ist zuzustimmen. Wertsteigernd wirkt sich allein der Umstand aus, dass der Mehrheitsaktionär bereits über so viele Anteile verfügt, dass ihm nur noch einzelne Aktien fehlen, um die wichtigen Quoren zu erreichen. Weil die Aktien für ihn von solch enormer Bedeutung sind, ist er bereit einen höheren Preis dafür zu zahlen. Diese Bedeutung haftet aber gerade nicht der einzelnen Aktie an. Alle Aktien weisen den gleichen „wahren" Wert auf. Jeder außenstehende Dritte hätte daher auch nicht den erhöhten Preis, sondern allenfalls den Börsenkurs der Aktie gezahlt, um sie zu erwerben. Demnach steht der Zuschlag in der Tat in keinerlei Beziehung zum „wahren" Wert des Aktieneigentums, infolge derer er in die Bestimmung der Abfindung einzubeziehen wäre.

Dem Bundesverfassungsgericht ist auch dahingehend beizupflichten, dass zwischen dem Paketzuschlag und dem Verkehrswert der Aktie ebenfalls kein Zusammenhang besteht. Es wäre dem einzelnen Aktionär gerade nicht möglich gewesen, seine Aktien zu dem höheren Preis zu veräußern. Den Paketzuschlag hätten nur die Minderheitsaktionäre realisieren können, die es schaffen, gerade ihre Aktien an den Mehrheitsaktionär zu veräußern.[310] Alle anderen Minderheitsaktionäre, denen dies nicht gelungen wäre, hätten lediglich den durchschnittlichen Börsenkurs realisieren können, wenn sie an Dritte veräußert hätten. Eine solche Betrachtung, wonach einzelne Aktionäre den höheren Preis erzielt hätten, andere aber nur den Börsenkurs, taugt nicht für die Ermittlung der Abfindung. Letztlich ist nämlich die Gesamtheit der Minderheitsaktionäre abzufinden und es kommt gerade nicht darauf an, welchen Preis ein einzelner Aktionär aufgrund individueller Besonderheiten zu realisieren in der Lage gewesen wäre. Daher ist es richtig, dass der Paketzuschlag auch nicht dem Verkehrswert entspricht, so dass er demzufolge noch nicht einmal als Untergrenze in die Ermittlung der Abfindung einbezogen werden kann.

Insofern sind entgegen der Ansicht von *Ullrich* auch keine Differenzierungen zwischen unterschiedlichen Arten von Paketzuschlägen zu treffen. Zunächst erscheint es zweifelhaft, ob zwischen den von *Ullrich* herausgearbeiteten Alternativen von Paketzuschlägen überhaupt trennscharf differenziert werden kann. Da sich im Hinblick

---

[309] Kritisch hingegen *Behnke*, NZG 1999, 934 li. Sp.
[310] *Ullrich*, S. 132.

auf die Höhe der den Minderheitsaktionären zu zahlenden Abfindung erhebliche Differenzen ergeben können, je nachdem, ob der Paketzuschlag in die Bemessung der Abfindung einbezogen wird oder aber nicht, müsste eine genaue Einteilung erfolgen. Die Ausführungen von *Ullrich* beinhalten aber gerade keinerlei Kriterien zur genauen Unterscheidung der Arten von Paketzuschlägen. Dies lässt die Frage zu, ob es die von ihm behaupteten zwei Arten von Paketzuschlägen überhaupt tatsächlich gibt oder stattdessen lediglich eine Art existiert. Insofern bedarf es jedoch keiner Entscheidung, da sich die beiden Varianten im Hinblick auf eine etwaige Beziehung zum „wahren" Wert der Beteiligung ohnehin nicht unterscheiden. Der Mehrpreis wird in beiden Fällen allein aufgrund des mit den Anteilen für den Mehrheitsaktionär verbundenen Nutzens gezahlt. In beiden Fällen geht es immer darum, dass der Mehrheitsaktionär mit Hilfe der erworbenen Aktien den Grundstein für weitere Maßnahmen legen will. Der Mehrpreis ist demzufolge Ausdruck des „Grenznutzens", er spiegelt aber nicht den „wahren" Wert des Anteilseigentums wider.[311] Ebenso wenig reflektiert er den Verkehrswert der Aktie. *Ullrich* ist zwar dahingehend zuzustimmen, dass die Wahrscheinlichkeit, dass der einzelne Minderheitsaktionär den Paketzuschlag realisieren kann, mit der Größe des vom Mehrheitsaktionär erworbenen Aktienpakets steigt. Je mehr Aktien der Mehrheitsaktionär erwerben möchte, umso größer ist die Chance, dass es dem einzelnen Minderheitsaktionär gelingt, seine Aktien an den Mehrheitsaktionär zu veräußern. Dennoch bleibt es auch bei größeren Aktienpaketen dabei, dass nicht feststeht, ob jeder einzelne Minderheitsaktionär den Mehrpreis realisieren kann. Dies wäre nur der Fall, wenn der Mehrheitsaktionär allen Minderheitsaktionären ein Angebot unterbreiten würde. Da er dies jedoch nicht macht, hängt es wiederum vom Zufall ab, welcher der Minderheitsaktionäre den Paketzuschlag erzielen kann. Da es aber auf die Abfindung der Gesamtheit der Minderheitsaktionäre ankommt, können im Einzelfall bestehende Realisierungschancen keine Rolle spielen. Daher weist selbst der für ein größeres Aktienpaket gezahlte Mehrpreis keinerlei Beziehung zum Verkehrswert auf. Die von *Ullrich* dargelegten Arten von Paketzuschlägen unterscheiden sich demnach im wesentlichen Punkt nicht, so dass eine Differenzierung mühselig ist. Der Ansicht von *Ullrich*, wonach der für größere Aktienpakete gezahlte Paketzuschlag im Gegensatz zu dem für wenige einzelne Aktien geleisteten Mehrpreis in die Bestimmung der Abfindung einzubeziehen ist, kann daher nicht gefolgt werden. Als Zwischenergebnis gilt es festzuhalten, dass Paketzuschläge im Allgemeinen nicht zur Ermittlung der den ausgeschlossenen Minderheitsaktionären zu gewährenden Abfindung heranzuziehen sind.

c) Besonderheiten im Fall des Squeeze-out-Verfahrens

Besonderheiten könnten sich allerdings beim Rechtsinstitut des Squeeze-out-Verfahrens ergeben.[312] Der Gesetzgeber hat in § 4 Satz 1 WpÜG-AngebotsVO bestimmt, dass Preise, die vom Bieter im Vorfeld eines Angebots nach dem WpÜG

---

[311] Dass *Ullrich* diesbezüglich keine Überlegungen äußert, dürfte damit zusammenhängen, dass er den „wahren" Wert als Bewertungsmaßstab für die Abfindung ablehnt und ausschließlich auf den Börsenkurs als Marktpreis abstellen will.

[312] Eine Abweichung von der Entscheidung des Bundesverfassungsgerichts ist möglich, da die Erwägungen zu der Heranziehbarkeit außerbörslicher Preise in die Bemessung der Abfindung nicht zu den tragenden Gründen gehören und demnach insofern keine Bindungswirkung besteht. Vgl. *W. Müller*, FS Bezzenberger, 2000, S. 705, 714.

tatsächlich gezahlt wurden, in die Ermittlung des Angebotspreises einzubeziehen sind.[313] Da das Squeeze-out-Recht als Gegenstück zum Pflichtangebot in einem systematischen Zusammenhang mit dem WpÜG steht, erscheint eine Übernahme dieses Grundsatzes denkbar. Vergleicht man die beim Squeeze-out und beim Angebot nach dem WpÜG bestehenden Handlungsmöglichkeiten der außenstehenden Aktionäre, so erscheint eine Berücksichtigung von Paketzuschlägen im Falle des Ausschlussverfahrens sogar geboten.[314] Beim Ausschlussverfahren nach den §§ 327a ff. AktG haben die Minderheitsaktionäre keine Wahl, ob sie ihre Beteiligung gegen Zahlung einer Geldleistung an den Hauptaktionär veräußern oder ob sie an der Gesellschaft beteiligt bleiben wollen.[315] Sie werden selbst dann aus der Gesellschaft ausgeschlossen und gehen ihrer Mitgliedschaft verlustig, wenn sie die vom Hauptaktionär angebotene Barabfindung als dem Wert ihrer Anteile nicht entsprechend ansehen. Dies ist bei den Angeboten nach dem WpÜG anders. Sind die Aktionäre nicht bereit, gegen Zahlung des Angebotspreises aus der Gesellschaft auszuscheiden, so steht es ihnen frei, das Angebot auszuschlagen. Von dieser Möglichkeit werden die Aktionäre insbesondere dann Gebrauch machen, wenn sie die vom Bieter angebotene Gegenleistung als nicht ausreichend erachten. Obwohl die Aktionäre demnach das Angebot als unzureichend ablehnen können, schreibt der Gesetzgeber in § 31 Abs. 1 WpÜG i.V.m. § 4 Satz 1 WpÜG-AngebotsVO dem Bieter vor, dass dieser bei der Festlegung des Angebotspreises auch von ihm gezahlte Vorerwerbspreise, insbesondere Paketzuschläge, einzubeziehen hat, damit der Preis überhaupt als angemessene Gegenleistung angesehen werden kann. In § 31 Abs. 1 WpÜG i.V.m. § 4 Satz 1 WpÜG-AngebotsVO ist mithin der Grundsatz enthalten, dass trotz der fehlenden Beziehung zum „wahren“ Wert der Beteiligung sowie zum Verkehrswert der Aktie der Paketzuschlag bei der Feststellung der an die Minderheitsaktionäre zu zahlenden Gegenleistung zu berücksichtigen ist. Haben die Minderheitsaktionäre im Falle eines Squeeze-out-Verfahrens aber gerade keine Möglichkeit, die Barabfindung als unangemessen abzulehnen und so ihre Anteile zu behalten, erscheint es erst recht geboten, dass der Hauptaktionär von ihm im Vorfeld des Ausschlussverfahrens gezahlte Paketzuschläge in die Ermittlung der Barabfindung einzubeziehen hat.[316]

IV. Reichweite der „*DAT/Altana*“-Entscheidung im Hinblick auf sonstige Vorerwerbspreise

1. Verhältnis der Angebotspreise nach dem WpÜG zum „wahren“ Wert

Fraglich ist, ob die Feststellung des Bundesverfassungsgerichts, dass vom Mehrheitsaktionär im Vorfeld der abfindungsauslösenden Maßnahme gezahlte Paketzu-

---

[313] S. zur Regelung des § 4 WpÜG-AngebotsVO, der an den „Gedanken der Selbstbindung“ des Bieters anknüpft, die Ausführungen bei *Oechsler*, in: Ehricke/Ekkenga/Oechsler, WpÜG, § 31 Rn. 27. Vgl. zum angedachten, aber nicht Gesetz gewordenen Gesichtspunkt des Paketabschlags die Ausführungen bei *Krieger*, in: RWS-Forum 20, S. 289, 299 f.

[314] Vgl. aber auch *Baumann*, WM 1999, 1968 m. Sp., der sich bereits im Vorfeld der Schaffung des WpÜG gegen eine Einbeziehung von Paketzuschlägen in die Bestimmung des Preises im Rahmen eines Pflichtangebots aussprach.

[315] *Kiem*, in: RWS-Forum 20, S. 329, 348.

[316] So auch *Emmerich*, in: Emmerich/Habersack, § 305 Rn. 50; *Krieger*, BB 2002, 53, 57 li. Sp.; a.A.: *Hasselbach*, in: Kölner Komm, WpÜG, § 327b AktG Rn. 24; *Kallmeyer*, AG 2000, 59, 60 re. Sp.; *Vetter*, AG 2002, 176, 188 re. Sp.

schläge bei der Ermittlung der Abfindungshöhe außer Acht zu bleiben haben, auch etwaig geleistete Angebotspreise nach dem WpÜG erfasst.[317] Dies wäre dann anzunehmen, wenn die Gründe, die das Bundesverfassungsgericht zu der ablehnenden Entscheidung veranlasst haben, auch auf die Angebotspreise nach dem WpÜG i.V.m. der WpÜG-AngebotsVO zutreffen. Das Bundesverfassungsgericht führte gegen die Einbeziehung der Paketzuschläge in die Ermittlung der Abfindung zum einen an, dass derartige Zahlungen keinen Bezug zum „wahren" Wert des Anteilseigentums hätten, weil sie allein aus dem mit den Aktien für den Mehrheitsaktionär verbundenen Nutzen im Hinblick auf das Erreichen eines Quorums herrührten. Bei den Angebotspreisen nach dem WpÜG bestehen insofern auf den ersten Blick Besonderheiten. Anders als bei den Paketzuschlägen wird der Angebotspreis nicht allein vom Bieter bestimmt. Vielmehr ist in § 31 Abs. 1 WpÜG i.V.m. der WpÜG-AngebotsVO gesetzlich vorgeschrieben, dass sich die angemessene Gegenleistung, also der Angebotspreis nach dem durchschnittlichen Börsenkurs sowie etwaigen Vorerwerben des Bieters zu richten hat. Dennoch ist es aber auch bei den Angebotspreisen möglich, dass der Bieter von sich aus einen Preis zu zahlen bereit ist, der die vom Gesetz als angemessen angesehene Gegenleistung übersteigt, um so den Anreiz zur Annahme seines Angebots zu erhöhen. Dies ist gerade bei Übernahmeangeboten gemäß den §§ 29 ff. WpÜG wahrscheinlich. Übernahmeangebote zielen nach § 29 Abs. 1 WpÜG auf den Erwerb der Kontrolle, das bedeutet nach § 29 Abs. 2 WpÜG auf die Erlangung von mindestens 30 % der Stimmrechte der Zielgesellschaft ab. Letztlich geht es auch bei diesen Aktienerwerben darum, dass der Bieter ein Quorum zu erreichen versucht. Das Bundesverfassungsgericht ging in der *„DAT/Altana"*-Entscheidung zwar von solchen Stimm- und Beteiligungsquoren aus, durch die dem Mehrheitsaktionär die die Abfindung auslösende Maßnahme erst ermöglicht wird. Zu diesen Maßnahmen (Unternehmensvertrag, Eingliederung, Squeeze-out) reicht das Halten von 30 % der Stimmrechte einer Gesellschaft nicht aus. Dennoch ist es auch bei den Übernahmeangeboten oftmals so, dass der Bieter ein besonderes Interesse an der Erlangung der Kontrolle über die Zielgesellschaft hat, weil die Kontrollerlangung in der Regel lediglich eine Vorstufe für weitere Maßnahmen bildet. Außerdem gilt es zu beachten, dass ein Übernahmeangebot darauf gerichtet ist, mindestens 30 % der Stimmrechte zu erlangen. Das Gesetz sieht insofern aber keine Obergrenze vor. Das bedeutet, dass ein Übernahmeangebot auch darauf abzielen kann, mehr als nur 30 % der Stimmrechte zu erwerben, möglicherweise auch die vom Bundesverfassungsgericht angesprochenen Quoren. Aus diesem Grunde ist der Erwerb der Kontrolle über die Zielgesellschaft für den Bieter mit einem Nutzen verbunden, der dazu führt, dass bei Übernahmeangeboten nicht der von Gesetzes wegen vorgesehene Angebotspreis gezahlt wird, sondern ein darüber liegender Preis. Dies ist selbst im Falle von Pflichtangeboten nach § 35 WpÜG denkbar. Pflichtangebote sind nach § 35 Abs. 1 WpÜG solche Angebote, die vom Bieter abgegeben werden müssen, wenn er unmittelbar oder mittelbar die Kontrolle über die Zielgesellschaft, das heißt, 30 % ihrer Stimmrechte erlangt.[318] Bei solchen Angeboten ist an sich keine besondere Motivation des Bieters erforderlich, denn er ist ja

---

[317] Vgl. zur Berücksichtigung von Vorerwerbspreisen die Ausführungen von *Großfeld*, EWiR 2004, 265, 266.

[318] Vgl. zur Möglichkeit einer Befreiung von der Pflicht zur Abgabe eines Angebots für den Fall eines bereits geplanten späteren Ausschlussverfahrens die Darstellung bei *Kiesewetter*, ZIP 2003, 1638, 1640 re. Sp.

gesetzlich verpflichtet, dieses Angebot abzugeben. Dies ändert jedoch nichts daran, dass der Bieter unabhängig davon, dass er ohnehin zum Angebot verpflichtet ist, daran interessiert sein kann, nach der Erlangung der Kontrolle noch ein Angebot abzugeben, weil die Kontrollerlangung nur eine Vorstufe zu anderen von ihm beabsichtigten Maßnahmen darstellt. Ist dem Bieter sehr daran gelegen, eine höhere Beteiligung bzw. mehr Stimmrechte zu erlangen, so wird er regelmäßig als Gegenleistung mehr anbieten, als er nach § 31 Abs. 1 WpÜG i.V.m. WpÜG-AngebotsVO zu zahlen verpflichtet ist. Es ist demzufolge auch bei Pflichtangeboten nicht immer zwangsläufig so, dass der Bieter zu etwas verpflichtet ist, was er eigentlich gar nicht möchte, und er daher nur den vom Gesetz vorgesehenen minimalen Angebotspreis zu zahlen bereit ist. Einer unerwünschten Verpflichtung hätte der Bieter vielmehr dadurch vorbeugen können, dass er seine Beteiligung knapp unterhalb der von § 29 Abs. 2 WpÜG genannten 30 %-Grenze in Bezug auf die Stimmrechte hält. Demnach unterscheidet sich die Lage bei den Angebotspreisen nicht wesentlich von den Paketzuschlägen. Während bei den Paketkäufen ein höherer Preis als der Börsenkurs gezahlt wird, um bestimmte Quoren zu erreichen, ist es bei den Angeboten nach dem WpÜG in einer Vielzahl der Fälle so, dass der angebotene Preis die gesetzlich vorgeschriebene Gegenleistung übersteigt, weil der Bieter Folgemaßnahmen beabsichtigt und sich diesen Nutzen „etwas kosten lässt“. Daher weisen nach dem WpÜG gezahlte Angebotspreise in der Regel keine Beziehung zum „wahren“ Wert der Beteiligung auf.

2. Bezug zum Verkehrswert

Allerdings könnten die Angebotspreise im Gegensatz zu den Paketzuschlägen einen Bezug zum Verkehrswert des Anteilseigentums aufweisen. Das Bundesverfassungsgericht hatte hinsichtlich der Paketzuschläge vorgetragen, dass zwar der Mehrheitsaktionär bereit sei, einen den Börsenkurs übersteigenden Preis zu zahlen, nicht hingegen ein Dritter, weil dieser aus dem Erwerb der Anteile nicht den Nutzen ziehen könne, den ein Mehrheitsaktionär im Hinblick auf das Erreichen von Quoren erziele. Der erhöhte Preis sei für den einzelnen außenstehenden Aktionär daher allenfalls dann zu realisieren, wenn der Mehrheitsaktionär gerade seine Aktien denen der anderen Minderheitsaktionäre vorzieht. Dies ist bei den Angeboten nach dem WpÜG gänzlich anders. Abgesehen von den einfachen Angeboten nach §§ 10 ff. WpÜG, bei denen gemäß § 19 WpÜG ein Teilangebot zulässig ist, stellen Übernahme- und Pflichtangebote stets Vollangebote dar. Dies bedeutet, dass bei diesen Angebotsformen ein Teilangebot nicht zulässig ist (vgl. §§ 32, 39 WpÜG), sie vielmehr auf den Erwerb sämtlicher außenstehender Anteile abzielen und sich daher zwangsläufig an alle außenstehenden Aktionäre richten.[319] Infolgedessen ist es jedem außenstehenden Aktionär möglich, seine Beteiligung zu dem erhöhten Angebotspreis an den Bieter zu veräußern. Es hängt nicht vom Zufall ab, welchem außenstehenden Aktionär es gelingt, seine Aktien an den Mehrheitsaktionär zu veräußern. Da der erhöhte Angebotspreis für jeden außenstehenden Aktionär realisierbar ist, weist er einen Bezug zum Verkehrswert des Aktieneigentums auf. Aufgrund dieses zu den Paketzuschlä-

[319] *Letzel*, BKR 2002, 293, 302 li. Sp. Vgl. auch *Schwichtenberg*, S. 275, der darauf hinweist, dass der Bieter bei öffentlichen Übernahmeangeboten von Anfang an mit dem Erwerb aller Anteile rechne und die Höhe seines Angebots daher die Schlussfolgerung zulasse, was die Gesellschaft für ihn wert ist.

gen bestehenden Unterschieds können die Feststellungen des Bundesverfassungsgerichts aus dem *„DAT/Altana"*-Beschluss nicht auf die Angebotspreise nach dem WpÜG übertragen werden. Wegen dem Bezug zum Verkehrswert der Aktie erscheint es stattdessen geboten, im Vorfeld eines Squeeze-out-Verfahrens gezahlte Angebotspreise in die Bemessung der den Minderheitsaktionären zu zahlenden Abfindung einzubeziehen.[320]

3. Möglicher Einwand vom Ausschluss jeglichen Verlustrisikos

Gegen eine Einbeziehung von Angebotspreisen in die Bemessung der zu zahlenden Abfindung könnte allerdings eingewendet werden, dass diese zu einem ungerechten Ausschluss jeglichen Verlustrisikos bei den Minderheitsaktionären führe. Die Minderheitsaktionäre könnten das Angebot des Bieters ablehnen, weil sie im Falle eines späteren Squeeze-out-Verfahrens ja zumindest den Angebotspreis erhielten. Dies ist jedoch in Kauf zu nehmen. Denn zum einen ist zu bedenken, dass das Gesetz selbst den zeitlich umgekehrten Fall für gut heißt. Nach § 31 Abs. 4 und 5 WpÜG ist unter bestimmten Voraussetzungen die den früheren Aktionären, die ein Angebot nach dem WpÜG angenommen haben, gewährte Gegenleistung aufzustocken, wenn der Bieter nach dem Angebot weitere Anteile an der Zielgesellschaft zu einem den früheren Angebotspreis übersteigenden Betrag erwirbt. Aktionäre können demzufolge „risikolos" das frühere Angebot annehmen, da sie, wenn der spätere Erwerb in den zeitlich vorgegebenen Grenzen erfolgt, den Unterschiedsbetrag erhalten. Zum anderen scheidet eine Spekulation seitens der Minderheitsaktionäre in vielen Fällen ohnehin schon aus dem Grunde aus, dass nur solche Angebotspreise bei der Ermittlung der Abfindung heranzuziehen sind, die innerhalb des Referenzzeitraums gezahlt wurden, der der Berechnung des durchschnittlichen Börsenkurses im Rahmen der Barabfindung zugrunde zu legen ist. Erfolgt die Zahlung des Angebotspreises außerhalb der für den Squeeze-out maßgeblichen Referenzperiode, hat sie keinerlei Bedeutung für die Abfindung. Da für die Minderheitsaktionäre regelmäßig nicht absehbar ist, ob und insbesondere wann dem Angebot nach dem WpÜG ein Ausschlussverfahren nach den §§ 327a ff. AktG folgt, ist das Risiko für sie groß, dass der Angebotspreis gar nicht berücksichtigt wird und sie daher Gefahr laufen, im Falle eines späteren Ausschlusses doch weniger zu erhalten. Zudem werden Spekulationen noch dadurch gehemmt, dass gar nicht klar ist, wie viele Aktionäre das Angebot annehmen, und demnach nicht feststeht, ob der Bieter überhaupt die Kapitalbeteiligung und die Stimmrechte erlangt, die für eine Ausschlussmaßnahme erforderlich sind. Mithin wäre ein derartiger Einwand inhaltlich nicht tragfähig.

---

320 So auch *Vetter*, AG 2002, 176, 188 re. Sp. Ohne weitere Angaben zu einer etwaigen zeitlichen Einschränkung befürworten auch *Rühland*, S. 218; *Schwichtenberg*, S. 275, die Einbeziehung von Preisen, die im Rahmen eines öffentlichen Übernahmeangebots gezahlt worden sind. Vor dem Scheitern der Regelung des § 327f Abs. 3 AktG-RefE sprachen sich der *DAV-Handelsrechtsausschuss*, NZG 1999, 850, 851 re. Sp.; *Land/Hasselbach*, DB 2000, 1747, 1754 li. Sp., für eine Berücksichtigung von Vorerwerbspreisen aus. Eine Indizwirkung befürwortend *Mattes/v. Maldeghem*, BKR 2003, 531, 532 li. Sp.; *Scheel*, in: Blättchen/Wegen, S. 205, 235; *Steinmeyer/Häger*, WpÜG, § 327b AktG Rn. 5; *Wilts/Schaldt/Nottmeier*, FB 2002, 621, 623 li. Sp. Gegen eine Einbeziehung von Vorerwerbspreisen *Gampenrieder*, S. 104; *Habersack*, in: Emmerich/Habersack, § 327b Rn. 9; *Hasselbach*, in: Kölner Komm, WpÜG, § 327b AktG Rn. 24; *Kallmeyer*, AG 2000, 59, 60 re. Sp.; *Quandt*, S. 230 a.B.

V. Das Verhältnis der Vorerwerbspreise zu den anderen Bewertungsfaktoren

Einer Klärung bedarf in diesem Zusammenhang noch die Frage, wie sich der Paketpreis und der Angebotspreis zum durchschnittlichen Börsenkurs sowie zum „wahren“ Wert verhalten, insbesondere wie die Abfindung festzulegen ist, wenn der Paket- oder Angebotspreis den durchschnittlichen Börsenkurs unterschreitet. Dies scheint auf den ersten Blick für die Angebotspreise unmöglich zu sein, da § 31 Abs. 1 WpÜG vorschreibt, dass die angemessene Gegenleistung mindestens den durchschnittlichen Börsenkurs umfassen muss. Zu beachten ist jedoch, dass dieser durchschnittliche Börsenkurs nur für den Angebotspreis gilt, nicht aber für die später beim Squeeze-out zu berechnende Abfindung, bei der ein eigener Referenzkurs heranzuziehen ist. Es besteht mithin die Gefahr, dass sich diese Zeiträume nicht decken, zumal der Referenzzeitraum drei Monate kürzer ist als die beim Squeeze-out zugrunde zu legende Referenzperiode und darüber hinaus unterschiedliche Anfangs- bzw. Endzeitpunkte für die Berechnung gelten. Um einen gewissen Einklang herzustellen, sollten nur solche Angebotspreise mit in die Ermittlung der Abfindung einbezogen werden, die innerhalb des Referenzzeitraums liegen, der der Ermittlung des durchschnittlichen Börsenkurses für die Abfindung beim Squeeze-out zugrunde zu legen ist.[321] Außerhalb der sechsmonatigen Referenzperiode gezahlten Angebotspreisen fehlt es am Bezug zu den Verhältnissen der Gesellschaft im Zeitpunkt der Beschlussfassung ihrer Hauptversammlung über die Übertragung der Aktien. Probleme bestehen dann nur noch im Hinblick auf die unterschiedliche Länge der Referenzzeiträume. Denkbar ist nämlich, dass außerhalb des dreimonatigen Referenzzeitraums, in dem der für den Angebotspreis bedeutsame durchschnittliche Börsenkurs ermittelt wird, aber noch innerhalb der sechsmonatigen Referenzperiode, die für die Berechnung des durchschnittlichen Börsenkurses für die Barabfindung angesetzt wird, der Börsenkurs stark ansteigt. Dies kann zur Folge haben, dass der für die Abfindung ermittelte durchschnittliche Börsenkurs höher ist als der Angebotspreis. Der außenstehende Aktionär hat in diesem Fall den höheren Wert zu erhalten. Außer Betracht bleiben muss der Angebotspreis auch dann, wenn er den „wahren“ Wert des Anteilseigentums unterschreitet. Der Angebotspreis wird oftmals nicht über dem „wahren“ Wert der Beteiligung liegen.[322] Für die breite Annahme wird es nämlich zumeist ausreichen, den Angebotspreis etwas über dem Börsenkurs anzusiedeln, um bei den Aktionären den Eindruck zu erwecken, sie würden durch die Annahme des Angebots ein gutes Geschäft machen, da sie mehr bekommen, als sie bei einer Veräußerung der Anteile über die Börse erhielten. Dass dies aber keine Garantie dafür ist, dass der Angebotspreis auch dem „wahren“ Wert der Beteiligung entspricht, werden sich viele Aktionäre nicht bewusst sein. Allerdings verdienen diese Aktionäre keinen Schutz, da es ihnen freisteht, nachzuprüfen, ob der Angebots-

---

[321] Auch *Heidel/Lochner*, DB 2001, 2031, 2034 li. Sp., äußerten zur Regelung des § 327b Abs. 1 Satz 3 AktG-RefE Bedenken im Hinblick auf Schwierigkeiten, die sich durch die für den Börsenkurs bestehenden Ermittlungsvorgaben ergeben könnten.

[322] Vgl. die Angaben bei *Heidel/Lochner*, DB 2001, 2031, 2033 li. Sp., die auf die Untersuchung durch die Deutsche Schutzvereinigung für Wertpapiere hinweisen. Diese ist zu dem Ergebnis gelangt, dass öffentliche Kaufangebote oftmals in einem Zeitpunkt abgegeben werden, in dem die Zielgesellschaft an der Börse nachhaltig unterbewertet ist. So enthalte der Angebotspreis des Bieters zwar einen „optisch attraktiven Zuschlag“ gegenüber dem Börsenkurs. Der „wahre“ Wert der Beteiligung liege dann aber zumeist immer noch höher.

preis unterhalb des „wahren" Werts liegt. Sollte dies der Fall sein, so können sie das Angebot ablehnen. Anders stellt sich die Lage für die ausgeschlossenen Minderheitsaktionäre dar.[323] Sie unterliegen einer Art Kontrahierungszwang und können den Verlust ihrer Mitgliedschaft nicht verhindern, selbst dann nicht, wenn sie der Meinung sind, die angebotene Barabfindung entspreche nicht dem „wahren" Wert ihrer Beteiligung. Deshalb hat das Bundesverfassungsgericht in der *„Feldmühle"*-Entscheidung festgestellt, dass die Minderheitsaktionäre im Falle ihres Ausscheidens den „wahren" Wert erhalten müssen. Dies ist aber nicht gewährleistet, würde man sie auf den Angebotspreis verweisen, den andere Aktionäre unter ganz anderen Bedingungen, nämlich bei der freiwilligen Aufgabe ihrer Mitgliedschaft akzeptiert haben. Der Angebotspreis kann daher wie der Börsenkurs letztlich nur die Untergrenze der Abfindung darstellen.[324] Überschreitet der „wahre" Wert den Paket- oder Angebotspreis, so hat sich die Abfindung allein nach dem „wahren" Wert zu richten, unterstellt, der Börsenkurs ist nicht noch höher.

VI. Ergebnis

Paketpreise und nach dem WpÜG geleistete Vorerwerbspreise sind bei der Festlegung der den Minderheitsaktionären zu gewährenden Barabfindung zu berücksichtigen, wenn sie innerhalb des der Ermittlung des Börsenkurses zugrunde zu legenden Referenzzeitraums vom Hauptaktionär gezahlt wurden.

§ 22 Die Behandlung von Umtausch- und Bezugsrechten beim Squeeze-out

I. Allgemeines

Aktiengesellschaften können nach den Regelungen des Aktiengesetzes ihren Kapitalbedarf sowohl durch die Akquisition von Eigenkapital als auch durch die Beschaffung von Fremdkapital decken. Während die Eigenkapitalfinanzierung durch die Ausgabe neuer Aktien erfolgt, ist für die Beschaffung von Fremdkapital die Aufnahme eines Bankkredits von Bedeutung. Eine weitere Möglichkeit der Fremdfinanzierung bildet für Aktiengesellschaften die Ausgabe von Wandelschuldverschreibungen. Bei diesen handelt es sich gemäß § 221 Abs. 1 Satz 1 Alt. 1 AktG um Schuldverschreibungen, die ein Umtausch- oder Bezugsrecht auf Aktien einräumen. Je nachdem, ob einem Gläubiger ein Umtausch- oder aber ein Bezugsrecht gewährt wird, kann terminologisch insofern zwischen Wandelanleihen und Optionsanleihen differenziert werden. Erste begründen ein Umtauschrecht des Gläubigers, letztere räumen ihm ein Bezugsrecht ein.[325] Beide Arten von Schuldverschreibungen unterscheiden sich dadurch, dass der Gläubiger bei der Wandelanleihe berechtigt ist, den ihm gegen die Gesellschaft zustehenden Anspruch auf Rückzahlung des Nennbetrags in eine be-

---

[323] Dies verkennt *Krieger*, BB 2002, 53, 57 re. Sp., wenn er ausführt, dass der Schutz der Minderheitsaktionäre dadurch gewährleistet sei, dass auch die das Angebot annehmenden Aktionäre einen möglichst hohen Preis erzielen wollen.
[324] So auch *Vetter*, AG 2002, 176, 188 re. Sp., nach dessen Ansicht sich die Regelung des § 327b Abs. 1 Satz 3 AktG-RefE zu Recht verfassungsrechtlichen Bedenken ausgesetzt sah, was allerdings nichts daran ändere, dass in der Praxis ein zeitnah vor dem Squeeze-out abgegebenes Übernahmeangebot für die Bemessung der Abfindung meist den Mindestbetrag darstelle.
[325] *Hüffer*, AktG, § 221 Rn. 3.

stimmte Zahl von Aktien umzutauschen, während er bei einer Optionsanleihe ein zusätzliches, neben dem Rückzahlungsanspruch bestehendes Recht (Option, warrant) erhält, innerhalb eines festgelegten Zeitraums gegen Leistung eines zuvor bestimmten Entgelts eine vereinbarte Zahl von Aktien zu erwerben.[326] Gemeinsam ist den Wandel- und Optionsanleihen, dass nicht die von der Hauptversammlung gemäß § 221 Abs. 1 Satz 1 AktG zu beschließende Ausgabe der Schuldverschreibung das Mitgliedsrecht entstehen lässt, sondern erst das spätere Zeichnungsgeschäft zwischen dem Inhaber des Umtausch- und Bezugsrechts und der Gesellschaft. Das Umtausch- und Bezugsrecht beinhaltet einen Anspruch des Gläubigers, von der Gesellschaft den Abschluss des Zeichnungsvertrags zu zuvor festgelegten Bedingungen verlangen zu können. Das Zustandekommen dieses Zeichnungsvertrags bedarf einer gesonderten Umtausch- bzw. Bezugserklärung, die von der Gesellschaft angenommen werden muss. Durch den Abschluss des Zeichnungsvertrags wird die Pflicht der Gesellschaft begründet, dem Gläubiger Aktien zuzuteilen,[327] durch die er die Mitgliedschaft erwirbt.[328]

II. Der Kern der Problematik

Hat eine Gesellschaft Wandelschuldverschreibungen ausgegeben, stellt sich für den Fall, dass es noch nicht zum Abschluss des Zeichnungsvertrags gekommen ist, die Frage, wie sich die Durchführung eines Squeeze-out-Verfahrens auf die eingeräumten Umtausch- und Bezugsrechte auswirkt. Eine explizite Regelung sieht das Gesetz diesbezüglich nicht vor. Aus diesem Grunde ist sowohl denkbar, dass das Ausschlussverfahren die Umtausch- und Bezugsrechte gänzlich unberührt lässt. Als möglich erscheint aber ebenso, dass sich der Squeeze-out auch auf diese Rechte erstreckt mit der Folge, dass deren Inhaber wie die Minderheitsaktionäre aus der Gesellschaft ausscheiden müssen. In letzterem Fall könnten wiederum die vom Bundesverfassungsgericht in der *„MotoMeter"*-Entscheidung aufgestellten Grundsätze des verfassungsrechtlichen Eigentumsschutzes relevant werden. Eine Antwort auf die Frage, wie Umtausch- und Bezugsrechte im Falle eines Squeeze-out-Verfahrens zu behandeln sind, ist insbesondere für die Praxis von Bedeutung.[329] Nach einem kurzzeitigen Rückgang des Emissionsvolumens von Wandel- und Optionsanleihen zu Anfang der 1990er Jahre lebt der Markt für solche Anleihen wieder auf mit der Folge,[330] dass ein großes praktisches Bedürfnis nach Rechtssicherheit besteht. Aus diesem Grunde soll im Folgenden untersucht werden, wie sich die Durchführung eines Squeeze-out-Verfahrens auf bestehende Umtausch- und Bezugsrechte auswirkt. Da Wandel- und Optionsanleihen im Hinblick auf ihre inhaltliche Ausrichtung auf das Mitgliedschaftsrecht in den wesentlichen Punkten übereinstimmen und der zwischen

---

[326] *Hüffer*, AktG, § 221 Rn. 6.
[327] *Hüffer*, AktG, § 221 Rn. 56.
[328] Die zur Erfüllung erforderlichen Aktien werden in der Praxis regelmäßig durch eine bedingte Kapitalerhöhung zur Verfügung gestellt. Mit der Ausgabe der so geschaffenen Bezugsaktien wird der Anleihegläubiger Aktionär. Der auf die Ausgabe folgenden Eintragung der Kapitalerhöhung nach § 201 AktG kommt dagegen nur deklaratorische Bedeutung zu.
[329] Vgl. *Drüke/Schick*, FAZ v. 31.07.2002, Nr. 175, S. 17, die darauf hinweisen, dass viele Unternehmen am neuen Markt Beteiligungsprogramme haben und zwar sowohl für Vorstände als auch für Mitarbeiter.
[330] *Busch*, AG 1999, 58 li. Sp.

ihnen bestehende Unterschied, dass einerseits das Erwerbsrecht an die Stelle des Rückzahlungsanspruchs tritt, während es andererseits selbständig neben dem Rückzahlungsanspruch bestehen bleibt, lediglich formaler Natur ist, wird darauf verzichtet, die Problematik für Umtausch- und Bezugsrechte gesondert zu erörtern.

In dem Umstand, dass die aus Wandel- und Optionsanleihen hervorgehenden Umtausch- und Bezugsrechte lediglich mittelbar auf den Erwerb des Mitgliedschaftsrechts gerichtet sind,[331] liegt die besondere Problematik im Hinblick auf das Ausschlussverfahren nach den §§ 327a ff. AktG begründet. Umtausch- und Bezugsrechte verkörpern nicht selbst das Mitgliedschaftsrecht. Die Inhaber der Anleihen sind (noch) keine Aktionäre der Gesellschaft. Demzufolge handelt es sich bei diesen Rechten nicht um eine Beteiligung am Grundkapital der ausgebenden Gesellschaft. Aus diesem Grunde sind Umtausch- und Bezugsrechte einerseits bei der für die Durchführung eines Ausschlussverfahrens erforderlichen Berechnung der Kapitalbeteiligung außer Betracht zu lassen, solange sie nicht ausgeübt sind.[332] Andererseits werden die Umtausch- und Bezugsrechte vom Ausschlussverfahren der §§ 327a ff. AktG nicht unmittelbar erfasst, da dieses sich nur auf die Übertragung von Anteilen erstreckt. Allerdings ist fraglich, ob eine Ausnahme der Umtausch- und Bezugsrechte vom Anwendungsbereich der §§ 327a ff. AktG mit der hinter diesen Regelungen stehenden Konzeption sowie mit allgemeinen Grundsätzen des Aktienrechts im Einklang steht. Anhaltspunkte dafür, wie mit Umtausch- und Bezugsrechten aus Wandel- und Optionsanleihen, die ein Recht zum Erwerb von Aktien einer Gesellschaft gewähren, im Falle der Durchführung eines Ausschlussverfahrens zu verfahren ist, können möglicherweise aus systematischen Überlegungen gewonnen werden. Denn beim Rechtsinstitut der Eingliederung stellt sich diese Frage in vergleichbarer Form für die Inhaber von Umtausch- und Bezugsrechten, die einen schuldrechtlichen Anspruch auf Aktien der eingegliederten Gesellschaft haben.

III. Der Streitstand bei der Mehrheitseingliederung

1. Handhabung der Problematik im Schrifttum

Die rechtliche Behandlung von Umtausch- und Bezugsrechten im Falle einer nach Ausgabe von Wandel- und Optionsanleihen erfolgenden Mehrheitseingliederung war in der rechtswissenschaftlichen Literatur umstritten. *Würdinger*[333] vertrat den Standpunkt, eine Mehrheitseingliederung tangiere bereits zuvor ausgegebene Umtausch- und Bezugsrechte nicht. Diese Rechte könnten auch nach der Durchführung einer Eingliederung ausgeübt werden mit der Folge, dass der Ausschluss nach § 327 Abs.

---

[331] *Hüffer*, AktG, § 221 Rn. 56.

[332] *Drüke/Schick*, FAZ v. 31.07.2002, Nr. 175, S. 17; *Fleischer*, ZGR 2002, 757, 776; *Gesmann-Nuissl*, WM 2002, 1205, 1206 re. Sp. a.E.; *Grunewald*, ZIP 2002, 18 li. Sp./re. Sp.; *Halberkamp/Greve*, FB 2002, 580, 582 li. Sp.; *Markwardt*, BB 2004, 277, 278 li. Sp.; *Rathausky*, AG 2004, R 24 li. Sp.; *Schlitt/Seiler/Singhof*, AG 2003, 254, 267 re. Sp.; *Schwichtenberg*, S. 131; *Wilsing/Kruse*, ZIP 2002, 1465, 1467 li. Sp. Nach Ansicht von *Habersack*, in: Emmerich/Habersack, § 327a Rn. 16, reicht die Ausübung nicht aus, es sei vielmehr die Bedienung erforderlich. Für eine generelle Einbeziehung sind hingegen *Hasselbach*, in: Kölner Komm, WpÜG, § 327a AktG Rn. 34, § 327e AktG Rn. 23; *Sieger/Hasselbach*, ZGR 2002, 120, 137. Vgl. zur Eingliederung *Habersack*, in: Emmerich/Habersack, § 320 Rn. 9 a.E. (keine Einbeziehung).

[333] *Würdinger*, in: Großkomm. AktG, § 320 Anm. 2, 5.

1 Nr. 3 AktG beendet werde. Demgegenüber nahm eine auf *Martens*[334] zurückgehende und letztlich als herrschend zu bezeichnende Auffassung an, dass auf Umtausch- und Bezugsrechte, die aus bereits vor der Eingliederung ausgegebenen Wandel- und Optionsanleihen hervorgehen, die Vorschriften über die Eingliederung entsprechend anwendbar seien.[335] Demzufolge richteten sich die Umtausch- und Bezugsrechte eines Anleihegläubigers in Zukunft nicht mehr gegen die eingegliederte Gesellschaft, sondern allein gegen die die Eingliederung betreibende Hauptgesellschaft.[336]

2. Die *„Siemens/Nixdorf"*-Entscheidung des Bundesgerichtshofs

Klarheit im Hinblick auf diese unterschiedlichen Lösungsansätze brachte im Jahre 1998 die so genannte *„Siemens/Nixdorf"*-Entscheidung des Bundesgerichtshofs. In Übereinstimmung mit der herrschenden Ansicht im Schrifttum entschied der Bundesgerichtshof, dass das Modell der Mehrheitseingliederung gegen Abfindung der Minderheitsaktionäre wegen des vergleichbaren Interessenkonflikts auf von der eingegliederten Gesellschaft ausgegebene Optionsrechte, die sich auf nicht mehr als 5 % des Grundkapitals beziehen, analoge Anwendung finde.[337] Zur Begründung wird primär auf den den Optionsrechten innewohnenden Charakter verwiesen. Unabhängig davon, ob man Optionsrechte bereits als mitgliedschaftsähnlich charakterisiere, oder aber davon ausgehe, dass diese Rechte überwiegend schuldrechtlich geprägt sind, sei § 320 Abs. 4 und Abs. 5 AktG a.F. entsprechend anwendbar. Denn es existiere kein sachlicher Grund dafür, einem auf Erwerb der aktienrechtlichen Mitgliedschaft gerichteten Optionsrecht im Falle der Eingliederung einen stärkeren Bestandsschutz einzuräumen als der aktienrechtlichen Mitgliedschaft selbst. Zudem sei zu berücksichtigen, dass ein Optionsrechtsinhaber unter Zugrundelegung des üblichen Anlegerverhaltens in der Regel kein anerkennenswertes Interesse habe, Aktien einer eingegliederten Gesellschaft zu erwerben, derer er alsbald wieder verlustig gehen würde.[338] Folge der entsprechenden Anwendung der Regelungen zur Mehrheitseingliederung sei, dass der Anspruchsgegenstand, wie im Falle der Verschmelzung der Gesellschaft (§ 347a AktG a.F., § 23 UmwG), in einen äquivalenten Abfindungsanspruch übergehe.[339] Eine Verpflichtung der Optionsberechtigten, den Optionspreis sofort aufzubringen, werde dadurch allerdings nicht begründet. Diese könnten mit ihrer Entscheidung und einer damit etwaig verbundenen Zahlung vielmehr bis zum Ablauf der vereinbarten Laufzeit der Option abwarten.[340]

---

[334] *Martens*, AG 1992, 209 ff.
[335] *Martens*, AG 1992, 209, 211 re. Sp., 213 re. Sp.
[336] *Krieger*, in: MünchHdb AG, § 63 Rn. 21.
[337] BGH WM 1998, 654, 655 re. Sp. *„Siemens/Nixdorf"*.
[338] BGH WM 1998, 654, 655 re. Sp. a.E. *„Siemens/Nixdorf"*.
[339] BGH WM 1998, 654, 656 li. Sp. *„Siemens/Nixdorf"*.
[340] BGH WM 1998, 654, 656 li. Sp. *„Siemens/Nixdorf"*.

IV. Übertragbarkeit auf den Squeeze-out

1. Einwände gegen eine Heranziehung der gerichtlichen Feststellungen

Fraglich ist, ob diese Feststellungen speziell auf das Rechtsinstitut der Mehrheitseingliederung zugeschnitten sind, oder ob die vom Bundesgerichtshof in der *„Siemens/Nixdorf"*-Entscheidung aufgestellten Grundsätze auch für die Problematik im Rahmen des Squeeze-out-Verfahrens Geltung beanspruchen.

Gegen eine Übertragung der zur rechtlichen Behandlung von Umtausch- und Bezugsrechten im Falle der Eingliederung entwickelten Grundsätze auf das Rechtsinstitut des Squeeze-out-Verfahrens werden von *Baums*[341] Bedenken angemeldet. Diese beruhen vor allem auf den unterschiedlichen Rechtsfolgen der beiden Institute.[342] *Baums* betont, dass die Mehrheitseingliederung zu einer Umstrukturierung führe, in deren Rahmen die Hauptgesellschaft weitreichende Kontrolle und Herrschaft über die eingegliederte Gesellschaft erwirbt (vgl. § 323 AktG). Dies versuche das Gesetz zum einen durch die gläubigerschützende Regelung des § 321 AktG auszugleichen, wonach unter bestimmten Voraussetzungen Sicherheiten an die Gläubiger der eingegliederten Gesellschaft zu leisten sind. Zum anderen werde den Gläubigern ein Ausgleich für die von ihnen hinzunehmenden Eingriffsmöglichkeiten der Hauptgesellschaft in das Vermögen der eingegliederten Gesellschaft eingeräumt, indem § 322 Abs. 1 AktG eine gesamtschuldnerische Haftung der Hauptgesellschaft für die Verbindlichkeiten der eingegliederten Gesellschaft anordne. Folge dieser Einstandspflichten der Hauptgesellschaft für die Verpflichtungen der eingegliederten Gesellschaft sei die sehr enge Verknüpfung beider Gesellschaften. Eine Entflechtung der beiden Gesellschaften sei mit großen praktischen Schwierigkeiten verbunden. Sie wäre jedoch unumgänglich, wenn durch die Ausübung eines gegenüber einer eingegliederten Gesellschaft bestehenden Optionsrechts nach Fassung des Eingliederungsbeschlusses die Eingliederung beendet würde. Um die mit einer Entflechtung der beiden Gesellschaften verbundenen praktischen Schwierigkeiten zu verhindern, sei es notwendig, die Optionsberechtigten auf eine Geldforderung zu beschränken. Dieses Ergebnis sei zudem aus rechtlicher Sicht zwingend vorgegeben. Das Gesetz gehe in den §§ 319 ff. AktG davon aus, dass nach einer erfolgten Eingliederung aufgrund der daraus folgenden Verflechtung der beteiligten Gesellschaften eine erneute Eingliederung nicht möglich sei. Dies werde aus dem in § 327 AktG enthaltenen Katalog der verschiedenen Beendigungsgründe deutlich, die nach einer Eingliederung auftreten könnten.[343] Wenn jedoch eine erneute Eingliederung nicht möglich sei, müssten die Optionsberechtigten mit der einzig gestatteten Eingliederung aus der eingegliederten Gesellschaft ausgeschlossen werden können. Eine derartige Notwendigkeit sei beim Rechtsinstitut des Squeeze-out-Verfahrens nicht gegeben. Denn die Rechtsfolgen, die die Möglichkeit einer nach dem Eingliederungsbeschluss erfolgenden Optionsrechtsausübung als unsachgemäß erscheinen ließen, seien bei dem nach den §§ 327a ff. AktG erfolgenden Ausschlussverfahren nicht vorgesehen.[344] So seien Schwierigkeiten, wie sie sich bei der Eingliederung aus der Verflechtung zweier Gesellschaften ergäben, beim Squeeze-out mangels Existenz einer

[341] *Baums*, S. 156 f.; *ders.*, WM 2001, 1843, 1847 ff.
[342] *Baums*, S. 156; *ders.*, WM 2001, 1843, 1848 li. Sp.
[343] *Baums*, S. 157; *ders.*, WM 2001, 1843, 1848 li. Sp.
[344] Insofern zustimmend *Wilsing/Kruse*, ZIP 2002, 1465, 1467 re. Sp.

zweiten Gesellschaft von vornherein ausgeschlossen.[345] Aus diesem Grunde könne das Ausschlussverfahren anders als eine Eingliederung mehrmals hintereinander durchgeführt werden. Diese Unterschiede auf der Rechtsfolgenseite veranlassen *Baums* dazu, eine Übertragung der vom Bundesgerichtshof aufgestellten Grundsätze zunächst einmal abzulehnen.[346]

2. Stellungnahme

Die von *Baums* vorgetragene Argumentation gegen eine Übertragbarkeit der vom Bundesgerichtshof in der *„Siemens/Nixdorf"*-Entscheidung aufgestellten Grundsätze auf das Rechtsinstitut des Squeeze-out-Verfahrens vermag nicht zu überzeugen. Zunächst einmal muss betont werden, dass *Baums* seine Erwägungen auf einen anderen Ansatz stützt als es der Bundesgerichtshof in der *„Siemens/Nixdorf"*-Entscheidung getan hat. Während der Bundesgerichtshof bei seinen Überlegungen maßgeblich auf den Charakter des Optionsrechts abstellt und insofern den geringeren Bestandsschutz im Vergleich zum Mitgliedschaftsrecht betont, argumentiert *Baums* allein von der Rechtsfolgenseite her. Er lässt die die Entscheidung des Bundesgerichtshofs tragenden Gründe bei seinen Betrachtungen gänzlich außen vor und begründet die Unübertragbarkeit allein mit den unterschiedlichen Rechtsfolgen von Eingliederung und Squeeze-out. Dem Gesichtspunkt der Rechtsfolgen des Instituts der Eingliederung hat der Bundesgerichtshof in seiner Entscheidung keine Beachtung geschenkt. Etwaige Unterschiede in den Rechtsfolgen der beiden Rechtsinstitute können für die Frage der Übertragbarkeit keine Bedeutung besitzen, wenn sie nicht zu den die Entscheidung tragenden Gründen gehören. *Baums* hat es versäumt, sich mit der Überlegung auseinanderzusetzen, ob die Feststellungen des Bundesgerichtshof einer Übertragbarkeit auf das Ausschlussverfahren der §§ 327a ff. AktG entgegenstehen.

Darüber hinaus verdienen die Ausführungen zu den Rechtsfolgen selbst keine Zustimmung. Es ist nicht nachvollziehbar, warum aus der im Katalog des § 327 AktG enthaltenen Formulierung „nach der Eingliederung" die Schlussfolgerung zu ziehen sein soll, das Gesetz sehe vor, dass eine Eingliederung nicht mehr möglich sei, wenn in der betroffenen Gesellschaft bereits einmal eine Eingliederung stattgefunden hat. Die Vorschriften zur Mehrheitseingliederung sehen diesbezüglich kein ausdrückliches Verbot bzw. eine Beschränkung des Anwendungsbereichs vor. Vielmehr ist es, wenn die Voraussetzungen der §§ 319 ff. AktG gegeben sind, zulässig, erneut eine Eingliederung durchzuführen. Insofern gibt es keinerlei sachliche Unterschiede zum Squeeze-out.[347] Selbst wenn man unterstellt, dass die Erwägungen zur (Un-) Möglichkeit einer erneuten Eingliederung sachlich zutreffend wären, bedeutet dies nicht, dass daraus zwangsläufig ein Argument für die Einbeziehung der Umtausch- und Bezugsrechte in die einzig mögliche Eingliederung hergeleitet werden kann. In diesem Fall bedürfte es vielmehr immer noch einer sachlichen Begründung dafür, dass das Bestehenbleiben dieser Rechte der Gesetzeskonzeption widerspricht.

---

345 *Baums*, S. 156; *ders.*, WM 2001, 1843, 1848 li. Sp.
346 *Baums*, WM 2001, 1843, 1848 li. Sp. a.E.
347 So auch *Krieger*, BB 2002, 53, 61 li. Sp.

Entgegen der Ansicht von *Baums*[348] sind, wie vom überwiegenden Teil des rechtswissenschaftlichen Schrifttums angenommen,[349] die zur rechtlichen Behandlung von Umtausch- und Bezugsrechten im Falle der Eingliederung vom Bundesgerichtshof getroffenen Feststellungen auf den Ausschluss der Minderheitsaktionäre nach den §§ 327a ff. AktG zu übertragen. Den Kernpunkt der Überlegungen des Bundesgerichtshofs bildet der Gesichtspunkt, dass das Optionsrecht keinen größeren Bestandsschutz verdient als die durch eine Eingliederung übertragenen Mitgliedschaftsrechte. Maßgeblich für eine Einbeziehung in den Anwendungsbereich des Rechtsinstituts der Eingliederung ist insofern der Charakter von Umtausch- und Bezugsrechten. Die aus dem Charakter von Umtausch- und Bezugsrechten resultierende geringere Schutzwürdigkeit im Vergleich zum Mitgliedschaftsrecht ist jedoch nicht speziell auf die Eingliederung und ihre Rechtsfolgen zugeschnitten. Vielmehr wohnt der Feststellung des Bundesgerichtshofs zum Verhältnis vom bloßen Optionsrecht zum Mitgliedschaftsrecht allgemeine Aussagekraft inne. Aus diesem Grunde können die Überlegungen des Bundesgerichtshofs grundsätzlich auf sämtliche Regelungen ausgedehnt werden, die auf die Entziehung des Mitgliedschaftsrechts abzielen, mithin auch auf die §§ 327a ff. AktG. Die Grundsätze des *„Siemens/Nixdorf"*-Urteils sind demzufolge auf das Rechtsinstitut des Squeeze-out-Verfahrens zu übertragen.[350] Eine Einbeziehung der Umtausch- und Bezugsrechte in den Anwendungsbereich der Ausschlussregelung ist auch aus dem Grunde angebracht, als es wenig sinnvoll erscheint, den Bezugsberechtigten einen Umtausch ihrer Rechte in Anteile zu ermöglichen, wenn sie anschließend im Rahmen eines erneuten Squeeze-out-Verfahrens wieder aus einer Gesellschaft herausgedrängt werden können.[351] Von einer Einbeziehung profitieren letztlich auch die Bezugsberechtigten, da sie in der Regel kein vernünftiges Interesse daran haben, wenig attraktive Aktien zu erhalten.[352]

V. Dogmatische Umsetzung

Dogmatisch hat die Umsetzung der zum Rechtsinstitut der Eingliederung entwickelten Grundsätze im Falle des Squeeze-out-Verfahrens durch eine analoge Anwendung der §§ 327a ff. AktG auf bereits vor dem Übertragungsbeschluss bestehende Umtausch- und Bezugsrechte zu erfolgen. Voraussetzung einer jeden Analogie ist das Bestehen einer planwidrigen Regelungslücke. Dies bedeutet, dass ein gesetzlich nicht geregelter Sachverhalt einen Regelungsbedarf aufweisen muss. Die §§ 327a ff.

---

[348] Im Ergebnis geht *Baums* davon aus, dass die von ihm gemachte Feststellung, die Überlegungen zur Eingliederung seien nicht ohne weiteres auf den Squeeze-out übertragbar, nicht automatisch bedeuteten, dass eine Verweisung der Anleihegläubiger auf einen Geldanspruch im Falle der Durchführung eines Squeeze-out-Verfahrens ausgeschlossen wäre. Vgl. dazu *Baums*, S. 159; *ders.*, WM 2001, 1843, 1848 re. Sp.

[349] *Drüke/Schick*, FAZ v. 31.07.2002, Nr. 175, S. 17; *Grzimek*, in: Geibel/Süßmann, WpÜG, Art. 7, § 327e AktG Rn. 32; *Habersack*, in: Emmerich/Habersack, § 327b Rn. 7; *Hamann*, S. 191; *Krieger*, BB 2002, 53, 61 li. Sp.; *Markwardt*, BB 2004, 277, 278 Fn. 19; *Rühland*, S. 243; a.A.: *Schüppen*, WPg 2001, 958, 975 re. Sp.; *Steinmeyer/Häger*, WpÜG, § 327e AktG Rn. 33 („Bezugsrechte bleiben bestehen.").

[350] *DAV-Handelsrechtsausschuss*, NZG 2001, 420, 431 li. Sp.

[351] *Ehricke/Roth*, DStR 2001, 1120, 1122 re. Sp. a.B.; *Kiem*, in: RWS-Forum 20, S. 329, 349 a.E.; *Sieger/Hasselbach*, ZGR 2002, 120, 158.

[352] *Gesmann-Nuissl*, WM 2002, 1205, 1207 li. Sp.; *Grunewald*, ZIP 2002, 18 re. Sp.; *Schlitt/Seiler/Singhof*, AG 2003, 254, 268 li. Sp.

AktG enthalten keine Regelung darüber, wie mit Umtausch- und Bezugsrechten im Falle der Durchführung eines Ausschlussverfahrens zu verfahren ist, wenn diese Rechte bereits vor dem Ergehen eines Übertragungsbeschlusses bestanden, so dass insofern eine Regelungslücke besteht. Ob diese planwidrig ist, kann letztlich dahinstehen. Denn selbst für den Fall, dass sich der Gesetzgeber bei Einführung der §§ 327a ff. AktG der im Hinblick auf Umtausch- und Bezugsrechte bestehenden Problematik bewusst gewesen sein sollte und er gleichwohl keine Regelung erlassen hat, bedeutet dies nicht zwangsläufig die Unzulässigkeit einer Analogiebildung. Es ist anzunehmen, dass dem Gesetzgeber im Zeitpunkt der Einführung der Ausschlussregelungen bekannt war, dass sich im Laufe der Zeit in Bezug auf das Institut der Eingliederung ein Meinungsstand zur rechtlichen Behandlung von Umtausch- und Bezugsrechten herausgebildet hatte. Blieb er gleichwohl bei der Schaffung der Ausschlussregelungen untätig, kann dies nur dahingehend verstanden werden, dass er eine dem Rechtsinstitut der Eingliederung entsprechende Handhabung wünscht.[353] Hätte er dagegen eine bewusste Entscheidung dergestalt treffen wollen, dass nur Mitgliedschaftsrechte, nicht aber Umtausch- und Bezugsrechte vom Squeeze-out-Verfahren erfasst werden sollen, hätte er aufgrund der andersartigen Handhabung beim Institut der Eingliederung, an die die Regelungen der §§ 327a ff. AktG ja gerade angelehnt wurden, positiv Stellung beziehen müssen. Die Untätigkeit des Gesetzgebers kann daher letztlich nur dahingehend verstanden werden, dass er mit einer Analogiebildung einverstanden ist.[354] Insofern kann man vom Vorliegen einer „planvollen Gesetzeslücke" sprechen, die der planwidrigen Regelungslücke ausnahmsweise gleichzustellen ist.

Weitere Voraussetzung für eine entsprechende Anwendbarkeit der §§ 327a ff. AktG auf Umtausch- und Bezugsrechte ist die normative Vergleichbarkeit des ungeregelten Sachverhalts mit dem gesetzlich geregelten Ausschlusstatbestand. Diese Vergleichbarkeit der Interessenlage besteht in der Rechtsposition der Umtausch- und Bezugsrechtsinhaber einerseits und dem vom Squeeze-out betroffenen Mitgliedschaftsrecht andererseits. Qualifiziert man das Umtausch- und Bezugsrecht aufgrund seiner weitgehenden Unentziehbarkeit als mitgliedschaftsähnlich, so ergeben sich keine Zweifel im Hinblick auf eine Erstreckung der Ausschlussregelung auf bereits bestehende Umtausch- und Bezugsrechte.[355] Die entsprechende Anwendung der Regelungen über das Ausschlussverfahren ist dann Ausdruck einer konsequenten Gleichbehandlung einer mitgliedschaftsähnlichen Rechtsposition mit der Mitgliedschaft selbst. Kann das Mitgliedschaftsrecht nach den §§ 327a ff. AktG entzogen werden, so muss dies auch für die in den Umtausch- und Bezugsrechten verkörperte mitgliedschaftsähnliche Rechtsposition gelten, ohne dass Überlegungen zur unterschiedlichen Schutzintensität von Umtausch- und Bezugsrechten einerseits sowie dem Mitgliedschaftsrecht andererseits von Nöten sind. Letzterer Gesichtspunkt ist nur dann von Bedeutung, wenn man Umtausch- und Bezugsrechten lediglich schuldrechtlichen Charakter beimisst. Es ist kein sachlicher Grund ersichtlich, einer bloß schuldrechtlichen Position einen stärkeren Schutz zukommen zu lassen als einem vollwertigen Mitgliedschaftsrecht. Gestattet das Gesetz, die in ihrem Bestand

---

[353] So auch *Wilsing/Kruse*, ZIP 2002, 1465 re. Sp. a.B., insbes. Fn. 4.

[354] Vgl. auch *Wilsing/Kruse*, ZIP 2002, 1465, 1468 Fn. 24, die von einer „Einladung zur Analogiebildung" sprechen.

[355] Vgl. auch die Regelungen des WpÜG. Dort bezieht sich das Pflichtangebot auch auf Optionsanleihen und Wandelschuldverschreibungen. S. dazu *Erwe*, in: Beck'sches Handbuch der AG, § 25 Rn. 83.

ansonsten in weitaus stärkerem Maße geschützte Position zu entziehen, so muss dies erst recht für solche Rechte gelten, die von vornherein weniger Schutz genießen.[356] Übertragen auf den Squeeze-out bedeutet dies, dass der Aktionär, der durch das Ausschlussverfahren seine Mitgliedschaft verliert, obwohl er Inhaber des Vollrechts ist, nicht schlechter gestellt werden darf als Umtausch- und Bezugsrechtsinhaber, die noch nicht einmal das Mitgliedschaftsrecht inne haben, sondern denen lediglich ein Recht zum Erwerb der in den Aktien verkörperten Mitgliedschaft eingeräumt ist. Eine Ausklammerung der Umtausch- und Bezugsrechtsinhaber vom Anwendungsbereich der §§ 327a ff. AktG erschiene gegenüber den Minderheitsaktionären demzufolge sinnwidrig. Daher ist auch für den Fall einer Qualifikation von Umtausch- und Bezugsrechten als schuldrechtliche Rechtspositionen die Annahme einer vergleichbaren Interessenlage zur Vermeidung sinnwidriger Ergebnisse geboten. Die Ausschlussregelungen sind daher analog auf bereits vor Fassung des Übertragungsbeschlusses bestehende Umtausch- und Bezugsrechte anzuwenden.[357]

VI. Die Bedeutung der 5 %-Grenze

1. Meinungsstand im rechtswissenschaftlichen Schrifttum

Nach dem Meinungsstand im Schrifttum ist damit allerdings noch nicht die Frage beantwortet, ob eine Einbeziehung von Umtausch- und Bezugsrechten in den Anwendungsbereich der §§ 327a ff. AktG in jedem Fall zu erfolgen hat, oder ob insofern eine Einschränkung zu machen ist, als dass sich der Squeeze-out nur dann auf diese Rechte erstreckt, wenn diese im Falle ihrer vollständigen Ausübung insgesamt nicht mehr als 5 % des Grundkapitals der Gesellschaft ausmachten.[358] Der Stand der Diskussion im Hinblick auf die Beantwortung dieser Frage teilt sich in zwei Lager auf.

a) Keine automatische Umwandlung im Falle eines Überschreitens der 5 %-Schwelle

Eine Ansicht geht davon aus, dass eine Verweisung der Umtausch- und Bezugsrechtsinhaber auf einen Barabfindungsanspruch nur in den Fällen erfolgen kann, in denen die Optionen und Wandelschuldverschreibungen insgesamt nicht mehr als 5 % des Grundkapitals der Gesellschaft darstellen.[359] Machten die Umtausch- und Bezugsrechte hingegen mehr als 5 % des Grundkapitals aus, komme eine automati-

---

[356] *Schwichtenberg*, S. 133.

[357] *DAV-Handelsrechtsausschuss*, NZG 2001, 420, 431 li. Sp.; *Hamann*, S. 191; *Hasselbach*, in: Kölner Komm, WpÜG, § 327e AktG Rn. 22; *Hüffer*, AktG, § 327b Rn. 3; *Quandt*, S. 140; *Wilsing/Kruse*, ZIP 2002, 1465, 1468 re. Sp. a.B.; a.A.: *Baums*, WM 2001, 1843, 1848 re. Sp., 1849 re. Sp., nach dessen Ansicht die Rechte auch im Falle eines Ausschlusses bestehen bleiben und der Hauptaktionär, wenn die Rechte ausgeübt werden und weniger als 5 % des Grundkapitals ausmachen, ggf. einen erneuten Squeeze-out durchführen muss.

[358] Eine Differenzierung sehen *Steinmeyer/Häger*, WpÜG, § 327e AktG Rn. 33 Fn. 44, als „unpraktikabel" an.

[359] *Angerer*, BKR 2002, 260, 267 li. Sp.; *Fleischer*, ZGR 2002, 757, 777; *Gesmann-Nuissl*, WM 2002, 1205, 1207 li. Sp.; *Grunewald*, in: MünchKommAktG, § 327b Rn. 11; *dies.*, ZIP 2002, 18 re. Sp.; *Habersack*, in: Emmerich/Habersack, § 327b Rn. 7 a.E.; *Krieger*, BB 2002, 53, 61 li. Sp.; wohl auch: *Markwardt*, BB 2004, 277, 278 Fn. 19. Zur Eingliederung vgl. *Habersack*, in: Emmerich/Habersack, § 320b Rn. 8.

sche Umwandlung dieser Rechte in einen Barabfindungsanspruch nicht in Betracht. Vielmehr könnten die Umtausch- und Bezugsrechte auch nach Durchführung eines Squeeze-out-Verfahrens ausgeübt werden mit der Folge, dass den Berechtigten, die von ihrem Recht Gebrauch machen wollen, Aktien der Gesellschaft zuzuteilen seien. Als Grund für diese Differenzierung wird angeführt, dass der Hauptaktionär zwar vor Ausübung der Umtausch- und Bezugsrechte ein Ausschlussverfahren hätte durchführen können. Dies ändere aber nichts daran, dass der Anteil der außenstehenden Aktionäre in der Gesellschaft nach Ausübung der Umtausch- und Bezugsrechte zu hoch ist, als dass der Hauptaktionär ab diesem Zeitpunkt die Durchführung eines Squeeze-out-Verfahrens beschließen lassen könnte.[360] Allein der Umstand, dass es vor der Ausübung der genannten Rechte einmal möglich gewesen ist, den Ausschluss zu betreiben, rechtfertige nicht die Annahme, dass der Hauptaktionär die ehemaligen Umtausch- und Bezugsrechtsinhaber auf eine Barabfindung beschränken könne.[361]

b) Generelle Erstreckung auf Umtausch- und Bezugsrechte

Demgegenüber vertreten *Wilsing/Kruse* die Auffassung, dass für eine Beschränkung der analogen Anwendung der §§ 327a ff. AktG auf die Fälle, in denen die Umtausch- und Bezugsrechte weniger als 5 % des Grundkapitals ausmachen, kein rechtliches Fundament vorhanden sei.[362] Für eine solche Beschränkung würde zwar der Umstand sprechen, dass der Gesetzgeber die Grenze für die Zulässigkeit des Ausschlusses bei der maximal 5 %igen Kapitalbeteiligung der Minderheitsaktionäre gezogen hat. Dies sei jedoch aus dem Grunde nicht von Bedeutung, dass die bloße Ausgabe von Wandel- und Optionsanleihen, die sich im Falle ihrer vollständigen Ausübung auf mehr als 5 % des Grundkapitals bezögen, nicht zugleich bedeute, dass die Umtausch- und Bezugsrechte später auch tatsächlich in dieser Höhe ausgeübt werden. Es gebe demzufolge keine Garantie dafür, dass das Grundkapital auch tatsächlich um mehr als 5 % erhöht wird. Gerade bei Optionsprogrammen, deren Laufzeit mehrere Jahre beträgt, sei im Zeitpunkt der Durchführung des Squeeze-out-Verfahrens noch nicht einmal im Ansatz abzusehen, ob und wie viele Berechtigte ihr Umtausch- oder Bezugsrecht ausüben.[363] Insofern bestünden die gleichen Schwierigkeiten, wie sie als Argument gegen die Einbeziehung von Umtausch- und Bezugsrechten in die Ermittlung der Beteiligungshöhe vorgetragen würden. Es sei widersprüchlich, Umtausch- und Bezugsrechte bei der Berechnung der Grundkapitalbeteiligung eines Hauptaktionärs unberücksichtigt zu lassen, sie aber zugleich als Grenze für eine analoge Anwendung der Squeeze-out-Vorschriften auf Umtausch- und Bezugsrechte heranzuziehen. Auf Grundlage dieser Erwägungen gelangen *Wilsing/Kruse* zu dem Ergebnis, dass die theoretische Möglichkeit einer vollständigen Ausübung sämtlicher Umtausch- und Bezugsrechte allein nicht ausreiche, um die analoge Anwendung der Ausschlussregelungen zu beschränken.[364] Unabhängig von der Höhe der auf die Umtausch- und Bezugsrechte entfallenden Beteiligung am

[360] *Gesmann-Nuissl*, WM 2002, 1205, 1207 li. Sp.; *Grunewald*, ZIP 2002, 18 re. Sp.
[361] *Gesmann-Nuissl*, WM 2002, 1205, 1207 li. Sp.; *Grunewald*, ZIP 2002, 18 re. Sp.
[362] *Wilsing/Kruse*, ZIP 2002, 1465, 1469 li. Sp. a.E. Auch der *DAV-Handelsrechtsausschuss*, NZG 2001, 420, 431 li. Sp., scheint keine Einschränkung vornehmen zu wollen.
[363] So auch *Halberkamp/Greve*, FB 2002, 580, 582 li. Sp.
[364] *Wilsing/Kruse*, ZIP 2002, 1465, 1469 re. Sp. a.E.

Grundkapital seien die §§ 327a ff. AktG auf bestehende Umtausch- und Bezugsrechte entsprechend anzuwenden.[365]

2. Stellungnahme

a) Rückschlüsse aus der *„Siemens/Nixdorf"*-Entscheidung

Zustimmung verdient die Ansicht, die besagt, dass sich das Ausschlussverfahren der §§ 327a ff. AktG nur dann auf bereits bestehende Umtausch- und Bezugsrechte erstreckt, wenn diese im Falle ihrer vollständigen Ausübung nicht mehr als 5 % des Grundkapitals der Gesellschaft ausmachten. Gründe für eine Beschränkung der Analogie sind der *„Siemens/Nixdorf"*-Entscheidung zu entnehmen. In dieser Entscheidung musste der Bundesgerichtshof zu der Frage, ob Umtausch- und Bezugsrechte auch dann von einem Eingliederungsverfahren erfasst werden, wenn sie mehr als 5 % des Grundkapitals ausmachen, zwar keine Stellung beziehen, weil sie für den zu beurteilenden Sachverhalt keine Entscheidungsrelevanz besaß. Gleichwohl stellte das Gericht fest, dass die Regelungen über die Mehrheitseingliederung auf Optionsrechte jedenfalls dann entsprechende Anwendung finden, wenn sich diese Rechte „auf nicht mehr als 5 % des Grundkapitals beziehen".[366] Auch wenn es sich bei dieser Feststellung sicherlich nicht um ein obiter dictum handelt, lässt die Erwähnung der 5 %-Schwelle eine gewisse Tendenz im Hinblick auf einen möglichen Standpunkt des Bundesgerichtshofs erkennen. Hätte dieser keinerlei Zweifel daran, dass Optionsrechte unabhängig von der Höhe ihrer Beteiligung am Grundkapital vom Eingliederungsverfahren erfasst werden, so hätte er die 5 %-Schwelle, die für die Möglichkeit eines Eingliederungsverfahrens von wesentlicher Bedeutung ist, wohl gänzlich unerwähnt gelassen. Dies gilt umso mehr, als sich der Bundesgerichtshof im Ergebnis der Ansicht von *Martens* angeschlossen hat, in dessen Ausführungen der Grenzwert keinerlei Erwähnung findet. Wäre der Bundesgerichtshof von einer Bedeutungslosigkeit der Beteiligungshöhe der Optionsrechte ausgegangen, so hätte es näher gelegen, diese Schwelle gänzlich unerwähnt zu lassen.

Im Rahmen der Auseinandersetzung mit der *„Siemens/Nixdorf"*-Entscheidung im Hinblick auf eine mögliche Antwort auf die Frage einer Beschränkung der Analogie wird zudem die Feststellung des Bundesgerichtshofs relevant, dass „ein Optionsrechtsinhaber – gemessen am Maßstab des üblichen rationalen Anlegerverhaltens – regelmäßig kein anerkennenswertes Interesse am Erwerb von Aktien der eingegliederten Gesellschaft hat, die er alsbald wieder verlieren würde". Denn der Optionsberechtigte hat dann ein anerkennenswertes Interesse, wenn sich seine Umtausch- und Bezugsrechte auf mehr als 5 % des Grundkapitals beziehen. In diesem Fall läuft er, anders als wenn seine Beteiligung weniger als 5 % des Grundkapitals ausmacht, nicht Gefahr, seine Rechte zu verlieren, denn bei gänzlicher Ausübung erlangt er eine gegenüber dem Hauptaktionär in ihrem Bestand geschützte Mitgliedschaft. Dem Hauptaktionär stünde das Recht zum erneuten Ausschluss aufgrund der zu hohen Beteiligung des zum Aktionär gewordenen Optionsrechtsinhabers nicht zu. Diese Konstellation berechtigt zu der Annahme, dass der Optionsberechtigte schon vor dem eigentlichen Vollrechtserwerb kein rein finanzielles Interesse verfolgt, sondern

---

[365] So auch *Halberkamp/Greve*, FB 2002, 580, 582 re. Sp.
[366] BGH WM 1998, 654, 655 re. Sp. *„Siemens/Nixdorf"*.

bei ihm bereits die mitgliedschaftliche Komponente der noch zu erwerbenden Aktien im Vordergrund steht. Bei einem Optionsberechtigten, dessen Rechte mehr als 5 % des Grundkapitals ausmachen, kann von einem antezipierten mitgliedschaftlichen Interesse ausgegangen werden. Von einem fehlenden „anerkennenswerten Interesse am Erwerb der Aktien" kann dagegen nicht mehr die Rede sein. Dies spricht dafür, dass das Eingliederungsverfahren dann nicht auf Umtausch- und Bezugsrechte zu erstrecken ist, wenn sich diese Rechte auf mehr als 5 % des Grundkapitals der Gesellschaft beziehen.[367] Gleiches muss für den Squeeze-out gelten.

b) Berücksichtigung der „*MotoMeter*"-Grundsätze

Allein diese Handhabung entspricht auch den vom Bundesverfassungsgericht in dem „*MotoMeter*"-Beschluss getätigten Ausführungen zum Bestandsschutz der Mitgliedschaft, wonach sich das Interesse der Minderheitsaktionäre im Wesentlichen auf Rendite und Aktienkurs richte und bei ihnen daher die vermögensrechtliche Komponente des Aktieneigentums eindeutig im Vordergrund stehe. Dieses reine Anlegerinteresse der Minderheitsaktionäre sei nicht in der Lage, bei der Abwägung im Rahmen des Art. 14 GG das unternehmerische Interesse zu überwiegen. Allerdings ist die Beschränkung der Minderheitsaktionäre auf ein reines Anlegerinteresse mit der Folge einer eingeschränkten verfassungsrechtlichen Schutzintensität in Bezug auf den Bestand der Mitgliedschaft von der Höhe ihrer Beteiligung am Grundkapital abhängig. Man kann insofern von einer für das Aktieneigentum geltenden „eigentumsrechtlichen Stufentheorie" sprechen. Die Intensität des Eigentumsschutzes ist dergestalt von der prozentualen Höhe der Beteiligung abhängig, dass mit der Beteiligungshöhe der mitgliedschaftsrechtliche Bestandsschutz zunimmt. Der Gesetzgeber hat die Grenze, ab der eine in ihrem Bestand gegenüber dem unternehmerischen Interesse schützenswerte Mitgliedschaft vorliegt, beim Squeeze-out bei 5 % angesetzt. Diese Grundsätze beanspruchen auch für Umtausch- und Bezugsrechte Geltung. Denn auch wenn der Rechtsposition eines Optionsberechtigten im Vergleich zum Vollrecht ein geringerer Bestandsschutz zukommt, so ist kein sachlicher Grund dafür ersichtlich, Optionsrechtsinhabern gegen einen Ausschluss einen geringeren Schutz zu gewähren als Aktionären. Der Bundesgerichtshof sinnt in der „*Siemens/Nixdorf*"-Entscheidung gerade auf eine Gleichstellung von Optionsrechtsinhabern mit Aktionären. Eine Gleichstellung bedeutet jedoch, dass die Optionsrechtsinhaber im Falle eines Ausschlusses nicht besser behandelt werden dürfen als die Minderheitsaktionäre, sie zugleich aber auch nicht schlechter gestellt werden sollen. Ihrem mitgliedschaftsähnlichen Recht ist gleichermaßen Schutz zu gewähren. Konsequent muss dann aber die für die Zulässigkeit der Durchführung eines Squeeze-out-Verfahrens vorgesehene 5 %-Schwelle auch für Umtausch- und Bezugsrechte Geltung beanspruchen. Eine Ausnahme der Umtausch- und Bezugsrechte von dieser wesentlichen Zulässigkeitsvoraussetzung der §§ 327a ff. AktG wäre bei einer Analogie nicht nur sinnwidrig. Die Außerachtlassung würde vielmehr zudem den verfassungsgerichtlichen Feststellungen widersprechen. Demzufolge sind die §§ 327a ff. AktG dann nicht entsprechend auf vor dem Übertragungsbeschluss existente Um-

[367] Laut Angaben von *Wilsing/Kruse*, ZIP 2002, 1465, 1466 re. Sp., hat der Bundesgerichtshof nach Aussage des Vorsitzenden Richters Röhricht bei 5 % des Grundkapitals die nicht ausdrücklich ausgesprochene Grenze gesehen, bis zu der etwaig vorhandene Bezugsrechte einer Mehrheitseingliederung nicht entgegenstehen.

tausch- und Bezugsrechte anwendbar, wenn diese sich im Falle ihrer vollständigen Ausübung auf mehr als 5 % des Grundkapitals bezögen.

c) Berechnung der Beteiligungshöhe

Die rechtliche Umsetzung dieses Grundsatzes hat dergestalt zu erfolgen, dass im Zeitpunkt der Beschlussfassung über die Übertragung der Anteile auf den Hauptaktionär festzustellen ist, wie viel Prozent des Grundkapitals der Gesellschaft die Umtausch- und Bezugsrechte ausmachen. Maßgeblich ist bei dieser Betrachtung das erhöhte Grundkapital. Das bedeutet, dass die Beteiligung des Hauptaktionärs, die sich aus dessen früherer Beteiligung und den im Wege des Squeeze-out-Verfahrens von den Minderheitsaktionären erworbenen Aktien zusammensetzt, in ein Verhältnis zu setzen ist zu der Beteiligung der Optionsberechtigten. Dabei ist zu unterstellen, dass die Umtausch- und Bezugsrechte vollständig ausgeübt werden. Der Umstand, dass die Umtausch- und Bezugsrechte ausschließlich im Hinblick auf das erhöhte Grundkapital berücksichtigt werden, während sie bei der Ermittlung der 95 %igen Beteiligung des Hauptaktionärs außer Acht gelassen werden, stellt insofern auch keinen Widerspruch dar. Denn es geht letztlich um zwei unterschiedliche Grundkapitalziffern. Bei der Ermittlung der 95 %igen Kapitalbeteiligung ist das Grundkapital im Zeitpunkt des Übertragungsbeschlusses maßgeblich. Hingegen kommt es in Bezug auf die Höhe der Beteiligung der Optionsberechtigten auf das Grundkapital nach Durchführung des Squeeze-out-Verfahrens an. Machen die Umtausch- und Bezugsrechte nicht mehr als 5 % des erhöhten Grundkapitals aus, so werden sie vom Squeeze-out erfasst und sind nicht länger auf den Erwerb von Aktien gerichtet. Der Anspruchsinhalt wandelt sich automatisch in einen Barabfindungsanspruch um.[368] Diese automatische Umwandlung ist nicht nur Ergebnis einer konsequenten analogen Anwendung der §§ 327a ff. AktG, sondern sie ist auch aus Gesichtspunkten der Effizienz gerechtfertigt. Würden die Umtausch- und Bezugsrechte von der Durchführung des Squeeze-out-Verfahrens zunächst nicht tangiert, so wäre der Hauptaktionär gezwungen, sich die Aktien der ehemaligen Optionsrechtsinhaber, die diese durch Ausübung ihrer Umtausch- und Bezugsrechte erworben haben, im Wege eines erneuten Ausschlussverfahrens zu verschaffen. Ein doppelter Squeeze-out macht jedoch weder aus rechtlichen noch aus wirtschaftlichen Gesichtspunkten Sinn, wenn im Zeitpunkt des ersten Übertragungsbeschlusses bereits feststeht, dass die Anteile sofort wieder entzogen werden können. Beziehen sich die Umtausch- und Bezugsrechte hingegen auf mehr als 5 % des erhöhten Grundkapitals, sind die §§ 327a ff. AktG nicht entsprechend anwendbar. Dies hat zur Folge, dass diese Rechte von der Durchführung des Ausschlussverfahrens nicht berührt werden und sie sich nicht automatisch in einen Barabfindungsanspruch umwandeln. Vielmehr muss der Hauptaktionär abwarten, wie viele Umtausch- und Bezugsrechte tatsächlich ausgeübt werden. Sind es letztlich mehr als 5 % des Grundkapitals, ist es ihm gesetzlich verwehrt, einen erneuten Squeeze-out durchzuführen. Wird von den Umtausch- und Bezugsrechten nach Ablauf der Laufzeit dagegen nicht in der Höhe Gebrauch gemacht, dass sie dann auch tatsächlich 5 % des erhöhten Grundkapitals ausmachen, hat der Hauptaktionär hingegen das Recht, die Durchführung eines erneuten Ausschlussverfahrens zu veranlassen. Dass der Hauptaktionär in diesem Fall ein erneutes Aus-

---

[368] *Drüke/Schick*, FAZ v. 31.07.2002, Nr. 175, S. 17; *Fleischer*, ZGR 2002, 757, 776.

schlussverfahren betreiben muss, ist hinzunehmen. Die Durchführung eines weiteren Squeeze-out-Verfahrens mag für ihn zwar aus wirtschaftlichen Gesichtspunkten müßig sein. Würde man, um den finanziellen (Mehr-) Aufwand zu verhindern, mit der insbesondere von *Wilsing/Kruse* vertretenen Gegenansicht annehmen, dass Umtausch- und Bezugsrechte unabhängig von der Höhe ihrer Beteiligung stets vom Ausschlussverfahren erfasst werden, so stünden im Einzelfall Grundrechtsverletzungen zu befürchten. Eine generelle Erstreckung der §§ 327a ff. AktG auf Umtausch- und Bezugsrechte, die von der Höhe ihrer Beteiligung am Grundkapital unabhängig ist, hätte zur Folge, dass Optionsberechtigte auch dann gegen ihren Willen ausgeschlossen werden könnten, wenn sie ihre Rechte im Einzelfall tatsächlich ausüben wollten und in diesem Fall mehr als 5 % der Anteile der Gesellschaft erwerben würden. Dies stünde im Widerspruch zu der gesetzlichen Konzeption des Squeeze-out-Rechts und wäre zudem mit den vom Bundesverfassungsgericht in dem *„MotoMeter"*-Beschluss aufgestellten Grundsätzen unvereinbar, da es sich nicht mehr um eine reine Kapitalanlage handeln würde. Der Ausschluss ließe demnach die herrschaftliche Komponente des (späteren) Aktieneigentums außer Acht, obwohl dieser Bestandsschutz zukommt. Es würde sich im Ergebnis um einen unzulässigen Eingriff in Art. 14 GG handeln, der verfassungswidrig ist. Die durch eine generelle analoge Anwendung der §§ 327a ff. AktG auf die Umtausch- und Bezugsrechte hervorgerufene potentielle Gefahr verfassungswidriger Eingriffe in Art. 14 GG wiegt schwerer als die theoretische Möglichkeit, dass die Optionsberechtigten ihre Umtausch- und Bezugsrechte nicht vollständig ausüben. Der Gesichtspunkt, dass im Zeitpunkt des Übertragungsbeschlusses noch nicht feststeht, ob die durch Ausübung von Umtausch- und Bezugsrechten erworbenen Aktien tatsächlich 5 % des erhöhten Grundkapitals ausmachen, spricht daher eher dafür, diese Rechte bei der Durchführung eines Squeeze-out-Verfahrens zunächst unberührt zu lassen, als sie ausnahmslos vom Ausschluss zu erfassen. Aus diesem Grunde handelt es sich auch nicht um eine ungerechtfertigte Beschränkung der Ausschlussmöglichkeit. Die Beschränkung ist für den Fall, dass von den Umtausch- und Bezugsrechten nicht gänzlich Gebrauch gemacht wird, nur vorläufiger bzw. vorübergehender Natur. Steht fest, dass die Beteiligung der zu Minderheitsaktionären gewordenen Optionsrechtsinhaber am Grundkapital der Gesellschaft wegen einer nicht vollständigen Ausübung der Umtausch- und Bezugsrechte weniger als 5 % beträgt, ist es dem Hauptaktionär gestattet, diese Minderheit in einem erneuten Squeeze-out-Verfahren auszuschließen. Noch eindeutiger ist die Beurteilung im Hinblick auf den Fall, dass die Umtausch- und Bezugsrechte später vollständig ausgeübt werden. Denn dann entspricht es gerade der Konzeption der Ausschlussregelungen, dass es dem Hauptaktionär nicht möglich sein soll, eine Minderheit, die mit mehr als 5 % des Grundkapitals an der Gesellschaft beteiligt ist, auszuschließen. Es handelt sich somit nicht um eine ungerechtfertigte Beschränkung eines an sich zulässigen Ausschlussverfahrens. Vielmehr ist die Durchführung des Squeeze-out-Verfahrens von sich aus unzulässig. Den Umtausch- und Bezugsrechten kommt kein stärkerer Schutz zu als der in der Aktie verkörperten Mitgliedschaft. Demzufolge wird dem Hauptaktionär auch nicht die Durchführung eines Squeeze-out-Verfahrens ohne sachlichen Grund verwehrt.

3. Etwaige Besonderheiten bei Mitarbeiterbeteiligungsprogrammen

a) Darstellung der Ausgangssituation

In der Praxis werden Wandel- und Optionsanleihen nicht selten von Gesellschaften im Rahmen eines Mitarbeiterbeteiligungsprogramms ausgegeben. Die Gesellschaften gewähren damit ihren Führungskräften als auch anderen Mitarbeitern eine zusätzliche Gratifikation. Zum anderen bezwecken sie, mit Hilfe der Anleihen eine stärkere Bindung der Arbeitnehmer an das Unternehmen zu erreichen. Zum Teil werden diese Zielsetzungen auch durch die Ausgabe von Belegschaftsaktien umzusetzen versucht.[369] Soll nun in einer Gesellschaft, die über derartige Mitarbeiterbeteiligungsprogramme verfügt, ein Squeeze-out-Verfahren durchgeführt werden, so stellt sich die Frage, ob Umtausch- und Bezugsrechte oder Aktien, die im Rahmen eines Mitarbeiterbeteiligungsprogramms erworben wurden, einer besonderen rechtlichen Würdigung bedürfen.[370]

b) Überlegungen im Schrifttum

Vor allem *Wilsing/Kruse*[371] fordern eine gesonderte rechtliche Behandlung. Gegenüber Optionsrechtsinhabern, die ihre Umtausch- und Bezugsrechte über den Kapitalmarkt erworben haben und daher Kapitalanleger ohne mitgliedschaftliches Interesse seien, die im Falle eines Squeeze-out-Verfahrens durch einen Barabfindungsanspruch ausreichenden Schutz erhielten, bedürften Berechtigte, denen diese Rechte im Rahmen eines Mitarbeiterbeteiligungsprogramms eingeräumt wurden, eines besonderen Schutzes. Denn durch Umtausch- und Bezugsrechte berechtigte Mitarbeiter seien stärker an das Unternehmen gebunden und betrachteten diese Rechte nicht als bloße Kapitalanlage mit der Folge, dass der zwangsweise Entzug der Umtausch- und Bezugsrechte im Rahmen eines Ausschlussverfahrens sie „härter" treffe als reine Kapitalanleger.[372] Im Ergebnis sei es gleichwohl gerechtfertigt, die §§ 327a ff. AktG auch auf solche Umtausch- und Bezugsrechte entsprechend anzuwenden, die im Rahmen eines Mitarbeiterbeteiligungsprogramms gewährt wurden.[373] Denn letztlich wiesen die Mitarbeiter in Bezug auf die Umtausch- und Bezugsrechte ein den reinen Kapitalanlegern vergleichbares finanzielles Interesse auf. Dies beruhe darauf, dass die Mitarbeiter die Umtausch- und Bezugsrechte von ihrem Unternehmen im Grundsatz lediglich als Korrelat für die von ihnen geleistete Arbeit erhielten. Die gewährten Rechte stellten demzufolge im Wesentlichen einen Bestandteil der Vergütung dar, durch den der bezugsberechtigte Mitarbeiter ein gesteigertes Interesse am wirtschaftlichen Erfolg der Gesellschaft habe, seine Motivation gestärkt und er langfristig an die Gesellschaft gebunden werde.

In eine ähnliche Richtung gehen die Überlegungen von *Hamann* zur Erstreckung der §§ 327a ff. AktG auf Belegschaftsaktien. Deren Entzug stelle aus Perspektive

---

[369] Vgl. zu den Mitarbeiterbeteiligungen in Form von Belegschaftsaktien die Ausführungen bei *Erwe*, in: Beck'sches Handbuch der AG, § 21 Rn. 33, 54.

[370] Offen gelassen bei *Schlitt/Seiler/Singhof*, AG 2003, 254, 268 Fn. 168, da jüngere Beteiligungsprogramme ein Ablösungsrecht für den Fall des Kontrollwechsels vorsähen.

[371] *Wilsing/Kruse*, ZIP 2002, 1465, 1469 li. Sp.

[372] *Wilsing/Kruse*, ZIP 2002, 1465, 1469 li. Sp.; ähnlich: *Hamann*, S. 186/187.

[373] *Wilsing/Kruse*, ZIP 2002, 1465, 1469 li. Sp.

der Mitarbeiter einen gegenüber anderen Minderheitsaktionären schwerwiegenderen Eingriff dar, da bereits aufgrund des Arbeitsverhältnisses eine stärkere Bindung zur Gesellschaft gegeben sei.[374] Der Ausschluss von Belegschaftsaktionären könne sich im Hinblick auf eine aus dem Arbeitsverhältnis resultierende besondere Fürsorgepflicht als treuwidrig darstellen. Allerdings bestehe das Arbeitsverhältnis nur zwischen dem Arbeitnehmer und der Gesellschaft, nicht jedoch gegenüber dem Hauptaktionär. Daher sei im Ergebnis keine erhöhte Treuepflicht gegeben, die verletzt sein könnte.[375] Zu berücksichtigen sei ferner, dass auch bei den ausgegebenen Belegschaftsaktien der Vergütungseffekt im Vordergrund stehe. Er überwiege die von den Belegschaftsaktien ebenfalls ausgehende Identifikationswirkung und lasse die persönliche Bindung auch bei den Belegschaftsaktien in den Hintergrund treten. Daher stelle sich der Ausschluss von Belegschaftsaktionären im Ergebnis nicht als treuwidrig dar.[376]

c) Kritische Würdigung

Den Überlegungen von *Wilsing/Kruse* und *Hamann* kann nur im Ergebnis und insofern auch nur mit Einschränkungen zugestimmt werden. Der im Rahmen der Überlegungen von *Wilsing/Kruse* sowie *Hamann* maßgebliche Gesichtspunkt, dass auch bei Mitarbeitern als Optionsrechtsinhabern oder Belegschaftsaktionären das finanzielle Interesse im Vordergrund stehe[377] und sie daher wie reine Kapitalanleger zu behandeln seien, ist zwar insofern von Bedeutung, als dass für die Zulässigkeit des Ausschlusses entscheidend ist, ob lediglich eine rein finanziell motivierte Beteiligung an einer Gesellschaft vorliegt, oder aber, ob die Beteiligung durch ein herrschaftliches Interesse geprägt ist. Dies ist aber nicht, wie die weiteren Ausführungen von *Wilsing/Kruse* und *Hamann* vermuten lassen, anhand des Wesens der im Rahmen von Mitarbeiterbeteiligungsprogrammen ausgegebenen Wandel- und Optionsanleihen sowie Belegschaftsaktien zu beurteilen. Auf der Differenzierung zwischen einem bloßen finanziellen und einem herrschaftlichen Interesse beruht letztlich nicht nur die *„MotoMeter"*-Entscheidung des Bundesverfassungsgerichts, sondern auch die auf dieser Entscheidung aufbauende gesetzliche Konzeption der §§ 327a ff. AktG. Maßgeblich für die Unterscheidung, ob Mitarbeiter, die Inhaber von Umtausch- und Bezugsrechten oder aber von Belegschaftsaktien sind, reine Kapitalanleger sind, oder aber, ob sie ein schützenswertes mitgliedschaftliches Interesse verfolgen, ist allein die Höhe ihrer Beteiligung am Grundkapital, die durch die Belegschaftsaktien sowie durch die Umtausch- und Bezugsrechte im Falle ihrer Ausübung vermittelt würde. Durch die Festsetzung der 5 %-Schwelle in den §§ 327a ff. AktG wurden die vom Bundesverfassungsgericht in dem *„MotoMeter"*-Beschluss getroffenen Feststellungen gesetzlich umgesetzt und es wurde allgemein konstatiert, dass unabhängig vom Einzelfall bei einer Beteiligung von unter 5 % des Grundkapitals von einem rein finanziellen Interesse auszugehen ist, während bei einer Beteiligung von mehr als 5 % ein schützenswertes mitgliedschaftliches Interesse vorliegen soll. Die Squeeze-out-Vorschriften enthalten keine Regelung, wonach im Einzelfall unabhängig von der

[374] *Hamann*, S. 186/187.
[375] *Hamann*, S. 187.
[376] *Hamann*, S. 188.
[377] Vgl. zur Funktion von Aktienbezugsprogrammen für Führungskräfte die Ausführungen von *Krieger*, in: MünchHdb AG, § 63 Rn. 26.

Höhe der Beteiligung ein mitgliedschaftliches Interesse nachgewiesen werden kann, das zu einer Einschränkung des Ausschlussrechts führen würde. Stattdessen soll gerade dadurch eine vom Einzelfall losgelöste rechtliche Handhabung erreicht werden, dass an ein objektives Kriterium, nämlich die Höhe der Beteiligung, eine Vermutung für die subjektive Motivation geknüpft wird, die nicht durch den Nachweis der mit der Beteiligung tatsächlich verfolgten Interessen widerlegt werden kann. Daher spielt es letztlich keine Rolle, ob die Ausgabe von Wandel- und Optionsanleihen sowie Belegschaftsaktien im Rahmen von Mitarbeiterbeteiligungsprogrammen auf eine Vergütung abzielt oder nicht. Nur wenn die auf dem Mitarbeiterbeteiligungsprogramm beruhenden Umtausch- und Bezugsrechte bei unterstellter vollständiger Ausübung oder die Belegschaftsaktien weniger als 5 % des erhöhten Grundkapitals ausmachen, kann von einem bloßen Anlageinteresse ausgegangen werden, das eine Einbeziehung der Belegschaftsaktien sowie der Umtausch- und Bezugsrechte in das Ausschlussverfahren rechtfertigt. Die zur rechtlichen Behandlung von bereits vor Fassung eines Übertragungsbeschlusses bestehenden Umtausch- und Bezugsrechten entwickelte Lösung ist daher ohne jede Einschränkung auch für solche Umtausch- und Bezugsrechte maßgeblich, die aus Mitarbeiterbeteiligungsprogrammen hervorgehen. Ebenso sind die §§ 327a ff. AktG auf Belegschaftsaktien anzuwenden, wobei es insofern noch nicht einmal einer Analogie bedarf, um ihre Einbeziehung in das Ausschlussverfahren zu rechtfertigen.

VII. Die Abfindung der ausscheidenden Umtausch- und Bezugsberechtigten

Klärungsbedarf besteht noch hinsichtlich der Höhe der den ausgeschlossenen Optionsberechtigten zu gewährenden Abfindung. Außer Betracht zu bleiben haben bei diesbezüglichen Überlegungen die Fälle, in denen die Umtausch- und Bezugsrechte im Falle ihrer vollständigen Ausübung mehr als 5 % des Grundkapitals ausmachen würden. Die Rechte würden vom Squeeze-out nicht erfasst, sondern blieben weiter bestehen. Übten die Berechtigten diese Rechte später vollständig aus mit der Folge, dass sie Aktien an der Gesellschaft erhielten, könnte kein erneutes Squeeze-out-Verfahren durchgeführt werden. Nur wenn sich die Umtausch- und Bezugsrechte nach ihrer tatsächlichen Ausübung auf weniger als 5 % des Grundkapitals bezögen, kann es zu einem weiteren Ausschlussverfahren kommen. Wäre dies der Fall, so würden die ehemaligen Bezugsberechtigten als nunmehrige Aktionäre abgefunden. In diesem Fall richtet sich die Höhe der Abfindung nach den Verhältnissen der Gesellschaft im Zeitpunkt der Beschlussfassung ihrer Hauptversammlung über den erneuten Squeeze-out. Schwierigkeiten bereitet damit allein die Konstellation, dass die Umtausch- und Bezugsrechte im Falle ihrer vollständigen Ausübung weniger als 5 % des Grundkapitals ausmachen würden. In diesem Fall werden sie vom Ausschlussverfahren erfasst und wandeln sich in einen Barabfindungsanspruch um.[378] Die Umwandlung bewirkt allerdings nicht, dass die Bezugsberechtigten gezwungen sind, den Optionspreis bereits zum Zeitpunkt ihres Ausscheidens aufzubringen. Vielmehr können sie in Bezug auf ihre Entscheidung über die Ausübung des Umtausch- oder Bezugsrechts die weitere Laufzeit der Option abwarten.[379] Entscheiden sie sich dann

---

[378] *Gesmann-Nuissl*, WM 2002, 1205, 1207 li. Sp.; *Schwichtenberg*, S. 133/134; *Wilsing/Kruse*, ZIP 2002, 1465, 1470 li. Sp.
[379] BGH WM 1998, 654, 656 li. Sp. *„Siemens/Nixdorf"*; *Schlitt/Seiler/Singhof*, AG 2003, 254, 268 li. Sp.

für die Ausübung,[380] so ist die Abfindung jedoch nicht bezogen auf den Zeitpunkt zum Ende der Laufzeit zu bestimmen. Dies wäre nämlich insofern inkonsequent, als sich die Situation so darstellen würde, als wären die Optionsberechtigten erst mit Ende der Laufzeit der Option ausgeschieden. Die Höhe der Abfindung hat sich nach dem Wert zu richten, den die Option im Zeitpunkt der Durchführung des Squeeze-out-Verfahrens hatte.[381] Zur Ermittlung ist auf die für Optionen vorhandenen Bewertungsverfahren (z.B. Black-Scholes-Modell)[382] zurückzugreifen. Sind die Optionsberechtigten der Ansicht, die ihnen danach gewährte Abfindung sei nicht angemessen, so steht ihnen infolge einer konsequenten analogen Anwendung der §§ 327a ff. AktG nach § 327f AktG die Möglichkeit eines Spruchverfahrens offen.[383]

2. Kapitel. Besonderheiten beim Rechtsschutz

§ 23 Die Anfechtung wegen der Verletzung bewertungsbezogener Informationsrechte

I. Die Information beim Squeeze-out

Der Hauptaktionär ist nach § 327c Abs. 2 Satz 1 AktG verpflichtet, im Vorfeld der Beschlussfassung der Hauptversammlung über die Übertragung der Anteile einen schriftlichen Bericht abzufassen. Der Inhalt dieses Berichts hat sich auf die Voraussetzungen der Anteilsübertragung zu erstrecken. Demzufolge muss der Hauptaktionär einerseits nachvollziehbar darlegen, dass er über die erforderliche Kapitalbeteiligung verfügt.[384] Andererseits sind von ihm Angaben zur Unternehmensbewertung zu machen, aus denen die Angemessenheit der Barabfindung ersichtlich wird. Erfolgt die Festsetzung der Abfindung nach dem Börsenkurs, so ist darzulegen, dass der Ertragswert nicht unterschritten wird. Liegt die angebotene Abfindung unterhalb des Börsenkurses, besteht für den Hauptaktionär die Pflicht, die die Unterschreitung rechtfertigenden Gründe zu erläutern.[385] Der Nennung eines sachlichen Grundes für den Ausschluss der Minderheitsaktionäre bedarf es hingegen nicht, da der Übertragungsbeschluss seine Rechtfertigung in sich trägt. Der Bericht des Hauptaktionärs ist der Hauptversammlung vorzulegen. Zu deren Beginn kann dem Hauptaktionär nach § 327d Satz 2 AktG durch den Vorstand Gelegenheit gegeben werden, den Entwurf des Übertragungsbeschlusses und die Bemessung der Höhe der Barabfindung mündlich zu erläutern.[386] Die Regelung stellt die Möglichkeit zur Erläuterung im Rahmen der Hauptversammlung in das pflichtgemäße Ermessen des Vorstands. Es

---

[380] Laut *Drüke/Schick*, FAZ v. 31.07.2002, Nr. 175, S. 17, wird es bei Bezugsrechten, die aus Mitarbeiterbeteiligungsprogrammen am Neuen Markt stammen, nicht zur Ausübung kommen, da der zu zahlende Bezugspreis in der Regel zu hoch sei.
[381] So auch *Drüke/Schick*, FAZ v. 31.07.2002, Nr. 175, S. 17; *Schlitt/Seiler/Singhof*, AG 2003, 254, 268 re. Sp.; *Wilsing/Kruse*, ZIP 2002, 1465, 1470 li. Sp.; a.A.: *Vossius*, ZIP 2002, 511, 513 li. Sp., wonach das Optionsrecht als im Zeitpunkt der Wirksamkeit des Übertragungsbeschlusses ausgeübt anzusehen und daher eine volle Abfindung gemindert um den Optionspreis zu leisten ist.
[382] Vgl. zur Ermittlung des Werts von Optionsanleihen *Busch*, AG 1999, 58, 61/62.
[383] *Habersack*, in: Emmerich/Habersack, § 327b Rn. 8. Vgl. auch *Wilsing/Kruse*, ZIP 2002, 1465, 1470 re. Sp., die dies lediglich als „überlegenswert" erwägen.
[384] *Hüffer*, AktG, § 327c Rn. 3.
[385] *Hüffer*, AktG, § 327c Rn. 3.
[386] Kritisch zur Rollenverteilung in der Hauptversammlung *Vetter*, AG 2002, 176, 187 re. Sp.

gibt demzufolge kein Recht des Hauptaktionärs, das Ausschlussvorhaben in der Hauptversammlung zu erläutern.[387] Ebenso wenig ist der Hauptaktionär verpflichtet, sich mündlich zu erklären.[388] Unterlagen, zu denen sich der Hauptaktionär nicht äußert, sind vom Vorstand zu Beginn der Versammlung mündlich zu erläutern.[389] Zudem hat der Vorstand etwaige Lücken, die nach den mündlichen Erläuterungen des Hauptaktionärs geblieben sind, durch eigene mündliche Ausführungen zu schließen, soweit er dazu tatsächlich imstande ist. Den Minderheitsaktionären steht in Bezug auf die Informationsrechte das allgemeine Auskunftsrecht nach § 131 AktG zu, nach dem sie Fragen an die Gesellschaft richten können.[390] Insofern ist der Vorstand, dessen sich die Gesellschaft zur Beantwortung von Fragen bedient, verpflichtet, zu bewertungsbezogenen Fragen der Minderheitsaktionäre Stellung zu nehmen. Er kann allerdings die Beantwortung dem Hauptaktionär überlassen, wenn sich dieser damit einverstanden erklärt.[391]

II. Stand der Diskussion im Hinblick auf die gerichtliche Überprüfung bewertungsbezogener Informationsmängel vor Inkrafttreten des UMAG

Denkbar erscheint, dass ein Hauptaktionär der ihm auferlegten Berichtspflicht insofern nicht nachkommt, als dass in seinem Bericht keine ausreichenden Angaben zur Ermittlung der Abfindungshöhe enthalten sind, die dem Angebot zugrunde liegende Begründung nicht plausibel erscheint oder aber die Berechnung der Abfindung Fehler aufweist. Darüber hinaus kann es sein, dass die Gesellschaft ihre durch § 131 AktG auferlegte Auskunftspflicht nicht erfüllt. Nimmt ein ausgeschlossener Minderheitsaktionär infolge dessen gerichtlichen Schutz in Anspruch, wobei er nicht allgemein die Angemessenheit der Abfindung prüfen lassen möchte, sondern eine mit der Abfindung in Zusammenhang stehende Verletzung von Informations-, Auskunfts- oder Berichtspflichten rügt, so stellt sich die Frage, ob er eine derartige mögliche Verletzung ebenfalls im Spruchverfahren geltend machen muss, oder aber, ob er

---

[387] Gleichwohl wird im Regelfall das Ermessen so weit eingeschränkt sein, dass ein Erläuterungsrecht des Hauptaktionärs gegeben ist. Vgl. *Hasselbach*, in: Kölner Komm, WpÜG, § 327d AktG Rn. 5; *Weißhaupt*, S. 74.

[388] OLG Stuttgart AG 2004, 105, 106 re. Sp.; *Angerer*, BKR 2002, 260, 265 li. Sp.; *Fuhrmann/Simon*, WM 2002, 1211, 1216 re. Sp. a.E.; *Gesmann-Nuissl*, WM 2002, 1205, 1209 li. Sp.; *Grunewald*, ZIP 2002, 18, 20 li. Sp. a.B. (evtl. aber Verpflichtung aus Treuepflichtgesichtspunkten); *Grzimek*, in: Geibel/Süßmann, WpÜG, Art. 7, § 327d AktG Rn. 3; *Habersack*, in: Emmerich/Habersack, § 327d Rn. 4; *Hasselbach*, in: Kölner Komm, WpÜG, § 327d AktG Rn. 6; *Schwichtenberg*, DStR 2001, 2075, 2081 re. Sp.; *ders.*, S. 136; *Sieger/Hasselbach*, ZGR 2002, 120, 156. Vgl. aber auch *Kiem*, in: RWS-Forum 20, S. 329, 341/342, nach dessen Ansicht sich an die schriftliche Berichtspflicht des Vorstands auch eine Verpflichtung zur mündlichen Erläuterung gegenüber der Hauptversammlung logisch anschließen kann.

[389] OLG Hamburg AG 2003, 441, 443 re. Sp. *„Philips/PKV"*; *Hüffer*, AktG, § 327d Rn. 4.

[390] *Angerer*, BKR 2002, 260, 265 li. Sp.; *Grunewald*, in: MünchKommAktG, § 327d Rn. 5; *dies.*, ZIP 2002, 18, 19 re. Sp.; *Grzimek*, in: Geibel/Süßmann, WpÜG, Art. 7, § 327d AktG Rn. 4; *Kiem*, in: RWS-Forum 20, S. 329, 342; *Krieger*, BB 2002, 53, 59 re. Sp. a.E.

[391] OLG Stuttgart DB 2004, 60, 61 re. Sp., 62 li. Sp.; *Hasselbach*, in: Kölner Komm, WpÜG, § 327d AktG Rn. 7. Damit die Erläuterung durch den Hauptaktionär als Auskunftserteilung durch den Vorstand angesehen werden kann, muss sich dieser die Auskünfte zu eigen machen. Vgl. dazu *Kiem*, in: RWS-Forum 20, S. 329, 342 Fn. 31. *Weißhaupt*, S. 73, geht wohl von einer automatischen Zurechnung aus.

sich mit einer Anfechtungsklage zur Wehr setzen kann.[392] Dies war vor Inkrafttreten des UMAG im rechtswissenschaftlichen Schrifttum äußerst umstritten.

1. Ausschluss der Anfechtungsklage aufgrund einer Übertragung der *„MEZ"*-Grundsätze

Ein Teil des Schrifttums war der Ansicht, die Anfechtung sei im Falle der Verletzung abfindungswertbezogener Informations-, Berichts- und Auskunftspflichten ausgeschlossen. Zur Begründung wurden insoweit die Feststellungen des Bundesgerichtshofs herangezogen, die dieser in der Entscheidung *„MEZ"* getroffen hatte.[393] Der dem Urteil vom 18. Dezember 2000 zugrunde liegende Sachverhalt betraf den Formwechsel einer Aktiengesellschaft in eine Gesellschaft mit beschränkter Haftung, bei dem Informations-, Auskunfts- und Berichtspflichten, die im Hinblick auf die nach § 207 Abs. 1 Satz 1 UmwG zu gewährende Abfindung bestehen, verletzt worden waren. Während der Bundesgerichtshof bislang den Standpunkt vertreten hatte, die Verletzung von Informations- und Auskunftspflichten führe unabhängig von der Überprüfung der Angemessenheit der Abfindung im Spruchverfahren zur Anfechtbarkeit der betreffenden Beschlüsse, gab das Gericht seine bisherige Rechtsprechung zu den Anfechtungsklagen gegen Unternehmensverträge[394] und Verschmelzungsbeschlüsse[395] nunmehr auf und stellte fest, dass derartige Verletzungen ebenfalls im Spruchverfahren und nicht im Rahmen einer Anfechtungsklage geltend zu machen seien. Zur Begründung führte es aus, dass sich der in den §§ 212, 210 UmwG angeordnete Ausschluss der Anfechtungsklage nach dem Sinn und Zweck dieser Regelungen auch auf die Fälle der Verletzung von abfindungsbezogenen Informations-, Auskunfts- und Berichtspflichten erstrecke.[396] Denn könne ein Aktionär mittels einer Anfechtungsklage geltend machen, es seien bewertungsbezogene Informationsrechte verletzt worden, würde die Zielsetzung des § 210 UmwG, den Umfang der nach § 198 Abs. 3 UmwG i.V.m. § 16 Abs. 2 und 3 UmwG bestehenden Eintragungssperre zu beschränken,[397] unterlaufen und die berechtigten Interessen der betroffenen Gesellschaft wiederum beeinträchtigt. Aus diesem Grund sei der Ausschluss der Anfechtungsklage auf die Verletzung abfindungsbezogener Informationsrechte (§ 131 AktG) zu erstrecken.[398] Dies könne zudem aus dem systematischen Zusammenhang mit den in § 210 UmwG enthaltenen drei Tatbestandsvarianten des zu niedrigen, des fehlenden und des nicht ordnungsgemäßen Barabfindungsangebots gefolgert werden. Nach § 210 Var. 2 UmwG ist selbst bei einem entgegen § 194 Abs. 1 Nr. 6 UmwG fehlenden Angebot die Anfechtungsklage ausgeschlossen. Im Falle eines fehlenden Angebots seien aber sämtliche durch das Umwandlungsgesetz einge-

---

[392] Vgl. zu den Informationspflichtverletzungen als Anfechtungsgrund die statistischen Angaben bei *Baums/Vogel/Tacheva*, ZIP 2000, 1649, 1652 f.
[393] Die Entscheidung wurde durch das am 29. Januar 2001 ergehende Urteil im Fall *„Aqua Butzke"* bestätigt. Vgl. BGH ZIP 2001, 412 ff.
[394] BGHZ 122, 211, 238 (zu § 304 AktG); BGH DB 1995, 1700, 1701 re. Sp. (zu § 305 Abs. 5 AktG). Vgl. auch KG AG 1999, 268, 270 li. Sp. Zustimmend *Bilda*, in: MünchKommAktG, § 304 Rn. 199; *Hüffer*, AktG, § 304 Rn. 21; a.A.: *Bungert*, NZG 1999, 605 re. Sp.; *Hirte*, ZGR 1994, 644, 659.
[395] BGH DB 1990, 317, 318 re. Sp. f.; OLG Düsseldorf NZG 1999, 565, 568 li. Sp. *„Krupp/Thyssen IV"*.
[396] BGH ZIP 2001, 199 re. Sp. *„MEZ"*.
[397] BGH ZIP 2001, 199, 200 li. Sp. *„MEZ"*;zustimmend *Sinewe*, DB 2001, 690 li. Sp.
[398] BGH ZIP 2001, 199, 200 li. Sp. *„MEZ"*.

räumten Informationsrechte der Aktionäre betroffen,[399] es liege mithin das größtmögliche Informationsdefizit der Aktionäre im Hinblick auf die ihnen nach § 207 Abs. 1 Satz 1 UmwG zustehende Abfindung vor. Sei den ausgeschlossenen Aktionären noch nicht einmal bei einem vollständigen Informationsdefizit die Anfechtung eines Umwandlungsbeschlusses gestattet, so könnten die die Willensbildung des Aktionärs weit weniger beeinträchtigenden Informationsmängel, die aus der Verletzung abfindungswertbezogener Informations-, Berichts- und Auskunftspflichten herrührten, die Zulässigkeit einer Anfechtungsklage erst recht nicht begründen.[400] Darüber hinaus stellte der Bundesgerichtshof noch den Zusammenhang zwischen den bewertungsbezogenen Informationsmängeln und dem nicht ordnungsgemäßen Angebot als der dritten Tatbestandsvariante des § 210 UmwG her. Letzterer unterfielen die Verstöße gegen vom Gesetzgeber im Hinblick auf das Abfindungsangebot vorgesehene Informations-, Auskunfts- und Berichtspflichten. Denn der zwischen dem zu niedrigen und dem fehlenden Angebot verbleibende Bereich, auf den sich die Tatbestandsvariante des nicht ordnungsgemäßen Angebots erstrecke, sei nicht auf die Fälle von unklaren, widersprüchlichen oder unvollständigen Formulierungen beschränkt.[401] Diesen müssten vielmehr die Verletzung des Auskunftsrechts aus § 131 AktG durch Nichtbeantwortung oder ungenügende Beantwortung bewertungsbezogener Fragen gleichgestellt werden.[402] Dass die ausscheidenden Aktionäre trotz Ausschlusses des Anfechtungsrechts die ihnen zustehende angemessene Abfindung erhielten, sei durch das der Amtsermittlung unterliegende, für alle ausscheidenden, also nicht nur für die antragstellenden Aktionäre wirkende Spruchverfahren in vollem Umfang garantiert.[403]

Diese Grundsätze sah ein Teil des Schrifttums als auf das Rechtsinstitut des Squeeze-out übertragbar an. So führte beispielsweise *Vetter* an, dass es sowohl bei der Umwandlung als auch beim Squeeze-out ausschließlich um die Entschädigung von aus einer Gesellschaft ausscheidenden Aktionären gehe.[404] Die Regelung des § 327f Abs. 1 AktG a.F. entspreche ihrem Wortlaut nach nicht nur der Vorschrift des § 320b Abs. 2 AktG, sondern weitgehend auch dem § 210 UmwG.[405] Mit der Regelung des § 327f Abs. 1 AktG a.F. würden dieselben rechtspolitischen Ziele verfolgt wie mit dem § 210 UmwG. Beide Vorschriften zielten darauf ab, die Erhebung einer Anfechtungsklage, durch die die Maßnahme blockiert wird, zu verhindern. Aus diesem Grunde müsse der Ausschluss der Anfechtungsklage beim Squeeze-out in gleichem Umfang gelten, zumal auch beim Ausschlussverfahren der §§ 327a ff. AktG eine

---

[399] BGH ZIP 2001, 199, 200 re. Sp. *„MEZ"*; BGH ZIP 2001, 412, 413 re. Sp. *„Aqua Butzke"*.

[400] BGH ZIP 2001, 199, 201 li. Sp. a.E. *„MEZ"*; BGH ZIP 2001, 412, 415 re. Sp. *„Aqua Butzke"*. Zustimmend *Vetter*, FS Wiedemann, 2002, S. 1323, 1330.

[401] BGH ZIP 2001, 199, 201 li. Sp. *„MEZ"*; BGH ZIP 2001, 412, 414 li. Sp. *„Aqua Butzke"*.

[402] BGH ZIP 2001, 199, 201 li. Sp. *„MEZ"*. Kritisch gegenüber der extensiven Auslegung *Schwichtenberg*, S. 202; Wilsing/Kruse, DB 2002, 1539, 1540 re. Sp.

[403] BGH ZIP 2001, 199, 201 re. Sp. *„MEZ"*; BGH ZIP 2001, 412, 414 re. Sp. *„Aqua Butzke"*. So auch *Vetter*, FS Wiedemann, 2002, S. 1323, 1332. Kritisch u.a. wegen der langen Dauer von Spruchverfahren dagegen *Kleindiek*, NZG 2001, 552, 555 re. Sp.; *Luttermann*, BB 2001, 382, 384 li. Sp. a.E.; *Meilicke/Heidel*, DB 2004, 1479, 1483 li. Sp.

[404] *Vetter*, EWiR 2003, 1063, 1064; *ders.*, AG 2002, 176, 189 re. Sp.; *ders.*, DB 2001, 743, 746 li. Sp.

[405] *Kiem*, in: RWS-Forum 20, S. 329, 343; *Sinewe*, DB 2001, 690 re. Sp. a.E.; *Vetter*, AG 2002, 176, 189 re. Sp.; *ders.*, FS Wiedemann, 2002, S. 1323, 1339/1340; *ders.*, DB 2001, 743, 746 li. Sp. Vgl. aber *Harry Schmidt*, FS Ulmer, 2003, S. 543, 549, der der Ansicht ist, dass dies „ersichtlich unzutreffend" sei.

bleibende rechtliche Beeinträchtigung der Minderheitsaktionäre nicht zu befürchten sei.[406] Dementsprechend könne ein Übertragungsbeschluss nicht mit dem Hinweis auf die mögliche Verletzung abfindungswertbezogener Informationspflichten angefochten werden.[407]

2. Fehlende Vergleichbarkeit der Squeeze-out-Regelungen mit dem Umwandlungsrecht

Andere Stimmen aus der rechtswissenschaftlichen Literatur brachten gegen die Übertragung der *„MEZ“*-Grundsätze auf den Squeeze-out vor, dass die Begründung des Gerichts speziell auf die Umwandlungsregelung des § 210 UmwG ausgerichtet sei.[408] Dem ausdrücklichen Wortlaut dieser Vorschrift zufolge könne ein Aktionär eine Anfechtungsklage gegen den Umwandlungsbeschluss nicht darauf stützen, dass die Barabfindung im Umwandlungsbeschluss nicht oder nicht ordnungsgemäß angeboten wurde. Insofern unterscheide sich die Regelung aber gerade von der Bestimmung des § 327f Abs. 1 Satz 2 AktG a.F. (§ 327f Satz 3 AktG n.F.) Gemäß der letztgenannten Vorschrift könne ein Spruchverfahren dann beantragt werden, wenn der Hauptaktionär eine Barabfindung nicht oder nicht ordnungsgemäß angeboten hat und eine hierauf gestützte Anfechtungsklage innerhalb der Anfechtungsfrist nicht erhoben, zurückgenommen oder rechtskräftig abgewiesen worden ist.[409] Die Regelung gehe demzufolge davon aus, dass es einem Minderheitsaktionär für den Fall, dass der Hauptaktionär keine Abfindung angeboten hat oder aber dieses Angebot nicht ordnungsgemäß erfolgte, gestattet ist, eine Anfechtungsklage zu erheben.[410] Könne der Übertragungsbeschluss aber wegen eines nicht oder nicht ordnungsgemäßen Angebots angefochten werden, so müsse sich die Möglichkeit der Anfechtung auch auf die Fälle erstrecken, in denen abfindungswertbezogene Informationsrechte verletzt wurden.[411] Andernfalls blieben beim Rechtsinstitut des Squeeze-out-

---

406 *Wilsing/Kruse*, DB 2002, 1539, 1542 li. Sp.

407 OLG Köln BB 2003, 2307, 2308 re. Sp.; LG Hamburg ZIP 2003, 947, 950 li. Sp. *„Volksfürsorge Holding AG“*; *Aha*, BB 2003, 2310 li. Sp., re. Sp.; *Baums*, S. 128 f.; *Buchta/Sasse*, DStR 2004, 958, 961 re. Sp.; *Fuhrmann*, Der Konzern, 1, 4 li. Sp.; *Habersack*, ZIP 2001, 1230, 1237 re. Sp. a.B.; *Hamann*, S. 210; *Hasselbach*, in: Kölner Komm, WpÜG, § 327f AktG Rn. 3; *Henze*, BB 2002, 893, 899/900; *Hirte*, ZHR 167 (2003), 8, 26/27; *Keul*, ZIP 2003, 566, 567 li. Sp.; *Klöhn*, AG 2002, 443, 452 li. Sp.; *Krause*, NJW 2002, 705, 715 re. Sp.; *Harry Schmidt*, FS Ulmer, 2003, S. 543, 556; *Schüppen*, WPg 2001, 958, 975 li. Sp. Fn. 62; *Sieger/Hasselbach*, ZGR 2002, 120, 160; *Steinmeyer/Häger*, WpÜG, § 327d AktG Rn. 10 Fn. 8, 327f AktG Rn. 5 Fn. 7; *Vetter*, AG 2002, 176, 189 re. Sp.; *ders.*, DB 2001, 743, 746 li. Sp.; *Wilsing/Kruse*, DB 2002, 1539, 1542 li. Sp., 1543 re. Sp. Eine Einzelfallabhängigkeit befürwortet *Grzimek*, in: Geibel/Süßmann, WpÜG, Art. 7, § 327f AktG Rn. 5.

408 *Angerer*, BKR 2002, 260, 266 re. Sp.; *Gesmann-Nuissl*, WM 2002, 1205, 1209 re. Sp. a.E.; *Grunewald*, ZIP 2002, 18, 21 li. Sp.; *Hüffer*, AktG, § 327f Rn. 2; *Krieger*, BB 2002, 53, 60 li. Sp.; *Ott*, DB 2003, 1615, 1616 li. Sp.; *Schwichtenberg*, S. 204 f.; *Weißhaupt*, WM 2004, 705, 711 li. Sp.

409 Kritisch äußert sich zu dieser differenzierten Regelung *Mülbert*, FS Ulmer, 2003, S. 433, 440.

410 *Angerer*, BKR 2002, 260, 266 re. Sp.; *Fuhrmann/Simon*, WM 2002, 1211, 1214 re. Sp., 1215 li. Sp.; *Gesmann-Nuissl*, WM 2002, 1205, 1210 li. Sp.; *Grunewald*, ZIP 2002, 18, 21 li. Sp.; *Schwichtenberg*, S. 204. Insofern noch zustimmend *Hamann*, S. 208.

411 *Fleischer*, ZGR 2002, 757, 783; *Habersack*, in: Emmerich/Habersack, § 327f Rn. 4; *Halberkamp/Greve*, FB 2002, 580, 587 re. Sp.; *Krieger*, BB 2002, 53, 60 li. Sp.; *Lamb/Schluck-Amend*, DB 2003, 1259, 1263 re. Sp.; *Rühland*, S. 247; *Schwichtenberg*, S. 204 f. Vgl. auch *Habersack*, in: Emmerich/Habersack, § 320b Rn. 20; *Hoffmann-Becking*, in: RWS-Forum 20, S. 55, 67; *Kleindiek*, NZG 2001, 552, 554 re. Sp., die eine Übertragung der BGH-Grundsätze auf die Eingliederung ablehnen.

Verfahrens jegliche Informationsdefizite ohne Folgen, da beim Ausschlussverfahren nach den §§ 327a ff. AktG nahezu sämtliche Informationen mit der Bestimmung der Abfindung zusammenhingen.[412]

III. Rechtslage nach Inkrafttreten des UMAG

Den Diskussionen um die Möglichkeit der Anfechtung des Übertragungsbeschlusses wegen der Verletzung abfindungswertbezogener Informations-, Auskunfts- und Berichtspflichten hat der Gesetzgeber durch das Gesetz zur Unternehmensintegrität und Modernisierung des Anfechtungsrechts (UMAG)[413] vom 22. September 2005, dessen Neuerungen überwiegend zum 01. November 2005 in Kraft getreten sind, ein Ende bereitet. Durch Art. 1 des UMAG wurde § 243 Abs. 4 AktG neu gefasst. Während dessen Satz 1 eine allgemeine Regelung zur Anfechtung wegen Informationspflichtverletzungen enthält, bezieht sich Satz 2 speziell auf die Anfechtungsklagen, die auf Informationspflichtverletzungen im Zusammenhang mit Bewertungsfragen gestützt werden. Nunmehr kann nach § 243 Abs. 4 Satz 2 AktG eine Anfechtungsklage nicht auf unrichtige, unvollständige oder unzureichende Informationen in der Hauptversammlung über die Ermittlung, Höhe oder Angemessenheit von Ausgleich, Abfindung, Zuzahlung oder über sonstige Kompensationen gestützt werden, wenn das Gesetz für Bewertungsrügen ein Spruchverfahren vorsieht.[414] Damit hat der Gesetzgeber für eine dahingehende Klarstellung gesorgt, dass die umwandlungsrechtliche Rechtsprechung zum Ausschluss des Anfechtungsklage in Fällen bewertungsbezogener Informationspflichtverletzungen für sämtliche Informationspflichtverletzungen, die mit Bewertungsfragen in Zusammenhang stehen, also auch für unrichtige, unvollständige und unzureichende Informationen, Geltung beanspruchen soll.[415] Dieser Anfechtungsausschluss gilt grundsätzlich auch für das Rechtsinstitut des Squeeze-out. Denn § 327f Satz 2 AktG sieht vor, dass im Falle einer nicht angemessenen Barabfindung das in § 2 des Spruchverfahrensgesetzes bestimmte Gericht auf Antrag die angemessene Barabfindung bestimmt. Bewertungsrügen sind demzufolge, wie § 243 Abs. 4 Satz 2 AktG es erfordert, in das Spruchverfahren verwiesen.

Allerdings unterliegt der Anfechtungsausschluss auch gewissen Beschränkungen: Die Anfechtungsklage bleibt, soweit mit ihr die Verletzung von bewertungsbezogenen Informationspflichten gerügt wird, trotz der Regelung des § 243 Abs. 4 Satz 2 AktG zulässig, wenn die Informationen vollständig verweigert wurden.[416] Denn die

---

[412] *Grunewald*, ZIP 2002, 18, 21 re. Sp. Ihr zustimmend *Gesmann-Nuissl*, WM 2002, 1205, 1210 li. Sp.

[413] BGBl. I S. 2802. Letztlich handelt es sich bei diesem Gesetzgebungsverfahren um eine Fortsetzung der Reform des Aktiengesetzes, in deren Rahmen bereits das Transparenz- und Publizitätsgesetz vom 19.07.2002 (BGBl. I S. 2681) geschaffen wurde. Vgl. die ausführliche Darstellung (noch zum Referentenentwurf) bei *Diekmann/Leuering*, NZG 2004, 249 ff.; *Seibert/Schütz*, ZIP 2004, 252 ff. Speziell zur Modernisierung des Informationsmängelrechts durch das UMAG: *Weißhaupt*, WM 2004, 705 ff.

[414] Vgl. zur Geltung des § 243 Abs. 4 Satz 2 AktG im Hinblick auf die Berücksichtigung von auf Bewertungsfragen bezogenen Informationsrügen im Freigabeverfahren, wenn die Anfechtungsklage vor dem 01. November 2005 anhängig war, eine Beratung im Hauptsacheverfahren aber nicht vor diesem Zeitpunkt in Betracht kam: OLG Hamm NZG 2005, 897.

[415] *Diekmann/Leuering*, NZG 2004, 249, 254 li. Sp.

[416] BT-Drucks. 15/5092, S. 26 li. Sp.; *Göz/Holzborn*, WM 2006, 157, 160 re. Sp.; *Schütz*, DB 2004, 419, 421 li. Sp.; *Seibert/Schütz*, ZIP 2004, 252, 256 re. Sp. Der *DAV-Handelsrechtsausschuss*, NZG 2004, 555, 563 li. Sp., sieht dies als „inkonsequent“ an, da eine diesbezügliche Differenzierung zum gänzlich fehlenden Angebot, das keine Anfechtung zulässt, nicht gerechtfertigt sei.

vollständige Informationsverweigerung ist nicht unter die Tatbestandsvarianten der unrichtigen, unvollständigen oder unzureichenden Informationen zu subsumieren. Darüber hinaus ist die Anfechtungsklage in den Fällen zulässig, in denen die Verletzung von bewertungsbezogenen Informationspflichtverletzung außerhalb der Hauptversammlung gerügt wird.[417] § 243 Abs. 4 Satz 2 AktG sieht den Ausschluss der Anfechtungsklage für die Fälle unrichtiger, unvollständiger oder unzureichender Informationen „in der Hauptversammlung" vor. Für außerhalb der Hauptversammlung erfolgte abfindungswertbezogene Informationspflichtverletzungen besteht stattdessen die sich aus § 327f Satz 3 AktG ergebende Rechtslage fort. Die Vorschrift bestimmt, dass ein Spruchverfahren anzustrengen ist, wenn der Hauptaktionär eine Barabfindung nicht oder nicht ordnungsgemäß angeboten hat und eine hierauf gestützte Anfechtungsklage innerhalb der Anfechtungsfrist nicht erhoben, zurückgenommen oder rechtskräftig abgewiesen worden ist. Das Spruchverfahren ist in diesen Fällen gegenüber der Anfechtungsklage auch in Zukunft subsidiär.[418] Entgegen vorheriger Ankündigungen wurde die Bestimmung des § 327f Satz 3 AktG bei Inkrafttreten des UMAG gerade nicht gestrichen.[419] Der Gesetzgeber hat demnach darauf verzichtet, die Rechtslage im Hinblick auf die Anfechtung abfindungswertbezogener Informationspflichtverletzungen außerhalb der Hauptversammlung beim Squeeze-out der des Umwandlungsrechts (vgl. § 210 UmwG) anzugleichen.

IV. Ergebnis

Infolge der durch das UMAG eingeführten gesetzlichen Neuerungen kann die Verletzung bewertungsbezogener Informationspflichten in Zukunft nicht mehr mit einer gegen den Übertragungsbeschluss gerichteten Anfechtungsklage geltend gemacht werden, wenn die Pflichtverletzungen in der Hauptversammlung erfolgt sind. Die Minderheitsaktionäre sind gemäß § 243 Abs. 4 Satz 2 AktG vielmehr auf das Spruchverfahren verwiesen. Zulässig bleibt die Anfechtungsklage jedoch weiterhin, wenn eine vollständige Informationsverweigerung vorliegt oder aber die Verletzung von abfindungswertbezogenen Informations-, Berichts- und Auskunftspflichten außerhalb der Hauptversammlung Gegenstand der Rüge ist.

---

[417] So auch *Habersack*, in: Emmerich/Habersack, § 327f Rn. 4; *Göz/Holzborn*, WM 2006, 157, 160 re. Sp. Vgl. auch BT-Drucks. 15/5092, S. 26 re. Sp.

[418] Gleiches gilt in Bezug auf das Rechtsinstitut der Eingliederung für § 320b Abs. 2 AktG.

[419] Der *DAV-Handelsrechtsausschusses*, NZG 2004, 555, 563 li. Sp., hatte bereits in einer Stellungnahme zum UMAG vorgeschlagen, vom Anfechtungsausschluss nur Verletzungen der wertbezogenen Informationspflichten in der Hauptversammlung zu erfassen.

Fünfter Teil. Gesamtergebnis

§ 24 Zusammenfassung in Thesen

1. Das Ausschlussverfahren der §§ 327a-f AktG ist mit den bisherigen Möglichkeiten des unmittelbaren und des mittelbaren Minderheitenausschlusses nicht vergleichbar. Da es im Gegensatz zu diesen Möglichkeiten einen verhaltensunabhängigen Ausschluss eröffnet, der auch in einem vergleichsweise einfachen Verfahren durchgeführt wird, greift er mit weitaus größerer Intensität in das Anteilseigentum der Minderheitsaktionäre ein.

2. Das deutsche Squeeze-out-Recht weist erhebliche Unterschiede zu der Regelung in der Übernahmerichtlinie auf, insbesondere was die Reichweite des Anwendungsbereichs anbelangt. Da eine Anpassung der §§ 327a-f AktG an die Inhalte der Übernahmerichtlinie eine starke Einschränkung des Anwendungsbereichs des Ausschlussrechts zur Folge hätte, ist zu erwarten, dass der Gesetzgeber bei der Umsetzung der Übernahmerichtlinie ein weiteres Ausschlussrecht schaffen und dieses als kapitalmarktrechtliches Instrument in das WpÜG einfügen wird, damit das gesellschaftsrechtliche Ausschlussverfahren unverändert fortbestehen kann.

3. Die Ausschlussregelungen der §§ 327a-f AktG sind verfassungskonform.

a) Die Ausschlussbestimmungen sind an der Rechtsprechung des Bundesverfassungsgerichts zum Entzug der Mitgliedschaft zu messen. Dass die Entscheidungen in den Fällen *„Feldmühle"* und *„MotoMeter"* eine positive Beurteilung der Verfassungskonformität des Ausschlussrechts vorzeichnen, entbindet nicht von der Würdigung der Gründe, die den Eingriff in das Anteilseigentum der Minderheitsaktionäre zu rechtfertigen vermögen.

b) Die in der Begründung des Regierungsentwurfs angeführten Argumente zur verfassungsrechtlichen Rechtfertigung des Eingriffs besitzen nur eine eingeschränkte Überzeugungskraft. Gleichwohl müssen sie aufgrund des dem Gesetzgeber zukommenden weiten Gestaltungsspielraums als ausreichend erachtet werden. Dies gilt auch im Hinblick auf nicht börsennotierte Gesellschaften.

c) Dem Erfordernis der Bereitstellung von Rechtsbehelfen gegen den Einsatz wirtschaftlicher Macht werden die Squeeze-out-Vorschriften gerecht, da § 327f AktG die Anfechtungsklage nur teilweise ausschließt; insbesondere kann ein Übertragungsbeschluss wegen seiner inhaltlichen Unzulässigkeit angefochten werden.

d) Dem Erfordernis der Sicherstellung eines finanziellen Ausgleichs für den Entzug der Mitgliedschaft wird durch § 327b AktG ausreichend Rechnung getragen. Dass die Garantieerklärung des Kreditinstituts sich nicht auf den Betrag erstreckt, um den die Barabfindung in einem Spruchverfahren gerichtlich erhöht wird, macht die Ausschlussregelungen ebenso wenig verfassungswidrig wie der Gesichtspunkt, dass die Zinspflicht des Hauptaktionärs erst ab dem Zeitpunkt der Bekanntmachung der Handelsregistereintragung beginnt. Auch die Verweisung der Minderheitsaktionäre auf das Spruchverfahren zur gerichtlichen Überprüfung der Barabfindung steht im Einklang mit der Verfassung.

4. Es empfiehlt sich aus rechtspolitischer Sicht, den Anwendungsbereich der Ausschlussregelungen auf börsennotierte Gesellschaften zu beschränken und das vorangegangene Pflichtangebot als Voraussetzung des Ausschlussrechts zu statuieren.

5. Der Übertragungsbeschluss unterliegt nicht der materiellen Beschlusskontrolle. Er trägt seine Rechtfertigung in sich, da der Gesetzgeber bereits eine Interessenabwägung vorgenommen hat, was insbesondere aus dem Erfordernis der 95 %igen Kapitalbeteiligung deutlich wird.

6. Der Übertragungsbeschluss kann wegen eines individuellen Rechtsmissbrauchs in Einzelfällen angefochten werden.

a) Die Durchführung eines Ausschlussverfahrens in nicht börsennotierten Gesellschaften ist nicht schon als solche als treuwidrig zu qualifizieren. Die Treuwidrigkeit kann lediglich auf Umstände gestützt werden, die auch im Falle von börsennotierten Gesellschaften einen Verstoß gegen die Treuepflicht darstellen.

b) Die Aufnahme neuer Gesellschafter nach Fassung des Übertragungsbeschlusses begründet nicht dessen Rechtsmissbräuchlichkeit. Besonderheiten gelten jedoch für den Fall der Wiederaufnahme einzelner zuvor ausgeschlossener Minderheitsaktionäre. Denn der Squeeze-out führt in dieser Konstellation nur als Zwischenstufe zu einem Ausschluss sämtlicher Minderheitsaktionäre. Durch die Wiederaufnahme einzelner von ihnen, wird ein Ergebnis erreicht, dass ansonsten nur durch den Ausschluss einzelner (unerwünschter) Minderheitsaktionäre hätte erreicht werden können. Dieser Vorgang ist grundsätzlich als eine Umgehung des allgemeinen gesellschaftsrechtlichen Grundsatzes zu qualifizieren, dass einzelne Gesellschafter aus einer Gesellschaft nur bei Vorliegen eines in ihrer Person wurzelnden wichtigen Grundes ausgeschlossen werden dürfen. Von dem Vorwurf der Rechtsmissbräuchlichkeit können sich die Gesellschaft und deren Hauptaktionär nur befreien, indem sie einen wichtigen Grund darlegen, der den faktischen Verbleib eines bestimmten Minderheitsaktionärs in der Gesellschaft rechtfertigt.

c) Eine vom Hauptaktionär ausgehende Veranlassung zum Erwerb von Anteilen im Vorfeld eines Squeeze-out-Verfahrens ist grundsätzlich nicht als missbräuchlich zu bewerten.

d) Auch der Gesichtspunkt, dass der Hauptaktionär das Recht zur Ausschließung nicht direkt im Anschluss an den Erwerb der 95 %igen Kapitalbeteiligung ausübt, sondern einige Zeit vergehen lässt, bis er die Durchführung eines Ausschlussverfahrens veranlasst, führt nicht dazu, dass der Ausschluss als missbräuchlich zu bewerten ist. Denn ein bloßer Zeitablauf führt grundsätzlich nicht zur Verwirkung des Ausschlussrechts.

e) Die Durchführung eines Ausschlussverfahrens zu veranlassen, hängt allein von der Entscheidung des Hauptaktionärs ab. Wann er von dem Ausschlussrecht Gebrauch macht, bleibt ihm überlassen. Einen Ausschluss zur Unzeit gibt es beim Rechtsinstitut des Squeeze-outs nicht.

f) Die für den Squeeze-out erforderliche Kapitalbeteiligung kann auch im Wege einer Kapitalerhöhung unter Ausschluss des Bezugsrechts erlangt worden sein. Allerdings kann der Bezugsrechtsausschluss nicht allein mit dem Hinweis darauf gerechtfertigt werden, dem Mehrheitsaktionär solle die für die Durchführung des Ausschlussverfahrens benötigte 95 %ige Kapitalbeteiligung verschafft werden. Ist der Bezugsrechtsausschluss nicht aus sonstigen Gründen gerechtfertigt, so ist der Kapitalerhöhungsbeschluss wegen materieller Unrechtmäßigkeit anfechtbar.

g) Ein Zusammenschluss mehrerer Aktionäre kann die Hauptaktionärseigenschaft im Sinne des § 327a Abs. 1 Satz 1 AktG inne haben. Voraussetzung ist, dass der Zusammenschluss Träger von Rechten sein kann und sich die 95 %ige Kapitalbeteiligung in seinem Eigentum befindet. Die bloße Poolung von Stimmrechten reicht hingegen nicht aus. Als Zusammenschlüsse, mit deren Hilfe die Hauptaktionärseigenschaft erworben werden kann, eignen sich das Beteiligungskonsortium sowie die Holding. Auch das Institut der Wertpapierleihe kann insofern genutzt werden. Für die Beurteilung der etwaigen Missbräuchlichkeit des Zusammenschlusses ist darauf abzustellen, ob er kurz vor der Durchführung des Squeeze-out-Verfahrens erfolgte. Dem Gesichtspunkt, ob er nach dem Ausschluss bestehen bleiben soll, kommt in Bezug auf die hinter dem Zusammenschluss stehende Zielsetzung Indizwirkung zu. Erfolgte der Zusammenschluss kurz vor der Durchführung des Ausschlussverfahrens und wird er im nahen zeitlichen Zusammenhang damit aufgelöst, so ist er als rechtsmissbräuchlich zu qualifizieren.

h) Die Ausschlussregelungen der §§ 327a-f AktG sind nicht analog auf Gesellschaften mit beschränkter Haftung anwendbar. Der Formwechsel einer Gesellschaft mit beschränkter Haftung in eine Aktiengesellschaft ist dann rechtsmissbräuchlich, wenn er allein darauf abzielt, die Voraussetzungen für den Ausschluss der Minderheitsgesellschafter zu schaffen. In diesem Fall muss den Minderheitsgesellschaftern gestattet werden, gegebenenfalls den Übertragungsbeschluss anzufechten, wenn eine Anfechtung des Umwandlungsbeschlusses nicht mehr möglich ist.

7. Die zu den anderen Abfindungstatbeständen ergangene Rechtsprechung des Bundesverfassungsgerichts, wonach sich die Höhe der Abfindung grundsätzlich nach dem Börsenkurs zu richten hat, soweit dieser den „wahren" Wert der Beteiligung überschreitet, beansprucht auch für den Squeeze-out Geltung. Der Börsenkurs ist nach dem Durchschnittskurs festzusetzen, der anhand eines sechsmonatigen Referenzzeitraums bis zur Ad-hoc-Mitteilung nach § 15 WpHG zu ermitteln ist. Er ist bei der Bemessung gänzlich außer Acht zu lassen, wenn die Liquiditätskriterien des § 5 Abs. 4 WpÜG-AngebotsVO nicht erfüllt sind.

8. Sowohl Paketpreise als auch Vorerwerbspreise, die im Rahmen von Angeboten nach dem WpÜG unterbreitet wurden, sind bei der Festlegung der Abfindung zu berücksichtigen, soweit sie in dem sechsmonatigen Referenzzeitraum, der der Ermitt-

lung des durchschnittlichen Börsenkurses zugrunde zu legen ist, gezahlt wurden und den Börsenkurs sowie den „wahren" Wert überschreiten.

9. Das Ausschlussverfahren erfasst neben Aktien auch Umtausch- und Bezugsrechte, soweit diese im Falle ihrer vollständigen Ausübung weniger als 5 % des erhöhten Grundkapitals der Gesellschaft ausmachen. Die analoge Anwendung auf Umtausch- und Bezugsrechte hat zur Folge, dass diese sich im Falle der Durchführung eines Squeeze-out-Verfahrens automatisch in einen Barabfindungsanspruch umwandeln. Gleichwohl können Umtausch- und Bezugsberechtigte mit der Ausübung ihres Rechts bis zum Ende der Laufzeit abwarten. Entscheiden sie sich für eine Ausübung, richtet sich die Höhe ihres Abfindungsanspruchs nach dem Wert, den die Option im Zeitpunkt der Durchführung des Ausschlussverfahrens hatte. Den Umtausch- und Bezugsberechtigten muss die Möglichkeit eingeräumt werden, ihre Abfindung im Rahmen eines Spruchverfahrens überprüfen zu lassen.

10. Werden im Rahmen der Durchführung eines Ausschlussverfahrens bewertungsbezogene Informations-, Auskunfts- oder Berichtspflichten in der Hauptversammlung verletzt, so ist der Übertragungsbeschluss gemäß § 243 Abs. 4 Satz 2 AktG nicht anfechtbar. Die Minderheitsaktionäre können derartige Verletzungen lediglich im Spruchverfahren geltend machen. Zulässig ist die Anfechtungsklage aber weiterhin, wenn Informationen vollständig verweigert oder die abfindungswertbezogenen Informationspflichten außerhalb der Hauptversammlung verletzt wurden.

FSC
www.fsc.org
MIX
Papier | Fördert
gute Waldnutzung
FSC® C083411

Kolibri 360 GmbH
Ferdinand-Jühlke-Straße 7
99095 Erfurt, Deutschland
produktsicherheit@kolibri360.de

Druck:
CPI Druckdienstleistungen GmbH
im Auftrag der
Kolibri 360 GmbH
Ferdinand-Jühlke-Str. 7
99095 Erfurt

Der GmbH-Geschäftsführer im tschechischen Recht

STUDIEN DES INSTITUTS FÜR OSTRECHT MÜNCHEN

IOR

Begründet von Professor Dr. Reinhart Maurach
Herausgegeben von Professor Dr. Friedrich-Christian Schroeder,
Dr. h.c. (Breslau), Regensburg

Band 53

PETER LANG
Frankfurt am Main · Berlin · Bern · Bruxelles · New York · Oxford · Wien

Sören Langner

Der GmbH-Geschäftsführer im tschechischen Recht

Organstellung und Anstellung im Rechtsvergleich

PETER LANG
Europäischer Verlag der Wissenschaften

Bibliografische Information Der Deutschen Bibliothek
Die Deutsche Bibliothek verzeichnet diese Publikation in der Deutschen Nationalbibliografie; detaillierte bibliografische Daten sind im Internet über <http://dnb.ddb.de> abrufbar.

Zugl.: Halle-Wittenberg, Univ., Diss., 2004

3
ISSN 0073-8492
ISBN 3-631-53865-0

www.peterlang.de

Meinen Eltern

Vorwort

Die Arbeit lag im Sommersemester 2004 der Juristischen Fakultät der Martin-Luther-Universität Halle-Wittenberg als Dissertation vor. Rechtsprechung und Literatur sind auf dem Stand von April 2004.

Herrn *Professor Dr. Armin Höland* möchte ich für die engagierte und sorgfältige Betreuung der Arbeit herzlich danken. Die konstruktiven Doktorandenseminare und Gespräche waren für die Fertigstellung der Arbeit sehr förderlich. Ebenso danke ich Herrn *Professor Dr. Peter Jung* für die Erstellung des Zweitvotums.

Bei der Literaturrecherche waren mir die Rechtsanwälte *JUDr. Petr Bohata* vom Institut für Ostrecht in München und *Mgr. Jiří Bárta, LL.M.* von der Sozietät Lovells in Prag sehr behilflich. Ferner gilt mein Dank den mit tschechischen Recht vertrauten Wissenschaftlern und Rechtsanwälten zahlreicher Institute und Kanzleien für die vielen wertvollen Gespräche zu diesem Thema. Dies gilt insbesondere für Frau *Dr. Ivana Bučková* vom Forschungsinstitut für mittel- und osteuropäisches Wirtschaftsrecht (FOWI) an der Wirtschaftsuniversität Wien und Herrn Rechtsanwalt *JUDr. Ivan Rada* in Prag.

Herrn *Professor Dr. Dr. h.c. Friedrich-Christian Schroeder* danke ich für die Aufnahme in die Schriftenreihe des Instituts für Ostrecht in München. Die Promotion wurde durch ein Stipendium der Hanns-Seidel-Stiftung e.V. aus Mitteln des Bundesministeriums für Bildung und Forschung gefördert.

Düsseldorf, im Januar 2005 *Sören Langner*

Inhaltsübersicht

Inhaltsverzeichnis 11

1. Teil: Einleitung 17

Kapitel 1: Problemaufriss 17

Kapitel 2: Rechtliche Rahmenbedingungen 20

A. Der Weg der ČR in die EU 20

B. Der Beitrittsvertrag 25

C. Rechtssoziologische Fragen des EU-Beitritts 27

D. Die tschechische Rechtsprechung 33

E. Die Novellen des tschechischen ArbGB und HGB 34

Kapitel 3: Die Struktur der tschechischen s.r.o. 35

A. Einleitung 35

B. Die Entstehung der Gesellschaft 36

C. Die innere Struktur der Gesellschaft 42

D. Die Finanzverfassung der Gesellschaft 47

E. Die Beendigung der Gesellschaft 48

2. Teil: Der GmbH-Geschäftsführer im tschechischen Recht 50

Kapitel 1: Das Organverhältnis 50

A. Anstellungsvertrag und Organverhältnis 50

B. Begründung durch Bestellung 69

C. Vertretungsbefugnisse 111

D. Sonstige Pflichten 131

E. Beendigung der Organstellung 181

Kapitel 2: Das Anstellungsverhältnis 207

A. Rechtsnatur des Anstellungsvertrages 207

B. Begründung des Anstellungsverhältnisses 229

C. Beendigung des Anstellungsverhältnisses 242

3. Teil: Zusammenfassung 249

A. Literaturverzeichnis 253

B. Gesprächsverzeichnis 270

C. Tschechisches Rechtsprechungsverzeichnis 271

D. Abkürzungsverzeichnis 272

Inhaltsverzeichnis

1. Teil: Einleitung 17

Kapitel 1: Problemaufriss 17

Kapitel 2: Rechtliche Rahmenbedingungen 20

A. Der Weg der ČR in die EU 20

B. Der Beitrittsvertrag 25

I. Aufbau und Inhalt 25

II. Relevanz hinsichtlich der ČR 26

C. Rechtssoziologische Fragen des EU-Beitritts 27

I. Das Rechtsbewusstsein in der Tschechischen Gesellschaft 28

II. Rechtspositivistische Ansätze im tschechischen Recht 29

D. Die tschechische Rechtsprechung 33

E. Die Novellen des tschechischen ArbG und HGB 34

Kapitel 3: Die Struktur der tschechischen s.r.o. 35

A. Einleitung 35

B. Die Entstehung der Gesellschaft 36

I. Anmeldung und Eintragung 36

II. Gesellschaftsvertrag 38

III. Stammeinlage und Stammkapital 40

IV. Besonderheiten der Ein-Mann-GmbH 41

V. Stufengründung 41

C. Die innere Struktur der Gesellschaft 42

I. Die Gesellschafter 42

II. Die Gesellschafterversammlung 44

III. Das Geschäftsführungsorgan 45

IV. Der Aufsichtsrat 47

D. Die Finanzverfassung 47

E. Die Beendigung der Gesellschaft 48

2. Teil: Der GmbH-Geschäftsführer im tschechischen Recht 50

Kapitel 1: Das Organverhältnis 50

A. Anstellungsvertrag und Organverhältnis 50

I. Deutsches Recht 51

1. Trennungslehre 51

a) Der Gesetzeswortlaut 51

b) Der sachliche Regelungsbereich 52

c) Der Begründungstatbestand von Anstellung und Bestellung 53
d) Die Rechtsquelle 54
e) Das Schicksal beider Rechtsverhältnisse bei deren Beendigung 54
f) Das Verhältnis beider Rechtsverhältnisse zueinander 54
aa) Die Abstraktion von Organ- und Anstellungsverhältnis 54
bb) Anstellungsvertragliche Regelungen versus Korporationsrecht 56
g) Zwischenergebnis 57
2. Einheitstheorie 58
II. Tschechisches Recht 59
1. Die Argumente der Trennungslehre 60
a) Der Gesetzeswortlaut 60
b) Der sachliche Regelungsbereich 61
c) Der Begründungstatbestand von Anstellung und Bestellung 61
aa) Funktionsvertrag 62
bb) Mandatsvertragsrecht analog 63
d) Die Rechtsquelle 64
e) Das Schicksal bei Beendigung 64
aa) Funktionsvertrag 64
bb) Mandatsvertragsrecht analog 65
2. Zwischenergebnis 68
B. Begründung durch Bestellung 69
I. Zuständigkeit für die Bestellung 69
1. Bestellung im Gründungsstadium der Gesellschaft 69
2. Bestellung durch die Gesellschafterversammlung 74
3. Bestellung durch den Aufsichtsrat 78
4. Bestellung durch einen ermächtigten Gesellschafter 80
5. Gerichtliche Bestellung eines Notgeschäftsführers 80
II. Persönliche Anforderungen an den Geschäftsführer 82
1. Gesetzliche Anforderungen 83
2. Satzungsrechtliche Anforderungen 90
3. Rechtsfolgen bei Nichterfüllung der Anforderungen 91
a) Nichterfüllung gesetzlicher Anforderungen 91
aa) Rechtsfolge 91

bb) Rechtsscheinhaftung 93
cc) Rechtsbehelf 95
b) Nichterfüllung satzungsrechtlicher Anforderungen 97
aa) Rechtsfolge 97
bb) Rechtsbehelf 98
III. Bestellung und Annahme 100
IV. Eintragung in das Handelsregister 103
V. Dauer der Bestellung 110
C. Vertretungsbefugnisse 111
I. Vertretungsbefugnis 114
II. In-Sich-Geschäfte 120
1. Lösung von Interessenkonflikten 122
a) Unterzeichnung des Anstellungsvertrages 122
b) Kreditgewährung an Organe 122
c) Interessenkonflikte bei der Ein-Mann-GmbH 123
2. Zwischenergebnis 124
III. Geschäftsführungsbefugnis 125
1. Weisungsgebundenheit des Geschäftsführers 126
2. Weisungsgebundenheit des Geschäftsführers in der ČR ? 127
D. Sonstige Pflichten 131
I. Einberufung der Gesellschafterversammlung 132
II. Rechnungslegungspflichten 135
III. Führen eines Gesellschafterverzeichnisses 136
IV. Informationspflichten 137
V. Treuepflichten und Wettbewerbsverbot 139
1. Verschwiegenheitsverpflichtung 139
2. Wettbewerbsverbot 141
a) Persönlicher Anwendungsbereich 141
b) Sachlicher Anwendungsbereich 142
c) Rechtsfolgen 144
aa) Herausgabe und Abtretung 144
bb) Schadensersatz 145
d) Geltendmachung und Präklusion 145
e) Nachvertragliches Wettbewerbsverbot 145
VI. Allgemeine Sorgfaltspflicht und Grundsätze der Innenhaftung 147
1. Pflichtwidrigkeit 148
2. Sorgfaltsmaßstab und Sorgfaltsbegriff 149
a) Delegierung von Aufgaben 151

b) Business Judgment Rule 152
aa) Deutsches Recht 152
bb) Tschechisches Recht 153
3. Haftungsgrundsatz 154
4. Schaden und Kausalität 155
5. Gesamtverantwortung und Mitverschulden 157
6. Darlegungs- und Beweislast 160
7. Haftungsbeschränkung und -ausschluss 162
a) Verzicht und Erlass 163
b) Weisung der Gesellschafter 165
c) Höhere Gewalt 167
d) Vertragsstrafenvereinbarung 168
e) Disponibilität der Geschäftsführerhaftung 169
f) Das arbeitsrechtliche Haftungsprivileg 172
g) Verjährung und D&O-Versicherungen 177
8. Verhältnis zur vertraglichen Haftung 179
E. Beendigung der Organstellung 181
I. Beendigung der Organstellung durch Abberufung 181
1. Grundsatz der jederzeitigen Abberufbarkeit 181
2. Einschränkungen 182
3. Stimmrecht des Gesellschafter-Geschäftsführers ? 188
4. Wirksamwerden des Abberufungsbeschlusses 191
5. Rechtsfolge der Abberufung (im Organverhältnis) 192
II. Beendigung der Organstellung durch Amtsniederlegung 193
1. Voraussetzungen des Rücktritts von der Funktion 193
2. Zeitpunkt der Beendigung 196
3. Rücktritt des Gesellschafter-Geschäftsführers 198
III. Automatische Beendigung der Organstellung 200
1. Beendigung durch Zeitablauf (Befristung) 200
2. Wegfall der gesetzlichen Voraussetzungen 201
3. Beendigung durch Tod des Geschäftsführers 204
4. Beendigung durch Untergang der Gesellschaft 204
IV. Rechtsgeschäftliche Beendigung 205
V. Rechtsfolgen der Beendigung der Organstellung 206

Kapitel 2: Das Anstellungsverhältnis 207
A. Rechtsnatur des Anstellungsvertrages 207
I. Erscheinungsformen des Anstellungsverhältnisses in der ČR 207
1. Vertrag über die Ausübung der Funktion 207

2. Mandatsvertragsrecht analog 208
3. Sonderfall: Arbeitsvertrag (Managervertrag) 209
II. Arbeitnehmereigenschaft des Geschäftsführers 212
1. Die Rechtslage im deutschen Recht 213
a) Die Rechtsprechung der Bundesgerichte 213
aa) Bundesgerichtshof 213
bb) Bundesarbeitsgericht 214
cc) Bundessozialgericht 216
(1) Gesellschaftergeschäftsführer, ≥ 50% 217
(2) Gesellschaftergeschäftsführer, < 50% 217
(3) Fremdgeschäftsführer 218
dd) Bundesfinanzhof 219
b) Die herrschende Ansicht 219
c) Die Gegenansichten 221
d) Zusammenfassung 224
2. Die Rechtslage im tschechischen Recht 225
a) Die Rechtsprechung 225
b) Die herrschende Ansicht 226
c) Sozialversicherungsrechtliche Einordnung 228
d) Steuerrechtliche Einordnung 228
e) Zusammenfassung 229
B. Begründung des Anstellungsverhältnisses 229
I. Zuständigkeit und Form 229
II. Inhalt 231
1. Zustimmungspflichtige Rechtsgeschäfte 232
2. Vergütung und Sonderleistungen 239
3. Vertragsdauer und Kündigung 236
a) Unbefristeter Funktionsvertrag 236
aa) Ordentliche Kündigung 236
bb) Außerordentliche Kündigung 237
(1) Wichtiger Grund 237
(2) Wegfall des Vertragszwecks 238
b) Kopplung von Abberufung und Kündigung 239
c) Befristeter Funktionsvertrag 240
4. Rechtswahl und Geschäftsführerstatut 241
C. Beendigung des Anstellungsverhältnisses 242
I. Zuständigkeit und Form 242
II. Auswirkungen der Beendigung des Organverhältnisses 243

III. Beendigung von Funktionsverträgen 245
1. Unbestimmte Vertragsdauer 246
a) Ordentliche Kündigung 246
b) Außerordentliche Kündigung 247
c) Sonstige Beendigungstatbestände 247
aa) Aufhebungsvereinbarung 247
bb) Berufsunfähigkeit und Tod 247
2. Bestimmte Vertragsdauer 248
IV. Beendigung bei Anwendung des Mandatsvertragsrechts 248

3. Teil: Zusammenfassung 249

Anhang 253
A. Literaturverzeichnis 253
B. Gesprächsverzeichnis 270
C. Tschechisches Rechtsprechungsverzeichnis 271
D. Abkürzungsverzeichnis 272

1.Teil: Einleitung

Kapitel 1: Problemaufriss

Der Beitritt der MOE-Staaten[1] im Rahmen der EU-Osterweiterung sowie das gestiegene Interesse ausländischer Investoren an Investitionen und Beteiligungen in dieser Region machen eine genauere Untersuchung der rechtlichen Rahmenbedingungen erforderlich. Im Mittelpunkt des Interesses vieler europäischer und deutscher Unternehmen steht dabei die ČR[2] als eines unserer Nachbarländer. Das Problemfeld wird verstärkt auch die deutschen Gerichte und die Rechtswissenschaft beschäftigen. Die tschechische Rechtsordnung, insbesondere das Handels- und Gesellschaftsrecht, hat hinsichtlich Terminologie und Gesetzessystematik grundsätzlich viele Gemeinsamkeiten mit dem deutschen und österreichischen Recht, was jedoch nicht darüber hinweg täuschen kann, dass die tschechische Rechtsordnung nicht auf eine jahrzehntelange rechtswissenschaftliche Praxis zurückgreifen kann. Dies führt in vielen Regelungsbereichen des Handels- und Gesellschaftsrechts noch zu einer nicht zu unterschätzenden Rechtsunsicherheit.[3] Mit Blick auf die bisherige gesetzgeberische Leistung ist das tschechische Recht seit 1990 von einer zügigen Rechtstransformation gekennzeichnet, dessen Hauptaufgabe nun die dogmatische Durchdringung (und gegebenenfalls Verbesserung) der verabschiedeten Gesetze ist. Leider sind derzeit nur Ansätze einer mutigen und effizienten Rechtsprechung sichtbar.

Die Gesellschaft mit beschränkter Haftung[4] ist die häufigste Rechtsform, die ein ausländischer Investor in der ČR wählt.[5] Von besonderer Bedeutung eines jeden Investments sind die Personen, die der Kapitalgesellschaft vorstehen. Dabei bedarf im Falle der GmbH vor allem der GmbH-Geschäftsführer einer näheren rechtlichen Untersuchung. Während im deutschen Recht die Stellung des GmbH-Geschäftsführers und seiner Rechtsbeziehung zur Gesellschaft Gegenstand unzähliger wissenschaftlicher wie praktischer Abhandlungen sowie einer umfangreichen Judikatur ist, werden in der ČR diese Fragestellungen oft nur kursorisch im Rahmen des GmbH-Rechts untersucht.[6] Dennoch ist eine sich entwickelnde und zunehmend differenzierte Rechtsprechung zu diesem Problemkreis erkennbar, die die Praxisrelevanz und Notwendigkeit der Auseinander-

---

[1] Mittel- und Osteuropäische Staaten (MOE): Die Tschechische Republik, Estland, Ungarn, Lettland, Litauen, Polen, die Slowakische Republik und Slowenien sind am 1. Mai 2004 zusammen mit Malta und Zypern der EU beigetreten.

[2] Česká Republika (nachfolgend ČR bezeichnet).

[3] Vgl. *Schorling*, S. 1 (Einleitung).

[4] Nachfolgend: GmbH; tschechisch: Společnost s ručením omezeným (s.r.o.).

[5] *Kuklis*, GmbHR 2002, 687; *Dědič*, 1997, S. 307; *Holler/Wesbuer*, WiRO 2002, 202.

[6] Beispielhaft, *Eliáš/Bartošíková/Pokorna*, 2001, Rn 380 ff.

setzung mit wesentlichen Strukturmerkmalen der Organstellung des GmbH-Geschäftsführers aufzeigen. Reizvoll ist im Rahmen dieser Untersuchung der Rechtsvergleich umso mehr, da es sich um ein Transformations- und Nachbarland handelt, mit dessen Geschichte und Kultur wir Deutschen in besonderer Weise verbunden sind.[7]

Ausgangspunkt der rechtsvergleichenden Analyse stellen das deutsche Recht und das europäische Gemeinschaftsrecht dar. In Einzelfragen lohnt zudem der Blick in das österreichische Recht, das aufgrund der gemeinsamen Rechtshistorie eine besondere Nähe zum tschechischen Recht aufweist. Diese Rechtsordnungen sollen jeweils als Vergleichsmaßstab für die tschechischen Bedingungen dienen. Anhand dieses Vergleichs soll herausgearbeitet werden, wie die Organstellung des GmbH-Geschäftsführers und dessen Rechtsbeziehungen zur Gesellschaft im tschechischen Recht ausgestaltet sind.

Im deutschen und österreichischen Recht nimmt der GmbH-Geschäftsführer eine Doppelstellung ein: Er ist zum einen als Organ gesetzlicher Vertreter und zum anderen auch Dienstnehmer aufgrund seines Anstellungsvertrages. Daraus wird in beiden Rechtsordnungen eine Trennung beider Rechtsverhältnisse, Organstellung und Anstellung, hergeleitet. Im tschechischen Recht wird der Trennung beider Rechtsverhältnisse kaum Beachtung geschenkt. Aufgrund der relativ geringen Regelungsdichte des Organverhältnisses kommt dem Anstellungsverhältnis in der Regel zwar eine wichtige konkretisierende Wirkung zu, ob sich daraus jedoch ein zum Organverhältnis selbständiges Rechtsverhältnis ableiten lässt, wird einen Schwerpunkt dieser Arbeit bilden.

Das methodische Grundprinzip soll klassisch die Funktionalität[8] sein. Aufgrund der besonderen Nähe beider Rechtsordnungen sind in Fällen teleologischer Auslegung und bei der Interpretation rezipierten deutschen Rechts im

---

[7] Zum (zeitweilig gespannten) Verhältnis zwischen der Bundesrepublik Deutschland und der Tschechischen Republik, insbesondere zu völkerrechtlichen Fragen der deutsch-tschechischen Erklärung vom 21. Januar 1997, vgl. *Blumenwitz*, BayVBl 1997, 161 ff. sowie zur Entscheidung des tschechischen Verfassungsgerichts zu den umstrittenen „Beneš-Dekreten“, vgl. *Rzepka*, BayVBl 1996, 14 ff. Am Ende des 2. Weltkrieges waren von dem damaligen tschechoslowakischen Präsidenten Eduard Beneš ca. 143 Dekrete unterzeichnet worden, die u.a. die Wiederherstellung geordneter Rechtsverhältnisse dienen sollten, aber auch Grundlage für eine erste Enteignungswelle war, die v.a. die deutsche und ungarische Minderheit betraf. Das Dekret Nr. 108/1945 Sb. normierte die Beschlagnahme „feindlichen Vermögens“ und wurde als Rechtsgrundlage für umfangreiche und gewaltsame Vertreibungen missbraucht.

[8] Vgl. hierzu *Zweigert/Kötz*, Einführung in die Rechtsvergleichung, 3. Auflage, 1996, § 3 II bis VII; *Schwintowski*, JA 1991, 241 (244); *Brand*, JuS 2003, 1082; *Rösler*, JuS 1999, 1084; *Mincke*, ZVglRWiss 83 (1984), 315; zur Ost-West-Rechtsvergleichung, *Kuss*, ZVglRWiss 91 (1992), 405.

tschechischen Recht - auch aus methodischer Sicht - Stellungnahmen zum tschechischen Recht möglich.[9]

Der Gang der Untersuchung wird sich in zwei Teile gliedern. Da das Thema rechtsvergleichend angelegt ist, bedarf es kurzer einleitender Erläuterungen zu den rechtlichen Rahmenbedingungen der zu untersuchenden Rechtsordnung, was auch einen kurzen historischen und rechtssoziologischen Abriss der Rechtstransformation und des EU-Beitritts der ČR mit einschließt. Besondere Beachtung war dabei der Problemstellung des Rechtsbewusstseins in einer Transformationsgesellschaft und dem Phänomen des Rechtspositivismus` in der ČR zu schenken. Die Frage der rechtlichen Einordnung des GmbH-Geschäftsführervertrages macht ferner einen kurzen strukturellen Vergleich des deutschen mit dem tschechischen Recht der GmbH nötig, zumal das tschechische HGB - in das das Recht der GmbH integriert ist - erst zum 01.01.2001 novelliert und an das EU-Recht angeglichen wurde. Kernstück ist der zweite Teil der Arbeit, in dem die dogmatische Einordnung des GmbH-Geschäftsführerverhältnisses rechtsvergleichend vorgenommen wird. Dabei soll zunächst detailliert das strukturprägende Organverhältnis und seine Wechselwirkungen zum zusätzlich bestehenden Anstellungsvertrag untersucht werden. Besondere Berücksichtigung finden dabei Fragen der Bestellung, die Rechte und Pflichten, insbesondere Fragen der Vertretungs- und Geschäftsführungsbefugnis sowie spezielle Treuepflichten, die Grundzüge der Haftung sowie die genauere Untersuchung der Beendigungstatbestände der Organstellung. Hieran schließt sich die Untersuchung des Anstellungsverhältnisses im tschechischen Recht an, das in der Praxis vielfältige Erscheinungsformen hat. Die rechtliche Einordnung der Anstellung des GmbH-Geschäftsführers ist im deutschen Recht von der Diskussion über die mögliche Einordnung (zumindest) des Fremdgeschäftsführers als Arbeitnehmer geprägt, so dass zu untersuchen ist, ob sich diese Fragen auch im tschechischen Recht stellen werden. Ausgehend von der dürftigen Normierung der Organstellung im tschechischen Recht kommt der Vertragsgestaltung des Anstellungsvertrages in der tschechischen Rechtspraxis eine besondere Bedeutung zu. Insbesondere bedürfen im Rahmen des Organverhältnisses offen gebliebene oder ungeregelte Fragen der Organstellung des GmbH-Geschäftsführers konkretisierender und gegebenenfalls ergänzender vertraglicher Regelungen, die wiederum auf ihre korporationsrechtliche Wirksamkeit zu untersuchen sind. Schwerpunkt ist dabei die Untersuchung der Wechselwirkungen beider Rechtsverhältnisse zueinander.

[9] Siehe zur rechtsvergleichenden Methodenlehre und Analyse rezipierten Rechts grundlegend *Constantinesco*, Rechtsvergleichung, Band I-IV, 1972.

Kapitel 2: Rechtliche Rahmenbedingungen

A. Der Weg der ČR in die EU

Mit dem Zusammenbruch des *„real existierenden Sozialismus“* durch die *„samtene Revolution“*[10] im *annus mirabilis* 1989 bildete sich in der damaligen Tschechoslowakei sehr schnell der Wunsch und das Bestreben, nicht nur geographisch, sondern auch politisch und wirtschaftlich wieder zu Europa zu gehören und Mitglied der EU zu werden. Die Bürgerbewegung *„Občanské Forum“* formulierte noch im Winter 1989/90 die Losung *„Zpět do Evropy“* (Zurück nach Europa). Die tschechoslowakische Gesellschaft war von einer Aufbruchstimmung ergriffen, zügig demokratische Strukturen und die Rahmenbedingungen für eine freie Marktwirtschaft zu schaffen, so dass relativ schnell Gespräche der Tschechoslowakei mit Vertretern der EU begannen, um den Transformationsprozess und die Entwicklung von Demokratie und Marktwirtschaft seitens der EU zu unterstützen. Auf die ersten Annäherungsversuche der Tschechoslowakei reagierte die EU mit dem Aufbau kooperativer Beziehungen zu den mittel- und osteuropäischen Ländern, und als erste Konsequenz verabschiedete der Europäische Rat am 18.12.1989 das PHARE-Programm[11], um zunächst die Reformen in Polen und Ungarn zu unterstützen.[12] Nach dem ersten Kooperationsabkommen zwischen der EG, EURATOM und der ČSSR über den Handel mit Industriewaren vom 07.05.1990 wurde am 17.09.1990 die ČSFR durch Beschluss des Europäischen Rates in das PHARE-Programm[13] aufgenommen.[14]

---

[10] Die Revolution in der ČR wird wegen ihrer weitgehenden Gewaltlosigkeit als „samtene Revolution“ bezeichnet; vgl. *Urban*, Czechoslovakia: The Power and Politics of Humiliation, in: Prins, Spring in Winter: The 1989 Revolutions, Manchester University Press, 1990, S. 124 ff.; *Bankowicz*, Czechoslovakia - from Masaryk to Havel, in: Berglund/Dellenbrandt, The New Democracies in Eastern Europe, Aldershot, 1991, S. 157 ff; *Bradley*, Czechoslovakia's Velvet Revolution, 1992, S. 1 ff. Wie auch in der damaligen DDR ging der Umbruch von großen Demonstrationen der Bürgerbewegungen aus und es kam zu keinem Blutvergießen, wie beispielsweise am 04.06.1989 in Peking. Vgl. auch *Koschmal/Nekula/Rogall*, Deutsche und Tschechen - Geschichte, Kultur & Politik, 1. Auflage, 2001.

[11] PHARE = Poland and Hungarian Assistance for Restructuring of Europe, Verordnung (EWG) Nr. 3906/89 des Rates vom 18. 12.1989.

[12] *Seibold*, Die Osterweiterung der Europäischen Union und das Arbeitsrecht der Tschechischen Republik, 2000, S. 17 ff.

[13] Das Hauptziel von PHARE ist die Vorbereitung der "Beitrittskandidaten" auf den EU-Beitritt. In den Beitrittsländern werden daher Projekte in jenen Bereichen gefördert, die im Rahmen der Beitrittsverhandlungen als prioritär definiert werden. Die Aktionsbereiche in den einzelnen Staaten sind in den sogenannten "Beitrittspartnerschaften", die den Rahmen für PHARE bilden, definiert.

[14] Vgl. zum Ganzen http://europa.eu.int/comm/enlargement/pas/phare/procedures.htm (Abfrage vom 28.04.2004).

Konsequenz der Annäherungsbemühungen der damaligen Tschechoslowakei an die EG war die Unterzeichnung eines Assoziationsabkommens am 16.12.1991. Der Assoziationspartner sollte zumindest teilweise am Gemeinschaftssystem teilhaben, musste jedoch außerhalb der Entscheidungsprozesse der EG bleiben.[15] Durch die Teilung der ČSFR im Jahre 1993[16] mussten die Europaabkommen neu verhandelt werden, so dass am 04.10.1993 die nunmehr gültigen Assoziationsabkommen mit der Tschechischen und Slowakischen Republik unterzeichnet wurden. Mit dem Assoziationsabkommen verpflichtete sich die ČR, über einen Zeitraum von 10 Jahren das nationale Recht an das Gemeinschaftsrecht anzugleichen (Übernahme des *acquis communitaire*),[17] die Voraussetzungen für den Beitritt zum EU-Binnenmarkt zu schaffen (funktionierende Marktwirtschaft, Privatisierungen) und ein funktionierendes demokratisches Gesellschaftssystem zu installieren, um die Anforderungen an eine EU-Vollmitgliedschaft zu erfüllen. Bei seinem Treffen im Juni 1993 traf der Europäische Rat die Grundsatzentscheidung, dass jedes assoziierte mittel- und osteuropäische Land EU-Vollmitglied werden kann, wenn es die sog. *„Kopenhagener Kriterien"* erfüllt. Dabei stellte der Europäische Rat grundlegende Bedingungen für einen EU-Beitritt vor:[18] *„Der Beitritt könne erfolgen, sobald ein assoziiertes Land in der Lage ist, den mit einer Mitgliedschaft verbundenen Verpflichtungen nachzukommen und die erforderlichen wirtschaftlichen und politischen Bedingungen zu erfüllen."*

Nach diesen Kriterien muss ein Bewerberland für den Beitritt folgende politische, wirtschaftliche und besitzstandsrechtliche Voraussetzungen erfüllen:

> *"Institutionelle Stabilität als Garantie für demokratische und rechtsstaatliche Ordnung, für die Wahrung der Menschenrechte sowie die Achtung und den Schutz von Minderheiten."*

Seit Inkrafttreten des Vertrags von Amsterdam im Mai 1999 wurden diese Bedingungen als verfassungsmäßige Grundsätze im Vertrag über die EU verankert und in der Grundrechtecharta der EU, die auf der Tagung des Europäischen Rates vom Dezember 2000 in Nizza proklamiert wurde, hervorgehoben.

> *"Funktionsfähige Marktwirtschaft sowie die Fähigkeit, dem Wettbewerbsdruck und den Marktkräften innerhalb der Union standzuhalten."*

---

[15] EuGH v. 30.09.1987, Slg 1987, S. 3719.

[16] Vgl. hierzu *Bohata* WiRO 1992, 209.

[17] Nach allgemeiner Ansicht gehören zum *acquis communitaire* der Inhalt, die Grundsätze und politischen Ziele der Verträge, das Sekundärrecht sowie die Rechtsprechung des EuGH und des EuGH erster Instanz. Ferner auch internationale Abkommen und Abkommen zwischen den Mitgliedsstaaten, die die Tätigkeit der EU betreffen; vgl. *Oppermann*, Europarecht, Rn. 847 ff. m.w.N.

[18] Schlussfolgerungen des ER in Kopenhagen 21./22.06. 1993, EuropaArchiv 1993 (Band 48), 13 ff. Vgl. auch *Höland* S. 11.

Diese Kriterien stimmen überein mit den Prinzipien der Wirtschaftspolitik, so wie sie im Vertrag von Maastricht, der am 1. November 1993 in Kraft getreten ist, verankert sind. Die Anwendung des Gemeinschaftsrechts als *"die Fähigkeit, die aus einer Mitgliedschaft erwachsenden Verpflichtungen zu übernehmen und sich die Ziele der politischen Union sowie der Wirtschafts- und Währungsunion zu eigen zu machen."*

Die nachfolgenden Tagungen des Europäischen Rates, insbesondere in Madrid im Jahre 1995, haben die Bedeutung der Übernahme des Besitzstands in einzelstaatliches Recht und seiner effektiven Anwendung durch den Aufbau geeigneter Strukturen in Verwaltung und Justiz unterstrichen.[19] Diese allgemeine Bezugsordnung diente als ständiger Maßstab für die Beitrittsverhandlungen der EU mit den MOE-Staaten, um Fortschritte und Defizite bei der Übernahme des *acquis* überprüfen zu können. Im Mai 1995 legte die Europäische Kommission das Weißbuch zur Vorbereitung der assoziierten Staaten auf die Integration in den EU-Binnenmarkt vor.[20] Das Weißbuch enthält keine die Europaabkommen abändernden verbindlichen Regelungen, sondern sieht Vorschläge für ein Rechtsangleichungsprogramm vor und versteht sich damit als Richtschnur für die Vorbereitung der MOE-Staaten auf den EU-Binnenmarkt. Als Hilfsrahmen für die Angleichung der nationalen Rechtsvorschriften sowie für die Strukturen in den assoziierten Staaten, die für die Übertragung, Umsetzung und Anwendung des Gemeinschaftsrechts erforderlich sind, ist das Weißbuch völkerrechtlich nicht verbindlich und enthält in zeitlicher Hinsicht keine Umsetzungsvorgaben für die Beitrittskandidaten. Es listet - nach einem aus grundsätzlichen Empfehlungen bestehenden Textteil - in Anhängen nach Sektoren geordnete Maßnahmen auf, die zur Herstellung des einheitlichen Marktes von den assoziierten Staaten getroffen werden müssen. Schließlich werden auch Grundsatzentscheidungen des EuGH zum Binnenmarkt-*acquis* als untrennbarer Bestandteil der durchzuführenden Maßnahmen erwähnt.[21] Das Weißbuch gliedert sich im Wesentlichen in zwei Teile: In einen Hauptteil und den Anhang zum Weißbuch. Der Hauptteil enthält einen Überblick über die wesentlichen Merkmale und Rechtsgrundlagen des Binnenmarktes, das Konzept der Kommission, das der Auswahl der Binnenmarktvorschriften zugrunde liegt, Grundüberlegungen zur Rechtsanglei-

---

[19] Strategiepapier und Bericht der Europäischen Kommission über die Fortschritte jedes Bewerberlandes auf dem Weg zum Beitritt, SEK (2002) 1400 - 1412; *Höland*, a.a.O.

[20] „Vorbereitung der assoziierten Staaten Mittel- und Osteuropas auf die Integration in den Binnenmarkt der Union", KOM (95) 163 endg./1.

[21] In der ČR werden derzeit im Auftrag des Justizministeriums ca. 850 EuGH-Entscheidungen auf ihre Relevanz für den laufenden Harmonisierungsprozess analysiert. Entsprechende Richtlinien werden einschließlich einer erläuternden Kommentierung in tschechischer Sprache mit Hinweisen auf korrespondierende Normen im Weißbuch für die staatliche Verwaltung und insbesondere für die Gerichte ausgearbeitet; vgl. *Verny* in Wagener/Fritz (Hrsg.), Im Osten was Neues - Aspekte der EU-Osterweiterung, 1998, S. 269.

chung sowie die von der EU zu leistende Hilfe bei der Umsetzung des Weißbuchs.[22] Der Anhang zum Weißbuch enthält eine kurze Darstellung der Grundlagen des Gemeinschaftsrechts, gegliedert in 23 Rechtsgebiete und rund 800 Rechtsakte umfassend.[23] Dabei wird für jedes Rechtsgebiet zunächst eine allgemein-beschreibende Einführung und dann eine Empfehlung für die effektive Umsetzung und Anwendung des Gemeinschaftsrechts gegeben.[24] Insgesamt enthält der Anhang ca. 1100 Maßnahmenvorschläge, die in zwei Stufen unterteilt sind.[25]

Seit der *„samtenen Revolution“* 1989 unternahm die tschechoslowakische und später tschechische Regierung auf ihrem Weg zurück nach Europa (*„Zpět do Evropy“*) umfangreiche Anstrengungen zur Harmonisierung ihres Rechts mit dem Gemeinschaftsrecht. Bereits 1995 legte sie einen ersten Zeitplan vor, wie den Anforderungen und Verpflichtungen des Assoziierungsabkommens nachgekommen werden soll.[26] Die ČR stellte schließlich am 17. Januar 1996 formell den Antrag um Aufnahme in die EU.[27] Begleitend zur sog. Heranführungsstrategie (*„pre-accession strategy“*)[28] hat der Europäische Rat von Madrid im Dezember 1995 erste Schritte zur Vorbereitung der Beitrittsverhandlungen unternommen. Mit der Aufforderung an die Kommission durch den Europäischen Rat von Madrid, zügig Stellungnahmen zu den eingegangenen Beitrittsgesuchen sowie ein Gesamtdokument zur Erweiterung auszuarbeiten, wurde die eigentliche Beitrittsphase eingeläutet.[29] Das Gesamtdokument einschließlich der Stellungnahmen wurde von der Kommission als *„Agenda 2000“* vorgelegt.[30] Die Agenda 2000 wurde vom Europäischen Rat von Berlin im März 1999 angenommen. In der Agenda 2000 erklärte sich die Kommission bereit, dem Europäischen Rat über die Fortschritte der einzelnen Beitrittskandidaten in Mittel- und Osteuropa

---

[22] *Seibold*, S. 35 ff., mit Verweis auf *Herrnfeld*, Recht europäisch, Rechtsreform und Rechtsangleichung in den Visegrád-Staaten; Strategien für Europa, 1995, S. 98 ff.

[23] KOM (95) 163 endg./2.

[24] KOM (95) 163 endg./2, S.4.

[25] Stufe 1 (Maßnahmen mit hoher Priorität), Stufe 2 (Maßnahmen mit sekundärer Priorität); KOM (95) 163 endg./2, S.6.

[26] Der Weg der Tschechischen Republik in die Union, in: Stellungnahme des Wirtschafts- und Sozialausschusses zum Thema „Die Tschechische Republik und die Intensivierung der Heranführungsstrategie“, 09. September 1998, CES 1161-1998.

[27] Das Antragsdokument der ČR wurde von dem damaligen Ministerpräsidenten *Vaclav Klaus* an den italienischen Ministerpräsidenten *Dini* als Ratsvorsitzenden der Europäischen Union in Rom am 23. Januar 1996 überreicht; vgl. hierzu *Hudalla*, Der Beitritt der Tschechischen Republik zur Europäischen Union, 1996, S.7.

[28] Dazu *Höland*, S. 12; *Seibold*, S. 19 m.w.N.

[29] Vgl. *Tebbe*, Die Politik der Europäischen Union zur Assoziierung und Integration der mittel- und osteuropäischen Länder, in: Mayer/Scharrer (Hrsg.), Osterweiterung der Europäischen Union, 1997, S. 63 ff.; *Seibold*, S. 23.

[30] Die Agenda 2000, KOM (97) endg., Brüssel 15.07.1997-C4-0371/97.

bei der Beitrittsvorbereitung regelmäßig Bericht zu erstatten und ihre ersten Berichte Ende 1998 vorzulegen.[31] Der Europäische Rat von Luxembourg 1997 beschloss daraufhin: Die Kommission wird dem Rat regelmäßig (erstmals 1998) für jeden mittel- und osteuropäischen Bewerberstaat einen Bericht, der gegebenenfalls Empfehlungen für die Aufnahme bilateraler Regierungskonferenzen enthalten wird, vorlegen, in dem sie untersucht, welche Fortschritte der betreffende Staat auf dem Weg zum Beitritt unter dem Gesichtspunkt der *„Kopenhagener Kriterien“* gemacht hat, und insbesondere wie rasch er den Besitzstand der Union übernimmt. Die Berichte der Kommission dienen als Grundlage für die notwendigen, im Rahmen des Rates zu fassenden Beschlüsse über die Gestaltung der Beitrittsverhandlungen bzw. über ihre Ausdehnung auf weitere Bewerberstaaten.

Die sog. Endphase der Beitrittsbemühungen der ČR kündigte sich durch die Intensivierung der Heranführungsstrategie- und Verhandlungen an. Formell begann sie nach dem Europäischen Rat von Luxembourg 1997 mit der feierlichen Eröffnung des Beitrittsprozess mit allen (damals) elf Beitrittsländer durch die Außenministertagung am 30.03.1998 in Luxembourg.[32] Einen Tag darauf erfolgte die Aufnahme formeller Beitrittsverhandlungen in einem ersten Schritt mit der ČR sowie mit Polen, Ungarn, Estland, Slowenien und Zypern. In den Folgejahren verliefen die Beitrittsverhandlungen, bedingt durch Fortschritte in den MOE-Staaten, zügig und erfolgreich, so dass die Europäische Kommission am 09. Oktober 2002 empfahl, die Verhandlungen über den Beitritt zur EU mit folgenden zehn Staaten bis zum Ende des Jahres 2002 abzuschließen: Estland, Lettland, Litauen, Malta, Polen, Slowakische Republik, Slowenien, ČR, Ungarn und Zypern. Die Feststellungen und Empfehlungen der Europäischen Kommission wurden vom Europäischen Rat von Brüssel (24./25.10.2002) geprüft und bestätigt, so dass anschließend der Europäische Rat von Kopenhagen (13./14.12.2002) die Beitrittsverhandlungen formell abgeschlossen hat. Über den Beschluss von Kopenhagen wurden zehn Länder eingeladen der Gemeinschaft zum 01. Mai 2004 beizutreten.[33] Voraussetzung dafür ist lediglich die Billigung der Beitrittsverträge durch alle gegenwärtigen und zukünftigen Mitgliedsstaaten, obgleich in den meisten Beitrittsländern Volksabstimmungen im Jahre 2003 vorgesehen waren. Am 15. Juni haben 77,3 % der abstimmungsberechtigten tschechischen Bevölkerung einem EU-Beitritt ihres Landes zuge-

---

[31] Siehe die regelmäßigen Berichte der Europäischen Kommission über die Fortschritte der Tschechischen Republik auf dem Weg zum Beitritt; zuletzt KOM (2002) 700 endg., Brüssel 09.10.2002.

[32] Auszug aus den Schlussfolgerungen des Europäischen Rates von Luxembourg Dezember 1997 zur Erweiterung der EU, in: Wiehler, Die Erweiterung der Europäischen Union - Eine Herausforderung - Textsammlung Agenda 2000, 1998, S. 181 ff.

[33] Vgl. die Erklärung der 15 bisherigen und zehn künftigen EU-Mitglieder in Kopenhagen v. 13.12.2002 in F.A.Z. v. 14.12.2002, S. 1, 2.

stimmt.[34] Die Beitrittsverträge wurden am 16. April 2003 in Athen unterzeichnet und die ČR ist am 01. Mai 2004 der EU beigetreten.

B. Der Beitrittsvertrag

Nachdem die Beitrittsverhandlungen der EU mit den zehn Beitrittskandidaten durch die Erklärung des Europäischen Rates von Kopenhagen am 12./13. Dezember 2002 formell abgeschlossen wurden und die zehn Länder eingeladen worden waren, der Gemeinschaft zum 01. Mai 2004 beizutreten, wurden am 16. April 2003 in Athen die Betrittsverträge der Kandidatenländer mit der EU unterzeichnet. Für die ČR wird damit eine neue Epoche ihrer Rechtskultur eingeläutet: Die unmittelbare Geltung des primären und sekundären Gemeinschaftsrechts auf dem Gebiet der ČR sowie die Anerkennung des EuGH und dessen Entscheidungsmonopol zur Wahrung des Rechts bei der Auslegung und Anwendung des EG-Vertrages gemäß Art. 220 EGV. Das Vertragswerk[35] umfasst mehr als 4800 Seiten, so dass eine genauere Beschäftigung nur dem gezielt suchenden Leser möglich sein wird.[36] Innerhalb des Beitrittsvertrages sind jedoch für die ČR mehrere relevante Ausnahme- und Übergangsregelungen enthalten, die einer kurzen Erläuterung bedürfen. Insbesondere im Bereich der Arbeitnehmerfreizügigkeit und der Atompolitik wurden gemeinsame Erklärungen der ČR, der Bundesrepublik Deutschland und der Republik Österreich protokolliert.

I. Aufbau und Inhalt

Der Beitrittsvertrag kann im wesentlichen in vier Teile untergliedert werden: Im ersten Teil gewährt das Inhaltsverzeichnis, in dem die Struktur des 4800-Seiten-Dokumentes dargestellt ist, einen Gesamtüberblick. Im zweiten Teil ist der Beitritt zur EU als Vereinbarung enthalten sowie die Geltung der Beitrittsakte, als unmittelbarer Bestandteil des Beitrittsvertrages, festgelegt. Im dritten Teil - der sog. Beitrittsakte - sind die Aufnahmebedingungen und die aufgrund der Aufnahme erforderlichen Anpassungen der die Union begründenden Verträge festgelegt. Ferner enthält die Beitrittsakte Übergangs- und Durchführungsbestimmungen. Der wichtigste Teil der Beitrittsakte sind die Anhänge, in denen sämtliche Rechtsakte aufgeführt sind, die mit dem Beitritt für die neuen Mitgliedsstaaten bindend bzw. sofort anzuwenden sind und für welche Übergangsregelungen getroffen worden sind. Im vierten und letzten Teil (der Schlussakte) sind gemeinsame Erklärungen einzelner Mitgliedsstaaten und Beitrittsstaaten

---

[34] Bei einer Beteiligung von 55,2 %. Dies bedeutet, dass nur 42 % aller Wahlberechtigten dafür gestimmt haben, vgl. F.A.Z. v. 16. Juni 2003, S. 6.

[35] AA 2003 endg.

[36] Das gesamte Vertragswerk ist abrufbar unter: http://europa.eu.int/comm/enlargement/negotiations/treaty_of_accession_2003/index.htm (Abfrage vom 28.04.2004).

protokolliert, die sich auf besonders sensible wirtschafts- und energiepolitische Themen beziehen.

II. Relevanz hinsichtlich der ČR

Für die ČR beginnt nun das Zeitalter der unmittelbaren Geltung des primären und sekundären Gemeinschaftsrechts, so dass viele Regelungen des Beitrittsvertrages eine veränderte Betrachtungsweise nach sich ziehen. Im Bereich der Freizügigkeit wird hinsichtlich der sozialen Sicherheit - neben dem bereits seit 01. September 2002 in Kraft befindlichen Deutsch-Tschechischen Sozialversicherungsabkommen[37] - auch die Verordnung (EWG) Nr. 1408/71 des Rates vom 14. Juni 1971 auf dem Gebiet der ČR gelten.[38] Dies führt insbesondere zu kollisionsrechtlichen Fragestellungen im Anwendungsbereich des (bilateralen) Sozialversicherungsabkommens und zur Frage des verbleibenden Anwendungsbereiches des Deutsch-Tschechischen Sozialversicherungsabkommen neben der Geltung der VO 1408/71/EWG, insbesondere bei sog. gemischten Versicherungskarrieren von entsandten Führungskräften (wie z.B. GmbH-Geschäftsführern). Die zuletzt häufig diskutierte Frage des Zugangs tschechischer Arbeitnehmer zum deutschen Arbeitsmarkt[39] wird im Zusammenhang mit der (bedingten) Geltung der Verordnung (EWG) Nr. 1612/68 des Rates vom 25. Oktober 1968 über die Freizügigkeit der Arbeitnehmer innerhalb der Gemeinschaft differenziert geregelt.[40] Abweichend von den Art. 1 bis 6 der Verordnung (EWG) Nr. 1612/68 und bis zum Ende eines Zeitraums von zwei Jahren nach dem Tag des Beitritts werden die derzeitigen Mitgliedstaaten nationale oder sich aus bilateralen Abkommen ergebende Maßnahmen anwenden, um den Zugang tschechischer Staatsangehöriger zu ihren Arbeitsmärkten zu regeln. Die derzeitigen Mitgliedstaaten können solche Maßnahmen bis zum Ende eines Zeitraums von fünf Jahren nach dem Tag des Beitritts weiter anwenden.[41] Vor Ende eines Zeitraums von zwei Jahren nach dem Tag des Beitritts wird der Rat die Funktionsweise der Übergangsregelungen anhand eines Berichts der Kommission überprüfen. Bei Abschluss dieser Überprüfung und spätestens am Ende eines Zeitraums von zwei Jahren nach dem Beitritt teilen die derzeitigen Mitgliedstaaten der Kommission mit, ob sie weiterhin nationale oder sich aus bilateralen Vereinbarungen ergebende Maßnahmen anwenden, oder ob sie künftig die Art. 1 bis 6 der Ver-

---

[37] BT-Drucksache 14/8212.

[38] AA 2003 endg., Anhang II 2 A (S. 533 ff.) der Beitrittsakte.

[39] Dies betrifft v.a. das Baugewerbe, einschließlich verwandter Wirtschaftszweige sowie die Reinigung von Gebäuden, Inventar und Verkehrsmitteln, vgl. AA 2003 endg., Anhang V 1 (S. 2540) der Beitrittsakte.

[40] Siehe hierzu die vertraglichen Sonderregelungen in AA 2003 endg., Anhang V 1 (S. 2536 ff.) der Beitrittsakte.

[41] AA 2003 endg., Anhang V 1 (S. 2536) der Beitrittsakte.

ordnung (EWG) Nr. 1612/68 anwenden möchten.[42] Erfolgt keine derartige Mitteilung, so gelten die Art. 1 bis 6 der Verordnung (EWG) Nr. 1612/68.[43] Ferner enthält der Beitrittsvertrag spezielle Protokolle hinsichtlich der Umstrukturierung der tschechischen Stahlindustrie[44] sowie gemeinsame Erklärungen der Mitgliedsstaaten bezüglich bilateraler Vereinbarungen über das Kernkraftwerk Temelin,[45] zur Überwachung der nuklearen Sicherheit,[46] der Arbeitnehmerfreizügigkeit[47] sowie die Erklärung der ČR zu Art. 35 EUV.[48]

C. Rechtssoziologische Fragen des EU-Beitritts

Die Gesellschafts- und Rechtstransformation der ČR ist auch unter rechtssoziologischen Gesichtspunkten zu untersuchen. Fragen des Rechtsbewusstseins, der inneren Einstellung des Einzelnen zu Recht und Gerechtigkeit sowie die Einstellung zum europäischen Gedanken in Transformationsgesellschaften sind eine für den Juristen ungewöhnliche Betrachtungsweise; blieb die Beschäftigung mit diesem Problemkreis doch bislang mehr Soziologen, Politologen und Anthropologen vorbehalten.[49] Jedoch ist gerade am Beispiel der ČR eine Beschäftigung mit diesem Problemkreis nötig, um auch die innere Struktur der tschechi-

---

[42] AA 2003 endg., Anhang V 1, a.a.O.

[43] Ein Mitgliedstaat, der am Ende des unter Nummer 2 genannten Zeitraums von fünf Jahren nationale oder sich aus bilateralen Abkommen ergebende Maßnahmen beibehält, kann im Falle schwerwiegender Störungen seines Arbeitsmarktes oder der Gefahr derartiger Störungen nach entsprechender Mitteilung an die Kommission diese Maßnahmen bis zum Ende des Zeitraums von sieben Jahren nach dem Tag des Beitritts weiter anwenden. Erfolgt keine derartige Mitteilung, so gelten die Art. 1 bis 6 der Verordnung (EWG) Nr. 1612/68, vgl. AA 2003 endg., Anhang V 1, a.a.O.

[44] Ungeachtet der Art. 87 und 88 des EG-Vertrags sind die von der Tschechischen Republik im Zeitraum 1997 bis 2003 für die Umstrukturierung bestimmter Teile ihrer Stahlindustrie gewährten staatlichen Beihilfen als mit dem gemeinsamen Markt vereinbar anzusehen, sofern der Zeitraum gemäß Art. 8 Abs. 4 des Protokolls Nr. 2 über EGKS-Erzeugnisse zum Assoziationsabkommen bis zum Tag des Beitritts verlängert worden ist und die Bestimmungen des Umstrukturierungsplans, aufgrund dessen das genannte Protokoll verlängert wurde, für den gesamten Zeitraum 2002 bis 2006 eingehalten werden. Die Umstrukturierung des tschechischen Stahlsektors wird bis spätestens 31. Dezember 2006 abgeschlossen, vgl. AA 2003 endg., Protokoll Nr. 2 (S.4728) der Beitrittsakte.

[45] Die Tschechische Republik und die Republik Österreich wollen ihre bilateralen Verpflichtungen gemäß den gegenseitig vereinbarten "Schlussfolgerungen des Melker Prozesses und dem Follow-up" vom 29. November 2001 erfüllen. Vgl. das „Melker Protokoll" v. 12.12.2000, unter www.umweltbundesamt.at (Abfrage vom 28.04.2004).

[46] Erklärung der Bundesrepublik Deutschland und der Republik Österreich, vgl. AA 2003 endg., III. D. 19. (S. 22) der Schlussakte.

[47] Erklärung der Tschechischen Republik, vgl. AA 2003 endg., III. G. 25. (S. 28) der Schlussakte.

[48] AA 2003 endg., III. G. 26 , S. 28 der Schlussakte.

[49] So *Boulanger,* in: Boulanger (Hrsg.), Recht in der Transformation, S. 10.

schen Transformation verstehen zu können. Nach *Max Weber*[50] reicht es nicht aus, Recht nur aus der normativen, rein juristischen Sichtweise zu betrachten; vielmehr ist der Wechselwirkung zwischen Rechtsanspruch und Rechtswirklichkeit besondere Beachtung zu schenken.

I. Das Rechtsbewusstsein in der Tschechischen Gesellschaft

Wie in jeder Transformationsgesellschaft, sind auch in der tschechischen Gesellschaft Wechselwirkungen zwischen Misstrauen gegenüber dem Rechtsstaat und den teilweise offensiv genutzten verfassungsrechtlich garantierten Grundfreiheiten spürbar.

Ausgangspunkt ist der freiheitliche Grundgedanke, der in der tschechischen Verfassung neben der Charta der Grundrechte und -freiheiten verankert ist. Gemäß Art. 2 Abs. 4 CZ-Verf. *„kann jeder Bürger das tun, was gesetzlich nicht verboten ist, und niemand darf gezwungen werden, etwas zu tun, was ihm das Gesetz nicht auferlegt."* Führt man sich in diesem Zusammenhang jedoch vor Augen, dass vor allem in den Anfangsjahren nach dem Systemwechsel viele Rechtsbereiche nur unvollständig oder überhaupt nicht geregelt waren und die tschechische Rechtswirklichkeit von einer schleppend arbeitenden Justiz und weit verbreiteter Unkenntnis, Skepsis und Unverständnis der fragmentarisch normierten Rechtslage geprägt war, so ist es kaum verwunderlich, dass das Bewusstsein von Recht und dessen Befolgung und Durchsetzung nur schwach entwickelt waren. Eine Ursache liegt im sozialistischen Rechtsverständnis, das für die Erziehung und Lenkung der gesamten Nachkriegsgeneration verantwortlich war und noch heute erklärbarer Ursprung bestimmter Denkstereotypen ist: Die staatlich gelenkte sozialistische Rechtskultur konzentrierte sich überwiegend auf öffentliches Recht und öffentliche Ordnung[51], weniger auf Privatrecht, Individualrechte und fair trial. Der instrumentelle Rechtsgebrauch und -missbrauch, der sich insbesondere im politischen Straf- und Strafprozessrecht widerspiegelte,[52] führte in diesen Gesellschaften zu einem *„Anti-Legalismus"*, der sich in einem (noch heute fortdauerndem) Grundmisstrauen gegenüber der öffentlichen Gewalt äußert.[53] Staatlich gelenkte Rechtssetzung findet in Transformationsgesellschaften daher nur schwer Zugang zum privaten Rechts- und Gerechtigkeitsverständnis des Einzelnen und führt somit zu einem schwachen Rechtsbewusstsein in Bezug auf das gesetzte Recht. Das relativ schwach ausgeprägte Rechtsbewusstsein gefährdet jedoch die rechtsstaatliche Kohärenz sowie die Akzeptanz gemeinschaftsrechtlichen Rechtstransfers.

---

[50] *Weber*, Wirtschaft und Gesellschaft - Grundriss der verstehenden Soziologie, 5. Auflage, 1980, S. 181; *Boulanger*, a.a.O.

[51] Administrative Bestimmungen, rechtspolitische Vorgaben und politisches Strafrecht.

[52] Siehe *Gratzl*, Die Reform der tschechischen Strafprozessordnung nach 1989, 2002, S. 29 ff.

[53] *Heydebrand*, in: Boulanger (Hrsg.), Recht in der Transformation, S. 28.

Eine weitere Ursache liegt in dem viele Bereiche umfassenden Transformationsprozess an sich, der neben der Gesellschaft insgesamt vor allem den Einzelnen fordert. Die Neuorientierung in einem grundlegend veränderten Gesellschafts-, Wirtschafts- und Rechtssystem beschränkt häufig den Blick und die Einstellung zum Gemeinwesen und damit auch zur Einstellung zum neu gesetzten Recht. Während im *„real existierenden Sozialismus"* Recht primär als politische Verhaltensnorm, als mit dem planwirtschaftlichen System konforme Schranke der individuellen Möglichkeiten empfunden wurde, so bietet insbesondere das neu geschaffene Zivil- und Handelsrecht Möglichkeiten, die mit dem Übergang von der Plan- zur Marktwirtschaft eng verbunden sind. Die vor allem persönliche Neu- und Umorientierung nimmt viele Ressourcen in Anspruch, so dass die Identifikation mit der neu geschaffenen Gesellschaftsstruktur und damit auch das Verhältnis zum neu gesetztem Recht vom einzelnen Bürger sehr viel abverlangt. Im Ergebnis verlaufen in Transformationsgesellschaften (zu) viele Prozesse parallel, so dass sich das Bewusstsein für Recht und Gerechtigkeit erst dann einstellen kann, wenn die eigene gesicherte Situation eine verantwortungsvolle Wahrnehmung staatsbürgerlicher Pflichten gestattet. Dabei ist jedoch auch stets der Staat gefordert, denn die Einhaltung von Gesetzen setzt nicht nur deren Kenntnis voraus, sondern auch die Gewissheit des Staatsbürgers, dass Recht für den Einzelnen durchsetzbar ist. Die Qualität des Rechtssystems ist eng mit der wirtschaftlichen Stabilität einer Gesellschaft verbunden. Die Schaffung, die Aufrechterhaltung und der Betrieb eines funktionierenden Rechtsstaates verursacht Kosten. Funktioniert der Rechtsstaat nur stockend, so kann sich auch kein Vertrauen der Gesellschaft in die Rechtsdurchsetzung entwickeln.[54] Das Rechtsbewusstsein hängt daher von einem funktionierenden Justizwesen ab. Solange jedoch Zweifel an der Leistungsfähigkeit und Unparteilichkeit der Justiz bestehen, wird das geschwächte Rechtsbewusstsein in der sozialen Praxis der ČR die bestehende Diskrepanz zwischen gesetztem Recht und dessen Verwirklichung nur schwer überwinden.

II. Rechtspositivistische Ansätze im tschechischen Recht

Das tschechische Recht wird derzeit noch von einem Denken geprägt, das deutliche Bezüge zum Rechtspositivismus aufweist, da in der ČR als Rechtsquelle primär nur gesetztes Recht anerkannt wird.[55] Auch die tschechischen Gerichte neigen in der Regel zu einer formalistischen, rechtspositivistischen Auslegung, so dass sich die argumentative Auseinandersetzung meist auf den Wort-

---

[54] Vgl. hierzu auch allgemein *Jour-Schröder*, WiRO 2003, 193.

[55] Siehe exemplarisch *Boguszak/Čapek*, Teorie Práva (Rechtstheorie), Prag, Codex, 1997, S. 46; *Knapp*, Tvorba práva a její součastné problémy (Rechtsschöpfung und ihre gegenwärtigen Probleme), Prag, 1998, S. 20.

laut des Gesetzes[56] beschränkt.[57] Damit folgt das tschechische Recht dem normativen Positivismus bzw. dem sog. Gesetzespositivismus, wonach das „positiv“ Gegebene in den Rechtssätzen des geltenden Rechts der Maßstab ist, auf dessen Betrachtung sich der Blick beschränkt: Gesetz sei gleichbedeutend mit Recht; alles Gesetz sei bedingungslos Recht, jedes formell gültig zustande gekommene Gesetz besitze unverbrüchliche Geltung.[58] Dieser Ansatz betont die Maßgeblichkeit des gesetzten Rechts, so dass gleichzeitig der Gedanke einer vom Staat unabhängigen Wertordnung aufgegeben wird.[59] Recht wird nicht wertend verstanden, als objektiv gültiger Maßstab des Richtigen und Falschen, sondern als tatsächlich bestehendes Normensystem, das das Zusammenleben einer Gesellschaft faktisch regelt[60] und im Falle der ČR hauptsächlich durch die im Rahmen des Erweiterungsprozesses der EU notwendige - nahezu bedingungslose - Übernahme des *acquis communautaire* charakterisiert wird. Die Einschätzung, dass die Mehrheit der tschechischen Rechtswissenschaft und Praxis einer rechtspositivistischen Denkweise unterliegt, wird von Vertretern der rechtswissenschaftlichen Literatur erkannt und unumwunden zugegeben.[61] Durch diese Denkweise wird versucht, die Frage zu beantworten, was und wie das Recht ist, nicht aber die Frage, wie es sein oder gemacht werden soll.[62]

Gleichwohl erscheint dieses Denken im Lichte der System- und Rechtstransformation sowie der Rechtsangleichung an das Gemeinschaftsrecht nur allzu verständlich: Betrachtet man den rechtshistorischen Verlauf sowie die Lehre und Entwicklung des tschechischen Rechts genauer, so ist erkennbar, dass sich die Erziehung einiger Juristengenerationen im kommunistisch-geprägten Rechtssystem auf ein formalistisches Rechtsverständnis und das Memorieren der Gesetzesregeln und -definitionen beschränkt hat. Der juristischen Erziehung in totalitären Gesellschaftssystemen ist es daher wesensimmanent, dass Recht und Gesetz mehr gelernt, denn hinterfragt und diskutiert wurden. Als Konsequenz dieser Vorgehensweise hat sich in der damaligen Tschechoslowakei die Tendenz eingebürgert, das Gesetz so auszulegen, wie es sich nach der Wortwahl seiner

[56] So führt *Eliáš,* Obchodní společnosti, Prag 1994, S. 2, zur Auslegung im Gesellschaftsrecht beispielsweise aus, dass es nicht möglich sei, einer Rechtsnorm einen Sinn unterzuschieben, der dem widerspricht, was sie selbst sagt, zum Beispiel mit Hinweis auf einen behaupteten Normzweck oder auf den „sogenannten Willen des Gesetzgebers.“ Vermutungen darüber, was „der Gesetzgeber wollte“, gehörten in die Sphäre des Okkultismus und keineswegs zu den korrekten Methoden der juristischen Interpretation.

[57] *Sevcik/Kusak*, WiRO 2000, 265 (267).

[58] *Henkel*, Einführung in die Rechtsphilosophie, 2. Auflage, 1977, S. 487 ff.

[59] Vgl. *Henkel*, a.a.O., m.w.N. zur Unterscheidung zwischen Positivismus und Naturrecht.

[60] *Engländer*, Jura 2000, 113.

[61] *Sevcik/Kusak*, WiRO 2000, 265 (267); *Eliáš*, OstEurR 2000, S. 427 (438) m.w.N.

[62] Dazu *Kelsen*, Reine Rechtslehre, 2. Auflage, 1960, S. 1 f.

einzelnen Bestimmungen auf den ersten Blick anbot.[63] Die Änderung dieser Denkweisen lässt sich jedoch nicht in den wenigen Jahren seit Öffnung der mittel- und osteuropäischen Gesellschaften bewältigen, sondern ist notwendige Konsequenz einer umfassenden Gesellschafts- und Rechtstransformation.[64] Verschärft wird diese Folge durch die nahezu unveränderte Methode der Ausbildung von jungen Juristen an den Universitäten der ČR,[65] die nur allmählich die ausgefahrenen Spuren verlässt. Leider bilden nonkonformistische Persönlichkeiten an den meisten Fakultäten noch immer eine Ausnahme.[66]

Maßgeblichen Einfluss auf die formalistische Art der Gesetzesauslegung haben die tschechischen Gerichte, die sich dabei in einem dauerhaften methodischen Konflikt mit dem tschechischen Verfassungsgericht befinden, das bei der Überprüfung der Entscheidungen der allgemeinen Gerichte u.a. die Notwendigkeit betont, Gesetze in einer verfassungskonformen Art und Weise zu interpretieren und die Rechtsinhalte und das Wertesystem einzelner Normen zu respektieren, weil *„die Normen mit den Werten eine gemeinsame Basis insoweit haben, als dass sie mit ihnen eine normative und wertmäßige Ordnung der Gesellschaft als konstituierendes ordnendes Prinzip bilden.*“[67] Trotz dieser andauernden und lobenswerten Mühe ist es offensichtlich, dass das Verfassungsgericht allein den Gesetzespositivismus nicht überwinden kann, da hinzukommt, dass sich die oberen Gerichte entgegen Art. 89 Abs. 2 CZ-Verf[68] oft nicht an die Vorgaben des Verfassungsgerichts gebunden fühlen.[69] Ferner wird aus der anwaltlichen Praxis berichtet, dass der rechtspositivistische Ansatz der Rechtsprechung erhebliche Mühe bereitet. Als Prozessvertreter sei es schwierig, mit Argumenten durchzudringen, die über den Wortlaut des Gesetzes hinausgehen. Insbesondere der teleologische, soziologische und gesetzessystematische Kontext der jeweiligen Norm wird häufig nicht hinreichend beachtet.[70] Eine Rechtsfortbildung, die

---

[63] *Eliáš*, a.a.O.; sog. grammatische Auslegung, vgl. *Zippelius*, Juristische Methodenlehre, 7. Auflage, 1999, S. 42 ff.

[64] Zu den rechtssoziologischen Fragen des Rechtstransfers des Gemeinschaftsrechts in die ost- und mitteleuropäischen Staaten siehe *Höland*, EU-Recht auf dem Weg nach Osten: Rechtssoziologische Fragen, Welttrends, 2001, Nr. 31, S. 9 ff.

[65] Juristische Fakultäten existieren bislang in Praha (Prag), Plzen (Pilsen), Brno (Brünn) und Olomouc (Olmütz).

[66] *Eliáš*, OstEurR 2000, S. 427 (439). So verglich der tschechische Verfassungsrichter *Cepl* in einem Interview mit der Wochenzeitschrift Respekt den pädagogischen Lehrkörper der juristischen Fakultäten als „Festung der Unfähigen und es sei „zuviel totes Fleisch an Bord“, Respekt 1999, Nr. 27, S. 12.

[67] Vgl. VerfG-CZ, Band 8 (1997), Nr. 88.

[68] Art. 89 Abs. 2 Verf-CZ statuiert den bindenden Charakter der Entscheidungen des Verfassungsgerichts für alle Institutionen und Personen.

[69] *Eliáš*, OstEurR 2000, S. 427 (438) m.w.N.

[70] *Sevcik/Kusak*, WiRO 2000, 265 (267).

durch die Rechtsprechung gewonnen werden kann, ist daher kaum möglich.[71] Dennoch ist eine Entwicklung in der tschechischen Rechtswissenschaft erkennbar, die methodischen Ansätzen zur Überwindung des Rechtspositivismus, wie beispielsweise der Auslegung und Analogie, zunehmende Bedeutung beimisst.[72]

In Zukunft muss aber bereits in der juristischen Ausbildung die Erziehung zu freiem und nonkonformistischem Denken gefördert werden, um ein gesundes und funktionierendes Rechtssystem einer freiheitlich orientierten Gesellschaft zu ermöglichen. Bleibt die Hoffnung, dass der Weg vom *homo sovieticus* und kommunistischen Untertanen mit obrigkeitshöriger Denk- und Handlungsstruktur zum *homo oeconomicus* und selbstständigen und mündigen Staatsbürger nicht mindestens eine Generation beansprucht.[73]

Im Zusammenhang mit der Rechtsangleichung an das Gemeinschaftsrecht ist darüber hinaus eine gewisse Skepsis gegenüber der europäischen Rechtssetzung und dem Rechtstransfer zu beobachten, die vor allem mit der für die ČR (historisch bedingt) nicht einfachen Aufgabe von Hoheitsrechten verbunden ist. Der Verlust von Teilen staatlicher bzw. nationaler Autonomie und Übertragung von Kompetenzen an eine zentral gelenkte Institution, findet nach wie vor, trotz des gemeinsamen Wertefundamentes mit der EU, viele Kritiker in der tschechischen Gesellschaft. Zwar ist das Image der EU nach wie vor hoch, die Positivwertungen haben sich aber bereits seit 1993 zugunsten von neutralen Imageeinschätzungen relativiert. In einer Meinungsumfrage des Prager Instituts für öffentliche Meinungsforschung (IVVM) aus dem Jahre 1999 glaubten fast 40 Prozent, die Osterweiterung würde eher den EU-Mitgliedsstaaten nützen als dem Land selbst.[74] Den Grund für diese Beitrittsskepsis sehen tschechische Meinungsforscher vor allem darin, dass ein Großteil der Tschechen glaubt, man sei auf einen Beitritt nicht ausreichend vorbereitet. Vielen haben zudem Angst vor der Übermacht der europäischen Konkurrenz.[75] Die europaskeptische Haltung der Bevölkerung stärkte wiederum jene politischen Kräfte, die sich eine Verhinderung des EU-Beitritts auf die Fahnen geschrieben haben.[76] Die angeführten emotionalen

[71] Zu Interpretation, Analogie und Rechtsfortbildung in Rechtsordnungen von Transformationsgesellschaften, *Knieper*, WiRO 2003, 65 ff.

[72] *Hajn*, Právník 2003, 117 ff.; *Kindl*, Právník 2003, 125 ff. Zum Teil polemisch, *Eliáš*, Právník 2003, 97 ff., der einigen Autoren vorwirft, lediglich aufgrund ihrer ungenügenden Kenntnisse des Rechts in die Analogie flüchten zu wollen, dies ersetze jedoch keinesfalls die Ergänzung, Konkretisierung und Auslegung der Normen.

[73] *Lang*, Politik und Zeitgeschehen, Beilage „Das Parlament", B 15/2001, S. 14.

[74] Siehe Lidové noviny v. 10.06.1999, S. 2.

[75] Lidové noviny, a.a.O.

[76] Tschechisch: „euroskepticismu", vgl. Lidové noviny v. 13.01.1999, S. 3. Interessant erscheint in diesem Zusammenhang, dass der tschechische Präsident *Vaclav Klaus* zwar zur Teilnahme am Referendum über den EU-Beitritt aufgerufen hat, jedoch keine Abstimmungsempfehlung abgegeben hatte.

Argumente instrumentalisieren vor allem die Angst vieler Tschechen, die „reichen Europäer“ könnten nach einem EU-Beitritts der ČR das Land „aufkaufen“.[77]

Im Lichte dieser Betrachtungen ist es nicht verwunderlich, dass es nur wenige positive Aufklärungskampagnen über die EU in der ČR gab und viele Bürger somit nur unzureichend informiert waren.[78] Mit der Zustimmung der tschechischen Bevölkerung im Rahmen des EU-Beitrittsreferendums schien diese Stimmungslage zwar zunächst überwunden; die Psychologie des historischen Kontextes des Beitritts zu einer Staatengemeinschaft und die geringe Beteiligung am Referendum lassen jedoch zumindest Zweifel zu.

Zu Recht hat allerdings *von Münch*[79] darauf hingewiesen, dass in der Übernahme des Rechts westeuropäischer Staaten z.B. in der Tschechischen und Slowakischen Republik nichts Negatives zu sehen sei: An der Karlsuniversität in Prag (gegründet 1348) sei Recht schon gelehrt worden, als weder die USA noch das Deutsche Reich als Staaten existierten. Ebenso optimistisch äußert sich *Piltz*:[80] Wenn auch momentan im Wege der Beratung die Impulse überwiegend vom Westen in den Osten gehen, so werden doch bald schon in diesen Staaten Erfahrungen in Form von Gerichtsentscheidungen und wissenschaftlichen Kommentierungen einen gegenseitigen Austausch bewirken, und daraus entsteht europäisches Gemeinschaftsrecht.

D. Die tschechische Rechtsprechung

Angesichts der zahlreichen neuen gesetzlichen Bestimmungen, deren Auslegung vielfach unklar und deren Verhältnis zu anderen Normen oft auch widersprüchlich ist, bedürfen viele Streitfragen im tschechischen Recht noch einer Klärung durch die Rechtsprechung.[81] Im Gerichtswesen liegt die Hauptschwäche der tschechischen Rechtsordnung.[82] Einer Geltendmachung von Ansprüchen vor Gericht steht rechtlich zwar nichts im Wege, in der Praxis dauern Prozesse jedoch so lange,[83] dass eine effektive Rechtsdurchsetzung nicht gewährleistet ist.[84] Vorrangig wird verlangt, die Ausbildung der Richter zu verbessern, die

[77] Ähnliche Ängste bestehen vor der Geltendmachung von Restitutionsansprüchen vor dem EuGH nach einem EU-Beitritt im Zusammenhang mit den „Beneš-Dekreten“, sofern die Tschechische Republik ihre Verantwortung und Schuld anerkennt, siehe dazu auch FAZ v. 14.12.2002, S. 16.

[78] *Kraft*, Politik und Zeitgeschehen, Beilage „Das Parlament“, B 15/2001, S. 11.

[79] *Von Münch*, NJW 1994, 3145 ff. m.w.N.

[80] *Piltz*, in: FS Vieregge, 1995, S. 693 (704).

[81] *Linsmeier*, S. 34.

[82] Vgl. schon EU-Kommissionsbericht 1998, S. 10.

[83] Dazu auch *Schorling*, S. 177 f.

[84] Das tschechische Verfassungsgericht hat bereits viermal Verfassungsbeschwerden stattgegeben, die wegen des Stillstandes in der tschechischen Justiz erhoben wurden waren; CZ-

Ausstattung der Gerichte zu modernisieren sowie den Richterberuf durch entsprechende Gehälter attraktiver für besonders qualifizierte Juristen werden zu lassen, um so die fehlenden Neurichter für eine Tätigkeit in der Justiz zu gewinnen.[85] Gegenwärtig kann allenfalls in Teilbereichen von einer sich festigenden oder gar ständigen Rechtsprechung gesprochen werden.[86] Es muss festgestellt werden, dass Rechtsnormen sehr eng ausgelegt werden. Die rechtspositivistische Denk- und Auslegungsweise wurde eingangs schon skizziert. Auch Wertungswidersprüche oder offensichtliche Redaktionsversehen des Gesetzgebers werden deshalb lediglich in äußerst begrenztem Maße durch eine Auslegung oder Analogie ausgeglichen.[87] Aufgrund der Praxisrelevanz des Anstellungsverhältnisses des GmbH-Geschäftsführers existiert zu diesem Themenkreis bereits eine für tschechische Verhältnisse umfangreiche Rechtsprechung.[88] Allerdings stammen die meisten Entscheidungen aus jüngster Zeit, so dass hieraus der Schluss gezogen werden kann, dass zumindest bei praxisrelevanten Problemkreisen, die die Rechtsprechung häufiger beschäftigen, sich in der ČR eine Rechtsprechungskultur entwickeln wird.

E. Die Novellen des tschechischen Arbeits- und Handelsgesetzbuches

Das Arbeits- und Gesellschaftsrecht als zentrale Regelungsmaterie des Wirtschaftsrechts waren in jüngster Zeit in der ČR Gegenstand großer Novellen durch den tschechischen Gesetzgeber, die die zentralen Kodifikationen, das Arbeitsgesetzbuch[89] sowie das Handelsgesetzbuch,[90] mit dem Gemeinschaftsrecht

---

VerfGE Band 2, Nr. 42; CZ-VerfGE Band 6, 98; CZ-VerfGE Band 10, Nr. 38; in diesen Urteilen setzt das tschechische Verfassungsgericht die schleppende Verfahrenspraxis einer Rechtsverweigerung gleich und erachtet sie deshalb für verfassungswidrig. Nach Auffassung des tschechischen Verfassungsgerichts ist es Sache des Staates, das Gerichtswesen so zu organisieren, dass die Grundsätze, die verfassungsrechtlich verankert seien, eingehalten werden können. Etwaige Versäumnisse dürften nicht zu Lasten des Bürgers gehen (vgl. CZ-VerfGE Band 10, Nr. 38).

[85] Mladá Fronta Dnes v. 14.12.1998; Lidové Noviny v. 19.03.1999.

[86] *Linsmeier*, S. 35.

[87] Vgl. *Zítek*, WiRO 1994, 312 sowie *Knieper*, WiRO 2003, 65 ff.

[88] *Štenglová/Plíva/Tomsa*, Obchodní zákoník, 7. Auflage, 2002, § 133 S. 404 f. m.w.N.

[89] Das Arbeitsgesetzbuch das in seiner Ursprungsfassung noch aus dem Jahre 1965 stammte (Gesetz Nr. 65/1965 Sb.), wurde in der großen Novelle im Jahre 2000 (Gesetz Nr. 155/2000 Sb.) in über 100 Änderungspunkten an die Bestimmungen des Gemeinschaftsrechts angepasst, vgl. *Bohata*, WiRO 2000, 323. Die Novelle des tschechischen Arbeitsgesetzbuches trat - mit Ausnahme einiger Vorschriften, deren Inkrafttreten vom Beitritt der Tschechischen Republik zur EU abhängen - zum 01. Januar 2001 in Kraft. Schwerpunkt der Neuregelungen sind die gemeinschaftsrechtlichen Vorgaben der Entgeltrichtlinie (RL 75/117/EGW), der Gleichbehandlungsrichtlinie (RL 76/207/EWG), der Elternurlaubsrichtlinie (RL 96/34/EG), der Massenentlassungsrichtlinie (RL 98/59/EG), der Betriebsübergangsrichtlinie (RL 98/50/EG), Richtlinie über Sicherheit und Gesundheitsschutz der Arbeitnehmer (RL 89/391/EWG), der Arbeitszeitrichtlinie (RL 93/104/EG), der Nachweisrichtlinie (RL

harmonisierten. Insbesondere im Bereich des Gesellschaftsrechts kann festgestellt werden, dass die Novelle des Handelsgesetzbuches eine nahezu vollständige Umsetzung der gemeinschaftsrechtlichen Vorgaben mit sich bringt.[91] Die im Zusammenhang mit dem Recht des GmbH-Geschäftsführers relevanten Änderungen des Handelsgesetzbuches sollen im Rahmen eines kurzen strukturellen Rechtsvergleichs des deutschen mit dem tschechischen Recht der GmbH untersucht werden.

Kapitel 3: Die Struktur der tschechischen s.r.o.

A. Einleitung

Eine Untersuchung des GmbH-Geschäftsführerverhältnisses im deutschen und tschechischen Recht erfordert eine genauere rechtsvergleichende Darstellung der normativen Rahmenbedingungen der deutschen Gesellschaft mit beschränkter Haftung (GmbH) und der tschechischen Společnost s ručením omezeným (s.r.o.).[92] Bei der tschechischen Variante der Gesellschaft mit beschränkter Haftung handelt es sich um die in der Praxis wichtigste Gesell-

91/533/EWG) sowie der Europäischen-Betriebsratsrichtlinie (RL 94/45/EG). Aufgrund der umfassenden Angleichung an gemeinschaftsrechtliche Vorgaben wird die Novelle in der Literatur als die bedeutendste und weitreichendste Änderung des tschechischen Arbeitsgesetzes bezeichnet, ausführlich *Kusak/Čechtická*, WiRO 2000, 409 m.w.N.

[90] Gesetz Nr. 370/200 Sb.; ausführlich dazu *Raban/Bohata*, JOR Band 42 (2001), S. 53 ff.; *Bohata*, WiRO 2001, 26; ders. WiRO 2001, 146; ders. WiRO 2001, 211; ders. WiRO 2002, 43; insbesondere zu den Problemen im Zusammenhang mit der sog. „technischen Novelle" des HGB, vgl. *Bohata*, WiRO 2003, 92; ders. WiRO 2003, 188; *Humlová-Ueltzhöffer/Kořínková*, WiRO 2001, 234; *Schwarz/Pálinkás*, RIW 2001, 273.

[91] In erster Linie handelt es sich dabei um die Erste Richtlinie Nr. 68/151/EWG vom 9. März 1968 zum Schutz der Gesellschafter und dritter Personen, um die Zweite Richtlinie Nr. 77/91/EWG vom 13. Dezember 1976 über die Gründung von Aktiengesellschaften und die Änderung des Grundkapitals, um die Dritte Richtlinie Nr. 78/855/EWG vom 9. Oktober 1978 über Fusionen von Aktiengesellschaften, um die Sechste Richtlinie Nr. 89/89/EWG vom 17. Dezember 1982 über die Spaltung von Aktiengesellschaften und die Elfte Richtlinie Nr. 89/666/EWG vom 21. Dezember 1989 über die Registrierung von Niederlassungen in den EU-Mitgliedsstaaten. Berücksichtigt wurde weiterhin die Zwölfte Richtlinie Nr. 89/667/EWG vom 21. Dezember 1989 über die Ein-Mann-GmbH und die Richtlinie Nr. 88/627/EWG vom 12. Dezember 1988 über die Pflicht, den Erwerb und die Veräußerung von bestimmten Gesellschaftsanteilen anzuzeigen. Bereits mit berücksichtigt wurden auch die Grundsätze des Entwurfs der Dreizehnten Richtlinie aus dem Jahre 1990 über Übernahmeangebote und des Entwurfs der Vierzehnten Richtlinie aus dem Jahre 1987 über die Auflösung und Liquidation von bestimmten Gesellschaften sowie einige Bestimmungen aus dem Entwurf der Fünften Richtlinie aus dem Jahre 1991 über die inneren Strukturen einer Aktiengesellschaft, vgl. *Raban/Bohata*, S. 59.

[92] S.r.o. = Gesellschaft mit beschränkter Haftung nach tschechischem Recht.

schaftsform in der ČR, die insbesondere bei ausländischen Investoren sehr beliebt ist.[93] Zunächst kann festgehalten werden, dass das tschechische Recht der GmbH, im Gegensatz zum deutschen GmbH-Recht, nicht in einem Spezialgesetz wie dem deutschen GmbH-Gesetz, sondern im Handelsgesetzbuch in den §§ 56-75b CZ-HGB (Allgemeine Bestimmungen über Handelsgesellschaften) und den §§ 105-153e CZ-HGB (Bestimmungen zur Gesellschaft mit beschränkter Haftung) normiert ist.[94] Seit der Wiedereinführung des Kapitalgesellschaftsrechts im Zuge der Rekodifizierung des CZ-HGB im Jahre 1991[95] hat die Rechtsform der Gesellschaft mit beschränkter Haftung viele Änderungen erfahren, wie zuletzt durch die große Novelle des tschechischen Handelsgesetzbuches aus dem Jahre 2000. Inzwischen kann konstatiert werden, dass im Bereich des Gesellschaftsrechts die ČR ihren Rechtsangleichungsverpflichtungen weitgehend nachgekommen ist,[96] und das Recht der GmbH in Deutschland und der ČR viele Gemeinsamkeiten aufweist. Dennoch bestehen weiter Unterschiede zur deutschen GmbH, die folgend analysiert werden. Besonderes Augenmerk soll dabei, neben der Entstehung und Beendigung der Gesellschaft, auf die Organe der Gesellschaft gelegt werden. Die dogmatische Einordnung des Geschäftsführerverhältnisses ist - ausgehend von der Gesamtausrichtung der Arbeit - einer besonderen Untersuchung im zweiten Teil vorbehalten.

B. Die Entstehung der Gesellschaft

I. Anmeldung und Eintragung

Die Gesellschaft mit beschränkter Haftung entsteht sowohl nach tschechischem (§§ 19a Abs. 2 CZ-BGB, 62 CZ-HGB) als auch nach deutschem Recht (§ 11 GmbHG) erst mit Eintragung in das Handelsregister. Die Registereintragung hat somit in beiden Rechtsordnungen konstitutive Wirkung für das Entstehen der Gesellschaft.[97] Im tschechischen Recht müssen alle Geschäftsführer gemäß § 112 Abs. 1 CZ-HGB den Antrag auf Eintragung der Gesellschaft in das Handelsregister zeichnen, was mit den Regelungen im deutschen Recht (vgl. §§ 8-

[93] *Holler/Wesbuer*, WiRO 2002, 202; *Kuklis*, GmbHR 2002, 687.

[94] Das erste tschechische GmbHG vom 06.03.1906, Gesetz Nr. 58/1906 Řz (Říšský zákoník = österreichisches Reichsgesetzblatt), das zunächst für die unter tschechischer Verwaltung stehenden Gebiete galt, wurde nach Gründung der Ersten Republik übernommen und galt zumindest bis zum Verlust der staatlichen Unabhängigkeit durch die Münchener Verträge im Jahre 1938; siehe *Winkelmann*, WiRO 2002, 65 (Fn 2). Erst mit der Rekodifikation des Handelsgesetzbuches im Jahre 1991 durch Gesetz Nr. 513/1991 Sb. wurde die Gesellschaftsform der GmbH wieder eingeführt und im Handelsgesetzbuch integriert.

[95] Gesetz Nr. 513/1991 Sb.

[96] Vgl. nur EU-Kommissionsbericht 2002, S. 72.

[97] Zum deutschen Recht vgl. *Roth/Altmeppen*, GmbHG, 3. Auflage, 1997, § 11 Rn 2; zum tschechischen Recht vgl. *Bohata*, Gesellschaftsrecht in der Tschechischen Republik und der Slowakei, 2. Auflage, 1998, S. 100.

10, 44, 78 GmbHG) übereinstimmt.[98] Dem Antrag auf Eintragung in das Handelsregister müssen gemäß § 112 Abs. 2 CZ-HGB neben den in §§ 30, 31 Abs. 2 CZ-HGB genannten Urkunden[99] auch der Gesellschaftsvertrag oder die Gründungsurkunde (a), ein Nachweis über die Erfüllung der Pflicht aus § 111 CZ-HGB[100] (b) sowie ein Sachverständigengutachten über die Bewertung der Sacheinlagen (c) beigefügt werden.[101] Das Erfordernis der Beibringung eines Sachverständigengutachtens in § 112 Abs. 2 c) CZ-HGB sollte der Umsetzung der 2. gesellschaftsrechtlichen Richtlinie (Kapitalrichtlinie)[102] dienen. Da die Sachverständigengutachter allerdings durch die Gesellschaft vorgeschlagen und vergütet werden und die Höhe der Vergütung frei zwischen dem Gutachter und der Gesellschaft vereinbart werden kann (vgl. § 59 Abs. 3 CZ-HGB), wurde die Umsetzung in dieser Form als „unglücklich" bezeichnet.[103] Die Objektivität der Gutachter und vor allem der Sinn und Zweck der gemeinschaftsrechtlichen Vorgabe (Gläubiger- und Gesellschafterschutz) sind damit nicht mehr gewährleistet. Nur bei einem Wert der Sacheinlage über 10 Mio. CZK[104] oder wenn die Sacheinlage aus einem Unternehmen oder einem Teil hieraus oder aus know-how besteht, benennt das Gericht zwei unabhängige Sachverständige, vgl. § 59 Abs. 3 S. 3 CZ-HGB. Das tschechische Recht fordert ferner, dass von den zukünftigen Gesellschaftern der s.r.o gemäß § 60 CZ-HGB im Gesellschaftsvertrag ein Einlagenverwalter benannt wird. Dies kann einer der Gesellschafter oder auch eine Bank sein.[105] Der Einlagenverwalter ist gemäß § 60 Abs. 4 CZ-HGB verpflichtet, eine schriftliche Erklärung über die Leistung der Einlage oder ihres

[98] Das deutsche Recht verlangt darüber hinaus in besonders wichtigen, in § 78 HS. 2 GmbHG hervorgehobenen Fällen, die Anmeldung durch sämtliche Geschäftsführer, d.h. auch der Stellvertreter. Dies betrifft die Errichtung der Gesellschaft (§ 7 Abs. 1 GmbHG), die Kapitalerhöhung (§§ 57 Abs. 1, 57i GmbHG) und die Kapitalherabsetzung (§ 58 Abs. 1 Nr. 3 GmbHG). Das tschechische Recht spricht in § 112 CZ-HGB lediglich von „alle Geschäftsführer".

[99] Gewerbeerlaubnis, Aufenthaltsgenehmigung für ausländische natürliche Personen, Urkunden über einzutragende Tatsachen (vgl. auch § 770 CZ-HGB, wonach eine Verordnung die Einzelheiten über den Nachweis von Tatsachen, welche ins Handelsregister einzutragen sind, festlegen soll).

[100] Einzahlung der Stammeinlage.

[101] Hinsichtlich der Geschäftsführer stellt § 8 Abs. 1 Nr. 2 GmbHG ein zusätzliches Erfordernis auf, dass die Legitimation der Geschäftsführer bei Anmeldung nachgewiesen werden muss. In der Praxis ergibt sich dies jedoch meist schon aus dem Gesellschaftsvertrag, so dass § 8 Abs. 1 Nr. 2 GmbHG praktisch nur den Ausnahmefall betrifft, in dem der Geschäftsführer später bestellt wurde, vgl. *Rowedder/Schmidt-Leithoff*, GmbHG, Kommentar, 4. Auflage, 2002, § 8 Rn 4.

[102] RL Nr. 77/91/EWG.

[103] *Bohata*, WiRO 2001, 212.

[104] Was in etwa 308.000 EUR entspricht (Stand 04/2004).

[105] Die Schaffung der Rechtsfigur „Einlagenverwalter" sowie seine Einordnung sind im tschechischen Recht umstritten; vertiefend dazu *Bohata*, WiRO 2001, 212; *Štenglová/Plíva/Tomsa* a kolektiv, Obchodní zákoník, 7. Auflage, 2002, § 60 S. 175 ff.

pflichtet, eine schriftliche Erklärung über die Leistung der Einlage oder ihres Teils durch die einzelnen Gesellschafter abzugeben, die dem Antrag auf Eintragung in das Handelsregister beizufügen ist. Führt der Einlagenverwalter in seiner Erklärung einen höheren Betrag auf, als tatsächlich erbracht wurde, so haftet er für die Differenz der von ihm bestätigten Höhe zur tatsächlichen Höhe der geleisteten Einlage für die Dauer von fünf Jahren nach Eintragung der Gesellschaft in das Handelsregister, § 60 Abs. 4 S. 2 CZ-HGB.

Im deutschen Recht obliegt die Prüfung der Aufbringung des Stammkapitals, der Sacheinlagen und der Angaben zum Geschäftsführungsorgan dem Registergericht, vgl. § 9c GmbHG.[106] Fehlt eine der in § 8 GmbHG geforderten Unterlagen, kann der Registerrichter die Anmeldung zurückweisen.[107]

Innerhalb von 90 Tagen nach Abschluss des Gesellschaftsvertrages bzw. Zustellung der Gewerbeerlaubnis oder einer anderen für das Unternehmen erforderlichen Erlaubnis muss der Eintragungsantrag nach tschechischem Recht beim Registergericht zugehen, vgl. § 62 Abs. 1 Satz 2 CZ-HGB. Nach fruchtlosem Fristablauf wird die Eintragung abgelehnt, ein erneuter Eintragungsantrag ist nicht möglich.[108] Zuständig ist das Kreisgericht[109] am Sitz der Gesellschaft.[110]

II. Gesellschaftsvertrag

Voraussetzung der wirksamen Anmeldung ist ein Gesellschaftsvertrag, der wie im deutschen Recht (§ 2 GmbHG) notariell zu beurkunden ist (§ 57 Abs. 1 Satz 3 CZ-HGB). Das Erfordernis der notariellen Beurkundung des Gesellschaftsvertrages nach § 57 Abs. 1 S. 3 CZ-HGB besteht erst seit der Novelle des CZ-HGB im Jahre 2000. Vorher war lediglich die notarielle Beglaubigung der Unterschriften der Gesellschafter erforderlich, vgl. § 57 Abs. 1 CZ-HGB a.F.[111] Damit erfüllte der tschechische Gesetzgeber die Vorgaben des Art. 10 der ersten

---

[106] Vgl. zur registergerichtlichen Prüfung des Antrags *Rowedder/Schmidt-Leithoff*, § 9c Rn. 6; *Roth/Altmeppen*, § 9c Rn. 2 ff.

[107] BayObLG ZIP 1999, 968 f.; *Rowedder/Schmidt-Leithoff*, § 8 Rn. 30.

[108] *Holler/Wesbuer*, WiRO 2002, 203.

[109] Das System der allgemeinen Gerichte beginnt mit den Kreisgerichten, die als Gericht erster Instanz in allen Sachen zuständig sind, die das Gesetz nicht einem Bezirksgericht zuweist. Die Kreisgerichte sind mit den Amtsgerichten in Deutschland vergleichbar. Auf dem Gebiet der Hauptstadt Prag werden die Aufgaben der Kreisgerichte von Stadtbezirks- bzw. Distriktgerichten wahrgenommen, deren Bezirk der Verwaltungsaufteilung in einzelne Stadtbezirke entspricht. Die örtliche Zuständigkeit der Kreisgerichte entspricht grundsätzlich der Zuständigkeit der Kreisbehörden der staatlichen Verwaltung, wobei die Kreise keine Selbstverwaltungseinheiten mehr darstellen, dies sind nun Städte und Gemeinden. Die Zuständigkeit der Kreisgerichte wird durch den weitreichenden Kompetenzkatalog des § 9 Abs. 2-4 CZ-ZPO zugunsten der zweiten Stufe der Gerichtsbarkeit, den Bezirksgerichten, stark eingeschränkt.

[110] *Dědič*, 2002, § 112, S. 1001.

[111] Vgl. hierzu *Holler/Karmann*, WiRO 1999, 361.

gesellschaftsrechtlichen Richtlinie (Publizitätsrichtlinie),[112] wonach die Gründung einer GmbH grundsätzlich durch notarielle Beurkundung zu erfolgen hat.[113] Geblieben ist jedoch die - dem deutschen Recht fremde - quantitative Begrenzung der Gesellschafter einer s.r.o. gemäß § 105 Abs. 3 CZ-HGB auf maximal 50 Personen. Die inhaltlichen Vorgaben des Gesellschaftsvertrages sind in beiden Rechtsordnungen vergleichbar, vgl. § 110 CZ-HGB, § 3 GmbHG.[114] Besonderheiten ergaben sich durch die HGB-Novelle 2000 für die Ein-Personen-GmbH, die in beiden Rechtsordnungen grundsätzlich anerkannt ist.[115] Im Rahmen des neu geschaffenen § 105 Abs. 2 CZ-HGB hat der tschechische Gesetzgeber gemeinschaftsrechtliche Vorgaben der zwölften gesellschaftsrechtlichen Richtlinie[116] umgesetzt. Nach den schlechten Erfahrungen der vergangenen Jahre, in denen die Mehrfachgründung einer Ein-Mann-GmbH zu Benachteiligungen von Gläubigern und zu Betrügereien genutzt wurde,[117] hat der Gesetzgeber nun eine Sperre verankert. Hat die Gesellschaft nur einen Gesellschafter, so darf sie gemäß § 105 Abs. 2 S. 2 CZ-HGB nicht der alleinige Gründer oder der Alleingesellschafter einer anderen Gesellschaft mit beschränkter Haftung sein. Ferner darf eine natürliche Person in höchstens drei s.r.o. Gesellschafter sein, § 105 Abs. 2 S. 3 CZ-HGB. Ein Gesellschaftsvertrag ist bei der Gründung einer Ein-Mann-GmbH indes nicht notwendig. Vielmehr wird gemäß § 57 Abs. 3 CZ-HGB der Gesellschaftsvertrag durch eine Gründungsurkunde ersetzt, die in Form einer notariellen Niederschrift abgefasst sein muss, wobei die Gründungsurkunde die gleichen wesentlichen Bestandteile wie ein Gesellschaftsvertrag aufweisen muss.

---

[112] RL Nr. 68/151/EWG.

[113] Diese Änderungen sowie der neu gefasste § 80a des Gesetzes Nr. 358/1992 Sb. (Notariatsordnung) führen zu einer umfassenden Prüfungspflicht des Notars, ob die in seiner Anwesenheit erfolgte Rechtshandlung den gesetzlichen Bestimmungen entspricht.

[114] Im tschechischen Recht sind die inhaltlichen Mindestangaben des Gesellschaftsvertrages weitgehender als im deutschen Recht. Gemäß § 110 Abs. 1 lit. a) bis h) CZ-HGB muss der Gesellschaftsvertrag im tschechischen Recht enthalten: Die Bestimmung der Gesellschafter durch Aufführung der Firma oder des Handelsnamens und des Sitzes der juristischen Person oder des Namens und des Wohnortes der natürlichen Person (b), die Höhe des Stammkapitals und die Höhen der einzelnen Einlagen der Gesellschafter nebst der Form und Frist der Einbringung (d), die Namen und Wohnorte der ersten Geschäftsführer der Gesellschaft und die Form, in der sie im Namen der Gesellschaft zu handeln berechtigt sind (e) sowie die Namen und Wohnorte der Mitglieder des ersten Aufsichtsrates, sofern dieser gebildet wird (f) und die Bestimmung des Einlagenverwalters (g).

[115] Vgl. §§ 105 Abs. 2 S. 1 CZ-HGB, 1 GmbHG.

[116] RL Nr. 89/667/EWG (Ein-Mann-GmbH).

[117] Dazu *Raban/Bohata*, S. 72.

III. Stammeinlage und Stammkapital

Die Regelungen im Hinblick auf das Mindeststammkapital und die Mindeststammeinlage im CZ-HGB unterscheiden sich von der deutschen Rechtslage. Im deutschen Recht muss das Mindeststammkapital der Gesellschaft gemäß § 5 Abs. 1 GmbHG 25.000,00 EUR betragen. Das tschechische Recht hat durch die HGB-Novelle im Jahre 2000 auch hier eine Änderung erfahren. Das Mindeststammkapital beträgt nun gemäß § 108 Abs.1 CZ-HGB 200.000,00 CZK.[118] Der im Vergleich zum deutschen Recht deutlich geringere Betrag des Mindeststammkapitals ist einer der Gründe, die die Rechtsform der s.r.o. in der Praxis sehr beliebt machen. Die Mindeststammeinlage eines jeden Gesellschafters beträgt gemäß § 5 Abs. 1 2. HS GmbHG 100,00 EUR, während im tschechischen Recht die Mindeststammeinlage gemäß § 109 Abs. 1 CZ-HGB unverändert 20.000,00 CZK[119] beträgt.[120] Vor der Antragstellung auf Eintragung in das Handelsregister müssen das Emissionsagio in voller Höhe und von jeder Bareinlage mindestens 30 % erbracht worden sein, § 111 Abs. 1 CZ-HGB. Die Gesamthöhe der erbrachten Bar- und Sacheinlagen muss gemäß § 111 Abs. 2 S. 2 CZ-HGB mindestens 100.000,00 CZK[121] betragen. In beiden Rechtsordnungen wird im Bezug auf die Art der Stammeinlage zwischen Geld- und Sacheinlagen unterschieden (§§ 59 Abs. 1 CZ-HGB, 5 Abs. 4 GmbHG), wobei jeder Gesellschafter jeweils nur eine Stammeinlage übernehmen darf, vgl. §§ 109 Abs. 2 S. 1 CZ-HGB, § 5 Abs. 2 GmbHG. Ausdrücklich verboten sind gemäß § 59 Abs. 2 S. 2 CZ-HGB in der ČR Arbeits- oder Dienstleistungen als Sacheinlage. Als besondere Form der Sacheinlage werden im tschechischen Recht zwar Forderungen gegen Dritte erwähnt, vgl. § 59 Abs. 6 CZ-HGB, was unter dem Gesichtspunkt der Bewertbarkeit und Wertgewissheit die größten Schwierigkeiten aufwirft. Die Einbringung einer Forderung gegen die Gesellschaft als Sacheinlage ist nach tschechischem Recht jedoch gemäß § 59 Abs. 8 CZ-HGB nicht mehr möglich. Vergleichbar mit der deutschen Rechtslage[122] ist eine Anrechnung gemäß §§ 59 Abs. 8 S. 2, 108 Abs. 2 CZ-HGB im Falle der Erhöhung des Stammkapitals möglich, sofern die Gesellschafterversammlung dazu bereits bei der Erhöhung des Stammkapitals ausdrücklich ihre Zustimmung erklärt hat.[123] Im deutschen

---

[118] Was in etwa 6.150,00 EUR entspricht (Stand: 04/2004). Das Mindeststammkapital betrug vor der Novelle 100.000,00 CZK (ca. 3.100,00 EUR).

[119] Was in etwa 615,00 EUR entspricht (Stand: 04/2004).

[120] Vgl auch den in Österreich geringen Mindeststammeinlagenbetrag von 70,00 EUR, während das Mindeststammkapital mit 35.000,00 EUR vergleichsweise hoch ist, ÖBGBl I 1998/123 (seit 01.01.1999 in Kraft).

[121] Was in etwa 3.100,00 EUR entspricht (Stand 04/2004).

[122] Zur ausnahmsweisen Aufrechenbarkeit im Rahmen des Kapitalerhöhungsbeschlusses (§ 56 Abs. 1 S. 1 GmbHG), siehe *Rowedder/Schmidt-Leithoff*, § 56 Rn 21.

[123] *Holler/Wesbuer*, WiRO 2002, 202.

Recht sind Forderungen als Einlage grundsätzlich möglich.[124] So sind beispielsweise auch bestrittene, zweifelhafte und befristete Forderungen nicht schlechthin ausgeschlossen, sondern sind lediglich bei deren Wertansatz angemessen zu berücksichtigen.[125] Ausgeschlossen sind im deutschen Recht jedoch Forderungen, die sich gegen den Sacheinleger selbst richten,[126] was insbesondere für Forderungen auf Dienstleistungen des Gesellschafters gilt,[127] so dass die deutsche Rechtslage insofern mit der tschechischen Rechtslage gemäß § 59 Abs. 2 CZ-HGB vergleichbar ist. Ansprüche des Gesellschafters gegen die Gesellschaft selbst sind demgegenüber grundsätzlich einlagefähig.[128] Gemäß § 59 Abs. 2 CZ-HGB muss die Sacheinlage mindestens einen der Einlagenhöhe entsprechenden Wert haben, welcher durch das bereits erwähnte Sachverständigengutachten zu ermitteln ist, § 59 Abs. 3 CZ-HGB. Der Gesellschafter haftet jedoch für den tatsächlichen Wert der Einlage - ähnlich §§ 9, 9a GmbHG - gegenüber der Gesellschaft gemäß § 59 Abs. 7 CZ-HGB.

IV. Besonderheiten der Ein-Mann-GmbH

Hinsichtlich der Pflicht zur Erbringung der Stammeinlage bei der Ein-Mann-GmbH sind die Regelungen im tschechischen Recht strenger als im deutschen Recht. Ein wesentlicher Unterschied findet sich in der Behandlung der Erbringung der Sacheinlagen. Zwar besteht Übereinstimmung insoweit, als Sacheinlagen zur Gründung der Gesellschaft vollständig erbracht sein müssen. Während allerdings § 7 Abs. 2 S. 3 GmbHG die Einzahlung der Hälfte des Mindeststammkapitals zur Gründung der Gesellschaft ausreichen lässt, sofern für die andere Hälfte Sicherheit geleistet wird, ist nach tschechischem Recht die Stammeinlage voll zu erbringen, vgl. § 111 Abs. 2 CZ-HGB.

V. Stufengründung

In beiden Rechtsordnungen ist die Stufengründung einer Gesellschaft grundsätzlich möglich. Die Mindeststammeinlage pro Gesellschafter beträgt im deutschen Recht 100,00 EUR und nach tschechischem Recht 20.000,00 CZK,[129] §§ 109 Abs. 1 CZ-HGB, 5 Abs. 1 HGB. Vor Stellung des Eintragungsantrags sind gemäß § 111 Abs. 1 CZ-HGB mindestens 30 % jeder Stammeinlage, wenigstens

[124] BGHZ 15, 52; *Roth/Altmeppen*, § 8 Rn 41.
[125] *Rowedder/Schmidt-Leithoff*, § 5 Rn 29; *Roth/Altmeppen*, § 5 Rn 42.
[126] *Roth/Altmeppen*, § 5 Rn 44; *Baumbach/Hueck/Fastrich*, § 5 Rn 24.
[127] BGH NJW 1979, 216; *Hachenburg/Ulmer*, GmbH-Gesetz, 8. Auflage, 1992, § 8 Rn 36; *Baumbach/Hueck/Fastrich*, § 5 Rn 24 m.w.N. zur h.M.
[128] BGHZ 15, 52; BGH NJW 2001, 67; OLG Schleswig NZG 2001, 566; *Roth/Altmeppen*, § 5 Rn 45 m.w.N. Insbesondere zur Einbringung einer eigenen (Darlehens-)Forderung gegen die Gesellschaft bei der Kapitalerhöhung, siehe OLG Brandenburg GmbHR 1998, 1033.
[129] Ca. 615,00 EUR (Stand: 04/2004).

jedoch 100.000,00 CZK[130] einzuzahlen. Demgegenüber verlangt § 7 Abs. 2 GmbHG die Einzahlung von wenigstens der Hälfte des Mindeststammkapitals und einem Viertel jeder Stammeinlage, soweit nicht Sacheinlagen vereinbart sind. Im deutschen Recht sind sog. verdeckte Sacheinlagen[131] verboten. Dieses Verbot wurde von der deutschen Rechtsprechung[132] aus Vorschriften über die Kapitalerhaltung insbesondere aus § 7 Abs. 3 GmbHG entwickelt. Im tschechischen Recht finden sich bisher weder im gesetzten Recht noch in der tschechischen Rechtsprechung entsprechende Regelungen oder Entscheidungen.[133] Daraus kann aber nicht abgeleitet werden, dass solche Einlagen mangels ausdrücklichen Verbots zulässig wären, da auch das tschechische Recht den Schutz des Stammkapitals anerkennt. Kapitalersetzende Darlehen, wie sie in den §§ 32 a ff. GmbHG ausdrücklich geregelt sind, sind dem tschechischen Recht ebenso fremd und werden derzeit weder von der Literatur noch in der Rechtsprechung diskutiert.[134]

C. Die innere Struktur der Gesellschaft

Im deutschen und tschechischen Recht handelt die Gesellschaft durch ihre Organe, so dass Gesellschafter und Gesellschafterversammlung, Geschäftsführer sowie gegebenenfalls der Aufsichtsrat näher zu betrachten sind. Im deutschen Recht sieht das GmbH-Gesetz den Geschäftsführer als Handlungsorgan (§§ 6, 35 ff. GmbHG) und die Gesellschafter als Willensbildungsorgan (§§ 45 ff. GmbHG) vor.[135] Im tschechischen Recht sieht das CZ-HGB ebenfalls den Geschäftsführer als Handlungsorgan (§§ 133 ff. CZ-HGB) sowie die Gesellschafterversammlung als Willensbildungsorgan vor (§§ 125 ff. CZ-HGB). Im tschechischen Recht wird der Aufsichtsrat in den §§ 137 ff. CZ-HGB erwähnt, er wird jedoch nur dann bestellt, wenn dies der Gesellschaftsvertrag vorsieht.

I. Die Gesellschafter

Das Willenbildungsorgan und oberste Organ einer GmbH sind die Gesellschafter in ihrer Gesamtheit.[136] Die Pflicht der Gesellschafter zur Einlageleistung ist im tschechischen Recht (§ 113 Abs.1 CZ-HGB) wie auch im deutschen Recht (§ 19 Abs. 2 S. 1 GmbHG) gleichermaßen normiert. Die im deutschen

[130] Ca. 3.100,00 EUR (Stand: 04/2004).

[131] Vgl. hierzu *K. Schmidt*, Gesellschaftsrecht, 4. Auflage, 2002, § 37 II 4 m.w.N.

[132] RGZ 141, 204, 210; BGHZ 15, 52, 58; 28, 314, 319.

[133] *Holler/Wesbuer*, WiRO 2002, 202.

[134] *Holler/Wesbuer*, a.a.O.

[135] Ein Aufsichtsrat ist im deutschen Recht gemäß § 52 GmbHG grundsätzlich nur fakultativ. Ein obligatorischer Aufsichtsrat ist gemäß § 6 MitBestG nur vorgeschrieben, wenn die GmbH mehr als 2000 Arbeitnehmer beschäftigt, vgl. § 1 Abs. 1 MitBestG.

[136] Im tschechischen Recht spricht § 125 Abs. 1 CZ-HGB ausdrücklich vom „höchsten Organ". Zum deutschen Recht, vgl. *K. Schmidt*, § 36 III 1.

Recht gesetzlich nicht geregelte, jedoch allgemein anerkannte *actio pro societate* (Gesellschafterklage)[137] ist im tschechischen Recht in § 131a CZ-HGB ausdrücklich gesetzlich geregelt. Hiernach ist jeder Gesellschafter berechtigt, eine Klage im Namen der Gesellschaft auf Schadensersatz gegen einen Geschäftsführer, der für den von ihm verursachten Schaden haftet, und eine Klage auf Einbringung der Einlage gegen einen Gesellschafter, der sich mit seiner Einlage im Verzug befindet, einzureichen. Allerdings ist in einem solchen Verfahren nur der Gesellschafter, der die Klage eingereicht hat oder eine von ihm bevollmächtigte Person für die Gesellschaft handlungsbefugt, § 131a Abs.1 S. 2 CZ-HGB. Das Klagerecht des Gesellschafters gilt jedoch seit der HGB-Novelle aus dem Jahre 2000 nicht für den Geschäftsführer, der die Erbringung einer Einlage durchzusetzen versucht, ebenso nicht für Gesellschafter, wenn die Gesellschafterversammlung über den Ausschluss eines sich im Verzug befindlichen Gesellschafters entschieden hat, § 131a Abs. 2 CZ-HGB. Im deutschen Recht ist die Befugnis der Gesellschafter zur Geltendmachung der Einlageforderungen dagegen eine Hilfszuständigkeit und gegenüber dem Recht der Geschäftsführer zur Geltendmachung von Gesellschaftsansprüchen wegen § 46 Nr. 8 GmbHG nachrangig. [138] Während im tschechischen Recht die Klage eines Gesellschafters auf Schadensersatz gegen einen Geschäftsführer, der für den von ihm verursachten Schaden haftet, gemäß § 131a Abs. 1 CZ-HGB möglich ist, können im deutschen Recht Ansprüche gegen Organmitglieder, die nicht zugleich Gesellschafter sind (Fremdgeschäftsführer), auf diesem Wege nicht verfolgt werden.[139] Hier bleibt der Weg über § 46 Nr. 8 GmbHG. Der Gesellschafter, der seine geschuldeten Stammeinlagen nicht erbringt, kann im tschechischen Recht von der Gesellschafterversammlung aus der Gesellschaft ausgeschlossen werden, § 113 Abs. 4 CZ-HGB (Kaduzierung). Die Gesellschaft muss dem Gesellschafter jedoch vorher zur Erfüllung seiner Pflicht zur Einlageerbringung eine Frist setzen, die gemäß § 113 Abs. 3 CZ-HGB nicht kürzer als drei Monate betragen darf. Die Gesellschaft kann neben § 113 Abs. 4 CZ-HGB den Ausschluss eines Gesellschafters wegen Verletzung seiner Pflichten auch gemäß § 149 CZ-HGB mittels einer Klage erreichen.[140] Im deutschen Kaduzierungsverfahren[141] gemäß § 21 GmbHG beträgt die Frist zur Erbringung der verspäteten Einlage mindestens einen Monat und kann somit kürzer gefasst werden als im tschechischen Recht. In beiden Rechtsordnungen geht der Gesellschaftsanteil des ausgeschlos-

[137] Nachfolgend *actio pro socio* (Klage für die Gesellschaft), vgl. hierzu *Lutter/Hommelhoff*, GmbH-Gesetz, 15. Auflage, 2000, § 13 Rn 17; *K. Schmidt*, § 21 IV.

[138] BGH NJW 1990, 2627; OLG Köln GmbHR 1993, 816; OLG Düsseldorf GmbHR 1994, 172; *Baumbach/Hueck/Fastrich*, § 13 Rn. 32 ff; *K. Schmidt*, § 21 IV 6 b m.w.N.

[139] BGH WM 1982, 928; *Baumbach/Hueck/Fastrich*, § 13 Rn 34 m.w.N.

[140] § 149 S. 3 CZ-HGB bestimmt ausdrücklich, dass die Rechte der Gesellschafterversammlung aus § 113 Abs. 4 unberührt bleiben.

[141] Zum Kaduzierungsverfahren siehe *K. Schmidt*, § 37 II 5.

senen Gesellschafters nach Verstreichen der Frist auf die Gesellschaft über, §§ 21 Abs. 2 S. 1 GmbHG, 113 Abs. 5 CZ-HGB. Vergleichbar mit dem deutschen GmbHG[142] ist es dem Gesellschafter im tschechischen Recht gemäß § 148 Abs. 1 Satz 1 CZ-HGB nicht möglich, seine Mitgliedschaft durch einseitige Willenserklärung zu beenden. Das CZ-HGB eröffnet über § 148 Abs. 1 dem Gesellschafter jedoch die Möglichkeit, die Beendigung seiner Gesellschafterstellung bei Gericht zu beantragen, es sei denn, es handelt sich um eine Ein-Mann-Gesellschaft. Hierfür bedarf es einer besonderen Begründung unter Berücksichtigung der Besonderheiten des Einzelfalls.[143] Während das deutsche Recht[144] ein ordentliches gesetzliches Kündigungsrecht des GmbH-Gesellschafters - als ein Recht zum Austritt ohne wichtigen Grund - nicht anerkennt, besteht jedoch ein gesetzlich nicht geregeltes außerordentliches Kündigungsrecht.[145] Im tschechischen Recht regelt § 149a CZ-HGB den einverständlichen Ausschluss eines Gesellschafters[146] und lässt damit - verglichen mit den entsprechenden deutschen Regelungen - mehr Raum für eine gesellschaftsvertragliche Ausgestaltung.[147] Im deutschen Recht ist eine vertragliche Ausschlussklausel in Form der Amortisation gemäß § 34 GmbHG durch Einziehung des Geschäftsanteils zwar möglich, die Vereinbarung einer direkten Ausschlussklausel wird jedoch von der Rechtsprechung des BGH als unzulässig erachtet.[148] Wie bereits erwähnt kennt das tschechische HGB die Möglichkeit des gerichtlichen Ausschlusses gemäß § 149 CZ-HGB bei grobem Verstoß gegen Gesellschafterpflichten. Die deutsche Rechtsprechung erkennt - zumindest als *ultima ratio* - eine nicht im GmbHG geregelte Ausschlussmöglichkeit bei groben Verstößen an.[149]

II. Die Gesellschafterversammlung

Der Gesellschafterversammlung obliegt in beiden Rechtsordnungen als höchstes Organ der Gesellschaft die Entscheidungskompetenz für wesentliche Entscheidungen, vgl. §§ 46 GmbHG, 125 CZ-HGB. Als wesentlicher Unterschied zu § 46 GmbHG ist auf den zwingenden Charakter der Kompetenznorm des § 125 CZ-HGB hinzuweisen, während § 46 GmbHG grundsätzlich dispositiv ist. In Bezug auf die Gesellschafterversammlung ergeben sich im Übrigen

[142] *K. Schmidt*, § 35 IV 3.
[143] *Štenglová/Plíva/Tomsa*, § 149 S. 430 m.w.N.
[144] *Baumbach/Hueck/Fastrich*, Anh. zu § 34 Rn. 17; *Flume*, Juristische Person, § 8 III; *K. Schmidt*, § 35 IV 3.
[145] *K. Schmidt*, § 35 IV 3 m.w.N.
[146] Durch übereinstimmenden Beschluss aller Gesellschafter, § 149a S. 1 CZ-HGB. Der Auflösungsvertrag muss schriftlich abgefasst sein und die Unterschriften müssen amtlich beglaubigt werden, § 149a S.2 CZ-HGB.
[147] *Holler/Wesbuer*, WiRO 2002, 205 m.w.N.
[148] BGH NJW 1990, 2622.
[149] BGHZ 9, 157; 16, 31; BGH NJW 1999, 3779; *Roth/Altmeppen*, § 60 Rn 60 ff. m.w.N..

aus den Vorschriften der §§ 125 bis 131 CZ-HGB keine wesentlichen Unterschiede gegenüber den entsprechenden deutschen Normen. In § 129 Abs. 1 CZ-HGB wird ausdrücklich festgestellt, dass die Gesellschafter auf Frist[150] und Form der Ladung zur Gesellschafterversammlung verzichten können, was vor der HGB-Novelle nicht möglich war und bisweilen in der Praxis zu einigen Schwierigkeiten führte.[151]

III. Das Geschäftsführungsorgan

Durch die Novelle des tschechischen Handelsgesetzbuches haben auch Regelungen über die Rechtsverhältnisse zwischen der Gesellschaft und ihren Organen eine Änderung erfahren. Gemäß § 261 Abs. 3 lit. f) CZ-HGB richten sich ohne Rücksicht auf die Rechtsform der Vertragsparteien die Rechtsbeziehungen zwischen der Gesellschaft und der Person, die ein Organ oder Organmitglied ist, ausschließlich nach dem Handelsgesetzbuch. Damit hat der tschechische Gesetzgeber ausdrücklich festgestellt, dass die Rechtsbeziehungen zwischen Gesellschaft und deren Organen zwingend durch Normen des Handelsgesetzbuches zu regeln sind und z.B. arbeitsrechtliche Normen auf dieses Rechtsverhältnis nicht angewendet werden können.[152] Ferner wurde in diesem Zusammenhang die zentrale Norm, die das Rechtsverhältnis zwischen der Gesellschaft und ihren Organen regelt, neugefasst, vgl. § 66 CZ-HGB. Der Rücktritt des Geschäftsführers von seiner Funktion als Organ der Gesellschaft ist nun in § 66 Abs. 1 CZ-HGB differenzierter und ausführlicher geregelt. Darüber hinaus hat in § 66 Abs. 2 S. 1 CZ-HGB ein neues Rechtsinstitut Einzug gehalten: „*Der Vertrag über die Ausübung der Funktion*" als Organ der Gesellschaft.[153] Damit wollte der tschechische Gesetzgeber die Lücken schließen, die sich im Rahmen des (bei Geschäftsführerverträgen entsprechend anzuwendenden) Mandatsvertragsrechts[154] ergaben und überlässt die Vertragsgestaltung nun weitgehend den beteiligten Parteien. Lediglich für den Fall, dass kein Funktionsvertrag abgeschlossen wurde oder sich aus diesem Vertrag keine anderen Rechte und Pflichten ergeben, soll weiterhin das Mandatsvertragsrecht entsprechend anzuwenden sein. Aus-

[150] Die Frist beträgt im deutschen Recht eine Woche (§ 51 Abs. 1 S. 1 GmbHG), im tschechischen Recht hingegen mindestens 15 Tage, sofern der Gesellschaftsvertrag keine abweichende Frist festlegt, § 129 Abs. 1 S. 1 CZ-HGB.

[151] *Holler/Wesbuer*, WiRO 2002, 202.

[152] Im tschechischen Recht werden diese Rechtsbeziehungen als „absolute Rechtsbeziehungen" bezeichnet, die stets durch das CZ-HGB geregelt werden (also nicht dispositiv sind) und immer Anwendung finden, unabhängig davon, ob die beteiligten Vertragsparteien Unternehmer sind oder nicht, vgl. *Raban/Bohata*, S. 76.

[153] Tschechisch: Smlouva o výkonu funkce (Vertrag über die Ausübung der Funktion). Diese Vertragskonstruktion ist als Organ- bzw. Geschäftsführervertrag mit der deutschen Rechtspraxis vergleichbar, vgl. § 38 Abs. 1 GmbHG.

[154] §§ 566 bis 576 CZ-HGB.

drücklich wird nun in § 66 Abs. 2 S. 2 CZ-HGB festgestellt, dass der Geschäftsführer die Ausübung der Funktion als Organ persönlich schuldet.[155] Der Vertrag über die Ausübung der Funktion muss gemäß § 66 Abs. 2 S. 3 CZ-HGB schriftlich abgeschlossen werden und durch die Hauptversammlung oder durch alle persönlich und unbegrenzt haftenden Gesellschafter schriftlich genehmigt werden. Neu eingeführt wurden zudem Regelungen über Sonderleistungen[156] an Gesellschaftsorgane, die nur bei Zustimmung der Hauptversammlung oder bei entsprechender vertraglicher Regelung gewährt werden dürfen, § 66 Abs. 3 S. 1 CZ-HGB. Diese Sonderleistungen sind gemäß § 66 Abs. 3 S. 2 CZ-HGB jedoch nicht zu gewähren, falls die Ausübung der Funktion offensichtlich zu ungünstigen wirtschaftlichen Ergebnissen der Gesellschaft beigetragen hat und/oder wenn im Zusammenhang mit der Ausübung der Funktion eine Rechtspflicht schuldhaft verletzt wurde. Damit hat der tschechische Gesetzgeber für die Zukunft die in der ČR gängige Praxis beendet, dass hohe Tantiemen- und Abfindungszahlungen für ausscheidende oder zurückgetretene Geschäftsführer und Vorstandsmitglieder gezahlt wurden. Liegen die Voraussetzungen von § 66 Abs. 3 S. 1 CZ-HGB vor, so sind derartige Leistungen *ex lege* unwirksam. Im Regelungsbereich des Handelsregisters wurden ebenfalls Änderungen vorgenommen, die nun dem Registergericht die Möglichkeit einräumen, die Eintragung von ernannten oder gewählten Mitgliedern von Organen der Gesellschaft zu verweigern, vgl. § 31a CZ-HGB.[157] Durch die Ablehnung der Eintragung eines Geschäftsführers wird dessen Bestellung schwebend unwirksam. Gemäß § 31a Abs. 3 CZ-HGB muss die Gesellschafterversammlung den Geschäftsführer abberufen oder bestätigen. Bleibt die Gesellschafterversammlung indes untätig, so verliert der vom Registergericht abgelehnte Geschäftsführer seine Organstellung *ex lege* nach Ablauf einer Drei-Monatsfrist ab dem Zeitpunkt der Kenntnisnahme der hindernden Tatsache durch die Gesellschafterversammlung.[158] Geblieben ist der im tschechischen Recht in § 133 Abs. 1 CZ-HGB verankerte Grundsatz der Einzelvertretung im Außenverhältnis. Gemäß § 133 Abs. 1 S. 2 ist bei mehreren Geschäftsführern, falls der Gesellschaftsvertrag oder die Satzung nichts Abweichendes regeln, jeder Geschäftsführer berechtigt, selbstständig im Namen der Gesellschaft zu handeln.[159] Das deutsche Recht geht hingegen in § 35 Abs. 1 GmbHG vom Grundsatz der Gesamtvertretung aus.

[155] Damit hat der tschechische Gesetzgeber eine langanhaltende Diskussion innerhalb der rechtswissenschaftlichen Literatur beendet, vgl. hierzu die Darstellung des Meinungsstreits bei *Dědič*, 2002, § 66 Abs. 2, S. 455 f.

[156] Meist Tantiemen, Kredite, Umsatzbeteiligungen etc.

[157] *Raban/Bohata*, S.56 f.

[158] *Dědič*, 2002, 2. Teil, § 135 Abs. 2, S. 1203.

[159] Von der Vertretungsmacht zu unterscheiden, sind jedoch die Rechte und Pflichten, die dem Geschäftsführer im Innenverhältnis obliegen. Dabei gilt für die Geschäftsführung, falls auch hier der Gesellschaftsvertrag nichts Abweichendes regelt und die Gesellschaft mehrere

Eine Klarstellung hat § 13 CZ-HGB erfahren, wonach - korrespondierend zu § 133 Abs. 2 S. 2 CZ-HGB - jegliche Beschränkung der Vertretungsbefugnis des Geschäftsführers Dritten gegenüber unwirksam ist und dies nach § 13 Abs. 5 CZ-HGB auch dann, wenn die Beschränkung der Vertretungsmacht im Handelsregister veröffentlicht wurde.[160] Ferner wurde durch die HGB-Novelle der Haftungsmaßstab bei Pflichtverletzungen[161] eines Geschäftsführers im Rahmen der §§ 194 Abs. 5, 135 Abs. 2 CZ-HGB geändert. Wichtigste Neuerung ist die in § 194 Abs. 5 S. 2 CZ-HGB eingeführte Beweislastregelung, der zufolge der Geschäftsführer im Streitfall die Beweislast dafür trägt, dass er mit der Sorgfalt eines ordentlichen Kaufmanns gehandelt hat. Für den Geschäftsführer ergeben sich damit verschärfte Haftungsbedingungen, die aufgrund der Unbeschränkbarkeit seiner Haftung (§ 194 Abs. 5 S. 4 CZ-HGB) z.T. weitreichende wirtschaftliche Auswirkungen haben können.[162]

IV. Der Aufsichtsrat

Die Bildung eines Aufsichtsrats ist in beiden Rechtsordnungen dispositiv und nur notwendig,[163] wenn dieser im Gesellschaftsvertrag vorgesehen ist, vgl. §§ 52 GmbHG, 137 CZ-HGB. Eine mitbestimmungsrechtliche Verpflichtung hierzu, wie in §§ 1 Abs. 1, 6 MitBestG vorgesehen, kennt das tschechische Recht hingegen nicht.

D. Die Finanzverfassung

Die vorgeschriebene Bildung eines sogenannten Reservefonds ist eine dem deutschen GmbH-Recht fremde Besonderheit des tschechischen Rechts und ist in den §§ 124, 67 CZ-HGB geregelt. Dieser kann gemäß § 67 Abs. 1 CZ-HGB nur zur Deckung von Verlusten der Gesellschaft oder für Maßnahmen zur Überwindung einer ungünstigen wirtschaftlichen Situation der Gesellschaft genutzt werden. Der Reservefonds wird durch Einzahlung von wenigstens 5 % des jährlichen Nettogewinns gebildet. Er muss letztlich mindestens 10% des jährlichen Nettogewinns, darf aber höchstens 5 % des Stammkapitals betragen, vgl. § 124 CZ-HGB. Falls ein Reservefonds nicht gebildet wird, besteht für Dritte nach

Geschäftsführer hat, dass die Entscheidungen über die Geschäftsführung der Gesellschaft der Zustimmung der Mehrheit der Geschäftsführer bedürfen, § 134 S. 2 CZ-HGB.

160 Anders nur im Konkurs- und Vergleichsverfahren gemäß §§ 14 Abs. 1 lit. a), 14a Abs. 1 CZ-Konkursgesetz (Gesetz Nr. 328/1991) und für die Liquidation, § 70 Abs. 3 CZ-HGB.

161 Haftungsmaßstab ist nun die „*erforderliche Sorgfalt eines ordentlichen Kaufmanns*“, während vor der Novelle die „*erforderliche Sorgfalt*“ ausreichen sollte, vgl. § 194 Abs. 5 S. 1 CZ-HGB a.F.

162 Zur Haftung des GmbH-Geschäftsführers im tschechischen Recht ausführlich, *Winkelmann*, WiRO 2002, 65 ff. sowie weiter unten 2. Teil, Kapitel 1, D. VI. 1. bis 8.

163 Im deutschen Recht ist die Bildung eines Aufsichtsrats nur bei mitbestimmten Gesellschaften obligatorisch, siehe §§ 1 Abs. 1, 6 Abs. 1 MitBestG.

§ 68 Abs. 6 lit. d) CZ-HGB sogar die Möglichkeit einer Auflösungsklage gegen die Gesellschaft. Bereits mit der größeren Novelle aus dem Jahre 1996 haben in § 123 Abs. 3 und 4 CZ-HGB auch Vorschriften über die Kapitalerhaltung[164] Einzug gehalten, die mit den Regelungen der §§ 30, 31 GmbHG vergleichbar sind.

E. Die Beendigung der Gesellschaft

Die Regelungen über die Beendigung der Gesellschaft im tschechischen Recht (§§ 151, 68 CZ-HGB) entsprechen im Wesentlichen den deutschen Vorschriften (§§ 60 ff. GmbHG). Eine Besonderheit stellt § 68 Abs. 6 CZ-HGB dar, welcher im Gegensatz zum deutschen GmbH-Recht (§ 61 Abs. 2 S. 2 GmbHG) nicht nur den Gesellschaftern, sondern auch einem Staatsorgan oder einem Dritten die Möglichkeit bietet, die Auflösungsklage aufgrund besonderen rechtlichen Interesses zu erheben. Diese bei der s.r.o vorgesehene Auflösungsmöglichkeit besteht insbesondere, wenn die Gesellschaft länger als zwei Jahre keine Geschäftstätigkeit entfaltet hat.[165] Hierdurch können sich in der Praxis erhebliche Probleme ergeben. Zum einen kann dies die Erhaltung sog. Mantelgesellschaften erschweren. Andererseits kann es bei Gesellschaften, die von Ausländern gegründet wurden, um Immobilien in der ČR zu erwerben[166], zu Schwierigkeiten führen, wenn diese keine Tätigkeiten entfalten. Wie im deutschen Recht der GmbH stellt die Nichteinhaltung der Einzahlungs- oder Übertragungspflicht gemäß § 119 CZ-HGB einen von Amts wegen zu beachtenden Auflösungsgrund dar. Während im tschechischen Recht das Gericht die Auflösung der Gesellschaft nach Verstreichen der Drei-Monatsfrist auch ohne Antrag verfolgt und die

[164] Insbesondere das Verbot der Einlagenrückgewähr.

[165] Die Auflösungsklage ist ferner gemäß § 68 Abs. 6 lit. a) bis f) CZ-HGB statthaft, falls in den letzten zwei Jahren keine Hauptversammlung stattgefunden hat oder im abgelaufenen Jahr die Verwaltungsorgane der Gesellschaft nicht gewählt wurden, falls ihm oder allen seinen Mitgliedern, und sofern dieses Gesetz nichts Abweichendes regelt, vor mehr als einem Jahr die Amtszeit abgelaufen ist und/oder die Gesellschaft seit mehr als zwei Jahren keine Tätigkeit ausübt (a); falls die Gesellschaft die Berechtigung zur unternehmerischen Tätigkeit verliert (b); falls die gesetzlich für die Entstehung der Gesellschaft vorgeschriebenen Voraussetzungen untergegangen sind und/oder die Gesellschaft wegen unüberwindbarer Diskrepanzen zwischen den Gesellschaftern keine Tätigkeit entfalten kann (c); falls die Gesellschaft ihre Pflicht zur Bildung eines Reservefonds verletzt (d); falls die Gesellschaft die Bestimmungen des § 56 Abs. 3 CZ-HGB verletzt (e); falls die Gesellschaft ihre, durch das Amt für den Schutz des Wirtschaftswettbewerbs nach den Sonderbestimmungen auferlegte Pflicht, sich zu spalten oder einen Teil des Unternehmens zu veräußern, nicht erfüllt (f).

[166] Gemäß § 17 des DevisenG (Nr. 219/1995 Sb.) ist der Erwerb von Immobilien in der ČR durch ausländische natürliche und juristische Personen nicht möglich. Dies wird in der Praxis oft durch die Gründung einer s.r.o. umgangen, deren alleiniger Gesellschafter und Geschäftsführer der Ausländer ist. Diese Gesellschaft kann dann als inländische juristische Person Immobilien in der Tschechischen Republik erwerben; zur Lockerung des Devisengesetzes, vgl. *Fiala/Hurdík/Michna*, WiRO 2003, 37 ff.

Liquidation anordnet, wird im deutschen Recht nach Ablauf der Drei-Monatsfrist des § 19 Abs. 4 GmbHG vom Gericht eine weitere Frist gesetzt. Nach deren Ablauf oder erfolglosem Widerspruch ergeht eine zweite Verfügung, deren Rechtskraft die Auflösung der Gesellschaft gemäß §§ 19 Abs. 4, 60 Abs. 1 Nr. 5 GmbHG i.V.m. §§ 144b, 144a FGG herbeiführt.[167] Grundsätzlich erfolgt in beiden Rechtsordnungen die Auflösung durch Liquidation (§§ 151 ff., 70 ff. CZ-HGB bzw. §§ 60 ff. GmbHG). Auch hinsichtlich der Zwangsvollstreckung in einen Gesellschaftsanteil[168] ergibt sich nunmehr im tschechischen Recht kein wesentlicher Unterschied zum deutschen Recht. Inzwischen ist gemäß § 320a Abs. 1 CZ-ZPO die Zwangsvollstreckung in einen Gesellschafteranteil möglich, womit sich der tschechische Gesetzgeber mit dieser Gesetzesänderung auf die Seite der Literatur geschlagen hat.[169]

---

[167] *Roth/Altmeppen*, § 19 Rn 40.
[168] Dazu *Zöller/Stöber*, ZPO, 24. Auflage, 2004, § 857 Rn 2 und § 859 Rn 13 m.w.N.
[169] Vgl. *Holler/Wesbuer*, WiRO 2002, 202 (206) m.w.N.

2. Teil: Der GmbH-Geschäftsführer im tschechischen Recht

Die Gesellschaft mit beschränkter Haftung kann im eigenen Namen Rechte erwerben und Pflichten begründen, ist ohne Organe jedoch handlungsunfähig. Der Geschäftsführer[170] ist das notwendige Geschäftsführungs- und Vertretungsorgan der Gesellschaft[171] und gesetzlich im deutschen Recht in §§ 6 Abs. 1, 35 Abs. 1 GmbHG und im tschechischen Recht in § 133 Abs. 1 CZ-HGB festgeschrieben. Bereits aus § 38 Abs. 1 GmbHG ergibt sich, dass der Geschäftsführer eine Doppelstellung einnimmt: Er ist zunächst Organ der Gesellschaft, nämlich deren organschaftlicher Vertreter gemäß §§ 35 Abs. 1 GmbHG, 133 Abs. 1 CZ-HGB, und vertritt - aufgrund seiner gesellschaftsrechtlichen Organstellung - die Gesellschaft nach innen und außen im gesamten Rechts- und Geschäftsverkehr. Darüber hinaus ist der Geschäftsführer Dienstnehmer. Diese intern für das Dienstverhältnis zwischen Gesellschaft und Geschäftsführer erforderliche Regelung der Vertragsbedingungen, zu denen seine Anstellung erfolgt,[172] wird im Anstellungsvertrag des Geschäftsführers getroffen.[173] Daher sind zunächst beide Rechtsverhältnisse auf ihre wechselseitige Beziehung zueinander zu untersuchen, bevor das für den Geschäftsführer wesensbestimmende Organverhältnis im tschechischen Recht detailliert untersucht wird.

Kapitel 1: Das Organverhältnis

A. Anstellungsvertrag und Organverhältnis

Die Einordnung des Rechtsverhältnisses von Geschäftsführer und Gesellschaft ist im deutschen und österreichischen Recht umstritten. In der Diskussion um die rechtliche Einordnung der Stellung des Geschäftsführers haben sich zwei unterschiedliche Lösungsansätze entwickelt, die sich bereits begrifflich gegenseitig ausschließen: Die herrschende Trennungslehre und die Einheitstheorie. Im tschechischen Recht wird die Frage, ob zwischen Organstellung und Anstellung zu trennen sei, hingegen nicht explizit diskutiert. Die Untersuchung des Verhältnisses beider Rechtsverhältnisse zueinander ist jedoch auch im tschechischen

---

[170] Nachfolgend „Geschäftsführer" genannt.

[171] *K. Schmidt*, § 36 II 1.

[172] So z.B. Einzelheiten zur Vergütung, Vertretungsmacht und eventuelle Beschränkungen, Aufwendungsersatz, Herausgabeansprüche, Wettbewerbsverbot, Altersvorsorge, Urlaubsregelungen, Dauer der Tätigkeit sowie allgemeine Rechte und Pflichten.

[173] Siehe hierzu für Deutschland: *Jaeger*, Der Anstellungsvertrag des GmbH-Geschäftsführers, 4. Auflage, 2001, S. 23 f; Tschechische Republik: *Zoufalý/Munková*, Velká kniha smluvních vzorů - Pacta sunt servanda, 3. vydání, 2001, G3, S. 491 ff.; Österreich: *Straube/Dragaschnig/Pettliczek-Koller/Torggler*, Der GmbH-Geschäftsführervertrag, 3. Auflage, 1994, S. 29 ff.

Recht erforderlich. Dies wird insbesondere bei der Frage der Zulässigkeit privatautonomer Modifizierung korporationsrechtlicher Bestimmungen und der Beurteilung, ob beide Rechtsverhältnisse durch jeweils einen Rechtsakt begründet und beendet werden können, deutlich. Daher sind die tschechischen Regelungen zum Geschäftsführer in einen rechtsvergleichenden Kontext zur dogmatischen Einordnung in Deutschland und Österreich zu setzen.[174]

I. Deutsches Recht

1. Trennungslehre

Die heute in der deutschen und österreichischen Rechtsprechung[175] und Literatur[176] herrschende Trennungslehre unterscheidet hinsichtlich der Rechtsbeziehungen zwischen Gesellschaft und Geschäftsführer zwischen Anstellungs- und Organverhältnis und bezieht sich dabei auf zwei getrennte Rechtsgrundlagen, die durch körperschaftlichen Akt (Bestellung) begründete Organstellung des Geschäftsführers einerseits und seine schuldvertraglich bedingte Anstellung als Geschäftsführer andererseits. Dabei werden innerhalb der Argumentation der überwiegenden Ansicht in Rechtsprechung und Literatur mehrere Merkmale der erforderlichen Trennung beider Rechtsverhältnisse deutlich.

a) Der Gesetzeswortlaut

Die Koexistenz zweier unabhängiger Rechtsverhältnisse ergibt sich im deutschen Recht bereits aus dem Gesetz. Gemäß § 38 Abs. 1 GmbHG ist die Bestellung des Geschäftsführers zu jeder Zeit widerruflich, unbeschadet der Entschädigungsansprüche aus „*bestehenden Verträgen.*" Die Trennung von Bestellung und Anstellung wird für das Aktienrecht ferner aus dem Wortlaut von § 84

[174] Die Eingliederung des Königreiches Böhmen und Mähren in die Rechtsordnung und Rechtskultur der Habsburger Monarchie führte dazu, dass die tschechische Rechtskultur stark durch österreichische und deutsche Einflüsse geprägt ist und das tschechische Recht sich auf der Basis des österreichischen Zivil- und Handelsrechts entwickelt hat, siehe hierzu *Verny/Schäfer/Salaba/Hrdličková/Železná*, in: Breidenbach, Handbuch Wirtschaft und Recht in Osteuropa, CS, Kapitel A, Rn 22 ff.

[175] BGH, NJW-RR 1992, 800; BGHZ 79, 38; 78, 82; 36, 142. Für Österreich: OGH JUS-E 1989/181, GesRZ 1985, 142; VwGH RdW 1996, 275.

[176] Deutschland: *Lutter/Hommelhoff*, Anhang § 6 Rn 1; *K. Schmidt*, § 14 III 2; *Jaeger*, S. 23; *Rowedder/Schmidt-Leithoff*, § 35 Rn 69; *Scholz/Schneider*, Rn 150; *Brandmüller*, Rn 3 ff; *Roth/Altmeppen*, § 6 Rn 18; *Kamanabrou*, DB 2002, 146; *Bauer/Gragert*, ZIP 1997, 2177; *Hümmerich*, NJW 1995, 1177, *Boemke*, ZfA 1998, 209; *Fleck*, in: FS Hilger/Stumpf, 1983, S. 197; *Goette*, Die GmbH nach der BGH-Rechtsprechung, 1997, S. 185; *Holthausen/Steinkraus*, NZA-RR 2002, 281; Österreich: *Koppensteiner*, GmbH-Gesetz, 2. Auflage, 1999, § 15 Rn 18; *Kastner/Doralt/Nowotny*, S. 372; vgl. ferner zum Meinungsstand im österreichischen Recht ausführlich, *Eckert*, S. 148 ff.

AktG hergeleitet,[177] denn gemäß § 84 Abs. 3 S. 5 AktG gelten für die „*Ansprüche aus dem Anstellungsvertrag*" die allgemeinen Vorschriften. Damit hat sich der deutsche Gesetzgeber klar zur Trennung zwischen Anstellung und Organstellung bekannt.

b) Der sachliche Regelungsbereich

Ein weiteres Argument für die strikte Unterscheidung zwischen Organ- und Anstellungsverhältnis wird in dem unterschiedlichen sachlichen Regelungsbereich beider Rechtsverhältnisse gesehen. Durch den körperschaftlichen Rechtsakt der Bestellung wird der Geschäftsführer als an die statutarische Rechtsebene gebunden angesehen und auf dieser Regelungsebene unmittelbar den zwingenden und dispositiven Normen des GmbH-Gesetzes, den Bestimmungen der Satzung und dem Inhalt des Bestellungsbeschlusses für verpflichtet gehalten.[178] Danach haben die spezifisch die Organstellung ausgestaltenden Rechte und Pflichten ihre Geltungsgrundlage in der statutarischen Rechtsebene und werden maßgeblich auf dieser Ebene begründet und modifiziert. Davon zu trennen ist das Anstellungsverhältnis. Durch den Abschluss eines Anstellungsvertrages wird der Geschäftsführer schuldvertraglich verpflichtet und berechtigt. Die Geltungsgrundlage der Rechte und Pflichten des Anstellungsverhältnisses finden ihre Grundlage in der rein schuldrechtlich ausgestalteten Vertragsrechtsebene. Auf dieser Ebene ist der Geschäftsführer an das zwingende und dispositive Schuldrecht und die von ihm eingegangenen vertraglichen Verpflichtungen gebunden und aus ihnen berechtigt. Aufgrund solcher schuldrechtlicher Vereinbarungen sollen die aus der Organstellung folgenden Rechte und Pflichten nur konkretisiert und ergänzt, nicht aber abgeändert werden können,[179] da die Pflicht zur ordnungsgemäßen Geschäftsführung dem Geschäftsführer schon kraft seiner Organstellung obliegt und nicht erst durch Abschluss eines Anstellungsvertrages begründet wird.[180]

Damit kann festgehalten werden, dass das Organverhältnis durch spezifisch organschaftliche Rechte und Pflichten gekennzeichnet ist, wie z.B. der Umfang der Geschäftsführungsbefugnis, Voraussetzungen der Abberufung und der Haftungsanspruch. Die Rechte und Pflichten aus der persönlichen Beziehung des Geschäftsführers zur Gesellschaft, die aus dem Anstellungsvertrag resultieren, werden hingegen durch typisch schuldvertragliche Regelungsbereiche gekennzeichnet, wie beispielsweise Fragen der Vergütung, der Dienstzeit, der Urlaubsanspruch und Regelungen für die Beendigung der Rechtsbeziehung, wie z.B.

[177] Statt aller *Hefermehl*, in: Geßler/Hefermehl/Eckhardt/Kropf, AktG, § 84 Rn 6.
[178] *Mildenberger*, S. 9 m.N.
[179] Statt aller *Rowedder/Schmidt-Leithoff*, § 35 Rn 82 m.w.N.
[180] *Rowedder/Schmidt-Leithoff*, § 35 Rn 69, 106 m.w.N. Österreich: *Eckert*, S. 148 (Fn 937).

Ruhegeldansprüche, Hinterbliebenenversorgung und ein nachvertragliches Wettbewerbsverbot.

c) Der Begründungstatbestand von Anstellung und Bestellung

Die unterschiedliche rechtsgeschäftliche Natur von Anstellung und Bestellung wird ebenfalls als Argument von den Anhängern der Trennungslehre herangezogen. Während der Begründungstatbestand des Anstellungsverhältnisses ein schuldrechtlicher Vertrag sein soll, in der Regel ein Dienstvertrag nach §§ 611 ff. BGB,[181] wird der Tatbestand der Bestellung als ein körperschaftlicher Organisationsakt[182] gekennzeichnet. Der Bestellungsbeschluss ist dabei Akt der körperschaftlichen Willensbildung.[183] Die Betonung der Einseitigkeit des Bestellungsaktes soll aber nicht dazu führen, dass es auf das Verhalten des zu bestellenden Geschäftsführers nicht mehr ankäme, vielmehr ist erforderlich, dass sich der bestellte Geschäftsführer mit der Übernahme der Organstellung einverstanden erklärt.[184] Die Annahme der Bestellung durch den Geschäftsführer wird teilweise nicht als Vertragserklärung verstanden, sondern stelle eine Art Rechts- oder Wirksamkeitsbedingung der Bestellung dar.[185] Andere sehen in der Bestellung und der Annahme durch den Geschäftsführer keinen einseitigen körperschaftlichen Organisationsakt, sondern ein zweiseitiges Rechtsgeschäft.[186] Dem ist zu folgen, denn es ist grundsätzlich zwischen dem internen Akt der Bestimmung des Geschäftsführers (Beschluss), dem Bestellungsangebot der Gesellschaft und der erforderlichen Annahme durch den Geschäftsführer zu unterscheiden. Daher kann von einem Vertrag ausgegangen werden.[187]

Beide Rechtsverhältnisse kommen somit durch jeweils ein zweiseitiges Rechtsgeschäft zu Stande. Überzeugend ist das Argument der unterschiedlichen Begründungstatbestände beider Rechtsverhältnisse jedoch nur hinsichtlich der Unterscheidbarkeit in jeweils zweiseitige Rechtsgeschäfte, nicht jedoch hinsichtlich der rechtsgeschäftlichen Natur der Begründungstatbestände.

---

[181] Vgl. *Rowedder/Schmidt-Leithoff*, § 35 Rn 78 m.w.N. sowie ausführlich in 2. Teil, Kapitel 2 zum Anstellungsverhältnis.

[182] *Baumbach/Hueck/Fastrich*, § 6 Rn 13; *Scholz/Schneider*, § 6 Rn 36; *Rowedder/Schmidt-Leithoff*, § 35 Rn 68 m.w.N.; *Goette*, S. 184 Rn 2. Für das österreichische Recht: *Koppensteiner*, § 15 Rn 7 m.w.N.

[183] *Mildenberger*, Der Geschäftsführervertrag, 2000, S. 8.

[184] *Scholz/Schneider*, § 6 Rn 36; *Baumbach/Hueck/Fastrich*, § 6 Rn 13; *Rowedder/Schmidt-Leithoff*, § 35 Rn 68; *Roth/Altmeppen*, § 6 Rn 18; *K. Schmidt*, § 14 III 2a, S. 416, *Mildenberger*, a.a.O.; Österreich: *Koppensteiner*, § 15 Rn 7 m.w.N.

[185] *Mildenberger*, S. 9 Rn 25; vgl. hierzu auch *Lutter/Hommelhoff*, § 6 Rn 26; *Baumbach/Hueck/Zöllner*, § 46 Rn 23.

[186] BGHZ 52, 316 (321); *Roth/Altmeppen*, § 6 Rn 18.

[187] So im Ergebnis auch *Rowedder/Schmidt-Leithoff*, § 35 Rn 68; für das österreichische Recht: VwGH ecolex 1993, 347; OGH GesRZ 1994, 66; *Koppensteiner*, § 15 Rn 7 m.w.N.

d) Die Rechtsquelle

Die Organstellung ist maßgeblich durch die korporationsrechtlichen Regelungen des GmbH-Gesetzes und der Satzung bestimmt, während sich die Rechtsquelle des Anstellungsverhältnisses in den schuldvertraglichen Regelungen des BGB findet. Die damit einhergehende Unterscheidung zwischen statutarischer und schuldrechtlicher Regelungsebene wurde bereits im Rahmen des unterschiedlichen sachlichen Regelungsbereiches erörtert. Die Trennung beider Regelungsorte (BGB vs. GmbHG) ist daher lediglich deklaratorisch.

e) Das Schicksal beider Rechtsverhältnisse bei deren Beendigung

Das unterschiedliche Schicksal beider Rechtsverhältnisse - insbesondere bei Abberufung des Geschäftsführers - liefert hingegen einen überzeugenden Argumentationsansatz für die Trennungslehre. Die Abberufung führt nicht automatisch zur Beendigung der Anstellung.[188] Die Gesellschaft kann dem Vergütungsanspruch des Geschäftsführers dann nur durch Kündigung des Anstellungsvertrages entgehen. Zwar kann bei vertraglich vereinbarter Koppelung in der Abberufung auch eine Kündigung zum nächstzulässigen Termin gesehen werden, die Kündigungsfrist des § 622 BGB ist jedoch einzuhalten.[189] Auch muss ein wichtiger Grund für die Abberufung, nicht notwendigerweise auch ein wichtiger Grund für die außerordentliche Kündigung des Anstellungsvertrages darstellen. Im Ergebnis sind bei nicht vereinbarter Koppelung zwei getrennte Rechtsakte erforderlich: die Abberufung und die Kündigung. Jedes Rechtsverhältnis kann somit nur gesondert beendet werden, soweit keine Koppelung individualvertraglich vereinbart wurde.

f) Das Verhältnis beider Rechtsverhältnisse zueinander

aa) Die Abstraktion von Organ- und Anstellungsverhältnis

Im Anschluss hieran ist das grundsätzliche Verhältnis zwischen Organstellung und schuldrechtlichem Anstellungsvertrag klärungsbedürftig. Eine Ansicht[190] sieht in dem Anstellungsvertrag die schuldrechtliche Grundlage der Bestellung, so dass die Bestellung - ähnlich wie die Erteilung der Prokura (§§ 48 Abs. 1, 52 Abs. 1 HGB) - von dem ihr zugrundliegenden Anstellungsverhältnis zu unterscheiden sei. *Hachenburg/Mertens*[191] sprechen in diesem Zusammenhang sogar von einem *„korporationsrechtlichem Abstraktionsprinzip“*. Dem widerspricht *Zöllner*[192]: Beide Verhältnisse seien aufeinander nicht im Sinne von

---

[188] *Scholz/Schneider*, § 38 Rn. 33; *Seibt*, NJW-Spezial 2004, 123 m.w.N.
[189] BGH DStR 2003, 2174; BGH NZG 1999, 1215; BGH NJW 1989, 2683.
[190] *Roth/Altmeppen*, § 6 Rn 18.
[191] *Hachenburg/Mertens*, § 35 Rn 92.
[192] *Baumbach/Hueck/Zöllner*, § 35 Rn 10.

rechtlichem Grundverhältnis (Kausalverhältnis) und abstrakter Rechtszuordnung (Organstellung) bezogen, vielmehr ergänzen sich beide Rechtsverhältnisse vom Regelungsgegenstand her mit Überschneidungen. Auch seien sie nicht Teile eines einheitlichen Rechtsgeschäfts, auf das § 139 BGB anwendbar wäre.[193] Die Organstellung sei aber grundsätzlich wirksam, auch wenn das schuldrechtliche Verhältnis unwirksam oder noch nicht zum Abschluss gekommen ist.[194]

Die Abstrahierung des Organverhältnisses - neben der grundsätzlichen Trennung beider Rechtsverhältnisse - vom Anstellungsverhältnis lässt sich jedoch durch einen Vergleich mit dem Trennungs- und Abstraktionsprinzip des deutschen BGB rechtfertigen: Die Wirksamkeit der Verfügung (hier Bestellung) ist grundsätzlich nicht von der Wirksamkeit der zugrunde liegenden Verpflichtung (Anstellung) abhängig. Jedoch kann die Wirkung des Abstraktionsprinzips rechtsgeschäftlich abbedungen werden, so dass die Beteiligten die Gültigkeit der Verpflichtung zur Bedingung für die Wirksamkeit der Verfügung machen.[195] So kann sich beispielsweise aus dem Bestellungsbeschluss oder der Satzung ergeben, dass die Bestellung unter der aufschiebenden Bedingung des Abschlusses eines Anstellungsvertrages erfolgt oder der Geschäftsführer seine Zustimmung bzw. die Annahme der Bestellung unter dieser aufschiebenden Bedingung erklärt.[196] Für die Abstraktion spricht ferner, dass beide Rechtsverhältnisse - wie bereits dargelegt - unterschiedliche, selbstständige Schicksale erleiden können. Deshalb ist es möglich, dass ein bestimmter Sachverhalt für die Gesellschaft einen wichtigen Grund für den Widerruf der Bestellung, aber zunächst nicht für die (außerordentliche) Kündigung des Anstellungsvertrages bildet. Ebenso ist es jedoch möglich, dass ein wichtiger Grund Anlass für den Widerruf der Bestellung und die (außerordentliche) Kündigung des Anstellungsvertrages sein kann, der - ähnlich der Fälle der sog. Fehleridentität - zur Beendigung beider Rechtsverhältnisse führen kann.[197] Auch die Fälle der Geschäftsunfähigkeit des Geschäftsführers führen beispielsweise zur Nichtigkeit der Bestellung und des Anstellungsvertrages, vgl. §§ 6 Abs. 2 GmbHG, 105 Abs. 1 BGB.[198]

---

[193] So aber *Baums*, S. 451 ff., der von ergänzender Funktion ausgeht, beides aber offenbar als zu einem einheitlichen Rechtsverhältnis verschmelzend ansieht.

[194] *Zöllner*, a.a.O.

[195] Vgl. *Medicus*, Grundwissen zum Bürgerlichen Recht, 3. Auflage 1997, Rn 37.

[196] Diesen Lösungsvorschlag macht *Baumbach/Hueck/Zöllner*, § 35 Rn 10, trotz Ablehnung des Abstraktionsgedankens. Die Bestellung eines GmbH-Geschäftsführers unter einer auflösenden Bedingung ist ebenfalls zulässig, OLG Stuttgart, DB 2004, 645 m.w.N.

[197] Das Ende des Organverhältnisses und des Anstellungsverhältnisses können beispielsweise miteinander gekoppelt werden, so dass jeweils das Ende des einen Rechtsverhältnisses zugleich das Ende des anderen bedeutet; dies wird insbesondere empfohlen, um einen wichtigen Grund zur Abberufung auch auf das Anstellungsverhältnis durchschlagen zu lassen, *Jaeger*, S. 155; vgl. auch BGH, BB 1989, 1577 sowie *Münch*, DStR 1993, 916.

[198] Die Bestellung einer nicht voll geschäftsfähigen Person zum Geschäftsführer erweist sich daher als nichtig; verliert der bestellte Geschäftsführer nachträglich die unbeschränkte Ge-

bb) Anstellungsvertragliche Regelungen versus Korporationsrecht

Die Trennung beider Rechtsverhältnisse führt jedoch zu dem Problem, wie sich die Regelungen des als schuldrechtlich qualifizierten Anstellungsvertrages in die organschaftliche Struktur der Gesellschaft einordnen lassen.[199] So enthalten Anstellungsverträge oft Regelungen, die im Grundsatz die statutarische Rechtsebene betreffen. Insbesondere durch (teilweise ausdrückliche) Inbezugnahme des Anstellungsvertrages in Satzungsklauseln wird dem Anstellungsvertrag häufig auch die Aufgabe einer Satzungskonkretisierung zugewiesen.[200] Die Möglichkeit der Ausgestaltung einer organschaftlichen Rechtsbeziehung im Anstellungsvertrag scheint sich daher als eine Durchbrechung des Trennungsprinzips darzustellen, oder zeigt zumindest, dass Überschneidungen zwischen schuldrechtlichem Anstellungsvertrag und korporativen Bestellungsverhältnis nicht auszuschließen sind. Somit ist fraglich, welche Rechtslage besteht, wenn sich Regelungen im Anstellungsvertrag mit Regelungen des gesetzlichen Normalstatuts oder Regelungen des Gesellschaftsvertrages nicht im Einklang befinden. Grundsätzlich muss dazu zunächst festgehalten werden, dass die Rechtsbeziehungen zwischen dem Geschäftsführer und der Gesellschaft durch die Organstellung allein unvollständig geregelt werden. Insbesondere sagt die Organstellung nichts über den Umfang der Leistungspflichten des Geschäftsführers und über Gegenleistungen der Gesellschaft aus. Ferner enthält sie keine Bestimmungen hinsichtlich des Schutzes bestimmter sozialer Interessen, über Aufwendungsersatz und Herausgabepflichten.[201]

Eine stark verbreitete Ansicht[202] nimmt daher an, dass Regelungen im Anstellungsvertrag nur dann unbedenklich und wirksam seien, wenn sie sich innerhalb des Spielraums halten, der durch die jeweilige Gesetzes- und Satzungslage im Zeitpunkt des Abschlusses des Anstellungsvertrages gesteckt ist. Regelungen im Anstellungsvertrag, die im Widerspruch zur korporativen Rechtslage stehen, haben keine körperschaftliche Wirkung.[203] Im Übrigen haben korporationsrecht-

---

schäftsfähigkeit, so erlischt dadurch seine Geschäftsführerstellung von selbst, ohne dass es einer Abberufung bedarf; vgl. BayObLG, DStR 1993, 406; *Hachenburg/Ulmer*, § 6 Rn. 8 m.w.N. zur h.M. Dies ist jedoch im Handelsregister einzutragen, § 39 HGB. Zum Vertrauensschutz Dritter bei Handeln eines geschäftsunfähigen Geschäftsführers über § 15 Abs. 1 HGB, vgl. BGHZ 115, 78.

[199] So auch *Mildenberger*, S. 5.

[200] *Rowedder/Schmidt-Leithoff*, § 35 Rn 82.

[201] Zutreffend *Baumbach/Hueck/Zöllner*, § 35 Rn 7.

[202] *Lutter/Hommelhoff*, Anh zu § 6 Rn 13; *Rowedder/Schmidt-Leithoff*, § 35 Rn 69 m.w.N.

[203] BFHE 182, 384; OLG Düsseldorf, ZIP 1984, 1476; *Scholz/Schneider*, § 35 Rn 156 b; *Lutter/Hommelhoff*, Anh zu § 6 Rn 13; *Hachenburg/Stein*, § 35 Rn 164; *Rowedder/Schmidt-Leithoff*, a.a.O.; *Mildenberger*, S. 107 ff.; zur schuldrechtlichen Wirksamkeit satzungswidriger Anstellungsbedingungen siehe *Lutter/Hommelhoff*, Anh zu § 6 Rn 15. Ebenso in Öster-

liche Bestimmungen im Anstellungsvertrag nur deklaratorischen, nicht aber konstitutiven Charakter.[204] Daher ist zunächst zu prüfen, ob ein bestimmter Regelungsgegenstand satzungsrechtlich bereits normiert ist oder eine Satzungsregelung fehlt. Grundsätzlich geht das Organisationsrecht der Gesellschaft dem Anstellungsvertrag vor, soweit die Befugnisse des Geschäftsführers in Frage stehen.[205] Weicht der Anstellungsvertrag hingegen von Satzungsvorgaben zugunsten des Geschäftsführers ab, ist dies nur verbindlich, wenn ein entsprechender wirksamer Gesellschafterbeschluss vorliegt.[206] Grundsätzlich kann der Anstellungsvertrag die Befugnisse von Geschäftsführern auch einengen, beispielsweise dergestalt, dass sich die Gesellschafter ihre Zustimmung auch zu solchen Maßnahmen vorbehalten, die nach der dispositiven Regelung des Gesetzes der eigenverantwortlichen Entscheidung der Geschäftsführer überlassen sind.[207] Eine Ansicht[208] will gesetzesmodifizierenden Beschränkungen der Geschäftsführerbefugnisse im Anstellungsvertrag daher als vorweggenommene Weisung deuten, da die Geschäftsführer im Rahmen des gesetzlichen Regelungsstatuts der GmbH verpflichtet sind, Gesellschafterweisungen zu befolgen. Dieser Ansatz geht im Ergebnis jedoch zu weit, da § 37 Abs. 1 GmbHG einen wirksamen Weisungsbeschluss voraussetzt, der nicht mit dem Vertragsschluss identisch ist.

g) Zwischenergebnis

Zusammenfassend lässt sich somit konstatieren, dass gewichtige Argumente für eine grundsätzliche Trennung zwischen Organ- und Anstellungsverhältnis von den Vertretern der herrschenden Ansicht in Deutschland und Österreich vorgetragen werden. Insbesondere der Wortlaut des Gesetzes ist insoweit eindeutig. Die dogmatische Trennung beider Rechtsverhältnisse kann jedoch auch zu einer Begriffsjurisprudenz führen, die die Gefahr in sich birgt, sich zu verselbstständigen und die Diskussion auf die Findung treffender Begriffe beschränkt, ohne die Besonderheiten eines Falles zu berücksichtigen.[209] Denn trotz aller klärenden Elemente der von der Trennungslehre vorgebrachten Argumente,

---

reich: Satzungswidrige Anstellungsverträge sind schuldrechtlich wirksam, aber organisationsrechtlich unbeachtlich, *Koppensteiner*, § 15 Rn 19.

[204] *Nägele*, BB 2001, 305 (306).

[205] OLG Düsseldorf ZIP 1984, 1476; *Rowedder/Schmidt-Leithoff*, § 35 Rn 82 m.w.N.

[206] *Zöllner*, a.a.O.

[207] *Rowedder/Schmidt-Leithoff*, § 35 Rn 83 und § 37 Rn 6; anders hingegen zur Frage, ob die Satzung nachträglich vom Anstellungsvertrag abweichendes ohne Einverständnis des Geschäftsführers für diesen verbindlich regeln kann, insbesondere seine Position verschlechtern kann, *Baumbach/Hueck/Zöllner*, § 35 Rn 8, wonach dies grundsätzlich zu verneinen sei, soweit der Anstellungsvertrag - wie im Zweifel anzunehmen ist - dem Geschäftsführer eine geschützte Position einräumen will.

[208] *Rowedder/Schmidt-Leithoff*, § 37 Rn 36.

[209] Der Begriff kann die Begründung nicht ersetzen; *Eckert*, S. 154.

darf dies nicht darüber hinweg täuschen, dass stets eine tatsächliche und rechtliche Nähe beider Rechtsverhältnisse vorliegt.[210]

2. Einheitstheorie

Der schon begriffliche Gegensatz zur Trennungslehre ist die - Anfang des 20. Jahrhunderts entwickelte - Einheitstheorie.[211] Der bereits damals herrschenden Trennungslehre setzten die Vertreter der Einheitstheorie bewusst die Postulierung eines einzigen (einheitlichen) Rechtsverhältnisses zwischen Gesellschaft und Geschäftsführer entgegen, das auf einem einzigen Rechtsgrund beruhe und in dem alle rechtlichen Beziehungen zwischen Geschäftsführer und Gesellschaft aufgehen sollten. Grundlage dieser Beziehung ist der Geschäftsführervertrag, der durch die Bestellung und ihre Annahme durch den Geschäftsführer zustande komme. Dieser Geschäftsführervertrag richte sich vorwiegend nach gesellschaftsrechtlichen Vorgaben, die durch schuldrechtliches Auftrags- und Dienstvertragsrecht sinngemäß ergänzt werden können.[212] Aufgrund der korporationsrechtlichen Grundlage des Geschäftsführervertrages und der damit alleinigen Verankerung auf der statutarischen Rechtsebene, wird in Teilen der Literatur daher auch von einem „*körperschaftlichen Vertrag*" gesprochen.[213] Die sinngemäße Ergänzung der korporationsrechtlichen Vorgaben durch das Gesellschaftsstatut könne durch Parteivereinbarung in Form des Geschäftsführervertrages ergänzend gestaltet werden.[214] Auch hier wird der schuldrechtlichen Vereinbarung nur eine Ergänzung und Konkretisierung der korporationsrechtlichen Vorgaben zugebilligt. Daraus ergibt sich die Anwendung schuldrechtlicher Regelungen nur insoweit, wie diese mit den gesellschaftsrechtlichen Elementen der Rechtsbeziehung zu vereinbaren seien.[215] Der Geschäftsführervertrag sei daher lediglich ein zusätzlicher Gestaltungsfaktor und eben kein eigenständiges Rechtsverhältnis.[216] Bezüglich der Einordnung des Geschäftsführervertrages als konkretisierendes oder ergänzendes Element des Gesellschaftsstatuts bestehen zwischen der Einheitstheorie und der Trennungslehre keine dogmatischen Unterschiede.

---

[210] Mit dem Hinweis auf den „*engen sachlichen Zusammenhang zwischen Bestellung und Anstellung*" begründet der BGH beispielsweise die Notwendigkeit einheitlicher Zuständigkeit der Gesellschafterversammlung bei Begründung und Beendigung beider Rechtsverhältnisse, BGHZ 79, 38; BGHZ 89, 52. So auch § 125 Abs. 1 lit. f) CZ-HGB; *Krieger*, Personalentscheidungen des Aufsichtsrats, S. 163.

[211] *Hachenburg/Schilling*, GmbHG, 6. Auflage 1959, § 35 Rn. 40; *v.Godin/Wilhelmi*, AktG, 2. Auflage 1950, § 75 Anmerkg. 2; zuletzt *Baums*, S. 451 ff.; Österreich: *Ritter*, AktG, 1939, § 75 Anmerkg. 2a (S.242); zuletzt *Floretta*, in: FS Schwarz, S. 307 ff; *Grünwald*, Umwandlung-Verschmelzung-Spaltung, 1996, S. 313 ff.

[212] *Hachenburg/Schilling*, GmbHG, 6. Auflage 1959, § 35 Rn 40.

[213] So *Ritter*, § 75 Anmerkg. 2a.

[214] Vgl. *v.Godin/Wilhelmi*, a.a.O.; *Baums*, a.a.O.

[215] So ausdrücklich *Hachenburg/Schilling*, GmbHG, 6. Auflage 1959, § 35 Rn 40.

[216] *Eckert*, S. 149.

Die Gegensätzlichkeit der beiden vertretenen Lösungsansätze wird insbesondere in der Beurteilung der Struktur der tatbestandlichen Beendigung der gesamten Rechtsbeziehung eines Geschäftsführers zur Gesellschaft deutlich. So kommt beispielsweise die Einheitstheorie - im Gegensatz zur dualistischen Betrachtungsweise der Trennungslehre - bei der Beendigung des Rechtsverhältnisses mit nur einer einzigen Beendigungserklärung aus. So kann der Widerruf der Bestellung oder die Kündigung des Geschäftsführervertrages zur Beendigung der einheitlichen Rechtsbeziehung zwischen Gesellschaft und Geschäftsführer führen.[217] Eine derartige einzige Erklärung beende das Rechtsverhältnis mit seinem gesamten Inhalt, lasse allerdings gegebenenfalls einen gesellschaftsrechtlichen Entschädigungsanspruch unberührt.[218] Nachdem sich die Einheitstheorie mit ihrem vordringlichsten Anliegen, nämlich der Notwendigkeit der Zustimmung des Geschäftsführers zu seiner Bestellung, allgemein durchgesetzt hatte, wurde die Einheitstheorie nicht mehr vertreten, bis *Baums*[219] die Auffassung eines einheitlichen Geschäftsführerverhältnisses wieder favorisiert hat und argumentiert, dass eine Unterscheidung von Organstellung und Anstellungsverhältnis wegen ihrer tatsächlichen und rechtlichen Nähe und Aufeinanderbezogenheit aufgegeben werden sollte und aufgegeben werden kann.[220] Die Trennung wirke sich nachteilig aus. Insbesondere bestünden Unklarheiten bei der Bestimmung der Zuständigkeiten des für die Entscheidung über die Person des Geschäftsleiters und die Beendigung seiner Tätigkeit zuständigen Organs einerseits und des für die Anstellungsbedingungen zuständigen Hilfsorgans andererseits, sowie bei der Deutung, der Fortentwicklung und der Begrenzung der Haftung der Geschäftsleiter.[221]

II. Tschechisches Recht

Die tschechische Rechtsordnung befindet sich auch hinsichtlich der rechtlichen Einordnung des Geschäftsführerverhältnisses im Umbruch. Das dogmatische Verständnis von Bestellung und Anstellung von Organmitgliedern sowie die Reste der habsburgischen Rechtskultur stehen dabei in einem interessanten Spannungsverhältnis zum umgesetzten Gemeinschaftsrecht und der Orientierung

---

[217] *Hachenburg/Schilling*, § 38 Rn 1.

[218] Vgl. insofern *Hachenburg/Schilling*, § 38 Rn 3, der für die Frage des Fortbestehens des Entschädigungsanspruches bei Beendigung des Geschäftsführerverhältnisses wiederum auf die schuldrechtlichen Vorschriften des Geschäftsführervertrages zurückgreifen will.

[219] *Baums*, S. 351 ff., 451 f.

[220] Dagegen könne in der GmbH & Co und im Konzern die Unterscheidung zwischen Dienstverhältnis (zur KG bzw. zum herrschenden Unternehmen) und Geschäftsführerverhältnis (zur Komplementär-GmbH bzw. zur abhängigen Gesellschaft) notwendig und begründet sein; Baums, S. 58 ff., S. 61 ff., S. 452.

[221] *Baums*, S. 452; zur Haftungsbegrenzung des Geschäftsführers, *Mand*, Geschäftsführerhaftung, S. 92 ff.

an deutschen, österreichischen und auch französischen gesellschaftsrechtlichen Strukturen. Der Frage, ob zwischen beiden Rechtsverhältnissen zu trennen ist bzw. ob überhaupt zwei Rechtsverhältnisse koexistieren, wird im tschechischen Recht keine Beachtung geschenkt. Bei der rechtlichen Einordnung des Geschäftsführerverhältnisses wird im tschechischen Recht von - im Vergleich zum deutschen Recht - unterschiedlichen normativen Grundlagen und Voraussetzungen ausgegangen. Zwar nehmen *Loges/Nedelka*[222] eine solche Trennung an, so dass *„auch im tschechischen Recht zwischen dem organschaftlichen Verhältnis, das durch die Bestellung zum Geschäftsführer oder Vorstand begründet wird, und dem zugrundeliegenden Anstellungsverhältnis zu unterscheiden sei*“, führen hierfür jedoch keine Begründung an.[223] Daher waren die von der in Deutschland herrschenden Trennungslehre vorgetragenen Argumente auf ihre Überzeugungskraft im tschechischen Recht zu prüfen.[224]

1. Die Argumente der Trennungslehre

a) Der Gesetzeswortlaut

Das Anstellungsverhältnis von Organmitgliedern ist im tschechischen Recht explizit geregelt. Gemäß § 66 Abs. 2 CZ-HGB *„sind auf die, bei der Wahrnehmung der Geschäftsangelegenheiten der Gesellschaft entstehenden, Beziehungen zwischen der Gesellschaft und dem Organmitglied die - sofern nicht ein Vertrag über die Ausübung der Funktion (Funktionsvertrag)*[225] *geschlossen wurde und sich aus ihm oder aus dem Gesetz keine anderen Rechte und Pflichten ergeben - Bestimmungen über den Mandatsvertrag*[226] *entsprechend anzuwenden.*“ Damit hat der tschechische Gesetzgeber zwei Lösungsmöglichkeiten vorgegeben: Entweder es besteht kein Funktionsvertrag, so sind die Bestimmungen des Mandatsvertrags gemäß §§ 566 bis 576 CZ-HGB entsprechend anzuwenden, oder die Gesellschaft schließt mit dem Organmitglied einen Funktionsvertrag, der die Rechtsbeziehungen zwischen Gesellschaft und Geschäftsführer regeln soll. Somit ergibt sich bereits aus dem Gesetz, dass der Abschluss eines Funktionsvertrages der Gesellschaft mit dem Geschäftsführer nicht zwingend

[222] *Loges/Nedelka*, WiRO 1998, 133.
[223] *Loges/Nedelka*, WiRO 1998, 133 (134).
[224] Zu methodischen Fragen der Interpretation rezipierten Rechts in einer ausländischen Rechtsordnung siehe *Constantinesco*, Rechtsvergleichung, Band II, S. 216 ff.
[225] Im Folgenden „Funktionsvertrag“. Tschechisch: Smlouva o pověření a výkonu funkce (Vertrag über das Betrauen und die Ausübung der Funktion). Mit der HGB-Novelle im Jahre 2000 durch Gesetz Nr. 370/2000 hat der tschechische Gesetzgeber somit die bislang nur unbefriedigend geregelte Materie der sog. Anstellungsverträge von Organmitgliedern normiert.
[226] Tschechisch: Mandátní smlouva, §§ 566 bis 576 CZ-HGB.

erforderlich ist.[227] Mit der Schaffung einer vertraglichen Ebene, die die Beziehungen zwischen Gesellschaft und Geschäftsführer regeln soll, hat sich der tschechische Gesetzgeber für eine grundsätzliche Trennung zwischen Anstellung und Bestellung ausgesprochen. Ferner wird in § 127 Abs. 5 lit. c) 2. HS CZ-HGB nochmals ausdrücklich darauf hingewiesen, dass „*Beschlüsse über Vertragsabschlüsse mit einem Organ nicht zugleich als Bestellung dieses Organs angesehen werden.*" Zwischen Abschluss eines Funktionsvertrages und der Entscheidung über die Ernennung eines Organs ist folglich zu unterscheiden. Das Argument des klaren Gesetzeswortlauts überzeugt somit auch im tschechischen Recht.

b) Der sachliche Regelungsbereich

Im tschechischen Recht ergibt sich der unterschiedliche Regelungsbereich ebenfalls aus den organschaftlichen Rechten und Pflichten, die durch die Bestellung begründet werden und durch die korporationsrechtlichen Bestimmungen des CZ-HGB und der Satzung festgelegt sind. Dem steht der sachliche Regelungsbereich des Funktionsvertrages gegenüber, der wie im deutschen Recht v.a. Fragen der Vergütung, Urlaub und Dienstzeiten umfasst.[228] Somit lassen sich auch im tschechischen Recht hinsichtlich des sachlichen Regelungsbereiches grundsätzlich beide Rechtsverhältnisse trennen.

c) Der Begründungstatbestand von Anstellung und Bestellung

Das Argument des unterschiedlichen Begründungstatbestandes überzeugt im tschechischen Recht zur bedingt. Zwar wird die Bestellung auch als einseitiger Rechtsakt der Gesellschaft bezeichnet,[229] der Anstellungsvertrag ist jedoch kein Dienstvertrag, sondern nach gefestigter und ständiger Rechtsprechung ein „*handelsrechtliches Verhältnis eigener Art,*" das weder arbeits- noch dienstvertraglichen Charakter besitzt.[230] Dabei ist erneut zwischen Abschluss eines Funktionsvertrages einerseits und fehlendem Funktionsvertrag mit entsprechender Anwendbarkeit des Mandatsvertragsrechts andererseits zu unterscheiden.

---

[227] *Loges/Nedelka*, WiRO 1998, 133 (134) folgern daraus bereits die Abstraktion der Bestellung zu dem zugrundeliegenden Rechtsverhältnis (Funktionsvertrag/Mandatsvertrag), unter Berufung auf *Salačová*, Právo a podnikání 4/1996, 2 (3).

[228] *Loges/Nedelka*, a.a.O.

[229] *Dědič*, 2002, § 125, S. 1104/05.

[230] Entscheidung des Obersten Gerichts vom 12.03.2002, 29 Odo 328/2001; Entscheidung des Obergerichts Prag vom 21.4.1993, R 13/1995; *Pokorná*, in: Eliáš/Bartošíková/Pokorná, Rn 381; *Štenglová/Plíva/Tomsa*, § 66, S. 194 ff.

aa) Funktionsvertrag

Der tschechische Gesetzgeber hat erkannt, dass die korporationsrechtliche Ebene, die durch gesellschaftsspezifische Normen innerhalb des HGB und das Satzungsrecht charakterisiert ist, für eine differenzierte Regelung der Beziehungen zwischen Gesellschaft und Geschäftsführer nicht ausreichend ist. Daher wurde zunächst die entsprechende Anwendbarkeit der Regelungen über den Mandatsvertrag angeordnet, bevor später das besondere Institut des „*Funktionsvertrages*“ geschaffen wurde. Wird ein Funktionsvertrag geschlossen, so kommt dieses handelsrechtliche Verhältnis dennoch synallagmatisch zu Stande. Nach *Zoufalý/Munková*[231] sollen bei Abschluss eines Funktionsvertrages der Bestellungsbeschluss und Vertragsschluss zwischen der Gesellschaft und dem Geschäftsführer jeweils untrennbare Bestandteile sein. Dies widerspricht jedoch dem Wortlaut des Gesetzes. § 127 Abs. 5 lit. c) 2. HS CZ-HGB statuiert, dass mit Abschluss eines Funktionsvertrages noch keine Entscheidung über die Ernennung eines Organs getroffen worden ist. Damit ist nach dem Willen des tschechischen Gesetzgebers - auch bei tatsächlichem Zusammenfallen von Bestellung und Vertragzustimmung in einer Gesellschafterversammlung - zwischen Vertragsabschluss und Ernennung zum Geschäftsführer zu unterscheiden. Trotzdem fordern Teile der tschechischen Literatur, dass der Inhalt des Vertrages, und insbesondere die Vergütung, die gemäß § 125 Abs.1 lit. f) in den Zuständigkeitsbereich der Gesellschafterversammlung fällt, durch Beschluss der Hauptversammlung, durch den der Geschäftsführer bestellt wurde, festgelegt werden soll.[232] Wenn nach § 66 Abs. 2 CZ-HGB der Funktionsvertrag von der Hauptversammlung oder durch alle persönlich und unbegrenzt haftenden Gesellschafter genehmigt werden muss, so sei diese Zustimmungsentscheidung nicht lediglich ein einfacher Ausdruck der Zustimmung zum Vertragsschluss mit dem konkreten Geschäftsführer, sondern solle gleichzeitig den Inhalt des Vertrages bestimmen.[233] Der Bestellungsbeschluss der Gesellschaft ließe sich dann jedoch nur schwer vom Vertragsschluss mit dem Geschäftsführer trennen. Faktisch würden zwar Bestellung und Aushandlung der Bedingungen des Funktionsvertrages zusammen fallen, sie sind jedoch rechtlich zu trennen. Das Protokoll der Gesellschafterversammlung, in der der Geschäftsführer bestellt wurde und in der die Einigung über die Vertragsbedingungen stattgefunden hat, soll nach *Zoufalý/Munková*[234] gar Bestandteil zum Anstellungs- bzw. Funktionsvertrag sein und gleichzeitig die Zustimmung der Gesellschaft als eine der Vertragsparteien zu diesem Vertrag zum Ausdruck bringen. Diese Ansicht ist abzulehnen und

[231] Vgl. das Vertragsmuster zum Funktionsvertrag bei *Zoufalý/Munková*, G3, S. 491 ff.
[232] *Pokorná*, in: Eliáš/Bartošíková/Pokorná, Rn 381.
[233] So ausdrücklich Pokorná, a.a.O.
[234] Siehe Art. 1 Nr. 1 des Vertragsmusters bei *Zoufalý/Munková*, G3, S. 491 ff.

entspricht auch nicht der tatsächlichen Rechtspraxis in der ČR.[235] Wegen § 127 Abs. 5 lit. c) 2. HS CZ-HGB und der zumindest innerhalb der Zuständigkeitsnorm des § 125 Abs. 1 CZ-HGB vorgenommenen Trennung zwischen Ernennung („*jmenování*"), Abberufung („*odvolání*") und Vergütung („*odměňování*") von Geschäftsführern in § 125 Abs. 1 lit. f) CZ-HGB einerseits und der Genehmigungszuständigkeit der Gesellschafterversammlung zum Funktionsvertrag in § 125 Abs. 1 lit. m) CZ-HGB andererseits ist von jeweils zwei unterschiedlichen Willenserklärungen der Gesellschaft auszugehen.

bb) Mandatsvertragsrecht analog

Etwas anderes gilt nur, wenn kein Funktionsvertrag geschlossen wurde und die Regelungen über den Mandatsvertrag analog angewandt werden. Dann lässt sich der Begründungstatbestand nicht in Anstellung und Bestellung trennen. Die Regelung des § 66 Abs. 2 CZ-HGB, wonach die entsprechende Anwendbarkeit der Regelungen über den Mandatsvertrag bei fehlendem Geschäftsführervertrag angeordnet wird, stellt nur eine notwendige Konkretisierung der Organstellung dar, sollten sich beispielsweise aus der Satzung oder dem Bestellungsbeschluss keine Vorgaben über Rechte und Pflichten des Geschäftsführers, Haftungsfragen, Regelungen über die Vergütung, Dauer und Beendigung entnehmen lassen. Darüber hinaus galt bereits begrifflich unter den Befürwortern der Einheitstheorie in Deutschland und Österreich der Geschäftsführer als sog. „*Mandatar*", der in einem einheitlichen Rechtsverhältnis zur juristischen Person steht.[236] Der Begriff des Mandatars[237] findet sich noch heute in den §§ 566-576 (Mandatsvertrag) CZ-HGB.[238] Das Argument der unterschiedlichen Begründungstatbestände überzeugt somit nur, wenn ein Funktionsvertrag geschlossen wurde.

---

[235] Einstimmig die Rechtsanwälte *Braun, Giese, Kouba* und *Steger* in Gesprächen mit dem Verfasser (siehe Anhang, Gesprächsverzeichnis).

[236] *Schilling*, in: Hachenburg, GmbH-Gesetz, 6. Auflage, 1959, § 35 Anm. 40 m.w.N.

[237] Vgl. § 566 Abs. 1 CZ-HGB: Mandátní smlouvou se zavazuje mandatář, že pro mandanta... (Durch den Mandatsvertrag verpflichtet sich der Mandatar, für seinen Mandanten...).

[238] Insbesondere in den romanischen Rechtsordnungen wurden die Mitglieder des Leitungsorgans als Beauftragte der Gesellschafter angesehen (sog. Mandatstheorie); vgl. hierzu *Schwarz*, Europäisches Gesellschaftsrecht, 1. Auflage 2000, Rn 343; *Fischer-Zernin*, Der Rechtsangleichungserfolg der Ersten gesellschaftsrechtlichen Richtlinie der EWG, 1986, S. 15 ff.; *Einmahl*, AG 1969, 131 ff.
Diesen Gedanken hat der tschechische Gesetzgeber im Mandatsvertrag aufgegriffen und somit auch romanische Rechtstraditionen ins Handelsgesetzbuch einfließen lassen. Im Unterschied zur klassischen Mandatstheorie hat sich jedoch - wie beispielsweise in Frankreich auch - im tschechischen Recht eine institutionelle Betrachtungsweise durchgesetzt, so dass die Stellung des Leitungsorgans zwingend gesetzlich geregelt ist und eine klare Trennung zwischen Innen- und Außenverhältnis im Gesetz gezogen wurde (vgl. § 133 Abs. 2 CZ-HGB), was letztlich zu dem von der ersten gesellschaftsrechtlichen Richtlinie des Rates der Europäischen Gemeinschaften (ABl. Nr. L 65/8) bezweckten verbesserten Gläubiger-schutz aufgrund der

d) Die Rechtsquelle

Im tschechischen Recht lassen sich beide Rechtsverhältnisse nicht durch die unterschiedliche Rechtsquelle trennen, denn sowohl die organschaftlichen Rechte und Pflichten, als auch die persönlichen Beziehungen des Geschäftsführers zur Gesellschaft haben ihren normativen Ursprung einheitlich im Handelsgesetzbuch. Daraus lässt sich jedoch noch nicht ein einheitliches Rechtsverhältnis ableiten, sondern bedingt lediglich die Feststellung, dass sich beide Rechtsverhältnisse lediglich systematisch nicht durch den Regelungsort trennen lassen. Somit lässt sich dieser Gesichtspunkt nicht als Argument für die Herleitung zweier unterschiedlicher Rechtsverhältnisse oder eines einheitlichen Rechtsverhältnisses heranziehen.

e) Das Schicksal beider Rechtsverhältnisse bei deren Beendigung

Bei der Beendigung beider Rechtsverhältnisse sind im tschechischen Recht nicht zwingend zwei unterschiedliche Willenserklärungen der Gesellschaft erforderlich. Zunächst sind jedoch zwei Fallgruppen zu unterscheiden. Das Schicksal eines Funktionsvertrages bei Abberufung und das Schicksal des bei Fehlen eines Funktionsvertrages entsprechend anzuwendenden Mandatsvertragsrechts.

aa) Funktionsvertrag

Während im deutschen Recht bei einer Kündigung des Anstellungsvertrages die gesetzlichen Kündigungsfristen gemäß § 622 BGB eingehalten werden müssen,[239] obliegt es im tschechischen Recht den Vertragsparteien eine Kündigungsfrist für den Funktionsvertrag zu vereinbaren. Geschieht dies nicht, so kann der Funktionsvertrag jederzeit fristlos gekündigt werden. Wurde der Funktionsvertrag an die Organstellung gekoppelt, so endet das Anstellungsverhältnis mit Abberufung. Bei entkoppelten Funktionsverträgen liegt in der Abberufung dann konkludent die Kündigung des Funktionsvertrages.[240]

Unbeschränkbarkeit der Vertretungsmacht im Außenverhältnis (vgl. Art. 9 Abs. 1 RL) geführt hat. Hier zeigt sich die bereits weit fortgeschrittene EU-Rechtskonformität des tschechischen Gesellschaftsrechts.

[239] BGHZ 91, 217 (22); *Lutter/Hommelhoff*, Anhang § 6 Rn 53; *Scholz/Schneider*, § 35 Rn 226; *Meyer-Landrut/Miller/Niehus*, § 38 Rn 151; *Flatten*, GmbHR 2000, 922 m.w.N. Eine Gegenansicht will dagegen § 621 Nr. 3 BGB anwenden; OLG Düsseldorf, GmbHR 1977, 132; *Hümmerich*, NJW 1995, 1177 (1180). Nach neuerer Rechtsprechung des BGH (BGH WM 1987, 650, 651; BGHZ 79, 291, 293) soll zumindest der Fremdgeschäftsführer und Minderheitsgesellschafter-Geschäftsführer noch der Kündigungsfrist des § 622 BGB unterliegen, während für den beherrschenden Gesellschaftergeschäftsführer nun die Frist des § 621 Nr. 3 BGB gelten solle; OLG Hamm WM 1992, 914 (916); *Rowedder/Schmidt-Leithoff*, § 38 Rn 42 m.w.N.

[240] Siehe zur Auslegung der Abberufung als Kündigung detailliert 2. Teil, Kapitel 2, C. II-III.

bb) Mandatsvertragsrecht analog

Auch die - bei Fehlen einer entsprechenden vertraglichen Regelung - verbleibende sinngemäße Anwendbarkeit des Mandatsvertragsrechts verlangt keine besonderen Kündigungsfristen und -gründe, die einer Koppelung von Organstellung und Anstellungsverhältnis entgegenstünden. Gemäß § 574 Abs. 1 CZ-HGB kann der Mandant den Vertrag jederzeit teilweise oder in vollem Umfang kündigen. Die Kündigung wäre, sofern aus der Kündigung kein späterer Zeitpunkt hervorgeht, an dem Tage wirksam, an dem der Bevollmächtigte (Mandatar) von ihr erfuhr oder hätte erfahren können, § 574 Abs. 2 CZ-HGB. Ferner schreibt das Gesetz vor, dass ab dem Zeitpunkt der Wirksamkeit der Kündigung der Bevollmächtigte (Mandatar) seine Tätigkeit, auf die sich die Kündigung bezieht, nicht fortsetzen darf, § 574 Abs. 3 CZ-HGB. Auch der Vergütungsanspruch endet gemäß § 574 Abs. 4 CZ-HGB mit Wirksamkeit der Kündigung. Das Mandatsvertragsrecht schreibt somit weder das Vorliegen bestimmter Gründe, noch spezielle (Kündigungs-) Fristen vor. Vielmehr ist die Beendigung jederzeit möglich.[241] Im Übrigen ist das Mandatsvertragsrecht abdingbar, § 263 Abs. 1 CZ-HGB.

Während im deutschen Recht die Einheitstheorie bei Widerruf der Bestellung das Schicksal des an besondere Kündigungsfristen und -gründe gebundenen Anstellungsvertrages mit seinen weiterbestehenden Vergütungsansprüchen nicht eindeutig zu erklären vermag, kann im tschechischen Recht die gesamte Rechtsbeziehung durchaus mit einer Erklärung beendet werden: Auch im tschechischen Recht ist die Bestellung frei widerruflich. Dies ergibt sich - im Unterschied zu § 38 Abs. 1 GmbHG - zwar nicht aus dem Gesetz, allerdings hat das Oberste Gericht in Brno[242] jüngst festgestellt, dass eine vertragliche Vereinbarung über den Ausschluss der Abberufung als Geschäftsführer rechtswidrig sei. Ferner kann der Grundsatz der jederzeitigen freien Widerruflichkeit *argumentum e contrario* aus der fehlenden Befristung der Bestellung zum Geschäftsführer hergeleitet werden. Der tschechische Gesetzgeber hat in § 135 Abs. 2 CZ-HGB bewusst die Anwendbarkeit von § 194 Abs. 1 CZ-HGB, der die Befristung der Organtätigkeit des Vorstandsmitglieds einer Aktiengesellschaft auf fünf Jahre vorsieht, sofern die Satzung nichts Abweichendes regelt, ausgelassen und sich auf den Hinweis der entsprechenden Anwendbarkeit der §§ 194 Abs. 2 S. 1 bis 5, Abs. 4 bis 7 und 196a CZ-HGB beschränkt. Somit entspricht der Grundsatz der freien Widerrufbarkeit des Geschäftsführers auch dem gesetzgeberischen Willen.

[241] Etwas anderes könnte nur hinsichtlich der Form der Kündigung gelten: Die Schriftform (§ 272 CZ-HGB) ist obligatorisch, wenn (zuvor auch) der Vertrag schriftlich abgeschlossen wurde; *Štenglová/Plíva/Tomsa*, 2002, § 575, S. 1118.

[242] Entscheidung des Obersten Gerichts v. 11. 10. 2000, SJ 2/2001, 102.

Wird die Organstellung durch Abberufung beendet, so entfällt damit auch die entsprechende Anwendbarkeit der Regeln des Mandatsvertragsrechts. Lässt man diese Sichtweise nicht zu und verlangt zusätzlich zur Abberufung aus der Organstellung auch eine entsprechende Kündigung, so muss der Geschäftsführer aus den Umständen zweifelsfrei erkennen können, dass die Gesellschaft das Anstellungsverhältnis beenden will.[243] Wird der Geschäftsführer abberufen, so besteht im Regelfall kein Zweifel, dass die Gesellschaft auch das Anstellungsverhältnis beenden will, zumal die Beherrschung der Trennung zwischen Anstellungs- und Organverhältnis selbst rechtsberatenen Parteien nicht zugesonnen werden darf.[244] Wie beispielsweise der österreichische OGH[245] ausgeführt hat, kann aus dem Unterbleiben der Kündigungserklärung nicht der Schluss gezogen werden, dass die Gesellschafter das Anstellungsverhältnis fortsetzen wollen, es fehle für ein solches Dienstverhältnis die sachliche Grundlage. Die Zustellung des Abberufungsbeschlusses der Gesellschafterversammlung an den Geschäftsführer ist für die Beendigung des Anstellungsverhältnisses ausreichend.[246] Aus der Zustellung des Abberufungsbeschlusses kann der abberufenen Geschäftsführer erkennen, dass der Gesellschaft an einer Beendigung der gesamten Rechtsbeziehung gelegen ist. Wollte sie den Geschäftsführer weiter beschäftigen,[247] z.B. als leitenden Angestellten in einem anderen Verantwortungsbereich, so müsste sie dem abberufenen Geschäftsführer ohnehin ein neues Angebot unterbreiten.[248] Mit der Abberufung des Geschäftsführers erklärt die Gesellschaft im tschechischen Recht somit konkludent auch die Kündigung des Anstellungsverhältnisses. Die Wahrung der konstitutiven Formvorschrift des § 272 CZ-HGB

---

[243] *Floretta/Spielbüchler/Strasser*, Arbeitsrecht, § 22 A, S. 367.

[244] So zu Recht *Eckert*, S. 171.

[245] OGH RdW 2001, 538; vgl. auch *Eckert*, S. 163 ff.

[246] Dennoch empfiehlt sich bereits bei der Protokollierung des Abberufungsbeschlusses der Gesellschafterversammlung darauf zu achten, dass mit der Abberufung gleichzeitig die Kündigung gemäß § 574 Abs. 1 CZ-HGB verbunden ist, um nicht den im tschechischen Recht unsicheren Gang über die „Auslegung einer Erklärung" (§ 274 CZ-HGB) zu gehen. Der Verlust der Organstellung führt aufgrund der Weisungsgebundenheit des Mandatars gemäß § 567 Abs. 2 CZ-HGB ohnehin dazu, dass dem Mandatar nunmehr die vertragsgemäße Ausführung von Tätigkeiten und Rechtshandlungen eines Geschäftsführers unmöglich werden. Es bliebe anderenfalls lediglich die Hülle des Mandatsvertrags übrig. Der sicherste Weg führt daher - wie im deutschen Recht auch - über die vertragliche Koppelung von Abberufung und Kündigung. Vgl. nur Art. 4 Nr. 4 des Vertragsmusters zum Funktionsvertrag bei *Zoufalý/Munková*, G3, S. 491 ff.

[247] Im deutschen Recht hat das BAG das Institut des ruhenden Dienstverhältnisses des Geschäftsführers, das nach dessen Abberufung wieder auflebe, nun aufgegeben; BAG NZA 1997, 509.

[248] Dies gilt jedoch nur für den Fall, dass mit dem Geschäftsführer bislang kein zusätzlicher Arbeitsvertrag (sog. Managervertrag) abgeschlossen wurde, der u.U. einen Weiterbeschäftigungsanspruch begründet; siehe dazu 2. Teil, Kapitel 2, C. II. Vgl. für das österreichische Recht OGH, RdW 2001, 538.

wäre darüber hinaus auch mit Zustellung des Abberufungsbeschlusses sichergestellt. Somit können die Abberufung des Geschäftsführers und die Kündigung des Mandatsvertrages zusammenfallen. Somit überzeugt dieses Argument im tschechischen Recht nicht.

Anders freilich im deutschen Recht: Die Abberufung des Geschäftsführers führt nur dann zu einer gleichzeitigen Beendigung des Anstellungsverhältnisses, wenn zeitgleich zur Abberufung die außerordentliche Kündigung des Anstellungsvertrages erklärt wird und das Anstellungsverhältnis daher aus wichtigem Grund fristlos gelöst werden kann.[249]

Im tschechischen Mandatsvertragsrecht wird jedoch - anders als im Dienstvertragsrecht der §§ 611 ff. BGB - nicht zwischen ordentlicher und außerordentlicher Kündigung unterschieden. Vielmehr kann durch eine Erklärung, nämlich durch Abberufung des Geschäftsführers durch die Gesellschafterversammlung gemäß § 125 Abs. 1 lit. f) CZ-HGB, was gemäß §§ 266, 274 CZ-HGB gleichzeitig eine Erklärung im Sinne von § 574 Abs. 1 CZ-HGB darstellt,[250] das Rechtsverhältnis insgesamt beendet werden.[251] Dies hat auch den Vorzug, dass damit die im Regelfall konstruiert wirkende Erforderlichkeit einer zweifachen Erklärung zur Beendigung der Geschäftsführerbeziehung vermieden wird. Gemeint ist die von der im deutschen und österreichischen Recht herrschenden Ansicht geforderte Notwendigkeit, neben der Abberufungserklärung auch noch eine auf das Ende der Vergütungsansprüche gerichtete Kündigungserklärung abgeben zu müssen. Im Regelfall ist die Annahme wenig überzeugend, die Gesellschaft wolle nach der Abberufung den Dienstvertrag des Geschäftsführers unberührt lassen und damit alleine noch die andauernde Verpflichtung zur Entrichtung einer weiteren Vergütung an den Geschäftsführer fortbestehen lassen, ohne dass dieser zu einer Gegenleistung verpflichtet wäre. Organstellung und das entsprechend an-

---

[249] *Baumbach/Hueck/Zöllner*, § 35 Rn 109; *Altmeppen/Roth*, § 38 Rn 5; *Scholz/Schneider*, § 38 Rn 33; *Rowedder/Schmidt-Leithoff*, § 38 Rn 23; *Lutter/Hommelhoff*, Anhang zu § 6 Rn 45.

[250] Siehe zur Auslegung der Abberufung als Kündigungserklärung im deutschen Recht *Mildenberger*, S. 56 f.

[251] Zum deutschen Recht: Während die Abberufung nicht die Beendigung des Anstellungsvertrages zur Folge hat (vgl. OLG Köln, NZG 2000, 551), so sei hingegen die Kündigung des Anstellungsvertrages zugleich als Abberufung des Geschäftsführers zu sehen, da eine wirksame Kündigung des Dienstverhältnisses regelmäßig der Organstellung den Boden insofern entzieht, als dass ein Geschäftsführer ohne Vertragsgrundlage nicht weiterarbeiten wird, BGHZ 79, 38 (41) sowie *Brandmüller*, Der GmbH-Geschäftsführer im Gesellschafts-, Steuer- und Sozialversicherungsrecht, 13. Auflage, 2001, S. 83 (Rn 171-173). Anders wiederum, wenn ein Anstellungsvertrag die Klausel enthält, dass der Widerruf zugleich als Kündigung des Anstellungsvertrages zum nächstmöglichen Zeitpunkt gilt: Der Beschluss über die Abberufung des Geschäftsführers enthält dann zugleich eine Beschlussfassung über die (fristlose) Kündigung des Anstellungsvertrages, OLG Düsseldorf, NZG 2000, 209 sowie grundsätzlich zur Koppelung von Abberufung und Kündigung bei Organmitgliedern: BGH, NZG 1999, 1215 m.w.N.

zuwendende Mandatsvertragsrecht erleiden somit bei Abberufung das (gemeinsame) Schicksal ihrer Beendigung.

2. Zwischenergebnis

Die Argumente der Trennungslehre überzeugen im tschechischen Recht nur hinsichtlich des Gesetzeswortlauts und des unterschiedlichen sachlichen Regelungsbereiches. Zwar hat sich der tschechische Gesetzgeber in §§ 66 Abs. 2, 127 Abs. 5 CZ-HGB eindeutig für eine Trennung beider Rechtsverhältnisses ausgesprochen, insbesondere bei der Beendigung der Organstellung wird jedoch deutlich, dass beide Rechtsverhältnisse kein unterschiedliches Schicksal erleiden, sondern durch eine Erklärung der Gesellschaft beendet werden können. Dies entspricht jedoch vielmehr der Sichtweise der Einheitstheorie.

Im tschechischen Recht sieht das Gesetz zwei Gestaltungsmöglichkeiten vor. Wurde kein Funktionsvertrag (Anstellungsvertrag) abgeschlossen, so finden die Regelungen des Mandatsvertragsrechts der §§ 566-576 CZ-HGB entsprechende Anwendung. Bei fehlendem Funktionsvertrag endet die entsprechende Anwendbarkeit des Mandatsvertragsrechts automatisch mit Abberufung.

In der zweiten Gestaltungsmöglichkeit, die der tschechische Gesetzgeber in § 66 Abs. 2 CZ-HGB vorsieht und die in der Praxis gängig ist, kann ein Funktionsvertrag (Geschäftsführervertrag) geschlossen werden. In § 127 Abs. 5 lit. c) 2. HS CZ-HGB wird ausdrücklich festgelegt, dass zwischen Bestellung und Abschluss des Funktionsvertrages unterschieden wird. Hinsichtlich der Beendigung des Geschäftsführerverhältnisses werden in der (deutschen wie auch in der tschechischen) Praxis die Abberufung aus der Organstellung und die Kündigung des Funktionsvertrages vertraglich gekoppelt. Das Handelsgesetzbuch, das die Beziehungen zwischen der Gesellschaft und ihren Organen gemäß § 261 Abs. 3 lit. f CZ-HGB zwingend regelt, trifft keine Aussage über die Kündigungsfristen und -gründe bei Kündigung des Funktionsvertrages, sondern überlässt die Ausgestaltung des Anstellungsverhältnisses weitgehend den Vertragsparteien. Beide Rechtsverhältnisse erleiden somit - durch die in der Praxis gängige Koppelung von Abberufung und Kündigung - kein unterschiedliches Schicksal, da weder die allgemeinen Vorschriften des Handelsgesetzbuches, noch die speziellen entsprechend anwendbaren Regelungen des Mandatsvertragsrechts dies - wie im deutschen Recht durch die zwingend zu beachtenden Kündigungsfristen der §§ 621 ff. BGB - verhindern können. Ferner kann der Abberufungsbeschluss über §§ 266, 274 CZ-HGB als konkludente Kündigung des Funktionsvertrages ausgelegt werden. Auch bei entkoppelten Funktionsverträgen kann sich die Gesellschaft bei Abberufung über § 356 CZ-HGB vom Anstellungsvertrag lösen.[252]

[252] Siehe dazu 2. Teil, Kapitel 2, C. III.

Die Trennung beider Rechtsverhältnisse hat zwar im tschechischen Recht Bestand, sie wird jedoch durch die weitreichende Vertragsfreiheit und tatsächliche Rechtspraxis durchbrochen. Sofern der tschechische Gesetzgeber am Leitbild der Trennung zwischen Organverhältnis und Anstellungsverhältnis festhalten möchte, so sind die bisherigen gesetzlichen Vorgaben hierfür unzureichend.

B. Begründung durch Bestellung

Aufgrund der zumindest durch die gesetzlichen Vorgaben im tschechischen Recht beabsichtigten Trennung zwischen Organstellung und Anstellung werden zunächst beide Rechtsverhältnisse getrennt voneinander untersucht. Im Vordergrund steht zunächst das Organverhältnis, das im deutschen wie auch im tschechischen Recht durch die Bestellung des Geschäftsführers begründet wird.

I. Zuständigkeit für die Bestellung

Hinsichtlich der Zuständigkeit für die Bestellung des Geschäftsführers ist zwischen der Bestellung im Gesellschaftsvertrag (Gründungsgeschäftsführer) und der Bestellung zu einem späteren Zeitpunkt durch Beschluss zu unterscheiden, §§ 6 Abs. 3 S. 2, 46 Nr. 5 GmbHG sowie §§ 110 Abs.1 lit. e), 125 Abs. 1 lit. f), 133 Abs. 3 CZ-HGB. Da die GmbH bereits vor Eintragung mindestens einen Geschäftsführer haben muss und der oder die Geschäftsführer gemäß §§ 7, 8 GmbHG und § 112 CZ-HGB die GmbH beim Registergericht (Handelsregister) anmelden, ihre Legitimation nachweisen und ihre Unterschrift zeichnen müssen, werden die Geschäftsführer bei Gründung der Gesellschaft durch den Gesellschaftsvertrag selbst bestellt.

1. Bestellung im Gründungsstadium der Gesellschaft

Die Bestellung des oder der Geschäftsführer im Gründungsstadium (im Rahmen der Gründungsbestimmungen bzw. durch den Gesellschaftsvertrag)[253] ist nach tschechischer Rechtsauffassung - im Gegensatz zum deutschen Recht - wesentlicher Bestandteil des Gesellschaftsvertrages.[254] Gemäß § 110 Abs. 1 lit. e) CZ-HGB muss der Gesellschaftsvertrag u.a. mindestens die Namen und Wohn-

---

253 In der tschechischen Literatur werden hinsichtlich der Terminologie im Gründungsstadium der Gesellschaft verschiedene Begriffe genannt: „Společenská smlouva" (Gesellschaftsvertrag); „Základatelský listina" (Gründungsurkunde); „Základatelský dokument" (allg. Gründungsdokument); anders jedoch die „Stanovy" (Satzung), die gemäß § 110 Abs. 2 CZ-HGB zusätzlich zum Gesellschaftsvertrag erstellt werden kann und die innere Organisation der Gesellschaft regelt und weitere im Gesellschaftsvertrag enthaltene Regelungen konkretisiert. Die Gründung einer GmbH ist durch Gesellschaftsvertrag oder durch eine Gründungsurkunde möglich; *Bohata*, Gesellschaftsrecht in der Tschechischen Republik, 1998, S. 84.

254 Entscheidung des Bezirksgerichts Hradec Kralove v. 21.11.1993, R 41/1995; *Dědič*, 2002, § 135, S. 1104 sowie § 110 e, S. 990 ff.; *Štenglová/Plíva/Tomsa*, § 133, S. 403 (404).

orte der ersten Geschäftsführer der Gesellschaft und die Form, in der sie im Namen der Gesellschaft zu handeln berechtigt sind, enthalten.

Im deutschen Recht ist die Bestellung der ersten Geschäftsführer lediglich Teil der Gründungsbestimmungen[255] und nicht der Satzung.[256] Die Gründungsbestimmungen sind vom Gesellschaftsvertrag im Sinne des § 3 GmbHG zu unterscheiden.[257] Die Bestimmung der Gründungsgeschäftsführer ist im deutschen Recht nur fakultativer Inhalt des Gesellschaftsvertrages.[258] Die Bestellung der Gründungsgeschäftsführer hat keinen Satzungscharakter, so dass Abberufung und Neubestellung eines anderen Geschäftsführers auch ohne Satzungsänderung möglich sind.[259]

Im tschechischen Recht ist die Benennung der ersten Geschäftsführer in der Gründungsurkunde bzw. im Gesellschaftsvertrag zwingend erforderlich, so dass im Gegensatz zum deutschen Recht von *„echten Satzungsbestimmungen“* ausgegangen werden kann. Inwieweit Änderungen hinsichtlich der Geschäftsführer auch eine Änderung des Gesellschaftsvertrages darstellen, wird im tschechischen Recht differenziert betrachtet: Änderungen in der Person des Gründungsgeschäftsführers, insbesondere seines Wohnsitzes oder Namens, bewirken eine Änderung der Gründungsdokumente *ipso iure*.[260] Diese Tatsache ist gemäß § 28 Abs. 1 lit. e) i.V.m. Abs. 9 CZ-HGB in das Handelsregister einzutragen.[261] Keinesfalls sei jedoch ein Vorgehen nach § 141 CZ-HGB (Beschlussfassung der Gesellschafterversammlung bei Änderung des Gesellschaftsvertrages) nötig. Ändert sich indes die Anzahl der Gründungsgeschäftsführer, so ist dies als Gesellschaftsvertragsänderung, unter Anwendung der Bestimmung von § 141 CZ-HGB, von der Zustimmung aller Gesellschafter oder eines Beschlusses der Gesellschafterversammlung abhängig.[262] Beschlüsse der Hauptversammlung über die Abberufung des Gründungsgeschäftsführers und Bestellung eines neuen Ge-

---

255 Die Gründungsbestimmungen werden meist zweckmäßigerweise in das Gründungsprotokoll aufgenommen, dem der Gesellschaftsvertrag als Anlage beigefügt wird, vgl. *Rowedder/Schmidt-Leithoff*, § 3 Rn 3; *Baumbach/Hueck/Fastrich*, § 6 Rn 14 m.w.N.

256 Anders *K.-D. Müller*, Die Bestellung des Geschäftsführers im Gesellschaftsvertrag als materieller Satzungsbestandteil, Diss. Mainz, 1999, S. 63 ff., mit der Folge, dass spätere Abweichungen einer Satzungsänderung bedürfen. So allerdings im tschechischen Recht, vgl. Entscheidung des Kreisgerichts Hradec Kralove v. 21.11.1993, R 41/1995; *Dědič*, a.a.O.

257 *Rowedder/Schmidt-Leithoff*, § 3 Rn 3. Die Bezeichnung im deutschen Recht „Bestellung durch den Gesellschaftsvertrag“ ist daher unsauber.

258 *Baumbach/Hueck/Fastrich*, § 6 Rn 14.

259 RGZ 44, 95; BGHZ 18, 205; BGH NJW 1969, 131; BGH GmbHR 1982, 129; *Hachenburg/Ulmer*, § 6 Rn 17; *Scholz/Schneider*, 9. Auflage, § 6 Rn 27; *Roth/Altmeppen*, § 6 Rn 29; *Goette*, DStR 1998, 939. Der Gesellschaftsvertrag kann jedoch die Bestellung mit Satzungskraft ausstatten, was jedoch in der Bestimmung des § 38 Abs. 2 GmbHG seine Grenze findet.

260 *Dědič*, 2002, § 110, S. 991.

261 So auch im deutschen Recht, vgl. *Roth/Altmeppen*, § 39 Rn 2, m.w.N.

262 *Dědič*, a.a.O.

schäftsführers sowie dessen Vergütung sind jedoch gemäß § 141 Abs. 1 S. 2 CZ-HGB nicht als Änderungen des Gesellschaftsvertrages anzusehen, da sich hier nur die Person des Geschäftsführers ändert, nicht jedoch die in den Gründungsbestimmungen festgelegte Anzahl.

Wenn der in den Gründungsdokumenten berufene Geschäftsführer zugleich Gesellschafter der Gesellschaft ist, ist fraglich, ob ihm damit auch ein gegen seinen Willen unentziehbares oder nur bei Vorliegen eines wichtigen Grundes entziehbares Recht auf dieses Amt eingeräumt worden ist.[263] Soweit die Satzung diese Frage nicht ausdrücklich beantwortet, etwa indem von einem Sonderrecht auf Geschäftsführung die Rede ist, muss der Gesellschaftsvertrag ausgelegt und aus seinen einzelnen Regelungen entnommen werden, ob ein solches Sonderrecht im Sinne von § 35 BGB bestehen soll.[264] Weder die Berufung in das Geschäftsführeramt in der Satzung als solche, noch die Bestimmung, dass der im Gesellschaftsvertrag bestellte Geschäftsführer nur aus wichtigem Grund abberufen werden darf (§ 38 Abs. 2 GmbHG), reichen für diese Annahme schlechthin aus.[265] Im Zweifel handelt es sich in diesen Fällen nicht um ein Sonderrecht; dafür spricht auch die gesetzliche Regelung in § 6 Abs. 4 GmbHG.

Das tschechische Recht kannte bislang kein dem deutschen Recht entsprechendes Sonderrecht eines Gesellschafters zur Geschäftsführung. Davon ist - wie im deutschen Recht[266] auch - die bloße Tatsache der Bestellung eines Gesellschafters zum Geschäftsführer im Gesellschaftsvertrag zu unterscheiden, §§ 110 Abs. 1 lit. e), 133 Abs. 3 CZ-HGB. Jedenfalls sind die Gesellschafter nicht ohne weiteres zur Leitung der Gesellschaft berechtigt, sondern können gemäß § 122 Abs. 1 CZ-HGB ihre Rechte bezüglich der Leitung und Kontrolle der Gesellschaft im Rahmen der Gesellschafterversammlung wahrnehmen,[267] um ein Geschäftsführungsorgan zu bestellen oder abzuberufen. Die Vorschrift des § 122 Abs. 1 CZ-HGB ermöglicht zwar den Gesellschaftern nicht unmittelbar, in der Satzung ein Sonderrecht zur Geschäftsführung zu installieren, aber sie können in der Gesellschafterversammlung ihre Rechte in dem im Gesellschaftsvertrag oder der Satzung geregelten Umfang und der dort geregelten Form wahrnehmen. Das heißt, der Gesellschaftsvertrag oder die Satzung können bestimmen, in welchem Umfang und in welcher Form die Gesellschafter zur Bestellung und Abberufung der Geschäftsführer ermächtigt sind, vgl. §§ 122, 125 Abs. 1 lit. f) CZ-HGB. Damit besitzen die Gesellschafter weitgehende Regelungsbefugnisse.

---

[263] So *Goette*, DStR 1998, 938.

[264] *Goette*, a.a.O.

[265] BGH NJW 1969, 131; BGH DStR 1994, 214 m. Anmerkung *Goette*; OLG Hamm, ZIP 1986, 1188; *Roth/Altmeppen*, § 6 Rn 31; *Baumbach/Hueck/Fastrich*, § 6 Rn 15 m.w.N.

[266] *Roth/Altmeppen*, § 6 Rn 31m.N.

[267] *Dědič*, 2002, § 122, S. 1081.

Ob die weitgehende Vertragsfreiheit, die § 110 Abs. 1 CZ-HGB den Gesellschaftern einräumt, ausreicht, um in den Gründungsdokumenten ein Sonderrecht zur Geschäftsführung zu vereinbaren, ist zumindest fraglich. Dafür spräche, dass auch das tschechische Recht der GmbH der privatrechtlichen Dispositionsfreiheit, die in § 2 Abs. 2 CZ-BGB festgesetzt ist und sich darüber hinaus für juristisches Personen in §§ 18-20a CZ-BGB sowie in § 110 Abs. 2 CZ-HGB niederschlägt, unterliegt.[268] Nach der gesetzgeberischen Intention bei Wiedereinführung der GmbH im tschechischen Handels- und Gesellschaftsrecht und dem Grundsatz der Privatautonomie, sollte den Gesellschaftern hinsichtlich der inneren Organisation weitgehender Spielraum zur freien Selbstbestimmung gegeben werden.[269] Dafür sprechen zudem unzählige dispositive Normen im tschechischen GmbH-Recht, die dies bekräftigen, vgl. hinsichtlich des Geschäftsführers nur §§ 66 Abs. 1 und 2, 133 Abs. 1, 134, 136 CZ-HGB.[270] Beschränkt wird die Dispositionsfreiheit durch zwingende Normen, die ihre Wirkungsstärke auf das Erfordernis zurückführen, für Interessengegensätze eine grundsätzliche Lösung zu finden.[271] Während der Interessenausgleich im Gesellschaftsrecht typischerweise meist zwischen Gesellschaftern und Gläubigern stattfindet, stellt sich auf den ersten Blick bei Einräumung eines Sonderrechts zur Geschäftsführung der Gesellschafter ein solcher Interessenkonflikt nicht, der die Beschneidung der Privatautonomie rechtfertigte. Problematisch erschiene die Einräumung eines Sonderrechts zur Geschäftsführung für die Gründungsgesellschafter bei späterem Wachstum der Gesellschaft und Neueintritt weiterer Gesellschafter. Dann könnte die Einräumung eines derartigen Sonderrechts bei Gründung der Gesellschaft gegenüber möglichen Neugesellschaftern mit dem im tschechischen Recht verankerten gesellschaftsrechtlichen Benachteiligungsverbot kollidieren. Die Ausschöpfung der Privatautonomie der Gesellschafter bei Gründung der Gesellschaft im Rahmen von § 110 CZ-HGB hinsichtlich später hinzukommender Gesellschafter als Missbrauch der Mehrheit im Sinne von § 56a CZ-HGB zu werten, ginge sicher zu weit. Neu eintretende Gesellschafter wären im Sinne von § 3 Abs. 1 CZ-BGB nur insoweit benachteiligt, als ihnen die alleinige Geschäftsführung als solche verwehrt bliebe. Die Bestellung weiterer Geschäftsführer bleibt davon jedenfalls unberührt. Dies ist jedoch notwendige Konsequenz der Privatautonomie: Neueintretende Gesellschafter können sich vorher über die innere Organisation der Gesellschaft informieren; sie sind wiederum autonom in ihrer Entscheidung, Teilhaber dieser Gesellschaft zu werden. Darüber hinaus bliebe für diese Gesellschafter noch ausreichende Mitsprache und Einflussmöglichkeit im Rahmen der Gesellschafterversammlung, §§ 122, 125

[268] Vgl. hierzu nur *Zitek*, WiRO 1995, 257 (259).
[269] Nachweise bei *Zitek*, Fn. 18 und 19.
[270] Dispositive Normen im tschechischen Gesellschaftsrecht enthalten typischerweise den Zusatz: „...falls der Gesellschaftsvertrag oder die Satzung nichts Abweichendes regeln, ...“
[271] So schon *Laufke*, Die Handelsgesellschaften und das zwingende Recht, 1931, S. 259.

CZ-HGB. Wegen der zuweilen formalistischen Auslegung der tschechischen Rechtsprechung ist aber Vorsicht geboten und diesbezügliche höchstrichterliche Rechtsprechung abzuwarten.

Im tschechischen Recht wäre ein derartiges Sonderrecht ferner weiteren Grenzen unterworfen. Einerseits ist nach einem Urteil des Obersten Gerichts in Brünn vom 11.10.2000[272] eine Gesellschaftsvertragsklausel unwirksam, die die Unwiderruflichkeit der Bestellung eines Gesellschaftergeschäftsführers beinhaltet, andererseits schreibt das Handelsgesetzbuch keine Gründe für die Abberufung eines Geschäftsführers gemäß § 125 Abs. 1 lit. f) CZ-HGB vor, es wird vielmehr vom Grundsatz der jederzeitigen freien Widerrufbarkeit des Geschäftsführers ausgegangen. Es käme also auf eine Beschränkung der Abberufung auf wichtige Gründe, wie § 38 Abs. 2 GmbHG es im deutschen Recht vorsieht, an.

Nach *Dědič*[273] kann im Funktionsvertrag verankert werden, dass (nur) besondere Gründe eine Abberufung rechtfertigen: Sagt das korporationsrechtliche Satzungsrecht oder das Gesellschaftsstatut des Handelsgesetzbuches nichts über etwaige Gründe einer Abberufung aus, so soll im Anstellungsvertrag die Vereinbarung spezieller Gründe, die eine Abberufung rechtfertigen, möglich sein. Verwunderlich dabei ist, dass eine solche Vereinbarung im Funktionsvertrag, das heißt auf anstellungsvertraglicher Ebene und nicht auf Satzungsebene erfolgen soll. An dieser Stelle wird erneut eine Durchbrechung der Trennungslehre deutlich: Regelungen des Anstellungsvertrages könnten somit im tschechischen Recht die Beendigung der Organstellung modifizieren. Damit käme dem Anstellungsvertrag jedoch eine korporationsrechtliche Wirkung zu, die sich mit dem Trennungsdogma nicht vereinbaren ließe oder vielmehr deutlich macht, dass eine Trennung zwischen Organ- und Anstellungsverhältnis im tschechischen Recht nicht aufrecht erhalten werden kann. Konsequenterweise ist diese Ansicht abzulehnen und eine Modifizierung des Grundsatzes der freien Widerrufbarkeit der Bestellung des Geschäftsführers müsste vielmehr - wie in § 38 Abs. 2 GmbHG - in der Satzung oder im Gesellschaftsvertrag erfolgen.[274]

---

[272] SJ 2/2001, 102.

[273] *Dědič*, 2002, § 135, S. 1201.

[274] Verwunderlich ist daher die Feststellung *Dědič*' in der Kommentierung zu § 66 Abs. 2 CZ-HGB (S. 457), dass abweichend vom Gesetz lediglich Rechte und Pflichten im Funktionsvertrag geregelt werden können, keinesfalls jedoch die Begründung und Beendigung der Funktion. Die Beschränkung der Abberufung auf wichtige Gründe betrifft jedoch die Beendigung der Funktion. Dies verwundert umso mehr, als dass bei fehlender Befristung der Organstellung durch das HGB eine entsprechende Regelung im Gesellschaftsvertrag (und nicht etwa im Funktionsvertrag) getroffen werden soll, vgl. *Dědič*, § 135, S. 1202. Darüber hinaus ist eine organisationsrechtliche Regelung, wie die Beschränkung der Abberufbarkeit auf wichtige Gründe, im Funktionsvertrag im Lichte der Zweckrichtung der ersten gesellschaftsrechtlichen Richtlinie (ABl. Nr. L 65/8, Publizitätsrichtlinie) bedenklich. Dritte und neu eintretende Gesellschafter könnten sich durch einen Blick in den Gesellschaftsvertrag nicht vollständig über

Problematisch erscheint die Einräumung eines unentziehbaren Sonderrechts auf Geschäftsführung allerdings im Lichte des zwingenden Charakters von § 125 Abs. 1 CZ-HGB.[275] Wäre es den anderen Gesellschaftern - auch bei Vorliegen eines wichtigen Grundes - verwehrt, den Geschäftsführer abberufen zu können, so beschnitte dies die zwingende Zuständigkeitsnorm des § 125 Abs. 1 CZ-HGB und wäre dann mit dem in § 56a CZ-HGB verankerten Benachteiligungsverbot nicht vereinbar. Ferner fehlt im tschechischen Recht eine Beschränkung, die - wie es § 38 Abs. 2 GmbHG vorsieht - bei einem „unentziehbaren" Sonderrecht das Recht der Gesellschafterversammlung auf Abberufung aus wichtigem Grund unberührt lässt.

Als Zwischenergebnis kann festgehalten werden, dass die Einräumung eines Sonderrechts eines Gesellschafters zur Geschäftsführung in den Gründungsbestimmungen im tschechischen Recht wegen der rechtspositivistischen Normauslegung von § 56a CZ-HGB und dem zwingenden Charakter von § 125 Abs. 1 CZ-HGB ausgeschlossen ist. Für diese Möglichkeit spräche lediglich die weitgehende Privatautonomie und Dispositionsbefugnis der Gründungsgesellschafter und neu eintretender Gesellschafter.

2. Bestellung durch die Gesellschafterversammlung

Der Normalfall, den das Handelsgesetzbuch vorsieht, ist die Bestellung des Geschäftsführers durch die Gesellschafter im Rahmen der Gesellschafterversammlung, §§ 125 Abs. 1 lit. f), 133 Abs. 3 CZ-HGB. Dies entspricht grundsätzlich der Regelungen im deutschen Recht, vgl. §§ 6 Abs. 3 S. 2, 46 Nr. 5 GmbHG.[276]

---

die Kompetenzverteilung in der Gesellschaft informieren; unklar bliebe, ob der Geschäftsführer (ausgehend vom Gesetz) jederzeit, frei und ohne Angabe von Gründen abberufen werden kann. Die Publizität der Organisationsverfassung ist dadurch gefährdet.

[275] Dispositive Normen sind im tschechischen Gesellschaftsrecht an der Formulierung - falls das Gesetz oder die Satzung nichts abweichendes regeln - erkennbar. Diese gesetzlich genannten Möglichkeiten der Abdingbarkeit sind abschließend; siehe *Bartošíková/Štenglová*, Společnost s ručením omezeným, S. 1 ff. (a.A. *Zitek*, WiRO 1995, 257 (258) m.w.N.). An manchen Stellen hat der Gesetzgeber damit den Beteiligten mehr Handlungsfreiheit eingeräumt. Im Rahmen des § 125 CZ-HGB ist dies ausdrücklich erkennbar: Von den Bestimmungen des § 125 Abs. 2 CZ-HGB kann ausdrücklich mittels gesellschaftsvertraglicher Regelung abgewichen werden. § 125 Abs. 1 CZ-HGB bietet diese Möglichkeit nicht und ist daher zwingend, vgl. *Doralt/Svoboda/Solt*, S. 51 Fn. 20; *Bohata*, S. 90.

[276] Sofern im Gesellschaftsvertrag nichts anderes bestimmt ist (§ 45 Abs. 2 GmbHG) und mitbestimmungsrechtliche Besonderheiten keine Verlagerung der Zuständigkeit auf den Aufsichtsrat bestimmen, §§ 12 Montan-MitbestG; 30, 31 MitbestG. Unterliegt die GmbH nicht den Mitbestimmungsgesetzen, es ist nach dem BetrVG aber ein Aufsichtsrat zu bilden (§§ 129 BetrVG, 77 BetrVG 1952), so kann die Satzung bestimmen, wer die Geschäftsführer zu bestellen oder abzuberufen hat. Schweigt die Satzung, gilt wiederum § 46 Nr. 5 GmbHG. Siehe hierzu auch A. I. 3.

Im deutschen (§§ 46 Nr. 5, 47 Abs. 1 GmbHG) wie auch im tschechischen Recht (§§ § 125 Abs. 1 lit. f), 127 Abs. 1-3 CZ-HGB) setzt die Ausübung der Bestellungskompetenz einen Gesellschafterbeschluss voraus. Während im deutschen Recht diese Regel nicht zwingend ist,[277] kann im tschechischen Recht die Bestellungskompetenz durch Satzungsregelung nicht auf andere Organe übertragen werden.[278] Dies ergibt sich aus dem zwingenden Charakter der Zuständigkeitsnorm des § 125 Abs. 1 CZ-HGB.[279] Daraus folgt für das tschechische Recht, dass sämtliche Zuständigkeitsverlagerungen, z.B. in Form von Bestellungsrechten für einzelne Gesellschafter, auf andere Organe ausgeschlossen sind. Ein Beschluss der Gesellschafterversammlung ist zwingend. Somit scheiden auch Sonderrechte einzelner Gesellschafter auf Bestellung des Geschäftsführers bzw. bei Gesellschafter-Geschäftsführern die Bestimmung ihrer Nachfolger aus.[280]

Von der Bestellungskompetenz zu unterscheiden sind jedoch Vorschlags- und u.U. (bindende) Benennungsrechte einzelner Gesellschafter oder bestimmter Gesellschaftergruppen[281] gegenüber der Gesellschaftsversammlung. Während dies im deutschen Recht wegen § 45 Abs. 2 GmbHG möglich ist,[282] bestehen im tschechischen Recht Bedenken: Einerseits können die Gesellschafter gemäß § 122 Abs. 1 CZ-HGB ihre Rechte bezüglich der Leitung und Kontrolle der Gesellschaft im Rahmen der Gesellschafterversammlung in dem im Gesellschaftsvertrag oder der Satzung geregeltem Umfang und der dort geregelten Form wahrnehmen. Der Gesellschaftsvertrag oder die Satzung können daher festlegen, dass die Gesellschafter (bestimmte Gesellschaftergruppen oder auch einzelne Gesellschafter) ein Vorschlags- bzw. Bennennungsrecht hinsichtlich der Bestellung des Geschäftsführers haben können, denn es bliebe bei der grundsätzlich zwingenden Zuständigkeit der Gesellschafterversammlung und dem Erfordernis eines Beschlusses der Gesellschafterversammlung für die Bestellung der Geschäftsführer, § 125 Abs. 1 lit. f) CZ-HGB. Andererseits fragt sich jedoch, ob ein solches Vorschlags- bzw. Benennungsrecht auch bindenden Charakter gegenüber der Gesellschafterversammlung haben könnte. Dafür spricht zunächst

[277] *Rowedder/Schmidt-Leithoff*, § 45 Rn 7 ff. m.w.N.

[278] Insbesondere kann die Bestellungsbefugnis im Gegensatz zum tschechischen Aktienrecht (vgl. § 194 Abs. 1 CZ-HGB) nicht auf einen, im tschechischen GmbH-Recht gemäß § 137 CZ-HGB, fakulativen Aufsichtsrat übertragen werden, *Dědič*, 2002, § 133, S. 1194.

[279] *Doralt/Svoboda/Solt*, GmbH-Mustervertrag, Wien 1992, S. 51 Fn. 20.

[280] Im deutschen Recht wegen § 45 Abs. 2 GmbHG weitgehend möglich, vgl. dazu auch *Brandmüller*, S. 23 ff. Dadurch erhält die GmbH, in zulässiger Abweichung vom gesetzlichen Regelfall (§ 45 Abs. 2 GmbHG), im deutschen Recht einen typischerweise personalistischen Charakter, siehe *Immenga*, Die personalistische Kapitalgesellschaft, 1970, S. 101 ff.

[281] Beispielsweise bei sog. Familiengesellschaften bzw. Familienstammbäumen innerhalb der Gesellschaft, vgl. dazu OLG Düsseldorf, NJW 1990, 1122.

[282] BGH GmbHR 1973, 279; OLG Hamm ZIP 1986, 1188; OLG Stuttgart GmbHR 1999, 537; *Hachenburg/Schilling*, § 46 Rn 14; *Rowedder/Schmidt-Leithoff*, § 46 Rn 22.

die weitgehende Dispositionsbefugnis der Gesellschafter im Rahmen des § 122 Abs. 1 CZ-HGB.[283] Ob jedoch diese Dispositionsbefugnis, über den Umfang und die Form der Wahrnehmung der gesellschafterlichen Rechte in der Gesellschafterversammlung hinaus, auch inhaltliche Fragen mit umfassen kann, ist zumindest bei formalistischer/grammatikalischer Auslegung von § 122 Abs. 1 CZ-HGB - zu der die tschechische Rechtswissenschaft und -praxis neigt - zu verneinen. Ferner könnte dadurch auch die Entscheidungsautonomie der Gesellschafterversammlung gefährdet werden, die durch den zwingenden Charakter des § 125 Abs. 1 CZ-HGB zum Ausdruck kommt. § 125 Abs. 1 CZ-HGB schützt insofern das Verbandsinteresse an einer demokratischen Beschlussfassung. Dem steht das (verbandsfremde) Sonder- bzw. Eigeninteresse des vorschlags- oder benennungsberechtigten Gesellschafters gegenüber. Konsequenz dieser Überlegung ist, dass der Interessenkonflikt zwischen dem - an der Wahrnehmung seiner Sonderinteressen interessierten - Gesellschafter und dem Dogma des Vorrangs des Verbandsinteresses durch den zwingenden Charakter von § 125 Abs. 1 CZ-HGB nicht von der Hand zu weisen ist.[284] Dieser bestehende Interessenkonflikt rechtfertigt mit der Argumentation von *Laufke*[285] daher den zwingenden Charakter von § 125 Abs. 1 CZ-HGB.

Auch im Lichte des Benachteiligungsverbotes des § 56a CZ-HGB käme die Einräumung eines für die Gesellschafterversammlung bindenden Vorschlags- bzw. Benennungsrechts wiederum einem Sonderrecht einzelner Gesellschafter gleich, das aus den bereits diskutierten Erwägungen zum Sonderrecht auf Geschäftsführung im tschechischen Recht ausgeschlossen ist. Ferner ergibt sich aus der Ratio der Vorschriften §§ 127 Abs. 6, 186 d CZ-HGB, dass die Gesellschafter in ihrer Beschlussfassung völlig frei sind. Etwaige Satzungsregelungen, die ein bestimmtes Abstimmungsgebot enthalten, sind gemäß §§ 127 Abs. 6, 186 d Abs. 2 CZ-HGB unwirksam. Der Geltungsanspruch der §§ 122 Abs. 1, 125 Abs. 1, 127 Abs. 6, 186 d Abs. 1, 2 CZ-HGB spricht jedenfalls gegen ein bindendes Vorschlags- bzw. Benennungsrecht eines Gesellschafters.

Entscheidet die Gesellschafterversammlung über die Bestellung eines Gesellschafters zum Geschäftsführer, so stellt sich ferner die Frage, ob der betroffene Gesellschafter sein Stimmrecht diesbezüglich ausüben darf. Während hinsicht-

---

[283] Auch die Befugnis der Gesellschafter - über den Gesellschaftsvertrag gemäß § 110 Abs. 1 CZ-HGB hinaus - gemäß § 110 Abs. 2 CZ-HGB eine Satzung zu erstellen, die die innere Organisation der Gesellschaft regelt und weitere Regelungen des Gesellschaftsvertrages konkretisiert, spricht dafür, dass der tschechische Gesetzgeber den Gesellschaftern weitgehende Autonomie bei der Ausgestaltung der Gesellschaft verleihen wollte. Schranken ergeben sich insoweit durch die zwingenden Normen des Handelsgesetzbuches und der Frage, wieweit der zwingende Charakter in andere, grundsätzlich dispositive, Normen hineinwirkt.

[284] Hierzu ausführlich *Zöllner*, Die Schranken mitgliedschaftlicher Stimmrechtsmacht bei den privatrechtlichen Personenverbänden, 1963, S. 145 ff.

[285] *Laufke*, Die Handelsgesellschaften und das zwingende Recht, Prag, 1931, S. 259.

lich der Abberufung eines Gesellschafter-Geschäftsführers aus wichtigem Grund im deutschen und tschechischen Recht Einigkeit darüber besteht, dass er sein Stimmrecht diesbezüglich nicht ausüben darf,[286] so schweigt das Gesetz hinsichtlich der Bestellung eines Gesellschafters zum Geschäftsführer.[287] Im deutschen Recht[288] wird mittels einer teleologischen Reduktion des § 47 Abs. 4 S. 2 GmbHG argumentiert, dass der Gesellschafter bei der Beschlussfassung über seine Bestellung zum Geschäftsführer sein Stimmrecht ausüben darf.[289] Darüber hinaus fehle es nach der Rechtsprechung des BGH[290] an dem in § 47 Abs. 4 GmbHG typischerweise vorausgesetzten Interessenkonflikt.[291]

Im tschechischen Recht existiert keine § 47 Abs. 4 S. 2 GmbHG entsprechende Regelung, der Gesellschafter ist vielmehr gemäß § 127 Abs. 5 lit. c) CZ-HGB nur dann bei der Beschlussfassung ausgeschlossen, wenn die Gesellschafterversammlung über eine Vorteilsgewährung, den Erlass einer Pflicht oder der Abberufung aus einer Organfunktion wegen Pflichtverletzungen zu entscheiden hat. Daraus ergibt sich für *Dědič*[292] jedenfalls kein Abstimmungsverbot für den Gesellschafter, der zum Geschäftsführer bestellt werden soll. Einzige Grenze soll neben dem Wortlaut des Gesetzes auch hier der Missbrauch der Gesellschafterstellung sein, vgl. § 56a Abs. 1 CZ-HGB.[293] Dem Tatbestandsmerkmal "*Missbrauch*" käme in diesem Zusammenhang eine große Bedeutung zu; so wäre bei großzügiger Auslegung ein Mehrheitsgesellschafter bei seiner Wahl zum Geschäftsführer möglicherweise wegen § 56a Abs. 1 CZ-HGB in seinem Stimmrecht dennoch gehindert. Dagegen spricht jedoch der Wortlaut von § 127 Abs. 5 lit. c) CZ-HGB. Im Ergebnis ist daher auch im tschechischen Recht ein Abstimmungsverbot für den Gesellschafter bei seiner Wahl zum Geschäftsführer zu verneinen.

Gemäß § 127 Abs. 3 CZ-HGB entscheidet die Gesellschafterversammlung, falls das Gesetz oder der Gesellschaftsvertrag keine andere Möglichkeit zwin-

---

[286] §§ 127 Abs. 5 lit. c) CZ-HGB. Zu § 47 Abs. 4 S. 1 GmbHG, vgl. statt vieler *Roth/Altmeppen*, § 47 Rn 61 ff. m.w.N. zur h.M. im deutschen Recht.

[287] Anders im österreichischen Recht: Gemäß § 39 Abs. 5 Ö-GmbHG ist ein Gesellschafter, der zum Geschäftsführer bestellt werden soll, bei der Beschlussfassung in der Ausübung seines Stimmrechtes nicht beschränkt.

[288] RGZ 74, 276; BGHZ 18, 210; 51, 215; statt aller *Baumbach/Hueck/Zöllner*, § 47 Rn 51 m.w.N.

[289] Ausführlich *Baums*, S. 133 ff. Anders noch das Kammergericht in RJA 3, 189. Aufgrund der Kritik in der Literatur (v.a. *Bondi*, DJZ 1903, 269) und einer gegensätzlichen Entscheidung des Reichsgerichts (RGZ 60, 172; 68, 172 (179) obiter), hat auch das Kammergericht diese Ansicht aufgegeben (KG RJA 10, 262 (264) obiter; KG GmbHRspr. II § 50 Nr. 3.

[290] BGHZ 51, 209 (216).

[291] Siehe auch *Rowedder/Schmidt-Leithoff*, § 47 Rn 71.

[292] *Dědič*, 2002, § 127, S. 1130. Unter Verweis auf § 39 Abs. 5 Ö-GmbHG auch *Eliáš*, PPP 11/1999, 1 ff; ders., PPP 12/1999, 1 ff.

[293] *Dědič*, a.a.O.

gend vorschreibt,[294] durch einfache Stimmenmehrheit[295] der anwesenden Gesellschafter. Die Gesellschafterversammlung ist, falls der Gesellschaftsvertrag keine andere Stimmenmehrheit vorsieht, gemäß § 127 Abs. 1 CZ-HGB dann beschlussfähig, wenn Gesellschafter anwesend sind, die mindestens die Hälfte der Stimmen auf sich vereinen. Legt der Gesellschaftsvertrag keine andere Anzahl der Stimmen fest, so hat jeder Gesellschafter je 1.000 CZK seines Geschäftsanteils eine Stimme, vgl. § 127 Abs. 2 CZ-HGB.[296] Dies entspricht grundsätzlich deutschem Recht, vgl. §§ 45 Abs. 2, 47 Abs. 2 GmbHG.[297]

Nicht in jedem Fall muss jedoch auch tatsächlich eine Gesellschafterversammlung stattfinden, um einen Geschäftsführer zu bestellen. Beide Rechtsordnungen kennen hierfür auch die Beschlussfassung im schriftlichen Verfahren (Umlaufbeschluss) gemäß §§ 130 CZ-HGB, 48 Abs. 2 GmbHG.[298] Die bereits im Rahmen der Bestellung durch die Gesellschafterversammlung angesprochenen Problemkreise gelten gleichermaßen auch für das Umlaufbeschlussverfahren im Sinne der §§ 130 CZ-HGB, 48 Abs. 2 GmbHG.[299]

3. Bestellung durch den Aufsichtsrat

Die Übertragung der Bestellungszuständigkeit kann im deutschen Recht grundsätzlich auch auf den Aufsichtsrat übertragen werden, der gemäß § 52

---

[294] Hier zeigt sich - aufgrund der Formulierung der Vorschrift - der typische dispositive Charakter einzelner Vorschriften des CZ-HGB.

[295] Ebenso im deutschen Recht, siehe § 47 Abs. 1 GmbHG.

[296] Siehe auch die allgemeine Bestimmung zur Beschlussfähigkeit von Organen der Handelsgesellschaften in § 66 Abs. 4 CZ-HGB.

[297] Zu Unterschieden bei der Beschlussfähigkeit im deutschen Recht, vgl. *Roth/Altmeppen*, § 47 Rn 5 f.

[298] Zum deutschen Recht vgl. statt vieler, *Baumbach/Hueck/Zöllner*, § 48 Rn 15 ff. m.w.N.

[299] Gemäß § 130 Abs. 1 S. 1 CZ-HGB dürfen die Gesellschafter auch in einem Umlaufverfahren außerhalb der Gesellschafterversammlung Beschlüsse fassen. Dies gilt für alle Fälle, in denen die Gesellschafterversammlung gemäß § 125 Abs. 1 CZ-HGB zuständig wäre, *Dědič*, 2002, § 130, S. 1153. In einem solchen Fall dürfen Personen, die sonst zur Einberufung einer Gesellschafterversammlung berechtigt sind (z.B. Geschäftsführer gemäß § 128 Abs.1 CZ-HGB), einen Beschlussantrag den Gesellschaftern zur Stellungnahme vorlegen und eine Frist bestimmen, innerhalb der sich die Gesellschafter schriftlich äußern sollen, § 130 Abs. 1 S. 2 CZ-HGB. Das Schweigen eines Gesellschafters gilt nach § 130 Abs. 1 S. 3 CZ-HGB als seine Ablehnung. Die Mehrheit berechnet sich aus der Gesamtzahl aller den Gesellschaftern zustehenden Stimmen, § 130 Abs. 1 S. 5 CZ-HGB.
Verlangt das Gesetz für einen Beschluss der Gesellschafterversammlung die Anfertigung einer notariellen Niederschrift, so kann gemäß § 130 Abs. 2 CZ-HGB ein Beschluss außerhalb der Gesellschafterversammlung nur dann angenommen werden, wenn die Willenserklärung des Gesellschafters über die Zustimmung zum beantragten Beschluss, die Form einer notariellen Niederschrift hat, in der auch der Inhalt des Beschlussantrages aufgeführt ist. Beschlüsse über die Bestellung von Geschäftsführern bedürfen jedoch gemäß § 141 Abs. 1, 3 CZ-HGB nicht der notariellen Niederschrift.

GmbHG fakultativ, bei mehr als fünfhundert Arbeitnehmern gemäß § 77 Abs. 1 S. 1 BetrVG 1952 obligatorisch ist. Die Übertragung der Bestellungsbefugnis muss jedoch im Gesellschaftsvertrag vorgesehen sein, vgl. § 45 Abs. 2 GmbHG. Das Recht der Gesellschafter, Befugnisse der Gesellschafterversammlung einem anderen Organ zu übertragen, folgt aus der gesellschaftlichen Selbstverwaltung gemäß § 45 Abs. 2 GmbHG.

Die gesellschaftliche Selbstverwaltung ist im tschechischen Recht durch Fehlen einer § 45 Abs. 2 GmbHG entsprechenden Regelung und den zwingenden Charakter von § 125 Abs. 1 CZ-HGB deutlich eingeschränkt. Eine Übertragung der Bestellungszuständigkeit auf ein anderes Organ, wie z.B. einen Aufsichtsrat, scheitert im tschechischen Recht an der nicht dispositiven Regelung des § 125 Abs. 1 lit. f) CZ-HGB, die die ausschließliche Zuständigkeit der Gesellschafterversammlung als höchstes Organ der Gesellschaft statuiert. Ferner hat der tschechische Gesetzgeber in § 135 Abs. 2 CZ-HGB eine differenzierte Auswahl entsprechend anwendbarer Normen des Aktienrechtes[300] getroffen, dabei jedoch einen Verweis auf § 194 Abs. 1 CZ-HGB unterlassen.[301] § 194 Abs. 1 CZ-HGB räumt den Aktionären das Recht ein, durch Satzung festzulegen, dass die Vorstandsmitglieder in der dort festgelegten Art und Weise durch den Aufsichtsrat gewählt und abberufen werden. Damit gilt diese Regelung aus dem tschechischen Aktienrecht nicht für das Recht der GmbH. Somit scheitert im tschechischen Recht die Übertragung sämtlicher Bestellungskompetenzen auf andere Organe.[302]

Im deutschen Recht führt das Mitbestimmungsrecht zu einer weiteren Modifizierung der bereits besprochenen Bestellungskompetenzen. In mitbestimmten Gesellschaften[303] m.b.H. muss die Bestellung der Geschäftsführer[304] gemäß § 12 MontanMitbestG, §§ 30, 31 MitbestG durch den Aufsichtsrat erfolgen.[305]

---

[300] Gemäß § 135 Abs. 2 CZ-HGB sind die Regelungen der §§ 194 Abs. 2 S. 1-5, Abs. 4 bis 7 und 196a CZ-HGB entsprechend anzuwenden.

[301] Für eine bewusste Regelung sprechen die Novellierungen des Handelsgesetzbuches aus den Jahren 1996 und 2000, deren Gegenstand auch mehrfach § 135 CZ-HGB war. Der Verweis auf die aktienrechtlichen Vorschriften wurde erstmals mit der Novelle aus dem Jahre 1996 (Gesetz Nr. 142/1996 Sb.) in § 135 Abs. 2 CZ-HGB eingeführt. Mit der Novelle aus dem Jahre 2000 (Gesetz Nr. 370/2000 Sb.) wurden die Verweise im Rahmen des § 135 Abs. 2 CZ-HGB nochmals geändert, ohne dass die Verweisung auf § 194 Abs. 1 CZ-HGB erweitert wurde.

[302] Siehe *Dědič*, 2002, § 133, S. 1194.

[303] Gemäß § 1 Abs. 1 MitbestG haben die Arbeitnehmer bei einer GmbH bei mehr als fünfhundert Arbeitnehmern ein Mitbestimmungsrecht nach Maßgabe dieses Gesetzes, so dass gemäß § 6 Abs. 1 MitbestG ein Aufsichtsrat zu bilden ist (falls nicht schon nach § 77 BetrVG 1952 gebildet), der sich nach der Maßgabe des § 7 MitbestG aus Arbeitnehmer und Arbeitgebervertretern zusammen setzt.

[304] Ferner ist bei mitbestimmten Unternehmen gemäß § 33 MitbestG ein Arbeitsdirektor zu bestellen, der als gleichberechtigtes Mitglied des zur gesetzlichen Vertretung des Unterneh-

Das tschechische Recht verfügt zwar über mitbestimmungsrechtliche Regelungen,[306] die jedoch weder die Bildung eines Aufsichtsrates ab einer bestimmten Größe des Unternehmens,[307] noch die zwingende Bestellungsbefugnis für Geschäftsführer durch den Aufsichtsrat statuieren. Somit bleibt es auch unter mitbestimmungsrechtlichen Gesichtspunkten bei der alleinigen Bestellungskompetenz der Gesellschafterversammlung im tschechischen Recht.

4. Bestellung durch einen ermächtigten Gesellschafter

Die gesellschaftliche Selbstverwaltung ermöglicht im deutschen Recht, dass der Gesellschaftsvertrag gemäß § 45 Abs. 2 GmbHG bestimmen kann, dass die Bestellung des Geschäftsführers einem Gesellschafter[308] oder einem bestimmten Gesellschafterstamm[309] eingeräumt werden kann. Das tschechische Recht lässt - wie bereits diskutiert - eine Übertragung der Bestellungskompetenz auf andere Organe wegen des zwingenden Charakters der Zuständigkeitsbestimmungen von § 125 Abs. 1 lit. a) bis n) CZ-HGB nicht zu. Weder ein einzelner Gesellschafter noch bestimmte Gesellschafterstämme können daher die alleinige Bestellungskompetenz der Gesellschafterversammlung kraft Satzungsregelung umgehen.

5. Gerichtliche Bestellung eines Notgeschäftsführers

Wenn die oben besprochenen Alternativen der Bestellung des Geschäftsführers aus rechtlichen oder tatsächlichen Gründen scheitern, so dass die Gesellschaft nicht oder nicht mehr über ein Organ der Geschäftsführung verfügt, so kommt eine gerichtliche Bestellung als Notbestellung in Betracht. Das deutsche GmbH-Recht enthält - im Gegensatz zum Aktienrecht (§ 85 AktG) - keine Regelungen für diesen Fall. Im tschechischen Recht findet sich in § 135 Abs. 2 CZ-HGB ein Verweis auf die aktienrechtlichen Vorschriften des § 194 Abs. 2 CZ-HGB, in denen die gerichtliche Bestellung eines Notgeschäftsführers geregelt

---

mens befugten Organs angesehen wird. Diese Unternehmen haben somit zwei Geschäftsführer. Der Arbeitsdirektor nimmt typischerweise Aufgaben der Personal- und Sozialverwaltung des Unternehmens wahr, während der Geschäftsführer i.e.S. die Geschäftsführung übernimmt, siehe hierzu *Rowedder/Schmidt-Leithoff*, Einl. Rn. 264.

305 Für den Bereich des Montan-Mitbestimmungsgesetzes genügt für die Bestellung einfache Mehrheit der abgegebenen Stimmen; *Brandmüller*, Rn 18. Soweit Gesellschaften m.b.H. unter das Mitbestimmungsgesetz fallen, wurde ein kompliziertes Vierstufenverfahren eingeführt, vgl. § 31 MitbestG. Zum Wahlverfahren, *Baumbach/Hueck/Zöllner*, § 52 Rn 184.

306 Siehe hierzu *Seibold*, S. 181 ff.; *Gerauer/Baron/Britz*, Arbeitsrecht in der Tschechischen Republik, München 1999, S. 74 ff.; *Klikar*, Tschechisches Arbeitsrecht, Prag 2001, S. 91 ff.

307 So auch *Holler/Wesbuer*, WiRO 2002, 202 (205).

308 BGHZ 43, 261.

309 Z.B. bei sog. Familiengesellschaften bzw. Familienstammbäumen innerhalb der Gesellschaft, vgl. dazu OLG Düsseldorf, NJW 1990, 1122.

ist. Im deutschen Recht wird von der Rechtsprechung[310] § 29 BGB analog angewandt, was von der Literatur[311] weitgehend unterstützt wird.[312]

Voraussetzung ist zunächst, dass ein für die Vertretung der Gesellschaft unentbehrlicher Geschäftsführer fehlt oder aus rechtlichen oder tatsächlichen Gründen an der Geschäftsführung gehindert ist.[313] Das tschechische Recht nennt in § 194 Abs. 1 S. 1 CZ-HGB mehrere Alternativen, die zu einer Handlungsunfähigkeit der Geschäftsführung führen können: Tod, Rücktritt, Abberufung, Zeitablauf der Organstellung bei Befristung. Führt eine dieser Fallalternativen zur Handlungsunfähigkeit, so ernennt gemäß § 194 Abs. 2 S. 2 CZ-HGB ein Gericht auf Antrag einer Person, die ein Rechtsinteresse nachweisen kann, den oder die fehlenden Geschäftsführer für die Dauer, bis diese durch ein zuständiges Organ[314] der Gesellschaft bestellt werden. Ansonsten kann das Gericht die Gesellschaft auch ohne Antrag auflösen und ihre Liquidation anordnen. Nach einer Ansicht[315] und nach dem Wortlaut des Verweises in § 194 Abs. 1 S. 2 CZ-HGB auf die Fallalternativen in § 194 Abs. 1 S. 1 CZ-HGB, kann das Gericht auf Antrag nur in diesen Fällen tätig werden. Nach dem Sinn und Zweck von § 194 Abs. 1 CZ-HGB, nämlich der Aufrechterhaltung der Geschäftstätigkeit der Gesellschaft (notfalls mit gerichtlicher Hilfe durch Ernennung eines Notgeschäftsführers), kann die Bestellungsbefugnis des Gerichts nicht auf die Fälle des § 194 Abs. 1 S. 1 CZ-HGB beschränkt werden, sondern greift vielmehr auch in anderen Fällen ein, die zu einer geschäftsführerlosen Gesellschaft führen.[316] Im deutschen Recht wird ferner verlangt, dass es sich um einen dringenden Fall handeln muss, das heißt wenn der Gesellschaft oder einem sonst Beteiligten ohne die in Frage stehende amtliche Hilfe ein Schaden droht.[317] Ein dringender Fall liegt nach Ansicht des BayObLG[318] dann nicht vor, wenn die Gesellschafter rechtzeitig einen neuen Geschäftsführer bestellen können. Auch im tschechischen Recht verlangt § 194 Abs. 1 S. 1 CZ-HGB von den Gesellschaftern innerhalb von drei

---

[310] RGZ 138, 101; BGHZ 6, 232; BayObLG DB 1978, 2165.

[311] *Scholz/Schneider*, 9. Auflage, § 6 Rn 39 ff; *Hachenburg/Mertens*, § 35 Rn 33 ff.; *Rowedder/Schmidt-Leithoff*, § 35 Rn 76 f.; *Baumbach/Hueck/Fastrich*, § 6 Rn 19 m.w.N.

[312] Bei der mitbestimmten GmbH wird die analoge Anwendung von § 29 BGB durch die im wesentlichen inhaltsgleiche Sondernorm des § 85 AktG gemäß § 31 Abs. 1 MitbestG verdrängt.

[313] *Rowedder/Schmidt-Leithoff*, § 35 Rn 76.

[314] Bei der GmbH stets die Gesellschafterversammlung gemäß § 125 Abs. 1 lit. f) CZ-HGB.

[315] *Dědič*, 2002, § 133, S. 1194 f.

[316] Hierfür spricht auch die Regelung des § 194 Abs. 7 CZ-HGB wonach ein Geschäftsführer seine Organstellung *ipso iure* verliert, wenn die gesetzlichen Anforderungen nachträglich entfallen sollten. Auch hier muss die Bestellung eines Notgeschäftsführers gemäß § 194 Abs. 2 S. 2 CZ-HGB möglich bleiben.

[317] OLG Zweibrücken, ZIP 2001, 973; OLG Frankfurt, GmbHR 2001, 436; *Roth/Altmeppen*, § 6 Rn 20 ff. m.w.N.

[318] BayObLG DB 1995, 2364.

Monaten einen neuen Geschäftsführer zu bestellen. Der zeitliche Rahmen von drei Monaten erscheint auf den ersten Blick großzügig gesteckt, hindert jedoch nicht die Zuständigkeit des Gerichts, da dessen amtliche Bestellung gemäß § 194 Abs. 2 S. 2 CZ-HGB ohnehin nur für die Dauer erfolgen soll, bis die Gesellschafterversammlung einen neuen Geschäftsführer bestellt. Versäumt sie dies,[319] so droht die gerichtliche Auflösung und die Anordnung der Liquidation der Gesellschaft gemäß § 194 Abs. 2 S. 2 CZ-HGB.

Ferner folgt aus § 29 BGB, dass ein Beteiligter die Bestellung eines Notgeschäftsführers beantragen kann. Auch im tschechischen Recht kann gemäß § 194 Abs. 1 S. 2 CZ-HGB nur eine Person die Bestellung eines Notgeschäftsführers beantragen, die ein rechtliches Interesse nachweisen kann. Nach deutschem Rechtsverständnis können dies neben Gesellschaftern und Organmitgliedern auch Dritte sein, die einen ihnen zustehenden Anspruch gegen die Gesellschaft nicht durchsetzen können, solange es dieser an einem handlungsfähigen Vertretungsorgan fehlt.[320] Diese Grundsätze dürften auch im tschechischen Recht anwendbar sein, zumal das Erfordernis eines *„rechtlichen Interesses"* weit ausgelegt werden kann. Dennoch fordert das tschechische Recht in § 194 Abs. 1 S. 2 CZ-HGB den Nachweis eines rechtlichen Interesses. Im deutschen Recht müssen Dritte ihr Recht lediglich konkretisieren, ohne es jedoch glaubhaft machen zu müssen.[321] Nur wenn dieses Recht offensichtlich nicht besteht, hat das Gericht den Antrag des Dritten als unzulässig zurückzuweisen.[322] Das Amt des Notgeschäftsführers erlischt, wenn ein neuer Geschäftsführer bestellt wird.[323] Dies entspricht auch der tschechischen Rechtslage, § 194 Abs. 2 S. 5 CZ-HGB.

II. Persönliche Anforderungen an den Geschäftsführer

Hinsichtlich der persönlichen Anforderungen, die ein zu bestellender Geschäftsführer erfüllen muss, ist im deutschen und tschechischen Recht zunächst zwischen gesetzlichen Anforderungen und Anforderungen, die zusätzlich die Satzung vorschreiben kann, zu unterscheiden.

---

[319] Anders im deutschen Recht: Wenn sich die Gesellschafter auf einen neuen Geschäftsführer nicht einigen können (BayObLG ZIP 1997, 1785), was insbesondere bei zerstrittenen Zwei-Mann-Gesellschaften der Fall sein kann (BayObLG NZG 1998, 944; NZG 2000, 41), ist Dringlichkeit gegeben. Das tschechische Recht ist stringenter: Schafft es die Gesellschafterversammlung nicht innerhalb von drei Monaten einen neuen Geschäftsführer zu bestellen, so kann das Gericht die Gesellschaft auflösen und die Liquidation anordnen.

[320] *MüKo/Reuter*, § 29 BGB Rn 9; *Rowedder/Schmidt-Leithoff*, § 35 Rn. 77 m.w.N.

[321] *Lutter/Hommelhoff*, Vor § 35 Rn 18.

[322] *Lutter/Hommelhoff*, a.a.O.

[323] BayObLG GmbHR 1999, 1292; *Hachenburg/Mertens*, § 35 Rn 38; *Rowedder/Schmidt-Leithoff*, a.a.O.

1. Gesetzliche Anforderungen

Die gesetzlichen Voraussetzungen für die Übernahme der Geschäftsführerstellung sind im tschechischen Recht in §§ 135 Abs. 2, 194 Abs. 7 CZ-HGB und im deutschen Recht in § 6 Abs. 2 GmbHG geregelt. Ausgehend vom Wortlaut des Gesetzes werden als Geschäftsführer Gesellschafter oder andere Personen bestellt, vgl. §§ 133 Abs. 2 CZ-HGB, 6 Abs. 3 S. 1 GmbHG. Aus der Möglichkeit der Dritt- bzw. Fremdorganschaft[324] folgt, dass terminologisch in beiden Rechtsordnungen zwischen Fremdgeschäftsführern und Gesellschafter-Geschäftsführern unterschieden wird.[325] Grundsätzlich können nur unbeschränkt geschäftsfähige, natürliche Personen zu Geschäftsführern bestellt werden.[326] § 194 Abs. 7 S. 1 CZ-HGB verlangt ferner das Mindestalter von 18 Jahren, da die Volljährigkeit und damit volle Geschäftsfähigkeit gemäß § 8 Abs. 1 und 2 CZ-BGB auch schon vor Vollendung des 18. Lebensjahres durch Heirat erworben werden kann. Minderjährige bzw. beschränkt Geschäftsfähige sind im tschechischen Recht daher vollständig ausgeschlossen. Ebenso im deutschen Recht: Auch wenn die Zustimmung der gesetzlichen Vertreter zu den Fällen der §§ 112, 113 BGB vorliegt, können beschränkt Geschäftsfähige nicht Geschäftsführer sein.[327] Auch ein Betreuter, der bei der Besorgung seiner Vermögensangelegenheiten ganz oder teilweise einem Einwilligungsvorbehalt (§ 1903 BGB) unterliegt, kann gemäß § 6 Abs. 2 S. 2 GmbHG nicht Geschäftsführer werden. Auf die Staatsangehörigkeit des Geschäftsführers kommt es nicht an, so dass auch Ausländer Organmitglieder werden können.[328] Den Zugang zur Stellung des Geschäftsführers auch Ausländern zu ermöglichen, zieht die Frage nach sich, ob die ordnungsgemäße Ausübung dieser Funktion an die jederzeitige Einreisemöglichkeit des ausländischen Geschäftsführers gekoppelt werden muss, um damit die pflichtgemäße und v.a. konstante Ausübung der Organstellung zu ermöglichen. Ob dabei hinsichtlich der EU-Staatsbürgerschaft differenziert werden muss, ist im deutschen Recht streitig: Einigkeit besteht mit dem EuGH zunächst

---

[324] Zum Begriff, *K. Schmidt*, § 14 II 2.

[325] Um Überschneidungen zu vermeiden, wird im tschechischen Recht zwischen der Funktion des Geschäftsführers und der Funktion des Gesellschafters streng getrennt: Sämtliche Rechte und Pflichten sind unabhängig voneinander zu betrachten, obwohl beide Funktionen in Personalunion möglich sind, § 133 Abs. 2 CZ-HGB. Siehe Entscheidung des Obersten Gerichts v. 25.03.1997, PR 9/1997, 482.

[326] §§ 135 Abs. 2, 194 Abs. 7 S. 1 CZ-HGB, 6 Abs. 2 S. 1 GmbHG.

[327] OLG Hamm NJW-RR 1992, 1253 sowie *Rowedder/Schmidt-Leithoff*, § 6 Rn 10; *Baumbach/Hueck/Fastrich*, § 6 Rn 9.

[328] In Deutschland allgemeine Ansicht: OLG Köln GmbHR 1999, 182; OLG Hamm NJW-RR 2000, 37; *Scholz/Winter*, § 6 Rn 16; *Baumbach/Hueck/Fastrich*, § 6 Rn 9; *Lutter/Hommelhoff*, § 6 Rn 14; *Rowedder/Schmidt-Leithoff*, § 6 Rn 11 m.w.N. Ebenso in der Tschechischen Republik: *Loges/Nedelka*, WiRO 1998, 133; unter Bezugnahme auf den Wortlaut von § 30 Abs. 3 CZ-HGB auch *Dědič*, 2002, § 30, S. 230; *Bartošíková*, in: Štenglová/Plíva/Tomsa, § 30 S. 94.

darüber, dass Wohnsitz und Aufenthaltsort in einem anderen EU-Land wegen der in Art. 39 EGV normierten Freizügigkeit für den Geschäftsführer keine Hinderungsgründe sind.[329] Uneinigkeit besteht im deutschen Recht jedoch darüber, ob jeder Nicht-EU-Bürger einen Nachweis erbringen muss, dass er die jederzeitige Möglichkeit hat, in das Inland einzureisen, um die gesetzlichen Aufgaben eines Geschäftsführers erfüllen zu können.[330] Nach Ansicht einiger Oberlandesgerichte[331] sowie Teilen der Literatur[332] soll wegen der grundsätzlich sitzgebundenen Höchstpersönlichkeit der Pflichterfüllung, bei tatsächlicher oder rechtlicher Verhinderung des Aufenthaltes oder der Einreise nach Deutschland, die Ausübung der Organtätigkeit unmöglich sein, so dass die Bestellung unwirksam ist und die Organstellung *ipso iure* erlischt. Der Hintergrund dieser Forderung soll - wie *Altmeppen*[333] ausführt - die Erfahrung sein, dass zivil- und strafrechtlich schlecht heranzuziehende ausländische Geschäftsführer häufig im Vorfeld von masselosen Insolvenzverfahren bestellt werden. Teile der Literatur[334] und Rechtsprechung[335] sehen die Differenzierung zwischen EU-Bürgern und Nicht-EU-Bürgern nicht durch das Gesetz gedeckt und wenden ein, dass die praktischen und realen Möglichkeiten moderner Kommunikationsmittel verkannt würden. Ferner sei die Eintragung des Geschäftsführers nur deklaratorisch; die Entscheidung des Registergerichts sei daher unerheblich, da die Organstellung auf der Entscheidung der Gesellschafterversammlung und des Geschäftsführers beruhe.[336] Wie der Geschäftsführer seine Pflichten, auch bei Einreisehindernissen, wahrnehme, sei ihm überlassen.[337]

Das tschechische Recht knüpft ebenfalls an die jederzeitige Einreisemöglichkeit des Geschäftsführers an und statuiert diesbezüglich eine ausdrückliche Prüfungskompetenz des Registergerichts. Gemäß § 30 Abs. 3 CZ-HGB wird von ausländischen natürlichen Personen, die *„als für das Unternehmen zu handeln*

---

[329] EuGH NZG 1998, 809; *Rowedder/Schmidt-Leithoff*, § 6 Rn 12 m.w.N.

[330] Ob sich darauf auch die Prüfungskompetenz des Registergerichts bezieht, ist im deutschen Recht ebenfalls umstritten. Bejahend: OLG Köln und OLG Hamm, NJW-RR 2000, 37; OLG Zweibrücken NZG 2001, 857; *Scholz/Schneider*, § 6 Rn 18a; *Lutter/Hommelhoff*, § 6 Rn 14. Wegen fehlender ausländerrechtlicher Prüfungskompetenz verneinend: OLG Frankfurt NJW 1977, 1595; OLG Celle DB 1977, 993; OLG Düsseldorf GmbHR 1978, 110; *Hachenburg/Ulmer*, § 6 Rn 10; *Baumbach/Hueck/Fastrich*, § 6 Rn 9.

[331] OLG Köln und OLG Hamm, NJW-RR 2000, 37; OLG Zweibrücken NZG 2001, 857.

[332] *Rowedder/Schmidt-Leithoff*, § 6 Rn 13; *Scholz/Schneider*, § 6 Rn 18a.

[333] *Roth/Altmeppen*, § 6 Rn 14 m.w.N.

[334] *Baumbach/Hueck/Fastrich*, § 6 Rn 9; *Hachenburg/Ulmer*, § 6 Rn 9; *Roth/Altmeppen*, § 6 Rn 15 m.w.N.

[335] OLG Dresden, NZG 2003, 628; LG Hildesheim, GmbHR 1995, 655; LG Mannheim, MittBayNot 1998, 458.

[336] *Roth/Altmeppen*, § 6 Rn 15.

[337] *Roth/Altmeppen*, a.a.O.

berechtigt“[338] in das Handelsregister eingetragen werden sollen, die Vorlage einer Aufenthaltsgenehmigung für die ČR verlangt. Unklar ist, welche Art von Aufenthaltsgenehmigung gemäß § 30 Abs. 3 CZ-HGB bei Eintragung in das Handelsregister vorzulegen ist. Die Einreise von Ausländern und deren Aufenthalt in der ČR ist in Gesetz Nr. 326/1999 Sb.[339] geregelt, das grundsätzlich zwischen vorübergehenden (přechodný pobyt)[340] und dauerhaftem Aufenthalt (trvalý pobyt) unterscheidet. Einige Registergerichte verlangen im Rahmen des § 30 Abs. 3 CZ-HGB noch eine dauerhafte Aufenthaltsgenehmigung, was von der Literatur[341] jedoch unter Hinweis auf § 21 Abs. 2 S. 1 CZ-HGB abgelehnt wird, da es sich dann nicht mehr um eine ausländische natürliche Person im Sinne des Handelsgesetzbuches handeln würde. Die allgemeine Praxis der Registergerichte verlangt daher für die Eintragung von Organen juristischer Personen eine Aufenthaltsgenehmigung für einen vorübergehenden Aufenthalt von mehr als 90 Tagen gemäß §§ 30a ff. des Gesetzes Nr. 326/1999 Sb. (Visum zum Zwecke der Beschäftigung oder der selbstständigen wirtschaftlichen Betätigung).[342] Die Beantragung erfordert einen hohen bürokratischen Aufwand.[343] Die Beibringung einer solchen Aufenthaltsgenehmigung gemäß § 30 Abs. 3 CZ-HGB dürfte mit dem Beitritt der ČR zur EU, im Lichte der erwähnten EuGH-Rechtsprechung[344] und der auch für die ČR verbindlichen und in Art. 39 EGV gewährleisteten Freizügigkeit, nicht mehr haltbar sein. Vermutlich wird der tschechische Gesetzgeber § 30 Abs. 3 CZ-HGB dann auf Nicht-EU-Bürgern beschränken müssen. Eine vergleichbare Regelung würde im Übrigen den im deutschen Recht geführten Meinungsstreit über die Differenzierung zwischen EU- und Nicht-EU-Bürger beenden.

Im deutschen und tschechischen Recht verhindern gesetzliche Ausschlussgründe die Bestellung ungeeigneter Personen zum Geschäftsführer. Ferner fin-

---

338 So im Tschechischen "Osoba oprávněná jednat jménem podnikatele“. Das können statutarische Organe einer juristischen Person oder deren Mitglieder, wie z.B. Geschäftsführer einer GmbH oder Mitglieder des Vorstandes einer Aktiengesellschaft, sein; siehe *Dědič*, 2002, § 30, S. 229; *Bartošíková*, in: Štenglová/Plívá/Tomsa, § 30 S. 94.

339 Gesetz über den Aufenthalt von Ausländern auf dem Gebiet der Tschechischen Republik.

340 Beim vorübergehenden Aufenthalt wird zwischen vorübergehendem Aufenthalt ohne Visum und vorübergehendem Aufenthalt auf Grund eines kurzfristigen (krátkodobé) oder längerfristigen (dlouhodobé) Visums unterschieden; *Bartošíková*, in: Štenglová/Plívá/Tomsa, § 30 S. 94; *Verny/Schäfer/Salaba/Hrdličková/Železná*, Kapitel A, Rn 180 ff.

341 *Dědič*, 2002, § 30, S. 230.

342 *Verny/Schäfer/Salaba/Hrdličková/Železná*, Kapitel A, Rn 190, 195, 201 f.; *Dědič*, 2002, § 30, S. 230. So auch die Rechtsanwälte *Giese* und *Sytařová* im Gespräch mit dem Verfasser (siehe Anhang, Gesprächsverzeichnis). Anders jedoch *Bartošíková*, in: Štenglová/Plívá/Tomsa, § 30 S. 94, wonach ein Visum bis 90 Tage ausreichen soll.

343 *Loges/Nedelka*, WiRO 1998, 133 (134). Zum Verfahren der Beantragung siehe die detaillierte Darstellung bei *Verny/Schäfer/Salaba/Hrdličková/Železná*, Kapitel A, Rn 180 ff.

344 EuGH NZG 1998, 809 (811) = EuZW 1998, 601.

den sich zusätzliche gesetzliche Anforderungen und gegebenenfalls Ausschlussgründe, neben den primären Bestimmungen des CZ-HGB und des tschechischen Gewerbegesetzes, in weiteren Spezialgesetzen, die jedoch nur in besonderen Fällen einschlägig sind.[345] Gemäß § 6 Abs. 2 S. 3 GmbHG ist die Verurteilung wegen einer Straftat nach den §§ 283 bis 283d StGB[346] ein Hinderungsgrund für die Bestellung zum Geschäftsführer für die Dauer von fünf Jahren.[347] Die Erstreckung auf Vermögensdelikte ist wegen des bewusst eingrenzend gewählten Wortlauts des Gesetzes unzulässig.[348] Mitumfasst sind jedoch mit den §§ 283 ff. StGB vergleichbare, im Ausland begangene und dort durch strafrichterliches Urteil geahndete Straftaten.[349] Im tschechischen Recht ist ebenfalls das Verhalten des Geschäftsführers in einer früheren Insolvenz maßgeblich, es wird jedoch anders als im deutschen Recht nicht auf ein Bestellungshindernis aufgrund einer Verurteilung wegen einer Insolvenzstraftat abgestellt. Gemäß §§ 135 Abs. 2, 194 Abs. 7 i.V.m. § 31a CZ-HGB scheitert die Eintragung in das Handelsregister bei Geschäftsführern, die eine vergleichbare Funktion in einer juristischen Person ausgeübt haben, über deren Vermögen ein Konkursverfahren eröffnet wurde.[350] Die Hinderungsgründe des § 31a CZ-HGB führen einerseits zu einem Eintragungshindernis, bilden andererseits jedoch auch den Maßstab der zu erfüllenden gesetzlichen Anforderungen im Rahmen des § 194 Abs. 7 CZ-HGB. Der einzutragende Geschäftsführer muss diese Funktion mindestens ein Jahr vor Konkursantragstellung, gegebenenfalls vor dem Zeitpunkt der Entstehung der Konkursantragspflicht[351] ausgeübt haben, § 31a Abs. 2 CZ-HGB. Das Eintragungshindernis besteht gemäß § 31a Abs. 3 lit. a) und b) CZ-HGB drei Jahre ab Rechtskraft des Beschlusses über die Aufhebung des Konkurses wegen Erfüllung oder wegen Einstellung und/oder Ablehnung des Verfahrens mangels Masse. Bereits an dieser Stelle wird deutlich, dass das deutsche Recht

345 *Loges/Nedelka*, WiRO 1998, 133 mit Verweis auf § 29 Abs. 1 und 3 des Gesetzes Nr. 248/1992 Sb. (Gesetz über Investmentgesellschaften und Investmentfonds); § 7 Abs. 2 und 3 des Gesetzes Nr. 42/1994 Sb. (Rentenzusatzversicherungsgesetz); § 73 Abs. 3 CZ-ArbG; § 2 Abs. 2 des Gesetzes Nr. 238/1992 Sb. (Gesetz zum Schutz des öffentlichen Interesses); § 52 Abs. 4 des Gesetzes Nr. 335/1991 Sb. (Gerichtsgesetz) sowie § 29 Abs. 2 des Gesetzes Nr. 76/1959 Sb. (Soldatengesetz).

346 Insolvenzstraftaten: Bankrottdelikte (§§ 283, 283a StGB), Verletzung der Buchführungspflicht (§ 283b StGB), Gläubiger- und Schuldnerbegünstigung (§§ 283c, 283d StGB).

347 Dies gilt auch für die gemeinnützige GmbH, siehe *Lutter/Hommelhoff*, § 6 Rn 17.

348 LG Köln NJW-RR 1995, 553.

349 OLG Naumburg GmbHR 2000, 378 (380) = ZIP 2000, 622 (624).

350 Entsprechendes gilt gemäß § 31a Abs. 1 S. 2 CZ-HGB auch, wenn der Konkursantrag mangels Masse abgewiesen wurde.

351 Gemäß § 4a Abs. 1 des Gesetzes Nr. 328/1991 Sb. (CZ-Konkursgesetz) in der Fassung des Gesetzes Nr. 30/2000 Sb. ist eine juristische Person, die konkursreif im Sinne von § 1 dieses Gesetzes ist, verpflichtet, ohne unnötige Verzögerung einen Antrag auf Eröffnung des Konkurses zu stellen.

hinsichtlich der strafrechtlich relevanten insolvenzrechtlichen Vergangenheit des Geschäftsführers strengere Maßstäbe setzt. Dies zeigt sich auch durch die in § 31a CZ-HGB eröffneten Möglichkeiten, die das Eintragungshindernis entfallen lassen. Der Geschäftsführer wird dennoch eingetragen, wenn das Konkursverfahren aus anderen als in § 31a Abs. 3 CZ-HGB genannten Gründen beendet wird (§ 31a Abs. 4 lit. a) CZ-HGB); es sich um einen Liquidator[352] handelt, der die Pflichten gemäß § 72 Abs. 2 CZ-HGB (Konkursantragspflicht des Liquidators) erfüllt hat (§ 31a Abs. 4 lit. b) CZ-HGB); es sich um eine Person handelt, die erst dann bestellt wurde, als sich die juristische Person bereits in Konkurs befand (§ 31a Abs. 4 lit. c) CZ-HGB) und wenn es sich um eine Person handelt, die in einem Verfahren nach Sonderbestimmungen[353] nachweisen kann, dass sie die Funktion mit der Sorgfalt eines ordentlichen Kaufmanns[354] ausgeübt hat (§ 31a Abs. 4 lit. d) CZ-HGB). Hier kann sich der Geschäftsführer exculpieren, wenn er nachweisen kann, dass er mit der Sorgfalt eines ordentlichen Kaufmanns gehandelt hat. Zwar indiziert grundsätzlich eine Verurteilung aufgrund einer Konkursstraftat,[355] dass der Geschäftsführer die Sorgfalt eines ordentlichen Kaufmanns im Konkursverfahren nicht ausgeübt hat, zwingende Voraussetzung ist dies im Rahmen des § 31a CZ-HGB jedoch nicht. Vielmehr muss das Registergericht - gegebenenfalls inzident - prüfen, ob und wie der Geschäftsführer seine Pflichten verletzt hat. Dabei erleichtert jedoch die Beweislastregel des § 31a Abs. 4 lit. d) CZ-HGB die Prüfungspflicht des Registergerichts, da die Beweislast über die Ausübung der Tätigkeit mit der Sorgfalt eines ordentlichen Kaufmanns der Geschäftsführer trägt.

Darüber hinaus eröffnet § 31a Abs. 5 CZ-HGB den Gesellschaftern die Freiheit, einen insolvenzrechtlich vorbelasteten Geschäftsführer dennoch zu bestellen und eintragen zu lassen, falls der Geschäftsführer mit der Zustimmung von mindestens 2/3 der bei der Hauptversammlung anwesenden Gesellschafter bestellt worden ist, § 31a Abs. 5 lit. a) CZ-HGB. Voraussetzung hierfür ist freilich die Kenntnis des Bestellungsorgans über die insolvenzrechtliche Vergangenheit des Geschäftsführers. Auf den ersten Blick steht dies in einem Widerspruch zu § 194 Abs. 7 S. 2 CZ-HGB, wonach die Bestellung trotz wirksamen Beschlusses der Gesellschafterversammlung unwirksam sein soll, wenn der Geschäftsführer die Bedingungen des § 31a CZ-HGB nicht erfüllt. In § 31a Abs. 5 CZ-HGB wird jedoch davon ausgegangen, dass das Hindernis zur Ausübung der Funktion

[352] Zur Liquidation einer insolventen GmbH durch den Geschäftsführer als Liquidator in der Tschechischen Republik, siehe *Rahim*, WiRO 1999, 86 ff.

[353] Siehe § 200e CZ-ZPO.

[354] Zum Begriff der „Sorgfalt eines ordentlichen Kaufmanns“ im tschechischen Recht, siehe *Winkelmann*, WiRO 2002, 65 (66).

[355] Zu den im tschechischen Recht in Betracht kommenden Insolvenzstraftaten, siehe *Löff*, WiRO 2002, 300 ff.

entfällt, wenn die Gesellschafter mit 2/3 Mehrheit den vorbelasteten Geschäftsführer dennoch bestellen.

Somit kann festgehalten werden, dass im tschechischen Recht die sorgfaltswidrige Geschäftsführung, die zum Konkurs einer Gesellschaft geführt hat, für den Geschäftsführer bis zu einer Dauer von drei Jahren ein Eintragungshindernis darstellt (§ 31a CZ-HGB), worüber sich die Gesellschafter jedoch mit einer 2/3 Mehrheit hinwegsetzen können. Während das deutsche Recht die Verurteilung wegen einer Insolvenzstraftat als Hinderungsgrund für die Bestellung als solche betrachtet (§ 6 Abs. 2 S. 3 GmbHG) und damit zwingend festlegt, wem bereits *ipso iure* der Zugang zur Geschäftsführerstellung verwehrt ist, differenziert das tschechische Recht und überlässt den Gesellschaftern weitgehende Entscheidungshoheit. Im Lichte des Gläubigerschutzes ist die weitgehende Dispositionsfreiheit der Gesellschafter Bedenken ausgesetzt, die jedoch durch weitere zwingende gewerberechtliche Voraussetzungen für Geschäftsführer (§ 6 Abs. 3 CZ-GewerbeG)[356] - zumindest für strafrechtlich relevantes Verhalten - weitgehend ausgeräumt werden können.

Eine weitere, im deutschen und tschechischen Recht weitgehend gemeinsame gesetzliche Voraussetzung für die Geschäftsführerstellung ist die Unbescholtenheit im Sinne des Gewerbegesetzes gemäß §§ 135 Abs. 2, 194 Abs. 4 S. 1 CZ-HGB und das Gewerbe- oder Berufsverbot gemäß § 6 Abs. 2 S. 4 GmbHG. Das tschechische Recht fordert in § 194 Abs. 7 S. 1 CZ-HGB die Unbescholtenheit des Geschäftsführers im Sinne des Gewerbegesetzes, die in § 6 Abs. 2 CZ-GewerbeG definiert wird. Gemäß § 6 Abs. 2 CZ-GewerbeG gilt als unbescholten, wer nicht wegen einer vorsätzlichen Straftat zu mindestens einem Jahr Freiheitsentzug ohne Bewährung (§ 6 Abs. 2 lit. a) CZ-GewerbeG); wegen einer vorsätzlichen Straftat, deren Tatbestand mit dem Gegenstand der unternehmerischen Tätigkeit in Zusammenhang steht und auf die sich die Regelung des Buchstaben a) nicht bezieht (§ 6 Abs. 2 lit. b) CZ-GewerbeG); wegen einer fahrlässigen Straftat, deren Tatbestand ebenfalls mit dem Gegenstand der unternehmerischen Tätigkeit in Zusammenhang steht (§ 6 Abs. 2 lit. c) CZ-GewerbeG), verurteilt wurde.[357] Ferner darf bei dem zu bestellenden Geschäftsführer keine Tatsache eingetreten sein, die die Ausübung eines Gewerbes nach dem Gewerbegesetz ausschließt. Somit müssen sämtliche Voraussetzungen zur Ausübung eines Gewerbes der §§ 5 ff. CZ-GewerbeG erfüllt sein.[358]

---

[356] Tschechisches Gewerbegesetz (Živnostenský zákon), Gesetz Nr. 455/1991 Sb.

[357] Die Unbescholtenheit ausländischer natürlicher Personen wird gegenüber dem Gewerbeamt durch Urkunden nachgewiesen, die durch den Staat zu diesem Zweck ausgestellt werden (z.B. polizeiliches Führungszeugnis), dessen Staatsbürger sie sind oder in dem sie sich in den letzten drei Jahren (länger als drei Monate ununterbrochen) aufgehalten haben. Diese Unterlagen dürfen ferner nicht älter als drei Monate sein, § 6 Abs. 4 CZ-GewerbeG.

[358] Neben dem Erreichen des 18. Lebensjahres, der Rechtsfähigkeit und Unbescholtenheit, schreibt § 6 Abs. 1 lit. d) CZ-GewerbeG vor, dass eine Bescheinigung darüber vorgelegt wer-

Das deutsche Recht kommt im Grundsatz zu einem ähnlichen Ergebnis: Wem gemäß § 6 Abs. 2 S. 4 GmbHG durch gerichtliches Urteil[359] oder durch vollziehbare Entscheidung einer Verwaltungsbehörde[360] die Ausübung eines Berufes, Berufszweiges, Gewerbes- oder Gewerbezweiges untersagt worden ist, kann für die Zeit, für welche das Verbot wirksam ist, bei einer Gesellschaft, deren Unternehmensgegenstand ganz oder teilweise mit dem Gegenstand des Verbotes übereinstimmt,[361] nicht Geschäftsführer werden. Somit kann grundsätzlich weder in Deutschland, noch in der ČR derjenige Geschäftsführer einer GmbH werden, der nach den nationalen Vorschriften auch kein Gewerbe betreiben dürfte. Im deutschen Recht besteht eine Einschränkung dieses Grundsatzes lediglich insoweit, als dass sich das Berufs- oder Gewerbeverbot auf den Unternehmensgegenstand beziehen muss, während im tschechischen Recht - über den Unternehmensgegenstand hinaus - sämtliche Gewerbeausübungshindernisse auch die Bestellung zum Geschäftsführer verhindern.

Weitere gesetzliche Ausschlussgründe bzw. besondere Anforderungen sind im deutschen[362] und tschechischen[363] Recht in zahlreichen Sondergesetzen gere-

---

den muss, dass die natürliche Person gegenüber den örtlichen Finanzbehörden keine Steuerrückstände hat. Die Bescheinigung hierüber stellt das örtlich zuständige Finanzamt aus. Insbesondere kann gemäß § 8 Abs. 1 CZ-GewerbeG das Gewerbe nicht von Personen ausgeübt werden, über deren Vermögen ein Konkurs verhängt wurde. Ebenso kann ein Gewerbe derselben oder verwandten Art von einer natürlichen Person solange nicht ausgeübt werden, wie ein Tätigkeitsverbot besteht, das von einem Gericht oder einem Verwaltungsorgan im Zusammenhang mit der Gewerbeausübung verhängt wurde, § 8 Abs. 6 CZ-GewerbeG.

359 §§ 70 ff. StGB, nicht jedoch durch Beschluss nach § 132a StPO, siehe *Rowedder/Schmidt-Leithoff*, § 6 Rn 18; *Baumbach/Hueck/Fastrich*, § 6 Rn 11.

360 Z.B. § 35 GewO.

361 Je weiter der Unternehmensgegenstand gefasst ist, umso weiter greift auch der Ausschlussgrund; *Rowedder/Schmidt-Leithoff*, § 6 Rn 18 mit Verweis auf BayObLG DNotZ 1982, 181 = DB 1982, 277.

362 Beamte benötigen beispielsweise gemäß §§ 65 Abs. 1 Nr. 3 BBG, 42 BRRG die Genehmigung des Dienstherrn. Der Bundespräsident und die Mitglieder der Bundesregierung dürfen nicht Geschäftsführer einer erwerbswirtschaftlichen Gesellschaft sein, Art. 55 Abs. 2, 66 GG. Zu Landesministern (z.B. Art. 64 Abs. 3 LV NRW), siehe BVerfG NJW 1999, 1095 (1096). Siehe auch die berufsrechtlichen Qualifikationsvorschriften, wie z.B. § 28 Abs. 1 S. 1 WPO (Wirtschaftsprüferordnung), § 50 Abs. 1 S. 1 StBerG (Steuerberatungsgesetz). Zu einem Rechtsanwalt, der als Steuerberater Gesellschafter und einzelvertretungsberechtigter Geschäftsführer einer Steuerberatungsgesellschaft ist, BGHZ 114, 343, 345 ff. Weitere Beispiele bei *Brandmüller*, Rn 40 ff.

363 Auch im tschechischen Recht sind Regierungsmitglieder und Leiter oberster Verwaltungsbehörden von bestimmten Positionen als Geschäftsführer ausgeschlossen, siehe § 29 Abs. 1 und 3 des Gesetzes Nr. 248/1992 Sb. (Gesetz über Investmentgesellschaften und Investmentfonds); § 7 Abs. 2 und 3 des Gesetzes Nr. 42/1994 Sb. (Rentenzusatzversicherungsgesetz); § 2 Abs. 2 des Gesetzes Nr. 238/1992 Sb. (Gesetz zum Schutz des öffentlichen Interesses). Arbeitnehmer bestimmter öffentlich-rechtlicher Arbeitgeber sind gemäß § 73 Abs. 3 CZ-ArbG von der Funktion als Organ einer juristischen Person ausgeschlossen. Gemäß § 52 Abs. 4 des

gelt. Hinsichtlich der Bestellung von Aufsichtsratsmitgliedern zum Geschäftsführer der Gesellschaft bestehen im deutschen Recht Differenzierungen, die das tschechische Recht so nicht kennt. Im tschechischen Recht normiert § 139 Abs. 2 CZ-HGB ausdrücklich, dass Aufsichtsratsmitglieder nicht Geschäftsführer der Gesellschaft sein können. Das deutsche Recht kennt hingegen eine vorübergehende Bestellung eines Aufsichtsratsmitglieds zum Geschäftsführer gemäß § 52 GmbHG i.V.m. § 105 AktG.[364] Dennoch wird erkannt, dass die Tätigkeit als Geschäftsführer grundsätzlich mit dem Aufsichtsratsamt unvereinbar ist, denn niemand kann im Rechtssinne sich selber kontrollieren, so dass eine solche Bestimmung nur für Ausnahmefälle getroffen werden kann.[365]

2. Satzungsrechtliche Anforderungen

Neben den gesetzlichen Voraussetzungen für die Bestellung zum Geschäftsführer können die Gesellschafter durch den Gesellschaftsvertrag oder die Satzung weitere Anforderungen an das Geschäftsführeramt stellen. Beide Rechtsordnungen lassen dies durch die weitgehende Dispositionsfreiheit im Rahmen des Satzungsrechts zu, §§ 110 Abs. 2 CZ-HGB, 45 Abs. 1 GmbHG.

Grenzen der Dispositionsfreiheit werden im tschechischen Recht auch hier durch das gesellschaftsrechtliche Benachteiligungsverbot gemäß § 56a CZ-HGB gezogen, so dass beispielsweise die satzungsrechtliche Anforderung, der Geschäftsführer müsse einem bestimmten Gesellschafterstamm entspringen, unwirksam sein kann. Etwas anderes gilt bei der satzungsrechtlichen Voraussetzung, der Geschäftsführer müsse ein Gesellschafter sein, sowie bei allgemeinen Anforderungen, wie z.B. Berufsbildung, Hochschulabschluss, spezielle Sprachkenntnisse, Mindestalter etc. Diese persönlichen Anforderungen unterliegen grundsätzlich keinen Bedenken, da sich dort insoweit keine Interessenkonflikte zwischen den Gesellschaftern ergeben.

Im deutschen Recht bestehen Einschränkungen nur bei mitbestimmten Gesellschaften. Dort kann der Gesellschaftsvertrag den Kreis der wählbaren Personen nicht derart einengen, dass der Aufsichtsrat keine freie Wahl mehr hat.[366]

Gesetzes Nr. 335/1991 Sb. (Gerichtsgesetz) dürfen Richter in der Tschechischen Republik keine andere bezahlte Funktion ausüben. Schließlich dürfen gemäß § 29 Abs. 2 des Gesetzes Nr. 76/1959 Sb. (Soldatengesetz) Soldaten keine statutarischen Organe juristischer Personen sein.

[364] Dagegen jedoch *Lutter/Hommelhoff*, § 6 Rn 16.

[365] *Rowedder/Schmidt-Leithoff*, § 6 Rn 21 mit Verweis auf OLG Frankfurt/M. DB 1981, 2220 = GmbHR 1982, 159; DB 1987, 85 = WM 1987, 211.

[366] Im Ergebnis streitig, siehe *Fitting/Wlotzke/Wißmann*, Mitbestimmungsgesetz, 1995, § 31 Rn 13; *Th. Raiser*, Mitbestimmungsgesetz, 1998, § 31 Rn 9; *Scholz/Schneider*, § 6 Rn 25.

3. Rechtsfolgen bei Nichterfüllung persönlicher Anforderungen

Im deutschen Recht ist hinsichtlich der Nichterfüllung der persönlichen Anforderungen des Geschäftsführers zwischen nichtigen und anfechtbaren Bestellungsbeschlüssen zu unterscheiden. Bei anfechtbaren Bestellungsbeschlüssen kommt eine Anfechtungsklage gemäß §§ 243 ff. AktG analog in Betracht.[367] Das tschechische Recht fasst bei Verstoß von Gesellschafterbeschlüssen gegen Gesetz, Gesellschaftsvertrag und Satzung, die Rechtsbehelfe in einer Klage (sog. Ungültigkeitsklage) zusammen. Darüber hinaus ist in besonderen Fällen das besondere Auflösungs- und Liquidationsverfahren gemäß § 32 CZ-HGB bei versäumter Handelsregisterkorrektur einschlägig. Im Rahmen der Untersuchung der Rechtsbehelfe ist zwischen der Nichterfüllung gesetzlicher und Nichterfüllung satzungsrechtlicher Vorgaben zu trennen.

a) Nichterfüllung gesetzlicher Anforderungen

Die Nichterfüllung gesetzlicher Anforderungen an die Person des Geschäftsführers, die im deutschen Recht in § 6 Abs. 2 S. 3 und 4 GmbHG und im tschechischen Recht in den §§ 135 Abs. 2, 194 Abs. 7 CZ-HGB vorgeschrieben sind, führen in beiden Rechtsordnungen grundsätzlich zur Nichtigkeit der Bestellung.

aa) Rechtsfolge

Die Bestellung ist nichtig.[368] Im tschechischen Recht ergibt sich dies ausdrücklich aus dem Gesetz: Erfüllt eine Person die in § 194 Abs. 7 S. 1 CZ-HGB aufgeführten Anforderungen nicht oder liegt ein Hindernis zur Ausübung der Funktion vor (vgl. § 31a CZ-HGB), so wird diese Person gemäß §§ 135 Abs. 2, 194 Abs. 7 S. 2 CZ-HGB selbst dann kein Geschäftsführer, wenn das zuständige Organ (Gesellschafterversammlung) dies beschlossen hat.[369] Hierauf bezieht sich auch die Prüfungspflicht des Registergerichts gemäß §§ 31a, 27 Abs. 7 CZ-HGB: Lehnt das Registergericht die Genehmigung zur Eintragung eines Geschäftsführers ab, so wird seine Bestellung als von Anfang an nichtig angesehen. Daraus folgt jedoch nicht, dass bei Nichtablehnung und Eintragung in das Handelsregister dieser Mangel geheilt würde, da auch in der ČR die Eintragung des

[367] Die Nichtigkeitsklage gemäß §§ 241, 249 AktG hat bei gesetzeswidrigen Bestellungsbeschlüssen nur geringe Bedeutung, da die Nichtigkeit des Bestellungsbeschlusses grundsätzlich bereits *ipso iure* eintritt. Anders bei einem Verstoß gegen die Bestellungskompetenz des Aufsichtsrates gemäß § 31 MitbestG bei mitbestimmten Gesellschaften, dazu *Hachenburg/Raiser*, § 47 Anhang Rn 28; *Roth/Altmeppen*, § 47 Rn 105.

[368] Begründung des Regierungsentwurfes, BT-Drucksache 8/1347, S. 31; OLG Naumburg, ZIP 2000, 622; OLG Frankfurt, DB 1994, 2282; *Baumbach/Hueck/Fastrich*, § 6 Rn 12; *Hachenburg/Ulmer*, § 6 Rn 8 ff.; *Scholz/Schneider*, 9. Auflage, § 6 Rn 12 und 20 f.; *Roth/Altmeppen*, § 6 Rn 12.

[369] Dies gilt auch für den Gründungsgeschäftsführer, der durch den Gesellschaftsvertrag bestellt wurde, *Dědič*, 2002, § 110, S. 991 f.

Geschäftsführers in das Handelsregister lediglich deklaratorischen Charakter hat.[370] Auch im deutschen Recht ist bei jeder Anmeldung von Geschäftsführern zur Eintragung im Handelsregister (§§ 8 Abs. 1 Nr. 2 GmbHG) deren Amtsfähigkeit gemäß § 9c GmbHG zu überprüfen.[371] Erfüllt der Geschäftsführer die für die Ausübung der Funktion durch das Gesetz oder Sonderbestimmungen festgelegten Bedingungen nicht mehr, so endet seine Funktion gemäß § 194 Abs. 7 S. 3 CZ-HGB mit dem Eintritt dieser Tatsache, falls diese Gesetz nichts Abweichendes regelt. Ebenso führt im deutschen Recht ein späterer gesetzlicher Eignungsmangel zum Verlust der Geschäftsführerstellung *ipso iure.*[372] Auch die Eintragung des Geschäftsführers in das Handelsregister heilt diesen Mangel nicht.[373] Einer besonderen Abberufung des Geschäftsführers durch die Gesellschafterversammlung bedarf es daher nicht.[374] Die Eintragung im Handelsregister ist von Amts wegen zu löschen.[375] Im tschechischen Recht führt der Verlust der Organstellung jedoch nicht zur einer Löschungspflicht des Registergerichts von Amts wegen. Gemäß § 32 S. 1 CZ-HGB weisen Gerichte und andere Organe das Registergericht auf Abweichungen zwischen dem tatsächlichen Rechtszustand und den im Handelsregister eingetragenen Tatsachen hin, sobald sie eine Abweichung bei ihrer Tätigkeit feststellen. Das Registergericht fordert die betreffende juristische Person auf, die Eintragung berichtigen zu lassen (§ 32 S. 2 CZ-HGB). Wird innerhalb einer vom Registergericht festgesetzten Frist keine Berichtigung vorgenommen, so kann das Gericht gemäß § 32 S. 3 CZ-HGB auch ohne Antrag über die Auflösung und Liquidation der Gesellschaft beschließen.

Dies kann in den Fällen des § 31a Abs. 1 bis 3 CZ-HGB (insolvenzrechtliches Belastung des Geschäftsführers) gemäß § 31a Abs. 6 CZ-HGB durch die Gesellschafter verhindert werden. Tritt die in § 31a Abs. 1 CZ-HGB genannte Tatsache zu einem Zeitpunkt ein, in dem die Person, die von der Tatsache betroffen ist, bereits Geschäftsführer ist, so hat die Gesellschafterversammlung nach Kenntnis diese Person abzuberufen oder ihre Bestellung zu bestätigen, § 31a

---

[370] Entscheidung des Obersten Gerichts vom 26.06.2001, SJ 11/2001, 554. Vor der Novellierung des CZ-HGB durch das Gesetz Nr. 142/1996 Sb. war die Eintragung des Geschäftsführers konstitutiv.

[371] Dem Registerrichter obliegt bei nichtigen Beschlüssen eine selbständige Prüfungspflicht, siehe OLG Köln, GmbHR 1982, 211; OLG Hamburg DB 1984, 1616; *Fischer*, in: Beck'sches Handbuch der GmbH, 3. Auflage 2002, § 4 Rn 186; *Lutter/Hommelhoff*, § 6 Rn 12.

[372] BGHZ 53, 210 (215); 115, 78 (80); BayObLG BB 1982, 1508; OLG Düsseldorf GmbHR 1994, 114.

[373] BayObLG DB 1983, 2408; OLG Frankfurt DB 1994, 2282; OLG Naumburg GmbHR 2000, 378 (380) = ZIP 2000, 622 m.w.N.; *Rowedder/Schmidt-Leithoff*, § 6 Rn 19; *Scholz/Schneider*, § 6 Rn 12.

[374] OLG Düsseldorf GmbHR 1994, 114; OLG Frankfurt DB 1994, 2282; *Rowedder/Schmidt-Leithoff*, a.a.O.

[375] BayObLG NJW-RR 1989, 934; OLG Zweibrücken GmbHR 2001, 435.

Abs. 6 S. 1 CZ-HGB. Dies hat zur Folge, dass das Hindernis gemäß § 31a Abs. 1, 5 und 6 CZ-HGB entfällt. Zur Bestätigung der Bestellung ist gemäß § 31a Abs. 6 S. 2 CZ-HGB die 2/3 Mehrheit der bei der Hauptversammlung anwesenden Gesellschafter erforderlich. Erfolgt die Bestätigung der Bestellung nicht innerhalb von drei Monaten nach Entstehung der in § 31a Abs. 1 CZ-HGB genannten Tatsache, so endet gemäß § 31a Abs. 6 S. 3 CZ-HGB die Ausübung der Funktion am letzten Tag dieser Frist. Dann kann § 32 CZ-HGB mit der Folge eingreifen, dass bei Säumnis der Korrektur des Handelsregisters bzw. versäumter Neubestellung und Eintragung eines anderen Geschäftsführers, die Gesellschaft auch ohne Antrag gerichtlich aufgelöst und liquidiert werden kann, falls dieses Vorgehen dem Schutz von Interessen Dritter dient.

bb) Rechtsscheinhaftung

Dritte sind bei Nichterfüllung der gesetzlichen Anforderungen und Handeln des Geschäftsführers trotz nichtiger Bestellung regelmäßig durch die Publizität des Handelsregisters und durch die Grundsätze der Rechtsscheinhaftung geschützt. Zu diesem Ergebnis kommen im Grundsatz beide Rechtsordnungen. Während jedoch im deutschen Recht diese Lösung durch § 15 Abs. 1 und 3 HGB und die allgemeinen Grundsätze der Rechtsscheinhaftung erreicht wird, existieren im CZ-HGB differenzierte Regelungen, die dem Schutz von Interessen Dritter dienen.

Für den Fall des Handelns eines geschäftsunfähigen Geschäftsführers, ohne dass das Ende seiner Vertretungsmacht in das Handelsregister eingetragen worden war, sei an dieser Stelle beispielhaft die Entscheidung BGHZ 115, 78[376] angeführt, die aufgrund der vergleichbaren normativen Ausgangslage auch für das tschechische Recht aufschlussreich sein dürfte: Der Geschäftsführer einer GmbH war geschäftsunfähig geworden und hatte dann für diese einen Wechsel akzeptiert. Für den Wechselanspruch unterscheidet der BGH: Die Organstellung des GF sei mit dem Verlust der Geschäftsfähigkeit erloschen, § 6 Abs. 2 S. 1 GmbHG. Das habe nach § 39 Abs. 1 GmbHG ins Handelsregister eingetragen werden müssen. Soweit auch die Rechtslage in der ČR: Der Verlust der Geschäftsfähigkeit führt zum Verlust der Organstellung *ipso iure* (§§ 135 Abs. 2, 194 Abs. 7 S. 1, 3 CZ-HGB), was gemäß §§ 27 Abs. 1, 27a Abs. 2 lit. b), 28 Abs. 1 lit. e) und Abs. 7, 31 Abs. 3 CZ-HGB in das Handelsregister einzutragen ist. Wegen des Fehlens dieser Eintragung habe der Wechselerwerber nach § 15 Abs. 1 HGB auf die Vertretungsmacht des Geschäftsführers vertrauen dürfen. Auch im tschechischen Recht kann gemäß § 27 Abs. 2 CZ-HGB derjenige, den die Eintragung im Handelsregister betrifft, gegenüber demjenigen, der im guten Glauben an diese Eintragung handelt, nicht einwenden, die Eintragung würde

[376] Siehe hierzu *K. Schmidt*, JuS 1991, 1002 ff. A.A. OLG München JZ 1990, 1029 mit Anmerkung *W.-H. Roth*.

nicht den Tatsachen entsprechen. Dies wird hinsichtlich der Vertretungsmacht von statutarischen Organen nochmals durch die Regelung des § 27 Abs. 6 CZ-HGB unterstrichen: Ab der Eintragung von Personen in das Handelsregister, die als Organe oder Mitglieder von Organen berechtigt sind im Namen der juristischen Person zu handeln, kann niemand gegenüber gutgläubigen Dritten die Verletzung von Rechtsbestimmungen, Gesellschaftsverträgen oder Satzungen bei der Bestellung solcher Organe rügen. Bei Erlöschen der Organstellung bleiben gemäß § 194 Abs. 7 S. 4 CZ-HGB die gutglaubig erworbenen Rechte Dritter im tschechischen Recht unberührt. Damit ist an mehreren Stellen im CZ-HGB erkennbar, dass der tschechische Gesetzgeber dem handelsrechtlichen Schutz Dritter im Rechtsverkehr eine hohe Bedeutung beimisst.

Nach der Ansicht des BGH ist zu unterscheiden, dass die Willenserklärung des geschäftsunfähigen Geschäftsführers selbst dann nach §§ 105 Abs. 1, 165 BGB nichtig sei, wenn sie in fremdem Namen abgegeben werde: Über die Fortdauer der Geschäftsfähigkeit (nicht der Organstellung) sage das Handelsregister ja nichts.[377] Auch im tschechischen Recht wäre die Willenserklärung des geschäftsunfähigen Geschäftsführers nichtig (§ 38 Abs. 1 CZ-BGB). Ist das Erlöschen der Organstellung nicht in das Handelsregister eingetragen worden, kann sich der Rechtsverkehr gemäß § 15 Abs. 1 HGB und § 27 Abs. 2 CZ-HGB zwar auf deren Fortbestand, nicht aber auf die Geschäftsfähigkeit verlassen, die nicht eintragungsfähig ist.[378] Daher geht der BGH den Weg über die Grundsätze der Rechtsscheinhaftung und führt aus, dass gleichwohl Fälle denkbar seien, in denen das allgemeine Interesse der Gesellschaft an der generellen Nichtigkeit der Willenserklärungen von Geschäftsunfähigen zurücktreten muss hinter den handelsrechtlichen Schutz des Vertrauens auf einen zurechenbar veranlassten Rechtsschein.[379] Ob im tschechischen Recht das allgemeine Interesse an der generellen Nichtigkeit der Willenserklärungen von Geschäftsunfähigen überwiegt, darf zumindest angesichts des mehrfach im Gesetz ausdrücklich betonten Vertrauensschutzes im Handelsrechtsverkehr bezweifelt werden, vgl. §§ 27 Abs. 6, Abs. 7 S. 2; 32; 194 Abs. 7 S. 4 CZ-HGB.

Als Begründung zieht der BGH die Vorgaben der Publizitätsrichtlinie zu Rate, wonach die Vertretungsverhältnisse im Handelsregister umfassend und eindeutig zur Sicherheit des Rechtsverkehrs zu verlautbaren sind.[380] Mit dem gesetzgeberischen Zweck des Schutzes Dritter, die mit der Gesellschaft in Rechts-

[377] BGHZ 53, 210 (215); *Medicus*, Rn 106a.

[378] Für das deutsche Recht: BGHZ 115, 78 (81). Ebenso im tschechischen Recht, siehe §§ 27, 27a, 28 CZ-HGB.

[379] BGHZ 115, 78 (82); dazu kritisch *Roth/Altmeppen*, § 6 Rn 13 m.w.N.

[380] BGHZ 115, 78 (82); mit Hinweis auf § 15 HGB und § 10 Abs. 1 S. 2 GmbHG; siehe hierzu die ähnlich lautenden Regelungen im tschechischen Recht, §§ 27 Abs. 2, 28 Abs. 1 lit. e) CZ-HGB.

beziehungen treten, wäre es unvereinbar, falls die Gesellschafter sich auch dann auf die Nichtigkeit von Willenserklärungen ihres Geschäftsführers berufen könnten, wenn dessen Geschäftsunfähigkeit für die Gesellschafter erkennbar war und von ihnen sein Handeln für die Gesellschaft hätte verhindert werden können.[381] Daher kommt es bei der GmbH insofern auf die Kenntnis bzw. das Kennenmüssen der Gesellschafter an.[382] Die Eintragung des Organs ins Handelsregister gibt nach Ansicht des BGH eine ausreichende Rechtsscheinbasis dafür ab, dass es die für das Amt erforderlichen persönlichen Voraussetzungen erfüllt, also voll geschäftsfähig ist.[383] Der Rechtsverkehr könne erwarten, dass die Gesellschafter unverzüglich tätig werden, wenn die Geschäftsfähigkeit des Geschäftsführers entfällt.

Das tschechische Recht kommt zu einem ähnlichen Ergebnis: Die negative Publizität des Handelsregisters gemäß § 27 Abs. 2 CZ-HGB schützt Dritte zwar hinsichtlich ihres Vertrauens in die Vertretungsmacht des Geschäftsführers, überwindet jedoch nicht dessen Geschäftsunfähigkeit gemäß § 38 Abs. 1 CZ-BGB. Doch wenn sich die Gesellschafter gemäß § 27 Abs. 6 CZ-HGB nicht auf die Nichtigkeit der Bestellung eines (u.U. geschäftunfähigen) Geschäftsführers Dritten gegenüber berufen können, wenn dieser bereits - entgegen § 27 Abs. 7 CZ-HGB - eingetragen wurde, so muss dies auch gelten, wenn die Geschäftsfähigkeit des Geschäftsführers später entfällt. Das CZ-HGB erwähnt an mehreren Stellen ausdrücklich, dass bei Nichterfüllung oder Wegfall der gesetzlichen Voraussetzungen für die Organstellung die Rechte gutgläubiger Dritter unberührt sein sollen, vgl. § 27 Abs. 6, Abs. 7 S. 2; 194 Abs. 7 S. 4 CZ-HGB. Ob auch im tschechischen Recht die Grundsätze der Rechtsscheinhaftung bemüht werden könnten, kann deshalb an dieser Stelle dahinstehen, denn der tschechische Gesetzgeber hat den Verkehrsschutz gutgläubiger Dritter bereits gesetzlich verankert. Somit bliebe auch nach tschechischem Recht im Ausgangsfall die Klage des Wechselinhabers begründet.

cc) Rechtsbehelf

Das tschechische Recht eröffnet in § 131 Abs. 1 S. 1 CZ-HGB die Möglichkeit zu beantragen, dass ein Gericht die Beschlüsse der Gesellschafterversammlung für ungültig erklärt, sofern sie sich im Widerspruch zu Rechtsbestimmungen, zum Gesellschaftsvertrag, zur Gründungsurkunde oder zur Satzung befinden (Ungültigkeitsklage). Damit unterscheidet das tschechische Recht hinsichtlich der Rechtsbehelfe - im Gegensatz zum deutschen Recht - nicht zwingend zwischen nichtigen und anfechtbaren Gesellschafterbeschlüssen (im Sinne einer Nichtigkeits- oder Anfechtungsklage), sondern fasst das mögliche Vorgehen ge-

---

381 BGHZ 115, 78 (82).
382 *Roth/Altmeppen*, § 6 Rn 13.
383 BGHZ 115, 78 (83) m.N.

gen gesetz- und korporationsrechtswidrige Beschlüsse in einer Klage zusammen.[384] Die Ungültigkeitsklage gemäß § 131 CZ-HGB[385] besitzt daher einen universellen Anwendungsbereich, den bereits der Umfang der Regelungen von § 131 Abs. 1 bis 12 CZ-HGB erahnen lässt.

Da jedoch die Nichterfüllung bzw. der Wegfall der gesetzlichen Voraussetzungen für die Geschäftsführerstellung bereits unheilbar zur Nichtigkeit der Bestellung als solche führt, kann dies grundsätzlich von jedermann und in jeder Weise geltend gemacht werden.[386] Ausnahmen ergeben sich im deutschen[387] und tschechischen Recht, wie bereits im Rahmen der Rechtsscheinhaftung besprochen, lediglich hinsichtlich der Publizität des Handelsregisters: Die Nichtigkeit der Bestellung kann Dritten gemäß § 27 Abs. 6 CZ-HGB nicht entgegengehalten werden, sobald und solange der Geschäftsführer im Handelsregister eingetragen ist. Der Schutz gutgläubiger Dritter ist gesetzlich über die §§ 27 Abs. 6, Abs. 7 S. 2; 194 Abs. 7 S. 4 CZ-HGB gewährleistet und scheint damit auch die Nichtigkeit von Willenserklärungen Geschäftsunfähiger überwinden zu wollen. Darüber hinaus kann die Nichtigkeit zwar gemäß § 27 Abs. 6 S. 2 CZ-HGB über § 131 CZ-HGB gesondert gerichtlich festgestellt werden, die praktische Bedeutung ist indes gering. Die Gesellschafter wären freilich gehalten, unverzüglich einen neuen Geschäftsführer zu bestellen und eintragen zu lassen. Andernfalls kann das Registergericht die Gesellschaft auffordern, die Eintragung gemäß § 32 S. 2 CZ-HGB berichtigen zu lassen, da sonst gemäß § 32 S. 3 CZ-HGB die Auflösung und Liquidation der Gesellschaft droht.

---

[384] Im tschechischen Recht wird insoweit nur zwischen absolut nichtigen und relativ nichtigen Rechtsgeschäften unterschieden. Absolut nichtige Rechtsgeschäften haben Nichtigkeit *ipso iure* zur Folge (vgl. §§ 38-40 CZ-BGB, 194 Abs. 7 CZ-HGB). Relativ nichtige Rechtsgeschäfte bleiben solange wirksam, als sich niemand auf deren Nichtigkeit beruft (§ 40a CZ-BGB).

[385] Teilweise wird die Ungültigkeitsklage in der rechtsvergleichenden Literatur auch „Anfechtungsklage" (*Schwarz/Pálinkás*, RIW 2001, 273, 278) oder „Verfahren über die Ungültigkeitserklärung von Beschlüssen der Gesellschafterversammlung" (insbesondere auch zum rechtspolitischen Hintergrund; *Bohata*, WiRO 2002, 43, 45) bezeichnet. *Bohata* ist dabei zuzugeben, dass die „Ungültigkeitsklage" gemäß § 131 CZ-HGB seit der großen HGB-Novelle im Jahre 2000 keine „Klage" mehr ist, sondern durch ein Antragsverfahren ersetzt worden ist.

[386] So auch im deutschen Recht: BGHZ 11, 231 (239); OLG München GmbHR 2000, 486; *Roth/Altmeppen*, § 47 Rn 91; *Rowedder/Schmidt-Leithoff*, § 47 Rn 111 m.w.N.

[387] Anders nur bei mitbestimmten Gesellschaften. Dort führen gesetzeswidrige Bestellungsbeschlüsse des Aufsichtsrates zwar auch grundsätzlich zur Nichtigkeit der Bestellung (§ 134 BGB), was jedoch nur *ex nunc* festgestellt werden kann, so dass bis dahin der unwirksam Bestellte als „im Amt befindlich" gilt. Siehe dazu *Fitting/Wlotzke/Wissmann*, § 31 Rn 47; *Rowedder/Schmidt-Leithoff*, § 35 Rn 75; *Axhausen*, in: Beck'sches Handbuch der GmbH, § 5 Rn 14 m.w.N.

b) Nichterfüllung satzungsrechtlicher Anforderungen

Bei Nichterfüllung satzungsrechtlicher Anforderungen an die Person des Geschäftsführers ergeben sich hinsichtlich der Rechtsfolge keine elementaren Unterschiede, da in beiden Rechtsordnungen diesbezügliche Gesellschafterbeschlüsse zunächst wirksam sind. Während in diesen Fällen im deutschen Recht ein besonderer Rechtsbehelf (Anfechtungsklage, §§ 243 ff. AktG) besteht, ist im tschechischen Recht die allgemeine Ungültigkeitsklage gemäß § 131 CZ-HGB einschlägig.

aa) Rechtsfolge

Die Nichterfüllung satzungsrechtlicher Anforderungen an die Person des Geschäftsführers lässt die Wirksamkeit des Bestellungsbeschlusses zunächst unberührt.[388] Im tschechischen Recht ergibt sich dies aus der Aufzählung von Ausschlussgründen in § 194 Abs. 7 S. 1 CZ-HGB, die nach dem ausdrücklichen Willen des tschechischen Gesetzgebers die Nichtigkeit der Bestellung zur Folge haben, § 194 Abs. 7 S. 2 und 3 CZ-HGB. Daraus ergibt sich das *argumentum e contrario*, dass alle anderen Anforderungen, insbesondere die satzungsrechtlichen Anforderungen, nicht zur Nichtigkeit des Bestellungsbeschlusses *ipso iure* führen. Teilweise wird im tschechischen Recht auch vertreten, dass es sich bei satzungs- bzw. gesellschaftsvertragswidrigen Gesellschafterbeschlüssen um sog. relativ nichtige Rechtsgeschäfte[389] gemäß § 40a CZ-BGB handele, die solange wirksam seien, soweit sich niemand auf deren Nichtigkeit beruft.[390] Die Berufung auf die Nichtigkeit wäre im Rahmen der Ungültigkeitsklage gemäß § 131 CZ-HGB möglich.

Es kann daher zunächst festgehalten werden, dass die Nichterfüllung satzungsrechtlicher Vorgaben an die Geschäftsführerstellung nicht zur Nichtigkeit des Bestellungsbeschlusses führt. In Frage kommt jedoch in beiden Rechtsordnungen die Anfechtung des Bestellungsbeschlusses im Wege einer Anfechtungsklage (§§ 243 ff. AktG analog) im deutschen Recht bzw. einer Ungültigkeitsklage (§ 131 CZ-HGB) im tschechischen Recht.

---

388 OLG Naumburg ZIP 2000, 622 (623); *Hachenburg/Mertens*, § 35 Rn 17 und 21; *Lutter/Hommelhoff*, § 6 Rn 20; *Roth/Altmeppen*, § 6 Rn 17; *Baumbach/Hueck/Zöllner*, § 35 Rn 13; *Rowedder/Schmidt-Leithoff*, § 35 Rn 75 m.w.N. zur h.M. Dies gilt auch für die mitbestimmte GmbH, siehe *Fitting/Wlotzke/Wissmann*, § 31 Rn 47; *Rowedder/Schmidt-Leithoff*, a.a.O.

389 Im tschechischen Recht ist ein Rechtsgeschäft gemäß § 34 CZ-BGB eine Willenserklärung, die sich insbesondere auf die Entstehung, die Änderung oder das Erlöschen von Rechten oder Pflichten richtet, die Rechtsvorschriften mit einer solchen Erklärung verbinden.

390 *Pelikánová*, 2. Auflage, 2. Teil, S. 492; *Eliáš/Bartošíková/Pokorná*, S. 213 ff.; siehe auch *Dědič*, 2002, § 131, S. 1157 f. m.w.N.

bb) Rechtsbehelf

Gemäß § 131 Abs. 1 S. 1 CZ-HGB hat jeder Gesellschafter, Geschäftsführer, Liquidator, Konkursverwalter, Verwalter der Vergleichsmasse oder Mitglied des Aufsichtsrates das Recht zu beantragen, dass ein Gericht die Beschlüsse der Gesellschafterversammlung für ungültig erklärt, sofern sie sich in Widerspruch zu Rechtsbestimmungen, zum Gesellschaftsvertrag, zur Gründungsurkunde oder zur Satzung befinden. Dies entspricht im Grundsatz der Anfechtungsklage im deutschen Recht, vgl. §§ 243 Abs. 1, 245 AktG.[391] Hinsichtlich der Aktivlegitimation ist das tschechische Recht weiter gefasst als die Regelungen in § 245 AktG zur Anfechtungsbefugnis. Insbesondere zur Frage, ob auch Geschäftsführer oder Aufsichtsratsmitglieder aktivlegitimiert sind, herrscht im deutschen Recht Uneinigkeit.[392]

In dem Verfahren wird die Gesellschaft durch ihre Geschäftsführer vertreten.[393] Sind diese jedoch selbst Verfahrensbeteiligte, so z.B. wenn ein Gesellschafter-Geschäftsführer die satzungswidrige Bestellung eines Fremdgeschäftsführers durch diese Klage anfechten möchte, so wird die Gesellschaft gemäß § 131 Abs. 6 S. 1 CZ-HGB durch einen oder mehrere dafür bestimmte Aufsichtsratsmitglieder vertreten.[394] Treten jedoch sowohl Geschäftsführer als auch Aufsichtsratsmitglieder als Antragsteller auf oder wurde kein Aufsichtsrat gegründet, so wird der Vertreter der Gesellschaft gemäß § 131 Abs. 6 S. 2 CZ-HGB durch die Gesellschafterversammlung bestellt. Die Bestellung eines Prozessvertreters muss innerhalb einer Frist von drei Monaten erfolgen, da sonst das Gericht für die Gesellschaft einen Prozesspfleger („*opatrovník*") bestellt.[395]

Örtlich zuständig ist gemäß § 200e Abs. 1 CZ-ZPO das Kreisgericht am Sitz der Gesellschaft.[396]

---

[391] Daher bezeichnen *Schwarz/Pálinkás*, RIW 2001, 273, 278, das Verfahren nach § 131 CZ-HGB auch als „Anfechtungsklage".

[392] Nach älterer Auffassung haben Geschäftsführer und Aufsichtsratsmitglieder kein Anfechtungsrecht: BGHZ 76, 154 (159); *Meyer-Landrut/Miller/Niehus*, GmbH-Gesetz, 1987, § 47 Rn 82; weitere Nachweise bei *Baumbach/Hueck/Zöllner*, Anhang § 47 Rn 75 f. Anders im neueren Schrifttum: Geschäftsführer sollen jedenfalls bei schadensersatzbegründenden oder strafbarmachenden Beschlüssen zur Erhebung der Anfechtungsklage legitimiert sein; *Rowedder/Schmidt-Leithoff*, § 47 Rn 147; *Lutter/Hommelhoff*, Anhang § 47 Rn 33 und 64; *Hachenburg/Raiser*, Anhang § 47 Rn 163. Differenzierter allerdings noch *Baumbach/Hueck/Zöllner*, Anhang § 47 Rn 75 f.

[393] § 131 Abs. 6 S. 1 1. HS CZ-HGB.

[394] Zum Ausschluss der Vertretung der Gesellschaft durch den Geschäftsführer als Verfahrensbeteiligten siehe Entscheidung des Obersten Gerichts vom 30.06.1999, R 37/2000.

[395] § 131 Abs. 6 S. 3 CZ-HGB. So im Ergebnis auch die Entscheidung des Obersten Gerichts vom 30.06.1999, a.a.O.

[396] *Štenglová/Plíva/Tomsa*, § 131 S. 392.

Das Recht zur Antragstellung geht unter, wenn es nicht innerhalb von drei Monaten nach der Gesellschafterversammlung geltend gemacht wird, § 131 Abs. 1 S. 2 CZ-HGB. Mit Ablauf der Anfechtungsfrist ist der Beschluss gegenüber Anfechtungsgründen nach § 131 Abs. 1 CZ-HGB bestandskräftig geworden (Präklusion).[397] Somit ist auch hinsichtlich der Anfechtungsfrist das tschechische Recht großzügiger: Zwar gilt im deutschen GmbH-Recht bei der Anfechtungsklage nicht die starre Frist des § 246 Abs. 1 AktG,[398] deren Rechtsgedanke wird jedoch herangezogen, so dass bei Überschreitung der Monatsfrist der Anfechtende mit aller ihm zumutbaren Beschleunigung vorzugehen hat.[399] Hinsichtlich der Anfechtungsgründe lässt § 131 Abs. 1 CZ-HGB grundsätzlich jeglichen Widerspruch des Bestellungsbeschlusses zu Rechtsbestimmungen aller Art, zum Gesellschaftsvertrag, zur Satzung und Gründungsurkunde ausreichen.[400] Einschränkungen ergeben sich jedoch aus § 131 Abs. 3 lit a) bis d) CZ-HGB. Das Gericht hat die Ungültigkeit des Gesellschafterbeschlusses dann nicht auszusprechen, wenn die Verletzung der Rechtsbestimmungen, des Gesellschaftsvertrages, der Gründungsurkunde oder der Satzung zu einer unwesentlichen Rechtsverletzung der gemäß § 131 Abs. 1 CZ-HGB antragsberechtigten Personen oder Dritten führte oder keine ernsthaften Rechtsfolgen auslöste (a), die Anwendung des Verfahrens gemäß § 131 Abs. 1 CZ-HGB zu Eingriffen in gutgläubig erworbene Rechte Dritter führte (b), die Eintragung einer Fusion, Vermögensübertragung, Spaltung oder Umwandlung der Rechtsform in das Handelsregister rechtskräftig genehmigt wurde (c), oder die Ungültigkeit der Beschlüsse der Gesellschafterversammlung wegen einer rechtswidrigen Einberufung von einer Person begehrt wird, die auf diese Art und Weise die Gesellschafterversammlung einberufen hatte oder an ihrer Einberufung beteiligt war, und/oder auf der rechtswidrig einberufenen Gesellschafterversammlung alle Gesellschafter anwesend waren oder die abwesenden Gesellschafter dem gefassten Beschluss nachträglich zustimmten (d).

Neben der Voraussetzung einer wesentlichen Rechtsverletzung[401] und dem unbestimmten Rechtsbegriff der *„ernsthaften Rechtsfolgen“* (a) ist erneut der Schutz gutgläubiger Dritter (b) auffallend. Ruft man sich an dieser Stelle nochmals die Entscheidung des BGH (BGHZ 115, 78) zur Rechtsscheinhaftung bei Handeln des geschäftsunfähigen Geschäftsführers in Erinnerung, so wird deutlich, dass es den Gesellschaftern oder anderen in § 131 Abs. 1 CZ-HGB genannten Personen nach tschechischem Recht auch bei Nichterfüllung satzungsrechtlicher Anforderungen an die Geschäftsführerstellung auf den ersten Blick ver-

---

[397] *Štenglová/Plíva/Tomsa*, a.a.O.

[398] Jeweils unter Berücksichtigung des Einzelfalls; zu weiteren maßgeblichen Kriterien siehe *Roth/Altmeppen*, § 47 Rn 144 f. m.N.

[399] BGHZ 101, 117; 111, 224 ff.; BGH NJW 1993, 129; OLG München NZG 2000, 105.

[400] *Štenglová/Plíva/Tomsa*, § 131 S. 392; *Dědič*, 2002, § 131, S. 1156 f. m.w.N.

[401] Siehe dazu *Dědič*, 2002, § 131, S. 1170.

wehrt bliebe, dessen Bestellung mittels der Ungültigkeitsklage gemäß § 131 CZ-HGB anzufechten. Hat der Geschäftsführer beispielsweise bereits Geschäfte mit gutgläubigen Dritten getätigt, so würde die rückwirkende Feststellung der Nichtigkeit des Bestellungsbeschlusses in gleicher Weise in Rechte gutgläubiger Dritter eingreifen wie bei Wegfall gesetzlicher Anforderungen an die Geschäftsführerstellung. Die Organstellung erlischt *ex tunc*.[402] Gutgläubige Dritte bleiben aber weiter über § 27 Abs. 6 CZ-HGB geschützt, sofern der Geschäftsführer bereits im Handelsregister eingetragen war. Daher kann das Gericht die Nichtigkeit des Bestellungsbeschlusses mit Wirkung *ex tunc* festzustellen, soweit der Schutz gutgläubiger Dritte durch die Publizität des Handelsregisters gemäß § 27 Abs. 6 CZ-HGB gewährleistet ist. Anderenfalls muss das Gericht den Antrag gemäß § 131 Abs. 3 lit. b) CZ-HGB nicht ablehnen, sondern könnte die Nichtigkeit *ex nunc* aussprechen.

Die gemäß § 131 Abs. 1 bis 3 CZ-HGB ergangene Entscheidung des Gerichts ist gemäß § 131 Abs. 7 CZ-HGB für jedermann verbindlich.[403]

Wurde der Antrag auf Feststellung der Nichtigkeit des Bestellungsbeschlusses abgelehnt, so kann die Wirksamkeit des Beschlusses nur noch im Rahmen des Eintragungsverfahrens beim Registergericht geprüft werden, § 131 Abs. 8 S. 1 CZ-HGB. Ob das Registergericht jedoch das Vorliegen statutarischer Eignungsvoraussetzungen prüfen muss, ist zumindest fraglich,[404] da das Registergericht von Amts wegen grundsätzlich nur die gesetzlichen Voraussetzungen der §§ 31a, 194 Abs. 7 CZ-HGB prüft.[405] Schlussendlich bliebe nur noch das sog. „*Verfahren zur Erzielung einer Übereinstimmung zwischen dem tatsächlichen Zustand und einer im Handelsregister eingetragenen Tatsache*" gemäß § 200b Abs. 2 CZ-ZPO, das gemäß § 200d Abs. 1 CZ-ZPO von Amts wegen eröffnet werden muss. Gemäß § 131 Abs. 9 CZ-HGB wird das Verfahren nach § 200b Abs. 2 CZ-ZPO nur dann innerhalb von drei Jahren ab der Eintragung der Tatsache in das Handelsregister eröffnet, wenn an der Verfahrenseröffnung ein öffentliches Interesse besteht und nicht gutgläubig erworbene Rechte Dritter wesentlich berührt werden.

III. Bestellung und Annahme

Wurde der Geschäftsführer bestellt, fragt sich, ob die Wirksamkeit des Bestellungsbeschlusses von der Zustimmung des Geschäftsführers abhängt. In beiden Rechtsordnungen gibt das Gesetz hierüber keine Auskunft, es ist jedoch zu for-

---

[402] *Dědič*, 2002, § 131, S. 1159. So auch im deutschen Recht bei der Anfechtungsklage, siehe *Roth/Altmeppen*, § 47 Rn 155 m.w.N.

[403] So auch §§ 159 Abs. 2, 167 Abs. 2 CZ-ZPO.

[404] Im deutschen Recht darf das Registergericht die Übereinstimmung mit dem Gesellschaftsvertrag nicht prüfen, *Lutter/Hommelhoff*, § 6 Rn 20.

[405] Vgl. § 27 Abs. 7 CZ-HGB i.V.m. § 200 d Abs. 1 CZ-ZPO.

dern, dass sich der bestellte Geschäftsführer mit der Übernahme der Organstellung einverstanden erklärt.[406]

Dabei ist zunächst zwischen der Bestellung als Gründungsgeschäftsführer durch Gesellschaftsvertrag oder Gründungsurkunde und einer späteren Bestellung durch andere Organe[407] zu unterscheiden. Bei der Bestellung des Gründungsgeschäftsführers erfolgt die Annahme der Bestellung meist konkludent, da dieser bei der Anmeldung der Gesellschaft zum Handelsregister mitwirken muss. Gemäß §§ 7 Abs. 1, 78 GmbHG und §§ 3 Abs. 1, 31 Abs. 1, 112 Abs. 1 CZ-HGB ist der Antrag auf Eintragung der Gesellschaft in das Handelsregister von sämtlichen Geschäftsführern zu zeichnen. Darüber hinaus sind bereits im Vorfeld der Anmeldung bestimmte Erklärungen/Unterlagen/Schriftproben (z.B. die Erklärung gemäß § 8 Abs. 3 GmbHG, bei Ausländern in der ČR eine Auslandsaufenthaltsgenehmigung gemäß § 30 Abs. 3 CZ-HGB sowie Proben der Unterschriften der Geschäftsführer gemäß §§ 8 Abs. 5 GmbHG, 27a Abs. 6 CZ-HGB) zu besorgen, so dass der zeitliche Anknüpfungspunkt der faktischen Zustimmung zur Bestellung im Gründungsstadium bereits vor Eröffnung des Eintragungsverfahrens zum Handelsregister liegen kann. Bei allen anderen Bestellungstatbeständen ist die konkludente Zustimmung zur Bestellung ebenfalls durch tatsächliche Aufnahme der Tätigkeit als Geschäftsführer möglich.

Während über das Erfordernis der Zustimmung im deutschen Recht weitgehend Einigkeit besteht, wird die Rechtsnatur des Bestellungsbeschlusses in diesem Zusammenhang unterschiedlich beurteilt. Das Annahmeerfordernis durch den bestellten Geschäftsführer wird dadurch begründet, dass die Bestellung dem Geschäftsführer nicht ohne sein Zutun aufgedrängt werden könne,[408] da mit der Übernahme der Organfunktion eine Vielzahl von Pflichten verbunden sind. Zwar ist der Bestellungsbeschluss der Gesellschafter auch ohne Annahme durch den Geschäftsführer wirksam, nicht aber die Bestellung als solche.[409] Für *Lutter/Hommelhoff*[410] ist die Bestellung schwebend unwirksam, solange die Annahme durch den Geschäftsführer noch aussteht. Anders jedoch der BGH in BGHZ 52, 316 (321) sowie die überwiegende Ansicht in Österreich: Wegen der Unterscheidung zwischen dem internen Akt der Bestimmung des Geschäftsführers (Beschluss), dem Bestellungsangebot der Gesellschaft und der erforderli-

[406] *Scholz/Schneider*, § 6 Rn 36; *Baumbach/Hueck/Fastrich*, § 6 Rn 13; *Rowedder/Schmidt-Leithoff*, § 35 Rn 68; *Roth/Altmeppen*, § 6 Rn 18; *K. Schmidt*, Gesellschaftsrecht, § 14 III 2a, S. 416; Österreich: *Koppensteiner*, § 15 Rn 7 m.w.N.; Tschechische Republik: *Dědič*, 2002, § 125, S. 1104 ff. m.w.N.

[407] Siehe Kapitel 2, A I. 1. bis 5. Bestellung durch die Gesellschafterversammlung, durch den Aufsichtsrat, durch ermächtigten Gesellschafter oder gerichtliche Bestellung eines Notgeschäftsführers.

[408] *Baumbach/Hueck/Fastrich*, § 6 Rn 13 m.w.N. zur heute ganz h.M.

[409] *Lutter/Hommelhoff*, § 6 Rn 26.

[410] *Lutter/Hommelhoff*, a.a.O.

chen Annahme durch den Geschäftsführer, wird von einem Vertrag ausgegangen.[411]

Ob die Wirksamkeit der Bestellung des Geschäftsführers von dessen Zustimmung abhängt, wurde in der tschechischen Literatur bislang nur knapp diskutiert.[412] Auch im tschechischen Recht herrscht jedoch der Grundsatz der Privatautonomie, der insbesondere durch die Verfassung ausdrücklich geschützt ist: Nach Art. 2 Abs. 4 CZ-Verf darf niemand gezwungen werden, etwas zu tun, was das Gesetz ihm nicht auferlegt. Ferner schreibt Art. 9 Abs. 1 der Charta der Grundrechte und Grundfreiheiten vom 16.12.1992[413], die gemäß Art. 3 CZ-Verf Bestandteil der tschechischen Verfassung ist, vor, dass niemand zu Arbeiten und Dienstleistungen gezwungen werden darf.[414] Das Gesetz geht jedenfalls nicht von einer Verpflichtung aus, das Geschäftsführeramt auch annehmen zu müssen, so dass *argumentum e contrario* eine ausdrückliche Annahme auch im tschechischen Recht zu fordern ist. Auch im tschechischen Recht ist der Geschäftsführer mit einer Vielzahl von Pflichten und Haftungsrisiken belegt, die ohne sein Zutun ihm nicht aufgedrängt werden können. Die Argumente der überwiegend im deutschen und österreichischen Recht vertretenen Ansicht[415] können insofern auch im tschechischen Recht überzeugen, zumal mit Art. 9 Abs. 1 der Charta der Grundrechte und Grundfreiheiten vom 16.12.1992 eine ausdrückliche verfassungsrechtliche Vorgabe dies bekräftigt.[416] Vor der Zustimmung, die auch im tschechischen Recht konkludent sowie durch schriftliche oder mündliche Erklärung erfolgen kann, ist der Bestellungsbeschluss (schwebend) unwirksam.[417]

Über die dogmatische Einordnung des Charakters des Bestellungsbeschlusses herrscht jedoch auch im tschechischen Recht keine Einigkeit. Während *Eliáš*[418] davon ausgeht, dass die Zustimmung des Geschäftsführers zu seiner Bestellung die Annahme des Angebots der Gesellschaft zur Aufnahme der Organtätigkeit ist und somit eine Vertragserklärung sei, ist für *Dědič*[419] die Einordnung der Zustimmung des Geschäftsführers als Vertragserklärung ausgeschlossen. Vielmehr sei der Bestellungsbeschluss der Gesellschaft keine Vertragserklärung im Sinne

---

[411] VwGH ecolex 1993, 347; OGH GesRZ 1994, 66; *Koppensteiner*, § 15 Rn 7 m.w.N.

[412] Siehe hierzu *Dědič*, 2002, § 125, S. 1104 m.w.N.

[413] Beschluss des Präsidiums des Tschechischen Nationalrats Nr. 2/1993 Sb.

[414] So auch *Dědič*, a.a.O.

[415] *Baumbach/Hueck/Fastrich*, § 6 Rn. 13 m.w.N. zur im deutschen Recht ganz herrschenden Ansicht. Ebenso in Österreich: *Koppensteiner*, § 15 Rn 7 m.w.N.

[416] Die Zustimmung des Geschäftsführers zu seiner Bestellung wird in der tschechischen Vertragspraxis z.T. als Bestandteil des Funktionsvertrages gesehen, siehe Art. 1 Nr. 2 des Vertragsmusters zum Funktionsvertrag, *Zoufalý/Munková*, G3, S. 491 ff.

[417] *Dědič*, 2002, § 125, S. 1104.

[418] *Eliáš*, GmbH, 1996, S. 167 (170).

[419] *Dědič*, 2002, § 125, S. 1104.

eines Angebots, sondern ein anderer Rechtsakt der Gesellschaft,[420] dessen Wirksamkeit dennoch von der Zustimmung des Geschäftsführers abhängt.[421] Als Argument diene der Vergleich mit den arbeitsrechtlichen Vorschriften über die Wahl oder Ernennung leitender Angestellter oder von Organen bürgerlicher Vereine gemäß §§ 27 Abs. 3 und 4 CZ-ArbG.[422] Gemäß § 27 Abs. 4 CZ-ArbG wird das Arbeitsverhältnis bei leitenden Angestellten durch (einseitige) Ernennung und nicht durch Arbeitsvertrag gemäß § 27 CZ-Abs. 2 ArbG begründet. Das tschechische Recht kennt somit auch außerhalb des gesellschaftsrechtlichen Korporationssystems einseitige Begründungstat-bestände, so dass gegen die Einordnung der Bestellung als zweiseitiges Rechtsgeschäft im tschechischen Recht die besseren Argumente sprechen.

Als Zwischenergebnis kann festgehalten werden, dass beide Rechtsordnungen die Wirksamkeit der Bestellung von der Zustimmung des Geschäftsführers abhängig machen, den rechtlichen Charakter des Bestellungsbeschlusses und der (faktischen oder ausdrücklichen) Zustimmung des Geschäftsführer aber jeweils unterschiedlich beurteilen. Für das tschechische Recht ist die Einordnung als Vertragserklärung nicht überzeugend.

IV. Eintragung in das Handelsregister

Bereits bei der Gründung und Anmeldung der Gesellschaft zum Handelsregister wird anhand der §§ 112, 30, 31 CZ-HGB und den im deutschen Recht entsprechenden §§ 8, 10 GmbHG deutlich, dass eine Reihe von Rechtshandlungen erforderlich sind, die die Geschäftsführer betreffen bzw. von diesen vorzunehmen sind. Ergänzt werden diese Vorschriften für die Fälle nachträglicher Änderungen hinsichtlich der personellen Zusammensetzung, der Vertretungsbefugnis der Geschäftsführer und des Ausscheidens und Eintretens neuer Geschäftsführer durch die §§ 27a Abs. 2 lit. b), 28 Abs. 1 lit. e), Abs. 7 CZ-HGB und § 39 GmbHG. Auch hinsichtlich der Eintragungsverpflichtung zum Handelsregister ist zwischen der Eintragung des oder der Gründungsgeschäftsführer(s) und späteren Änderungen zu unterscheiden.

Zunächst kann konstatiert werden, dass sich hinsichtlich der Regelungen über die Anmeldung der Gesellschaft und der Eintragung der Geschäftsführer im tschechischen Recht keine wesentlichen Unterschiede zum deutschen Recht ergeben, so dass nachfolgend nur auf die tschechischen Regelungen eingegangen

---

[420] Wörtlich: „...jinou právní skutečností.."

[421] *Dědič*, 2002, § 125, S. 1104/05.

[422] Siehe dazu *Galvas/Gregorová/Hrabcová/Píchová/Zachariáš*, Pracovní právo ČR, Brno 1997, S. 128, 130; *Bělina*, Pracovní právo, Praha 1994, S. 153; *Kostečka*, AuR 1994, 434.

wird, sofern sich keine Unterschiede zum deutschen Recht ergeben.[423] Erfolgt die erstmalige Bestellung des Geschäftsführers im Gesellschaftsvertrag, so ist der Antrag auf Eintragung der Gesellschaft in das örtlich zuständige Handelsregister[424] gemäß § 112 Abs. 1 CZ-HGB grundsätzlich von allen Geschäftsführern zu zeichnen.[425] Zusätzlich betont § 31 Abs. 1 CZ-HGB, dass den Antrag auf Eintragung in das Handelsregister die Person stellt, die von der Eintragung unmittelbar betroffen ist (Gesellschaft) oder eine von ihr durch Gesetz dazu ermächtigte Person, folglich gemäß § 133 Abs. 1 CZ-HGB die Geschäftsführer. Deren Unterschriften müssen gemäß § 31 Abs. 5 öffentlich beglaubigt sein.

Ferner sind folgende Urkunden erforderlich:

- gemäß § 112 Abs. 2 lit. a) der Gesellschaftsvertrag oder die Gründungsurkunde (in notariell beglaubigter Form),[426] in denen die Gründungsgeschäftsführer gemäß § 110 Abs. 1 lit. e) CZ-HGB[427] als notwendiger Bestandteil benannt wurden,
- gemäß § 112 Abs. 2 CZ-HGB die in §§ 30, 31 Abs. 2 CZ-HGB genannten Urkunden,[428]
  a) gemäß § 30 Abs. 1 CZ-HGB einen Gewerbeschein[429] oder eine andere, für die beabsichtigte und in das Handelsregister einzutragende Tätigkeit, erforderliche Genehmigung,[430]

---

[423] So auch *Holler/Wesbuer*, WiRO 2002, 202 (203), mit der Feststellung, dass das tschechische System damit einen ähnlichen Schutz des Stammkapitals gegenüber Dritten wie das deutsche Recht bietet.

[424] Örtlich zuständig ist das Kreisgericht am Sitz der Gesellschaft, §§ 9 Abs. 3 lit. a), 200a Abs. 1 CZ-ZPO.

[425] Die Geschäftsführer haben gemäß § 112 Abs. 1 neben den in §§ 30 und 31 Abs. 2 CZ-HGB genannten Urkunden insbesondere den Gesellschaftsvertrag oder die Gründungsurkunde (lit. a)), einen Nachweis über die Erfüllung der Pflicht nach § 111 CZ-HGB (Einzahlungen auf die Stammeinlage) (lit. b)) sowie ein Sachverständigengutachten über die Bewertung der Sacheinlagen (lit. c)) vorzulegen.

[426] Gemäß § 57 Abs. 1 S. 3 CZ-HGB.

[427] Die Namen und Wohnorte der ersten Geschäftsführer der Gesellschaft und die Form, in der sie im Namen der Gesellschaft zu handeln berechtigt sind.

[428] Das CZ-HGB unterscheidet hinsichtlich des Aufbaus des Handelsregistereintrags zwischen „einzutragenden Tatsachen" (listina o skutečnostech) gemäß § 28 CZ-HGB und der „Urkundensammlung" (sbírka listin obsahující) gemäß § 27a CZ-HGB, die in der Regel die Nachweise der jeweils einzutragenden Tatsachen enthält.

[429] Zum Verfahren der Gewerbeanmeldung (§§ 45 bis 49 CZ-GewerbeG) siehe die Voraussetzungen gemäß §§ 45 Abs. 3 lit. a) bis j), 46 Abs. 2 lit. a) bis g) CZ-GewerbeG.

[430] In der tschechischen Rechtspraxis wird zu diesem Zweck gemäß § 30 Abs. 2 CZ-HGB meist ein „verantwortlicher Vertreter" gemäß § 11 CZ-GewerbeG bestimmt, in dessen Person die gewerberechtlichen Voraussetzungen für die Tätigkeit des Unternehmens erfüllt sein müssen. Der gewerberechtlich „verantwortliche Vertreter" muss jedoch gemäß § 11 Abs. 4 lit. c) und d) CZ-GewerbeG nicht der Geschäftsführer sein. Besonders hinzuweisen ist auf das Er-

b) bei ausländischen Geschäftsführern gemäß § 30 Abs. 3 CZ-HGB eine Auslandsaufenthaltsgenehmigung für die ČR, was jedoch - wie bereits diskutiert - mit dem EU-Beitritt für Organmitglieder aus EU-Staaten wegen Art. 39 EGV entfallen muss,[431]

c) gemäß § 31 Abs. 2 CZ-HGB Urkunden über die einzutragenden Tatsachen und Urkunden in zweifacher Ausfertigung,[432] welche gemäß § 27a CZ-HGB in der Urkundensammlung hinterlegt werden,[433]

   aa) gemäß § 27a Abs. 6 CZ-HGB die Unterschriftsproben der Geschäftsführer,

   bb) gemäß § 28 Abs. 7 CZ-HGB die Geburtennummer oder das Geburtsdatum des Geschäftsführers.

Erfolgt die Bestellung des Geschäftsführers zu einem späteren Zeitpunkt durch Beschluss der Gesellschafterversammlung, so ist die Gesellschaft verpflichtet, diese Tatsache in das Handelsregister einzutragen. Dies ergibt sich aus §§ 27a Abs. 7, 31 Abs. 3 CZ-HGB, wonach die Gesellschaft verpflichtet ist, ohne unnötige Verzögerung einen Antrag auf Eintragung einer Änderung oder des Wegfalls einer eingetragenen Tatsache zu stellen, sobald die betreffende Tatsache eingetreten ist.[434] Versäumt die Gesellschaft eine solche Eintragung, so muss sie die Publizität des Handelsregisters gemäß § 27 Abs. 2 und 6 CZ-HGB gegen sich gelten lassen und das Verfahren gemäß § 32 CZ-HGB fürchten, das bei weiterer Untätigkeit der Gesellschaft auch ohne Antrag zur Auflösung und

---

fordernis tschechischer Sprachkenntnisse und eines Wohnsitzes auf dem Gebiet der Tschechischen Republik gemäß § 11 Abs. 2 CZ-GewerbeG. Daher wird diese Position regelmäßig nicht von ausländischen Organmitgliedern ausgeübt.

[431] Dazu bereits EuGH NZG 1998, 809 (811).

[432] Siehe § 27a Abs. 7 CZ-HGB. Gemäß § 27a Abs. 8 CZ-HGB kann das Registergericht zudem verlangen, dass die zu hinterlegenden Urkunden als beglaubigte Übersetzung in tschechischer Sprache hinterlegt werden, falls die Urkunden nicht in tschechischer Sprache abgefasst sind.

[433] Dies sind gemäß § 27a Abs. 2 lit. b) CZ-HGB zwar grundsätzlich die Entscheidungen über die Bestellung und Abberufung von gesetzlichen Organen, die berechtigt sind, im Namen der Gesellschaft zu handeln, diese vor Gericht zu vertreten oder an der Leitung der Gesellschaft beteiligt sind, die jedoch bei der (erstmaligen) Bestellung im Gesellschaftsvertrag entfallen. Gemäß § 27 Abs. 2 lit. a) CZ-HGB gehören hierzu ebenfalls der Gesellschaftsvertrag oder die Gründungsurkunde, die jedoch wegen § 112 Abs. 2 lit. a) CZ-HGB ohnehin vorgelegt werden müssen.

[434] Im deutschen Recht normiert § 39 GmbHG ausdrücklich die Eintragungsverpflichtung für jede Änderung in den Personen von Geschäftsführern, die Beendigung der Vertretungsbefugnisse sowie die beizubringenden Urkunden, Versicherungen über die Erfüllung der gesetzlichen Voraussetzungen und Unterschriftsproben.

Liquidation der Gesellschaft führen kann. Bei der Anmeldung eines neu bestellten und Abmeldung eines abberufenen Geschäftsführers zum Handelsregister müssen daher folgende Urkunden vorgelegt werden:

- gemäß § 27a Abs. 2 lit. b) CZ-HGB, die Entscheidungen über die Wahl oder Ernennung (Bestellung), Abberufung oder eine Urkunde über eine andere Art der Beendigung der Funktion von Personen, die als gesetzliches Organ berechtigt sind, im Namen der Gesellschaft zu handeln, diese vor Gericht zu vertreten oder an der Leitung oder der Kontrolle der Gesellschaft beteiligt sind,
- gemäß §§ 27a Abs. 2 lit. a), 141 Abs. 4 CZ-HGB eine bereinigte Fassung des Gesellschaftsvertrages (in notariell beglaubigter Form),[435] falls die Anzahl der Gründungsgeschäftsführer geändert wurde,[436]
- gemäß § 27a Abs. 6 CZ-HGB die Unterschriftsproben der Geschäftsführer,
- gemäß § 27a Abs. 7 CZ-HGB müssen die Urkunden, die in die Urkundensammlung aufzunehmen sind (§ 27a CZ-HGB), in zweifacher Ausfertigung ohne unnötige Verzögerung dem Registergericht vorgelegt werden,[437]
- ferner sind gemäß § 28 CZ-HGB folgende Tatsachen in das Handelsregister einzutragen und gemäß § 31 Abs. 1 CZ-HGB durch Urkunden zu belegen,
    a) gemäß § 28 Abs. 1 lit. e) CZ-HGB der Name und Wohnsitz von Personen, die Organe der Gesellschaft sind, unter Angabe der Form, wie sie im Namen der Gesellschaft zu handeln berechtigt sind, und der Tag, an dem sie diese Funktion angetreten, gegebenenfalls beendet haben; dies gilt gemäß § 28 Abs. 3 lit. f) CZ-HGB auch bei Geschäftsführern ausländischer Gesellschaften sowie gemäß § 28 Abs. 4 lit. e) CZ-HGB bei Gesellschaften aus dem EU-Ausland,

[435] Gemäß §§ 57 Abs. 1 S. 3, 141 Abs. 3 CZ-HGB.

[436] Die Änderung der Anzahl der im Gesellschaftsvertrag oder der Gründungsurkunde festgelegten Geschäftsführer ist eine Änderung des Gesellschaftsvertrages, so dass gemäß § 141 Abs. 1 S. 1 CZ-HGB alle Gesellschafter dieser Änderung zustimmen müssen, siehe *Dědič*, 2002, § 110, S. 991 ff. Die Beschlüsse der Hauptversammlung gemäß § 125 Abs. 1 lit. f) CZ-HGB über die Ernennung, Abberufung und Vergütung von Geschäftsführern sind gemäß § 141 Abs. 1 S. 2 CZ-HGB keine Änderungen des Gesellschaftsvertrages.

[437] Möglichst in tschechischer Sprache, da gemäß § 27a Abs. 8 CZ-HGB das Registergericht verlangen kann, dass die zu hinterlegenden Urkunden als beglaubigte Übersetzung in tschechischer Sprache hinterlegt werden.

b) bei ausländischen Geschäftsführern gemäß § 30 Abs. 3 CZ-HGB eine Auslandsaufenthaltsgenehmigung für die ČR,[438]

c) gemäß § 28 Abs. 7 CZ-HGB die Geburtennummer oder das Geburtsdatum des Geschäftsführers.

Die Eintragung hat auch in diesem Fall der Geschäftsführer zu beantragen, §§ 31 Abs. 1 CZ-HGB. Im tschechischen Registerverfahren gilt der Grundsatz, dass jede eingetragene bzw. einzutragende Tatsache durch Urkundenbeweis belegt werden muss.[439] Gemäß § 770 CZ-HGB i.V.m. § 6 Abs. 1 S. 1 der Verordnung Nr. 503/2000 Sb. sind sämtliche einzutragenden Tatsachen durch Urkundenbeweis zu beweisen und in Urschrift (Original) oder öffentlich beglaubigter Kopie dem Registergericht vorzulegen.[440] Die Registergerichte sind verpflichtet zu prüfen, ob die vorgeschriebenen Urkunden tatsächlich auch hinterlegt wurden.[441] Ausländische Urkunden sind in beglaubigter Übersetzung zu hinterlegen.[442] Das Gesetz verlangt jedoch - anders als in §§ 8 Abs. 3 S. 1, 39 Abs. 3 S. 1 GmbHG - nicht, dass die Geschäftsführer in Form einer Versicherung nachweisen, dass keine Umstände vorliegen, die ihrer Bestellung nach §§ 31a, 194 Abs. 7 CZ-HGB entgegenstehen. Dies hat das Registergericht jedoch zu prüfen[443] und gegebenenfalls die Eintragung gemäß § 27 Abs. 7 CZ-HGB abzulehnen.[444] In der Praxis ist es bei statutarischen Organen daher zulässig, dass diese eine sog. Ehrenerklärung („*čestné prohlášení*“) darüber abgeben, dass sie die gesetzlichen Voraussetzungen zur Ausübung der Funktion als Organ oder Organmitglied erfüllen (§§ 31a, 194 Abs. 7 CZ-HGB).[445] Eine den §§ 8 Abs. 3, 39 Abs. 3 S. 1 GmbHG entsprechende Regelung fehlt indes im tschechischen Recht. Gemäß §§ 8 Abs. 3 S. 1, 39 Abs. 3 S. 1 GmbHG haben die Geschäftsführer zu versichern, dass keine Umstände vorliegen, die ihrer Bestellung nach § 6 Abs. 2 S. 3 und 4 GmbHG entgegenstehen und dass sie über ihre unbeschränkte Auskunftspflicht gegenüber dem Gericht belehrt worden sind.[446] Der tiefere Grund für dieses

---

[438] Unproblematisch für EU-Bürger wegen Art. 39 EGV (Freizügigkeit). Dazu bereits EuGH NZG 1998, 809 (811).

[439] *Dědič*, 2002, § 31, S. 236.

[440] Vgl. im deutschen Recht § 39 Abs. 2 GmbHG.

[441] Aufgrund einer Änderung der CZ-ZPO, kann die Einhaltung der Hinterlegungspflicht jetzt durch Sanktionen erzwungen werden, *Bohata*, WiRO 2001, 146 (147) m.N.

[442] Siehe § 27a Abs. 8 CZ-HGB; *Bohata*, a.a.O.

[443] *Bohata*, a.a.O.

[444] Zur diesbezüglichen Prüfungspflicht des Registergerichts und dessen Löschungsbefugnissen bei unzulässigen Eintragungen im deutschen Recht, vgl. §§ 9a Abs. 1 und 3, 39 GmbHG; §§ 12, 142 FGG. Sowie *Rowedder/Schmidt-Leithoff*, § 47 Rn 112 m.w.N.

[445] *Dědič*, 2002, § 31, S. 236.

[446] Gibt der Geschäftsführer in Kenntnis seiner Vorstrafen eine unrichtige Versicherung gemäß §§ 8 Abs. 3 S. 1, 39 Abs. 3 S. 1 GmbHG ab, so erfüllt dies den Straftatbestand des § 82 Abs. 1 Nr. 5 GmbHG. Das Registergericht kann gemäß § 142 FGG die Eintragung dieses Geschäftsführers von Amts wegen löschen.

Versicherungserfordernis folgt aus § 53 BZRG. Nach § 53 BZRG kann ein Verurteilter sich unter bestimmten Voraussetzungen als unbestraft bezeichnen und braucht den seiner Verurteilung zugrunde liegenden Sachverhalt nicht zu offenbaren.[447] Gemäß § 53 Abs. 2 BZRG ist diese Möglichkeit dem Betroffenen verwehrt, wenn Gerichte und Behörden ein Recht auf unbeschränkte Auskunft haben und er hierüber belehrt worden ist. Die Belehrung nach § 53 BZRG kann auch durch einen Notar vorgenommen werden, was insbesondere bei Bestellung eines im Ausland weilenden Geschäftsführers kollisionsrechtliche Probleme aufwirft.[448] Aufgrund des im tschechischen Recht fehlenden Aufklärungserfordernisses, stellen sich derartige Probleme im deutsch-tschechischen Rechtsverkehr bislang nicht. Trotzdem ist zu fordern, dass auch das tschechische Recht wirksamere Sanktionen gegen unrichtige Angaben des Geschäftsführer hinsichtlich der Tatsachen nach §§ 31a, 194 Abs. 7 CZ-HGB einführt. Die Abgabe einer „*Ehrenerklärung*“ ist hierfür ungeeignet.[449]

Ist im Rahmen der Eintragung des Geschäftsführers, insbesondere deutscher Geschäftsführer, die Beibringung deutscher amtlicher Dokumente (öffentliche Urkunden) erforderlich,[450] so ist zu beachten, dass für die Bundesrepublik im Verhältnis zur ČR am 16.03.1999 das Haager Übereinkommen vom 05. 10. 1961 zur Befreiung ausländischer öffentlicher Urkunden von der Legalisation[451] in Kraft getreten ist.[452] Das Haager Übereinkommen ist gemäß seines Art. 1 Abs. 1 auf öffentliche Urkunden[453] anzuwenden, die in dem Hoheitsgebiet eines anderen Vertragsstaates vorgelegt werden sollen. In Vertragsstaaten des Haager Übereinkommens wird die sonst erforderliche Legalisation durch die sog. "*Haa-*

---

[447] *Wolff*, GmbHR 1998, 35.

[448] Siehe dazu das Rundschreiben Nr. 39/1998 der Bundesnotarkammer vom 19.10.1998, DNotZ 1998, 913 ff.; *Wolff*, ZIP 1995, 1489 ff.

[449] Im deutschen Recht sind falsche Angaben gemäß § 82 Abs. 1 Nr. 5 GmbHG strafbewehrt; zum sog. Eignungsschwindel siehe *Roth/Altmeppen*, § 82 Rn. 21.

[450] Beispielsweise gemäß § 6 Abs. 4 CZ-GewerbeG ein polizeiliches Führungszeugnis, um die Unbescholtenheit im Sinne des tschechischen Gewerbegesetzes nachweisen zu können, §§ 194 Abs. 7 CZ-HGB, 6 Abs. 2 CZ-GewerbeG.

[451] Vertragstext, in: *Jayme/Hausmann*, Internationales Privat- und Verfahrensrecht, 11. Auflage, S. 690 ff.

[452] BGBl II, S. 142.

[453] Öffentliche Urkunden im Sinne des Haager Übereinkommens sind gemäß Art. 2: Urkunden eines staatlichen Gerichts oder einer Amtsperson als Organ der Rechtspflege, einschließlich der Urkunden, die von der Staatsanwaltschaft oder einem Vertreter des öffentlichen Interesses, von einem Urkundsbeamten der Geschäftsstelle oder von einem Gerichtsvollzieher ausgestellt sind; Urkunden der Verwaltungsbehörden; notarielle Urkunden; amtliche Bescheinigungen, die auf Privaturkunden angebracht sind, wie z.B. Vermerke über die Registrierung, Sichtvermerke zur Feststellung eines bestimmten Zeitpunktes und Beglaubigungen von Unterschriften. Das Übereinkommen gilt jedoch nicht für Urkunden, die von diplomatischen oder konsularischen Vertretern errichtet wurden sowie nicht auf Urkunden der Verwaltungsbehörden, die sich unmittelbar auf den Handelsverkehr oder auf das Zollverfahren beziehen.

ger Apostille" ersetzt. Die Haager Apostille bestätigt die Echtheit einer öffentlichen Urkunde, die hierfür im Original vorgelegt werden muss. Für deutsche Urkunden wird die Haager Apostille von der jeweils zuständigen deutschen Behörde ausgestellt.[454] Eine Beteiligung der Konsularbeamten des Staates, in dem die Urkunde verwendet werden soll, ist dann nicht mehr notwendig.[455]

Ist die beim Handelsregister zu hinterlegende Urkunde nicht in tschechischer Sprache ausgefertigt, so ist das Registergericht berechtigt gemäß § 27a Abs. 8 CZ-HGB zu fordern, dass in der Urkundensammlung auch eine beglaubigte Übersetzung in tschechischer Sprache hinterlegt wird.

Auch im tschechischen Recht ist die Eintragung des Geschäftsführers in das Handelsregister deklaratorisch.[456] Bei der Bestellung des Gründungsgeschäftsführers vertritt *Dědič*[457] jedoch die Ansicht, dass die Wirksamkeit der Bestellung des Gründungsgeschäftsführers im Gesellschaftsvertrag erst mit Eintragung der Gesellschaft in das Handelsregister eintritt.[458] Dem muss widersprochen werden. Der Geschäftsführer hat auch im tschechischen Recht im Rahmen des Eintragungsverfahrens zum Handelsregister wichtige Aufgaben (§§ 112, 30, 31 CZ-HGB) zu übernehmen. Ferner kennt auch das tschechische Recht das Rechtsinstitut der Vorgesellschaft[459] bzw. normiert in § 64 Abs. 1 CZ-HGB, dass auch vor Entstehung der Gesellschaft durch Eintragung in das Handelsregister (§ 62 Abs. 1 CZ-HGB) im Namen der Gesellschaft gehandelt werden kann.[460] Damit geht das tschechische Recht sogar weiter als der deutsche Gesetzeswortlaut in § 11 Abs. 1 GmbHG. Das tschechische Recht anerkennt zumindest, dass es die Gesellschaft, als Vorgesellschaft, auch vor Eintragung in das Handelsregister gibt. Auch die Vor-GmbH braucht als notwendiges Geschäfts-

---

454 Unter http://www.auswaertiges-amt.de/www/de/laenderinfos/konsulat/urkundenverkehr.html abrufbar (Abfrage vom 28. 04. 2004).

455 Siehe Art. 2 des Übereinkommens.

456 Entscheidung des Obersten Gerichts vom 26.6.2001, SJ 11/2001, 554.

457 *Dědič*, 2002, § 110, S. 991. So auch im österreichischen Recht die ältere Rechtsprechung des OGH EvBl 1961/25, SZ 31/11.

458 Die Eintragung statutarischer Organe soll aber grundsätzlich keine konstitutive Wirkung haben, *Dědič*, 2002, § 27, S. 156.

459 *Štenglová/Plíva/Tomsa*, § 64 S. 185 ff.; *Pelikánová*, Právo a podnikání, 3/1996, 1 ff.; *Dědič*, 2002, § 64, S. 429 ff. m.w.N.; a.A. *Holler/Wesbuer*, WiRO 2002, 202 (203).

460 Auch das tschechische Recht folgt in § 64 Abs. 2 S. 1 CZ-HGB dem Prinzip der Handelndenhaftung (vgl. § 11 Abs. 2 GmbHG). Die Gesellschaft kann die Rechtswirkungen gemäß § 64 Abs. 2 S. 2 CZ-HGB innerhalb von drei Monaten nach ihrer Entstehung übernehmen und den Beteiligten mitteilen, dass sie so entscheiden haben (ähnlich § 2 Abs. 2 Ö-GmbHG). In diesem Fall gilt, dass die Gesellschaft von Anfang an aus diesen Rechtshandlungen verpflichtet ist, § 64 Abs. 2 S. 3 CZ-HGB. Im deutschen Recht gehen die Verbindlichkeiten der Vorgesellschaft hingegen uneingeschränkt auf die eingetragene GmbH über, *Rowedder/Schmidt-Leithoff*, § 11 Rn 136.

führungsorgan die Geschäftsführer,[461] die die Vorgesellschaft vertreten,[462] insbesondere bei der Eintragung der Gesellschaft in das Handelsregister und den hierfür notwendigen Rechtshandlungen. Dafür spricht neben dem Wortlaut von § 110 Abs. 1 lit. e) CZ-HGB auch, dass es keinen Grund dafür gibt, der Vor-GmbH einen wirksam bestellten Geschäftsführer vorzuenthalten.[463]

Mit der tschechischen Rechtsprechung[464] ist somit davon auszugehen, dass für sämtliche Bestellungstatbestände die Eintragung des Geschäftsführers in das Handelsregister lediglich deklaratorisch ist.[465]

Auch bei Beendigung der Organstellung ist die Gesellschaft gemäß §§ 27a Abs. 7, 31 Abs. 3 CZ-HGB verpflichtet, ohne unnötige Verzögerung einen Antrag auf Eintragung einer Änderung oder des Wegfalls einer eingetragenen Tatsache zu stellen, sobald die betreffende Tatsache eingetreten ist. Bleibt die Gesellschaft untätig, so hat das Registergericht die Pflicht, diese Tatsache selbst dann in das Handelsregister einzutragen, wenn kein neues Organ oder Organmitglied bestellt wurde.[466] Dies korrespondiert mit der Regelung des § 200b Abs. 2 CZ-ZPO, wonach das Registergericht auch ohne Antrag eine Übereinstimmung zwischen den eingetragenen Tatsachen und dem tatsächlichen Rechtszustand herbeiführen kann. Dazu ist das Registergericht gemäß § 200d Abs. 1 CZ-ZPO von Amts wegen verpflichtet.[467]

V. Dauer der Bestellung

Weder das deutsche noch das tschechische Recht der GmbH enthalten Vorschriften hinsichtlich der Dauer (Höchst- oder Mindestdauer) der Bestellung. Lediglich bei mitbestimmten Gesellschaften gilt über die §§ 31 Abs. 1 MitbestG, 12 MontanMitbestG, 12 MontanMitbestErgG gemäß §§ 112, 84 AktG die Höchstdauer von fünf Jahren. Im tschechischen Recht verweist der tschechische Gesetzgeber in § 135 Abs. 2 CZ-HGB lediglich auf die entsprechende Anwendbarkeit u.a. des § 194 Abs. 2 S. 1 bis 5, Abs. 4 bis 7 CZ-HGB, jedoch nicht auf § 194 Abs. 1 CZ-HGB. Gemäß § 194 Abs. 1 S. 3 CZ-HGB legt die Wahlperiode einzelner Vorstandsmitglieder die Satzung fest. Die Wahlperiode darf fünf Jahre nicht überschreiten. Legt die Satzung keine Dauer fest, so beträgt sie ge-

---

[461] BGHZ 80, 212 (215); *Baumbach/Hueck/Fastrich*, § 11 Rn 10; *Rowedder/Schmidt-Leithoff*, § 11 Rn 44.

[462] *Rowedder/Schmidt-Leithoff*, § 11 Rn 83 m.w.N.

[463] So zu Recht *Koppensteiner*, § 2 Rn 12 für das österreichische Recht.

[464] Entscheidung des Obersten Gerichts vom 26.6.2001, SJ 11/2001, 554.

[465] So auch im deutschen Recht: BGH NJW 1996, 257 (259) = GmbHR 1996, 50; OLG Hamburg NZG 2000, 698; OLG Frankfurt GmbHR 1995, 301; OLG Köln BB 1993, 89 = GmbHR 1993, 155; *Lutter/Hommelhoff*, § 39 Rn 1; *Rowedder/Schmidt-Leithoff*, § 39 Rn 1; *Roth/Altmeppen*, § 6 Rn 18; *Kuhn*, WM 1976, 754 (760) m.w.N.

[466] Vgl. *Dědič*, 2002, § 127, S. 1117 ff.

[467] Vorbehaltlich der Fälle des § 131 Abs. 9 CZ-HGB.

mäß § 194 Abs. 1 S. 4 CZ-HGB fünf Jahre. In § 135 Abs. 2 CZ-HGB wird der gesetzgeberische Wille deutlich, nur bestimmte und ausdrücklich erwähnte Vorschriften des Aktienrechtes entsprechend auf das Recht der GmbH anzuwenden. Die Vorschriften über die Dauer der Amtsperiode eines statutarischen Organs gehören nicht dazu. Daraus folgt zunächst, dass die Bestellung des Geschäftsführers in beiden Rechtsordnungen grundsätzlich unbefristet ist.[468] Damit korrespondiert auch der Grundsatz der jederzeitigen Widerrufbarkeit der Bestellung bzw. Abberufbarkeit des Geschäftsführers, § 38 Abs. 1 GmbHG. Im tschechischen Recht ergibt sich dies aus der umfassenden und zwingenden Zuständigkeitsnorm des § 125 Abs. 1 lit. f) CZ-HGB.[469]

C. Vertretungsbefugnisse

Der Geschäftsführer ist das notwendige Geschäftsführungsorgan der Gesellschaft, die durch ihn gerichtlich und außergerichtlich vertreten wird, §§ 35 Abs. 1 GmbHG, 133 Abs. 1 CZ-HGB. Dessen im Prinzip unbeschränkbare Vertretungsmacht gemäß §§ 37 Abs. 2 GmbHG, 133 Abs. 2 S. 2 CZ-HGB darf nur nach Maßgabe interner Bindungen ausgeübt werden.[470] Grundsätzlich ist zwischen der Vertretungsbefugnis (nach außen) und der Geschäftsführungsbefugnis zu unterscheiden.[471] Im tschechischen Recht kommt diese Unterscheidung deutlich durch den Regelungskatalog der § 133[472] und § 134 CZ-HGB[473] zum Ausdruck. Rechtsdogmatisch ist die Frage, ob es sich bei der Vertretung der GmbH durch den Geschäftsführer um eine organschaftliche (Stell-) Vertretung handelt, und ob zwischen Organ und Organmitglied zu trennen ist, in beiden Rechtsordnungen umstritten.[474]

---

468 Zum tschechischen Recht: *Rada*, Jednatelé s.r.o. - Představenstvo a.s., Linde, Praha 2003, S. 21 f.; zum deutschen Recht: *Rowedder/Schmidt-Leithoff*, § 6 Rn 29 m.w.N.

469 Siehe dazu auch *Dědič*, 2002, § 135, S. 1201.

470 §§ 37 Abs. 1 GmbHG, 133 Abs. 2 S. 1 CZ-HGB.

471 *Rowedder/Schmidt-Leithoff*, § 35 Rn 7; *Bauer/Lingemann/Diller/Haussmann*, Anwalts-Formularbuch Arbeitsrecht, 2001, Kap. 4, S. 49. Für das tschechische Recht, *Rada*, S. 45 ff. m.w.N., der zwischen „vnitřní funkce" (innerer Funktion, Geschäftsführung) und „vnější funkce" (äußere Funktion, Vertretungsmacht) unterscheidet.

472 § 133 CZ-HGB: „Statutární orgán" (Vertretung durch Geschäftsführer als statutarisches Organ). Gemäß § 20 Abs. 1 CZ-BGB nehmen Rechtsgeschäfte der juristischen Person in allen Angelegenheiten diejenigen vor, die dazu durch den Gründungsvertrag, die Gründungsurkunde oder das Gesetz berechtigt sind (statutarische Organe).

473 § 134 CZ-HGB: „Rozhodnutí o obchodním vedení" (Entscheidungen über die Geschäftsführung).

474 Im deutschen Recht: *Beuthien*, NJW 1999, 1142; *K. Schmidt*, Gesellschaftsrecht, § 10 II. m.w.N. Im tschechischen Recht: *Dědič*, 2002, § 133, S. 1191 f. m.w.N. zum tschechischen Meinungsstand.

Allgemein wird im deutschen[475] und tschechischen Recht[476] zwischen der rechtsgeschäftlichen, der gesetzlichen und der organschaftlichen Stellvertretung unterschieden. In beiden Rechtsordnungen ist es mittlerweile herrschende Ansicht, dass das Handeln der Vertretungsorgane als organschaftliches Eigenhandeln der Körperschaft selbst verstanden wird.[477] Diese Sichtweise entspricht der von *v. Gierke*[478] begründeten Organtheorie, die - im Gegensatz zur romanistischen Vertretertheorie[479] - die juristische Person nicht nur als rechtsfähig, sondern auch als willens- und handlungsfähig ansieht, so dass die juristische Person nicht von ihren Organen vertreten wird, sondern durch diese handelt.[480] Aus der Orientierung an der Organtheorie folgt jedoch auch das Bedürfnis einer folgerichtigen Terminologie, so dass v.a. zwischen Organ und Organmitglied klar zu unterscheiden ist, was insbesondere für die Beurteilung der Gesamt- und/oder Einzelvertretungsbefugnis der Geschäftsführer bedeutsam ist.

Im Schrifttum wird häufig nicht zwischen dem Organ und Organmitglied unterschieden. Einige Stimmen ordnen die Organbefugnisse den Organmitgliedern persönlich zu.[481] Das ist aus Sicht der Organtheorie gesellschaftsrechtlich ungenau.[482] Die Organbefugnisse stehen als Organkompetenz vielmehr dem Gesellschaftsorgan selbst zu und sind nicht etwa den Organmitgliedern persönlich zu-

---

475 *Beuthien*, NJW 1999, 1142.

476 Rechtsgeschäftliche Vertretung (§§ 31-33b CZ-BGB), gesetzliche Vertretung (§§ 26-30 CZ-BGB) und die organschaftliche Vertretung (§ 20 CZ-HGB) sowie ausdrücklich § 23 CZ-BGB: Die Vertretung entsteht auf Grund eines Gesetzes oder der Entscheidung eines staatlichen Organs (gesetzliche Vertretung) oder auf Grund der Vereinbarung einer Vollmacht. Da die Vertretung der Gesellschaft durch die Geschäftsführer gemäß §§ 20 Abs. 1 CZ-BGB, 13 Abs. 1 S. 2, 133 Abs. 1 CZ-HGB gesetzlich angeordnet ist, kann man die organschaftliche Vertretung grundsätzlich der gesetzlichen Vertretung zuordnen; so im deutschen Recht auch *Köhler*, BGB AT, 24. Auflage 1998, § 18 I, S. 216.

477 Für das deutsche Recht: *MüKo/Reuter*, BGB, § 26 Rn 11; *K. Schmidt*, Gesellschaftsrecht, § 10 II m.w.N. Im tschechischen Recht: „Jednatel není zástupcem SRO, ale jeho jednání se považuje přímo za jednání SRO jako právnické osoba" (Der Geschäftsführer ist nicht Stellvertreter der Gesellschaft m.b.H., sondern sein Handeln wird geradewegs als Handeln der GmbH als juristische Person betrachtet); *Dědič*, 2002, § 133, S. 1192; so i.E. auch *Štenglová/Plíva/Tomsa*, § 133, S. 403/404.

478 *V. Giercke*, Die Genossenschaftstheorie und die deutsche Rechtsprechung, 1887, S. 603 ff. und 620 ff.

479 Begründet durch *v. Savigny*, System des heutigen Römischen Rechts, 1840, § 90, S. 282 ff. Heute noch vertreten von *Flume*, § 11 I (S. 377).

480 Siehe dazu ausführlich *Beuthien*, in: FS Zöllner, 1999, S. 87 ff. sowie kritisch zum Begriff „organschaftliche Stellvertretung", *ders.*, NJW 1999, 1142.

481 Im deutschen Recht: *Flume*, § 11 I (S. 377); *Soergel/Hadding*, BGB I, Allgemeiner Teil, 12. Auflage (1987), § 26 Rn 3, 17. Im tschechischen Recht: *Bartošíková*, PPP 7/1995, S. 1 ff. und 8/1995, S. 1 ff. (Vertretertheorie).

482 Zutreffend *Beuthien*, NJW 1999, 1142 (1143) mit Verweis auf *Beuthien/Gätsch*, ZHR 156 (1992), 459 (468 ff.) sowie ZHR 157 (1993), 463 (484 f.).

geordnet: Geschäftsführungsbefugt und vertretungsberechtigt sind der oder die Geschäftsführer als Organ und nicht die zu Geschäftsführern bestellten Organmitglieder.[483] Dies ergibt sich bereits aus dem Wortlaut der §§ 35 Abs. 1 GmbHG, 133 Abs. 1 CZ-HGB.[484]

Im tschechischen Recht wird diese Diskussion in der Fragestellung geführt, ob bei mehreren Geschäftsführern jeder einzelne als statutarisches Organ zu betrachten ist oder alle Geschäftsführer in ihrer Gesamtheit das statutarische Organ (als Kollektivorgan, wie z.B. der Vorstand der Aktiengesellschaft) bilden.[485]

Eliáš[486] und *Pelikánová*[487] vertreten zutreffend die Ansicht, dass es nur ein Geschäftsführungsorgan der Gesellschaft geben kann.[488] Dies ergebe aus der Diktion der §§ 133 Abs. 1, 134 CZ-HGB. Dagegen folgert *Bartošíková*[489] aus dem Sinngehalt der §§ 13 Abs. 1, 66 Abs. 1 CZ-HGB, dass juristische Personen mehrere statutarische Organe haben können, so dass grundsätzlich jeder Geschäftsführer statutarisches Organ der Gesellschaft ist. Der Wortlaut von § 13 Abs. 1 CZ-HGB ist insofern missverständlich: „*Juristische Personen handeln durch ihre Organe oder durch ihre Vertreter.*" Damit sagt das Gesetz jedoch noch nicht, dass auch mehrere Organe tatsächlich befugt sind für die Gesellschaft zu handeln. Dies soll durch die Regelungen über die einzelnen Gesellschaften erfolgen, wo auch die Geschäftsführungsorgane bestimmt werden, § 13 Abs. 2 CZ-HGB. Gemäß § 133 Abs. 1 CZ-HGB steht diese Kompetenz bei der GmbH ausdrücklich dem Organ des Geschäftsführers zu. Das Geschäftsführungsorgan „*Geschäftsführer*" kann nach dem ausdrücklichen Wortlaut des § 133 Abs. 1 CZ-HGB auch mehrere Mitglieder haben. Im CZ-HGB wird zudem an mehreren Stellen ausdrücklich zwischen Organen und Organmitgliedern unterschieden.[490] Zwar kann sich die Gesellschafterversammlung gemäß § 125 Abs. 3 CZ-HGB die Entscheidungsbefugnis für Angelegenheiten vorbehalten, die sonst anderen Organen der Gesellschaft zustehen würde. Daraus kann jedoch nicht abgeleitet werden, dass die Gesellschaft mehrere Geschäftsführungsorgane besitzt. Die Gesellschafterversammlung kann die Vertretungsbefugnisse des Geschäftsführungsorgans intern mit einem Zustimmungserfordernis der Gesellschafterversammlung koppeln, wie es durch die §§ 135 Abs. 2, 196a CZ-HGB für besondere Fälle ohnehin gesetzlich festgelegt ist. Mit dem eindeutigen Gesetzeswortlaut des § 133 Abs. 1 CZ-HGB und der in den §§ 27 Abs. 6 und 7 sowie 66 Abs. 1

---

[483] *Beuthien*, a.a.O.

[484] § 133 Abs. 1 CZ-HGB: „Statutárním orgánem s.r.o. je jeden nebo více jednatelů." (Statutarisches Organ ist ein oder mehrere Geschäftsführer).

[485] *Dědič*, 2002, § 133, S. 1192 m.w.N.

[486] *Eliáš*, GmbH, S. 161.

[487] *Pelikánová*, CZ-HGB, 2. Teil, S. 328 f.

[488] Zustimmend *Rada*, S. 11 m.w.N. zum tschechischen Meinungsstand.

[489] *Bartošíková*, PPP 7/1995, 1 ff. und 8/1995, 1 ff.

[490] §§ 27 Abs. 6 und 7; 66 Abs. 1 bis 4 CZ-HGB.

bis 4 CZ-HGB getroffenen ausdrücklichen Unterscheidung zwischen Organ und Organmitgliedern ist jedoch davon auszugehen, dass die Gesellschaft m.b.H. im tschechischen Recht ein Geschäftsführungsorgan (Geschäftsführer) besitzt, das freilich mehrere Mitglieder (mehrere Geschäftsführer) haben kann. Sofern also im Gesetz von der Befugnis der Geschäftsführer, die Gesellschaft zu vertreten, die Rede ist, so ist dies als Ausdruck für *„organmitgliedschaftlich zur Vertretung befugt"* zu verstehen.[491]

I. Vertretungsbefugnis

Ausdrücklich zu trennen ist zwischen der Geschäftsführungsbefugnis gemäß § 134 CZ-HGB und der Vertretungsbefugnis gemäß § 133 Abs. 1 CZ-HGB.[492]

Das Geschäftsführungsorgan vertritt die Gesellschaft gerichtlich und außergerichtlich.[493] Bei der Vertretung der Gesellschaft durch die Geschäftsführer nach außen gilt im tschechischen Recht der Grundsatz der Einzelvertretungsbefugnis. Gemäß § 133 Abs. 1 S. 2 CZ-HGB sind bei mehreren Geschäftsführern jeder von ihnen berechtigt, selbständig im Namen der Gesellschaft zu handeln, falls der Gesellschaftsvertrag oder die Satzung nichts Abweichendes regeln. Im deutschen Recht sind die Geschäftsführer hingegen nur gesamtvertretungsbefugt, falls nichts darüber bestimmt ist, § 35 Abs. 2 S. 2 GmbHG. Aus Zweckmäßigkeitsgründen wird aber häufig in Gesellschaftsverträgen Einzelvertretungsbefugnis angeordnet.[494] Nur bei der Passivvertretung, also bei Erklärungen gegenüber der Gesellschaft, sieht das Gesetz eine Einzelvertretungsbefugnis vor, § 35 Abs. 2 S. 3 GmbHG.

Aus § 110 Abs. 1 lit. e) CZ-HGB ergibt sich, dass bereits bei Gründung der Gesellschaft im Gesellschaftsvertrag festgelegt sein muss, in welcher *„Art und Weise"*[495] (Einzelvertretungs- oder Gesamtvertretungsbefugnis) die Geschäftsführer im Namen der Gesellschaft handeln. Auch bei späteren Änderungen ist die Art und Weise der Vertretungsbefugnis in das Handelsregister einzutragen.[496] Diese Tatsache kann die Gesellschaft Dritten entgegenhalten; dies jedoch

---

[491] So für das deutsche Recht *Beuthien*, NJW 1999, 1142 (1144), Fn. 23.

[492] Entscheidung des Obersten Gerichts vom 20.08.2002, 29 Odo 198/02; *Rada*, S. 45. So grundsätzlich auch im deutschen Recht, *Baumbach/Hueck/Zöllner*, § 35 Rn. 4; *Rowedder/Schmidt-Leithoff*, § 35 Rn. 7 m.N.

[493] Siehe §§ 27a Abs. 2 lit. b), 133 Abs. 1 CZ-HGB.

[494] *K. Schmidt*, Gesellschaftsrecht, § 36 II 3.; *Sudhoff*, Rechte und Pflichten des Geschäftsführers einer GmbH und einer GmbH & Co, 14. Auflage 1994, S. 56.

[495] Tschechisch: „způsob, jakým jednají jménem společnosti".

[496] §§ 27a Abs. 2 lit. b), 28 Abs. 1 lit. e) CZ-HGB. Damit hat der tschechische Gesetzgeber weitere Anforderungen der ersten Richtlinie des Rates der Europäischen Gemeinschaften zur Koordinierung des Gesellschaftsrechts (RL 68/151 EWG, ABlEG 1968, Nr. L 65, S. 9) umgesetzt. Dort heißt es in Art. 2 Abs. 1 lit. d): „Bei Offenlegung muss angegeben werden, ob die

erst ab dem Zeitpunkt der Veröffentlichung dieser Tatsache, es sei denn, sie kann nachweisen, dass sie dem Dritten bekannt war.[497] Bis zum sechzehnten Tag nach der Veröffentlichung kann diese Tatsache gemäß § 27 Abs. 3 S. 2 CZ-HGB Dritten nur dann entgegengehalten werden, wenn diese nachweisen können, dass ihnen diese Tatsache nicht bekannt sein konnte. Dies entspricht der deutschen Regelung in § 15 Abs. 2 HGB. Damit wirkt die Eintragung der Art und Weise der Vertretungsbefugnis im Sinne einer Einzel- oder Gesamtvertretungsbefugnis zuungunsten des Dritten. Ist beispielsweise bei zwei Geschäftsführern Gesamtvertretungsbefugnis durch Gesellschaftsvertrag oder Satzung vorgeschrieben und diese Tatsache wurde in das Handelsregister eingetragen, so sind Verträge unwirksam, die nur ein Geschäftsführer gezeichnet hat. Der handelnde Geschäftsführer ist dann Vertreter ohne Vertretungsmacht.[498]

Über die Eintragungsfähigkeit modifizierter Vertretungsbefugnisse besteht in der Praxis der tschechischen Registergerichte Uneinigkeit. Teilweise wurde eine Eintragung, die für bestimmte Rechtsgeschäfte die gemeinschaftliche Vertretung und für die übrigen Alleinvertretung vorsah, abgelehnt.[499] Die Möglichkeiten der Gestaltung der Vertretungsbefugnisse können daher nur in dem engen Rahmen des § 133 Abs. 1 CZ-HGB (entweder einheitliche Gesamt- oder Einzelvertretungsbefugnis) vorgenommen werden, da die Registergerichte den Verkehrsschutz als vorrangig gegenüber der korporationsrechtlichen Dispositionsbefugnis betrachten.[500]

Problematisch ist ferner die Vereinbarung einer „*unechten Gesamtvertretung*" des einzigen Geschäftsführers gemeinsam mit einem Prokuristen.[501] Bereits aus § 13 Abs. 1 CZ-HGB ergibt sich jedoch, dass die Gesellschaft durch ihre Organe oder durch ihre Vertreter handelt. Daraus zieht *Dědič*[502] folgerichtig die Erkenntnis, dass gemeinschaftliches Handeln des einzigen Geschäftsführers mit

zur Vertretung der Gesellschaft befugten Personen die Gesellschaft allein oder nur gemeinschaftlich vertreten können."

497 § 27 Abs. 3 S. 1 CZ-HGB.

498 *Rowedder/Schmidt-Leithoff*, § 35 Rn. 40; *K. Schmidt*, Gesellschaftsrecht, § 10 II 2. a). Ebenso im tschechischen Recht, siehe § 33 CZ-BGB: Gemäß § 33 Abs. 1 CZ-BGB könnte die Gesellschaft das Rechtsgeschäft dennoch genehmigen. Verweigert sie jedoch die Genehmigung, so würde der handelnde Geschäftsführer gemäß § 33 Abs. 2 CZ-BGB dem Vertragspartner auf Erfüllung oder Schadensersatz haften.

499 *Holler/Wesbuer*, WiRO 2002, 202 (204).

500 Sachliche Abstufungen bei Gesamt- oder Einzelvertretungsbefugnis sind auch im deutschen Recht wegen des Vorrangs des Verkehrsschutzes und der Rechtssicherheit unzulässig; *Lutter/Hommelhoff*, § 35 Rn. 32; *Scholz/Schneider*, § 35 Rn. 70; *Hachenburg/Mertens*, § 35 Rn. 80. Lediglich personell lassen sich die Vertretungsformen bei mehreren Geschäftsführern kombinieren (z.B. Alleinvertretungsmacht für A, Gesamtvertretungsmacht für B und C); *Goette*, DStR 1998, 938 (943).

501 *K. Schmidt*, Gesellschaftsrecht, § 36 II 3. m.w.N.

502 *Dědič*, 2002, § 133, S. 1192.

einem Prokuristen oder anderen Vertretern der Gesellschaft im Sinne einer *„unechten Gesamtvertretung“* ausgeschlossen ist.[503] So zu Recht auch *K. Schmidt*[504] im deutschen Recht: Da die Geschäftsführer als notwendiges Organ der Gesellschaft handlungsfähig sein müssen, ist eine Regelung unzulässig, nach der der einzige Geschäftsführer ohne Mitwirkung eines Prokuristen die Gesellschaft nicht vertreten kann. Dem Prokuristen darf keine Vetoposition zufallen.[505] Sind dagegen mehrere Geschäftsführer vorhanden, können einzelne an die Mitwirkung dritter Personen gebunden werden, solange nur mindestens ein Geschäftsführer allein oder mehrere Geschäftsführer zusammen die GmbH vertreten können.[506]

Inhaltlich ist die Vertretungsmacht des Geschäftsführers in beiden Rechtsordnungen nur intern durch Gesellschaftsvertrag, Satzung oder Beschluss der Gesellschafterversammlung beschränkbar.[507] Allerdings haben diese internen Beschränkungen der organschaftlichen Vertretungsmacht keine Außenwirkung.[508] Im tschechischen Recht gemäß § 13 Abs. 5 CZ-HGB auch dann nicht, wenn sie in das Handelsregister eingetragen wurden. Zur Unanwendbarkeit des Grundsatzes der im Außenverhältnis unbeschränkten Vertretungsmacht (§ 37 Abs. 2 GmbHG) soll es nach Ansicht des BGH[509] jedoch dann kommen, wenn der Geschäftsführer den im Namen der GmbH geschlossenen Vertrag von der Zustimmung der Gesellschafter abhängig macht. Nur dann käme es im Außenverhältnis auf interne Beschränkungen an.[510] Das tschechische Recht bietet diese Möglichkeit über § 36 Abs. 1 CZ-BGB (Bedingung) ebenfalls. Dem steht auch der Wortlaut von § 133 Abs. 2 S. 2 CZ-HGB nicht entgegen, wenn sich der Vertragspartner ausdrücklich mit der Bedingung und damit der Beschränkung einverstanden erklärt. Der Schutzzweck von § 133 Abs. 2 S. 2 CZ-HGB bleibt damit gewahrt.

Das Organverhältnis ist vom Grundsatz der Weisungsabhängigkeit gekennzeichnet, denn im Unterschied zum Vorstand einer Aktiengesellschaft leitet der Geschäftsführer die Gesellschaft nicht in eigener Verantwortung, sondern er un-

---

503 Siehe auch die Entscheidung des Obergerichts Prag vom 28.2.2000, SR 6/2000, 170.
504 *K. Schmidt*, Gesellschaftsrecht, § 36 II 3. a) mit Verweis auf sein Handelsrecht, 5. Auflage 1999, § 16 III 3 c).
505 *Lutter/Hommelhoff*, § 35 Rn. 35.
506 BGH NJW 1974, 1194 ff.
507 §§ 37 Abs. 1 GmbHG, 133 Abs. 2 S. 1 CZ-HGB.
508 §§ 37 Abs. 2 S. 2 GmbHG, 133 Abs. 2 S. 2 CZ-HGB.
509 BGH NJW 1997, 2676 (2678); *K. Schmidt*, Gesellschaftsrecht, § 36 II 3. c).
510 *K. Schmidt*, a.a.O.

terliegt dem Weisungsrecht der Gesellschafter, §§ 37 Abs. 1 GmbHG,[511] 133 Abs. 2 S. 1 CZ-HGB.[512]

Überschreitet der Geschäftsführer seine Vertretungsmacht, die durch interne Weisungen oder Beschränkungen durch Gesellschaftsvertrag oder Satzung festgelegt ist, so ist fraglich, ob dies in jedem Falle nicht auf die Wirksamkeit des vom Geschäftsführer dennoch getätigten Rechtsgeschäfts durchschlägt; mit dem Gesetz[513] also jede Beschränkung der Vertretungsmacht Dritten gegenüber unwirksam ist. Sinn und Zweck der Unbeschränkbarkeit der Vertretungsmacht des Geschäftsführers im Außenverhältnis ist der Verkehrsschutz, der Schutz gutgläubiger Dritte, die sich darauf verlassen müssen können, dass ein Geschäftsführer vertretungsbefugt ist. Anderenfalls wäre ein pflichtwidrig vom Geschäftsführer abgeschlossenes Geschäft schwebend unwirksam, §§ 177 BGB, 33 CZ-BGB. Schließt der Geschäftsführer unter Verletzung seiner internen Pflichten ein Geschäft im Namen der Gesellschaft ab, so ist dies nach deutschem Rechtsverständnis kein Handeln ohne Vertretungsmacht, sondern es kann nur ein Missbrauch der Vertretungsmacht vorliegen, der nur dann nach außen durchschlägt, wenn der Missbrauch evident ist.[514] Dabei haben die deutsche Rechtsprechung[515] und ihr folgend der überwiegende Teil der Literatur[516] folgende Tatbestandsvoraussetzungen herausgearbeitet: Der Geschäftsführer muss pflichtwidrig seine internen Beschränkungen überschritten haben. Dabei kommt es nur auf die objektive Pflichtwidrigkeit an, nicht aber darauf, ob der Geschäftsführer bewusst zum Nachteil der Gesellschaft gehandelt hat.[517] Auf der Seite des Geschäftsgegners fragt sich, unter welchen Voraussetzungen er als bösgläubig anzusehen ist und den Schutz verliert. Der Missbrauch der Vertretungsmacht musste für den Geschäftsgegner objektiv evident sein, das heisst der Missbrauch musste sich aus der „*verobjektivierten Perspektive des Geschäftsgegners*“[518] für diesen geradezu „*aufdrängen*“.[519] Diese Evidenz deckt sich im

---

[511] *Nägele*, BB 2001, 305.

[512] *Pokorná*, in: Eliáš/Bartošíková/Pokorná, Rn. 384. Teilweise wird das Weisungsrecht der Gesellschafter auch aus dem gemäß §§ 66 Abs. 2 CZ-HGB entsprechend anzuwendenden Mandatsvertragsrecht (§ 567 Abs. 2 und 3 CZ-HGB) hergeleitet, *Dědič*, 2002, § 66, S. 455.

[513] §§ 37 Abs. 2 GmbHG, 133 Abs. 2 S. 2 CZ-HGB.

[514] Eingehend bei *K. Schmidt*, § 10 II 2. a) bis d) sowie § 36 II 3. c) mit jeweils w.N.

[515] RGZ 134, 67 (72); 145, 311 (315); BGH WM 1960, 611 (614).

[516] *Jüngst*, Der Missbrauch organschaftlicher Vertretungsmacht, 1981, S. 138 ff.

[517] BGH NJW 1984, 1461 (1462); BGH NJW 1988, 3012 (3013); *K. Schmidt*, Gesellschaftsrecht, § 10 II 2. c) aa). Anders noch BGHZ 50, 112 (114); BGH WM 1960, 611 f.; LG Kassel NJW-RR 1995, 1063.

[518] So *K. Schmidt*, Gesellschaftsrecht, § 10 II 2. c) bb).

[519] BGHZ 127, 239 (241 f.); BGH LM Nr. 35 zu § 167 BGB = WM 1992, 1362 (1363); BGH NJW 1994, 2082 (2083); BGH NJW 1999, 2883.

wesentlichen mit grober Fahrlässigkeit,[520] keinesfalls reicht einfache Fahrlässigkeit („*bloßes Kennenmüssen*“) aus.[521] Daraus folgt, dass jedenfalls bei positiver Kenntnis des Dritten[522] oder bei kollusivem Zusammenwirken von Geschäftsführer und Dritten[523] das Rechtsgeschäft unwirksam ist.[524]

Fraglich ist nun, wie das tschechische Recht diesen Interessenkonflikt zwischen organschaftlicher Vertretungsmacht, das ebenfalls den Verkehrsschutz in §§ 133 Abs. 2, 13 Abs. 4 und 5 CZ-HGB zum Prinzip macht, und der Grenze des Verkehrsschutzes durch den Grundsatz von Treu und Glauben zu lösen vermag. Auch im tschechischen Recht schlagen die internen Beschränkungen der Vertretungsmacht grundsätzlich nicht auf das Außenverhältnis durch. Sie sind Dritten gegenüber vielmehr unwirksam.[525] Lediglich gesetzeswidrige Rechtsgeschäfte mit Dritten sind gemäß § 13 Abs. 4 CZ-HGB auch im Außenverhältnis nichtig.[526] Den Schutz verdient der Dritte nämlich dann nicht, wenn es sich um Rechtsgeschäfte handelt, bei denen der Geschäftsführer seine Vertretungsmacht überschritten hat, die ihm durch ein Gesetz oder aufgrund eines Gesetzes eingeräumt werden darf.[527]

Interne Beschränkungen der Vertretungsmacht des Geschäftsführers durch Gesellschaftsvertrag, Satzung oder ein anderes vergleichbares Dokument sowie durch Beschluss der Gesellschafterversammlung, dürfen gegenüber Dritten jedoch gemäß § 13 Abs. 5 CZ-HGB auch dann nicht geltend gemacht werden, wenn diese Beschränkung veröffentlicht wurde. Einfach gesagt: Dem Dritten wird der Blick in das Gesetz zugemutet, nicht jedoch der Blick ins Handelsregister. Damit zeigt sich, dass der tschechische Gesetzgeber das Vertrauen des Dritten soweit schützt, solange er keine „*positive Kenntnis*“ von der Überschreitung der Vertretungsmacht hat. Der tschechische Gesetzgeber will dem Dritten, der ja grundsätzlich auf die Vertretungsmacht des Geschäftsführers vertraut und vertrauen darf, nicht den Gutglaubensschutz durch weitreichende Erkundigungs-

[520] *Lüderitz*, JuS 1976, 765 (768); *K. Schmidt*, Gesellschaftsrecht, § 10 II 2. c) bb): Doch ist eben nicht ein Verschulden zu prüfen, sondern zu prüfen sind die objektiven Grenzen des vertretungsrechtlichen Verkehrsschutzes; siehe auch *K. Schmidt*, Handelsrecht, § 16 III 4.

[521] *K. Schmidt*, a.a.O. mit der treffenden Begründung, dass bloßes Kennenmüssen nicht genüge, denn wo das Gesetz den Verkehr durch formalisierte Vertretungsregeln schützt, darf dieser Schutz nicht durch weitreichenden Erkundungspflichten infrage gestellt werden.

[522] Siehe dazu BGHZ 12, 308.

[523] Siehe dazu RGZ 58, 356.

[524] Teilweise über § 242 BGB, während die Gegenansicht schwebende Unwirksamkeit gemäß §§ 177 ff. BGB analog annimmt; statt aller *K. Schmidt*, Gesellschaftsrecht, § 10 II 2. m.w.N.

[525] So ausdrücklich § 133 Abs. 2 S. 2 CZ-HGB.

[526] Siehe § 39 CZ-BGB.

[527] Gesetzliche Beschränkungen der Vertretungsmacht ergeben sich aus § 135 Abs. 2 i.V.m. § 196a CZ-HGB. Zu außenwirksamen Zustimmungserfordernissen im deutschen Recht, siehe *Rowedder/Schmidt-Leithoff*, § 37 Rn. 46 und 50 ff. m.N.

pflichten nehmen. In § 13 Abs. 5 CZ-HGB wird darauf abgestellt, dass das Vertretergeschäft selbst dann wirksam ist, wenn die Beschränkung veröffentlicht wurde, es also der Geschäftspartner/Dritte *„hätte wissen können"* (einfache Fahrlässigkeit). Daraus könnte geschlussfolgert werden, dass der tschechische Gesetzgeber den Verkehrsschutz bis zur Grenze der einfachen Fahrlässigkeit schützt, indem dem Dritten der Blick in das Handelsregister nicht zugemutet wird, er vielmehr auf die Vertretungsmacht des Geschäftsführers vertrauen darf. Daraus ergebe sich das *argumentum e contrario*, dass bei positiver Kenntnis der Verkehrsschutz an seine Grenzen stößt.[528] Zutreffend kommt daher *Dědič*[529] im Rahmen seiner Kommentierung zu § 13 Abs. 5 CZ-HGB zu dem Schluss, dass bei Überschreitung der Vertretungsmacht der Geschäftsführer zunächst der Gesellschaft gegenüber haftet. Darüber hinaus sei aber der Dritte dann nicht mehr schutzwürdig und das vom Geschäftsführer getätigte Rechtsgeschäft wegen Verstoßes gegen die guten Sitten unwirksam, wenn der Dritte Kenntnis von der Beschränkung der Vertretungsmacht hatte.[530] Auch im tschechischen Recht käme es für die Unwirksamkeit des Vertretergeschäfts insofern auf die *„positive Kenntnis"*, nicht etwa auf das *„Kennenmüssen"* (§ 13 Abs. 5 CZ-HGB) des Dritten an.[531]

Es gelingt ebenfalls der Rückgriff auf die Grundsätze von Treu und Glauben.[532] Gemäß § 265 CZ-HGB genießt die Ausübung eines - im Widerspruch zu den guten Sitten eines Handelsgeschäfts stehenden - Rechtes, nicht den Schutz des Handelsgesetzbuches. Somit entfällt bei positiver Kenntnis der Beschränkung der Vertretungsmacht gemäß § 265 CZ-HGB der Schutz des Dritten, die ihm die §§ 133 Abs. 2, 13 Abs. 4 und 5 CZ-HGB im Normalfall gewähren.[533] § 133 Abs. 2 S. 2 CZ-HGB wäre dann teleologisch zu reduzieren, da § 13 Abs. 5 CZ-HGB den Dritten nur vor einfacher Fahrlässigkeit, nicht jedoch bei Evidenz und positiver Kenntnis schützt.[534] Somit könnten auch im tschechischen Recht

528 Anders *Holler/Wesbuer*, WiRO 2002, 202 (204), die ohne weiteres Eingehen auf § 13 Abs. 5 CZ-HGB annehmen, dass aus § 133 Abs. 2 folge, dass das vom Geschäftsführer abgeschlossene Rechtsgeschäft selbst dann gegenüber der Gesellschaft wirksam sei, wenn der Geschäftspartner positive Kenntnis davon hat, dass der Geschäftsführer seine im Innenverhältnis beschränkten Vertretungsbefugnisse überschritten hat.

529 *Dědič*, 2002, § 13, S. 102 f.

530 Aber auch dann, wenn der Geschäftsführer durch das abgeschlossene Rechtsgeschäft einen Straftatbestand verwirklicht, *Dědič*, a.a.O.

531 So auch im österreichischem Recht (§ 20 Abs. 2 Ö-GmbHG); OGH GesRZ 1978, 131; *Koppensteiner*, § 20 Rn. 26 m.w.N.

532 *Dědič*, a.a.O.

533 Noch weiter gar § 39 CZ-BGB: Nichtig ist ein Rechtsgeschäft, das nach Inhalt oder Zweck gegen das Gesetz verstößt, es umgeht oder gegen die guten Sitten verstößt.

534 Durch rechtspositivistische Normauslegung könnten die tschechischen Gerichte jedoch zu dem Schluss kommen, dass die Regelung in § 13 Abs. 5 CZ-HGB lediglich Ausdruck der grundsätzlich unbeschränkten Vertretungsmacht des Geschäftsführers gemäß § 133 Abs. 2

ausgewogene Ergebnisse erzielt werden, die den Verkehrsschutz ausreichend berücksichtigen, ihm aber auch seine Grenze aufweisen, wenn der Dritte den Schutz des Gesetzes wegen positiver Kenntnis der internen Beschränkung der Vertretungsmacht des Geschäftsführers nicht verdient.

II. In-Sich-Geschäfte

Bislang ungeregelt, aber nicht unbekannt, ist im tschechischen Recht die Problematik der In-Sich-Geschäfte von Geschäftsführern.[535] Ein Vergleich mit den dem tschechischen Recht am stärksten verwandten Rechtsordnungen, dem deutschen und österreichischen Recht, zeigt jedoch, dass bestimmte Interessenkonflikte im tschechischen Recht bereits durch gesetzliche Regelung gelöst werden. Ein generelles und v.a. gesetzliches Verbot des Selbstkontrahierens, wie es das deutsche Recht in § 181 BGB kennt, und von dem der Geschäftsführer erst durch Gesellschaftsvertrag, Satzung oder Gesellschafterbeschluss befreit werden muss, ist dem tschechischen Recht bislang unbekannt.[536] Die entsprechende Anwendbarkeit einer mit § 181 BGB vergleichbaren Norm des CZ-BGB (§ 30 Abs. 2 oder § 22 Abs. 2 2. HS CZ-BGB) wurde im Gesellschaftsrecht bislang nicht diskutiert, so dass deren Anwendbarkeit zu prüfen ist. Es existieren jedoch darüber hinaus für bestimmte Arten von Interessenkonflikten spezielle gesetzliche Regelungen,[537] die zwar nicht einem Selbstkontrahierungsverbot gleichkommen,[538] aber z.B. bei Geschäften des Verbandes mit seinen Organen, die Vertretungsmacht des Geschäftsführers einschränken.

Auch im deutschen Recht hat § 181 BGB die Funktion, das rechtliche Können - die Vertretungsmacht - des Geschäftsführers zu beschränken. Nach § 181 BGB kann ein Geschäftsführer im Rahmen seiner organschaftlichen Vertretungsmacht, soweit ihm dies nicht wirksam gestattet ist, kein Rechtsgeschäft der Gesellschaft mit sich selbst oder mit einem von ihm gleichfalls vertretenen Dritten vornehmen, sofern nicht das Rechtsgeschäft ausschließlich in der Erfüllung einer Verbindlichkeit besteht. Die Vorschrift soll der Verkehrssicherheit dienen und zum Schutz des Vertretenen die Gefahr von Interessenkollisionen abwenden.[539] Ein gegen § 181 BGB verstoßendes Geschäft ist nicht nichtig, sondern

---

CZ-HGB sei und die Wirkung von § 133 Abs. 2 S. 2 CZ-HGB keine Ausnahmen zulasse, die dem Wortlaut dieser Vorschrift widerspräche, selbst wenn damit der Verkehrsschutz überstrapaziert würde. Ferner könnte argumentiert werden, dass § 13 Abs. 4 CZ-HGB die einzige Ausnahme vom Grundsatz des § 133 Abs. 2 S. 2 CZ-HGB bilde, was durch § 13 Abs. 5 CZ-HGB nur bekräftigt wird.

[535] Statt aller *Rada*, S. 86 m.w.N.

[536] *Holler/Karmann*, WiRO 1999, 361 (363); *Holler/Wesbuer*, WiRO 2002, 202 (204).

[537] Siehe § 66 Abs. 2 S. 3 CZ-HGB; §§ 135 Abs. 2, 196a CZ-HGB; § 132 CZ-HGB.

[538] Für das deutsche Recht, *K. Schmidt*, Gesellschaftsrecht, § 10 II 3. f).

[539] *K. Schmidt*, § 10 II 3. b) mit Verweis auf *Mugdan*, Protokolle, Band I, S. 795; siehe auch *MüKo/Schramm*, § 181 Rn. 1.

schwebend unwirksam, so dass es genehmigt werden kann.[540] Auch im voraus kann dem Geschäft zugestimmt werden, meist wird der Geschäftsführer jedoch durch Gesellschaftsvertrag bzw. Satzungsregelung befreit.[541]

Ähnlich im österreichischem Recht: Zwar existiert - wie im tschechischen Recht - keine § 181 BGB entsprechende Regelung, die Rechtsprechung hat jedoch bei Interessenkonflikten durch In-Sich-Geschäfte herausgearbeitet, dass diese zulässig und wirksam seien, wenn der Vertretene vorher oder nachträglich zustimmt oder wenn dem Vertretenen ausschließlich rechtliche Vorteile zuwachsen oder wenn, wie bei Abschluss zum Börsen- oder Marktpreis, keine Gefahr besteht, dass die Interessen des Vertretenen beeinträchtigt werden.[542] Diese Grundsätze gelten auch im Gesellschaftsrecht.[543] Darüber hinaus haftet der Geschäftsführer gemäß § 25 Abs. 4 Ö-GmbHG der Gesellschaft auch für den ihr aus einem Rechtsgeschäft erwachsenden Schaden, das er mit ihr im eigenen oder fremden Namen abgeschlossen hat, ohne vorher die Zustimmung des Aufsichtsrates oder, wenn keine Aufsichtsrat besteht, sämtlicher übriger Geschäftsführer erwirkt zu haben. Aus dieser Vorschrift folge jedoch nicht, dass In-Sich-Geschäfte stets wirksam seien.[544] Dies ist bei Gefährdung der Interessen der GmbH vielmehr nur der Fall, wenn die Gesellschaft zustimmt. Das kann auch im österreichischem Recht im Gesellschaftsvertrag geschehen.[545]

Im tschechischen Recht existieren zwar mit § 30 CZ-BGB[546] und § 22 Abs. 2 2. HS. CZ-BGB[547] allgemeine Vorschriften zur Lösung von Interessenkonflikten, die sich jedoch nur auf die Vertretung natürlicher Personen beziehen und sich daher nicht auf die Vertretung juristischer Personen übertragen lassen.[548] Selbst wenn sich die Anwendbarkeit dieser Vorschriften auch für das Gesellschaftsrecht herleiten ließe - beispielsweise über § 1 Abs. 2 CZ-HGB - wäre zudem fraglich, ob sich § 30 CZ-BGB auch auf juristische Personen anwenden ließe, da der tschechische Gesetzgeber im Rahmen der §§ 26-30 CZ-BGB die

---

[540] Ständige Rechtsprechung: RGZ 56, 104 (107); BGHZ 65, 123 (126).

[541] *K. Schmidt*, Gesellschaftsrecht, § 10 II 3. c) und d) m.N. Die Befreiung von § 181 BGB ist echter Satzungsbestandteil und bedarf bei der GmbH der Eintragung in das Handelsregister; siehe BFHE 169, 171 = GmbHR 1993, 45; BGHZ 87, 59; 114, 167 (172); OLG Düsseldorf NJW-RR 1995, 488; BayObLG GmbHR 1982, 257.

[542] OGH ecolex 1998, 548; *Koppensteiner*, § 20 Rn. 23 m.w.N.

[543] Ständige Rechtsprechung: OGH RdW 1997, 721; ecolex 1991, 96; OLG Wien NZ 1997, 95. Dem folgt die Literatur: *Kastner/Doralt/Nowotny*, S. 390; *Koppensteiner*, a.a.O.

[544] Weitgehend herrschende Ansicht; vgl. *Koppensteiner*, § 20 Rn. 23 m.w.N.

[545] OGH ecolex 1992, 706; OLG Wien NZ 1965, 181; *Koppensteiner*, a.a.O.

[546] § 30 CZ-BGB: Im Falle eines Interessenkonfliktes des gesetzlichen Vertreters mit denen des Vertretenen oder im Falle eines Interessenkonfliktes derjenigen, die durch denselben gesetzlichen Vertreter vertreten werden, bestellt das Gericht einen besonderen Vertreter.

[547] § 22 Abs. 2 2. HS. CZ-BGB: Vertreter kann nicht sein, (...) dessen Interessen den Interessen des Vertretenen widersprechen.

[548] *Holler/Karmann*, WiRO 1999, 361 (363); *Holler/Wesbuer*, WiRO 2002, 202 (204).

gesetzlichen Vertreter natürlicher Personen im Auge hatte. Die Bestellung eines gerichtlichen Vertreters erscheint zudem angesichts der chronischen Überlastung der tschechischen Gerichte zur Lösung von Interessenkonflikten bei In-Sich-Geschäften von Geschäftsführern einer GmbH als unpraktikable Lösung.

1. Die Lösung von Interessenkonflikten im tschechischen Recht

Im tschechischen Recht sind In-Sich-Geschäfte wegen Fehlens einer § 181 BGB entsprechenden und im Gesellschaftsrecht anwendbaren Regelung sowie bislang fehlender Rechtsprechung grundsätzlich wirksam. Das tschechische Recht begegnet jedoch einigen speziell geregelten Interessenkonflikten durch ein Zustimmungserfordernis der Gesellschafterversammlung und geht bei gesellschaftsinternen Geschäften der Geschäftsführer mit der Gesellschaft den Weg über das Wettbewerbsverbot in §§ 65, 136 CZ-HGB.

a) Unterzeichnung des Anstellungsvertrages

Bis zur Novelle des CZ-HGB im Jahre 2000 war es beispielsweise möglich, dass aufgrund fehlender Regelung ein Organmitglied seinen Anstellungsvertrag selbst unterschreiben und auch maßgeblichen Einfluss auf die Gestaltung des Anstellungsvertrags nehmen konnte, sofern das Organmitglied zu diesem Zeitpunkt bereits wirksam bestellt worden war.[549] Es wurde daher gefordert und von der Beratungspraxis auch dringend empfohlen, dass die Gesellschafterversammlung dem Anstellungsvertrag vorher zustimmt.[550] Dem ist der tschechische Gesetzgeber mit der großen Novelle des CZ-HGB im Jahre 2000 nachgekommen, so dass gemäß § 66 Abs. 2 S. 3 CZ-HGB der Funktionsvertrag schriftlich abgeschlossen werden und durch die Gesellschafterversammlung schriftlich genehmigt werden muss.

b) Kreditgewährung an Organe

Eine weitere gesetzliche Beschränkung der umfassenden organschaftlichen Vertretungsmacht des Geschäftsführers findet sich über den Verweis in § 135 Abs. 2 CZ-HGB in der für den Geschäftsführer anwendbaren aktienrechtlichen Vorschrift des § 196a CZ-HGB, die im Grundsatz der deutschen Vorschriften §§ 89, 115 AktG entspricht und die Kreditgewährung an Vorstands- und Aufsichtsratsmitglieder regelt.[551] Gemäß § 196a Abs. 1 CZ-HGB kann die Gesellschaft nur zu den handelsüblichen Bedingungen und nur dann einen Vertrag ü-

[549] *Loges/Nedelka*, WiRO 1998, 133 (134).
[550] *Loges/Nedelka*, a.a.O. m.w.N.
[551] Im deutschen Recht regelt § 43a GmbHG die Kreditvergabe an Geschäftsführer, die nicht aus dem zur Erhaltung des Stammkapitals erforderlichen Vermögen gewährt werden darf. Ein dennoch gewährter Kredit ist gemäß § 43a S. 2 GmbHG sofort zurückzugewähren. § 89 AktG gilt für Geschäftsführer nicht; *Baumbach/Hueck/Zöllner*, § 43a Rn. 6 m.N.

ber einen Kredit[552] oder ein Darlehen[553] oder andere Verträge, deren Inhalt die Sicherung einer Verbindlichkeit oder eine unentgeltliche Vermögensübertragung von der Gesellschaft ist, mit einem Geschäftsführer schließen, falls die Gesellschafterversammlung im voraus ihre Zustimmung erteilt hat. Dies gilt sowohl für die Übernahme von Bürgschaften der Gesellschaft für den Geschäftsführer als auch für Verträge, die der Geschäftsführer im Namen einer anderen Person mit der Gesellschaft abschließt.[554] Ist die Zustimmung der Gesellschafterversammlung nicht vorher eingeholt worden, so ist das Rechtsgeschäft gemäß § 39 CZ-BGB wegen Gesetzesverstoßes nichtig.[555] Das Zustimmungserfordernis entfällt jedoch innerhalb des Konzerns, wenn es sich um die Gewährung eines Kredits oder eines Darlehens durch die beherrschende Person an die beherrschte Person oder um die Sicherung von Verbindlichkeiten der beherrschten Person durch die beherrschende Person handelt.[556]

c) Interessenkonflikte bei der Ein-Mann-GmbH

Bei der Ein-Mann-GmbH treten zwar typische Interessenkonflikte zwischen Gesellschaft und Geschäftsführer kaum auf, insbesondere wenn sich Organe der Gesellschaft in einer Person vereinen (z.B. geschäftsführender Alleingesellschafter), es wurde jedoch angenommen, dass mit dem In-Sich-Geschäft des geschäftsführenden Alleingesellschafters Gefahren für uninformierte Gläubiger verbunden sind.[557] In Umsetzung der zwölften gesellschaftsrechtlichen Richtlinie (Nr. 89/667/EWG) zur Ein-Mann-GmbH[558] existieren im deutschen, österreichischen und auch im tschechischen Recht harmonisierte Regelungen für In-Sich-Geschäfte des geschäftsführenden Alleingesellschafters.[559] In Art. 5 Abs. 1 der Richtlinie heißt es: „*Verträge, die zwischen dem einzigen Gesellschafter und der von ihm vertretenen Gesellschaft abgeschlossen werden, sind in eine Niederschrift aufzunehmen oder schriftlich abzufassen.*“ Darauf hat der tschechische Gesetzgeber in der Neufassung des § 132 Abs. 3 CZ-HGB wie folgt reagiert: „*Die zwischen der Gesellschaft und dem alleinigen Gesellschafter geschlossenen Verträge müssen dann die Form einer notariellen Niederschrift haben oder schriftlich abgefasst und mit einer beglaubigten Unterschrift versehen*

552 Kreditvertrag nach §§ 497-507 CZ-HGB.

553 Darlehensvertrag nach §§ 657, 658 CZ-BGB.

554 §§ 196a Abs. 2 und 5 CZ-HGB. Bürgschaft: §§ 546-554 CZ-BGB, §§ 303-312 CZ-HGB, dazu ausführlich *Schorling*, S. 109 ff.

555 *Dědič*, 2002, § 196a, S. 2439; *Rada*, S. 87; kritisch *Eliáš*, in: XII. Karlovarské právnické dny, 2002, S. 114 ff

556 § 196a Abs. 2 S. 2 CZ-HGB.

557 *Rowedder/Schmidt-Leithoff*, § 35 Rn. 26; *Ziche*, Die Verweisung des § 35 Abs. 4 GmbHG auf das Verbot der Vornahme von In-Sich-Geschäften, 1991, S. 96 ff.

558 RL 89/667/EWG vom 21.12.1989, ABlEG 1989 Nr. L 395, S. 40 ff.

559 §§ 132 Abs. 3 CZ-HGB, 35 Abs. 4 GmbHG, 18 Abs. 5 und 6 Ö-GmbHG.

sein, wenn der Gesellschafter dabei auch im Namen der Gesellschaft handelt." Dies entspricht den Regelungen in § 35 Abs. 4 S. 2 GmbHG und § 18 Abs. 5 Ö-GmbHG.[560] Bei Verstoß gegen die Formvorschriften ist das Rechtsgeschäft wegen § 40 CZ-BGB nichtig.[561] Anders im deutschen und österreichischen Recht: Als Sanktion seien nach überwiegender Ansicht Schadensersatzansprüche der Gläubiger gegen den Ein-Mann-Gesellschafter ausreichend.[562] Für alle anderen, gesetzlich nicht geregelten Interessenkonflikte, geht das tschechische Recht zunächst von der Wirksamkeit von In-Sich-Geschäften der Geschäftsführer aus. Ferner ergibt sich aus den über § 66 Abs. 2 CZ-HGB anwendbaren Regelungen des Mandatsvertragsrechts die Verpflichtung des Geschäftsführers gemäß § 567 Abs. 2 CZ-HGB die Tätigkeit in Übereinstimmung mit den Interessen der Gesellschaft, die er kennt oder kennen muss, durchzuführen. Dies beeinträchtigt jedoch - anders als § 181 BGB - nicht sein rechtliches Können, sondern führt bei Verstoß allenfalls zu Schadensersatzansprüchen der Gesellschafter gegen den Geschäftsführer, §§ 66 Abs. 2 i.V.m. §§ 566, 570 CZ-HGB.[563] In Ausnahmefällen ließe sich die Wirksamkeit des In-Sich-Geschäftes über die allgemeinen Grundsätze von Treu und Glauben bzw. die guten Sitten über §§ 265, 1 Abs. 2 CZ-HGB i.V.m. § 3 Abs. 1 CZ-BGB beseitigen, was im tschechischen Recht jedoch sehr restriktiv gehandhabt wird und vor tschechischen Gerichten als schwaches Argument empfunden wird.[564]

2. Zwischenergebnis

Es kann zunächst festgehalten werden, dass für die Bereiche des Anstellungsvertrages bzw. Funktionsvertrages (§ 66 Abs. 2 CZ-HGB), der Ein-Mann-GmbH (§ 132 Abs. 3 CZ-HGB) und bei Kredit- und Darlehensvergabe sowie Übernahme von Bürgschaften (§ 196a CZ-HGB), Vorschriften zur Vermeidung von Inte-

---

[560] Von der in Art. 5 Abs. 2 der Richtlinie angebotenen Einschränkung, wonach die Mitgliedstaaten das Erfordernis einer Niederschrift nicht anwenden brauchen, wenn das abgeschlossene Geschäft unter normalen Bedingungen abgeschlossen wurde und die laufenden Geschäfte betrifft, hat nur der österreichische Gesetzgeber in § 18 Abs. 6 Ö-GmbHG Gebrauch gemacht. Kritisch *Koppensteiner*, § 18 Rn. 23c.

[561] *Dědič*, 2002, § 132, S. 1191.

[562] BT-Drucksache 12/625, S. 6; *Scholz/Schneider*, § 35 Rn. 131d; *Roth/Altmeppen*, § 35 Rn. 83; *Baumbach/Hueck/Zöllner*, § 35 Rn. 81. In Österreich: *Koppensteiner*, § 18 Rn. 23 m.w.N.

[563] Ferner wäre der Schutz der Gläubiger bei gläubigerschädigenden Verfügungen durch In-Sich-Geschäfte des Geschäftsführers über §§ 1 Abs. 2 CZ-HGB, 42a CZ-BGB gewährleistet, wo ein Gläubiger eine gerichtliche Verfügung darüber beantragen kann, dass Rechtsgeschäfte des Schuldners, soweit sie die Erfüllung seiner vollstreckbaren Forderungen beeinträchtigen, ihm gegenüber unwirksam sind (§ 42a Abs. 1 CZ-BGB). Dies entspricht dem Gläubigerschutz, der im deutschen Recht über §§ 1 ff. AnfG gewährleistet ist.

[564] *Dědič*, 2002, § 265, S. 3281 sowie übereinstimmend die Rechtsanwälte *Kouba, Giese, Steger, Klett* und *Bučková* im Gespräch mit dem Verfasser (siehe Anhang, Gesprächsverzeichnis).

ressenkonflikten bei In-Sich-Geschäften existieren. Für Geschäfte der Geschäftsführer mit der Gesellschaft besteht zudem ein Wettbewerbsverbot, das zwar nicht die Wirksamkeit des In-Sich-Geschäftes verhindert, aber Herausgabe- und Schadensersatzansprüche der Gesellschaft auslösen kann, §§ 65, 136 CZ-HGB. Die Beschränkung des rechtlichen Könnens bei In-Sich-Geschäften ist im deutschen Recht grundsätzlich strenger als im tschechischen Recht. Über eine konsequente Anwendung der §§ 65, 136 CZ-HGB lassen sich jedoch die meisten der im deutschen Recht von § 181 BGB erfassten Interessenkonflikte zwischen den Geschäftsführern und der Gesellschaft lösen.

III. Geschäftsführungsbefugnis

Die von der Vertretungsbefugnis zu trennende Geschäftsführungsbefugnis ist im tschechischen Recht ausdrücklich in § 134 CZ-HGB geregelt.[565] Die Geschäftsführung ist Grundaufgabe und Pflicht des Geschäftsführers,[566] so dass die Geschäftsführung im Wesentlichen durch die (gesetzlich geregelten) Rechte und Pflichten der Geschäftsführer[567] im Innenverhältnis geprägt ist.

Die interne Verpflichtung des Geschäftsführers zur Geschäftsführung teilt sich nach tschechischer Rechtauffassung[568] dabei in zwei Teile: Einerseits ist dem Geschäftsführer die Entscheidung über die laufenden betrieblichen Angelegenheiten anvertraut (Leitung der Geschäfte, Geschäftsführung i.e.S.), gleichzeitig nehmen sie gesetzlich festgelegte Aufgaben wahr.[569] Dem Geschäftsführer obliegt die gesamte Leitung des Betriebes der s.r.o. Inhaltlich orientiert sich die Geschäftsführung am Unternehmensgegenstand, der gemäß § 110 Abs. 1 lit. c) CZ-HGB[570] bereits bei Gründung der s.r.o. als wesentlicher Bestandteil des Gesellschaftsvertrages festgelegt ist. Damit bildet der Unternehmensgegenstand

---

[565] Tschechisch: „Rozhodnutí o obchodním vedení“ (Entscheidungen über die Geschäftsführung).

[566] Siehe § 134 S. 1 CZ-HG; *Dědič*, 2002, § 134, S. 1198; *Štenglová/Plíva/Tomsa*, § 134, S. 406; *Eliáš/Bartošíková/Pokorná*, Rn. 380 ff. Im deutschen Recht: *Baumbach/Hueck/Zöllner*, § 35 Rn. 16; *Roth/Altmeppen*, § 35 Rn. 1; *Lutter/Hommelhoff*, § 37 Rn. 1 ff.

[567] Siehe dazu 2. Teil, Kapitel 1, D I-VI.

[568] *Dědič*, 2002, § 134, S. 1198; *Eliáš/Bartošíková/Pokorná*, Rn. 380; *Rada*, S. 45 f. m.N.

[569] Dies sind beispielsweise die Einberufung der Gesellschafterversammlung (§ 128 CZ-HGB), die Protokollierung der Gesellschafterversammlung und Mitteilungspflicht gegenüber den Gesellschaftern (§ 127 Abs. 8 CZ-HGB), die Organisation von Umlaufbeschlüssen (§ 130 Abs. 1 CZ-HGB) sowie Buchführungs- und Informationspflichten (§ 135 Abs. 1 CZ-HGB). Weiterführend im 2. Teil, Kapitel 1, D I-VI (Sonstige gesetzliche Pflichten des Geschäftsführers).

[570] Der tschechische Wortlaut von § 110 Abs. 1 lit. c) CZ-HGB spricht von „předmět podnikání/činnosti“ (Unternehmensgegenstand bzw. Tätigkeitsgegenstand).

Maßstab und interne Grenze der Geschäftsführeraktivitäten.[571] Im Übrigen werden die Grundsätze der Geschäftspolitik durch die Gesellschafterversammlung festgelegt, § 194 Abs. 4 S. 1 CZ-HGB.

Die Geschäftsführung i.e.S. ist allgemein in § 134 CZ-HGB geregelt. Gemäß § 134 S. 1 CZ-HGB obliegt die Geschäftsführung der Gesellschaft dem Geschäftsführer. Falls der Gesellschaftsvertrag nichts Abweichendes regelt[572] und die Gesellschaft mehrere Geschäftsführer hat, so bedürfen die Entscheidungen über die Geschäftsführung der Gesellschaft der Zustimmung der Mehrheit[573] der Geschäftsführer, § 134 S. 2 CZ-HGB. An dieser Stelle wird die notwendige Trennung zwischen Geschäftsführungsbefugnis und Vertretungsbefugnis deutlich, da sich sonst ein Widerspruch zwischen der Regelung in § 133 Abs. 1 CZ-HGB (Grundsatz der Einzelvertretungsbefugnis) und § 134 S. 2 CZ-HGB (Gesamtvertretung i.R.d. Geschäftsführung) ergeben würde.

1. Weisungsgebundenheit des Geschäftsführers

Die Befugnis der Geschäftsführer zur Geschäftsführung findet im deutschen Recht ihre Schranken, neben den durch Gesetz und Satzung aufgestellten Grenzen, auch in den Beschlüssen, die die Gesellschafter in ihrer eigenen Geschäftsführungskompetenz fassen.[574] Das Organverhältnis ist vom Grundsatz der Weisungsabhängigkeit gekennzeichnet, denn im Unterschied zum Vorstand einer Aktiengesellschaft leitet der Geschäftsführer die Gesellschaft nicht in eigener Verantwortung, sondern er unterliegt dem Weisungsrecht der Gesellschafter, § 37 Abs. 1 GmbHG.[575] Dabei kann das Weisungsrecht der Gesellschafter soweit gehen, dass es keinen *„weisungsimmunen Entscheidungsbereich zu Gunsten des Geschäftsführers“*[576] gibt, was jedoch sehr streitig ist.[577] Das Weisungsrecht unterliegt kaum inhaltlichen Grenzen und kann so umfassend ausgeübt werden, dass der Geschäftsführer seine Tätigkeit nur noch als reines Ausführungsorgan ausübt.[578] Der Gegenansicht muss entgegen gehalten werden, dass die Gesell-

---

[571] Siehe Entscheidung des Obersten Gerichts in Brünn vom 30.04.1997, PR 8/1997, *Eliáš/Bartošíková/Pokorná*, Rn. 384; *Dědič*, 2002, § 134, S. 1198; *Rowedder/Schmidt-Leithoff*, § 3 Rn. 9.

[572] Diesbezüglich ist § 134 CZ-HGB somit dispositiv; *Dědič*, a.a.O.

[573] Absolute Mehrheit, > 50 % der Geschäftsführer müssen zustimmen, falls sich aus dem Gesellschaftsvertrag nichts abweichendes ergibt; *Eliáš/Bartošíková/Pokorná*, Rn. 383.

[574] *Baumbach/Hueck/Zöllner*, § 35 Rn. 17 a.E.

[575] *Nägele*, BB 2001, 305.

[576] *Nägele*, a.a.O.

[577] Zustimmend: OLG Nürnberg NZG 2000, 154; OLG Brandenburg GmbHR 1997, 168; *Rowedder/Schmidt-Leithoff*, § 37 Rn. 22; *Hachenburg/Mertens*, § 37 Rn. 16 und 20; *Roth/Altmeppen*, § 37 Rn. 4; *Scholz/Schneider*, § 37 Rn. 38. Kritisch bis ablehnend: *Lutter/Hommelhoff*, § 37 Rn. 39; *Baumbach/Hueck/Zöllner*, § 37 Rn. 9 und 11.

[578] OLG Düsseldorf, ZIP 1984, 1476.

schafter (bzw. die Gesellschafterversammlung als höchstes Organ der Gesellschaft) die Geschicke der Gesellschaft selbst bestimmen (können müssen), da das Gesellschaftsinteresse grundsätzlich zur ihrer Disposition steht. Sie sind insofern die Herren der Gesellschaft.[579] Die Grenze der Weisungsbefugnis beginnt erst dort, wo die Geschäftsführer die im Allgemein- und vor allem im Gläubigerinteresse bestehenden Gesetzespflichten zu erfüllen haben.[580] Dies betrifft vor allem die Pflichten zur Kapitalerhaltung (§ 43 Abs. 2 und 3; §§ 30, 31 GmbHG) und die Pflicht zur rechtzeitigen Stellung des Insolvenzantrages nach § 64 Abs. 1 GmbHG.

2. Weisungsgebundenheit des Geschäftsführers im tschechischen Recht?

Im tschechischen Recht wird hinsichtlich des Weisungsrechts der Gesellschafter zwischen Geschäftsführung und Vertretungsbefugnis unterschieden. Die Geschäftsführer sind grundsätzlich verpflichtet, sich bei der Ausübung ihrer Tätigkeit von den Grundsätzen (Prinzipien der Unternehmenspolitik) und den Weisungen der Gesellschafter leiten zu lassen, die von der Hauptversammlung verabschiedet wurden, sofern diese Prinzipien und Weisungen im Einklang mit dem Gesetz und dem Gesellschaftsvertrag stehen.[581] Dies ergibt sich bereits aus §§ 135 Abs. 2, 194 Abs. 4 S. 1 CZ-HGB. Im Außenverhältnis ist dies unbeachtlich.[582]

Das bedeutet jedoch nicht, dass die Geschäftsführer hinsichtlich der Geschäftsführung wie im deutschen Recht weisungsgebunden sind, denn nach §§ 135 Abs. 2, 194 Abs. 4 S. 3 CZ-HGB *„ist, falls dieses Gesetz nichts Abweichendes regelt, niemand berechtigt, dem Geschäftsführer bezüglich der Geschäftsführung der Gesellschaft Weisungen zu erteilen.“* Damit folgt das tschechische Handelsgesetzbuch einem anderen konzeptionellen Ansatz als das deutsche Recht: Über den Wortlaut des § 37 Abs. 1 GmbHG hinaus, der zunächst nur von der *„Befugnis, die Gesellschaft zu vertreten“*, also von der Vertretungsbefugnis nach außen spricht, wird in der deutschen Literatur[583] aus dem System des § 37 Abs. 1 und 2 GmbHG auch das Weisungsrecht der Gesellschafter insbesondere hinsichtlich der Geschäftsführung abgeleitet. Daraus ergibt sich auch die - im Gegensatz zur deutschen Aktiengesellschaft - eigenständige Konzeption der GmbH, denn der Geschäftsführer hat nicht wie der Vorstand der AG (§ 76 Abs. 1 AktG) die Gesellschaft unter eigener Verantwortung zu leiten; er ist vielmehr

---

[579] *Rowedder/Schmidt-Leithoff*, § 37 Rn. 22 mit Verweis auf *Hachenburg/Mertens*, 7. Auflage, § 37 Rn. 8.

[580] BGHZ 31, 258, 278; BGH NJW 1974, 1088; OLG Frankfurt GmbHR 1997, 346; *Roth/Altmeppen*, § 37 Rn 6.

[581] *Eliáš/Bartošíková/Pokorná*, Rn. 384.

[582] § 194 Abs. 4 S. 2 CZ-HGB.

[583] Ausdrücklich *Baumbach/Hueck/Zöllner*, § 37 Rn. 1; *Rowedder/Schmidt-Leithoff*, § 37 Rn. 1, 5 ff; *Lutter/Hommelhoff*, § 37 Rn. 1 ff.; *Scholz/Schneider*, § 37 Rn. 1 ff.

den gesellschaftsvertraglich oder beschlussmäßig gefassten Entscheidungen der Gesellschafter unterworfen.[584]

Anders das tschechische Recht: Einerseits hat sich der Geschäftsführer an die von der Gesellschafterversammlung aufgestellten Grundsätze und Weisungen zu halten (§ 194 Abs. 4 S. 1 CZ-HGB), andererseits ist niemand berechtigt ihm wegen der Geschäftsführung Weisungen zu erteilen (§ 194 Abs. 4 S. 3 CZ-HGB). Daraus würde zunächst folgen, dass sich aus § 194 Abs. 4 CZ-HGB lediglich ein Weisungsrecht der Gesellschafter hinsichtlich der Vertretungsbefugnis ergibt.[585] Die Geschäftsführung sei hingegen weisungsfrei.[586] Dies verwirrt zunächst. An dieser Stelle sollte man sich jedoch nochmals die Doppelaufgabe der Geschäftsführungsbefugnis im tschechischen Recht[587] in Erinnerung zu rufen: Einerseits ist dem Geschäftsführer die Entscheidung über die laufenden betrieblichen Angelegenheiten anvertraut („gewöhnlicher Geschäftsbetrieb", Geschäftsführung i.e.S.), gleichzeitig nehmen sie gesetzlich festgelegte Aufgaben wahr. Die der Geschäftsführung durch spezielle Normen zugewiesenen Aufgaben sind zwingende Kompetenzvorgaben des Gesetzes. Der damit umschriebene Bereich eigenverantwortlicher Geschäftsführung ist nicht reduzierbar.[588] Soweit ist der h.M. im tschechischen Recht zuzustimmen.

Sofern jedoch - unter Bezugnahme auf § 194 Abs. 4 S. 3 CZ-HGB - verlangt wird, dass die Geschäftsführer in ihrer Geschäftsführungsbefugnis keinerlei Weisungen der Gesellschafterversammlung unterliegen sollen, so ist dies fragwürdig. Insgesamt ergäbe sich dadurch zunächst ein Widerspruch zwischen § 194 Abs. 4 S. 1 und S. 3 CZ-HGB einerseits und zur Regelung in § 125 Abs. 3 CZ-HGB andererseits, wonach die Gesellschafterversammlung sich die Entscheidungsbefugnis für Angelegenheiten vorbehalten kann, die sonst anderen Organen der Gesellschaft zustehen würde.[589] Daraus könnte zunächst auch die Berechtigung der Gesellschafter folgen, dass diese auch Fragen der Geschäftsführung als Entscheidungsbefugnis an sich ziehen können. Auch im tschechischen Recht ist die Gesellschafterversammlung als höchstes Organ (§ 125 Abs. 1 CZ-HGB) Herrin der Gesellschaft. Ihr obliegt, aufgrund des zwingenden Cha-

[584] *Rowedder/Schmidt-Leithoff*, § 37 Rn. 3.

[585] So ausdrücklich *Dědič*, 2002, § 194, S. 2416, der als Ausnahme vom Grundsatz der Weisungsfreiheit des § 194 Abs. 4 S. 3 CZ-HGB nur konzerninterne Weisungen der herrschenden Person an die beherrschte Person (§ 190b Abs. 2 CZ-HGB) sowie die Weisungen hinsichtlich der Vertretungsbefugnis (§§ 191 Abs. 2, 133 Abs. 2 CZ-HGB) ansieht; offen gelassen bei *Štenglová/Plíva/Tomsa*, § 134, S. 406.

[586] So die h.M. im tschechischen Recht: *Dědič*, 2002, § 125, S. 1112; *Eliáš/Bartošíková/Pokorná*, Rn. 384; *Rada*, S. 45.

[587] *Dědič*, 2002, § 134, S. 1198; *Eliáš/Bartošíková/Pokorná*, Rn. 380; Rada, S. 45 f. m.N.

[588] So für das österreichische Recht, *Koppensteiner*, § 20 Rn. 3 und 7. Insoweit wohl auch *Dědič*, 2002, § 134, S. 1198; *Eliáš/Bartošíková/Pokorná*, Rn. 380; *Rada*, S. 45 f. m.N.

[589] Diese Frage wird zu Recht auch von *Rada*, S. 45, aufgeworfen.

rakters von § 125 CZ-HGB, die Beschlussfassung über die in § 125 Abs. 1 lit. a) bis n) CZ-HGB enumerativ aufgezählten Tatbestände, so u.a. auch *„die Lösung weiterer Fragen, die das Gesetz oder der Gesellschaftsvertrag der Beschlussfassung der Gesellschafterversammlung unterstellt,“* § 125 Abs. 1 lit. n) CZ-HGB. Daraus würde zunächst auch folgen, dass die Gesellschafter durch gesellschaftsvertragliche Regelung auch Geschäftsführungsbefugnisse der Geschäftsführer von ihrer Beschlussfassung abhängig machen können. Zur vergleichbaren Situation im deutschen Recht, vertritt *Zöllner*[590] die Ansicht, dass dadurch die Geschäftsführer jedoch zu reinen *„Vertretungsmarionetten“* ohne jede eigene innere Autorität würden, was die Erfüllung ihrer zwingenden Aufgaben schwer gefährdet und die vom Gesetz zugrunde gelegte GmbH-Verfassung pervertiere. Hinsichtlich des Kernbereichs der Geschäftsführung ist dem für das tschechische Recht zuzustimmen, so dass der *„gewöhnliche Geschäftsbetrieb“* weisungsfrei sein muss.

Ein weiteres Argument für ein zumindest modifiziertes Weisungsrecht der Gesellschafter hinsichtlich der Geschäftsführung ergibt sich ferner aus § 122 Abs. 1 CZ-HGB, wonach die Gesellschafter ihre Rechte bezüglich der Leitung und Kontrolle (und nichts anderes ist das Weisungsrecht im Rahmen der Geschäftsführung) der Gesellschaft im Rahmen der Gesellschafterversammlung in dem im Gesellschaftsvertrag oder der Satzung geregeltem Umfang und der dort geregelten Form wahrnehmen. Daraus folgt nach tschechischer Rechtsaufassung, dass die Gesellschafter zwar mittelbar - über die Gesellschafterversammlung - Einfluss auf die Leitung, Organisation und Strategie der Gesellschaft nehmen können, aber nicht berechtigt seien, die Geschäftsführung selbst zu übernehmen.[591] § 122 Abs. 1 CZ-HGB korrespondiert damit einerseits und kollidiert andererseits mit der Regelung in § 125 Abs. 3 CZ-HGB, wonach die Gesellschafterversammlung sich die Entscheidungsbefugnis vorbehalten kann, die sonst anderen Organen zustünde. Im Ergebnis scheint die Gesellschafterversammlung nur die Leitlinien der Geschäftspolitik bestimmen zu können; deren konkrete Umsetzung obliegt jedoch dem Geschäftsführungsorgan.

Betrachtet man im Ergebnis §§ 122 Abs. 1, 125 Abs. 3 und §§ 134 S. 1, 135 Abs. 2, 194 Abs. 4 S. 3 CZ-HGB als zwingende Vorschriften,[592] so wird an dieser Stelle ein Normwiderspruch deutlich, der durch teleologische Reduktion einer Vorschrift lösbar wäre. Die herrschende Ansicht in der tschechischen Literatur scheint i.E. die Vorschriften der §§ 122 Abs. 1, 125 Abs. 3 CZ-HGB zugunsten der vollumfänglichen Geltungskraft von §§ 134 Abs. 1, 135 Abs. 2, 194 Abs. 4 S. 3 CZ-HGB teleologisch zu reduzieren, so dass in Fragen der Geschäftsführung, des rechtlichen Dürfens im Innenverhältnis, die Geschäftsführer weisung-

---

[590] *Baumbach/Hueck/Zöllner*, § 37 Rn. 9 m.w.N.

[591] *Dědič*, 2002, § 122, S. 1081.

[592] So *Dědič*, 2002, § 194, S. 2415: „ Ustanovení § 194 odst. 4 ObchZ je kogentní.“

sunabhängig die Geschicke der Gesellschaft bestimmen können[593] und somit nur durch die zwingende Zuständigkeit der Gesellschafter für bestimmte Rechtsgeschäfte gemäß § 125 Abs. 1 lit. a) bis m) CZ-HGB beschränkt sind.

So verwundert es auch nicht, dass teilweise ausgeführt wird, dass *„die Geschäftsführer die Gesellschaft faktisch beherrschen“*.[594] Dass dadurch der Geltungsanspruch von §§ 122 Abs. 1, 125 Abs. 1 lit. n), Abs. 3 CZ-HGB ignoriert wird, scheint in Kauf genommen zu werden.

Damit würde sich eine gegenteilige Konzeption der s.r.o. zur deutschen GmbH zeigen, was zunächst verwundert, da sich das tschechische Recht der s.r.o. augenscheinlich bisher an den deutschen und österreichischen Vorschriften des jeweiligen GmbH-Gesetzes orientiert hat. Während im deutschen GmbH-Recht - im Gegensatz zur Aktiengesellschaft - von einer umfassenden Weisungsabhängigkeit der Geschäftsführer ausgegangen wird, wäre nach tschechischer Auffassung der Geschäftsführer (wie auch der Vorstand der Aktiengesellschaft) im Rahmen der Geschäftsführungsbefugnis weisungsunabhängig. Der tschechische Gesetzgeber trennt beim Weisungsrecht der Gesellschafter: In der Geschäftsführung sind die Geschäftsführer frei (§ 194 Abs. 4 S. 3 CZ-HGB), im Übrigen sollen sie sich an die durch die Gesellschafterversammlung aufgestellten Grundsätze und Weisungen halten (§ 194 Abs. 4 S. 1 CZ-HGB). Daraus folgt zunächst, dass die Geschäftsführer in dem gesetzlich zugewiesenen Kernbereich weisungsfrei sind. Ob darüber hinaus Weisungsfreiheit besteht, darf im Lichte von § 194 Abs. 4 S. 1 CZ-HGB zumindest bezweifelt werden, so dass sich die Weisungsfreiheit der Geschäftsführung wohl nur auf den *„gewöhnlichen Geschäftsbetrieb“* beschränken dürfte. Eine genaue gesellschaftsvertragliche und/oder anstellungsvertragliche Spezifikation ist daher sinnvoll.

Im Ergebnis ist festzuhalten, dass der tschechische Gesetzgeber - anders als die Konzeption der deutschen und österreichischen GmbH - durch die Verweisnorm des § 135 Abs. 2 CZ-HGB auf die aktienrechtlichen Vorschriften des § 194 Abs. 4 CZ-HGB keinen grundsätzlich konzeptionellen Unterschied zwischen der Geschäftsführungsbefugnis in der Aktiengesellschaft und der GmbH macht.

Anders verhält es sich nur auf schuldvertraglicher Ebene: Da gemäß § 66 Abs. 2 CZ-HGB die Bestimmungen über den Mandatsvertrag (§§ 566-576 CZ-HGB) entsprechend anzuwenden sind, ergibt sich über die Anwendung von §

---

[593] Jedenfalls wird aus § 125 Abs. 3 CZ-HGB übereinstimmend gerade nicht geschlussfolgert, die Geschäftsführung könne von der Gesellschafterversammlung an sich gezogen werden; *Dědič*, 2002, § 125, S. 1112 und § 122, S. 1081; *Štenglová/Plíva/Tomsa*, § 125, S. 374 a.E.; *Eliáš/Bartošíková/Pokorná*, Rn. 384; *Rada*, S. 45. Dies verwundert angesichts des sonst rechtspositivistischen Normverständnisses umso mehr, da sich die h.L. damit gegen den Wortlaut von § 125 Abs. 3 stellt.

[594] *Eliáš/Bartošíková/Pokorná*, Rn. 380.

567 Abs. 2 CZ-HGB jedoch, dass der Geschäftsführer den Weisungen der Gesellschafter unterliegt. Gemäß § 567 Abs. 2 CZ-HGB hat der Bevollmächtigte (Geschäftsführer) seine Tätigkeit gemäß den Weisungen des Mandanten (Gesellschafter) auszuführen und in Übereinstimmung mit dessen Interessen, die er kennt oder kennen muss, zu handeln. Der Bevollmächtigte darf gemäß § 567 Abs. 3 CZ-HGB nur dann von den Weisungen des Mandanten abweichen, wenn dies in dessen Interesse dringend erforderlich ist und der Mandant nicht rechtzeitig zustimmen kann.[595] Auch in diesen Fällen darf der Bevollmächtigte jedoch von den Weisungen des Mandanten nicht abweichen, wenn dies durch Vertrag oder den Mandanten ausgeschlossen wurde.[596]

Das Weisungsrecht auf schuldvertraglicher Ebene wird von *Dědič*[597] beispielsweise auch anerkannt. Geht man jedoch, wie bereits eingangs diskutiert auch im tschechischen Recht von einer Trennung von Organ- und Anstellungsverhältnis aus, so ist es zwar grundsätzlich möglich, dass der Anstellungsvertrag bzw. Funktionsvertrag den Umfang der Geschäftsführungsbefugnis auch dann beschränken kann, wenn es dafür keine gesellschaftsvertragliche Grundlage gibt. Überschreitungen seitens des Geschäftsführers hätten dann - wie im deutschen Recht[598] - nur schuld-, nicht jedoch korporationsrechtliche Wirkung, so dass die Gesellschaft den Geschäftsführer lediglich auf Schadensersatz gemäß §§ 566, 570 CZ-HGB in Anspruch nehmen könnte. Freilich bliebe den Gesellschaftern noch die Abberufung, wenn die Geschäftsführer die von der Gesellschafterversammlung aufgestellten Leitlinien der Geschäftspolitik verlassen würden.

Hat die Gesellschaft mehrere Geschäftsführer, so wird in der tschechischen Literatur empfohlen, die Geschäftsverteilung gesellschaftsvertraglich oder satzungsrechtlich für jeden Geschäftsführer detailliert zu regeln.[599] Angesichts der eingeschränkten Weisungsbefugnis der Gesellschafter empfiehlt sich eine ähnliche Vorgehensweise auch für die Geschäftsführungsbefugnis auf schuldvertraglicher Ebene. Es ist daher zweckmäßig, die Beschränkung auf Handlungen, die der *„gewöhnliche Geschäftsbetrieb“* mit sich bringt, im Anstellungsvertrag (gegebenenfalls mit einem Zustimmungskatalog) zu verankern, da nur dann ein Weisungsrecht über §§ 66 Abs. 2, 567 Abs. 2 CZ-HGB realisiert werden kann.

D. Sonstige Pflichten

Aus dem Gesetz ergeben sich für den Geschäftsführer in beiden Rechtsordnungen zusätzliche, explizit geregelte Pflichten, die in Einzelfällen auch sankti-

---

[595] Die Anwendbarkeit von § 567 Abs. 3 CZ-HGB wird auch von *Dědič* (2002, § 194, S. 2414/15) diskutiert und bejaht.

[596] § 567 Abs. 3 S. 2 CZ-HGB.

[597] *Dědič*, 2002, § 66, S. 455.

[598] Statt aller *Rowedder/Schmidt-Leithoff*, § 37 Rn. 31 sowie § 35 Rn. 81 ff. m.w.N.

[599] *Štenglová/Plíva/Tomsa*, § 134, S. 406; *Eliáš/Bartošíková/Pokorná*, Rn. 383.

onsbewehrt sind. Dabei sind dem Geschäftsführer im Rahmen seiner Geschäftsführungsbefugnis bestimmte Aufgaben als gesetzlich originärer Zuständigkeitsbereich zugewiesen.

I. Einberufung der Gesellschafterversammlung, § 128 Abs. 1 CZ-HGB

Die Geschäftsführer sind verpflichtet, die Gesellschafterversammlung einmal jährlich einzuberufen, falls das Gesetz, der Gesellschaftsvertrag oder gegebenenfalls die Satzung keine kürzere Frist bestimmen, § 128 Abs. 1 S. 1 CZ-HGB. Dabei ist es jedoch ausgeschlossen, dass gesellschaftsvertraglich die Einberufungszuständigkeit auf einen x-beliebigen Gesellschafter übertragen werden kann, da Ausnahmen von der Einberufungszuständigkeit der Geschäftsführer vom Gesetzgeber nur in den Fällen des § 129 Abs. 2 CZ-HGB[600] vorgesehen sind.[601] Die Dispositionsbefugnis der Gesellschafter bezieht sich somit nur auf die Frist. Der Geschäftsführer ist ohne unnötige Verzögerung zur Einberufung der Gesellschafterversammlung gemäß § 128 Abs. 2 i.V.m. § 193 Abs. 1 CZ-HGB verpflichtet, wenn er feststellt, dass die auf Grund eines beliebigen Rechnungsabschlusses festgestellten Verluste der Gesellschaft eine solche Höhe erreicht haben, dass nach ihrem Ausgleich aus verfügbaren Mitteln der Gesellschaft der nicht abgedeckte Verlust die Hälfte des Grundkapitals erreichen würde oder dies im Hinblick auf alle Umstände erwartet werden kann; oder festgestellt wird, dass die Gesellschaft konkursreif ist, und der Geschäftsführer der Gesellschafterversammlung die Auflösung der Gesellschaft oder die Verabschiedung von anderen Maßnahmen vorschlägt, falls ein Sondergesetz nichts Abweichendes regelt. Eine weitere Einschränkung der Dispositionsbefugnis hinsichtlich der Einberufungsfristen ergibt sich aus § 128 Abs. S. 2 CZ-HGB, wonach die Gesellschafterversammlung, wenn sie über den ordentlichen Abschluss zu beschließen hat, spätestens sechs Monate nach Ablauf des Bilanzierungszeitraumes stattfinden muss. Als Geschäftsjahr galt bis zur „*technischen Novelle*“ des CZ-HGB im Jahre 2001[602] grundsätzlich das Kalenderjahr, § 38 CZ-HGB a.F. Nunmehr ist eine Umstellung des Geschäftsjahres auf einen, vom 31. Dezember eines Jahres abweichenden, Bilanzstichtag zulässig, § 38 CZ-HGB n.F.

[600] Die Einberufung einer Gesellschafterversammlung können Gesellschafter beantragen, welche mindestens 10 % des Stammkapitals vertreten, § 129 Abs. 2 S. 1 CZ-HGB. Wird die Gesellschafterversammlung durch die Geschäftsführer nicht innerhalb eines Monats nach Zustellung des Antrags einberufen, so sind die Gesellschafter berechtigt, die Gesellschafterversammlung selbst einzuberufen, § 129 Abs. 2 S. 2 CZ-HGB. Nur wenn die Gesellschaft keine Geschäftsführer hat, darf jeder der Gesellschafter die Gesellschafterversammlung einberufen, § 129 Abs. 2 S. 3 CZ-HGB. Dies entspricht der deutschen Regelung in § 50 GmbHG.

[601] *Dědič*, 2002, § 128, S. 1140.

[602] Gesetz Nr. 353/2001 Sb.

Die rechtliche Natur der Einberufung der Gesellschafterversammlung ist im tschechischen und deutschen Recht unklar.[603] Umstritten ist, ob die Einberufung der Gesellschafterversammlung Vertretungs- oder Geschäftsführungsakt ist, oder ob es sich dabei lediglich um eine gesetzliche Pflicht der Geschäftsführer handelt, um regelmäßige Gesellschafterversammlungen sicherzustellen. Auch könnte der Einberufung ein rechtsgeschäftlicher Charakter zukommen.[604] Zunächst ist die Ansicht abzulehnen, die Einberufung der Gesellschafterversammlung sei Teil der Geschäftsführung, da sie nicht unmittelbar der Verfolgung des Gesellschaftszwecks dient;[605] unmittelbar zweckbezogen ist sie allenfalls dann, wenn die Gesellschafterversammlung der Fassung von Beschlüssen über Geschäftsführungsmaßnahmen dienen soll.[606] Im tschechischen Recht liegt diesbezüglich höchstrichterliche Rechtsprechung vor: Nach einer Entscheidung des Obersten Gerichts in Brünn[607] kann die Einberufung der Gesellschafterversammlung weder als Teil der Geschäftsführung, noch als Handlung gegenüber Dritten betrachtet werden. Die Einberufung ist vielmehr als eine besondere, durch das Gesetz ausdrücklich geregelte Pflicht aufzufassen, die die Geschäftsführer, über den Rahmen der Geschäftsführung hinaus, zu erfüllen haben. Dem schließt sich die tschechische Literatur weitgehend an.[608] Ebensowenig ist die Einberufung ein Vertretungsakt der Geschäftsführer,[609] sondern vielmehr eine eigenständige gesellschaftsrechtliche Grundmaßnahme, die als korporationsrechtlicher Akt ausschließlich gegenüber den Gesellschaftern wirke.[610] Ferner wird die Einordnung als Rechtsgeschäft[611] überwiegend abgelehnt,[612] weil dann auch das offensichtlich unpassende Willensmängelrecht des BGB angewendet werden müsste.[613]

[603] *Hachenburg/Hüffer*, § 49 Rn. 11; *Rowedder/Schmidt-Leithoff*, § 49 Rn. 2; *Baumbach/Hueck/Zöllner*, § 49 Rn. 1a; *van Venrooy*, GmbHR 2000, 166 (172 ff.); *Dědič*, 2002, § 134, S. 1198 m.w.N.
[604] *Pelikánová*, CZ-HGB, 2. Teil, 2. Auflage, S. 487.
[605] So aber *Eliáš*, GmbH, S. 164.
[606] *Baumbach/Hueck/Zöllner*, § 49 Rn. 1a; *Rowedder/Schmidt-Leithoff*, § 49 Rn. 2.
[607] Entscheidung vom 30.04.1997, PR 8/1997 = Odon 2/1997.
[608] *Štenglová/Plíva/Tomsa*, § 134, S. 406; *Dědič*, 2002, § 134, S. 1198/99 m.w.N.
[609] *Hachenburg/Hüffer*, § 49 Rn. 11; *Rowedder/Schmidt-Leithoff*, § 49 Rn. 2; *Baumbach/Hueck/Zöllner*, § 49 Rn. 1a; *van Venrooy*, GmbHR 2000, 166 (172); ebenso Tschechisches Oberstes Gericht, PR 8/1997; *Dědič*, 2002, § 134, S. 1198/99.
[610] So *Baumbach/Hueck/Zöllner*, § 49 Rn. 1a.
[611] *Pelikánová*, CZ-HGB, 2. Teil, 2. Auflage, S. 487; *van Venrooy*, GmbHR 2000, 166 (173); *Feine*, Die GmbH, In: Ehrenberg (Hrsg.), Handbuch des gesamten Handelsrechts 1929, 3. Bd. III. Abteilung, S. 537.
[612] *Rowedder/Schmidt-Leithoff*, § 49 Rn. 5; *Hachenburg/Hüffer*, § 49 Rn. 2 mit Verweis auf BGHZ 100, 264 (267); teilweise wohl auch *Scholz/Schmidt*, § 49 Rn. 10.
[613] *Rowedder/Schmidt-Leithoff*, § 49 Rn. 5.

Das Gesetz bedient sich in §§ 49 Abs. 1 GmbHG, 128 Abs. 1 CZ-HGB der Geschäftsführer, um das prinzipale Gesellschaftsorgan, nämlich die Gesellschafterversammlung, funktionsfähig zu halten. Die Geschäftsführer nehmen insoweit eine Aufgabe der Gesellschafter wahr, die als nicht ausreichend organisiert angesehen wurden, um eine Einberufungsbefugnis selbst wahrzunehmen.[614] Nur in Sonderfällen, können die Gesellschafter selbst einberufen, §§ 128 Abs. 2 S. 2 CZ-HGB, 50 Abs. 3 S. 1 GmbHG.

Gemäß §§ 49 Abs. 1 GmbHG, 128 Abs. 1 CZ-HGB wird die Gesellschafterversammlung durch *„die Geschäftsführer"* einberufen. Aus diesem Wortlaut folgt zunächst, dass das Zusammenwirken zumindest einer geschäftsführungs- bzw. vertretungsbefugten Anzahl von Geschäftsführern vorausgesetzt wird.[615] Daher wurde von einer inzwischen überholten Ansicht[616] vertreten, dass hierfür ein einfacher Mehrheitsbeschluss der Geschäftsführer erforderlich sei. Demgegenüber nimmt die inzwischen ganz herrschende Meinung[617] an, dass jeder Geschäftsführer, unabhängig davon wie Geschäftsführung und Vertretungsbefugnis geregelt sind, einberufungsbefugt ist. Diese herrschende Ansicht besticht aus einem Grund, den sie interessanterweise selbst nicht nennt, nämlich dem in § 78 GmbHG gemachten Unterschied zwischen den Begriffen *„die Geschäftsführer"* und *„sämtliche Geschäftsführer"*.[618] Auch im tschechischen Recht verwendet der Gesetzgeber in § 112 Abs. 1 CZ-HGB bewusst den Begriff *„alle Geschäftsführer"*[619] und belässt es bei § 138 Abs. 1 CZ-HGB beim Wortlaut *„die Geschäftsführer"*.[620] Folgerichtig ist daher auch im tschechischen Recht die Annahme vorzugswürdig, für die Einberufung nicht das Handeln sämtlicher Geschäftsführer zu verlangen, wenn dies das Gesetz nicht ausdrücklich verlangt. Damit korrespondiert auch die Entscheidung des Obersten Gerichts,[621] wonach die Feststellung der Ungültigkeit des Beschlusses der Gesellschafterversammlung nicht verlangt werden kann, wenn die Gesellschafterversammlung lediglich durch einen von mehreren Geschäftsführern einberufen wurde.

---

[614] Siehe *van Venrooy*, GmbHR 2000, 166 (172) m.w.N.

[615] So noch *Feine*, GmbH, S. 533.

[616] *Baumbach/Hueck*, 13. Auflage, § 49 Anmerkung 2 A.

[617] OLG Frankfurt GmbHR 1976, 110; OLG München DB 1994, 320; BayObLG NZG 1999, 1063; KG NJW 1965, 2157 (2158); *Scholz/Schmidt*, § 49 Rn. 4; *Hachenburg/Hüffer*, § 49 Rn. 5; *Lutter/Hommelhoff*, § 49 Rn. 3, *Roth/Altmeppen*, § 49 Rn. 2; *Rowedder/Schmidt-Leithoff*, § 49 Rn. 2; *Meyer-Landrut/Miller/Niehus*, § 49 Rn. 2 sowie *Baumbach/Hueck/Zöllner*, § 49 Rn. 2 (unter ausdrücklicher Aufgabe der in der 13. Auflage vertretenen Ansicht).

[618] Zutreffend *van Venrooy*, GmbHR 2000, 166 (172).

[619] Tschechisch: „všichni jednatelé".

[620] Tschechisch: „jednatelé".

[621] Entscheidung vom 30.04.1997, PR 8/1997 = Odon 2/1997.

Eine weitere gesetzlich festgelegte Pflicht, die nach tschechischer Rechtsauffassung[622] nicht als Teil der Geschäftsführung eingeordnet wird, ergibt sich im Zusammenhang mit der (Einberufungsbefugnis der) Gesellschafterversammlung aus § 129 Abs. 3 und 4 CZ-HGB. Gemäß § 129 Abs. 3 CZ-HGB wird die Gesellschafterversammlung bis zur Wahl ihres Vorsitzenden durch den Geschäftsführer, gegebenenfalls durch einen beauftragten Gesellschafter geleitet. Der Geschäftsführer ist ferner verpflichtet, die Ausfertigung der Niederschrift der Gesellschafterversammlung sicher zu stellen und diese ohne unnötige Verzögerung und auf Kosten der Gesellschaft allen Gesellschaftern zuzustellen.[623] Diese Pflicht trifft die Geschäftsführer gemäß § 127 Abs. 8 CZ-HGB auch für die Zustellung der Beschlüsse, die im Zustimmungsverfahren nach § 127 Abs. 7 CZ-HGB zu Stande gekommen sind[624] sowie gemäß § 130 Abs. 1 CZ-HGB für die Zustellung der Beschlussanträge und Beschlüsse im Rahmen des Umlaufbeschlussverfahrens. Umgekehrt kann bei der Ein-Mann-GmbH der alleinige Gesellschafter gemäß § 132 Abs. 2 CZ-HGB verlangen, dass an dem Gesellschafterbeschluss auch der Geschäftsführer mitwirkt und dem Geschäftsführer die schriftlichen Beschlüsse zugestellt werden.

II. Rechnungslegungspflichten, § 135 Abs. 1 1. HS CZ-HGB

In beiden Rechtsordnungen obliegt den Geschäftsführern die Verpflichtung für eine ordnungsgemäße Buchführung zu sorgen. Insoweit besteht hinsichtlich des Wortlauts der §§ 41 Abs. 1 GmbHG, 135 Abs. 1 1. HS CZ-HGB gar Übereinstimmung, so dass besonders an diesem Beispiel die Anlehnung des tschechischen HGB an die entsprechenden deutschen Vorschriften deutlich wird.[625] Aus dem Gesetz folgt jedoch nicht die Verpflichtung, dass die Geschäftsführer die Buchführung selbst durchführen müssen, sie müssen vielmehr *„dafür sorgen“*, dass sie ordnungsgemäß durchgeführt wird. Die Verpflichtung betrifft somit das *„Ob“*, das *„Wie“* kann gesellschaftsintern individuell gestaltet werden. Beispielsweise dergestalt, dass bei mehreren Geschäftsführern die Erfüllung der Buchführungspflicht einem bestimmten Geschäftsführer im Rahmen der Ressortverteilung übertragen wird.[626] Jedoch muss die Buchführung auch weiterhin von ihnen kontrolliert werden können.[627] Die Führung der Bücher selbst kann

---

[622] *Štenglová/Plíva/Tomsa*, § 134, S. 406; *Dědič*, 2002, § 134, S. 1198 f.

[623] § 129 Abs. 4 S. 1 CZ-HGB.

[624] Im Rahmen von § 127 Abs. 7 und 8 CZ-HGB jedoch innerhalb von 14 Tagen, während § 129 Abs. 4 CZ-HGB unverzügliche Zustellung verlangt, das heisst („bez zbytečného odkladu“) ohne unnötige Verzögerung.

[625] Lediglich ähnlich beispielsweise § 22 Ö-GmbHG, wonach die Geschäftsführer Sorge dafür zu tragen haben, dass ein Rechnungswesen und ein internes Kontrollsystem geführt wird, die den Anforderungen des Unternehmens entsprechen.

[626] BGH ZIP 1995, 1334 (1336); *Lutter/Hommelhoff*, § 41 Rn. 3.

[627] *Rowedder/Schmidt-Leithoff*, § 41 Rn. 4.

durch Mitarbeiter der Gesellschaft oder durch externe Beauftragte (z.B. Steuerberater) durchgeführt werden.[628] Sinn und Zweck dieser höchstpersönlichen Amtspflicht des Geschäftsführers ist das öffentliche Interesse, das sich am Gläubigerschutz orientiert und darüber hinaus über §§ 283, 283b StGB (Verletzung der Buchführungspflicht) für den Insolvenzfall zu einer strafrechtlichen Sanktionierung führt.[629] Die Buchführungspflicht wird - ähnlich den §§ 238 bis 342a HGB - durch die allgemeinen handelsrechtlichen Vorschriften der §§ 35 bis 40 CZ-HGB konkretisiert, die jedoch nur die grundlegenden Buchführungs-, Prüfungs- und Offenlegungspflichten festlegen. Die allgemeinen Vorschriften der §§ 35 ff. CZ-HGB werden wiederum durch die Vorschriften des Gesetzes Nr. 563/1991 Sb. (Buchführungsgesetz) ergänzt und konkretisiert,[630] so dass das Buchführungsgesetz den Sorgfaltsmaßstab vorgibt, für dessen Einhaltung die Geschäftsführer zu sorgen haben.[631]

III. Führen eines Gesellschafterverzeichnisses, § 135 Abs. 1 2. HS CZ-HGB

Die Geschäftsführer sind ferner verpflichtet eine Liste der Gesellschafter zu führen. Diese Pflicht obliegt den Geschäftsführern insoweit persönlich, als dass sie für die Richtigkeit des Gesellschafterverzeichnisses einzustehen haben.[632] Konkretisiert wird diese Verpflichtung aus § 135 Abs. 1 2. HS. 1. Alt. CZ-HGB durch die Vorschrift des § 118 CZ-HGB, wonach eine Veränderung unter den Gesellschaftern im Verzeichnis der Gesellschafter vermerkt und in das Handelsregister eingetragen wird, § 118 S. 1 CZ-HGB. Insbesondere die Eintragung dieser Veränderung in das Handelsregister muss der Geschäftsführer beantragen.[633]

---

[628] Für das deutsche Recht: *Baumbach/Hueck/Schulze-Osterloh*, § 41 Rn. 22; *Hachenburg/Mertens*, § 41 Rn. 3; *Roth/Altmeppen*, § 41 Rn. 5; *Scholz/Crezelius*, § 41 Rn. 6; *Rowedder/Schmidt-Leithoff*, § 41 Rn. 7; *Sudhoff/Sudhoff*, S. 74; Im tschechischen Recht: *Eliáš/Bartošíková/Pokorná*, Rn. 383; *Dědič*, 2002, § 135, S. 1200.

[629] *Lutter/Hommelhoff*, § 41 Rn. 2; zum Insolvenzstrafrecht in der Tschechischen Republik, *Löff*, WiRO 2002, 300 ff. m.w.N.

[630] Weitere spezielle Buchführungs- und Rechnungslegungspflichten ergeben sich aus § 69d Abs. 6 bis 9 CZ-HGB (Zwischenabschluss bei Umwandlung); § 74 Abs. 1 CZ-HGB (Abschlussbilanz zum Vortag des Liquidationseintritts); 153a-153e CZ-HGB (detaillierte Geschäftsführerpflichten bei Fusion der Gesellschaft, bei Auflösung der Gesellschaft mit anschließender Vermögensübertragung auf einen Gesellschafter, Spaltung der Gesellschaft, Umwandlung nach §§ 69d bis 69g CZ-HGB); dazu auch *Dědič*, 2002, § 135, S. 1200 m.N.

[631] Zu weiteren Details der Rechnungslegung, des Jahresabschlusses, der Prüfungs- und Veröffentlichungspflichten, siehe *Vorlíčková*, in: WiRO-Handbuch, Kapitel D.XI (Steuern und Bilanzierung), Rn. 124 ff. Zu weiteren steuer- und bilanzrechtlichen Pflichten des Geschäftsführers, siehe *Brandmüller*, S. 100 ff.

[632] *Štenglová/Plíva/Tomsa*, § 135, S. 407; *Dědič*, 2002, § 135, S. 1200.

[633] Siehe §§ 27a Abs. 2 lit. b); 28 Abs. 2 lit. c), Abs. 7; 31 Abs. 1 CZ-HGB.

IV. Informationspflichten, § 135 Abs. 1 2. HS 2. Alt. CZ-HGB

Die Geschäftsführer sind verpflichtet, die Gesellschafter über die Belange der Gesellschaft zu informieren, § 135 Abs. 1 2. HS CZ-HGB. Diese Vorschrift findet ihr Gegenstück in der deutschen Regelung des § 51a GmbHG. Die Informationspflicht der Geschäftsführer gegenüber den Gesellschaftern korrespondiert mit dem Recht der Gesellschafter aus § 122 Abs. 1 CZ-HGB (Leitung und Kontrolle über die Gesellschafterversammlung) und § 122 Abs. 2 CZ-HGB, wonach die Gesellschafter das Recht haben, von den Geschäftsführern Informationen über die Belange der Gesellschaft zu fordern und Einsicht in die Bücher und Unterlagen zu nehmen und die dort enthaltenen Angaben zu prüfen oder durch einen bevollmächtigten Wirtschaftsprüfer oder Steuerberater prüfen zu lassen. Das Recht auf Auskunft und Einsicht ist das praktisch wichtigste gesetzlich geregelte Individualrecht im Zusammenhang mit der Willensbildung in der Gesellschaft, da es dem Gesellschafter überhaupt erst eine sachgerechte Entscheidung und Beteiligung an der organschaftlichen Willensbildung in Verfolgung seiner legitimen Eigeninteressen erlaubt.[634] Das Gesetz gibt in § 122 Abs. 2 CZ-HGB keine Auskunft darüber, ob die Gesellschafter ihr Informationsrecht nur im Rahmen der Gesellschafter-versammlung ausüben können oder auch außerhalb der Gesellschafter-versammlung Auskunft und Einsicht von den Geschäftsführern verlangen können.[635] Der Zusammenhang von § 122 Abs. 1 und 2 CZ-HGB spräche zunächst dagegen, wenn man § 122 Abs. 2 CZ-HGB lediglich als Konkretisierung von Abs. 1 auffassen würde. Da sich jedoch insbesondere die Einsichtnahme in die Bücher und Schriften der Gesellschaft im Rahmen der Gesellschafterversammlung nur schwer realisieren ließe, wird in der tschechischen Literatur § 122 Abs. 2 CZ-HGB insoweit interpretiert, dass dieses Recht den Gesellschaftern auch außerhalb der Gesellschafterversammlung zusteht.[636]

Fraglich ist, ob auch im tschechischen Recht der Geschäftsführer - wie bei § 51a Abs. 2 GmbHG - in besonderen Fällen einem Gesellschafter die Auskunft und die Einsicht verweigern kann, wenn zu besorgen ist, dass der Gesellschafter sie zu gesellschaftsfremden Zwecken verwenden und dadurch der Gesellschaft einen nicht unerheblichen Nachteil zufügen wird, oder ob das Informationsrecht der Gesellschafter aus § 122 Abs. 2 CZ-HGB bzw. die Informationspflicht der Geschäftsführer aus § 135 Abs. 1 2. HS CZ-HGB keinen Beschränkungen unterliegt.

Das Informationsrecht der Gesellschafter aus § 122 Abs. 2 CZ-HGB unterliegt, wie in § 51a Abs. 2 GmbHG, gesetzlichen Beschränkungen, denn gemäß §§ 135 Abs. 2, 194 Abs. 5 S. 1 CZ-HGB hat der Geschäftsführer Verschwiegen-

---

[634] *Roth/Altmeppen*, § 51a Rn. 3.

[635] *Dědič*, 2002, § 122, S. 1083.

[636] *Štenglová/Plíva/Tomsa*, § 122, S. 365; *Dědič*, 2002, § 122, S. 1083. So auch im deutschen Recht, *Roth/Altmeppen*, § 51a Rn. 17 m.w.N.

heit über vertrauliche Informationen und Tatsachen zu bewahren, deren Bekanntwerden gegenüber Dritten der Gesellschaft einen Schaden zufügen könnte.[637] Somit stößt auch im tschechischen Recht das Informationsrecht der Gesellschafter an seine Grenze, wenn der Gesellschaft dadurch ein Schaden droht.

Streitig ist im tschechischen Recht die Behandlung von Geschäftsgeheimnissen („*obchodního tajemství*") gemäß § 17 CZ-HGB. Nach *Dědič*[638] ergibt sich bereits aus dem Sinngehalt von § 180 Abs. 4 CZ-HGB, dass Informationen vollständig oder teilweise verweigert werden dürfen, falls sich nach sorgfältiger unternehmerischer Überlegung herausstellt, dass ihre Preisgabe der Gesellschaft einen Schaden zufügen könnte, oder es sich um vertrauliche Informationen,[639] ein Geschäftsgeheimnis der Gesellschaft (§ 17 CZ-HGB) oder eine geheimhaltungsbedürftige Tatsache im Sinne des Gesetzes Nr. Nr. 148/1998 Sb. handelt. Jedenfalls dürfe den Gesellschaftern nur in Ausnahmefällen eine Information erteilt werden, die ein Betriebsgeheimnis gemäß § 17 CZ-HGB ist, und auch nur dann, wenn die Geheimhaltung innerhalb der Gesellschaft sicher gestellt wird und die Information den Charakter des Betriebsgeheimnisses nicht dadurch verliert, dass Dritte, die außerhalb des Verbandes stehen, davon Kenntnis erlangen können.[640] Die Schwierigkeit einer solchen Beurteilung für den Geschäftsführer lässt nach Ansicht von *Štenglová*[641] einen generellen Schluss nicht zu, so dass stets einzelfallbezogen zu prüfen ist, welche Informationen, den Gesellschaftern zugänglich gemacht werden können. Weitgehend Einigkeit besteht jedoch darüber, dass der Weg über die Gesellschafterversammlung eine sachgerechte Lösung darstellt.[642] Während *Eliáš*[643] jedoch das Informationsrecht der Gesellschafter durch Weisung an den Geschäftsführer durchsetzen will, vertritt *Dědič*[644] die Ansicht, dass die Gesellschafterversammlung darüber entscheiden soll, ob die betreffende Information als Betriebsgeheimnis einzustufen ist oder nicht. Korrektiv des Informationsrechts der Gesellschafter ist insofern die Verschwiegenheitsverpflichtung der Geschäftsführer gemäß § 194 Abs. 5 S. 1 CZ-HGB. Die Gesellschafterversammlung muss daher entscheiden, wann und ob der Geschäftsführer (auch) gegenüber einem oder allen Gesellschaftern von der Verschwiegenheitspflicht entbunden werden kann.[645]

---

637 *Dědič*, 2002, § 122, S. 1084. Beschränkungen ergeben sich ferner aus dem Gesetz Nr. 148/1998 Sb. über geheimzuhaltende Tatsachen i.d.F. des Gesetzes Nr. 363/2000 Sb.

638 *Dědič*, 2002, § 122, S. 1084.

639 Beispielsweise im Aktienrecht, § 81 des Gesetzes Nr. 591/1992 Sb. über Wertpapiere.

640 *Dědič*, 2002, § 122, S. 1084.

641 *Štenglová/Plíva/Tomsa*, § 122, S. 365/366.

642 *Eliáš*, GmbH, 1997, S. 117; *Dědič*, 2002, § 122, S. 1084. So gemäß § 51a Abs. 2 S. 2 GmbHG auch im deutschen Recht.

643 *Eliáš*, a.a.O.

644 *Dědič*, a.a.O.

645 *Dědič*, 2002, § 180, S. 1807.

V. Treuepflichten und Wettbewerbsverbot

Die Treuepflicht der Geschäftsführer gegenüber der Gesellschaft und das im tschechischen Recht für Geschäftsführer gesetzlich geregelte Wettbewerbsverbot gemäß § 136 CZ-HGB ist die notwendige Begrenzung der umfassenden Befugnisse und Einwirkungsmöglichkeiten auf die Geschicke der Gesellschaft, da zumindest abstrakt die Gefahr besteht, dass die Geschäftsführer ihren Einfluss und ihre weitreichenden Informationsmöglichkeiten im eigenen Wettbewerbsinteresse zu Lasten der Gesellschaft nutzen.

Während sich im deutschen Recht das Wettbewerbsverbot des Geschäftsführers aus der allgemeinen Treuepflicht ergibt,[646] ist im tschechischen Recht zunächst zwischen der Verschwiegenheitsverpflichtung aus §§ 135 Abs. 2, 194 Abs. 5 S. 1 CZ-HGB und dem gesetzlich in §§ 65, 136 CZ-HGB geregelten Wettbewerbsverbot[647] zu unterscheiden. Rechtsdogmatisch werden die Verschwiegenheitspflicht und das Wettbewerbsverbot jedoch auch im tschechischen Recht als Ausdruck der allgemeinen Loyalitätspflicht des Geschäftsführers gegenüber der Gesellschaft betrachtet.[648]

1. Verschwiegenheitsverpflichtung, §§ 135 Abs. 2, 195 Abs. 5 CZ-HGB

Über den Verweis in § 135 Abs. 2 CZ-HGB sind die Geschäftsführer gemäß § 194 Abs. 5 S. 1 CZ-HGB verpflichtet, Verschwiegenheit über vertrauliche Informationen und Tatsachen zu bewahren, deren Bekanntwerden gegenüber Dritten der Gesellschaft einen Schaden zufügen könnte. Damit stellt sich auch im Rahmen der Untersuchung der Verschwiegenheitsverpflichtung der Geschäftsführer die Frage, was vertrauliche Informationen im Sinne des § 194 Abs. 5 S. 1 CZ-HGB sind. Eine analoge Anwendung der Definition aus § 81 Abs. 1 des Gesetzes Nr. 591/1992 Sb. (Wertpapiergesetz) wird von *Dědič*[649] befürwortet. Gemäß § 81 Abs. 1 lit. a) bis c) CZ-WertpapierG sind Informationen vertraulich, die nicht öffentlich bekannt sind (a); die ein oder mehrere zum Handel zugelassene Wertpapiere, Emittenten oder andere Tatsachen betreffen, die für den Wert oder Kurs des Wertpapiers von Bedeutung sind (c); die, sofern sie veröffentlicht würden, den Wert, Kurs oder die Rendite des Wertpapiers maßgeblich beeinflussen könnten. Für die GmbH bedeutet dies, dass sämtliche Informationen, die den wirtschaftlichen Erfolg der Gesellschaft maßgeblich beeinflussen können, der Verschwiegenheit der Gesellschaft unterliegen. Hierzu gehören beispiels-

[646] Siehe nur *Rowedder/Schmidt-Leithoff*, § 43 Rn. 19; *Baumbach/Hueck/Zöllner*, § 35 Rn. 22 jeweils m.w.N.
[647] Tschechisch in §§ 65, 136 CZ-HGB zwar „Zákaz konkurence" (Konkurrenzverbot), nachfolgend jedoch (wie im deutschen Recht) „Wettbewerbsverbot".
[648] *Dědič*, § 136, S. 1208; *Štenglová/Plíva/Tomsa*, § 136, S. 411; *Křetínský*, PR 6/1999; *Stuna/Piltz/Immelmann*, RIW 1997, 560.
[649] *Dědič*, 2002, § 194, S. 2418.

weise Informationen aus der Bilanz, unternehmenspolitische- und strategische Informationen (z.B. über anstehende Investitionen, Strukturierungsmaßnahmen und bevorstehende Übernahmen und Umwandlungen) sowie steuerrechtliche Informationen.

Dabei muss es sich jedoch nicht immer um sog. Betriebsgeheimnisse gemäß § 17 CZ-HGB handeln.[650] Dennoch lassen sich aus der Definition des § 17 CZ-HGB weitere Rückschlüsse für die Verschwiegenheitsverpflichtung des Geschäftsführers ziehen:[651] Gemäß § 17 CZ-HGB bilden Betriebsgeheimnisse alle Tatsachen mit Handels-, Produktions- oder technischem Charakter des Unternehmens, die einen tatsächlichen oder wenigstens potentiell materiellen oder immateriellen Wert haben, die in entsprechenden Handelskreisen nicht allgemein zugänglich sind, nach dem Willen des Unternehmens geheimgehalten werden sollen und deren Geheimhaltung in einer entsprechenden Art und Weise sichergestellt wird. Somit ähneln sich die Definitionen in §§ 17 CZ-HGB, 81 Abs. 1 CZ-WertpapierG, nur dass es bei § 17 CZ-HGB auch auf den Willen der Gesellschafter ankäme, welche Informationen der Geheimhaltung unterliegen würden und dass die Geheimhaltung in entsprechender Art und Weise auch sichergestellt wird.

Korrelat der Verschwiegenheitspflicht ist die Möglichkeit eines Schadens für die Gesellschaft, falls diese Tatsachen gegenüber Dritten bekannt werden, § 194 Abs. 5 S. 1 CZ-HGB. Damit obliegt den Geschäftsführern eine hohe Verantwortung, denn sie müssen letztlich entscheiden, ob diese Informationen der Gesellschaft einen Schaden zufügen könnten, wenn Dritte darüber Kenntnis erlangen und müssen ihre Verschwiegenheit an dieser kognitiven Überprüfung ausrichten. Sorgfaltsmaßstab ist dabei die *„Sorgfalt eines ordentlichen Kaufmanns“* (§ 194 Abs. 5 S. 1 CZ-HGB), der bei Verletzung gegebenenfalls Haftungsansprüche der Gesellschaft gegen die Geschäftsführer auslösen kann (§§ 135 Abs. 2, 194 Abs. 5 und 6 CZ-HGB), auf die später näher eingegangen werden soll.[652] Im deutschen Recht ist die unbefugte Offenbarung von Geheimnissen der Gesellschaft, namentlich Betriebs- und Geschäftsgeheimnissen, gar strafbewehrt, § 85 Abs. 1 bis 3 GmbHG.[653] Weitere Verschwiegenheitspflichten ergeben sich aus

---

[650] *Dědič*, a.a.O.

[651] Zu Recht *Štenglová/Plíva/Tomsa*, § 194, S. 623.

[652] Hierzu in diesem Kapitel, D VI.

[653] Sie löst aber ebenso Schadensersatzansprüche aus, da § 85 GmbHG als Schutzgesetz im Sinne des § 823 Abs. 2 BGB eingestuft wird; *Baumbach/Hueck/Schulze-Osterloh*, § 85 Rn. 1. Siehe im tschechischen Recht auch § 128 des Gesetzes Nr. 141/1961 Sb. (Strafgesetzbuch) zum Missbrauch von Informationen in Handelsbeziehungen, dazu Entscheidung des Obersten Gerichts v. 22.02.2000, PR 6/2000, 265.

Spezialgesetzen, die branchenspezifisch besonders vertrauliche Informationen der gesellschaftsinternen Verschwiegenheitspflicht unterstellen.[654]

2. Wettbewerbsverbot, §§ 66, 136 CZ-HGB

Als gesetzlich geregelter Ausdruck der Treuepflichten der Geschäftsführer schützt das allgemeine Wettbewerbsverbot der §§ 65, 136 CZ-HGB die Gesellschaft vor mangelnder Loyalität ihrer Organe. Das Wettbewerbsverbot ist im tschechischen Recht in § 65 Abs. 1 bis 3 CZ-HGB allgemein und für Geschäftsführer einer GmbH in § 136 Abs. 1 bis 3 CZ-HGB speziell geregelt. Bei genauerer Untersuchung der Normstruktur des § 136 CZ-HGB wird deutlich, dass Erkenntniswerte der deutschen Rechtsprechung[655] und auch Grundstrukturen der *„corporate opportunity doctrine"*[656] des US-amerikanischen Rechts bei der Gesetzgebung eingeflossen sind.

a) Persönlicher Anwendungsbereich

Vom Wettbewerbsverbot werden neben den Geschäftsführern auch die Aufsichtsratsmitglieder erfasst, §§ 136, 139 Abs. 4 CZ-HGB. Ferner kann der Gesellschaftsvertrag bestimmen, im welchen Umfang das Wettbewerbsverbot auch die Gesellschafter betrifft, § 136 Abs. 3 CZ-HGB. Daraus folgern weite Teile der tschechischen Literatur,[657] dass das Wettbewerbsverbot durch Gesellschaftsvertrag oder Satzung auch auf andere Personen, wie z.B. Prokuristen[658] oder Handlungsbevollmächtigte,[659] erstreckt werden kann.[660] Die weitgehende inhaltliche Disponibilität des Wettbewerbsverbotes kann jedoch nicht dazu führen, dass der Gesellschaftsvertrag bestimmt, dass dem Wettbewerbsverbot *„nicht einmal der Geschäftsführer unterliegt bzw. alle oder nur einige Geschäftsfüh-*

---

[654] Dies sind neben dem bereits erwähnten § 81 Abs. 1 CZ-Wertpapiergesetz, dessen Abs. 4 zur Vermeidung des sog. Insiderhandels sowie §§ 39a, 40 des Gesetzes Nr. 21/1991 Sb. (Bankengesetz); § 7 Abs. 7 des Gesetzes Nr. 42/1994 Sb. (Rentenversicherungsgesetz); § 28 des Gesetzes Nr. 248/1992 Sb. (Investmentgesellschaften und Investmentfonds) und § 39 des Gesetzes Nr. 363/1999 Sb. (Versicherungsgesetz).

[655] BGH ZIP 1997, 1063; BGHZ 80, 69; BGH NJW 1986, 586; BGH DStR 1997, 1053 mit Anmerkung *Goette*; BGH GmbHR 1989, 365.

[656] Darauf basierend wurde im deutschen Recht die sog. „Geschäftschancenlehre" entwickelt; siehe *Baumbach/Hueck/Zöllner*, § 35 Rn. 22 und insbesondere *Timm*, GmbHR 81, 177.

[657] *Stuna/Piltz/Immelmann*, RIW 1997, 560 (561 f.); *Štenglová/Plíva/Tomsa*, § 136, S. 411; *Pelikánová*, Band II, 1995, S. 81;

[658] Siehe § 14 Abs. 1 bis 6 CZ-HGB.

[659] Siehe § 15 Abs. 1 und 2 CZ-HGB.

[660] Bei Arbeitnehmern gilt § 75 Abs. 1 CZ-ArbG, wonach ein Arbeitnehmer neben seiner ausgeübten Beschäftigung im Arbeitsverhältnis eine Erwerbstätigkeit, die mit dem Gegenstand der Tätigkeit des Arbeitgebers verwandt ist, nur dann ausüben kann, wenn der Arbeitgeber vorher schriftlich zustimmt.

rer."[661] Die durch § 136 Abs. 1 CZ-HGB den Gesellschaftern eingeräumte Befugnis, das Wettbewerbsverbot durch gesellschaftsvertragliche oder satzungsrechtliche Regelung zu konkretisieren, gegebenenfalls zu verschärfen, geht jedoch nicht so weit, dass die Mindestanforderungen, die § 136 Abs. 1 CZ-HGB für Geschäftsführer aufstellt, unterschritten werden können.[662] Viel weniger kann daher der Geschäftsführer vom Wettbewerbsverbot völlig befreit werden. Lediglich die Fallgestaltungen von § 136 Abs. 1 lit. a) bis d) CZ-HGB können verschärft[663] und weitere Personen der Geltung von § 136 CZ HGB unterstellt werden.[664]

b) Sachlicher Anwendungsbereich

Der sachliche Anwendungsbereich von § 136 Abs. 1 CZ-HGB ist eröffnet, wenn der Geschäftsführer mindestens eine der in § 136 Abs. 1 lit. a) bis d) CZ-HGB aufgezählten Tatbestände verwirklicht.[665] Der Begriff der Konkurrenzhandlung wird durch § 136 Abs. 1 CZ-HGB eingegrenzt, kann jedoch durch Gesellschaftsvertrag oder Satzung weiter präzisiert und erweitert, keineswegs jedoch eingeschränkt werden.[666] Die aufgezählten Tatbestände sind Mindestanforderungen,[667] denen die Geschäftsführer *de lege lata* unterliegen. Bereits aus dem Wortlaut von § 136 Abs. 1 1. HS. CZ-HGB ergibt sich, dass die Definition der Konkurrenzhandlung durch Gesellschaftsvertrag/Satzung lediglich eine weitergehende Einschränkung, also Verschärfung vorsehen kann. Die Mindestanforderungen können daher nicht unterschritten werden.

Der Geschäftsführer begeht eine dem Wettbewerbsverbot unterliegende Handlung, wenn er im gleichen oder ähnlichen Geschäftsgegenstand der Firma unternehmerisch tätig ist oder mit der Gesellschaft Geschäftsbeziehungen knüpft, § 136 Abs. 1 lit. a) CZ-HGB. Der Geschäftsführer darf also nicht selbständig als natürliche Person in einem Bereich Geschäfte für eigene Rechnung und in eigenem Namen abschließen, der zum Geschäftsgegenstand der Gesellschaft gehört. Dies umfasst auch die der US-amerikanischen „*corporate opportunity doctrine*" entspringende Maßgabe, nach der die Geschäftsführer die Kenntnis von sich bietenden und in den Geschäftsbereich ihrer Gesellschaft fal-

---

[661] So aber *Stuna/Piltz/Immelmann*, RIW 1997, 560 (562).
[662] Zutreffend *Dědič*, 2002, § 136, S. 1209; *Holler/Wesbuer*, WiRO 2002, 202 (204).
[663] Dies ergibt sich bereits aus dem Wortlaut des § 136 Abs. 1 1. HS: „Sofern sich aus dem Gesellschaftsvertrag oder der Satzung keine weitere Einschränkung ergibt, darf ein Geschäftsführer nicht..."
[664] §§ 136 Abs. 3, 139 Abs. 4 CZ-HGB.
[665] § 136 Abs. 1 CZ-HGB war auch Gegenstand der großen HGB-Novelle aus dem Jahre 2000. Insbesondere die Definition der Konkurrenzhandlung wurde durch Gesetz Nr. 370/2000 Sb. einer umfassenden Revision unterzogen.
[666] Missverständlich *Stuna/Piltz/Immelmann*, RIW 1997, 560 (563).
[667] *Dědič*, 2002, § 136, S. 1209.

lenden Geschäftsvorteilen nicht für sich selbst nutzen dürfen; insbesondere auch nicht, um sich selbständig zu machen.[668]

Das Verbot von Geschäftsbeziehungen zur Gesellschaft selbst ist dagegen Ausdruck des im deutschen Recht in § 181 BGB verankerten Verbots von In-Sich-Geschäften. Damit geht der tschechische Gesetzgeber den Weg über das Wettbewerbsverbot und versucht diesen Interessenkonflikt durch eine Regelung innerhalb des CZ-HGB zu lösen, statt eines allgemein geltenden Selbstkontrahierungsverbotes wie beispielsweise in § 181 BGB. Ausgehend von der Gesamtkonzeption des tschechischen HGB ist dieser Weg konsequent.

Dem Wettbewerbsverbot unterliegen gemäß § 136 Abs. 1 lit. b) CZ-HGB auch Geschäfte der Gesellschaft, die ein Geschäftsführer für Dritte vermittelt oder durchführt; sei es im eigenen Namen (als Kommissionär)[669] oder als Vermittler.[670]

Darüber hinaus darf sich ein Geschäftsführer nicht an der unternehmerischen Tätigkeit einer anderen Gesellschaft als unbegrenzt haftender Gesellschafter oder Mehrheitsgesellschafter einer anderen Gesellschaft mit dem gleichen oder einem ähnlichen Geschäftsgegenstand beteiligen, § 136 Abs. 1 lit. c) CZ-HGB. Daraus folgt, dass ein Geschäftsführer nicht Komplementär einer Kommanditgesellschaft[671] oder Gesellschafter einer offenen Handelsgesellschaft[672] sein kann.[673] Auch die Mitgliedschaft als Mehrheitsgesellschafter in einer anderen GmbH oder als Mehrheitsaktionär einer anderen Aktiengesellschaft[674] mit gleichem oder ähnlichen Geschäftsgegenstand unterliegt dem Wettbewerbsverbot des § 136 Abs. 1 lit. c) CZ-HGB.[675]

Schließlich ist es einem Geschäftsführer verwehrt, in einer anderen juristischen Person mit dem gleichen oder ähnlichen Geschäftsgegenstand die Tätigkeit als statutarisches Organ oder Organmitglied auszuüben, sofern es sich nicht um einen Konzern handelt, § 136 Abs. 1 lit. d) CZ-HGB. Damit kann ein Geschäftsführer statutarisches Organ oder Organmitglied einer juristischen Person sein, in der die GmbH (des Geschäftsführers) Gesellschafter oder Mitglied ist, und dies ohne Ansehen ihres Unternehmensgegenstandes.[676] So kann er beispielsweise Geschäftsführer einer GmbH sein, wenn seine GmbH deren Gesell-

---

[668] So auch im deutschen Recht, *Baumbach/Hueck/Zöllner*, § 35 Rn. 22 m.w.N. zur deutschen Geschäftschancenlehre.

[669] Siehe §§ 577 bis 590 CZ-HGB.

[670] *Stuna/Piltz/Immelmann*, RIW 1997, 560 (563).

[671] Siehe § 93 Abs. 1 CZ-HGB. Tschechisch: „Komanditní společnost“ (k.s.).

[672] Siehe § 76 Abs. 1 CZ-HGB. Tschechisch: „Veřejná obchodní společnost“ (v.o.s.).

[673] *Dědič*, 2002, § 136, S. 1210.

[674] Tschechisch: „Akciová společnost“ (a.s.); siehe §§ 154 bis 220 zb CZ-HGB.

[675] *Dědič*, 2002, § 136, S. 1210.

[676] *Stuna/Piltz/Immelmann*, RIW 1997, 560 (563).

schafterin ist und in einer Aktiengesellschaft Mitglied des Aufsichtsrates oder Vorstandes sein, wenn seine GmbH deren Aktionärin ist sowie Mitglied im Vorstand[677] oder in der Kontrollkommission einer Genossenschaft[678] sein, wenn seine GmbH deren Mitglied ist. Der Begriff des Konzerns ist im tschechischen Recht in § 66a Abs. 3 CZ-HGB legal definiert.[679]

c) Rechtsfolgen

Verletzt ein Geschäftsführer die in § 136 Abs. 1 lit. a) bis d) CZ-HGB aufgezählten oder durch Gesellschaftsvertrag oder Satzung weiter präzisierten oder gegebenenfalls verschärften Wettbewerbsverbote, so richten sich die Rechtsfolgen gemäß § 136 Abs. 2 CZ-HGB nach den allgemeinen Bestimmungen in § 65 Abs. 1 bis 3 CZ-HGB. Gemäß § 65 Abs. 2 S. 1 CZ-HGB ist die Gesellschaft dann berechtigt, den daraus entstandenen Erlös oder die entsprechend erworbenen Rechte an die Gesellschaft abzuführen. Darüber hinaus bleibt das Recht der Gesellschaft, von den handelnden Geschäftsführern Schadensersatz zu verlangen unberührt, § 65 Abs. 2 S. 2 CZ-HGB. Es ist daher zwischen Herausgabe des Erlöses/Abtretung etwaiger Rechte und Schadensersatzansprüchen zu unterscheiden.

aa) Herausgabe und Abtretung

Die Primäransprüche der Gesellschaft sind Herausgabe des Erlöses desjenigen Geschäfts, durch das das Wettbewerbsverbot verletzt wurde, und gegebenenfalls Abtretung von Rechten, die der Verletzte aus solchen Geschäften erlangt hat.[680] Der Grund liegt darin, dass das Geschäft unter Umständen in Teilen oder bereits gänzlich abgewickelt wurde. Der Anspruch ist dann alternativ in dem Sinne, dass die Abtretung der Rechte aus dem Geschäft verlangt werden kann, wenn das Geschäft noch nicht oder erst in Teilen abgewickelt wurde.[681] Damit folgt auch das tschechische Recht dem Prinzip der Gewinnabschöpfung, das im deutschen Recht der GmbH aus dem Rechtsgedanken der § 88 Abs. 2 S. 2 AktG und §§ 61 Abs. 1, 113 Abs. 1 und 3 HGB abgeleitet wird. Die Möglichkeit der Abtretung der Rechte aus dem Geschäft entspricht grundsätzlich dem im deutschen

[677] Siehe § 243 CZ-HGB.

[678] Siehe § 244 CZ-HGB.

[679] Ist oder sind eine oder mehrere Personen einer einheitlichen Leitung („geleitete Person") einer anderen Person unterstellt („leitende Person"), so bilden diese Personen, einschließlich der leitenden Person, einen Konzern (Holding) und ihre Unternehmen, einschließlich der leitenden Person, sind Konzernunternehmen, § 66a Abs. 3 S. 1 CZ-HGB. Gemäß § 66a Abs. 3 S. 2 CZ-HGB können einer einheitlichen Leitung auch Personen durch einen Vertrag unterworfen werden („Beherrschungsvertrag").

[680] *Stuna/Piltz/Immelmann*, RIW 1997, 560.

[681] *Stuna/Piltz/Immelmann*, a.a.O.

Recht anerkannten Eintrittsrecht der Gesellschaft in das vom Geschäftsführer wettbewerbsverbotswidrig getätigte Geschäft.[682]

bb) Schadensersatz

Neben den in § 65 Abs. 2 S. 1 CZ-HGB erwähnten Rechten der Gesellschaft auf Herausgabe des Erlöses und gegebenenfalls Abtretung erworbener Rechte kann die Gesellschaft Schadensersatz vom handelnden Geschäftsführer verlangen, § 65 Abs. 2 S. 2 CZ-HGB. Gemäß § 757 CZ-HGB werden bei der Haftung für Schäden, die durch die Verletzung einer durch dieses Gesetz auferlegten Pflicht entstanden sind, die Bestimmungen der §§ 373 ff. CZ-HGB (allgemeine Schadensersatzvorschriften) entsprechend angewandt.

d) Geltendmachung und Präklusionsfristen

Die Rechte der Gesellschaft auf Herausgabe der Erlöse und/oder Abtretung erworbener Rechte muss die Gesellschaft innerhalb der gesetzlich festgelegten Präklusionsfrist geltend machen. Gemäß § 65 Abs. 3 S. 1 CZ-HGB gehen die Rechte der Gesellschaft nach § 65 Abs. 2 S. 1 CZ-HGB drei Monate nach Kenntnisnahme der Gesellschaft, spätestens jedoch ein Jahr nach Anspruchentstehung, unter, wenn sie nicht bei der verantwortlichen Person geltend gemacht werden. Die Gesellschaft muss ihre Ansprüche somit innerhalb von drei Monaten beim handelnden Geschäftsführer geltend machen. Erlangt sie erst später Kenntnis von dem wettbewerbsverbotswidrigen Geschäft, so verbleibt ihr die Jahresfrist für die Geltendmachung.[683] Die Verjährung der Schadensersatzansprüche richtet sich nach den allgemeinen Verjährungsregeln des Schadensersatzrechts des CZ-HGB und bleibt gemäß § 65 Abs. 3 S. 2 CZ-HGB von den Präklusionsfristen des § 65 Abs. 3 S. 1 CZ-HGB unberührt. Die regelmäßige Verjährungsfrist beträgt gemäß § 397 CZ-HGB vier Jahre und beginnt an dem Tage, an dem der Geschädigte von dem Schaden erfahren hat oder hätte erfahren können und den zum Schadensersatz Verpflichteten kannte; sie endet jedoch spätestens zehn Jahre nach der Pflichtverletzung, § 398 CZ-HGB.

e) Nachvertragliches Wettbewerbsverbot

Das Wettbewerbsverbot gilt grundsätzlich nur für die Zeit, während der der Geschäftsführer für die Gesellschaft tätig ist.[684] Somit greift § 136 CZ-HGB nur bis zum Zeitpunkt der Abberufung des Geschäftsführers. Danach ist ein Wett-

---

682 Zum deutschen Recht: BGH WM 1964, 1320 (1321); *Baumbach/Hueck/Zöllner*, § 35 Rn. 22a; *Hachenburg/Mertens*, § 43 Rn. 39; *Rowedder/Schmidt-Leithoff*, § 43 Rn. 19 m.w.N.

683 Siehe *Stuna/Piltz/Immelmann*, a.a.O., die dabei zwischen der subjektiven Frist (drei Monate) und der objektiven Frist (ein Jahr) trennen.

684 *Holler/Wesbuer*, WiRO 2002, 202 (205); *Stuna/Piltz/Immelmann*, RIW 1997, 560 (563); *Dědič*, 2002, § 136, S. 1208 m.w.N.

bewerbsverbot nur aus einer besonderen, individuellen Abrede (sog. *„nachvertragliches Wettbewerbsverbot"*) oder aus dem Recht des unlauteren Wettbewerbs (§§ 41 bis 55 CZ-HGB) möglich. Das tschechische Verfassungsgericht hat zwar in einer Entscheidung vom 01.11.1995[685] ausdrücklich betont, dass Wettbewerbsverbote *„individuell, das heisst von Fall zu Fall zu beurteilen"* seien. Daraus ergeben sich jedoch bestenfalls Anhaltspunkte, die nur einen allgemeinen Rahmen für die künftige Beurteilung von nachvertraglichen Wettbewerbsverboten vorgeben können.[686] Ein begrenztes Wettbewerbsverbot kann jedoch grundsätzlich vertraglich vereinbart werden.[687] Dabei darf eine solche vertragliche Vereinbarung die unternehmerische Tätigkeit der dem Verbot unterliegenden Person nicht übermäßig langfristig beschränken.[688] Insbesondere aus verfassungsrechtlicher Sicht sind derartige Wettbewerbsverbote maßvoll zu befristen, da die tschechischen Gerichte[689] und das Verfassungsgericht[690] der Einhaltung der Berufsfreiheit aus Art. 26 Abs. 1 CZ-Verf[691] und der Freiheitsrechte aus Art. 4 Abs. 1[692] der Charta über die Grundrechte und Grundfreiheiten vom 09.01.1991 eine hohe Bedeutung beimessen. Im deutschen Recht ist das nachvertragliche Wettbewerbsverbot, ausgehend vom Rechtsgedanken des § 74 Abs. 1 S. 3 HGB, ebenfalls maßvoll zu befristen. Als Richtwert gilt eine Zwei-Jahres-Frist,[693] die im Einzelfall auch kürzer sein kann, sich jedoch an den Grenzen des § 138 BGB und § 1 GWB messen lassen muss.[694] Dies dürfte gemäß § 265 CZ-HGB (Verbot der Sittenwidrigkeit) und den Bestimmungen des neuen tschechischen Kartellgesetzes[695] auch für das tschechische Recht gelten.[696] Das tsche-

[685] CZ-VerfG BA 2/1996, 34 (AZ US 192/95) mit Anmerkung *Sparfeld*, WiRO 1996, 248 ff.
[686] Kritischer *Sparfeld*, WiRO 1996, 248 (249).
[687] *Hajn*, Ekonom 11/1993, 17 ff. sowie *Stuna/Piltz/Immelmann*, a.a.O. unter Ablehnung einer gesellschaftsvertraglichen oder satzungsrechtlichen Regelung bezüglich eines nachwirkenden Wettbewerbsverbotes.
[688] *Hajn*, a.a.O.
[689] Siehe die Rechtsprechungsnachweise bei *Sparfeld*, WiRO 1996, 248 (249).
[690] CZ-VerfG BA 2/1996, 34 (AZ US 192/95).
[691] Art. 26 Abs. 1 CZ-Verf lautet: „Jeder hat das Recht der freien Berufswahl und Berufsvorbereitung sowie das Recht, ein Unternehmen zu betreiben oder eine andere wirtschaftliche Tätigkeit auszuüben." Siehe für direktes Eingreifen von Art. 12 Abs. 1 GG auch OLG Düsseldorf, NZG 2000, 737 f.
[692] Art. 4 Abs. 1 der Grundcharta lautet: „Pflichten können nur auf Grund eines Gesetzes und in seinen grenzen und nur unter Einhaltung der Grundrechte und Grundfreiheiten auferlegt werden."
[693] *Baumbach/Hueck/Zöllner*, § 35 Rn. 107d unter Hinweis auf § 74a Abs. 1 S. 3 HGB.
[694] BGHZ 91, 1 (6); OLG Hamm, GmbHR 1988, 344 (345 f.); OLG Düsseldorf, DB 1990, 1960; *Hoffmann-Becking*, in: FS Quack, 1991, S. 273 ff.; *Rowedder/Schmidt-Leithoff*, § 35 Rn. 106 m.w.N.
[695] Gesetz Nr. 143/2001 Sb. Überblick bei *Schwarz/Terhechte*, RIW 2002, 354 ff.
[696] Vgl. *Stuna/Piltz/Immelmann*, RIW 1997, 560 (562).

chische Verfassungsgericht[697] hat zudem ausgeführt, dass ein nachwirkendes Wettbewerbsverbot für eine bestimmte Dauer (in diesem Fall ein Jahr) zulässig ist, wenn dies das Ergebnis einer angemessenen Abwägung zwischen den zu schützenden Interessen des Unternehmens und den Interessen sowie dem Verdienst der betreffenden Person ist. Da der Geschäftsführer einer solchen Vereinbarung nicht zustimmen muss, wird in der Beratungspraxis empfohlen, dass die Gesellschaft den Geschäftsführer durch Vereinbarung einer pauschalen Summe als Ersatz für seine unternehmerische Enthaltsamkeit („*Karenzentschädigung*") zur Zustimmung zu einer solchen Vereinbarung motiviert.[698] Dies ist auch im deutschen[699] und österreichischen[700] Recht üblich.

VI. Allgemeine Sorgfaltspflicht und Grundsätze der (Innen-)Haftung

Sorgfaltsmaßstab und Haftung stehen in einem engen Zusammenhang. Bei Verletzung ihrer rechtlichen Pflichten haften die Geschäftsführer gegenüber der Gesellschaft gemäß § 194 Abs. 5 S. 3 CZ-HGB für den ihr dadurch entstandenen Schaden. Bei ihrer Tätigkeit sind die Geschäftsführer verpflichtet, gemäß §§ 135 Abs. 2, 194 Abs. 5 S. 1 CZ-HGB mit der „*Sorgfalt eines ordentlichen Kaufmanns*" vorzugehen. § 194 Abs. 5 CZ-HGB ist somit die allgemeine GmbH-rechtliche Anspruchsgrundlage für Schadensersatzansprüche der Gesellschaft gegen ihre Geschäftsführer und legt gleichsam den für die Geschäftsführer maßgeblichen Sorgfaltsmaßstab fest.[701]

Unklar ist allerdings, ob der Sorgfaltsmaßstab als grundlegende Handlungspflicht für sämtliche Handlungen der Geschäftsführer zu betrachten ist, oder ob der Sorgfaltsmaßstab eine selbstständige Pflicht neben anderen, gesetzlich ausdrücklich geregelten Obliegenheiten für Geschäftsführer ist. Für eine grundlegende Handlungspflicht spricht zunächst der Wortlaut von § 194 Abs. 5 S. 1 CZ-HGB, wonach die (gesamte) Tätigkeit mit der Sorgfalt eines ordentlichen Kaufmannes auszuüben ist.[702] Das Gesetz benutzt bewusst den Begriff „*působnost*", der sich mit „*Wirken*" oder „*Wirkungsbereich*" übersetzen lässt und aus dem sich keine Einschränkung hinsichtlich des Sorgfaltsmaßstabes ergibt. Die überwiegende Ansicht in der tschechischen Literatur[703] betont fast einhellig,

---

[697] CZ-VerfG BA 2/1996, 34 (AZ US 192/95).

[698] *Stuna/Piltz/Immelmann*, a.a.O. sowie die Rechtsanwälte *Giese, Steger, Klett* und *Braun* im Gespräch mit dem Verfasser (siehe Anhang, Gesprächsverzeichnis).

[699] *Baumbach/Hueck/Zöllner*, § 35 Rn. 107f m.w.N.

[700] Siehe OGH ZAS 1973, 134; *Koppensteiner*, § 24 Rn. 13 m.w.N. zum österreichischem Meinungsstand.

[701] So auch im deutschen Recht § 43 Abs. 1 und 2 GmbHG; *Roth/Altmeppen*, § 43 Rn. 1.

[702] Ebenso *Winkelmann*, WiRO 2002, 65 (66), v.a. auch aus rechtshistorischer Sicht.

[703] *Bartošíková*, Obchodní právo 11/1998; *Dědič*, 2002, § 194, S. 2416/17; *Štenglová/Plíva/Tomsa*, § 194, S. 619 ff.; *Dědič/Kunešová-Skálová*, GmbH, 1999, S. 427; *Winkelmann*, WiRO 2002, 65 (67); offen gelassen bei *Eliáš*, Právník 4/1999.

dass es sich dabei um eine Grundpflicht handelt, die bei sämtlichen Handlungen der Geschäftsführer anzulegen ist. Gleichwohl wird auch betont, dass die Einhaltung des Sorgfaltsmaßstabs auch eine selbständige Pflicht sein kann,[704] jedenfalls schließe sich beides nicht aus.[705]

Der Sorgfaltsmaßstab ist - wie im deutschen Recht auch - ein objektiver Verschuldensmaßstab,[706] der die Pflichtverletzung relativieren soll. Denn auch im tschechischen Recht ergibt sich dieses Erfordernis schon daraus, dass Organmitglieder nicht schlechterdings für jeden schädigenden Erfolg ihres Handelns sollen einstehen müssen.[707] Eine derartige Erfolgshaftung wäre das Ende effektiver Unternehmertätigkeit.[708] Die Verhaltenspflichten ergeben sich daher nicht aus dem Sorgfaltsmaßstab, sondern aus der Geschäftsführungsaufgabe (§ 134 CZ-HGB), den Loyalitätspflichten (§ 136 CZ-HGB) und weiteren gesetzlichen Spezialregelungen (z.B. Buchführungspflicht, § 135 Abs. 1 CZ-HGB).

1. Pflichtwidrigkeit

Gemäß §§ 135 Abs. 2, 194 Abs. 5 S. 3 CZ-HGB ist die *„Verletzung ihrer rechtlichen Pflichten"* - mithin die Pflichtwidrigkeit - Haftungsvoraussetzung.[709] Ohne Anknüpfung an bestimmte Pflichten wäre auch die Etablierung eines Verschuldensmaßstabes in Form der *„Sorgfalt eines ordentlichen Geschäftsmannes"* (§ 43 Abs. 1 GmbHG) und der *„Sorgfalt eines ordentlichen Kaufmanns"* (§ 194 Abs. 5 S. 1 CZ-HGB) nicht sinnvoll möglich.[710] Pflichtwidrigkeit oder Pflichtverletzung ist in beiden Rechtsordnungen normwidriges Verhalten. Die Geschäftsführerpflichten sind im tschechischen Recht weitgehend normiert.[711] Aus den Grundverhaltensnormen werden allgemeine Verhaltensge- und -verbote abgeleitet,[712] auf deren wichtigste bereits eingegangen wurde. Grundprinzip ist dabei jedoch stets die effektive Verfolgung des Gesellschaftszweckes. Neben den im CZ-HGB geregelten Grundpflichten des Geschäftsführers treten jeweils noch weitere spezialgesetzliche Verhaltensnormen des Bürgerlichen Rechts, Strafrechts, Umweltrechts, Steuerrechts und Insolvenzrechts, die unmittelbar das Verhalten von Organen reglementieren oder auch der Gesellschaft selbst oblie-

---

[704] *Dědič*, a.a.O.; *Dědič/Kunešová-Skálová*, a.a.O.; *Bartošíková*, a.a.O.

[705] *Bartošíková*, a.a.O. Ebenso die historische Kommentarliteratur zum CZ-GmbHG von 1906, Nachweise bei *Winkelmann*, WiRO 2002, 65 (67), Fn 11 und 12.

[706] Vgl. *Rowedder/Schmidt-Leithoff*, § 43 Rn. 8.

[707] Dies ergibt sich aus der vergleichbaren Normsystematik von § 194 Abs. 5 CZ-HGB und § 43 GmbHG; siehe in diesem Zusammenhang auch *Baumbach/Hueck/Zöllner*, § 43 Rn. 16.

[708] *Goette*, ZGR 1995, 648 (668 ff.).

[709] Ebenso im deutschen Recht, § 42 Abs. 2 GmbHG.

[710] Für das deutsche Recht, *Baumbach/Hueck/Zöllner*, § 43 Rn. 16.

[711] Siehe nur §§ 133 Abs. 1, 134, 135 Abs. 1 und 2, 194 Abs. 2. 4 bis 7 CZ-HGB. Zu weiteren Pflichten ausführlich *Winkelmann*, WiRO 2002, 65 (69 ff.).

[712] Überblick bei *Eliáš*, Právník 4/1999.

gen und damit zugleich pflichtbestimmend für deren Vertretungs- und Geschäftsführungsorgane sind.[713] Pflichtwidrigkeiten im Sinne von § 43 Abs. 2 GmbHG (damit auch § 194 Abs. 5 S. 3 CZ-HGB) sind Verhaltensunrecht, das sich nicht ohne Heranziehung von Sorgfaltsanforderungen bestimmen lässt.[714] Die konkrete Reichweite der Verhaltenspflichten und ihre genauen Konturen ergeben sich in aller Regel nur im Blick auf den Maßstab der „*Sorgfalt eines ordentlichen Geschäftsmannes* (dt.) bzw. *Kaufmannes* (tsch.)." Pflichtwidrig ist damit nur, was nicht dieser Sorgfalt entspricht.[715]

2. Sorgfaltsmaßstab und Sorgfaltsbegriff

Wie bereits zur Verschwiegenheits- und Treuepflicht im tschechischen Recht ausgeführt, sind die Geschäftsführer über die Verweisungsnorm des § 135 Abs. 2 CZ-HGB gemäß § 194 Abs. 5 S. 1 CZ-HGB verpflichtet, ihre Tätigkeit mit der „*Sorgfalt eines ordentlichen Kaufmanns*"[716] auszuüben. Dieser Rechtsbegriff hat erst mit der großen HGB-Novelle durch das Gesetz Nr. 370/2000 Sb. Einzug ins tschechische Gesellschaftsrecht gehalten. Vor der Novelle schrieb § 194 Abs. 5 S. 1 CZ-HGB a.F. lediglich vor, dass die Vorstandsmitglieder ihre Tätigkeit mit der „*erforderlichen Sorgfalt*"[717] auszuüben haben. Die Gesetzesmaterialien zur großen HGB-Novelle geben über die Beweggründe des Gesetzgebers nur dürftig Auskunft: Dort heißt es lediglich, dass der gegenwärtig inhaltlich strittige Begriff „*erforderliche Sorgfalt*" durch den gängigeren Begriff der „*Sorgfalt eines ordentlichen Kaufmanns*" ersetzt wird.[718] Damit hat sich der tschechische Gesetzgeber dem Wortlaut des CZ-GmbHG von 1906 angenähert. In dessen § 25 Abs. 1 ist normiert, dass die Geschäftsführer der Gesellschaft gegenüber verpflichtet sind, bei der Führung der Geschäfte der Gesellschaft die Sorgfalt eines ordentlichen Geschäftsmannes anzuwenden.[719] Jedenfalls lässt die neue Formulierung vermuten, dass der tschechischem Gesetzgeber auf „*verständliche und einleuchtende Weise signalisieren wollte, dass der Geschäftsführer eine verantwortungs- und ehrenvolle Funktion inne hat, die eigene private Interessen in den Hintergrund und die Interessen der Gesellschaft in den Vordergrund stellt.*"[720]

---

[713] Weiterführend *Winkelmann*, WiRO 2002, 65 ff. sowie *Loges/Nedelka*, RIW 1998, 454 ff. (zur allgemeinen Haftung des Geschäftsführers); *Šámal*, WiRO 2003, 69 ff. (Strafrechtliche Haftung juristischer Personen); *Löff*, WiRO 2002, 300 ff. (Insolvenzstrafrecht); *Mates*, WiRO 2002, 72 ff. (Verwaltungsrechtliche Haftung juristischer Personen).

[714] Vgl. *Baumbach/Hueck/Zöllner*, § 43 Rn. 17.

[715] *Zöllner*, a.a.O.

[716] Tschechisch: „s péčí řádného hospodáře."

[717] Tschechisch: „s náležitou péčí."

[718] *Štenglová*, Gesetzesmaterialien CZ-HGB, 2001, S. 322.

[719] Ausführlich *Winkelmann*, WiRO 2002, 65 (66).

[720] *Winkelmann*, a.a.O.

Der Sorgfaltsbegriff war vor der Novelle im tschechischen Recht heftig umstritten. Insbesondere zur Frage, ob mit der Formulierung *„erforderliche Sorgfalt“* gerade die fachliche bzw. fachmännische Sorgfalt[721] gemeint war, dem Geschäftsführer also die Kenntnis von Spezialwissen abverlangt wurde, oder ob die *„erforderliche Sorgfalt“* ein niedrigerer Sorgfaltsmaßstab ist, der freilich geringere Anforderungen an die Kenntnisse des Geschäftsführers stellt.[722] Der Grund für diesen Meinungsstreit liegt in dem über § 66 Abs. 2 CZ-HGB für den Geschäftsführer anwendbaren Mandatsvertragsrecht.[723] Gemäß § 567 Abs. 1 CZ-HGB ist der Bevollmächtigte verpflichtet, bei der Erledigung der Angelegenheiten die *„fachgerechte Sorgfalt“* aufzuwenden. Mit der Novellierung und Einführung des Rechtsbegriffes der *„Sorgfalt eines ordentlichen Kaufmanns“* hat sich der Meinungsstreit keineswegs erledigt,[724] sondern es bleibt weiterhin fraglich, ob die *„Sorgfalt des ordentlichen Kaufmannes“* die Kenntnis von Spezialwissen, also auch die *„fachgerechte Sorgfalt“* des § 567 Abs. 1 CZ-HGB mitumfasst. Nach *Eliáš*[725] ist über § 66 Abs. 2 CZ-HGB die Vorschrift des § 567 Abs. 1 CZ-HGB anzuwenden, die nach ihrem Wortlaut (*„fachgerechte Sorgfalt“*) von den Geschäftsführern auch die Kenntnis von Spezialwissen abverlangt. Fehle ihnen dieses Spezialwissen für die Tätigkeit als Geschäftsführer, so könnten sie dieses Amt nicht ausüben bzw. sie müssen den strengeren Maßstab gegen sich gelten lassen.[726] Der überwiegende Teil der Literatur[727] betrachtet die Regelung des § 194 Abs. 5 S. 1 CZ-HGB jedoch zu Recht als lex specialis zu § 567 Abs. 1 CZ-HGB, so dass den Geschäftsführern im Rahmen der *„Sorgfalt eines ordentlichen Kaufmanns“* nicht die Kenntnis von Spezialwissen abverlangt wird. Bereits aus § 66 Abs. 2 S. 1 CZ-HGB ergibt sich, dass das Mandatsvertragsrecht nur dann entsprechend anzuwenden ist, wenn sich *„aus dem Gesetz keine anderen Rechte und Pflichten ergeben“*. Über die Verweisungsnorm des § 135 Abs. 2 CZ-HGB kommt für Geschäftsführer daher die speziellere Norm des § 194 Abs. 5 S. 1 CZ-HGB zur Anwendung. Dessen Maßstab ist jedoch weniger streng als die *„fachgerechte Sorgfalt“* im Sinne von § 567 Abs. 1 CZ-HGB.[728] Unter der *„Sorgfalt eines ordentlichen Kaufmanns“* sei vielmehr die ordnungsgemäße Erfüllung der den Geschäftsführern obliegenden Pflichten zu verstehen, die sich neben den gesetzlich geregelten Pflichten v.a. auch auf dessen primäre Pflicht der Geschäftsführung gemäß § 134 CZ-HGB bezieht. Der Geschäftsführer muss

---

[721] So *Eliáš*, Handelsrecht, 1998, Rn. 412.
[722] *Dědič*, 2002, § 194, S. 2416/17; *Štenglová/Plíva/Tomsa*, § 194, S. 619 ff.; *Dědič/Kunešová-Skálová*, GmbH, 1999, S. 427.
[723] *Dědič*, 2002, § 194, S. 2417; *Štenglová/Plíva/Tomsa*, § 194, S. 619 ff.
[724] Offengelassen bei *Winkelmann*, WiRO 2002, 65 (66).
[725] *Eliáš*, Handelsrecht, 1998, Rn.. 412.
[726] *Eliáš*, a.a.O.
[727] *Dědič*, 2002, § 194, S. 2416; *Štenglová/Plíva/Tomsa*, § 194, S. 619 ff.; *Dědič/Kunešová-Skálová*, GmbH, 1999, S. 427.
[728] *Štenglová/Plíva/Tomsa*, § 194, S. 622/23.

selbst kein Fachmann mit Spezialwissen sein, er muss aber im Rahmen seiner Geschäftsführung mit der Sorgfalt eines ordentlichen Kaufmannes für die bestmögliche Erfüllung seiner Pflichten sorgen.[729] Ist er selbst dazu nicht im Stande, kann und muss er fachkundigen Rat durch entsprechendes Fachpersonal einholen, wie beispielsweise qualifizierte Bilanzbuchhalter, Controller, Steuerberater und Juristen.[730] Der Geschäftsführer muss jedenfalls nicht selbst über ein konkretes Spezialwissen verfügen, kann sich aber im Gegenzug auch nicht im Einzelfall auf sein fehlendes Fachwissen berufen.[731] Weder der Mangel an Fachkenntnis noch der Mangel an Zeit kann den Geschäftsführer von seiner Sorgfaltspflicht entbinden.[732]

a) Delegierung von Aufgaben

Ferner stellt sich in der Praxis häufig die Frage, inwieweit die Geschäftsführer ihre Aufgaben bei der Einhaltung des erläuterten Sorgfaltsmaßstabes auch delegieren können und wie ein Geschäftsführer seine Kontroll- und Überwachungspflichten erfüllen kann, wenn er sich nicht ständig in der ČR aufhält.[733] Sofern sich der Geschäftsführer bei der Erfüllung seiner Aufgaben und Pflichten Dritter bedient und dabei mit der Sorgfalt eines ordentlichen Kaufmannes vorgehen muss, handelt es sich nicht um die Übertragung originärer Geschäftsführerkompetenzen auf Dritte, sondern die Delegation von Entscheidungskompetenzen ist vielmehr selbst Teil der Geschäftsführung, aus der die Pflicht erwächst, die mit den Aufgaben betrauten Mitarbeiter zu kontrollieren und zu überwachen.[734] Fraglich ist, ob ein Geschäftsführer diese Kontroll- und Überwachungspflichten ordnungsgemäß wahrnehmen kann, wenn er sich nicht ständig in der ČR aufhält. Viele deutsche Investoren bestellen für ihre Tochtergesellschaften/Niederlassungen in der ČR zwei Geschäftsführer, einen deutschen (als Kontrollorgan) und einen tschechischen Geschäftsführer, der meist mit den laufenden Geschäften der Gesellschaft betraut ist.[735] Diese Konstruktion ist keinen Bedenken ausgesetzt, wenn der deutsche Geschäftsführer seine Kontroll- und Überwachungspflichten (durch regelmäßige Anwesenheit) ordnungsgemäß ausüben kann, sofern durch gesellschaftsvertragliche Regelung gemäß § 134 CZ-HGB auch der tschechische Geschäftsführer allein zur Geschäftsführung befugt

[729] *Dědič*, a.a.O.

[730] So auch das Oberste Gericht in seiner Entscheidung vom 11.10.1999, SJ 9/2000, 355.

[731] *Winkelmann*, WiRO 2002, 65 (66).

[732] *Dědič*, 2002, § 194, S. 2417.

[733] Zur sog. *Corporate Compliance*, d.h. unternehmensorganisatorische Maßnahmen zur Vermeidung von Haftungsfällen von Vorständen und Geschäftsführern ausführlich *Hauschka*, AG 2004, 461.

[734] *Loges/Nedelka*, RIW 1998, 454 (456) mit Verweis auf *Eliáš*, GmbH, 1997, S. 176.

[735] So die Erfahrungen der Rechtsanwälte *Steger, Klett, Kouba* und *Rada* im Gespräch mit dem Verfasser (siehe Anhang, Gesprächsverzeichnis). Siehe auch *Loges/Nedelka*, a.a.O.

ist. Lässt sich der „*abwesende Geschäftsführer*" lediglich regelmäßig „*informieren*", so ist dies unzureichend.[736] Probleme dieser Geschäftsführungsteilung ergeben sich meist schon bei Eintragung in das Handelsregister, da die einzutragenden Geschäftsführer eine entsprechende Aufenthaltsgenehmigung benötigen.[737]

b) Business Judgment Rule

aa) Deutsches Recht

Der am 28.01.2004 vom Bundesjustizministerium vorgelegte Entwurf eines Gesetzes zur Unternehmensintegrität und Modernisierung des Aktienrechts (UMAG)[738] beabsichtigt weitere Reformvorschläge der Regierungskommission Corporate Governance[739] zum Aktienrecht umzusetzen. Die Frage, ob im Rahmen unternehmerischer Ermessensentscheidungen ein *ex post* von den Gerichten nicht überprüfbarer Haftungsfreiraum besteht, ist dabei Gegenstand einer geplanten Änderung des Sorgfaltsmaßstabs in § 93 Abs. 1 AktG. Danach soll eine Pflichtverletzung nicht vorliegen, wenn das Vorstandsmitglied bei einer unternehmerischen Entscheidung ohne grobe Fahrlässigkeit annehmen durfte, auf der Grundlage angemessener Information zum Wohle der Gesellschaft zu handeln (§ 93 Abs. 1 S. 2 AktG-E).[740] Dies entspricht der Kodifizierung der aus dem US-amerikanischen Recht[741] stammenden *business judgment rule,*[742] die im deutschen Recht durch die ARAG/Garmenbeck-Entscheidung des BGH[743] bereits anerkannt war.[744]

Im Rahmen der Neujustierung des Sorgfaltsmaßstabes sind dabei unternehmerische Entscheidungen mit Beurteilungsspielraum und ohne Beurteilungsspielraum zu unterscheiden. Ausdrücklich ausgenommen aus der künftigen Haftungserleichterung sind daher Gesetzes- und Satzungsverstöße, die Verletzung von Treue- und Informationspflichten sowie des Anstellungsvertrages. Hier ist ein Ermessen ausgeschlossen. Die *business judgment rule* will Geschäftsleiter nur für fehlgeschlagene unternehmerische Entscheidungen bei der Haftung ent-

---

[736] So auch *Loges/Nedelka*, RIW 1998, 454 (457).
[737] Vgl. § 30 Abs. 3 CZ-HGB sowie ausführlich A. II.1.
[738] Unter www.bmj.bund.de abrufbar (Abfrage vom 28.04.2004); siehe auch *Seibert/Schütz*, ZIP 2004, 252 m.w.N.
[739] *Baums* (Hrsg.), Bericht der Regierungskommission Corporate Governance, 2001.
[740] Kritisch *Fleischer*, ZIP 2004, 685; *Thümmel*, DB 2004, 471; *Ulmer*, DB 2004, 859 m.w.N.
[741] *Percy v. Millaudon*, 8. Mart. (n.s.) 68 (Lousiana Supreme Court 1829); *Aronson v. Lewis*, 473 A.2d 805, 812 (Delaware Supreme Court 1984); siehe auch die Formulierung in: American Law Institute, Principles of Corporate Governance: Analysis and Recommendations, 1984, § 4.01 (c).
[742] Begründung zum Gesetzesentwurf (UMAG), S. 17; *Kock/Dinkel*, NZG 2004, 441.
[743] BGHZ 135, 244 = NJW 1997, 1926 = DB 1997, 1068.
[744] OLG Naumburg, NZG 2001, 136; *Roth/Altmeppen*, § 43 Rn 8 m.w.N.

lasten. Hintergrund ist die Tatsache, dass unternehmerisches Ermessen nie ohne Risiko und einer subjektiven Prognose ausgeübt werden kann. Dies rechtfertigt auch die Abgrenzung zu den zwingend zu beachtenden und klar umrissenen gesetzlichen, satzungsrechtlichen und anstellungsvertraglichen Pflichten ohne Beurteilungsspielraum. Die Haftungserleichterung ist rechtssystematisch als Ausnahme zum allgemeinen Sorgfaltsmaßstab des § 93 I AktG ausgestaltet. Daher soll nach der Intention des Gesetzgebers auch beim Geschäftsleiter die Darlegungs- und Beweislast liegen.[745]

Dabei ist es bislang unstreitig, dass dieses Haftungsprivileg auch auf das Sachgebiet der Geschäftsführerhaftung ausstrahlt, denn das Problem der eingeschränkten Kontrolldichte findet sich bei der Überprüfung unternehmerischer Entscheidungen bei allen Gesellschaftsformen.[746] Dazu gehört neben dem bewussten Eingehen geschäftlicher Risiken grundsätzlich auch die Gefahr von Fehlbeurteilungen und Fehleinschätzungen, der jeder Unternehmensleiter, mag er auch noch so verantwortungsbewusst handeln, ausgesetzt ist.[747] Ferner ist anerkannt, dass die Frage der Zweckmäßigkeit der Maßnahme grundsätzlich in den richterlich nicht überprüfbaren Ermessensspielraum des Geschäftsführers fällt.[748]

bb) Tschechisches Recht

Die Figur des Geschäftsleiterermessens ist im tschechischen Recht bislang nicht anerkannt. Die Beurteilung unternehmerischer Fehlentscheidungen erfolgt ausschließlich anhand des Sorgfaltsmaßstabes von § 194 Abs. 5 CZ-HGB.[749] Die sachlichen Gründe für eine eingeschränkte Kontrolldichte unternehmerischer Ermessensentscheidungen überzeugen jedoch auch im tschechischen Recht. Auch dort kann nicht bestritten werden, dass sowohl dem Vorstand als auch dem Geschäftsführer bei der Leitung der Geschäfte des Gesellschaftsunternehmens ein weiter Handlungsspielraum zugebilligt werden muss, ohne den eine unternehmerische Tätigkeit nicht denkbar ist. Die Grenze zum haftungsbegründenden Sorgfaltsverstoß ist erst dort überschritten, wenn die Bereitschaft unternehmerische Risiken einzugehen, nicht mehr mit der Sorgfalt eines ordentlichen Kaufmanns vereinbar ist. Dies ist insbesondere dann der Fall, wenn die Entscheidung nicht auf sorgfältig ermittelten Entscheidungsgrundlagen und Informationen basierte. Mitglieder des geschäftsführenden Organs dürfen sich dabei

[745] Begründung zum Gesetzesentwurf (UMAG), S. 19; so bereits zum alten Recht BGHZ 152, 280 = NJW 2003, 358.

[746] *Fleischer*, ZIP 2004, 685, 692; für die Anwendbarkeit der ARAG/Garmenbeck-Grundsätze des BGH auf GmbH-Geschäftsführer auch *Lutter/Hommelhoff*, § 43, 6; *Scholz/Schneider*, § 43 Rn 44; *Roth/Altmeppen*, § 43 Rn 8 m.w.N.

[747] *Roth/Altmeppen*, a.a.O. mit Verweis auf BGHZ 135, 244, 253.

[748] OLG Naumburg, NZG 2001, 136; so auch *Grooterhorst*, ZIP 1999, 1117, 1121.

[749] *Dědič*, 2002, § 194, S. 2419 ff.

nicht wie ein beliebiger Kaufmann verhalten, sondern wie jemand der in verantwortlich leitender Position selbständig und treuhänderisch fremde Vermögensinteressen wahrnimmt.[750]

Die Gewährung haftungsfreier Beurteilungsspielräume ist folglich nicht ausgeschlossen. Hinsichtlich der Haftung des Geschäftsführers besteht kein konzeptioneller Unterschied zur Haftung der Vorstandsmitglieder, da die diesbezüglichen Vorschriften des GmbH-Rechts auf die Haftungsvorschriften des Aktienrechts verweisen, §§ 135 Abs. 2, 194 Abs. 5 CZ-HGB. Mit der Neuformulierung des Sorgfaltsmaßstabs durch die HGB-Novelle im Jahr 2000 hat sich der tschechische Gesetzgeber am Wortlaut des österreichischen GmbH-Gesetzes von 1906 orientiert, das wiederrum das deutsche GmbHG von 1892 zum Vorbild hatte.[751] Daran zeigt sich die enge Verknüpfung des deutschen, österreichischen und tschechischen GmbH-Rechts. Daher wird sich auch das tschechische Recht der Figur des Geschäftsleiterermessens nicht verschließen können. Die Anerkennung der *business judgment rule* lässt sich auch im tschechischen Recht rechtssystematisch als Ausnahme zum allgemeinen Sorgfaltsmaßstab des § 194 Abs. 5 S. 1 CZ-HGB ausgestalten.

3. Haftungsgrundsatz

Gemäß § 194 Abs. 5 S. 3 CZ-HGB haften Geschäftsführer gesamtschuldnerisch, die der Gesellschaft bei der Ausübung ihrer Tätigkeit durch die Verletzung ihrer Rechtspflichten einen Schaden zugefügt haben. Bei der Haftung für Schäden, die durch die Verletzung einer durch das CZ-HGB auferlegten Pflicht entstanden ist, werden gemäß § 757 CZ-HGB die Bestimmungen der §§ 373 ff. CZ-HGB entsprechend angewendet. Bereits aus dem Wortlaut von § 373 CZ-HGB ergibt sich, dass die Schadensersatzhaftung grundsätzlich verschuldensunabhängig ist.[752] Dies soll nach ganz herrschender Ansicht in der tschechischen Literatur[753] auch für den Geschäftsführer gelten, so dass als haftungsausschließende Gründe grundsätzlich nur höhere Gewalt (§ 374 CZ-HGB) und unvorsehbare Schäden (§ 379 CZ-HGB) anerkannt werden.[754] Die deutsche rechtsvergleichende Literatur geht ebenso von einer verschuldensunabhängigen Haftung des Geschäftsführers aus.[755] Dabei ist dessen Haftung objektiv und unbe-

---

[750] Vgl. zum österreichischen Recht OGH GesRZ 1986, 97.

[751] *Štenglová*, Gesetzesmaterialien CZ-HGB, 2001, S. 322; *Winkelmann*, WiRO 2002, 65 (66); *Koppensteiner*, Allg Einl Rn 1, § 25 Rn. 2.

[752] Wer seine Vertragspflicht verletzt, ist verpflichtet, den dadurch der Gegenpartei verursachten Schaden zu ersetzen, es sei denn, er kann Umstände nachweisen, die seine Haftung ausschließen, § 373 CZ-HGB.

[753] Statt aller *Dědič*, 2002, § 194, S. 2419 m.w.N.

[754] *Dědič*, 2002, § 194, S. 2419/20.

[755] *Loges/Nedelka*, RIW 1998, 454; *Holler/Westbuer*, WiRO 2002, 202 (204); *Holler/Karmann*, WiRO 1999, 361(363); kritisch *Winkelmann*, WiRO 2002 65 (67).

schränkt.[756] Dies bedeutet, dass er haftet, unabhängig davon, ob er die Verletzung seiner Pflichten zu vertreten hat oder nicht.[757] Ferner ist er der Gesellschaft zum vollen Ersatz des dadurch entstandenen Schadens verpflichtet. Auch das Gericht kann den Schadensersatz nicht herabsetzen, § 386 Abs. 2 CZ-HGB.

Das Prinzip der Verschuldensunabhängigkeit der Geschäftsführerhaftung kommt jedoch erst dann zur Anwendung, wenn unter Zugrundelegung des Sorgfaltsmaßstabes eine Pflichtwidrigkeit zu bejahen ist. Es kommt somit lediglich objektiv darauf an, ob der Geschäftsführer seine rechtlichen Pflichten verletzt hat und dabei nicht mit der Sorgfalt eines ordentlichen Kaufmannes gehandelt hat. Damit bleibt es im Grundsatz bei einer Erfolgshaftung, denn auf das Verschulden des Geschäftsführers kommt es - anders als beispielsweise im tschechischen Zivilrecht (§ 420 Abs. 3 CZ-BGB) - bei der Geschäftsführerhaftung nicht an. Daher wird der Sorgfaltsmaßstab auch „*objektiver Verschuldensmaßstab*" genannt.[758] Auf den ersten Blick verwirrend ist daher der Begriff der „*verschuldensunabhängigen Haftung*" des Geschäftsführers im tschechischen Recht,[759] da das Verschulden durch den Sorgfaltsmaßstab lediglich verobjektiviert wird. Die Geschäftsführer können sich nämlich gemäß § 194 Abs. 5 S. 2 CZ-HGB von ihrer Haftung exkulpieren, sofern sie nachweisen, dass sie mit der „*Sorgfalt eines ordentlichen Kaufmannes*" gehandelt haben.

Pflichtwidrig handelt folglich nur der Geschäftsführer, der auch diese Sorgfalt vermissen ließ, denn „*es wäre geradezu abwegig, Geschäftsleitungen pflichtwidriges Handeln vorzuwerfen, die mit der Sorgfalt eines ordentlichen Kaufmannes vorgegangen sind.*"[760] Sind Pflichtwidrigkeit und Sorgfaltsverstoß des Geschäftsführers zu bejahen, so haftet dieser der Gesellschaft für einen dadurch entstandenen Schaden, § 194 Abs. 5 S. 3 CZ-HGB.

4. Schaden und Kausalität

Als weitere Voraussetzung der (Innen-)Haftung der Geschäftsführer verlangt das Gesetz, dass durch die Pflichtverletzung der Gesellschaft ein Schaden entstanden sein muss.[761] Unter einem Schaden versteht das tschechische Recht jede Vermögensbeeinträchtigung, die durch Minderung geldwerten Vermögens oder durch entgangene geldwerte Vorteile (entgangener Gewinn) entstanden ist.[762] Grundsätzlich wird gemäß § 378 CZ-HGB Schadensersatz in Geld geleistet, ist dies jedoch nicht möglich und üblich, kann die (schadensersatz-) berechtigte

---

756 *Dědič*, 2002, § 194, S. 2420.
757 *Loges/Nedelka*, RIW 1998, 454.
758 Siehe *Rowedder/Schmidt-Leithoff*, § 43 Rn. 8.
759 Zu Recht *Winkelmann*, WiRO 2002, 65 (67).
760 So wörtlich *Baumbach/Hueck/Zöllner*, § 43 Rn. 17 a.E.
761 §§ 135 Abs. 2, 194 Abs. 5 S. 3 CZ-HGB.
762 *Dědič/Kunešová-Skálová*, GmbH, 1999, S. 442; *Winkelmann*, WiRO 2002, 65 (68) m.w.N.

Partei die Wiederherstellung des vorherigen Zustandes (Naturalrestitution) fordern. Damit ist im Gegensatz zum deutschen Recht (§§ 249, 251 BGB) die Naturalrestitution der Ausnahmefall zum Regelfall des Schadensersatzes in Geld.

Hinsichtlich des Umfangs des Schadensersatzes statuiert § 379 CZ-HGB, dass der *„tatsächlich entstandene Schaden und der entgangene Gewinn“* ersetzt wird. Auch im tschechischen Recht wird der Schaden ähnlich der im deutschen Recht angewandten Differenzhypothese[763] berechnet, also mittels eines Vergleichs der infolge des haftungsbegründenden Ereignisses eingetretenen Vermögenslage mit derjenigen, die sich ohne jenes Ereignis ergeben hätte.[764] Der Schaden ergibt sich damit aus einem Vergleich des Istzustandes mit dem Sollzustand des Vermögens ohne des schädigenden Ereignisses.

Nicht ersetzt wird jedoch ein sog. *„unvorhersehbarer Schaden.“* Gemäß § 379 S. 2 CZ-HGB ist der Schaden nicht ersatzfähig, der den Schaden übersteigt, den der Geschäftsführer bei der Entstehung der (vertraglichen) Verpflichtung als eine mögliche Folge seiner Vertrags- bzw. Pflichtverletzung voraussehen konnte oder den unter Berücksichtigung der Umstände der Geschäftsführer zu diesem Zeitpunkt kannte oder bei Anwendung der üblichen Sorgfalt hätte kennen müssen. Aufgrund des dispositiven Charakters der Norm wird in der anwaltlichen Praxis empfohlen, die Haftung vertraglich auf *„unmittelbar verursachte Schäden“* zu beschränken, um einer Haftung für sog. *„Folgeschäden“* zu entgehen.[765] Zu beachten ist, dass bei der subjektiven Vorsehbarkeit des Schadens gemäß § 379 S. 2 CZ-HGB lediglich die *„übliche Sorgfalt“*[766] als Maßstab herangezogen wird, während im haftungsbegründendem Tatbestand die *„Sorgfalt eines ordentlichen Kaufmannes“* (§ 194 Abs. 5 S. 1 CZ-HGB) als Maßstab dient.

Über den Umfang des Schadensersatzes gemäß § 379 CZ-HGB hinaus kann die (schadensersatz-)berechtigte Partei auch Ersatz der Mittel verlangen, die sie in Folge der Vertrags- bzw. Pflichtverletzung des Geschäftsführers aufwenden musste. Gemäß § 380 CZ-HGB sind derartige Aufwendungen als Schaden ausdrücklich ersatzfähig. Anstatt des tatsächlich entgangenen Gewinns kann ferner auch Ersatz des Gewinns gefordert werden, der in der Regel unter den dem gestörten Vertragsverhältnis zugrunde liegenden Umständen bei laufenden Handelsbeziehungen in dieser Branche erzielt worden wäre (§ 381 CZ-HGB). Dies entspricht der deutschen Regelung in § 252 BGB.[767]

Fraglich ist, ob der Gesellschaft überhaupt ein Schaden entstanden ist, wenn der Geschäftsführer zwar pflichtwidrig gehandelt hat, das Verhaltensge- oder -

[763] BGHZ 125, 366 (373); *Rowedder/Schmidt-Leithoff*, § 43 Rn. 22.
[764] Ausführlich dazu *Rada*, S. 134 mit Verweis auf *Eliáš*, Právník 4/1999, 320 (324).
[765] So *Sevcik/Kusak*, WiRO 2000, 265 (267) mit dem Hinweis, dass man damit im tschechischen Recht Neuland betreten würde.
[766] Tschechisch: „obvyklé péče.“
[767] Siehe *Roth/Altmeppen*, § 43 Rn. 71.

verbot aber ausschließlich dem Schutz Dritter dient. Dies ist mit BGH NJW-RR 1994, 806 dann zu verneinen, wenn der Geschäftsführer zweckwidrig Gelder zur Begleichung von (anderen) Gesellschaftsschulden verwendet oder andere (gleichwertige) Vermögensgegenstände für die Gesellschaft anschafft.[768] Diese Grundsätze lassen sich auch auf das tschechische Recht übertragen, da § 194 Abs. 5 S. 3 CZ-HGB nahezu wortgleich mit der deutschen Regelung von § 43 Abs. 2 GmbHG ist. Ob jedoch auch die tschechische Rechtsprechung dieser Ansicht folgt, ist derzeit nicht absehbar, zumal beispielsweise der österreichische OGH[769] einen Schaden der Gesellschaft bei zweckwidriger Erfüllung von Gesellschaftsverbindlichkeiten durch den Geschäftsführer bejaht.[770]

Die bisher genannten Erfordernisse müssen auch im tschechischen Recht durch einen Zurechnungszusammenhang miteinander verbunden sein. Als allgemeine Voraussetzung eines Schadensersatzanspruches wird daher - neben einem verursachten Schaden für die Gesellschaft - ein kausaler Zusammenhang („*příčinná souvislost*") zwischen der verletzten Pflicht und der Entstehung des Schadens verlangt.[771] Der Schaden muss als Folge der Verletzung einer bestimmten Verhaltenspflicht (z.B. mit der Sorgfalt eines ordentlichen Kaufmanns zu handeln) entstanden sein.[772]

5. Gesamtverantwortung und Mitverschulden

Gemäß §§ 135 Abs. 2, 194 Abs. 5 S. 3 CZ-HGB haften Geschäftsführer, die der Gesellschaft bei der Ausübung ihrer Tätigkeit durch Verletzung ihrer rechtlichen Pflichten einen Schaden zugefügt haben, für diesen Schaden gesamtschuldnerisch (§§ 383, 293 ff. CZ-HGB, 421 ff. BGB). Wie auch im deutschen Recht,[773] kommt der Grundsatz der Gesamtverantwortung nur dann zum Tragen, wenn jeden der Geschäftsführer individuell der Schuldvorwurf trifft.[774] Voraussetzung der Haftung mehrerer Geschäftsführer ist somit, dass jeder für sich die Haftungsvoraussetzungen erfüllt. Dies ist häufig dann der Fall, wenn mehrere Geschäftsführer gemeinsam in einem übertragenen Pflichtenkreis tätig waren

---

[768] Dazu der BGH: „...wird Baugeld nicht zur Bezahlung der beteiligten Bauhandwerker, sondern wie im vorliegenden Fall, für baufremde Ausgaben, also für andere Gesellschaftszwecke eingesetzt, so entsteht dadurch zwar möglicherweise den Bauunternehmern, nicht aber ohne weiteres der Gesellschaft ein Schaden. An einem solchen fehlt es insbesondere dann, wenn mit dem Geld andere Gesellschaftsschulden beglichen oder gleichwertige Vermögensgegenstände für die Gesellschaft angeschafft werden", BGH NJW-RR 1994, 806; zustimmend *Roth/Altmeppen*, § 43 Rn. 72.

[769] SZ 45/46, siehe auch OGH WBl 1988, 29.

[770] Siehe *Koppensteiner*, § 25 Rn. 21.

[771] *Dědič*, 2002, § 373, S. 3402 f.; *Winkelmann*, WiRO 2002, 65 (68); *Rada*, S. 134 ff.

[772] *Dědič*, 2002, § 373, S. 3402; *Rada*, S. 134/135.

[773] *Baumbach/Hueck/Zöllner*, § 43 Rn. 22 ff.; *Roth/Altmeppen*, § 43 Rn. 78 m.w.N.

[774] *Dědič*, 2002, § 194, S. 2419; *Rada*, S. 135/136; *Winkelmann*, WiRO 2002, 65 (68).

oder schuldhaft untätig geblieben sind. Hat dagegen ein Geschäftsführer eines anderen Tätigkeitsressorts schuldhaft seine Pflichten verletzt, so haften die übrigen Geschäftsführer nur dann, wenn sie ihre Überwachungs- und Aufsichtspflichten verletzt haben.[775]

Die gesamtschuldnerische Haftung führt in beiden Rechtsordnungen dazu, dass jeder mithaftende Geschäftsführer von der Gesellschaft auf den ganzen Schaden in Anspruch genommen werden kann.[776] Untereinander sind die haftenden Geschäftsführer grundsätzlich ausgleichspflichtig.[777] Im deutschen Recht stellt sich jedoch die Frage, ob die Geschäftsführer nach der Maßgabe von § 426 Abs. 1 S. 1 BGB im Verhältnis zueinander zu gleichen Anteilen verpflichtet sind. Einigkeit besteht darüber, dass die Verpflichtung zu gleichen Teilen nur dann sachgerecht ist, wenn die „*Verantwortlichkeit die Geschäftsführer auf gleicher Stufe trifft*“[778], nicht jedoch bei einseitiger bzw. eindeutig verlagerter Verantwortung bei einem der Geschäftsführer.[779] So befürworten *Schneider*[780] und *Zöllner*[781] die alleinige Haftung eines handlungs- oder unterlassungspflichtigen Geschäftsführers, wenn der andere Geschäftsführer lediglich wegen der Verletzung seiner Überwachungs- und Aufsichtspflicht haften würde. Andere wollen unter Zuhilfenahme von § 254 BGB einen Ausgleich schaffen,[782] was jedoch weitgehend abgelehnt wird.[783] Sachgerechter geht das tschechische Recht vor: Sind mehrere Personen (Geschäftsführer) zum Schadensersatz verpflichtet, so haften sie gemäß § 383 1. HS CZ-HGB gesamtschuldnerisch; untereinander setzen sie sich „*entsprechend dem Umfang ihrer Verantwortung auseinander*“ (§ 383 2. HS CZ-HGB). Somit kommt es im tschechischen Recht bereits *ex lege* zu einem Ausgleich gemessen an der individuellen Verantwortung der Geschäftsführer untereinander.

In beiden Rechtsordnungen gesondert zu beurteilen ist die Frage, ob sich ein haftender Geschäftsführer das Mitverschulden der Gesellschaft anspruchsmindernd gemäß §§ 254 BGB, 382 CZ-HGB anrechnen lassen kann. Zunächst kann

---

775 Dies entspricht auch dem Grundsatz der gemeinsamen Geschäftsführung mehrerer Geschäftsführer gemäß § 134 S. 2 CZ-HGB. Zwar können auch im tschechischen Recht im Rahmen einer Ressortverteilung die Aufgaben mehrerer Geschäftsführer verteilt werden, sie können sich aber durch Delegation nicht der Haftung entziehen; siehe dazu im deutschen Recht: BGH WM 1996, 2240; OLG Celle, NZG 1999, 1064 sowie *Rowedder/Schmidt-Leithoff*, § 43 Rn. 17 m.w.N.

776 §§ 293 S. 2 CZ-HGB, 421 S. 1 BGB.

777 §§ 383 CZ-HGB, 426 BGB.

778 So *Baumbach/Hueck/Zöllner*, § 43 Rn. 25.

779 *Scholz/Schneider*, § 43 Rn. 178; *Hachenburg/Mertens*, § 43 Rn. 65.

780 *Scholz/Schneider*, § 43 Rn. 178.

781 *Baumbach/Hueck/Zöllner*, § 43 Rn. 25.

782 *Hachenburg/Mertens*, § 43 Rn. 65.

783 *Roth/Altmeppen*, § 43 Rn. 79; *Baumbach/Hueck/Zöllner*, § 43 Rn. 25 m.w.N.

festgehalten werden, dass es dem Sinn und Zweck der (solidarischen) Gesamtschuld bei der Geschäftsführerhaftung (§§ 43 Abs. 2 GmbHG, 194 Abs. 5 S. 3 CZ-HGB) widerspräche, wenn sich ein Geschäftsführer gegenüber dem Schadensersatzanspruch der Gesellschaft auf das Mitverschulden eines anderen Geschäftsführers berufen könnte.[784] Der BGH[785] geht noch weiter und stellt in einer Entscheidung vom 14.03.1983 fest, dass *„kein Gesellschaftsorgan der Gesellschaft gegenüber einwenden kann, seine Ersatzpflicht sei gemindert, weil ein anderes Gesellschaftsorgan für den Schaden mitverantwortlich sei.“* Die Entscheidung stieß auf berechtigte Kritik.[786] Ausgehend von der Relativierung des BGH, *„ob die Rechtslage anders zu beurteilen ist, wenn die Gesellschaft einen fachlich untauglichen Geschäftsführer in der Absicht bestellt, ihn als solchen lediglich nach außen hin, in Wirklichkeit aber nur nach ihren Weisungen tätig werden zu lassen, kann auf sich beruhen“*, hat sich in der deutschen gesellschaftsrechtlichen Literatur[787] eine differenzierte Sichtweise durchgesetzt. Zwar wird anerkannt, dass der Einwand des Überwachungs- und Auswahlmitverschuldens von Aufsichtsrat oder Gesellschafterversammlung dem ersatzpflichtigen Geschäftsführer nicht zusteht,[788] für die Fälle von (gesellschaftsschädlichen) Weisungen und schuldhafter Bestellung ungeeigneter weiterer Geschäftsführer durch die Gesellschafterversammlung jedoch etwas anderes gelten kann.[789] Wurde der Geschäftsführer beispielsweise durch die Gesellschafterversammlung angewiesen, ein nachteiliges Geschäft abzuschließen und der Geschäftsführer hätte den Verlust für die Gesellschaft durch erneuten Vortrag vor der Gesellschafterversammlung verhindern können, so kann der trotzdem ersatzpflichtige Geschäftsführer das Mitverschulden der Gesellschaft gemäß § 254 BGB entgegenhalten.[790] Ferner steht dem Geschäftsführer der Einwand des Mitverschuldens zu, wenn die Gesellschafterversammlung schuldhaft einen ungeeigneten Geschäftsführer bestellt, der einen Schaden verursacht, für den die anderen Mit-

[784] Im deutschen Recht ganz h.M.: *Rowedder/Schmidt-Leithoff*, § 43 Rn. 26; *Hachenburg/Mertens*, § 43 Rn. 64; *Baumbach/Hueck/Zöllner*, § 43 Rn. 35; *Roth/Altmeppen*, § 43 Rn. 79 mit Verweis auf BAG GmbHR 1975, 114 (LS). Ebenso im tschechischen Recht, *Dědič*, 2002, § 194, S. 2416 ff.; *Rada*, S. 133 f.

[785] NJW 1983, 1856; zustimmend *Lutter/Hommelhoff*, § 43 Rn. 24.

[786] *Baumbach/Hueck/Zöllner*, § 43 Rn. 35; *Roth/Altmeppen*, § 43 Rn. 79; *Rowedder/Schmidt-Leithoff*, § 43 Rn. 26; *Lindacher*, JuS 1984, 672 (674).

[787] *Baumbach/Hueck/Zöllner*, § 43 Rn. 35; *Hachenburg/Mertens*, § 43 Rn. 84; *Roth/Altmeppen*, § 43 Rn. 79; *Rowedder/Schmidt-Leithoff*, § 43 Rn. 26.

[788] BGH NJW 1983, 1856; *Rowedder/Schmidt-Leithoff*, § 43 Rn. 26; *Baumbach/Hueck/Zöllner*, § 43 Rn. 35; *Lindacher*, JuS 1984, 672 (674).

[789] Statt aller *Baumbach/Hueck/Zöllner*, § 43 Rn. 35 m.N.

[790] *Hachenburg/Mertens*, § 43 Rn. 84; *Baumbach/Hueck/Zöllner*, § 43 Rn. 35.

geschäftsführer u.U. aufgrund der Verletzung ihrer Überwachungs- und Aufsichtspflicht mithaften.[791]

Im tschechischen Recht führen die normativen Voraussetzungen für einen Mitverschuldenseinwand des ersatzpflichtigen Geschäftsführers zu ähnlichen Ergebnissen wie im deutschen Recht. Allerdings gehen die tschechischen Vorschriften weiter als § 254 BGB, indem spezielle Schadensabwendungs- und Begrenzungspflichten der Gesellschaft zu einem Ausschluss der Schadensersatzpflicht, zumindest für den Teil des Schadens, der durch das Mitverschulden beispielsweise der Gesellschafter verursacht wurde, führen können. Gemäß § 384 Abs. 1 S. 1 CZ-HGB ist die Gesellschaft verpflichtet, Vorkehrungen zur Schadensabwendung oder Schadensbegrenzung zu treffen. Der ersatzpflichtige Geschäftsführer ist gemäß § 384 Abs. 1 S. 2 CZ-HGB dann nicht verpflichtet, den Schaden zu ersetzen, der durch die Verletzung dieser Pflicht der Gesellschaft entstanden ist. Deutlicher noch § 382 CZ-HGB: „*Die geschädigte Partei hat keinen Anspruch auf Ersatz des Teils ihres Schadens, der durch die Verletzung der Vorschriften über Schadensverhinderung oder Schadensbegrenzung von ihr verursacht wurde.*" Gemäß § 263 Abs. 1 CZ-HGB sind diese Vorschriften zwingend. Die allgemeinen Vorschriften über den Schadensersatz der §§ 373 ff. CZ-HGB werden gemäß § 757 CZ-HGB vollumfänglich auch auf die Beziehungen zwischen Gesellschaft (als Geschädigte) und deren Organe oder Organmitglieder (als Schädiger) angewendet.[792] Folgerichtig argumentiert *Rada*,[793] dass die Gesellschaft gemäß §§ 376, 382 CZ-HGB keinen Anspruch auf Schadensersatz hat, sofern sie an der Entstehung des Schadens schuldhaft mitgewirkt hat. Somit führt auch im tschechischen Recht bei gesellschaftsschädlichen Weisungen der Gesellschafter, für die der Geschäftsführer nach Ausführung später in Anspruch genommen würde, zu einem Ausschluss der Haftung.[794] Ein Mitverschulden der Gesellschaft ließe sich zumindest nicht auf die wenigen, im deutschen Recht be- und z.T. anerkannten, Fälle beschränken, sondern führt zu einem - im Vergleich zum deutschen Recht - deutlich ausgeprägteren Mitverschuldensrisiko der Gesellschaft im Rahmen der Geschäftsführerhaftung.

6. Darlegungs- und Beweislast

Die Beweislastverteilung ist insbesondere für die Praxis der Geschäftsführerhaftung von erheblicher Bedeutung. Die Frage der Beweislastverteilung hinsichtlich der Geschäftsführerhaftung ist im deutschen GmbH-Recht nicht expli-

[791] *Roth/Altmeppen*, § 43 Rn. 79; *Rowedder/Schmidt-Leithoff*, § 43 Rn. 26; offengelassen bei BGH NJW 1983, 1856 (1857).
[792] *Štenglová/Plíva/Tomsa*, § 194, S. 623; *Rada*, S. 135.
[793] *Rada*, S. 135.
[794] So zu Recht auch *Rada*, a.a.O.

zit geregelt. Nach ständiger Rechtsprechung des BGH[795] und der überwiegenden Literatur[796] muss die Gesellschaft darlegen und beweisen, dass ihr infolge des Verhaltens des (beklagten) Geschäftsführers ein Schaden entstanden ist. Insbesondere aus der Natur des Schadens kann sich eine Kausalitätsvermutung ergeben.[797] Ferner muss die Gesellschaft einen Sachverhalt vortragen, aus dem sich zumindest die Möglichkeit einer Pflichtverletzung durch das Organ ergibt.[798] Wurden Schaden und Kausalzusammenhang von der Gesellschaft dargelegt und bewiesen, so trifft den Geschäftsführer eine Verschuldensvermutung, von der er sich jedoch exculpieren kann.[799] Insoweit wird § 93 Abs. 2 S. 2 AktG für den Geschäftsführer analog angewandt,[800] so dass dieser die Beweislast dafür trägt, dass er weder objektiv, noch subjektiv, pflichtwidrig gehandelt hat.[801] Diese Beweislastumkehr folgt, wie *Altmeppen*[802] zutreffend anmerkt, bereits aus dem allgemeinen Prinzip jedes Geschäftsbesorgers zur Rechenschaftspflicht gegenüber seinem Auftraggeber;[803] sie ergibt sich im konkreten Fall aber aus einer Parallelwertung zur Vorstandshaftung im Aktienrecht und insbesondere daraus, dass die Geschäftsführung „*den besseren Zugang zu den maßgeblichen Tatsachen hat.*“[804] Im Ergebnis bleibt dem Geschäftsführer der Nachweis, der Schaden wäre auch bei Anwendung der erforderlichen „*Sorgfalt eines ordentlichen Geschäftsmannes*“ entstanden oder der Schaden wurde durch Ausführung einer Weisung der Gesellschafter verursacht.[805]

Im tschechischen Recht war die Frage der Beweislast im Rahmen der Geschäftsführer- und Vorstandshaftung bis zur Novelle des CZ-HGB im Jahre 2000 unbefriedigend gelöst. Erst durch Gesetz Nr. 370/2000 Sb. wurde in § 194 Abs. 5 S. 2 CZ-HGB wortgleich die deutsche Regelung des § 93 Abs. 2 S. 2 AktG übernommen, was erneut die intensive Orientierung des tschechischen

---

[795] NJW 1963, 46; GmbHR 1974, 131 (132); DB 1985, 2291; WM 1991, 101; NJW 1992, 1166 (1167); GmbHR 1994, 459; sich dem BGH anschließend: OLG Hamm, NZG 1999, 1221; OLG Naumburg, DB 1998, 2411.

[796] *Rowedder/Schmidt-Leithoff*, § 43 Rn. 36; *Roth/Altmeppen*, § 43 Rn. 75; *Scholz/Schneider*, § 43 Rn. 167 ff.; *Baumbach/Hueck/Zöllner*, § 43 Rn. 30 jeweils m.w.N.

[797] *Roth/Altmeppen*, § 43 Rn. 77; *Rowedder/Schmidt-Leithoff*, § 43 Rn. 36.

[798] *Baumbach/Hueck/Zöllner*, § 43 Rn. 31; *Roth/Altmeppen*, § 43 Rn. 75.

[799] *K. Schmidt*, Gesellschaftsrecht, § 36 II 4. m.w.N.

[800] Bereits RGZ 98, 100; 101, 129 (134); BGH DB 1980, 2027 (2028); BGH NJW 1986, 54 (55); *Hachenburg/Mertens*, § 43 Rn. 66; *Roth/Altmeppen*, § 43 Rn. 75; *Rowedder/Schmidt-Leithoff*, § 43 Rn. 36

[801] Eingehend *Scholz/Schneider*, § 43 Rn. 167c; *Roth/Altmeppen*, § 43 Rn. 75. Anders *Baumbach/Hueck/Zöllner*, § 43 Rn. 31, der vom Kausalzusammenhang auf die Pflichtwidrigkeit schließt.

[802] In *Roth/Altmeppen*, § 43 Rn. 75.

[803] § 666 BGB i.V.m. §§ 27 Abs. 3, 675, 681 S. 2, 713, 2218 Abs. 1 BGB.

[804] BGH NJW 1963, 46; *Hachenburg/Mertens*, § 43 Rn. 66.

[805] *Scholz/Schneider*, § 43 Rn. 171; *Rowedder/Schmidt-Leithoff*, § 43 Rn. 36.

Gesetzgebers am deutschen Gesellschaftsrecht dokumentiert. Ausgehend von der deutschen Rechtslage hat auch im tschechischen Recht grundsätzlich die Gesellschaft zunächst die Darlegungs- und Beweislast, dass das pflichtwidrige Verhalten des Geschäftsführers einen Schaden der Gesellschaft verursacht hat.[806] Im Zweifelsfalle, ob ein Geschäftsführer mit der Sorgfalt eines ordentlichen Kaufmanns gehandelt hat, trägt gemäß §§ 135 Abs. 2, 194 Abs. 5 S. 2 CZ-HGB der Geschäftsführer die Beweislast. Es kommt daher nun auch im tschechischen Recht zu einer Beweislastumkehr,[807] so dass sich der Geschäftsführer in der Form exculpieren kann, indem er nachweist, mit der Sorgfalt eines ordentlichen Kaufmanns gehandelt zu haben bzw. dass der Schaden auch unter Beachtung dieser Sorgfalt entstanden wäre.

Bei mehreren Geschäftsführern ist häufig nicht mehr nachvollziehbar, welcher Geschäftsführer für den Schaden verantwortlich ist. In der Praxis wird daher empfohlen, wie es beispielsweise § 195 CZ-HGB für die Sitzung des Vorstandes der AG vorschreibt, Protokolle der Sitzungen und Entscheidungen der Geschäftsführung zu erstellen, um so eine sorgfältige Dokumentierung sämtlicher unternehmerischer Entscheidungen der Geschäftsführung sicherzustellen.[808] Da eine § 195 CZ-HGB entsprechende Regelung im tschechischen GmbH-Recht fehlt, könnte eine solche Protokollpflicht der Geschäftsführung gesellschaftsvertraglich oder satzungsrechtlich verankert werden, um den Gesellschaftern nicht nur im Schadensfalle, sondern auch zur Realisierung ihrer Auskunfts- und Einsichtsrechte aus § 122 Abs. 1 CZ-HGB eine vollständige Dokumentation der internen Geschäftsabläufe der Gesellschaft zur Verfügung zu stellen.

7. Haftungsbeschränkung und -ausschluss

Neben der Exkulpationsmöglichkeit von § 194 Abs. 5 S. 2 CZ-HGB, wonach der Geschäftsführer nachweisen kann, dass er mit der Sorgfalt eines ordentlichen Kaufmanns gehandelt hat, bestehen für den Geschäftsführer weitere geregelte und gesetzlich nicht geregelte Ausschlussgründe.

Neben Verzicht und Erlass, könnte die Schadensersatzhaftung durch rechtsgeschäftliche Vereinbarung von Vertragstrafen gemäß § 545 Abs. 2 CZ-BGB und die Anwendung arbeitsrechtlicher Haftungsprivilegien beschränkt werden. Ferner sind auch Haftpflichtversicherungen für Organmitglieder juristischer Personen auch auf dem tschechischen Versicherungsmarkt keine Fremdwörter mehr.

---

[806] *Dědič/Kunešová-Skálová*, GmbH, 1999, S. 443; *Winkelmann*, WiRO 2002, 65 (68); zum alten Recht bereits *Loges/Nedelka*, RIW 1998, 454 (455).
[807] *Dědič*, 2002, § 194, S. 2419.
[808] *Loges/Nedelka*, RIW 1998, 454 (455).

a) Verzicht und Erlass

Zunächst ist festzuhalten, dass die Gesellschaft auf ihre gesetzlichen Schadensersatzansprüche gegen die Organe der Gesellschaft im Voraus, das heißt vor der Pflichtverletzung (§ 386 Abs. 1 CZ-HGB), nicht verzichten kann.[809] Gemäß §§ 135 Abs. 2, 194 Abs. 5 S. 4 CZ-HGB sind Verträge zwischen der Gesellschaft und den Geschäftsführern sowie Bestimmungen der Satzung, die diese Haftung begrenzen oder ausschließen, unwirksam. Aus dem vorherigen Verzichtsverbot folgt *argumentum e contrario*, dass die Gesellschaft den Geschäftsführer (*nach* einer Pflichtverletzung) entlasten kann, was in der ČR üblich[810] und nach tschechischem Recht auch zulässig ist.[811] Die Entlastung, die gesetzlich nicht geregelt ist, erfolgt im Rahmen der Gesellschafterversammlung und wird meist nach Ende des Geschäftsjahres zusammen mit der Zustimmung zum Jahresabschluss erteilt, § 125 Abs. 1 lit. b) und n) CZ-HGB.[812] Aus Gründen der Rechtssicherheit empfiehlt es sich jedoch, die Entlastungsmöglichkeit des Geschäftsführers durch die Gesellschafterversammlung mittels gesellschaftsvertraglicher Regelung festzulegen, § 125 Abs. 1 lit. n) CZ-HGB. Die Rechtsnatur der Entlastung soll im tschechischen Recht dem Schuldenerlass im Sinne von § 574 Abs. 1 CZ-BGB entsprechen, wonach der Gläubiger (Gesellschaft) mit dem Schuldner (Geschäftsführer) vereinbaren kann, dass er auf ein Recht verzichtet oder eine Schuld erlässt. Diese Vereinbarung bedarf der Schriftform.[813] Dabei kann die Gesellschafterversammlung den Geschäftsführer jedoch nur von denjenigen Ansprüchen entlasten, von denen sie im Zeitpunkt der Beschlussfassung wusste oder wissen konnte.[814] Konsequenterweise darf die Entlastung auch im tschechischen Recht nicht die Ansprüche der Gesellschaft umfassen, die zwar für die Gesellschaft erkennbar gewesen wären, auf deren Verschleierung der Geschäftsführer jedoch hingewirkt und dadurch die Erkennbarkeit für die Gesellschafter vermindert hat.[815]

Unklar scheint ferner das Verhältnis des Entlastungsbeschlusses der Gesellschafterversammlung zur *actio pro socio* (§ 131a Abs. 1 CZ-HGB) zu sein.[816] Wäre ein Gesellschafter - trotz Entlastung durch die Gesellschafterversammlung

---

[809] Siehe auch § 574 Abs. 2 CZ-BGB, wonach die Vereinbarung eines Verzichts auf Rechte, die erst in Zukunft entstehen können, nichtig ist.
[810] *Loges/Nedelka*, RIW 1998, 454.
[811] *Winkelmann*, WiRO 2002, 65 (69); *Eliáš*, GmbH, 1997, S. 180 m.w.N.
[812] *Loges/Nedelka*, RIW 1998, 454 (455).
[813] *Loges/Nedelka*, RIW 1998, 454 (455) m.w.N.
[814] *Eliáš*, GmbH, 1997, S. 180 m.N. Ebenso im deutschen Recht, vgl. § 46 Nr. 5 GmbHG; BGH NJW 1959, 194; BGH DB 1968, 2166; *Baumbach/Hueck/Zöllner*, § 46 Rn. 26.
[815] So im deutschen Recht *Roth/Altmeppen*, § 46 Rn. 32; *Rowedder/Schmidt-Leithoff*, § 46 Rn. 27; *Scholz/Schmidt*, § 46 Rn. 94; *Hachenburg/Hüffer*, § 46 Rn. 62. Für das österreichische Recht: *Koppensteiner*, § 35 Rn. 19 m.w.N.
[816] Die Frage wird von *Loges/Nedelka*, RIW 1998, 454 (455) aufgeworfen.

- berechtigt, gemäß § 131a CZ-HGB Klage auf Schadensersatz gegen den Geschäftsführer zu erheben?[817] Diese Frage verliert ihre Bedeutung, wenn man sich die Rechtsnatur der Entlastung im deutschen, österreichischen und tschechischen Recht nochmals in Erinnerung ruft. Die Entlastung ist ein traditioneller verbandsrechtlicher Vorgang, mit dem die Tätigkeit der Mitglieder von Verbandsorganen gebilligt wird.[818] Der Entlastungsbeschluss ist im deutschen[819] und österreichischem[820] Recht mit einer Präklusionswirkung ausgestattet, das heißt die Gesellschaft wird mit solchen Ansprüchen ausgeschlossen, die für das entlastende Organ aufgrund der Rechenschaftslegung samt aller zugänglich gemachten Unterlagen erkennbar waren. Die Entlastung führt folglich dazu, dass Ersatzansprüche gegen die Geschäftsführer nicht mehr geltend gemacht werden können. Auch im tschechischen Recht erlischt durch die Entlastung die Verpflichtung des Geschäftsführers auf Schadensersatz.[821] Keinesfalls ist die Entlastung im deutschen und österreichischem Recht jedoch eine rechtsgeschäftliche Verzichtserklärung,[822] sondern lediglich Billigung der Geschäftsführung durch die Gesellschafter.[823] Aus der Billigung folgt dem Verbot widersprüchlichen Verhaltens, dass die Gesellschaft aus den ihr bekannten und in die Entlastung einbezogenen Vorfällen keine Sanktionen gegen den Geschäftsführer mehr herleiten darf, und zwar weder in Gestalt von Schadensersatzansprüchen noch in Gestalt einer außerordentlichen Kündigung des Anstellungsvertrages.[824] Ob das tschechische Recht an der rechtlichen Einordnung der Entlastung als Schuldenerlass (rechtsgeschäftlicher Verzicht bzw. Schuldenerlass) gemäß § 574 CZ-BGB festhält, ist derzeit nicht absehbar. Es darf jedoch vermutet werden, dass die im deutschen und österreichischen Recht gegen die Einordnung als rechtsgeschäftliche Verzichtserklärung vorgebrachten Argumente im tschechischen

[817] So *Eliáš*, PPP 2/1997, S. 9.
[818] *Baumbach/Hueck/Zöllner*, § 46 Rn. 26.
[819] BGH NJW 1959, 192; BGH WM 1976, 737; OLG München GmbHR 1996, 847; *Hachenburg/Hüffer*, § 46 Rn. 62; *Scholz/Schmidt*, § 46 Rn. 93; *K. Schmidt*, Gesellschaftsrecht, § 14 VI 1 sowie § 36 II 4 d; *Rowedder/Schmidt-Leithoff*, § 46 Rn. 30.
[820] OGH RdW 1998, 276; *Kastner/Doralt/Nowotny*, Rn. 396; *Koppensteiner*, § 35 Rn. 19.
[821] Siehe § 574 CZ-BGB, der rechtssystematisch im sechsten Titel (Zánik závazků = Erlöschen von Verbindlichkeiten) des ersten Abschnitts des tschechischen Schuldrechts (8. Buch des CZ-BGB) angeordnet ist.
[822] So noch RGZ 106, 258 (262); 115, 246 (250); *Flume*, Juristische Person, § 10 I 4. Im Gegensatz zur Entlastung werden von einem Verzicht der Gesellschaft sämtliche bestehenden Ersatzansprüche, auch wenn sie den Gesellschaftern. zum Zeitpunkt der Vereinbarung nicht (!) bekannt waren, erfasst; *Schaub*, DStR 1992, 985 (987) mit Verweis auf BGH NJW 1975, 1273; BGH WM 1976, 736.
[823] BGHZ 94, 324 = NJW 1985, 129; *Lutter/Hommelhoff*, § 46 Rn. 14; *K. Schmidt*, Gesellschaftsrecht, § 36 II 4 d. Dem folgt die h.M. im österreichischen Recht, siehe *Koppensteiner*, § 35 Rn. 19 m.N.
[824] *K. Schmidt*, a.a.O.

Recht nicht ungehört bleiben,[825] denn anderenfalls ließe sich auch im tschechischen Recht der Unterschied zwischen Verzicht (auf alle bestehenden, auch den Gesellschaftern unbekannte, Ersatzansprüche) und Entlastung (hinsichtlich aller für die Gesellschafter bekannten Ersatzansprüche) nicht sauber herausarbeiten.

Gemein ist allen angesprochenen Rechtsordnungen jedenfalls die Präklusionswirkung des Entlastungsbeschlusses, so dass auch im tschechischen Recht die Schadensersatzklage eines Gesellschafters gegen den Geschäftsführer gemäß § 131a CZ-HGB unzulässig wäre; die Gesellschafter sind insoweit an den Entlastungsbeschluss der Gesellschafterversammlung gebunden.[826] Es bliebe dem Gesellschafter jedoch weiter die Möglichkeit gegen den Entlastungsbeschluss durch Ungültigkeitsklage gemäß § 131 CZ-HGB vorzugehen. Ob neben der Entlastung auch sogenannte Freistellungserklärungen zulässig sind, durch die sich die Gesellschaft oder ein Gesellschafter zum Ersatz des Schadens verpflichtet, der dem Geschäftsführer bei der Ausübung seiner Funktion entsteht, ist fraglich. Weitgehend wird jedoch von deren Unzulässigkeit ausgegangen, da derartige Freistellungserklärungen das Verbot, auf künftige Forderungen zu verzichten (§§ 194 Abs. 5 S. 4, 386 Abs. 1 CZ-HGB), umgehen würde. Die Freistellungserklärung wird im tschechischen Recht als Schadensersatzversprechen gemäß §§ 725 ff. CZ-HGB qualifiziert, das gemäß § 725 Abs. 1 CZ-HGB jedoch nur für eine „*bestimmte Handlung*“[827] abgegeben werden kann.[828] Die Tätigkeit als Geschäftsführer ist jedoch zu umfassend und besteht im Zweifel aus unzähligen Handlungen, so dass zweifelhaft ist, ob dies als „*ausreichend bestimmte Handlung*“ im Sinne von § 725 Abs. 1 CZ-HGB gewertet werden kann.[829]

b) Weisung der Gesellschafter

Die Geschäftsführer haften nur dann für Schäden, die sie der Gesellschaft durch Ausführung einer Weisung der Gesellschafterversammlung verursacht haben, wenn die Weisung im Widerspruch zu Rechtsbestimmungen steht, §§ 135 Abs. 2, 194 Abs. 5 S. 5 CZ-HGB.[830] Diese Bestimmung wurde ebenfalls durch die HGB-Novelle im Jahre 2000 (Gesetz Nr. 370/2000 Sb.) geändert: Zuvor kam dieses Haftungsprivileg bei rechtswidrigen Weisungen nur dann zum Tragen, wenn mindestens einer der Geschäftsführer in der Gesellschafterver-

[825] Ein Festhalten an der Verzichtskonstruktion ließe sich bestenfalls mit einem Vergleich zum deutschen Generalbereinigungsvertrag, der von der Entlastung zu unterscheiden ist, rechtfertigen, dazu *K. Schmidt*, § 36 II 4 d) bb).

[826] Zutreffend *Eliáš*, GmbH, 1997, S. 180; *Loges/Nedelka*, RIW 1998, 454 (455). Ebenso *Koppensteiner*, § 48 Rn. 5.

[827] Tschechisch: „... z určitého jednáni.“

[828] *Loges/Nedelka*, RIW 1998, 454 (455); *Winkelmann*, WiRO 2002, 65 (69).

[829] *Dědič*, 2002, § 194, S. 2420; *Dědič*, 1997, § 194 (S. 608); zustimmend *Loges/Nedelka*, RIW 1998, 454 (455); *Winkelmann*, WiRO 2002, 65 (69).

[830] So auch im deutschen Recht, vgl. BGHZ 122, 336; *Scholz/Schneider*, § 43 Rn. 95 m.w.N.

sammlung auf die Unzweckmäßigkeit der Weisung aufmerksam gemacht und um die Protokollierung seines Protestes ersucht hat, die Gesellschafterversammlung jedoch auf der unzweckmäßigen Weisung bestanden hat, vgl. § 194 Abs. 5 S. 4 a.F.

Einer Klärung bedarf jedoch das Tatbestandsmerkmal „*im Widerspruch zu Rechtsbestimmungen*“ des § 194 Abs. 5 S. 5 CZ-HGB. Unklar bleibt auch, wie ein Geschäftsführer die Rechtswidrigkeit eines Gesellschafterbeschlusses erkennen kann und ob er sie in jedem Falle erkennen muss. Zunächst fallen unter § 194 Abs. 5 S. 5 CZ-HGB keine Weisungen, die im Widerspruch zum Satzungsrecht der Gesellschaft erteilt werden.[831] Ferner sind die Weisungen der Gesellschafter gemäß §§ 135 Abs. 2, 194 Abs. 4 S. 3 CZ-HGB rechtswidrig, wenn sie die Geschäftsführung (§ 134 CZ-HGB) betreffen.[832] Die Geschäftsführung, als originäre Geschäftsführerkompetenz, ist im tschechischen Recht, wie bereits im Rahmen der Geschäftsführungsbefugnis diskutiert, grundsätzlich weisungsfrei. Der Geschäftsführer ist dann verpflichtet, die Ausführung rechtswidriger Weisungen zu verweigern.[833]

Diese, in der tschechischen Literatur aufgeführten, Beispiele lassen jedoch keine allgemeinen Rückschluss darauf zu, was unter rechtswidrigen Weisungen im Sinne von § 194 Abs. 5 S. 5 CZ-HGB zu verstehen ist. Während das deutsche Recht hinsichtlich der Haftungsfreistellung von Geschäftsführern bei der Ausführung von Weisungen und Gesellschafterbeschlüssen zwischen nichtigen (§ 241 AktG analog) und anfechtbaren Gesellschafterbeschlüssen (§ 243 AktG analog) unterscheidet und hieran jeweils unterschiedliche Rechtsfolgen knüpft,[834] kennt das tschechische Recht - wie bereits im Rahmen der Ungültigkeitsklage gemäß § 131 CZ-HGB angesprochen - eine derartige Unterscheidung nicht. Somit wird man unter rechtswidrigen Weisungen, mit Ausnahme satzungswidriger Weisungen, jede gesetzeswidrige Weisung und jeden gesetzeswidrigen Gesellschafterbeschluss zu verstehen haben. Erkennt der Geschäftsführer die Gesetzeswidrigkeit des Gesellschafterbeschlusses nicht, so kann er sich nicht von der Haftung gemäß § 194 Abs. 5 S. 5 CZ-HGB exkulpieren. Als Korrektiv verbleibt wiederum der Sorgfaltsmaßstab, so dass der Geschäftsführer grundsätzlich nicht jede Gesetzeswidrigkeit eines Gesellschafterbeschlusses erkennen muss, wenn er trotzdem mit der Sorgfalt eines ordentlichen Kaufmannes

[831] *Ševčík*, s.r.o., Prospektum, 2001, S. 159; *Winkelmann*, WiRO 2002, 65 (68).

[832] *Dědič*, 2002, § 194, S. 2420.

[833] *Dědič*, a.a.O.

[834] Nichtige Gesellschafterbeschlüsse entlasten den Geschäftsführer nicht, der Geschäftsführer wird sich jedoch im Einzelfall exculpieren können, wenn er die Nichtigkeit nicht erkennen konnte. Im Einzelfall soll der Geschäftsführer dann die Arglisteinrede geltend machen können. Anfechtbare Beschlüsse darf und muss der Geschäftsführer hingegen ausführen, wenn mit der Anfechtung nicht zu rechnen ist, spätestens jedoch nach Eintritt der Unanfechtbarkeit; vgl. *Baumbach/Hueck/Zöllner*, § 43 Rn. 29; *Mand*, Geschäftsführerhaftung, S. 49 ff. m.w.N.

gehandelt hat.[835] Die Kenntnis der gesetzlichen Vorschriften wird man jedoch einem ordentlichen Kaufmann unterstellen dürfen, so dass dieses Haftungsprivileg im tschechischen Recht nur in engen Grenzen zur Anwendung kommen wird. Bei entsprechender Bedeutung der Frage entspricht es jedenfalls wiederum der Sorgfalt eines ordentlichen Kaufmanns, dass der Geschäftsführer sachkundigen Rechtsrat einholt.[836]

Die Gesellschaft trifft jedoch auch selbst eine Schadensabwendungspflicht (§ 384 Abs. 1 CZ-HGB), die zu einem Mitverschulden (§ 382 CZ-HGB) und damit zu einer Schadensersatzminderung (§§ 382, 376 CZ-HGB) für haftende Geschäftsführer führen kann. Führt eine (rechtswidrige) Weisung der Gesellschafter, die der Geschäftsführer ausführt, zu einem Schaden für die Gesellschaft, so kann der Geschäftsführer bei Schadensersatzansprüchen der Gesellschaft die §§ 376, 382, 384 Abs. 1 CZ-HGB entgegenhalten.[837] Der tschechische Gesetzgeber misst den §§ 376, 382, 384 CZ-HGB eine hohe Bedeutung zu, was vor allem durch die Festlegung als zwingende Normen („*kogentní*") in § 263 Abs. 1 CZ-HGB zum Ausdruck kommt.[838]

c) Höhere Gewalt

Das (speziell handelsrechtliche) tschechische Schadensersatzrecht sieht in § 374 CZ-HGB weitere haftungsausschließende Umstände vor, die man allgemein mit dem Begriff „*höhere Gewalt*" bezeichnen kann.[839] Gemäß § 374 Abs. 1 CZ-HGB sind dies Hindernisse, die ohne den Willen der Partei eingetreten sind und sie an der Leistung hindern, wenn davon ausgegangen werden kann, dass die Partei dieses Hindernis oder seine Folgen nicht überwinden oder beseitigen kann und weiterhin, dass sie dieses Hindernis bei Vertragsschluss nicht vorsehen konnte. Dies umfasse vor allem Naturkatastrophen, Kriegswirren und Arbeitskampfmaßnahmen.[840] Auffallend ist die deutliche Anlehnung dieser Exkulpationsmöglichkeit an die entsprechende Regelung in Art. 79 Abs. 1 des UN-Kaufrechts (CISG),[841] deren Vertragsstaat die ČR ist.[842] Ebenso wie Art. 79 Abs. 3 CISG ist auch in § 374 Abs. 3 CZ-HGB die Berufung auf haftungsausschlie-

---

835 So im Ergebnis auch *Winkelmann*, WiRO 2002, 65 (69).
836 *Rowedder/Schmidt-Leithoff*, § 43 Rn. 10 a.E.
837 Siehe *Dědič*, 2002, § 382, S. 3410.
838 *Dědič*, 2002, § 382, S. 3410; *Štenglová/Plíva/Tomsa*, § 382, S. 955.
839 *Loges/Nedelka*, RIW 1998, 454 (455); *Winkelmann*, WiRO 2002, 65 (69).
840 *Winkelmann*, a.a.O. mit Verweis auf *Dědič/Kunešová-Skálová*, GmbH, 1999, S. 444.
841 Wiener UN-Übereinkommen über Verträge über den internationalen Warenkauf vom 11.04.1980 (CISG), BGBl. II 1989, 588, sowie mit einem Überblick zu den Vertragstaaten *Jayme/Hausmann*, 11. Auflage, S. 191 ff. Weiterführende Hinweise, insbesondere zu internationaler Rechtsprechung, siehe *Staudinger/Magnus*, CISG, Art. 79, Rn. 1, 58 ff. sowie *Schlechtriem/Stoll*, UN-Kaufrecht, 3. Auflage, 2000, Art. 79 CISG, Rn. 1, 54 ff.
842 Das CISG ist für die Bundesrepublik Deutschland am 01.01.1993 im Verhältnis zur Tschechischen Republik in Kraft getreten, siehe BGBl. II 1994, S. 3753.

ßende Umstände lediglich auf die Zeit beschränkt, zu der das Hindernis besteht. Ferner gelingt die Exkulpation wegen *„höherer Gewalt“* gemäß § 374 Abs. 2 1. HS CZ-HGB nicht, wenn sich der Geschäftsführer bereits in Verzug mit seiner Leistung befindet.

d) Haftungsbeschränkung durch Vertragsstrafenvereinbarung

Die Möglichkeit einer vertraglichen Haftungsbeschränkung durch Vereinbarung einer Vertragsstrafe ist im tschechischen Recht nur unter bestimmten Voraussetzungen zulässig.[843] Zunächst ist festzuhalten, dass gemäß § 574 Abs. 2 CZ-BGB nicht auf künftige Ansprüche verzichtet werden darf. Korrelat dieser Bestimmung im tschechischen Handelsgesetzbuch ist die Vorschrift des § 386 Abs. 1 CZ-HGB, die gemäß § 263 CZ-HGB zwingend, also nicht abdingbar ist. Eine Möglichkeit der Haftungsbeschränkung sieht das tschechische Recht jedoch in § 545 Abs. 2 CZ-BGB vor, wo die Wirkungen einer Vertragsstrafenvereinbarung geregelt sind.[844] Gemäß § 545 Abs. 2 S. 1 CZ-HGB ist der Gläubiger nicht berechtigt, den Ersatz des Schadens zu verlangen, der durch die Verletzung der Pflicht verursacht wird, auf die sich die Vertragsstrafe bezieht, soweit aus der Parteivereinbarung über die Vertragsstrafe nichts anderes hervorgeht. Wird also beispielsweise im Funktionsvertrag des Geschäftsführers mit der Gesellschaft für bestimmte Vertrags- bzw. Pflichtverletzungen eine Vertragsstrafe vereinbart und ansonsten keine Regelung getroffen, so ist für diese Verletzungen gemäß § 545 Abs. 2 S. 1 CZ-HGB die Geltendmachung eines zusätzlichen Schadensersatzes grundsätzlich ausgeschlossen. Zu Recht wird jedoch darauf hingewiesen, dass damit die zwingenden Vorschriften der §§ 574 Abs. 2 CZ-BGB, 386 Abs. 1 CZ-HGB, wonach auf künftige Ansprüche nicht verzichtetet werden darf, umgangen würden.[845] Nach einer anderen Ansicht führt der zwingende Charakter von §§ 194 Abs. 5, 386 Abs. 1 CZ-HGB zu einer generellen Unwirksamkeit von Haftungsbeschränkungen.[846] Vereinbart man eine relativ niedrige Vertragsstrafe, um Schadensersatzansprüche auszuschließen, die jedoch in keinem Verhältnis zu einem vom Geschäftsführer - aufgrund seiner Tätigkeit und dem damit verbundenen Risiko - verursachbaren Schaden stehen würde, so wäre der Vorwurf der Umgehung des Verzichtsverbots für künftige (Schadensersatz-) Ansprüche tatsächlich begründet. Denn die Berufung auf die schadensersatzausschließende Wirkung von § 545 Abs. 2 CZ-BGB würde gemäß § 265 CZ-HGB scheitern, wenn die Vereinbarung einer Vertragsstrafe im Widerspruch zu den guten Sitten eines Handelsgeschäfts stünde. Zwar ist das Bestreben, die Haftung des Geschäftsführers einzuschränken nicht per se sittenwidrig, die

843 *Sevcik/Kusak*, WiRO 2000, 265 (266) m.w.N.

844 *Marek*, Ekonom 51/1995; *Sevcik/Kusak*, WiRO 2000, 265 (266) m.w.N.

845 *Štenglová/Plíva/Tomsa*, § 386, S. 956 f.; *Sevcik/Kusak*, a.a.O.

846 *Dědič*, 2002, § 194, S. 2419.

Grenze ist jedoch dort erreicht, wo die Vereinbarung einer unverhältnismäßig geringen Vertragstrafe nur zum Zweck des Ausschlusses weiterer Schadensersatzansprüche der Gesellschaft gegen den Geschäftsführer missbraucht wird. Ein nahezu gänzlicher Haftungsausschluss ist mit dem Sinn dieser Konstruktion unvereinbar.[847]

Im Ergebnis ist der Gang über die Vereinbarung einer Vertragsstrafe als Instrument der Haftungsbegrenzung ein schmaler Grat, da stets das Verzichtsverbot auf künftige (Schadensersatz-) Ansprüche gemäß §§ 574 Abs. 2 CZ-BGB, 386 Abs. 1 CZ-HGB zu beachten ist. Dieses Verzichtsverbot ist gleichzeitig Korrektiv des Ausschlusses weiterer Schadensersatzansprüche bei Vereinbarung einer Vertragsstrafe gemäß § 545 Abs. 2 CZ-BGB. Die Lösung kann daher nur eine, dem Haftungsrisiko eines Geschäftsführers (gemessen am Geschäftsgegenstand der Gesellschaft), angemessen hohe Vertragsstrafe sein, die sich nicht dem Vorwurf der Umgehung des Anspruchsverzichts ausgesetzt sieht. Eine pauschale Vertragsstrafe führt zudem nicht in allen Fällen zu befriedigenden Ergebnissen, da sie im Einzelfall auch deutlich über dem jeweils zu ersetzenden Schaden liegen kann und somit dem Ansinnen einer Haftungsbeschränkung freilich weniger nützlich ist.[848] In diesem Zusammenhang ist ferner die Tendenz der tschechischen Gericht zu beachten, dass bei Unwirksamkeit einer vertraglichen Regelung die gesetzlichen Vorschriften angewendet werden und nicht etwa im Wege der Vertragsauslegung eine Reduktion (auf das gesetzlich (gerade noch) zulässige Maß), unter Aufrechterhaltung der vertraglichen Regelung, vorgenommen wird.[849] Es wäre daher denkbar, dass die tschechische Rechtsprechung diese Konstruktion als Ausdruck der Umgehung zwingender Vorschriften künftig nicht billigen wird.

e) Disponibilität der Geschäftsführerhaftung

Eine andere Frage der Haftungsbeschränkung - im Gegensatz zur summenmäßigen Haftungsbeschränkung nach der Höhe des Schadens im Rahmen einer Vertragsstrafenvereinbarung - ist die Beurteilung des (zwingenden oder abdingbaren) Charakters des Sorgfaltsmaßstabes für Geschäftsführer. Im deutschen und österreichischen Recht ist es umstritten, ob der Sorgfaltsmaßstab der §§ 43 Abs. 1 GmbHG, 25 Abs. 1 Ö-GmbHG abdingbar ist.[850]

---

[847] *Pelikánová*, 1996, § 379 CZ-HGB, S. 853.

[848] So auch *Sevcik/Kusak*, WiRO 2000, 265 (267).

[849] *Sevcik/Kusak*, WiRO 2000, 265 (267).

[850] Im deutschen Recht dagegen: *Lutter/Hommelhoff*, § 43 Rn. 2; *Baums*, S. 213; *Ebenroth/Lange*, GmbHR 1992, 69 (76), *Kaffiné*, Begrenzung der Haftungsrisiken des Geschäftsführers einer GmbH gegenüber der Gesellschaft bei Ausführung wirtschaftlich nachteiliger Weisungen der Gesellschafter, 2001, S. 131 ff. m.w.N.; dafür: *Roth/Altmeppen*, § 43 Rn. 82; *Scholz/Schneider*, § 43 Rn. 184 ff.; *Baumbach/Hueck/Zöllner*, § 43 Rn. 5; *Meyer-Landrut/Miller/Niehues*, § 43 Rn. 21; *Lohr*, NZG 2000, 1204 (1208 f.) m.w.N. Im österreichi-

Nach einer Ansicht sind Haftungsbeschränkungen generell unwirksam, da die Geschäftsführerhaftung unverzichtbar sei, soweit sie zur Gläubigerbefriedigung erforderlich ist.[851] Bereits der historische Gesetzgeber weist in der Begründung zum GmbH-Gesetz aus dem Jahre 1891 darauf hin, dass ein geringerer Maßstab an die Verantwortlichkeit des Geschäftsführers *„nicht gelegt werden darf, zumal es sich dabei nicht bloß um die Interessen der Gesellschafter, sondern auch um diejenigen der Gesellschaftsgläubiger handelt.“*[852] Gegen die Abdingbarkeit spreche auch die Stellung des Geschäftsführers als Verwalter fremder Vermögensinteressen.[853] Unbeachtlich ist jedenfalls, dass der Geschäftsführer bei bereits entstandenen Ansprüchen durch Verzicht oder Entlastung befreit werden kann.[854] Diese Instrumente haben eine andere Qualität als eine *ex-ante*-Abmilderung des gesetzlichen Sorgfaltsmaßstabes,[855] denn wie auch § 276 Abs. 3 BGB zeigt, kann bei Vorsatz die Haftung nicht ausgeschlossen werden,[856] dennoch kann *ex-post* hierauf verzichtet werden.[857]

Der Gegenansicht ist zuzugeben, dass nicht ohne weiteres ersichtlich ist, warum die Gesellschaft generell über § 276 Abs. 3 BGB hinaus geschützt sein soll.[858] Etwas anderes kann nur gegenüber den Gesellschaftsgläubigern gelten.[859]

---

schen Recht dagegen: OGH HS 365/33; *Gellis/Feil*, Kommentar zum GmbHG, 4. Auflage, 2000, § 25 Rn. 9 m.w.N. Dafür *Koppensteiner*, § 25 Rn. 25.

[851] *Lutter/Hommelhoff*, § 43 Rn. 2 und 28; *Lutter*, GmbHR 2000, 301 (311). Siehe auch BGH NJW 2000, 576.

[852] Begründung zum Regierungsentwurf eines GmbH-Gesetzes, in: Protokolle über die Verhandlungen des Bundesrates, 1891, S. 78. So bereits auch schon zur Aktienrechtsnovelle im Jahre 1884, Begründung zum Regierungsentwurf, Drucksache zu den Verhandlungen des Bundesrates 1883 II No. 74, S. 251.

[853] *Lutter/Hommelhoff*, § 43 Rn. 2.

[854] Anders aber *Schaub*, DStR 1992, 985 (987).

[855] So zu Recht *Rowedder/Schmidt-Leithoff*, § 43 Rn. 4.

[856] Eine weitere Einschränkung der Zulässigkeit von vertraglichen Haftungsbeschränkungen resultiert aus §§ 43 Abs. 3, 9b GmbHG: Bei Verstoß gegen die Kapitalerhaltungspflichten der §§ 30 ff. GmbHG erlangt eine Haftungsvereinbarung, sofern. der Schadensersatz zur Befriedigung der Gesellschaftsgläubiger erforderlich ist, gegenüber den Gesellschaftsgläubigern keine Wirksamkeit; so auch im österreichischen Recht, §§ 25 Abs. 7, 10 Abs. 6 Ö-GmbHG.

[857] *Rowedder/Schmidt-Leithoff*, § 43 Rn. 4; kritisch *Roth/Altmeppen*, § 43 Rn. 105.

[858] *Rowedder/Schmidt-Leithoff*, § 43 Rn. 4.

[859] Statt aller *Baumbach/Hueck/Zöllner*, § 43 Rn. 37. Die Wirkungen des Verzichts sind im deutschen Recht lediglich für Fälle, in denen es sich um die Aufbringung und Erhaltung des Stammkapitals handelt, durch die ausdrücklichen Vorschriften der §§ 9b, 57 Abs. 4, 43 Abs. 3 sowie der §§ 30, 33 und 64 Abs. 2 GmbHG beschränkt. Darüber hinaus werden - im Unterschied zur Entlastung - von dem Verzicht sämtliche bestehenden Ersatzansprüche, auch wenn sie den Gesellschaftern. zum Zeitpunkt der Vereinbarung nicht bekannt waren, erfasst; siehe BGH NJW 1975, 1273; BGH WM 1976, 736; *Schaub*, DStR 1992, 985 (987) m.w.N.

Aus dem Umkehrschluss zu § 43 Abs. 3 GmbHG, der unstreitig zwingend ist,[860] ergibt sich, dass § 43 Abs. 1 GmbHG dispositiv ist, weil das Gesetz Gläubigerinteressen ausdrücklich nur in den Fällen schützen will, in denen es sich um zu Lasten des Stammkapitals auswirkende Geschäftsführungsmaßnahmen handelt.[861]

Vorbehaltlich zwingendem Recht aus § 43 Abs. 3 S. 2 und 3 GmbHG und den allgemeinen Schranken aus §§ 276 Abs. 3, 202 Abs. 1 BGB und §§ 64 Abs. 2, 67 Abs. 4 i.V.m. § 9b GmbHG ist im deutschen Recht allgemein anerkannt, dass vertragliche Haftungsbeschränkungen grundsätzlich zulässig sind,[862] mithin § 43 Abs. 1 und 2 GmbHG disponibel sind.[863] Wie weit entsprechende Vereinbarungen im Einzelfall gehen können, wird unterschiedlich beurteilt. Während teilweise ein Haftungsausschluss selbst für grobe Fahrlässigkeit als zulässig erachtet wird,[864] hält die Gegenansicht lediglich die Haftung für leichte Fahrlässigkeit für abdingbar.[865] *Zöllner*[866] fordert daher treffend, dass die *„Haftung für grobe Fahrlässigkeit absoluter Mindeststandard*" sei. Ähnlich auch *Altmeppen,*[867] der bei *„gröblichen*" Sorgfaltsverstößen des Geschäftsführers einen Haftungsausschluss verneint, hierfür jedoch den - für die berechtigte Berücksichtigung von Gläubigerinteressen - dogmatisch überzeugenderen Ansatz liefert: Durch entsprechende Anwendung von § 93 Abs. 5 S. 2 und 3 AktG können auch die Gesellschafter nicht zu Lasten unbefriedigter Gläubiger auf Schadensersatzansprüche der Gesellschaft verzichten, wenn diese Ansprüche auf einem *„gröblichen*" Sorgfaltsverstoß des Geschäftsführers beruhen.[868] Fehle es an einem solchen *„gröblichen*" Sorgfaltsverstoß, haben demgegenüber auch die unbefriedigten Gläubiger einen Verzicht der Gesellschaft auf Schadensersatzansprüche wegen pflichtwidriger Fremdgeschäftsführung hinzunehmen.[869]

Anders im tschechischen Recht: Aus der Möglichkeit eines nachträglichen Verzichts oder Entlastungsbeschlusses kann nicht geschlussfolgert werden, dass

[860] Dies ergibt sich bereits aus dem Wortlaut, siehe § 43 Abs. 3 S. 2 i.V.m. § 9b Abs. 1 GmbHG; *Rowedder/Schmidt-Leithoff*, § 43 Rn. 4; *Roth/Altmeppen*, § 43 Rn. 82 m.w.N.
[861] *Schaub*, DStR 1992, 985 (987).
[862] *Hachenburg/Mertens*, § 43 Rn. 92; *Scholz/Schneider*, § 43 Rn. 184 ff.; *Baumbach/Hueck/Zöllner*, § 3 Rn. 5; ausführlich *Lohr*, NZG 2000, 1204 (1208 f.) m.w.N.
[863] *Roth/Altmeppen*, § 43 Rn. 82.
[864] *Jula*, Die Haftung von GmbH-Geschäftsführern und Aufsichtsräten, 1998, S. 50 m.w.N.
[865] *Lindacher*, JuS 1984, 672 (674); *Grosse-Wilde*, GmbH-StB 2000, 37.
[866] *Baumbach/Hueck/Zöllner*, § 43 Rn. 36.
[867] *Roth/Altmeppen*, § 43 Rn. 98; zustimmend *Burgard*, ZIP 2002, 827 (839).
[868] *Roth/Altmeppen*, § 43 Rn. 105: „gröblicher Sorgfaltsverstoß" bedeute, dass der Mindeststandard ordnungsgemäßen unternehmerischen Verhaltens verletzt wurde.
[869] *Roth/Altmeppen*, § 43 Rn. 98; die analoge Anwendung von § 93 Abs. 5 S. 2 und 3 AktG sei insbesondere auch für Mehrheits- oder Alleingesellschafter fruchtbar zu machen, wenn diese sich durch Ausübung ihrer Weisungsbefugnis an der organschaftlichen Leitung beteiligt haben.

vorherige Haftungsmilderungen zulässig seien. Vielmehr schreibt § 386 Abs. 1 CZ-HGB ausdrücklich vor, dass im voraus nicht auf Ansprüche verzichtet werden kann. Gemäß §§ 135 Abs. 2, 194 Abs. 5 S. 4 CZ-HGB sind Verträge zwischen der Gesellschaft und den Geschäftsführern sowie Bestimmungen der Satzung, die diese Haftung begrenzen oder ausschließen, unwirksam. Diese Bestimmungen sind zwingend und der Dispositionsbefugnis der Vertragsparteien entzogen.[870] Damit sind anstellungsvertragliche und satzungsrechtliche Haftungsbeschränkungen im tschechischen Recht nicht möglich, die Disponibilität der Geschäftsführerhaftung folglich zu verneinen.

Dies hat vor allem rechtspolitische Gründe. In der Praxis kommt es häufig zu einem „*Ausbluten*“ des Gesellschaftsvermögens durch kollusiv zusammenwirkende Gesellschafter und Geschäftsführer zu Lasten der Gläubiger.[871] Die Zahl der Konkursstraftaten stieg in den 1990er Jahren dramatisch an.[872] Durch die Schaffung eines Wirtschaftsstrafrechts im Jahre 1997[873] und weitere Novellierungen des Konkursgesetzes[874] war und ist der tschechische Gesetzgeber sichtbar bemüht dieser Entwicklung Einhalt zu gebieten. Im Lichte dieser Entwicklung und der Rolle von Gesellschaftsorganen im Vorfeld von Konkursen ist das Festhalten des Gesetzgebers am zwingenden Charakter der Haftungsregelungen von Gesellschaftsorganen konsequent.

f) Anwendung arbeitsrechtlicher Haftungsprivilegien

Angesichts der (Haftungs-) Risiken, die der Geschäftsführer ausgesetzt ist, stellt sich die Frage, ob das Arbeitnehmerhaftungsprivileg auch für Geschäftsführer entsprechend anwendbar ist, so dass sich beispielsweise dessen Haftung nach § 43 GmbHG, jeweils gemessen am Grad des Verschuldens, reduziert oder in Fällen leichter Fahrlässigkeit gar ausgeschlossen ist.[875] Im tschechischen Recht stünde die entsprechende Anwendbarkeit von § 175 CZ-ArbG im Raum, der ebenfalls ein Arbeitnehmerhaftungsprivileg in Form einer Haftungsdifferenzierung und Haftungshöchstgrenze enthält.

---

870 *Dědič*, 2002, § 194, S. 2419; *Štenglová/Plíva/Tomsa*, § 194, S. 619 ff.

871 So die Erfahrungen der in Prag tätigen Rechtsanwälte *Braun, Bohata* und *Giese* im Gespräch mit dem Verfasser (siehe Anhang, Gesprächsverzeichnis). Siehe dazu im deutschen Recht die Grundsatzentscheidung des BGH („Bremer Vulkan“), wo eine allgemeine Verhaltenshaftung des Gesellschafters wegen Bestandsgefährdung bejaht wurde; BGHZ 149, 10; kritisch zum „Durchgriffsmodell“ *Altmeppen*, ZIP 2002, 1553 m.w.N.

872 Allgemein dazu *Löff*, WiRO 2002, 300 und *Pfaff/Linsmeier*, WiRO 1998, 41 ff.

873 Gesetz Nr. 253/1997 Sb.

874 Insbesondere durch die Gesetze Nr. 42/1994 Sb., Nr. 74/1994 Sb., Nr. 117/1994 Sb., Nr. 156/1994 Sb., Nr. 224/1994 Sb., Nr. 84/1995 Sb., Nr. 94/1996 Sb., Nr. 151/1997 Sb., Nr. 12/1998 Sb., Nr. 27/2000 Sb. und Nr. 30/2000 Sb.

875 Vgl. zum deutschen Recht ausführlich *Mand*, Geschäftsführerhaftung, S. 74 ff.

Im deutschen Recht haften Arbeitnehmer für Sachschäden nicht unbeschränkt, sondern es hat zwischen den Arbeitsvertragsparteien ein „*innerbetrieblicher Schadensausgleich*" zu erfolgen,[876] so dass der Arbeitnehmer ein nach dem Verschuldensgrad abgestuftes Haftungsprivileg genießt,[877] sofern die Tätigkeit, die zu einem Schaden geführt hat, durch den Betrieb veranlasst und aufgrund eines Arbeitsverhältnisses geleistet wurde. Bei wertender Betrachtung muss die Verfolgung betrieblicher Zwecke die entscheidende Schadensursache sein.[878] Da das Haftungsprivileg auch für leitende Angestellte gilt, die wie der Geschäftsführer auch Arbeitgeberfunktionen ausüben (können), wird folglich eine entsprechende Anwendung des Haftungsprivilegs auch für Geschäftsführer diskutiert.[879] Im deutschen Recht wird die Anwendung des „*innerbetrieblichen Schadensausgleiches*" auf Geschäftsführer überwiegend abgelehnt,[880] sofern es sich um typische Geschäftsführertätigkeiten handelt.[881] Wie der BGH bereits in Urteilen aus den Jahren 1975[882] und 1983[883] ausführte, könne von der „*Anwendung arbeitsrechtlicher Haftungsbeschränkungen bei dem Vertretungsorgan einer juristischen Person, das wegen Verletzung seiner Pflichten in Anspruch genommen wird, keine Rede sein,*"[884] so dass eine Haftungsbeschränkung „*von der Sache her weder gerechtfertigt, noch geboten sei.*"[885] Die erhöhte Verantwortlichkeit für fremdes Vermögen[886] und die Organstellung, die letztlich Ausdruck unternehmerischer Freiheit und der damit verbundenen Risiken ist, schlie-

---

876 Grundlegend: Beschluss des Großen Senats des BAG, AP Nr. 103 zu § 611 BGB = NZA 1994, 1083; *Hromadka/Maschmann*, Arbeitsrecht I, 2. Auflage, 2002, § 9 Rn. 27 m.w.N.

877 Zu den Voraussetzungen im einzelnen, BAG NZA 1994, 1083 (1084); BAG NZA 1997, 1280; *Hromadka/Maschmann*, § 9 Rn. 32.

878 BAG NZA 1984, 2488.

879 Eingehend *Frisch*, Haftungserleichterung für GmbH-Geschäftsführer nach dem Vorbild des Arbeitsrechts, 1998, m.w.N. zum Meinungsstand.

880 BGH WM 1975, 467 (468) zum Vorstandsmitglied einer Genossenschaft; KG NZG 1999, 400 (402); *Scholz/Schneider*, § 43 Rn. 182; *Reiserer/Heß-Emmerich*, Der GmbH-Geschäftsführer im Arbeits-, Sozialversicherungs- und Steuerrecht, 2. Auflage, 2001, S. 34; *Schaub*, Arbeitsrechtshandbuch, 9. Auflage, 2000, § 14 II 1d, S. 110 f.; *Lutter*, GmbHR 2000, 301 (311); *Lohr*, NZG 2000, 1204 (1206).

881 Arbeitsrechtliches Haftungsprivileg nur, wenn der entstandene Schaden bei einer Tätigkeit des Geschäftsführers aufgetreten ist, die außerhalb seines typischen Aufgabengebietes liegt, wie z.B. bei Verursachung eines Verkehrsunfalles bei dienstlich veranlasster Autofahrt; *Scholz/Schneider*, § 43 Rn. 183; *Reiserer/Heß-Emmerich*, S. 34; offengelassen von OLG Koblenz, DB 1999, 522, da in jenem Fall grobe Fahrlässigkeit des Geschäftsführer vorgelegen hatte. Dagegen *Lohr*, NZG 2000, 1204 (1208), der eine Differenzierung zwischen „amtstypischen" Pflichten und „arbeitnehmertypischen" Verhaltensanforderungen wegen Ungeeignetheit für eine klare Abgrenzung ablehnt.

882 BGH WM 1975, 467 (468).

883 BGH VersR 1984, 281.

884 BGH WM 1975, 467 (468).

885 BGH VersR 1984, 281.

886 *Ebenroth/Lange*, GmbHR 1992, 69 (76).

ße eine arbeitsrechtliche Haftungsbeschränkung aus.[887] Zudem sei die Begründung des Haftungsprivilegs, durch Verteilung des Betriebsrisikos und Organisationsbefugnis des Arbeitgebers, nicht einschlägig, da der Geschäftsführer für eine sachgerechte Organisation selbst in der Verantwortung stünde.[888] Die Gegenansicht[889] sieht zumindest in Fällen typischer Fremdgeschäftsführung die Grundsätze des innerbetrieblichen Schadensausgleichs für anwendbar, da selbst als Verwalter fremden Vermögens eine umfassende Übernahme unternehmerischer Risiken nicht gerechtfertigt sei.

Das tschechische Recht sieht ein Arbeitnehmerhaftungsprivileg in §§ 175, 179 CZ-ArbG vor. Gemäß § 175 S. 1 CZ-ArbG kann der Arbeitgeber vom Arbeitnehmer verlangen, in einem den Umständen des Einzelfalles angemessenen Umfang zur Begleichung des Schadens beizutragen, soweit er nicht auf andere Weise beglichen werden kann. Dabei ist insbesondere zu berücksichtigen, was die Erfüllung der (Schadensabwendungs-)Pflicht (§ 171 CZ-ArbG) verhindert hat und welche gesellschaftliche Bedeutung der Schaden hat; ferner sind auch die persönlichen Verhältnisse und die Vermögensinteressen des Arbeitnehmers zu berücksichtigen.[890] Neben dieser allgemeinen Differenzierung des Haftungsgrundsatzes aus § 172 Abs. 1 CZ-ArbG, stellt § 173 S. 3 CZ-ArbG eine Haftungshöchstgrenze bei Verletzung der Schadensabwendungspflicht aus § 171 CZ-ArbG auf: Die Höhe des Schadensersatzes darf nicht den Betrag übersteigen, der dem Dreifachen seines durchschnittlichen Monatsverdienstes entspricht. Im deutschen Recht wird die Begrenzung der Arbeitnehmerhaftung auf eine bestimmte Summe, von beispielsweise drei Monatsgehältern, durch die Rechtsprechung des BAG ausdrücklich abgelehnt.[891] Hat der Arbeitnehmer durch schuldhafte Pflichtverletzung, neben der Schadensmelde- und Abwendungspflicht aus § 171 CZ-ArbG, dem Arbeitgeber einen Schaden unmittelbar verursacht (§ 172 Abs. 1 CZ-ArbG), so haftet der Arbeitnehmer gemäß § 179 Abs. 1 i.V.m. Abs. 2 CZ-ArbG bei Vorsatz auf Ersatz des vollen Schadens, während bei Fahrlässigkeit die Höhe des Schadensersatzes gemäß § 179 Abs. 2 CZ-ArbG auf das Viereinhalbfache seines durchschnittlichen Monatsverdienstes vor der Pflichtverletzung beschränkt ist. Gemäß § 179 Abs. 2 S. 2 CZ-ArbG gilt diese Einschränkung jedoch nicht, wenn der Schaden durch selbst herbeigeführte Trunkenheit oder Missbrauch anderer berauschender Stoffe verursacht wurde.

---

[887] *Hueck*, ZfA 1985, 25 (33); *Reiserer/Heß-Emmerich*, S. 34 m.N.

[888] *Scholz/Schneider*, § 43 Rn. 78 ff. und 183; *Lohr*, NZG 2000, 1204 (1206).

[889] Siehe LG Bonn NJW-RR 1995, 1435 (für Geschäftsführer eines eingetragenen Vereins); *Köhl*, DB 1996, 2597 (2600) m.w.N.

[890] § 175 S. 2 CZ-ArbG.

[891] BAG NZA 1990, 97.

In einer Entscheidung des Obergerichts Prag vom 21.04.1993[892] wurde jedoch festgestellt, dass „*die Tätigkeit eines statutarischen Organs oder Organmitglieds einer Gesellschaft mit beschränkter Haftung durch eine natürliche Person nicht in einem Arbeitsverhältnis ausgeübt wird, und selbst dann nicht, wenn es sich nicht um einen Gesellschafter handelt.*" Damit wurde von der Rechtsprechung auch ausdrücklich der Fremdgeschäftsführer vom Anwendungsbereich des Arbeitsrechts ausgenommen. Diese Entscheidung wurde durch eine Entscheidung des Obersten Gerichts in Brünn vom 12.03.2002[893] nochmals bestätigt. Dieser Einschätzung schließt sich nahezu die gesamte rechtswissenschaftliche Literatur[894] in der ČR an. Sie wird auch von der rechtsvergleichenden Literatur[895] im Ergebnis gebilligt. Ausgehend von der Systematik des tschechischen Gesellschaftsrechts, wonach für die Beziehungen zwischen Gesellschaft und deren Organe die ausschließliche Anwendung des CZ-HGB vorgeschrieben ist (§ 261 Abs. 3 lit. f) CZ-HGB), wird von der tschechischen Rechtsprechung konsequent zwischen Arbeits- und Gesellschaftsrecht, mithin zwischen Arbeitnehmer und Organ einer juristischen Person getrennt. Damit entfällt im tschechischen Recht grundsätzlich auch eine zumindest entsprechende Anwendbarkeit arbeitsrechtlicher Haftungsprivilegien für Geschäftsführer.[896]

Nur für den staatshaftungsrechtlichen Sonderfall der Organfunktion von Parlamentsabgeordneten, Senatoren und Präsidiumsmitgliedern, Aufsichtsratsmitgliedern oder Beschäftigten des Fonds für Nationalvermögen oder des Bodenfonds der ČR, für die § 66 Abs. 8 CZ-HGB (ähnlich wie § 839 BGB i.V.m. Art 34 S. 1 GG) eine Haftungsüberleitung auf den Staat oder die Körperschaft, in deren Dienst sie stehen, anordnet, gilt etwas anderes. Gemäß § 66 Abs. 9 CZ-HGB hat der Staat oder die Körperschaft ein Rückgriffsrecht auf den Schadensverursacher in der Höhe, in der er nach den Bestimmungen des Arbeitsgesetzbuches für Schäden haftet, welche er durch eine Pflichtverletzung verursacht hat. Die Anwendung des arbeitsrechtlichen Haftungsprivilegs im Gesellschaftsrecht ist dem tschechischen Recht folglich nicht völlig fremd, es wird jedoch nur Amtsträgern des Parlaments und des Senats sowie den Organen und Angestellten des Fonds für Nationalvermögen und des Bodenfonds zugebilligt.

Eine wichtige Ausnahme macht das Obergericht Prag in seiner o.g. Entscheidung, indem es ausführt, dass „*weder rechtliche Vorschriften, noch die Natur*

---

[892] R 13/1995, 6 Cdo 108/92.

[893] 29 Odo 328/2001, SR NS Nr. 15, C 1085, S. 90.

[894] *Eliáš/Bartošíková/Pokorná*, Rn. 381; *Štenglová/Plíva/Tomsa*, § 66, S. 194 unter Bezugnahme auf o.g. Rechtsprechung; *Dědič*, 2002, § 66, S. 447; *Součková*, Zákoník práce, Komentář (Arbeitsgesetzbuch, Kommentar), 2. Auflage, 1997, § 9, S. 21 ff; *Eliáš*, GmbH, 1997, S. 167 ff. Kritisch lediglich *Bárta*, Právník 7/1996, 589 ff.

[895] *Loges/Nedelka*, WiRO 1998, 133 (135); *Winkelmann*, WiRO 2002, 65 (68); *Gerauer/Baron/Britz*, 1999, Rn. 37.

[896] So auch *Winkelmann*, WiRO 2002, 65 (68).

der GmbH verhindern, dass andere Tätigkeiten für die Gesellschaft durch (diese) natürliche Personen aufgrund eines arbeitsrechtlichen Verhältnisses ausgeübt werden, es sei denn, das Arbeitsverhältnis besteht lediglich in der Ausübung der Funktion als statutarisches Organ." Daraus folgert die tschechische und rechtsvergleichende Literatur,[897] dass Geschäftsführer - zusätzlich zum Funktionsvertrag (Anstellungsvertrag) gemäß § 66 Abs. 2 CZ-HGB - einen Arbeitsvertrag mit der Gesellschaft schließen können, der jedoch nicht die Organtätigkeit zum Inhalt haben darf. Nimmt der Geschäftsführer, ergänzend zur Organfunktion, zusätzliche Aufgaben wahr,[898] so kann dies Grundlage eines Arbeitsvertrages sein. Es kann daher zu einem Parallellauf zweier unabhängiger Verträge kommen, der Funktionsvertrag (Anstellungsvertrag) und ein zusätzlicher Arbeitsvertrag, der in der Praxis „*Managervertrag*" genannt wird.[899] Diese Konstruktion erfreut sich in der ČR großer Beliebtheit,[900] da somit der Geschäftsführer „durch die Hintertür" den Schutz arbeitsrechtlicher Vorschriften genießt. Diese Konstruktion wird zwar kritisiert und Zweifel geäußert, ob „*die tschechischen Gerichte dies auf längere Sicht akzeptieren werden,*"[901] doch solange keine gegenteilige Rechtsprechung diesbezüglich vorliegt, wird die Praxis diese Möglichkeit weiter nutzen.

Haftungsrechtlich ergibt sich im Ergebnis eine zum deutschen Recht vergleichbare Rechtslage. Grundsätzlich ist die Anwendung des arbeitsrechtlichen Haftungsprivilegs auf den Geschäftsführer ausgeschlossen. Dies bezieht sich jedoch nur auf „*amtsbezogene*" Tätigkeiten, d.h. die typische Geschäftsführertätigkeit,[902] die seiner Organstellung entspringt und gemäß § 261 Abs. 3 lit. f) CZ-HGB zwingend durch das CZ-HGB geregelt wird. Hat der Geschäftsführer zusätzlich einen Arbeitsvertrag mit der Gesellschaft geschlossen, dessen Inhalt nicht die Organtätigkeit ist, sondern andere Tätigkeiten umfasst, so könnte bei Pflichtverstößen im Rahmen „*nicht amtsbezogener Tätigkeiten*" das Haftungsprivileg der §§ 175 S. 3, 179 Abs. 2 und 3 CZ-ArbG zur Anwendung kommen.

---

[897] *Dědič*, 2002, § 66, S. 447 ff; *Součková*, § 9; S. 21 (22); *Zoufalý/Munková*, Anmerkung zu G3, S. 499; *Gerauer/Baron/Britz*, Rn. 37; *Loges/Nedelka*, WiRO 1998, 133 (135).

[898] *Gerauer/Baron/Britz*, a.a.O. mit folgendem Beispiel: A wird zum Geschäftsführer einer EDV-GmbH bestellt. Seine Geschäftsführerpflichten kann A nicht in einem Arbeitsverhältnis ausüben. Wenn er daneben andere Aufgaben (z.B. Betriebsschulungen) erfüllen soll, kann er zu diesem Zweck zusätzlich einen Arbeitsvertrag abschließen.

[899] *Součková*, § 9; S. 21 (22); *Ueltzhöffer*, Studien des Instituts für Ostrecht München, Band 39 (Individuelles Arbeitsrecht in Osteuropa), S. 71 (74 f.); *Wiesnerova*, RIW 2000, 37.

[900] *Loges/Nedelka*, WiRO 1998, 133 (135). Dies bestätigen zudem die Rechtsanwälte *Braun, Klett, Giese* und *Bučková* im Gespräch mit dem Verfasser (siehe Anhang, Gesprächsverzeichnis).

[901] *Loges/Nedelka*, WiRO 1998, 133 (135).

[902] Für das deutsche Recht differenzierend *Mand*, Geschäftsführerhaftung, S. 90.

Für das im deutschen Recht häufig gebrauchte Beispiel der Beschädigung des Dienstwagens anlässlich einer Dienstfahrt[903] wäre der Geschäftsführer bei Fahrlässigkeit somit in seiner Haftung gemäß § 179 Abs. 2 CZ-ArbG auf das Viereinhalbfache seines durchschnittlichen Monatsverdienstes beschränkt.

Dies scheint jedoch *Dvořák*[904] verwerfen zu wollen, indem er fordert, dass es *„de lege ferenda für die Fälle geeigneter wäre, wenn das Mitglied eines statutarischen Organs zugleich in einem Arbeitsverhältnis zur Gesellschaft steht, anstellungsvertraglich festzulegen, dass seine Haftung stets nach den Vorschriften des Handelsgesetzbuches zu beurteilen sei, ohne Rücksicht darauf, ob er als Arbeitnehmer oder Organ gehandelt hat.“* Diese Ansicht verkennt jedoch, dass das arbeitsrechtliche Haftungsprivileg einen typisierten Fall des Mitverschuldens des Geschädigten bei der Entstehung des Schadens darstellt.[905] Insofern besteht überhaupt kein Gegensatz zwischen dem zwingenden Charakter der tschechischen Haftungsnormen[906] und den Grundsätzen des arbeitsrechtlichen Haftungsprivilegs. Letztere stellen vielmehr eine immanente Schranke der Geschäftsführerinnenhaftung dar, wenn und soweit die besondere Ausgestaltung der Geschäftsführerstellung den Geschäftsführer als vergleichbar einem Arbeitnehmer schutzbedürftig erscheinen lässt.[907] Zumindest für nicht amtsbezogene Tätigkeiten aufgrund eines Managervertrages besteht auch im tschechischen Recht kein Bedürfnis, einen Geschäftsführer schlechter zu stellen, als einen leitenden Angestellten.

g) Verjährung und Versicherungsschutz durch D&O-Versicherungen

Nachdem sich im tschechischen Recht gezeigt hat, dass eine Haftungsbeschränkung durch vorherige vertragliche Vereinbarung oder satzungsrechtliche Regelung ausscheidet und eine Haftungsbegrenzung durch Vereinbarung einer Vertragsstrafe und das arbeitsrechtliche Haftungsprivileg auf „wackligen Füßen“ stehen, scheint der Abschluss einer sog. D&O-Versicherung (*„director's and officer's liability insurance“*)[908] als mögliche Absicherung von Organmitgliedern gegen Schadensersatzansprüche auch in der ČR der „goldene Ausweg“ für die immensen Haftungsrisiken eines Geschäftsführers im tschechischen Recht zu sein.[909] Der Abschluss einer D&O-Versicherung ist zwar als Instrument der Risikoreduzierung der Geschäftsführerhaftung ein grundsätzlich probates Mittel, führt aber in der Praxis zu erheblichen Problemen. Insbesondere der

[903] *Scholz/Schneider*, § 43 Rn. 183; *Pollen*, BB 1984, 989 (991).
[904] *Dvořák*, PR 2/2000, 60. Dazu auch *Rada*, S. 26.
[905] *Mand*, Geschäftsführerhaftung, S. 90 mit Verweis auf *Blomeyer*, JuS 1993, 903 (905).
[906] Siehe §§ 135 Abs. 2, 194 Abs. 5 S. 4 CZ-HGB.
[907] Für das deutsche Recht *Mand*, a.a.O.
[908] Dazu *Scholz/Schneider*, § 43 Rn. 296 ff.
[909] *Loges/Nedelka*, RIW 1998, 454 (455). Jedenfalls sei der Abschluss einer entsprechenden Versicherung nicht ausgeschlossen; *Dědič*, 2002, § 194, S. 2420.

Risikoausschluss der „*wissentlichen Pflichtverletzung*" in den Allgemeinen Versicherungsbedingungen der großen (weltweit) tätigen Versicherungsgesellschaften[910] gilt als problematisch.[911] Danach ist der Versicherungsschutz für Haftpflichtansprüche wegen vorsätzlicher Schadensverursachung oder wegen eines wissentlichen Abweichens von Gesetz, Vorschrift, Beschluss, Vollmacht und Weisung oder wegen sonstiger wissentlicher Pflichtverletzung ausgeschlossen.[912] Grundsätzlich wird in der rechtswissenschaftlichen Literatur der Abschluss einer D&O-Versicherung dennoch empfohlen,[913] jedoch nur bei entsprechender Ausgestaltung des Versicherungsvertrages durch Individualabreden, um Streit über Auslegung und Reichweite entsprechender Klauseln von vornherein auszuschließen.[914]

Als dauerhaftes Leistungsverweigerungsrecht steht dem Geschäftsführer in beiden Rechtsordnungen ferner die Einrede der Verjährung zur Verfügung. Im tschechischen Recht richtet sich die Verjährung von Schadensersatzansprüchen der Gesellschaft gegen ihre Geschäftsführer gemäß § 757 CZ-HGB nach den allgemeinen Vorschriften der §§ 387 ff. CZ-HGB. Schadensersatzansprüche von § 194 Abs. 5 CZ-HGB verjähren damit gemäß § 397 CZ-HGB in vier Jahren. Dies gilt auch für Schadensersatzansprüche aus dem Anstellungs- bzw. Funktionsvertrag gemäß §§ 66 Abs. 2, 570, 757, 387 ff. CZ-HGB.[915] Die Verjährungsfrist ist damit um ein Jahr kürzer als im deutschen Recht (gemäß § 43 Abs. 4 GmbHG, fünf Jahre). Die Verjährung beginnt gemäß § 398 CZ-HGB mit dem Zeitpunkt, in dem der Geschädigte von dem Schaden erfahren hat oder hätte erfahren können und den zum Schadensersatz Verpflichteten kannte; sie endet jedoch spätestens zehn Jahre nach der Pflichtverletzung.[916] Auf die Ausschlussfrist von zehn Jahren wird es in der Praxis jedoch kaum ankommen, wenn man bedenkt, dass bereits die (abstrakte) Möglichkeit zur Kenntnisnahme aus-

---

[910] Als Anbieter weltweiter D&O-Versicherungen treten beispielsweise in Deutschland auf: CHUBB Insurance Company of Europe S.A.; Gerling AG; Allianz AG, America International Group Inc. (AIG); ACE European Group.

[911] *Kiethe*, BB 2003, 537 (541) m.w.N.

[912] Siehe beispielsweise § 5 Abs. 1 AVB OLA 2001 (CHUBB); § 4 Abs. 1 AVB-AVG (Gerling); § 4 Abs. 1 AVB-O (Allianz).

[913] *Sieg*, DB 2002, 1759 (1764); *Kiethe*, BB 2003, 537 (542); *Lange*, DStR 2002, 1626 ff., 1674 ff. mit jeweils weiterführenden Hinweisen.

[914] *Kiethe*, a.a.O.

[915] Im deutschen Recht verjähren Schadensersatzansprüche aus Dienst- bzw. Anstellungsvertrag ebenfalls nach § 43 Abs. 4 GmbHG; BGH AG 1989, 354 (355); *Rowedder/Schmidt-Leithoff*, § 43 Rn. 61 m.w.N.

[916] Im deutschen Recht beginnt die Verjährung nicht ab Kenntnis, sondern mit dem Zeitpunkt, in dem der Geschäftsführer mit einer Feststellungsklage belangt werden könnte; OLG Frankfurt NZG 1999, 767; vgl. auch BGHZ 110, 342 (355); *Scholz/Schneider*, § 43 Rn. 205; *Hachenburg/Mertens*, § 43 Rn. 96.

reicht,[917] um die Verjährung in Gang zu setzen. Die Verjährungsvorschriften sind im tschechischen Recht zwingend.[918] Einzig § 401 CZ-HGB lässt eine rechtsgeschäftliche Verlängerung der Verjährungsfrist auf bis zu zehn Jahre zu.[919] Anders als nunmehr das deutsche Recht,[920] wird im tschechischen Recht die Verjährung durch Rechtsverfolgungsmaßnahmen (Klageerhebung, Eröffnung eines Schiedsverfahrens) gemäß §§ 402, 403 CZ-HGB unterbrochen, nicht gehemmt.

8. Verhältnis zur vertraglichen Haftung

Ob die Gesellschaft neben der Haftung aus dem organschaftlichen Verhältnis (§ 43 GmbHG) auch vertragliche Schadensersatzansprüche geltend machen kann, ist im deutschen Recht umstritten. Im tschechischen Recht wird diese Frage weniger diskutiert, was aufgrund der Gesetzessystematik auch nicht verwunderlich ist, lässt sich doch aufgrund der dogmatischen Einordnung von Organ- und Anstellungsverhältnis relativ klar eine Anspruchskonkurrenz verneinen.

Im deutschen Recht nimmt eine Ansicht[921] Anspruchskonkurrenz zwischen vertraglicher und (gesetzlicher) Haftung aus § 43 GmbHG an. Insbesondere für die Fälle der Drittanstellung im Konzern, d.h. wenn der Anstellungsvertrag nicht mit der GmbH selbst geschlossen wurde, sei diese Konstruktion erforderlich und dann, wenn sich die verletzte Pflicht nur aus dem Anstellungsvertrag ergibt.[922] Der BGH[923] und Teile der gesellschaftsrechtlichen Literatur[924] halten dem entgegen, dass § 43 GmbHG *„die vertragliche Grundlage, die zur Haftung des Geschäftsführers einer GmbH auf Leistung von Schadensersatz führt, als Spezialregelung in sich aufnimmt.“*[925] Ferner sei die Haftung nach § 43 GmbHG keine „gesetzliche“ Haftung, sondern ruhe - ähnlich der Vertragshaftung - auf privatautonomer Grundlage der (rechtsgeschäftlich zu Stande gekommenen) Organstellung[926] und sei somit *lex specialis* zur vertraglichen Anspruchsgrundlage.[927]

---

[917] *Dědič*, 2002, § 398, S. 3419.

[918] *Loges/Nedelka*, RIW 1998, 454 (455); *Dědič*, 2002, § 398, S. 3418.

[919] Zur Disponibilität der Verjährungsvorschriften im deutschen Recht, siehe *Roth/Altmeppen*, § 43 Rn. 111; *Rowedder/Schmidt-Leithoff*, § 43 Rn. 61 jeweils m.w.N.

[920] Siehe §§ 203 ff. BGB n.F. (nach der Schuldrechtsreform nun Hemmung statt Unterbrechung der Verjährung).

[921] *K. Schmidt*, Gesellschaftsrecht, § 36 II 4; *Scholz/Schneider*, § 43 Rn. 13 und 208; *Fleck*, ZHR 149 (1985, 387 (409 f.); *Rowedder/Schmidt-Leithoff*, § 43 Rn. 3.

[922] Mit ähnlichen Argumenten die h.M. in Österreich zu § 25 Ö-GmbHG; OGH ecolex 1998, 772; OGH GesRZ 1986, 97 („Auffangtatbestand“); *Koppensteiner*, § 25 Rn. 4 m.N.

[923] NJW-RR 1989, 1255; bestätigend BGH ZIP 1997, 199 (200).

[924] *Baumbach/Hueck/Zöllner*, § 43 Rn. 4; *Roth/Altmeppen*, § 43 Rn. 2; *Baums*, S. 212 (Fn 10).

[925] BGH NJW-RR 1989, 1255 1. LS.

[926] *Baumbach/Hueck/Zöllner*, § 43 Rn. 4.

[927] *Roth/Altmeppen*, § 43 Rn. 2.

Das tschechische Recht käme zu einer Anwendung vertraglicher Haftungsnormen über das, gemäß § 66 Abs. 2 CZ-HGB für das Rechtsverhältnis zwischen Gesellschaft und (Geschäftsführungs-) ihren Organen, entsprechend anwendbare Mandatsvertragsrecht der §§ 566 ff. CZ-HGB. Gemäß § 570 S. 1 CZ-HGB haftet der Bevollmächtigte (Geschäftsführer) für Schäden, die an den vom Mandanten (Gesellschaft) zur Erledigung der Angelegenheit oder an den von Dritten bei Erledigung der Angelegenheiten übernommenen Sachen entstanden sind, es sei denn, der Schaden war auch bei Anwendung der fachgerechten Sorgfalt nicht abwendbar.

Bereits aus dem Gesetz ergibt sich jedoch, dass die organschaftliche Haftungsnorm des § 194 Abs. 5 S. 3 CZ-HGB als *lex specialis* die vertragliche Haftungsnorm des über § 66 Abs. 2 CZ-HGB anwendbaren § 570 CZ-HGB - ähnlich der deutschen Rechtslage - in sich aufnimmt. Hinzu kommt, dass das Mandatsvertragsrecht ohnehin abdingbar ist, § 263 Abs. 1 CZ-HGB.

In § 66 Abs. 2 CZ-HGB wird die *„entsprechende Anwendbarkeit des Mandatsvertragsrechts“* statuiert, *„sofern sich aus dem Gesetz keine anderen Rechte und Pflichten ergeben.“* Analog zur Diskussion um den Sorgfaltsmaßstab[928] wird daraus zu Recht gefolgert, dass § 194 Abs. 5 CZ-HGB *lex specialis* zu den §§ 566 ff. CZ-HGB ist,[929] denn das Mandatsvertragsrecht soll eben nur entsprechend angewendet werden, sofern keine Spezialregelungen (aus Anstellungs- bzw. Funktionsvertrag oder Gesetz) eingreifen. Ferner ist im Rahmen von § 570 CZ-HGB unklar, ob auch reine Vermögensschäden der Gesellschaft vom Anwendungsbereich der Norm mitumfasst sind, da lediglich von *„Schäden an den, vom Mandanten (Gesellschaft) zur Erledigung der Angelegenheit, übernommenen Sachen“* , also von Sachschäden die Rede ist.

Sofern sich die verletzte Pflicht des Geschäftsführers aus einer spezifischen Regelung des Anstellungsvertrages ergibt, greift auch dort die (speziellere) Haftungsnorm des § 194 Abs. 5 CZ-HGB ein, da der Anstellungsvertrag - wie bereits eingangs dargelegt - im tschechischen Recht lediglich Konkretisierung und Ergänzung des Organverhältnisses ist und sich nicht klar auf schuldvertraglicher, sondern auf korporationsrechtlicher Ebene einordnen lässt, so dass die anstellungsvertragliche Haftung in der organschaftlichen Haftung von § 194 Abs. 5 CZ-HGB aufgeht. Damit löst das tschechische Recht das Verhältnis der organschaftlichen zur vertraglichen Haftung - wie im deutschen Recht - zugunsten der spezielleren Haftungsnorm aus dem Organverhältnis; §§ 43 GmbHG, 194 Abs. 5 CZ-HGB.

[928] Der Widerspruch zwischen § 570 CZ-HGB ("fachgerechte Sorgfalt") und § 194 Abs. 5 CZ-HGB („Sorgfalt eines ordentlichen Kaufmanns“) wird nach h.M. zugunsten der spezielleren Norm (§ 194 Abs. 5 CZ-HGB) aufgelöst; *Dědič*, 2002, § 194, S. 2416 m.w.N.
[929] *Dědič*, 2002, § 194, S. 2416; *Štenglová/Plíva/Tomsa*, § 194, S. 619 ff.; *Dědič/Kunešová-Skálová*, GmbH, 1999, S. 427.

Anders dagegen im österreichischen Recht, wo die organschaftliche Haftungsnorm des § 25 Ö-GmbHG lediglich als (andere Haftungsnormen ergänzender) Auffangtatbestand angesehen wird und grundsätzlich neben die vertraglichen Haftung zu treten habe.[930]

E. Beendigung der Organstellung

Das Organverhältnis kann automatisch, also ohne dass es einer Beschlussfassung der Gesellschafterversammlung oder einer Willensäußerung des Geschäftsführers bedarf, enden.[931] Die Regel ist jedoch die Abberufung durch die Gesellschafterversammlung. Der faktischen Häufigkeit dieses Amtsbeendigungsgrundes trägt auch das Gesetz in beiden Rechtsordnungen Rechnung. Während im deutschen Recht § 38 Abs. 1 GmbHG statuiert, dass *„die Bestellung der Geschäftsführer zu jeder Zeit widerruflich ist,“* verlangen im tschechischen Recht die §§ 135 Abs. 2, 194 Abs. 2 S. 1 CZ-HGB, dass das zuständige Organ innerhalb von drei Monaten einen neuen Geschäftsführer zu wählen habe, falls *„ein Geschäftsführer stirbt, von seinem Amt zurücktritt, abberufen wird oder dessen Wahlperiode beendet ist.“* Auf den ersten Blick erscheint der Wortlaut von § 38 Abs. 1 GmbHG verwirrend. Statt vom Widerruf der Bestellung spricht man besser (auch) von Abberufung, weil ja in Wahrheit nicht der Bestellungsakt rückgängig gemacht wird, sondern das durch die Bestellung herbeigeführte körperschaftliche Dauerrechtsverhältnis, die Organstellung, *ex nunc* beendet wird.[932] Wie bereits die vorgehend erwähnte tschechische Regelung zeigt, kann das Organverhältnis auch aus anderen Gründen enden. Bis auf § 6 Abs. 2 GmbHG schweigt hierzu das deutsche GmbHG. Gleichwohl sind in beiden Rechtsordnungen verschiedene Beendigungsgründe bekannt, die nachfolgend näher untersucht werden sollen.

I. Beendigung der Organstellung durch Abberufung

1. Grundsatz der jederzeitigen Abberufbarkeit

Im deutschen Recht ist in § 38 Abs. 1 GmbHG der Grundsatz normiert, dass der Geschäftsführer zu jeder Zeit und grundsätzlich ohne Vorliegen von Gründen abberufen werden kann. Dieser Grundsatz gilt auch im tschechischen Recht, und wird aus der zwingenden und zentralen Zuständigkeitsnorm des § 125 CZ-HGB hergeleitet. § 125 Abs. 1 lit. f) CZ-HGB bestimmt, dass der Beschlussfassung der Gesellschafterversammlung als höchstes Organ die Ernennung, Abberufung und Vergütung der Geschäftsführer unterliegen. Bereits das Schweigen

---

[930] OGH ecolex 1998, 772; OGH GesRZ 1986, 97 („Auffangtatbestand“); *Koppensteiner*, § 25 Rn. 4 m.N.

[931] *Goette*, DStR 1998, 938 (939); Entscheidung des Obersten Gerichts v. 07.10.1998, SJ 3/1999, 106.

[932] *Baumbach/Hueck/Zöllner*, § 38 Rn. 1.

des Gesetzes zu einer möglichen Einschränkung dieser umfassenden Bestellungs- und Abberufungskompetenz der Gesellschafterversammlung wird in der tschechischen gesellschaftsrechtlichen Literatur[933] dahingehend interpretiert, dass die Abberufung - wie im deutschen Recht - zu jeder Zeit und ohne Angaben von Gründen durch die Gesellschafter erfolgen könne. Das Oberste Gericht in Brünn hat in einer Entscheidung vom 11. 10. 2000[934] zudem festgestellt, dass „*das Handelsgesetzbuch es nicht zulässt, dass der Gesellschaftsvertrag einer GmbH eine Klausel über die Unwiderruflichkeit der Bestellung des Geschäftsführers enthält.*" Dies bestätige den zwingenden Charakter von § 125 Abs. 1 lit. f) CZ-HGB, so dass der Gesellschafterversammlung, das Recht, den Geschäftsführer jederzeit und ohne Angabe von Gründen abberufen zu können, nicht entzogen werden kann.[935] Die Bestellungs- und Abberufungskompetenz der Gesellschafterversammlung soll daher nach tschechischem Rechtsverständnis unangetastet bleiben. Sofern das Gesetz nichts anderes bestimmt, wäre gemäß § 66 Abs. 2 S. 1 CZ-HGB zudem das Mandatsvertragsrecht entsprechend anzuwenden und dort bestimmt § 574 Abs. 1 CZ-HGB, ähnlich § 38 Abs. 1 GmbHG, dass der Mandant (Gesellschaft) den Vertrag jederzeit oder in vollem Umfang kündigen kann.

2. Einschränkungen

Etwas anderes gilt im deutschen Recht zunächst nur bei mitbestimmten Gesellschaften m.b.H. Gemäß § 31 MitBestG findet § 84 AktG zwingend Anwendung, so dass die Abberufung nur bei Vorliegen wichtiger Gründe zulässig ist. Diese Beschränkung des Grundsatzes von § 38 Abs. 1 GmbHG findet außerhalb von mitbestimmten Gesellschaften m.b.H. nur dann Anwendung, wenn die Gesellschafter von der Einschränkungsmöglichkeit des § 38 Abs. 2 GmbHG durch gesellschaftsvertragliche oder satzungsrechtliche Regelung Gebrauch machen. Gemäß § 38 Abs. 2 S. 1 GmbHG kann nämlich im Gesellschaftsvertrag die Zulässigkeit des Widerrufs auf den Fall beschränkt werden, dass wichtige Gründe denselben notwendig machen. Diese etwas sperrig formulierte Ausnahme zum Grundsatz aus § 38 Abs. 1 GmbHG kann daher zu einer differenzierten privatautonomen Einschränkung der freien Abberufbarkeit der Geschäftsführer führen. Der Grund liegt, neben dem Schutz eines Gesellschafter-Geschäftsführers, auch bei Fremdgeschäftsführern,[936] grundsätzlich im Gesellschaftsinteresse an Kontinuität der Geschäftsführung, um damit befähigte Manager an das Unternehmen zu binden,[937] Planungssicherheit zu gewährleisten und um keine, nicht nur für

933 *Dědič*, 2002, § 135, S. 1201 f.; *Rada*, S. 32 ff. m.w.N.

934 SJ 2/2001, 102 (AZ 29 Cdo 968/2000).

935 So ausdrücklich *Rada*, S. 32.

936 In Deutschland h.L.; BGH GmbHR 1989, 78; OLG Köln ZIP 1988, 1122 (1125); *Hachenburg/Stein*, § 38 Rn. 37; *Scholz/Schneider*, § 38 Rn. 40; *Lutter/Hommelhoff*, § 38 Rn. 8.

937 So *Baumbach/Hueck/Zöllner*, § 38 Rn. 5a.

Führungskräfte, unattraktive und ineffiziente „Hire&Fire"-Mentalität zu etablieren.[938]

Eine Beschränkung der Abberufbarkeit auf wichtige Gründe liegt im Ergebnis auch vor, wenn einem Gesellschafter die Geschäftsführerstellung als relativ unentziehbares Mitgliedschaftsrecht (Sonderrecht auf Geschäftsführung) eingeräumt wurde.[939] Im Gegenzug sei aber die Beschränkung der Abberufung auf wichtige Gründe gegenüber Gesellschafter-Geschäftsführern, auch wenn sie in der Satzung bestellt wurden, nicht notwendig auch als Einräumung eines solchen Sonderrechts zu verstehen.[940]

Im tschechischen Recht ist weder die Beschränkung der Abberufbarkeit auf wichtige Gründe, noch (wie bereits diskutiert) die Einräumung eines Sonderrechts für Gesellschafter auf Geschäftsführung möglich, so dass sich dort eine grundsätzlich gegenteilige Rechtslage ergibt.

Die Möglichkeit, die Abberufung an das Vorliegen bestimmter Voraussetzungen, insbesondere an wichtige Gründe oder das Vorliegen eines schwerwiegenden Pflichtenverstoßes, zu koppeln, wird im tschechischen Recht zwar erkannt, aber weitgehend abgelehnt.[941] Als Begründung weist *Rada*[942] beispielsweise auf den rechtshistorischen Kontext derartiger Beschränkungen der Entscheidungshoheit der Gesellschafterversammlung hin: Der historische Gesetzgeber des GmbHG-CZ von 1906 hatte eine mögliche Beschränkung der Abberufbarkeit des Geschäftsführers auf wichtige Gründe in § 16 GmbHG-CZ (Gesetz Nr. 58/1906 Ř.z.) vorgesehen. Danach war es möglich, dass die Abberufung des Geschäftsführers durch gesellschaftsvertragliche Vereinbarung auf wichtige Gründe beschränkt werden kann. Der heutige Gesetzgeber hat jedoch mit Schaffung der zwingenden Zuständigkeitsnorm des § 125 Abs. 1 CZ-HGB andere normative Voraussetzungen geschaffen und sich bewusst gegen die Wiedereinführung einer § 16 GmbHG-CZ (von 1906) entsprechenden Regelung entschieden. Eine Beschränkung der umfassenden Entscheidungshoheit der Gesellschafterversammlung ist folglich abzulehnen, da dies dem *„kongenten Charakter von § 125 Abs. 1 lit. f) CZ-HGB widerspräche."*[943] Da eine § 38 Abs. 2 GmbHG entsprechende Regelung im tschechischen Recht fehlt, ist jedwede Beschränkung der Abberufungskompetenz der Gesellschafterversammlung, sei es durch Gesellschaftsvertrag oder Satzung, somit nach tschechischem Recht unwirksam.[944]

---

938 Zu weiteren Gründen, siehe *Baums*, S. 323.
939 *Baumbach/Hueck/Zöllner*, § 38 Rn. 5.
940 *Lutter/Hommelhoff*, § 38 Rn. 11; *Scholz/Schneider*, § 6 Rn. 31.
941 *Rada*, S. 33 m.w.N.; differenzierend *Dědič*, 2002, § 135, S. 1201.
942 S. 32 a.E.
943 So *Rada*, S. 33.
944 *Rada*, S. 34; differenzierend *Weigl*, WiRO 2000, 131 (133).

Dennoch muss festgestellt werden, dass damit gleichzeitig die Privatautonomie der Gesellschafter, die innere Organisation der Gesellschaft gemäß § 110 Abs. 2 CZ-HGB durch Satzung oder Gesellschaftsvertrag selbst zu regeln, stark beschnitten wird. Ferner wird dadurch ein im Einzelfall dringendes Bedürfnis, die Rechtsstellung von Gesellschafter-Geschäftsführern, namentlich von Minderheitsgesellschafter-Geschäftsführern, besonders abzusichern, vereitelt. Die Stellung des Geschäftsführers innerhalb des Gesellschaftsverbandes ist damit im tschechischen Recht eher schwach.

Die Gesellschafter können die Stellung des Geschäftsführers nur dadurch stärken, dass gesellschaftsvertraglich eine erhöhte erforderliche Stimmenmehrheit bei Abberufung vereinbart wird. Diese Möglichkeit gestattet das tschechische Recht in § 127 Abs. 3 CZ-HGB. Danach entscheidet die Gesellschafterversammlung, falls das Gesetz oder der Gesellschaftsvertrag keine andere Mehrheit zwingend vorschreibt, durch einfache Stimmenmehrheit der anwesenden Gesellschafter. Sofern also der Gesellschaftsvertrag die Abberufung des Geschäftsführers nicht vom Vorliegen wichtiger Gründe abhängig machen kann, so kann doch die Abberufung im Einzelfall mit einer erhöhten erforderlichen Stimmenmehrheit bis hin zur Einstimmigkeit gekoppelt werden. Eine solche Regelung müsste sich jedoch, insbesondere bei (Mehrheits-) Gesellschafter-Geschäftsführern, am Abstimmungsmissbrauchsverbot des § 56a CZ-HGB messen lassen.[945]

An dieser Stelle wird erneut ein wichtiges Strukturprinzip des tschechischen Rechts deutlich. Sofern der tschechische Gesetzgeber bestimmte Normen als dispositiv kennzeichnen will, so erfolgt dies durch ausdrückliche Ermächtigung, mittels gesellschaftsvertraglicher oder satzungsrechtlicher Regelung vom Gesetz abzuweichen.[946] Schweigt das Gesetz dazu, ist die entsprechende Norm grundsätzlich als zwingend einzustufen.[947]

Einen anderen Weg versucht indes *Dědič*[948] und schlägt vor, dass die Abberufung des Geschäftsführers entweder durch Vereinbarung im Anstellungs- bzw. Funktionsvertrag von wichtigen Gründen abhängig gemacht werden kann oder dass dem Geschäftsführer eine Entschädigung in Geld vertraglich zugesichert wird, sofern seine Abberufung nicht auf einer schwerwiegenden Pflichtverletzung beruhe. Diese Ansicht zeigt, dass im tschechischen Recht einer Trennung zwischen Anstellungs- und Organverhältnis nur wenig bis keine Beachtung geschenkt wird. Wäre die Trennung beider Rechtsverhältnisse auch im tschechi-

---

[945] Zum alten Recht vgl. *Weigl*, WiRO 2000, 131 (133), der unter Berufung auf die Vertragsfreiheit, eine beliebige Erhöhung der erforderlichen Stimmenmehrheit als zulässig erachtet.
[946] *Bartošíková/Štenglová*, Společnost s ručením omezeným, Prospektum, Praha, 1994, S. 1 ff.; i.E. auch *Rada*, S. 33.
[947] Dazu mit teilweise a.A. *Zitek*, WiRO 1995, 257 (258 ff.).
[948] *Dědič*, 2002, § 135, S. 1201.

schen Recht ein prägendes Strukturprinzip der GmbH-Organisation, so könnte man diesem Vorschlag kaum zustimmen, denn wie *Zöllner*[949] als Vertreter der ganz herrschenden Ansicht im deutschen Recht[950] ausführt, ist die „*Einschränkung der Abberufbarkeit aus der Organstellung eine körperschaftsrechtliche Frage, die einer Regelung mit körperschaftsrechtlicher Wirkung außerhalb der Satzung nicht zugänglich ist.*"

Im tschechischen Recht stellt sich daher die grundsätzliche Frage, ob zwischen der Gesellschaft und ihrem Geschäftsführer individualvertraglich vereinbart werden kann, dass die Abberufung aus der Organstellung nur aus wichtigem Grund erfolgen darf. Grundsätzlich ist es den Gesellschaftern aufgrund ihrer Privat- und Vertragsautonomie nicht verwehrt, im Anstellungsvertrag mit dem Geschäftsführer eine entsprechende Regelung aufzunehmen. Fraglich wäre dann nur, ob eine solche Vereinbarung auch korporationsrechtliche Wirkung hätte bzw. ob eine (anstellungsvertragswidrige) Abberufung, die ohne Angabe von Gründen erfolgte, dann auch Schadensersatzansprüche oder gar einen Wiederbestellungsanspruch des abberufenen Geschäftsführers begründet.

Für das deutsche und österreichische Recht wäre diese Möglichkeit zu verneinen. Der Rechtsvergleich mit dem tschechischen Recht führt zu keinem abweichenden Ergebnis.

Bereits aus dem Gesetz ergibt sich, dass sich der Gesetzgeber in §§ 38 Abs. 1 GmbHG, 16 Abs. 1 Ö-GmbHG für den Grundsatz der jederzeitigen Widerrufbarkeit der Bestellung entschieden hat.[951] Auch im tschechischen Recht ist dieser Grundsatz durch die zwingende Norm des § 125 Abs. 1 lit. f) CZ-HGB und die über § 66 Abs. 2 CZ-HGB entsprechend anzuwendende Bestimmung des § 574 Abs.1 CZ-HGB wesensbestimmend für die GmbH.[952] Sofern der Gesetzgeber eine Ausnahme von diesem Grundsatz ermöglicht, kann davon nur durch gesellschaftsvertragliche Regelung abgewichen werden, §§ 38 Abs. 2 GmbHG, 16 Abs. 3 Ö-GmbHG. Im tschechischen Recht ist jedoch bereits eine gesellschaftsvertragliche oder satzungsrechtliche Abweichung vom Grundsatz der jederzeitigen Abberufbarkeit des Geschäftsführers vom Gesetz nicht vorgesehen, da eine den §§ 38 Abs. 2 GmbHG, 16 Abs. 3 Ö-GmbHG entsprechende Regelung fehlt. Daher muss konsequenterweise eine individualvertragliche Abweichung erst recht ausgeschlossen sein und der von *Dědič*[953] gemachte Vorschlag, zumindest hinsichtlich seiner korporationsrechtlichen Wirkung, abgelehnt werden. Sofern also die Gesellschaft mit dem Geschäftsführer die Beschränkung der

[949] *Baumbach/Hueck/Zöllner*, § 38 Rn. 10.
[950] BGH DB 1968, 2166; OLG Stuttgart GmbHR 1995, 229; *Lutter/Hommelhoff*, § 38 Rn. 13; *Scholz/Schneider*, § 38 Rn.; *Rowedder/Schmidt-Leithoff*, § 38 Rn. 4 m.w.N.
[951] *Baums*, S. 325; *Koppensteiner*, § 16 Rn. 3 und 6.
[952] *Rada*, S. 32; *Dědič*, 2002, § 135, S. 1201.
[953] *Dědič*, 2002, § 135, S. 1201.

jederzeitigen Abberufbarkeit auf wichtige Gründe individualvertraglich vereinbart, so hat eine derartige vertragliche Vereinbarung keine körperschaftliche Wirkung, die Gesellschafter können den Geschäftsführer weiterhin jederzeit und ohne Angabe von Gründen abberufen.[954]

Die Rechtsfolgen einer solchen vertraglichen Abrede sind im deutschen und österreichischen Recht umstritten. Während eine Ansicht[955] dem Geschäftsführer einen Anspruch auf Wiederbestellung zuerkennen will, kann nach anderer Ansicht[956] der Geschäftsführer „*Konsequenzen aus der organisationsrechtlichen Verletzung seines Anstellungsvertrages ziehen*“[957] und Schadensersatz geltend machen. Zu Recht weisen *Lutter/Hommelhoff*[958] darauf hin, dass der privatautonomen Selbstbindung der Gesellschaft nur insoweit die Rechtswirkung zu versagen ist, wie dies für den Vorrang des Organisationsrechts zwingend geboten sei. Diesen Vorrang gebietet die Publizität der Organisationsverfassung, die durch die Zweckrichtung der ersten gesellschaftsrechtlichen Richtlinie[959] vorgegeben ist, da sich anderenfalls neu eintretende Gesellschafter oder sonstige Dritte nicht durch einen Blick in den Gesellschaftsvertrag über die Kompetenzverteilung in der Gesellschaft informieren könnten.[960] Sofern die korporationsrechtliche Befugnis der Gesellschafter, den Geschäftsführer jederzeit und ohne Angabe von Gründen abzuberufen, unangetastet bleibt und keine körperschaftliche Wirkung entfaltet (z.B. durch Anspruch auf Wiederbestellung), so ist ein Schadensersatzanspruch bei anstellungsvertragswidriger, aber korporationsrechtlich zulässiger Abberufung denkbar.

Insofern kann der Vorschlag von *Dědič*[961] wie folgt aufgegriffen werden: Vereinbart die Gesellschaft mit dem Geschäftsführer individualvertraglich im Rahmen des Anstellungsvertrages, dass dem Geschäftsführer ein Schadensersatzanspruch zusteht, sofern seine Abberufung auf anderen Gründen (als einer schwerwiegenden Pflichtverletzung) beruht, so ist diese Vereinbarung wirksam, hat aber keinen Einfluss auf die jederzeitige Abberufungsbefugnis der Gesellschafterversammlung gemäß § 125 Abs. 1 lit. f) CZ-HGB. *Lutter/Hommelhoff*[962]

---

954 Für das deutsche Recht: OLG Stuttgart, GmbHR 1995, 229; *Rowedder/Schmidt-Leithoff*, § 38 Rn. 4; *Lutter/Hommelhoff*, § 38 Rn. 13; *Scholz/Schneider*, § 38 Rn. 55; *Baumbach/Hueck/Zöllner*, § 38 Rn. 10; *Hachenburg/Stein*, § 38 Rn. 28. Für das österreichische Recht: *Koppensteiner*, § 16 Rn. 6; *Eckert*, S. 49 und 52 m.w.N.

955 *Baumbach/Hueck/Zöllner*, § 38 Rn. 11.

956 *Lutter/Hommelhoff*, Anhang zu § 6 Rn. 16; *Rowedder/Schmidt-Leithoff*, § 38 Rn. 4 und § 35 Rn. 82 ff.; siehe auch *Baumbach/Hueck/Zöllner*, § 38 Rn. 11.

957 OLG Frankfurt NJW-RR 1993, 1259.

958 Anhang zu § 6 Rn. 16.

959 ABl. Nr. L 65/8 (Publizitätsrichtlinie).

960 *Lutter/Hommelhoff*, Anhang zu § 6 Rn. 11.

961 *Dědič*, 2002, § 135, S. 1201.

962 Anhang zu § 6 Rn. 11 a.E.

nennen dies trefflich eine Aufopferungsentschädigung für den Geschäftsführer („*dulde und liquidiere*").

Insbesondere im österreichischen Recht[963] wird jedoch kritisiert, dass die zwingende, jederzeitige Abberufbarkeit des Geschäftsführers nicht durch Regelungen im Anstellungsvertrag entwertet werden dürfe, indem durch die „dienstvertragliche Hintertür" drohende Schadensersatzansprüche den Grundsatz der freien und jederzeitigen Abberufbarkeit konterkarieren würden.[964] Die Abberufungsmöglichkeit wäre nicht mehr „*frei*" und „*ohne weiteres*" möglich, wenn sich die Gesellschafter Schadensersatzansprüchen des Geschäftsführers bei Abberufung ausgesetzt sehen würden. Dem muss jedoch entgegengehalten werden, dass der deutsche und österreichische Gesetzgeber „*Entschädigungsansprüche aus bestehenden Verträgen*" ausdrücklich neben der jederzeitigen Widerruflichkeit der Bestellung zulässt, §§ 38 Abs. 1 GmbHG, 16 Abs. 1 Ö-GmbHG.

Zusammenfassend lässt sich daher festhalten, dass sich sowohl im deutschen und österreichischen Recht, als auch im tschechischen Recht der Grundsatz der jederzeitigen und freien Widerruflichkeit der Bestellung des Geschäftsführer bereits aus dem Gesetz ergibt. Einschränkungen dieses Grundsatzes eröffnet im deutschen und österreichischen Recht das Gesetz durch gesellschaftsvertragliche oder satzungsrechtliche Regelung in Form der Beschränkung der Abberufung wegen wichtiger Gründe. Das tschechische Recht kennt diese Einschränkung nicht. Die Stellung des Geschäftsführers kann nur durch gesellschaftsvertragliche oder satzungsrechtliche Modifizierung der erforderlichen Stimmenmajorität beim Abberufungsbeschluss gestärkt werden.

Im deutschen und tschechischen Recht können darüber hinaus anstellungsvertragliche Beschränkungen der Abberufbarkeit auf wichtige Gründe vereinbart werden, sofern der korporationsrechtliche Grundsatz der jederzeitigen und freien Widerruflichkeit der Bestellung davon unberührt bleibt. Die Folge wäre in beiden Rechtsordnungen ein Schadensersatzanspruch des Geschäftsführers. Im österreichischen Recht wird derartigen Vereinbarungen deutlich mehr Kritik entgegengebracht.

Die im tschechischen Recht uneingeschränkte und unbeschränkbare jederzeitige und freie Widerruflichkeit der Bestellung des Geschäftsführers dient vor allem dem Schutz der Gesellschafter, die die Geschicke der Gesellschaft aufgrund der unbeschränkten Vertretungsmacht in gewisser Hinsicht in seine Hand legen. Eine Beschränkung der Widerruflichkeit auf wichtige Gründe bildet im tschechischen Recht derzeit keine tragfähige Grundlage für die berechtigte Durchsetzung der Gesellschafterinteressen, solange die Gesellschafter dem Ge-

[963] *Runggaldier/Schima*, Die Rechtsstellung von Führungskräften, 1991, S. 190; *Eckert*, S. 52; differenzierend *Koppensteiner*, § 15 Rn. 19 sowie § 16 Rn. 6.
[964] So *Eckert*, S. 52

schäftsführer bezüglich der Geschäftsführung keine Weisungen erteilen dürfen (§§ 135 Abs. 2, 194 Abs. 4 S. 3 CZ-HGB). Die präventiv wirkende Drohung, der jederzeitigen Abberufungsmöglichkeit durch die Gesellschafter, ist daher im tschechischen Recht wichtigstes (disziplinierend wirkendes) Korrektiv zu den umfassenden Vertretungs- und Geschäftsführungsbefugnissen des Geschäftsführers.[965]

Solange das Weisungsrecht der Gesellschafter nicht ähnlich umfassend wie im deutschen Recht ausgebildet ist, würde eine zulässige Beschränkung der Abberufbarkeit auf wichtige Gründe die Entscheidungsparität innerhalb des Verbandes stark gefährden. Im Rechtsvergleich zum deutschen Recht zeigt sich, dass das tschechische GmbH-Recht diesbezüglich weniger flexibel ausgestaltet ist und sich die Gesellschafter nahezu „blind“ auf den Geschäftsführer verlassen müssen; letztlich bleibt ihnen nur die Abberufung als probates Mittel der Interessendurchsetzung statt einer Flexibilisierung durch umfassendere Weisungsbefugnisse.

3. Stimmrechtsausschluss des Gesellschafter-Geschäftsführers?

Für die Wirksamkeit der Abberufung des Geschäftsführers ist sowohl im deutschen als auch im tschechischen Recht ein formeller Beschluss der Gesellschafterversammlung erforderlich, §§ 46 Nr. 5 GmbHG, 125 Abs. 1 lit. f), 127 CZ-HGB. Für den Fall des Gesellschafter-Geschäftsführers ist fraglich, ob dieser bei der Beschlussfassung über seine Abberufung stimmberechtigt ist. Der Grund dieser Problematik liegt in der Interessenkollision zwischen dem Eigeninteresse als Geschäftsführer (als sog. verbandsfremdes Sonderinteresse) und dem Gesellschaftsinteresse, dem der Gesellschafter verpflichtet ist.

Im österreichischen Recht bestimmt § 39 Abs. 5 Ö-GmbHG ausdrücklich, dass der Gesellschafter-Geschäftsführer bei der Beschlussfassung über seine eigene Abberufung nicht beschränkt ist. Das deutsche GmbHG erwähnt diese Problematik in § 47 Abs. 4 GmHG nicht ausdrücklich. Weitgehend Einigkeit besteht darüber, dass das Stimmverbot nicht für die gewöhnliche Abberufung aus der Organstellung gelte,[966] sondern das Stimmrechts des Gesellschafter-Geschäftsführers nur bei Abberufung aus wichtigem Grund ausgeschlossen ist.[967] Dem ist zuzustimmen, denn hier kann der Wunsch des Gesellschafters,

[965] Ebenso für das deutsche Recht, *Goette*, DStR 1998, 938 (939).

[966] RGZ 74, 277; 104, 182 (184); BGHZ 18, 205 (210); 51, 209 (215); BGH WM 1984, 1313; BGH GmbHR 1990, 75; *Baumbach/Hueck/Zöllner*, § 47 Rn. 52; *Scholz/Schmidt*, § 47 Rn. 118; *Rowedder/Schmidt-Leithoff*, § 47 Rn. 71; *Roth/Altmeppen*, § 47 Rn. 61 mit Verweis auf § 39 Abs. 5 Ö-GmbHG.

[967] RGZ 138, 98 (104); BGHZ 34, 367; 86, 179 (181); OLG Düsseldorf GmbHR 1994, 884; OLG Stuttgart GmbHR 1995, 228; OLG Karlsruhe NZG 2000, 264; *Baumbach/Hueck/Zöllner*, § 47 Rn. 53; *Scholz/Schmidt*, § 47 Rn. 118.

wie *Roth*[968] treffend formuliert, sich *„trotz Vorliegens eines wichtigen Grundes im Amt zu halten, nicht mehr als bona fide-Beitrag zur Bestimmung des Gesellschaftsinteresses erscheinen.“* Ferner wird häufig betont, dass niemand *„Richter in eigener Sache“* sein darf.[969] Anders jedoch im österreichischen Recht: Dort wird der Grundsatz aus § 39 Abs. 5 Ö-GmbHG auch bei Vorliegen eines wichtigen Grundes aufrecht erhalten,[970] so dass der Mehrheits-Gesellschafter-Geschäftsführer in Österreich eine besonders starke Stellung innerhalb des Gesellschaftsverbandes genießt.

Von besonderem Interesse ist nun, wie das tschechische Recht den Konflikt zwischen dem verbandsfremden Sonderinteresse des Geschäftsführers und dem Gesellschaftsinteresse bei Abberufung eines Gesellschaftergeschäftsführers löst. Vor der Novelle des CZ-HGB im Jahre 2000[971] und der folgenden sog. *„technischen Novelle“* im Jahre 2001[972] war diese Frage im tschechischen Recht umstritten.[973] Bis dahin statuierte § 127 Abs. 5 lit. c) CZ-HGB a.F. ein Stimmausübungsverbot des Gesellschafters nur dann, wenn die Gesellschafterversammlung ausschließlich über seine Rechte und Pflichten gegenüber der Gesellschaft entscheidet. Bereits vor der Novellierung der GmbH-relevanten Vorschriften hat *Eliáš*,[974] in Anlehnung an die herrschende Ansicht in der deutschen Rechtsprechung und Literatur, gefordert, bei Abberufung eines Gesellschafter-Geschäftsführers, dessen Stimmrecht nur für die Fälle der Abberufung aus wichtigen Gründen auszuschließen. Dem ist der tschechische Gesetzgeber, im Rahmen der sog. *„technischen Novelle“* aus dem Jahre 2001, durch Neufassung des § 127 Abs. 5 lit.c) CZ-HGB weitgehend nachgekommen. Nunmehr darf ein Gesellschafter sein Stimmrecht nicht ausüben, falls die Gesellschafterversammlung über seine Abberufung als Geschäftsführer *„wegen einer Pflichtverletzung im Zusammenhang mit der Ausübung der Funktion“* zu beschließen hat. Eine Pflichtverletzung ist jedoch nicht in jedem Falle mit dem Vorliegen eines wichtigen Grundes für die Abberufung im deutschen Recht vergleichbar, sondern scheint nach dem Wortlaut des Gesetze bei jeder Pflichtwidrigkeit, also auch bei leichter, das Stimmrecht des abzuberufenden Gesellschafter-Geschäftsführers auszuschließen.

---

[968] *Roth/Altmeppen*, § 47 Rn. 62.

[969] BGHZ 97, 28; *Scholz/Schmidt*, § 47 Rn. 141; *Lutter/Hommelhoff*, § 47 Rn. 24; kritisch *Baumbach/Hueck/Zöllner*, § 47 Rn. 53.

[970] OGH RdW 1992, 173; OGH ecolex 1992, 29; OLG Wien ecolex 1991, 392; *Koppensteiner*, § 39 Rn. 44; *Kastner/Doralt/Nowotny*, S. 413; *Runggaldier/Schima*, S. 191; *Eckert*, S. 11; a.A. *Ostheim*, GesRZ 1975, 76 (80).

[971] Gesetz Nr. 370/2000 Sb.

[972] Gesetz Nr. 501/2001 Sb.

[973] *Eliáš*, PPP 11/1999, 1 ff.; *ders.*, PPP 12/1999, S. 1 ff. m.w.N.; aus rechtsvergleichender Sicht, *Weigl*, WIRO 2000, 131 (132 ff.).

[974] *Eliáš*, PPP 12/1999, S. 4.

Nach einer Ansicht[975] sind lediglich jene Pflichtverletzungen im Rahmen des § 127 Abs. 5 lit. c) CZ-HGB maßgebend, die, wie der wichtige Grund im deutschen Recht (§ 38 Abs. 2 S. 2 GmbHG), als grobe Pflichtverletzung oder Unfähigkeit zur ordnungsgemäßen Geschäftsführung einzustufen wären. Dem steht jedoch der heutige Wortlaut von § 127 Abs. 5 lit. c) CZ-HGB entgegen, der nur von *„porušení povinností"* (Pflichtverletzung) und nicht - wie § 38 Abs. 2 S. 2 GmbHG - von *„grober Pflichtverletzung"* spricht.

Einen anderen Ansatz verfolgt *Dědič*[976]: Ein Gesellschafter kann grundsätzlich an der Abstimmung über seine Ernennung oder Abberufung als Geschäftsführer stimmberechtigt teilnehmen. Neben der Abberufung wegen einer Pflichtverletzung stoße das Stimmrecht des Gesellschafters jedoch an seine Grenzen, wenn dadurch der Missbrauch einer Mehrheit oder einer Minderheit von Stimmen in einer Gesellschaft gemäß § 56a Abs. 1 CZ-HGB vorliegen würde, der zur Nichtigkeit der Stimme, u.U. des gesamten Beschlusses gemäß § 39 CZ-HGB führen könnte.[977] Als Konsequenz dieser Auffassung wäre ein Mehrheits-Gesellschafter-Geschäftsführer von der Abstimmung über seine Abberufung ausgeschlossen, da er somit seine Abwahl (unter Ausnutzung seiner Stimmenmehrheit) verhindern könnte. Im Ergebnis müsste *„von Fall zu Fall zweckmäßig entschieden"*[978] werden, da ein allgemein-gültiger Grundsatz im tschechischen Recht derzeit (noch) nicht herzuleiten ist.

Zusammenfassend lässt sich somit konstatieren, dass zumindest bei einer Pflichtverletzung, die eine Abberufung wegen wichtiger Gründe im Sinne des deutschen Rechts rechtfertigen würde, der Gesellschafter-Geschäftsführer von der Abstimmung ausgeschlossen ist. Ferner wäre ein Mehrheitsgesellschafter-Geschäftsführer wegen § 56a CZ-HGB von der Abstimmung über den Abberufungsbeschluss ebenfalls ausgeschlossen. Für ein Stimmachtsausübungsverbot bereits bei „einfachen" Pflichtverletzungen, die eine Abberufung wegen wichtiger Gründe nach § 38 Abs. 2 GmbHG nicht rechtfertigen würden, spricht zumindest der Wortlaut von § 127 Abs. 5 lit. c) CZ-HGB, der insofern nur von „Pflichtverletzung" spricht. Jedenfalls ist in der Regelung des § 127 Abs. 5 CZ-HGB ebenfalls der Grundsatz enthalten, dass *„niemand Richter in eigener Sache sein darf,"* so dass auch bei einer „einfachen" Pflichtverletzung das Stimmrecht des Gesellschafter-Geschäftsführers ausgeschlossen ist.[979]

---

975 *Eliáš*, PPP 11/1999, S. 3; ähnlich *Weigl*, WiRO 2000, 131 (133).

976 *Dědič*, 2002, § 127, S. 1130/31.

977 *Dědič*, a.a.O.

978 Siehe *Weigl*, WiRO 2000, 131 (133) mit Verweis auf *Eliáš*, GmbH, S. 121 ff.

979 Zutreffend bereits zum alten Recht, *Weigl*, WiRO 2000, 131 (135), sofern die Abberufung aus Gründen erfolgt, die in der Person oder im Verhalten des Gesellschafter-Geschäftsführers liegen.

4. Wirksamwerden des Abberufungsbeschlusses

Näherer Betrachtung bedarf die Frage, zu welchem Zeitpunkt ein Abberufungsbeschluss seine Wirksamkeit entfaltet bzw. wann die Beendigung der Organstellung zeitlich fixiert werden kann. Dabei sind zunächst zwei Situationen zu unterscheiden: Entweder der Geschäftsführer ist während des Abberufungsbeschlusses anwesend oder abwesend. Einigkeit besteht im deutschen und tschechischen Recht jedoch darüber, dass die Abberufung nicht schon mit dem Abberufungsbeschluss des zuständigen Gesellschaftsorgans wirksam wird, sondern zu ihrer Wirksamkeit der Zugang der Abberufungserklärung bei dem betreffenden Geschäftsführer erforderlich ist.[980] Ist der Geschäftsführer bei der Beschlussfassung über seine Abberufung anwesend, so wird die Abberufung ihm gegenüber sofort wirksam.[981] Dies steht im Einklang mit § 574 Abs. 2 CZ-HGB, jedenfalls für die Fälle, in denen über das Abstimmungsergebnis keine Unklarheiten bestehen und das Ergebnis von der Leitung der Gesellschafterversammlung eindeutig und unmissverständlich festgestellt wurde, so dass die Kenntnisnahme des (anwesenden) Geschäftsführers nicht angezweifelt werden kann. Bei Abwesenheit des abzuberufenden Geschäftsführers bei der Abstimmung muss ihm in beiden Rechtsordnungen der Beschluss bekannt gegeben werden. Für die Übermittlung bzw. Zustellung des Abberufungsbeschlusses kann die Gesellschafterversammlung einen Gesellschafter oder einen anderen Geschäftsführer bevollmächtigen.[982] Erforderlich, aber auch ausreichend, ist der Zugang der Mitteilung,[983] wobei es positiver Kenntnis nicht bedarf.[984]

Im tschechischen Recht ergibt sich dieses Erfordernis aus dem über § 66 Abs. 2 CZ-HGB (bei Schweigen des Gesetzes) entsprechend anwendbaren Mandatsvertragsrecht. Gemäß § 574 Abs. 2 CZ-HGB wird die Kündigung an dem Tage wirksam, an dem der Bevollmächtigte von ihr erfuhr oder hätte erfahren können, es sei denn, aus der Kündigung geht ein späterer Zeitpunkt hervor. Daraus folgt, dass wie im deutschen Recht,[985] die Abberufung auch mit einer Frist zu ihrem Wirksamwerden verbunden werden kann. Ferner wird auch im tschechischen

---

[980] Für das deutsche Recht: BAG WM 1993, 797 (799); OLG München DB 1994, 1972; LG Dortmund NZG 1998, 390, mit zustimmender Anmerkung *Michalski*; *Scholz/Schneider*, § 38 Rn. 30; *Rowedder/Schmidt-Leithoff*, § 38 Rn. 21; *Baumbach/Hueck/Zöllner*, § 38 Rn. 19; *Roth/Altmeppen*, § 38 Rn. 22. Für das tschechische Recht: *Dědič*, 2002, § 135, S. 1201 f.; *Rada*, S. 34.

[981] BGH BB 1968, 560; *Roth/Altmeppen*, § 38 Rn. 22; *Baumbach/Hueck/Zöllner*, § 38 Rn. 18; *Scholz/Schneider*, § 38 Rn. 30; *Rowedder/Schmidt-Leithoff*, § 38 Rn. 21. Im tschechischen Recht: *Rada*, S. 34; *Dědič*, 2002, § 135, S. 1201.

[982] BGH BB 1968, 560; *Lutter/Hommelhoff*, § 38 Rn. 6.

[983] BGHZ 52, 321.

[984] *Baumbach/Hueck/Zöllner*, § 38 Rn. 19.

[985] *Roth/Altmeppen*, § 38 Rn. 9; *Baumbach/Hueck/Zöllner*, § 38 Rn. 2.

Recht eine Willenserklärung einer abwesenden Person gegenüber erst mit ihrem Zugang wirksam, § 45 Abs. 1 CZ-BGB.

Anders könnte im tschechischen Recht jedoch die Frage der Wirksamkeit des Abberufungsbeschlusses zu beurteilen sein, wenn der Geschäftsführer lediglich zufällig von dem Beschlussergebnis Kenntnis erlangt, da § 574 Abs. 2 CZ-HGB die Wirksamkeit an die Kenntnisnahme oder Möglichkeit zur Kenntnisnahme koppelt, es nach dem Wortlaut folglich nicht darauf ankommt, ob der Geschäftsführer zufällig oder durch Mitteilung der Gesellschafterversammlung von der Abberufung erfuhr.

Mit der herrschenden Ansicht im deutschen (und auch österreichischen) Recht[986] ist dies jedoch zu verneinen, denn eine solche Situation führt im Konfliktfall zu erheblicher Rechtsunsicherheit, da sich der Geschäftsführer auch auf die Unkenntnis des Abberufungsbeschlusses berufen könnte und die Beendigung der Organstellung nicht sicher fixiert werden kann, was jedoch insbesondere im Lichte des Verkehrsschutzes (über die Publizität des Handelsregisters hinaus) geboten ist.

5. Rechtsfolge der Abberufung (im Organverhältnis)

Mit Wirksamwerden der Abberufung wird die Organstellung als Geschäftsführer *ex nunc* beendet.[987] Für das tschechische Recht pointiert *Rada*:[988] *„Mit Zugang der Mitteilung ist der Geschäftsführer abberufen.“* Damit enden die organschaftlichen Rechte und Pflichten, mithin Geschäftsführungsbefugnis und Vertretungsmacht des Geschäftsführers in diesem Zeitpunkt.[989] Im tschechischen Recht ergibt sich die Beendigung der Organstellung als Rechtsfolge wiederum aus dem entsprechend anzuwendenden Mandatsvertragsrecht. Gemäß § 574 Abs. 3 S. 1 CZ-HGB darf der Bevollmächtigte ab dem Zeitpunkt der Wirksamkeit der Kündigung seine Tätigkeit, auf die sich die Kündigung bezieht, nicht fortsetzen. Er ist jedoch verpflichtet, den Mandanten auf die Maßnahmen aufmerksam zu machen, die erforderlich sind, um Schäden zu vermeiden, die dem Mandanten bei Abbruch der Tätigkeit unmittelbar drohen.[990] Daraus folgt, dass mit Beendigung der Organstellung die Sorgfaltspflichten des Geschäftsführers nicht enden, sondern bei einem Pflichtverstoß des abberufenden Geschäftsführers (Schadensersatz-) Ansprüche der Gesellschaft aus den Grundsätzen der *culpa post contractum finitum* ausgelöst werden können. Diese (nachvertragli-

---

[986] Im deutschen Recht: *Baumbach/Hueck/Zöllner*, § 38 Rn. 19; *Scholz/Schneider*, § 38 Rn. 30; *Hachenburg/Stein*, § 38 Rn. 79. Im österreichischen Recht: *Runggaldier/Schima*, S. 192; *Eckert*, S. 16 a.E.

[987] *Roth/Altmeppen*, § 38 Rn. 24; *Goette*, DStR 1998, 938 (939).

[988] *Rada*, S. 34 mit Verweis auf *Koppensteiner*, § 16 Rn. 14.

[989] *Roth/Altmeppen*, § 38 Rn. 24; OLG Karlsruhe GmbHR 1996, 208 (209).

[990] § 574 Abs. 3 S. 2 CZ-HGB.

che) Nebenpflicht zur Schadensabwendung gegenüber der Gesellschaft wird - als Spezialfall der allgemeinen Schadensabwendungspflicht aus §§ 377, 384 CZ-HGB - nochmals durch die Regelung in § 575 Abs. 2 CZ-HGB bekräftigt[991] und kann darüber hinaus (neben § 569 CZ-HGB) Herausgabeansprüche (z.B. auf Herausgabe des Dienstwagens, Mobiltelefon, Computer etc.), gegebenenfalls Unterlassungsansprüche der Gesellschaft auslösen.

II. Beendigung der Organstellung durch Amtsniederlegung

Die Organstellung kann auch durch Amtsniederlegung durch den Geschäftsführer enden. Im tschechischen Recht wird - ausgehend von der gesetzlichen Regelung in §§ 66 Abs. 1, 194 Abs. 2 S. 1 CZ-HGB - in diesem Zusammenhang ausschließlich von *„odstoupení z funkce"* (Rücktritt von der Funktion) gesprochen.[992] Die Amtsniederlegung bzw. (nach tschechischer Rechtsterminologie) der *„Rücktritt des Geschäftsführers von seiner Organstellung"* ist zwar nicht spezialgesetzlich geregelt, allerdings findet sich zum Rücktritt von Organen oder Organmitgliedern der Handelsgesellschaften im Sinne des CZ-HGB in § 66 Abs. 1 CZ-HGB eine allgemeine und recht ausführliche Norm.

Während im deutschen Recht das GmbHG keine Regelung zur Amtsniederlegung vorsieht,[993] bestimmt im österreichischen Recht § 16a Ö-GmbHG, dass der Geschäftsführer sein Amt mit einer Frist von 14 Tagen, im Falle eines wichtigen Grundes mit sofortiger Wirkung, niederlegen kann. Dementsprechend formuliert § 66 Abs. 1 S. 1 CZ-HGB, dass eine Person, die ein Verwaltungsorgan oder ein Organmitglied eines anderen Organs der Gesellschaft ist, von ihrer Funktion zurücktreten darf. Für das deutsche Recht ist jedoch allgemein anerkannt, dass der Geschäftsführer sein Amt ebenfalls grundsätzlich durch einseitige Erklärung beenden kann.[994]

1. Voraussetzungen des wirksamen Rücktritts von der Funktion

Der Rücktritt von der Funktion des Geschäftsführers ist als einseitige, empfangsbedürftige Willenserklärung der Gesellschaft gegenüber mitzuteilen. Diese Verpflichtung schreibt § 66 Abs. 1 S. 2 CZ-HGB vor und statuiert ausdrücklich, wer Erklärungsadressat dieser Mitteilung sein muss: *„Der Geschäftsführer ist verpflichtet, diese Tatsache dem Organ anzuzeigen, dessen Mitglied er ist oder das ihn gewählt oder ernannt hat."* Damit bleibt jedoch unklar, ob die Rücktrittserklärung auch gegenüber den übrigen Geschäftsführern (als Mitglied des

---

[991] *Dědič*, 2002, § 135, S. 1202.

[992] *Štenglová/Plíva/Tomsa*, § 66, S. 193 ff; *Rada*, S. 34 ff. m.w.N.

[993] *Brandmüller*, S. 82 f.; *Lohr*, DStR 2002, 2173 m.w.N.

[994] BGH NJW 1980, 2415; BGH NJW 1993, 1198; *K. Schmidt*, Gesellschaftsrecht, § 36 II 2; *Rowedder/Schmidt-Leithoff*, § 38 Rn. 33; *Baumbach/Hueck/Zöllner*, § 38 Rn. 38 c; *Baums*, S. 407 ff. jeweils m.w.N.

Geschäftsführungsorgans) erklärt werden kann oder zwingend der Gesellschafterversammlung (Organ, das den Geschäftsführer ernannt hat) gegenüber erklärt werden muss, da nach dem Wortlaut von § 66 Abs. 1 S. 2 CZ-HGB der rücktrittswillige Geschäftsführer ein Wahlrecht hat. Die Formulierung erscheint im Lichte von § 66 Abs. 1 S. 3 CZ-HGB umso unglücklicher, als dass auch die körperschaftsrechtliche Wirksamkeit des Rücktritts an die Verhandlung des Organs gekoppelt wird, das den Geschäftsführer ernannt hat oder - sofern gesellschaftsvertraglich oder satzungsrechtlich vereinbart - des Organs, dessen Mitglied das Organ ist. Gemäß § 66 Abs. 1 S. 3 CZ-HGB endet *die Ausübung der Tätigkeit an dem Tag, an dem der Rücktritt durch das Organ, das die Person gewählt oder ernannt hat, den Rücktritt verhandelt hat oder hätte verhandeln sollen, es sei denn, der Gesellschaftsvertrag oder die Satzung lassen es zu, dass die Verhandlung des Rücktritts auch durch das Organ erfolgen darf, dessen Mitglied die Person ist.* Im Regelfall ist Erklärungsadressat somit die Gesellschafterversammlung, die gemäß § 125 Abs. 1 lit. f) CZ-HGB für die Begründung und Beendigung der Organstellung zuständig ist.[995] Das Gesetz lässt allerdings eine abweichende gesellschaftsvertragliche oder satzungsrechtliche Regelung zu, so dass die Gesellschafter grundsätzlich vereinbaren könnten, dass der Rücktritt eines Geschäftsführers nur gegenüber dem Organ, dessen Mitglied er ist, erklärt und verhandelt werden muss. Dies würde bedeuten, dass die anderen Geschäftsführer (als Mitglieder des Geschäftsführungsorgans) Erklärungsadressaten sein könnten. Es ist jedoch fraglich, ob dies auch für den Spezialfall der GmbH gelten soll. Die Mitgeschäftsführer sind jedoch kein tauglicher Erklärungsadressat, da sich deren Vertretungsmacht nicht auf die Anstellung und Bestellung bezieht, die im tschechischen Recht ausschließlich der Gesellschafterversammlung vorbehalten ist. Somit fehlt ihnen auch die passive Vertretungsmacht für die Entgegennahme der Rücktrittserklärung,[996] so dass § 66 Abs. 1 S. 2 und 3 CZ-HGB insofern teleologisch zu reduzieren ist. Für die GmbH ist daher nur die Gesellschafterversammlung das zuständige Organ für die Entgegennahme von Rücktritterklärungen.

Auch im deutschen Recht ist die Gesellschafterversammlung als zentrales Entscheidungsorgan der GmbH für die Begründung und Beendigung der Organstellung grundsätzlich der richtige Erklärungsadressat der Amtsniederlegungserklärung des Geschäftsführers. Etwas anderes gilt nur bei mitbestimmten Gesellschaften, bei denen gemäß §§ 31 Abs. 1 MitBestG, 12 MontanMitBestG i.V.m. § 84 AktG der Aufsichtsrat für die Bestellung und Abberufung des Geschäfts-

---

995 Entscheidung des Obergerichts Prag (7 Cmo 672/98), PR 6/2000, 279; *Dědič*, 2002, § 135, S. 1201; *Rada*, S. 34 ff. m.w.N.

996 So zutreffend für das deutsche Recht, *Lohr*, DStR 2002, 2173 (2174) mit Verweis auf *Scholz/Schneider*, § 38 Rn. 85; *Lutter/Hommelhoff*, § 38 Rn. 42 m.w.N.

führers zuständig ist und dies folglich auch die Kompetenz zur Entgegennahme von Erklärungen des Geschäftsführers zur Amtsniederlegung mitumfasst.[997]

In beiden Rechtsordnungen stellt sich jedoch die Frage, ob die Mitteilung an einen Gesellschafter ausreichend ist. Dies ist zunächst bei der Ein-Mann-Gesellschaft unproblematisch.[998] Dazu § 132 Abs. 1 S. 1 CZ-HGB: *Hat die Gesellschaft nur einen Gesellschafter, so wird keine Gesellschafterversammlung abgehalten, ihre Zuständigkeit übt dieser Gesellschafter aus*. Bei der mehrgliedrigen GmbH war diese Frage im deutschen Recht umstritten.[999] Zunächst hatte der BGH[1000] festgestellt, dass jedenfalls dann die Erklärung gegenüber einem Gesellschafter ausreiche, wenn die anderen Gesellschafter über die Amtsniederlegung des Geschäftsführers in Kenntnis gesetzt waren. Nunmehr hat der Zweite Zivilsenat des BGH[1001] die Wirksamkeit einer Amtsniederlegung auch auf die Fälle ausgedehnt, in denen eine Benachrichtigung der anderen Gesellschafter unterblieben war oder nicht belegbar war. Danach sei es Sache der Gesellschafter, sich untereinander über die Beendigung des Geschäftsführeramtes zu verständigen. Daraus folgert *Koppensteiner*,[1002] dass - wie in anderen Fällen der Passivvertretung auch - Zugang bei einem Mitglied des in Betracht kommenden Gesellschaftsorgans genügt.

Dagegen wird im tschechischen Recht das Gesetz wörtlich genommen und ausschließlich die Mitteilung des Rücktritts von der Funktion des Geschäftsführers gegenüber der Gesellschafterversammlung als ausreichend anerkannt.[1003] Dies ist angesichts der klaren gesetzlichen Regelung in § 66 Abs. 1 S. 2 CZ-HGB nur allzu verständlich und verschafft der Situation in der GmbH insofern Rechtssicherheit, als dass die (alleinige) Bestellungs- und Abberufungskompetenz der Gesellschafterversammlung mit der Passivvertretung verbunden bleibt, zumal eine mit §§ 35 Abs. 2 S. 3 GmbHG, 78 Abs. 2 S. 2 AktG vergleichbare Regelung im tschechischen Recht fehlt, aus denen ein entsprechender Rechtsgedanke hergeleitet werden könnte. Von diesem Grundsatz kann im tschechischen Recht, neben der Erklärung gegenüber dem alleinigen Gesellschafter, nur dann abgewichen werden, wenn der Geschäftsführer für seine Rücktrittserklärung den Weg des Umlaufbeschlussverfahrens gemäß § 130 CZ-HGB wählt.[1004] Damit

---

[997] *Lohr*, DStR 2002, 2173 (2174); ebenso für den fakultativen Aufsichtsrat.

[998] *Lutter/Hommelhoff*, § 38 Rn. 42; *Rada*, S. 35 m.w.N.

[999] Die Mitteilung an einen Gesellschafter als unzureichend, *Scholz/Schneider*, § 38 Rn. 85, 91; kritisch *Lutter/Hommelhoff*, § 38 Rn. 42; a.A. *Meyer-Landrut/Miller*, § 38 Rn. 130; *Rowedder/Schmidt-Leithoff*, § 38 Rn. 36; *Plander*, ZHR 133 (1970), 327 (360 ff.).

[1000] BGHZ 121, 257 = NJW 1993, 1198.

[1001] BGH ZIP 2001, 2227 (2228) = DStR 2002, 183.

[1002] *Rowedder/Schmidt-Leithoff*, § 38 Rn. 36.

[1003] *Štenglová/Plíva/Tomsa*, § 66, S. 194; *Dědič*, 2002, § 135, S. 1201; mit Darstellung eventueller Ausnahmen von diesem Grundsatz, *Rada*, S. 35/36 m.w.N.

[1004] So *Rada*, S. 35 a.E.

umgeht der Geschäftsführer zunächst nicht die Empfangszuständigkeit der Gesellschafterversammlung und muss aber nicht die nächste Gesellschafterversammlung abwarten oder diese selbst einberufen, sondern kann selbst tätig werden. In einem solchen Fall dürfen gemäß § 130 Abs. 1 S. 2 CZ-HGB Personen, die sonst zur Einberufung einer Gesellschafterversammlung berechtigt sind,[1005] einen Beschlussantrag den Gesellschaftern zur Stellungnahme vorlegen und eine Frist bestimmen, innerhalb der sich die Gesellschafter schriftlich äußern sollen. Dieser Weg ist weniger eine Ausnahme vom Grundsatz der Allzuständigkeit der Gesellschafterversammlung, jedoch ein schneller (u.U. aber aufwendigerer)[1006] Weg, die Kenntnisnahme sämtlicher Gesellschafter sicherzustellen. In allen anderen Fällen ist die Rücktrittserklärung gegenüber einem oder mehreren Gesellschaftern anstatt der Gesellschafterversammlung unzulässig.[1007]

Inhaltlich sind an die Rücktrittserklärung in beiden Rechtsordnungen keine besonderen Anforderungen zu stellen. Evident dürfte das Bedürfnis sein, dass sich aus der Erklärung der Wille zur Amtsaufgabe ergibt. Früher war im deutschen Recht die Angabe eines wichtigen Grundes für die Amtsniederlegung erforderlich,[1008] was jedoch in jüngster Zeit vom BGH[1009] aufgegeben wurde, so dass das Organverhältnis grundsätzlich auch durch unbegründete Amtsniederlegung beendet wird. Grenzen ergeben sich in beiden Rechtsordnungen nur bei der missbräuchlichen Amtsniederlegung des (alleinigen Gesellschafter)-Geschäftsführers[1010] und im deutschen Recht bei der satzungsrechtlichen Beschränkung der Amtsniederlegung auf wichtige Gründe sowie die Wahrung einer satzungsrechtlich festgelegten Frist.[1011]

2. Zeitpunkt der Beendigung

Maßgeblich für die zeitliche Fixierung der Beendigung der Organstellung durch Rücktritt von der Funktion des Geschäftsführers ist die bereits angesprochene Regelung des § 66 Abs. 1 S. 3 CZ-HGB, wonach die Ausübung der Tätigkeit an dem Tag endet, an dem der Rücktritt durch das ernennende Organ (gemäß § 125 Abs. 1 lit. f) CZ-HGB die Gesellschafterversammlung) verhandelt wurde oder hätte verhandelt werden sollen. Dem muss zeitlich jedoch die Erklä-

[1005] Gemäß § 128 Abs. 1 CZ-HGB der oder die Geschäftsführer.

[1006] Gemäß § 105 Abs. 3 CZ-HGB darf die GmbH im tschechischen Recht maximal fünfzig Gesellschafter haben, so dass sich die persönliche Kontaktaufnahme mittels Brief in Grenzen halten dürfte.

[1007] *Rada*, S. 36 m.N. So auch im österreichischen Recht, *Koppensteiner*, § 16 Rn. 4.

[1008] BGH NJW 1961, 507; BGHZ 78, 82 = NJW 1980, 2415; siehe auch *Klatte*, S. 113 ff. mit ausführlichem Überblick zum damaligen Meinungsstand.

[1009] BGHZ 121, 257 = NJW 1993, 1198.

[1010] Dazu weiter unten, S. 230 ff.

[1011] *Rowedder/Schmidt-Leithoff*, § 38 Rn. 33 ff.; *Baumbach/Hueck/Zöllner*, § 38 Rn. 38c; ausführlich *Lohr*, DStR 2002, 2173 (2175 ff.) m.w.N.

rung des Rücktritts vorangehen, wie sich aus § 66 Abs. 1 S. 5 CZ-HGB ergibt. Danach ist die Gesellschafterversammlung verpflichtet, den Rücktritt während der Sitzung zu verhandeln, die der Kenntnis über den Rücktritt unmittelbar folgt. Daher ist der sicherste Weg für den Geschäftsführer, seinen Rücktritt rechtswirksam erklären zu können, gemäß §§ 128 Abs. 1, 129 Abs. 1 CZ-HGB schriftlich die Gesellschafter darüber zu informieren und eine Gesellschafterversammlung einzuberufen. Selbst wenn die Gesellschafterversammlung nicht beschlussfähig ist, hindert dies zunächst nicht die Wirksamkeit des Rücktritts, denn Voraussetzung des Rücktritts ist lediglich die Anzeige des Rücktritts gegenüber allen Gesellschaftern, nicht jedoch ein wirksamer Beschluss, den Geschäftsführer auf Wunsch von seinem Amt zu entbinden.[1012] Die Kenntnis der Gesellschafter von dem Rücktrittsbegehren des Geschäftsführers ist ein zentrales zeitliches Moment zur Bestimmung der rechtswirksamen Beendigung der Organstellung. Erklärt der Geschäftsführer seinen Rücktritt in einer Gesellschafterversammlung, ohne die Gesellschafter vorher in Kenntnis gesetzt zu haben, so endet gemäß § 66 Abs. 1 S. 6 CZ-HGB die Organstellung zwei Monate nach der Bekanntgabe des Rücktritts, es sei denn die Gesellschafterversammlung genehmigt auf Antrag des Geschäftsführers einen anderen Zeitpunkt. Damit soll wiederum verhindert werden, dass der Geschäftsführer rechtsmissbräuchlich sein Amt niederlegt, ohne der Gesellschaft Zeit zu geben, einen geeigneten Nachfolger zu berufen.[1013] Dementsprechend ist auch der Fall zu entscheiden, wenn die Gesellschafterversammlung nicht beschlussfähig ist, da sonst die Sicherstellung der Kenntnisnahme aller Gesellschafter nicht gewährleistet ist.[1014]

Dagegen hat das Obergericht Prag in einer Entscheidung vom 28. 7. 1999[1015] den wirksamen Rücktritt eines Geschäftsführer von einer ordnungsgemäß einberufenen und beschlussfähigen Gesellschafterversammlung abhängig gemacht. Dem ist grundsätzlich zuzustimmen. Jedoch kann der Sinn und Zweck der Regelung des § 66 Abs. 1 CZ-HGB, die Kenntnisnahme aller Gesellschafter vom Rücktrittsbegehren des Geschäftsführers,[1016] auch dadurch erreicht werden, dass der Geschäftsführer sämtliche Gesellschafter in Form einer ordnungsgemäßen Ladung zur Gesellschafterversammlung über seinen Rücktritt in Kenntnis setzt. Kommen die Gesellschafter nur unvollständig zur Gesellschafterversammlung zusammen, so kann die Beschlussunfähigkeit nicht den Geschäftsführer treffen und seinen Rücktritt verhindern. Vielmehr ist mit der Regelung des § 66 Abs. 1 S. 6 CZ-HGB davon auszugehen, dass mit Ablauf der Zwei-Monats-Frist die

---

[1012] Anders Obergericht Prag (7 Cmo 672/98), PR 6/2000, 279.

[1013] *Štenglová/Plíva/Tomsa*, § 66, S. 194.

[1014] Siehe dazu *Rada*, S. 36 f.

[1015] Obergericht Prag (7 Cmo 672/98), PR 6/2000, 279.

[1016] Dementsprechend verlangt z.B. § 16a Abs. 2 Ö-GmbHG, dass der Rücktritt gegenüber der Gesellschafterversammlung oder gegenüber allen Gesellschaftern. zu erklären ist.

Organstellung des Geschäftsführers endet.[1017] Diese Argumentation trägt auch für den Fall des Rücktritts des Geschäftsführers gegenüber dem alleinigen Gesellschafter, sofern dieser nicht selbst Geschäftsführer ist. Teilt der Geschäftsführer dem alleinigen Gesellschafter seinen Rücktritt mit, so erfüllt der Geschäftsführer damit seine Mitteilungspflicht gegenüber der Gesellschafterversammlung gemäß § 66 Abs. 1 S. 2 CZ-HGB, deren Zuständigkeit gemäß § 132 Abs. 1 CZ-HGB vom alleinigen Gesellschafter ausgeübt wird. Dem steht folglich die Situation des § 66 Abs. 1 S. 6 CZ-HGB gleich, so dass wiederum mit Ablauf der Zwei-Monats-Frist nach Kundgabe des Rücktritts gegenüber dem alleinigen Gesellschafter die Organstellung des Geschäftsführers endet, es sei denn, der alleinige Gesellschafter genehmigt auf Antrag des Geschäftsführers gemäß § 66 Abs. 1 S. 6 CZ-HGB einen anderen Zeitpunkt. Während im deutschen Recht die wirksame Amtsniederlegung bei der mehrgliedrigen GmbH (ohne Rücksicht auf die behaupteten Gründe) dieselbe Wirkung wie die Abberufung hat (sofortige Beendigung der Organstellung *ex nunc*),[1018] wird im österreichischen Recht gemäß § 16a Ö-GmbHG zwischen Rücktritt aus wichtigen Grund, dann sofortige Beendigung, und regulärem Rücktritt, dann Beendigung nach Ablauf einer 14-Tage-Frist, differenziert.

3. Rücktritt des alleinigen Gesellschafter-Geschäftsführers

Problematisch ist der Fall, wenn der alleinige Gesellschafter-Geschäftsführer von seinem Amt als Geschäftsführer zurücktritt, die Ein-Mann-GmbH folglich handlungsunfähig würde.

Dies ist im deutschen Recht umstritten. Die Amtsniederlegung des alleinigen Gesellschafter-Geschäftsführers ist nach Auffassung einiger Oberlandesgerichte[1019] rechtsmissbräuchlich, sofern dieser nicht zugleich für die Bestellung eines neuen Geschäftsführer sorgt oder die Amtsniederlegung nicht aus wichtigem Grund erfolgte. Als Begründung wird meist das Interesse des Rechtsverkehrs an der Handlungsfähigkeit der Gesellschaft angeführt, die zu missbilligen sei, wenn durch Amtsniederlegung versucht werde, sich der freiwillig übernommenen Verantwortung für die Gesellschaft und aller weiteren Pflichten zu entledigen. Diese Rechtsprechung findet zwar Zuspruch einiger Autoren,[1020] nach überwiegender Ansicht ist die Amtsniederlegung körperschaftsrechtlich dennoch wirk-

[1017] So i.E. auch *Rada*, S. 36 f.
[1018] Statt aller *Roth/Altmeppen*, § 38 Rn. 75 m.w.N.
[1019] OLG Hamm GmbHR 1989, 35; BayObLG GmbHR 1992, 671 und DStR 2000, 290; KG Berlin GmbHR 2001, 147; OLG Düsseldorf ZIP 2001, 25.
[1020] *Scholz/Schneider*, § 38 Rn. 90; *Lohr*, DStR 2002, 2173 (2177 ff.).

sam.[1021] Dies sei aus Gründen der Rechtssicherheit geboten, da die Organstellung im Interesse des Rechtsverkehrs außer Zweifel stehen muss.[1022] Ferner sei den Gläubigern nicht geholfen, wenn unklar bliebe, ob der Geschäftsführer - insbesondere bei Angabe eines nicht belegbaren wichtigen Grundes - weiterhin amtiere, so dass das Risiko der Gläubiger bei der Bestellung eines Notgeschäftsführers bzw. eines Prozesspflegers geringer sei als die Inanspruchnahme einer GmbH, deren Vertretung unsicher sei.[1023]

Für das tschechische Recht wäre die Zulässigkeit des rechtsmissbräuchlichen Rücktritts von der Funktion des Geschäftsführers durch den alleinigen Gesellschafter-Geschäftsführer zu verneinen. Zwar würden auch im tschechischen Recht die Argumente der überwiegenden Ansicht in der deutschen Literatur überzeugen können, da bei Rücktritt des Geschäftsführers und sich anschließender Handlungsunfähigkeit, das zuständige Gericht (auf Antrag eines Gläubigers) den fehlenden Geschäftsführer für die Dauer, bis dieser durch den alleinigen Gesellschafter bestellt würde, ernennt.[1024] Jedoch kann das Gericht auch ohne Antrag die Gesellschaft auflösen und die Liquidation der Gesellschaft anordnen, § 194 Abs. 2 S. 2 2. HS CZ-HGB. Im tschechischen Recht existiert jedoch eine Norm, die gerade derartige Missbrauchstatbestände ausschließen will. Gemäß § 56a CZ-HGB ist der Missbrauch einer Mehrheit oder Minderheit von Stimmen in einer Gesellschaft verboten. Sofern der alleinige Gesellschafter-Geschäftsführer seinen Rücktritt rechtswirksam durch simplen Entschluss vollzieht,[1025] da er sich gemäß § 66 Abs. 1 S. 5 CZ-HGB i.V.m. § 132 Abs. 1 CZ-HGB auch sofort seines Geschäftsführeramtes entledigen kann, ist auch hier das Verstreichen der Zwei-Monats-Frist des § 66 Abs. 1 S. 5 CZ-HGB zu fordern, damit die Gläubiger rechtzeitig beim zuständigen Gericht die Bestellung eines Notgeschäftsführers beantragen können. Andernfalls wäre der Rücktritt gemäß § 56a CZ-HGB rechtsmissbräuchlich, da er insofern seine Stellung als alleiniger Gesellschafter zu Lasten der Gläubiger ausnutzt und jederzeit das Gesellschaftsvermögen dem Gläubigerzugriff entziehen könnte.[1026] Daher wird im deutschen Recht eine derartige Amtsniederlegung auch *„zur Unzeit"* bezeichnet,[1027] die dann vorliegt, wenn der Geschäftsführer die Gesellschaft handlungsunfähig macht und sie damit der Erfüllung ihrer Pflichten entzieht; der Geschäftsführer

---

[1021] *Roth/Altmeppen*, § 38 Rn. 78; *Baumbach/Hueck/Zöllner*, § 38 Rn. 38c; *Hachenburg/Stein*, § 38 Rn. 137; *Baums*, S. 411 ff.; *Khatib-Shahidi/Bögner*, BB 1997, 1161 (1165); *Schuhmann*, NZG 2002, 706 (707); *Dietsch*, NotBZ 2001, 187 (188).

[1022] So *Baumbach/Hueck/Zöllner*, § 38 Rn. 38c.

[1023] *Dietsch*, NotBZ 2001, 187 (189). A.A. *Lohr*, DStR 2002, 2173 (2177).

[1024] §§ 135 Abs. 2, 194 Abs. 2 S. 2 1. HS CZ-HGB.

[1025] Scheinbar unproblematisch im österreichischen Recht, siehe *Koppensteiner*, § 16a Rn. 4 a.E. lediglich mit Hinweis auf das Schriftformerfordernis des § 18 Abs. 5 Ö-GmbHG.

[1026] So zu Recht für das deutsche Recht, *Lohr*, a.a.O.

[1027] *Lutter/Hommelhoff*, § 38 Rn. 44; *Khatib-Shahidi/Bögner*, BB 1997, 1161.

kann sich dann - wie *Lutter/Hommelhoff*[1028] ausführen - aus diesen Pflichten nicht durch Amtsniederlegung wegstehlen, also etwa sein Amt in der Krise der Gesellschaft einfach niederlegen.

III. Automatische Beendigung der Organstellung

Neben Abberufung und Rücktritt bzw. Amtsniederlegung des Geschäftsführers, die die Organstellung - entweder auf Initiative der Gesellschafter oder des Geschäftsführers selbst - beenden, kann die Organstellung auch automatisch, d.h. ohne Gesellschafterbeschluss oder einer Willensäußerung des Geschäftsführers, enden. Dabei kommen im tschechischen Recht insbesondere der Verlust der Amtsfähigkeit und die Untätigkeit der Gesellschafter, die Beendigung durch Zeitablauf und der Tod des Geschäftsführers in Betracht.[1029]

1. Beendigung durch Zeitablauf (Befristung)

Wie bereits eingangs zur Bestellung des Geschäftsführers skizziert, enthält weder das deutsche noch das tschechische Recht der GmbH Vorschriften hinsichtlich der Dauer der Amtszeit. Nur bei mitbestimmten Gesellschaften gilt über §§ 31 Abs. 1 MitbestG, 12 MontanMitbestG, 12 MontanMitbestErgG i.V.m. §§ 112, 84 AktG die Höchstdauer von fünf Jahren.

Im tschechischen Recht verweist der tschechische Gesetzgeber in § 135 Abs. 2 CZ-HGB lediglich auf die entsprechende Anwendbarkeit u.a. des § 194 Abs. 2 S. 1 bis 5, Abs. 4 bis 7 CZ-HGB, jedoch nicht auf § 194 Abs. 1 CZ-HGB, wonach die Wahlperiode einzelner Vorstandsmitglieder die Satzung festlegt und insgesamt fünf Jahre nicht überschreiten darf. Legt die Satzung keine Dauer fest, so beträgt sie gemäß § 194 Abs. 1 S. 4 CZ-HGB fünf Jahre. In § 135 Abs. 2 CZ-HGB wird der gesetzgeberische Wille deutlich, nur bestimmte und ausdrücklich erwähnte Vorschriften des Aktienrechtes entsprechend auf das Recht der GmbH anzuwenden, die Vorschriften über die Dauer der Amtsperiode eines statutarischen Organs sind davon jedoch ausgenommen. Daraus folgt zunächst, dass die Bestellung des Geschäftsführers in beiden Rechtsordnungen grundsätzlich unbefristet ist.[1030] Damit korrespondiert auch der Grundsatz der jederzeitigen Widerrufbarkeit der Bestellung bzw. Abberufbarkeit des Geschäftsführers. Da der tschechische Gesetzgeber jedoch in der, über die Verweisungsnorm des § 135 Abs. 2 CZ-HGB für Geschäftsführer anwendbaren, Bestimmung des § 194 Abs. 2 S. 1 CZ-HGB von Beendigung der Organstellung durch Zeitablauf ausgeht, ist nach der zutreffenden Ansicht von *Dědič*[1031] der Gesellschaftsvertrag oder der

[1028] *Lutter/Hommelhoff*, § 38 Rn. 44.

[1029] Siehe die Aufzählung bei *Dědič*, 2002, § 135, S. 1201 und § 194, S. 2405 f.

[1030] Zum tschechischen Recht: *Rada*, S. 21 f. Zum deutschen Recht: *Rowedder/Schmidt-Leithoff*, § 6 Rn. 29 m.w.N.

[1031] *Dědič*, 2002, § 135, S. 1202.

Bestellungsbeschluss der Gesellschafterversammlung maßgebend. Sowohl im Gesellschaftsvertrag als auch im Rahmen des Bestellungsbeschlusses kann die Dauer der Bestellung festgelegt sein.[1032] Allerdings soll nach dieser Ansicht die Organstellung nicht schlicht durch Zeitablauf enden,[1033] sondern erst nach Verstreichen einer Drei-Monats-Frist, solange gemäß § 194 Abs. 2 S. 1 CZ-HGB durch die Gesellschafterversammlung kein neuer Geschäftsführer bestellt wurde. Nach *Štenglová*[1034] soll die Amtszeit des Organs erst durch Bestellung des neuen Organs enden, was sich im Ergebnis mit der von *Dědič* vertretenen Ansicht deckt, denn die Gesellschaft hat ja gemäß § 194 Abs. 2 S. 1 CZ-HGB drei Monate Zeit einen neuen Geschäftsführer zu bestellen. Der Grund für die Einhaltung dieser Frist ist aus Sicht der Gesellschafter einleuchtend (die Vermeidung geschäftsführerloser Zeiträume), da sonst jede Person, die *„ein rechtliches Interesse“* hieran nachweisen kann, gemäß § 194 Abs. 2 S. 2 CZ-HGB bei einem zuständigen Gericht[1035] die Bestellung eines Notgeschäftsführers verlangen könnte. Bestellt innerhalb der Drei-Monats-Frist die Gesellschafterversammlung einen neuen Geschäftsführer, so endet mit der wirksamen Bestellung des neuen Geschäftsführers die Organstellung des alten Geschäftsführers. Diese Konstruktion mag aus deutscher Sicht sonderbar erscheinen,[1036] findet aber seine Legitimation in § 194 Abs. 1 S. 5 CZ-HGB, wonach die Tätigkeit des Geschäftsführers mit der Wahl eines neuen Geschäftsführers endet, *„spätestens jedoch drei Monate nach Beendigung seiner Amtszeit.“* Dies gibt den Gläubigern (im Interesse des Rechtsverkehrs) bis zur Neubestellung eines Geschäftsführers ein Vertretungsorgan, das die laufenden Vertragsbeziehungen und Rechtsverhältnisse kennt und sich nicht, wie etwa ein gerichtlich bestellter Notgeschäftsführer, aufgrund Unkenntnis der Gesellschaftsinterna auf das notwendige Minimum beschränken müsste. Bestellt das Gericht auf Antrag einen Notgeschäftsführer nach Ablauf der Amtsperiode, so endet dessen Amt mit der Bestellung eines regulären Geschäftsführers durch die Gesellschafterversammlung, § 194 Abs. 2 S. 2 CZ-HGB.

2. Wegfall der gesetzlichen Voraussetzungen

Bei Wegfall der gesetzlichen Voraussetzungen zur Ausübung des Geschäftsführeramtes endet die Geschäftsführerstellung *ex lege.*[1037] Erfüllt eine Person die

---

[1032] So auch im deutschen Recht, siehe *Baumbach/Hueck/Zöllner*, § 38 Rn. 37.

[1033] Vgl. für „statutarische Organe“ allgemein, wohl mit Blick auf Organe der Aktiengesellschaft, Entscheidung des Obersten Gerichts v. 07.10.1998, SJ 3/1999, 106.

[1034] *Štenglová/Plíva/Tomsa*, § 194, S. 621.

[1035] Gemäß §§ 194 Abs. 2 S. 4, 85 Abs. 3 CZ-ZPO das Kreisgericht am Sitz der Gesellschaft; siehe *Štenglová/Plíva/Tomsa*, § 194, S. 621.

[1036] Zumal auch im tschechischen Recht gemäß § 578 CZ-BGB die Rechte und Pflichten eines Schuldverhältnisses mit dem Ablauf der Zeit, auf die es befristet war, erlischt.

[1037] *Dědič*, 2002, § 135, S. 1202; *Rada*, S. 39 f. m.w.N.

in § 194 Abs. 7 S. 1 CZ-HGB aufgeführten Anforderungen nicht oder liegt ein Hindernis zur Ausübung der Funktion vor (vgl. § 31a CZ-HGB), so wird diese Person gemäß §§ 135 Abs. 2, 194 Abs. 7 S. 2 CZ-HGB selbst dann kein Geschäftsführer, wenn das zuständige Organ (Gesellschafterversammlung) dies beschlossen hat.[1038] Erfüllt der Geschäftsführer die für die Ausübung der Funktion durch das Gesetz oder Sonderbestimmungen festgelegten Bedingungen nicht mehr, so endet seine Funktion gemäß § 194 Abs. 7 S. 3 CZ-HGB mit dem Eintritt dieser Tatsache, falls dieses Gesetz nichts Abweichendes regelt (dazu § 31a CZ-HGB). Dies hat zur Folge, dass der Geschäftsführer seine Organstellung *ex nunc* verliert, wenn er geschäftsunfähig wird, seine Unbescholtenheit i.S.d. Gewerbegesetzes (§ 6 Abs. 2 des CZ-GewerbeG)[1039] nicht mehr besteht oder Tatsachen eingetreten sind, die die Ausübung eines Gewerbes nach dem Gewerbegesetz ausschließen (§ 6 Abs. 1 CZ-GewerbeG).[1040]

Ebenso führt im deutschen Recht ein späterer gesetzlicher Eignungsmangel zum Verlust der Geschäftsführerstellung *ipso iure*.[1041] Auch die Eintragung des Geschäftsführers in das Handelsregister heilt diesen Mangel nicht.[1042] Einer besonderen Abberufung des Geschäftsführers durch die Gesellschafterversammlung bedarf es daher nicht.[1043] Die Eintragung im Handelsregister ist von Amts wegen zu löschen.[1044]

Im tschechischen Recht führt der Verlust der Organstellung jedoch nicht zur einer Löschungspflicht des Registergerichts von Amts wegen. Gemäß § 32 S. 1 CZ-HGB weisen Gerichte und andere Organe das Registergericht auf Abweichungen zwischen dem tatsächlichen Rechtszustand und den im Handelsregister eingetragenen Tatsachen hin, sobald sie eine Abweichung bei ihrer Tätigkeit feststellen. Das Registergericht fordert die betreffende juristische Person auf, die Eintragung berichtigen zu lassen (§ 32 S. 2 CZ-HGB). Wird innerhalb einer vom

[1038] Dies gilt auch für den Gründungsgeschäftsführer, der durch den Gesellschaftsvertrag bestellt wurde, *Dědič*, 2002, § 110, S. 991 f.

[1039] Gemäß § 6 Abs. 2 CZ-GewerbeG gilt als unbescholten, wer nicht wegen einer vorsätzlichen Straftat zu mindestens einem Jahr Freiheitsentzug ohne Bewährung (§ 6 Abs. 2 lit. a) CZ-GewerbeG); wegen einer vorsätzlichen Straftat, deren Tatbestand mit dem Gegenstand der unternehmerischen Tätigkeit in Zusammenhang steht und auf die sich die Regelung des Buchstaben a) nicht bezieht (§ 6 Abs. 2 lit. b) CZ-GewerbeG); wegen einer fahrlässigen Straftat, deren Tatbestand ebenfalls mit dem Gegenstand der unternehmerischen Tätigkeit in Zusammenhang steht (§ 6 Abs. 2 lit. c) CZ-GewerbeG), verurteilt wurde

[1040] Siehe §§ 5 ff. CZ-GewerbeG.

[1041] BGHZ 53, 210 (215); 115, 78 (80); BayObLG BB 1982, 1508; OLG Düsseldorf GmbHR 1994, 114.

[1042] BayObLG DB 1983, 2408; OLG Frankfurt DB 1994, 2282; OLG Naumburg GmbHR 2000, 378; *Rowedder/Schmidt-Leithoff*, § 6 Rn. 19; *Scholz/Schneider*, § 6 Rn. 12.

[1043] OLG Düsseldorf GmbHR 1994, 114; OLG Frankfurt DB 1994, 2282; *Rowedder/Schmidt-Leithoff*, a.a.O.

[1044] BayObLG NJW-RR 1989, 934; OLG Zweibrücken GmbHR 2001, 435.

Registergericht festgesetzten Frist keine Berichtigung vorgenommen, so kann das Gericht gemäß § 32 S. 3 CZ-HGB auch ohne Antrag über die Auflösung und Liquidation der Gesellschaft beschließen.

Dies kann in den Fällen des § 31a Abs. 1 bis 3 CZ-HGB (insolvenzrechtliche Belastung des Geschäftsführers) gemäß § 31a Abs. 6 CZ-HGB durch die Gesellschafter verhindert werden. Tritt die in § 31a Abs. 1 CZ-HGB genannte Tatsache zu einem Zeitpunkt ein, in dem die Person, die von der Tatsache betroffen ist, bereits Geschäftsführer ist, so hat die Gesellschafterversammlung nach Kenntnis diese Person abzuberufen oder ihre Bestellung zu bestätigen, § 31a Abs. 6 S. 1 CZ-HGB. Dies hat zur Folge, dass das Hindernis gemäß § 31a Abs. 1, 5 und 6 CZ-HGB entfällt. Zur Bestätigung der Bestellung ist gemäß § 31a Abs. 6 S. 2 CZ-HGB die 2/3 Mehrheit der bei der Hauptversammlung anwesenden Gesellschafter erforderlich. Erfolgt die Bestätigung der Bestellung nicht innerhalb von drei Monaten nach Entstehung der in § 31a Abs. 1 CZ-HGB genannten Tatsache, so endet gemäß § 31a Abs. 6 S. 3 CZ-HGB die Ausübung der Funktion am letzten Tag dieser Frist. Dann kann § 32 CZ-HGB mit der Folge eingreifen, dass bei Säumnis der Korrektur des Handelsregisters bzw. versäumter Neubestellung und Eintragung eines anderen Geschäftsführers die Gesellschaft auch ohne Antrag gerichtlich aufgelöst und liquidiert werden kann, falls dieses Vorgehen dem Schutz von Interessen Dritter dient.

Damit korrespondiert auch die im tschechischen Recht gemäß § 68 Abs. 6 CZ-HGB für Dritte, die ein rechtliches Interesse nachweisen können, verankerte Möglichkeit, Auflösungsklage zu erheben.[1045] Gemäß § 68 Abs. 6 lit. a) CZ-HGB ist die Auflösungsklage begründet, wenn in den letzten zwei Jahren keine Hauptversammlung stattgefunden hat oder im abgelaufenen Jahr die statutarischen Organe der Gesellschaft nicht gewählt wurden oder, sofern das CZ-HGB nichts Abweichendes regelt, die Amtszeit der statutarischen Organe vor mehr als einem Jahr abgelaufen ist und/oder die Gesellschaft seit mehr als zwei Jahren keine Tätigkeit ausübt. Dadurch wird im tschechischen Recht zum einen weitgehend die Erhaltung von Mantelgesellschaften vereitelt. Das kann aber zum anderen, neben dem Verlust der Organstellung des Geschäftsführers wegen Untätigkeit der Gesellschafter, auch die Auflösung der Gesellschaft zur Folge haben. Davon sind in der Praxis häufig Gesellschaften betroffen, die von Ausländern in der ČR, ausschließlich zum Zweck des Immobilienerwerbs, gegründet wurden und nun wenig bis keine Geschäftstätigkeit mehr entfalten.[1046]

[1045] Gemäß § 61 Abs. 2 S. 2 GmbHG kann im deutschen Recht Auflösungsklage nur von den Gesellschaftern erhoben werden.

[1046] *Holler/Wesbuer*, WiRO 2002, 202 (206); *Holler/Karmann*, WiRO 1999, 361 (365).

3. Beendigung durch Tod des Geschäftsführers

Wie sich bereits aus § 194 Abs. 2 S. 1 CZ-HGB ergibt, endet die Organstellung mit dem Ableben des Geschäftsführers, denn die Ausübung der Funktion als Geschäftsführer ist gemäß § 66 Abs. 2 S. 2 CZ-HGB eine persönliche Schuld,[1047] die bei Ableben unmöglich wird, § 579 Abs. 2 CZ-BGB[1048] Der Tod des Geschäftsführers führt auch im deutschen Recht stets zur Beendigung der Organstellung, da ein Übergang der Stellung als Geschäftsführer selbst dann nicht stattfindet, wenn der Geschäftsanteil des Gesellschafter-Geschäftsführers mit einem Sonderrecht auf Geschäftsführung ausgestattet ist,[1049] was im tschechischen Recht ohnehin derzeit nicht vereinbart werden kann.

4. Beendigung durch Untergang der Gesellschaft

Mit Auflösung der Gesellschaft endet im tschechischen Recht grundsätzlich auch das Amt des Geschäftsführers.[1050] Wird die Gesellschaft durch Liquidation aufgelöst, so ist gemäß § 70 Abs. 3 CZ-HGB ein Liquidator zu bestellen. Auf diesen geht im Rahmen des § 72 CZ-HGB das Recht des statutarischen Organs (Geschäftsführers), im Namen der Gesellschaft zu handeln, über. Der Beschlussfassung der Gesellschafterversammlung unterliegen gemäß § 125 Abs. 1 lit. i) CZ-HGB auch die Ernennung, Abberufung und Vergütung der Liquidatoren. Daher können die Gesellschafter zwar grundsätzlich den letzten Geschäftsführer zum Liquidator bestellen,[1051] müssen dies jedoch nicht. Keinesfalls geht die Organstellung des Geschäftsführers automatisch in die des Liquidators über. Der Liquidator wird durch seine Ernennung gemäß § 71 Abs. 5 CZ-HGB Organ (*sui generis)*,[1052] was jedoch nicht mit einem statutarischen Organ der Gesellschaft vergleichbar ist.[1053]

Anders im deutschen Recht: Die Auflösung der Gesellschaft gemäß § 60 GmbHG bewirkt in der Regel keine Beendigung der Organstellung, da sich die Organstellung vielmehr automatisch gemäß § 66 Abs. 1 GmbHG in die der Liquidatoren umwandelt,[1054] ohne dass es einer Neubestellung bedarf.[1055] Die (letzten) Geschäftsführer sind die „*geborenen Liquidatoren.*"[1056] Es sei denn, der

---

[1047] Hinsichtlich der Verpflichtung zur Geschäftsführung; siehe *Dědič/Štenglová/Kalinová*, Handelsgesellschaften, S. 81; *Eliáš*, Ekonom 17/1993, 63; *Rada*, S.23.
[1048] *Dědič*, 2002, § 135, S. 1201.
[1049] *Baumbach/Hueck/Zöllner*, § 38 Rn. 38.
[1050] *Dědič*, 2002, § 135, S. 1203; *Rada*, S. 40.
[1051] Zum alten Recht, siehe *Rahim*, WiRO 1999, 86 (87).
[1052] Entscheidung des Obersten Gerichts vom 11.03.1998, I Odon 69/97, SJ 9/1998, 205; *Dědič*, 2002, § 71, S. 691; *Eliáš*, ObchZ, S. 252; *Štenglová/Plíva/Tomsa*, § 71, S. 250.
[1053] So auch *Štenglová/Plíva/Tomsa*, § 71, S. 250; *Rahim*, WiRO 1999, 86 (87).
[1054] *Roth/Altmeppen*, § 66 Rn. 13; *Baumbach/Hueck/Zöllner*, § 38 Rn. 39.
[1055] OLG Saarbrücken OLG-Report 2001, 227.
[1056] So *Roth/Altmeppen*, § 66 Rn. 13.

Gesellschaftsvertrag oder ein Beschluss der Gesellschafterversammlung ernennt einen anderen Liquidator (§ 66 Abs. 1 2. HS GmbHG). Im Insolvenzverfahren verbleiben die Geschäftsführer im Amt, ihre Befugnisse gehen jedoch weitgehend auf den Insolvenzverwalter über.[1057]

IV. Rechtsgeschäftliche Beendigung

Neben der einseitigen Erklärung durch Geschäftsführer oder Gesellschaft sowie der automatischen Beendigung der Organstellung, kann die Stellung eines Geschäftsführers im deutschen Recht auch einverständlich, im Wege eines Aufhebungsvertrages, beendet werden.[1058] Auf Seiten der Gesellschaft ist dabei das Bestellungsorgan vertretungsbefugt.[1059]

Im tschechischen Recht ist diese Option umstritten. Nach einer Ansicht[1060] ist die rechtsgeschäftliche Beendigung der Organstellung nur dann möglich, wenn dies durch gesellschaftsvertragliche Regelung vereinbart wurde und die Voraussetzungen von § 582 CZ-BGB erfüllt sind. Gemäß § 582 Abs. 1 CZ-BGB kann ein Vertrag, der auf unbestimmte Zeit geschlossen wurde und dessen Gegenstand eine dauerhafte oder wiederholte Tätigkeit ist, innerhalb einer Dreimonatigen Frist zum Schluß des Kalenderquartals gekündigt werden, sofern sich aus Gesetz oder dem Vertrag keine anderen Regelungen über die Beendigung des Dauerschuldverhältnisses ergeben. Danach wäre eine rechtsgeschäftliche Beendigung der Organstellung nur unter Einhaltung einer Drei-Monatsfrist und gesellschaftsvertraglicher Legitimation möglich. Diese Ansicht wird jedoch von *Dědič*[1061] abgelehnt. Die spezifischen Regelungen über die Beendigung der Geschäftsführerstellung durch einseitige Willenserklärung, entweder auf Seiten der Gesellschaft (Abberufung) oder durch den Geschäftsführer (Rücktritt), schließe die allgemeinen Regelungen zur Beendigung von Dauerschuldverhältnissen aus. Dies umfasse neben den allgemeinen Regeln zur Kündigung (§ 582 CZ-BGB) auch insofern die Bestimmungen über den Mandatsvertrag (§§ 566 bis 576 CZ-HGB). Die korporationsrechtlichen Bestimmungen zur Beendigung der Organstellung seien *lex specialis* und abschließend. Dem ist im Grundsatz zuzustimmen, denn sowohl das Mandatsvertragsrecht als auch die allgemeinen Bestimmungen zur Kündigung von Dauerschuldverhältnissen sollen nach dem ausdrücklichen Wortlaut des Gesetzes jeweils nur dann zur Anwendung kommen,

---

1057 *Rowedder/Schmidt-Leithoff*, § 38 Rn. 39; *Hachenburg/Stein*, § 38 Rn. 132; *Baumbach/Hueck/Zöllner*, § 38 Rn. 39; *Roth/Altmeppen*, Vorbemerkung § 64 Rn. 45. So auch im tschechischen Recht, siehe § 14a CZ-KonkursG.

1058 *Rowedder/Schmidt-Leithoff*, § 38 Rn. 38.

1059 *Scholz/Schneider*, § 38 Rn. 7; *Rowedder/Schmidt-Leithoff*, § 38 Rn. 38; *Plander*, ZHR 133 (1970), 327 (351); LAG Hessen GmbHR 2001, 298 (299). Für das österreichische Recht *Koppensteiner*, § 16 Rn. 32.

1060 *Eliáš*, GmbH, 1997, S. 173.

1061 *Dědič*, 2002, § 135, S. 1203.

wenn *„sich aus dem Gesetz nichts anderes ergibt,“* §§ 582 CZ-BGB, 66 Abs. 2 CZ-HGB. Insbesondere die allgemeinen Bestimmungen des CZ-BGB kommen gemäß § 1 Abs. 2 CZ-HGB nur subsidiär zur Anwendung, sofern *„einige Fragen nach diesem Gesetz nicht entschieden werden können.“* Ferner wäre gemäß § 572 Abs. 2 CZ-BGB eine Vereinbarung zwischen zwei Parteien eines Schuldverhältnisses über die Aufhebung einer Verbindlichkeit mit sofortiger Wirkung möglich, ohne dass es der Drei-Monats-Frist des § 582 Abs. 1 CZ-BGB bedürfte. Sofern allerdings die Gesellschaft eine geschäftsführerlose Zeit dadurch vermeidet, dass ein Nachfolger bereits zur Verfügung steht, wäre eine einvernehmliche Beendigung der Organstellung, gemessen am Schutzzweck der §§ 66 Abs. 1, 194 Abs. 1 CZ-HGB, keinen Bedenken ausgesetzt. Da allerdings der Geschäftsführer im tschechischen Recht jederzeit und ohne Angabe von Gründen abberufen werden kann, besteht bei isolierter Betrachtung des Organverhältnisses kaum ein praktisches Bedürfnis für eine rechtsgeschäftliche Beendigung durch Abschluss eines Aufhebungsvertrages, wie es das deutsche Recht kennt. Der Geschäftsführer könnte daher auch „auf seinen Wunsch“ abberufen werden.

V. Rechtsfolgen der Beendigung der Organstellung

Mit der Beendigung der Organstellung des Geschäftsführers sind für die Gesellschaft gemäß §§ 135 Abs. 2, 194 Abs. 2 S. 1 CZ-HGB Handlungspflichten verbunden, die eine vertretungslose Zeit der Gesellschaft verhindern sollen. § 194 Abs. 2 S. 1 CZ-HGB dazu: *„Falls ein Vorstandsmitglied stirbt, von seinem Amt zurücktritt, abberufen wird oder dessen Wahlperiode endet, so muss das zuständige Organ der Gesellschaft innerhalb von drei Monaten ein neues Vorstandsmitglied wählen.“* Kommt die Gesellschaft dieser Verpflichtung nicht nach, kann das am Sitz der Gesellschaft örtlich zuständige Gericht auf Antrag einer Person, die ein rechtliches Interesse hieran nachweisen kann, den fehlenden Geschäftsführer für die Dauer, bis die Gesellschafterversammlung einen neuen Geschäftsführer bestellt, benennen.[1062] Anderenfalls kann das Gericht gemäß § 194 Abs. 2 S. 2 CZ-HGB auch ohne Antrag die Gesellschaft auflösen und ihre Liquidation anordnen.

Sämtliche Beendigungstatbestände sind sowohl im deutschen Recht, als auch im tschechischen Recht eintragungspflichtig, §§ 39 Abs. 1 GmbHG, 28 Abs. 1 lit. e), Abs. 7 CZ-HGB. Der Eintragung kommt jedoch nur deklaratorische Bedeutung zu.[1063]

[1062] §§ 135 Abs. 2, 194 Abs. 2 S. 2 CZ-HGB.

[1063] Für das tschechische Recht: *Dědič*, 2002, § 28, S. 186. Für das deutsche Recht: BGH NJW 1960, 1667; *Roth/Altmeppen*, § 38 Rn. 23. Ebenso im österreichischen Recht: OGH ecolex 1998, 488; OGH RdW 1993, 243; *Koppensteiner*, § 16 Rn. 14 m.w.N.

Kapitel 2: Das Anstellungsverhältnis

A. Rechtsnatur des Anstellungsvertrages

Die Rechte und Pflichten des Geschäftsführer kraft seiner Organstellung sind in beiden Rechtsordnungen im Wesentlichen (im tschechischen Recht zumindest in Grundzügen) normiert. Hinsichtlich des Anstellungsverhältnisses fehlen im deutschen Recht jedoch entsprechende Regelungen des Gesetzgebers zur rechtlichen Einordnung der internen Rechtsbeziehung des Geschäftsführers zur Gesellschaft.[1064] Lediglich § 38 Abs. 1 2. HS GmbHG nimmt auf Entschädigungsansprüche *„aus bestehenden Verträgen"* Bezug.

Der tschechische Gesetzgeber hat das Anstellungsverhältnis hingegen ausdrücklich gesetzlich geregelt, § 66 Abs. 2 CZ-HGB. Nach den bisher gewonnen Ergebnissen kann auch im tschechischen Recht (zumindest im Ansatz) zwischen Anstellung und Bestellung unterschieden werden. Die Trennung kann jedoch im tschechischen Recht nur schwer aufrechterhalten werden. Sowohl im deutschen, als auch im tschechischen Recht sind beide Rechtsverhältnisse von einer engen Aufeinanderbezogenheit gekennzeichnet. In beiden Rechtsordnungen stellt sich an der Schnittstelle zwischen Arbeits- bzw. Dienstvertragsrecht und Gesellschaftsrecht die Frage nach der Rechtsnatur des Anstellungsverhältnisses. Im tschechischen Recht erschweren zudem vielfältige Erscheinungsformen in der Praxis eine klare Einordnung.

I. Erscheinungsformen des Anstellungsverhältnisses in der ČR

1. Vertrag über die Ausübung der Funktion

Auch in der tschechischen Rechtspraxis ist der Abschluss von Anstellungsverträgen mit Geschäftsführern (Funktionsverträge) üblich und entspricht zunehmend, wie im deutschen Recht, dem Regelfall.[1065] Das Anstellungsverhältnis von Organmitgliedern ist im tschechischen Recht in § 66 Abs. 2 CZ-HGB geregelt, wo der Abschluss eines Vertrages über die Ausübung der Funktion (Funktionsvertrag) ausdrücklich vorgesehen ist.[1066] Die inhaltliche Vertragsgestaltung überlässt der tschechische Gesetzgeber weitgehend den Vertragsparteien. Es wird lediglich statuiert, dass gemäß § 66 Abs. 2 S. 2 CZ-HGB die Ausübung der Funktion (Geschäftsführung) eine persönliche Schuld ist und der Funktionsvertrag ferner schriftlich abgeschlossen sowie durch die Hauptversammlung oder durch alle persönlich und unbegrenzt haftenden Gesellschafter genehmigt werden muss, § 66 Abs. 2 S. 3 CZ-HGB. Darüber hinaus besteht zwischen den Vertragsparteien weitgehend Vertragsfreiheit, die lediglich durch die zwingenden

---

[1064] *Reiserer/Heß-Emmerich*, S. 20.
[1065] *Eliáš/Bartošíková/Pokorná*, Rn. 381; *Zoufalý/Munková*, Anmerkung zu G3, S. 499.
[1066] Vgl. neben § 66 Abs. 2 CZ-HGB v.a. auch § 125 Abs. 1 lit. m) CZ-HGB .

Normen des Korporationsrechts (insbesondere § 125 CZ-HGB) eingeschränkt wird. Erst wenn sich aus dem Inhalt des Funktionsvertrages und den gesetzlichen Vorgaben des tschechischen GmbH-Rechts keine anderen Rechte und Pflichten ergeben, wird das Mandatsvertragsrecht entsprechend angewandt. Der Inhalt des Vertrages, und in erster Linie die Vergütung, die gemäß § 125 Abs.1 lit. f) CZ-HGB in den Zuständigkeitsbereich der Gesellschafterversammlung fällt, soll mit Rücksicht darauf, dass ein und dieselbe Person den Vertrag für die Gesellschaft und auch für den Geschäftsführer unterzeichnen kann,[1067] durch Beschluss der Hauptversammlung, durch den der Geschäftsführer bestellt wurde, festgelegt werden.[1068] Faktisch würden zwar Bestellung und Aushandlung der Bedingungen des Funktionsvertrages zusammen fallen, sie sind jedoch rechtlich zu trennen. Sofern nach § 66 Abs. 2 CZ-HGB der Funktionsvertrag von der Hauptversammlung oder durch alle persönlich und unbegrenzt haftenden Gesellschafter genehmigt werden muss, so ist dieses Zustimmungserfordernis nicht nur Ausdruck der Billigung des Vertragsschlusses mit dem konkreten Geschäftsführer, sondern bestimmt gleichzeitig den Inhalt des Vertrages.[1069] Wegen § 127 Abs. 5 lit. c) 2. HS CZ-HGB und der zumindest innerhalb der Zuständigkeitsnorm des § 125 Abs. 1 CZ-HGB vorgenommenen Trennung zwischen Ernennung („*jmenování*"), Abberufung („*odvolání*") und Vergütung („*odměňování*") von Geschäftsführern in § 125 Abs. 1 lit. f) CZ-HGB einerseits und der Genehmigungszuständigkeit der Gesellschafterversammlung zum Funktionsvertrag in § 125 Abs. 1 lit. m) CZ-HGB andererseits, ist von unterschiedlichen Willenserklärungen der Gesellschaft auszugehen.[1070]

2. Mandatsvertragsrecht analog bei fehlendem Funktionsvertrag

Wurde kein Funktionsvertrag geschlossen, so sind gemäß § 66 Abs. 2 CZ-HGB *„auf die, bei der Wahrnehmung der Geschäftsangelegenheiten der Gesellschaft entstehenden, Beziehungen zwischen der Gesellschaft und dem Organ-*

[1067] Auch zum Mandatsvertragsrecht regelte das CZ-HGB nicht ausdrücklich, wer die Gesellschaft bei Abschluss des Mandatsvertrages vertritt. Ginge man von den allgemeinen Regeln des Gesellschaftsrechts aus, so schließt der Geschäftsführer (als bereits wirksam bestelltes Organ) derartige Verträge. Es konnte daher auch zu der Situation kommen, dass ein Organmitglied seinen eigenen Anstellungsvertrag unterschreibt. Daher wurde bereits zum Mandatsvertragsrecht gefordert, dass die Gesellschafterversammlung dieser Maßnahme zustimmen müsse, vgl. *Loges/Nedelka*, WiRO 1998, 133 (134). Auf dieses Erfordernis hat der tschechische Gesetzgeber mit der Schaffung des Zustimmungserfordernisses der Gesellschafterversammlung zu Organverträgen bzw. dem neu geschaffenen Institut des „Funktionsvertrages" in § 66 Abs. 2 CZ-HGB mit der großen Novelle des CZ-HGB aus dem Jahre 2000 reagiert.

[1068] *Eliáš/Bartošíková/Pokorná*, Rn. 381.

[1069] So ausdrücklich *Eliáš/Bartošíková/Pokorná*, a.a.O.

[1070] Mindestens: 1. Bestellung, § 125 Abs. 1 lit. g) 1. Alt. CZ-HGB; 2. Vergütung (bzw. Aushandlung der Vertragsbedingungen), § 125 Abs. 1 lit. g) 3. Alt. CZ-HGB; 3. Genehmigung des Vertrages durch die Gesellschafterversammlung, § 125 Abs. 1 lit. m) CZ-HGB.

mitglied die, sofern (...) sich aus dem Gesetz keine anderen Rechte und Pflichten ergeben, Bestimmungen über den Mandatsvertrag[1071] *entsprechend anzuwenden.*"[1072] Damit ergibt sich bereits aus dem Gesetz, dass der Abschluss eines Funktionsvertrages der Gesellschaft mit dem Geschäftsführer nicht zwingend erforderlich ist.[1073] Der Mandatsvertrag (§§ 566-576 CZ-HGB) ist mit dem Geschäftsbesorgungsvertrag (§ 675 BGB) im deutschen Recht vergleichbar. Durch den Mandatsvertrag verpflichtet sich der Bevollmächtigte für seinen Mandanten auf dessen Rechnung gegen Vergütung eine bestimmte Handelsangelegenheit im Namen des Mandanten durch Rechtshandlungen und andere Tätigkeiten zu erledigen, und der Mandant verpflichtet sich, den Bevollmächtigten zu vergüten. Vielfach wird auf den Abschluss eines Funktionsvertrages gänzlich verzichtet, was jedoch insbesondere hinsichtlich der Vergütung Probleme aufwirft, denn gemäß § 571 Abs. 1 CZ-HGB wäre die Gesellschaft verpflichtet, die Vergütung zu erbringen, die zum Zeitpunkt der Aufnahme der Tätigkeit für eine vergleichbare Tätigkeit üblich war. Die üblichen Geschäftsführergehälter bewegen sich in der ČR inzwischen auf spürbar höherem Niveau, so dass eine ausdrückliche Regelung zu empfehlen ist.[1074] Es ist jedoch im tschechischen Recht anerkannt, dass die Tätigkeit als Organ einer Gesellschaft auch unentgeltlich ausgeübt werden kann, was insbesondere für Gesellschafter-Geschäftsführer von Bedeutung ist.[1075] Auch hierfür wäre eine von den gesetzlichen Bestimmungen des Mandatsvertragsrechts (§ 566 Abs. 1, 2 i.V.m. § 571 Abs.1, 2 CZ-HGB) abweichende Vereinbarung notwendig,

3. Sonderfall: Arbeitsvertrag (Managervertrag)

Eine Besonderheit der tschechischen Rechtspraxis ist der Abschluss von Arbeitsverträgen mit Geschäftsführern, die nicht selten wünschen, dass sie dem Schutz des Arbeitsgesetzbuches unterliegen. Dies erweitert jedoch nicht das Erscheinungsbild des Anstellungsverhältnisses, sondern lässt die Stellung des Geschäftsführers als Organ grundsätzlich unberührt. Diese Konstruktion ist aus dem französischen Recht bekannt.[1076]

[1071] Tschechisch: Mandátní smlouva, §§ 566 ff.

[1072] Siehe auch § 576 CZ-HGB.

[1073] *Loges/Nedelka*, WiRO 1998, 133 (134).

[1074] Nach einer Studie der Kienbaum Vergütungsberatung betrugen die durchschnittlichen Jahresbezüge von Geschäftsführern in der Tschechischen Republik bei Unternehmen mit bis zu 5 Beschäftigten 44.000,00 EUR; von 5 bis zu 10 Beschäftigten 47.000,00 EUR; von 10 bis zu 25 Beschäftigten 49.000,00 EUR; (...) von 100 bis zu 250 Beschäftigten 73.000,00 EUR; von 250 bis zu 500 Beschäftigten 84.000,00 EUR und ab 500 Beschäftigten 89.000,00 EUR; FAZ v. 31.01.2004, S. 51.

[1075] *Eliáš*, GmbH, S. 179; *Loges/Nedelka*, WiRO 1998 133 (134).

[1076] *Maier-Bridou*, in: Die GmbH in Frankreich, in: Centrale für GmbH Dr. Otto Schmidt (Hrsg.), Die GmbH-Rechte in den EG-Staaten, 1993, S. 88 f. m.w.N.

Wie bereits im Rahmen der Anwendung arbeitsrechtlicher Haftungsprivilegien auf Geschäftsführer diskutiert,[1077] ist die grundsätzliche Zulässigkeit von Arbeitsverträgen mit Geschäftsführern fraglich. In einer Entscheidung des Obergerichts Prag vom 21.04.1993[1078] wurde ausgeführt, dass *„die Tätigkeit eines statutarischen Organs oder Organmitglieds einer Gesellschaft mit beschränkter Haftung durch eine natürliche Person nicht in einem Arbeitsverhältnis ausgeübt wird, und selbst dann nicht, wenn es sich nicht um einen Gesellschafter handelt.*" Diese Entscheidung wurde durch eine aktuelle Entscheidung des Obersten Gerichts in Brünn vom 12.03.2002[1079] nochmals bestätigt. Eine wichtige Ausnahme macht jedoch das Obergericht Prag in seiner o.g. Entscheidung: *„weder rechtliche Vorschriften, noch die Natur der GmbH verhindern, dass andere Tätigkeiten für die Gesellschaft durch (diese) natürliche Personen aufgrund eines arbeitsrechtlichen Verhältnisses ausgeübt werden, es sei denn, das Arbeitsverhältnis besteht lediglich in der Ausübung der Funktion als statutarisches Organ.*" Daraus folgert die tschechische und rechtsvergleichende Literatur,[1080] dass Geschäftsführer - zusätzlich zum Funktionsvertrag (Anstellungsvertrag) gemäß § 66 Abs. 2 CZ-HGB - einen Arbeitsvertrag mit der Gesellschaft schließen können, der jedoch nicht die Organtätigkeit zum Inhalt haben darf.[1081] Nimmt der Geschäftsführer, ergänzend zur Organfunktion, zusätzliche Aufgaben wahr,[1082] so kann dies Grundlage eines Arbeitsvertrages sein. Es kann daher zu einem Parallellauf zweier unabhängiger Verträge kommen, einem Funktionsvertrag (Anstellungsvertrag) und einem zusätzlichen Arbeitsvertrag, der in der Praxis *„Managervertrag*" genannt wird.[1083] Diese Konstruktion erfreut sich in der ČR gro-

[1077] Siehe 2. Teil, D. VI. 7. f).

[1078] R 13/1995, 6 Cdo 108/92.

[1079] 29 Odo 328/2001, SR NS Nr. 15, C 1085, S. 90.

[1080] *Dědič*, 2002, § 66, S. 447 ff; *Součková*, § 9; S. 21 (22); *Zoufalý/Munková*, Anmerkung zu G3, S. 499; *Gerauer/Baron/Britz*, Rn. 37; *Loges/Nedelka*, WiRO 1998, 133 (135).

[1081] Im französischen Recht wird zusätzlich gefordert, dass effektiv ein Unterordnungsverhältnis (état de subordination), z.B. gegenüber einem Mitgeschäftsführer, vorhanden ist. Dies setze nach der französischen Rechtsprechung voraus, dass der Geschäftsführer kein Mehrheitsgesellschafter-Geschäftsführer ist, *Maier-Bridou*, a.a.O. mit Verweis auf Mémento pratique Francis Lefebvre, Social, 1993, Rn 3701 ff.

[1082] *Gerauer/Baron/Britz*, a.a.O. mit folgendem Beispiel: A wird zum Geschäftsführer einer EDV-GmbH bestellt. Seine Geschäftsführerpflichten kann A nicht in einem Arbeitsverhältnis ausüben. Wenn er daneben andere Aufgaben (z.B. Betriebsschulungen) erfüllen soll, kann er zu diesem Zweck zusätzlich einen Arbeitsvertrag abschließen; vgl. *Maier-Bridou,* z.B. als Verkaufsdirektor.

[1083] *Součková*, § 9; S. 21 (22); *Ueltzhöffer*, Studien des Instituts für Ostrecht München, Band 39 (Individuelles Arbeitsrecht in Osteuropa), S. 71 (74 f.); *Wiesnerova*, RIW 2000, 37. Unzutreffend hingegen *Rada*, S. 24, der den Funktionsvertrag als Managervertrag bezeichnet.

ßer Beliebtheit,[1084] da somit der Geschäftsführer in den Genuss arbeitsrechtlicher Schutzvorschriften kommen kann und dem Geschäftsführer über seine Organstellung hinaus Bestandsschutz für sein Beschäftigungsverhältnis zur Gesellschaft gewährt. Diese Konstruktion wird zwar kritisiert und es werden Zweifel geäußert, ob *„die tschechischen Gerichte dies auf längere Sicht akzeptieren werden,“*[1085] doch solange keine gegenteilige Rechtsprechung diesbezüglich vorliegt, wird die Praxis diese Möglichkeit weiter nutzen.

Problematisch ist jedoch, wenn die Geschäftsführer ausschließlich aufgrund eines Arbeitsvertrages für die Gesellschaft tätig werden. Wie sich aus den Vorgaben der zitierten Rechtsprechung des Obergerichts Prag und des Obersten Gerichts in Brünn ergibt, darf dieser Arbeitsvertrag nicht die eigentliche Leitung und Vertretung der Gesellschaft zum Gegenstand haben, sondern muss sich auf andere Aufgaben (etwa eine näher zu beschreibende *„Managementtätigkeit“* oder die Funktion des in der ČR üblichen *„Generaldirektors“*[1086]) beziehen.[1087] Derartige (Manager-)Verträge sind jedoch gesetzlich bislang nicht geregelt, so dass die Bestimmungen des CZ-ArbG über leitende Angestellte[1088] entsprechend angewendet werden.[1089] Die Rechtsbeziehungen zwischen Geschäftsführer und der Gesellschaft hinsichtlich seiner Organtätigkeit werden dann unter entsprechender Anwendung des Mandatsvertragsrechts geregelt (§ 66 Abs. 2 CZ-HGB) und bilden somit fiktiv das Anstellungsverhältnis, während der Arbeitsvertrag andere Tätigkeiten erfasst.

Durch diese Vertragskonstruktion wird der Geschäftsführer gleichzeitig leitender Angesteller der Gesellschaft und unterliegt dann den Kündigungsschutzvorschriften der §§ 46, 65 CZ-ArbG[1090] und kann beispielsweise auch das arbeitsrechtliche Haftungsprivileg der §§ 175, 179 CZ-ArbG in Anspruch nehmen. Wie das Beispiel der Anwendbarkeit des arbeitsrechtsrechtlichen Haftungsprivilegs gezeigt hat,[1091] ist jedoch streng zwischen der Organtätigkeit und der Tätigkeit aufgrund eines Arbeitsvertrages zu unterscheiden, so dass in der Praxis eine möglichst differenzierte und genaue Vertragsgestaltung, insbesondere hinsichtlich des Tätigkeitsgegenstandes, anzuraten ist. Insbesondere im Hinblick auf die

---

[1084] *Loges/Nedelka*, WiRO 1998, 133 (135). Dies bestätigen zudem die Rechtsanwälte *Braun, Klett, Giese* und *Bučková* im Gespräch mit dem Verfasser (siehe Anhang, Gesprächsverzeichnis).

[1085] *Loges/Nedelka*, WiRO 1998, 133 (134).

[1086] Tschechisch: „Generální Ředitel.“

[1087] *Loges/Nedelka*, WiRO 1998, 133 (135).

[1088] Siehe § 27 Abs. 5 CZ-ArbG; dazu *Wiesnerova*, RIW 2000, 37 (38).

[1089] *Součková*, § 9; S. 21 (22); *Ueltzhöffer*, Studien des Instituts für Ostrecht München, Band 39 (Individuelles Arbeitsrecht in Osteuropa), S. 71 (74 f.); *Wiesnerova*, RIW 2000, 37.

[1090] Zum Kündigungsschutz leitender Angesteller im tschechischen Recht, siehe *Bučková*, RdW 2001, 349 ff.; *Wiesnerova*, RIW 2000, 37 (39).

[1091] Siehe 2. Teil, D. VI. 7. f).

Beendigung der Geschäftsführerstellung und den damit einhergehenden Problemen in der Praxis (Vergütungs- und Abfindungsansprüche, Rückgabe des Dienstwagens, Computer, Mobiltelefon u.ä.) sind Abgrenzungen zwischen arbeitsrechtlichen Schutzvorschriften und dem Korporationsrecht der GmbH schwierig. In diesem Zusammenhang stellt sich die Frage, ob der Geschäftsführer grundsätzlich Arbeitnehmer der Gesellschaft sein kann.

II. Arbeitnehmereigenschaft des Geschäftsführers

Der arbeitsrechtliche Status des Geschäftsführers ist im deutschen und österreichischen Recht seit jeher stark umstritten.[1092] Im tschechischen Recht besteht zwar noch weitgehend Einigkeit, was jedoch auf die derzeit noch unterentwickelte Arbeitsgerichtsbarkeit und die zum Arbeitnehmerstatus des Geschäftsführers bislang kaum geführte Diskussion zurückzuführen ist.

Im deutschen Recht steht der gefestigten Rechtsprechung des BGH nunmehr eine differenzierende Rechtsprechung des BAG gegenüber. Verwirrend wirkt zusätzlich die Rechtsprechung des BSG und BFH, was jedoch seinen Grund in dem, vom arbeitsrechtlichen Arbeitnehmerbegriff zu trennenden, steuerrechtlichen und sozialversicherungsrechtlichen Arbeitnehmerbegriff hat. In der arbeitsrechtlichen Literatur besteht ebenfalls Uneinigkeit. Daher ist zunächst ein Überblick erforderlich, um Abgrenzungskriterien hinsichtlich der Einordnung von Geschäftsführern als Arbeitnehmer einerseits und der zumindest partiellen Anwendbarkeit arbeitsrechtlicher Schutzvorschriften andererseits, erkennbar zu machen.

Die Rechtsprechung in der ČR spricht sich hingegen einhellig gegen die Arbeitnehmereigenschaft des Geschäftsführers einer GmbH aus. Sofern diese Frage in der tschechischen Literatur überhaupt angesprochen wird, ersetzt meist der Verweis auf diese Rechtsprechung die Argumentation in der Sache.[1093]

[1092] Zum Stand der Diskussion: *Staudinger/Richardi*, Vor § 611 Rn. 265; *Schaub*, Handbuch des Arbeitsrechts, § 14 Rn. 4 ff.; *Kania*, in: Küttner, Personalbuch 2004, 202 Rn. 17 ff.; *Reiserer*, DStR 2000, 31; *Nägele*, BB 2001, 305; *Bauer/Gragert*, ZIP 1997, 2177; *Holthausen/Steinkraus*, NZA-RR 2002, 281; *Hümmerich*, NJW 1995, 1177; *Kamanabrou*, DB 2002, 146; *Henssler*, RdA 1992, 289 jeweils m.w.N. Für Österreich: *Koppensteiner*, § 15 Rn. 28; *Eckert*, S. 155 ff. m.w.N.

[1093] Beispielhaft *Rada*, S. 25.

1. Die Rechtslage im deutschen Recht

a) Die Rechtsprechung der Bundesgerichte

aa) Bundesgerichtshof (BGH)

Die Rechtsprechung des BGH ist seit der Grundsatzentscheidung vom 11. 07. 1953[1094] gefestigt: Das Organ einer juristischen Person kann nicht Arbeitnehmer dieser juristischen Person sein. Diese Rechtsprechung wurde vom BGH in späteren Entscheidungen aufrecht erhalten und ausdrücklich auf Geschäftsführer einer GmbH bezogen.[1095] Es handele sich nicht um ein Arbeitsverhältnis, wenngleich jedenfalls ein Fremdgeschäftsführer durchaus persönlich und wirtschaftlich in ähnlicher Weise schutzbedürftig sein könne, wie ein Arbeitnehmer.[1096] Dennoch stellt der BGH entscheidend darauf ab, dass der Geschäftsführer als gesetzliches Vertretungsorgan selbst die Aufgaben des Arbeitgebers wahrnimmt: *„Der organschaftliche Vertreter einer GmbH ist (...) arbeitsrechtlich nicht Arbeitnehmer; er übt vielmehr die Funktion des Prinzipals der Angestellten und Arbeiter der Gesellschaft aus.*"[1097] Dies sei durch gesetzliche Regelungen unterstrichen, die die Intention des Gesetzgebers verdeutlichen, dass der Geschäftsführer vom Anwendungsbereich einzelner arbeitsrechtlicher Schutzvorschriften ausgeschlossen sei.[1098] Ferner sind nach der Rechtsprechung des BGH sowohl das Kündigungsschutzgesetz,[1099] als auch das Schwerbehindertengesetz[1100] und Arbeitnehmererfinderrecht[1101] nicht auf Geschäftsführer einer GmbH anwendbar.[1102] Auch könne sich der Geschäftsführer nicht auf den arbeitsrechtlichen Grundsatz der Haftungsbeschränkung der gefahrgeneigten Arbeit[1103] und nur teilweise auf den arbeitsrechtlichen Gleichbehandlungsgrundsatz[1104] berufen. Geschäftsführer genießen weder Sonderkündigungsschutz nach

---

1094 BGHZ 10, 187.

1095 AP Nr. 1 zu § 38 GmbHG; BGH BB 1981, 752; BGH DB 1984, 2238; BGH NJW 1987, 2073 (2074); BGH BB 2000, 844. Siehe ferner *Groß*, S. 8 mit umfangreichen Rechtsprechungsnachweisen.

1096 *Goette*, S. 202 mit Verweis auf BGHZ 49, 30 = BGH NJW 1968, 396.

1097 *Goette*, a.a.O.

1098 Ausdrücklich: § 14 Abs. 1 Nr. 1 KSchG; § 5 Abs. 2 Nr. 1 BetrVG; § 5 Abs. 1 S. 3, 22 Abs. 2 Nr. 2 ArbGG; wohl auch § 18 Abs. 1 Nr. 1 ArbZG.

1099 Neben § 14 Abs. 1 Nr. 1 KSchG auch BGHZ 12, 1 (5).

1100 BGH NJW 1978, 1435.

1101 BGH NJW-RR 1990, 349.

1102 *Goette*, S. 203 m.w.N.

1103 *Goette*, S. 203 mit Verweis auf BGH WM 1975, 467 (469) für die Genossenschaft; BGH WM 1995, 799; a.A. *Frisch*, Haftungserleichterung, S. 114 ff.; *Mand*, Geschäftsführerhaftung, S. 88 ff. jeweils m.w.N. Seit Beschluss des Großen Senats des BAG, AP Nr. 103 zu § 611 BGB = NZA 1994, 1083 terminologisch nun „innerbetrieblicher Schadensausgleich."

1104 Gänzlich ablehnend noch BGH WM 1969, 686. Seit BGH GmbHR 1990, 389 nunmehr für Fremdgeschäftsführer und Minderheits-Gesellschafter-Geschäftsführer anerkannt.

dem MuSchG noch haben sie Anspruch auf Urlaub nach dem BUrlG.[1105] Trotz seiner Stringenz in der grundsätzlichen Ablehnung der Arbeitnehmereigenschaft von Geschäftsführern soll nach neuerer Rechtsprechung des BGH der Geschäftsführer nicht ausnahmslos vom Anwendungsbereich arbeitsrechtlicher Schutzvorschriften ausgeschlossen sein. In BGHZ 91, 1 (3) formulierte der 2. Zivilsenat, dass *„soziale Schutzvorschriften, die der Gesetzgeber für Arbeitnehmer vorgesehen hat, unter Umständen auf Organmitglieder juristischer Personen, insbesondere auf Geschäftsführer der GmbH, anzuwenden sind.“* Es kann daher keine pauschale Beurteilung geben, sondern es ist im Spannungsfeld von Sozialschutznormen und Gesellschaftsrecht von Fall zu Fall zu entscheiden, ob die Schutzbedürftigkeit des Geschäftsführers mit der von Arbeitnehmern vergleichbar ist. Anerkannt wurde die soziale Schutzbedürftigkeit von Geschäftsführern beispielsweise beim Pfändungsschutz für Arbeitseinkommen gemäß §§ 850 ff. ZPO.[1106] Der Fremdgeschäftsführer hat nach BGHZ 49, 30 (31) auch Anspruch auf Erteilung eines Dienstzeugnisses. Ferner sei auf den Anstellungsvertrag des Geschäftsführers die Kündigungsfrist des § 622 Abs. 1 BGB anwendbar,[1107] gleichwohl sieht der BGH keine Notwendigkeit für die Umwandlung eines Dienstverhältnisses in ein Arbeitsverhältnis bei Verlust der Organstellung.[1108]

bb) Bundesarbeitsgericht (BAG)

Das BAG folgt der Rechtsprechung des BGH nicht, die Arbeitnehmereigenschaft sei mit der Organstellung nicht von vornherein unvereinbar.[1109] Insbesondere für die Fälle der sog. Drittanstellung, in denen eine GmbH & Co. KG den Anstellungsvertrag mit dem Geschäftsführer ihrer Komplementär-GmbH schließt, könne der Geschäftsführer Arbeitnehmer sein,[1110] denn *„das schuldrechtliche Vertragsverhältnis, das der Bestellung zu Grunde liegt, muss nicht notwendig mit der Gesellschaft geschlossen werden, zu der die Organschaft besteht.“* Das BAG dazu weiter: *„Es ist vielmehr zulässig, dass die Organstellung in einer bestimmten juristischen Person oder Personengesamtheit auf einem Vertrag mit einem Dritten beruht. Dieses Rechtsverhältnis kann auch ein Arbeitsverhältnis sein.“*[1111]

[1105] Siehe § 2 S. 2 BUrlG. Der Geschäftsführer hat aber einen Abgeltungsanspruch, BGH NJW 1963, 535.
[1106] BGH NJW 1978, 756.
[1107] BGHZ 91, 217 (220).
[1108] BGH NZA 2000, 376.
[1109] BAG, AP Nr. 10 zu § 38 GmbHG = NZA 1999, 987.
[1110] BAG ZIP 1980, 1014; BAG ZIP 1983, 607 (610); BAG ZIP 1992, 1496 (1497).
[1111] BAG NZA 1999, 839; BAG NZA 1996, 200 (201); BAG NZA 1994, 905.

Hatte sich das BAG zur grundsätzlichen Frage der Arbeitnehmereigenschaft von Organen bislang eher zurückhaltend geäußert,[1112] so scheint es mit seiner Entscheidung vom 26.05.1999[1113] den bislang mit der Rechtsprechung des BGH bestehenden Konsens aufzugeben, dass sich Organstellung und Arbeitnehmerstatus von vornherein ausschließen. Dazu das BAG unmissverständlich im Leitsatz: *„Das Anstellungsverhältnis einer (stellvertretenden[1114]) Geschäftsführerin kann im Einzelfall ein Arbeitsverhältnis sein (nicht entscheidungserhebliche Abweichung von BGH, NJW 1978, 1434 = AP Nr. 1 zu § 38 GmbHG).“* Zur Abgrenzung hänge es *„nicht vom Umfang der Vertretungsbefugnis der (stellvertretenden) Geschäftsführerin im Innenverhältnis nach § 37 I GmbHG ab, sondern richtet sich nach den allgemeinen Kriterien zur Abgrenzung vom freien Dienstverhältnis.“* Ob ein Geschäftsführer in einem Arbeitsverhältnis zur Gesellschaft steht, hängt nach Ansicht des BAG davon ab, ob die Gesellschaft *„eine über ihr gesellschaftsrechtliches Weisungsrecht hinausgehende Weisungsbefugnis auch bezüglich der Umstände hat, unter denen der Geschäftsführer seine Leistung zu erbringen hat. Ein Arbeitsverhältnis liegt nur vor, wenn die Gesellschaft dem Geschäftsführer auch arbeitsbegleitende und verfahrensorientierte Weisungen erteilen und auf diese Weise die konkreten Modalitäten der Leistungserbringung bestimmen kann.“*

Die Begriffe *„Arbeitnehmer“* und *„freier Dienstnehmer“* sind nicht legaldefiniert, so dass die von der Rechtsprechung entwickelten Abgrenzungskriterien, insbesondere zum Arbeitnehmerbegriff, maßgeblich sind. Arbeitnehmer ist nach der Rechtsprechung des BAG,[1115] wer aufgrund eines privatrechtlichen Vertrages über entgeltliche Dienste für einen Anderen in persönlicher Abhängigkeit tätig ist. Der Begriff der *„persönlichen Abhängigkeit“*[1116] lässt sich im Wesentlichen mit zwei Hauptkriterien zusammenfassen: Weisungsgebundenheit und (betriebliche) Eingliederung (in eine fremdbestimmte Organisation).[1117] Dies kann Inhalt, Durchführung, Zeit, Dauer, Ort und sonstige Modalitäten der Tätigkeit betreffen.[1118] Die Kriterien sollen jedoch nicht apodiktisch angewandt werden, vielmehr soll nach Ansicht des BAG eine Gesamtschau vieler in Betracht kommender Merkmale die Entscheidung ermöglichen, ob im Einzelfall ein Arbeits-

---

1112 *Kamanabrou*, DB 2002, 146 (147) mit Verweis auf BAG ZIP 1986, 1213.

1113 BAG, AP Nr. 10 zu § 38 GmbHG = BAG NJW 1999, 3731 = NZA 1999, 987.

1114 Gemäß § 44 GmbHG gelten die für Geschäftsführer gegebenen Vorschriften auch für Stellvertreter von Geschäftsführern.

1115 BAG EzA Nr. 16 und 17 zu § 611 BGB (Arbeitnehmerbegriff); aus jüngster Zeit BAG AP Nr. 74 zu § 611 BGB; BAG AP Nr. 79 zu § 611 BGB. Weitere Nachweise bei *Hromadka*, NZA 1997, 569 (572).

1116 Dazu *MünchHandbuchArbR/Richardi*, § 24 (Arbeitnehmerbegriff), Rn. 12 ff.; *Hromadka/Maschmann*, Rn. 24 ff.; *Wank*, NZA 1999, 225 ff. m.w.N.

1117 Vgl. BAG NZA 1999, 987 = NJW 1999, 3731 (siehe III. 2. a) der Gründe).

1118 Ständige Rechtsprechung, BAG NZA 1999, 205; BAG NZA 1998, 364 jeweils m.w.N.

verhältnis oder ein freies Dienstverhältnis vorliegt.[1119] Wie der Sachverhalt der BAG-Entscheidung vom 26.05.1999 zeigt,[1120] kommt dem Vertragstext zwar eine gewisse Indizwirkung zu,[1121] die Abgrenzung orientiert sich aber letztlich an der tatsächlichen Vertragsabwicklung.[1122]

cc) Bundessozialgericht (BSG)

Ausgangspunkt der sozialversicherungsrechtlichen Einordnung von GmbH-Geschäftsführern ist § 7 Abs. 1 SGB IV, der hinsichtlich der Sozialversicherungspflicht auf eine „*Beschäftigung als nichtselbständige Arbeit*" abstellt und als Anhaltspunkte für eine Beschäftigung im Sinne des § 7 Abs. 1 S. 1 SGB IV eine „*Tätigkeit nach Weisungen und eine Eingliederung in die Arbeitsorganisation des Weisungsgebers*" nennt. Die Sozialgerichte[1123] sehen ebenfalls in der „*persönlichen Abhängigkeit*" das wesentliche charakteristische Merkmal des Beschäftigungsverhältnisses, wenn der „*entgeltlich Beschäftigte in den Betrieb eingegliedert*" sei und „*einem Weisungsrecht des Arbeitgebers*" unterliege, das „*Zeitdauer und Ort der Arbeitsleistung*" umfasse. Die Organmitgliedschaft allein schließt jedoch eine Beschäftigung in persönlicher Abhängigkeit nicht aus.[1124] Das BSG[1125] stellt dabei auf den Umfang der Kapitalbeteiligung und das Ausmaß des sich daraus für den Geschäftsführer ergebenden Einflusses auf die Gesellschaft ab. Daher ist - gemessen am Grad ihrer Kapitalbeteiligung - zwischen Gesellschaftergeschäftsführern mit einer Kapitalbeteiligung von mindestens 50 % einerseits und einer Kapitalbeteiligung von unter 50 % andererseits, sowie Fremdgeschäftsführern, die über keine Kapitalbeteiligung verfügen, zu unterscheiden.

[1119] BAG BB 1996, 2690.

[1120] Wer beispielsweise als „*Director Business Development*" (gemäß einem Geschäftsführervertrag) eigenverantwortlich und selbstständig einen Unternehmensbereich betreut und ausschließlich und direkt dem „*Chief Exekutive Officer*" zu berichten hat und seine Arbeits- und Urlaubszeit im Rahmen der betrieblichen Erfordernisse frei und eigenverantwortlich bestimmen kann, unterliegt nicht den Weisungen des Arbeitgebers und befindet sich auch nicht in persönlicher Abhängigkeit, wie sie für die Bejahung der Arbeitnehmerstellung erforderlich ist.

[1121] BAG NZA 1999, 987 = NJW 1999, 3731 (siehe III. 2. b) der Gründe).

[1122] BAG NZA 1999, 987 = NJW 1999, 3731; *Reiserer*, DStR 2000, 31 (33).

[1123] Insofern richtungsweisend BSG AP Nr. 1 zu § 165 b RVO; BSG ZIP 1983, 103; BSG BB 1989, 72; BSG NZA 1991, 869 jeweils m.w.N.

[1124] BSG EzA Nr. 1 zu § 7 SGB IV; insoweit ständige Rechtsprechung; vgl. dazu bereits BSG NZA 1991, 869 (870); BSG NZA 1990, 911 (912); so auch *Jaeger*, S. 38; *Reiserer/Heß-Emmerich*, S. 125.

[1125] BSG BB 1984, 1049; BSG BB 1989, 72 (73) m.w.N.

(1) Gesellschaftergeschäftsführer mit Kapitalbeteiligung von mindestens 50 %

Verfügt der Geschäftsführer über eine Kapitalbeteiligung von mind. 50 %, so wird ein Beschäftigungsverhältnis im Sinne des § 7 Abs. 1 SGB IV vom BSG[1126] regelmäßig verneint. Kraft seiner Gesellschafterstellung und der kapitalmäßigen Beteiligung, die sich bei der Stimmrechtsverteilung auswirkt, bestimmt der Mehrheitsgesellschafter-Geschäftsführer selbst die Geschicke der Gesellschaft und/oder kann die Willensbildung innerhalb des Verbandes entscheidend (mit-)bestimmen.[1127] In diesem Fall wird aufgrund des beherrschenden Einflusses als Gesellschafter auf eine unternehmerische und damit selbstständige Tätigkeit als Geschäftsführer dieser Gesellschaft geschlossen.[1128]

(2) Gesellschaftergeschäftsführer mit Kapitalbeteiligung unter 50 %

Bei Gesellschaftergeschäftsführern, die über eine geringere Kapitalbeteiligung als 50 % verfügen, kann jedoch nicht im Umkehrschluss auf ein sozialversicherungspflichtiges Beschäftigungsverhältnis geschlossen werden, da sie auch als Minderheitsgesellschafter-Geschäftsführer einen beherrschenden Einfluss auf die Willensbildung der Gesellschaft ausüben können.[1129] Vielmehr besteht Einigkeit darüber, dass unter Berücksichtigung der konkreten Umstände des Einzelfalls zu prüfen ist, ob der Gesellschaftergeschäftsführer trotz seiner Minderheitsbeteiligung am Stammkapital der Gesellschaft gleichwohl in der Lage ist, ihm nicht genehme Entscheidungen und Weisungen der Gesellschaft zu verhindern.[1130] Ist beispielsweise satzungsrechtlich eine sog. Sperrminorität[1131] vorgesehen und der Gesellschaftergeschäftsführer verfügt über ausreichend Stimmrechte, um ihm unliebsame Beschlüsse der Gesellschafterversammlung zu verhindern, so verfügt er über einen so maßgeblichen Einfluss auf die Willensbildung der Gesellschaft, dass ein Beschäftigungsverhältnis im Sinne von § 7 Abs. 1 SGB IV von der Rechtsprechung des BSG[1132] verneint wird. Auch wenn die Stimmrechtsmacht des Gesellschaftergeschäftsführers für eine Sperrminorität nicht ausreicht, so kann sich ein bestimmender Einfluss auf die Gesellschaft bei einer entsprechenden Regelung im Anstellungsvertrag ergeben: Ist der Gesellschaftergeschäftsführer nur bei bestimmten besonders wichtigen Geschäften in seiner Entscheidungsfreiheit beschränkt, unterliegt ansonsten aber keinem Wei-

[1126] BSG BB 1989, 72 (73).
[1127] *Reiserer/Heß-Emmerich*, S. 126; vgl. Mitteilung der BfA vom 09.02.1968, BB 1968, 208.
[1128] BSG EzA Nr. 1 zu § 7 SGB IV.
[1129] BSG BB 2000, 674.
[1130] BSG BB 1972, 404; *Jaeger*, S. 39; *Reiserer/Heß-Emmerich*, S. 128.
[1131] Beispielsweise, wenn die Satzung ein Einstimmigkeitserfordernis für Beschlüsse der Gesellschafterversammlung vorsieht oder für die Fälle, wenn Beschlüsse einer qualifizierten Mehrheit bedürfen und ein Minderheitsgesellschaftergeschäftsführer über ausreichend Stimmrechte verfügt, dies zu verhindern.
[1132] BSG NZA 1991, 869 (870); BSG ZIP 1988, 1594; BSG BB 1972, 404.

sungsrecht der Gesellschaft, so wird auch hier ein sozialversicherungspflichtiges Beschäftigungsverhältnis vom BSG[1133] verneint. Schließlich können auch tatsächliche Gegebenheiten für eine selbständige Tätigkeit sprechen. Wenn der (Minderheits-)Gesellschaftergeschäftsführer die anderen Gesellschafter persönlich und tatsächlich dominiert, beispielsweise durch familiäre Bindungen oder wirtschaftliche Abhängigkeit (z.B. Privatkredit), so dass bei einer Gesamtschau der Umstände der konkrete Einfluss auf die Willensbildung der Gesellschaft bejaht werden muss, ist persönliche Abhängigkeit des Gesellschaftergeschäftsführers vom BSG[1134] abgelehnt worden. Im Übrigen gilt der Grundsatz,[1135] dass Minderheitsgesellschafter-Geschäftsführer, die über keinen maßgeblichen Einfluss auf die Beschlüsse der Gesellschafterversammlung verfügen, in persönlicher Abhängigkeit zur Gesellschaft im Sinne des § 7 Abs. 1 SGB IV stehen. In der Praxis empfiehlt sich jedoch die Einholung einer verbindlichen sozialversicherungsrechtlichen Statusfeststellung,[1136] zu der die Sozialversicherungsträger gemäß § 15 SGB I verpflichtet sind.[1137]

(3) Fremdgeschäftsführer

Bei Fremdgeschäftsführern besteht grundsätzlich keine Möglichkeit maßgeblich Einfluss auf die Willensbildung der Gesellschafter im Rahmen der Gesellschafterversammlung zu nehmen,[1138] so dass grundsätzlich von einer persönlichen Abhängigkeit und damit von einer Sozialversicherungspflicht auszugehen ist.[1139] Diesen Grundsatz hat das BSG jedoch in seinem Urteil vom 14.12.1999[1140] eingeschränkt. Fremdgeschäftsführer können auch als Selbständige eingestuft werden, sofern sie nicht an Weisungen hinsichtlich Zeit, Dauer und Ort der Tätigkeit gebunden seien. Im vorliegenden Fall war der Geschäftsführer einer Familien-GmbH in seiner Entscheidungsgewalt völlig frei und die Entscheidungsbefugnisse der Gesellschafter wurden von diesen nicht wahrgenommen, so dass der Geschäftsführer Weisungen aus Gründen der familiären Rücksichtnahme nicht fürchten musste. Diese Rechtsprechung bleibt wohl auf den Sonderfall der Familien-GmbH beschränkt. Allgemeine Abgrenzungskriterien für Fremdgeschäftsführer können hieraus nicht gezogen werden, so dass es

1133 BSG ZIP 1988, 913; BSG BB 1987, 406 (407).

1134 BSG ZIP 1988, 1592 (1593). Kritisch dazu *Brandmüller*, Rn. 812 ff.

1135 Zu weiteren Abgrenzungskriterien (z.B. herausragende Branchenkenntnisse und Erfahrungen des Minderheitsgesellschafter-Geschäftsführers) *Reiser/Heß-Emmerich*, S. 129.

1136 Siehe § 7a SGB IV (Anfrageverfahren), weitere Informationen unter www.bfa.de (Abfrage vom 28.04.2004).

1137 Dazu im Einzelnen, *Reiserer/Schulte*, BB 1995, 2162; *Reiserer/Heß-Emmerich*, S. 143 ff.; *Jaeger*, S. 40 jeweils m.w.N.

1138 Ausnahme: Fremdgeschäftsführer einer Rechtsanwalts-GmbH, § 59 f. Abs. 4 BRAO.

1139 BSG USK 82160; *Groß*, S. 29; *Jaeger*, S. 40; *Reiserer/Heß-Emmerich*, S. 128.

1140 BSG EzA Nr. 1 zu § 7 SGB IV = BSG BB 2000, 674.

bei dem Grundsatz der Sozialversicherungspflicht für Fremdgeschäftsführer verbleibt.[1141]

dd) Bundesfinanzhof (BFH)

Die steuerrechtliche Beurteilung der Arbeitnehmerstellung von GmbH-Geschäftsführern ist grundsätzlich von arbeitsrechtlichen und sozialversicherungsrechtlichen Kriterien unabhängig.[1142] Der Geschäftsführer einer GmbH ist regelmäßig Arbeitnehmer, da er grundsätzlich in die Organisation der Gesellschaft eingebunden ist. Dies gilt sowohl für den Fremdgeschäftsführer als auch für den Gesellschafter-Geschäftsführer.[1143] Von dem steuerrechtlichen Begriff des Arbeitnehmers lässt sich jedoch nicht ohne weiteres auf den arbeitsrechtlichen Arbeitnehmerbegriff schließen.[1144] Dem Arbeitsrecht liegt der Gedanke der sozialen Schutzbedürftigkeit zugründe. Ein derartiger Regelungszweck ist dem Steuerrecht fremd.[1145] Der steuerrechtlichen Beurteilung kommt damit allenfalls eine Indizierung zu.[1146]

b) Die herrschende Ansicht

Die überwiegend im deutschen Recht[1147] vertretene Ansicht stuft Geschäftsführer einer GmbH grundsätzlich nicht als Arbeitnehmer ein und folgt insoweit der ständigen Rechtsprechung des BGH.

Gegen die generelle Einordnung der Rechtsbeziehung als Arbeitsverhältnis spreche, dass Geschäftsführer Arbeitgeberfunktionen wahrnehmen[1148] und den anderen Arbeitnehmern gegenüber stünden, also nicht auf „*ihrer Seite*“[1149] bzw. die „*sozialen Gegenspieler der übrigen Arbeitnehmerschaft*“[1150] seien. Im Vergleich zu Geschäftsführern sei die Arbeitnehmereigenschaft von leitenden An-

---

[1141] So auch *Reiserer/Heß-Emmerich*, S. 128; *Jaeger*, S. 40.

[1142] BFH BB 1999, 1472.

[1143] *Brandmüller*, Rn. 509 ff.; *Reiserer/Heß-Emmerich*, S. 148; *Groß*, S. 37 ff. jeweils m.w.N.

[1144] Dazu BFH BStBl. II 1979, 188.

[1145] BFH DStR 1993, 507 (508).

[1146] *MünchHandbuchArbR/Gitter*, § 202 Rn. 12; *Hueck*, in: FS Hilger/Stumpf, S. 365 (373).

[1147] *K. Schmidt*, Gesellschaftsrecht, § 36 II 2. c); *Rowedder/Schmidt-Leithoff*, § 35 Rn. 78; *Baumbach/Hueck/Zöllner*, § 35 Rn. 97 b; *Hachenburg/Stein*, § 35 Rn. 170; *Lutter/Hommelhoff*, Anhang zu § 6 Rn. 3; *MünchHandbuchArbR/Richardi*, § 24 Rn. 114; *Bauer/Gragert*, ZIP 1997, 2177 (2178); *Boemke*, ZfA 1998, 209 (212 ff.); *Hueck*, in: FS Hilger/Stumpf, S. 365 (374 ff.); *ders.*, ZfA 1985, 25 (29 ff.); *Nägele*, BB 2001, 305 (306); *Holthausen/Steinkraus*, NZA-RR 2002, 281 (282); *Hümmerich*, NJW 1995, 1177 (1178). Differenzierend hingegen in Österreich: Arbeitnehmereigenschaft nur für Mehrheitsgesellschaftergeschäftsführer verneinend: OGH SZ 68/187; SZ 62/182; OGH RdW 1992, 249; VwGH RdW 1991, 121; *Koppensteiner*, § 15 Rn. 27; *Eckert*, S. 155 ff. m.w.N.

[1148] *Bauer/Gragert*, ZIP 1999, 2177 (2178).

[1149] So wörtlich *Bauer/Gragert*, a.a.O. mit Verweis auf *Hümmerich*, NJW 1995, 1177 (1178).

[1150] Vgl. *Schaub*, Arbeitsrechtshandbuch, § 14 Rn. 5.

gestellten nicht in Zweifel zu ziehen, weil deren Weisungsbefugnis auf rechtsgeschäftlicher bzw. abgeleiteter Übertragung beruhe, während dem Geschäftsführer die Arbeitgeberstellung originär aus der Bestellung zustehe.[1151] Denn bei Organmitgliedern gehe es darum, dass allein sie nach §§ 76 Abs. 1 AktG, 35 Abs. 1 GmbHG korporationsrechtlich zur Vertretung der juristischen Person berufen sind und dass deshalb auch ausschließlich sie gegenüber allen Arbeitnehmern die oberste Leitungsbefugnis ausüben.[1152]

Maßgeblicher Ansatzpunkt ist das Tatbestandsmerkmal der *„persönlichen Abhängigkeit“* des klassischen Arbeitnehmerbegriffs;[1153] hierauf - so *Hueck*[1154] - haben sich die Überlegungen zu konzentrieren.[1155] Den Begriff der persönlichen Abhängigkeit versteht das BAG[1156] in der Hauptsache als Weisungsgebundenheit, die sich auf den Ort, die Zeit und die Art der Arbeit beziehe. Dabei liefert die strikte Unterscheidung zwischen arbeitsbezogenen Weisungen (arbeitsrechtliches Direktionsrecht) und unternehmensbezogenen Weisungen (gesellschaftsrechtliches Weisungsrecht) den Zugang für den sachgerechten Argumentationsansatz,[1157] da die gesellschaftsrechtliche Weisungsgebundenheit nach § 37 Abs. 1 GmbHG ohnehin die Arbeitnehmereigenschaft des Geschäftsführers nicht zu begründen vermag.[1158] Beschränkt man den Blick daher auf die - in der Entscheidung des BAG vom 26.05.1999[1159] - maßgeblichen arbeitsbezogenen Weisungen in Form der konkreten Ausgestaltung des Anstellungsvertrages, so schließen selbst Vertreter der herrschenden Ansicht nicht aus, dass *„in derartigen Fällen das Vorliegen eines Arbeitsverhältnisses denkbar“* wäre.[1160]

Neben dem Merkmal der arbeitsbezogenen Weisungsgebundenheit als Ausdruck persönlicher Abhängigkeit wird vom BAG[1161] auch die *„Eingliederung in einen fremden Betrieb“* (organisatorische Eingliederung) als Merkmal der ar-

[1151] *Gissel*, S. 12; *Hümmerich*, NJW 1995 1177 (1178); *Bauer/Gragert*, a.a.O.

[1152] *Hueck*, in: FS Hilger/Stumpf, S. 365 (375).

[1153] Dazu und umfassend zur Kritik am „klassischen“ oder „herkömmlichen“ Arbeitnehmerbegriff, *Wank*, NZA 1999, 225 ff. m.w.N.

[1154] *Hueck*, in: FS Hilger/Stumpf, S. 365 (375).

[1155] So auch *Henssler*, RdA 1992, 289 (294) m.N.

[1156] Ständige Rechtsprechung, BAG AP Nr. 26 und 28 zu § 611 BGB. Weitere Nachweise bei *Wank*, NZA 1999, 225 (226).

[1157] *Henssler*, RdA 1992, 289 (294) mit Verweis auf *Hueck*, ZfA 1985, 25 (29 ff).

[1158] BAG NZA 1999, 987 = NJW 1999, 3731 (siehe III. 2. b) der Gründe). Die Einbindung in ein Kollegialorgan erzeugt keine arbeitsrechtlich relevante Abhängigkeit, und zwar selbst dann nicht, wenn intern ein gewisses Rangverhältnis besteht, das vielleicht sogar durch eine Geschäftsordnung festgeschrieben ist, *Hueck*, ZfA 1985, 25 (30).

[1159] BAG, a.a.O.

[1160] So *Hueck*, in: FS Hilger/Stumpf, S. 365 (377), der aber unter Hinweis auf die zugleich gegebene Arbeitgeberstellung des Geschäftsführers auch in diesen Fällen den Arbeitnehmerstatus nicht zuerkennen will.

[1161] BAG NZA 1998, 873; dazu *Wank*, NZA 1999, 225 (226).

beitsrechtlichen Abhängigkeit angeführt. Bei Geschäftsführern fehle es aber am Merkmal der Fremdheit des Betriebs, das der Abgrenzung gegenüber dem Arbeitgeber dient. Der Geschäftsführer ist stets in seine eigene Organisation eingliedert, da er als Organ insoweit für die Gesellschaft selbst steht[1162] und damit wiederum die typische Arbeitgeberposition einnimmt.[1163] Die gleichzeitige Stellung als Arbeitgeber und Arbeitnehmer schließen sich aus.[1164] Soweit der Vergleich mit der (teilweisen) Arbeitgeberfunktion leitender Angestellter angeführt wird, sei dies unfruchtbar, da leitende Angestellte selbst der obersten Leitungsmacht der Gesellschaftsorgane unterstehen und insoweit nur sekundäre bzw. abgeleitete Arbeitgeberfunktionen wahrnehmen.

Dies alles schließe jedoch die entsprechende Anwendbarkeit arbeitsrechtlicher Grundsätze und Normen nicht aus, wenn und soweit sich eine soziale Schutzbedürftigkeit ergibt. Zumindest im soziologischen Befund bestünden keine gravierenden Unterschiede zwischen (angestellten) Organmitgliedern und leitenden Angestellten, so dass mit der Rechtsprechung des BGH[1165] auch auf Organmitglieder einzelne arbeitsrechtliche Schutzvorschriften Anwendung finden können.[1166]

c) Die Gegenansichten

Die ausnahmslose Ablehnung der Arbeitnehmereigenschaft eines GmbH-Geschäftsführers wird von der Gegenansicht als nicht sachgerecht verworfen,[1167] da sie vielfach den soziologischen Gegebenheiten nicht entspreche.[1168] Die von der h.L. hervorgehobene Organstellung betreffe nur das Außenverhältnis. Für die Einordnung des Anstellungsverhältnisses komme es jedoch auf die Ausgestaltung des Innenverhältnisses zur Gesellschaft an, das arbeitsrechtlicher Natur sei, wenn der Geschäftsführer dem arbeitsrechtlichen Direktionsrecht unterliegt.[1169] Dies entspricht der Rechtsprechung des BAG. Entscheidend ist also

---

[1162] Sog. organschaftliches Eigenhandeln der Körperschaft (Organtheorie); dazu *Beuthien*, NJW 1999, 1142 sowie 2. Teil, Kapiel 1 C.

[1163] *Hueck*, ZfA 1985, 25 (31).

[1164] *Goette*, S. 202 mit Verweis auf BGHZ 49, 30 = BGH NJW 1968, 396.

[1165] Siehe *Goette*, S. 202 ff. zur Judikatur des BGH.

[1166] *Rowedder/Schmidt-Leithoff*, § 35 Rn. 78; *Lutter/Hommelhoff*, Anhang zu § 6 Rn. 3; *Hueck*, in: FS Hilger/Stumpf, S. 365 (379); *Henssler*, RdA 1992, 289 (294 ff.); *Hümmerich*, NJW 1995, 1177 (1178);

[1167] *Schaub*, Arbeitsrechtshandbuch, § 14 Rn. 4 ff.; *Scholz/Schneider*, § 35 Rn. 159 ff.; *Küttner/Kania*, Personalbuch 2004, 202 (Geschäftsführer), Rn. 17 ff.; *Brachert*, S. 212 ff.; *Diller*, S. 97 ff. (137 ff.); *Groß*, S. 219 ff.; *Nordhues*, S. 148 ff. (198 ff.); *Köhl*, DB 1996, 2597 (2600); *Kamanabrou*, DB 2002, 146 (147); *Wank*, EWiR § 5 ArbGG, 1093 (1094); zumindest kritisch auch *Henssler*, RdA 1992, 289 (294).

[1168] *Schaub*, Arbeitsrechtshandbuch, § 14 Rn. 5.

[1169] Insofern zustimmend *Boemke*, ZfA 1998, 209 (212); *Groß*, S. 256 ff. m.w.N.

auch nach dieser Ansicht auf den arbeitsrechtlichen Arbeitnehmerbegriff,[1170] mithin auf die Frage abzustellen, ob der Geschäftsführer persönlich abhängig - in Form arbeitsbezogener Weisungsabhängigkeit der Gesellschaft - und in einen fremden Betrieb eingegliedert ist. Zwar habe die h.L. erkannt, dass zwischen gesellschaftsrechtlichen und innervertraglichen Rechtsbeziehungen zu unterscheiden sei,[1171] wieso jedoch die gesellschaftsrechtliche Unabhängigkeit (als Organ) auch zur innervertraglichen Unabhängigkeit (als freier Dienstnehmer) führen soll, sei nicht einsichtig.[1172] Dies widerspricht auch der einhellig geforderten Trennung zwischen Organ- und Anstellungsverhältnis, denn weder die Satzungsautonomie noch aktienrechtliche Wertungen hindern den Rechtsanwender, eine tatsächlich bestehende persönliche Abhängigkeit auch arbeitsrechtlich anzuerkennen.[1173] Ferner seien zwar in arbeitsrechtlichen Vorschriften die Organmitglieder juristischer Personen vom Anwendungsbereich ausgenommen (§§ 5 Abs. 2 Nr. 1 BetrVG, 14 KSchG, 5 Abs. 1 S. 3 ArbGG), dies spreche aber vielmehr für die Intention des Gesetzgebers, sie im Übrigen (außerhalb des Anwendungsbereiches der erwähnten Vorschriften) als Arbeitnehmer anzusehen.[1174]

Gegen das Argument von *Hueck*[1175], wonach es bei Geschäftsführern am Merkmal der Fremdheit des Betriebs fehle, da sie als Organ insoweit für die Gesellschaft selbst stünden[1176] und damit wiederum in der typischen Arbeitgeberposition seien, wird von *Groß*[1177] ausgeführt, dass es für die arbeitsrechtliche Eingliederung nicht so sehr auf die Einzelheiten der rechtlichen Konstruktion der Stellung des Mitarbeiters ankomme, sondern vielmehr auf die tatsächliche Ausgestaltung der Verhältnisse. Zumindest der Fremdgeschäftsführer sei schon auf Unternehmensebene nicht Mitunternehmer, sondern weisungsgebundenes Ausführungsorgan der Gesellschafter, und seine Unterordnung unter einen fremden unternehmerischen Willen setze sich auf Betriebsebene als Eingliederung in den fremden Betrieb fort.[1178]

[1170] *Kamanabrou*, DB 2002, 1146 (147).

[1171] Trennung zwischen unternehmensbezogenem Weisungsrecht kraft Gesellschaftsrecht und Weisungsrecht als Direktionsrecht des Arbeitgebers; *Hueck*, ZfA 1985, 25 (31).

[1172] Siehe *Schaub*, Arbeitsrechtshandbuch, § 14 Rn. 5 a.E.

[1173] *Henssler*, RdA 1992, 289 (292f.).

[1174] *Schaub*, Arbeitsrechtshandbuch, § 14 Rn. 6. Dagegen aber *Henssler*, RdA 1992, 289 (293) mit Verweis auf BAG NZA 1987, 845.

[1175] *Hueck*, ZfA 1985, 25 (31).

[1176] Sog. organschaftliches Eigenhandeln der Körperschaft (Organtheorie); dazu *Beuthien*, NJW 1999, 1142 sowie 2. Teil, Kapiel 1 C.

[1177] *Groß*, S. 238.

[1178] So i.E. auch *Nikisch*, S. 98; *Groß*, a.a.O.

Auch der von *Wank*[1179] entwickelte teleologische Arbeitnehmerbegriff schließt die Arbeitnehmereigenschaft zumindest von Fremdgeschäftsführern nicht aus.[1180] Danach kommt es darauf an, ob der Geschäftsführer (freiwillig) ein Unternehmerrisiko übernommen hat und diesem Risiko unternehmerische Chancen gegenüberstehen. Wird eine Person dauerhaft für eine andere Person tätig, ohne sich der Hilfe anderer zu bedienen und dabei weder eigenes Kapital noch eine eigene Organisation einsetzt, sei sie Arbeitnehmer.[1181] Spiegelbildlich setze der Selbständige vor allem eigenes Kapital ein.[1182] Zumindest beim Fremdgeschäftsführer ist deshalb die Arbeitnehmereigenschaft zu bejahen, während es beim Gesellschafter-Geschäftsführer auf das Maß seiner Kapitalbeteiligung ankommt.[1183]

Die Bezugnahme auf die gefestigte Rechtsprechung des Bundessozialgerichts überzeugt und entspricht den *„soziologischen Gegebenheiten"* in der Praxis. Zumindest das Anstellungsverhältnis des Fremdgeschäftsführers kann im Einzelfall die Voraussetzungen des Arbeitnehmerbegriffs erfüllen; er ist nicht stets der *„soziale Gegenspieler"* der übrigen Arbeitnehmer im Betrieb. Die Aufgabe der engen sachlichen Verbindung von Arbeits- und Sozialversicherungsrecht überzeugt hingegen nicht.[1184] Zwar ist der Arbeitnehmerbegriff für jedes Rechtsgebiet entsprechend dem jeweiligen rechtspolitischen Regelungsziel gesondert zu bestimmen, so dass beispielsweise der steuerrechtliche Arbeitnehmerbegriff für die arbeitsrechtliche Einordnung wenig brauchbar ist.[1185] Aus dem Prinzip der Einheit der Rechtsordnung folgt aber, wie *Henssler*[1186] zu Recht argumentiert, dass unterschiedliche Begriffsbestimmungen auch durch unterschiedliche Normzwecke gerechtfertigt werden müssen. Die Begründung für die divergierenden Auslegungen sei die h.M. bislang schuldig geblieben.[1187] Der sozialversicherungsrechtliche Arbeitnehmerbegriff ist mit der arbeitsrechtlichen Statuszuordnung vergleichbar. Sofern die Sozialgerichte[1188] in den Merkmalen der *„persönlichen Abhängigkeit"*;[1189] der *„entgeltlichen Beschäftigung"; „in den Betrieb eingegliedert"* und *„dem Weisungsrecht des Arbeitgebers unterliegend"* die maßgeblichen Kriterien sehen, schließt die Organmitgliedschaft allein

---

1179 *Wank*, NZA 1999, 225 (227) m.w.N.
1180 *Kamanbrou*, DB 2002, 146 (147).
1181 *Wank*, NZA 1999, 225 (227 f.).
1182 *Wank*, a.a.O.
1183 *Kamanabrou*, DB 2002, 146 (148); *Wank*, EWiR 1999, 1093 (1094).
1184 *Hromadka*, Das Recht der leitenden Angestellten, S. 326.
1185 So zu Recht auch *Hueck*, in: FS Hilger/Stumpf, S. 365 (373).
1186 *Henssler*, RdA 1992,289 (293).
1187 *Henssler*, a.a.O. mit Verweis auf *Groß*, S. 385 ff. m.w.N.
1188 Insofern richtungsweisend BSG AP Nr. 1 zu § 165 b RVO; BSG ZIP 1983, 103; BSG BB 1989, 72; BSG NZA 1991, 869 jeweils m.w.N.
1189 Die auch „Zeitdauer und Ort der Arbeitsleistung" umfasse.

eine Beschäftigung in persönlicher Abhängigkeit nicht aus.[1190] Daher sind aufgrund der identischen gesetzlichen Interpretationsgrundlagen die Ergebnisse der Statusbeurteilung in beiden Rechtsgebieten aufeinander abzustimmen.[1191] Maßgeblich ist mit der Rechtsprechung des BAG[1192] folglich die konkrete Ausgestaltung des Anstellungsverhältnisses, so dass jedenfalls das korporationsrechtliche Weisungsrecht bei der arbeitsrechtlichen Statusbeurteilung keine Rolle spielt.[1193] Ein Arbeitsverhältnis liegt nur dann vor, wenn die Gesellschafter dem Geschäftsführer - über ihr (gesellschaftsrechtliches) Weisungsrecht gemäß § 37 Abs. 1 GmbHG hinaus - auch *„arbeitsbegleitende und verfahrensorientierte Weisungen“* erteilen und auf diese Weise die *„konkreten Modalitäten der Leistungserbringung“* bestimmen können, mithin Ort, Zeit und die Art der Leistung.[1194] Der Fremdgeschäftsführer kann folglich unter den arbeitsrechtlichen Arbeitnehmerbegriff fallen, da er - anders als der Gesellschaftergeschäftsführer - als Fremdorgan nicht an den unternehmerischen Risiken und Chancen[1195] der Gesellschaft teilnimmt.[1196] Bei Gesellschaftergeschäftsführern hingegen entscheidet sich die Abgrenzung insbesondere nach der Höhe der Kapitalbeteiligung, so dass die Maßstäbe des Bundessozialgerichts in der Sache überzeugend sind und auch im Arbeitsrecht übernommen werden sollten.[1197]

d) Zusammenfassung

Der gefestigten Rechtsprechung des BGH und der h.L. zu Folge schließen sich Arbeitnehmer- und Arbeitgeberstellung aus, so dass ein Organ einer juristischen Person nicht als Arbeitnehmer einzustufen ist. Die Rechtsprechung des Bundessozialgerichts differenziert zwischen Fremdgeschäftsführern und Minderheitsgesellschafter-Geschäftsführern, die Arbeitnehmerstatus haben können, und Mehrheitsgesellschafter-Geschäftsführern, die keine Arbeitnehmer sind. Die

---

[1190] BSG EzA Nr. 1 zu § 7 SGB IV; insoweit ständige Rechtsprechung; vgl. dazu bereits BSG NZA 1991, 869 (870); BSG NZA 1990, 911 (912); so auch *Jaeger*, S. 38; *Reiserer/Heß-Emmerich*, S. 125.

[1191] Zu Recht *Henssler*, RdA 1992, 289 (293).

[1192] BAG NZA 1999, 987 = NJW 1999, 3731.

[1193] So auch *Wank*, EWiR 1999, 1093 (1094). Kritisch *Henssler*, RdA 1992, 289 (294), der zumindest tatsächliche Rückschlüsse von der Ausgestaltung des Organverhältnisses (hinsichtlich der Weisungsgebundenheit) auf die arbeitsrechtliche Beurteilung ziehen will: „Dementsprechend verbietet sich auch hier jede formale Argumentationsweise.“

[1194] BAG, a.a.O.

[1195] Auch eine kombinierte Vergütung aus Festgehalt und (erfolgsabhängiger) Tantieme ändert hieran nichts, da sich auch hinsichtlich dessen noch große Unterschiede zum Gesellschafter-Geschäftsführer ausmachen lassen, dazu *Jaeger*, S. 111 (Fn. 233).

[1196] *Kamanabrou*, DB 1999, 146 (148).

[1197] *Wank*, EWiR 1999, 1093 (1094); *Kamanabrou*, DB 1999, 146 (148); hinsichtlich der entsprechenden Anwendbarkeit arbeitsrechtlicher Schutzvorschriften auf Geschäftsführer zustimmend, *Boemke*, ZfA 1998, 209 (219 f.), im Übrigen jedoch ablehnend.

neuere Rechtsprechung des BAG und Teile der Literatur erkennen (teilweise in Anlehnung an die Rechtsprechung des BSG) zumindest die Möglichkeit der Arbeitnehmerstellung des Fremdgeschäftsführers an. Diese Grundsätze lassen sich in Ausnahmefällen auch auf Minderheitsgesellschafter-Geschäftsführer übertragen. Einigkeit besteht im Ergebnis darüber, dass Mehrheitsgesellschafter-Geschäftsführer keinen Arbeitnehmerstatus besitzen. Der steuerrechtliche Arbeitnehmerbegriff spielt bei der arbeitsrechtlichen Statusbeurteilung hingegen kaum eine Rolle.

2. Die Rechtslage im tschechischen Recht

Im tschechischen Recht wird der Statusfrage des GmbH-Geschäftsführers weniger Beachtung geschenkt. Fast einhellig wird die Arbeitnehmereigenschaft unter Bezugnahme auf die Rechtsprechung abgelehnt. Eine sachliche Auseinandersetzung findet hingegen selten statt, zumal sich im tschechischen Recht, bis auf die Kurzdefinition in § 27 Abs. 1 CZ-ArbG ein etablierter Arbeitnehmerbegriff kaum ausmachen lässt.[1198] Im Folgenden sollen zunächst die Argumente der tschechischen Rechtsprechung näher untersucht werden, denen sich die Vertreter der tschechischen Literatur nahezu geschlossen anschließen. In einem weiteren Schritt sind die Argumente auf deren Schlüssigkeit zu prüfen und in einen rechtsvergleichenden Kontext zur im deutschen Recht geführten Diskussion zu setzen.

a) Die Rechtsprechung

Zentrale Bedeutung hat die, in dieser Abhandlung bereits mehrfach erwähnte, Entscheidung des Obergerichts Prag vom 21.04.1993.[1199] Dort wurde entschieden, dass „*die Tätigkeit eines statutarischen Organs oder Organmitglieds einer Gesellschaft mit beschränkter Haftung durch eine natürliche Person nicht in einem Arbeitsverhältnis ausgeübt wird, und selbst dann nicht, wenn es sich nicht um einen Gesellschafter handelt.*“ Ferner begründete das Gericht seine Ansicht damit, dass die Tätigkeit als gesetzlicher Vertreter einer GmbH oder Aktiengesellschaft keine „*Art der Arbeit*“ gemäß § 29 Abs. 1 lit. a) CZ-ArbG sei.[1200] In späteren Entscheidungen des Obersten Gerichts in Brünn vom 12.03.2002[1201] und 15.01.2003[1202] wurde die Entscheidung des Obergerichts Prag bestätigt. Damit sind sowohl Fremdgeschäftsführer als auch Gesellschaftergeschäftsführer nach tschechischer Rechtsauffassung keine Arbeitnehmer. Hierfür spricht zu-

[1198] *Gerauer/Baron/Britz*, Rn. 34 ff. Siehe auch *Seibold*, S. 5 mit dem Hinweis, dass der Arbeitnehmerbegriff im tschechischen Recht wenig Beachtung findet.
[1199] R 13/1995, 6 Cdo 108/92.
[1200] *Loges/Nedelka*, WiRO 1998, 133 (135).
[1201] 29 Odo 328/2001, SR NS Nr. 15, C 1085, S. 90.
[1202] 21 Cdo 963/2002, 23/C 1653 (iPrávník).

nächst die Systematik des tschechischen Gesellschaftsrechts, wonach für die Beziehungen zwischen Gesellschaft und deren Organe die ausschließliche Anwendung des CZ-HGB vorgeschrieben ist (§ 261 Abs. 3 lit. f) CZ-HGB). Sofern jedoch ein zusätzlicher Arbeitsvertrag mit der Gesellschaft geschlossen wird, können „*weder rechtliche Vorschriften noch die Natur der GmbH verhindern, dass andere Tätigkeiten für die Gesellschaft durch (diese) natürliche Personen aufgrund eines arbeitsrechtlichen Verhältnisses ausgeübt werden, es sei denn, das Arbeitsverhältnis besteht lediglich in der Ausübung der Funktion als statutarisches Organ.*“[1203] Damit sind Arbeitsverträge, in Form der bereits erwähnten „*Managerverträge*“ möglich, sofern die „*Art der Arbeit*“ im Sinne von § 29 Abs. 1 lit. a) CZ-ArbG nicht die Organtätigkeit selbst, sondern andere Tätigkeiten, in der Regel sonstige Managementaufgaben als „*Generaldirektor*“ umfasst.

b) Die herrschende Ansicht

Der Rechtsprechung schließt sich nahezu die gesamte rechtswissenschaftliche Literatur[1204] in der ČR an; sie wird auch von der rechtsvergleichenden Literatur[1205] im Ergebnis gebilligt. Hauptargument ist zunächst die in § 261 Abs. 3 lit. f) CZ-HGB zwingend vorgeschriebene Geltung des Handelsgesetzbuches bei der Regelung der Rechtsbeziehungen zwischen der Gesellschaft und ihren Organen.[1206] Die in § 261 Abs. 3 CZ-HGB enumerativ aufgezählten Rechtsverhältnisse werden im tschechischen Recht als „absolute Rechtsbeziehungen“ bezeichnet, die stets durch das HGB geregelt werden.[1207] Daher sei die Rechtsbeziehung zwischen Gesellschaft und deren Organen stets ein besonderes handelsrechtliches Verhältnis.[1208] Dies ergebe sich bereits aus der „*Natur der Sache.*“[1209] Aus der Diktion von § 261 Abs. 3 lit. f) CZ-HGB folge ferner, dass die Organtätigkeit niemals Gegenstand eines Arbeitsvertrages sein kann, da dies unweigerlich dessen Nichtigkeit gemäß § 39 Abs. 1 CZ-BGB nach sich ziehen würde.[1210]

1203 Obergericht Prag, R 13/1995, 6 Cdo 108/92.

1204 *Eliáš/Bartošíková/Pokorná*, Rn. 381; *Štenglová/Plíva/Tomsa*, § 66, S. 194 unter Bezugnahme auf o.g. Rechtsprechung; *Dědič*, 2002, § 66, S. 447; *Zoufalý/Munková*, G3, S. 499 ff.; *Součková*, § 9, S. 21 ff; *Eliáš*, GmbH, 1997, S. 167 ff.; *ders.*, Obchodní Právo 2/1996, 6. Kritisch lediglich *Bárta*, Právník 7/1996, 589 ff.

1205 *Loges/Nedelka*, WiRO 1998, 133 (135); *Winkelmann*, WiRO 2002, 65 (68); *Gerauer/Baron/Britz*, 1999, Rn. 37.

1206 *Rada*, S. 24 m.w.N.

1207 *Dědič*, 2002, § 261, S. 3271; *Štenglová/Plíva/Tomsa*, § 261, S. 840; *Raban/Bohata*, S. 76.

1208 *Dědič*, 2002, § 66, S. 447 f.

1209 *Eliáš/Bartošíková/Pokorná*, Rn. 381.

1210 *Dědič*, 2002, § 66, S. 447 (448 f.). Gemäß § 39 CZ-BGB ist ein Rechtsgeschäft nichtig, das nach Inhalt oder Zweck gegen das Gesetz verstößt, es umgeht oder gegen die guten Sitten verstößt.

Sofern das Obergericht Prag seine Entscheidung u.a. damit begründet, dass die Tätigkeit als Organ der Gesellschaft keine „Art der Arbeit“ gemäß § 29 Abs. 1 lit. a) CZ-ArbG sei, deren genaue Angabe jedoch unabdingbarer Bestandteil eines jeden Arbeitsvertrages ist, wird dem von *Loges/Nedelka*[1211] entgegen gehalten, dass sich die Tätigkeit eines Geschäftsführers durchaus gemäß § 29 Abs. 1 lit. a) CZ-ArbG spezifizieren ließe. Im Ergebnis sei der Entscheidung jedoch zuzustimmen. Als Begründung wird das von der Rechtsprechung des BGH gebrauchte Argument angeführt, dass sich (originäre) Arbeitgeberstellung des Organs und eine etwaige Arbeitnehmerstellung ausschließen. In der übrigen Literatur bleibt es bei der bloßen Feststellung, dass Organe oder Organmitglieder keine Arbeitnehmer seien.[1212]

Die Diskussion führt jedoch am eigentlichen Thema vorbei. Zunächst ist der Rechtsprechung zuzustimmen, dass die Organtätigkeit an sich kein Arbeitsverhältnis, sondern eine spezielle handelsrechtliche Rechtsbeziehung begründet. Dies wird von § 261 Abs. 1 lit. f) CZ-HGB eindeutig statuiert. Aus der Entscheidung des Obergerichts Prag aus dem Jahre 1993 folgert die tschechische und rechtsvergleichende Literatur[1213] zu Recht, dass Geschäftsführer - zusätzlich zum Funktionsvertrag (Anstellungsvertrag) gemäß § 66 Abs. 2 CZ-HGB - einen Arbeitsvertrag mit der Gesellschaft schließen können, der jedoch nicht die Organtätigkeit zum Inhalt haben darf.[1214]

Somit kann ein Geschäftsführer oder genauer die Person, die auch das Geschäftsführeramt inne hat, durchaus ein Arbeitnehmer sein.[1215] Im Rahmen eines solchen (zusätzlichen) Arbeitsvertrages wird diese Person zum Arbeitnehmer, nämlich zum leitenden Angestellten gemäß § 9 Abs. 3 CZ-ArbG. Gemäß § 27 Abs. 2 CZ-ArbG wird ein Arbeitsverhältnis durch Abschluss eines Vertrages zwischen Arbeitnehmer und Arbeitgeber begründet. Eine Kurzdefinition des Arbeitsverhältnisses findet sich in § 27 Abs. 1 CZ-ArbG: *„Der Arbeitnehmer beteiligt sich an der Erfüllung der Aufgaben des Arbeitgebers, indem er seine Arbeit gegen Entgelt nach den Weisungen des Arbeitgebers verrichtet.“* Der Arbeitnehmerbegriff des tschechischen Rechts orientiert sich somit auch am Merkmal der persönlichen Abhängigkeit, das durch die Weisungsgebundenheit des Arbeitnehmers, dessen Eingliederung im Betrieb des Arbeitgebers und durch die Entgeltlichkeit seiner Leistung gekennzeichnet ist.[1216] In § 27 Abs. 5 lit. a) CZ-ArbG ist die Tätigkeit von Organen juristischer Personen als leitende Ange-

---

1211 WiRO 1998, 133 (135).

1212 Siehe *Součková*, § 9, S. 21 ff; *Gerauer/Baron/Britz*, 1999, Rn. 37.

1213 *Dědič*, 2002, § 66, S. 447 ff; *Součková*, § 9; S. 21 (22); *Zoufalý/Munková*, Anmerkung zu G3, S. 499 ff.; *Gerauer/Baron/Britz*, Rn. 37; *Loges/Nedelka*, WiRO 1998, 133 (135).

1214 Zu diesem Parallellauf beider Rechtsverhältnisse in der Praxis, *Dědič*, 2002, § 66, S. 447 ff; *Zoufalý/Munková*, G3, S. 499 ff.

1215 So auch *Zoufalý/Munková*, Anmerkung Nr. 7 zum Vertragsmuster G3, S. 500.

1216 Dazu auch *Seibold*, S. 5. m.w.N.

stellte ferner ausdrücklich erwähnt. Der Geschäftsführer kann dann gemäß § 74 CZ-ArbG die Funktionen eines leitenden Angestellten ausüben, ohne dass davon seine Stellung als Organ berührt wird. Zwischen beiden Rechtsverhältnissen ist daher streng zu trennen.[1217]

c) Sozialversicherungsrechtliche Einordnung

Der Geschäftsführer einer tschechischen GmbH, der seine Tätigkeit aufgrund eines Funktionsvertrages ausübt und für die Ausübung seiner Funktion von der Gesellschaft eine Vergütung erhält, ist gemäß § 3 Abs. 1 lit. c) Nr. 4 des Gesetzes Nr. 589/1992 Sb.[1218] sozialversicherungspflichtig.[1219] Zu Recht wird darauf hingewiesen, dass die Bestimmung des § 3 Abs. 1 lit. c) Nr. 4 des Gesetzes Nr. 589/1992 Sb. unklar formuliert ist, wonach ein Geschäftsführer dann der Sozialversicherung unterliegt, wenn er *„für die Gesellschaft eine Arbeit ausübt, jedoch nicht in einem Arbeitsverhältnis.“* Daraus wird teilweise gefolgert, dass Organe juristischer Personen nicht unter den sozialversicherungsrechtlichen Arbeitnehmerbegriff fallen.[1220] Die überwiegende Ansicht und insbesondere die Praxis der Sozialbehörden stufen Geschäftsführer jedoch als Arbeitnehmer i.S.v. § 3 Abs. 1 lit. c) Nr. 4 des Gesetzes Nr. 589/1992 Sb. ein.[1221] Gemäß § 8 Abs. des Gesetzes Nr. 589/1992 Sb. ist die Gesellschaft verpflichtet, die Versicherungsbeiträge des Geschäftsführers selbst zu berechnen und abzuführen. Dies entspricht auch der vertraglichen Praxis.[1222]

d) Steuerrechtliche Einordnung

Hinsichtlich der steuerrechtlichen Einordnung des Geschäftsführers ergeben sich im tschechischen Recht keine grundlegenden Unterschiede zur deutschen Rechtslage. Steuerrechtlich ist der Geschäftsführer auch im tschechischen Recht Arbeitnehmer.[1223] Gemäß § 6 Abs. 1 CZ-EStG[1224] sind Einkünfte aus einer abhängigen Tätigkeit die Einkünfte der Mitglieder von Verwaltungsorganen und anderen Organen bei juristischen Personen. Der Steuerpflichtige mit Einkünften aus einer abhängigen Tätigkeit wird gemäß § 6 Abs. 2 CZ-EStG als *„Arbeitnehmer“* und der Lohnzahler als *„Arbeitgeber“* bezeichnet.

1217 *Dědič*, 2002, § 66, S. 448.

1218 Gesetz Nr. 589/1992 Sb. über den Versicherungsbetrag zur sozialen Fürsorge und staatlichen Beschäftigungspolitik.

1219 *Loges/Nedelka*, WiRO 1998 133 (136) w.w.N.

1220 So etwa *Barta*, Právník 7/1996, 589 (604 f.).

1221 *Zoufalý/Munková*, G3, S. 491 (495); *Loges/Nedelka*, a.a.O. Gleiches gelte dann auch für die Krankenversicherung, Gesetz Nr. 550/1991 Sb.; a.A. *Barta*, Právník 7/1996, 589 (604 f.).

1222 *Zoufalý/Munková*, Art. 5 Nr. 3 des Vertragsmusters G3, S. 495.

1223 So auch *Barta*, Právník 7/1996, 589 (604).

1224 Gesetz Nr. 586/1992 Sb. (Tschechisches Einkommensteuergesetz).

e) Zusammenfassung

Der Geschäftsführer kann Arbeitnehmer sein, sofern seine Rechte aus einem zusätzlichen Arbeitsvertrag (bzw. Managervertrag) betroffen sind. Seine originäre Stellung als Organ bleibt hiervon folglich unberührt. Der Managervertrag ist jedenfalls nicht Bestandteil des Anstellungsverhältnisses, das durch § 66 Abs. 2 CZ-HGB abschließend geregelt ist, sondern bildet lediglich einen zusätzlichen (außen stehenden) Gestaltungsfaktor. In seiner Funktion als Organ der Gesellschaft ist der Geschäftsführer wegen § 261 Abs. 1 lit. f) CZ-HGB kein Arbeitnehmer. Die Abgrenzung wird in der Praxis schwierig sein, es kommt daher auf eine möglichst detaillierte Vertragsgestaltung und darauf an, aus welchem Rechtsverhältnis Rechte abgeleitet werden.

B. Begründung des Anstellungsverhältnisses

Das Anstellungsverhältnis kann zunächst ausdrücklich durch Abschluss eines Vertrages über die Ausübung der Funktion begründet werden, der jedoch nicht zwingend notwendig ist.[1225] Bereits die Bestellung begründet das Anstellungsverhältnis durch entsprechende Anwendbarkeit des Mandatsvertragsrechts gemäß § 66 Abs. 2 CZ-HGB i.V.m. §§ 566 ff. CZ-HGB.[1226] Da der tschechische Gesetzgeber in § 66 Abs. 2 CZ-HGB den Parteien eines Funktionsvertrages umfassende Vertragsfreiheit eingeräumt hat, die ihre Grenzen nur im zwingenden Korporationsrecht des CZ-HGB findet, sind auf Abschluss, Form und Inhalt des Funktionsvertrages, als klassisches Erscheinungsbild des Anstellungsverhältnisses, besonderer Augenmerk zu legen.

I. Zuständigkeit und Form

Für den Abschluss des Funktionsvertrages ist gemäß § 125 Abs. 1 CZ-HGB zwingend die Gesellschafterversammlung zuständig. Die Zuständigkeit für Abschluss des Anstellungsvertrages korrespondiert - wie grundsätzlich auch im deutschen Recht - somit mit der Bestellungszuständigkeit, die einheitlich bei der Gesellschafterversammlung liegt. Somit kann auch hinsichtlich des Abschlusses des Funktionsvertrages und insbesondere der Vergütungsvereinbarung die Entscheidungshoheit nicht auf anderer Organe übertragen werden; der zwingende Charakter von § 125 Abs. 1 CZ-HGB steht dem auch hier entgegen.[1227] Dabei obliegt der Gesellschafterversammlung die Beschlussfassung über die Vergütung (§ 125 Abs. 1 lit. f) CZ-HGB) sowie die Genehmigung des Vertrages über die Ausübung der Funktion (§ 125 Abs. 1 lit. m) CZ-HGB). Das Zustimmungs-

---

[1225] Siehe oben 2. Teil, Kapitel 3 A. I. 2.

[1226] Auch im deutschen Recht kann das Anstellungsverhältnis konkludent begründet werden; BGH GmbHR 1997, 547; *Meyer-Landrut/Miller*, § 35 Rn. 165; *Roth/Altmeppen*, § 6 Rn. 39; a.A. *Baumbach/Hueck/Zöllner*, § 35 Rn. 10 und 94.

[1227] Siehe 2. Teil, Kapitel 1, B. I. 2. m.w.N.

erfordernis der Gesellschafterversammlung ist konstitutiv. Dies ergibt sich bereits aus §§ 66 Abs. 2 S. 3, 263 Abs. 2 CZ-HGB, wonach die schriftliche Genehmigung durch die Hauptversammlung oder durch alle persönlich und unbegrenzt haftende Gesellschafter erforderlich ist und von dieser Regelung nicht durch Individualvereinbarung abgewichen werden darf. Die fehlende Zustimmung der Gesellschafter führt zur Nichtigkeit des gesamten Vertrages, §§ 66 Abs. 2 S. 3 CZ-HGB i.V.m. § 39 CZ-BGB. Für die Zustimmung genügt die einfache Mehrheit der anwesenden Gesellschafter.[1228] Für Änderungen des Funktionsvertrages gelten diese Ausführungen entsprechend.[1229]

Es stellt sich ferner die Frage, wer bei Vertragsschluss mit dem (bereits wirksam bestellten) Geschäftsführer die Gesellschaft vertritt. Zunächst ist festzuhalten, dass das CZ-HGB nicht ausdrücklich regelt, wer die Gesellschaft beim Abschluss des Funktionsvertrages vertritt, so dass zunächst von den allgemeinen gesellschaftsrechtlichen Regelungen (§§ 133 ff. CZ-HGB) auszugehen ist.[1230] Die dann mögliche Folge, dass der Funktionsvertrag auf Seiten der Gesellschaft durch den Geschäftsführer selbst unterzeichnet wird, wurde jedoch durch das Genehmigungserfordernis der Gesellschafterversammlung in § 66 Abs. 2 S. 3 CZ-HGB durch den tschechischen Gesetzgeber, im Rahmen der Novelle aus dem Jahre 2000, abgemildert. In der Praxis wird jedoch meist ein Gesellschafter bevollmächtigt, für die Gesellschaft den Funktionsvertrag mit dem Geschäftsführer zu unterzeichnen.[1231]

Während im deutschen Recht Formbedürftigkeit für den Anstellungsvertrag nicht besteht,[1232] finden sich im tschechischen Recht konstitutive Formvorschriften. Gemäß §§ 66 Abs. 2 S. 3, 272 CZ-HGB muss der Funktionsvertrag schriftlich abgeschlossen werden und ferner durch die Gesellschafterversammlung oder durch alle persönlich und unbegrenzt haftenden Gesellschafter schriftlich genehmigt werden. Fehlt die Schriftform, so ist der Funktionsvertrag wegen § 39 CZ-BGB i.V.m. §§ 66 Abs. 2 S. 3, 272 CZ-HGB nichtig.

[1228] *Dědič*, 2002, § 66, S. 458.
[1229] *Dědič*, 2002, § 125, S. 1104 f., 1108.
[1230] *Loges/Nedelka*, WiRO 1998, 133 (134). Anders im deutschen Recht: Die gesetzliche Vertretungsbefugnis der Geschäftsführer gilt hinsichtlich des Abschlusses des Anstellungsvertrags nicht, BGH BB 1989, 2209; *Scholz/Schneider*, § 35 Rn. 171 ff.; *Reiserer/Heß-Emmerich*, S. 25; *Bauer/Gragert*, ZIP 1997, 2177 (2178).
[1231] *Dědič*, 2002, § 66, S. 458.
[1232] BGH ZIP 1994, 206; BGH GmbHR 1997, 548; *Baumbach/Hueck/Zöllner*, § 35 Rn. 95a. Aus steuerrechtlichen Gründen empfiehlt sich jedoch eine schriftliche Fixierung; *Brandmüller*, Rn. 69.

II. Inhalt

Der inhaltlichen Ausgestaltung des Anstellungsverhältnisses kommt aufgrund der dürftigen gesellschaftsrechtlichen Vorgaben und der vom tschechischen Gesetzgeber durch § 66 Abs. 2 CZ-HGB eingeräumten weitgehenden Vertragsfreiheit eine besondere Bedeutung zu. Es obliegt folglich den Vertragsparteien, den Funktionsvertrag möglichst detailliert und präzise zu gestalten. Dabei müssen sich die vertraglichen Vereinbarungen hinsichtlich ihrer Zulässigkeit jedoch stets an den zwingenden Normen des Korporationsrechts messen lassen. Insbesondere Fragen, die zwingend der Beschlussfassung der Gesellschafterversammlung unterliegen (§ 125 Abs. 1 CZ-HGB) sowie Fragen der Beendigung der Geschäftsführerstellung und der Haftung (§ 194 CZ-HGB) dürfen nicht abweichend vom Gesellschaftsstatut vereinbart werden.[1233]

Grundsätzlich sei an dieser Stelle wiederholt, dass der Anstellungsvertrag das satzungsrechtliche und gesetzliche Korporationsrecht nur ergänzen, gegebenenfalls modifizieren, jedoch nicht abändern kann.[1234] Sofern sich das tschechische Recht auch am Trennungsgedanken orientieren will, wovon zumindest bei Abschluss eines Funktionsvertrages - wie eingangs festgestellt wurde - auch ausgegangen werden kann, können auch im tschechischen Recht abweichend nur vereinzelte Rechte und Pflichten, deren dispositiver Charakter sich aus dem Gesetz ergibt, geregelt werden.

Die inhaltliche Ausgestaltung[1235] orientiert sich üblicherweise an folgenden Punkten: Rechte und Pflichten (insbesondere Regelungen hinsichtlich der Geschäftsführungs- und Vertretungsbefugnis), Vertragsdauer, Vergütung und Sonderleistungen, Arbeitszeit und Urlaub, Geheimhaltungs- und Verschwiegenheitspflichten, vertragliches und (nachvertragliches) Wettbewerbsverbot, Vertragsstrafen. Besonders praxisrelevante Themenkreise von anstellungsvertraglichen Klauseln sollen im Folgenden näher besprochen werden, im Übrigen ergeben sich die Rechte und Pflichten des Geschäftsführers schon kraft seiner Organstellung aus dem Organverhältnis.[1236] Sofern im Anstellungsvertrag unzulässig vom Korporationsrecht Abweichendes vereinbart wird, entfalten diese Bestimmungen nur schuldvertragliche Wirkungen, haben jedoch keinen Einfluss auf das Organverhältnis. Im Übrigen sind die Vertragsparteien frei. So kann der Geschäftsführer, obwohl er in seiner Funktion als Organ keinen gesetzlichen

---

[1233] *Dědič*, 2002, § 66, S. 457.

[1234] Statt aller *Rowedder/Schmidt-Leithoff*, § 35 Rn. 81 ff. m.w.N.

[1235] Zur Vertragsgestaltung in der Praxis siehe für das deutsche Recht: *Jaeger*, Der Anstellungsvertrag des GmbH-Geschäftsführers. Für das österreichische Recht: *Straube/Dragaschnig/Pettliczek-Koller/Torggler*, Der GmbH-Geschäftsführervertrag. Für das tschechische Recht: *Zoufalý/Munková*, Velká kniha smluvních vzorů (Großes Vertragsmusterhandbuch), G3, S. 491 ff.

[1236] Dazu im Detail, 2. Teil, Kapitel 1 (Das Organverhältnis).

Anspruch hierauf hätte, anstellungsvertraglich beispielsweise Urlaubs- und Abfindungsansprüche vereinbaren. Von besonderer Bedeutung sind regelmäßig Fragen der Geschäftsführungsbefugnis, Vergütungsvereinbarungen und die Regelungen über die Dauer und Beendigung des Anstellungsverhältnisses.

1. Zustimmungspflichtige Rechtsgeschäfte

Innerhalb des zwingenden Zuständigkeitsbereiches der Gesellschafterversammlung gemäß § 125 Abs. 1 lit. a) bis n) CZ-HGB ist der Geschäftsführer nicht autonom entscheidungsbefugt, sondern bedarf für Rechtsgeschäfte dieser Art zwingend der Zustimmung der Gesellschafterversammlung, die hierüber durch Beschluss gemäß § 127 CZ-HGB zu entscheiden hat. Gemäß § 125 Abs. 1 lit. n) CZ-HGB kann die Gesellschafterversammlung durch gesellschaftsvertragliche Vereinbarung grundsätzlich weitere Rechtsgeschäfte von ihrer Beschlussfassung abhängig machen, wobei diese Befugnis der Gesellschafterversammlung im Lichte von § 194 Abs. 4 CZ-HGB nur in begrenztem Umfang zusteht. Einen überzeugenden Mittelweg geht der BGH[1237] zur vergleichbaren Situation im deutschen Recht, wonach die grundlegende Änderung der Geschäftspolitik sowie sog. „*außergewöhnliche Geschäfte*", die insbesondere über den gewöhnlichen Geschäftsbetrieb hinausgehen, der Befugnis der Geschäftsführung entzogen sind, so dass der Geschäftsführer für diese Geschäfte die Zustimmung der Gesellschafterversammlung einholen muss. Die Argumentation trägt auch im tschechischen Recht: Die Beschränkung der sonst gemäß §§ 135 Abs. 2, 194 Abs. 4 CZ-HGB weisungsfreien Geschäftsführungsbefugnis des Geschäftsführers auf Geschäfte, die der gewöhnliche Geschäftsbetrieb erfordert, schafft einen gerechten Ausgleich zwischen dem Geltungsanspruch von § 125 Abs. 3 CZ-HGB einerseits und § 194 Abs. 4 S. 3 CZ-HGB andererseits, so dass die Gesellschafterversammlung gemäß § 125 Abs. 1 lit. n) i.V.m. Abs. 3 CZ-HGB nur solche Geschäfte von ihrer Zustimmung abhängig machen, die außerhalb des gewöhnlichen Geschäftsbetriebs liegen, also „*ungewöhnlich*" sind. Die einseitige Belastung der Entscheidungsfreiheiten, entweder der Geschäftsführungsbefugnis des Geschäftsführers durch volle Geltung von § 125 Abs. 3 CZ-HGB oder der Entscheidungsbefugnis der Gesellschafterversammlung auch in (besonderen) Angelegenheiten der Geschäftsführung durch unbeschränkte Geltung von § 194 Abs. 4 CZ-HGB, wäre unbefriedigend. Der Mittelweg durch Beschränkung der Geschäftsführungsbefugnis des Geschäftsführers für „*außergewöhnliche Geschäfte*" schafft daher einen billigen Ausgleich beider Interessen innerhalb des Verbandes.

Unter dem Begriff der sog. außergewöhnlichen Geschäfte werden solche Maßnahmen verstanden, welche wegen ihrer Größenordnung und den daraus folgenden Risiken für die Gesellschaft einen Ausnahmecharakter haben (z.B.

[1237] BGH NJW 1991, 1681 (1682).

Gewährung hoher Darlehen; Verkauf wesentlicher Betriebsteile; Einführung eines neuen Vertriebssystems etc.).[1238]

Da diese Begriffe nur schwer abgrenzbar sind, empfiehlt sich in der Vertragsgestaltung von Funktionsverträgen die Geschäftsführungsbefugnis auf Geschäfte zu beschränken, die der gewöhnliche Geschäftsbetrieb mit sich bringt, und für alle darüber hinaus gehenden Geschäfte die erforderliche Zustimmung der Gesellschafter zu vereinbaren.

So machen beispielsweise *Zoufalý/Munková*[1239] folgende Geschäfte von der Zustimmung der Gesellschafterversammlung abhängig:

- die Beschlussfassung zu den Jahresplänen der Gesellschaft,
- die Festlegung oder Änderung des Vertriebssystems oder der Absatzpolitik der Gesellschaft,
- jegliches Verfügen (Erwerb, Veräußerung, Belastung) über Immobilien,
- Investitions- und betriebserhaltende Maßnahmen, die im Einzelfall die Summe von ... CZK übersteigen,
- Abschluss, Änderung und/oder Beendigung von Miet-, Leasing- oder Pachtverträgen ab einer Laufzeit von ... Jahren oder einer monatlichen Verpflichtung von ... CZK,
- Abschluss, Änderung und/oder Beendigung von Verträgen über den Erwerb oder die Veräßerung von Lizenzen, Patenten, Geschäftsgeheimnissen und Know-how der Gesellschaft,
- Eintritt in Wechselverbindlichkeiten, Abschluss von Kreditverträgen, Übernahme von Bürgschaften, Schuldbeitritt oder Haftungsübernahmen für fremde Verbindlichkeiten ab einer Summe von jeweils ... CZK,
- Eröffnung von Rechtsstreitigkeiten, sofern nicht lediglich Forderungseintreibung der Gesellschaft Gegenstand ist,
- Einrichtung weiterer Bankkonten.

Empfehlenswert sind nach der einschlägigen Vertragspraxisliteratur[1240] ferner folgende Zustimmungsvorbehalte der Gesellschafterversammlung:

- Veräußerung und Stillegung einzelner Betriebe oder Betriebsteile sowie die Aufgabe wesentlicher Tätigkeitsbereiche der Gesellschaft,

---

1238 *Jaeger*, S. 55.

1239 *Zoufalý/Munková*, Vertragsmuster G3, Art. 2 Nr. 2 lit. a) bis k), S. 492 f.

1240 Vgl. *Jaeger*, § 2 des Vertragsmusters, S. 54.

- Errichtung neuer oder weiterer Zweigniederlassungen,
- Gründung, Erwerb oder Veräußerung von anderen Unternehmen oder Beteiligungen der Gesellschaft an anderen Unternehmen, sofern sich das Zustimmungserfordernis der Gesellschafterversammlung nicht bereits aus § 125 Abs. 1 lit. k) und l) CZ-HGB,
- Bauliche Maßnahmen und Anschaffung sämtlicher Sachmittel, sofern die Aufwendungen einen Betrag von ... CZK übersteigen,
- Einstellung und Entlassung von Arbeitnehmern, deren Jahresverdienst die Summe von ... CZK übersteigt,
- Erteilung von Versorgungszusagen jeder Art, durch welche zusätzliche Verpflichtungen der Gesellschaft begründet werden.

2. Vergütung und Sonderleistungen

Die Allzuständigkeit der Gesellschafterversammlung für Fragen des Anstellungsvertrages und insbesondere der Vergütung hat für den Geschäftsführer die Folge, dass sämtliche Einzelheiten des Anstellungsvertrages allen Gesellschaftern bekannt sind und eine diskrete Behandlung, insbesondere seiner Bezüge, damit ausgeschlossen ist. Dies entspricht jedoch weitgehend dem in neuerer Zeit viel diskutierten Grundsatz von *Corporate Governance*[1241] und der Transparenz und Publizität der Organisationsverfassung.

Im Lichte des *Corporate Governance*-Gedankens problematischer stellt sich die Rechtslage nur im tschechischen Aktienrecht dar, was auch Folgen für den Geschäftsführer haben kann. Gemäß § 194 Abs. 1 S. 2 CZ-HGB kann die Satzung bestimmen, dass die Vorstandsmitglieder in der dort festgelegten Art und Weise durch den Aufsichtsrat gewählt und abberufen werden. Werden die Vorstandsmitglieder durch den Aufsichtsrat gewählt, so hat er anstelle der Hauptversammlung auch die Funktionsverträge gemäß § 66 Abs. 2 CZ-HGB und die Leistungen gemäß § 66 Abs. 3 CZ-HGB[1242] zu genehmigen. Somit können Vorstandsbezüge, wie im deutschen Recht gemäß § 87 AktG, vertraulich zwischen Aufsichtsrat und Vorstandsmitglied ausgehandelt und behandelt werden. Einziges Korrektiv ist in beiden Rechtsordnungen die allgemeine wirtschaftliche Lage der Gesellschaft, so dass im deutschen Aktienrecht gemäß § 87 Abs. 1 S. 1 AktG die Leistungen in einem *„angemessenen Verhältnis zu den Aufgaben des Vorstandsmitglieds und zur Lage der Gesellschaft stehen“* müssen und der Aufsichtsrat gemäß § 87 Abs. 2 S. 1 AktG die Leistungen *„bei wesentlicher Ver-*

[1241] *K. Schmidt*, § 26 II 3. b) m.w.N.; zuletzt *Leube*, RIW 2003, 98 ff.
[1242] § 66 Abs. 3 CZ-HGB gilt auch für Geschäftsführer! Dies können Gewinnbeteiligen, Stock Options, Versicherungsentgelte, Provisionen und Nebenleistungen jeder Art sein. § 66 Abs. 3 CZ-HGB ist insofern mit § 87 Abs. 1 S. 1 AktG vergleichbar.

schlechterung der Verhältnisse der Gesellschaft" herabsetzen kann, wenn die Weitergewährung eine „*schwere Unbilligkeit für die Gesellschaft*" darstellen würde.

Im tschechischen Recht hat der Aufsichtsrat und bei Geschäftsführern die Gesellschafterversammlung die Sonderleistungen gemäß § 66 Abs. 3 S. 1 CZ-HGB nicht zu gewähren, falls „*die Tätigkeit als Organ offensichtlich zu den ungünstigen wirtschaftlichen Ergebnissen der Gesellschaft beigetragen hat*" oder wenn eine „*Rechtspflicht durch das Organ verletzt*" wurde. Der tschechische Gesetzgeber hat damit ein Kausalitätserfordernis zwischen Organtätigkeit und ungünstigen wirtschaftlichen Ergebnissen der Gesellschaft verankert, so dass die Gesellschaft beispielsweise bei ordnungsgemäßer Organtätigkeit, aber schlechter Performance der Gesellschaft aufgrund eines negativen konjunkturellen oder börslichen Umfelds, die in „guten Zeiten" vertraglich vereinbarten Sonderleistungen weiter gewähren muss. Daher ist dringend zu empfehlen, dass in Funktionsverträgen das Recht des Aufsichtsrats bzw. der Gesellschafterversammlung vorbehalten bleibt, bei „*wesentlicher Verschlechterung der wirtschaftlichen Situation der Gesellschaft*" (§ 87 Abs. 2 AktG analog) unabhängig von der Leistung und der Rechtmäßigkeit der Organtätigkeit die Sonderleistungen herabzusetzen. Kommt eine vertragliche Abrede nicht zu Stande, kann dies gerade bei kleineren Gesellschaften m.b.H. u.U. weitreichende wirtschaftliche Folgen haben.

Die im Rahmen von § 66 Abs. 3 CZ-HGB vorgesehenen Sonderleistungen für Organe der Gesellschaft umfassen in der Praxis regelmäßig auch die Gewährung eines Dienstwagens zur dienstlichen und privaten Nutzung für den Geschäftsführer,[1243] die jedoch durch einen, in der Dauer an den Funktionsvertrag gekoppelten, Miet- oder Leihvertrag speziell geregelt wird.[1244] Ähnliches wird hinsichtlich der Nutzung von Mobiltelefonen, Computern und sonstigen Gegenständen vereinbart, so dass das Nutzungsrecht mit Beendigung der Organstellung in der Regel erlischt.[1245]

Insbesondere empfiehlt sich eine differenzierte (Vergütungs-)regelung bei Verhinderung durch Krankheit und die Folgen bei Tod des Geschäftsführers.[1246] Von wachsender Bedeutung wird auch für Organe von tschechischen Gesellschaften die Frage der Altersversorgung, insbesondere in Form von Ruhegeld-

[1243] *Zoufalý/Munková*, Vertragsmuster G3, Art. 5 Nr. 5, S. 495. So auch die Rechtsanwälte *Giese, Braun* und *Nürnberger* im Gespräch mit dem Verfasser.
[1244] Falls dem Arbeitnehmer vom Arbeitgeber für Dienst- und Privatzwecke ein Kraftfahrzeug zur Verfügung gestellt wird, wird dies gemäß § 6 Abs. 6 CZ-EStG als Einnahme des Arbeitnehmers betrachtet, die im entsprechenden Kalenderjahr (Monat) in die Bemessungsgrundlage mit dem Betrag von 12 % (1 %) des Beschaffungspreises des Fahrzeugs einfließt.
[1245] *Dědič*, 2002, § 66, S. 447 ff. mit Verweis auf §§ 569, 574 Abs. 2 CZ-HGB.
[1246] Siehe *Jaeger*, § 8 des Vertragsmusters, S. 116 ff. m.w.N.

zahlungen (beispielsweise ab zehnjähriger Dienstzeit und ab 65. Lebensjahr monatlich 40 % seiner letzten Vergütung) sein.[1247] Hierzu fanden sich in den einschlägigen Vertragsmustern der tschechischen Praxisliteratur bislang keine Hinweise.[1248]

3. Vertragsdauer und Kündigung

Zunächst ist an dieser Stelle nochmals darauf hinzuweisen, dass weder das deutsche Recht[1249] noch das tschechische Recht der GmbH Vorschriften hinsichtlich der Dauer (Höchst- oder Mindestdauer) der Organtätigkeit enthält, so dass die Amtszeit anstellungsvertraglich grundsätzlich individuell und frei vereinbart werden kann. Dabei ergeben sich zunächst zwei grundlegende Vertragsalternativen: Zum einen kann der Funktionsvertrag auf unbestimmte Dauer mit beiderseitigem Kündigungsrecht geschlossen werden. Zum anderen kann der Funktionsvertrag auf eine fest bestimmte Dauer geschlossen werden.

a) Unbefristeter Funktionsvertrag

aa) Ordentliche Kündigung

Die Vertragsmuster der deutschen[1250] und tschechischen[1251] Literatur sehen meist einen unbefristeten Geschäftsführeranstellungsvertrag vor. Während im deutschen Recht bei einer Kündigung des Anstellungsvertrages die gesetzlichen Kündigungsfristen gemäß § 622 BGB eingehalten werden müssen,[1252] obliegt es im tschechischen Recht den Vertragsparteien, eine Kündigungsfrist für den Funktionsvertrag zu vereinbaren. Geschieht dies nicht, so kann der Funktionsvertrag jederzeit fristlos gekündigt werden.

Weder das Mandatsvertragsrecht (§ 574 Abs. 1 CZ-HGB), noch die allgemeinen Bestimmungen des CZ-HGB verlangen für die Kündigung von Dauer-

---

[1247] Dazu und zu Fragen der Vertragsgestaltung hinsichtlich der Witwen- und Waisenversorgung des verstorbenen Geschäftsführers, *Jaeger*, S. 127 ff.

[1248] So bleiben diese Fragen bei *Zoufalý/Munková*, Vertragsmuster G3, unerwähnt.

[1249] Lediglich bei mitbestimmten Gesellschaften gilt über die §§ 31 Abs. 1 MitbestG, 12 MontanMitbestG, 12 MontanMitbestErgG gemäß §§ 112, 84 AktG max. fünf Jahre.

[1250] *Jaeger*, § 14 des Vertragsmusters, S. 148 ff.; *Flatten*, GmbHR 2000, 922 m.w.N.

[1251] Siehe Art. 4 Nr. 1 des Vertragsmusters G3, in: *Zoufalý/Munková*, G3, S. 491 ff.

[1252] BGHZ 91, 217 (22); *Lutter/Hommelhoff*, Anhang § 6 Rn. 53; *Scholz/Schneider*, § 35 Rn. 226; *Meyer-Landrut/Miller/Niehus*, § 38 Rn. 151; *Flatten*, GmbHR 2000, 922 m.w.N. Eine Gegenansicht will dagegen § 621 Nr. 3 BGB anwenden; OLG Düsseldorf, GmbHR 1977, 132; *Hümmerich*, NJW 1995, 1177 (1180). Nach neuerer Rechtsprechung des BGH (BGH WM 1987, 650, 651; BGHZ 79, 291, 293) soll zumindest der Fremdgeschäftsführer und Minderheitsgesellschaftergeschäftsführer noch der Kündigungsfrist des § 622 BGB unterliegen, während für den beherrschenden Gesellschaftergeschäftsführer nun die Frist des § 621 Nr. 3 BGB gelten solle; OLG Hamm WM 1992, 914 (916); *Rowedder/Schmidt-Leithoff*, § 38 Rn. 42 m.w.N.

schuldverhältnissen die Einhaltung einer bestimmten (gesetzlichen) Kündigungsfrist. Teilweise wird zwar vertreten, dass bei Kündigung des Funktionsvertrages wegen § 582 CZ-BGB eine dreimonatige Kündigungsfrist zu beachten ist,[1253] was jedoch von der überwiegenden Ansicht[1254] abgelehnt wird, da die allgemeinen Regelungen über die Kündigung von Dauerschuldverhältnissen auf das spezielle Rechtsverhältnis zwischen Gesellschaft und deren Organe wegen § 261 Abs. 3 lit. f) CZ-HGB, der die ausschließliche Anwendbarkeit des Handelsgesetzbuches auf dieses Rechtsverhältnis statuiert, nicht anwendbar sind. Somit besteht für den Geschäftsführer im tschechischen Recht faktisch kein Bestandsschutz hinsichtlich seines Anstellungsverhältnisses. In der Praxis wird jedoch meist - in Anlehnung an die Kündigungsfrist der § 582 CZ-BGB und §§ 45 Abs. 1, 46 CZ-ArbG - eine dreimonatige Kündigungsfrist für beide Vertragsparteien vereinbart.[1255]

bb) Außerordentliche Kündigung

(1) Wichtiger Grund bzw. wesentliche Vertragsverletzung

Davon unberührt bleibt in beiden Rechtsordnungen das Recht auf außerordentliche Kündigung aus wichtigem Grund (§ 626 BGB) bzw. die sofortige Auflösung des Vertragsverhältnisses aufgrund einer wesentlichen Vertragsverletzung (§§ 344, 345 Abs. 1 und 2 CZ-HGB). Im tschechischen Recht ergibt sich der zwingende Charakter aus § 263 Abs. 1 CZ-HGB, der § 344 CZ-HGB ausdrücklich als „*kogent*" bezeichnet.[1256] Wesentlich ist gemäß § 345 Abs. 2 S. 1 CZ-HGB eine Vertragsverletzung dann, wenn „*die den Vertrag verletzende Partei zum Zeitpunkt des Vertragsschlusses wusste oder im Hinblick auf den Zweck des Vertrages, der sich aus seinem Inhalt oder aus den Umständen, unter denen er geschlossen wurde, ergibt, hätte vernünftigerweise vorhersehen können, dass die andere Vertragsseite bei einer solchen Vertragsverletzung an seiner Erfüllung kein Interesse haben würde.*" Im deutschen Recht verlangt § 626 Abs. 1 BGB einen wichtigen Grund für eine außerordentliche Kündigung, der dem Kündigenden „*unter Berücksichtigung aller Umstände des Einzelfalles und unter Abwägung der Interessen beider Vertragsteile die Fortsetzung des Dienstverhältnisses bis zum Ablauf der Kündigungsfrist oder bis zu der vereinbarten Beendigung des Dienstverhältnisses nicht zugemutet werden kann.*" Während im deutschen Recht eine umfassende Judikatur darüber besteht, wann ein „wichti-

[1253] *Eliáš*, Společnost s ručením omezeným, Prospektum, Praha 1997, S. 173.

[1254] *Dědič*, 2002, § 135, S. 1203 m.w.N.

[1255] Siehe Art. 4 Nr. 3 des Vertragsmusters zum Funktionsvertrag in *Zoufalý/Munková*, G3, S. 491 ff. Wegen der kurzen Kündigungsfristen des § 622 BGB werden auch in der deutschen Praxis häufiger vertraglich längere Kündigungsfristen vereinbart; dazu *Flatten*, GmbHR 2000, 922 (923).

[1256] Tschechisch: „Kogentní ustanovení" (Kogente, d.h. zwingende Vorschriften).

ger Grund" i.S.v. § 626 Abs. 1 BGB angenommen werden kann,[1257] fehlt in der ČR bislang Rechtsprechung zur *„wesentlichen Vertragsverletzung"* bei Geschäftsführerverträgen.

Im deutschen Recht ist es darüber hinaus möglich, bestimmte Umstände als Gründe für eine fristlose Kündigung vertraglich zu vereinbaren.[1258] Dies führt in der deutschen Vertragspraxis dazu, dass in Geschäftsführerverträgen ein Katalog an Gründen aufgenommen wird, der eine außerordentliche Kündigung gemäß § 626 Abs. 1 BGB rechtfertigen soll.[1259] Dadurch ersparen sich die Vertragsparteien die mit erheblichen Unwägbarkeiten und Beurteilungsrisiken behaftete Interessenabwägung im Rahmen von § 626 BGB. Der BGH[1260] betrachtet derartige Vereinbarungen als zulässig, misst diese jedoch stets an § 626 Abs. 1 BGB: *„Ein Kündigungsgrund, der nur kraft Vereinbarung ein wichtiger Grund ist, gestattet zwar die Auflösung des Dienstverhältnisses, jedoch dann nur unter Wahrung der Mindestfrist des § 622 BGB."* Aufgrund der fehlenden Judikatur empfiehlt sich auch in der tschechischen Vertragspraxis eine vertragliche Festlegung von Gründen, die zu einer *„wesentlichen Vertragsverletzung"* und damit zu einem Recht beider Parteien führen, das Vertragsverhältnis gemäß §§ 344, 345 Abs. 2, 349, 351 CZ-HGB mit sofortiger Wirkung zu beenden.

(2) Wegfall des Vertragszwecks

Eine weitere Möglichkeit zur sofortigen Beendigung der Vertragsbeziehung bei Beendigung der Organstellung findet sich im tschechischen Recht in § 356 CZ-HGB. Fällt nach Abschluss des Vertrages der in ihm ausdrücklich genannte Vertragszweck wegen einer erheblichen Veränderung der Umstände, unter denen er geschlossen wurde, weg, so kann die vom Wegfall des Vertragszwecks betroffene Partei gemäß § 356 Abs. 1 CZ-HGB vom Vertrag zurücktreten. Das Rechtsinstitut des *„Wegfalls des Vertragszwecks"* ähnelt somit den im deutschen Recht in § 313 BGB verankerten Grundsätzen über den *„Wegfall der Geschäftsgrundlage"*.[1261] Der ausdrücklich genannte Vertragszweck der *„Ausübung der*

[1257] *Baumbach/Hueck/Zöllner*, § 35 Rn. 115a; *Rowedder/Schmidt-Leithoff*, § 38 Rn. 46; *Reiserer/Heß-Emmerich*, S. 79 ff. m.w.N. Für das deutsche Recht sei darauf hingewiesen, dass der „wichtige Grund" des § 626 Abs. 1 BGB nicht automatisch auch ein „wichtiger Grund" nach § 38 Abs. 2 GmbHG für die Abberufung ist; *Baumbach/Hueck/Zöllner*, § 35 Rn. 117 mit Hinweis auf BGH NJW-RR 1990, 1123; BGH WM 1995, 2064 und w.N.

[1258] *Hachenburg/Mertens*, § 38 Rn. 56; *Rowedder/Schmidt-Leithoff*, § 38 Rn. 47; *Reiserer/Heß-Emmerich*, S. 84; *Jaeger*, S. 163 m.w.N. A.A. *Baumbach/Hueck/Zöllner*, § 35 Rn. 117 a.E.: Was wichtiger Grund ist, unterliege nicht der Vereinbarung. Vertragliche Festlegungen könnten aber bei der Abwägung der Zumutbarkeit berücksichtigt werden.

[1259] Siehe § 14 des Vertragsmusters bei *Jaeger*, S. 148 ff.

[1260] BGHZ 112, 103 (115); BGH NJW 1989, 2683 (2684).

[1261] Dort statuiert § 313 Abs. 3 S. 2 BGB ein Kündigungsrecht bei Dauerschuldverhältnissen. Da jedoch § 626 BGB grundsätzlich lex specialis zu §§ 313, 314 BGB ist (BT-Drucksache

Funktion" fällt mit Beendigung der Organstellung weg. Wird der Geschäftsführer von der Gesellschafterversammlung abberufen, so ist der Verlust der Organstellung im Hinblick auf den „*Vertrag über die Ausübung der Funktion*" des Geschäftsführers gemäß § 66 Abs. 2 CZ-HGB nahezu das klassische Beispiel einer „*erheblichen Veränderung der Umstände*" i.S.v. § 356 Abs. 1 CZ-HGB. Auch könnte argumentiert werden, dass mit Beendigung der Organstellung die ordnungsgemäße Erfüllung eines Vertrages „*über die Ausübung der Funktion*" (des Geschäftsführers) unmöglich[1262] i.S.v. § 354 CZ-HGB geworden ist und damit die Rechtsfolgen des § 351 CZ-HGB eintreten würden, die ebenfalls zur Auflösung des Vertragsverhältnisses führen. Die Gesellschafter besitzen aufgrund ihres jederzeitigen und ohne Angabe von Gründen möglichen Abberufungsrechts eine starke Position, die wegen der kogenten Norm des § 125 Abs. 1 CZ-HGB nicht eingeschränkt werden kann. Während sich im deutschen Recht die Gesellschaft entweder auf vertraglich festgelegte wichtige Gründe bzw. wichtige Gründe i.S.v. § 626 BGB berufen muss, um das Anstellungsverhältnis außerordentlich beenden zu können, bietet das tschechische Recht der Gesellschaft zumindest bei unbefristeten Funktionsverträgen mehrere Möglichkeiten, sich von den Verpflichtungen aus dem Funktionsvertrag fristlos zu lösen.

b) Vertragliche Koppelung von Abberufung und Kündigung

Wesentlich praktischer, insbesondere für die Vertragspraxis im tschechischen Recht, ist jedoch die vertragliche Koppelung von Organstellung und Kündigung der Anstellung. Grundsätzlich empfiehlt sich zunächst anstellungsvertraglich zu regeln, welches Schicksal das Anstellungsverhältnis erleidet, wenn die Organstellung des Geschäftsführers endet. Während im deutschen Recht die Beendigung der Organstellung nicht zwingend auch das Anstellungsverhältnis beendet,[1263] da insbesondere die Vorschriften des § 38 Abs. 1 und 2 GmbHG einerseits und die §§ 622, 626 Abs. 1 BGB andererseits (weder zeitlich noch inhaltlich) jeweils harmonieren (müssen), sind im tschechischen Recht vertragliche Koppelungsklauseln im Falle unbefristeter Funktionsverträge keinen Beschränkungen unterworfen. Das tschechische Recht überlässt die Ausgestaltung der Rechtsbeziehungen zwischen Gesellschaft und Organ durch § 66 Abs. 2 CZ-HGB ohnehin ausdrücklich den Vertragsparteien, so dass sich bereits aus dem Gesetz ergibt, dass der Koppelung von Organstellung und Funktionsvertrag keine normativen Schranken gesetzt werden. Daher sind bei unbefristeten Funktionsverträgen Klauseln üblich und empfehlenswert, die mit Beendigung der Or-

14/6040, S. 177), wird der praktische Anwendungsbereich bei außerordentlichen Kündigungen von Geschäftsführerverträgen eher gering sein.

1262 So für das deutsche Recht auch *Mildenberger*, S. 50 mit Hinweis auf OLG Karlsruhe, GmbHR 1996, 208.

1263 Siehe § 38 Abs. 1 2. HS GmbHG.

ganstellung (durch Abberufung oder aus anderen Gründen) auch den Funktionsvertrag beenden.[1264]

Im deutschen Recht sind derartige Koppelungsklauseln ebenfalls üblich[1265] und vom BGH[1266] anerkannt. Lässt sich der Geschäftsführer auf die Klausel „*für die Dauer seiner Bestellung*" im Anstellungsvertrag ein, weiß er, dass er seinen dienstvertraglichen Schutz von vornherein dem Willen der Gesellschafter unterwirft.[1267] Nur wenn die Abberufungsgründe nicht zugleich einen wichtigen Grund gemäß § 626 BGB bilden, hat die Abberufung im Zweifel dann die Wirkung einer ordentlichen Kündigung zum nächst zulässigen Termin.[1268]

c) Befristeter Funktionsvertrag

Einen stärkeren Bestandsschutz für den Geschäftsführer bietet hingegen die Vereinbarung einer festen Vertragslaufzeit, da insbesondere im deutschen Recht wegen § 620 BGB zumindest die ordentliche Kündigung zunächst ausgeschlossen ist.[1269]

Der Abschluss eines Funktionsvertrages mit einer fest bestimmten Dauer würde dem Geschäftsführer, insbesondere im Hinblick auf die jederzeitige und im tschechischen Recht unbeschränkbare Abberufungsbefugnis der Gesellschafterversammlung, eine besonders starke Position verleihen. In diesem Fall wäre es denkbar, dass Organ- und Anstellungsverhältnis ein unterschiedliches Schicksal erleiden, wenn beispielsweise der Geschäftsführer vor Ablauf seiner Vertragslaufzeit abberufen würde oder die Laufzeit seines Funktionsvertrages läuft (ohne wahrgenommener Verlängerungsoption[1270] oder Neuabschluss) aus, ohne dass seine Organstellung enden würde. An dieser Stelle wird deutlich, dass für eine Trennung zwischen Organstellung und Anstellung zumindest für Fälle befristeter Funktionsverträge im tschechischen Recht gute Gründe sprechen, während in allen anderen Fallalternativen wenig von der gesetzgeberisch gewollten Trennung übrig bleibt und das Anstellungsverhältnis zum konkretisierenden Annex des Organverhältnisses verkommt. Im Hinblick auf die Harmonisierung von Begründung und Beendigung beider Rechtsverhältnisse ist daher von Funk-

---

[1264] Siehe Art. 4 Nr. 4 des Vertragsmusters zum Funktionsvertrag in *Zoufalý/Munková*, G3, S. 491 ff.; so auch *Loges/Nedelka*, WiRO 1998, 133 (134).

[1265] *Baumbach/Hueck/Zöllner*, § 35 Rn. 110; *Lutter/Hommelhoff*, Anhang § 6 Rn. 44, 46; *Hachenburg/Mertens*, § 38 Rn. 17, 56; *Jaeger*, S. 155; *Reiserer/Heß-Emmerich*, S. 30; *Flatten*, GmbHR 2000, 922 (924); kritisch *Bauer/Diller*, GmbHR 1998, 809 (810).

[1266] BGH GmbHR 1989, 415 (416); BGH GmbHR 1999, 1140 (1142 f.); BGH NJW 1999, 3263 (3264)

[1267] *Röder/Lingemann*, DB 1993, 1341 (1345).

[1268] BGH GmbHR 1989, 415; OLG München DB 1994, 1972; *Roth/Altmeppen*, § 6 Rn. 98.

[1269] BGH NJW 1999, 3263 (3264); BAG NJW 1981, 246 (247); *Baumbach/Hueck/Zöllner*, § 35 Rn. 126; *Jaeger*, S. 152; *Flatten*, GmbHR 2000, 922 (923).

[1270] Zu Verlängerungsregelungen in befristeten Geschäftsführerverträgen, *Jaeger*, S. 166.

tionsverträgen mit einer festen Laufzeit aus Sicht der Gesellschaft abzuraten. Möglich wäre jedoch eine Koppelungsklausel dergestalt, dass der Funktionsvertrag für die Dauer der Amtszeit als Geschäftsführer befristet ist; die Beendigung der Organstellung somit auflösende Bedingung des Funktionsvertrages wird.

4. Rechtswahl und Geschäftsführerstatut

Insbesondere bei deutschen Geschäftsführern einer tschechischen Gesellschaft sind auch kollisionsrechtliche Fragestellungen erheblich, die zwar meist durch Rechtswahl beseitigt werden können, aber beispielsweise bei Fehlen einer solchen Vereinbarung zur Ermittlung des Geschäftsführerstatuts führen, mithin zur Frage des auf das Geschäftsführerverhältnis anzuwendenden Rechts.

Im deutschen IPR regelt das Gesellschaftsstatut nach der Rechtsprechung des BGH[1271] die Bestellung und Beendigung der Organstellung, wie auch Fragen der organschaftlichen Vertretung und den Umfang der Vertretungsmacht.[1272] Für die vertraglichen Beziehungen der Gesellschaft zum Organ sollen dann die Anknüpfungsregeln der Art. 27 ff. EGBGB gelten.[1273] Wie in Art. 27 Abs. 1 S. 1 EGBGB, der Art. 3 Abs. 1 des Römischen Schuldvertragsübereinkommens[1274] wiedergibt, können gemäß § 9 Abs. 1 des CZ-IPRG[1275] auch im tschechischen Kollisionsrecht die Beteiligten eines Vertrages das Recht wählen, nach dem sich gegenseitige vermögensrechtliche Beziehungen richten sollen; dies kann stillschweigend geschehen, falls nicht im Hinblick auf die Umstände Zweifel an der Willenserklärung bestehen. Vereinbaren die Vertragsparteien die Geltung tschechischen oder deutschen Rechts, so bleiben die weiteren kollisionsrechtlichen Bestimmungen der gewählten Rechtsordnung dann unberücksichtigt, § 9 Abs. 2 CZ-IPRG. In der Praxis ist daher eine Klausel empfehlenswert, welchem Recht der Funktionsvertrag unterliegen soll.

Haben die Parteien keine Rechtswahl getroffen, so ist das anwendbare Recht kollisionsrechtlich zu ermitteln. Gemäß § 10 Abs. 1 CZ-IPRG richten sich bei fehlender Rechtswahl die Vertragsbeziehungen nach der Rechtsordnung, deren Anwendung einer vernünftigen Regelung der bestehenden Beziehung entspricht. Diese allgemeine Anknüpfung wird in § 10 Abs. 2 CZ-IPRG durch verschiedene Fallgruppen konkretisiert. Während § 10 Abs. 2 lit. e) CZ-IPRG bei Aufträgen an den Sitz des Auftragnehmers anknüpft, ist nach § 10 Abs. 2 lit. f) CZ-IPRG

[1271] BGHZ 78, 318 (334); BGH RIW 1995, 156 (157); RIW 1980, 833.

[1272] *Staudinger/Großfeld*, Internationales Gesellschaftsrecht, Rn. 278; *Siehr*, S. 232.

[1273] *Palandt/Heldrich*, Art. 37 EGBGB, Rn. 1.

[1274] Römisches EWG-Übereinkommen über das auf vertragliche Schuldverhältnisse anzuwendende Recht vom 19. Juni 1980, in: *Jayme/Hausmann*, 2002, S. 171 ff. Zur Rechtswahl allgemein, *Kegel/Schurig*, S. 569 ff. m.w.N.

[1275] Tschechisches Gesetz zum internationalen Privat- und Prozessrecht, Gesetz Nr. 97/1963 Sb. in: *Riering*, IPR-Gesetze in Europa, 1997, S. 299 ff.

bei geschäftlicher Vertretung das Recht des Ortes, an dem die vertretene Person ihren Sitz hat, anzuwenden. Knüpft man nun beim Anstellungsverhältnis, wegen seines Auftragscharakters,[1276] an den Sitz des Auftragnehmers an, so könnte dies im Einzelfall zur Anwendung deutschen Rechts führen, während beim Organverhältnis an den Sitz des Vertretenen angeknüpft wird und damit das Recht am Sitz der tschechischen Gesellschaft, mithin tschechisches Recht für das Organverhältnis Anwendung findet. Damit würden Anstellungs- und Organverhältnis zwar ganz im Sinne der Trennungslehre unterschiedlich beurteilt, das Ergebnis muss aber als unbefriedigend empfunden werden, da kollisionsrechtlich ein sonst einheitlich zu beurteilendes und beurteilbares Rechtsverhältnis (§ 261 Abs. 3 lit. f) CZ-HGB) auseinandergerissen würde. Es stellt sich daher die Frage, ob das Geschäftsführerverhältnis nicht einheitlich angeknüpft werden muss. So zu Recht *Kneip*:[1277] Sämtliche Rechtsbeziehungen zwischen dem deutschen Geschäftsführer und der von ihm geleiteten ausländischen Gesellschaft richten sich einheitlich nach dem Statut dieser Gesellschaft, bestimmt durch den tatsächlichen Verwaltungssitz. Diese Ansicht führt zutreffend zu einer einheitlichen Betrachtungsweise und knüpft auch das Anstellungsverhältnis, das gerade im tschechischen Recht in Form des Funktionsvertrages oder entsprechend anwendbaren Mandatsvertragsrechts nur Annexfunktionen hat, folgerichtig an die Organstellung an. Dem kann freilich entgegen gehalten werden, dass bei Rechtswahl[1278] ohnehin eine unterschiedliche kollisionsrechtliche Einordnung beider Rechtsverhältnisse erfolgt, so dass dann auch bei unterschiedlicher Anknüpfung (bei fehlender Rechtswahl) hingenommen werden muss, dass das anwendbare Recht beider Rechtsverhältnisse nicht identisch ist.

C. Beendigung des Anstellungsverhältnisses

I. Zuständigkeit und Form

Die Frage der Zuständigkeit für die Kündigung des Funktionsvertrages regelt das CZ-HGB nicht ausdrücklich. Da jedoch die Zuständigkeit der Gesellschafterversammlung einheitlich für Bestellung, Abberufung und Vergütung des Geschäftsführers sowie für die Genehmigung (und Änderung)[1279] des Funktionsvertrages gemäß § 125 Abs. 1 lit. f) und m) CZ-HGB gesetzlich zwingend vorgegeben ist, wäre es nur schwer nachvollziehbar, wenn für die Kündigung des Funktionsvertrages die Zuständigkeit eines anderen Organs begründet sein sollte. Es wäre zwar denkbar, dass ein anderer Geschäftsführer als ein mit unbeschränkter

[1276] Das Mandatsvertragsrecht (§§ 566 ff. CZ-HGB) ist ein Unterfall des Auftrags (§§ 724 ff. CZ-BGB).
[1277] Umfangreiche Herleitung, siehe *Kneip*, S. 31 (43); S. 207.
[1278] Beispielsweise deutsches oder österreichisches Recht.
[1279] *Dědič*, 2002, § 66, S. 458.

Vertretungsmacht ausgestattetes Organmitglied dazu befugt sein könnte,[1280] dem steht jedoch der zwingende Charakter von § 125 Abs. 1 CZ-HGB entgegen. Aus § 125 Abs. 1 CZ-HGB ergibt sich die Intention des tschechischen Gesetzgebers, sowohl die Begründung und Beendigung des Organverhältnisses als auch sämtliche Fragen des Anstellungsverhältnisses der Zuständigkeit der Gesellschafterversammlung zu unterstellen,.

Argumentum e contrario zu § 125 Abs. 1 lit. m) CZ-HGB ist für die Beendigung des Anstellungsverhältnisses durch Kündigung des Funktionsvertrages auch die Gesellschafterversammlung zuständig.[1281] Die Zuständigkeit für die Beendigung des Anstellungsverhältnisses korrespondiert - wie grundsätzlich auch im deutschen Recht[1282] - somit mit der Abberufungszuständigkeit, die einheitlich bei der Gesellschafterversammlung liegt und im tschechischen Recht nicht auf andere Organe übertragen werden kann. Dies schafft zunächst Rechtssicherheit und Rechtsklarheit, schränkt aber gerade bei größeren Gesellschaften die Flexibilität ein.

Die konstitutiven Formvorschriften, die für den Funktionsvertrag gemäß §§ 66 Abs. 2 S. 3, 272 CZ-HGB Schriftform und ferner die Genehmigung durch die Gesellschafterversammlung oder durch alle persönlich und unbegrenzt haftenden Gesellschafter verlangen, führen im Umkehrschluss auch zur Formbedürftigkeit der Kündigung des Funktionsvertrages. Die Schriftform ist bei vertraglicher Koppelung von Organstellung und Kündigung der Anstellung meist schon dadurch gewahrt, dass beispielsweise dem abberufenen Geschäftsführer der Abberufungsbeschluss förmlich zugestellt wird. Nur bei isolierter Kündigung eines Funktionsvertrages, ohne Auswirkung auf die Organstellung, ist ein gesonderter Beschluss der Gesellschafterversammlung erforderlich, der dem Geschäftsführer schriftlich zugestellt werden muss.[1283]

II. Auswirkungen der Beendigung des Organverhältnisses

Zunächst stellt sich bei der Beendigung des Organverhältnisses stets die Frage nach dem Schicksal des Anstellungsverhältnisses und dessen Wechselwirkungen untereinander. Dabei ist ebenfalls zwischen befristeten und unbefristeten sowie

---

[1280] Im deutschen Recht etwa OLG Hamm NZG 1999, 836; OLG Köln NZG 2000, 551 (552).

[1281] So auch *Zoufalý/Munková*, Art. 4 Nr. 3 des Vertragsmusters (G3), S. 491 ff.

[1282] Im deutschen Recht richtet sich die Entscheidungszuständigkeit bei der ordentlichen Kündigung jedenfalls dann nach den für die Abberufung geltenden Regeln, wenn beide Erklärungen im Zusammenhang stehen (BGHZ 79, 38), was wegen des stets gegebenen inneren Zusammenhangs zwischen Abberufung und Kündigung wohl der Regelfall ist; in anderen Fällen können die (anderen) Geschäftsführer entscheidungs- und vertretungsbefugt sein, wenn sie in (noch) ausreichender Zahl vorhanden sind; statt aller *Rowedder/Schmidt-Leithoff*, § 38 Rn. 43 m.w.N.

[1283] Für Managerverträge ist die Schriftform der Kündigung gemäß § 44 Abs. 1 CZ-ArbG ebenfalls konstitutiv.

zwischen ordentlicher und außerordentlicher Kündigung zu unterscheiden. Unabhängig von diesen Fallkonstellationen führt jedoch die vertragliche Koppelung von Organstellung und Kündigung der Anstellung zu einem einheitlichen Schicksal beider Rechtsverhältnisse im tschechischen Recht: Mit Beendigung der Organstellung endet auch der Funktionsvertrag. Zunächst soll aber davon ausgegangen werden, dass eine vertragliche Koppelung beider Rechtsverhältnisses nicht vereinbart wurde.

Zunächst könnte in dem Abberufungsbeschluss der Gesellschafterversammlung zumindest der Wille der Gesellschafter enthalten sein, auch das Anstellungsverhältnis beenden zu wollen. Grundsätzlich sind jedoch in beiden Rechtsordnungen Abberufung aus der Organstellung und Kündigung des Anstellungsverhältnisses rechtlich nicht identisch.[1284] Dies folgt aus der grundsätzlichen Trennung zwischen Organstellung und Anstellungsverhältnis. Im tschechischen Recht ergibt sich die Unterscheidung zwischen Kündigung und Abberufung aus dem Umkehrschluss der Regelung in § 127 Abs. 5 lit. c) 2. HS CZ-HGB, wonach der Bestellungsschluss nicht zugleich als Beschluss über die Genehmigung des Funktionsvertrages angesehen wird.

Während sich im deutschen Recht die Frage nach der Brauchbarkeit des *„wichtigen Grundes“* einer Abberufung auch für die außerordentliche Kündigung gemäß § 626 BGB stellt, hätte im tschechischen Recht der Verlust der Organstellung jedenfalls den Wegfall des Vertragszwecks eines Funktionsvertrages zur Folge, so dass beispielsweise mit Wirksamwerden des Abberufungsbeschlusses sich die Gesellschaft über § 356 Abs. 1 CZ-HGB vom Vertrag lösen kann, unabhängig davon, ob der Funktionsvertrag befristet oder unbefristet abgeschlossen wurde. Erfolgte die Abberufung aus einem besonderen Grund, so wäre ferner zu prüfen, ob darin nicht zugleich eine wesentliche Vertragsverletzung des Geschäftsführers gemäß § 345 Abs. 2 CZ-HGB liegt und der Gesellschaft ebenfalls das Recht zum Rücktritt vom Funktionsvertrag gemäß § 345 Abs. 1 CZ-HGB einräumt.

In den übrigen Fällen muss ermittelt werden, ob im Einzelfall in der Abbberufungserklärung der Gesellschafter auch konkludent die Kündigung des Funktionsvertrages ausgesprochen wurde. Dies muss gemäß § 274 CZ-HGB durch Auslegung ermitteln werden.[1285] Aus dem Sinn und Zweck sowie dem Begriff des Anstellungsvertrages als *„Vertrag über die Ausübung der Funktion (als Geschäftsführer)“* ergibt sich bereits dessen ergänzende Funktion zum Organverhältnis im tschechischen Recht. Für das deutsche Recht ist nach *Zöllner*[1286] an-

[1284] BGH GmbHR 1990, 345 (346); *Rowedder/Schmidt-Leithoff*, § 38 Rn. 44 m.w.N. Für das österreichische Recht, *Koppensteiner*, § 16 Rn. 33 ff.

[1285] So auch im deutschen Recht; siehe OLG Düsseldorf GmbHR 1989, 469; *Baumbach/Hueck/Zöllner*, § 35 Rn. 109; zweifelnd *Roth/Altmeppen*, § 6 Rn. 98.

[1286] *Baumbach/Hueck/Zöllner*, § 35 Rn. 110.

zunehmen, dass die Parteien den Anstellungsvertrag nicht als selbständiges, vom Schicksal des Organverhältnisses unabhängiges Rechtsverhältnis, sondern als dessen Annex gewollt haben, so dass die Abberufung dann „automatisch“ auch zur Beendigung des Anstellungsvertrages führt. Der Geschäftsführer muss jedenfalls aus den Umständen zweifelsfrei erkennen können, dass die Gesellschaft das Anstellungsverhältnis beenden will.[1287] Wird der Geschäftsführer abberufen, so besteht im Regelfall kein Zweifel, dass die Gesellschaft auch das Anstellungsverhältnis beenden will,[1288] da es mit Wegfall der Organstellung auch künftig am Vertragszweck (Ausübung der Funktion) fehlen wird. An dieser Stelle sei nochmals der österreichische OGH[1289] erwähnt, demzufolge aus dem Unterbleiben der Kündigungserklärung nicht der Schluss gezogen werden kann, dass die Gesellschafter das Anstellungsverhältnis fortsetzen wollen, es fehle für ein solches Dienstverhältnis die sachliche Grundlage. Dies ist für die vorliegende Fallkonstellation des tschechischen Rechts treffend.

Aus der Zustellung des Abberufungsbeschlusses kann der abberufenen Geschäftsführer erkennen, dass der Gesellschaft an einer Beendigung der gesamten Rechtsbeziehung (zwischen Organ und Gesellschaft) gelegen ist. Wollte sie den Geschäftsführer weiter beschäftigen, z.B. als leitenden Angestellten in einem anderen Verantwortungsbereich (ohne dass ein zusätzlicher Managervertrag bereits besteht), so müsste sie dem abberufenen Geschäftsführer ohnehin ein neues Angebot unterbreiten.[1290] In der Abberufungserklärung des Gesellschafterbeschlusses liegt somit konkludent die Kündigung des Funktionsvertrages. Haben die Parteien keine Koppelung beider Rechtsverhältnisse vereinbart, so endet das Vertragsverhältnis mit Ablauf der vertraglich vereinbarten Kündigungsfrist. Wurde keine Kündigungsfrist vereinbart, so endet mit Wirksamwerden des Abberufungsbeschlusses auch das Anstellungsverhältnis.

Zusammenfassend sollen nun, unter dem Einfluss der bislang gewonnenen Erkenntnisse, die einzelnen Vertragskonstellationen auf ihre Beendigungstatbestände untersucht werden. Dabei ist zwischen den Erscheinungsformen des Anstellungsverhältnisses, somit zwischen Funktionsvertrag und entsprechender Anwendbarkeit des Mandatsvertragsrechts zu unterscheiden.[1291]

III. Beendigung von Funktionsverträgen

Zunächst ist voranzustellen, dass bei vertraglicher Koppelung von Organstellung und Kündigung der Anstellung das Anstellungsverhältnis stets mit Beendi-

---

[1287] *Floretta/Spielbüchler/Strasser*, Arbeitsrecht, § 22 A, S. 367.

[1288] So zu Recht *Eckert*, S. 171.

[1289] OGH RdW 2001, 538; vgl. auch *Eckert*, S. 163 ff.

[1290] Vgl. OGH RdW 2001, 538.

[1291] Zur Kündigung von Managerverträgen, siehe *Bučková*, RdW 2001, 349, *Wiesnerova*, RIW 2000, 37.

gung der Organstellung erlischt.[1292] Lediglich ein zusätzlich abgeschlossener Arbeitsvertrag (Managervertrag) verleiht dem Geschäftsführer einen gewissen Bestandsschutz, der dann in eine Weiterbeschäftigung als leitender Angestellter münden kann.

1. Unbestimmte Vertragsdauer

a) Ordentliche Kündigung

Der Abberufungsbeschluss enthält konkludent den Ausspruch der Kündigung des Funktionsvertrages, so dass bei Funktionsverträgen mit einer unbestimmten Vertragsdauer das Anstellungsverhältnis mit Ablauf der vertraglich vereinbarten Kündigungsfrist endet. Bei allen anderen Beendigungstatbeständen des Organverhältnisses ist eine gesonderte Kündigungserklärung der Gesellschaft erforderlich, die die Form eines Gesellschafterbeschlusses haben und schriftlich zugestellt werden muss. Wurde keine Kündigungsfrist vereinbart, so endet das Anstellungsverhältnis mit Beendigung der Organstellung. Unabhängig von der Beendigung der Organstellung kann der Funktionsvertrag auch gesondert von der Gesellschafterversammlung gekündigt werden. Dies bekräftigt die grundsätzliche Trennung beider Rechtsverhältnisse, die im tschechischen Recht zwar meist, jedoch nicht zwingend, das gleiche Schicksal erleiden. Der Ausspruch der Kündigung durch Gesellschafterbeschluss kann zugleich auch die Abberufung des Geschäftsführers zum Inhalt haben, zumal nach Ansicht des BGH ein Geschäftsführer schwerlich bereit sein wird, die Aufgabe als Organ der Gesellschaft weiter zu führen, wenn sein Anstellungsvertrag beendet ist.[1293] Dies wird jedoch mit Blick auf die Besonderheiten des tschechischen Rechts zu verneinen sein. Durch Kündigung des Funktionsvertrages entfällt jedenfalls nicht das Anstellungsverhältnis, vielmehr gelten nun wegen des Fortbestandes der Organstellung die Regeln des Mandatsvertragsrechts entsprechend (§ 66 Abs. 2 CZ-HGB), die dem Geschäftsführer (ohne Funktionsvertrag) gemäß § 571 Abs. 1 CZ-HGB beispielsweise Anspruch auf die übliche Vergütung gewähren. Aus den Gesamtumständen ließe sich jedoch auch die konkludente Kündigung dieses Vertragsverhältnisse (§ 574 Abs. 1 CZ-HGB) herleiten, was in der Praxis jedoch zu erheblichen Problemen führen könnte, da die konkludente Kündigung zweier Rechtsverhältnisse (Funktionsvertrag und Mandatsvertragsrecht) durch Auslegung im Lichte des tschechischen Rechtspositivismus bedenklich ist. Rechtssicherheit kann dann nur durch die gesonderte schriftliche Kündigung des Anstellungsverhältnisses geschaffen werden.

[1292] Bei Funktionsverträgen mit fest bestimmter Dauer ist es erforderlich, die Anstellung für die Dauer der Bestellung zu befristen.

[1293] So *Goette*, S. 194 mit Verweis auf BGHZ 79, 38 (41).

b) Außerordentliche Kündigung

In der Beendigung der Organstellung als Geschäftsführer wird regelmäßig der Wegfall des Vertragszweckes des Funktionsvertrages gemäß § 356 CZ-HGB zu sehen sein. Wurde der Geschäftsführer wegen einer Pflichtverletzung abberufen, so kann darin - wie § 626 BGB - auch eine wesentliche Vertragsverletzung liegen, die zum Rücktritt vom Funktionsvertrag durch die Gesellschaft berechtigt. Umgekehrt wird in dem Ausspruch der außerordentlichen Kündigung des Funktionsvertrages nicht zugleich die Abberufung enthalten sein; insofern sei auf die Ausführungen zur ordentlichen Kündigung verwiesen.

c) Sonstige Beendigungstatbestände

aa) Aufhebungsvereinbarung

Wie auch die Organstellung, kann auch das Anstellungsverhältnis grundsätzlich durch eine Aufhebungsvereinbarung beendet werden. Diese Alternative hat den Vorteil, dass einvernehmlich beide Rechtsverhältnisse mit Wirkung für die Zukunft beendet werden können und insofern ein Gleichlauf erzielt wird. Die Zuständigkeit für Abschluss eines Aufhebungsvertrages liegt grundsätzlich beim Bestellungsorgan,[1294] somit bei der Gesellschafterversammlung, § 125 Abs. 1 lit. m) CZ-HGB analog.

bb) Berufsunfähigkeit und Tod

Mit dem Tod des Geschäftsführers endet auch sein Anstellungsverhältnis. Dies ergibt sich bereits aus § 66 Abs. 2 S. 2 CZ-HGB wonach die Schuld zur Ausübung der Funktion eine persönliche Schuld ist und folglich nicht auf die Erben übergeht.[1295] Problematischer sind die Fälle der vorübergehenden (z.B. durch Erkrankung) und dauerhaften Berufsunfähigkeit des Geschäftsführers. Während sich die Verpflichtung zur Fortzahlung der Vergütung bei Erkrankung und sonstiger unverschuldeter Dienstverhinderung des Geschäftsführers im deutschen Recht aus § 616 BGB ergibt, sind die arbeitsrechtlichen Schutzvorschriften der §§ 146 ff. CZ-ArbG für Geschäftsführer nicht anwendbar. Gleichwohl ist es in der Praxis üblich, vertraglich Entgeltfortzahlung im Krankheitsfall zu vereinbaren.[1296] Wird der Geschäftsführer dauerhaft berufsunfähig, so sind die Rechtsfolgen gesondert im Funktionsvertrag zu regeln. In der Regel endet auch dann das Anstellungsverhältnis wegen nachträglicher Unmöglichkeit, §§ 354, 351 CZ-HGB.

[1294] Vgl. *Baumbach/Hueck/Zöllner*, § 35 Rn. 133; OLG Hamm DStR 1991, 884.

[1295] Zur Situation im deutschen Recht; *Reiserer/Heß-Emmerich*, S. 57 m.w.N.

[1296] *Zoufalý/Munková*, Art. 6 des Vertragsmusters zum Funktionsvertrag (G3), S. 491 ff. Im deutschen Recht, *Jaeger*, § 8 des Vertragsmusters, S. 116 ff.

2. Bestimmte Vertragsdauer

Befristete Funktionsverträge enden grundsätzlich durch Ablauf der Vertragslaufzeit oder Erreichen einer vertraglich vereinbarten Altersgrenze. Endet die Organstellung vorher, so kann die Gesellschaft ihre Rechte aus § 356 CZ-HGB geltend machen, sonst wäre die Gesellschaft bis zum Vertragsablauf zur Zahlung der Vergütung verpflichtet. Endet die Vertragslaufzeit, ohne dass die Organstellung davon berührt wird, so treten an die Stelle des (abgelaufenen) Funktionsvertrages die Bestimmungen des Mandatsvertragsrechts. Im Übrigen gelten auch hier die sonstigen Beendigungstatbestände der sofortigen Beendigung des Anstellungsverhältnisses wegen einer „*wesentlichen Vertragsverletzung*" gemäß § 345 CZ-HGB, wegen Tod des Geschäftsführers oder dauerhafter Berufsunfähigkeit.

IV. Beendigung bei analoger Anwendung des Mandatsvertragsrechts

Endet die Organstellung, so erlischt auch das Anstellungsverhältnis. Das entsprechend anwendbare Mandatsvertragsrecht ist kein eigenständiges Rechtsverhältnis, dessen Schicksal bei Beendigung der Organstellung unabhängig wäre. Die Hilfskonstruktion der „*entsprechenden Anwendbarkeit*" geht akzessorisch mit Beendigung der Organstellung unter.

3. Teil: Zusammenfassung

1. Der tschechische Gesetzgeber hat umfassend auf die Erfordernisse des EU-Beitritts reagiert und mit der Novellierung des CZ-HGB und des CZ-ArbG die wichtigsten wirtschaftsrechtlichen Gesetzeswerke auf den Weg gebracht. Der beachtlichen Schnelligkeit der Rechtstransformation folgte die qualitativ oft unbefriedigende Lösung expliziter Einzelfragen. Dem hilft auch die rechtswissenschaftliche Literatur noch nicht ab, denn in vielen Bereichen ist die wissenschaftliche Aufarbeitung des geltenden Rechts noch im Anfangsstadium begriffen. Positiv zu bewerten ist jedoch, dass sich die Anzahl der wissenschaftlichen Werke zum Handels- und Gesellschaftsrecht erhöht und auch qualitativ verbessert. Trotzdem kann von einer dogmatischen Durchdringung, insbesondere im Vergleich zum deutschen und österreichischen Recht, kaum gesprochen werden.[1297] Die Rechtsprechung zum GmbH-Recht und insbesondere zum Geschäftsführer nimmt erfreulicherweise zu, ist aber noch immer nicht von dogmatisch richtungsweisender Qualität. Dies führt auch weiterhin zu einer erheblichen Rechtsunsicherheit. Insgesamt ist die Kohärenz des tschechischen Rechtsstaats weiter durch mangelhaftes Rechtsbewusstsein, schleppende staatliche Gerichtsbarkeit und das Phänomen des Rechtspositivismus in Rechtsprechung und Literatur gefährdet. Die tiefe Verwurzelung der tschechischen Rechtstradition im europäischen Recht und die EU-Mitgliedschaft, die zu einem weiteren konstruktiven Rechtstransfer und Austausch führen wird, lassen jedoch insgesamt optimistisch in die Zukunft blicken.[1298]

2. Die Doppelstellung des Geschäftsführers als Organ und Dienstnehmer führt grundsätzlich zu einer Trennung beider Rechtsverhältnisse.[1299] Auch im tschechischen Recht scheint dies dem Willen des Gesetzgebers zu entsprechen.[1300] Die Argumente der Trennungslehre im deutschen und österreichischen Recht überzeugen jedoch im tschechischen Recht nicht. Zwar lassen sich auch im tschechischen Recht hinsichtlich des sachlichen Regelungsbereiches beide Rechtsverhältnisse trennen, beide Rechtsverhältnisse erleiden jedoch kein unterschiedliches Schicksal, da es die Vertragsparteien nach dem Willen des Gesetzgebers selbst in der Hand haben, die Rechtsbeziehung (in den Schranken des zwingenden Korporationsrechts des CZ-HGB) umfassend individualvertraglich zu regeln. Das Anstellungsverhältnis ist im tschechischen Recht nur Annex zum Organverhältnis, so dass im Ergebnis von einem einheitlichen Rechtsverhältnis, das in der Regel durch eine Erklärung beendet werden kann, auszugehen ist.

1297 So auch *Schorling*, S. 177.

1298 Vgl. *Linsmeier*, S. 271 und *Piltz*, in: FS Vieregge, S. 693 (704).

1299 Siehe §§ 38 Abs. 1 GmbHG, 84 Abs. 3 S. 5 AktG.

1300 §§ 66 Abs. 2, 127 Abs. 5 lit. c) a.E. CZ-HGB.

Somit entspricht die tschechische Rechtslage der im deutschen und österreichischen Recht als Minderansicht vertretenen Einheitstheorie.

3. Die Wirksamkeit des Bestellungsbeschlusses ist von der Zustimmung des Geschäftsführers abhängig. Die Dauer der Bestellung obliegt dabei der Entscheidungshoheit der Gesellschafter. Die Zuständigkeitsnorm § 125 Abs. 1 CZ-HGB ist zwingend. Daher kann die Entscheidungsbefugnis der Gesellschafterversammlung hinsichtlich Bestellung und Abberufung des Geschäftsführers sowie bezüglich der Genehmigung, Änderung und Kündigung des Anstellungsvertrages - anders als im deutschen Recht - nicht auf andere Organe der Gesellschaft übertragen werden. Das tschechische Recht kennt ferner kein Sonderrecht eines Gesellschafters auf die Geschäftsführung. Ein Gesellschafter ist jedoch bei seiner Bestellung zum Geschäftsführer stimmberechtigt.

4. Zwischen den gesetzlichen und satzungsrechtlichen Anforderungen an die Person des Geschäftsführers ist grundsätzlich zu trennen. Die gesetzlichen Anforderungen sind in beiden Rechtsordnungen vergleichbar; die Nichterfüllung bzw. der Wegfall der gesetzlichen Anforderungen führt zur Beendigung der Organstellung *ipso iure*. Dritte sind aufgrund der Publizität des Handelsregisters geschützt. Bei der Nichterfüllung satzungsrechtlicher Anforderungen bleibt die Wirksamkeit der Bestellung unberührt. Es bestehen jedoch in Form der Anfechtungsklage (§§ 243 ff. AktG) im deutschen Recht und in Form der Ungültigkeitsklage (§ 131 CZ-HGB) Rechtsbehelfe, die mit stattgebendem Urteil zur Beendigung der Organstellung *ex tunc* führen. Rechte gutgläubiger Dritter bleiben hiervon jedoch unberührt.

5. Der Geschäftsführer ist das Geschäftsführungsorgan der Gesellschaft. Seine Vertretungsbefugnis ist Dritten gegenüber unbeschränkt. Interne Beschränkungen schlagen nur dann auf das Außenverhältnis durch, wenn der Dritte die internen Beschränkungen der Vertretungsbefugnis kannte. Darüber hinaus ist in beiden Rechtsordnungen die sog. „*unechte Gesamtvertretung*" ausgeschlossen. In-Sich-Geschäfte sind im tschechischen Recht nur teilweise unwirksam. Bislang fehlt eine § 181 BGB entsprechende Norm. Ob §§ 30 Abs. 2, 22 Abs. 2 2. HS CZ-BGB auch für Geschäftsführer gelten, bedarf der Klärung durch höchstrichterliche Rechtsprechung.[1301] Bis dahin sind In-Sich-Geschäfte nur in besonderen Fällen sanktioniert.

6. Die Geschäftsführungsbefugnis ist im deutschen Recht durch die Weisungsgebundenheit des Geschäftsführers gekennzeichnet, denn im Unterschied zur Aktiengesellschaft leitet der Geschäftsführer die Gesellschaft nicht in eigener Verantwortung. Das tschechische Recht folgt einem anderen konzeptionellen Ansatz und macht hinsichtlich der Geschäftsführungsbefugnis keinen Unter-

[1301] Zur berechtigten Kritik an den unklaren Abgrenzungsregelungen der §§ 261 ff. CZ-HGB zwischen CZ-BGB und CZ-HGB, siehe *Schorling*, S. 178.

schied zwischen GmbH- und Aktienrecht: Geschäftsführer einer GmbH und der Vorstand einer Aktiengesellschaft sind grundsätzlich in ihrer Geschäftsführungsbefugnis frei. Nach der hier vertretenen Ansicht gilt dies für den Bereich der GmbH jedoch nur für den „*gewöhnlichen Geschäftsbetrieb*" und die gesetzlich zugewiesenen Geschäftsführungsbefugnisse des Geschäftsführers, da sich sonst ein Wertungswiderspruch zwischen §§ 122, 125 Abs. 3 CZ-HGB einerseits, und §§ 135 Abs. 2, 194 Abs. 4 S. 3 CZ-HGB andererseits, ergeben würde.

7. Neben dem gesetzlichen Wettbewerbsverbot in §§ 65, 136 CZ-HGB kann mit dem Geschäftsführer grundsätzlich auch ein nachvertragliches Wettbewerbsverbot vereinbart werden. Hinsichtlich Dauer und inhaltlicher Ausgestaltung ergeben sich keine wesentlichen Unterschiede zum deutschen Recht.

8. Der Maßstab der „*Sorgfalt eines ordentlichen Kaufmanns*" hat, wie auch der vor der CZ-HGB-Novelle geltende Sorgfaltsmaßstab der „*erforderlichen Sorgfalt*", im Rahmen der Haftung des Geschäftsführers zu einer lebendigen Diskussion im tschechischen Recht geführt. Der Geschäftsführer haftet nicht, wenn er nachweist, dass er mit der „*Sorgfalt eines ordentlichen Kaufmanns*" gehandelt hat. Im Rahmen seiner unternehmerischen Entscheidungen verbleibt dem Geschäftsführer unter bestimmten Voraussetzungen ein haftungsfreier Ermessensspielraum (business judgment rule). Sein Verschulden wird im Rahmen des Sorgfaltsbegriffs lediglich verobjektiviert (sog. objektiver Verschuldensmaßstab). Die Haftung des Geschäftsführers ist grundsätzlich nicht disponibel. Im Voraus kann die Gesellschaft nicht auf Ansprüche verzichten, nach der Pflichtverletzung den Geschäftsführer aber entlasten. Geschäftsführer haften ferner dann, wenn sie rechtswidrige Weisungen der Gesellschafter ausführen. Dem können die Geschäftsführer jedoch die Schadensminderungspflicht der Gesellschafter entgegenhalten, die zu einem Mitverschulden und ausdrücklich zu einer Minderung der Schadensersatzpflicht führt. Neben der Berufung auf „*höhere Gewalt*", kann auch eine Vertragsstrafenvereinbarung zu einem Haftungsausschluss führen. Bei Pflichtverletzungen, die nicht „*amtsbezogen*" sind, kann sich der Geschäftsführer auf das arbeitsrechtliche Haftungsprivileg berufen, sofern er mit der Gesellschaft einen zusätzlichen Arbeitsvertrag geschlossen hat, der in der Praxis „*Managervertrag*" genannt wird.

9. Die Organstellung endet durch Abberufung, die jederzeit und ohne Angabe von Gründen möglich ist. Die Beschränkung der Abberufung auf wichtige Gründe, wie es § 38 Abs. 2 GmbHG vorsieht, ist im tschechischen Recht ausgeschlossen. Diesbezüglich anstellungsvertragliche Regelungen haben keine korporationsrechtliche Wirkung, können aber Schadensersatzansprüche des Geschäftsführers auslösen. Die Stellung des Geschäftsführers kann jedoch durch gesellschaftsvertragliche oder satzungsrechtliche Modifizierung der erforderlichen Stimmenmajorität beim Abberufungsbeschluss gestärkt werden. Die Organstellung kann ferner durch Amtsniederlegung (Rücktritt), Zeitablauf, Wegfall der gesetzlichen Voraussetzungen, gerichtliche Entscheidung, Untergang der

Gesellschaft und durch rechtsgeschäftliche Vereinbarung enden. Der Gesellschafter-Geschäftsführer ist bei seiner Abberufung nur dann stimmberechtigt, wenn seine Abberufung nicht auf einer Pflichtverletzung beruht.

10. Das Anstellungsverhältnis wird im Regelfall durch Abschluss eines Vertrages über die Ausübung der Funktion begründet, der schriftlich abgeschlossen und von der Gesellschafterversammlung genehmigt werden muss. Bei fehlendem Funktionsvertrag gelten die Bestimmungen über den Mandatsvertrag entsprechend. Zusätzlich können Geschäftsführer mit der Gesellschaft einen Arbeitsvertrag schließen, der jedoch nicht die Organstellung zum Inhalt haben darf, sog. „*Managervertrag.*"

11. Der Geschäftsführer ist nach h.M. im deutschen Recht grundsätzlich kein Arbeitnehmer, während das BAG und BSG sowie z.T. überzeugende Gegenstimmen für den Fremdgeschäftsführer dessen Arbeitnehmereigenschaft nicht grundsätzlich ausschließen wollen. Im tschechischen Recht ist der Geschäftsführer als Organ kein Arbeitnehmer. Durch Abschluss eines „*Managervertrages*" kann er jedoch gemäß § 27 Abs. 2 CZ-ArbG zum Arbeitnehmer (im Regelfall leitender Angestellter gemäß §§ 9, 27 CZ-ArbG) werden, was jedoch streng von seiner Organstellung zu trennen ist.

12. Es empfiehlt sich anstellungsvertraglich zu regeln, für welche „*außergewöhnlichen Geschäfte*", die außerhalb des „*gewöhnlichen Geschäftsbetriebs*" liegen, die Zustimmung der Gesellschafter erforderlich ist. Ferner ist die Laufzeit des Funktionsvertrages idealerweise an die Organstellung zu koppeln. Die Vereinbarung von Kündigungsfristen ist zwar möglich, gesetzlich für Funktionsverträge aber nicht vorgeschrieben. Die Kündigung hat jedoch schriftlich und durch Beschluss der Gesellschafterversammlung zu erfolgen. Meist liegt im Abberufungsbeschluss jedoch bereits die konkludente Kündigung. Bei fehlendem Funktionsvertrag erlischt das Anstellungsverhältnis bereits *ex lege*. Empfehlenswert ist ferner die Wahl des auf den Funktionsvertrag anzuwendenden Rechts. Kollisionsrechtlich richtet sich das Geschäftsführerstatut im tschechischen IPR einheitlich nach dem Gesellschaftsstatut. Die anstellungsvertragliche Beschränkung der Abberufung auf besondere Gründe hat keine korporationsrechtliche Wirkung, kann dem Geschäftsführer aber vertragliche Entschädigungsansprüche gewähren, sofern er anstellungsvertragswidrig abberufen wird.

Anhang

A. Literaturverzeichnis

Altmeppen, Holger: Zur Entwicklung eines neuen Gläubigerschutzkonzeptes in der GmbH, in: Zeitschrift für Wirtschaftsrecht (ZIP) 2002, 1553.

Ascheid, Reiner/Preis, Ulrich/ Schmidt, Ingrid: Großkommentar zum Kündigungsrecht, München, 2000.

Bankowicz, Marek: Czechoslovakia - from Masaryk to Havel, in: Berglund/ Dellenbrandt (ed), The New Democracies in Eastern Europe, Aldershot, 1991, S. 157 ff.

Bárta, Jan: Jednatelé a členové představenstev - vztahy k právnické osobě a otázky časti na veřejnoprávních pojištěních (Geschäftsführer und Mitglieder des Vorstandes - Beziehungen zur juristischen Person und Fragen der Teilnahme an öffentlich-rechtlichen Versicherungen), in: Právník 7/1996, 589.

Bartošíková, Miroslava: Ke svolávání valné hromady ve společnosti s ručením omezeným (Zur Einberufung der Gesellschafterversammlung in der Gesellschaft mit beschränkter Haftung), in: Právní praxe v podnikání (PPP) 7/1995, 1, 8/1995, 1.

Bartošíková, Miroslava: Povinnosti a odpovědnost statutárních orgánů kapitálových společnosti (Pflichten und Haftung statutarischer Organe von Kapitalgesellschaften), in: Obchodní právo (OP) 11/1998, 1.

Bartošíková, Miroslava/Štenglová, Ivana: Společnost s ručením omezeným (Gesellschaft mit beschränkter Haftung), Prospektum, Praha, 1994.

Bauer, Jobst-Hubertus/Diller, Martin: Koppelung von Abberufung und Kündigung bei Organmitgliedern. Zulässige Gestaltung oder sittenwidrige Falle?, in: GmbH-Rundschau (GmbHR) 1998, 809.

Bauer, Jobst-H./Lingemann, Stefan/Diller, Martin/Katrin Haußmann: Anwalts-Formularbuch Arbeitsrecht, Köln, 2001.

Bauer, Jobst-Hubertus/Gragert, Nicola: Der GmbH-Geschäftsführer zwischen Himmel und Hölle, in: Zeitschrift für Wirtschaftsrecht (ZIP) 1997, 2177.

Baumbach, Adolf/Hueck, Alfred: GmbH-Gesetz, Kommentar, 17. Auflage, 2000.

Baums, Theodor: Der Geschäftsleitervertrag, Köln, 1987.

Beck'sches Handbuch der GmbH: Herausgegeben von *W. Müller* und *B. Hense*, 3. Auflage, 2002.

Bělina, Miroslav: Pracovní právo (Arbeitsrecht), Praha, 1994.

Bergmann, Wilfried: Änderungen im Wirtschaftsrecht der ČSSR, in: Recht der Internationalen Wirtschaft (RIW) 1983, 792.

Beuthien, Volker: Gibt es eine organschaftliche Stellvertretung?, in: Neue Juristische Wochenschrift (NJW) 1999, 1142.
Beuthien, Volker: Zur Theorie der Stellvertretung im Gesellschaftsrecht, in: Festschrift für *Wolfgang Zöllner*, Band I (Handels-, Gesellschafts- und Wirtschaftsrecht), 1999, S. 87 ff.
Beuthien, Volker/Gätsch, Andreas: Vereinsautonomie und Satzungsrechte Dritter - Statutarischer Einfluss Dritter auf die Gestaltung von Körperschaftssatzungen, in: Zeitschrift für das gesamte Handels- und Wirtschaftsrecht (ZHR), 156 (1992), 459.
Beuthien, Volker/Gätsch, Andreas: Einfluss Dritter auf die Organbesetzung und Geschäftsführung bei Vereinen, Kapitalgesellschaften und Genossenschaften, in: Zeitschrift für das gesamte Handels- und Wirtschaftsrecht (ZHR), 157 (1993), 483.
Blomeyer, Wolfgang: Beschränkung der Arbeitnehmerhaftung bei nicht gefahrgeneigter Arbeit, in: Juristische Schulung (JuS) 1983, 903.
Blumenwitz, Dieter: Die deutsch-tschechische Erklärung vom 21. Januar 1997, in: Bayerische Verwaltungsblätter (BayVBl) 1997, 161.
Boemke, Burkhard: Das Dienstverhältnis des GmbH-Geschäftsführers zwischen Gesellschafts- und Arbeitsrecht, in: Zeitschrift für Arbeitswissenschaft (ZfA) 1998, 209.
Bohata, Petr: Gesellschaftsrecht in der ČR und der Slowakei, 2. Auflage, München, 1998, zit.: Gesellschaftsrecht.
Bohata, Petr: Scheidung auf Tschecho-Slowakisch, in: Wirtschaft und Recht in Osteuropa (WiRO) 1992, 209.
Bohata, Petr: ČR: Die Firma und das Handelsregister nach der Novelle des HGB, in: Wirtschaft und Recht in Osteuropa (WiRO) 2001, 146.
Bohata, Petr: Grundsatzentwurf des neuen tschechischen Zivilrechts, in: Wirtschaft und Recht in Osteuropa (WiRO) 2001, 295.
Bohata, Petr: ČR: Die neuen allgemeinen Bestimmungen über die Gesellschaften, in: Wirtschaft und Recht in Osteuropa (WiRO) 2001, 211.
Bohata, Petr: Tschechisches HGB und kein Ende, in: Wirtschaft und Recht in Osteuropa (WiRO) 2002, 43.
Boguszak, Jiří/Čapek, Jiří: Teorie Práva (Rechtstheorie), Codex, Praha, 1997.
Bondi, Felix: Sind Gesellschafter (Aktionäre) stimmberechtigt, wenn es sich um ihre Wahl in die Verwaltung der betreffenden Gesellschaft handelt?, in: Deutsche Juristen-Zeitung (DJZ) 1903, 269.

Boulanger, Christian: Recht in der Transformation - Transformation durch Recht?, in: Boulanger (Hrsg.), Recht in der Transformation, Rechts- und Verfassungswandel in Mittel- und Osteuropa: Beiträge zur Debatte, Berlin, 2002, S. 7.

Brachert, Sebastian: Organmitgliedschaft und Arbeitnehmerstatus, 1991.

Bradley, John F.N.: Czechoslovakia's Velvet Revolution - A Political Analysis, New York, 1992.

Brand, Oliver: Grundfragen der Rechtsvergleichung, in: Juristische Schulung (JuS) 2003, 1082.

Brandmüller, Gerhard: Der GmbH-Geschäftsführer im Gesellschafts-, Steuer- und Sozialversicherungsrecht, 13. Auflage, 2001

Bučková, Ivana: Beendigung eines Arbeitsverhältnisses durch Kündigung nach tschechischem Recht, in: Recht der Wirtschaft (RdW) 2001, 349.

Burgard, Ulrich: Die Förder- und Treupflicht des Alleingesellschafters einer GmbH - Überlegungen zu einer gläubigerschützenden Corporate Governance bei der GmbH, in: Zeitschrift für Wirtschaftsrecht (ZIP) 2002, 827.

Constantinesco, Léontin-Jean: Rechtsvergleichung, Band II, Köln, 1972.

Dauses, Manfred: Osterweiterung der EU: MOE-Staaten ante portas, in: Europäische Zeitschrift für Wirtschaftsrecht, (EuZW) 1996, 353.

Dauses, Manfred/Verny, Arséne/Zemánek, Jiří: Allgemeine Methodik der Rechtsangleichung an das EU-Recht am Beispiel der ČR, in: Dauses (Hrsg.), Osterweiterung der EU - Rechtsangleichung und strukturpolitischer Rahmen, Wiesbaden, 1998, S. 21 ff.

Dědič, Jan: Obchodní zákoník - komentář (Handelsgesetzbuch - Kommentar), Prospektrum, Praha, 1997.

Dědič, Jan: Obchodní zákoník - komentář (Handelsgesetzbuch - Kommentar), Band I (§§ 1-92e), Band II (§§ 93-175), Band III (§§ 176-220zb), Band IV (§§ 221-775), Polygon, Praha, 2002.

Dědič, Jan/Kunešová-Skálová, Jana: Společnost s ručením omezeným z právního a účetního pohledu (Gesellschaft mit beschränkter Haftung aus rechtlicher und aus Sicht der Rechnungslegung), Polygon, Praha, 1999, zit.: GmbH.

Dědič, Jan/Štenglová, Ivana: Je usnesení valné hromady právním úkonem? (Ist der Beschluss der Gesellschafterversammlung ein Rechtsgeschäft?), in: Právní rozhledy (PR) 5/1999, 1.

Dědič, Jan/Štenglová, Ivana/Kalinová, Miluše: Právo obchodních společností (Das Recht der Handelsgesellschaften), Prospektum, Praha, 1998.

Dietsch, Antje Claudia: Zur Amtsniederlegung durch den Alleingesellschafter-Geschäftsführer einer GmbH, in: Zeitschrift für notarielle Beratungs- und Beurkundungspraxis (NotBZ) 2001, 187.

Diller, Martin: Gesellschafter und Gesellschaftsorgane als Arbeitnehmer, 1994.
Doralt, Peter/Svoboda, Svatopluk/Solt, Peter: GmbH-Mustervertrag - ČSFR, Tschechisch-Deutsch mit Kommentar, Wien, 1992.
Dvořák, Tomáš: Povaha právního vztahu členů orgánů k obchodním společnostem a družstvům (Die Rechtsnatur der Beziehungen der Organmitglieder zur Handelsgesellschaft und Genossenschaft), in: Právní Rozhledy (PR) 2/2000, 60.
Ebenroth, Carsten Thomas/Lange, Knut Werner: Sorgfaltspflichten und Haftung des Geschäftsführers einer GmbH nach § 43 GmbHG, in: GmbH-Rundschau (GmbHR) 1992, 69.
Eckert, Georg: Die Abberufung des GmbH-Geschäftsführers, Wien, 2003.
Einmahl, Jürgen: Die erste gesellschaftsrechtliche Richtlinie des Rates der Europäischen Gemeinschaften und ihre Bedeutung für das deutsche Aktienrecht, in: Die Aktiengesellschaft (AG) 1969, 131.
Eliáš, Karel: Entwicklung, Stand und Perspektiven des Privatrechts in der ČR (Versuch einer Diagnose), in: Osteuroparecht (OstEurR) 2000, 427.
Eliáš, Karel: Působnost valné hromady společnosti s ručením omezeným (Der Wirkungsbereich der Gesellschafterversammlung der Gesellschaft mit beschränkter Haftung), in: Právní praxe v podnikání (PPP) 2/1997, 9.
Eliáš, Karel: Rozhodování o jednatelské funkci společnika s.r.o. a jeho hlasovací právo (Die Entscheidung über die Geschäftsführerfunktion des Gesellschafters einer s.r.o. und sein Stimmrecht), in: Právní praxe v podnikání (PPP) 11/1999, 1 und 12/1999, 1.
Eliáš, Karel: Akciové společnosti - rozhodování kolektivních orgánů, (Aktiengesellschaften - Entscheidungen der Kollektivorgane), in: Ekonom 17/1993, 63.
Eliáš, Karel: Společnost s ručením omezeným (Gesellschaft mit beschränkter Haftung), Prospektum, Praha, 1997, zit.: GmbH.
Eliáš, Karel: Obchodní společnosti (Handelsgesellschaften), C. H. Beck, 1994.
Eliáš, Karel: Jednatel s.r.o. po novele obchodního zákoníku (Der Geschäftsführer der GmbH nach der Novelle des Handelsgesetzbuches), in: Obchodní Právo (OP) 2/1996, 6.
Eliáš, Karel: K některým otázkám odpovědnosti reprezentantů kapitálových společností (Zu einigen Fragen der Haftung der Repräsentanten von Kapitalgesellschaften), in: Právník 4/1999, 320.
Eliáš, Karel: Obchodní zákoník (Handelsgesetzbuch), Linde, Praha, 1999, zit.: ObchZ.
Eliáš, Karel: Obdoba - poznámky v analogii v právu (Analogie - Bemerkungen zur Analogie im Recht), in: Právník 2003, 97.

Eliáš, Karel: Některé zákonné konstrukce k ochraně majetku akciové společnosti (Einige gesetzliche Konstruktionen zum Schutz des Vermögens der Aktiengesellschaft), in: XII. Karlovarské právnické dny (12. Karlsbader Juristentage), Linde, Praha 2002, S. 114 ff.

Eliáš, Karel: Kurs obchodního práva (Kurs des Handelsrechts), , 2. vydání (Auflage), C. H. Beck, Praha, 1998, zit.: Handelsrecht.

Eliáš, Karel/Bartošíková, Miroslava/Pokorná, Jaroslava: Kurs obchodního práva - Právnické osoby jako podnikatelé (Kurs des Handelsrechts - Juristische Personen als Unternehmer), 3. vydání (Auflage), C. H. Beck, Praha, 2001.

Engländer, Armin: Grundzüge des Rechtspositivismus, in: Jura 2000, 113.

Feine, Hans Erich: Die Gesellschaft mit beschränkter Haftung, in: Victor Ehrenberg (Hrsg.), Handbuch des gesamten Handelsrechts, 3. Band, III. Abteilung, Leipzig, 1929, zit.: GmbH.

Fiala, Josef/Hurdík, Jan/Michna, Ondrej: Lockerung des tschechischen Devisengesetzes, in: Wirtschaft und Recht in Osteuropa (WiRO) 2003, 37.

Fischer-Zernin, Cornelius: Der Rechtsangleichungserfolg der ersten gesellschaftsrechtlichen Richtlinie der EWG, Tübingen, 1986.

Fitting, Karl/Wlotzke, Otfried/Wißmann, Hellmut: Mitbestimmungsgesetz, 3. Auflage, 1995.

Flatten, Jörg: Dauer von Geschäftsführerverträgen, in: GmbH-Rundschau (GmbHR) 2000, 922.

Fleck, Hans-Joachim: Das Organmitglied - Unternehmer oder Arbeitnehmer?, in: Festschrift für Marie-Luise Hilger und Hermann Stumpf, München, 1983, S. 197 ff.

Fleck, Hans-Joachim: Die Drittanstellung des GmbH-Geschäftsführers, in: Zeitschrift für das gesamte Handels- und Wirtschaftsrecht (ZHR) 149 (1985), 387.

Fleischer, Holger: Die „Business Judgment Rule“: Vom Richterrecht zur Kodifizierung, in: Zeitschrift für Wirtschaftsrecht (ZIP) 2004, 685.

Floretta, Hans: Zum Vorstandsverhältnis bei Aktiengesellschaften und Sparkassen, in: Festschrift für Walter Schwarz, Wien, 1991, S. 305 ff.

Floretta, Hans/Spielbüchler, Karl/Strasser, Robert: Arbeitsrecht I, 4. Auflage, Wien, 1998.

Flume, Werner: Allgemeiner Teil des Bürgerlichen Rechts, 1. Band, 2. Teil: Die juristische Person, 1983.

Frisch, Burkhard: Haftungserleichterung für GmbH-Geschäftsführer nach dem Vorbild des Arbeitsrechts, Berlin, 1998, zit.: Haftungserleichterung.

Galvas, Milan/Gregorová, Zdenka/Hrabcová, Dana/Píchová, Irena/Zachariáš, Jaroslav: Pracovní právo České Republiky (Arbeitsrecht der ČR), Brno, 1997.

Gellis, Max/Feil, Erich: GmbH-Gesetz, 4. Auflage, Wien, 2000.
Gerauer, Alfred/Baron, Frank/Britz, Thomas: Arbeitsrecht in der ČR, 1. Auflage, München, 1999.
Geßler, Ernst/Hefermehl, Wolfgang, Aktiengesetz-Kommentar, München, 1974.
Gierke, Otto von: Die Genossenschaftstheorie und die deutsche Rechtsprechung, 1. Auflage, Berlin, 1887.
Gissel, Ralf: Arbeitnehmerschutz für den GmbH-Geschäftsführer, Köln, 1986.
Godin, Reinhard von/Wilhelmi, Hans: Gesetz über Aktiengesellschaften und Kommanditgesellschaften auf Aktien, 2. Auflage, 1950.
Goette, Wulf: Die GmbH nach der BGH-Rechtsprechung, München, 1997.
Goette, Wulf: Das Organverhältnis des GmbH-Geschäftsführers in der Rechtsprechung des Bundesgerichtshofes, in: Deutsches Steuerrecht (DStR) 1998, 938.
Goette, Wulf: Zur Verteilung der Darlegungs- und Beweislast der objektiven Pflichtwidrigkeit bei der Organhaftung, in: Zeitschrift für Unternehmens- und Gesellschaftsrecht (ZGR) 1995, 648-674.
Gratzl, Manfred: Die Reform der tschechischen Strafprozessordnung nach 1989, Studien des Instituts für Ostrecht, Band 41, Frankfurt am Main, 2002.
Groß, Volker: Das Anstellungsverhältnis des GmbH-Geschäftsführers im Zivil-, Arbeits-, Sozialversicherungs- und Steuerrecht, Köln, 1987
Grooterhorst, Johannes: Die ARAG/Garmenbeck-Prozesse - eine Gesamtschau im Rückblick, in: Zeitschrift für Wirtschaftsrecht (ZIP) 1999, 1117.
Gryniuk, Anna: Rechtskultur und Rechtsbewusstsein, in: Pañstwo i Prawo (PiP) 2002, 15.
Grünwald, Alfons: Umwandlung-Verschmelzung-Spaltung - Der Rechtsübergang bei unternehmensrechtlichen Strukturmaßnahmen, Wien, 1996.
Hachenburg, Max: GmbH-Gesetz - Großkommentar, 8. Auflage, 1992 ff..
Hajn, Petr: Analogie jako právní institut a jako způsob usuzování (Analogie als Rechtsinstitut und Methode der Schlußfolgerung), in: Právník 2003, 117.
Hajn, Petr: Zákaz konkurence a svoboda podnikání (Konkurrenzverbot und unternehmerische Freiheit). in: Ekonom 11/1993, 17.
Hauschka, Christoph: Corporate Compliance - Unternehmensorganisatorische Ansätze zur Erfüllung der Pflichten von Vorständen und Geschäftsführern, in: Die Aktiengesellschaft (AG) 2004, 461.
Henkel, Heinrich: Einführung in die Rechtsphilosophie, 2. Auflage, 1977.
Herrnfeld, Hans-Holger: Recht europäisch, Rechtsreform und Rechtsangleichung in den Višegrád-Staaten; Strategien für Europa, Gütersloh, 1995.

Heydebrand, Wolf: Die Dynamik des rechtlichen Wandels in Mittel- und Osteuropa, in: Boulanger (Hrsg.), Recht in der Transformation, Rechts- und Verfassungswandel in Mittel- und Osteuropa: Beiträge zur Debatte, 2002, S. 13 ff.

Hirte, Heribert: Kapitalgesellschaftsrecht, 4. Auflage, 2001.

Hoffmann-Becking, Michael: Nachvertragliche Wettbewerbsverbote für Vorstandsmitglieder und Geschäftsführer, in: Festschrift für Karlheinz Quack, 1991, S. 273 ff.

Hohlfeld, Matthias: Der Notgeschäftsführer der GmbH, in: GmbH-Rundschau (GmbHR) 1986, 181.

Höland, Armin: EU-Recht auf dem Weg nach Osten, in: Welttrends 2001, Heft Nr. 31, S. 9.

Höland, Armin: EU-Recht auf dem Weg nach Osten - Rechtssoziologische Fragen, in: Boulanger (Hrsg.), Recht in der Transformation, Rechts- und Verfassungswandel in Mittel- und Osteuropa, Beiträge zur Debatte, 2002, S. 78 ff.

Holler, Martin/Karmann, Peter: Die wesentlichen Unterschiede zwischen der tschechischen s.r.o. und der deutschen GmbH, in: Wirtschaft und Recht in Osteuropa (WiRO) 1999, 361.

Holler, Martin/Wesbuer, Stephanie: Die tschechische GmbH nach dem neuen Handelsrecht, in: Wirtschaft und Recht in Osteuropa (WiRO) 2002, 202.

Honcová, Radka: Procesy sbližováný práva - některé aspekty (Rechtsangleichungsprozesse - einige Aspekte), in: Právník 1998, 673.

Hromadka, Wolfgang: Arbeitnehmerbegriff und Arbeitsrecht, in: Neue Zeitschrift für Arbeitsrecht (NZA) 1997, 569.

Hromadka, Wolfgang: Das Recht der leitenden Angestellten, München, 1979.

Hromadka, Wolfgang/Maschmann, Frank: Arbeitsrecht, Band I (Individualarbeitsrecht), 2. Auflage, 2002.

Hudalla, Anneke: Der Beitritt der ČR zur EU, Hamburg, 1996.

Hueck, Götz: Zur arbeitsrechtlichen Stellung des GmbH-Geschäftsführers, in: Zeitschrift für Arbeitswissenschaft (ZfA) 1985, 25.

Hueck, Götz: Bemerkungen zum Anstellungsverhältnis von Organmitgliedern juristischer Personen, in: Festschrift für Marie L. Hilger und Hermann Stumpf, München, 1983, S. 365 ff.

Humlová-Ueltzhöffer, Olga/Kořínková, Dana: Große Novelle des tschechischen Handelsgesetzbuches, in. Wirtschaft und Recht in Osteuropa (WiRO) 2001, 234.

Hümmerich, Klaus: Grenzfall des Arbeitsrechts; Kündigung des GmbH-Geschäftsführers, in: Neue Juristische Wochenschrift (NJW) 1995, 1177.

Immenga, Ulrich: Die personalistische Kapitalgesellschaft, Frankfurt, 1970.

Immenga, Ulrich/Mestmäcker, Ernst-Joachim: EG-Wettbewerbsrecht, Kommentar, Band 1, München, 1997.
Jaeger, Georg: Der Anstellungsvertrag des GmbH-Geschäftsführers, 4. Auflage, München, 2001.
Jayme, Erik/Hausmann, Rainer: Internationales Privat- und Verfahrensrecht, 11. Auflage, 2002.
Jour-Schröder, Alexandra: Justiz und Inneres in den mittel- und osteuropäischen Ländern, in: Wirtschaft und Recht in Osteuropa (WiRO) 2003, 193.
Jula, Rocco: Die Haftung von GmbH-Geschäftsführern und Aufsichtsräten, Berlin, 1998.
Jüngst, Ulrich: Der Missbrauch organschaftlicher Vertretungsmacht, 1981.
Kaffiné, Patrick: Begrenzung der Haftungsrisiken des Geschäftsführers einer GmbH gegenüber der Gesellschaft bei Ausführung wirtschaftlich nachteiliger Weisungen der Gesellschafter, Frankfurt, 2001.
Kamanabrou, Sudabeh: Das Anstellungsverhältnis des GmbH-Geschäftsführers im Licht neuerer Rechtsprechung, in: Der Betrieb (DB) 2002, 146.
Karel, Petr: Political, economic and legal aspects of the association of the Czech Republic with the European Union, in: Review of Central and East European Law 1997, S. 205.
Kastner, Walther/Doralt, Peter/Nowotny, Christian: Grundriss des österreichischen Gesellschaftsrechts, 5. Auflage, Wien, 1990.
Kegel, Gerhard/Schurig, Klaus: Internationales Privatrecht, 8. Auflage, München, 2000.
Kelsen, Hans: Reine Rechtslehre, 2. Auflage, 1960.
Khatib-Shahidi, Sassan/Bögner, Wolfram: Die rechtsmißbräuchlich oder zur Unzeit erklärte Amtsniederlegung des Geschäftsführers einer GmbH, in: Betriebs-Berater (BB) 1997, 1161.
Kiethe, Kurt: Persönliche Haftung von Organen der AG und der GmbH - Risikovermeidung durch D&O-Versicherung, in: Betriebs-Berater (BB) 2003, 537.
Kindl, Milan: Malá úvaha o analogii ve veřejném právu (Kleine Überlegung über die Analogie im öffentlichen Recht), in: Právník 2003, 125.
Klatte, Ralf: Die Amtsniederlegung des Geschäftsführers einer GmbH, Frankfurt, 1997.
Klikar, Alena: Tschechisches Arbeitsrecht, Deutsch-Tschechische Industrie- und Handelskammer (Hrsg.), Prag, 2001.
Knapp, Viktor: Tvorba práva a její současné problémy (Rechtsschöpfung und ihre gegenwärtigen Probleme), Linde, Praha, 1998.

Kneip, Andreas: Geschäftsführerverträge im Internationalen Privatrecht, München, 1983.
Knieper, Rolf: Interpretation, Analogie und Rechtsfortbildung: Delikate Abgrenzungen zwischen Judikative und Legislative, in: Wirtschaft und Recht in Osteuropa (WiRO) 2003, 65.
Kock, Martin/ Dinkel, Renate: Die zivilrechtliche Haftung von Vorständen für unternehmerische Entscheidungen, in: Neue Zeitschrift für Gesellschaftsrecht (NZG) 2004, 441.
Köhl, Dietmar: Die Einschränkung der Haftung des GmbH-Geschäftsführers nach den Grundsätzen des innerbetrieblichen Schadensausgleichs, in: Der Betrieb (DB) 1996, 2597.
Köhler, Helmut: BGB - Allgemeiner Teil, 24. Auflage, 1998.
Kölner Kommentar zum Aktiengesetz: Herausgegeben von *W. Zöllner*, 2. Auflage, 1988 ff.
Koppensteiner, Hans-Georg: GmbH-Gesetz, Kommentar, 2. Auflage, Wien, 1999.
Koschmal, Walter/Nekula, Marek/Rogall, Joachim: Deutsche und Tschechen - Geschichte, Kultur & Politik, 1. Auflage, München, 2001.
Kostečka, Jan: Neues Arbeitsrecht in der ČR, in: Arbeit und Recht (AuR), Zeitschrift für die Arbeitsrechtspraxis 1994, 433.
Kraft, Daniel: Zur Zukunft der EU angesichts der bevorstehenden Erweiterung, in: Aus Politik und Zeitgeschehen (Beilage - Das Parlament), B 15/2001, S. 6.
Křetínský, David: Věcný a osobni rozsah zákaz konkurence v obchodních společnostech (Objektiver und subjektiver Umfang des Konkurrenzverbotes in Handelsgesellschaften), in: Právní rozhledy (PR) 6/1999, 1.
Krieger, Gerd: Personalentscheidungen des Aufsichtsrats, Köln, 1981.
Kuhn, Georg: Die Rechtsprechung des BGH zur GmbH, in: Wertpapiermitteilungen (WM) 1976, 754.
Kuklis, Rastislav: Die GmbH in der ČR, in: GmbH-Rundschau (GmbHR) 2002, 687.
Kusak, Barbara/Čechtická, Alena: Große Novelle des tschechischen Arbeitsgesetzbuches, in: Wirtschaft und Recht in Osteuropa (WiRO) 2000, 409.
Kuss, Klaus-Jürgen: Methodische Fragen der Ost-West-Rechtsvergleichung im Zeichen des Systemwechsels in Osteuropa, in: Zeitschrift für vergleichende Rechtswissenschaft (ZVglRWiss) 91 (1992), 405.
Küttner, Wolfdieter: Personalbuch 2004 Arbeitsrecht, Lohnsteuerrecht, Sozialversicherungsrecht, 11. Auflage, München, 2004.

Lang, Kai-Olaf: Systemtransformation in Ostmitteleuropa - Eine erste Erfolgsbilanz, in: Aus Politik und Zeitgeschehen (Beilage - Das Parlament), B 15/2001, S. 13.
Lange, Oliver: Praxisfragen der D&O-Versicherung, in: Deutsches Steuerrecht (DStR) 2002, 1626, 1674 (Teil II).
Laufke, Franz: Die Handelsgesellschaften und das zwingende Recht, Prag, 1931.
Leube, Hans Peter: Corporate Governance the American way?, in: Recht der Internationalen Wirtschaft (RIW) 2003, 98.
Lindacher, Walter F.: Haftung des GmbH-Geschäftsführers und Einwand des Auswahl- und Überwachungsmitverschuldens, in: Juristische Schulung (JuS) 1984, 672.
Linsmeier, Petra: Lizenzverträge im Technologietransfer nach tschechischem Recht, München, 2000.
Lohr, Martin: Die Beschränkung der Innenhaftung des GmbH-Geschäftsführers, in: Neue Zeitschrift für Gesellschaftsrecht (NZG) 2000, 1204.
Lohr, Martin: Die Amtsniederlegung des GmbH-Geschäftsführers - Voraussetzung der Niederlegung und Folgen für das Anstellungsverhältnis, in: Deutsches Steuerrecht (DStR) 2002, 2173.
Loges, Rainer/Nedelka, Martin: Anstellungs- und Arbeitsverträge mit Geschäftsführern und Vorstandsmitgliedern in der ČR, in: Wirtschaft und Recht in Osteuropa (WiRO), 1998, S. 133.
Loges, Rainer/Nedelka, Martin: Die Haftung des Geschäftsführers einer tschechischen GmbH, in: Recht der Internationalen Wirtschaft (RIW) 1998, 454.
Löff, Michaela: Insolvenzstrafrecht der ČR, in: Wirtschaft und Recht in Osteuropa (WiRO) 2002, 300.
Lüderitz, Alexander: Prinzipien des Vertretungsrechts, in: Juristische Schulung (JuS) 1976, 765.
Lutter, Markus: Haftung und Haftungsfreiräume des GmbH-Geschäftsführers, in: GmbH-Rundschau (GmbHR) 2000, 301.
Lutter, Marcus/Hommelhoff, Peter: GmbH-Gesetz - Kommentar, 15. Auflage, 2000.
Maier-Bridou, Arno: Die GmbH in Frankreich, in: Centrale für GmbH Dr. Otto Schmidt (Hrsg.), Die GmbH-Rechte in den EG-Staaten, 1993, S. 86 ff.
Malenovský, Jiří: Případ praktické aplikace článku 10 Ústavy České republiky (Ein Fall der praktischen Anwendung von Art. 10 der Verfassung der ČR), in: Právník 1995, 855.

Malenovský, Jiří: O „chudokrevnosti" mezinárodního rozměru české Ústavy a možných terapiích (Zur „Blutarmut" der internationalen Dimension der tschechischen Verfassung und zu möglichen Therapien), in: Právník 1997, 537.
Mand, Beate: Die Geschäftsführerhaftung nach § 43 II GmbHG und die Möglichkeit privatautonomer Begrenzungen, Baden-Baden, 2004, zit.: Geschäftsführerhaftung.
Marek, Karel: Limitace náhrady škody podle obchodního zákoniku (Begrenzung der Schadensersatzhaftung nach dem Handelsgesetzbuch), in: Ekonom 51/1995, 1.
Marek, Karel/Bohata, Petr: Quellen des tschechischen Handelsrechts, in: Wirtschaft und Recht in Osteuropa (WiRO) 2003, 39.
Mates, Pavel: Haftung der Unternehmer für Verwaltungsdelikte im tschechischen Recht, in: Wirtschaft und Recht in Osteuropa (WiRO) 2002, 72.
Meyer-Landrut, Joachim/Miller, Fritz/Georg Niehus, Rudolf J.: GmbH-Gesetz einschließlich Rechnungslegung zum Einzel- sowie zum Konzernabschluss, Kommentar, 1987.
Mildenberger, Martin: Der Geschäftsführervertrag, Tübingen, 2000.
Mincke, Wolfgang: Eine vergleichende Rechtswissenschaft, in: Zeitschrift für vergleichende Rechtswissenschaft (ZVglRWiss) 83 (1984), 315.
Mugdan, Benno: Die gesamten Materialien zum Bürgerlichen Gesetzbuch für das Deutsche Reich, Motive und Protokolle, Berlin, 1899 (Neudruck, Aalen, 1979).
Müller, Karl-Dieter: Die Bestellung des Geschäftsführers im Gesellschaftsvertrag als materieller Satzungsbestandteil, Diss. Mainz, 1999.
Münch, Christof: Amtsniederlegung, Abberufung und Geschäftsunfähigkeit des Geschäftsführers einer GmbH, in: Deutsches Steuerrecht (DStR) 1993, 916.
Münch, Ingo von: Rechtsexport und Rechtsimport, in: Neue Juristische Wochenschrift (NJW) 1994, 3145.
Münchener Handbuch zum Arbeitsrecht: 2. Auflage, 2000, zit.: MünchHandbuchArbR.
Münchener Kommentar zum Bürgerlichen Gesetzbuch: Herausgegeben von Rebmann, Säcker und Rixecker, 4. Auflage, 2000 ff.
Nägele, Stefan: Der Anstellungsvertrag des Geschäftsführers, in: Betriebs-Berater (BB) 2001, 305.
Nikisch, Arthur: Arbeitsrecht I, 3. Auflage, Tübingen, 1963.
Nordhues, Günther: Die arbeitsrechtliche Einordnung von Organmitgliedern, 1992.
Oppermann, Thomas: Europarecht, 2. Auflage, 1999.

Oppermann, Thomas/Sander, Gerald: Die Osterweiterung der EU am Beispiel der ČR, in: Juristenzeitung (JZ) 1999, 1162.
Ostheim, Rolf: Eine Wende in der Rechtsprechung zur Auslegung des Gesellschaftsvertrages und zur Abberufung von Gesellschafter-Geschäftsführern bei der GmbH, in: Der Gesellschafter - Zeitschrift für Gesellschafts- und Unternehmensrecht (GesRZ) 1975, 76.
Palandt, Otto: Bürgerliches Gesetzbuch, 61. Auflage, München, 2002.
Pauknerová, Monika: Asociační dohoda - některé teoretické a praktické otázky (Das Assoziationsabkommen - einige theoretische und praktische Fragen), in: Právník 1995, 833.
Pelikánová, Irena: Komentář k obchochdnímu zákoníku (Kommentar zum Handelsgesetzbuch), Linde, Praha, 1995 ff., zit.: CZ-HGB.
Pelikánová, Irena: Komentář k obchochdnímu zákoníku (2. díl), (Kommentar zum Handelsgesetzbuch, 2. Teil), Prag, Linde, 2. Auflage, 1998, zit.: CZ-HGB, 2. Teil.
Pelikánová, Irena: Obchodní společnosti před svým vznikem podle našeho obchodního zákoníku ve světle jiných úprav (Handelsgesellschaften vor ihrer Entstehung nach unserem Handelsgesetzbuch im Lichte anderer Regelungen), in: Právo a podnikání 3/1996, 1.
Pfaff, Dieter/Linsmeier, Petra: Das Insolvenzrecht Osteuropas (Polen, Rumänien, Russland, Slowenien, Tschechien, Ukraine, Ungarn), in: Wirtschaft und Recht in Osteuropa (WiRO) 1998, 41.
Piltz, Albrecht: Rechtsentwicklung in Osteuropa am Beispiel des tschechischen und slowakischen Kartellrechts, in: Festschrift für Ralf Vieregge, 1995, S. 693 ff.
Plander, Harro: Die Vertretung der nicht aufsichtsratspflichtigen GmbH bei Begründung, Änderung und Beendigung von Organstellung und Anstellungsverhältnis der Geschäftsführer, in: Zeitschrift für das gesamte Handels- und Wirtschaftsrecht (ZHR) 133 (1970), 327 ff.
Pollen, Heinz-Jürgen: Anwendbarkeit der Grundsätze der gefahrgeneigten Arbeit auf den GmbH-Geschäftsführer?, in: Betriebs-Berater (BB) 1984, 989.
Raban, Přemysl/Bohata, Petr: Das tschechische HGB zu Beginn des neuen Millenniums, in: Jahrbuch für Ostrecht (JOR), Band 42 (2001), S. 53.
Rada, Ivan: Jednatelé s.r.o. / Představenstvo a.s. - práva, povinnosti, odpovědnost (Der Geschäftsführer der GmbH / Der Vorstand der AG - Rechte, Pflichten, Haftung), Prag, Linde, 2003.
Rahim, Monika: Die Liquidation einer insolventen GmbH durch den Geschäftsführer als Liquidator in der ČR, in: Wirtschaft und Recht in Osteuropa (WiRO) 1999, 86.

Raiser, Thomas: Mitbestimmungsgesetz - Kommentar, 3. Auflage, 1998.
Reiserer, Kerstin/Heß-Emmerich, Ulrike: Der GmbH-Geschäftsführer im Arbeits-, Sozialversicherungs- und Steuerrecht, 2. Auflage, 2001.
Reiserer, Kerstin/Schulte, Knut: Der GmbH-Geschäftsführer im Sozialversicherungsrecht, in: Betriebs-Berater (BB) 1995, 2162.
Riering, Wolfgang: IPR-Gesetze in Europa, München, 1997.
Ritter, Carl: Aktiengesetz: mit Einführungsgesetz, Durchführungsverordnung und Einführungsverordnung für Österreich und die sudetendeutschen Gebiete, 2. Auflage, 1939.
Röder, Gerhard/Lingemann, Stefan: Schicksal von Vorstand und Geschäftsführer bei Unternehmensumwandlungen und Unternehmens-veräußerungen, in: Der Betrieb (DB) 1993, 1341.
Rösler, Hannes: Rechtsvergleichung als Erkenntnisinstrument in Wissenschaft, Praxis und Ausbildung, in: Juristische Schulung (JuS) 1999, 1084.
Roth, Günter H./Altmeppen, Holger: GmbH-Gesetz, 4. Auflage, München, 2003.
Rowedder, Heinz/Schmidt-Leithoff, Christian: GmbH-Gesetz, 4. Auflage, München, 2002.
Runggaldier, Ulrich/Schima, Georg: Die Rechtsstellung von Führungskräften, Wien, 1991.
Rzepka, Walther: Anmerkung zur Entscheidung des Tschechischen Verfassungsgerichts vom 08. März 1995, in: Bayerische Verwaltungsblätter (BayVBl) 1996, 14.
Salačová, Marketa: K výkonu funkce člena statutárního orgánu nebo jiného orgánu akciové společnosti (Zur Ausübung der Funktion des statutarischen Organmitglieds oder anderer Organe der Aktiengesellschaft), in: Právo a podnikání 4/1996, 2.
Šámal, Pavel: Strafrechtliche Haftung von juristischen Personen de lege lata und de lege ferenda in der ČR, in: Wirtschaft und Recht in Osteuropa (WiRO) 2002, 69.
Savigny, Friedrich Karl von: System des heutigen Römischen Rechts, Band I - VIII (1840 bis 1849), Berlin.
Schaub, Günter: Handbuch des Arbeitsrechts, 9. Auflage, 2000.
Schaub, Bernhard: Die Haftung des Geschäftsführers einer GmbH gegenüber der Gesellschaft und den Gesellschaftern (Teil 1), in: Deutsches Steuerrecht (DStR) 1992, 985.
Schlechtriem, Peter: Kommentar zum Einheitlichen UN-Kaufrecht (CISG), 3. Auflage, 2000.

Schlemann, Berndt/Verny, Arsene: Die Harmonisierung des Rechts der ČR im Rahmen des Assoziierungsprozesses, in: Wirtschaft und Recht in Osteuropa (WiRO) 1996, 89.

Schuhmann, Helmut: Zur Amtsniederlegung eines GmbH-Geschäftsführers, in: Neue Zeitschrift für Gesellschaftsrecht (NZG) 2002, 706.

Schmidt, Karsten: Gesellschaftsrecht, 4. Auflage, 2002.

Schmidt, Karsten: Handelsrecht, 5. Auflage, 1999.

Schmidt, Karsten: Ein Lehrstück zu § 15 Abs. 1 HGB, in: Juristische Schulung (JuS) 1991, 1002.

Scholz, Franz: GmbH-Gesetz, 9. Auflage, Köln, 2000.

Schorling, Tom Oliver: Das Recht der Kreditsicherheiten in der ČR, Berlin, 2000.

Schwarz, Alexander/Pálinkás, Zoltán: Neues tschechisches Handelsgesetzbuch in der Praxis, in: Recht der Internationalen Wirtschaft (RIW) 2001, 273.

Schwarz, Alexander/Terhechte, Jörg Philipp: Das neue tschechische Kartellrecht, in: Recht der Internationalen Wirtschaft (RIW) 2002, 354.

Schwarz, Günter Christian: Europäisches Gesellschaftsrecht, 1. Auflage, Baden-Baden, 2000.

Schwintowski, Hans-Peter: Einführung in die Rechtsvergleichung, in: Juristische Arbeitsblätter (JA) 1991, 241.

Seibert, Ulrich/Schütz, Carsten: Der Referentenentwurf eines Gesetzes zur Unternehmensintegrität und Modernisierung des Anfechtungsrechts – UMAG, in: Zeitschrift für Wirtschaftsrecht (ZIP) 2004, 252.

Seibold, Robert: Die Osterweiterung der EU und das Arbeitsrecht der ČR, Frankfurt, 2000.

Seibt, Christoph: Geschäftsführerbestellung und Anstellungsvertrag, in: Neue Juristische Wochenschrift-Spezial (NJW-Spezial) 2004, 123.

Ševčík, Daniel: Společnost s ručením omezeným (Gesellschaft mit beschränkter Haftung), Prospektum, Praha, 2001.

Sevcik, Lukas/Kusak, Barbara: Haftungsausschluss nach tschechischem Recht, in: Wirtschaft und Recht in Osteuropa (WiRO) 2000, 265.

Sieg, Oliver: Tendenzen und Entwicklungen der Managerhaftung in Deutschland, in: Der Betrieb (DB) 2002, 1759

Siehr, Kurt: Internationales Privatrecht, Heidelberg, 2001.

Šišková, Naděždá: Základní otázky sbližování českého práva s právem EU (Grundsätzliche Fragen bei der Rechtsangleichung des tschechischen Rechts an EG-Recht), Codex, Praha, 1998.

Soergel, Hans Theodor: Kommentar zum Bürgerlichen Gesetzbuch mit Einführungsgesetz und Nebengesetzen, 12. Auflage, 1987 ff.

Součková, Marie: Zákoník práce - Komentář (Arbeitsgesetzbuch - Kommentar), C. H. Beck, 2. Auflage, 1997.
Sparfeld, Silvia: Nachvertragliches Wettbewerbsverbot im tschechischen Recht, in: Wirtschaft und Recht in Osteuropa (WiRO) 1996, 248.
Staudinger, Julius von: Kommentar zum Bürgerlichen Gesetzbuch, 13. Bearbeitung, 1993 ff.
Štenglová, Ivana: Obchodní zákoník ve znění zákona č. 370/2000 Sb. s důvodovou zprávou, judikaturou, úvodním výkladem a poznámkami (Handelsgesetzbuch im Wortlaut des Gesetzes Nr. 370/2000 Sb. mit Begründungsbericht, Judikatur, einleitenden Erklärungen und Bemerkungen), IFEC, Praha, 2001, zit.: Gesetzesmaterialien, CZ-HGB.
Štenglová, Ivana/Plíva, Stanislav/Tomsa, Miloš: Obchodní zákoník - komentář (Handelsgesetzbuch - Kommentar), 27. Auflage, 2002, C.H. Beck (Praha).
Straube, Manfred/Dragaschnig, Alois/Pettliczek-Koller, Roswitha/Torggler, Hellwig: Der GmbH-Geschäftsführervertrag, 3. Auflage, Wien, 1994.
Stuna, Stanislav/Piltz, Albrecht/Immelmann, Oliver: Das Konkurrenzverbot von Gesellschaftern und Geschäftsführer im tschechischen Recht, in: Recht der Internationalen Wirtschaft (RIW) 1997, 560.
Sudhoff, Heinrich/Sudhoff, Martin: Rechte und Pflichten des Geschäftsführers einer GmbH und einer GmbH & Co, 14. Auflage, 1994.
Tebbe, Gerd: Die Politik der EU zur Assoziierung und Integration der mittel- und osteuropäischen Länder, in: Mayer, Otto/Scharrer, Hans-Eckart (Hrsg.), Osterweiterung der EU, Baden-Baden, 1997, S. 63 ff.
Thümmel, Roderich: Organhaftung nach dem Referentenentwurf des Gesetzes zur Unternehmensintegrität und Modernisierung des Anfechtungsrechts - Neue Risiken für Manager?, in: Der Betrieb (DB) 2004, 471.
Timm, Wolfram: Wettbewerbsverbot und Geschäftschancenlehre im Recht der GmbH, in: GmbH-Rundschau (GmbHR) 1981, 177.
Tillmann, Bert/ Mohr, Randolf: GmbH-Geschäftsführerpraktikum, Zivil- und steuerrechtlich optimierte Vertragsgestaltung, 7. Auflage, 1999.
Tröster, Petr: Individuelles Arbeitsrecht in der ČR, in: Studien des Instituts für Ostrecht, Band 39 - Individuelles Arbeitsrecht in Osteuropa, Hrsg. von Reinhard Richardi, Berlin, 2000, S. 49 ff.
Ueltzhöffer, Andreas: Praktische Probleme des tschechischen Arbeitsrechts, in: Studien des Instituts für Ostrecht, Band 39 - Individuelles Arbeitsrecht in Osteuropa, Hrsg. von Reinhard Richardi, Berlin, 2000, S. 71 ff.

Ulmer, Peter: Haftungsfreistellung bis zur Grenze grober Fahrlässigkeit bei unternehmerischen Fehlentscheidungen von Vorstand und Aufsichtsrat?, in: Der Betrieb (DB) 2004, 859.

Urban, Jan: Czechoslovakia: The Power and Politics of Humiliation, in: Prins (ed.), Spring in Winter: The 1989 Revolutions, Manchester University Press, 1990, S. 124 ff.

Venrooy, Gerd J. van: Delegation der Einberufungsbefugnis der Geschäftsführer aus § 49 Abs. 1 GmbHG, in: GmbH-Rundschau (GmbHR) 2000, 166.

Verny, Arsène/Schäfer, Andreas/Salalaba, Ilona/Hrdličková, Magdalena/Železná, Jitka: Rahmenbedingungen, in: Breidenbach (Hrsg.), Handbuch Wirtschaft und Recht in Osteuropa, Länderteil ČR (CS), Kapitel A (Stand 2003); zit.: WiRO-Handbuch.

Verny, Arsène: Rechtsangleichung und EU-Integration - Die Reformen in den assoziierten Ländern Mittel- und Osteuropas, in: Wagener/Fritz (Hrsg.), Im Osten was Neues - Aspekte der EU-Osterweiterung, Bonn, 1998, S. 265 ff.

Verny, Arsene: Länderteil ČR, in: Weissmann/Riedel/Wastl, Handbuch der Internationalen Zwangsvollstreckung, Loseblatt, 1996, ČR, Kap. II. 3, S.2.

Vorlíčková, Lucie: Steuern und Bilanzierung, in: Breidenbach (Hrsg.), Handbuch Wirtschaft und Recht in Osteuropa, Länderteil ČR (CS), Kapitel D.XI (Stand 2003); zit.: WiRO-Handbuch.

Wank, Rolf: Telearbeit, in: Neue Zeitschrift für Arbeitsrecht (NZA) 1999, 225.

Weber, Max: Wirtschaft und Gesellschaft - Grundriss der verstehenden Soziologie, 5. Auflage, 1980.

Weigl, Bernhard: Die Abberufung des Gesellschafter-Geschäftsführers einer GmbH nach deutschem und tschechischem Recht, in: Wirtschaft und Recht in Osteuropa (WiRO) 2000, 131.

Wiehler, Frank: Die Erweiterung der EU - Eine Herausforderung, Textsammlung Agenda 2000, Baden-Baden, 1998.

Winkelmann, Fritjof: Die Schadensersatzhaftung des Geschäftsführers einer tschechischen GmbH, in: Wirtschaft und Recht in Osteuropa (WiRO) 2002, 65.

Wiesnerová, Štěpánka: Verträge leitender Angestellter nach tschechischem Recht, in: Recht der internationalen Wirtschaft (RIW) 2000, 37.

Wolff, Lutz-Christian: Bestellung und Abberufung von GmbH-Geschäftsführern im Ausland, in: Zeitschrift für Wirtschaftsrecht (ZIP) 1995, 1489.

Wolff, Lutz-Christian: Schriftliche notarielle Belehrung eines im Ausland weilenden Geschäftsführers?, in: GmbH-Rundschau (GmbHR) 1998, 35.

Ziche, Christian: Die Verweisung des § 35 Abs. 4 GmbHG auf das Verbot der Vornahme von In-Sich-Geschäften, 1991.

Zippelius, Reinhold: Juristische Methodenlehre, 7. Auflage, München, 1999.
Zítek, Daniel: Übertragbarkeit ausländischer Rechtssprechung auf das Recht der ČR, in: Wirtschaft und Recht in Osteuropa (WiRO) 1994, 312.
Zítek, Daniel: Gestaltungsfreiheit bei Gesellschaftsverträgen im tschechischen GmbH-Recht, in: Wirtschaft und Recht in Osteuropa (WiRO) 1995, 257.
Zöller, Richard: Zivilprozeßordnung, 24. Auflage, Köln, 2004.
Zöllner, Wolfgang: Die Schranken mitgliedschaftlicher Stimmrechtsmacht bei den privatrechtlichen Personenverbänden, München, 1963.
Zoufalý, Vladimír/Munková, Jindřiška: Velká kniha smluvních vzorů - Pacta sunt servanda (Großes Vertragsmusterhandbuch), 3. vydání (Auflage), 2001, C. H. Beck (Praha).
Zweigert, Konrad/Kötz, Hein: Einführung in die Rechtsvergleichung, 3. Auflage, 1996.

B. Gesprächsverzeichnis

31. Mai 2002	*JUDr. Petr Bohata*, Rechtsanwalt und Advokát (CZ) Institut für Ostrecht Tegernseer Landstraße 161, D-81539 München
16. Juni 2003	*Jörg Nürnberger*, Rechtsanwalt Sozietät DLA Weiss-Tessbach Mánesova 5, CZ-120 00 Praha 2
17. Juni 2003	*Arthur Braun*, M.A., Rechtsanwalt Sozietät Haarmann Hemmelrath Palác Myslbek, Ovocný trh 8, CZ-110 00 Praha 1
18. Juni 2003	*Lars Magnus Klett*, Rechtsanwalt und Advokát (CZ) Sozietät CMS Cameron McKenna Karoliný Světle 25, CZ-110 00 Praha 1
18. Juni 2003	*Dr. Ernst Giese*, Rechtsanwalt Sozietät Giese & Partner Palác Myslbek, Ovocný trh 8, CZ-110 00 Praha 1
18. Juni 2003	Mgr. *Jitka Sytařová*, LL.M., Advokátka (CZ) Sozietät Giese & Partner Palác Myslbek, Ovocný trh 8, CZ-110 00 Praha 1
26. August 2003	*Dr. Erik Steger*, Rechtsanwalt Sozietät Wolf Theiss & Partner Schubertring 6, A-1010 Wien
27. August 2003	*Dr. Ivana Bučková*, Advokátka (CZ) Forschungsinstitut für mittel- und osteuropäisches Wirtschaftsrecht (FOWI), Wirtschaftsuniversität Wien Althanstrasse 39-45, A-1090 Wien
28. August 2003	*Dr. David Kouba*, Rechtsanwalt und Advokát (CZ) Sozietät Loh v.Hülsen Michael Jägerstrasse 59, D-10117 Berlin
13. November 2003	*JUDr. Ivan Rada*, Advokát (CZ) Sozietät Eiselsberg Natlacen Walderdorff Cancola U Prašné brány 1, CZ-110 00 Praha 1

C. Tschechisches Rechtsprechungsverzeichnis

1. Entscheidungen des Verfassungsgerichts

Datum	Aktenzeichen	Fundstelle
11.03.1998	US 466/97	CZ-VerfGE Band 10, Nr. 38
30.06.1997	US 98/97	CZ-VerfGE Band 8, Nr. 88
08.10.1996	US 5/96	CZ-VerfGE Band 6, Nr. 98
08.03.1995	US 14/94	BayVBl. 1996, 14

2. Entscheidungen des Obersten Gerichts

Datum	Aktenzeichen	Fundstelle
15.01.2003	21 Cdo 963/02	23/C 1653 (iPrávník)
20.08.2002	29 Odo 198/02	Eastlex 1/2004
12.03.2002	29 Odo 328/01	SR NS Nr. 15, C 1085, S. 90
26.06.2001	29 Cdo 3025/00	SJ 11/2001, 554
11.10.2000	29 Cdo 968/00	SJ 2/2001, 102
22.02.2000	4 Tz 2/00	PR 6/2000, 265
11.10.1999	29 Cdo 1162/99	SJ 9/2000, 355
30.06.1999	2 Cdon 680/97	R 37/2000
07.10.1998	I Odon 110/97	SJ 3/1999, 106
11.03.1998	I Odon 69/97	SJ 9/1998, 205
30.04.1997	I Odon 2/97	PR 8/1997, 429
25.03.1997	I Odon 61/96	PR 9/1997, 482

3. Entscheidungen des Obergerichts Prag

Datum	Aktenzeichen	Fundstelle
28.02.2000	7 Cmo 55/99	SR 6/2000, 170
28.07.1999	7 Cmo 672/98	PR 6/2000, 279
21.04.1993	6 Cdo 108/92	R 13/1995

4. Entscheidungen des Bezirksgerichts Hradec Králové

Datum	Aktenzeichen	Fundstelle
21.11.1993	15 Co 11/1993	R 41/1995

D. Abkürzungsverzeichnis

a.A.	anderer Ansicht
a.a.O.	am angegebenen Ort
Abl.	Amtsblatt der Europäischen Gemeinschaften
Abs.	Absatz
a.F.	alte Fassung
a.E.	am Ende
AG	Die Aktiengesellschaft (Zeitschrift)
Anh.	Anhang
AnfG	Anfechtungsgesetz
Anm.	Anmerkung
Anmerkg.	Anmerkung
AktG	Aktiengesetz
ArbGG	Arbeitsgerichtsgesetz
ArbZG	Arbeitszeitgesetz
Art.	Artikel
AP	Arbeitsrechtliche Praxis
a.s.	akciová společnost (Aktiengesellschaft)
AuR	Arbeit und Recht (Zeitschrift)
AZ	Aktenzeichen
BA	Bulletin advokace (Zeitschrift)
BAG	Bundesarbeitsgericht
BayObLG	Bayerisches Oberstes Landesgericht
BB	Betriebs-Berater (Zeitschrift)
BBG	Bundesbeamtengesetz
BetrVG	Betriebsverfassungsgesetz
BfA	Bundesversicherungsanstalt für Angestellte
BFH	Bundesfinanzhof
BFHE	Entscheidungen des Bundesfinanzhofes
BGB	Bürgerliches Gesetzbuch
BGBl.	Bundesgesetzblatt
BGB-CZ	Tschechisches Bürgerliches Gesetzbuch

BGH	Bundesgerichtshof
BGHZ	Entscheidungen des Bundesgerichtshofs
Bull.	Bulletin
BRAO	Bundesrechtsanwaltsordnung
BRRG	Beamtenrechtsrahmengesetz
BSG	Bundessozialgericht
BStBl	Bundessteuerblatt
BT-Drucksache	Bundestagsdrucksache
BUrlG	Bundesurlaubsgesetz
BVerfG	Bundesverfassungsgericht
BVerfGE	Entscheidungen des Bundesverfassungsgerichts
bzw.	beziehungsweise
BZRG	Bundeszentralregistergesetz
ca.	circa
CISG	Convention on Contracts for the International Sales of Goods
ČR	Česká republika (ČR)
ČSSR	Československá socialistická republika
ČSFR	Československá federativní republika
CZ	Tschechische(s)
CZ-Verf.	Tschechische Verfassung
CZ-VerfGE	Entscheidungen des tschechischen Verfassungsgerichts
CZ-ArbG	Tschechisches Arbeitsgesetzbuch
CZ-BGB	Tschechisches Zivilgesetzbuch
CZ-EStG	Tschechisches Einkommensteuergesetz
CZ-IPRG	Tschechisches Gesetz zum IPR
CZ-HGB	Tschechisches Handelsgesetzbuch
CZ-GewerbeG	Tschechisches Gewerbegesetz
CZ-KonkursG	Tschechisches Konkursgesetz
CZ-ZPO	Tschechische Zivilprozessordnung
CZK	Tschechische Kronen
d.	der/des
DB	Der Betrieb (Zeitschrift)

DDR	Deutsche Demokratische Republik
ders.	derselbe
d.h.	das heißt
dies.	dieselbe(n)
DJZ	Deutsche Juristenzeitung (Zeitschrift)
DNotZ	Deutsche Notarzeitung (Zeitschrift)
Dr.	Doktor
DStR	Deutsches Steuerrecht (Zeitschrift)
dt.	deutsch
endg.	endgültig
EG	Europäische Gemeinschaft(en)
EGBGB	Einführungsgesetz zum Bürgerlichen Gesetzbuch
EGKS	Europäische Gemeinschaft(en) für Kohle und Stahl
EGV	Vertrag zur Gründung der Europäischen Gemeinschaft
etc.	et cetera
EU	Europäische Union
EuGH	Europäischer Gerichtshof
EUR	Euro
EURATOM	Europäische Atom- und Energiegemeinschaft
EuZW	Europäische Zeitschrift für Wirtschaftsrecht
EWG	Europäische Wirtschaftsgemeinschaft
EWiR	Entscheidungen zum Wirtschaftsrecht (Zeitschrift)
EvBl	Evidenzblatt der Rechtsmittelentscheidungen in „Österreichische Juristen-Zeitung“
EzA	Entscheidungssammlung zum Arbeitsrecht
F.A.Z.	Frankfurter Allgemeine Zeitung
f.	folgende
ff.	fortfolgende
FGG	Gesetz über die Angelegenheiten der freiwilligen Gerichtsbarkeit
FOWI	Forschungsinstitut für mittel- und osteuropäisches Wirtschaftsrecht der Wirtschaftsuniversität Wien
FS	Festschrift

GesRZ	Der Gesellschafter - Zeitschrift für Gesellschafts- und Unternehmensrecht
GG	Grundgesetz
GewO	Gewerbeordnung
GmbH	Gesellschaft mit beschränkter Haftung
GmbHG	Gesetz betreffend die Gesellschaften mit beschränkter Haftung
GmbHG-CZ	Tschechisches Gesetz betreffend die Gesellschaften mit beschränkter Haftung von 1906
GmbHR	GmbH-Rundschau (Zeitschrift)
GmbHRspr	Die GmbH in der Rechtsprechung der deutschen Gericht (Zeitschrift, bis 1942)
GmbH-StB	Der GmbH-Steuerberater (Zeitschrift)
GWB	Gesetz gegen Wettbewerbsbeschränkungen
HGB	Handelsgesetzbuch
h.M.	herrschende Meinung
h.L.	herrschende Lehre
Hrsg.	Herausgeber
HS	Hauptsatz
i.E.	im Ergebnis
i.d.F.	in der Fassung
i.e.S.	im engeren (eigentlichen) Sinne
IPR	Internationales Privatrecht
i.S.d.	im Sinne des
i.S.v.	im Sinne von
i.V.m.	in Verbindung mit
JA	Juristische Arbeitsblätter (Zeitschrift)
JZ	Juristenzeitung (Zeitschrift)
JOR	Jahrbuch für Ostrecht (Zeitschrift)
JUDr.	Tschechischer Doktor der Rechte
JuS	Juristische Schulung (Zeitschrift)
JUS-E	Jus-Extra (Zeitschrift)
KG	Kammergericht
KOM	Europäische Kommission

KölnKomm	Kölner Kommentar zum Aktiengesetz
k.s.	komanditní společnost (Kommanditgesellschaft)
KSchG	Kündigungsschutzgesetz
LAG	Landesarbeitsgericht
lit.	litera
LG	Landgericht
LM	Nachschlagewerk des Bundesgerichtshofs
LL.M.	Master of Laws
LS	Leitsatz
LV	Landesverfassung
M.A.	Magister Artium
m.b.H.	mit beschränkter Haftung
Mgr.	Magister
MOE-Staaten	mittel- und osteuropäische Staaten
Montan-MitbestG	Montan-Mitbestimmungsgesetz
Montan-MitBestErgG	Montan-Mitbestimmungs-Ergänzungsgesetz
MitbestG	Mitbestimmungsgesetz
MittBayNot	Mitteilungen der Bayerischen Notarkammer
Mio	Million(en)
m.N.	mit Nachweisen
m.w.N.	mit weiteren Nachweisen
MüKo	Münchener Kommentar zum BGB
MuSchG	Mutterschutzgesetz
NJW	Neue Juristische Wochenschrift (Zeitschrift)
NJW-RR	Neue Juristische Wochenschrift - Rechtsprechungsreport
n.F.	neue Fassung
Nr.	Nummer
NRW	Nordrhein Westfalen
NZ	Notariatszeitung (Zeitschrift)
NZA	Neue Zeitschrift für Arbeitsrecht
NZA-RR	Neue Zeitschrift für Arbeitsrecht - Rechtsprechungsreport
NZG	Neue Zeitschrift für Gesellschaftsrecht

OGH	Oberster Gerichtshof
OLG	Oberlandesgericht
Ö-GmbHG	Österreichisches Gesetz betreffend die GmbH
OP	Obchodní právo (Zeitschrift)
OSŘ	Občanský soudní řad (Bürgerliche Gerichtsordnung)
PPP	Právní praxe v podnikání (Zeitschrift)
PR	Právní rozhledy (Zeitschrift)
R	Sbírka soudních rozhodnutí a stanovisek vydávaná Nejvyšším soudem České republiky
RdA	Recht der Arbeit (Zeitschrift)
RdW	Österreichisches Recht der Wirtschaft (Zeitschrift)
RG	Reichsgericht
RGZ	Entscheidungen des Reichsgerichts
RIW	Recht der Internationalen Wirtschaft (Zeitschrift)
RJA	Entscheidungen in Angelegenheiten der freiwilligen Gerichtsbarkeit und des Grundbuchrechts, aus dem Reichsjustizamt (Zeitschrift, bis 1922)
RL	Richtlinie
Rn.	Randnummer
RVO	Reichsversicherungsordnung
Rz.	Randzeichen
Řz	Říšský zákoník (Reichsgesetzblatt, bis 1918)
S.	Seite
Sb.	Sbírká zákonů
SGB	Sozialgesetzbuch
SJ	Soudní judikatura (Zeitschrift)
sog.	sogenannte(r)
SR	Soudní rozhledy (Zeitschrift)
SR NS	Soubour Rozhodnutí Nejvyššího soudu
s.r.o.	Společnost s ručením omezeným
StBerG	Steuerberatungsgesetz
StGB	Strafgesetzbuch
StPO	Strafprozessordnung

SZ	Entscheidungen des österreichischen Obersten Gerichtshofes in Zivil- und Justizverwaltungssachen
tsch.	tschechisch
u.a.	unter anderem
u.ä.	und ähnliche(s)
UN	United Nations (Vereinte Nationen)
u.U.	unter Umständen
US	Ústavní soud (Tschechisches Verfassungsgericht)
usw.	und so weiter
USK	Urteilssammlung für gesetzliche Krankenversicherung
v.	vom/von
v.a.	vor allem
VersR	Versicherungsrecht (Zeitschrift)
vgl.	vergleiche
VO	Verordnung
v.o.s.	Veřejná obchodní společnost (oHG)
vs.	versus
VwGH	Verwaltungsgerichtshof
WBl	Wirtschaftsrechtliche Blätter (Zeitschrift)
WM	Wertpapier-Mitteilungen (Zeitschrift)
WPO	Wirtschaftsprüferordnung
WiRO	Wirtschaft und Recht in Osteuropa (Zeitschrift)
ZAS	Zeitschrift für Arbeitsrecht und Sozialrecht
ZVglRWiss	Zeitschrift für vergleichende Rechtswissenschaft
ZGR	Zeitschrift für Unternehmens- und Gesellschaftsrecht
ZHR	Zeitschrift für das gesamte Handels- und Wirtschaftsrecht
ZfA	Zeitschrift für Arbeitswissenschaft
ZIP	Zeitschrift für Wirtschaftsrecht
ZPO	Zivilprozessordnung
z.T.	zum Teil

Studien des Instituts für Ostrecht München

Begründet von Professor Dr. Reinhart Maurach
Herausgegeben von Professor Dr. Friedrich-Christian Schroeder,
Dr. h.c. (Breslau), Regensburg

Band 41 Manfred Gratzl: Die Reform der tschechischen Strafprozeßordnung nach 1989. Im Spannungsfeld von Rechtsstaatlichkeit, Verfahrensökonomie und Effizienz. 2002.

Band 42 Thomas Paintner: Die Insolvenz des Unternehmers in Polen. 2003.

Band 43 Niels von Redecker (Hrsg.): Deutsch-Estnische Rechtsfragen. 2003.

Band 44 Niels von Redecker: Die polnischen Vertreibungsdekrete und die offenen Vermögensfragen zwischen Deutschland und Polen. 2003. 2., durchgesehene Auflage 2004.

Band 45 Niels von Redecker: Das polnische Beamtenrecht. Entwicklung und Stand beim Beitritt Polens zur Europäischen Gemeinschaft. 2003.

Band 46 Cornelia Stefanie Wölk: Das Deliktsrecht Rußlands nach dem neuen Zivilgesetzbuch. 2003.

Band 47 Petr Bohata: Untersuchungshaft im deutschen und tschechischen Recht. 2003.

Band 48 Attila Széchényi: Das neue ungarische Strafprozessrecht im Spannungsverhältnis zwischen Rechtsstaatsprinzip, Verfahrensökonomie und Effizienz. 2003.

Band 49 Agnes Balawejder: Das polnische Telekommunikationsrecht. Umsetzungsbemühungen und -stand des telekommunikationsrechtlichen acquis communautaire im polnischen TK-Recht vor dem Unionsbeitritt Polens. 2004.

Band 50 Sven I. Oksaar / Niels von Redecker (Hrsg.): Deutsch-Estnische Rechtsvergleichung und Europa. 2004.

Band 51 Friedrich-Christian Schroeder (Hrsg.): Justizreform in Osteuropa. 2004.

Band 52 Herbert Küpper: Kollektive Rechte in der Wiedergutmachung von Systemunrecht. Teil I und Teil II. 2004.

Band 53 Sören Langner: Der GmbH-Geschäftsführer im tschechischen Recht. Organstellung und Anstellung im Rechtsvergleich. 2005.

www.peterlang.de

Peter Lang · Europäischer Verlag der Wissenschaften

Stephan Schwilden

Die rechtliche Stellung des GmbH-Geschäftsführers und des managing directors einer englischen private limited company im Vergleich

Frankfurt am Main, Berlin, Bern, Bruxelles, New York, Oxford, Wien, 2005. 224 S.
Europäische Hochschulschriften: Reihe 2, Rechtswissenschaft. Bd. 4094
ISBN 3-631-52968-6 · br. € 39.–*

Die private limited company und die GmbH sind sowohl in England als auch in Deutschland die mit Abstand am weitesten verbreiteten Gesellschaftsformen. Aufgrund ihrer Ähnlichkeit zur GmbH stellt die private limited company immer mehr auch für deutsche Gesellschaften, die beabsichtigen dauerhaft in England tätig zu werden, die bevorzugte Gesellschaftsform dar. Ihre Gründung ist einfach und vergleichsweise kostengünstig. Die unterschiedlichen Rechte, Pflichten und Haftungsrisiken, die sich für die Unternehmensführer beider Gesellschaften ergeben, sowie deren unterschiedliches Verhältnis zur Gesellschaft sind Gegenstand dieser Arbeit. Auch wenn der Ausgleichsdruck, den die EG-Richtlinien auf das englische Recht in der Vergangenheit ausgeübt haben, immer mehr zu einer Annäherung der gesellschaftsrechtlichen Strukturen geführt hat, bestehen in der Praxis nach wie vor gravierende Unterschiede zwischen dem GmbH-Geschäftsführer und dem managing director einer englischen private limited company.

Aus dem Inhalt: Die rechtliche Stellung der Geschäftsführer und directors · Bestellung und Anstellung · Vertretungsmacht und Geschäftsführungsbefugnis · Haftung und Enthaftung · Versicherbare Risiken – D&O Versicherungen · Insolvenzhaftung · Das Ende der Geschäftsführertätigkeit

Kolibri 360 GmbH
Ferdinand-Jühlke-Straße 7
99095 Erfurt, Deutschland
produktsicherheit@kolibri360.de

Druck:
CPI Druckdienstleistungen GmbH
im Auftrag der
Kolibri 360 GmbH
Ferdinand-Jühlke-Str. 7
99095 Erfurt